Stephen C. Meyer

Die Wiederentdeckung Gottes

STEPHEN MEYER

DIE WIEDER-ENTDECKUNG GOTTES

Wie Kosmologie, Physik und Biologie einen Schöpfer erkennen

Aus dem Englischen von
Doris C. Leisering und Lydia Rieß

SCM
R.Brockhaus

SCM

Stiftung Christliche Medien

SCM R.Brockhaus ist ein Imprint der SCM Verlagsgruppe,
die zur Stiftung Christliche Medien gehört, einer gemeinnützigen Stiftung,
die sich für die Förderung und Verbreitung christlicher Bücher, Zeitschriften,
Filme und Musik einsetzt.

MIX
Papier | Fördert gute Waldnutzung
FSC® C014496

SCM R.Brockhaus in der SCM Verlagsgruppe GmbH
Max-Eyth-Straße 41 · 71088 Holzgerlingen
Internet: www.scm-brockhaus.de | E-Mail: info@scm-brockhaus.de

Übersetzung: Doris C. Leisering und Lydia Rieß
Lektorat: Johanna Horle-Herdtfelder
Umschlaggestaltung: Grafikbüro Sonnhüter; www.grafikbuero-sonnhueter.de
Titelbild: umuarus (shutterstock.com)
Satz: Uhl + Massopust, Aalen
Druck und Bindung: GGP Media GmbH, Pößneck
Gedruckt in Deutschland
ISBN 978-3-417-02015-1
Bestell-Nr. 227.002.015

Stimmen zu *Die Wiederentdeckung Gottes*

„Ein wunderbares Kompendium unbestreitbarer wissenschaftlicher Hinweise auf die Existenz Gottes."

– ***Dr. Marcos Eberlin, Dozent für Chemie, Mackenzie University, Brasilianische Akademie der Wissenschaften, Gewinner der Thomson Medaille***

„Eine hochmoderne Abhandlung über Argumente und Gegenargumente zum intelligenten Design. Sie leistet die gigantische Aufgabe, das gesamte Feld des Ursprungs aller Dinge, angefangen bei den molekularen Mechanismen bis hin zum ganzen Universum, abzudecken. Ein überaus notwendiges Buch."

– ***Dr. Stuart Burgess, Dozent für Konstruktionswissenschaften, Bristol University; wissenschaftlicher Mitarbeiter, Clare Hall College, Universität Cambridge***

„Mit diesem Buch verdient sich Stephen Meyer einen Platz im Pantheon der herausragenden nichtreduktiven Naturphilosophen der letzten 120 Jahre, vom großen französischen Genie Pierre Duhem über A. N. Whitehead bis hin zu Michael Polanyi. … Er hat ein profundes, überlegtes Buch von großem Wert verfasst, das fortschrittliche, detaillierte wissenschaftliche Expertise mit philosophischer integrativer Weisheit verbindet."

– ***Prof. emer. Michael D. Aeschliman, Boston University; Autor von* The Restoration of Man**

„Ein sorgfältig recherchiertes, reich illustriertes und durchdacht vorgebrachtes Plädoyer gegen den neuen Atheismus. Selbst wenn Sie sich bereits für eine Position entschieden haben – *besonders*, wenn Sie sich bereits für eine Position entschieden haben: Meyers erfrischende

Herangehensweise an die unüberwindbarste Kluft der Menschheit, nämlich zwischen säkularen und religiösen Darstellungen zum Ursprung des Universums, ist ein Lesevergnügen. Sie werden anschließend vielleicht nicht überzeugt sein, aber die Reise wird Sie bereichert haben."

– ***Dr. Brian Keating, Dozent für Physik, Preisträger des Chancellor's Distinguished Staff Award der University of California San Diego; Autor von* Losing the Nobel Prize**

„Meyer fasst meisterhaft die aktuellen Belege aus Kosmologie, Physik und Biologie zusammen, die zeigen: Je mehr wir über das Universum und die Natur lernen, desto relevanter wird die ‚Gotteshypothese'."

– ***Dr. Anthony Futerman, Dozent für Biochemie, Weizmann Institute***

„Meyer rollt alle relevanten Belege von der Kosmologie bis hin zur Molekularbiologie auf und entwirft ein unanfechtbares ‚Plädoyer für Gott', während er unwiderlegliche Kritikpunkte logischer und wissenschaftlicher Natur gegen die materialistische/atheistische Weltsicht anführt, die dieser Tage in Mode ist. Meyer baut eine schonungslose Argumentation auf, die kein bedeutendes Diskussionsfeld auslässt. Seine Logik ist durchgängig stringent, und es ist fast unmöglich, das Buch aus der Hand zu legen. Meyer beherrscht es meisterhaft, komplexe Themen zu erklären, und macht so den Text einer größtmöglichen Leserschaft zugänglich. Dem Leser wird Meyers außergewöhnlich tiefes Wissen in jedem relevanten Bereich auffallen. Das Buch ist ein Meisterstück und wird in den kommenden Jahren noch vielfach zitiert werden. Dies ist die beste, klarste, umfassendste aktuell erhältliche Verteidigung der ‚Gotteshypothese', der keine andere Publikation auch nur nahekommt. Eine einzigartige *Tour de Force.*"

– ***Dr. Michael Denton, Arzt und ehemaliger leitender wissenschaftlicher Mitarbeiter für Biochemie, Universität Otago; Autor von* Nature's Destiny**

„Niemand, den ich bisher erlebt habe, kann solch komplexes Material mit so scheinbar müheloser Anmut und Klarheit erläutern wie Stephen Meyer. Mit kühler Logik und akribisch rationaler Analyse der neuesten

Erkenntnisse der Kosmologie, Physik und Biologie bestätigt Meyer eine Wahrheit, die die Ideologen zu beängstigend finden, als dass sie sie auch nur in Betracht ziehen mögen. Durch die persönlichen Attacken auf Meyer und sein brillantes Werk bekräftigen seine Gegner dessen Bedeutung; es deutet sich an, dass der Szientismus, der unsere Kultur entstellt, letztlich zu einem Ende kommen wird."

– ***Dean Koontz,* New York Times-*Bestsellerautor***

„Dies ist ein längst überfälliges Buch, das zu schreiben bisher weder Wissenschaftsexperten noch religiös Gläubige den Mut hatten. Wer aufrichtig wissen will, was es mit der Gotteshypothese auf sich hat, dem bietet dieses Buch die fairste, umfassendste Aussage, die gerade verfügbar ist."

– ***Dr. Steve Fuller,* Auguste-Comte-Lehrstuhl *für Soziale Wissenschaftslehre, Universität Warwick, Autor von* Knowledge: The Philosophical Quest in History**

„Eine wahrhaft erstklassige Analyse der relevanten Indizien. Stephen Meyer zeigt überzeugend, dass die Gotteshypothese nicht nur eine adäquate Erklärung für den Ursprung unseres feinabgestimmten Universums und Biosphäre ist, sondern die beste Erklärung."

– ***Professor Dr. David Galloway, Mitglied des Royal College of Surgeons und Royal College of Physicians, College of Medical, Veterinary & Life Sciences, Universität Glasgow; ehemaliger Vorsitzender des Royal College of Physicians and Surgeons of Glasgow***

Für meine Mutter Patricia Meyer,
die als Erste meine philosophischen Interessen unterstützte;
für meinen Vater Charles Meyer, der mich herausforderte, größere
mathematische und wissenschaftliche Fähigkeiten zu entwickeln;
und für meine Frau Elaine, deren Bereitschaft, einen großen
Glaubensschritt zu tun, das ganze Abenteuer überhaupt ermöglicht hat.

Inhalt

Prolog

Es war der Albtraum eines jeden Referenten, zum denkbar ungünstigsten Zeitpunkt. Nach 18 Minuten meiner einführenden Stellungnahme in einer Debatte mit dem Physiker Lawrence Krauss, dem prominentesten Vertreter des wissenschaftlichen Atheismus der USA, stellte ich plötzlich fest, dass ich meine Power-Point-Folien nicht mehr lesen konnte. Die leuchtend bunten Strudel oder „Aurae" – für mich ein untrügliches Vorzeichen für den Beginn einer lähmenden Migräne – breiteten sich in meinem Gesichtsfeld aus, als ich in einem voll besetzten Hörsaal in der Universität von Toronto durch die grellen Lichter hinter den Videokameras hindurchschaute.

Starkes Licht war bei mir schon häufiger ein Migräne-Trigger gewesen, und so war es definitiv auch an jenem Abend im März 2016. Je mehr die Aurae sich ausweiteten, umso schwerer fiel es mir, nicht nur die Zitate und wissenschaftlichen Diagramme auf meinen Präsentationsfolien, sondern auch Professor Krauss selbst und das Publikum zu sehen. Andere neurologische Symptome – wie ein Taubheitsgefühl in den Fingern und der Zunge, der Widerhall meiner eigenen Stimme in meinem Kopf und Wortfindungsstörungen (Aphasie) – folgten wie erwartet rasch aufeinander.

Ich schaffte es durch die restlichen sieben Minuten meiner Präsentation, indem ich langsamer und bedächtiger sprach, als ich es normalerweise tun würde, und in einigen Fällen gebrauchte ich weniger technische Begriffe. Doch als ich das Podium verließ und in einen abgedunkelten Raum gebracht wurde, war ich sowohl desorientiert als auch enttäuscht. Mir war bewusst, dass es nun schwierig für mich sein würde, beim anschließenden Gespräch am Runden Tisch (das nach einem dritten Referat stattfinden sollte) viel zur Hauptfrage des Forums zu sagen, derentwegen ich eigens gekommen war.

Die Organisatoren des Forums hatten das Thema „Was steckt dahinter?

Gott, die Naturwissenschaft und das Universum" gewählt. Professor Krauss, der damals an der Arizona State University lehrte, und ich waren „logische" Diskussionskontrahenten mit gegensätzlichen Standpunkten. Tatsächlich hatten er und ich einander schon zweimal zuvor in Debatten gegenübergestanden, und ich hatte in den vorangegangenen zehn Jahren zahlreiche öffentliche Diskussionen mit anderen Vertretern des wissenschaftlichen Atheismus geführt.

Krauss, der zuerst gesprochen hatte, hatte nicht nur einen guten Ruf als renommierter Physiker, sondern auch als kühner und unverblümter Redner – mit dem Talent, einem „Durchschnittspublikum" wissenschaftliche Ideen zu erklären. Zudem ist er bekannt für seine provokative These, die Quantenphysik könne erklären, wie das Universum aus dem Nichts entstanden ist. Doch an jenem Abend begann er nicht mit einer Verteidigung dieser Position. Stattdessen erklärte er gleich zu Anfang, das Thema des Forums sei es nicht wert, darüber nachzudenken, und ich sei es nicht wert, dass man sich mit mir abgebe. Tatsächlich eröffnete er die Debatte mit einer fast zehnminütigen Schmähung meiner Person und damit auch der Organisatoren des Forums – was seine lautstarken Anhänger ganz offensichtlich genossen.

„Wenn man auf der gleichen Bühne mit jemandem erscheint, der über diese Ideen spricht, vermittelt das den Eindruck, dass die Ideen einer Debatte würdig sind oder dass der andere es wert ist, dass man mit ihm debattiert", erklärte Professor Krauss. „In diesem Fall trifft beides nicht zu."[1]

Wenn ein Debattengegner so tief sinkt, dass er zu einem *Ad-hominem*-Argument greift, überrascht mich gewöhnlich seine Bereitschaft, Redezeit zu vergeuden. Ein Publikum findet Beleidigungen, die als Argumente getarnt sind, normalerweise nicht überzeugend. Zudem lassen sich solche Taktiken in einer Debatte meist schon dadurch entschärfen, dass man auf sie hinweist. An jenem Abend allerdings hatte Krauss' Prominentenstatus Hunderte lärmender Unterstützer angelockt, die laut über seine Pointen lachten und mir den Eindruck vermittelten, ein Appell an die Vernunft allein könnte den Abend nicht retten. Als ich zu reden begann, wies ich darauf hin, dass Krauss wenig Belege für seine Kritik an meinen Ansichten geliefert hatte, und noch weniger zur Untermauerung seiner eigenen. Unter normalen Umständen hätte ich den

Einsatz seiner *Ad-hominem*-Taktik sogar humorvoll heruntergespielt. Doch an jenem Abend war mein Humor flöten gegangen, denn meine neurologischen Beschwerden wurden immer heftiger, während ich vor dem großen Publikum im Hörsaal stand und ungefähr 60 000 Personen online zuschauten.

Ich hatte die Herausforderung zur Debatte zum Teil deshalb angenommen, um in der Frage, was die Wissenschaft über die Existenz Gottes sagen kann, meine eigene Position darzulegen. Das ist natürlich eine sehr grundlegende Frage, die viele denkende Menschen umtreibt. Es ist ein wichtiges Thema, wie selbst zahlreiche Atheisten bestätigen würden, und verdient eine ernsthafte Antwort. Und obwohl ich an jenem Abend gern eine solche geben wollte, wusste ich nach Einsetzen der Migräne, dass meine Fähigkeit dazu deutlich eingeschränkt sein würde – obwohl, wie sich herausstellen sollte, der düstere Horizont meines suboptimalen Zustands einen Silberstreif zeigen würde.

Für die Debatte hatte ich geplant, zunächst mein Kernargument für das intelligente Design des Lebens zu entfalten und dann in der folgenden Diskussion auf eine Frage einzugehen, die mir oft gestellt wird: „*Wer* ist der intelligente Designer, der Ihrer Meinung nach für das Leben verantwortlich ist?" Zudem wollte ich eine eng damit verbundene Frage ansprechen: „Was sagen wissenschaftliche Belege über die Existenz Gottes aus?" – oder, wie die Organisatoren des Forums es formuliert hatten: „Was steckt dahinter?"

Krauss beantwortet diese Frage mit einem nachdrücklichen „Nichts!" – oder zumindest nichts weiter als die Gesetze der Physik. Obwohl er die Philosophie als geistloses Unterfangen brandmarkt, vertritt er öffentlich eine Philosophie, die Geisteswissenschaftler „wissenschaftlichen Materialismus" nennen – eine atheistische Weltanschauung, deren Befürworter behaupten, dass die Wissenschaft den Glauben an Gott untergräbt.

Wie andere Weltanschauungen auch, versucht der wissenschaftliche Materialismus einige Fragen über die letztgültige Realität zu beantworten – Fragen über die menschliche Natur, Moral und Ethik, die Basis des menschlichen Wissens und sogar, was nach dem Tod mit den Menschen geschieht. Im Wesentlichen bietet der wissenschaftliche Materialismus eine Antwort auf die Frage: „Was ist die Entität oder der Prozess, aus dem alles andere entstand?"

Vertreter des wissenschaftlichen Materialismus beantworten diese Frage traditionell mit der Aussage, dass Materie, Energie und/oder die physikalischen Gesetze die Entitäten sind, aus denen alles andere entstand, und dass diese Entitäten *als unerschaffenes Fundament aller Existenz* seit Ewigkeiten existieren. Materie, Energie und physikalische Gesetze werden daher von Materialisten als originär betrachtet.

Ebenso vertreten Materialisten die Ansicht, dass Materie und Energie durch verschiedene, streng naturalistische Prozesse der Selbstorganisation heraus alle komplexen Lebensformen hervorgebracht haben, die wir heute sehen. Das bedeutet, Vertreter des wissenschaftlichen Materialismus verneinen auch, dass ein Schöpfer oder eine gestaltende Intelligenz bei der Entstehung des Universums oder Lebens eine Rolle spielte. Da Materialisten Materie und Energie für die fundamentalen Realitäten halten, aus denen alles andere entspringt,[2] verneinen sie die Existenz immaterieller Entitäten wie Gott, den freien Willen, die menschliche Seele und selbst den menschlichen Verstand als Entität, die sich in irgendeiner Art von den physiologischen Prozessen unterscheidet, die im Gehirn stattfinden.

Der Materialismus ist eine altehrwürdige Weltanschauung mit einer langen Geschichte, die bis ins antike Griechenland zurückreicht. Er hatte viele berühmte intellektuelle Anhänger, darunter Demokrit, Thomas Hobbes, Charles Darwin, Ernst Haeckel, Bertrand Russell und Francis Crick.

In den letzten Jahren haben durchsetzungsfähige Stimmen den wissenschaftlichen Materialismus weithin bekannt gemacht. Ungefähr im Jahr 2006 entfachte einer Gruppe von Wissenschaftlern und Philosophen, die als die „Neuen Atheisten" bekannt wurden, eine weltweite Publikationssensation. Eine Reihe von Bestsellern, allen voran Richard Dawkins' *The God Delusion* (dt. Ausgabe: *Der Gotteswahn*), argumentierten, dass eine richtig verstandene Wissenschaft dem Glauben an Gott die Grundlage entzieht. Andere Bücher, beispielsweise von Victor Stenger, Sam Harris, Christopher Hitchens, Daniel Dennett, Stephen Hawking und Krauss selbst, zogen nach.

Im Jahr 2014 strahlten die Sender Fox und National Geographic eine neu bearbeitete Version der berühmten 1980er-Serie *Cosmos: A Personal Voyage* (dt. Fassung: *Unser Kosmos: Reisen durch Raum und Zeit*) mit dem Physiker Carl Sagan aus. Die neue Serie *Unser Kosmos: Die Reise geht weiter*, präsentiert vom Astrophysiker Neil deGrasse Tyson, begann mit einer Audiowiedergabe von Carl Sagans denkwürdigem materialistischen Credo der ursprünglichen Serie: „Der Kosmos ist alles, was es gibt, was war und was es je geben wird."[3]

Die Neuen Atheisten und andere Populärwissenschaftler vermitteln die Grundlage ihrer Skepsis hinsichtlich der Gegenwart Gottes mit bewundernswerter Klarheit. Dawkins und anderen zufolge boten die Hinweise auf ein Design, die sich in lebenden Organismen fanden, lange Zeit den besten Grund, an die Existenz Gottes zu glauben, weil sie sich auf öffentlich zugängliche wissenschaftliche Nachweise beriefen. Doch seit Darwin, so behauptet Dawkins beharrlich, wissen Naturwissenschaftler, dass es keine Belege für ein *tatsächliches* Design gibt, sondern lediglich die Illusion oder den „Anschein" von Design im Leben. Dawkins und vielen anderen neodarwinistischen Biologen zufolge hat der Evolutionsmechanismus von Mutation und natürlicher Selektion die Kraft, eine gestaltende Intelligenz zu *imitieren*, ohne selbst in irgendeiner Form von außen gestaltet oder gesteuert zu sein. Und da zufällige Mutationen und natürliche Selektion – das, was Dawkins den „Blinder-Uhrmacher"-Mechanismus nennt – allen „Anschein" eines Designs im Leben wegerklären können, folgt daraus, dass der Glaube an eine in der Geschichte des Lebens wirkende gestaltende Intelligenz völlig unnötig ist.[4]

Obwohl Dawkins einräumt, es sei dennoch möglich, dass eine Gottheit *eventuell* existiert, beharrt er darauf, dass es absolut keinen Beweis für die Existenz eines solchen Wesens gibt, und stellt den Glauben an Gott quasi als „Wahn" dar. Die in den USA bekannte Fernsehpersönlichkeit Bill Nye, der „Science Guy", äußert eine ähnliche Perspektive. In seinem Buch *Undeniable: Evolution and the Science of Creation* schreibt er: „Vielleicht gibt es eine Intelligenz, die das Kommando über das Universum hat, aber in Darwins Theorie gibt es keine Anzeichen und besteht kein Bedarf dafür."[5] Daraus folgt, wie Dawkins in einem früheren Werk schloss: „Darwin [ermöglichte] es dem Atheisten, auch intellektuell zufrieden zu sein."[6]

Ein anderer Neuer Atheist, der Philosoph Daniel Dennett, zeichnet in seinem Buch *Breaking the Spell* (dt. Ausgabe: *Den Bann brechen*) den Ursprung und die Entwicklung des religiösen Glaubens nach und schreibt den Glauben an Gott letzten Endes einem kognitiven Impuls zu, der uns durch den Evolutionsprozess statt eines verstandes- oder evidenzbasierten Glaubenssystems einprogrammiert wurde. Daher fungiert für diejenigen, die das wissen, der Darwinismus als „Universalsäure", die jegliche Grundlage für religiösen Glauben und traditionelle religionsbasierte Moral zerfrisst.[7]

Andere Neue Atheisten, darunter Lawrence Krauss (siehe Abb. 1.1b) sagen, dass die Physik den Glauben an Gott entbehrlich macht. Krauss argumentiert, dass die Gesetze der Quantenphysik erklären, wie das Universum buchstäblich aus dem Nichts entstand. Demzufolge, so Krauss, ist es vollständig unnötig und sogar irrational, einen Schöpfer heranzuziehen, um den Ursprung des Universums zu erklären.[8]

Stephen Hawking, früher an der Universität Cambridge und bis zu seinem Tod 2018 einer der bekanntesten Wissenschaftler der Welt, argumentierte ähnlich. In seinem Buch *The Grand Design* (dt. Ausgabe: *Der große Entwurf*), das er zusammen mit Leonard Mlodinow verfasste, erklärte er: „Da es ein Gesetz wie das der Gravitation gibt, kann und wird sich das Universum … aus dem Nichts erzeugen. Spontane Erzeugung ist der Grund, warum etwas ist und nicht einfach nichts, warum es das Universum gibt, warum es uns gibt." Daher ist es für Hawking „nicht nötig, Gott als den ersten Beweger zu bemühen, der das Licht entzündet und das Universum in Gang gesetzt hat".[9] Der inzwischen verstorbene Victor Stenger führte in seinem scharfzüngig betitelten Buch *God: The Failed Hypothesis* („Gott: Die gescheiterte Hypothese") ähnliche Argumente an.

All diese prominente wissenschaftsbasierte Skepsis gegenüber Gott ist nach und nach ins allgemeine Bewusstsein eingedrungen. Neuere Umfragedaten legen nahe, dass in Nordamerika und Europa die wahrgenommene Botschaft der Wissenschaft beim Verlust des Gottesglaubens eine überdimensionale Rolle gespielt hat. In einer Umfrage gaben mehr als zwei Drittel der Personen, die sich selbst als Atheisten bezeichnen, und ein Drittel derer, die sich als Agnostiker betrachten, an, dass „die Erkenntnisse der Naturwissenschaft die Existenz Gottes weniger wahrscheinlich machen". Der gleichen Erhebung zufolge sind die zwei einflussreichsten wissenschaftlichen Ideen, die den Glaubensverlust der Menschen beeinflusst haben, einerseits die ungesteuerte chemische Evolution (beim Ursprung des Lebens) und andererseits die ungesteuerte biologische Evolution (bei der Weiterentwicklung des Lebens). Den Umfragen zufolge haben diese beiden Ideen mehr Menschen dazu gebracht, den Glauben an Gott abzulehnen, als das Leid aufgrund einer Krankheit oder eines Todesfalls.[10]

Andere Umfragen zeigen einen dramatischen Anstieg in der Gruppe, die von Meinungsforschern „nichts von allem" genannt wird – religiös ungebundene, agnostische oder atheistische Befragte – unter Studenten oder Graduierten zwischen 18 und 33 Jahren.[11] Das rapide Wachstum dieser Gruppe erfolgte exakt während des noch nicht lang zurückliegenden Jahrzehnts, in dem die Neuen Atheisten an Bekanntheit gewannen. Tatsächlich gibt es – aus persönlichen Interviews, öffentlichen Meinungsumfragen und eigenen Aussagen auf Webseiten – zahlreiche Hinweise darauf, dass insbesondere Studenten zutiefst von der Botschaft der Neuen Atheisten beeinflusst wurden. Viele dieser Studenten führen heute als ihren Hauptgrund dafür, dass sie den Glauben an Gott ablehnen, Argumente an, die denen von Dawkins, Krauss, Dennett und Hitchens ähneln.

Diese Entwicklungen sind aus zwei Gründen besonders schmerzlich und zugleich interessant für mich – und beide erklären ein Stück weit, warum ich einerseits einwilligte, 2016 die Debatte mit Krauss zu führen, und andererseits beschloss, dieses Buch zu schreiben. Zunächst interessiere ich mich schon seit Langem für die Frage der biologischen Ursprünge. Im Laufe der letzten zehn Jahre habe ich zwei Bücher geschrieben, die darlegen, dass lebende Systeme Hinweise auf ein intelligentes Design geben. Während Richard Dawkins behauptet, lebende Systeme würden „*so aussehen*, als seien sie zu einem Zweck entworfen worden"[12], argumentiere ich, dass bestimmte Merkmale lebender Systeme – insbesondere die digital verschlüsselten Informationen, die in der DNA vorhanden sind, und die komplexen Schaltkreise und informationsverarbeitenden Systeme, die in lebenden Zellen wirken – sich am besten durch die Aktivität einer *tatsächlich* gestaltenden Intelligenz erklären lassen. So wie die Inschriften auf dem Stein von Rosette auf die Aktivität eines antiken Schreibers hinweisen und die Software in einem Computer auf einen Programmierer, argumentiere ich, dass der digitale

Code, der innerhalb des DNA-Moleküls entdeckt wurde, die Aktivität eines gestaltenden Verstandes beim Ursprung des Lebens nahelegt.

Dennoch habe ich bei meinem Plädoyer für intelligentes Design darauf geachtet, nicht mehr zu behaupten, als die biologischen Indizien allein rechtfertigen können. In meinen vorigen Büchern habe ich nicht den Versuch gemacht, die gestaltende Intelligenz zu benennen, die für den Ursprung der in lebenden Organismen vorhandenen Information verantwortlich ist, oder die Existenz Gottes zu beweisen. Schließlich ist es – auch wenn ich selbst diese Ansicht nicht vertrete – immerhin logisch möglich, dass ein präexistenter intelligenter Akteur irgendwo sonst *innerhalb* des Kosmos (also nicht Gott) das Leben gestaltet und es hier auf die Erde „ausgesät" haben könnte, wie Wissenschaftler behaupten, die eine als „Panspermie" bekannte Sichtweise vertreten.

Stattdessen habe ich einfach argumentiert, dass die in der DNA vorliegenden Informationen die vorausgehende kreative Aktivität eines intelligenten Akteurs *irgendeiner Art* nahelegen, und nicht einen ausschließlich blinden oder ungesteuerten natürlichen Prozess wie zufällige Mutationen und natürliche Selektion. Trotz dieser eingeschränkten Behauptung stellt mich meine Erklärung für den Anschein eines Designs immer noch in Widerspruch zu den Neuen Atheisten. Doch obwohl sie und ich diametral gegensätzliche Erklärungen für den Anschein eines Designs gewählt haben, haben wir unsere Erklärungsversuche auf genau dasselbe Interessensgebiet gerichtet.

Und das führt zu dem zweiten und vielleicht wichtigeren Grund für mein Interesse an der, wie ich es nenne, Gotteshypothese. Die Neuen Atheisten werfen die Frage auf, was die Belege aus der natürlichen Welt in ihrer Gesamtheit über die Existenz (oder Nichtexistenz) Gottes aussagen. Meine Leser teilen offenbar ein Interesse an dieser Frage. Viele haben mir, als sie auf mein Plädoyer für das intelligente Design des Lebens gestoßen sind, Leserbriefe geschrieben, in denen sie mir eine Reihe von Fragen stellten, die ungefähr folgenden Inhalt hatten: „Wenn es wissenschaftliche Belege für die Aktivität einer gestaltenden Intelligenz gibt, über welche Art gestaltenden Verstand reden wir dann? Einen intelligenten Akteur innerhalb des Kosmos oder jenseits davon? Eine immanente oder eine transzendente Intelligenz? Einen Außerirdischen? Oder Gott?"

Da meine beiden vorigen Bücher unweigerlich zu solchen Fragen führten, schien mir der nächste logische Schritt darin zu bestehen, zu untersuchen, was die Naturwissenschaft uns darüber und über die mögliche Existenz Gottes sagen kann.

Sozusagen kurz und bündig

Die Debatte in Toronto und ihre Nachwirkungen besiegelten meinen Entschluss, dieses Thema in einer Abhandlung in Buchlänge aufzugreifen. In der Debatte konnte ich meine grundlegende Argumentation für ein intelligentes Design in der Biologie ausführen. Dennoch erschwerte es mir mein migräneverwirrter Zustand, viel zu der größeren Frage zu erklären, was die Naturwissenschaft uns über Gott sagen kann, wie ich gehofft hatte, es in der anschließenden Diskussion tun zu können.

Allerdings: Ein Vorteil dessen, nicht gut oder nur sehr langsam und bedächtig sprechen zu können, ist, dass man gezwungen ist, die wichtigen Dinge zu sagen, und zwar kurz und bündig. Ich habe einen Freund, der am Tourette-Syndrom leidet und deswegen stottert und dem es oft schwerfällt, etwas zu schnell verlaufenden Gesprächen beizutragen. Die Folge ist, dass er oft mit unglaublich prägnanten Einsichten herausplatzt, die die Quintessenz eines Themas auf wenige Worte eindampfen, manchmal zum Erstaunen seiner Freunde. Etwas Ähnliches passierte an jenem Abend bei mir.

In den letzten fünf oder zehn Minuten der Debatte, als meine Symptome gerade so anfingen sich zu legen, bat der Moderator uns, unsere Perspektive zu der Frage zusammenzufassen, was die Wissenschaft uns über das sagen kann, „was dahintersteckt". Ich beschrieb in knappen Worten die drei wichtigsten wissenschaftlichen Entdeckungen, die meiner Auffassung nach den theistischen Glauben stützten – ich nenne es „die Rückkehr der Gotteshypothese": (1) Belege aus der Kosmologie legen nahe, dass das materielle Universum einen Anfang hatte; (2) Belege aus der Physik zeigen, dass das Universum *von Anfang an* „feinabgestimmt" war, sodass die Möglichkeit für Leben gegeben war; und (3) Belege aus der Biologie weisen nach, dass *von Anfang an* große Mengen neuer funktioneller genetischer Informationen in unserer Biosphäre aufkamen, die neue Lebensformen möglich machten – was, wie ich schon zuvor argumentiert hatte, auf die Aktivität einer gestaltenden Intelligenz hinweist.

Nach der Debatte erhielt ich mitfühlende Post von vielen, denen es leidtat, dass ich bei solch einer öffentlichen Veranstaltung mit einer Migräne zu kämpfen hatte. Doch viele schrieben mir auch, dass das eine, was ihnen vom Inhalt der Debatte in Erinnerung geblieben war, meine Schlussbemerkungen waren sowie die kurze und bündige Darstellung der drei wissenschaftlichen Entdeckungen, die zusammen nicht nur auf einen Designer hindeuten, sondern auf eine Intelligenz mit Eigenschaften, die religiöse Theisten seit Langem Gott zuschreiben. Ich erkannte später, dass ich – vielleicht ohne es zu planen – in wenigen Worten eine mögliche Struktur für eine überzeugende und zugängliche wissenschaftlich basierte Argumentation der Gotteshypothese herausgearbeitet hatte. Vielleicht, dachte ich, war es an der Zeit, dieses Plädoyer weiterzuentwickeln.

Eine unerwartete Entdeckung

Ein weiterer unerwarteter Gewinn aus meiner Teilnahme an der Debatte ergab sich völlig unbemerkt von der Zuhörerschaft. Als ich mich in den zwei Wochen vor der Veranstaltung auf jenen Abend vorbereitete, studierte ich die Erklärung, die Krauss für den Ursprung des Universums vorgelegt hatte. Ich brütete zudem über einem wichtigen technischen Aufsatz und Buch, das ein russischer Physiker namens Alexander Vilenkin verfasst und dessen Ideen Krauss in seinem Buch *Creation of Universes from Nothing* (dt. Ausgabe: *Ein Universum aus dem Nichts*) einer breiten Öffentlichkeit bekannt gemacht hatte. Was ich vorfand, verblüffte mich. Krauss benutzte Vilenkins Arbeit quasi, um das zu widerlegen, was man als das kosmologische oder „Erstursache"-Argument für die Existenz Gottes bezeichnet – ein Argument, das Gott als Ursache für den Anfang des materiellen Universums postuliert. Als ich über das nachdachte, was Vilenkin geschrieben hatte, kam ich jedoch zu der Schlussfolgerung, dass Krauss die wahre Tragweite von Vilenkins Arbeit entgangen war, nämlich, dass sie indirekt die *Notwendigkeit* eines präexistenten Verstandes nahelegte (in Kapitel 17–19 gehe ich detaillierter darauf ein).

Im Laufe der vorangegangenen Jahre war mir in den Werken anderer Vertreter des wissenschaftlichen Materialismus, wenn sie auf Argumente für ein intelligentes Design sowohl in der Physik als auch in der Biologie antworteten, ein ähnliches Muster aufgefallen. Wie ich in späteren Kapiteln dieses Buches zeigen werde, schienen die angeblich stärksten Argumente *gegen* die Theorie des *Intelligent Design* oft unabsichtlich das Plädoyer *für* dieses nur zu stärken statt zu schwächen. Beispielsweise zogen sie in einem Versuch, den Ursprung dessen zu erklären, was man die Feinabstimmung des Universums nennt, ein „Multiversum" heran – doch dies erforderte unweigerlich das Heranziehen einer vorangegangenen unerklärten Feinabstimmung. Versuche, den Ursprung der Informationen zu erklären, die notwendig sind, um neue Formen von Leben hervorzubringen, erforderten ausnahmslos vorausgehende unerklärte Informationen oder beinhalteten Simulationen, die die intelligente Steuerung eines Programmierers, Biochemikers oder Ingenieurs als Bedingung für ihren Erfolg erforderten. Daher warfen die üblichen Erwiderungen auf die Argumentation für ein intelligentes Design in der Physik und Biologie typischerweise die Frage nach dem Ursprung vorausgehender Indikatoren für dieses Design auf – und stärkten demzufolge diese Argumentation.

Nun stellte ich fest, dass Behauptungen, man habe den Ursprung des Universums „aus dem Nichts" erklärt, ähnliche Probleme mit sich brachten. Richtig interpretiert schien die Physik, die dafür herangezogen wurde, die Schlussfolgerung des kosmologischen Arguments zu verfestigen.

Somit hatte mein schwieriger Abend in Toronto einen weiteren unerwarteten Nutzen. Schon vor Beginn der Debatte kannte ich die typischen und stärksten Gegenargumente jeder der drei in Wechselbeziehung stehenden Argumente, die ich schon lange zur Untermauerung der Gotteshypothese aufwerfen wollte. Ich wusste bereits, dass zwei dieser Gegenargumente unabsichtlich mein Plädoyer stärkten. Nun ahnte ich: Das größte Gegenargument, welches auf die dritte Art von Belegen abzielte, die ich anführen wollte – Belege aus der Kosmologie – tut genau dasselbe.

Mir wurde klar, dass es an der Zeit war, dieses Buch zu schreiben.

TEIL I: AUFSTIEG UND NIEDERGANG DER THEISTISCHEN NATURWISSENSCHAFT

Kapitel 1:

Die jüdisch-christlichen Ursprünge der modernen Naturwissenschaft

Ich lebe und arbeite in Seattle, wo vor einigen Jahren ein prominenter Professor der Evolutionspsychologie, David Barash von der Universität Washington, einen aufsehenerregenden Meinungskommentar für die *New York Times* verfasste. Er berichtete von dem „Aufklärungsvortrag", den er seinen Studenten jedes Jahr hält und in dem er sie rundweg darüber informiert, dass die Wissenschaft den Glauben an Gott unplausibel gemacht hat. Oder, wie er erklärte: „Mit dem Fortschritt der Evolutionswissenschaft ist der verfügbare Raum für religiösen Glauben kleiner geworden: Sie hat zwei ehemals mächtige Säulen des religiösen Glaubens zerstört und den Glauben an einen allmächtigen und allgütigen Gott untergraben."[1]

Barash folgt damit einer langen Tradition. Seit dem späten 19. Jahrhundert attestieren einflussreiche Stimmen in der westlichen Kultur – Philosophen, Naturwissenschaftler, Historiker, Künstler, Liederdichter und Populärwissenschaftler – den Tod Gottes. Damit meinen sie natürlich nicht, dass Gott einmal existierte und nun gestorben ist, sondern vielmehr, dass sich jede glaubwürdige *Basis* für den Glauben an ein solches Wesen längst in Luft aufgelöst hat.

Diejenigen, die den Verlust eines rationalen Fundaments für den Glauben an Gott anpreisen, führen oft den Fortschritt der modernen Wissenschaft und das Bild der Wirklichkeit, das sie zeichnet, als Hauptgrund für diesen Niedergang an. Der Gedanke, dass die Wissenschaft Gott begraben hat, zieht sich weithin durch die Medien, durch Bildungseinrichtungen und unsere Kultur. Richard Dawkins (Abb. 1.1a) beispielsweise behauptet, dass das wissenschaftliche Bild des Universums – und besonders Evolutionsnarrative von Ursprung und Entwicklung des

Lebens auf der Erde – eine atheistische oder materialistische Weltsicht stützt. Er formuliert es so: „Das Universum, das wir beobachten, hat genau die Eigenschaften, mit denen man rechnet, wenn dahinter kein Plan, keine Absicht, kein Gut oder Böse steht, nichts außer blinder, erbarmungsloser Gleichgültigkeit."[2]

Abb. 1.1a und 1.1b
Evolutionsbiologe Richard Dawkins und Physiker Lawrence Krauss, zwei prominente Neue Atheisten.

Dieses Buch wird zeigen, dass – nach einem Zitat von Mark Twain – „die Nachrichten vom Tod Gottes stark übertrieben sind".[3] Die Wahrheit ist hingegen genau das Gegenteil dessen, was Dawkins, Barash und zahlreiche andere bekannte Wortführer der Wissenschaft hartnäckig behaupten. Die Eigenschaften des Universums und des Lebens – besonders im Blick auf das Verständnis ihrer Ursprünge – sind genau die, „die zu erwarten sind", wenn eine transzendente und zweckorientierte Intelligenz in der Geschichte des Lebens und des Kosmos agiert hat. Solch eine Intelligenz deckt sich mit dem, was die Menschen schon immer „Gott" nennen, und daher nenne ich die Geschichte dieser Wende die Rückkehr der Gotteshypothese.

Drei große Fragen

Mein eigenes Interesse daran, was wissenschaftliche Entdeckungen über die mögliche Existenz Gottes zeigen, keimte vor über 30 Jahren auf, als ich an einer ungewöhnlichen Konferenz teilnahm. Damals arbeitete ich als Geophysiker an digitaler seismischer Signalverarbeitung für eine Erdölfirma in Dallas, Texas. Im Februar 1985 hörte ich von Owen Gingerich, einem Wissenschaftshistoriker und Astrophysiker der Universität Harvard, der in die Stadt kam, um einen Vortrag über die unerwartete Annäherung zwischen der Kosmologie und dem biblischen Schöpfungsbericht sowie über die theistische Bedeutung der Urknalltheorie zu sprechen. Ich besuchte den Vortrag an einem Freitagabend und stellte fest, dass Gingerich hauptsächlich nach Dallas gekommen war, um am nächsten Tag bei einer viel größeren Konferenz zu sprechen, bei der theistische und atheistische Wissenschaftler als Referenten auftraten. Sie sollten drei große Fragen an der Schnittstelle von Wissenschaft und Philosophie erörtern: den Ursprung des Universums, den Ursprung des Lebens und den Ursprung und das Wesen des menschlichen Bewusstseins.

Fasziniert nahm ich auch an der Konferenz am Samstag im Hilton-Hotel von Dallas teil. Die Organisatoren hatten eine Auswahl von Wissenschaftlern und Philosophen der Weltklasse versammelt, die zwei große, aber divergierende Denksysteme repräsentierten. Ich war nicht überrascht zu hören, wie ausgesprochene Atheisten oder Vertreter des wissenschaftlichen Materialismus erklärten, warum sie an der Existenz Gottes zweifelten. Was mich erschütterte, waren die überzeugenden Vorträge anderer führender Wissenschaftler, die der Ansicht waren, dass die neueren Entdeckungen in ihren eigenen Forschungsfeldern eine entschieden *theistische* Bedeutung hatten.

Im ersten Forum erklärten nicht nur Professor Gingerich, sondern auch der bekannte Astronom Allan Sandage vom California Institute of Technology (Caltech), wie Fortschritte in der Astronomie und Kosmologie gezeigt hatten, dass das materielle Universum einen eindeutigen Anfang in Zeit und Raum besaß, was auf eine Ursache jenseits des physischen oder materiellen Universums hinwies. Gingerich und Sandage sprachen zudem über Entdeckungen in der Physik, die zeigten, wie das

Universum seit Beginn der Zeit in seinen physikalischen Parametern und der anfänglichen Anordnung der Materie in einer Weise feinabgestimmt ist, die die Existenz von komplexem Leben ermöglicht. Dies war für sie ein Hinweis darauf, dass eine vorausgehende Intelligenz für diese „Feinabstimmung" verantwortlich war.

Abb. 1.2
Der ehemalige Astronom Allan Sandage vom California Institute of Technology.

Keiner von beiden wollte behaupten, dass diese Entdeckungen die Existenz Gottes „bewiesen". Sie warnten, dass die Wissenschaft nichts mit absoluter Sicherheit „beweisen" kann. Beide argumentierten allerdings, dass die Entdeckungen viel besser zu einer theistischen Perspektive passten als zu einer materialistischen. Professor Sandage (Abb. 1.2) erregte bei der Konferenz bereits dadurch Aufsehen, dass er auf der theistischen Seite des Rednerforums Platz nahm. Es stellte sich heraus, dass er sein Leben lang Agnostiker und Vertreter des wissenschaftlichen Materialismus gewesen war und erst vor Kurzem zum Glauben an Gott gefunden hatte – und zwar teils *wegen*, nicht trotz der wissenschaftlichen Belege.

Das Forum zum Ursprung des ersten Lebens brachte eine ähnlich dramatische Enthüllung. Einer der anwesenden führenden Forscher auf dem Gebiet der Entstehung des Lebens, der Biophysiker Dean Kenyon (Abb. 1.3) verkündete, er nehme Abstand von seiner eigenen innovativen Evolutionstheorie zum Ursprung des Lebens. Kenyons Theorie,

Abb. 1.3
Dean Kenyon, Biophysiker und Forscher auf dem Gebiet der Entstehung des Lebens.

die er in einem höchst erfolgreichen modernen Lehrbuch mit dem Titel *Biochemical Predestination* („Biochemische Prädestination") entwickelt hatte, formulierte die damals wohl plausibelste Darstellung der Evolution dazu, wie sich eine lebende Zelle aus einfacheren chemischen Stoffen in einer „präbiotischen Suppe" „selbst organisiert" haben könnte.

Doch Kenyon waren, wie er auf der Konferenz erklärte, Zweifel an seiner eigenen Theorie gekommen. Simulationen zum Ursprung des Lebens legten zunehmend nahe, dass einfache chemische Stoffe sich weder zu komplexen informationstragenden Molekülen zusammenfügen noch in eine lebensrelevante Richtung entwickeln, es sei denn, Biochemiker steuern den Prozess aktiv und intelligent. Doch wenn ungesteuerte chemische Prozesse nicht die verschlüsselten Informationen erklären können, die selbst in den einfachsten Zellen zu finden sind, könnte dann eine steuernde Intelligenz eine Rolle im Ursprung des Lebens gespielt haben? Kenyon verkündete, er sei mittlerweile dieser Ansicht.

Nach der Konferenz traf ich auf einen von Kenyons Kollegen im Forum zum Ursprung des Lebens, einen Chemiker namens Charles Thaxton. So wie Kenyon war auch Thaxton der Auffassung, die in der DNA vorhandenen Informationen wiesen auf die vorangegangene Aktivität einer gestaltenden Intelligenz hin – auf eine „intelligente Ursache", wie er es nannte. Durch meine weiteren Gesprächen mit ihm über die folgenden Tage und Monate wuchs in mir die Faszination an der Frage nach dem Ursprung des Lebens und ob man aufgrund der Entdeckung der digital verschlüsselten Informationen in der DNA eine naturwissenschaftliche Begründung für ein intelligentes Design formulieren könnte.

Ich entschied mich, meine eigene Energie darauf zu konzentrieren, diese Möglichkeit zu erforschen, und schrieb am Ende meine Doktorarbeit an der Universität Cambridge zum (biologischen) Ursprung des Lebens. Viel später, im Jahr 2009, veröffentlichte ich mein Buch *Signature in the Cell* („Die Signatur in der Zelle"). Darin argumentierte ich, dass die in der DNA gespeicherten Informationen für ein intelligentes Design sprechen, doch wieder ohne zu versuchen, die für das Leben verantwortliche gestaltende Intelligenz zu benennen. Dennoch blieb ich in all den Jahren fasziniert von der Möglichkeit, dass die Hinweise aus der Kosmologie und Physik zusammen mit denen aus der Biologie die Basis für eine überzeugende Neuformulierung einer Gotteshypothese liefern könnten.

Die Aussage, die Gotteshypothese sei zurückgekehrt, bedeutet indirekt, dass Wissenschaftler sie zuvor abgelehnt haben müssen und dass zu einem noch früheren Zeitpunkt eine theistische Perspektive entweder als Inspiration für das Betreiben von Wissenschaft, als Erklärung für bestimmte wissenschaftliche Entdeckungen, oder beides geherrscht haben muss. Dennoch stellen nur wenige Populärwissenschaftler die Geschichte der Wissenschaft und ihren Bezug zum religiösen Glauben so dar. Stattdessen behaupten sie nicht nur, dass Naturwissenschaft und theistischer Glaube heute im Konflikt zueinander stehen, sondern auch, dass Naturwissenschaft und Religion nahezu immer schon miteinander im Krieg waren.[4] Sie beschreiben die historische Beziehung zwischen Naturwissenschaft und Religion als etwas, das gekennzeichnet ist von im Widerspruch zueinander stehenden Behauptungen über die Realität sowie von konkurrierenden Erkenntnisansätzen.[5]

Dieses Kapitel hinterfragt das von den Neuen Atheisten bevorzugte Narrativ über die historische Beziehung zwischen Naturwissenschaft und theistischem Glauben. Dabei wird es zeigen, wie jüdisch-christliches Gedankengut entscheidend zum Aufstieg der modernen Naturwissenschaft beigetragen hat.

Die Geschichte der Naturwissenschaften (in der Version der Neuen Atheisten)

Die Standardgeschichte, die von den Neuen Atheisten und Persönlichkeiten aus dem Mainstream gleichermaßen vorangetrieben wird, behauptet, dass Naturwissenschaften und religiöser Glaube generell und schon immer im direkten Gegensatz zueinander stehen. Nehmen wir beispielsweise die überarbeitete 13-teilige Serie *Unser Kosmos: Die Reise geht weiter*, die in den USA 2014 ausgestrahlt wurde. Darin schreibt Neil deGrasse Tyson, ein Vertreter des wissenschaftlichen Materialismus, der das Etikett „Atheist" ablehnt, den Rückgang des Glaubens an Gott während des 17. Jahrhunderts dem Triumph der newtonschen Physik zu. In der dritten Folge beschreibt Tyson ausführlich die Zusammenarbeit zwischen dem Astronomen Edmond Halley und Isaac Newton.[6] Er berichtet, wie diese Zusammenarbeit zur Veröffentlichung von Newtons Meisterstück *Philosophiae Naturalis Principia Mathematica* führte, in dem Newton seine mathematisch präzise Theorie der Schwerkraft entwickelte. Tyson behauptet, dass die Anwendbarkeit von Newtons Theorie der Schwerkraft auf die Bewegungen der planetaren Objekte die „Notwendigkeit eines Uhrmachermeisters als Erklärung für die Präzision und Schönheit des Sonnensystems" ausgehöhlt hat.[7]

Tyson würdigte zwar, dass Isaac Newton persönlich an Gott glaubte, und nannte ihn einen „Gott liebenden Mann". Dennoch versicherte er seinen Zuschauern, dass Newtons religiöse Glaubensüberzeugungen seine wissenschaftlichen Bestrebungen in keiner Weise voranbrachten. Vielmehr beharrte er darauf, dass Newtons religiöse Studien „nie zu etwas führten", und dass Newtons Gottesbezug „das Schließen einer Tür" repräsentierte. „Es führte nicht zu anderen Fragen."[8] Daher befreite laut Tyson Newtons Wissenschaft die Menschen vom Glauben an Gott, während Newtons eigener Glaube an Gott seine eigenen wissenschaftlichen Fortschritte behinderte. Tysons Botschaft war klar: Um gute Wissenschaft zu betreiben, müssen Naturwissenschaftler die Fesseln der Religion abwerfen, und der Fortschritt der Naturwissenschaft hat den Menschen in der westlichen Welt genau das ermöglicht.

Das Kriegs- oder Konfliktmodell

Diese Wahrnehmung eines immerwährenden und unausweichlichen Konflikts zwischen Naturwissenschaft und Glaube entstand erst vor relativ kurzer Zeit. Während meines ersten Studienjahres in Cambridge hielt Professor Colin Russell, der damalige Präsident der British Society for the History of Science und renommierter Dozent für Wissenschaftsgeschichte an einer anderen britischen Universität (der Open

University) einen gutbesuchten Vortrag über die sogenannte Kriegsthese. Professor Russell erklärte, dass die Wahrnehmung eines tiefen oder von Natur aus vorhandenen Konflikts zwischen Naturwissenschaft und Glauben das Produkt eines Geschichtsrevisionismus sei. Zwei solcher Werke trugen zum Aufkommen dieser Auffassung bei, nämlich *History of the Conflict Between Religion and Science* (1874, dt. Ausgabe: *Geschichte der Conflicte zwischen Religion und Wissenschaft*) von John William Draper (Abb. 1.4a) und *A History of the Warfare of Science with Theology in Christendom* (1896, dt. Ausgabe: *Geschichte der Fehde zwischen Wissenschaft und Theologie in der Christenheit*).[9] Diese Bücher erschienen in der Zeit unmittelbar nach der Veröffentlichung von Darwins *On the Origin of Species* (dt. Ausgabe: *Über die Entstehung der Arten*) 1859. Sie „schürten den Eindruck, dass religiöse Kritiker des Darwinismus drohten, die Inquisition neu zu entfachen"[10], wie der Historiker Edward Larson es ausdrückte. Draper betrachtete die organisierte Religion als direkte und existenzielle Bedrohung des wissenschaftlichen Fortschritts. Er argumentierte folgendermaßen: „... Christentum und Wissenschaft werden von ihren jeweiligen Anhängern als absolut unvereinbar erkannt; sie können nicht gemeinsam existieren; das eine muss sich dem anderen beugen; die Menschheit muss sich entscheiden – sie kann nicht beides haben."[11]

Ein weiterer Wissenschaftshistoriker, Jeffrey B. Russell, bemerkte, dass Whites Buch „von immenser Bedeutung" war, „denn es ... erklärte ausdrücklich, dass Naturwissenschaft und Religion im Krieg miteinander lagen. Es festigte im gebildeten Verstand den Gedanken, dass ‚Naturwissenschaft' für Freiheit und Fortschritt und gegen den Aberglauben und die Unterdrückung der ‚Religion' stand."[12] In *Summer for the Gods*, einer Geschichte des Scopes-Prozesses, für die der Autor Edward Larson den Pulitzer-Preis gewann, merkt dieser an, dass in den Jahrzehnten nach der Veröffentlichung von *Über die Entstehung der Arten* dieses „Kriegsmodell" von Naturwissenschaft und Religion „sich im überlieferten Wissen vieler säkularer Amerikaner verwurzelt hat".[13]

In seinem Vortrag in Cambridge und seinen späteren Schriften beklagte Colin Russell, dass dieses Beziehungsschema zwischen Naturwissenschaft und Religion sich „tief in die Kultur der westlichen Welt eingrub" und „sich als extrem schwer loszuwerden herausstellte".[14] Er merkte an, dass die „Draper-White-These routinemäßig in populärwissenschaftlichen Schriften, von den Medien und in einigen älteren wissenschaftsgeschichtlichen Werken verwendet wird".[15] Und obwohl die Neuen Atheisten beanspruchen, eine „neue" Perspektive einzubringen, ist ihre Sicht der Beziehung zwischen Naturwissenschaft und Glauben lediglich ein Echo dieser Geschichtsschreibung des späten 19. Jahrhunderts.

Abb. 1.4a und Abb. 1.4b
John William Draper und Andrew Dickson White, revisionistische Historiker des 19. Jahrhunderts, die Naturwissenschaft und Christentum als sich bekämpfende Kriegsparteien darstellten.

Ein anderes Verständnis

In Wahrheit erzählt ein ganzer Chor von Wissenschaftshistorikern, -philosophen und -soziologen des 20. und 21. Jahrhunderts eine deutlich andere Geschichte. Zu diesen Geisteswissenschaftlern zählen Herbert Butterfield,[16] A. C. Crombie,[17] Michael B. Foster,[18] Loren Eiseley,[19] David Lindberg,[20] Owen Gingerich,[21] Reijer Hooykaas,[22] Robert Merton,[23] Pierre Duhem,[24] Colin Russell,[25] Alfred North Whitehead,[26] Peter Hodgson,[27] Ian Barbour,[28] Christopher Kaiser,[29] Holmes Rolston III,[30] Steve Fuller,[31] Peter Harrison[32] und Rodney Stark,[33] um nur einige zu nennen. Obwohl einige naturwissenschaftliche Theorien im 19. Jahrhundert (besonders jene, die den biologischen Ursprung und die geologische Geschichte betreffen) einige traditionelle theistische

Ideen infrage zu stellen schienen, merken diese Historiker an, dass der Glaube an einen Gott – und insbesondere das Christentum – eine entscheidende Rolle im Aufstieg der modernen Naturwissenschaft im 16. und 17. Jahrhundert spielten.

Gewiss nahmen zu der Zeit, als Draper und White ihre Werke verfassten, viele Naturwissenschaftler einen Konflikt zwischen Wissenschaft und religiösem Glauben wahr, doch das war nicht immer der Fall. Stattdessen bieten fast alle Wissenschaftshistoriker heute eine differenziertere Sichtweise an: Sie behaupten, dass zwar einige Naturwissenschaftler oder naturwissenschaftliche Theorien in einigen Phasen der Wissenschaftsgeschichte den Glauben infrage stellten, in anderen Phasen der religiöse Glaube jedoch den Fortschritt der Wissenschaft sogar befeuerte. Zudem haben zahlreiche Wissenschaftshistoriker gezeigt, dass der Glaube an Gott zum einen als Inspiration zum Betreiben von Wissenschaft diente und zum zweiten als Rahmen zur Erklärung wissenschaftlicher Beobachtungen während der Wissenschaftsrevolution. In dieser zeitlichen Periode (etwa zwischen 1500 und 1750) ist die moderne Naturwissenschaft als systematisches Unterfangen überhaupt erst entstanden.

Das Aufkommen der theistischen Wissenschaft

Als Collegeprofessor hielt ich zusammen mit Kollegen regelmäßig einen großen Hauptkurs im Themenbereich „Westliche Zivilisation" zur Wissenschafts- und Technologiegeschichte. In der Vorlesung über die wissenschaftliche Revolution überraschte es meine Studenten stets zu hören, dass so viele Wissenschaftshistoriker und -philosophen heute jüdisch-christliches Gedankengut als entscheidend für den Ursprung der modernen Naturwissenschaft bezeichnen.

Ich selbst begegnete dieser These zum ersten Mal während meines ersten Jahres im Promotionsstudium. Dass diese These unter meinen Dozenten in Cambridge so unstrittig zu sein schien, überraschte mich auch, angesichts der mehrheitlich atheistischen oder agnostischen Vorlieben des Lehrkörpers am Institut für Wissenschaftsgeschichte und -philosophie, wo ich studierte.

Insbesondere ein Vorfall bestätigte meine Wahrnehmung der religiösen Orientierung der Mehrheit des Lehrkörpers. Nach den Seminaren trafen sich die Dozenten häufig in einem örtlichen Pub, um weiter mit den Studenten zu diskutieren. Einmal beschloss ein Kommilitone aus den USA, der sich in der neuen Umgebung offenkundig ebenso unsicher fühlte wie ich, offenzulegen (und das mit einigem Stolz), dass er seine früheren religiösen Glaubensüberzeugungen verworfen hatte und sich nun als Atheist betrachtete. Dieser Versuch, sich bei den Dozenten lieb Kind zu machen, traf auf eine unerwartet abweisende Reaktion. Einer der jüngeren, hipperen britischen Dozenten in unserer Fakultät erwiderte: „Natürlich sind Sie Atheist. Was haben Sie sonst noch Interessantes über sich zu berichten?“ An diesem Punkt beschloss ich, meine eigenen metaphysischen Ansichten nicht kundzutun, denn ich bezweifelte, dass sie auch nur annähernd so milde aufgenommen worden wären wie die meines Kommilitonen.

Trotz solcher allgegenwärtiger Tendenzen erkannten viele der Wissenschaftshistoriker, -soziologen und -philosophen, denen ich begegnete (und deren Lehrveranstaltungen ich besuchte), die wichtige Rolle an, die der Glaube an Gott in der wissenschaftlichen Revolution gespielt hatte. Und zwar unter anderem deshalb, weil es dazu beitrug, Antworten auf die Frage nach dem „Warum dort? Warum dann?“ zu geben.

Der X-Faktor: Eine Verschiebung im Denken

Joseph Needham, Chemiker und Wissenschaftshistoriker an der Universität Cambridge, war der Erste, der in seiner Erforschung der wissenschaftlichen Revolution die „Warum dort? Warum dann?“-Frage stellte. Needham fiel auf, dass die materiellen Voraussetzungen zum Betreiben von Wissenschaft in vielen gut entwickelten Kulturen existierten. Die Ägypter errichteten große Pyramiden, Paläste und Grabmäler. Die Chinesen erfanden den Kompass, den Druckstock und das Schießpulver. Die Römer bauten große Straßen und Aquädukte. Und die Griechen hatten herausragende Philosophen, von denen einige eingehend die Natur studierten. Doch keine dieser Kulturen entwickelte die systematischen Methoden zur Erforschung der Natur, die zwischen ca. 1500 und 1700 im westlichen Europa aufkamen.

Peter E. Hodgson, ein (2008 verstorbener) Physiker und Wissenschaftshistoriker an der Universität Oxford (s. Abb. 1.5) machte eine ähnliche Beobachtung. Viele Zivilisationen hatten hochentwickelte materielle Kulturen oder etwas, das Hodgson „die materiellen Voraussetzungen für das Wachsen der Wissenschaft“[34] nannte. Er erklärte:

> *Wenn man darüber nachdenkt, was für die Entstehung einer überlebensfähigen Wissenschaft notwendig ist, sieht man zuerst, dass man eine recht gut entwickelte Gesellschaft braucht, sodass einige ihrer Mitglieder den größten Teil ihrer Zeit damit zubringen können, einfach über die Welt nachzudenken, ohne ständig mit dem Beschaffen der nächsten Mahlzeit beschäftigt zu sein. Weiterhin ist einfache Technologie nötig, sodass die Apparate für Experimente gebaut werden können. Zudem muss es ein Schriftsystem geben, sodass die Ergebnisse aufgezeichnet und an andere Wissenschaftler gesendet werden können, sowie eine Form der mathematischen Darstellung für numerische Messergebnisse. Dies kann man als materielle Voraussetzungen für Wissenschaft bezeichnen.*[35]

Abb. 1.5
Peter Hodgson, Physiker und Wissenschaftshistoriker der Universität Oxford.

Da in vielen Kulturen diese Voraussetzungen vorhanden waren, fragten sich Needham und Hodgson, warum die moderne Naturwissenschaft in einem relativ engen Zeitfenster in Europa einen solch steilen Aufschwung erlebte und warum sich in diesen anderen Kulturen nichts entwickelte, was den westlichen Naturwissenschaften mit ihren formalen Methoden zum Studium der Natur nahegekommen wäre. Warum fingen die Menschen im westlichen Europa während des 16. und 17. Jahrhunderts an, auf so revolutionäre und systematische Weise die Geheimnisse der Natur zu entschlüsseln?

Needham, Hodgson und viele andere Historiker wie Herbert Butterfield und Ian Barbour nennen dabei den fehlenden „X-Faktor" in der Welt des Denkens. Sie weisen auf das jüdisch-christliche Gedankengut hin, das vor dem 16. und 17. Jahrhundert in Europa vorherrschend war. Barbour argumentiert, dass „die Wissenschaft in ihrer modernen Form … unter allen Kulturen der Welt allein in der westlichen Zivilisation" aufkam, da allein der christliche Westen die notwendigen „intellektuellen Voraussetzungen" besaß, „die dem Aufstieg der Naturwissenschaften zugrunde liegen".[36] Wie Butterfield, ehemaliger Professor für Geschichte der Neuzeit an der Universität Cambridge, erklärte: „Es war äußerst schwierig, der vorangegangenen aristotelischen Doktrin zu entkommen, indem man lediglich die Dinge eingehender beobachtete. … Dazu war eine andere Art von Denkweise notwendig, eine Verschiebung im Denken des Wissenschaftlers selbst."[37]

Der Bruch mit dem griechischen Denken

Die genannten Historiker kamen zu dem Befund, dass die notwendige Verschiebung im Bestärken der jüdisch-christlichen Schöpfungslehre während des katholischen Spätmittelalters und der protestantischen Reformation zu finden ist. Dies war die Veränderung, die zum Bruch mit dem griechischen Denken führte, das bis dahin den Fortschritt der Wissenschaft beschränkt hatte.

Als ich zum ersten Mal darauf stieß, schien mir die Notwendigkeit eines solchen Bruchs zunächst rätselhaft. Die Griechen sind die Helden der westlichen intellektuellen Tradition. Ihr „rationalistisches Credo" – „Die Welt ist geordnet, erkennbar und am besten durch den menschlichen Verstand zu erkennen",[38] wie die Physikerin Lois Kieffaber es formulierte – machte sie zum Inbegriff der Vernunft in der antiken Welt.

Dennoch waren viele Annahmen der Griechen tendenziell eher ein Hemmschuh für ein rigoros empirisches und beobachtendes Herangehen an die Natur.[39] Obwohl griechische, jüdische und christliche Philosophen sich im Blick auf die Rationalität der Natur einig waren, führten einige griechische Ideen zu einer sterilen „Schreibtischphilosophie", die unabhängig von tatsächlichen Beobachtungen betrieben wurde.

Obwohl die griechischen Philosophen der Auffassung waren, dass die Natur eine ihr zugrunde liegende Ordnung widerspiegelt, glaubten sie dennoch, dass diese Ordnung von einem intrinsischen, in sich selbst existierenden logischen Prinzip herrührte, dem *logos*, statt von einem Verstand oder einem göttlichen Wesen mit einem Willen.[40] Aus diesem Grund gingen zahlreiche griechische Denker davon aus, dass sie aus Urbegriffen, die auf nur oberflächlichen Beobachtungen von Naturphänomenen – oder ganz ohne Beobachtung der Natur – beruhten, ableiten konnten, wie die Natur sich verhalten sollte. In der Astronomie beispielsweise gingen Aristoteles (4. Jh. v. Chr.) und Ptolemäus (2. Jh. v. Chr.) davon aus, dass die Planeten sich auf Kreisbahnen bewegen müssten. Warum? Weil sich nach der griechischen Kosmologie die Planeten im vollkommenen Reich der gläsernen Sphären bewegten, einem himmlischen Reich, in dem nur Perfektion möglich war. Da, so ihre Schlussfolgerung, die vollkommenste Form der Bewegung kreisförmig war, mussten sich die Planeten auf Kreisbahnen bewegen.[41] Was könnte logischer sein? Der Wissenschaftshistoriker Reijer Hooykaas erklärt: Wenn mittelalterliche Aristoteliker sagten, dass „Dinge naturgemäß geschahen, bedeutete das, dass sie einem Muster folgten, das dem menschlichen Verstand rational erschien – einem Muster, das von Aristoteles entdeckt worden war".[42]

Diese Überschätzung der reinen Vernunft und das Sich-Verlassen auf logische Notwendigkeit schlug sich auch auf andere Art und Weise nieder. Nach der Wiederentdeckung von Aristoteles' Werken im 11. Jahrhundert[43] waren christliche Theologen eifrig darauf bedacht, eine Synthese zwischen ihren theologischen Glaubensüberzeugungen und dem Besten der klassischen Gelehrsamkeit herzustellen. Häufig übernahmen sie dabei griechische Annahmen darüber, wie die Natur aussehen müsste. Unter Berufung auf Erwägungen logischer Notwendigkeit – und oft auf Aristoteles' Autorität – behaupteten einige mittelalterliche Theologen und Philosophen, das Universum müsse ewig sein,[44] Gott könne keine neuen Spezies erschaffen,[45] Gott habe nicht mehr als ein Planetensystem erschaffen können,[46] Gott habe keinen leeren Raum erschaffen können,[47] Gott habe Planeten keine nicht-kreisförmigen Umlaufbahnen geben können und viele andere solcher Aussagen.[48]

Die Kontingenz der Natur

Damit die Wissenschaft voranschreiten konnte, mussten Naturphilosophen – Wissenschaftler, wie wir sie heute nennen – eine empirischere, mehr evidenzbasierte Herangehensweise entwickeln. Dieser Prozess begann deutlich vor der wissenschaftlichen Revolution aufgrund einer Verschiebung im Denken über die Quelle der Ordnung der physischen Welt. Im Jahr 1277 verurteilte Etienne Tempier, der Bischof von Paris, mit Unterstützung von Papst Johannes XXI. in einer seiner Schriften die „Notwendigkeitstheologie" und 219 unterschiedliche, von der griechischen Philosophie beeinflusste Thesen darüber, was Gott tun oder nicht tun konnte.[49] Vor dem Dekret von 1277 gingen christliche Theologen und Philosophen, insbesondere an der einflussreichen Pariser Universität, häufig davon aus, dass die Natur scheinbar offensichtlichen logischen Prinzipien folgen müsse, wie die aristotelischen kosmologischen, physikalischen oder biologischen Thesen veranschaulichten.

Die jüdisch-christliche – ja, biblische – Schöpfungslehre trug dazu bei, die Wissenschaft der westlichen Welt von solch nezessitarischem Denken zu befreien, indem sie die Abhängigkeit der Natur vom Willen eines rationalen Gottes deklarierte. Wie die griechischen Philosophen waren auch die frühneuzeitlichen Naturwissenschaftler der Auffassung, dass die Natur eine ihr zugrunde liegende Ordnung zeigt. Dennoch glaubten sie, dass der Natur diese natürliche Ordnung von einem gestaltenden Verstand mit einem Willen aufgeprägt worden war – dem Verstand und Willen des jüdisch-christlichen Gottes. Aus diesem Grund hielten sie die Ordnung in der Natur für das Produkt nicht logischer Notwendigkeit, sondern rationaler Absicht und bewusster Entscheidung; der schottische Theologe Thomas Torrance nennt dies „kontingente Rationalität".[50] Tempiers Dekret von 1277 unterstrich dieses Prinzip, indem es die Schöpfungslehre sowie die Souveränität und Freiheit Gottes bekräftigte, als Schöpfer so zu handeln, wie er es für richtig hält.

Diese Verschiebung im Denken führte in den Jahrhunderten, die auf Tempiers Dekret folgten, zu einem anderen Ansatz beim Studium der Natur. So wie es viele Möglichkeiten gibt, ein Bild zu malen, eine Uhr zu gestalten oder Bücher in einer Bibliothek anzuordnen, gibt es viele Arten, ein Universum zu gestalten und anzuordnen. Weil sie von einem rationalen Verstand gewählt wurde, hätte die Ordnung in der Natur auch anders ausfallen können. Daher konnten die Naturphilosophen die Ordnung der Natur nicht einfach aus logischen Urprinzipien ableiten; sie mussten die Natur sorgfältig und systematisch beobachten. Wie Robert Boyle, eine der wichtigsten Figuren der wissenschaftlichen Revolution und Begründer der modernen Chemie, erklärte, bestand die Aufgabe des Naturphilosophen nicht darin zu fragen, was Gott wohl getan haben müsse, sondern was er tatsächlich getan hatte.[51] Boyle argumentierte, dass Gottes Freiheit eine empirische und beobachtende Herangehensweise verlangte, nicht eine deduktive.[52] Wissenschaftler mussten hinschauen und herausfinden. Wie der Wissenschaftshistoriker Ian Barbour erklärt: „Die Schöpfungslehre bedeutet, dass *die Details der Natur nur durch deren Beobachtung zu erkennen sind.*“[53]

Die Verstehbarkeit der Natur

Da die Natur vom gleichen rationalen Verstand gestaltet wurde wie der menschliche Verstand, gingen die frühen modernen Wissenschaftler (oder „Naturphilosophen“[54]) ferner davon aus, dass die Natur *verstehbar* ist. Sie konnte vom menschlichen Intellekt verstanden werden. Die Begründer der modernen Wissenschaft gingen davon aus, dass die Natur ihre Geheimnisse offenbaren würde, wenn man sie sorgfältig beobachtete. Ihre Gewissheit im Blick auf diese Annahme war sowohl in der griechischen als auch der jüdisch-christlichen Idee begründet, dass das Universum ein geordnetes System ist – ein Kosmos, kein Chaos. Der britische Philosoph Alfred North Whitehead argumentierte: „Es kann keine lebendige Wissenschaft geben, es sei denn, es ist eine weitverbreitete instinktive Überzeugung von einer *Ordnung der Dinge* vorhanden – und insbesondere eine *Ordnung der Natur*.“[55] Whitehead schrieb diese Überzeugung unter den Begründern der modernen Wissenschaft besonders dem „mittelalterlichen Festhalten an der Rationalität Gottes“ zu.[56]

Andere Geisteswissenschaftler untermauern diese Feststellung noch. Sie behaupten, die moderne Wissenschaft sei ausdrücklich von der Überzeugung inspiriert gewesen, dass das Universum das Produkt eines

Abb. 1.6
Johannes Kepler, Astronom im 17. Jahrhundert. Sein Glaube gab ihm die Zuversicht, dass das Universum verstehbar ist.

rationalen Verstandes ist, der das Universum so gestaltet hat, dass es verstanden werden kann, und der auch den menschlichen Verstand so gestaltet hat, dass er es verstehen kann. Wie der Historiker und Wissenschaftsphilosoph Steve Fuller anmerkt, gründet die westliche Wissenschaft in dem „Glauben, dass die Ordnung der Natur das Produkt einer einzigen Intelligenz ist, von der unsere eigene Intelligenz abstammt".[57] Der Philosoph Holmes Rolston III formuliert es so: „Es war der Monotheismus, der das Aufkommen der physikalischen Wissenschaft initiierte, denn seine Prämisse war eine verstehbare Welt – heilig, aber entzaubert – eine Welt mit einem Plan, die deshalb den Untersuchungen der Wissenschaftler offenstand. Die großen Pioniere der Physik – Newton, Galileo, Kepler, Kopernikus – waren aus einem tiefen Glauben heraus davon überzeugt, dazu berufen zu sein, Hinweise auf Gott in der physischen Welt zu finden."[58] Der Astronom Johannes Kepler (1571–1630, Abb. 1.6) tat beispielsweise kund, Gott wollte, dass wir die Naturgesetze erkennen, und er machte dies möglich, „indem er uns nach seinem eigenen Bild erschuf, damit wir ihm seine Gedanken nachdenken können".[59]

Daher zog die Annahme, dass ein rationaler Verstand mit einem Willen das Universum erschaffen hatte, zwei Gedanken nach sich: Kontingenz und Intelligibilität, also Bedingtheit und Verstehbarkeit, und diese wiederum lieferten einen enormen Impuls, die Natur zu studieren – in der Gewissheit, dass ein solches Studium Erkenntnis hervorbringen würde.[60]

Die Fehlbarkeit des menschlichen Denkens

Eine weitere biblische Idee beeinflusste die Entwicklung eines beobachtenden und experimentellen Ansatzes in den Naturwissenschaften. Während Wissenschaftler im 16. und 17. Jahrhundert den menschlichen Verstand als Geschenk eines rationalen Gottes betrachteten, erkannten dieselben Wissenschaftler – von denen viele durch die protestantische Reformation und Gedanken der Kirchenväter, die im ausgehenden Mittelalter wiederentdeckt wurden, geprägt waren – auch die Fehlbarkeit des Menschen und somit die Fehlbarkeit von menschlichen Gedanken über die Natur an. Steve Fuller erklärt:

> *Die Forschung in der Wissenschaftsgeschichte und -philosophie sieht zwei biblische Gedanken als entscheidend für den Aufstieg der Naturwissenschaften an, die beide der augustinischen Lesart des Buches Genesis zugeschrieben werden können. Augustinus war einer der alten Kirchenväter, dessen Werk im ausgehenden Mittelalter und besonders in der Zeit der Reformation zunehmend studiert wurde. Er prägte für beide Gedanken lateinische Ausdrücke, die auf den ersten Blick im Gegensatz zueinander stehen: Imago Dei und peccatum originis. Ersterer drückt aus, dass der Mensch als Spezies einzigartig ist, da er nach Gottes Ebenbild erschaffen ist; Letzterer besagt, dass alle Menschen mit dem Erbe von Adams Fehltritt, der „Ursünde" geboren werden.*[61]

Weiterhin argumentiert Fuller, dass „die Christen, sobald sie anfingen, selbst die Bibel zu lesen" – wie es mit der Verfügbarkeit von gedruckten Büchern ab dem 15. Jahrhundert der Fall war – „diese Gedanken ebenfalls als herausragend für die Definition ihrer Beziehung zu Gott ausmachten".[62]

Eine so differenzierte Sicht der menschlichen Natur bedeutete einerseits, dass der Mensch Einblick in die Funktionsweise der natürlichen Welt erhalten konnte, dass er aber andererseits auch anfällig für Selbstbetrug, Phantastereien und voreilige Schlüsse war. Dieser komplexe Blick auf den Verstand, der sowohl dessen Fähigkeit als auch Fehlbarkeit unterstrich, weckte Vertrauen darauf, dass die Gestaltung und Ordnung der Natur verstanden werden *konnte*, wenn die Naturwissenschaftler die natürliche Welt sorgfältig studierten. Gleichzeitig erzeugte er Vorsicht im Blick auf das Vertrauen auf menschliche Intuition, Mutmaßungen und Hypothesen, es sei denn, diese waren sorgfältig durch Experiment und Beobachtung erprobt worden.[63] Dazu kommt, wie der australische Wissenschaftshistoriker Peter Harrison anmerkt: Während der protestantischen Reformation wurde die Lehre vom Sündenfall der Menschheit sowie der gefallene Zustand der Natur neu betont, was bedeutete, dass die Wissenschaftler ihre ersten Beobachtungen der Natur nicht unkritisch hinnehmen sollten. Stattdessen müssen sie die Natur mit systematischen experimentellen Methoden „befragen".[64]

Diese Sicht des menschlichen Verstandes hat die Wissenschaft bis heute beeinflusst. Die Methoden zum Prüfen von Hypothesen, die von Persönlichkeiten wie Francis Bacon im 17. Jahrhundert oder William Whewell im 19. Jahrhundert entwickelt wurden, setzten sowohl die Fähigkeit als auch die Fehlbarkeit des menschlichen Verstandes voraus. Wie Fuller bemerkt: „Dieser vernunftbetonte Ansatz wurde bis ins moderne säkulare Zeitalter hineingetragen, wie es in unserer eigenen Zeit vielleicht am besten von Karl Poppers Methode der ‚Vermutungen und Widerlegungen' illustriert wird, die in beiden Fällen als umso besser betrachtet werden, je stärker sie sind. Wir sollten anstreben, die ganze Natur zu verstehen, indem wir kühne Hypothesen aufstellen (wozu wir aufgrund des *Imago Dei* fähig sind), jedoch Irrtümer erwarten (zu denen wir aufgrund des *peccatum originis* neigen) und zugeben, wenn wir im Licht der Befunde falschliegen."[65]

Tatsächlich findet man Hinweise auf dieses Anliegen, menschliche Einsichten und Intuitionen an empirischen Belegen zu prüfen, bereits im Spätmittelalter. Schon im 13. Jahrhundert entwickelte der Oxforder Theologe und Philosoph Robert Grosseteste zusammen mit seinem berühmten Studenten Roger Bacon[66] wissenschaftliche Schlussfolgerungsmethoden wie beispielsweise die Methode der „Auflösung und Zusammensetzung" sowie Methoden zur Überprüfung kausaler Hypothesen wie „Verifikation und Falsifikation". Letztere ähnelte deutlich der modernen wissenschaftlichen Methode des „Isolierens von Variablen".[67] Diese Methoden spiegelten sowohl ein frühes Interesse am systematischen Studium von Naturphänomenen als auch eine Anerkennung der Grenzen des menschlichen Verstandes ohne Beobachtung der Welt wider. Wissenschaftler unserer Zeit setzen diese beiden Methoden zur Überprüfung von Hypothesen ein. Entsprechend nennt Alistair C. Crombie, ein renommierter Wissenschaftshistoriker der Universität Oxford, Grosseteste den „eigentlichen Begründer der Tradition des wissenschaftlichen Denkens im mittelalterlichen Oxford, und in mancherlei Hinsicht der modernen englischen intellektuellen Tradition".[68] Grosseteste war zudem einer jener Theologen, die im Spätmittelalter dazu beitrugen, die Schöpfungslehre wiederzuentdecken und neu zu betonen. Er hielt Vorlesungen zu zahlreichen biblischen Büchern und besonders zum Buch Genesis.[69]

Ockhams Rasiermesser

Ein weiterer Theologe des 13. Jahrhunderts, der zur Entwicklung der wissenschaftlichen Methode beitrug, war Wilhelm von Ockham (Abb. 1.7). Am bekanntesten ist er heute für sein berühmtes „Rasiermesser" – das methodische Prinzip, das Wissenschaftler auffordert, die Anhäufung unnötiger Erklärungsgebilde zu vermeiden und in diesem Sinn einfachere Hypothesen zu bevorzugen. Wilhelm von Ockham betonte außerdem die Kontingenz oder Bedingtheit der Schöpfung und ihre Abhängigkeit vom Willen Gottes, ihres Schöpfers.[70] Ockhams Rasiermesser und sein berühmtes Diktum – „[Erklärende] Entitäten dürfen nicht über das Notwendige hinaus vermehrt werden"[71] – trug dazu bei, die Wissenschaft von ihrem Rückfall auf die von scholastischen Philosophen so genannten aristotelischen „substanziellen Formen" zu befreien.

Abb. 1.7
Wilhelm von Ockham, Theologe im 13. Jahrhundert, warnte vor der Anhäufung theoretischer Entitäten und betonte die „Kontingenz" der Schöpfung.

Aristoteles zufolge verkörpern alle

Objekte vier verschiedene Arten von Ursachen, nämlich Stoffursache, Formursache, Wirkursache, Zweckursache.[72] Die Stoffursache eines Objekts ist die materielle Substanz oder der Stoff, aus dem das Objekt besteht – im Falle eines Stuhles das Holz. Die Formursache stellt entweder die Form dar, die die Entität verkörpert (beispielsweise die Form des Stuhls), oder die Idee, die diese Form hervorbrachte, (den Plan, den der Gestalter des Stuhls im Sinn hatte). Die Wirkursache sind die Mittel, mithilfe derer das Objekt hergestellt wurde, der Herstellungsprozess, der den Stuhl hervorbrachte. Und die Zweckursache ist der Zweck, zu dem die Entität hergestellt wurde – im Fall des Stuhls also ein Sitzplatz.

Obwohl sich dieses Schema gut auf die Analyse einzelner, von menschlichen Akteuren geschaffener Objekte anwenden ließ, taugte es nicht ohne Weiteres dazu, in der Natur beobachtete Regelmäßigkeiten oder Ursache-Wirkungs-Muster zu verstehen. Stattdessen resultierten Versuche, solche reproduzierbaren Phänomene anhand von Form- und Zweckursachen zu beschreiben, häufig in lachhaft nichtssagenden oder zirkelhaften Erklärungen, besonders in der Physik und Chemie. Wenn Scholastiker also feststellten, dass Brot immer nahrhaft ist oder eine bestimmte Medizin eine Krankheit lindert oder dass Opium Menschen immer wieder einschlafen lässt, führten sie eine abstrakte „Formursache" oder einen „Vorzug" an, um das jeweilige Phänomen zu erklären. Diese Praxis lief häufig darauf hinaus, lediglich der Bezeichnung der fraglichen Wirkung kausale Kräfte zuzuschreiben. Beispielsweise erklärten mittelalterliche Scholastiker die Eigenschaft von Brot, nahrhaft zu sein, mit seinen „nahrhaften Vorzügen", die Fähigkeit einer Medizin, Beschwerden zu lindern, mit ihren „heilenden Vorzügen" oder die Fähigkeit von Opium, Schlaf herbeizuführen, anhand seiner „schlaffördernden Vorzüge".[73]

Ockham betrachtete die Existenz solcher „Vorzüge" oder Formursachen (ebenso wie Universalbegriffe wie Platons Formen) mit Skepsis. Er behauptete, sie seien lediglich Bezeichnungen oder Begriffe des menschlichen Verstandes, nicht tatsächliche Entitäten in der Realität.[74] Er wendete sein „Rasiermesser" an, um Hinzunahmen solcher erklärenden Entitäten zu eliminieren und den Weg zu einfacheren oder zumindest erleuchtenderen Erklärungen zu eröffnen.

Ockhams Skepsis gegenüber der Existenz scholastischer Substanzformen spiegelte sich auch in der Tatsache wider, dass er von der Fehlbarkeit des menschlichen Verstandes und der Eitelkeit menschlicher Vorstellungskraft überzeugt war.[75] Beide mussten seiner Auffassung nach durch Beobachtung und durch die Anwendung solider methodischer Prinzipien wie beispielsweise seines Parsimonitäts- oder Sparsamkeitsprinzips (d. h., seines „Rasiermessers") überprüft werden. Dieses Denken entsprang tief verwurzelten theologischen Überzeugungen. Ockhams Sparsamkeitsprinzip folgte daraus, dass er von der allem zugrunde liegenden, gottgegebenen Ordnung und Eleganz der Naturphänomene überzeugt war. Dass er die Notwendigkeit betonte, Hypothesen an der Erfahrung zu prüfen, spiegelt seinen „theologischen Voluntarismus" wider, das Verständnis, dass die natürliche Welt ihren geordneten Lauf der *freien* Wahl eines intelligenten Schöpfers verdankt, der die Natur auch anders hätte erschaffen können. Somit drückte Ockham in seiner eigenen Formulierung des Sparsamkeitsprinzips sowohl die Bedeutung der Erfahrung (und des Verstandes) als auch seine grundlegenden theologischen Überzeugungen aus. Wie er selbst sagte: „Denn nichts sollte ohne Begründung behauptet werden, es sei denn, es ist selbsterklärend oder aus Erfahrung bekannt oder durch die Autorität der Heiligen Schrift bewiesen."[76]

Wie das Kriegsmodell zu bewerten ist

Ich begann die Arbeit an meiner Dissertation in der Wissenschaftsgeschichte und -philosophie lange bevor die Neuen Atheisten die Bühne betraten. In meinem ersten Jahr in Cambridge 1986 hatte Richard Dawkins gerade erst *The Blind Watchmaker* (dt. Ausgabe: *Der blinde Uhrmacher*) veröffentlicht, seine bekannte Abhandlung darüber, wie die zeitgenössische neodarwinistische Theorie den „Anschein eines Designs" in biologischen Systemen erklären kann, ohne einen tatsächlichen intelligenten Designer als Erklärung heranzuziehen. Später, in Büchern wie *River Out of Eden* (1995, dt. Ausgabe: *Und es entsprang ein Fluss in Eden*) und *Der Gotteswahn* (2006), baute Dawkins auf dieser Argumentation auf und behauptete, dass das Fehlen von Belegen für eine gestaltende Intelligenz in der Geschichte des Lebens die Gotteshypothese unnötig (und sogar zu einem Wahn) machte.

Diese Bücher argumentieren, dass der Atheismus (oder der wissenschaftliche Materialismus) eine bessere allumfassende metaphysische Erklärung für das Bild der Welt liefere, das die Wissenschaft offengelegt hat, und zwar aus zwei Gründen: Erstens behauptet Dawkins, wie ich bereits angemerkt habe, das Universum habe „genau die Eigenschaften, mit denen man rechnet, wenn dahinter kein Plan, keine Absicht, kein Gut oder Böse steht, nichts außer blinder, erbarmungsloser Gleichgültigkeit".[77] Zweitens offenbaren seiner Meinung nach weder das Leben noch das Universum irgendeinen Beleg für ein tatsächliches (im Gegensatz zu einem scheinbaren) Design – und daher böten der Atheismus oder Materialismus eine „sparsamere" Erklärung der Welt. Wenn es keinen Hinweis auf ein tatsächliches Design im Universum und damit keinen Hinweis auf Design durch Gott gibt, warum sollte man weiter an ein solches Wesen glauben?

Ende der 1980er-Jahre waren aggressive atheistische Polemik und Geschichtsschreibung noch kein selbstverständlicher Bestandteil unserer Kultur. Dennoch hatte die Idee, dass Wissenschaft und Religion schon lange im Krieg stehen, das wissenschaftliche Denken bereits tief durchdrungen, ebenso wie die Populärkultur und die Annahmen vieler Medienmacher. Folglich fragte ich mich während meiner ersten Monate in Cambridge, als ich die Vorlesungen vieler Wissenschaftshistoriker hörte, die das Kriegsmodell anzweifelten, immer noch, ob *sie* die Revisionisten waren. Vielleicht hatten die zeitgenössischen Historiker die Sache falsch verstanden. Vielleicht hatten Draper und White und die populären Sprecher der Wissenschaft (wie der damals bekannte Carl Sagan) doch recht. Ich beschloss, der Frage nach der historischen Beziehung zwischen Naturwissenschaft und theistischem Glauben näher auf den Grund zu gehen, indem ich die Werke der Begründer der modernen Naturwissenschaft selbst las.

Kapitel 2:

Drei Metaphern und die Entstehung des naturwissenschaftlichen Weltbildes

Während des ersten Jahres meines Postgraduiertenstudiums der Wissenschaftsgeschichte und -philosophie stieß ich in den Werken zahlreicher Wissenschaftshistoriker auf die Argumentation, dass jüdisch-christliche Annahmen das Aufkommen der modernen Naturwissenschaft beeinflusst hätten. In meinem Studiengang in Cambridge war es Pflicht, dass die Studenten mehrere lange wissenschaftliche Aufsätze unter der Aufsicht von Tutoren verfassten, bevor sie eine längere Masterarbeit in Angriff nehmen durften. Wenn diese wiederum akzeptiert wurde, war eine Aufnahme ins Doktorandenprogramm möglich. Ich wählte drei Themen aus, bei denen ich mich eingehender mit den ideologischen Ursprüngen der neuzeitlichen Wissenschaft befasste. Meine Recherchen umfassten Bücher von Wissenschaftshistorikern über die ideologischen Einflüsse auf die frühneuzeitlichen Wissenschaftler – aber auch die Primärquellen, die Schriften der frühneuzeitlichen Wissenschaftler selbst. Dabei begegneten mir wiederholt drei bildliche Beschreibungen der Natur und der Beziehung zwischen Natur und Gott. Immer wieder verglichen Wissenschaftler, die ihre Werke während der wissenschaftlichen Revolution verfassten, ebenso wie die Philosophen und Theologen in den der wissenschaftlichen Revolution vorausgehenden Jahrhunderten die Natur mit einem Buch, einer Uhr oder einem durch Gesetze geregelten Staat (Abb. 2.1).

Später als Dozent hob ich diese drei Metaphern immer wieder hervor. Um die Bedeutung der jüdisch-christlichen Vorstellungen von Gott und Natur für das Aufkommen der modernen Wissenschaft zu zeigen, beschrieb ich, *was* die Wissenschaftler während der wissenschaftlichen Revolution mit diesen drei sprachlichen Bildern meinten,

Abb. 2.1
Drei Metaphern zur Beschreibung der Natur aus der Zeit der wissenschaftlichen Revolution: ein Buch, eine Uhr, ein durch Gesetze geregelter Staat.

warum jedes davon eine jüdisch-christliche Weltsicht widerspiegelte, und *wie* jedes wiederum wissenschaftliche Forschungen inspirierte oder leitete.

Das Buch der Natur

Schon in frühchristlicher Zeit begannen Theologen, die Natur als Buch zu bezeichnen, das sie in seiner Fähigkeit, die Eigenschaften Gottes zu offenbaren, mit der Bibel verglichen. So wie das Buch der Heiligen Schrift von Gottes Charakter und Plan erzählte, so erzählte das Buch der Natur von Gottes Macht und Weisheit.[1] Bereits im 3. Jahrhundert bezeichnete der christliche Mönch Antonius der Große die „erschaffene Natur" als „Buch", das immer zu seiner „Verfügung" stand, wenn er „Gottes Worte lesen" wollte.[2] Ein weiterer früher Kirchenvater, Basilius der Große, argumentierte ähnlich: „Wir sind ins Dasein gerufen worden, da wir nicht waren; nach dem Bilde des Schöpfers wurden wir. Wir haben Geist und Vernunft, die unser Wesen ausmachen, die uns Gott erkennen lassen. Und betrachten wir aufmerksam die Schönheiten der Schöpfung, so lesen wir in ihnen, wie in Buchstaben, die allumfassende, große Vorsehung und Weisheit Gottes."[3] Andere einflussreiche christliche Theologen, darunter Augustinus, Maximus Confessor und später Thomas von Aquin, gebrauchten häufig das Bild der zwei Bücher.[4]

Zudem schienen Bibeltexte wie Psalm 19 im Alten Testament und Römer 1 im Neuen Testament den weit verbreiteten Gebrauch dieser Metapher zu stützen. Psalm 19 unterstreicht: „Der Himmel erzählt die Herrlichkeit Gottes“[5] und sogar: „Ein Tag sprudelt dem anderen *Kunde* zu“.[6] In Römer 1 argumentiert Paulus: „Denn [Gottes] unsichtbares Wesen, sowohl seine ewige Kraft als auch seine Göttlichkeit [manchmal mit ‚Weisheit‘ übersetzt], wird seit Erschaffung der Welt in dem Gemachten wahrgenommen und geschaut“.[7]

Mit der Neubetonung der Schöpfungslehre im Spätmittelalter und der Reformation nahmen diese Abschnitte über das offenbarende Wesen der Schöpfungsordnung neue Bedeutung an. Die Begründer der modernen naturwissenschaftlichen Disziplinen beriefen sich auf sie als Inspiration für das systematische Studium der Natur. John Ray, ein führender Biologe des 17. Jahrhunderts, veröffentlichte ein umfängliches zweibändiges Werk, *The Wisdom of God Manifested in the Works of the Creation* („Die Weisheit Gottes, wie sie sich in den Werken der Schöpfung zeigt“)[8], dessen Titel sich eindeutig auf den eben aus dem Römerbrief zitierten Abschnitt bezieht (Abb. 2.2). Robert Boyle (Abb. 2.3) bezeichnete die Natur nicht nur als „Buch“, sondern ging mit seiner Argumentation noch weiter. Er sagte, „das Studium des Buchs der Natur“ sei „eines der Ziele der Institution des Sabbats“.[9] Mit anderen Worten, Gott habe den Sabbat teils deshalb

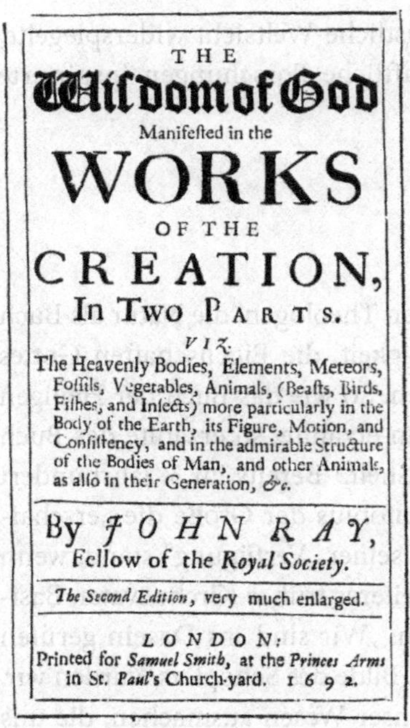

THE
Wisdom of God
Manifested in the
WORKS
OF THE
CREATION,
In Two Parts.
VIZ.
The Heavenly Bodies, Elements, Meteors, Fossils, Vegetables, Animals, (Beasts, Birds, Fishes, and Insects) more particularly in the Body of the Earth, its Figure, Motion, and Consistency, and in the admirable Structure of the Bodies of Man, and other Animals, as also in their Generation, &c.

By JOHN RAY,
Fellow of the Royal Society.

The Second Edition, very much enlarged.

LONDON:
Printed for Samuel Smith, at the Princes Arms in St. Paul's Church-yard. 1692.

Abb. 2.2
Titelseite des Buches des Biologen John Ray von 1692.

eingerichtet, um Zeit und Freiraum für die wissenschaftliche Betrachtung von Gottes Werken der Schöpfung zu schaffen. In einem Aufsatz mit dem Titel „Of the Study of the Book of Nature“ („Vom Studium des Buches der Natur“) erklärte er zudem, dass seine Überzeugungen bezüglich des Sabbats gleichwohl am Sonntag das Studium der Natur als Akt der Anbetung ermöglichten. Wie er es formulierte: „Ich habe keine Skrupel, wenn sich die Gelegenheit bietet, Zeit mit dem Studium des Buches der Geschöpfe zu verbringen, entweder um mich selbst in der Theorie der Natur zu unterweisen oder jene Experimente auszuprobieren, die meine Vertrautheit mit ihr verbessern können.“[10]

Der Blick auf die natürliche Welt als Buch, das den Charakter und das Wesen Gottes offenbart, bot eine theologische Inspiration für das formale Studium der natürlichen Welt. Er verstärkte zudem die Überzeugung von der Verstehbarkeit der Natur, denn er bedeutete, dass der göttliche Autor nicht nur durch das Buch der Natur spricht, sondern dass Männer und Frauen in seinem Bild erschaffen und mit seiner Rationalität begabt wurden, um es zu lesen und zu verstehen. Die Metapher vom Buch der Natur[11] bedeutete auch die Legitimität wissenschaftlicher Bestrebungen, indem sie unterstrich, dass die Natur eine Sekundärquelle zuverlässiger Offenbarung über den Charakter und die Weisheit des Schöpfers darstellt. Dies legte nahe, dass Wissenschaftler die Natur studieren und ihre Geheimnisse entdecken konnten, ohne Theologen konsultieren und fragen zu müssen, ob ihre Erkenntnisse theologische Zustimmung fanden.

Da Natur und Heilige Schrift derselben Quelle entspringen, nämlich Gott, gingen die frühneuzeitlichen Wissenschaftler gleichwohl davon aus, dass beide Quellen der Offenbarung sich letzten Endes in einem konvergenten oder komplementären Zeugnis decken würden. Daher zog Boyle beispielsweise nie die Möglichkeit in Betracht, das Studium der Natur könne den Glauben an Gott unterlaufen, sondern er betrachtete die Hingabe an das Studium der Natur, genau wie die Hingabe an das Studium der Heiligen Schrift, als „Akt der Frömmigkeit“[12], insbesondere weil er glaubte, dass Gott sich wünsche, „dass seine Werke betrachtet und zur Kenntnis genommen werden“.[13]

Das Uhrwerk der Natur

Führende Naturphilosophen während der Zeit der wissenschaftlichen Revolution gebrauchten häufig noch ein anderes Bild. Sie bezeichneten die Natur oft als Uhr – oder allgemeiner als Maschine. Diese Metapher, die ebenso auf Robert Boyle zurückgeht wie auf Nicole Oresme,[14] einen Philosophen und Wissenschaftler an der Universität von Paris im 14. Jahrhundert, drückte sowohl die Kontingenz als auch die Verstehbarkeit der Natur aus. Sie implizierte die Bedingtheit der Natur, da ein guter Handwerker unterschiedliche Uhrwerke herstellen kann, die den gleichen Zweck erfüllen, und die Verstehbarkeit der Natur, weil sie, wie die Uhren in großen mittelalterlichen Türmen, von einem vernunftbegabten Akteur gestaltet wurde und somit die Mechanismen erkennen lässt, von denen der geordnete Lauf der Natur abhängt. Boyle beschrieb die Natur so: „Sie ist wie eine seltene Uhr, so wie etwa die in *Strasbourg*, wo alle Dinge so geschickt erdacht sind, dass alle Dinge, sobald der Mechanismus einmal in Gang gesetzt wurde, nach dem ursprünglichen Plan des Handwerksmeisters fortgehen."[15]

Abb. 2.3
Robert Boyle, Chemiker und Anhänger des mechanistischen Weltbildes im 17. Jahrhundert, der die Natur mit einer Uhr und einem Buch verglich – Metaphern, die den göttlichen Ursprung der Natur voraussetzten.

Dieses Bild übte einen erheblichen Einfluss darauf aus, wie die Naturphilosophen ihre Aufgabe betrachteten. Viele, darunter auch Boyle, bezeichneten sich als Anhänger des mechanistischen Weltbildes und brachen damit ausdrücklich mit der aristotelischen scholastischen Praxis, Naturphänomene anhand von gefühllosen und – nach Ansicht Boyles – unverständlichen substanziellen Formen (oder Formursachen oder „Vorzügen") zu erklären.[16] Boyle und andere Vertreter des mechanistischen Weltbildes lehnten das im letzten Kapitel beschriebene „Benennungsspiel“ ab und bestanden stattdessen darauf, nach konkreten physikalischen Mechanismen – materiellen Interaktionen zwischen Materieteilchen oder materiellen Strukturen – als Erklärung für die Gesetzmäßigkeiten der Natur zu suchen.[17]

Boyle selbst tat dies, indem er die Eigenschaften von Luft untersuchte. Er postulierte verschiedene Interaktionsmechanismen zwischen den „Luftkorpuskeln“, um ihr federartiges Verhalten unter Druck nachzuweisen.[18] (Der Begriff „Korpuskel“ bezeichnete kleine Teilchen, die man für die Grundbestandteile von Licht oder einer materiellen Substanz hielt.) Mit seinem berühmten Gasgesetz beschrieb er zudem die Beziehungen zwischen Luftdruck, -volumen und -temperatur.[19] Er lehnte die Berufung auf substanzielle Formen ab, war aber auch dagegen, ein direktes und einmaliges Handeln Gottes als Erklärung für Gesetzmäßigkeiten der Natur anzuführen. Dies tat er, weil solche Erklärungsvarianten in seinen Augen den Versuch untergruben, die gottgegebenen Kausalkräfte natürlicher Gebilde und somit die wahren, wenn auch nur annähernden ursächlichen Erklärungen für die Gesetzmäßigkeiten der Natur zu verstehen.[20] Im gleichen Abschnitt, in dem er Gott mit dem Erbauer einer großen Uhr verglich, erklärte er auch, seine Metapher solle besagen, dass Gott nicht viele einzelne und spezifische Handlungen durchführen müsse, um sein ursprüngliches Werk am Laufen zu halten. Daher argumentierte er, dass die verschiedenen natürlichen und lebenden Systeme, die eine Gestaltung offenbarten, „nicht wie Marionetten das bestimmte Eingreifen des Meisters oder eines von ihm eingesetzten intelligenten Akteurs erfordern, sondern ihre Funktionen in einzelnen Fällen aufgrund der allgemeinen und ursprünglichen Einrichtung des gesamten Mechanismus verrichten“.[21]

Obwohl Boyle die Berufung auf Formursachen sowie einzelne und einzigartige göttliche Handlungen als Erklärung für die üblichen Bewegungen oder den Lauf der Natur ablehnte, führte er ausdrücklich das zielorientierte oder intelligente Handeln Gottes als Erklärung an für die *ursprüngliche* Konstruktion des Universums, die Mechanismen, welche Gesetzmäßigkeiten überhaupt ermöglichten, und insbesondere für die unterschiedlichen Geschöpfe der lebenden Welt an. Tatsächlich entwickelte Boyle, wie der Wissenschaftshistoriker Edward Davis betont, verschiedene Argumentationen für eine Gestaltung als Erklärung für den Ursprung der Tiere, des „Gewebes des Universums"[22] und der „ursprünglichen Gestaltung des Universums".[23]

Beispielsweise argumentierte er in einem Aufsatz über „Zweckursachen": „Der weise Autor der Natur hat das Universum so ausgezeichnet erdacht, dass, je klarer und gezielter wir erkennen, wie passend die Mittel für den Zweck sind, der durch sie erreicht werden soll, wir umso deutlicher auch die bewundernswerte Weisheit des allwissenden Autors aller Dinge erkennen. Von ihm ist zu Recht durch einen Propheten [Jesaja] gesagt: *Er ist wunderbar in seinem Rat und vortrefflich in seinem Tun.*"[24] Folglich lehnte er eine „so blinde Ursache wie den *Zufall*" als Erklärung für sowohl den geordneten Lauf der Natur als auch die sich in Lebewesen zeigenden allerfeinsten Strukturen ab.[25]

Sowohl Boyles Verteidigung des Gestaltungsarguments als auch seine Beharrlichkeit, mechanistische Erklärungen für diese Prozesse zu finden, spiegeln wider, welchen Einfluss das Bild vom Uhrwerk der Natur hatte. Diese Metapher implizierte, dass die normalen Naturvorgänge sich anhand der Interaktionen zwischen den materiellen Bestandteilen (oder Mechanismen) der Systeme erklären lassen, die der göttliche Uhrmacher in die Natur eingefügt hat. Außerdem brachte sie zum Ausdruck: Diese Bestandteile lediglich zu benennen und zu bestätigen, dass sie aus einer substanziellen Form oder Eigenschaft mit dem gleichen Namen resultieren, bringt keine zusätzlichen Erkenntnisse darüber, *wie* diese Dinge funktionieren. Auch gewinnt man keine tieferen Einsichten in die unmittelbaren Ursachen der Gesetzmäßigkeiten des Uhrwerks der Natur, indem man Gottes Handeln in wiederkehrenden Einzelfällen als Erklärung dafür beansprucht, wie die Uhr *normalerweise* funktioniert. Gleichzeitig bedeutet das Bild vom Uhrwerk, dass das System des Universums als Ganzes, ebenso wie spezielle lebende Systeme, ihren Ursprung dem Akt einer gestaltenden Intelligenz verdanken, nämlich Boyles großem göttlichem Handwerksmeister, dem Schöpfergott.

Edward Davids liefert eine gute Zusammenfassung von Boyles methodischem Ansatz: „Man gehe den physischen Ursachen der Dinge gewissenhaft auf den Grund, denn so wird Wissenschaft betrieben; gleichzeitig aber erkenne man, dass das gesamte Phänomen, das man untersucht, manchmal von einer Gestaltung zeugt."[26] Davis erzählt von seiner eigenen Erfahrung, wie er Zugriff auf ein Originalmanuskript Boyles in den Archiven der Royal Society in London erhielt und „völlig perplex" über die Ähnlichkeiten zwischen einem von Boyles Gestaltungsargumenten aus dem 17. Jahrhundert und dem späteren und berühmteren Gestaltungsargument von William Paley aus dem 19. Jahrhundert war.[27]

Ich selbst machte die gleiche Erfahrung während des ersten Jahres meines Postgraduiertenstudiums, als ich den gleichen Abschnitt in einer anderen Quelle las. Paley forderte seine Leser bekanntermaßen auf sich vorzustellen, wie man mitten in einer Heidelandschaft zufällig eine Uhr finde und nun überlege, „wie die Uhr hierherkomme". Nach Paleys Ansicht müsse ein rationaler Beobachter in einem solchen Fall zu der Schlussfolgerung gelangen, dass ein intelligenter Akteur die Uhr angefertigt hat. Ähnlich argumentierte er: „Alle Merkmale von Kunst, alle Anzeichen von Plan, wie wir sie bei der Uhr entdecken, finden sich auch bei den Werken der Natur."[28]

Hier nun ein ähnlicher Abschnitt bei Boyle: „Wenn ein Inder oder Chinese am Strand in einer Truhe oder Schatulle von einem schiffbrüchigen europäischen Schiff eine Uhr findet, würde er durch Beobachtung ihrer Bewegung und Form rasch zu dem Schluss gelangen, dass sie von einem intelligenten und geschickten Wesen geschaffen wurde."[29] Offensichtlich setzte Boyle die Verständlichkeit der Natur nicht nur *voraus*, sondern war auch der Überzeugung, in der Natur Hinweise auf einen intelligenten Gestalter zu beobachten. Tatsächlich geht Davis so weit, Boyle den Vater der modernen Theorie des *Intelligent Design* zu nennen.[30]

Die Naturgesetze

Die Naturphilosophen während der wissenschaftlichen Revolution gebrauchten häufig noch ein anderes Bild, um die Funktionsweise der Natur zu charakterisieren. Viele begannen, die Natur als ein durch Gesetze geregeltes Reich zu beschreiben und versuchten das zu entdecken, was sie die „Naturgesetze" nannten. Diese Metapher drückte – zumindest teilweise – einen Gedanken aus, der in der bereits besprochenen

Idee indirekt enthalten ist. Da viele Naturphilosophen der Auffassung waren, die Natur ließe sich als eine Art göttliches Uhrwerk beschreiben, erwarteten sie, eine *Regelmäßigkeit* in den Naturvorgängen zu beobachten. Boyles Bild, in dem er Gott mit einem geschickten Uhrmacher verglich, drückte eine allgemeine Ehrfurcht aus, sowohl vor der Genialität *als auch* vor der Regelmäßigkeit des göttlichen Handelns, wie es sich in der natürlichen Welt zeigt. Die Vertreter des mechanistischen Weltbildes feierten den geordneten Lauf der Natur als Resultat von Gottes genialer Gestaltung verschiedener mechanistischer Prozesse.

Beispielsweise dachten sie, dass die vorhersehbaren Beziehungen zwischen Temperatur, Druck und Volumen von Gasen, die durch das boylesche Gesetz beschrieben werden, letztendlich von den mechanistischen Interaktionen von „Luftkorpuskeln" und ihren gottgegebenen Eigenschaften herrührten. Für sie leiteten sich die Gesetzmäßigkeiten von Naturphänomenen aus der ursprünglichen Gestaltung jener Mechanismen ab, die diese Phänomene ermöglichten – so wie die regelmäßige Bewegung von Uhrzeigern sich aus der zugrunde liegenden Gestaltung der Anordnung von Zahnrädern und Federn ableitet.

Gleichwohl fassten viele Naturphilosophen die Naturgesetze auch als einen direkteren Ausdruck von Gottes ordnender Herrschaft auf. Für sie drückte sich im Bild der „Naturgesetze" das jüdisch-christliche Verständnis von der Beziehung der Natur zu Gott aus, dem göttlichen Gesetzgeber oder Herrscher, der die Existenz der natürlichen Welt aufrechterhielt und ihre geordnete Funktion garantierte. Daher schrieben viele Begründer der frühneuzeitlichen Wissenschaft die Gesetzmäßigkeiten der Natur nicht nur Gottes ursprünglicher Gestaltung der natürlichen Welt zu, sondern auch seiner beständigen geordneten Aufsicht über dieselbe. Wie John Hedley Brooke, Wissenschaftshistoriker an der Universität Oxford, erklärt: „Für Newton wie für Boyle und Descartes gab es Naturgesetze nur deshalb, weil es einen [göttlichen] Gesetzgeber gab."[31]

Zahlreiche Wissenschaftshistoriker und -philosophen ebenso wie einige Wissenschaftler selbst haben diesen Zusammenhang hergestellt. Manche von ihnen haben sogar die hebräische Bibel als letztendliche Quelle dieser Metapher ausgemacht. Der Nobelpreisträger Melvin Calvin, Chemiker an der Universität California-Berkeley, argumentiert, dass die Vorstellung von einer „Naturordnung… vor 2000 oder 3000 Jahren entdeckt und in der westlichen Welt als Erstes von den alten Hebräern verkündet“ wurde.[32] Calvin merkt an, dass die monotheistische Weltsicht der alten Hebräer wahrscheinlich Grund dafür war, eine einzige kohärente Ordnung in der Natur und damit ein einziges, universell anwendbares System von Gesetzen zu erwarten, die die natürliche Welt bestimmen.

Da Animisten, Polytheisten und Pantheisten im Gegensatz dazu behaupteten, es gäbe zahlreiche Geister oder Götter, von denen jeder möglicherweise unterschiedlich mit der Natur interagiere, hatten sie keinen Grund anzunehmen, dass Naturphänomene Gleichförmigkeit und Ordnung aufwiesen. Die alten Hebräer hingegen dachten, wie Calvin es formulierte, dass „das Universum von einem einzigen Gott regiert wird und nicht das Produkt der Launen vieler Götter ist, von denen jeder sein eigenes Gebiet seinen eigenen Gesetzen entsprechend beherrscht.“[33] Calvin, so wie auch viele andere Wissenschaftshistoriker und -philosophen, erkannte diesen Glauben an einen ordnungsliebenden monotheistischen Gott als „das historische Fundament der modernen Naturwissenschaft“.[34]

Während meines Studiums wies mich einer meiner Betreuer auf einen bahnbrechenden Artikel hin, „The Genesis of the Concept of Physical Law“ („Die Entstehungsgeschichte des Konzepts des physikalischen Gesetzes“) von dem Wissenschaftshistoriker Edgar Zilsel. Darin argumentiert er, dass das Konzept der Naturgesetze eine „juristische Metapher“ theologischen Ursprungs zum Ausdruck bringt.[35] Er zeigt, dass die ersten Menschen, die die Natur als von außen gesteuertes System auffassten, tatsächlich die alten Hebräer waren.[36] Zilsel merkt an, dass verschiedene Passagen der Bibel – aus dem Buch Hiob, den Sprüchen, den Psalmen und sogar den verschiedenen prophetischen Büchern – durchblicken ließen, dass Gott „Gesetze“ oder „Ordnungen“ verfügt hatte, die dem Spektrum möglicher Naturphänomene „Grenzen“ setzen.[37]

Diese Bücher der Bibel verwenden das hebräische Wort *chok*, das abwechselnd mit „Gesetz“, „Verordnung“ oder „Gebot“ übersetzt wird, ein Wort, das häufig zur Beschreibung einer Kategorie von Gottes Geboten an den Menschen gebraucht wird. Zilsel zeigt auf, dass die Bibel diesen

Begriff ebenfalls verwendet, um die Grenzen zu beschreiben, die Gott dem potenziellen Chaos der materiellen Welt gesetzt hat. Beispielsweise beschreibt das Buch Hiob, wie Gott „per Verordnung" die genaue Windstärke festlegt.[38] Andere Abschnitte in Hiob und Jeremia beschreiben, wie Gott der Bewegung und Ausdehnung des Meeres Grenzen setzt.[39] Zilsel erklärt: „Darin steckt eindeutig die Idee, dass das Meer, an welches der göttliche Befehl gerichtet ist, Widerstand leisten möchte, doch gezwungen ist, sich vor der über allem stehenden Macht des Herrn zu beugen."[40] Er argumentiert, dass diese biblischen Texte, ebenso wie der Gedanke, dass eine einzige allmächtige und allwissende Gottheit über die Natur herrscht, „entschieden zur Begründung" des modernen Konzepts der „Naturgesetze im 17. Jahrhundert beitrug".[41]

Im Gegensatz dazu gebrauchten die antiken griechischen oder römischen Philosophen – auch diejenigen, die sich für die Natur interessierten – nur selten den Begriff „Naturgesetze", so Zilsel.[42] Er erklärt: „In der Periode der Sophisten wurden die Begriffe ‚Gesetz' und ‚Natur' … sogar zu Gegensätzen. [Der Begriff] ‚Gesetz' bezeichnete dabei [herkömmlicherweise] alles, was … künstlich vom Menschen eingeführt wurde." In ähnlicher Weise, wie Zilsel feststellt, wusste der atomistische Philosoph Demokrit „nichts von ‚Naturgesetzen', obwohl er alle physikalischen Phänomene von ihren Ursachen her zu erklären versuchte".

Zudem merkt Zilsel an, dass die prominentesten griechischen Philosophen, Platon und Aristoteles, den Begriff „Naturgesetze" schlichtweg nicht zur Beschreibung von Naturphänomenen gebrauchten.[43] Er erklärt: „Aristoteles … verwendete nie das Bild vom Gesetz. Platon gebraucht den Begriff ‚Naturgesetze' nur ein einziges Mal, um das Verhalten eines gesunden im Gegensatz zu einem kranken menschlichen Körper zu charakterisieren." Tatsächlich versuchten weder Platon noch Aristoteles, universelle Gesetze zu identifizieren, die auf die Gesamtheit der Natur zutrafen. Platon bemühte sich, die immateriellen Formen zu benennen, die in bestimmten materiellen Formen offenbart sind; Aristoteles strebte an, die vier Ursachen – Stoff-, Form-, Wirk- und Zweckursache – zu bestimmen, die seiner Auffassung nach *konkrete* Objekte oder Organismen erklärten oder beschrieben. Dennoch versuchte Aristoteles nicht, diese Ursachen mit universellen und wiederholt auftretenden Naturphänomenen in Zusammenhang zu bringen.

Spätere griechische und römische Philosophen, ebenso wie christliche Philosophen, die stark von den alten Griechen beeinflusst waren, besaßen entweder keine Vorstellung von Naturgesetzen oder setzten sie nicht zur Beschreibung von wiederkehrenden physikalischen Phänomenen ein. Epikureische Philosophen, die Atomisten und Materialisten waren, verstanden die Natur nicht als von Gesetzen beherrschtes System, weil sie der Auffassung waren, dass den Göttern die Natur gleichgültig sei.[44] Die römischen Stoiker, die empfahlen, gemäß der göttlichen Vernunft sowie mit einer Haltung der Gleichmütigkeit gegenüber Vergnügen und Schmerz zu leben, hatten eine Vorstellung von Naturgesetzen. Gleichwohl hielten sie den zugrunde liegenden *logos* oder die Logik des Universums, von der sich diese Gesetze ableiteten, hauptsächlich für die Quelle der moralischen Prinzipien, die der Mensch aus der Vernunft heraus erkennen konnte.[45] In ähnlicher Weise gebrauchten viele christliche Neoplatoniker und Aristoteliker während des Mittelalters zwar den Begriff „Naturgesetz", meinten damit aber nur das *moralische* Gesetz, das aus der Vernunft heraus erkannt werden konnte, nicht die Gesetzmäßigkeiten, die in der physischen Welt zu beobachten sind.[46]

Erst im 16. und 17. Jahrhundert, nachdem die westliche Christenheit angefangen hatte, sich stärker auf die Bibel als Quelle verbindlicher Maßstäbe zu verlassen und einige der weiter oben besprochenen Texte wieder eine größere Verbreitung fanden, begann der Begriff „Naturgesetze" für die Beschreibung natürlicher Gesetzmäßigkeiten in den Schriften von Philosophen und Wissenschaftlern wie Bacon, Descartes, Kepler[47], Christiaan Huygens, Richard Hooker, Boyle und Newton aufzutauchen.[48]

Zilsel würdigte einen frühen griechischen Wissenschaftler – Archimedes –, der tatsächlich gewisse Phänomene mit Begriffen beschrieb, die wir heute als Naturgesetze betrachten würden. Allerdings begriff Archimedes selbst diese „Gesetze" eher als selbstverständliche logische Prinzipien – Prinzipien, die der Natur innewohnten und logisch gar nicht anders sein konnten.[49] Beispielsweise entdeckte Archimedes sein Auftriebsprinzip und das, was wir heute „Hebelgesetz" und „Reflexionsgesetz" nennen. Jedes dieser Prinzipien würde mit Sicherheit die Kriterien eines Gesetzes im modernen Sinn erfüllen. Archimedes jedoch nannte sie nicht Gesetze, sondern Prinzipien. Zudem präsentierte er sie, als seien sie Ableitungen aus selbstverständlichen logischen Postulaten oder Axiomen – so wie Euklid in seinen Werken über Geometrie –, obwohl er diese Prinzipien durch Beobachtung entdeckt hatte.[50]

Ein weiterer Wissenschaftshistoriker, Francis Oakley, nahm eine ausschlaggebende Unterscheidung vor. Er räumte ein, dass einige alte Griechen Prinzipien entdeckten, die wir heute als Natur„gesetze" betrachten würden. Doch während die Griechen diese Prinzipien als *logisch notwendige*, der Natur innewohnende Axiome auffassten, begannen die Naturwissenschaftler des 17. Jahrhunderts, die Naturgesetze als bedingte Ordnungssysteme zu betrachten, die der Natur von außen durch einen Schöpfer aufgeprägt worden waren.[51] Da die Begründer der modernen Naturwissenschaft meinten, dass die Naturgesetze den freien Willen des göttlichen Schöpfers und Erhalters der Natur zum Ausdruck brachten, erkannten sie, dass jede Ordnung, die die Natur an den Tag legt, ebenso gut hätte anders gewählt sein können, wenn der Schöpfer sich entschieden hätte, die Ordnung der natürlichen Welt anders zu erschaffen.[52]

Diese Auffassung des Naturgesetzes hatte verschiedene nützliche Auswirkungen auf die Entwicklung der Wissenschaft, wie wir sie heute kennen. Erstens dachten die Naturphilosophen nicht mehr, dass sie die Funktionsweise der Natur aus anderen Axiomen oder Urprinzipien ableiten könnten. Stattdessen erkannten sie, dass sie die Natur würden beobachten müssen, um ihre gesetzesartigen Regelmäßigkeiten zu entdecken.[53] So regte die Vorstellung von *aufgeprägten* oder kontingenten Naturgesetzen zu empirischer Beobachtung an. Zweitens: Da die Metapher der Natur*gesetze* indirekt eine zuverlässige göttliche Aufsicht ausdrückte, begünstigte sie den Einsatz von Mathematik zur Beschreibung natürlicher Regelmäßigkeiten.[54] In philosophischen Begriffe gefasst, begünstigte die Metapher die Entwicklung einer „rationalen Empirie", die mathematische Beschreibung und Ableitung mit sorgfältiger, induktiver Naturbeobachtung kombinierte. Diese Mathematisierung der Beschreibung natürlicher Gesetzmäßigkeiten ermöglichte die Vorhersage und Kontrolle der Natur und leistete schließlich einem beispiellosen technischen Fortschritt Vorschub. Nur wenige Jahrhunderte, nachdem

Newton das allgemeine Gesetz der Schwerkraft beschrieben hatte, machte sich der Mensch dieses Wissen zunutze, um Menschen auf den Mond zu schicken.

Fernwirkung und beständige Geisteswirkung

Wie wir bereits gesehen haben, setzten die Begründer der modernen Wissenschaft voraus, dass der geordnete Lauf der Natur die erhaltende Kraft und den freien Willen eines göttlichen Verstandes widerspiegelt. Naturphilosophen, die einem solchen „theologischen Voluntarismus“ verschrieben waren, sahen daher die Regelmäßigkeiten der Natur als kontingenten Ausdruck von Gottes beständiger Lenkung der natürlichen Welt an. Newtons Theorie der allgemeinen Schwerkraft und die Kontroverse, die sie zu seinen Lebzeiten auslöste, boten zusätzliche Belege zur Untermauerung dieser These.

Abb. 2.4
Porträt des jungen Isaac Newton

Newton zufolge üben alle materiellen Objekte eine präzise Kraft auf andere materielle Objekte aus, die in direktem Zusammenhang mit ihrer Masse und indirektem Zusammenhang zum Quadrat der Entfernung zwischen ihnen steht (Abb. 2.5). Doch der zweite Teil dieser Formel – das Quadrat der Entfernung zwischen den Körpern – war der entscheidende Punkt: Demnach wird die physikalische Gravitationskraft über den leeren Raum und über eine Entfernung hinweg übertragen, ohne materielle oder mechanistische Interaktion – das heißt, ohne materielle oder Stoffursache.[55]

Diese Implikation von Newtons Theorie beunruhigte einige der Vertreter des mechanistischen Weltbildes, insbesondere Gottfried Leibniz. Er war der Auffassung, dass Newtons Berufung auf eine Fernwirkung die methodischen Vorschriften des neuen mechanistischen Weltbildes verletzte. Newtons Theorie ließ nicht nur offen, welche physikalische

Ursache – das heißt, ob ein Zug- oder Schubmechanismus – die Bewegung der Himmelskörper erklärt. Leibniz war auch der Auffassung, dass Newtons Zuordnung der „Gravitationsbewegung" zu einer „Gravitationskraft" den Beigeschmack der scholastischen Praxis hatte, eine Ursache als Bezeichnung für die fragliche Wirkung einzusetzen.[56]

Obwohl heutige Physiker Newton (Abb. 2.4) als Giganten seines Feldes betrachten, betrachteten einige seiner Zeitgenossen seine allgemeine Theorie der Schwerkraft mit erheblicher Skepsis und sogar Misstrauen. Nach Ansicht der mechanischen Philosophen wurden alle natürlichen Gesetzmäßigkeiten von ihnen zugrunde liegenden materiellen Mechanismen hervorgebracht. Daher mussten alle angemessenen wissenschaftlichen Erklärungen sich auf eine Form der mechanischen Interaktion zwischen den materiellen Teilen von Objekten oder Systemen berufen. Beispielsweise legten bereits Physiker wie René Descartes[57] und Christiaan Huygens[58] eine Theorie der „Anziehung" (Schwerkraft) vor. Dabei stellten sie sich strudelnde Wirbel einer unsichtbaren, aber materiellen Substanz namens „Äther" vor. Der Äther trieb die Himmelskörper um die Sonne, so wie Stöckchen in einem Wasserstrudel vom Wasser vorangetrieben werden.

Doch das Gesetz der Schwerkraft in der Form, wie es von Isaac Newton vorgelegt wurde, hatte keine solche mechanistische Basis. Stattdessen beinhaltete es eine geheimnisvolle Fernwirkung, bei der die Masse eines materiellen Körpers irgendwie über den leeren Raum hinweg eine Kraft sendet, die die Masse eines anderen materiellen Körpers ohne physischen Kontakt zwischen den beiden anzieht. Damit schrieb Newton – so wie wir heute – die Gezeiten in den Meeren der Erde der Bewegung des Mondes zu, der die Erde umkreist, obwohl Mond und Erde keinen direkten physischen Kontakt zueinander haben.

Während meiner Lehrtätigkeit demonstrierte ich meinen Studenten das, was Leibniz umgetrieben hatte, indem ich meine Brieftasche fallen ließ. Ich fragte sie, was die Brieftasche zum Herunterfallen gebracht hatte. Sie antworteten „die Schwerkraft" oder „die Erdanziehungskraft", ohne groß über ihre Antwort nachzudenken. Dann fragte ich sie: „Aber was ist die Schwerkraft?" Für gewöhnlich dachten sie ein wenig über die Frage nach und gaben dann (manchmal durch ein wenig Nachhelfen) Antworten wie: „Das ist die Kraft, die Dinge zum Herunterfallen

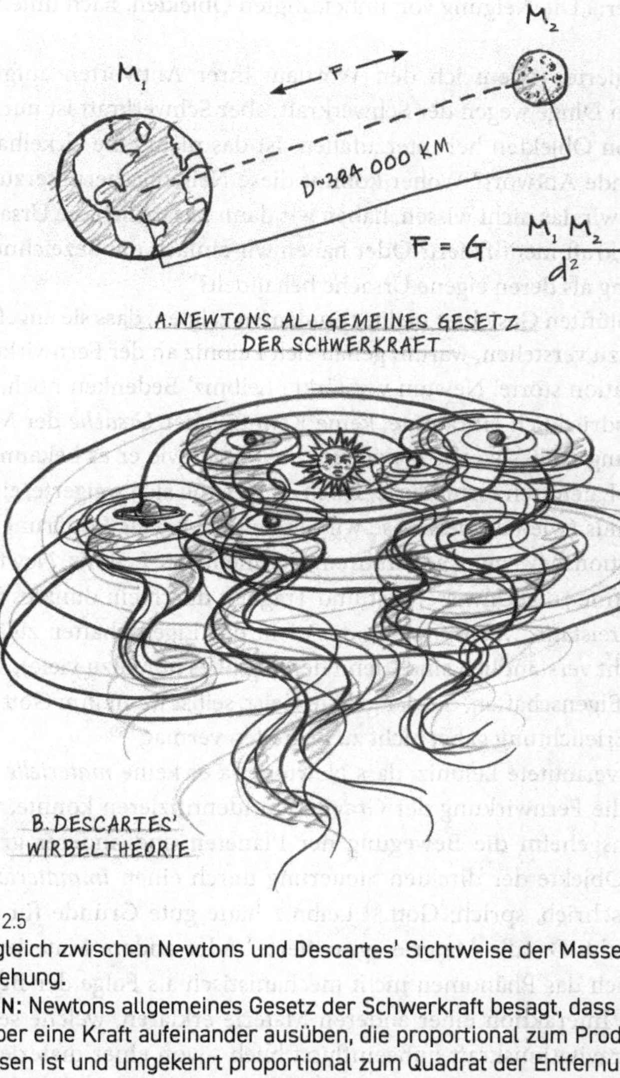

Abb. 2.5
Vergleich zwischen Newtons und Descartes' Sichtweise der Massenanziehung.
OBEN: Newtons allgemeines Gesetz der Schwerkraft besagt, dass massive Körper eine Kraft aufeinander ausüben, die proportional zum Produkt ihrer Massen ist und umgekehrt proportional zum Quadrat der Entfernung zwischen ihnen. Es stellt eine Fernwirkung oder eine Kraft dar, die durch einen luftleeren Raum hindurch übertragen wird.
UNTEN: Descartes' Wirbeltheorie postulierte, dass der Weltraum ganz von einer unsichtbaren Materie ausgefüllt ist, dem sogenannten Äther. Der Äther, der um die Sonne wirbelt, treibt die Planeten in einer Umlaufbahn um sie herum.

bringt" oder: „Die Neigung von unbefestigten Objekten, nach unten zu fallen."

Ich reagierte, indem ich den Wortlaut ihrer Antworten aufgriff: „Also fallen Dinge wegen der Schwerkraft, aber Schwerkraft ist nur die *Neigung* von Objekten herunterzufallen. Ist das nicht eine zirkelhafte, nichtssagende Antwort? Woher kommt diese Neigung, herunterzufallen? Wenn wir das nicht wissen, haben wir dann tatsächlich die Ursache der Schwerkraft identifiziert? Oder haben wir einfach die Bezeichnung der Wirkung als deren eigene Ursache behandelt?"

Die verblüfften Gesichter meiner Studenten zeigten, dass sie angefangen hatten zu verstehen, warum genau sich Leibniz an der Fernwirkung der Gravitation störte. Newton verstärkte Leibniz' Bedenken noch, indem er ausdrücklich einräumte, keine Kenntnis der *Ursache* der Massenanziehung zu besitzen – *hypotheses non fingo*, wie er es bekanntermaßen auf Lateinisch formulierte. Doch da Newton sich weigerte, einen Mechanismus (wie beispielsweise wirbelnden Äther) als Erklärung für die Gravitationsbewegung anzuführen, argumentierte Leibniz, Newtons Gesetz eröffne „der Unwissenheit und Trägheit durch ein dunkles System eine Freistätte …: ein System, das nicht nur Eigenschaften zulässt, die *uns* nicht verständlich sind (denn deren gibt es nur allzu viele), sondern auch Eigenschaften, die der größte Geist, selbst wenn ihm Gott alle mögliche Erleuchtung gäbe, nicht zu begreifen vermag".[59]

Zudem vermutete Leibniz, dass Newton, da er keine *materielle* Ursache für die Fernwirkung der Gravitation identifizieren konnte, womöglich insgeheim die Bewegung der Planeten und anderer gravitierender Objekte der direkten Steuerung durch einen *immateriellen* Akteur zuschrieb, sprich: Gott.[60] Leibniz hatte gute Gründe für seinen Verdacht. Da alle Materie „gravitierte" oder andere Materie anzog, ließ sich das Phänomen nicht mechanistisch als Folge der Bewegung oder Interaktion einer anderen Materie erklären, welche selbst von der Gravitationskraft unbeeinflusst blieb – von einer materiellen Kraft außerhalb der Objekte, beispielsweise wirbelndem Äther. Hätte Newton einen anderen Mechanismus als Erklärung herangezogen, weshalb alle Materie gravitiert, würde die Materie, die diesen Mechanismus vermittelt, ebenfalls selbst gravitieren. In diesem Fall bedürfte die Anziehungskraft dieser Materie selbst einer Erklärung, mutmaßlich durch einen anderen materiellen Mechanismus. Doch das würde die gleiche Frage erneut aufwerfen und damit rasch zu einem unendlichen Regress ausarten. Für Leibniz stellte dieser Ansatz einen „Regress auf Absurditäten" dar.[61]

Somit blieben nur noch zwei andere Möglichkeiten offen. Da Newtons System die Berufung auf Materie *außerhalb* der Körper ausschloss (wie beispielsweise wirbelnden Äther), musste seine Theorie sich entweder auf eine intrinsische Eigenschaft der Materie oder auf eine *immaterielle* Entität als Ursache der Gravitation beziehen. Für Leibniz allerdings stellte die Berufung auf Eigenschaften, die den materiellen Objekten innewohnen (eine „Gravitationseigenschaft", eine „anziehende Form" oder auch eine „Gravitationskraft"), eine Rückkehr zu der nichtssagenden und unverständlichen Praxis dar, der Bezeichnung der Wirkung kausale Kräfte zuzuschreiben. Gab es einen Unterschied zwischen der Aussage „Die Gravitation wird von einer ‚Gravitationskraft' verursacht" und der Aussage „Brot ist aufgrund seiner ‚nahrhaften Vorzüge' nahrhaft" – und wenn ja, welchen? Daher war die einzige Alternative zu solchen Absurditäten im newtonschen System, so Leibniz' Argumentation, ein „unaufhörliches Wunder".[62] Wenn Massenanziehung „nicht wundersam ist, ist sie falsch", so Leibniz.[63]

Obwohl Leibniz Theist war, lehnte er es ab, Gesetzmäßigkeiten in der Natur Gottes direkter und fortwährender Steuerung zuzuschreiben. Für Leibniz erforderte ein angemessener Respekt für Gottes Weisheit, eine von vornherein in die Materie eingebaute Planung zu erkennen, nicht eine fortwährende Regulation der Materie durch den göttlichen Geist. Wie Leibniz argumentierte: „Gottes Exzellenz entspringt ebenfalls seiner Weisheit: wodurch seine Maschinerie länger Bestand hat und sich gleichmäßiger bewegt als diejenigen irgendeines anderen Künstlers".[64] Leibniz betrachtete eine solche Weisheit als Konsequenz einer „primitiven Wirkkraft" oder „Entelechie" (Eigengesetzlichkeit), die in allen körperhaften Substanzen enthalten ist und den geordneten, Gottes Plan entsprechenden Ablauf der materiellen Welt gewährleistet.[65] Leibniz' Auffassung nach drückt Materie von innen heraus einen Zweck aus und „liefert eine physikalische [nicht spirituelle] Basis für die Gesetzmäßigkeiten der Natur".[66] Während Newton also das fortwährende und beständige Handeln Gottes im Aufrechterhalten des Gesetzes der

Schwerkraft wahrnahm, betrachtete Leibniz Gottes schöpferisches Handeln als Konsequenz der „Einspeisung“ seines Designs in alle Materie bei der Schöpfung. Daher erwartete er, dass sich die Gravitation anhand eines Mechanismus erklären ließ.

Folglich glaubte Leibniz, dass Newtons Weigerung, einen solchen Mechanismus zu postulieren, gegen die Arbeitsteilung verstieß, die Boyle zwischen Naturphilosophen und Theologen eingeführt hatte. Erstere, die wir heute Naturwissenschaftler nennen, sollten die fortwährende *Funktion* und Gesetzmäßigkeiten der Natur anhand von ihnen zugrunde liegenden physikalischen Mechanismen beschreiben (beispielsweise die wirbelnden Strudel oder die Interaktionen der „Luftkorpuskel“), während die Theologen und Naturtheologen sich damit befassen sollten, Hinweise auf ein Design im *Ursprung* dieser Mechanismen zu ermitteln. Damit wollte Leibniz Newtons neue Theorie in eine Pattsituation manövrieren: Entweder stellte das allgemeine Gesetz der Schwerkraft eine Rückkehr zur überholten scholastischen Praxis dar oder es brachte göttliches Handeln in die Wissenschaft, wo es Leibniz' Ansicht nach nicht hingehörte. So oder so beruhte Newtons Theorie für Leibniz auf „verborgenen“ statt auf mechanischen Ursachen. „Mr Boyle“, merkte er an, „hätte eine solche chimärische Vorstellung niemals geduldet.“[67]

In seinem Disput mit Leibniz verteidigte Newton die Stringenz und Legitimität seiner neuen Theorie. Als Grundlage führte er dazu deren Fähigkeit an, mit mathematischer Präzision die Bewegungen der Himmelskörper und der auf fallende Körper einwirkenden Kräfte zu beschreiben – so geheimnisvoll eine solche Fernwirkung auch sein mochte. Newton war außerdem der Ansicht, dass seine Beschreibung *allgemeiner* Phänomene wie Masseanziehung mithilfe der Mathematik einen Fortschritt gegenüber der Praxis darstellte, sich eine mechanische Erklärung für jede *spezielle* Klasse von Phänomenen auszudenken. Tatsächlich neigten mechanische Modelle wie die Wirbeltheorie der Gravitation oder das Federmodell des Luftdrucks dazu, Anwendbarkeit auf lediglich einen konkreten Prozess zu beanspruchen. Newton fand dies intellektuell weniger befriedigend als die Entdeckung von Gesetzen, die auf alle Materie zutrafen, und die große mathematische Synthese, die er in seinen *Prinzipien* (Abb. 2.6) vorgelegt hatte.[68]

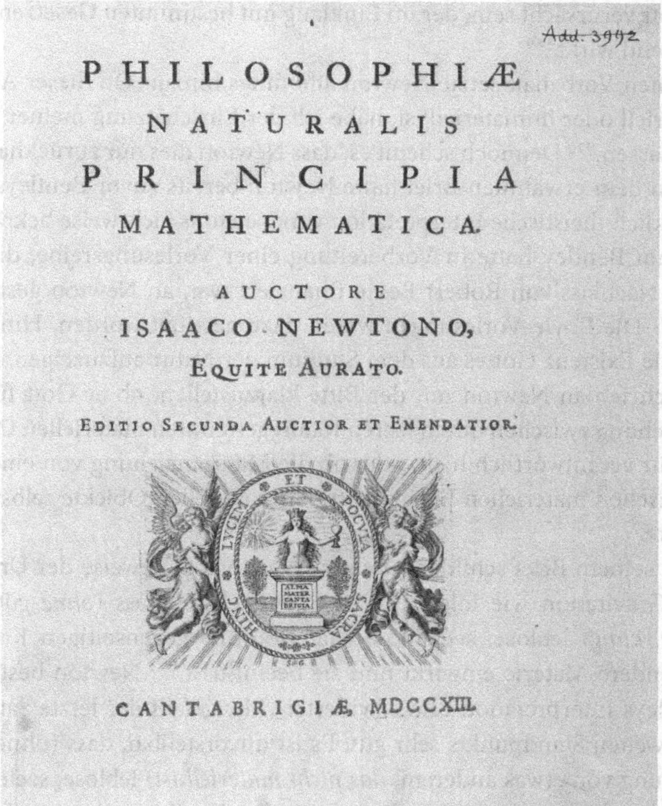

Add. 3992

PHILOSOPHIÆ
NATURALIS
PRINCIPIA
MATHEMATICA.

AUCTORE
ISAACO NEWTONO,
EQUITE AURATO.

EDITIO SECUNDA AUCTIOR ET EMENDATIOR.

HINC LUCEM ET POCULA SACRA

ALMA MATER CANTA BRIGIA

CANTABRIGIÆ, MDCCXIII.

Abb. 2.6
Titelseite von Newtons *Principia* („Die mathematischen Prinzipien der Physik"), in denen er sein allgemeines Gesetz der Schwerkraft und das Prinzip der Fernwirkung entwickelte.

Wahrscheinlich vertrat Newton dennoch die Ansicht, die Leibniz vermutete. In privaten Briefwechseln schien er zu bestätigen, dass er einen *immateriellen* Akteur, Gott, für die geheimnisvolle Wirkung für verantwortlich hielt, die sein Gesetz beschrieb. In einem Brief an Bischof Richard Bentley aus dem Jahr 1692, nach seinem Disput mit Leibniz, deutete Newton an, dass er denke, die Gravitation müsse „von einem

Akteur verursacht sein, der im Einklang mit bestimmten Gesetzen fortwährend wirkt".[69]

Einen Vorbehalt setzte Newton allerdings hinzu: „Ob dieser Akteur materiell oder immateriell ist, habe ich der Einschätzung meiner Leser überlassen."[70] Dennoch scheint es, dass Newton dies nur zurückhaltend tat. In dem erwähnten Brief hatte Newton bereits zuvor Bentleys ausdrücklich theistische Interpretation von Newtons Sichtweise bekräftigt. Bischof Bentley hatte in Vorbereitung einer Vorlesungsreihe, die aus dem Nachlass von Robert Boyle finanziert war, an Newton geschrieben.[71] Die Boyle-Vorlesungen waren dazu gestiftet worden, Hinweise auf die Existenz Gottes aus dem Studium der Natur aufzuzeigen. Bentley schrieb an Newton mit der Bitte klarzustellen, ob er Gott für die Anziehung zwischen durch leeren Raum getrennten materiellen Objekten für verantwortlich hielt, oder ob die Masseanziehung von einer intrinsischen materiellen Eigenschaft der materiellen Objekte selbst herrührte.[72]

In seinem Brief schilderte Bentley Newtons Sichtweise der Ursache der Gravitation wie folgt: „Es ist unvorstellbar, dass (*ohne göttliche Einwirkung*) leblose, seelenlose Materie ohne gegenseitigen Kontakt auf andere Materie einwirkt und sie beeinflusst."[73] Newton bestätigte Bentleys Interpretation und erwiderte: „Mir gefällt der letzte Satz Eures zweiten Standpunkts sehr gut. Es ist unvorstellbar, dass (ohne Vermittlung von etwas anderem, *das nicht materiell ist*) leblose, seelenlose Materie ohne gegenseitigen Kontakt auf andere Materie einwirkt und sie beeinflusst, wie es sein muss, wenn ihr Gravitation … zu eigen und innewohnend ist."[74]

Hier lässt Newton keinen Zweifel an seiner eigenen Sichtweise. Er lehnt den Gedanken, „seelenlose Materie" könne eine Fernwirkung verursachen – d.h., andere Materie „ohne gegenseitigen Kontakt" bewegen –, ausdrücklich ab. Stattdessen bekräftigt er, dass der fortwährend wirkende Akteur, der für die Gravitation verantwortlich ist, „etwas anderes" sein muss, „*das nicht materiell ist*". Diese Aussage erscheint im Zusammenhang mit Newtons Antwort auf Bentleys Anfrage, ob Newton der Auffassung sei, dass Materie auf andere Materie „ohne göttliche Einwirkung" über eine Entfernung hinweg „einwirk[en] und sie beeinfluss[en]" könne. Daraufhin zeigt sich deutlich, dass Newton selbst die letztliche Ursache der Gravitation als „beständiges Geistwirken“ betrachtete, wie einer meiner Tutoren in Cambridge seine Ansicht in einem mir unvergesslichen Seminar beschrieb. Newton schien auch seine eigene Sichtweise von der Ursache der Masseanziehung in einem Abschnitt des „Scholium Generale“ der *Principia* öffentlich durchblicken zu lassen, einem Nachwort zum Hauptwerk, das er späteren Ausgaben hinzufügte, teilweise als Replik an seine Kritiker. Dort sagt er ausdrücklich: „In ihm [Gott] sind alle Dinge enthalten *und bewegt.*“[75]

Diese und viele andere Abschnitte legen auch nahe, dass Newton die Vorstellung von Naturgesetzen bestätigte, die Historiker in den Schriften vieler Begründer der modernen Wissenschaft erkennen.[76] Newton und seine Anhänger betrachteten das, was wir die „Naturgesetze“ nennen, offensichtlich als Form des göttlichen Handelns und Herrschens in der natürlichen Welt.[77] Die Naturgesetze spiegelten nicht nur das vergangene Handeln eines göttlichen Schöpfers wider, der die Bedingungen begründete, die für geordnete und regelmäßige natürliche Prozesse notwendig waren; sondern die fundamentalen Naturgesetze sind auch von der fortwährenden und erhaltenden Aktivität eines göttlichen Gesetzgebers abhängig.[78] Wie der Wissenschaftshistoriker Simon Schaffer von der Universität Cambridge erklärt, dachte Newton, dass sich in dem, was wir die Naturgesetze nennen, „der grundsätzlich göttliche Wille, der im gewöhnlichen Lauf der Natur sichtbar ist“, manifestiert.[79]

Die Bedeutung des Design-Argumentes während der wissenschaftlichen Revolution

Jede dieser drei Metaphern – das Buch der Natur, das Uhrwerk der Natur und die Naturgesetze – brachte den Glauben an einen göttlichen Schöpfer und/oder Erhalter der natürlichen Welt zum Ausdruck, *hatte diesen Glauben aber auch zur Voraussetzung.* Dennoch unterstellten oder behaupteten viele Begründer der modernen Naturwissenschaft nicht einfach aus ihrem Glauben heraus, dass das Universum von einem intelligenten Akteur gestaltet wurde. Sie argumentierten für diese Hypothese auch auf der Grundlage von Entdeckungen in ihren jeweiligen Forschungsfeldern.[80] Johannes Kepler erkannte ein intelligentes Design in der mathematischen Präzision der Planetenbewegungen und in den drei von ihm entdeckten Gesetzen, die diese Bewegungen beschrieben.[81] Robert Boyle beharrte darauf, dass die komplizierte uhrwerkgleiche Regelmäßigkeit der physikalischen Gesetze und chemischen Mechanismen, ebenso wie die anatomischen Strukturen in lebenden Organismen, die Aktivität eines „höchst intelligenten und gestaltenden Akteurs" nahelegten.[82] Später argumentierte Carl von Linné aufgrund der Leichtigkeit, mit der sich Pflanzen und Tiere in ein Klassifikationssystem von geordneten Gruppen und Untergruppen einordnen ließen, für eine Gestaltung.[83] Viele andere Wissenschaftler formulierten jeweils eigene konkrete Design-Argumente auf der Basis von empirischen Entdeckungen auf ihren jeweiligen Gebieten.

Diese Tradition gewann in den Schriften von Newton eine fast majestätische rhetorische Qualität. Er betrachtete die Fernwirkung der Gravitation nicht nur als Manifestation von Gottes Macht, sondern er formulierte auch zahlreiche nachdrückliche *Design*-Argumentationen auf der Grundlage anderer biologischer und astronomischer Entdeckungen. Newton betrachtete die Ordnung, die von den Naturgesetzen beschrieben wird, als Form des göttlichen Handelns; ebenso war er aber der Ansicht, dass viele spezielle Anordnungen von Materie (die jeweils diesen Gesetzen unterstellt sind) Hinweise auf den Plan eines „intelligenten und mächtigen Wesens" sind. Beispielsweise argumentierte er in seinem Hauptwerk über das Licht, *Optik*, dass die verblüffende Übereinstimmung zwischen den optischen Eigenschaften des Lichts und der Struktur des Auges von Säugetieren Voraussicht und Gestaltung nahelegte. Er erklärte: „Wie wurden die Körper der Tiere so kunstvoll ersonnen und zu welchem Zwecke dienen ihre einzelnen Teile? Wurde das Auge hergestellt ohne Fertigkeit in der Optik und das Ohr ohne die Wissenschaft vom Schall? … Und da dies alles so wohl eingerichtet ist, wird es nicht aus den Naturerscheinungen offenbar, dass es ein unkörperliches, lebendiges, intelligentes und allgegenwärtiges Wesen geben muss?"[84]

Im „Scholium Generale", dem Nachwort zu den *Principia*, deutete Newton an, die Stabilität des Planetensystems hänge nicht nur von der gleichmäßigen Wirkung der allgemeinen Gravitation ab, sondern auch von der exakten ursprünglichen Positionierung der Planeten und

Kometen im Verhältnis zur Sonne. Er erklärte: „Obwohl diese Himmelskörper wohl tatsächlich durch die bloßen Gesetze der Anziehung in ihren Umlaufbahnen verbleiben, konnten sie die normale Position der Umlaufbahnen selbst ursprünglich keinesfalls durch diese Gesetze erreicht haben." Daher „konnte dieses überaus schöne System der Sonne, Planeten und Kometen allein dem Ratschluss und der Herrschaft eines intelligenten und mächtigen Wesens entspringen".[85] Wie John Hedley Brooke betonte, war Newton der Auffassung, dass „Kenntnis von Gottes Macht und Weisheit sich aus der Intelligenz ableiten ließ, die anscheinend in der Gestaltung der Natur sichtbar gemacht ist".[86]

Viele Abhandlungen zur Wissenschaftsgeschichte – der Art, der man in Physiklehrbüchern oder Büchern und Videos der Neuen Atheisten begegnet – behaupten, Newton habe ein „mechanistisches Universum" beschrieben, eine autonome, selbstorganisierende und selbsterhaltende „Weltmaschine", in der kein Platz mehr für die Aktivität eines göttlichen Schöpfers, Erhalters oder Gesetzgebers der Natur war. Diese Sichtweise stellt Newton in dreierlei Hinsicht falsch dar. Erstens lehnte er die Idee ab, dass die Gravitation mit ihrer geheimnisvollen Fernwirkung sich mit einer mechanistischen Ursache erklären ließe. Zweitens war Newton der Ansicht, dass die Naturgesetze Gottes Art und Weise sind, „seelenlose Materie" durch den beständigen Einsatz seines Willens und Geistes zu ordnen. Drittens sah Newton in den komplexen Konfigurationen der Materie sowohl im Sonnensystem als auch in den biologischen Systemen Hinweise auf anfängliche Akte eines intelligenten Designs.

Von Newton zu Dawkins?

Aus einem jüdisch-christlichen Weltbild abgeleitete Vorannahmen trugen dazu bei, die Grundlagen der modernen Naturwissenschaft zu inspirieren und zu prägen, und die Begründer der modernen Wissenschaft selbst fanden Hinweise, die jene Vorannahmen stützten – einschließlich des Gedankens, dass das Leben und das Universum ihren Ursprung dem Handeln eines „unkörperliche[n], lebendige[n], intelligente[n] und allgegenwärtige[n] Wesen[s]" verdanken.[87]

Wie sind wir also von Newton zu Dawkins gelangt? Wie kam es, dass die theistischen Fundamente und Interpretationen der wissenschaftlichen Unternehmungen im 16., 17. und frühen 18. Jahrhundert im 19. und 20. Jahrhundert der Wahrnehmung eines Konflikts oder sogar „Kriegs“ zwischen Naturwissenschaft und religiösem Glauben wichen? Wie wurde die Vorstellung, dass die Natur das Werk der Hände des Schöpfers offenbart – ein zentraler Gedanke in dem dynamischen Programm von Naturtheologie, das Wissenschaftler wie Kepler, Boyle und Newton vorlegten –, so vollständig über den Haufen geworfen, dass der verkaufsstärkste Populärwissenschaftler im 21. Jahrhundert ein Buch schreiben konnte, in dem er behauptete, dass richtig verstandene Naturwissenschaft den Glauben an Gott so „unglaublich unwahrscheinlich“ mache, dass er quasi ein „Wahn“ sei?

Offensichtlich kam es in der westlichen Welt seit Begründung der neuzeitlichen Naturwissenschaft zu einer enormen intellektuellen Verschiebung. Doch was war deren Ursache?

Kapitel 3:

Das Aufkommen des wissenschaftlichen Materialismus und die Überschattung der theistischen Wissenschaft

Der Glaube an einen rationalen und intelligenten Schöpfer inspirierte die Entwicklung der neuzeitlichen Wissenschaft. Dennoch wich dieses Verständnis nach dem 18. Jahrhundert einer von vielen einflussreichen Stimmen vertretenen Auffassung, dass Wissenschaft und religiöser Glaube im Krieg liegen. Was brachte diesen dramatischen Wandel hervor?

Mit dieser Frage sah ich mich schon früh in meinem Studium der Wissenschaftsgeschichte und -philosophie konfrontiert. Während meines ersten Jahres in Cambridge entwickelte ich eine besondere Faszination für Newton und die Art und Weise, wie er seine theistischen und sogar biblischen Gedanken derartig eng mit der Entwicklung der grundlegendsten Theorien der Physik verwob. Einer meiner Tutoren gab mir zu bedenken: „Wenn Sie Newtons Theismus übersehen, haben Sie alles übersehen." Newton vertrat nicht nur eine zutiefst theistische Natur*philosophie*, sondern entwickelte mehrere (jedenfalls damals) überzeugende Argumentationen für eine Natur*theologie* – das heißt, Argumente für die Existenz Gottes auf der Grundlage von Beobachtungen komplexer Systeme in der natürlichen Welt.

Ich musste mich allerdings nicht besonders bemühen, Hinweise auf die gegenteilige Sicht dessen zu finden, was die Wissenschaft uns sagt. Als ich die Werke von Biologen des ausgehenden 19. Jahrhunderts las, begegnete ich einer völlig anderen Wissenschaftsphilosophie als der, welche die wissenschaftliche Revolution inspiriert hatte.

Während jener Phase, gerade als die Naturwissenschaft anfing, Theorien über den Ursprung und die Entwicklung des Lebens auf der Erde zu formulieren, begann die Weltanschauung des sogenannten wissenschaftlichen Materialismus, die ich im Vorwort vorgestellt habe, das Denken über die Bedeutung der Wissenschaft zu beherrschen. Sein Aufstieg folgte einer Bewegung in der Philosophiegeschichte des 18. Jahrhunderts, die von Historikern „Aufklärung" genannt wird.

Intellektuelle Historiker und Wissenschaftshistoriker bringen die Verschiebung weg von den theistischen Fundamenten der neuzeitlichen Wissenschaft normalerweise mit drei großen Entwicklungen in Verbindung: **erstens** mit dem Gedanken der Aufklärung, dass die menschliche Vernunft den religiösen Glauben ersetzen und unabhängig von ihm funktionieren kann;[1] **zweitens** mit der wachsenden Skepsis bezüglich der Existenz Gottes, oder zumindest bezüglich der Stichhaltigkeit der Argumente für Gottes Existenz, unter vielen Philosophen der Aufklärung; und **drittens** mit dem Aufkommen des wissenschaftlichen Materialismus und damit sowohl neuen Normen der wissenschaftlichen Praxis als auch einer angeblich wissenschaftsbasierten Weltsicht, die Materie und Energie statt Gott als fundamentale Realität, aus der alles andere entsteht, benennt.

Vernunft und Religion während der Aufklärung

Newton starb 1727. In den darauffolgenden Jahren stellten Wissenschaftler weiterhin und immer wieder die Aussagekraft einer systematischen Untersuchung der Natur unter Beweis. Zunehmend priesen die Philosophen der Aufklärung die Tugenden der Vernunft (und Wissenschaft) als die der Religion überlegene Quelle von Autorität und Erkenntnis an. In der Tat betrachteten zahlreiche Philosophen die Wissenschaft und Vernunft generell als Quellen von Autorität, die die offenbarte Religion ersetzen konnten und sollten. Dieser Gedanke schien besonders in Europa eine zunehmende Anziehungskraft auszuüben, nachdem dort jahrhundertelang Katholiken und Protestanten in Konflikten und Kriegen aufeinandergehetzt wurden, deren Anlass zumindest in Teilen die konkurrierenden Ansprüche bezüglich der Quelle religiöser Autorität waren. Nach dem verheerenden Dreißigjährigen Krieg (1618–1648) waren viele Europäer der religiösen Konflikte müde und deshalb offen für neue – sogar radikal neue – Perspektiven.

Zudem betrachteten französische Philosophen wie Voltaire und später Comte (der seine Schriften nach der Aufklärung verfasste) die Wissenschaft als vielleicht bestes Beispiel für die Macht der menschlichen Vernunft sowie als zuverlässigste Quelle des Wissens. Sie gingen davon aus, dass die Wissenschaft losgelöst von religiösen Glaubensüberzeugungen funktionieren konnte – und damit unabhängig von den Vorannahmen (wie der Verstehbarkeit, Kontingenz und Uniformität der Natur), die der christliche Theismus als Teil der ursprünglichen erkenntnistheoretischen Grundlagen der neuzeitlichen Wissenschaft geliefert hatte. Naturphilosophen oder „Wissenschaftler", wie der englische Philosoph William Whewell sie 1833 taufte,[2] versuchten immer noch die „Naturgesetze" und „Mechanismen" des großen „Uhrwerks" der Natur zu entdecken. Doch diese Metaphern verloren nach und nach ihre ursprünglichen theologischen Konnotationen. Zumindest war dies bei vielen Philosophen der Aufklärung der Fall, die die Wissenschaft als rein säkulares Unterfangen charakterisierten und Vernunft und Offenbarung als Gegensätze darstellten.

Ein prominenter Philosoph der Aufklärung nutzte insbesondere die Idee der Naturgesetze, um seine Zurückweisung des theistischen Glaubens zu begründen. Der skeptizistische Empiriker David Hume (Abb. 3.1) argumentierte, dass der regelgerechte Verlauf der Natur die Möglichkeit eines wunderhaften Eingreifens durch einen transzendenten Gott ausschloss. Wunder, so Hume, sind unmöglich, weil sie die Naturgesetze *verletzen*. Er stellte diese Gesetze als autonome Entitäten dar statt als Beschreibung dessen, wie Gott aus freiem Willen normalerweise die materielle Welt ordnet, so wie es Newton und frühere Wissenschaftler geglaubt hatten.

Abb. 3.1
Der schottische Philosoph David Hume, dessen radikaler Empirismus ihn dazu führte, das Design-Argument und die Möglichkeit von Wundern abzulehnen.

Dass Hume die Möglichkeit von Wundern ablehnte, rechtfertigte er, indem er behauptete, die *gleichförmige und wiederholte menschliche Erfahrung* zeige, dass man nicht gegen die Naturgesetze verstoßen könne. Er erklärte: „Ein Wunder ist eine Verletzung der Gesetze der Natur; und da eine feste unveränderliche Erfahrung diese Gesetze gegründet hat, so ist der Beweis gegen ein Wunder, welcher eben aus der Beschaffenheit des Faktums hergenommen wird, so vollständig, als nur irgendeiner aus der Erfahrung möglich ist."[3]

Hume stellte eine Erkenntnistheorie auf, die als radikaler Empirismus bekannt ist. Der Empirismus behauptet, dass die Beobachtung der natürlichen Welt mit den fünf Sinnen den einzigen sicheren Weg zur Erkenntnis bietet. Als solcher stellt er die einzige zuverlässige Quelle von Ideen in unserem Verstand dar.[4] In dieser Sichtweise spiegelt sich Humes Ablehnung der Möglichkeit von Wundern wider. Er behauptete nämlich, dass die übereinstimmende, durch die Sinne gewonnene menschliche Erfahrung die Naturgesetze überhaupt erst nachgewiesen habe – und Menschen hätten niemals Ausnahmen davon beobachtet. Hume merkt an: „Wenn etwas zu allen Zeiten nach dem gewöhnlichen Laufe der Natur geschieht, so wird es für kein Wunder gehalten."[5] Damit behauptete Hume nicht nur, dass Wunder die Naturgesetze verletzen, sondern auch, dass unsere Erfahrung bewiesen hat, dass das, was wir Naturgesetze nennen, keine Ausnahmen zulässt. Kurz gesagt: Wunder verletzen die Naturgesetze, und die Naturgesetze können nicht verletzt werden; daher sind Wunder unmöglich.

Humes Argument gegen Wunder sagte indirekt aus, dass die einzige Art von Gott, die existieren könnte – wenn es überhaupt einen Gott gab –, ein weit entferntes deistisches Wesen wäre, das nie in die Natur eingreift oder in anderer Form eigenständig oder erkennbar in der Natur handelt. Humes radikaler Empirismus bedeutete weiterhin, wenn auch unterschwellig, dass der Glaube an Gott selbst keine solide Basis in der Vernunft haben konnte, denn Gott erfüllt nicht die Kriterien einer Entität, die Menschen durch ihre fünf Sinne wahrnehmen können.

Der französische Philosoph Auguste Comte, ein weiterer radikaler Empirist und Begründer einer Wissenschaftsphilosophie, die als „Positivismus" bekannt ist, formulierte einen noch schärferen Gegensatz zwischen Wissenschaft und religiösem Glauben. In den 1840er-Jahren behauptete er in einer seiner Schriften, dass der Fortschritt der Erkenntnis in drei Phasen erfolge: einer theologischen, einer philosophischen und schließlich einer „positiven“ oder wissenschaftlichen Phase. Comte argumentierte, dass in der theologischen Phase Menschen das geheimnisvolle Handeln von Göttern als Erklärung für Naturphänomene heranzogen, sei es ein Gewitter oder die Verbreitung ansteckender Krankheiten. In einer zweiten, fortschrittlicheren metaphysischen Phase lieferten Philosophen abstrakte Konzepte wie Platons Formenlehre oder Aristoteles' Zweckursachen als Erklärungen für Naturphänomene. Comte zufolge erlangten die Menschen erst dann echte oder „positive“ Erkenntnis, wenn sie solche abergläubischen Vorstellungen und Abstraktionen ersetzten und Naturphänomene anhand von Naturgesetzen oder streng materiellen Mechanismen erklärten.[6]

Damit säkularisierte er zwei der theologischen Metaphern – die Natur als Mechanismus und als von Gesetzen beherrschtes Reich –, die zuvor die theistische Inspiration für das Betreiben von Wissenschaft ausgedrückt hatten. Zudem beharrte er darauf, dass regelgerecht betriebene Wissenschaft sich zur Erklärung von Ereignissen oder Phänomenen nicht auf göttliches Handeln berufen durfte. Stattdessen verlangte eine wissenschaftliche oder „positive“ Erklärung derselben, dass man nachwies, inwiefern solche Phänomene Beispiele für die Naturgesetze waren – welche nun als Entitäten verstanden wurden, die losgelöst vom göttlichen Willen oder Lenken der Natur existierten.

Der Niedergang der theistischen Argumente

Eine wachsende Skepsis unter den Philosophen der Aufklärung bezüglich der klassischen Argumente für Gottes Existenz – bezüglich der Gotteshypothese – bot einen weiteren Anlass für die Säkularisierung des Wissens. Im späten 18. Jahrhundert bestritten führende Philosophen wie David Hume und Immanuel Kant (Abb. 3.2) die Stichhaltigkeit von zwei klassischen und besonders beachtlichen Argumenten für Gottes Existenz, die die Natur lieferte. Hume erhob starke philosophische Einwände gegen das Design-Argument. Kant äußerte Skepsis bezüglich des kosmologischen Arguments (wenn auch nicht unbedingt bezüglich des Design-Arguments oder der Existenz Gottes).[7]

Abb. 3.2
Der deutsche Philosoph Immanuel Kant, der eine minimalistische Version des Design-Argumentes akzeptierte, aber das kosmologische Argument für Gottes Existenz als nicht beweiskräftig ablehnte.

Das klassische Design-Argument setzt beim Hinweis auf gewisse hochgradig geordnete oder komplexe Merkmale in der Natur an, wie beispielsweise bei der Anordnung der Planeten oder dem Aufbau der Augen von Wirbeltieren. Des Weiteren zieht es die Schlussfolgerung, dass solche Merkmale der Aktivität einer präexistenten Intelligenz (die normalerweise mit Gott gleichgesetzt wird) entsprungen sein müssen. Das kosmologische Argument setzt das Kausalitätsprinzip und/oder das Prinzip der hinreichenden Ursache voraus (die Idee, dass jedes Ereignis eine Ursache oder einen Grund für sein Auftreten oder seine Existenz haben muss). Es strebt an, daraus ein notwendiges Wesen – das heißt, Gott – als Erstursache oder zulänglichen Grund für die Existenz des Universums abzuleiten.[8]

Muslimische Gelehrte des Mittelalters entwickelten eine der berühmtesten Versionen des kosmologischen Arguments, das sogenannte Kalām-Argument. Es besagte, dass das Universum einen zeitlichen Anfang hatte – eine Behauptung, die Philosophen meist damit zu rechtfertigen versuchten, dass sie die logische oder mathematische Absurdität eines unendlichen Regresses von Ursache und Wirkung zeigten. Die Argumentation schlussfolgerte, dass der Anfang des physischen Universums Folge einer nicht verursachten Erstursache gewesen sein musste, die unabhängig vom Universum existiert.[9] Diese Argumentation wurde normalerweise mit einem Syllogismus ausgedrückt:

Was zu existieren beginnt, muss eine Ursache haben.
Das Universum begann zu existieren.
Das Universum muss eine Ursache für seine Existenz haben.

Mithilfe weiterer Argumentationsschritte folgerten Verfechter des Kalām-Argumentes, dass die notwendige Erstursache des Universums das physische Universum transzendieren muss (da eine Ursache notwendigerweise von ihren Wirkungen getrennt sein muss)[10] sowie personal sein muss (denn nur ein personaler Akteur kann eigenständig agieren und eine neue Kausalkette initiieren, ohne dass sein Agieren von einer vorausgehenden Reihe notwendiger und zureichender materieller Bedingungen veranlasst wurde). Schließlich setzten Verfechter des Kalām-Argumentes jene erste transzendente und personale Ursache mit Gott gleich.

In der gesamten Geschichte der westlichen Welt formulierten zahlreiche Philosophen und Wissenschaftler immer wieder Argumente für die Existenz Gottes, einige auf Grundlage von Beobachtungen der natürlichen Welt. Somit betrachteten auch viele westliche Denker Wissenschaft und theistischen Glauben als sich gegenseitig verstärkend. Doch nach dem Ende des 18. Jahrhunderts verbreitete sich nach und nach Skepsis an den meisten empirisch basierten theistischen Argumenten wie dem kosmologischen und dem Design-Argument, hauptsächlich aufgrund von Entwicklungen innerhalb der Philosophie, die später von neuen wissenschaftlichen Theorien oder deren Interpretationen verstärkt wurden.

Der Niedergang des kosmologischen Arguments

Der Philosoph Immanuel Kant beispielsweise untergrub das Vertrauen in das kosmologische Kalām-Argument. Er tat dies, indem er die Validität der zweiten Prämisse der Argumentation – die Aussage, dass das Universum einen Anfang gehabt haben musste – in Zweifel zog. Stattdessen argumentierte er, dass die Frage, ob das Universum in der Zeit endlich oder unendlich ist, nicht durch Vernunft entschieden werden konnte. Er war der Auffassung, dass die Vernunft zu zwei gleichermaßen rationalen, aber gegensätzlichen Schlussfolgerungen oder „Antinomien" führen konnte, nämlich, dass das Universum einen Anfang in der Zeit hatte *und* dass es keinen hatte.[11] Seiner Ansicht nach konnte das Universum einen Anfang in der Zeit gehabt haben, aber ebenso Folge einer ungebrochenen Linie von Wirkungen und Ursachen sein, die unendlich in die Vergangenheit zurückreichen. Mit anderen Worten, Kant akzeptierte die Möglichkeit, dass das Universum ewig und in sich selbst existierend sein könnte.[12] Anders als Aristoteles argumentierte er nicht, dass die Idee der *creatio ex nihilo*, der Schöpfung aus dem Nichts, logisch inkohärent sei. Allerdings betrachtete er die Schlussfolgerung des Kalām-Argumentes als unsicher.

Kants philosophische Skepsis hinsichtlich des kosmologischen Erstursache-Arguments wurde von der Wissenschaft seiner Zeit bestärkt. Obwohl Newton das Design-Argument unterstützte, trug ein Aspekt seiner Physik – seine Postulierung des unendlichen Raumes – dazu bei, das klassische Kalām-Argument zu unterlaufen.[13] Nach Newtons allgemeiner Theorie der Schwerkraft ziehen alle Körper einander mit einer Kraft an, die proportional zum Produkt ihrer Massen und umgekehrt proportional zum Quadrat der Entfernung zwischen ihnen ist. Seine Theorie besagte, dass *alle* aus Materie bestehenden Körper im Universum einander anziehen. Doch das führte zu einem Rätsel. Newtons Theorie zufolge sollte sich jeder Stern zum Zentrum des Universums hinbewegen, bis das gesamte Universum in sich zusammenfällt.

Um die gegenwärtige Stabilität des Universums zu erklären, brachte Newton die Idee vor, dass „die Materie gleichmäßig über einen unendlichen Raum verteilt war", sodass sie „nie zu einer einzigen Masse zusammentreffen konnte".[14] Er dachte, wenn es eine unendliche Anzahl von Sternen gäbe, die gleichmäßig über ein Universum mit unendlichem Raum verteilt waren, dann würde jeder Stern jeden anderen Stern mit gleicher Kraft in alle Richtungen anziehen. Somit würden die Sterne für immer in einer Spannung der ausbalancierten Massenanziehung verbleiben.[15] Auch aus theologischen Gründen war das unendliche Universum für Newton eine reizvolle Vorstellung. Er betrachtete den Weltraum als „göttliches Sensorium", ein Medium, in dem Gott die Schöpfung wahrnahm.[16] Da Gott unendlich war, musste das Weltall es auch sein.

Physiker mit einer materialistischeren Einstellung fanden später Newtons unendliches Universum philosophisch annehmbar. Einige erweiterten das Modell vom unendlich statischen Universum, indem sie annahmen, dass, wenn der Raum unendlich ist, auch die Zeit sowohl in

Vorwärts- als auch in Rückwärtsrichtung unendlich sein musste. Einem unendlichen Universum in einer Art „Steady State" (Beharrungszustand) oder Gravitationsgleichgewicht – einem Universum also, das sich weder ausdehnte noch zusammenzog – fehlte die dynamische Bewegung, die einen Anfang oder ein Ende nahelegen würde. Daher schien für zahlreiche Physiker Newtons Behauptung eines räumlich unendlichen Universums[17] indirekt auch ein zeitlich unendliches Universum zu bedeuten.[18] Infolgedessen wurde die Unterstützung für oder das Interesse an der Kalām-Argumentation durch die Skepsis an der Idee, dass das Universum einen Anfang hatte, unterlaufen.

Der Niedergang des Design-Arguments

Während der Aufklärung geriet auch das Design-Argument unter Beschuss. Die meisten damals im Umlauf befindlichen Design-Argumente hatten einen analogischen Charakter. Sie verglichen lebende Organismen mit komplexen menschlichen Artefakten (wie Uhren). Da solche komplexen Maschinen von der Aktivität intelligenter Akteure herrührten, musste auch die sehr viel komplexere Maschinerie, die in lebenden Organismen ersichtlich war, einem gestaltenden Verstand entsprungen sein.

Hume nahm in seinem Werk *Dialoge über natürliche Religion* (1779) diese Argumentation ins Visier. Er hielt dagegen, dass das Design-Argument von einem mangelhaften Vergleich mit menschlichen Artefakten abhing. Zugegebenermaßen stammten Artefakte von intelligenten Gestaltern, und biologische Organismen hätten gewisse Ähnlichkeiten mit komplexen menschlichen Artefakten.[19] Augen ebenso wie Uhren hingen von der funktionalen Integration vieler einzelner und speziell eingerichteter Bestandteile ab. Dennoch, so Hume, unterscheiden sich biologische Organismen auch von menschlichen Artefakten – beispielsweise pflanzen sie sich fort –, und die Verfechter des Design-Arguments versäumen es, diese Unterschiede in Betracht zu ziehen.[20] Da die Erfahrung lehrt, dass Organismen immer von anderen Organismen abstammen, argumentierte Hume, dass ein analoges Argument eigentlich nahelegen sollte, dass Organismen letzten Endes von einem urzeitlichen

Organismus herrühren (vielleicht einer riesigen Spinne oder einem Gemüse), nicht von einem transzendenten Verstand oder Geist.[21]

Doch Humes kategorische Ablehnung des Design-Arguments erwies sich weder für die theistischen noch für die säkularen Philosophen als letztlich ausschlaggebend. So unterschiedliche Denker wie Kant,[22] der schottische Presbyterianer Thomas Reid,[23] Thomas Paine, ein Deist der Aufklärung,[24] und der englische Philosoph William Whewell bekräftigten weiterhin unterschiedliche Versionen des Design-Arguments. Tatsächlich hatten wissenschaftsbasierte Design-Argumente mindestens bis ins frühe 19. Jahrhundert Bestand, beispielsweise in Werken wie William Paleys *Natürliche Theologie* (1802).[25]

Abb. 3.3
William Paley, Vertreter der Naturtheologie, Anfang des 19. Jahrhunderts.

Paley (Abb. 3.3) katalogisierte eine Unmenge biologischer Systeme, die das Wirken einer beaufsichtigenden Intelligenz nahelegten. Er argumentierte, dass die verblüffende Komplexität und ausgezeichnete Anpassung der Mittel an den Zweck in solchen Systemen streng genommen nicht durch die blinden Kräfte der Natur entstehen konnten. Paley antwortete auch direkt auf Humes Behauptung, die Design-Schlussfolgerung beruhe auf einem fehlerhaften Vergleich. Eine Uhr, die sich fortpflanzen konnte, so Paley, würde ein noch viel wunderbareres Ergebnis darstellen als eine, die das nicht konnte.[26] Daher schienen für Paley die Unterschiede zwischen Artefakten und Organismen die Schlussfolgerung eines Designs nur zu stärken. Zudem fanden weit bis ins 19. Jahrhundert hinein zahlreiche Wissenschaftler Paleys Uhr/Uhrmacher-Argumentation überzeugend. Andere Werke der englischen Naturtheologie in der ersten Hälfte des 19. Jahrhunderts, wie beispielsweise die berühmten *Bridgewater Treatises*,[27] zeigten ebenfalls die anhaltende Beliebtheit von Design-Argumenten, insbesondere in Großbritannien, trotz Humes wohlbekannter Einwände.

Abb. 3.4
Charles Darwin, britischer Naturforscher und Autor von *Über die Entstehung der Arten.*

Tatsächlich waren es am Ende nicht die Argumente der Philosophen, die das beliebte Design-Argument ins Wanken brachten, sondern das Aufkommen von zunehmend starken materialistischen Erklärungen für ein „scheinbares Design". Unter diesen ist besonders die Theorie von Charles Darwin hervorzuheben: Evolution durch natürliche Selektion.[28] In *Über die Entstehung der Arten*, erschienen 1859, argumentierte Darwin (Abb. 3.4), dass lebende Organismen – die bis dahin als offensichtlichstes Beispiel von Gottes Schöpferkraft betrachtet wurden – lediglich den Anschein einer Gestaltung aufwiesen. Darwin entwarf einen konkreten Mechanismus, nämlich die aufgrund zufälliger Variationen wirkende natürliche Selektion, welcher die Anpassung von Organismen auf ihre Umwelt (und andere Hinweise auf eine augenscheinliche Gestaltung) erklären konnte, ohne sich auf einen realen intelligenten oder steuernden Akteur zu berufen. Wenn der Ursprung biologischer Organismen sich naturalistisch erklären ließ, wie Darwin behauptete, dann waren Erklärungen, die eine schöpferische Intelligenz heranzogen, unnötig und sogar geistlos.[29]

Das Aufkommen des wissenschaftlichen Materialismus

Der Erfolg neuer wissenschaftlicher Theorien im Blick auf die astronomischen, geologischen und biologischen Ursprünge trug zur Ablehnung des Theismus als Erklärungsansatz für die Wissenschaft bei. Diese neuen Theorien schienen kollektiv die alternative Weltanschauung des wissenschaftlichen Materialismus zu stützen. Beispielsweise versuchte der französische Physiker Pierre Laplace (Abb. 3.5) im Jahr 1796, den Ursprung des Sonnensystems nicht als Produkt der Planung eines „intelligenten und mächtigen Wesens“ zu erklären, wie Newton es getan hatte, sondern als Folge rein natürlicher Anziehungskräfte. In seinem Buch *The System of the World* (dt. Ausgabe: *Darstellung des Weltsystems*) umriss Laplace ein Szenario, wodurch Planeten sich aus den heißen atmosphärischen Gasen in der Umgebung der Sonne und anderer rotierender Sterne gebildet haben könnten.[30] Als „Nebularhypothese“ bekannt, bot Laplaces Theorie eine evolutionäre und rein materialistische Darstellung des Ursprungs des Sonnensystems. Er fragte: „Könnte diese Anordnung der Planeten selbst eine Auswirkung der Bewegungsgesetze sein, und könnte die übergeordnete Intelligenz, die Newton eingreifen lässt, dafür sorgen, dass sie von einem viel allgemeineren Phänomen herrührt? So wie … eine Nebelmaterie, die in unterschiedlichen Mengen über den unendlichen Himmelsraum verteilt ist.“[31]

Abb. 3.5
Pierre Laplace, französischer Physiker und Autor von *Mechanik des Himmels.*

Beginnend im Jahr 1798 veröffentlichte Laplace ein mehrbändiges Begleitwerk zu seiner vorangegangenen Arbeit unter dem Titel *Mechanik des Himmels.* Er beschrieb das anhaltende Funktionieren des Sonnensystems in präzisen mathematischen Details. Einen Teil des Werkes präsentierte er 1802 dem neuen französischen Kaiser Napoleon Bonaparte. Späteren (und möglicherweise zweifelhaften) Berichten zufolge fragte Napoleon, als er schließlich Laplace rufen ließ, um über dessen Arbeit zu sprechen, den Wissenschaftler direkt nach der Rolle Gottes beim Ursprung des Sonnensystems. Der Kaiser sagte: „Man sagt mir, Ihr habt dieses große Buch über das System des Universums geschrieben, und nicht einmal dessen Schöpfer erwähnt.“ Laplace gab angeblich die heute berühmte Antwort: „Sire, dieser Hypothese bedurfte ich nicht.“[32]

Die Historiker sind sich unsicher, ob Laplace diese Worte tatsächlich ausgesprochen hat, teils deshalb, weil vor 1825 keine belegten Zitate davon auftauchen[33]. Doch die frühesten Berichte über diese Begegnung fangen durchaus eine Perspektivenverschiebung in der Frage ein, ob die Gotteshypothese in irgendeiner Hinsicht eine erklärende Rolle in den Naturwissenschaften spielen könnte. Der englische Astronom Sir William Herschel, der einzige Augenzeuge der Begegnung zwischen Laplace und Napoleon, berichtet, dass Laplace dem „Ersten Konsul" (Napoleon) auf dessen Frage: „Und wer ist der Urheber all dessen?" zur Antwort gab (wie Herschel es umschreibt): „Eine Kette natürlicher Ursachen könnte für die Errichtung und Erhaltung dieses wunderbaren Systems Rechnung tragen."[34] Und offenbar lieferte Laplaces *Mechanik des Himmels* und sein vorangegangenes Werk, die *Darstellung des Weltsystems*, eine vollends naturalistische Beschreibung nicht nur der fortdauernden Funktion, sondern auch des Ursprungs des Himmelssystems. Damit markierte Laplaces Arbeit eine Wende in der Vorgehensweise vieler Wissenschaftler.

Entwicklungen auf anderen Gebieten unterstützten diesen Trend. In der Geologie erklärte Charles Lyell den Ursprung der markantesten topografischen Merkmale der Erde – Gebirgsketten und Schluchten – als Folge von langsamen, allmählichen und vollkommen naturalistischen Veränderungsprozessen.[35] In der Biologie bemühte sich Darwin mit seiner Evolutionstheorie zu zeigen, dass der blinde Prozess der natürlichen Selektion, der auf zufällige Variationen hin geschieht, für den Ursprung neuer Lebensformen verantwortlich ist, und zwar ohne göttliche Steuerung. Lebende Organismen hatten nur den *Anschein*, bewusst gestaltet worden zu sein.[36] Wie der Biologe Francisco Ayala erklärt: „Das funktionale Design von Organismen und ihren Merkmalen würde … augenscheinlich für die Existenz eines ‚Designers' sprechen. [Jedoch] war es Darwins größte Leistung zu zeigen, dass sich die direktive Organisation von Lebewesen als Resultat eines natürlichen Prozesses, einer natürlichen Selektion erklären lässt, ohne Notwendigkeit, auf einen Schöpfer oder anderen externen Akteur zurückzugreifen."[37]

Wie ich im Vorwort erwähnt habe, muss jede Weltanschauung und jedes metaphysische System diese Fragen nach dem Ursprung stellen. Der Autor James Sire nennt dies die „Frage nach der übergeordneten

Realität"[38] – die Frage: „Was ist die Sache oder die Entität oder der Prozess, von dem alles andere herkommt?" Bis zum Ende des 19. Jahrhunderts hatte die Naturwissenschaft eine einigermaßen umfassende Menge ausschließlich materialistischer Theorien formuliert, die den Ursprung und die Entwicklung des Lebens, einschließlich des menschlichen Lebens, zumindest skizzenhaft zum Ursprung der Erde und des Sonnensystems zurückverfolgen konnten. Vielleicht überrascht es daher nicht, dass damals auch eine Weltanschauung aufkam – der wissenschaftliche Materialismus –, die beanspruchte, auf der Grundlage mehrerer damals populärer wissenschaftlicher Theorien eine umfassende materialistische Antwort auf die Frage nach der übergeordneten Realität zu bieten.

Normen im Wandel: die Rolle des methodologischen Naturalismus

Es war nicht nur der vermeintliche Erfolg der materiellen Ursprungstheorien, der Gott oder die Design-Hypothese verdrängte. Im Lauf des 19. Jahrhunderts kamen auch neue wissenschaftliche Normen und Praktiken auf, die die Gotteshypothese, wenn nicht falsch, dann doch zumindest zunehmend irrelevant erscheinen ließen. Wie der Wissenschaftshistoriker Neil Gillespie in seinem Klassiker *Charles Darwin and the Problem of Creation* („Charles Darwin und das Schöpfungsproblem") argumentiert, wurde der Ausschluss der Design-Hypothese von einer aufkommenden Tradition verstärkt, die sich zunehmend bemühte, die Berufung auf göttliche oder intelligente Ursachen *per definitionem* aus der Wissenschaft auszuschließen.[39] Gillespie schreibt dieses aufkommende „positivistische Weltbild" teilweise dem Einfluss des Philosophen Auguste Comte zu.

Andere Historiker und Philosophen betrachten das Aufkommen strikt naturalistischer methodischer Konventionen eher als natürliche Konsequenz der Praktiken der theistischen Wissenschaftler selbst. Steve Fuller merkte in seiner Korrespondenz mit mir an, dass Meinungsverschiedenheiten unter den Theisten über die erklärende Rolle Gottes in der Wissenschaft – beispielsweise die im letzten Kapitel erörterten Differenzen zwischen Newton und Leibniz – zum Aufkommen eines streng materialistischen Ansatzes bei wissenschaftlichen Erklärungen beitrugen. Unsicherheiten unter den Theisten, wie man Gott angemessen als wissenschaftliche Erklärung anführen sollte, sorgten dafür, dass die Naturwissenschaftler zunehmend dazu neigten, nur naturalistische Erklärungen in Betracht zu ziehen.

So oder so verstanden die Wissenschaftler immer mehr, dass wissenschaftliche Theorien sich darauf beschränken sollten, nur materialistische Entitäten oder natürliche Prozesse in wissenschaftlichen Erklärungen vorauszusetzen. Das Postulieren einer kreativen Intelligenz verletzte solche (ausdrücklichen oder unausgesprochenen) methodologischen Normen. Beispielsweise äußerte Darwin in *Über die Entstehung der Arten* wiederholt Einwände gegen den wissenschaftlichen Status der überlieferten „Schöpfungstheorie". Er kritisierte seine Rivalen häufig, und zwar nicht nur für ihre Unfähigkeit, Erklärungen für bestimmte biologische Daten zu entwickeln, sondern auch für ihre Unfähigkeit, überhaupt *wissenschaftliche* Erklärungen zu liefern.[40] Tatsächlich stützten sich einige von Darwins Argumenten für seine Theorie der Abstammung mit Veränderungen nicht nur auf neu entdeckte Fakten, sondern auf Fakten wie Homologie (ähnliche Strukturen in ansonsten unterschiedlichen Tieren) und fossile Progressionsreihen, die zeitgenössische Paläontologen wie Louis Agassiz und Taxonomen wie Richard Owen weder ausbremsten noch verblüfften. Diese herausragenden Wissenschaftler waren der Auffassung, dass solche Phänomene vorausgehende „Verstandesakte" oder „den Schöpfungsplan" widerspiegelten.[41]

Doch Darwins Ansicht nach hatten Erklärungen, die auf einen immateriellen Verstand, Gedanken, Plan hindeuteten, prinzipiell keinen Anspruch darauf, als ordnungsgemäße wissenschaftliche Erklärung zu gelten. Was er in seinem Angriff gegen seine Rivalen infrage stellte, war nicht nur ihre Fähigkeit, die vorliegenden Hinweise zu erklären, sondern vielmehr die wissenschaftliche *Legitimität* jeglicher Theorie, die keine materialistische Ursache für beobachtbare Phänomene anführte. Daher lehnte Darwin Owens Erklärung für die Ähnlichkeit anatomischer Strukturen bei unterschiedlichen Tieren – nämlich den „Schöpfungsplan" – ab, mit den Worten: „Aber das ist keine *wissenschaftliche* Erklärung."[42]

Darwins Vorstellung, wie wissenschaftliche Theorien auszusehen hatten, beeinflusste die Art und Weise, wie er in *Über die Entstehung der Arten* argumentierte. Sie begründete zudem neue methodische Normen, die es verboten, sich bei Erklärungen auf eine kreative Intelligenz oder intelligentes Design in der Geschichte des Lebens zu berufen. Normen, die solche Bezugnahmen ächteten, trugen zur Ablehnung des theistischen Design-Arguments während des späten 19. Jahrhunderts (und danach) bei.[43]

Natürlich verstärkte der gefühlte Erfolg der vollkommen naturalistischen Ursprungstheorien in der Astronomie, Geologie und besonders in der Biologie diesen Trend. Zusammengenommen legten diese Theorien nahe, dass die gesamte Geschichte des Universums sich als eine beinahe nahtlose Entfaltung des Potenzials von *Materie* und *Energie* erzählen ließ. Die vorgegebene Kosmologie des 19. Jahrhunderts – die davon ausging, dass Materie und Energie ewig und in sich selbst existierend sind – verstärkte diese materialistische Perspektive, da sie jegliche Notwendigkeit zu eliminieren schien, die Frage nach dem letztendlichen Ursprung der Materie zu erwägen.

Darwin, Marx und Freud: ein umfassender Materialismus

Neben Darwin trugen noch zwei andere Persönlichkeiten des ausgehenden 19. und frühen 20. Jahrhunderts zu dieser zunehmend etablierten Weltsicht bei – beide durch die Entwicklung von einflussreichen sozialwissenschaftlichen Theorien. Auf dem Gebiet der Wirtschaft und Sozialphilosophie war es Karl Marx (Abb. 3.6), dessen dialektischer Materialismus und seine darauf beruhende utopische Zukunftsvision ein zutiefst deterministisches wie auch materialistisches Verständnis der menschlichen Natur ausdrückten.[44] In der Psychologie formulierte Siegmund Freud (Abb. 3.7) eine komplexe Charakterisierung der menschlichen Psyche: Er beschrieb die unterschiedlichen Elemente und treibenden Beweggründe oder Ziele jedes Teils des Bewusstseins und zeichnete dabei eine frappierend deterministische Vision der menschlichen Natur.[45] Während Marx den Menschen als von materiellen Bedürfnissen und unpersönlichen ökonomischen Kräften bestimmt beschrieb, stellte

Freud das menschliche Verhalten als von größtenteils unbewussten sexuellen Trieben diktiert dar.

Abb. 3.6
Karl Marx, Begründer des dialektischen Materialismus.

Sowohl Marx als auch Freud waren Atheisten, die Geringschätzung für die Gotteshypothese bekundeten.[46] Marx betrachtete Religion als ein Opiat, das von der bourgeoisen Elite propagiert wurde, um die Arbeiterklasse betäuben und ausnutzen zu können.[47] Freud war ebenfalls der Auffassung, dass der Glaube an Gott einem utilitaristischen Ziel diente. Seiner Ansicht nach hatten die Menschen den Mythos eines wohlwollenden Gottes erfunden, um eine tröstliche Vaterfigur als Krücke und Kompensation für schwierige Beziehungen zu ihren tatsächlichen irdischen Vätern zu haben. Daher kehrte er in seinem berühmten Satz die jüdisch-christliche Schöpfungsgeschichte um: „Nicht Gott erschuf den Menschen; der Mensch erschuf Gott."[48]

Abb. 3.7
Der berühmte Psychologe Siegmund Freud.

Mit diesen drei großen Persönlichkeiten – Darwin, Marx und Freud – schien die Wissenschaft viele der tiefsten weltanschaulichen Fragen zu beantworten, die bis dahin die jüdisch-christliche Religion für die Menschen der westlichen Welt beantwortet hatte. Wie ich manchmal in Konferenzvorträgen etwas aphoristisch sage: „Darwin erklärte uns, woher wir kommen; Marx erklärte uns, wohin wir gehen; und Freund erklärte uns die menschliche Natur und was wir mit unserer Schuld anfangen sollen." Alle drei beanspruchten, ihre Theorien auf wissenschaftliche Belege und Analysen zu gründen.

Somit schien die Wissenschaft mit dem frühen 20. Jahrhundert eine materialistische Weltsicht zu stützen – wenn man überhaupt von „stützen" sprechen kann – und keine theistische. Die Wissenschaft brauchte sich nicht mehr auf einen präexistenten Verstand zu berufen, der die Materie geformt hat, um die Hinweise der Natur zu erklären. Die Materie hatte schon immer existiert und konnte sich faktisch ohne präexistenten Gestalter oder Schöpfer selbst ordnen.

Wissenschaftlicher Materialismus und das Verhältnis zwischen Wissenschaft und Glauben

Es überrascht nicht, dass das Aufkommen des wissenschaftlichen Materialismus die Art und Weise veränderte, wie zahlreiche Intellektuelle das Verhältnis zwischen Wissenschaft und theistischem Glauben dachten. Viele Wissenschaftler, Philosophen und Theologen nahmen Wissenschaft und theistischen Glauben als in einem offenen Konflikt miteinander stehend wahr. Diese Sichtweise wurde von John William Draper und Andrew Dickson White in ihren revisionistischen Geschichtswerken verkündet[49] und später von den Neuen Atheisten aggressiv popularisiert.

Wir haben gesehen, dass die meisten Wissenschaftshistoriker Versuche, die gesamte Geschichte der Wissenschaft als Kampf zwischen Naturwissenschaft und Christentum zu inszenieren, heute als grobe Vereinfachung betrachten. Allerdings folgt daraus nicht, dass ein solcher Konflikt nie existiert hat. Viele Wissenschaftler und Philosophen des 20. Jahrhunderts präsentierten das Konfliktmodell zumindest als korrektes *gegenwärtiges*, wenn auch nicht vergangenes Verständnis. Wissenschaftler und Philosophen, die diese Ansicht vertreten, behaupten, dass Wissenschaft und Religion, selbst wenn sie in der Vergangenheit nicht im Konflikt standen, dies auf jeden Fall heute tun.

Zahlreiche Vertreter des Konfliktmodells führen die Vormachtstellung des darwinistischen Denkens – mit dessen Leugnung eines realen (im Gegensatz zu einem lediglich augenscheinlichen) Design in lebenden Systemen – als Prinzip und unlösbaren Kern dieses Konflikts ins Feld. Wenn der Theismus versichert, dass eine kreative Intelligenz eine entscheidende Rolle bei der Entstehung von Lebensformen spielte, und wenn die Evolutionsbiologie den Ursprung von lebenden Organismen anhand von vollständig ungesteuerten materiellen Prozessen erklären kann, muss eine dieser beiden Sichtweisen falsch sein. Führende Verfechter der Evolutionstheorie wie Francisco Ayala,[50] William Provine (1942–2015),[51] Douglas Futuyma,[52] Richard Dawkins[53] und George Gaylord Simpson (1902–1984)[54] erklärten einhellig, dass der Neodarwinismus jeglichen erkennbaren Hinweis auf eine Gestaltung oder Steuerung in der Geschichte des Lebens verneint. Wie Simpson einmal schrieb, lehrt der Neodarwinismus, „dass der Mensch das Resultat eines zweckfreien und natürlichen Prozesses ist, der ihn nicht als Resultat geplant hatte."[55] Oder, wie Ayala betont: Der Neodarwinismus erklärt „Design ohne Designer".[56]

Natürlich folgt aus den Wahrheiten des Neodarwinismus oder irgendeiner anderen materialistischen Evolutionstheorie nicht, dass eine Gottheit nicht möglicherweise existieren könnte. Selbst bekannte Verfechter eines wissenschaftlichen Atheismus, einschließlich Dawkins und Nye, gestehen ein, dass die Wissenschaft diese Möglichkeit nicht kategorisch ausschließen kann.[57] Sie streiten nicht die Möglichkeit eines Gestalters ab, dessen kreatives Handeln derart in anscheinend natürliche Prozesse gekleidet ist, dass es sich der wissenschaftlichen Erkennung entzieht. Doch für die meisten Evolutionsbiologen ist eine solche nicht feststellbare Größe kaum der Beachtung wert. Wie Dawkins argumentiert: Wenn der Anschein eines Designs heute anhand von natürlichen Ursachen vollständig erklärbar ist, ist es doch sicher einfacher, den Anschein von Design solchen Ursachen zuzuschreiben als einen zusätzlichen Faktor anzuführen, einen nicht wahrnehmbaren Designer.[58] Obwohl die Existenz eines solchen Designers eine logische Möglichkeit bleibt, lehnt die große Mehrheit von Evolutionsbiologen und natürlich der Neuen Atheisten diese Idee als unnötig und „unsparsame" Erklärung ab. Zumindest macht der Neodarwinismus „theologische Erklärungen" des Lebens „überflüssig"[59], wie der Evolutionsbiologe Douglas Futuyma schreibt.

Andere Wissenschaftler argumentieren hingegen: Da die Wissenschaft die Existenz Gottes nicht definitiv widerlegt hat, widerspricht sie nicht notwendigerweise dem religiösen Glauben, selbst wenn ausgesprochen theistische Erklärungen für den Ursprung und die Entwicklung des Lebens unnötig sein mögen. Vertreter dieser Ansicht stellen Wissenschaft und Religion typischerweise als so unterschiedliche Unternehmungen dar, dass ihre Lehren sich nicht wesentlich überschneiden. Auch streiten sie meist ab, dass eine richtig verstandene theistische Religion irgendwelche faktischen Behauptungen bezüglich der Menschheits- oder Naturgeschichte trifft; ihre Behauptungen beträfen lediglich Moral und Sinn.[60] Beispielsweise legte der Paläontologe Stephen Jay Gould in seinem Buch *Rocks of Ages* die Idee vor, dass Wissenschaft und Religion völlig separate Untersuchungsformen darstellen, die sich mit völlig unterschiedlichen Fragen beschäftigen. Er argumentierte, dass sie jeweils nur auf ihren eigenen, separaten Gebieten autoritative Aussagen treffen und das widerspiegeln können, was er ihre „**n**on-**o**verlapping **ma**gisteria" oder „sich nicht überlappenden Lehrgebiete" nennt, nach der englischen Formulierung mit dem Akronym „NOMA" abgekürzt.[61]

Obwohl Gould, ein Agnostiker mit starken atheistischen Neigungen, diese Sichtweise 1999 als eine Art Ölzweig für religiöse Glaubende vorstellte, hatten zahlreiche Theisten bereits ähnliche Formulierungen vorgelegt. Der britische Neurowissenschaftler Donald MacKay, der Physiker Howard Van Till und der Biologe Jean Pond entwickelten zwei derartige Modelle, die als „Komplementarität" (nach MacKay und Van Till[62]) beziehungsweise „Kompartmentalismus" oder „Unabhängigkeit" (nach Pond[63]) bekannt sind. Prominente Theologen und Philosophen wie Karl Barth, Søren Kierkegaard und Martin Buber äußerten ähnliche Ansichten. So wie Goulds NOMA-Konzept machten diese Modelle die religiöse und metaphysische Neutralität aller wissenschaftlichen Erkenntnis geltend.

Verfechter des Kompartmentalismus und der Komplementarität entwickelten ihre Modelle, um den theistischen Glauben gegen den aggressiven philosophischen Materialismus zahlreicher Konflikttheoretiker zu verteidigen. Dennoch haben die Vertreter dieser Modelle im Großen und Ganzen das Versagen wissenschaftsbasierter theistischer Argumente eingeräumt. Stattdessen argumentieren Vertreter der Unabhängigkeit und Komplementarität (oder, mit Van Tills Worten, „Partnerschaft"), dass materialistische Ursprungstheorien nicht notwendigerweise theologischen Schöpfungsberichten widersprechen, da Gott durchaus darwinsche oder andere, ähnlich materialistische Prozesse benutzt haben könnte, um neue Lebensformen zu erschaffen. Ihrer Ansicht nach stellen Aussagen von Wissenschaftlern über die *Zwecklosigkeit* der Evolution per se keine wissenschaftlichen Aussagen dar, sondern repräsentieren vielmehr einen „Evolutionismus" – eine „außerwissenschaftliche" oder „pseudowissenschaftliche" Apologetik für philosophischen Materialismus. Dennoch sind sich Vertreter der Unabhängigkeit und Komplementarität in der Regel in einem Punkt mit überzeugten Darwinisten einig. Beide verneinen, dass Belege für intelligentes Design wissenschaftlich nachweisbar sind, und allgemeiner betrachtet sind sich beide einig, dass wissenschaftliche Belege keinen Rückhalt für theistischen Glauben bieten und bieten können.

Die bloße Existenz der Unabhängigkeits- und Komplementaritätsperspektiven zeigt deutlich, dass der Niedergang der theistischen Argumente den theistischen Glauben nicht auslöschen konnte, selbst unter Wissenschaftlern. Einige bekannte Naturwissenschaftler des 19. Jahrhunderts wie Michael Faraday[64], Louis Agassiz[65] und James Clerk Maxwell,[66] Giganten auf ihrem jeweiligen Gebiet der Chemie, Paläontologie und Physik, führten sogar die von Boyle und Newton begründete naturtheologische Tradition fort. Dennoch vertraten viele Theisten in der Wissenschaft seitdem eine aufgespaltene Sicht auf das Verhältnis zwischen Wissenschaft und Religion.

Somit führte der Niedergang der theistischen Argumente und das Aufkommen des wissenschaftlichen Materialismus zu einer radikalen Veränderung in den „Umgangsformen" zwischen Wissenschaft und Religion. Obwohl viele Wissenschaftler anfingen, das Zeugnis der Naturwissenschaft als ihrer theistischen Weltsicht feindlich gegenüberstehend zu sehen, begannen andere, es als vollkommen neutral zu betrachten. Im Gegensatz zu den Begründern der frühen neuzeitlichen Naturwissenschaft wie Kepler, Boyle und Newton waren allerdings nur wenige der Ansicht, dass das Zeugnis der Natur (oder Wissenschaft) tatsächlich den Glauben an Gott stützen kann. Mit Beginn des 20. Jahrhunderts schien die Wissenschaft – trotz ihrer theistischen Anfänge – keinen Bedarf für die Gotteshypothese mehr zu haben.

TEIL II: DIE WIEDERENTDECKUNG GOTTES

Kapitel 4:

Das Licht aus fernen Galaxien

Seit Jahrhunderten fragen sich Wissenschaftler und Philosophen nach dem Ursprung des Universums. Hatte es einen Anfang? Oder war es immer da?

Vielleicht hätten sie es wissen sollen, aber sie wussten es nicht. Philosophen sowie Wissenschaftler hatten lange versucht, diese Frage allein durch Schlussfolgerungen aus logischen oder theologischen Prinzipien zu beantworten. Doch dabei übersahen sie eine Tatsache, die jeder – zumindest jeder, der schon einmal den Nachthimmel betrachtet und über ihn nachgesonnen hatte – schon seit Ewigkeiten vor der Nase hatte. Ironischerweise war es ein Dichter, der als Erster die Lösung fand.

Seit der klassischen Antike dachten die meisten Philosophen, dass das Universum schon immer existiert hatte. Aristoteles bejahte, wie bereits erwähnt, ein ewiges Universum ohne zeitlichen Beginn.[1] Er argumentierte, dass der Glaube an ein zeitlich endliches Universum einen logischen Widerspruch in sich berge. Für seine Begriffe war die Zeit eine Reihe miteinander verbundener Zeitpunkte, von denen jeder einen Anfang und ein Ende hatte, das mit dem Anfang des nächsten Zeitpunkts verbunden war und dessen Anfang vom Ende des vorigen Zeitpunkts herkam. Wenn das Universum mit einem ersten Punkt in der Zeit begann, musste es vom Ende eines früheren Zeitpunkts hergekommen sein. Doch das hätte bedeutet, dass ein Zeitpunkt vor dem Beginn der Zeit existierte – eindeutig eine Unmöglichkeit. Was könnte widersprüchlicher sein, als von einer Zeit vor dem absoluten Beginn der Zeit zu sprechen? Für Aristoteles führte jede Überlegung, die einen Beginn der Zeit zum Gegenstand hatte, logischerweise nur zu einer solchen Absurdität.[2]

In der Spätantike und im Mittelalter brachen zahlreiche jüdische und christliche Philosophen aus theologischen oder philosophischen Gründen mit Aristoteles' Denken. Augustinus,[3] Thomas von Aquin,[4] Maimonides,[5] Bonaventure[6] und andere bekräftigten die jüdisch-christliche Idee der Schöpfung *ex nihilo* und damit die Idee, dass das Universum einen definitiven zeitlichen Anfang hatte.

Mittelalterliche Verfechter des kosmologischen Kalām-Argumentes meinten, diese Idee beweisen zu können, indem sie die Absurdität dessen zeigten, was die Philosophie als „aktuale Unendlichkeit"[7] bezeichnet. Wenn die Vergangenheit unendlich alt ist, wäre der Weg von der Vergangenheit zur Gegenwart wie der Versuch, die Erdoberfläche aus einem unendlich tiefen Loch heraus zu erklimmen – aus einem bodenlosen Abgrund. Ein zeitgenössischer Philosoph hat das Problem folgendermaßen beschrieben: „Man könnte in … [einer zeitlich unendlichen] Serie nicht einmal einen ersten Tritt finden, denn um zu irgendeinem Punkt zu gelangen, muss man die Unendlichkeit *bereits durchquert* haben."[8] Dennoch beteuerten andere mittelalterliche Theologen und Philosophen wie Augustinus, Thomas von Aquin und Maimonides[9] lediglich aus ihrem Glauben heraus, dass das Universum einen Anfang hatte, überzeugt davon, dass diese Frage weder in die eine noch in die andere Richtung mit dem Verstand zu entscheiden war.[10]

Philosophen und Wissenschaftler fragten sich auch, ob das Universum eine endliche oder unendliche Menge an Raum enthielt. Obwohl Aristoteles meinte, das Universum bestehe seit unendlich langer Zeit, war er gleichwohl der Ansicht, es enthielte nur eine endliche Menge an Raum, der sich bis zur äußersten Sphäre ausdehnte – das sogenannte Reich der Quintessenz. Im Gegensatz dazu beharrten die Stoiker, eine spätere philosophische Bewegung in der Antike, darauf, dass eine unendliche Menge an Raum (oder eine unendliche Leere) die Erde in jeder Richtung umgab.[11] Obwohl viele Denker im Lauf des Mittelalters und der wissenschaftlichen Revolution bekräftigten, dass das Universum *tatsächlich* vor begrenzter Zeit einen Anfang hatte, glaubten viele derselben Denker, dass das Universum sich unendlich weit in jede Richtung des Raumes ausdehnte. Sowohl Descartes als auch Newton vertraten Versionen dieser Idee, und wie bereits bemerkt rechtfertigte Newton seinen Glauben an die Unendlichkeit des Raumes mit wissenschaftlichen und theologischen Gründen.[12] Gleichwohl ließ der Glaube an ein räumlich unendliches Universum ein beunruhigendes Paradox aufkommen, das nach den 1820er-Jahren als sogenanntes olberssches Paradoxon bekannt wurde.

Andeutungen eines endlichen Universums

Das olberssche Paradoxon betrifft das Rätsel des dunklen Nachthimmels.[13] Es ist nach dem deutschen Astronomen Heinrich Wilhelm Olbers (1758–1840) benannt, obwohl ein Bewusstsein dieses Rätsels bereits 250 Jahre vor seiner Benennung existierte. Olbers erkannte, so wie viele Astronomen vor ihm, dass ein unendlich großes Universum mit einer etwa gleichmäßigen Verteilung der Sterne oder Sternenhaufen zu einem komplett hellen Nachthimmel führen sollte.

Olbers war zu dieser Schlussfolgerung gelangt, weil er erkannte, dass, wenn der Weltraum sich endlos ausdehnte und eine ähnlich unendliche Anzahl von Sternen enthielt, letztendlich jede Blicklinie an einem Stern enden würde (Abb. 4.1). Daher sollte jeder mögliche Punkt am Himmel hell erleuchtet sein. Um nachvollziehen zu können, warum man zwingend zu dieser Schlussfolgerung gelangen muss, stellen Sie sich einmal vor, Sie stehen in einem Wald, umgeben von Bäumen, die unterschiedlich weit von Ihnen entfernt sind. Wenn der Wald sich in jede Richtung unendlich weit ausdehnen würde, dann würde, so breit die Bäume auch sind und so weit die Lücken zwischen den die Sie umgebenden Bäumen ausfallen, letztlich jede Ihrer Blicklinien an einem Baum enden. Und demzufolge würde das Grün des Waldes Ihr gesamtes Sichtfeld ausfüllen.

Jahrhunderte vor Olbers und seitdem der kopernikanische Astronom Thomas Digges dieses Rätsel 1576 erstmalig bemerkte, hatten Wissenschaftler und Philosophen versucht, das Geheimnis des dunklen Nachthimmels zu ergründen.[14] Verschiedene Lösungen wurden vorgeschlagen. Digges argumentierte, dass sich das Licht auf seiner langen Reise durch das Universum von sehr weit entfernten Sternen her womöglich erschöpfen und daher niemals die Erde erreichen könnte. Andere dachten, so wie anfänglich auch Newton, dass das Universum eine unendliche Menge an Raum enthält, aber keine unendliche Anzahl von

Abb. 4.1a

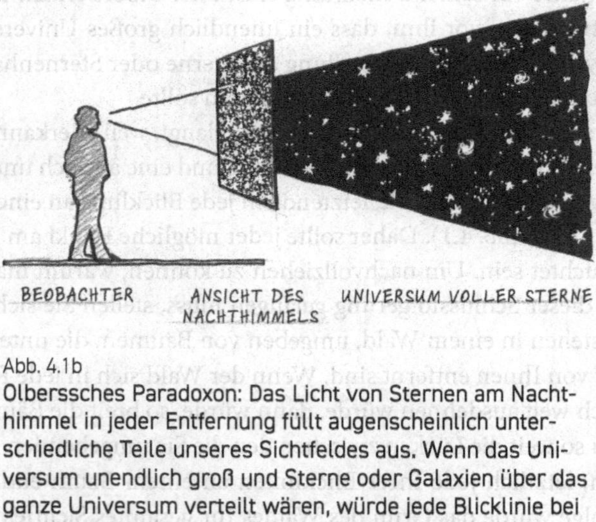

Abb. 4.1b
Olberssches Paradoxon: Das Licht von Sternen am Nachthimmel in jeder Entfernung füllt augenscheinlich unterschiedliche Teile unseres Sichtfeldes aus. Wenn das Universum unendlich groß und Sterne oder Galaxien über das ganze Universum verteilt wären, würde jede Blicklinie bei einem Stern oder einer Galaxie enden. In diesem Fall würde der Himmel vollständig erleuchtet erscheinen und es würden keine dunklen Regionen übrig bleiben. Dass der Nachthimmel nicht vollkommen weiß erscheint, deutet darauf hin, dass das Universum nicht unendlich groß ist.

Sternen. Demzufolge blieben die meisten Weltraumquadranten frei von Sternenmaterial und der Nachthimmel erschien größtenteils dunkel. Andere argumentierten, dass dunkle Objekte am Nachthimmel – beispielsweise Planeten oder die angeblich alles durchdringende, aber unsichtbare Substanz „Äther" – das Licht von den Sternen absorbierten, noch bevor es die Erde erreichen konnte, und so dazu führten, dass der Nachthimmel dunkel aussieht, obwohl Sterne ihr Licht auf jeder Blicklinie zur Erde schickten.

Im Jahr 1848 schließlich formulierte ein Dichter, kein Astronom, eine Erklärung – eine, die um ein dreiviertel Jahrhundert eine wissenschaftliche Entdeckung vorwegnahm, die endlich das olberssche Paradoxon zur Zufriedenheit der Wissenschaftler auflösen sollte. Der Dichter war ein Amerikaner, der dafür bekannt war, unheimliche, bedrohliche Atmosphären heraufzubeschwören: Edgar Allan Poe (Abb. 4.2).

In einem ausführlichen Essay mit dem Titel *Eureka: A Prose Poem* (dt. Ausgabe: *Heureka: Ein Versuch über das materielle und geistige Weltall*) versuchte Poe, das Paradox aufzulösen, indem er behauptete, die immense Ausdehnung des Universums ließe nicht genug Zeit, als dass das Licht auch von entfernten Sternen die Erde erreichen könne.[15] Er erklärte: „Die einzige Art und Weise, wie wir den leeren Raum verstehen können, den unsere Teleskope in unzähligen Richtungen vorfinden, … ist daher, anzunehmen, dass die Entfernung des unsichtbaren Hintergrundes so immens ist, dass kein Strahl von dort uns bisher erreichen konnte."[16]

Abb. 4.2
Der vorhersehende Dichter Edgar Allan Poe.

Es stimmt, dass bereits Astronomen vor Poe ebenfalls die Annahme äußerten, das Licht von sehr entfernten Sternen könne uns nicht erreichen. Doch Poe stellte sich einen anderen Grund hierfür vor. Anders als die frühen Denker, die meinten, dass das Licht von entfernten Objekten ermüden könne oder dass der Äther es möglicherweise blockiert, legte Poe die Idee vor, dass das Universum nicht alt genug ist, um dem Licht ausreichend Zeit zu geben, auch aus den entferntesten Regionen des riesigen Nachthimmels zur Erde zu gelangen.[17] Und wenn es nicht alt genug war, hieß das, dass es kein unendliches Alter besaß.

Poes Ansicht nach hätte das Licht reichlich Zeit gehabt, Beobachter auf der Erde zu erreichen, wenn unser gegenwärtiges Universum schon seit unendlich langer Zeit bestehen würde – selbst wenn das Licht bei endlicher Geschwindigkeit eine große Entfernung überwinden muss. Doch wenn unser Universum nur seit endlicher Zeit existiert, hatte das Licht aus den extrem entfernten Gebieten des Universums nicht genug Zeit, um uns hier auf der Erde zu erreichen. Auf diese Art und Weise löste Poe das Paradox des dunklen Nachthimmels auf – zumindest zu seiner eigenen Zufriedenheit.

Poe postulierte auch andere Ideen über den Ursprung des Universums, die verblüffend modern wirken. Beispielsweise schlug er vor, dass das Universum aus einem „Urteilchen" entstand und sich dann ausdehnte, indem es „kugelförmig" in alle Richtungen „ausstrahlte", während sich neue Atome bildeten.[18] Diese Theorie zum Ursprung des Universums führte ihn zu der Aussage, die moderne Astronomen heute für die korrekte Lösung für das olberssche Paradoxon halten: Das Universum hat ein endliches Alter; deshalb hat das Licht lediglich genug Zeit, uns von einer begrenzten Anzahl von Sternen her zu erreichen.

Es sollte beinahe 75 Jahre dauern, bis die meisten Astronomen diesen visionären Dichter im Denken einholen konnten. Und obwohl die Dunkelheit des Nachthimmels Astronomen hätte dazu führen können, ein zeitlich endliches Universum zu postulieren, war es am Ende nicht die Dunkelheit, sondern das Licht von entfernten Sternen – oder Sternenverbünden, sogenannten Galaxien – das ihnen schließlich den entscheidenden Hinweis gab.

Die große Debatte

Trotz Poes Voraussicht zweifelten Anfang des 20. Jahrhunderts nur wenige Physiker und Astronomen daran, dass das Universum unendlich alt ist.[19] Dies hatte mehrere Gründe. Erstens akzeptierten die Physiker des 19. Jahrhunderts den Ansatz der newtonschen Physik, einschließlich Newtons Behauptung vom unendlichen Weltraum, was für manche indirekt auch eine unendliche Zeit bedeutete.[20] Des Weiteren, als im späten 19. Jahrhundert Geologen die Veränderungsgeschwindigkeit von natürlichen Prozessen maßen, um das hohe Alter der Erde zu belegen, extrapolierten[21] viele Wissenschaftler einfach diese Ergebnisse und wandten sie auf das Universum an. Wenn die Erde extrem alt ist, so ihr Gedankengang, dann ist vielleicht auch das Universum unendlich alt. Wie der theoretische Physiker Simon Singh in seiner Geschichte der Formulierung der Urknalltheorie anmerkt, gelangte im 19. Jahrhundert die „wachsende uniformitarische Bewegung zu dem Konsens, dass die Erde über eine Milliarde Jahre alt ist und das Universum daher noch älter sein muss, vielleicht sogar unendlich alt". Warum der Sprung von sehr alt zu unendlich alt? Singh fährt fort: „Ein ewiges Universum fand offenbar in der wissenschaftlichen Gemeinschaft Resonanz, weil die Theorie eine gewisse Eleganz, Einfachheit und Vollständigkeit besaß. Wenn das Universum schon eine Ewigkeit lang existierte, gab es keine Notwendigkeit zu erklären, wie es erschaffen wurde, wann es erschaffen wurde, warum es erschaffen wurde oder wer es erschuf. Die Wissenschaftler waren besonders stolz darauf, dass sie eine Theorie des Universums entwickelt hatten, die nicht mehr auf die Berufung auf Gott angewiesen war."[22]

Obwohl sich bis zur Wende zum 20. Jahrhundert ein Konsensus bezüglich des unendlichen Alters des Universums entwickelt hatte, tobte unter den Astronomen noch eine beachtliche Debatte über dessen *Größe*. Harlow Shapley, in den 1920er-Jahren ein prominenter Astronom am Harvard College Observatorium, behauptete, dass unsere Galaxie, die Milchstraße, das gesamte Universum umfasst, und er schätzte den Durchmesser der Milchstraße (und damit des Universums selbst) auf relativ angenehme 300 000 Lichtjahre. Andere Astronomen zur gleichen Zeit begannen anzuzweifeln, dass das gesamte Universum in der Milchstraße enthalten ist, teilweise wegen der Beobachtungen von gewissen Strukturen am Nachthimmel, den sogenannten Spiralnebeln.[23]

Nebel in der Astronomie sind gasförmige Regionen im Weltraum, die entweder mit bloßem Auge oder durch ein Teleskop sichtbar sind. Das gasförmige Material in einem Nebel umhüllt üblicherweise einen oder mehrere Sterne, und das Licht solcher Sterne beleuchtet das umgebende Gas, was zu einem spektakulären Bild führt.

Im Jahr 1715 beschrieb der berühmte britische Astronom Edmond Halley sechs besonders auffällige Nebel, unter denen man damals jede

Art von wolkig aussehendem Himmelskörper verstand.[24] Über die nächsten 200 Jahre katalogisierten Astronomen eine zunehmende Anzahl solcher astronomischen Phänomene und lernten mehr über ihre Strukturen und Zusammensetzung. Mit der Erfindung großer Teleskope, die eine Auflösung besaßen, mit der auch feine Einzelheiten bei weit entfernten Objekten zu erkennen waren, sowie mit dem zunehmenden Einsatz der Fotografie begannen Astronomen am Anfang des 20. Jahrhunderts, konkrete Lichtpunkte und großflächige Strukturen in vielen der Nebel zu unterscheiden. Die Beobachtungen legten nahe, dass einige der Nebel viele Sternhaufen enthielten.

Abb. 4.3a

Abb. 4.3 b

Die Astronomen Harlow Shapley und Heber Curtis, Gegner in der „großen Debatte".

Diese Entdeckung ließ die „große Debatte" zwischen Harlow Shapley und Heber Curtis (Abb. 4.3) aufkommen.[25] Letzterer war ein Astronom am Lick-Observatorium östlich von San Jose in Kalifornien. Gesponsert von der National Academy of Science fand die Debatte im Frühjahr 1920 in der Smithsonian Institution in Washington, D. C., statt. Zur Debatte stand die Frage, ob die Nebel„flecken", die auf den Fotoplatten zu sehen waren, unklares Gasmaterial abbildeten, das die einzelnen Sterne *innerhalb* der Milchstraße umgab, oder ob sie abgegrenzte „Inseluniversen" oder Galaxien *jenseits davon* abbildeten.

Die Astronomie erachtete diese Frage als enorm wichtig. Wenn die Milchstraße alle bekannten Nebel umfasste, dann stellte dieses abgeflachte Gebilde, das über ein Jahrhundert zuvor von Herschel entdeckt worden war[26], höchstwahrscheinlich das Ausmaß des gesamten Universums dar. Doch wenn die Spiralnebel eigenständige Galaxien darstellten – Galaxien jenseits der Milchstraße –, dann musste das Universum sich weit über unsere Galaxie hinaus erstrecken und die Milchstraße war nur eine von vielen Galaxien.

Bei der Debatte hielt Shapley an seinem Standpunkt fest, dass der Rand der Milchstraße die äußere Grenze unseres Universums definierte. Um seine Ansicht zu verteidigen, musste er widerlegen, dass die Spiralnebel separate Galaxien darstellten. Stattdessen argumentierte er, dies seien Gasansammlungen oder Wolken innerhalb der Milchstraße selbst. Curtis vertrat die entgegengesetzte Ansicht.

Edwin Hubble (Abb. 4.4), ein junger Astronom (und ehemaliger Rechtsanwalt), entschied die Frage mehrere Jahre später, indem er Shapley endgültig widerlegte. Doch dass er dazu in der Lage war, hatte er einer unbesungenen Heldin der Astronomie zu verdanken, die in den ersten Jahren des 20. Jahrhunderts nahezu im Verborgenen geforscht hatte.

Abb. 4.4
Der Astronom Edwin Hubble.

Die astronomischen Entfernungen

Henrietta Leavitt (1868–1921) begann ihre Arbeit mit der Untersuchung von Fotoplatten von Sternen am Observatorium des Harvard College, zuerst als unbezahlte ehrenamtliche Kraft, später als „Rechnerin", wie menschliche „Rechenmaschinen" damals genannt wurden, und schließlich als Astronomin. Diese Rechner waren oft Frauen, wie Sie vielleicht wissen, wenn Sie den Film *Hidden Figures – Unerkannte Heldinnen* (2016) gesehen haben. Das Observatorium des Harvard College stellte Frauen an, die Fotoplatten untersuchten und Sterne und andere

Himmelsphänomene katalogisierten – zu einer Zeit, als nur wenige Frauen an der astronomischen Forschung beteiligt waren.

Der Einsatz von Fotoplatten bedeutete eine Verbesserung für die Astronomie, weil sie mehr Licht über einen Zeitraum hinweg auffangen konnten als das menschliche Auge. Bei langen Belichtungszeiten hinterließen Sterne, deren Leuchtkraft zu schwach war, um mit bloßem Auge oder auch durch ein Teleskop gesehen zu werden, trotzdem ein deutliches Bild auf der Platte. Leavitt (Abb. 4.5), eine Absolventin des Radcliffe College,[27] die nach ihrem Studienabschluss aufgrund einer Erkrankung ihr Gehör verloren hatte, besaß ein außergewöhnliches Talent, die charakteristischen Lichtflecken auf den Fotoplatten zu analysieren und Sterne zu identifizieren und zu katalogisieren. Dabei machte sie eine Entdeckung, die dazu beitragen sollte, die große Debatte beizulegen.

Abb. 4.5
Henrietta Leavitt, die Astronomin, deren Entdeckungen zu den Cepheiden-Sternen es anderen Astronomen ermöglichte, Entfernungen zu fernen Galaxien zu berechnen.

Leavitt entwickelte ein Interesse an sogenannten „Cepheiden“, einer Form von pulsationsveränderlichen Sternen.[28] Was sie zu diesen Sternen entdeckte, ermöglichte es anderen Astronomen, anhand einer langen Argumentationskette die Entfernungen zu Galaxien zu bestimmen, in denen sich Cepheiden beobachten ließen. Das wiederum ermöglichte ihnen zu ermitteln, dass viele Galaxien so weit entfernt sind, dass sie sich nicht in unserer Milchstraße befinden können.

Wie Leavitt und anderen Astronomen dies gelang, ist eine der großen Detektivgeschichten in der Geschichte der Astronomie. Leavitt entdeckte, dass die Helligkeit von Cepheiden in einer Nebelstruktur namens Kleine Magellansche Wolke oszilliert, und zwar mit einer Schwingungszeit, die mit ihrer Helligkeit korreliert.[29] Was Leavitt auffiel: Je länger die (in Tagen gemessene) *Oszillationsperiode* von hell zu weniger hell und wieder zu hell ist, desto größer ist die *scheinbare Helligkeit* der jeweiligen Cepheiden (Abb. 4.6).[30]

Fachlich betrachtet ist die „scheinbare Helligkeit" die Helligkeit eines Sterns, wie sie mit einem Fotometer bestimmt wird, einem Gerät, das die Lichtintensität misst. Fotometer zählen die Anzahl der einzelnen Lichtpartikel, der sogenannten Photonen, die pro Sekunde auf einer bestimmten Fläche eines Detektors auftreffen. Absolute Helligkeit

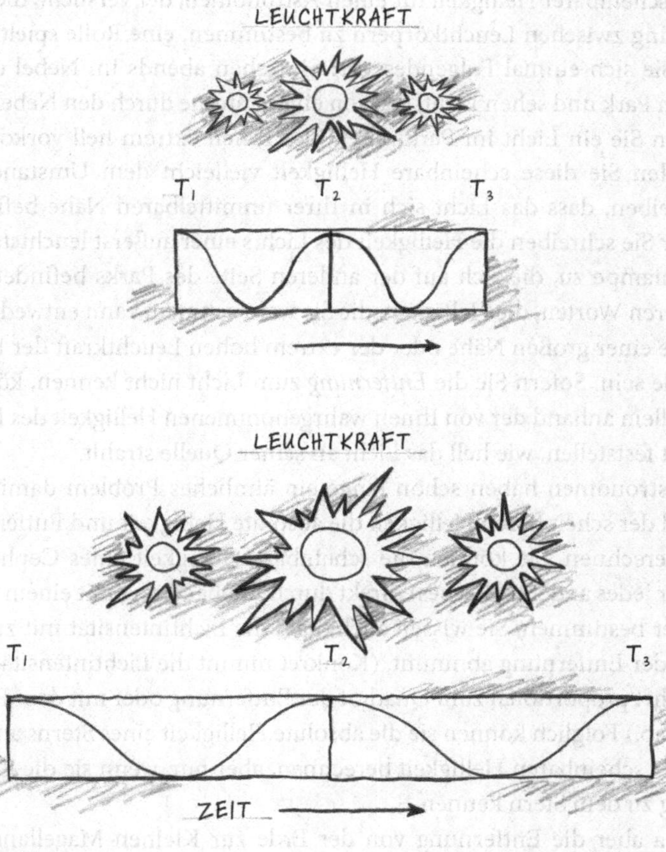

Abb. 4.6
Cepheiden (eine Form variabler Sterne). Je heller der Stern, umso länger die Oszillationsperiode des Lichts von hell zu dunkel und wieder zu hell.

hingegen ist die Helligkeit eines hypothetischen Sterns, die an einem Punkt in einer konkret festgelegten Entfernung von der Erde gemessen wird (in unserem Fall 32,6 Lichtjahre oder 10 Parsec[31]). Da die absolute Helligkeit eine kalibrierte Größe anhand eines standardisierten Entfernungsmaßes ist, variiert die absolute Helligkeit nur mit der Pulsation, während die scheinbare Helligkeit sowohl mit Pulsationsrate als auch mit der Entfernung variiert.

Um zu verstehen, warum diese Unterscheidung zwischen absoluter und scheinbarer Helligkeit für einen Astronomen, der versucht, die Entfernung zwischen Leuchtkörpern zu bestimmen, eine Rolle spielt, stellen Sie sich einmal Folgendes vor: Sie gehen abends im Nebel durch einen Park und sehen Licht, das von einer Laterne durch den Nebel fällt. Wenn Sie ein Licht im Park sehen, das Ihnen extrem hell vorkommt, würden Sie diese scheinbare Helligkeit vielleicht dem Umstand zuschreiben, dass das Licht sich in Ihrer unmittelbaren Nähe befindet. Oder Sie schreiben die Helligkeit des Lichts einer äußerst leuchtstarken Glühlampe zu, die sich auf der anderen Seite des Parks befindet. Mit anderen Worten, die Helligkeit, die Sie wahrnehmen, kann entweder die Folge einer großen Nähe oder der extrem hohen Leuchtkraft der Lichtquelle sein. Sofern Sie die *Entfernung* zum Licht nicht kennen, können Sie allein anhand der von Ihnen wahrgenommenen Helligkeit des Lichts nicht feststellen, wie hell das Licht an seiner Quelle strahlt.

Astronomen haben schon lange ein ähnliches Problem damit, anhand der scheinbaren Helligkeit die absolute Helligkeit und Entfernung zu berechnen. Sie können die scheinbare Helligkeit eines Cepheiden (oder jedes anderen Sternes) direkt durch Beobachtung mit einem Fotometer bestimmen. Sie wissen auch, dass die Lichtintensität mit zunehmender Entfernung abnimmt. (Konkret nimmt die Lichtintensität umgekehrt proportional zum Quadrat der Entfernung oder mit dem Faktor $1/d^2$ ab.) Folglich können sie die absolute Helligkeit eines Sterns anhand seiner scheinbaren Helligkeit berechnen, aber nur, wenn sie die Entfernung zu dem Stern kennen.[32]

Da aber die Entfernung von der Erde zur Kleinen Magellanschen Wolke unbekannt war, konnte Leavitt die absolute Helligkeit der Sterne in der Wolke nicht anhand ihrer scheinbaren Helligkeit bestimmen.[33] Allerdings konnte sie aufzeichnen, wie sowohl die scheinbare als auch die absolute Helligkeit mit der Oszillationsperiode der Cepheiden schwankte. Da alle Cepheiden in der Kleinen Magellanschen Wolke sich ungefähr in der gleichen Entfernung zur Erde befanden, schloss Henrietta Leavitt daraus, dass beobachtete Unterschiede in der scheinbaren Helligkeit dieser Sterne auch proportional zu den Unterschieden in ihrer absoluten Helligkeit sind. Wenn Astronomen also die Aufzeichnung der Oszillationsperiode dieser Cepheiden mit der Aufzeichnung von deren scheinbarer und absoluter Helligkeit vergleichen, verlaufen die beiden resultierenden Linien notwendigerweise parallel zueinander in einem sogenannten doppelt-logarithmischen Diagramm, mit einem konstanten Versatz, der die Abschwächung des Lichts mit zunehmender Entfernung repräsentiert. Trotzdem kannte Leavitt immer noch nicht die Entfernung zur Kleinen Magellanschen Wolke, also konnte sie nicht die absolute Helligkeit für einen beliebigen Stern in der Galaxie bestimmen. *Dazu* mussten die Astronomen irgendwo mindestens einen Cepheiden mit einer bekannten Periode finden, dessen *Entfernung* sie messen konnten.

Im Jahr 1913 bestimmte der dänische Astronom Ejnar Hertzsprung (1873–1967) mit einer Methode, die sich „statistische Parallaxe"[34] nennt, die ungefähre Entfernung zu einer Gruppe von 13 Cepheiden relativ nahe bei der Sonne. Da er die *scheinbare* Helligkeit und die Pulsationsperiode dieser Cepheiden kannte, konnte er die *absolute* Helligkeit der Cepheiden in dieser Gruppe berechnen, indem er sein neu errechnetes Helligkeitsmaß nutzte.[35] Dann setzte er seine Kenntnis der durchschnittlichen absoluten Helligkeit der Sternengruppe als Ganzes ein, um den Abstand zur Kleinen Magellanschen Wolke zu berechnen.

Er ging folgendermaßen vor: Zuerst suchte er sich in der Kleinen Magellanschen Wolke einen Cepheiden mit der gleichen Pulsationsperiode wie beim Durchschnitt der sonnennahen Cepheiden-Gruppe, die er studiert hatte.[36] Da alle Cepheiden mit der gleichen Periode die gleiche absolute Helligkeit besitzen, konnte er nun die absolute Helligkeit dieses speziellen Cepheiden in der Kleinen Magellanschen Wolke anhand seiner bekannten Pulsationsperiode bestimmen. Tatsächlich musste dieser Cepheid zwangsläufig die gleiche absolute Helligkeit wie der Durchschnitt der sonnennahen Cepheiden-Gruppe haben, da er die gleiche Pulsationsrate besaß wie diese Gruppe. Da Hertzsprung also die entsprechende scheinbare Helligkeit dieses Cepheiden *in der Kleinen Magellanschen Wolke* kannte (nämlich anhand des auf Leavitts Messungen basierenden Diagramms[37]), konnte er nun die Entfernung zu diesem Cepheiden in der Kleinen Magellanschen Wolke berechnen – und damit die Entfernung zu der Wolke selbst.[38] Sobald Hertzsprung die Entfernung zur Kleinen Magellanschen Wolke kannte, konnte er die absolute Helligkeit jedes Cepheiden dort anhand von dessen scheinbarer Helligkeit berechnen. Dann ordnete er die beobachtete Pulsationsperiode anderer Cepheiden im Universum denen im gleichen Diagramm zu, welches die Veränderung der absoluten Helligkeit im Verhältnis zur Pulsationsperiode darstellte. So konnte er die Entfernung zu jedem Cepheiden im Universum bestimmen (sobald er dessen scheinbare Helligkeit gemessen hatte).

Diese sogenannte „Bootstrapping-Methode“ stellte einen Teil dessen dar, was man heute die „kosmische Entfernungsleiter“ nennt – ein überlappendes System unterschiedlicher Messtechniken, mithilfe derer Astronomen eine bekannte Entfernung für ein in relativer Nähe befindliches Objekt feststellen und dann verschiedene Methoden einsetzen, um durch einen logischen Schritt nach dem anderen von bekannten auf unbekannte Entfernungen zu schließen.

Dennoch führte selbst die Anwendung dieser Methoden zur Berechnung der Entfernung zur Kleinen Magellanschen Wolke im Jahr 1913 nicht zur Beilegung der Großen Debatte. Hertzsprung ermittelte diese Entfernung auf etwa 30 000 Lichtjahre.[39] Doch damals kannten die Astronomen die Ausmaße der Milchstraße noch nicht, also wussten sie nicht, ob sich die Kleine Magellansche Wolke innerhalb der Milchstraße befand oder möglicherweise jenseits davon lag. Jedenfalls beachteten nur wenige Astronomen anfangs die Bedeutung von Hertzsprungs Berechnungsergebnissen.[40]

Kosmische Entfernungen und die große Debatte

Nun schließlich betritt Edwin Hubble die Szene. Unter Einsatz des damals stärksten Teleskops der Welt – ein Instrument mit 2,54 Metern Durchmesser (Abb. 4.7) auf dem Mount Wilson in den San Gabriel

Mountains hoch über Pasadena, Kalifornien – machte Hubble mithilfe von Leavitts Forschungsergebnissen und Hertzsprungs Methode zur Entfernungsmessung eine Entdeckung, die die große Debatte beilegte. Hubble analysierte eine 49-Minuten-Belichtung von M31, dem Andromedanebel, der sich als viel weiter von der Erde entfernt herausstellte als die Kleine Magellansche Wolke. Hubbles Fotoplatten zeigten etwas, was er zunächst für drei Novae hielt. (Eine Nova ist ein Stern, der eine abrupte Helligkeitssteigerung aufweist, bevor er nach und nach lichtschwächer wird, meist über einen Zeitraum von mehreren Monaten.) Durch die Analyse von Variationen auf der Fotoplatte erkannte Hubble, dass die drei Sterne in Wahrheit zwei Novae und ein Cepheid waren.

Abb. 4.7
Edwin Hubble bei der Beobachtung des Nachthimmels durch das Hooker-Teleskop im Mount-Wilson-Observatorium in Kalifornien.

Auf der Platte neben dem Cepheiden notierte Hubble begeistert das „N“ für Nova und „VAR!“ für Variable.[41] Er wusste von Leavitts Forschungsergebnissen und Hertzsprungs Methode, die zeigte, wie man mithilfe von Cepheiden die absolute Helligkeit und somit die Entfernung berechnen konnte. Nachdem er festgestellt hatte, dass der Cepheid im Andromedanebel über eine Periode von 31,415 Tagen heller und dunkler wurde, berechnete er dessen absolute Helligkeit und dann die Differenz zwischen dessen absoluter und scheinbarer Helligkeit (wie er sie mit den Fotoplatten bestimmt hatte). Das wiederum erlaubte ihm, die Entfernung zu dem Stern in der Andromedagalaxie zu bestimmen. Das Ergebnis? Seine Berechnungen zeigten, dass der Stern etwa 900 000 Lichtjahre von der Erde entfernt war.[42] Kurz zuvor hatte Harlow Shapley jedoch errechnet, dass die Milchstraße lediglich 300 000 Lichtjahre groß ist. Das hieß, dass die Entfernung des Andromedanebels dreimal größer war als die gesamte Größe der Milchstraße, der zuvor angeblich maximalen Größe des Universums, wie Shapley sie errechnet hatte.

Hubbles Schlussfolgerung: Die Andromedagalaxie liegt fern jenseits der Milchstraße und das Universum muss viel größer sein, als Shapley und andere Astronomen es sich vorgestellt hatten. Damit war der Andromeda„nebel" keine Gaswolke oder Sternengruppe, sondern eine separate Galaxie!

Diese Entdeckung führte zu einer weiteren – einer, die die Kosmologie revolutionieren sollte. Wie Hubbles erste Entdeckung beruhte auch seine zweite auf der Arbeit eines relativ unbekannten und weniger gefeierten Astronomen.

Die Spektroskopie und die Entdeckung der Rotverschiebung

Vesto Slipher (Abb. 4.8) wurde zehn Jahre nach Ende des Amerikanischen Bürgerkrieges geboren und sah noch zu seinen Lebzeiten die ersten Menschen den Mond betreten. Im Jahr 1912, bevor Hubble begann, mit dem 100-Zoll-Teleskop auf Mount Wilson zu arbeiten und die große Debatte beilegte, setzte Slipher ein kleineres 24-Zoll-Teleskop und neue Techniken auf dem Gebiet der sogenannten Spektroskopie ein, um eine kuriose Eigenschaft des Lichtes, das aus schwachen Nebeln drang, zu dokumentieren. Das führte zu einer Entdeckung, die auf ihre eigene Art und Weise so folgenreich war wie Neil Armstrongs „großer Sprung für die Menschheit".

Abb. 4.8
Vesto Slipher, der Astronom, der als Erster die Rotverschiebung im Licht aus weit entfernten Nebeln entdeckte.

Spektroskopie ist die Analyse des Lichts, das von chemischen Elementen abgegeben oder absorbiert wird, und der charakteristischen Wellenlängen, Frequenzen und Farben dieses Lichts. Wenn Licht durch ein Prisma fällt, teilt es sich in unterschiedliche Farben auf.

Jede dieser Farben hat eine unterschiedliche Wellenlänge und entsprechende Frequenz (größere Wellenlängen entsprechen niedrigeren und kürzere Wellenlängen höheren Schwingungsfrequenzen des Lichts). Physiker bezeichnen die gesamte Palette dieser Wellenlängen – einschließlich derer, die für das menschliche Auge nicht sichtbar sind – als „elektromagnetisches Spektrum".

Der Prozess, bei dem ein bestimmtes chemisches Element Licht mit bestimmten Wellenlängen abgibt, nennt sich „spektroskopische Emission". Der entgegengesetzte Prozess, bei dem ein chemisches Element (meist in Gasform) bestimmte Frequenzen oder Wellenlängen von Licht aufnimmt, heißt „spektroskopische Absorption".

Eine kurze Exkursion in die Atomlehre und Optik wird helfen zu erklären, warum das Licht, das von weit entfernten Sternen kommt, sich als so wichtig erwies. Wenn ein Atom Energie aus einer Kollision mit einem anderen Atom, Elektron oder Photon (Lichtteilchen) gewinnt, sagt man, das Atom wird in einen „Erregungszustand" versetzt. Bei dieser Erregung springen die Elektronen in dem Atom auf ein höheres Energieniveau. Die

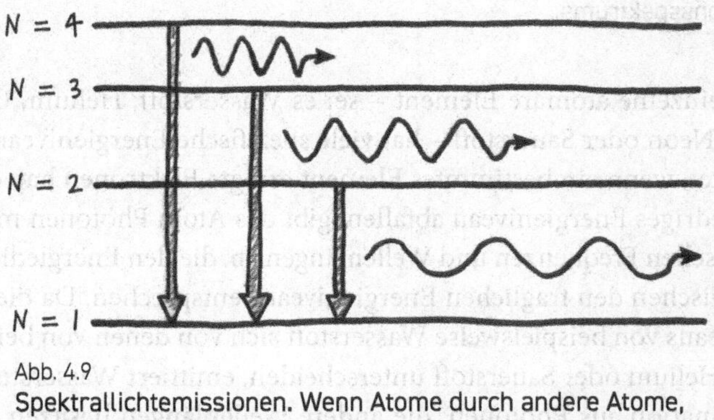

Abb. 4.9
Spektrallichtemissionen. Wenn Atome durch andere Atome, Elektronen oder Photonen Energie gewinnen, springen sie auf ein höheres Energieniveau. Solche „erregten" Elektronen fallen dann rasch wieder auf ein niedrigeres Energieniveau zurück, was zur Emission von Photonen führt, deren Energie der Differenz zwischen den Energieniveaus entspricht. Die Energie eines emittierten Photons ist proportional zu seiner Frequenz und umgekehrt proportional zu seiner Wellenlänge.

erregten Elektronen fallen rasch wieder auf ein niedrigeres Energieniveau zurück, was zur Abgabe oder Emission von Photonen führt, deren Energie der Differenz zwischen den Energieniveaus entspricht (Abb. 4.9). Ein höheres Energieniveau entspricht einem größeren durchschnittlichen Abstand zwischen Elektronen und Atomkern. Am wichtigsten ist dabei, dass die Energie eines emittierten Photons proportional zu seiner Frequenz und umgekehrt proportional zu seiner Wellenlänge ist.

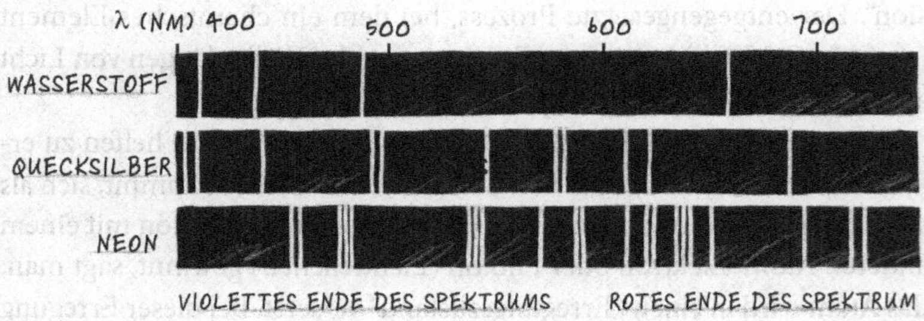

Abb. 4.10
Unterschiedliche chemische Elemente emittieren eine unterschiedliche Kombination spezifischer Lichtwellenlängen innerhalb des sogenannten Emissionsspektrums.

Jedes einzelne atomare Element – sei es Wasserstoff, Helium, Quecksilber, Neon oder Sauerstoff – hat viele spezifische Energieniveaus. Das bedeutet, wenn ein bestimmtes Element erregte Elektronen hat, die auf ein niedriges Energieniveau abfallen, gibt das Atom Photonen mit sehr spezifischen Frequenzen und Wellenlängen ab, die den Energiedifferenzen zwischen den fraglichen Energieniveaus entsprechen. Da die Energieniveaus von beispielsweise Wasserstoff sich von denen von beispielsweise Helium oder Sauerstoff unterscheiden, emittiert Wasserstoff eine Kombination aus Photonen, die andere Wellenlängen besitzen als die Photonen anderer Elemente.

Diese Muster (Abb. 4.10) spezifischer Emissions-Wellenlängen sind die sogenannten „Spektrallinien", denn sie repräsentieren eine bestimmte Anordnung von Wellenlängen innerhalb des Spektrums oder der Bandbreite möglicher Wellenlängen elektromagnetischer Strahlung. Weil jedes chemische Element sein eigenes charakteristisches Muster (von Emissions- oder Absorptionslinien und deren Abstand)[43] besitzt, können Astronomen anhand dieser Muster die Elementarzusammensetzung von Galaxien und Sternen bestimmen, und zwar auf der Grundlage des Lichts, das von ihnen ausgeht. Da im Universum mehr Wasserstoff als jedes andere Element vorhanden ist, sind seine Spektrallinien häufig die dominantesten und leicht zu identifizieren.[44]

Unter Einsatz dieser Erkenntnisse studierte Vesto Slipher die Spektren von Planeten, Sternen und anderen Himmelskörpern und bestimmte ihre Klassifikation, Elementzusammensetzung und Temperatur. Im Jahr 1912 begann er, das Licht zu messen, das von Spiralnebeln abgegeben wird, und entdeckte erkennbare Spektrallinienmuster für jeden Nebel, die das Vorhandensein bestimmter Elemente anzeigten.

Er entdeckte außerdem, dass die Nebel typischerweise Spektrallinien aufwiesen, die als Gruppe *en masse* zum roten Ende des elektromagnetischen Spektrums (mit längeren Wellenlängen) hin verschoben waren. Mit anderen Worten, die Spektrallinien wiesen längere Wellenlängen auf als die „Laborspektren" jedes Elements, obwohl das charakteristische

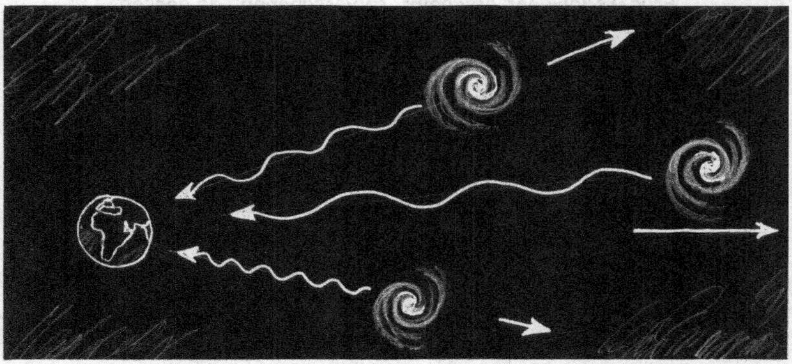

Abb. 4.11a
Astronomen haben entdeckt, dass entfernte Galaxien sich voneinander und von der Erde wegbewegen. Demzufolge wird das mit einer bestimmten Wellenlänge abgegebene Licht ferner Sterne „gestreckt" oder mit einer sogenannten Rotverschiebung erscheinen. Zudem gilt: Je weiter Galaxien von der Erde entfernt sind, umso schneller entfernen sie sich von uns und umso länger oder „gestreckter" sind die Wellenlängen des von ihnen abgegebenen Lichts.

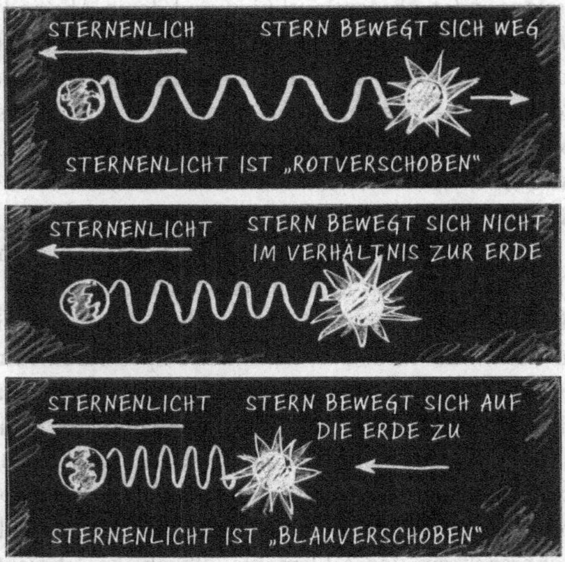

Abb. 4.11b
Licht, das aus einer Galaxie kommt, die sich von der Erde wegbewegt, erscheint „rotverschoben", da dessen Wellenlängen „gestreckt" oder verlängert sind. Das Licht, das aus einer Galaxie kommt, die sich auf die Erde zubewegt, erscheint „blauverschoben", da dessen Wellenlängen „gestaucht" oder verkürzt sind.

Muster der Spektrallinien (die spezifischen Abstände zwischen den Linien) für die jeweiligen Elemente ungefähr übereinstimmte.[45]

Slipher wusste bereits, was diese Verschiebungen bei den Wellenlängen verursachte. Im Jahr 1848 hatte der österreichische Physiker und Mathematiker Christian Doppler entdeckt, dass die relative Bewegung eines Objekts die Wellen beeinflusst, die von ihm ausgehen. Schallwellen von einer Eisenbahnpfeife beispielsweise werden „gestaucht", wenn sich der Zug auf einen Beobachter zubewegt, und „gestreckt", wenn der Zug sich von dem gleichen Beobachter entfernt. Dieses Phänomen sorgt dafür, dass der Ton der Pfeife höher wird (dass sich die Wellenlänge verkürzt), wenn sich der Zug nähert, und tiefer (dass sich die Wellenlänge verlängert), wenn der Zug sich entfernt.

Dieses Phänomen ist als Dopplereffekt bekannt. Er tritt auch bei Lichtwellen auf. Beim Licht verkürzen sich Wellenlängen, wenn sie von einem Objekt ausgehen, das sich auf einen Beobachter zubewegt, und verlängern sich, wenn sie von einem Objekt ausgehen, das sich von einem Beobachter wegbewegt (Abb. 4.11). Da längere Wellenlängen einem röteren Licht auf dem elektromagnetischen Spektrum entsprechen und kürzere Wellenlängen einem blaueren Licht, erscheint das Licht von einem sich nähernden Objekt blauer und das Licht von einem sich entfernenden Objekt röter, als es andernfalls aussehen würde.

Bereits 1868 hatten die britischen Astronomen William und Margaret Huggins entdeckt, dass das Licht von Sternen eine solche Doppler-

Abb. 4.12a

Abb. 4.12b

Zwei von Edwin Hubbles originalen Fotoplatten, die Spiralgalaxien zeigen.

verschiebung aufwies. Sie stießen auf diese Entdeckung, als sie die Zusammensetzung von Sirius analysierten, einem nahegelegenen Stern in der Milchstraße. Slipher entdeckte, dass individuelle Sterne, von denen wir heute wissen, dass sie in der Milchstraße liegen, entweder eine Blau- oder eine Rotverschiebung aufweisen können, was darauf hinweist, dass sie sich (bei einer Rotverschiebung) entweder von der Erde weg oder (bei einer Blauverschiebung) auf sie zu bewegen. Er entdeckte aber auch, dass die eher unscharfen Spiralnebel typischerweise eine viel substanziellere Rotverschiebung aufweisen, was darauf hindeutet, dass sie sich extrem schnell entfernen.[46]

Wie bereits gesehen stellte Hubble in den 1920er-Jahren fest, dass die Spiralnebel deutlich jenseits der Milchstraße liegen und daher separate

Galaxien repräsentieren müssen. Zudem gestattete ihm das riesige Teleskop, durch das er diese Galaxien nun beobachten konnte, mehr Licht von ihnen aufzufangen und feinere Details auf Fotoplatten festzuhalten. Die resultierenden Bilder bestätigten, dass die Spiralnebel (Abb. 4.12a und 4.12b) keine individuellen nahegelegenen (vielleicht gerade entstehenden) Sterne waren, sondern eigenständige Galaxien.

Hubbles nächster Schritt war der eigentlich revolutionäre. Als er Sliphers Rotverschiebungsmessungen sowie die Spektralstudien der Rotverschiebung analysierte, die ein Kollege am Mount-Wilson-Observatorium, der Astronom Milton Humason, angefertigt hatte, entdeckte Hubble einen noch bedeutenderen Zusammenhang.[47] Die Rotverschiebung, die mit unterschiedlichen Galaxien in unterschiedlicher Entfernung in Verbindung gebracht wurde, zeigte, dass weiter entfernte

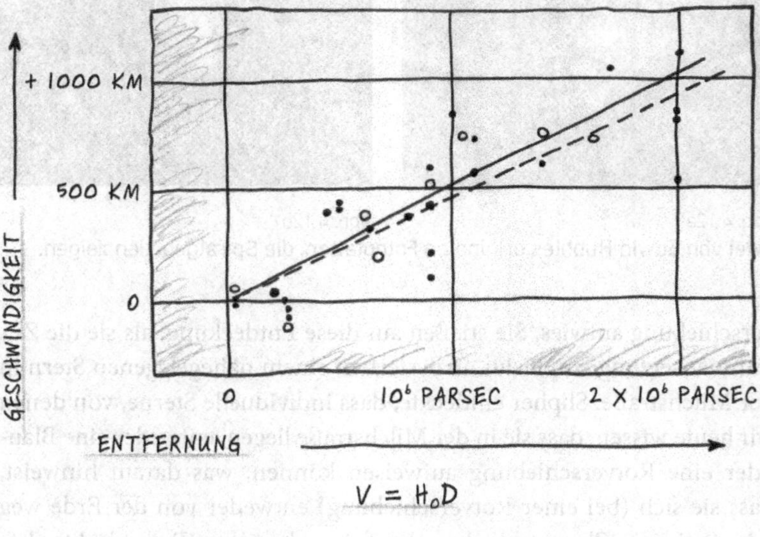

Abb. 4.13
Galaxienflucht und Hubble-Gesetz. Dieses Diagramm zeigt die Rezessionsgeschwindigkeit mehrerer Galaxien im Verhältnis zu ihrer Entfernung von der Erde. Es besagt, dass Galaxien, je weiter sie von der Erde entfernt sind, sich umso schneller von uns entfernen. Diese lineare Beziehung zwischen Rezessionsgeschwindigkeit und Entfernung ist als Hubble-Gesetz bekannt. (Ein Parsec ist eine astronomische Entfernungseinheit.)[48]

Galaxien sich mit größerer Geschwindigkeit entfernen als näher gelegene Galaxien. Tatsächlich entdeckte Hubble, als er die Rezessionsgeschwindigkeit und Erdentfernung der unterschiedlichen Galaxien aufzeichnete, einen exakten linearen Zusammenhang zwischen Rezessionsgeschwindigkeit und Entfernung.[49]

Hubbles Skizzen zeigten eine gerade Linie, die grob eine einfache Regel ausdrückte: je weiter weg, desto schneller (Abb. 4.13). Wenn unter sonst gleichen Umständen[50] eine Galaxie doppelt so weit von der Erde entfernt ist wie eine andere, wird sie sich doppelt so schnell von der Erde wegbewegen wie die andere, näher gelegene Galaxie. Mit anderen Worten, Hubble entdeckte, dass die Geschwindigkeit, mit der andere Galaxien sich von unserer wegbewegen, in direktem Zusammenhang mit ihrer Entfernung von uns steht – so als würde sich das Universum kugelförmig aufblähen, wie ein Ballon, der von einem einzigen Ausgangspunkt aus in alle Richtungen aufgeblasen wird.[51]

Hubbles Entdeckung eines sich ausdehnenden Universums (Abb. 4.14) war aus theoretischer und philosophischer Sicht von enormer Bedeutung. Wenn die verschiedenen Galaxien sich mit Voranschreiten der Zeit von der unseren und voneinander entfernen, dann mussten sich die Galaxien zu jeder Zeit in der endlichen Vergangenheit näher beieinander befunden haben, als sie es heute sind. Wenn man zurückrechnet, welche Position die Galaxien zu einem gegebenen Zeitpunkt in der Vergangenheit hatten, wären sie nicht nur immer näher beieinander gewesen, sondern letzten Endes wären zu einem Zeitpunkt der Vergangenheit alle Galaxien in einem einzigen Punkt vereint gewesen. Dieser Moment, in dem die Galaxien konvergieren, markiert den Beginn der Expansion des Universums und wohl den Beginn des Universums selbst.[52]

Wenn ich das Konzept des sich ausdehnenden Universums meinen Studenten oder in öffentlichen Vorträgen erkläre, veranschauliche ich es häufig, indem ich einen Luftballon aufblase, auf den ich mit einem Folienschreiber Spiralgalaxien aufgemalt habe. Wenn ich den Ballon aufblase, entfernen sich die handgemalten Galaxien auf der Ballonoberfläche immer weiter voneinander. Die Galaxien im Universum tun infolge der Expansion des Weltraums das Gleiche. Außerdem bewegen sich die Galaxien, die schon anfangs weiter voneinander entfernt lagen, schneller voneinander weg. Das legt nahe, dass das Modell der sphärischen oder einheitlichen Expansion Hubbles Beobachtungen gut erklärt. Wenn ich die Luft aus dem Ballon wieder herauslasse, kann ich auch veranschaulichen, wie das Material im Universum zu immer weiter in der Vergangenheit liegenden Punkten immer näher beieinander gelegen haben muss; das deutet darauf hin, dass sämtliche Materie, aus der die Galaxien bestehen, aus dem gleichen Anfangspunkt entsprungen ist, der den Beginn der Expansion des Universums markiert.[53]

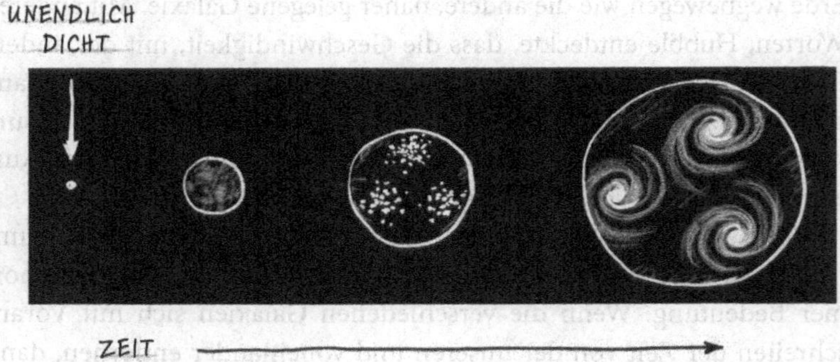

Abb. 4.14
Expansion des Universums nach dem Urknall. Nach dem Beginn des Universums war der Weltraum zunächst mit heißem, formlosem Plasma ausgefüllt. Dann, etwa 380 000 Jahre nach dem Urknall, „gerann" das Plasma zu Atomen. Später sorgte die Massenanziehung dafür, dass die Atome sich zu Sternen und Galaxien zusammenfügten.

Natürlich enthält das tatsächliche Universum Galaxien *innerhalb* des sich ausdehnenden Raumes ebenso wie „am Rand" des Weltraums, und damit hat der Ballon-Vergleich seine Grenzen. Aus diesem Grund denken Astronomen manchmal, dass ein Rosinenkuchen tatsächlich ein besseres Bild für die Expansion des Universums ist. Vor dem Backen sind die Rosinen überall im Kuchenteig verteilt. Wenn der Kuchen während des Backens aufgeht und sich ausdehnt, bewegt sich jede Rosine im Kuchen von den anderen Rosinen weg. Der Rosinenkuchen illustriert auch, warum Astronomen nicht der Ansicht sind, dass wir wissen können, wo genau im riesigen Raum des Universums sich unsere

Milchstraßengalaxie befindet. Wenn wir uns vorstellen, dass wir auf einer bestimmten Rosine (in einer bestimmten Galaxie) sitzen, wird es so aussehen, als ob sich beim Aufgehen des Kuchenteigs (bei der Expansion des Universums) alle anderen Rosinen (Galaxien) von uns entfernen, ganz gleich, wo (auf welcher Rosine/in welcher Galaxie) wir zufällig sitzen.

Auf jeden Fall implizierte Hubbles Entdeckung ein Universum, das sich mit voranschreitender Zeit ausdehnt, und ein endliches Universum, das einen eindeutigen Anfang in der fernen Vergangenheit hat. Hubble hatte also herausgefunden, dass das Universum sich ausdehnt und einen Anfang hatte, genau wie Edgar Allan Poes „Heureka"-Moment es ein dreiviertel Jahrhundert zuvor vorweggenommen hatte.

Kapitel 5:

Die Urknalltheorie

Der Nachweis der kosmologischen Rotverschiebung, die auf ein expandierendes Universum hindeutete, erregte großes Aufsehen. Er wurde jedoch noch wichtiger und revolutionärer in Verbindung mit Albert Einsteins neuer Gravitationstheorie, die als Allgemeine Relativitätstheorie bekannt wurde. Obwohl Einsteins (Abb. 5.1) Theorie eine Vorahnung von Hubbles Entdeckung war, lehnte Einstein selbst anfangs die Vorstellung eines sich ausdehnenden Universums ab. Dennoch bot seine Arbeit den Rahmen, in dem Hubbles Entdeckung verstanden werden konnte. Schließlich wurde die Synthese von Einsteins Gravitationstheorie mit dem Nachweis eines sich ausdehnenden Universums aus der beobachtenden Astronomie unter dem Begriff „Urknalltheorie" bekannt.

Abb. 5.1
Der Physiker Albert Einstein, der die Spezielle und Allgemeine Relativitätstheorie entwickelte.

Im Jahr 1915 erschütterte Einstein die wissenschaftliche Welt mit seiner Allgemeinen Relativitätstheorie.[1] Er baute die Allgemeine Relativitätstheorie auf seiner vorausgegangenen Speziellen Relativitätstheorie auf. Die Spezielle Relativitätstheorie äußert die kontraintuitive Idee, dass Entfernung und Zeit in dem Sinne relativ sind, dass zwei Beobachter, die sich mit unterschiedlichen Geschwindigkeiten bewegen, Zeit und Raum unterschiedlich wahrnehmen.[2]

Zu dieser Schlussfolgerung gelangte Einstein mittels einer Reihe von Gedankenexperimenten (Abb. 5.2).[3] In einem davon stellte er sich vor, wie er in einem Zug sitzt und sich mit annähernder Lichtgeschwindigkeit von einem Uhrenturm wegbewegt. Das Licht, das von der Uhr ausgeht, enthält Informationen über die Positionsveränderung der Uhrzeiger, das heißt, über das Verstreichen von Zeit. Einstein erkannte, dass, wenn er mit annähernder Lichtgeschwindigkeit unterwegs ist, die Information über die Bewegung der Uhrzeiger immer länger braucht, um ihn zu erreichen, je weiter er sich von der Uhr wegbewegt – immer schneller und immer näher an der Geschwindigkeit des Lichts selbst.

Folgerichtig erkannte Einstein, dass er die Zeit, wie sie in der Nähe der Uhr (in ihrem „Bezugsrahmen") gemessen wird, als langsamer vergehend wahrnehmen würde als die Zeit in seinem eigenen Bezugsrahmen in dem fahrenden Zug. Doch ein unbeweglicher Beobachter in der Nähe der Uhr (oder ein Beobachter, der sich im Verhältnis zur Lichtgeschwindigkeit langsam bewegt), würde das Ticken der Uhr in diesem Bezugsrahmen als viel schneller (oder „normal") wahrnehmen.

Einsteins Erkenntnis, dass die Wahrnehmung von Zeit von der Geschwindigkeit des Beobachters relativ zum beobachteten Objekt abhängt, bezeichnet man als „Zeitdilatation". Physiker haben in der Tat eine Zeitdilatation gemessen, indem sie extrem genau gehende Atomuhren synchronisiert und dann das Verstreichen der Zeit in einem Überschallflugzeug mit der stationären Uhr verglichen haben.

Anhand einer ähnlichen Analyse erkannte Einstein, dass sich Raummaße bei annähernder Lichtgeschwindigkeit ebenfalls verändern (dilatieren oder kontrahieren) müssen. Ein Raumschiff, das mit annähender Lichtgeschwindigkeit an einem Beobachter vorbeifliegt, wird diesem in Bewegungsrichtung kürzer erscheinen als einem Beobachter an Bord des Raumschiffes oder einem Beobachter, der sich relativ zum Raumschiff nicht bewegt.

Einsteins Gedankenexperimente haben gezeigt, dass unsere Messungen von Zeit und Raum fundamental miteinander verknüpft sind. Unsere Wahrnehmung von Zeit hängt davon ab, wie schnell wir uns *durch* den Raum bewegen; unsere Wahrnehmung des Raumes hängt davon ab, wie schnell wir uns über die Zeit *hinweg*bewegen. Diese Verbindung legte für Einstein eine neue Größe nahe, die *Raumzeit*. Die

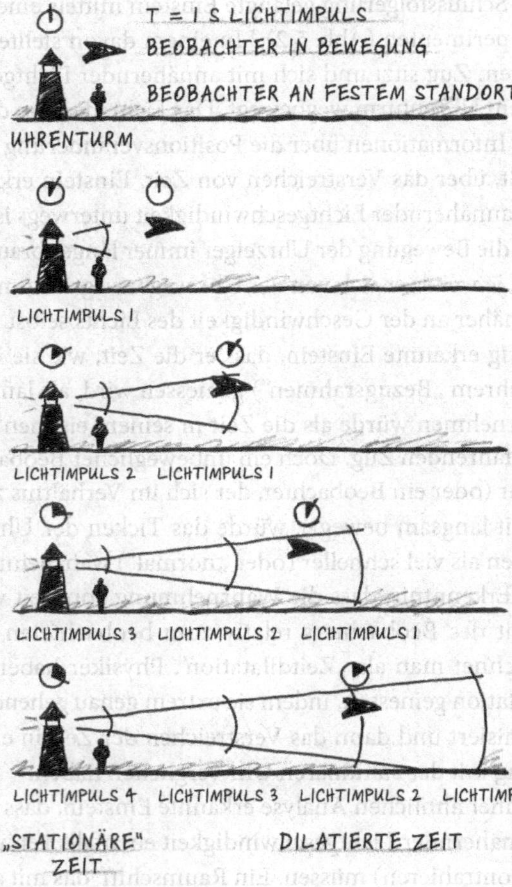

Abb. 5.2

Zeitdilatation. Einsteins Spezieller Relativitätstheorie zufolge scheint die Zeit sich für einen Beobachter, der sich in einem sich bewegenden Bezugsrahmen wie in einem Raumschiff befindet, zu verlangsamen, wenn das sich bewegende Objekt annähernde Lichtgeschwindigkeit erreicht. Diese Abbildung illustriert die Basis von Einsteins intuitivem Verständnis: Wenn sich ein Raumschiff mit hoher Geschwindigkeit von einem Uhrenturm wegbewegt, braucht die Information über das Verstreichen der Zeit, welche die sich bewegenden Uhrzeiger (und nacheinander vom Turm abgestrahlte Lichtimpulse) vermitteln, länger, um das Raumschiff zu erreichen, als bis zu einem Beobachter an einem festen Standpunkt näher am Turm. Somit wird dem Astronauten die Zeit in der Nähe der Uhr als langsamer vergehend erscheinen.

Raumzeit kombiniert die Zeitvariable (*t*) mit den drei Raumvariablen (*x, y, z*) in einem vierdimensionalen Kontinuum (*x, y, z, c*), in dem *c* für die Lichtgeschwindigkeit steht.

Die Raumzeit stand im Zentrum von Einsteins Allgemeiner Relativitätstheorie, einer neuen Sicht auf die Funktionsweise der Massenanziehung. Während Newton die Gravitation als Kraft zwischen massebehafteten Objekten betrachtete, nahm Einstein die Gravitation neu als geometrische Eigenschaft der Raumzeit wahr, etwas, das er als multidimensionales „Gewebe" betrachtete, das massebehaftete Objekte verformen konnten.[4]

So wie eine Bowlingkugel, die man auf ein großes Trampolintuch legt, dessen Oberfläche eindellt, bewirkt eine große Masse wie die Sonne im Gewebe der Raumzeit eine Wölbung oder Vertiefung. Je mehr Masse ein Objekt besitzt, umso stärker die Verformung oder Vertiefung. Objekte mit weniger Masse „fallen" in die Vertiefung in der Raumzeit, die Objekte mit größerer Masse verursachen, so wie ein Tennisball am Rand des Trampolintuches in die Vertiefung hineinrollt, die die Bowlingkugel in der Mitte verursacht. So beschreiben die Allgemeine Relativitätstheorie und Einsteins Feldgleichungen, die diese Theorie mathematisch ausdrücken, wie ein gekrümmter Raum die Bewegung von massiven Objekten beeinflusst und wie massive Objekte den Raum krümmen. Oder, wie der Physiker Archibald Wheeler die Theorie geistreich zusammenfasste: „Der Raum sagt der Materie, wie sie sich bewegen soll, und die Materie sagt dem Raum, wie er sich krümmen soll."[5]

Astronomen bestätigten Einsteins Theorie experimentell. Zunächst zeigten sie, dass diese Theorie eine zuvor unerklärte Verschiebung in der Ausrichtung des Merkur-Orbits besser erklärte als Newtons Theorie. Dann belegte im Jahr 1919 ein geniales Experiment, dass, so wie die Allgemeine Relativitätstheorie es vorhersagt, Licht beim Vorbeiziehen an massiven Objekten abgelenkt wird. Der britische Astrophysiker Sir Arthur Eddington zeigte dies anhand einer sorgfältigen Beobachtung von Sternenlicht, das während einer totalen Sonnenfinsternis unsere eigene Sonne passierte (Abb. 5.3).[6] Die Anziehungskraft der Sonne hatte das Licht tatsächlich abgelenkt und die augenscheinliche Position der Sterne in größere Sonnenferne verschoben.

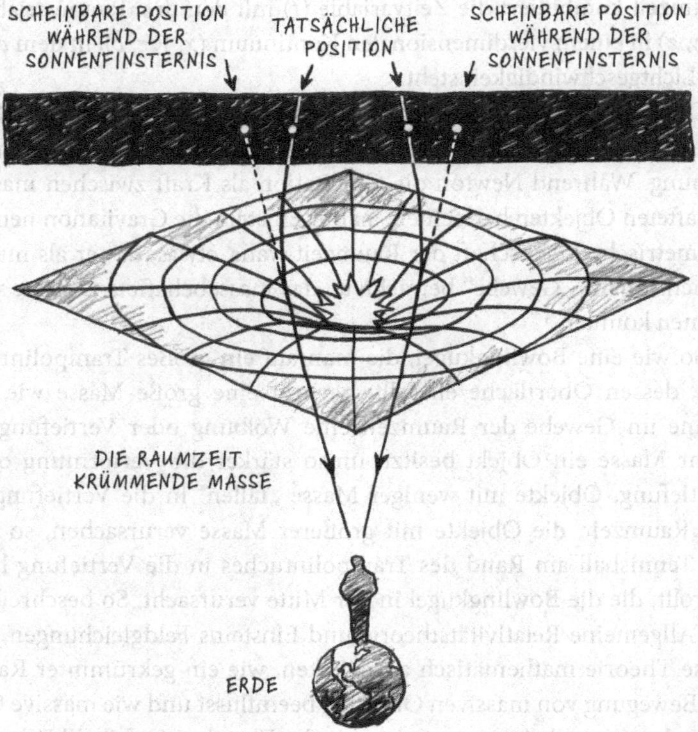

Abb. 5.3
Einsteins allgemeiner Relativitätstheorie zufolge krümmen massive Körper den Raum. Diese Krümmung lenkt die Bahn des Lichtes, das einen massiven Körper passiert, auf diesen hin. Das Diagramm zeigt Licht, das von zwei weit entfernten Sternen ausgeht und das Gravitationsfeld der Sonne passiert. Die Krümmung des Raumes um die Sonnenmasse verändert die Bahn des Lichtes, sodass es um die Sonne herum „eine Kurve macht". Infolgedessen erscheint es einem auf der Erde befindlichen Beobachter so, als hätten die Positionen der Sterne am Nachthimmel sich von ihrer tatsächlichen Position weg verschoben. Beachten Sie, wie die scheinbare Position der Sterne im Diagramm sich jeweils nach links bzw. nach rechts von ihrer tatsächlichen Position verschiebt. Dieser Effekt ist auf der Erde nur während einer Sonnenfinsternis zu beobachten, wenn das von der Sonne kommende Licht durch den Mond blockiert wird. Im Jahr 1919 führte Sir Arthur Eddington während einer Sonnenfinsternis ein berühmtes Experiment durch. Er identifizierte die vorausgesagte Lichtablenkung, indem er die resultierende Verschiebung in der scheinbaren Position eines bestimmten Sternes beobachtete, während der Mond während der Finsternis vor der Sonne vorbeizog.

Einsteins Theorie stellte Newtons Theorie der Schwerkraft in vielen wichtigen Aspekten infrage. Doch so wie Newtons allgemeine Gravitationstheorie bedeutete auch sie, dass – wenn es keine anderen entgegenwirkenden Kräfte gab – die Gravitationswirkung dafür sorgen würde, dass die Materie im Universum sich an einem Punkt verdichtet. Da Newtons Theorie zufolge „alle Materie sich anzieht" – jede Masse zieht andere Massen an –, implizierte seine Theorie, dass infolge der Tatsache, dass jeder massive Körper eine Anziehungskraft auf jeden anderen massiven Körper ausübt, alle Materie in einer extrem dichten Konzentration von Masse in sich selbst zusammenfallen würde.

Da sich nun offensichtlich alle massiven Körper im Universum *nicht* auf diese Weise verdichtet haben, versuchte Newton, das Problem zu lösen, indem er postulierte, es gebe eine unendliche Menge von Materie, die sich über einen unendlich großen Raum verteilt. Somit stellte er sich ein Kräftegleichgewicht vor, bei dem jeder irgendwo im unendlichen Raum befindliche massive Körper jeden anderen massiven Körper in jede Richtung gleichzeitig anzieht und sich so die verschiedenen Anziehungskräfte ausbalancieren (oder, mathematisch ausgedrückt, sich aufheben) und damit mutmaßlich den Kollaps verhindern.[7]

Einstein allerdings erkannte, dass er sich diese Lösung nicht zunutze machen konnte. In seiner Theorie krümmt die Materie *den Raum selbst* und führt nicht lediglich dazu, dass eine Masse eine andere Masse *innerhalb* des Raums anzieht. Folglich würden nach der Allgemeinen Relativitätstheorie selbst innerhalb eines unendlichen Raumes massive Körper immer noch dazu führen, dass der Raum sich krümmt, und schließlich durch die Gravitation zur Verdichtung aller Materie und Raumzeit führen. Mit anderen Worten, Einstein erkannte, dass, wenn die Massenanziehung die einzige Kraft wäre, die im Universum wirkt, sie zwangsläufig dazu führen würde, dass alle Materie sich verdichtet und die Raumzeit sich in sich zusammenzieht. Doch da eine solche Zusammenziehung nicht erfolgt ist (jedenfalls noch nicht) und da das Universum, das wir heute beobachten, weiterhin Materie enthält, die von leerem Raum umgeben ist, war Einstein der Ansicht, dass etwas – eine nach außen drängende Expansionskraft – der Wirkung der Massenanziehung entgegenwirken muss, die den leeren Raum zwischen massiven Körpern im Universum erklärt.

Die kosmologische Konstante und das statische Universum

In seiner berühmten Arbeit „Kosmologische Betrachtungen zur allgemeinen Relativitätstheorie“[8] von 1917 postuliert Einstein etwas, das er „kosmologische Konstante“ nannte und womit er eine ständig wirkende Abstoßungskraft bezeichnete, die den Auswirkungen der gravitationsbedingten Zusammenziehung der Materie entgegenwirkt.[9] Weiterhin wies er der kosmologischen Konstante einen präzisen Wert zu, um sicherzustellen, dass die Gravitationskraft und die von dieser Konstante beschriebene Abstoßungskraft sich exakt ausbalancieren, sodass das Universum in einer Art statischem Gleichgewichts- oder Schwebezustand gehalten wird.[10]

Einsteins Wahl des Wertes für die kosmologische Konstante hatte keine physikalische Begründung. Vielmehr folgte er Einsteins Annahme eines ewigen „Steady State“ – (also in einem stabilen Dauerzustand befindlichen) Universums – eine Annahme, die er aus ausdrücklich philosophischen Gründen favorisierte.[11] Weiterhin nahm er an, dass weder die Dichte der Masse und Energie im Universum noch der Radius der Raumkrümmung des Universums[12] – zwei Schlüsselbegriffe in seinen Formeln – sich im Verlauf der Zeit veränderten, obwohl seine ursprünglichen Gleichungen diese Begriffe als potenziell variabel behandelten.[13] Damit stellte Einstein das Universum als etwas dar, das schon immer statisch war und sich weder von einem Anfangspunkt ausgedehnt hatte noch sich auf einen Endpunkt hin zusammenzog.[14] Das erlaubte ihm, das Universum als ewig und in sich selbst existierend zu verstehen.[15]

Unmittelbar nachdem Einstein seine „Kosmologischen Betrachtungen“ publiziert hatte, stellte eine Reihe mathematischer Erkenntnisse sein statisches Universum infrage.[16] Der niederländische Mathematiker und Physiker Willem de Sitter löste Einsteins Feldgleichungen für den speziellen Fall eines Universums ohne Materie. Da de Sitters Modell ebenfalls die nach außen drängende Wirkung der kosmologischen Konstante voraussetzte, implizierte es notwendigerweise ein expandierendes Universum. Dennoch lehnte Einstein de Sitters Modell und dessen Konsequenz eines expandierenden Universums als unrealistisch und theoretisch irrelevant ab, da unser Universum natürlich Materie enthält.

Eine bedeutendere theoretische Herausforderung folgte kurz darauf. Im Jahr 1922 löste der russische Physiker Alexandr Friedmann (Abb. 5.4) ebenfalls Einsteins Feldgleichungen zur Gravitation, doch er setzte dabei realistischere Bedingungen für das Universum voraus. Anders als de Sitter ging er von einem Universum mit Materie und Energie sowie einer etwa gleichmäßigen Verteilung dieser Masse und Energie aus. Friedmanns Lösungen und daraus folgende Gleichungen enthielten Bedingungen, die zuließen, dass sich die Dichte und der Radius des Universums im Verlauf der Zeit verändern oder schwanken – eine Möglichkeit, die Einsteins bewusste Wahl der kosmologischen Konstante und der Anfangsbedingungen ausschloss.

Abb. 5.4
Der russische Physiker Alexandr Friedmann, der Einsteins Feldgleichungen zur Gravitation löste.

Obwohl Einstein anfänglich Missfallen über Friedmanns Entscheidung äußerte, die Möglichkeit eines dynamischen Universums zuzulassen, folgte Friedmanns Annahme logisch und mathematisch aus dem grundlegendsten physikalischen Prinzip von Einsteins Gravitationstheorie selbst, nämlich, dass massive Körper zur Zusammenziehung und damit zur *Veränderung* des Raumes führen. Denn wenn Masse bewirkt, dass der Raum sich krümmt oder zusammenzieht, ist es denkbar, dass sich sowohl der Radius der Raumkrümmung als auch die Dichte der Masse und Energie im Raum – je nach Wert der kosmologischen Konstante – im Laufe der Zeit verändern. Friedmann selbst versuchte nicht zu entscheiden, ob das Universum statisch war, sich ausdehnte oder zusammenzog, aber er zeigte mathematisch, wie unterschiedliche Werte der kosmologischen Konstante zu einer dieser drei Möglichkeiten führen konnten.

Zudem bedeuteten Friedmanns Gleichungen – seine Lösungen für Einsteins Feldgleichungen, die beschreiben, wie Materie den Raum verformt – ein dynamisches Universum für *fast alle* Werte der kosmologischen Konstante und *fast alle* gewählten Anfangsbedingungen.

Tatsächlich ließen seine Lösungen darauf schließen, dass selbst für den exakten Wert der kosmologischen Konstante, den Einstein gewählt hatte – und abgesehen von Einsteins ebenso willkürlicher Annahme eines Universums mit unveränderlichem Radius und unveränderlicher Dichte – das Universum zwingend entweder expandieren oder kontrahieren musste.[17]

Somit widerlegte Friedmann zwar nicht Einsteins statisches Universum, doch seine Lösungen für die Feldgleichungen ließen auf Folgendes schließen: Um ein Gleichgewicht zwischen dem Druck der kosmischen Expansion und der Massenanziehung aufrecht zu erhalten, wäre ein unplausibles Maß an Feinabstimmung nötig – sowohl für den Wert der kosmologischen Konstante als auch für die Anfangsbedingungen des Universums. Damit verstärkte Friedmann die Spannung zwischen dem von Einstein bevorzugten Konzept eines statischen Universums und den für die Kosmologie nächstliegenden Konsequenzen aus Einsteins eigener Gravitationstheorie.

Abb. 5.5
Der belgische Priester und Physiker Georges Lemaître, Vater der Urknalltheorie.

Andere Entwicklungen verstärkten diese Spannung nur noch. Im Jahr 1927 kam der belgische Priester und Physiker Georges Lemaître (Abb. 5.5) unabhängig zu den gleichen Lösungen für die Feldgleichungen wie bereits Friedmann. Allerdings zeigte Lemaître nicht nur, dass die Feldgleichungen den Schluss nahelegten, dass der Radius der Raumkrümmung sich im Verlauf der Zeit verändert; er formulierte auch anhand von Beobachtungsdaten für die entfernten Spiralnebel (die inzwischen als Galaxien bekannt waren) ein klar umrissenes kosmologisches Modell des Universums.[18]

Insbesondere ließ er Vesto Sliphers Daten zur Dopplerverschiebung des Lichts aus entfernten Galaxien in sein Modell einfließen und bezog diese Daten auf Hubbles Messungen der Entfernungen anderer Galaxien aus dem Jahr 1924. Diese beiden Datensätze zusammengenommen legten den Schluss nahe, dass die Galaxien sich entfernten und dass die ferner gelegenen Galaxien sich schneller entfernten als die näher gelegenen. Obwohl Hubble später diesen Zusammenhang auf Grundlage einer größeren Menge von Beobachtungsdaten präziser formulierte, tat Lemaître dies unabhängig von und vor Hubble. Dieser „je weiter weg, umso schneller"-Zusammenhang, der später die Bezeichnung „Hubble-Gesetz" erhielt, legte eine sphärische Expansion des Universums in alle Richtungen des Raumes nahe.

Anders als Friedmann, dessen Gleichungen lediglich darauf schließen ließen, dass die Größe des Universums sich im Verlauf der Zeit ändern *könnte*, führte Lemaître Belege an, anhand derer er zeigte, dass sie sich bereits geändert hatte – und das Universum genau genommen immer noch expandierte. Da Lemaître die Beobachtungsnachweise der Rotverschiebung in ein kosmologisches Modell integrierte, das auf der Allgemeinen Relativitätstheorie (und seinen Lösungen für Einsteins Feldgleichungen) beruhte, legte sein Modell den Schluss nahe, dass *der Raum selbst* sich ausdehnte und nicht nur, dass die Galaxien sich in einen präexistenten Raum hinein entfernten (etwas, das Hubble wahrscheinlich nicht begriffen hatte). Das wiederum legte nahe, dass das Universum in der Vergangenheit womöglich viel kleiner war. Noch verblüffender war die naheliegende Schlussfolgerung, die der britische Physiker Stephen Hawking folgendermaßen ausdrückte: „Der Abstand zwischen benachbarten Galaxien muss irgendwann in der Vergangenheit … null gewesen sein."[19]

Damit löste Lemaître sowohl die Feldgleichungen (wie auch Friedmann es getan hatte) und setzte (im Vorgriff auf einen großen Teil von Hubbles späterer Arbeit) den Nachweis der Rotverschiebung ein, um ein umfassendes kosmologisches Modell zu entwickeln. Sein Modell unterstellte ein expandierendes Universum, in dem der Raum selbst sich ausdehnte; folglich bedeutete dies auch, dass die Expansion einen Anfang hatte, dessen Ausgangspunkt, wie Lemaître es beschrieb, ein „Uratom" oder „kosmisches Ei" war. Sein Modell bildete die Grundlage der Theorie, die der Astrophysiker Fred Hoyle, ein Verfechter des *Steady-State*-Modells, später verächtlich als „Urknall" bezeichnete.[20]

Aus philosophischen Gründen missfielen Einstein sowohl Friedmanns als auch Lemaîtres Lösungen für seine Gravitationsfeldgleichungen, insbesondere ihre Schlussfolgerung eines dynamischen und expandierenden Universums. Im Jahr 1922 schrieb er eine kurze Entgegnung auf Friedmanns Analyse, in der er behauptete, Friedmann habe die Feldgleichungen nicht korrekt gelöst. Einstein erklärte nachdrücklich: „Die Ergebnisse bezüglich der nicht-ortsbeständigen Welt, die in [Friedmanns] Arbeit enthalten sind, erscheinen mir suspekt. In Wirklichkeit stellt sich heraus, dass die darin gelieferte Lösung den Feldgleichungen nicht ausreichend gerecht wird."[21]

Nachdem er einen Brief von Friedmann erhalten hatte, in dem dieser überzeugend auf Einsteins Kritik antwortete, publizierte Einstein einen Widerruf, in dem er einen Fehler in seinen eigenen Berechnungen einräumte. Einstein gestand ebenfalls ein, dass Friedmann korrekt gezeigt hatte, dass „die Feldgleichungen neben den statischen Lösungen auch dynamische Lösungen für die Struktur des sphärisch symmetrischen Raumes zulassen."[22]

Abb. 5.6
Albert Einstein beim Betrachten des Himmels durch Hubbles Teleskop am Mount-Wilson-Observatorium mit Hubble (Mitte) und Astronom Walter Adams (rechts) als Zuschauer.

Trotzdem charakterisierte er in einer unveröffentlichten Version des gleichen Manuskripts Friedmanns Lösungen als „unrealistisch" – mathematisch vielleicht interessant, aber nicht auf die reale Welt anwendbar. Im Jahr 1927 übte er bei einer bedeutenden Konferenz im belgischen Brüssel – der „Solvay-Konferenz" – eine ähnliche Kritik an

Lemaîtres Lösungen und seinem kosmologischen Modell.[23] Dort sagte er zu Lemaître: „Ihre Berechnungen sind korrekt, aber Ihr Verständnis von Physik ist entsetzlich" – Worte, die berühmt wurden.[24] An anderer Stelle drückte er seine Geringschätzung für Lemaîtres Uratom-Hypothese durch die Bemerkung aus, sie sei eine Idee, „die vom christlichen Dogma der Schöpfung inspiriert und vom physikalischen Standpunkt aus völlig ungerechtfertigt ist".[25]

Aber der Himmel sollte bald Widerworte geben. Im Jahr 1931 besuchte Einstein Hubble im Mount-Wilson-Observatorium und sah dort durch das große 100-Zoll-Teleskop die astronomischen Belege für das expandierende Universum. Das berühmte Foto von diesem Besuch (Abb. 5.6) zeigt, wie Einstein durch das Teleskop schaut, mit Hubble, der im Hintergrund seine Pfeife raucht. Bald nach seinem Besuch bei Hubble auf dem Mount Wilson räumte Einstein öffentlich ein, er erkenne die Notwendigkeit eines „Anfangs" an.[26]

So, wie diese Geschichte üblicherweise erzählt wird, betont sie zu sehr Einsteins Besuch auf dem Mount Wilson und seine Begegnung mit Hubble dort als entscheidendes Ereignis für seinen Perspektivwechsel. In Wahrheit hatte Einstein das Modell eines expandierenden Universums wahrscheinlich bereits über ein Jahr zuvor akzeptiert. Bei einer Taxifahrt während der Solvay-Konferenz 1927 hatte er von Lemaître von den Belegen für die Rotverschiebung erfahren. Im Jahr 1930 informierte Sir Arthur Eddington (Abb. 5.7) Einstein ebenfalls über die neuen Entwicklungen in der beobachtenden Kosmologie – unter anderem über Hubbles 1929 veröffentlichte Arbeit, in der er das später nach ihm benannte Gesetz darlegte –, während Einstein Eddington an der Universität Cambridge besuchte.[27]

Abb. 5.7
Der britische Astrophysiker Sir Arthur Eddington, der Einstein bei einem Besuch an der Universität Cambridge 1930 von Hinweisen auf die Galaxienflucht berichtete. Eddington selbst gefiel allerdings nicht, dass das auf einen Anfang des Universums hindeutete.

Wahrscheinlich erklärte Eddington Einstein auch, warum sein Modell eines statischen Universums instabil war – und warum Lemaîtres Gleichungen deshalb die kosmologischen Konsequenzen der Allgemeinen Relativitätstheorie besser repräsentierten als Einsteins eigenes Konzept eines statischen Universums. Bereits zuvor im gleichen Jahr hatte Eddington gezeigt, dass selbst für den Wert der kosmologischen Konstante, den Einstein gewählt hatte, das Universum *nur dann* in einem statischen Gleichgewicht bleiben würde, wenn die Masse und Energie im Universum gleichmäßig oder homogen verteilt blieben. Selbst die kleinsten Unausgewogenheiten in der Verteilung der Masse und Energie würden das Universum zu einem dynamischen Zustand hin verschieben, in dem Bereiche des Raumes (oder der Raum als Ganzes) entweder kollabieren oder expandieren würden.

Eddington zeigte, dass die Werte für die kosmologische Konstante und die Krümmung des Universums (sowie die Dichte der Masse und Energie) perfekt gesetzt sein und aufrechterhalten werden mussten. Selbst die geringste Veränderung bei einem dieser Werte würde dazu führen, dass sich das Universum entweder ewig ausdehnt oder in einem großen kosmologischen „Big Crunch" in sich zusammenzieht.[28]

Als Einstein am 29. Januar 1931 in Pasadena eintraf, hatte er also bereits das Konzept des dynamischen und expandierenden Universums akzeptiert und damit auch die Schlussfolgerung, dass es einen Anfang gegeben haben musste. In einem Interview mit der *New York Times*, das am 3. Januar 1931 erschien, erklärte er: „Neue Beobachtungen von Hubble und Humason [Astronomen am Mount-Wilson-Observatorium] bezüglich der Rotverschiebung des Lichtes in weit entfernten Nebeln" belegen, dass „die allgemeine Struktur des Universums nicht statisch ist".[29] In einem weiteren Interview mit der *New York Times* am 12. Februar sagte er zudem: „Die Rotverschiebung der entlegenen Nebel hat meine alte Konstruktion wie ein Hammerschlag zerschmettert."[30]

Später erklärte Einstein, sein Postulat eines willkürlichen Wertes für die kosmologische Konstante – sein kosmischer Korrekturfaktor – war „die größte Eselei" seines Lebens. Tatsächlich hatte Einstein mit dem Versuch, die Vorstellung von einem statischen Universum aufrechtzuerhalten, ungewollt ein wichtiges kosmologisches Faktum verschleiert, das in seiner eigenen Gravitationstheorie enthalten war.

Die Steady-State-Kosmologie

Einstein war nicht der einzige Wissenschaftler, der reflexartig die Idee eines Anfangs ablehnte. Eddington selbst fand die metaphysischen Konsequenzen beunruhigend. „Philosophisch ist für mich die Vorstellung eines Anfangs der gegenwärtigen Ordnung widerwärtig", sagte er. „Ich fände gern ein echtes Schlupfloch. Ich glaube einfach nicht, dass die gegenwärtige Ordnung der Dinge mit einem Knall begann. Das expandierende Universum ist absurd … Es lässt mich kalt."[31]

Robert Dicke, ein führender Physiker der Universität Princeton in den 1950er- und 1960er-Jahren, erklärte später, warum ein endliches Universum einen solchen reflexartigen philosophischen Widerstand bei so vielen Wissenschaftlern auslöste. Ein unendlich altes Universum „würde uns", so sagte er, „von der Notwendigkeit entbinden, den Ursprung der Materie an einem endlichen Zeitpunkt in der Vergangenheit zu verstehen".[32] Ein endliches Universum hingegen würde die Wissenschaft zwingen, sich unbequemen Fragen über den ultimativen Anfang des materiellen Universums selbst zu stellen. Es warf auch die Möglichkeit auf, dass das Universum mit so etwas wie einem Schöpfungsereignis begonnen hatte, das von einer Ursache hervorgerufen wurde, die unabhängig von Materie, Raum, Zeit und Energie existierte.

Folglich formulierten Physiker und Kosmologen das restliche 20. Jahrhundert über viele Alternativen zu der neuen Urknall-Kosmologie. Die meisten davon versuchten, die Idee eines unendlich alten Universums wiederzubeleben. Manche wurden aus ausdrücklich philosophischen Gründen von Wissenschaftlern formuliert, die offen eine vollkommen materialistische Weltsicht vertraten.

Beispielsweise legten 1948 drei Cambridge-Forscher – der Astrophysiker Fred Hoyle, sein Kollege Thomas Gold und der Mathematiker Hermann Bondi (Abb. 5.8) – das „*Steady-State*"-Modell vor, um die Galaxienflucht zu erklären, ohne sich auf die anstößige Vorstellung eines Anfangs zu berufen.[33] Hoyle selbst räumte ein, dass er das *Steady-State*-Modell eingebracht hatte, um das zu umgehen, was für ihn offenkundig theistische Konsequenzen der Urknalltheorie waren.

Der *Steady-State*-Theorie zufolge bildet sich bei der Expansion des Universums im Raum zwischen den Galaxien spontan neue Materie.

Abb. 5.8
Die drei Architekten der *Steady-State*-Theorie: Thomas Gold, Hermann Bondi und Fred Hoyle.

Beispielsweise sollte die Materie, aus der die Milchstraße besteht, unvermittelt zwischen anderen Galaxien ins Dasein gekommen sein, die wiederum aus dem leeren Raum zwischen anderen Galaxien entstanden war und so weiter. Hoyle, Gold und Bondi stellten sich ein Universum von unendlichem Ausmaß in Zeit und Raum vor – eines, das sich in der Vergangenheit schon immer ausgedehnt hatte und das sich auch in Zukunft immer weiter ausdehnen würde.[34]

Seltsamerweise kam Gold die Idee zu dem *Steady-State*-Modell, während er einen Horrorfilm anschaute. Der Film enthielt eine Traumsequenz, in der die Handlung sich scheinbar änderte, doch sie endete immer genau dort, wo sie begonnen hatte.[35] Gold stellte nun zusammen mit Hoyle und Bondi die Theorie auf, dass die Geschichte des Universums einem ähnlichen Drehbuch folgen könnte. Da die Rotverschiebung Belege für ein expandierendes Universum lieferte, mutmaßten sie, dass das Universum sich größenmäßig endlos verdoppeln könnte. Doch da die Verdoppelung eines unendlichen Volumens nur ein weiteres unendliches Volumen schafft, würde die Expansion des Kosmos faktisch nicht die messbaren Dimensionen des Universums verändern. Wie in dem Horrorfilm kehrte der Traum immer zu seinem Ausgangspunkt zurück, einem expandierenden aber unendlich großen Universum.

Solange also ein gewisser physikalischer Fortschritt, eine Kraft oder ein Feld fortwährend neue Materie aus dem leeren, aber expandierenden Raum generieren konnte, eliminierte die *Steady-State*-Theorie die Notwendigkeit eines Schöpfungsereignisses zu Beginn der Zeit. Stattdessen konnte das Universum sich einfach in Ewigkeit weiter ausdehnen, wie es dies schon seit unendlicher Vergangenheit getan hatte. Diese Idee war im Einklang mit den Belegen für die Rotverschiebung, warf aber eine offensichtliche Frage auf: Woher kam die neue Materie?

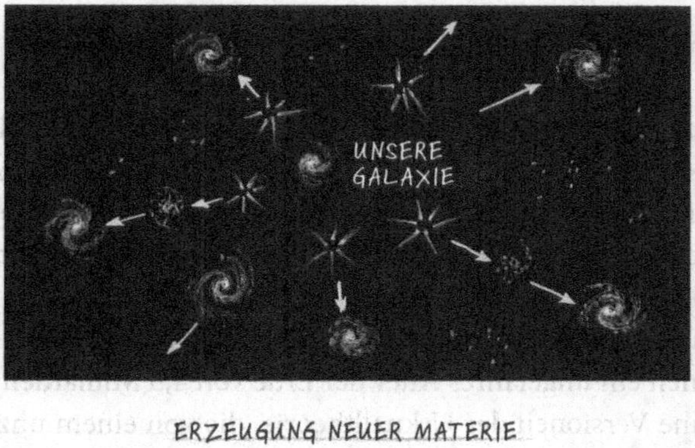

Abb. 5.9
Dem *Steady-State*-Modell zufolge muss das Universum eine konstante Materiedichte wahren. Doch da das Universum sich ausdehnt, würde die Dichte des Universums (d. h., die Menge an Materie pro Volumeneinheit) anfangen sich zu verringern. Folglich muss kontinuierlich überall im Universum neue Materie erzeugt werden, um eine konstante Dichte aufrechtzuerhalten. Effektiv sorgt die Expansion des Raumes dafür, dass neue Materie spontan entsteht. Diese Abbildung stellt dar, wie Vertreter des *Steady-State*-Modells sich sowohl die Expansion des Raumes als auch die kontinuierliche Erzeugung von Materie und Energie vorstellen.

Hoyles Antwort bestand darin, dass er ein von ihm so genanntes „C-Feld“ oder „creation field“ („Schöpfungsfeld“) postulierte. Zur Rechtfertigung seiner Hypothese behauptete er etwas willkürlich als fundamentales physikalisches Prinzip, dass die Dichte des Universums immer konstant bleiben muss (Abb. 5.9). Aus dieser Prämisse folgte, dass das

Universum bei seiner Expansion eine Ausgleichsmenge neuer Materie produzieren muss, um diese konstante Dichte aufrechtzuerhalten. Wie der Astrophysiker Jean-Pierre Luminet anmerkt: „Fred Hoyle zeigte, dass das *Steady-State*-Modell plausibel war, unter der Bedingung, dass ein neues Feld in die Gleichung eingefügt wurde; diese spontane Erfindung stellte er sich als ein Reservoir negativer Energie vor, das über die Existenzzeit des Universums hinweg stets existiert hatte – also immer."[36]

Die mangelhafte Befundlage der Urknall-Kosmologie

Die *Steady-State*-Theorie blieb bis weit in die 1960er-Jahre die Hauptkonkurrentin des Urknallmodells. Sie war nicht nur deswegen populär, weil sie vielen Wissenschaftlern philosophisch weniger unangenehm erschien, sondern auch, weil die Urknalltheorie verschiedene wichtige Bereiche relevanter Befunde noch nicht erklärt hatte.

Erstens ergab die radiometrische Datierung von terrestrischen Felsformationen ein ungefähres Alter der Erde von 4,5 Milliarden Jahren.[37] Doch frühe Versionen der Urknalltheorie, die von einem unzutreffenden Wert für die Konstante im Hubble-Gesetz ausgingen, ergaben, dass seit Beginn der kosmischen Expansion bis zur Gegenwart nur 1,9 Milliarden Jahre vergangen waren. Das hätte bedeutet, dass die Erde älter war als das Universum, das sie umschließt – eindeutig eine Absurdität.[38]

Zweitens bot die Urknalltheorie auch keine Erklärung dafür, wie nach dem ersten explosiven Beginn des Universums leichtere Elemente (wie Wasserstoff und Helium, die nur wenige Protonen und Neutronen besitzen) schwere Elemente (wie Kohlenstoff und Sauerstoff mit viel mehr Protonen und Neutronen) hervorbringen konnten.[39]

Und zu guter Letzt sagte das Urknallmodell die Existenz von etwas voraus, das noch unentdeckt war – eine allgegenwärtige niederenergetische Hintergrundstrahlung im gesamten Universum.[40] Ein Vergleich kann vielleicht veranschaulichen, warum die Theorie diese Voraussage traf. Stellen Sie sich vor, Sie braten einen Truthahn. Wenn er fertig ist, nehmen Sie den durchgebratenen Vogel aus dem Backofen, stellen ihn auf den Küchentresen und schließen sorgfältig die Backofentür. Der Truthahn wird Wärmeenergie in alle Richtungen abgeben und die

Raumtemperatur um einen kaum wahrnehmbaren Wert erhöhen. Auf die gleiche Art und Weise hätte die dichte Konzentration von Masse und Energie, die der Urknalltheorie zufolge nach dem Beginn des Universums dazu führen musste, dass mit der Expansion des Raumes auch elektromagnetische Energie ins gesamte Universum abstrahlt, eine gewisse Hintergrundenergie hinterlassen – als eine Art Signatur jenes heißen, dichten Anfangszustands.

Da allerdings das frühe Universum keine Materie in fester Form enthielt, wie wir sie kennen (wie ein Truthahn), sondern heißes Plasma, erfasst der obige Vergleich nicht vollständig, was die Vertreter der Urknalltheorie sich vorstellten. Ihrer Ansicht nach hätte das Universum ganz am Anfang seiner Expansion ein unglaublich winziges Volumen gehabt, und die Masse und Energie des Universums hätten unter extremer Hitze und Druck gestanden. In diesem Zustand, einem sogenannten Plasmazustand (ein vierter Aggregatzustand neben fest, flüssig und gasförmig), konnten die Elektronen nicht auf Umlaufbahnen um Protonen und Neutronen herum einschwenken, sodass sich stabile Atome gebildet hätten. Folglich konnte keine Lichtstrahlung über das Plasma hinaus stattfinden. Stattdessen hätten Photonen ihre Elektronen wahllos in alle Richtungen verstreut – so ähnlich, wie Licht von den Wassertröpfchen eines Nebels gestreut wird und dadurch einzelne Objekte innerhalb des Nebels im Grunde unsichtbar werden.

Als Nächstes hätte sich dem Urknallmodell zufolge nach 380 000 Jahren das Universum so weit abgekühlt, dass sich neutrale Wasserstoffatome bilden und sich das Licht so frei bewegen konnte. Das Licht, das von diesen ersten Atomen abgegeben wurde, hätte dann angefangen, das expandierende Universum zu erleuchten und sich auf im Wesentlichen geraden Linien in alle Richtungen durch den Raum bewegt.

Im Jahr 1948 sagten die Physiker Robert Herman und Ralph Alpher die Existenz dieses Lichtes voraus. Sie sagten ebenfalls voraus, dass die Expansion des Raumes nach und nach die Wellenlängen des Lichtes immer weiter hätte strecken und ans nicht sichtbare Ende des elektromagnetischen Spektrums hätte bringen müssen. Folglich erwarteten sie, dass bis zur Gegenwart das Licht, das von diesem ursprünglichen heißen Plasma ausging, Wellenlängen von etwa 1 Millimeter haben müsste; das nennen Physiker den „Mikrowellen“-Bereich des elektromagnetischen Spektrums.[41] Daher nannten Herman und Alpher die vorhergesagte Energie „kosmische Mikrowellen-Hintergrundstrahlung“ oder „CMBR“, nach der englischen Bezeichnung „cosmic microwave background radiation“. Diese Strahlung – wenn man sie fand – würde das Nachglühen des Urknalls repräsentieren, oder genauer, das Nachglühen der Zeit kurz nach Bildung der ersten Atome.

Herman und Alpher berechneten außerdem die Temperatur eines speziellen Objekts, eines sogenannten strahlenden schwarzen Körpers, der heute typischerweise Strahlung mit der gleichen dominanten Wellenlänge wie die der vorausgesagten Hintergrundstrahlung abgeben würde. Schwarze Körper sind Objekte, die Strahlung aller Wellenlängen absorbieren und dann wiederum Strahlung mit einer charakteristischen Frequenzverteilung abgeben, die allein von der Temperatur des schwarzen Körpers abhängt[42] – so ähnlich wie das charakteristische rötliche Glühen eines gusseisernen Tiegels, wenn man ihn auf eine bestimmte Temperatur erhitzt. Herman und Alpher berechneten, dass ein konkreter schwarzer Körper mit der gleichen langwelligen, niederenergetischen Strahlung wie die auf Grundlage des Urknallmodells vorausgesagte Hintergrundstrahlung eine Temperatur von 5 Kelvin haben müsste (d. h., 5 Grad über dem absoluten Nullpunkt).

Die Berechnung stellten sie folgendermaßen an: Herman und Alpher wussten, dass sich seit der Zeit, als sich etwa 380 000 Jahre nach dem Urknall die ersten Atome bildeten, das Universum etwa um das 550-Fache ausgedehnt hatte. Diese Ausdehnung hätte wiederum dafür gesorgt, dass die Wellenlängen des von dem anfänglichen Plasmazustand ausgehenden Lichts sich entsprechend verlängern. Die beiden Physiker schätzten außerdem die Temperatur gegen Ende der frühen Plasmaphase auf etwa 3000 Kelvin. Da die charakteristische Temperatur eines schwarzen Körpers proportional zu einer Zunahme der Wellenlänge sinkt, konnten Herman und Alpher die Temperatur eines schwarzen Körpers berechnen, der eine Strahlung abgeben würde, die der entspricht, die heute im Universum vorhanden ist. Zu diesem Wert gelangten sie, indem sie die 3000 Kelvin (die Temperatur des Universums am Ende der Plasmaphase) durch 550 teilten (den Expansionsfaktor des Universums). Damit kamen sie auf eine Temperatur von etwa 5 Kelvin für die allgegenwärtige kosmische Hintergrundstrahlung.

Diese präzise Vorhersage bildete ein solides Stück theoretischer Physik, die Forscher im Prinzip durch Beobachtung bestätigen konnten. Trotz einiger früher Versuche waren jedoch Astronomen und Astrophysiker Anfang der 1960er-Jahre nicht in der Lage, solche niederenergetische, langwellige Strahlung nachzuweisen. Dies stellte für Verfechter der Urknalltheorie eine weitere Anomalie dar, die sie erklären mussten.

Der große Sieg des großen Knalls

Durch diese Nachweisschwierigkeiten an drei unterschiedlichen Fronten war das Urknallmodell für eine Weile außer Gefecht gesetzt. Doch neue Entdeckungen sollten bald alle drei Probleme auflösen.

Zunächst einmal war die absurde Frage, wie die Erde scheinbar älter sein konnte als das Universum. Im Jahr 1952 führte Walter Baade vom California Institute of Technology neue Studien an einer bestimmten Klasse von Cepheiden durch und entdeckte systematische Fehler in vorangegangenen Studien dieser Sterne – Fehler, die dazu führten, dass die Entfernungen zu weit entlegenen Galaxien um das Zweifache unterschätzt worden waren.[43] Die Notwendigkeit, die Entfernungen neu einzumessen, bedeutete wiederum, dass das Licht aus diesen Galaxien länger brauchte, um bei der Erde anzukommen. Das Ergebnis einer neuen Berechnung war ein Universum, das 3,6 Milliarden Jahre alt war.[44]

Einige Jahre später zeigte der Caltech-Astronom Allan Sandage, den ich in Kapitel 1 erwähnte, dass die hellsten Sterne in Galaxien nicht mit annähernd der gleichen Intensität strahlen, wie Astronomen zuvor angenommen hatten. Die Korrektur dieser Annahme erhöhte das geschätzte Alter des Universums auf 5,5 Milliarden Jahre. Nachfolgende Studien in den 1950er-Jahren nötigten Sandage, das geschätzte Alter des Universums auf mindestens 10 Milliarden Jahre zu erhöhen.[45] Das kommt der aktuellen Schätzung von etwa 13,8 Milliarden Jahren recht nahe.[46] Diese Studien zeigten, dass der Urknall lange genug zurücklag, um das Alter der im Universum enthaltenen astronomischen Objekte einzuschließen, unter anderem eine 4,5 Milliarden Jahre alte Erde.

Ironischerweise half Fred Hoyle, ein Kritiker der Urknalltheorie, bei der Lösung ihres zweiten Problems, nämlich zu erklären, wie schwere

Elemente entstehen. Hoyle hatte großes Interesse an dieser Frage, weil seine *Steady-State*-Theorie ebenfalls die Erzeugung schwerer Elemente erklären musste.

Hoyle formulierte eine Theorie, die zeigte, wie massereiche Sterne Kohlenstoff aus leichteren Elementen herstellen konnten, nämlich über eine Reihe nuklearer Reaktionen im sogenannten „Drei-Alpha-Prozess". (Mehr zu dieser Theorie in Kapitel 7.) Unabsichtlich lieferte er damit Argumente für die Urknalltheorie, indem er eines der wenigen verbleibenden empirischen Hindernisse für deren Akzeptanz beseitigte.[47] Zudem zeigten weitere Studien zur Nukleosynthese (also wie die Atomkerne schwererer chemischer Elemente entstehen), dass Fusionsprozesse in massereichen Sternen für in ihnen enthaltene Elemente, die schwerer als Helium sind, verantwortlich sein können.[48] Diese Studien wiesen zudem auf ein dynamisches Universum hin, in dem unumkehrbare Veränderungsprozesse unaufhaltsam ablaufen, was zu einem gegenwärtigen Kosmos führt, der sich stark vom Kosmos der fernen Vergangenheit unterscheidet – wohl kaum ein Bild, das naturgemäß ein statisches *Steady-State*-Modell stützen würde.

Als Letztes stand die Urknalltheorie vor dem Problem der scheinbaren Abwesenheit von niederenergetischer Hintergrundstrahlung. Doch 1965 entdeckten die Physiker Arno Penzias und Robert Wilson (Abb. 5.10) in den Bell Telephone Laboratories in New Jersey unabsichtlich genau diese Reststrahlung. Sie zeigte sich in Form eines nervtötenden tiefen Summens an ihren hochempfindlichen Antennen in den Bell-Laboratorien.

Nachdem sie versucht hatten, diesen Effekt zu eliminieren, indem sie viele verschiedene mögliche Geräuschquellen ausgemacht hatten (darunter auch Tauben), wurde Penzias und Wilson klar, dass das Geräusch aus allen Richtungen kam, langwellig war und im Mikrowellenbereich lag. Als sie feststellten, dass die berechnete Wellenlänge dieser Strahlung fast exakt dem Äquivalent der Schwarzkörpertemperatur entsprach, die Alpher vorhergesagt hatte, ahnten sie allmählich, dass sie etwas von kosmischer Bedeutung entdeckt hatten. Sie kontaktierten Robert Dicke in Princeton, der selbst bereits nach der kosmischen Mikrowellen-Hintergrundstrahlung gesucht hatte. Nachdem er Penzias' und Wilsons Geräte sowie die Daten geprüft hatte, kam er zu dem Schluss, dass sie gefunden

Abb. 5.10
Die Physiker Robert Wilson und Arno Penzias, die gemeinsam die kosmische Hintergrundstrahlung entdeckten, 1965 vor der Horn-Antenne in den Bell-Laboratorien.

hatten, wonach er gesucht hatte – die verbleibende Strahlung des heißen, hochdichten Plasmazustands, der als Folge des Urknalls postuliert worden war.[49]

Die Entdeckung der kosmischen Hintergrundstrahlung mit fast exakt der vorhergesagten Wellenlänge und entsprechenden Schwarzkörpertemperatur (wie später mithilfe eines genaueren Wertes der Hubble-Konstante festgestellt wurde) erwies sich als entscheidend (Abb. 5.11).[50] Während Alpher und Herman die Existenz dieser Mikrowellenstrahlung als Folge des Urknallmodells vorhergesagt hatten,[51] räumten Verfechter des *Steady-State*-Modells ein, dass im Rahmen ihres Modells keine solche Strahlung existieren sollte.

Auch andere Belege stellten die *Steady-State*-Theorie infrage. Beispielsweise implizierte diese, dass Galaxien ein radikal unterschiedliches

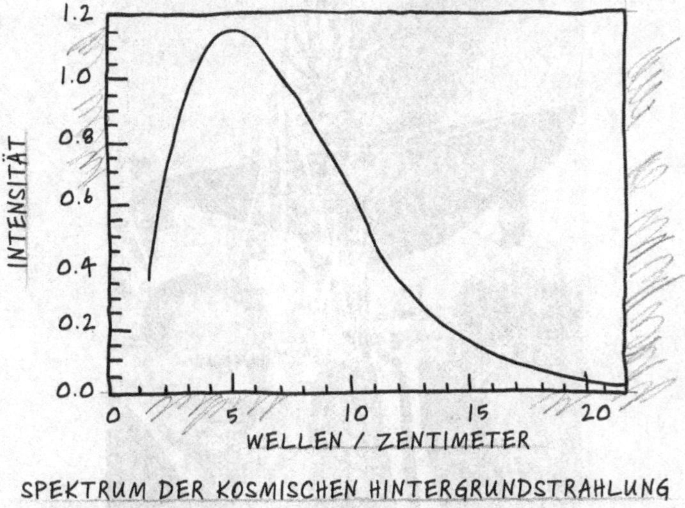

Abb. 5.11
Ein komplett lichtundurchlässiges Objekt im thermodynamischen Gleichgewicht, ein sogenannter „schwarzer Körper", weist eine charakteristische Verteilung von Strahlungsfrequenzen oder -wellenlängen auf. Dieses Diagramm zeigt die Wellenlängenverteilung der kosmischen Hintergrundstrahlung. Es entspricht wunderbar der Art von Kurve, die für bekannte schwarze Körper charakteristisch ist, und legt somit nahe, dass die kosmische Hintergrundstrahlung von einem relativ kompakten, lichtundurchlässigen Frühstadium des Universums ausgegangen ist.

Alter aufweisen sollten, von extrem jungen, sich eben erst ausbildenden Galaxien, bis hin zu extrem alten Galaxien. Verfechter des *Steady-State*-Modells erwarteten eine solche Altersverteilung, da ihm zufolge ständig neues Material entstand. Fortschritte in der beobachtenden Astronomie haben jedoch keine sehr jungen Galaxien erkennen lassen. Stattdessen ist das Alter der meisten Galaxien eng beieinander angesiedelt, in einem Spektrum von „mittleres Alter" bis „sehr alt" (im Verhältnis zum Alter des Universums als Ganzem). Das lässt eher auf eine lange Phase der Sternen- und Galaxienentwicklung schließen, die auf eine singuläre – keine fortwährende – Erzeugung von Materie folgte. Bis zu den

1970er-Jahren hatten die meisten Astronomen und Kosmologen – unter ihnen sogar Hermann Bondi, einer der Architekten der *Steady-State*-Theorie – diese Theorie aufgegeben (Gold und Hoyle taten dies allerdings nie).[52]

Das oszillierende Universum

In der Folge des Niedergangs des *Steady-State*-Modells Mitte der 1960er-Jahre legten einige Physiker das Modell eines oszillierenden Universums vor (Abb. 5.12), als Alternative zu dem endlichen Universum, das die damals vorherrschende Urknalltheorie nahelegte. Verfechter dieses Modells stellten sich ein Universum vor, das expandiert, nach und nach langsamer wird, unter der Kraft seiner eigenen Massenanziehung schrumpft und dann aufgrund eines unbekannten Mechanismus erneut zu expandieren beginnt, immer wieder, *ad infinitum*. Eine Zeit

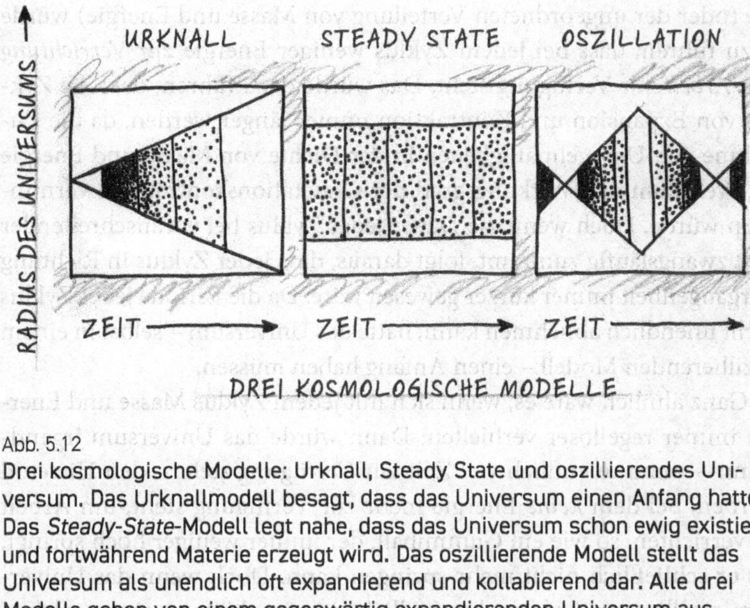

Abb. 5.12
Drei kosmologische Modelle: Urknall, Steady State und oszillierendes Universum. Das Urknallmodell besagt, dass das Universum einen Anfang hatte. Das *Steady-State*-Modell legt nahe, dass das Universum schon ewig existiert und fortwährend Materie erzeugt wird. Das oszillierende Modell stellt das Universum als unendlich oft expandierend und kollabierend dar. Alle drei Modelle gehen von einem gegenwärtig expandierenden Universum aus.

lang bewahrte das Modell des oszillierenden Universums die Vorstellung eines ewigen, in sich selbst existierenden Universums. Doch aus mehreren Gründen lehnten Physiker am Ende das Modell, seine Implikation eines ewigen Universums oder beides ab.

Zunächst konnten die Vertreter dieser Theorie keinen plausiblen Mechanismus erdenken, der die aufeinanderfolgenden Neuexpansionen des Universums nach dem jeweiligen Gravitationskollaps erklären würde, die sie sich vorstellten. Selbst auf die etwas unplausible Annahme hin, dass etwas wie die Expansionskraft der kosmologischen Konstante das Universum nach jedem Kollaps wieder „aufblasen" würde, stieß das Modell auf Probleme mit dem Zweiten Hauptsatz der Thermodynamik, wie der MIT-Physiker Alan Guth 1984 zeigte.[53] (Der Zweite Hauptsatz der Thermodynamik besagt, dass die Unordnung oder Entropie eines abgeschlossenen Systems von Materie und Energie im Lauf der Zeit zunimmt.)

Guth zeigte, dass nach dem Zweiten Hauptsatz der Thermodynamik die Entropie (oder Unordnung) der Materie und Energie im Universum mit jedem Zyklus zunehmen würde. Doch solche Zunahmen der Entropie (oder der ungeordneten Verteilung von Masse und Energie) würde dazu führen, dass bei jedem Zyklus weniger Energie *zur Verrichtung von Arbeit* zur Verfügung steht. Das würde dazu führen, dass die Zyklen von Expansion und Kontraktion immer länger werden, da die Zunahme von Unregelmäßigkeiten in der Dichte von Masse und Energie im Weltraum den Wirkungsgrad der Gravitationskontraktion vermindern würde. Doch wenn die Dauer jedes Zyklus bei voranschreitender Zeit zwangsläufig zunimmt, folgt daraus, dass jeder Zyklus in Richtung Vergangenheit immer kürzer gewesen wäre. Da die Periode jedes Zyklus nicht unendlich abnehmen kann, hätte das Universum – selbst in einem oszillierenden Modell – einen Anfang haben müssen.

Ganz ähnlich wäre es, wenn sich mit jedem Zyklus Masse und Energie immer regelloser verhielten: Dann würde das Universum irgendwann – wenn unendlich viel Zeit zur Verfügung steht – den Hitzetod sterben, bei dem *keine* Energie mehr zur Verfügung steht, um Arbeit zu verrichten, so wie ein Gummiball, der immer weniger hoch springt, bis er schließlich nicht mehr springen kann. Doch wenn das Universum oszillieren würde und unendlich alt wäre, hätte es einen solchen

Zustand bereits vor unendlich langer Zeit erreicht haben sollen. Da wir uns allerdings nicht in einem solchen kalten Universum mit maximal homogener Verteilung von Masse und Energie befinden, folgt daraus – selbst wenn man ein oszillierendes Universum annimmt –, dass das Universum noch nicht unendlich lange existiert.

In jedem Fall legen neuere astronomische Messungen nahe, dass die Massedichte des Universums ein wenig geringer ist als die sogenannte kritische Dichte, die notwendig ist, um die Expansion des Universums zu stoppen – und damit ist sichergestellt, dass das Universum nie wieder in sich zusammenfallen wird.[54] Zudem könnte es sein, dass die Expansion des Universums sich tatsächlich beschleunigt,[55] vielleicht als Folge dessen, was Astrophysiker „dunkle Energie" nennen, eine postulierte, aber nicht identifizierte Energieform, die mutmaßlich den gesamten Weltraum durchdringt und einen nach außen gerichteten Druck darauf ausübt.[56]

Das Galaxienproblem des Urknalls

Bis zu den 1970er-Jahren hatten die meisten Astronomen die Urknalltheorie akzeptiert und deren Konkurrenztheorien verworfen. Doch die Entdeckung der kosmischen Mikrowellen-Hintergrundstrahlung, die der *Steady-State*-Theorie quasi den Todesstoß versetzte, hinterließ ein ungelöstes Geheimnis für die Verfechter der Urknalltheorie. Dieses Geheimnis war die Entstehung von Galaxien.

Damit sich Galaxien ausbilden konnten, müssen die Masse und Energie direkt nach dem Urknall Dichteschwankungen aufgewiesen haben. Das ist notwendig, um die beobachteten Variationen in der Konzentration von Materie und Energie im heutigen Weltraum erklären zu können, die sich beispielsweise an Galaxien und Galaxienhaufen zeigen, die hauptsächlich von leerem Raum umgeben sind. Theoretisch hätten diese anfänglichen Konzentrationsunterschiede bei Masse und Energie die kosmische Hintergrundstrahlung beeinflusst, da unterschiedliche Konzentrationen von Masse und Energie zu unterschiedlichen charakteristischen Wellenlängen des Lichts geführt hätten, das von unterschiedlichen Stellen in der ursprünglichen heißen, dichten

Konzentration von Materie und Energie im Postplasma-Universum ausging. Aus diesem Grund legte das Urknallmodell den Schluss nahe, dass die heutige kosmische Mikrowellen-Hintergrundstrahlung kleine Fluktuationen in ihrer Intensität aufweisen sollte.

Frühe Versuche, diese erwarteten Variationen in der kosmischen Mikrowellen-Hintergrundstrahlung aufzuspüren (mithilfe von auf dem Erdboden und in der Luft befindlichen Instrumenten), scheiterten. Selbst Tests mit Raketen, die oberhalb der Atmosphäre gestartet wurden, konnten die vorhergesagten Variationen nicht feststellen. Allerdings schoss die NASA 1989 den Satelliten COBE (die Abkürzung für „Cosmic Background Explorer") ins Weltall. Während seiner himmlischen Suche von einer Erdumlaufbahn aus, weit über jeglichen atmosphärischen Störungen, entdeckte COBE tatsächlich (Ab. 5.13) die vorhergesagten winzigen Variationen in der kosmischen Mikrowellen-Hintergrundstrahlung.

Diese Ergebnisse lösten eines der wenigen verbleibenden Evidenzprobleme des Urknallmodells und rundeten die Argumentation der

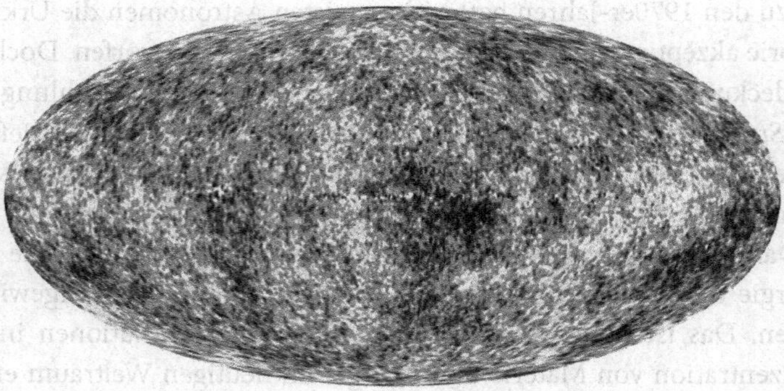

Abb. 5.13
Das Urknallmodell legt den Schluss nahe, dass es eine schwache kosmische Hintergrundstrahlung gibt. Damit der Urknall die Entstehung von Galaxien erklären kann, muss es auch in den frühesten Stadien des Universums kleine Variationen in der Intensität dieser Strahlung gegeben haben. Als der Satellit COBE den Nachthimmel abtastete, entdeckte er diese geringen Variationen. Die Abbildung zeigt ein berühmtes Farbbild des Nachthimmels, auf dem diese Variationen zu sehen sind, in vergrößerter Schwarz-Weiß-Auflösung.

beobachtenden Astronomie für ein endliches Universum ab.[57] Nun hatte man eine Momentaufnahme der Keimzellen von Galaxien kurz nach der Entstehung der Materie. Für viele Wissenschaftler waren diese Bilder von tiefgreifender Bedeutung. George Smoot, Direktor des COBE-Programms, der schließlich für seine Entdeckung den Nobelpreis gewann, formulierte es so: „Wenn man religiös ist, ist das, wie Gott zu sehen."[58]

Der letzte Felsvorsprung

Sicher war das eine Übertreibung. Doch die Entdeckung eines Beginns des Universums führte viele Wissenschaftler dazu, ernsthaft über die mögliche theistische Bedeutung eines endlichen Universums nachzudenken.

Den ersten ernstzunehmenden Wissenschaftlern, die genau das taten, begegnete ich bei der Konferenz in Dallas, die ich in Kapitel 1 erwähnte. Eines der ersten Foren dort umfasste Referate über Belege für die Urknalltheorie und ein zeitlich endliches Universum. Danach folgte eine Diskussion über die philosophische Bedeutung dieser Theorie. Die Referenten vertraten sowohl theistische als auch materialistische Perspektiven. Das Forum stellte ein regelrechtes „Who's who" dar: Unter den Teilnehmern befanden sich nicht nur der Astrophysiker Owen Gingerich (Harvard) und der Astronom Allan Sandage (Caltech), sondern auch Robert Jastrow vom Goddard Space Institute und Donald Goldsmith, der wissenschaftliche Berater für die bekannte ursprüngliche Serie *Unser Kosmos* mit Carl Sagan.

Von allen diesen Koryphäen machte Sandage den vielleicht tiefsten Eindruck auf das Publikum. Er beschrieb unterschiedliche Forschungsergebnisse, die die Urknalltheorie stützten, darunter seine eigenen Entdeckungen, die das lineare Verhältnis zwischen der Entfernung zu weit entlegenen Galaxien und ihrer Fluchtgeschwindigkeit bestätigte. Nachdem er als wissenschaftlicher Mitarbeiter von Edwin Hubble gearbeitet und unter Walter Baade seinen Doktortitel am California Institute of Technology erworben hatte, führte Sandage die Arbeit von Hubble fort und entwickelte das Verständnis der Hubbleschen Relation zwischen

Fluchtgeschwindigkeit und Entfernung für Galaxien in allen Quadranten des Nachthimmels weiter.[59]

Im Jahr 1985 war Sandage bereits weithin als einer der großen beobachtenden Astronomen des 20. Jahrhunderts angesehen. Wie bereits bemerkt, war er außerdem als Agnostiker bekannt, mit einer materialistischen Wissenschaftsphilosophie und wenig Interesse an Fragen nach der Existenz und dem Wesen Gottes – zumindest gingen an jenem Februarmorgen viele Forumsteilnehmer davon aus. Während seines Vortrags beschrieb er allerdings nicht nur die astronomischen Belege für den Anfang des Universums: Er schockierte viele seiner Kollegen, indem er von einer noch nicht lange zurückliegenden religiösen Bekehrung berichtete und dann erklärte, wie die wissenschaftlichen Belege für ein „Schöpfungsereignis" zu der tiefgreifenden Veränderung seiner Weltsicht beigetragen hatten.

Ich erinnere mich, wie er das Publikum eindringlich anschaute und tiefernst erklärte: „Hier sind Belege für etwas, das nur als übernatürliches Ereignis bezeichnet werden kann. Im Bereich der Physik, wie wir sie kennen, konnte so etwas unmöglich vorausgesagt werden." Beim Sprechen hielt er zwischen den Worten „über" und „natürlich" inne und sprach sie betont getrennt aus. Dann erklärte er: „Die Naturwissenschaft hat sich bis vor Kurzem nicht mit primären Ursachen beschäftigt, sondern hauptsächlich mit sekundären Ursachen. Was in den letzten 50 Jahren geschehen ist, ist ein bemerkenswertes Ereignis innerhalb der Astronomie und Astrophysik. Durch den Blick zum Himmel sind einige Astronomen zu der Überzeugung gelangt, dass es Belege für ein ‚Schöpfungsereignis' gibt."[60]

Sandage beschrieb seinen eigenen inneren Kampf, sein Bekenntnis zu einer reduktionistischen und materialistischen Wissenschaftsphilosophie mit seiner wachsenden Überzeugung zu vereinbaren, dass etwas jenseits des rein Materiellen eine Rolle dabei gespielt haben muss, das Universum ins Dasein zu rufen. Er erklärte, er glaube zwar nicht, dass wissenschaftliche Belege Gottes Existenz *beweisen* könnten, doch er sei der Ansicht, dass neue Entdeckungen in der Kosmologie und Physik dem theistischen Glauben unerwartete Glaubwürdigkeit und Unterstützung gebracht hätten.[61] Er fuhr fort:

Nun muss ich, ausgehend von einem Standpunkt als vollkommen materialistischer, rationaler Naturwissenschaftler, sagen, dass dieses über-natürliche Ereignis für mich meinem Glauben an Gestaltung im Universum zumindest etwas Substanz verleiht. Mit Sicherheit … kann ich das nicht sagen. Was mache ich jetzt? Ich bin überzeugt, dass es im Universum eine gewisse Ordnung gibt. Ich glaube, dass alle Naturwissenschaftler im tiefsten Grunde so erstaunt darüber sind, was sie in der wundersamen inneren Verbindung der Dinge in ihrem Forschungsgebiet sehen …, dass sie sich zumindest gefragt haben, warum das so ist.[62]

Zu hören, wie Sandage so ehrlich mit der Frage nach dem letzten Ursprung rang, mit den Schlussfolgerungen aus einer Theorie, die sich nicht mit seiner zuvor lange vertretenen Weltsicht vertrug, machte großen Eindruck auf mich. Konnte es sein, so überlegte ich, dass wissenschaftliche Entdeckungen zum Ursprung des Universums nun den lange dominanten Materialismus des wissenschaftlichen Establishments infrage stellten? Zumindest so viel schien Sandage sagen zu wollen, und aus gutem Grund. Wenn das materielle Universum (aus Masse, Energie, Raum und Zeit) selbst vor endlicher Zeit ins Dasein kam, dann waren Materie und Energie wohl keine guten Kandidaten als Erklärung für den Ursprung des Universums. Materie und Energie konnten ja eindeutig nicht sich selbst ins Dasein bringen, bevor sie selbst existierten.

Und Sandage war tatsächlich damals nicht der einzige Astronom, der eine Konvergenz zwischen den Hinweisen auf einen Anfang und einer theistischen Perspektive wahrnahm. Owen Gingerich, bei dessen Vortrag an der Southern Methodist University am Vorabend ich den Hinweis auf diese Konferenz erhalten hatte, machte ebenfalls deutlich, dass er nicht der Ansicht war, dass die Wissenschaft definitiv Gottes Existenz *beweisen* konnte. Dennoch ging sein bekannter und beliebter Vortrag „Biblical Creation and Scientific Cosmogony" („Die biblische Schöpfung und die wissenschaftliche Weltentstehungslehre") einer, wie er es nannte, „seltsamen Konvergenz" zwischen dem Zeugnis der modernen Kosmologie und der ausdrücklich biblischen Idee nach, dass das Universum vor endlicher Zeit blitzartig von einem Moment auf den anderen ins Dasein trat.[63]

Mehrere Jahre zuvor hatte der inzwischen verstorbene Robert Jastrow (Abb. 5.14) vom Goddard Space Institute, der ebenfalls an der Konferenz in Dallas teilnahm, ein populäres Buch mit dem Titel *God and the Astronomers* („Gott und die Astronomen") veröffentlicht, in dem er viele der gleichen Argumente vorbrachte. Jastrow, der ein religiös agnostischer jüdischer Wissenschaftler war, erörterte die offensichtlich theistischen Implikationen aus der Urknalltheorie. Obwohl er einräumte, dass diese Implikationen ihm persönlich unangenehm waren, erklärte er, dass die Theorie – mit ihrer Bekundung eines Anfangs – den Ursprung des Universums in Zügen darzustellen schien, die klar dem entsprachen, was ein biblisch geprägter Theologe erwarten würde.

Abb. 5.14
Der Astrophysiker Robert Jastrow vom Goddard Space Institute; Autor des Buches *God and the Astronomers.*

Im denkwürdigen Schluss seines Buches stellte Jastrow fest, die Entdeckung eines eindeutigen kosmischen Anfangs sei …

> *… eine überaus seltsame Entwicklung, von allen außer den Theologen unerwartet. Sie haben schon immer das Wort der Bibel akzeptiert: Am Anfang schuf Gott Himmel und Erde … Diese Entwicklung ist unerwartet, denn die Wissenschaft hatte bisher viel außergewöhnlichen Erfolg bei der Rückverfolgung der Kette von Ursache und Wirkung in die Vergangenheit. Für den Wissenschaftler, der aus seinem Glauben an die Kraft der Vernunft gelebt hat, endet die Geschichte wie ein böser Traum. Er hat die Berge der Unwissenheit erklommen; gleich wird er den höchsten Gipfel erobern; doch als er sich über den letzten Felsvorsprung zieht, wird er von einer Schar von Theologen empfangen, die schon jahrhundertelang dort sitzen.*[64]

Smoot, Sandage, Gingerich und Jastrow dachten jeweils über die Implikationen eines endlichen Universums nach, das durch Entdeckungen in der beobachtenden Astronomie offengelegt worden war. Vorangegangene Entwicklungen in der theoretischen Physik schienen die gleichen Schlüsse nahezulegen. Doch seit Einstein, Friedmann und Lemaître haben bedeutende neue Entwicklungen in der theoretischen Physik die Schlussfolgerung eines kosmischen Anfangs noch verstärkt, und zwar auf womöglich noch tiefgreifendere Art und Weise.

Kapitel 6:

Die Raumkrümmung und der Anfang des Universums

Das Leben von Stephen Hawking (Abb. 6.1) ist eine Geschichte außerordentlicher wissenschaftlicher Leistungen trotz starker körperlicher Einschränkungen. Von 1979 bis 2009 hatte Hawking den prestigereichen Lucasischen Lehrstuhl für Mathematik an der Universität Cambridge inne, ein Lehrstuhl, den einst Isaac Newton höchstpersönlich innehatte. Während seines Masterstudiums in Cambridge zeigten sich allmählich die ersten beunruhigenden Symptome einer amyotrophen Lateralsklerose (ALS), einer neuromuskulären Krankheit. Diese Krankheit sollte ihn letztlich an den Rollstuhl fesseln und zwingen, den Rest seines Lebens mittels eines Sprachcomputers zu kommunizieren. Obwohl er nach der ALS-Diagnose beinahe sein Promotionsstudium aufgegeben hätte, entschied er sich schließlich doch weiterzumachen. Dabei entwickelte er einen zutiefst anregenden Einblick in den Ursprung des Universums.

Abb. 6.1
Der junge Stephen Hawking, der in seiner Doktorarbeit von 1966 den ersten Anfangsbeweis für ein kosmologisches Singularitäten-Theorem entwickelte.

Während der Forschungsarbeiten für seine Promotion stieß Hawking auf die Arbeit des britischen Physikers Roger Penrose. Penrose forschte zur Physik Schwarzer Löcher, Orte im Weltraum, an denen die Materie so dicht konzentriert ist, dass selbst Licht nicht der Anziehungskraft der Masse entfliehen kann. Der Allgemeinen Relativitätstheorie zufolge muss die dichte Materiekonzentration in einem Schwarzen Loch das „Gewebe" der Raumzeit verformen oder „verbiegen" und so eine stark gekrümmte, in sich selbst geschlossene Region im Weltraum erzeugen. Eine so dichte Konzentration von Materie bildet eine Art „Gravitationsfalle", die verhindert, dass irgendetwas innerhalb des eng gekrümmten Raumes aus diesem hinausgelangt – sogar Licht. Daher die Bezeichnung „Schwarzes Loch".

Hawking erkannte, dass Penroses Arbeit zu Schwarzen Löchern für das Verständnis des Ursprungs des Universums bedeutsam war. Er begann darüber nachzudenken, wie Dichte und Volumen des expandierenden Universums sich im Lauf der Zeit verändert haben mussten. Er erkannte, dass die Masse des Universums an jedem Zeitpunkt der Vergangenheit dichter konzentriert gewesen sein musste. Das hieß, dass der Weltraum an jedem der aufeinanderfolgenden Zeitpunkte in der Vergangenheit immer enger gekrümmt gewesen sein musste, je weiter man in der Zeit zurückging. Bei der Extrapolation der Daten in die Vergangenheit sah Hawking vor seinem geistigen Auge, dass an irgendeinem Punkt die Raumkrümmung eine Grenze erreichen würde – das heißt, sie würde eine unendlich enge Raumkrümmung erreichen, die dem Nullwert des Raumvolumens entsprach. Dies nennt man „Singularität": ein Punkt, an dem die bekannten Gesetze der Physik nicht mehr gelten und von dem aus die Expansion des Universums begonnen haben musste.

In seiner Doktorarbeit widmete Hawking ein Kapitel den Konsequenzen, welche die Allgemeine Relativitätstheorie und die Entdeckung des expandierenden Universums für unser Verständnis von dessen Anfang hatten. Dort lieferte er einen vorläufigen mathematischen Beweis für das Auftreten einer räumlichen Singularität am Anfang des Universums, „vorausgesetzt", so Hawking, „dass gewisse sehr allgemeine Bedingungen erfüllt sind". Zunächst zeigte er mathematisch, dass jeder „zeitartige" oder „lichtartige" Weg zwischen zwei Punkten des gekrümmten Raums des expandierenden Universums an einem endlichen Punkt in der Vergangenheit enden muss. Dann zeigte er, dass, einen solchen Endpunkt für Licht und Zeit in der Vergangenheit vorausgesetzt, „es eine physikalische Singularität geben muss …, in der die Dichte und somit die Krümmung [des Universums] unendlich sind".[1]

Der Film *Die Entdeckung der Unendlichkeit* aus dem Jahr 2014 erzählt Stephen Hawkings Lebensgeschichte und enthält eine denkwürdige Szene über die Verteidigung seiner Doktorarbeit. Darin steht der Doktorand Hawking allein an einem schlichten Holztisch. Vor ihm sitzen drei ehrwürdige Physiker, die seine Doktorarbeit beurteilen werden: Kip Thorne, Dennis Sciama und Roger Penrose. Die Prüfung beginnt und sie besprechen die einzelnen Kapitel von Hawkings Doktorarbeit. Nachdem sie jedes der ersten drei Kapitel in irgendeiner Hinsicht als mangelhaft befinden, beginnen die drei Physiker das vierte Kapitel zu bewerten, den Höhepunkt seiner Arbeit, in dem Hawking darlegt, dass eine zunehmend dichte Konzentration von Masse und Energie im rückwärtsgewandten Zeitverlauf auf eine Singularität hindeutet.

In der Filmszene sinniert Thorne laut über Hawkings zentrale These: „Das Schwarze Loch am Anfang der Zeit." Dann gibt Sciama kurz und bündig sein Verständnis von Hawkings Konzept wieder: „Die Raumzeit-Singularität." Daraufhin tauschen die drei Physiker Blicke aus, während Hawking sich um sein Schicksal sorgt. Schließlich ruft Sciama aus: „… brillant! Brillant, Stephen … Gut gemacht. Oder vielleicht etwas präziser formuliert: Gut gemacht, *Doktor*. … Eine außergewöhnliche Theorie!" Hawking seufzt erleichtert auf. Am Ende der Szene stellt Sciama, Hawkings Doktorvater, ihm die Frage, was als Nächstes kommt. Hawking verspricht, weitere mathematische Beweise für die Idee zu entwickeln, dass die Zeit einen Anfang hat.

Die Allgemeine Relativitätstheorie und die Singularitätentheoreme

Im vorigen Kapitel haben wir gesehen, wie der Physiker Georges Lemaître Hinweise aus der beobachtenden Astronomie in die Struktur von Einsteins neuer Gravitationstheorie einarbeitete und so die Urknalltheorie entwickelte. Wir haben außerdem gesehen, wie Einsteins Allgemeine Relativitätstheorie ganz natürlich ein sowohl dynamisches als auch endliches Universum nahelegte. Seit Ende der 1960er-Jahre haben weitere Entwicklungen in der theoretischen Physik zusätzliche Belege für die Idee geliefert, dass das Universum ebenso wie Raum und

Zeit – oder Raumzeit – einen Anfang hatten. (Es gibt zwei Arten von Singularitäten: räumliche Singularitäten, bei denen Materie und Raum unter dem Einfluss der Gravitation in einem Punkt der unendlich dichten Raumkrümmung zusammenlaufen, und zeitliche Singularitäten, bei denen Lichtstrahlen, Teilchen oder Ereignisse sich zu einem absoluten Anfangspunkt in der Zeit zurückverfolgen lassen.)

Stephen Hawking, zusammen mit zwei angesehenen Kollegen (darunter Roger Penrose, einer seiner Prüfer im Rigorosum), spielte eine zentrale Rolle bei diesen theoretischen Fortschritten. Vier Jahre nach Hawkings Prüfung durch Penrose erarbeiteten beide zusammen zusätzliche mathematische Argumente für eine Raumzeit-Singularität.[2] Drei Jahre später, 1973, entwickelte Hawking seine Argumentation zusammen mit dem südafrikanischen Physiker George Ellis (Abb. 6.2) noch weiter.[3] Ellis hatte zusammen mit Hawking unter Dennis Sciama in Cambridge studiert. Nach seiner Promotion blieb Ellis dort bis 1974 als wissenschaftlicher Mitarbeiter und Universitätsdozent, bevor er eine Dozentenstelle an der Universität von Kapstadt antrat. Während der 1960er- und 1970er-Jahre erarbeiteten diese drei Physiker eine Reihe wissenschaftlicher Publikationen, die die Bedeutung von Einsteins Allgemeiner Relativitätstheorie für den Ursprung von Zeit und Raum durchbuchstabierten.[4] Ihre Lösungen für Einsteins Feldgleichungen ließen auf eine Singularität am Anfang des Universums schließen, in der Materiedichte und Raumkrümmung gegen unendlich gingen (Abb. 6.3).

Abb. 6.2
Der Physiker George Ellis, der in Zusammenarbeit mit Stephen Hawking in ihrem Klassiker *The Large Scale Structure of Space-Time* kosmologische Singularitätstheoreme auf Grundlage der Allgemeinen Relativitätstheorie mathematisch bewies.

Zuvor, in den 1920er-Jahren, hatte Lemaître betont, dass die Dichte des Universums sich einem unendlichen Wert annähern würde, wenn man zurück zum frühesten Stadium des Universums extrapoliert. Damit zeichnete er das Bild eines Universums, das aus einer Art kosmischem Ei oder Uratom entstanden war.[5] Tatsächlich legten Friedmanns

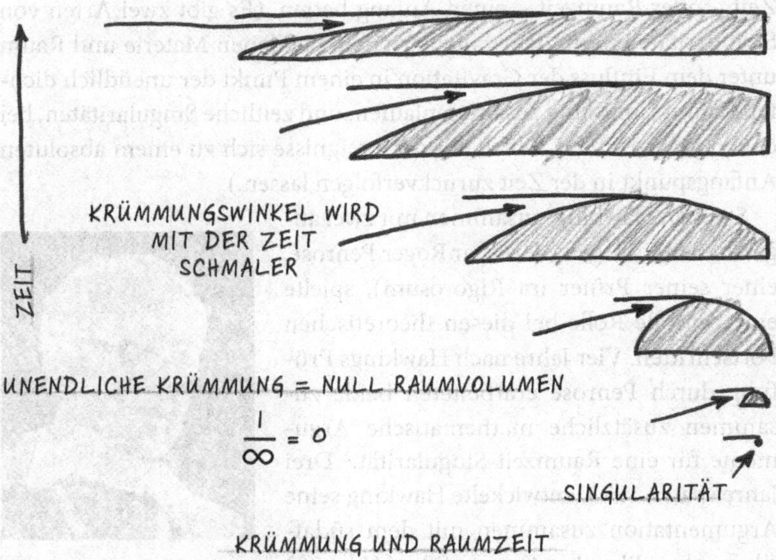

Abb. 6.3
Wenn das Universum sich ausdehnt, flacht der Raum (oder die „Raumzeit") ab und die Raumkrümmung nimmt ab und geht gegen null. In der umgekehrten Zeitrichtung nimmt die Krümmung jedoch zu und erreicht schließlich eine Grenze der unendlichen Krümmung. Die unendliche Krümmung entspricht null Raumvolumen und markiert somit den Anfang des Universums.

und Lemaîtres Lösungen für die Feldgleichungen außerdem eine Singularität nahe (einschließlich eines unendlich eng gekrümmten Raumes in der endlichen Vergangenheit), doch sie trafen eine unrealistische Annahme über den frühen Zustand des Universums.

Sie gingen von einer vollkommen homogenen Verteilung von Materie und Energie sowie von einem „isotropen" Universum aus. In einem homogenen Universum ist die Verteilung der Materie überall gleich, das heißt, *an allen Orten*; in einem isotropen Universum *sieht* die Verteilung von Materie und Energie *in allen Richtungen* gleich *aus*, unabhängig vom Standort des Beobachters. Lemaître ließ später die Annahme bezüglich der Isotropie fallen, ging aber weiterhin von einer Homogenität aus.[6] Später jedoch erkannten Kosmologen, dass es zur Erklärung des Ursprungs und der Evolution von Galaxien erforderlich war, leichte Unterschiede in der Dichte und Verteilung von Materie und Energie aus den frühesten Phasen des Universums zu postulieren.[7]

Da Friedmann und Lemaître diese Unterschiede ignoriert und stattdessen perfekte Homogenität angenommen hatten – und da ihre Annahme von Homogenität eine plausible Erklärung für das Auftreten einer Singularität in ihren Lösungen der Feldgleichungen ergab –, ließen andere Physiker die Bedeutung der resultierenden zeitlichen und räumlichen Singularität in ihren Lösungen außer Acht.[8] Tatsächlich vermuteten zahlreiche Physiker, dass die Singularität in Lemaîtres Lösungen ein Artefakt seiner vereinfachenden Annahme einer Homogenität war, kein echtes Bild vom Ursprung des Universums.[9]

An dieser Stelle setzten Hawking, Penrose und Ellis an.[10] In ihren zwischen 1966 und 1973 veröffentlichten Arbeiten gelang es ihnen, die Feldgleichungen zu lösen, ohne unrealistische Annahmen einer perfekten Homogenität zu treffen. Hawking und Ellis schrieben im Vorwort zu ihrem 1973 erschienenen Buch *The Large Scale Structure of Space-Time*: „Lange Zeit nahm man an, dass diese Singularitäten schlichtweg eine Folge des hohen Maßes an Symmetrie [d. h. Homogenität] seien und in realistischeren Modellen nicht auftreten würden. Es wird eines unserer Hauptziele sein zu zeigen, dass dies nicht der Fall ist."[11]

Die Feldgleichungen erlauben es Physikern, Unterschiede in der räumlichen Konfiguration des Universums (und den sie darstellenden Koordinatensystemen) zu beschreiben, die sich aus möglichen Unterschieden und Unregelmäßigkeiten in der ursprünglichen (und gegenwärtigen) Verteilung der Materie ergeben würden. Unter Einbeziehung aller dieser Unregelmäßigkeiten können Physiker den ursprünglichen Zustand des Universums akkurater beschreiben, doch die Feldgleichungen werden dadurch mathematisch schwerer zu lösen. Dennoch lösten Hawking und seine Kollegen diese Gleichungen, ohne eine perfekte Homogenität vorauszusetzen. Damit zeigten sie auf Grundlage der Allgemeinen Relativitätstheorie, dass das Universum in einer „Raumzeit"-Singularität von „unendlicher Krümmung" begann.[12] Tatsächlich legt die Allgemeine Relativitätstheorie nahe, wie Hawking und Ellis schrieben, „dass in der Vergangenheit eine Singularität vorhanden ist, die in gewissem Sinn einen Anfang des Universums darstellt".[13]

Im Jahr 1973 zeigten Hawking und Ellis, aufbauend auf Hawkings Dissertation und einer Arbeit von Hawking und Penrose aus dem Jahr 1970, erstens, dass das Universum „geodätisch in der Vergangenheit unvollständig ist".[14] „Geodätisch" ist ein Begriff aus der Geometrie, der die kürzeste Entfernung zwischen zwei Punkten auf einer gekrümmten Oberfläche bezeichnet. Hawking und Ellis argumentierten, dass in einem expandierenden Universum der Bahnverlauf jedes Lichtstrahls und/oder jeder Zeitlinie durch einen gekrümmten Raum notwendigerweise an irgendeinem Punkt in der endlichen Vergangenheit enden muss. Oder, wie sie es formulierten: „Die Gravitationswirkung von Materie tendiert immer dazu, das Zusammenlaufen einer zeitartigen und die Auslöschung [lichtartiger] Krümmungen hervorzurufen."[15] Dann zeigten sie unter Anwendung mehrerer außerordentlich starker mathematischer Theoreme, die Hawking, Ellis und Penrose entwickelt hatten, dass in einem solchen „geodätisch in der Vergangenheit unvollständigen Universum" gewisse mathematische Widersprüche auftreten würden,[16] *wenn es keine Singularitäten gäbe.* Da sie bereits die vergangene Unvollständigkeit bewiesen hatten (d.h., dass das Universum einen zeitlichen Anfang hatte), folgte daraus, dass das Universum seinen Anfang in einer Singularität genommen hatte, in der das Gravitationsfeld unendlich stark und die Raumkrümmung unendlich eng hatte sein müssen. Sie formulierten es folgendermaßen: „Wir zeigen, dass in einer allgemeinen Raumzeit ein Beobachter, der sich auf einer dieser unvollständigen [zeitlich endlichen] Krümmungslinien bewegt, unendliche Krümmungskräfte erleben würde."[17]

Seltsamerweise entspricht aber ein unendlich eng gekrümmter Raum einem Krümmungsradius von null Längeneinheiten und somit null Raumvolumen. Im Jahr 1978 beschrieb der britische Physiker Paul Davies sehr klar, was die Singularitätstheoreme bedeuteten:

> *Wenn wir diese Vorhersage in ihr Extrem extrapolieren, gelangen wir an einen Punkt, an dem alle Entfernungen im Universum auf null geschrumpft sind. Eine anfängliche kosmologische Singularität bildet daher ein zeitliches äußerstes Ende des Universums in der Vergangenheit. Eine physikalische Argumentation oder auch nur das Konzept von Raumzeit lässt sich nicht über ein solches Extrem*

> *hinaus fortsetzen. Aus diesem Grund betrachten die meisten Kosmologen die Anfangssingularität als Beginn des Universums. Nach dieser Sichtweise repräsentiert der Urknall das Schöpfungsereignis; die Erzeugung nicht nur aller Materie und Energie im Universum, sondern auch der Raumzeit selbst.*[18]

Um meinen Studenten die tiefe Bedeutung dieses Ergebnisses begreiflich zu machen, fragte ich sie immer: „Wie viel kann man in null Raum hineintun?" Normalerweise erkannten sie schnell, dass die Antwort auf diese Frage „nichts" oder „gar nichts" lautet. Wenn an einem Punkt in der Vergangenheit der Raum aufhörte zu existieren, hätte es an dem Punkt keinen Raum gegeben, um etwas dort hineinzubringen, sei es Materie oder Energie. Tatsächlich können weder Materie noch Energie in der Abwesenheit von Raum und Zeit existieren. Somit legen Hawkings, Ellis' und Penroses Singularitätsbeweise (als realistische Darstellung der Geschichte und der räumlichen Geometrie des Universums interpretiert) nahe, dass ein materielles Universum von unendlicher Dichte vor endlicher Zeit aus dem Nichts heraus zu existieren begann – oder zumindest aus nichts Räumlichem, Zeitlichem, Materiellem oder Physikalischem.

Natürlich kann das Nachdenken über die kosmische Singularität paradoxe oder scheinbar widersprüchliche Schlussfolgerungen produzieren. Man könnte beispielsweise auch behaupten, dass das Universum aus einer enormen Menge von Masse und Energie und einem starken Gravitationsfeld entstand, da in der Singularität die Masse-Energie-Dichte und die Stärke des Gravitationsfeldes ebenfalls gegen unendlich gegangen wären. Dennoch lassen die Singularitätstheoreme nicht zu, dass man Masse und Energie oder ein Gravitationsfeld als ewige, in sich selbst existierende Entität postuliert, da „vor" der Singularität weder Zeit noch Raum in unserem Universum existierten. Und ohne Raum hätten Masse, Energie (und ein entsprechendes Gravitationsfeld) keinen Ort, um zu existieren. Mit anderen Worten, wie viel Masse und Energie auch immer vom Anfang des Universums an existierten, sie mussten *mit* dem Beginn von Zeit und Raum entstehen, und beides begann vor endlicher Zeit. Somit verhindert eine räumliche oder zeitliche Singularität, wie Davies anmerkte, „jegliches physikalisches Ergründen" des vorherigen Zustands des Universums „über ein solches Extrem hinaus", und somit kennzeichnet dieses Extrem (oder diese Singularität) sehr wohl den Anfang des physischen Universums selbst.

Für bare Münze genommen sind die philosophischen Konsequenzen aus einer kosmologischen Singularität überwältigend. Im Mindesten stellt ein Universum, das in einer Raumzeit-Singularität beginnt, eine scharfe Kampfansage an jegliche materialistische Theorie zum Ursprung des Universums dar. Tatsächlich bedeutet eine Singularität, dass nicht nur Raum und Zeit, sondern auch Materie und Energie am Anfang des Universums überhaupt erst entstanden; zuvor hätten keine solchen Entitäten existiert, die das Universum (aus Materie und Energie) hätten entstehen lassen können.

Und das ist noch nicht alles: Insofern die Raumzeit-Singularität den Zeitpunkt der Entstehung des Universums aus nichts Physikalischem kennzeichnet, erinnern kosmologische Modelle auf Grundlage der Lösungen zu den Feldgleichungen der Allgemeinen Relativitätstheorie seltsam an das, was Theologen schon lange dogmatisch als *creatio ex nihilo* – „Schöpfung aus dem Nichts" (genauer gesagt, aus dem physikalischen Nichts) – bezeichnen. Hawking und Ellis selbst sprachen die Frage nach der Schöpfung des Universums am Ende ihres Buches aus dem Jahr 1973 an. Sie überlegten: „Die Schöpfung des Universums aus dem Nichts ist schon seit früher Zeit unentschieden umstritten, beispielsweise in Kants erster Antinomie der reinen Vernunft … Die Ergebnisse, zu denen wir gekommen sind, stützen die Idee, dass das Universum vor endlicher Zeit begann. Doch der eigentliche Punkt der Entstehung, die Singularität, liegt außerhalb der gegenwärtig bekannten Gesetze der Physik."[19]

Bedingungen, Bedingungen, Bedingungen

Doch sollten wir die kosmologische Singularität nach Hawking, Penrose und Ellis als realistische Darstellung der räumlichen Geometrie des Universums zurück bis an den zeitlichen Anfang interpretieren? Hawking und Ellis selbst sprachen diese Frage in ihrem Werk von 1973 an. Sie erkannten, dass Beweise der Raumzeit-Singularität nur dann auf unser

Universum zutreffen, wenn gewisse Bedingungen erfüllt sind. Erstens setzen alle Singularitätstheoreme die Allgemeine Relativitätstheorie als unsere beste Gravitationstheorie voraus. Und tatsächlich wurden die Vorhersagen der Allgemeinen Relativitätstheorie in zahlreichen Experimenten bestätigt, was der Physik im Blick auf die großen Strukturen des Universums ein hohes Maß an Vertrauen in diese Theorie verschafft hat. Unter diesen Experimenten sind auch die zunehmend genauen Tests zu nennen, die 1980 und 1994 mit einem Wasserstoff-Maser-Detektor an einer NASA-Rakete durchgeführt wurden. Solche Experimente haben eine präzise quantitative Bestätigung der Vorhersagen der Allgemeinen Relativitätstheorie geliefert, und zwar bis zur fünften Nachkommastelle.[20] Somit ist die Allgemeine Relativitätstheorie heute eine der fundiertesten Theorien der modernen Physik.

Allerdings stellen sich Fragen zur Anwendbarkeit der Allgemeinen Relativitätstheorie auf Phänomene im extrem kleinen subatomaren Bereich oder auf Quantenebene. Im subatomaren Bereich (10^{-12} cm oder kleiner) können seltsame Phänomene auftreten, zum Beispiel, dass Licht oder Elektronen sich gleichzeitig sowohl wie Wellen als auch wie Teilchen verhalten können. Auf dieser Ebene können auch nichtdeterministische Energiefluktuationen auftreten. Da die Allgemeine Relativitätstheorie solche Effekte nicht beschreibt, haben viele Physiker die Notwendigkeit einer Allgemeinen Relativitätstheorie auf Quantenebene eingebracht, obwohl eine solche Theorie noch nicht definitiv entwickelt wurde (auf diese Frage gehe ich ausführlich in Kapitel 17–19 ein).

Die Unfähigkeit der Allgemeinen Relativitätstheorie, Gravitationsphänomene auf extrem kleinem subatomarem Niveau zu beschreiben, hat die Frage aufgeworfen, ob die Theorie auf die allerfrühste Geschichte des Universums, die ersten Sekundenbruchteile nach dem Urknall anwendbar ist. Und in der Tat: Wenn Physiker Vorstellungen vom Universum zu unterschiedlichen Zeiten in der fernen Vergangenheit „rückwärts extrapolieren", erkennen sie, dass das Universum ab einem bestimmten Punkt so klein gewesen wäre, dass sie das Verhalten von Materie und Energie auf dieser subatomaren Ebene nur mithilfe von Quantenmechanik beschreiben können.

Hawking, Penrose und Ellis erkannten diese Begrenzung in ihren Beweisen der kosmologischen Singularität. Sie räumten ein, dass sie streng genommen lediglich die Kontraktion der Raumzeit bis zu dem Zeitpunkt nachweisen können, als das Universum einen Krümmungsradius von 10^{-12} und 10^{-33} cm hatte. Streng genommen konnten sie also nicht beweisen, dass das Universum von einer *absoluten* räumlichen Singularität aus begann, sondern nur aus einem extrem winzigen, sich der Singularität annähernden Zustand.[21] In diesem verschwindend kleinen Raum könnte es sein, dass die Gravitation nicht so funktioniert, wie es von der Allgemeinen Relativitätstheorie beschrieben wird.

Zudem stellte die Möglichkeit von Energiefluktuationen im winzigen Quantenraum eine konkrete *technische* Behinderung der Singularitätstheoreme dar. Alle Singularitätsbeweise unterliegen sogenannten Energiebedingungen unterschiedlicher Art, darunter „schwache", „dominante" und/oder „starke" Energiebedingungen. Unterschiedliche Energiebedingungen beschreiben verschiedene mögliche Eigenschaften der Masse und Energie im Universum. Unter den Voraussetzungen der Allgemeinen Relativitätstheorie müsste das Universum unterschiedliche Energiebedingungen erfüllen, damit Singularitäten entstehen können, entweder am Anfang des Universums oder als Schwarze Löcher innerhalb des Universums. Beispielsweise gibt die schwache Energiebedingung vor, dass die Dichte von Masse und Energie im Universum positiv oder gleich null sein muss (d.h. nicht negativ), damit eine Singularität auftreten kann. Die dominante Energiebedingung erfordert die gleiche Voraussetzung, besagt aber außerdem, dass der Druck, der durch die Bewegung von Energie im Universum erzeugt wird, nicht den Wert der Energiedichte überschreitet. (Die starke Energiebedingung ist mathematisch noch weitaus technischer definiert, beschreibt aber auch notwendige Voraussetzungen der Energie im Universum.)[22]

Für unsere Zwecke ist der Hauptpunkt: Die Validität der Singularitätsbeweise wird durch die Erfüllung einer oder mehrerer dieser Energiebedingungen gewährleistet. Doch indeterministische Quanten-Energiefluktuationen erzeugen manchmal Situationen, die eine oder mehrere dieser Bedingungen verletzen, besonders die starke Energiebedingung. Und tatsächlich muss die starke Energiebedingung erfüllt sein, um zu beweisen, dass das Universum aus einer absoluten Raumzeit-Singularität heraus begann.[23] (Eine Quantenfluktuation ist eine zufällige lokale Veränderung in der mit einem Teilchen oder Feld verbundenen

Energie, die auf subatomarer Ebene auftritt. In der Quantenphysik können solche Fluktuationen negative Energiewerte hervorrufen; dies würde gegen eine oder mehrere Energiebedingungen verstoßen.)

Hawking und Ellis räumten 1973 diese Begrenzungen in der Anwendbarkeit ihrer Beweise ein. Sie verstanden, dass das Universum möglicherweise nicht „an jedem Punkt" seiner Geschichte der starken Energiebedingung entsprach, insbesondere während der frühesten und winzigsten Sekundenbruchteile nach dem vermuteten Anfang des Universums – als dieses verschwindend klein war. Dementsprechend räumten sie ein, dass die Allgemeine Relativitätstheorie ihnen nur erlaubte, mit absoluter Sicherheit bis zu einem Punkt in der Vergangenheit zurückzurechnen, an dem das Universum einen Krümmungsradius zwischen einem Billionstel (10^{-12}) und einer Milliarde Billionen Billionstel (10^{-33}) Zentimeter besaß. Verständlicherweise betrachteten sie ein so winziges Universum effektiv als räumliche Singularität. Sie schrieben: „Eine solche Krümmung wäre so extrem, dass sie ebenso gut als Singularität gelten kann."[24]

Und tatsächlich, selbst wenn die Singularitätstheoreme keinen Anfang des Universums von einem absoluten räumlichen Nullpunkt beweisen konnten, boten sie praktisch gesehen einen starken Indikator für – oder einen Hinweis auf – einen solchen Anfang. Daher gelangten bis zum Ende der 1970er-Jahre und frühen 1980er-Jahre die meisten Astronomen, Astrophysiker und Kosmologen zu der Sichtweise, dass das gemeinsame Zeugnis der beobachtenden Astronomie und theoretischen Physik eine starke Bestätigung des Urknallmodells darstellt.

Das Inflationäre Universum

Dennoch stellten andere Entwicklungen in der theoretischen Physik und Kosmologie bald das Standardmodell des Urknalls infrage und verstärkten Bedenken bezüglich der Anwendbarkeit von Singularitätstheoremen auf das frühe Universum. Noch später führten in einer seltsam unerwarteten Umkehrung der Dinge diese gleichen Entwicklungen die theoretische Physik zu der Entdeckung, dass das Universum doch einen Anfang hatte. Und hier ist die Geschichte:

In den 1980er-Jahren entwickelten die Physiker Alan Guth vom MIT, Andrei Linde aus Stanford und Paul Steinhardt aus Princeton eine alternative Version der Urknallkosmologie, das sogenannte Inflationäre Szenario (oder einfach „Inflation"). Dieses besagt, dass kurz nach dem Urknall der Weltraum eine kurzlebige, aber exponentiell schnelle Ausdehnung erfuhr. Diese Ausdehnung war auf den negativen Gravitationsdruck zurückzuführen, der von einem postulierten „Inflaton-Feld" hervorgerufen wurde – einem Feld, das nach dem Verständnis der Physiker einen nach außen gerichteten oder repulsiven Druck auf den Raum ausübte und dafür sorgte, dass das Universum sich ausdehnte. (Felder in der Physik sind Raumregionen, die operativ durch das definiert werden, was sie bewirken – oft durch die Kräfte, die sie generieren, oder die Bewegungen, zu denen sie Teilchen oder Strahlung anregen, die mit ihnen in Kontakt kommen.)

Abb. 6.4
Der MIT-Physiker Alan Guth, der das inflationäre Urknallmodell entwickelte.

Wie ursprünglich von Alan Guth (Abb. 6.4) vorgeschlagen, setzte die Inflation *einen* Anfang des Universums voraus, nach welchem der Raum des Universums sich über eine kurze Zeitspanne rasch ausdehnte.[25] Daraufhin legten allerdings andere Physiker Modelle einer „ewigen chaotischen Inflation" vor, die nicht *einen* Anfang, sondern eine unendliche Anzahl von Anfängen[26] abbildeten (Abb. 6.5). Diese Modelle der ewigen chaotischen Inflation gewannen an Popularität unter den Verfechtern der Inflation, denn viele waren der Auffassung, dass das postulierte „Inflaton-Feld" *Quantenfluktuationen* in der Energie des Feldes unterworfen sein würde. Folglich meinten sie, dass diese Fluktuationen notwendigerweise kausal voneinander unabhängige Raumregionen hervorbringen würden – letztlich separate „Blasenuniversen".

Aktuellen Modellen der ewigen chaotischen Inflation zufolge führte nach einer anfänglichen Expansionsphase eine Quantenfluktuation in

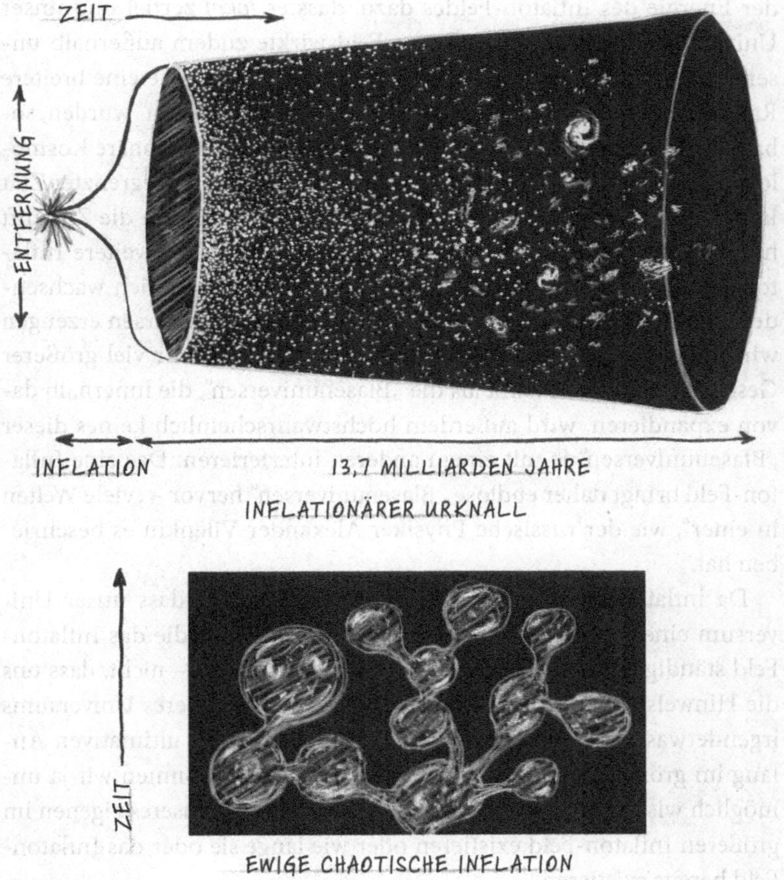

Abb. 6.5

OBEN: In seiner ersten Formulierung besagt das kosmologische Modell des inflationären Szenarios, dass das Universum einen Anfang hatte und sich anfänglich extrem schnell ausdehnte, bevor die Expansion auf eine langsamere Geschwindigkeit zurückging.

UNTEN: Spätere Kosmologen formulierten das Modell der ewigen chaotischen Inflation. Diesem Modell zufolge hören im Verlauf der Expansion des Universums unterschiedliche Regionen des Weltraums auf sich auszudehnen, sodass neue „Blasenuniversen" entstehen. Dieser Prozess würde sich dann unbegrenzt fortsetzen und eine unendliche Zahl von „Blasenuniversen" erzeugen, die durch einen sich ausdehnenden Ozean expandierenden Raums voneinander getrennt sind.

der Energie des Inflaton-Feldes dazu, dass es *lokal* zerfiel und unser Universum erzeugte. Das Inflaton-Feld wirkte zudem außerhalb unseres lokalen Gebietes im Weltraum weiter und erzeugte eine breitere Raumexpansion, in die hinein andere Universen „geboren" wurden, sobald das Inflaton-Feld in anderen Gebieten zerfiel. Inflationäre Kosmologen stellten sich die Inflation als etwas vor, das seit unbegrenzter Zeit in der Vergangenheit wirkte und sich unbegrenzte Zeit in die Zukunft hinein fortsetzen wird. Daher erwarteten sie, dass das weitere Inflaton-Feld beim Zerfall in lokalen Bereichen eines unendlich wachsenden Raumvolumens eine endlose Zahl an anderen Universen erzeugen wird. Und da das Inflaton-Feld sich weiterhin mit sehr viel größerer Geschwindigkeit ausdehnt als die „Blasenuniversen", die innerhalb davon expandieren, wird außerdem höchstwahrscheinlich keines dieser „Blasenuniversen" je mit einem anderen interferieren. Das eine Inflaton-Feld bringt daher endlose „Blasenuniversen" hervor – „viele Welten in einer", wie der russische Physiker Alexander Vilenkin es beschrieben hat.

Da inflationäre Kosmologen der Ansicht waren, dass unser Universum eines von vielen „Blasenuniversen" darstellt, die das Inflaton-Feld ständig erzeugt, dachten sie – jedenfalls anfangs – nicht, dass uns die Hinweise auf die Expansion und den Anfang unseres Universums irgendetwas darüber sagen, ob Zeit und Raum einen ultimativen Anfang im größeren Inflaton-Feld hatten. Tatsächlich könnten wir ja unmöglich wissen, wie viele andere Universen jenseits unseres eigenen im größeren Inflaton-Feld existieren oder wie lange sie oder das Inflaton-Feld bereits existieren.

Inflation und Energiebedingungen

Heute haben verschiedene Modelle für die ewige chaotische Inflation Guths ursprüngliches Modell ersetzt. Diese neuen Modelle stellen die Idee eines Anfangs – und einer kosmologischen Singularität – aus noch einem anderen Grund infrage. Kosmologische Inflationsmodelle besagen, dass Quantenfluktuationen der Mechanismus sind, der „Blasenuniversen" produziert. Entsprechend folgen aus diesen Modellen

Verletzungen der verschiedenen Energiebedingungen, die erforderlich sind, um die kosmologischen Singularitätstheoreme zu beweisen.[27]

Nach Vorstellung der Architekten der ewigen chaotischen inflationären Kosmologie können in Inflaton-Feldern zufällige Quantenfluktuationen innerhalb der Nettoenergie auftreten. Manchmal führen diese zu kurzlebigen, aber negativen Verdichtungen von Masse und Energie, einschließlich zeitweiliger *negativer* Dichten in der Masse und Energie des Universums. Solche negativen Dichten würden gegen die verschiedenen Energiebedingungen (unter anderem gegen die starke Energiebedingung) verstoßen, die für die Beweise von Singularitätstheoremen erforderlich sind. Infolgedessen hat die inflationäre Kosmologie das Vertrauen auf die Relevanz von Singularitätstheoremen als Modelle zum Ursprung des Universums geschwächt. Wie George Ellis mir kürzlich in einem Interview sagte, betrachten Physiker, die die inflationäre Kosmologie akzeptieren, Singularitätstheoreme heute meist als interessante, rein mathematische Überlegungen, doch nicht als Beweise für den Beginn unseres tatsächlichen Universums.[28]

Was die Inflation erklären kann – und was nicht

Was die inflationäre Kosmologie für Singularitätstheoreme bedeutet, mag angesichts ihres offenbar spekulativen Charakters nicht besonders wichtig erscheinen. Dennoch betrachten zahlreiche Kosmologen ungeachtet der Rolle, die so hypothetische Größen wie „Inflaton-Felder" und „Blasenuniversen" im inflationären Szenario spielen, die Inflation als bestes gegenwärtiges kosmologisches Modell. Der Grund ist meist, dass sie drei Hauptmerkmale des Universums erklären kann – seine Homogenität, seine „Flachheit" und die Abwesenheit von sogenannten „magnetischen Monopolen" im sichtbaren Universum.[29] Diese Merkmale waren verblüffend, sowohl aus der Perspektive der üblichen Urknall-Kosmologie als auch, im letzteren Fall, vom Standpunkt populärer großer vereinheitlichter Theorien aus – Theorien, die versuchen, die vier fundamentalen Kräfte der Physik auf ein einziges zugrunde liegendes physikalisches Gesetz zu reduzieren.

Mit Homogenität meinen Kosmologen, dass das Universum an allen

Orten die gleiche Zusammensetzung und Materieverteilung hat. Ein Hauptaspekt dieser Homogenität ist die Gleichmäßigkeit der kosmischen Hintergrundstrahlung, die im gesamten beobachtbaren Kosmos nahezu die gleiche Temperatur hat. Das ist ein Problem für die Standard-Urknalltheorie, es sei denn, Kosmologen postulieren unglaublich spezifische feinabgestimmte Anfangsbedingungen.[30]

Wie wir in Kapitel 5 gesehen haben, hat diese Strahlung in jede Richtung bis auf ein Hunderttausendstel die gleiche Temperatur. Diese beobachtete fast vollständige Uniformität lässt sich in der Standard-Urknall-Kosmologie nur dann erklären, wenn man postuliert, dass der frühe Plasmazustand des Universums (innerhalb der ersten 380 000 Jahre) von einer fast perfekten Gleichmäßigkeit in der Temperatur und Verteilung von Masse und Energie charakterisiert war.

Das inflationäre Szenario versucht, die relative Homogenität der Hintergrundstrahlung nicht als Folge einer feinabgestimmten anfänglichen Verteilung von Masse und Energie zu erklären (obwohl sie eigene Sonderbedingungen heranzieht), sondern stattdessen als Konsequenz eines frühen, exponentiell schnellen kosmischen Expansionstempos. Vielen Inflationsmodellen zufolge homogenisierten sich während der ersten Sekundenbruchteile nach dem Urknall die Temperatur und Dichte von Masse und Energie in dem winzigen Raumvolumen, das zu unserem Universum werden sollte, in einem Prozess der Durchmischung oder „Thermalisierung“. Dann verteilte die rasche Raumexpansion, die zu unserem sichtbaren Universum werden würde, die homogene Energie in diesem Raum und führte letztlich zu der annähernden Homogenität der gegenwärtig beobachtbaren kosmischen Hintergrundstrahlung. Jede verbleibende Inhomogenität – das erwartete Überbleibsel vom Anfang des Universums nach dem Standard-Urknallmodell (ohne extreme Feinabstimmung) – wäre dann infolge der frühen inflationären Ausdehnung des Raumes über die Grenzen des sichtbaren Universums hinaus verdrängt worden.

Das inflationäre Szenario bietet ebenfalls eine Erklärung für die „Flachheit“ des Universums. In einem vollkommen flachen Universum[31] hätte der Raum keine Krümmung, sodass zwei parallele Lichtstrahlen sich nie annähern und nie auseinanderstreben würden. Ein solches Universum wird sich unbegrenzt ausdehnen, doch seine Expansionsrate wird (wegen seiner Ausgangsgeschwindigkeit und Massendichte[32]) im Lauf der Zeit gegen null gehen. Unser Universum ist relativ flach, weil seine ursprüngliche Expansionsrate kaum die Massenanziehung überwunden hat, die durch die Dichte seiner Masse und Energie produziert wird. Mit anderen Worten, viele Physiker denken, dass die Massendichte unseres Universums nur wenig geringer ist als die „kritische Massendichte", die notwendig ist, um seine Expansion zum Erliegen zu bringen. Demzufolge hat der Raum insgesamt nur eine sehr geringe Krümmung – das heißt, er ist relativ flach. Vertreter der Standard-Urknalltheorie würden diese relative Flachheit nicht erwarten, es sei denn, die Menge von Masse und Energie sowie die Ausgangsgeschwindigkeit der Expansion wären vom Anfang des Universums an präzise ausbalanciert (oder feinabgestimmt) gewesen.

Die Inflation erklärt die annähernde Flachheit des Universums, wie auch seine Homogenität, als Folge der Hyperexpansion des Raumes während der Frühphase des Universums. Es ist wie bei einem Ballon, den man immer weiter aufbläst und bei dem damit jeder Bereich seiner Oberfläche immer flacher aussieht: So würde auch die Inflation des gesamten Universums die Raumkrümmung des Universums und jedes kleineren Bereiches der Raumzeit (wie beispielsweise unser beobachtbares Universum) immer flacher aussehen lassen.[33]

Außerdem erklärt die Inflation, weshalb die Physik keine sogenannten magnetischen Monopole beobachten konnte. Ein magnetischer Monopol ist ein postuliertes (aber noch nicht beobachtetes) Elementarteilchen, das sich theoretisch wie ein Magnet mit nur einem Pol – entweder einem Nord- oder einem Südpol, aber nicht beidem – verhalten würde. Magnetische Monopole werden aufgrund populärer (wenn auch unzulänglicher) großer vereinheitlichter Theorien im sichtbaren Universum vorausgesagt. Die Inflation erklärt angeblich die scheinbare Abwesenheit magnetischer Monopole, indem sie sich auch hier auf eine rasche Ausdehnung des Raumes beruft, die alle Hinweise auf die Monopole (wie die auf Inhomogenitäten) über die Grenzen des sichtbaren Universums hinaus verdrängt hat.[34]

Die Inflation und das Borde-Guth-Vilenkin-Theorem

Obwohl das Modell der ewigen chaotischen Inflation Zweifel daran aufkommen ließ, ob das Universum tatsächlich einen Anfang hatte, regte es letztlich eine andere Untersuchung in der theoretischen Physik an, die zu einem neuen und noch überzeugenderen Beweis für einen Anfang führte – ja, zu einem Beweis, der aussagt, ob das inflationäre Szenario recht hat *oder nicht*. (Wir werden in Kapitel 16 sehen, dass einige führende Physiker, darunter Paul Steinhardt, einer der Begründer der inflationären Kosmologie, heute denken, dass es gewichtige Gründe gibt, alle Modelle des inflationären Szenarios anzuzweifeln.)

Jedenfalls hatten bis Anfang der 1990er-Jahre viele Physiker die ewige chaotische Inflation als bestes Modell für den Ursprung des Universums für sich akzeptiert. Die Popularität des Modells veranlasste Arvind Borde und Alexander Vilenkin, zwei Physiker der Tufts University, zu untersuchen, was die Inflation darüber aussagte, ob das Universum einen Anfang hatte. Sie erforschten, ob das Inflaton-Feld seit unbegrenzt langer Vergangenheit wirksam gewesen sein konnte – das heißt, ob es „vergangen ewig" sein konnte, wie sie es formulierten. Binnen zehn Jahren gelangten Borde, Vilenkin und ein dritter Physiker, Alan Guth, einer der ursprünglichen Verfechter der Inflation, zu einer verblüffenden Schlussfolgerung: Das Universum musste einen Anfang gehabt haben, selbst wenn das inflationäre Szenario zutreffen sollte.[35]

Wir haben gesehen, dass vorangegangene Versuche, eine kosmologische Singularität am Anfang des Universums zu beweisen, auf Einsteins Allgemeiner Relativitätstheorie beruhten. Das war auch sinnvoll angesichts der stark intuitiven Basis von Hawkings ursprünglicher Erkenntnis: Wenn das Universum expandiert, werden die Dichte der Masse und damit die Krümmung des Universums in der umgekehrten Zeitrichtung irgendwann eine Grenze erreichen. Diese Erkenntnis und die darauf beruhenden mathematischen Argumente bleiben wohl starke *Indikatoren* eines Anfangs, selbst wenn diese Argumente die Validität einer Extrapolation zurück zu einem absoluten räumlichen Nullpunkt nicht schlüssig beweisen können.

Ungeachtet dessen entwickelten Borde, Guth und Vilenkin 2003 einen Beweis für einen Anfang des Universums, der nicht von Einsteins

Feldgleichungen der Allgemeine Relativitätstheorie oder irgendeiner Energiebedingung abhängig war.[36] Stattdessen beruht das Borde-Guth-Vilenkin- oder BGV-Theorem ausschließlich auf geometrischen Argumenten und Einsteins Spezieller Relativitätstheorie. Rufen Sie sich aus Kapitel 5 in Erinnerung, dass die Spezielle Relativitätstheorie sich mit dem Verhältnis von Lichtgeschwindigkeit und Zeit befasst. Das BGV-Theorem trifft auf jedes Universum zu, das sehr allgemeinen Bedingungen entspricht, darunter denen, die aus den Modellen des inflationären Szenarios folgen. Wie Alexander Vilenkin erklärte: „Ein bemerkenswerter Aspekt an diesem Theorem ist seine breite Allgemeingültigkeit. Wir haben keine Annahmen über den materiellen Inhalt des Universums getroffen. Wir haben nicht einmal vorausgesetzt, dass Einsteins Gleichungen die Gravitation beschreiben. Selbst wenn Einsteins Gravitation also Modifikationen erfordern sollte, gelten unsere Schlussfolgerungen trotzdem. Die einzige Vorannahme, die wir getroffen haben, war, dass die Expansionsrate des Universums nie unter einen (wenn auch noch so geringen) Wert ungleich null sinkt."[37]

Somit ist das Theorem auf fast alle plausiblen und realistischen kosmologischen Modelle anwendbar. Es besagt, dass jedes Universum, das im Durchschnitt expandiert, „in der Vergangenheit unvollständig" ist. Mit anderen Worten, wenn man einen beliebigen Raumzeit-Pfad in der Zeit zurückverfolgt, muss jedes expandierende Universum – auch eines, das infolge eines „Inflaton-Feldes" expandiert, einen Startpunkt für seine Expansion gehabt haben, was auf einen Anfang hindeutet.

Dass das Theorem auf einen Anfang schließen lässt, folgt aus einer überraschend intuitiven Reihe von Überlegungen. Stellen Sie sich vor, dass sich eine Person im expandierenden Raum auf Sie zubewegt. Es könnte beispielsweise ein Fußballspieler sein, der auf einem Fußballplatz auf Sie zu rennt, während das Spielfeld selbst gestreckt wird und die Spielfeldlinien sich von Ihnen entfernen. Wenn Sie an einem Ende des Spielfeldes stehen und versuchen zu ermitteln, mit welcher Geschwindigkeit der Spieler sich auf Sie zubewegt, müssen Sie einberechnen, wie schnell sich die Linien von Ihnen entfernen. Wenn der Spieler schneller auf Sie zuläuft als die Linien sich in die andere Richtung entfernen, wird es so aussehen, als ob er mit einer berechenbaren Geschwindigkeit näherkommt. Wenn hingegen der Spieler langsamer läuft als die Linien sich zurückziehen, wird es so erscheinen, als würde er sich ebenfalls immer weiter entfernen. So oder so wird der Spieler sich langsamer auf Sie zubewegen, als wenn sich die Linien auf dem Spielfeld nicht von Ihnen wegbewegt hätten. In der Sprache der Physik wird aufgrund der „Rückzugsgeschwindigkeit" der Spielfeldlinien die „scheinbare" oder „beobachtete Geschwindigkeit" des Spielers geringer sein als andernfalls.

Die gleiche Logik trifft im Fall der Kosmologie zu. Wenn das Universum sich ausdehnt, wird jedes Objekt – beispielsweise ein Raumschiff (Abb. 6.6) –, das auf einen Beobachter auf der Erde zukommt, sich scheinbar langsamer bewegen, als wenn das Universum nicht expandieren würde.[38] Wenn außerdem das Raumschiff weiterhin mit konstanter Geschwindigkeit durch die Region des Weltraums fliegt, in dem es sich befindet, doch diese Region selbst sich aufgrund der Expansion des Universums von einem auf der Erde befindlichen Beobachter fortbewegt, wird die Geschwindigkeit des Raumschiffs im Verhältnis zur Erde scheinbar immer weiter abnehmen, während das Universum sich weiter ausdehnt und der Weltraum um das Raumschiff herum sich immer schneller entfernt. (Erinnern Sie sich: In einem expandierenden dreidimensionalen Universum – denken Sie an den Vergleich mit dem Luftballon – bewegen sich zwei Objekte immer schneller voneinander weg, je weiter sie voneinander entfernt sind. Wenn also ein Raumschiff innerhalb seines Bezugsrahmens mit gleichbleibender Geschwindigkeit auf die Erde zufliegt, sich aber aufgrund der Expansion des Universums gleichzeitig von der Erde entfernt, wird die Fluchtgeschwindigkeit der gesamten Raumregion um das Schiff herum sich erhöhen. Doch wenn die Geschwindigkeit des Schiffs *innerhalb* dieses lokalen Raumes konstant bleibt, wird die scheinbare Geschwindigkeit, mit dem das Raumschiff sich auf die Erde zubewegt, ebenfalls mit der Zeit scheinbar abnehmen.)

Borde, Guth und Vilenkin erkannten, dass diese Dynamik auch umgekehrt funktioniert. In der umgekehrten Zeitrichtung würde sich die scheinbare Geschwindigkeit des Raumschiffs relativ zum Beobachter (und wie sie an einem beliebigen Punkt in der Vergangenheit gemessen wurde) im Verhältnis zu ihrer Geschwindigkeit in der Vergangenheit nach und nach *erhöhen*. Der Grund dafür ist, dass jegliche beliebigen

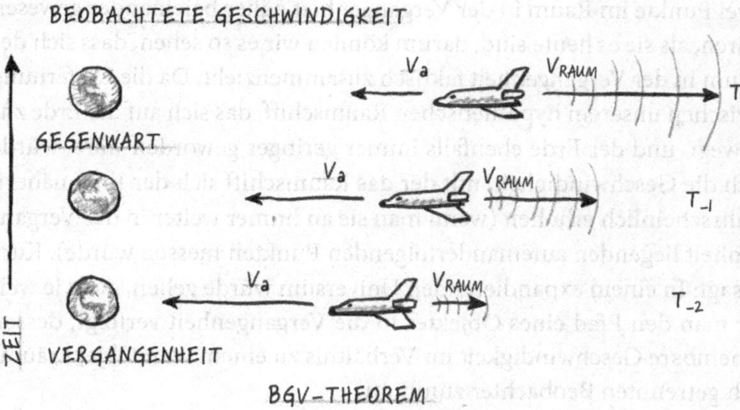

Abb. 6.6

Das BGV-Theorem. Das Borde-Guth-Vilenkin-(BGV-)Theorem besagt, dass jedes Universum, das sich im Durchschnitt ausdehnt, einen Anfang gehabt haben muss. Das Theorem lässt sich verständlich machen, wenn man sich vorstellt, dass ein Raumschiff auf die Erde zufliegt. Die scheinbare Geschwindigkeit (V_s) für das Raumschiff, wie es von einem auf der Erde befindlichen Beobachter gemessen wird, entspricht der tatsächlichen Geschwindigkeit des Raumschiffes, reduziert um die Geschwindigkeit des lokalen Raumes, in dem sich das Raumschiff befindet, während dieser Raum sich aufgrund der Expansion des Universums von der Erde wegbewegt. Doch was, wenn wir über die scheinbare Geschwindigkeit des Raumschiffs in der Vergangenheit nachdenken, indem wir in der Zeit rückwärts extrapolieren? Da in der Vorwärtsrichtung der Zeit der Raum sich ausdehnt und sich das Raumschiff weiter von der Erde entfernt (als es andernfalls wäre), wäre, wenn wir in die entgegengesetzte Zeitrichtung extrapolieren, das Raumschiff näher an der Erde (als es andernfalls wäre). Die Fluchtgeschwindigkeit des Weltraums wäre an dem Punkt in der Vergangenheit geringer gewesen, da sich in einem expandierenden Universum die Fluchtgeschwindigkeit mit zunehmendem Abstand von der Erde erhöht – in der Vergangenheit wäre die Fluchtgeschwindigkeit also geringer gewesen, weil sich das Universum noch nicht so stark ausgedehnt hätte. Demzufolge wäre V_s, die Geschwindigkeit des Raumschiffes relativ zur Erde, größer. Wenn wir noch weiter in der Zeit zurückgehen, würde sich die scheinbare Geschwindigkeit wieder erhöhen. Mit zusätzlichen Rückextrapolationen würde die scheinbare Geschwindigkeit des Raumschiffes, V_s, irgendwann der Lichtgeschwindigkeit entsprechen, die der speziellen Relativitätstheorie zufolge eine absolute Grenze für die Geschwindigkeit jedes Objekts darstellt. An diesem Punkt wäre keine weitere Rückextrapolation in der Zeit möglich (oder physikalisch bedeutsam). Daraus folgt als Konsequenz, dass das Universum und seine Expansion einen Anfang gehabt haben müssen.

zwei Punkte im Raum in der Vergangenheit näher beieinander gewesen wären, als sie es heute sind; darum können wir es so sehen, dass sich der Raum in der Vergangenheit faktisch zusammenzieht. Da die Entfernung zwischen unserem hypothetischen Raumschiff, das sich auf die Erde zubewegt, und der Erde ebenfalls immer geringer geworden wäre, würde sich die Geschwindigkeit, mit der das Raumschiff sich der Erde nähert, wahrscheinlich erhöhen (wenn man sie an immer weiter in der Vergangenheit liegenden aufeinanderfolgenden Punkten messen würde). Kurz gesagt: In einem expandierenden Universum würde gelten, dass, je weiter man den Pfad eines Objektes in die Vergangenheit verfolgt, dessen scheinbare Geschwindigkeit im Verhältnis zu einem vom Objekt räumlich getrennten Beobachter zunimmt.

Die Sache hat allerdings einen Haken. Der Speziellen Relativitätstheorie zufolge kann sich ein Objekt in einem Bezugsrahmen (d. h. im Verhältnis zu einem Beobachter) nicht schneller als mit Lichtgeschwindigkeit bewegen. Wenn wir in die Vergangenheit extrapolieren, würde das Raumschiff daher relativ zum Beobachter irgendwann eine Geschwindigkeitsgrenze erreichen – die Lichtgeschwindigkeit. An diesem Punkt wäre es unmöglich, weiter in die Vergangenheit zu gehen. Da es eine Begrenzung dafür gibt, wie schnell ein Objekt sich im Verhältnis zu einem Beobachter bewegen kann, gibt es also zugegebenermaßen auch eine Grenze dafür, wie weit sich dieser Weg zurückverfolgen lässt, bevor man die begrenzende Lichtgeschwindigkeit erreicht. Dieser Punkt in der Vergangenheit würde dann einen absoluten Beginn für den Weg des Raumschiffes darstellen und den Punkt markieren, an dem der Raum sich nicht weiter zusammenziehen könnte. Daher wäre das ebenfalls der Punkt, an dem die Expansion des Raumes begonnen hätte – mit anderen Worten, der Anfang des Universums.

Borde, Guth und Vilenkin haben gezeigt, dass alle kosmologischen Modelle, in denen eine Expansion auftritt – einschließlich des inflationären Szenarios,[39] der Multiversen,[40] des oszillierenden Modells und des Weltenei-Modells – dem BGV-Theorem unterliegen.[41] Folgerichtig argumentiert Vilenkin, dass die Hinweise auf einen Anfang nun fast unausweichlich sind. Er erklärt: „Da der Beweis nun vorhanden ist, können die Kosmologen sich nicht mehr hinter der Möglichkeit eines vergangen-ewigen Universums verstecken. Es gibt kein Entkommen;

sie müssen sich dem Problem eines kosmischen Anfangs stellen."[42] Da unser Universum expandiert und das Borde-Guth-Vilenkin-Theorem nicht von Energiebedingungen abhängt, hat das Theorem eine der zentralen Schlussfolgerungen der ursprünglichen Ergebnisse von Hawking, Penrose und Ellis verstärkt (nämlich, dass das Universum einen *zeitlichen* Anfang hatte), wenn auch auf einer anderen theoretischen Grundlage.

Postulate und Beweise

Natürlich hängen alle Beweise, auch diejenigen, die einen kosmischen Anfang untermauern, von einigen Annahmen, Postulaten, Axiomen und/oder Bedingungen ab. Wie bereits angemerkt, sind die Hawking-Penrose-Ellis-Singularitätstheoreme von unterschiedlichen Energiebedingungen abhängig. Das Borde-Guth-Vilenkin-Theorem erfordert keine Energiebedingungen, trifft jedoch als Bedingung für seine Gültigkeit eine (wenn auch weniger restriktive) Annahme: nämlich die Annahme, dass das Universum im Durchschnitt expandiert. Aus diesem Grund räumt Alan Guth die Möglichkeit kosmologischer Modelle ein, die diese Bedingung nicht erfüllen. Beispielsweise merkt er an: „Es kann Modelle geben, die sich unserem Theorem entziehen: Modelle, bei denen Kontraktionsregionen [des Raumes] in die expandierte Region eingebettet sind."[43] Allerdings widersprechen die von ihm angeführten Modelle, die sich eventuell dem BGV-Theorem entziehen, typischerweise den empirischen Hinweisen auf eine kosmische Expansion, und/oder sie sind von extrem komplexen und vollkommen hypothetischen mathematischen Konstrukten abhängig. Daher räumt er ein, dass „eine neue Physik (d.h. nicht die inflationäre) nötig wäre, um die in der Vergangenheit liegende Grenze der sich ausdehnenden Region zu erklären. Eine Möglichkeit wäre eine Art Schöpfungsereignis auf der Quantenebene."[44]

Dabei denkt Guth an aktuell populäre quantenkosmologische Ideen, die das Universum als etwas darstellen, das nicht aus einem vorherigen zeitlichen Zustand oder aus materiellen Voraussetzungen hervorgegangen ist, sondern aus einem hypothetischen „Möglichkeitsraum", der von den mathematischen Grundlagen der Quantenmechanik beschrieben wird. In Kapitel 17–19 werde ich diese quantenkosmologischen Modelle untersuchen. In Kapitel 17 werde ich zeigen, dass es diesen Modellen im Grunde nicht gelingt, einen kosmischen Anfang auszuschließen. Zudem verstärkt der spekulative Charakter dieser alternativen Modelle und ihre Unfähigkeit, eine zeitliche Singularität auszuschließen, nur das Gefühl, dass die Singularitätstheoreme tatsächlich zumindest einen starken Hinweis auf einen Anfang liefern. In jedem Fall werde ich zeigen, dass diese Modelle – wenn sie wahr sind – für sich genommen eine unerwartete theistische Bedeutung haben.

Keine Beweisführung kann eine sichere Schlussfolgerung liefern, da alle Beweise Annahmen treffen müssen. Für den Augenblick lohnt es sich allerdings festzustellen, dass ein Beweis (im Fall des BGV-Theorems) und ein starker Hinweis (im Fall der Hawking-Penrose-Ellis-Singularitätstheoreme) das Zeugnis der beobachtenden Astronomie untermauert haben: So gut wir es feststellen können, hatte das Universum tatsächlich einen Anfang.

Kapitel 7:

„Goldlöckchen" oder die habitable Zone

Der Astrophysiker Sir Fred Hoyle (Abb. 7.1) war ein Pionier der Forschung zu Nuklearreaktionen in Sternen, welche Wasserstoff in die vielen chemischen Elemente wie Kohlenstoff und Sauerstoff umformen, die für das Leben notwendig sind.[1] Er begann seine wissenschaftliche Karriere als überzeugter Atheist, der im Universum keinen Hinweis auf eine Gestaltung sah. Wie er in seinen frühen Jahren als Wissenschaftler sagte: „Die Religion ist nichts weiter als ein verzweifelter Versuch, einen Ausweg aus der wahrhaft entsetzlichen Situation zu finden, in der wir uns befinden … Kein Wunder also, dass viele Menschen das Bedürfnis haben, etwas zu glauben, das ihnen ein Gefühl von Sicherheit gibt, und kein Wunder, dass sie sehr wütend auf Leute wie mich werden, die das alles als Illusion bezeichnen."[2]

Abb. 7.1
Der Astrophysiker Sir Fred Hoyle. Als er erforschte, wie sich das Element Kohlenstoff in Sternen gebildet haben könnte, entdeckte er zahlreiche Feinabstimmungsparameter.

Sein Atheismus spielte eine große Rolle in seinem wissenschaftlichen Ansatz. Von vornherein lehnte er die Idee ab, dass das Universum einen Anfang hatte. Tatsächlich prägte er, wie wir gesehen haben, den Begriff „Urknall", um die Idee eines kosmischen Anfangs lächerlich zu machen. Später entwickelte er als Alternative das *Steady-State*-Modell. Bedauerlicherweise (für Hoyle) schwanden die Belege für sein *Steady-State*-Modell nach der Entdeckung der kosmischen Mikrowellen-Hintergrundstrahlung, als immer mehr Astronomen die Urknalltheorie akzeptierten.

Dennoch war es nicht die Entdeckung der kosmischen Mikrowellen-Hintergrundstrahlung, sondern eine andere Entdeckung, die letztlich Hoyles Atheismus erschütterte[3] – eine Entdeckung, an der Hoyle selbst wesentlich beteiligt war. Er spielte eine wichtige Rolle bei der Enthüllung einer Reihe von (heute in der Physik so genannten) „Feinabstimmungs"-Parametern des Universums.

Feinabstimmung bezeichnet in der Physik die Entdeckung, dass viele Eigenschaften des Universums in extrem kleine und unwahrscheinliche Bereiche fallen, die sich als absolut notwendig für die Existenz komplexer Lebensformen oder selbst komplexer chemischer Verbindungen und damit jeder vorstellbaren Lebensform erweisen.[4] Physiker bezeichnen die vorteilhaften Werte dieser Faktoren als „anthropische Koinzidenzen" (vom griechischen *anthropos* für „Mensch"), und das günstige Zusammentreffen aller dieser Faktoren als „anthropische Feinabstimmung" des Universums.

Tatsächlich haben Physiker seit den 1950er-Jahren entdeckt, dass das Leben im Universum von einer höchst unwahrscheinlichen Kombination aus Kräften und Merkmalen abhängt, sowie von einer extrem unwahrscheinlichen Balance zwischen vielen dieser Kräfte und Merkmale. Das exakte Maß der fundamentalen Kräfte der Physik, die Anordnung von Materie und Energie am Anfang des Universums und viele andere spezielle Eigenschaften des Kosmos scheinen so filigran ausbalanciert zu sein, dass sie Leben ermöglichen. Wenn eine dieser Eigenschaften auch nur geringfügig anders wäre, würden komplexe chemische Verbindungen und das Leben einfach nicht existieren.

Die Feinabstimmung dieser Eigenschaften ist für die Physik nicht nur aufgrund ihrer extremen Unwahrscheinlichkeit verblüffend, sondern auch, weil es anscheinend keinen notwendigen physikalischen oder logischen Grund gibt, weshalb sie so sein müssen, wie sie es sind. Wissenschaftsphilosophen nennen solche feinabgestimmten Merkmale „kontingente" Eigenschaften, da sie auch denkbar anders hätten ausfallen können, ohne die physikalischen Grundgesetze oder andere notwendige Prinzipien der Logik oder Mathematik zu verletzen.[5]

Offenbar leben wir in einer Art „Goldlöckchen-Universum", in dem die fundamentalen physikalischen Kräfte die gerade richtige Stärke besitzen, die kontingenten Eigenschaften des Universums die gerade richtigen Merkmale besitzen und die Anfangsverteilung von Materie und Energie am Beginn des Universums die gerade richtige Struktur aufwies, um Leben möglich zu machen. Diese Fakten zusammengenommen sind so erstaunlich, dass Physiker ihnen einen Namen gegeben haben – *das Feinabstimmungs-Problem.*

Die mysteriöse Prävalenz von Kohlenstoff im Universum

Hoyles Beitrag zur Entdeckung der Feinabstimmung begann in den 1950er-Jahren. Was er entdeckte, erschütterte ihn und schließlich auch seinen Atheismus. Hoyle wusste, dass im Universum eine überraschend große Menge an Kohlenstoff vorhanden war. Er wusste auch, dass die Erzeugung des Elementes Kohlenstoff entscheidend für alle bekannten Lebensformen war. Kohlenstoff bildet langkettige Moleküle, die Informationen transportieren und die für das Überleben von lebenden Zellen notwendige Energie speichern können.[6] Es gab Spekulationen über potenziell irgendwo im Kosmos existierende Lebensformen, die auf anderen Elementen wie beispielsweise Silizium basieren. Doch die Physik lehnt diese Möglichkeit seit Jahrzehnten im Großen und Ganzen ab. Wie Robert Dicke beispielsweise im Jahr 1961 trocken bemerkte: „Es ist bestens bekannt, dass Kohlenstoff erforderlich ist, um Physiker zu produzieren."[7]

Tatsächlich ist das auf Kohlenstoff basierende Leben die einzig bekannte Lebensform, und Kohlenstoff hat Eigenschaften, die dieses Element als Basis für komplexe chemische Verbindungen und das Leben einzigartig geeignet machen. Beispielsweise ist Kohlenstoff unerlässlich zur Bildung ausreichend stabiler langer, kettenartiger Moleküle, die genetische Informationen speichern und verarbeiten können. Kohlenstoff geht außerdem in wichtigen chemischen Reaktionen Verbindungen mit Sauerstoff ein, sodass Kohlendioxid entsteht. Kohlendioxid ist ein Gas, kann also von Zellen leicht als Abfallstoff abgegeben werden und sich gut in der Biosphäre vermischen. Im Gegensatz dazu ist Siliziumdioxid ein fester Stoff (uns in der Form von Sand bekannt) und kann sich nicht an biochemischen Prozessen beteiligen.

Eine Zeit lang spielte Hoyle selbst mit dem Gedanken, dass andere Elemente die Basis für das Leben darstellen könnten. Er schrieb sogar einen Roman, in dem er spekulierte, dass wolkengleiche Kreaturen sich aus interstellarem Staub gebildet haben könnten, der mutmaßlich aus einer Vielzahl von Elementen besteht. Gleichwohl erkannte Hoyle später die absolute Notwendigkeit von Kohlenstoff an. Damit ist das, was er über dessen Synthese herausfand, umso erstaunlicher.

Hoyle wusste, dass Kohlenstoff bei Kernreaktionen gebildet wird, die innerhalb von Sternen stattfinden. Er und andere Physiker waren der Auffassung, dass der plausibelste Weg zur Bildung schwererer Elemente (wie Kohlenstoff) aus leichteren Elementen (wie Wasserstoff und Helium) einen inkrementellen Zuwachs erfordert. Mit anderen Worten, sie stellten sich vor, dass einzelne Protonen oder Neutronen (der Oberbegriff hierfür ist „Nukleonen“) mit leichteren Elementen kollidierten und so sukzessive schwerere Elemente erzeugten. Sie meinten, dieser Prozess könne jeweils protonen- oder neutronenweise schwerere Elemente bilden, angefangen bei Wasserstoff, dem leichtesten Element mit seinem einen Proton.[8]

Ihre Modelle, wie das geschehen sein könnte, produzierten erwartete Mengenverhältnisse von leichteren zu schwereren Elementen – und diese Mengenverhältnisse entsprachen den beobachteten Mengenverhältnissen im Universum, zumindest für die sehr leichten Elemente. Beispielsweise zeigten die Physiker Ralph Alpher, Hans Bethe und George Gamow, dass Fusionsreaktionen im frühen Universum zum gleichen relativen Überfluss an den leichtesten Elementen führen, wie wir ihn heute beobachten – ungefähr 90 Prozent Wasserstoff und 10 Prozent Helium, nach der Anzahl von Atomen (nicht nach der Masse).[9]

Doch die Verschmelzung dieser leichteren Elemente zu Elementen, die schwerer als Helium sind, müsste Atomstrukturen durchlaufen, die mehr als vier Protonen und Neutronen haben – genauer, Atomkerne mit insgesamt fünf Protonen und Neutronen. Kernphysiker wissen, dass diese instabil sind und nennen diese Barriere zwischen leichteren und schwereren Elementen das „Fünf-Nukleonen-Tal“ (Abb. 7.2).

Diese Barriere ist eine Folge der unglaublich kurzen Halbwertszeit – etwa eine Billion Billionstel Sekunde ($1/10^{24}$ Sekunde) – von 5-Nukleonen-Konfigurationen. Dazu gehören Lithium-5 (mit drei Protonen

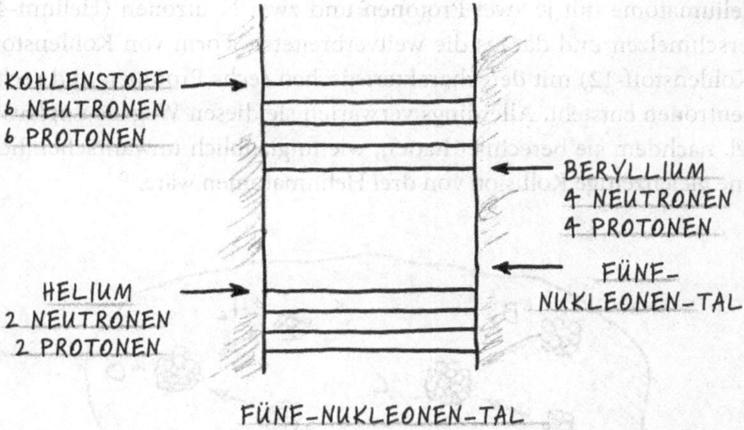

Abb. 7.2
Der Astrophysiker Fred Hoyle war anfänglich der Auffassung, dass der plausibelste Weg zum Aufbau schwererer Elemente (wie Kohlenstoff) aus leichteren Elementen (wie Wasserstoff und Helium) in einem inkrementellen Zuwachs durch das Hinzutreten einzelner Protonen oder Neutronen (der Oberbegriff ist „Nukleonen") besteht. Doch Hoyle entdeckte, dass ein derartiger Aufbau von schwereren Elementen als Helium Atomstrukturen mit insgesamt fünf Protonen und Neutronen erfordern würde. Kernphysiker wissen, dass diese 5-Nukleonen-Konfigurationen instabil sind und nennen diese Barriere zwischen leichteren und schwereren Elementen das „Fünf-Nukleonen-Tal".

und zwei Neutronen) und Helium-5 (mit zwei Protonen und drei Neutronen). Was sie gefunden hatten, war eine Art 20-sprossige Leiter mit Sprossen unten und oben, aber nur einer Sprosse in der Mitte, sodass es unmöglich ist, diese „Leiter" hinaufzusteigen. Doch die Situation war noch kniffliger. Nicht nur, dass die mittlere Sprosse (die den 5-Nukleonen-Zustand darstellt) nicht erreicht werden konnte, sondern wenn sie erreicht wurde, verschwand sie nach nur einer Billion Billionstel Sekunde!

Insbesondere Gamow und Alpher dachten lange und intensiv über dieses Problem nach und stellten unterschiedliche Überlegungen an, wie diese instabilen 5-Nukleonen-Konfigurationen von subatomaren Teilchen übersprungen werden könnten. Sie stellten sich vor, dass drei

Heliumatome mit je zwei Protonen und zwei Neutronen (Helium-4) verschmelzen und daraus die weitverbreitetste Form von Kohlenstoff (Kohlenstoff-12) mit den charakteristischen sechs Protonen und sechs Neutronen entsteht. Allerdings verwarfen sie diesen Weg als unplausibel, nachdem sie berechnet hatten, wie unglaublich unwahrscheinlich eine gleichzeitige Kollision von drei Heliumatomen wäre.[10]

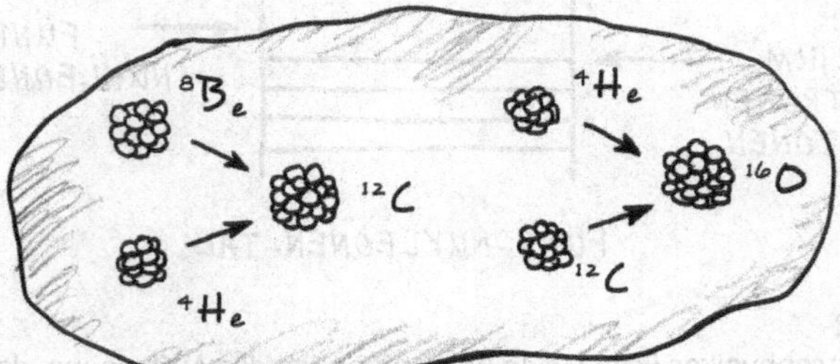

Abb. 7.3
Die Bildung von Kohlenstoff und Sauerstoff in einem Stern. Der Astrophysiker Fred Hoyle erkannte, dass die Bildung von Kohlenstoff aus den einfacheren Elementen Beryllium und Helium nur stattfinden konnte, wenn eine Variante des Kohlenstoffatoms mit einem höheren Energieniveau (oder höherer „Resonanz") existierte. Aus der Existenz eines Kohlenstoffatoms mit so präziser Resonanz folgten eine Unmenge anderer feinabgestimmter Parameter als Voraussetzung für die Bildung von Kohlenstoff. Die Bildung von Sauerstoff aus Kohlenstoff und Helium setzt ebenfalls zahlreiche feinabgestimmte Parameter voraus.

Gamow und Alpher entdeckten eine Art kosmisches Dilemma: Kollisionen zwischen kleineren Elementen, die den 5-Nukleonen-Schritt übersprangen, waren unglaublich unwahrscheinlich; Kollisionen, die ein 5-Nukleonen-Übergangselement erzeugten, zerfielen sofort wieder. Es schien keinen plausiblen Weg von den frühen Bedingungen des Universums zu den schwereren Elementen zu geben, die Leben ermöglichen konnten, ganz gleich, ob man ein endliches und dynamisches Universum oder Hoyles Konzept der „fortwährenden Erzeugung“ in einem *Steady-State*-Universum voraussetzte.

Dann zog Hoyle einen radikaleren alternativen Weg in Betracht. Auf Grundlage der Prinzipien der Quantenmechanik mutmaßte er, dass ein Heliumkern (mit zwei Neutronen und zwei Protonen) sich leicht mit einem Beryllium-8-Kern verbinden (der vier Neutronen und vier Protonen enthält) und so Kohlenstoff entstehen könnte (das sechs Protonen und sechs Neutronen hat) (Abb. 7.3). Obwohl Beryllium-8-Atome ebenfalls höchst instabil sind, besitzen sie eine Halbwertszeit, die gerade so viel länger als die von Elementen mit fünf Nukleonen ist, dass eine Kollision mit einem einzelnen Heliumatom wahrscheinlich ausreicht, um einen plausiblen Weg zum Aufbau von Kohlenstoff darzustellen.

Zumindest erschien es zunächst so. Doch bald erkannte Hoyle ein Problem, zu dessen Lösung eine erhebliche Feinabstimmung notwendig war. Er berechnete, dass die Gesamtenergie des Beryllium-8-Atoms und des Helium-4-Atoms die Gesamtenergie des Kohlenstoff-12-Atoms übersteigt. Demzufolge würden die beiden kleineren Atome nur dann leicht miteinander zu Kohlenstoff verschmelzen, wenn eine Kohlenstoffversion mit höherem Energieniveau existierte, eine mit einem präzisen Erregungszustand, der einer „Resonanz“ entspricht, die mit der kombinierten Energie von Beryllium-8 und Helium-4 und der kinetischen Energie, die in massereichen Sternen generiert wird, übereinstimmt. Eine Resonanz ist ein Energieniveau, auf dem – gemäß den Prinzipien der Quantenmechanik – zwei Atomkerne leicht zu einem neuen Atomkern verschmelzen können. Hoyle berechnete die kombinierte Energie aus Helium und Beryllium und stellte fest, dass ein Kohlenstoff-Erregungszustand exakt 7,65 Megaelektronenvolt (MeV) mehr Energie haben müsste als der „Grundenergiezustand“ von Kohlenstoff-12 (der gewöhnlichen Form von Kohlenstoff).[11]

Da Hoyle wusste, dass das Universum große Mengen Kohlenstoff enthält, und da er sich keinen anderen plausiblen Weg für dessen Erzeugung vorstellen konnte, sagte er die Existenz des exakten Energie-Erregungszustandes voraus, den er berechnet hatte. Später besuchte er das Kellogg Radiation Laboratory am California Institute of Technology und es gelang ihm, einen anfangs skeptischen Kernphysiker namens

Willy Fowler zu überzeugen, den erforderlichen Test durchzuführen, um festzustellen, ob Kohlenstoff mit einem solchen Erregungszustand existierte. Als eindrucksvolles Beispiel dafür, wie eine Theorie zu einer konkreten empirischen Entdeckung führen kann, bestätigte Fowler später die Existenz von Kohlenstoff mit einem Energieniveau, das exakt die Resonanz besaß, die Hoyle vorausgesagt hatte. Damit hatte Hoyle einen plausiblen Weg von den leichteren Elementen zu Kohlenstoff nachgewiesen – einen Weg, der das Fünf-Nukleonen-Tal umgehen konnte.[12]

Ein Problem gab es allerdings. Das Kohlenstoff-Resonanzniveau musste absolut exakt sein, oder der gesamte Prozess funktionierte nicht. Und das warf die Frage auf, wie es dazu gekommen war.

Die Resonanzniveaus unterschiedlicher Elemente sind eine Folge zahlreicher Faktoren und können mit Gleichungen der Quantenchromodynamik errechnet werden, einer Unterdisziplin der Quantenmechanik. Wenn andere Faktoren im Spiel gewesen wären, wären die Resonanzniveaus von Kohlenstoff demnach anders ausgefallen. Und wenn diese Resonanzniveaus anders ausgefallen wären, hätten sich Beryllium-8 und Helium-4 nicht verbinden und Kohlenstoff-12 erzeugen können. Dann wäre in unserem Universum wahrscheinlich kein Leben entstanden. All das brachte Hoyle zum Staunen darüber, dass Kohlenstoff tatsächlich in einer Form mit dem exakten Energieniveau auftrat, das notwendig war, um die kleineren Elemente Beryllium und Helium dazu verschmelzen zu lassen. Es trieb ihn und andere Physiker aber auch an zu erforschen, welche Bedingungen notwendig waren, um dafür zu sorgen, dass Kohlenstoff das für seine Entstehung richtige Resonanzniveau hatte.[13]

Die Entdeckung der ersten Feinabstimmungsparameter

Die Frage, wie Kohlenstoff zu seiner exakten, vorteilhaften Resonanz kam, stellte sich lediglich als Spitze des Eisbergs heraus. Um diese Frage zu beantworten, formulierte Hoyle eine Theorie, wie kollabierende oder „sterbende“ Sterne unter bestimmten Bedingungen Kohlenstoff aus leichteren Elementen synthetisieren konnten.[14] Seine Theorie besagte: Ob Beryllium und Helium sich leicht verbinden und Kohlenstoff bilden können, hängt von einer Vielzahl kontingenter Faktoren und Kräfte ab, von denen viele – welch ein Zufall! – exakt feinabgestimmt und ausbalanciert sein müssen.

Die exakten Energieniveaus von Beryllium und Helium einerseits und Kohlenstoff andererseits hängen von mehreren Faktoren ab: von der genauen Kraft zweier der vier fundamentalen physikalischen Kräfte, der starken Kernkraft und der elektromagnetischen Wechselwirkung, ebenso wie von der Masse bestimmter Elementarteilchen, der sogenannten leichten Quarks. Zudem muss eine weitere Grundkraft der Physik, die Gravitation, genau die richtige Stärke haben, damit sich in Sternen Kohlenstoff und andere Elemente bilden können.

Es gibt vier unterschiedliche Grundkräfte in der Natur: die Gravitation, die elektromagnetische Wechselwirkung, die starke und die schwache Kernkraft (auch „starke" bzw. „schwache Wechselwirkung"). Die schwache Kernkraft verursacht Kernstrahlung (d. h. den radioaktiven Zerfall von Atomen). Die starke Kernkraft, eine Anziehungskraft, hält Protonen und Neutronen zusammen. Die elektromagnetische Kraft zieht Teilchen mit unterschiedlicher Ladung an und stößt Teilchen mit gleicher Ladung ab. Die starke Kernkraft wirkt auf kurze Distanz und die elektromagnetische Wechselwirkung über alle Distanzen.

Zusätzlich unterscheiden sich die Wirkungen dieser Kräfte innerhalb bestimmter Atome (z. B. ist ihre Wirkung in Beryllium anders als in Helium). Und diese Wirkungen hängen mit der Anzahl und Anordnung ihrer Elementarteilchen (Protonen und Neutronen) zusammen. Moderne Berechnungen mit Supercomputern zeigen, dass die elektromagnetische Kraft und die starke Kernkraft eine genaue Stärke haben müssen und um höchstens 0,5–4 Prozent von ihrem aktuellen Niveau abweichen dürfen, damit die Synthese von Kohlenstoff möglich ist.[15]

Noch viel bemerkenswerter ist, dass die Massen von „Up-Quarks" und „Down-Quarks", den Bestandteilen von Protonen und Neutronen, exakte Werte haben müssen, um die Elemente (unter anderem Kohlenstoff) erzeugen zu können, die für ein lebensfreundliches Universum unerlässlich sind. Tatsächlich musste die Masse dieser Quarks neun verschiedene Bedingungen gleichzeitig erfüllen, damit im frühen Universum die richtigen Kernreaktionen erfolgen konnten[16] (Abb. 7.4). Die „richtigen" Reaktionen sind diejenigen, welche die für das Leben erforderlichen richtigen Elemente (wie Kohlenstoff und Sauerstoff) in der richtigen Menge erzeugen. Die Massen dieser zwei natürlich auftretenden Quarks sind angesichts des Spektrums der erwarteten *möglichen* Werte für die Masse eines Elementarteilchens von einer außerordentlichen Feinabstimmung. Physiker stellen sich vor, dass dieses Spektrum sich zwischen einer Masse von Null und der sogenannten Planck-Masse erstreckt, einer wichtigen Maßeinheit der Quantenphysik. Doch der Wert des „Up-Quarks" muss eine Masse besitzen, die präzise zwischen null und etwa einer Milliarde Billionstel Sekunde ($1/10^{21}$ Sekunde)

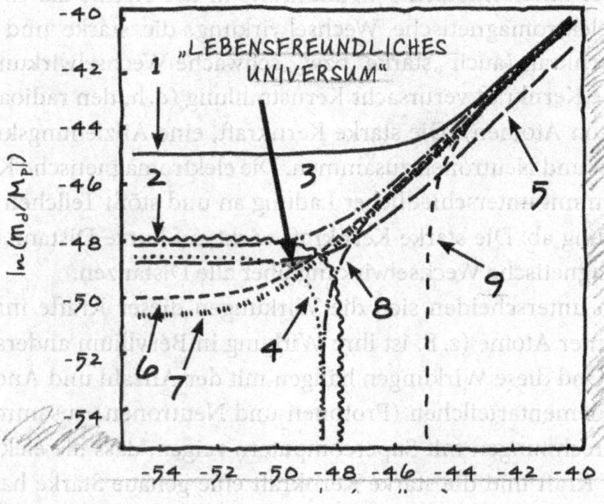

Abb. 7.4

Jeder Punkt auf der Kurve entspricht möglichen Werten für die Masse der Up- und Down-Quarks (M_u, M_d). Die Massen sind in Planck-Masse angegeben (M_{pl}), da Planck-Einheiten in der Kosmologie am üblichsten sind. Jede der neun Linien auf der Kurve trennt die Bereiche, die für ein bestimmtes Kriterium lebensfreundlichen bzw. lebensunfreundlichen Universen entsprechen, nach einem bestimmten Kriterium – beispielsweise, ob die Existenz stabiler Protonen möglich ist. In einem Universum, das Leben erhalten kann, müssen alle neun Kriterien gleichzeitig erfüllt sein. Somit ist die lebensfreundliche Region die grau markierte Schnittmenge aller neun lebensfreundlichen Regionen. Dieser Bereich entspricht einem winzigen Anteil aller plausiblen Werte.

liegt.[17] Die Masse des „Down-Quarks" muss eine ähnlich präzise Feinabstimmung aufweisen.[18]

Ob spezielle Beryllium- und Heliumatome zu Kohlenstoff verschmelzen, hängt außerdem von ihrer kinetischen (oder thermischen) Energie ab; und diese Energie unterscheidet sich je nach Temperatur der Sterne, in denen diese Elemente gebildet werden. Damit sich aus der Interaktion von Beryllium und Helium Kohlenstoff bildet, müssen ihre Atomkerne ausreichend hohe Geschwindigkeiten erreichen, um die elektromagnetische Abstoßungskraft zwischen ihnen zu überwinden. Doch diese Bedingung kann nur erfüllt werden, wenn die Sterne heiß genug sind, um diese kritischen Atomgeschwindigkeiten zu erreichen. Die Fähigkeit, so viel Wärmeenergie zu produzieren, hängt wiederum von anderen Faktoren ab – der wichtigste davon ist die Gravitationsstärke, die die Atome während der stellaren Nukleosynthese zu einem heißen, dichten Ball zusammenzieht.

Allgemein gesprochen:[19] Wenn die Gravitationskraft schwächer wäre, würden Sterne nicht heiß genug werden, damit sich Atomkerne zu Kohlenstoff verbinden können. Außerdem würde ein etwas niedrigerer Wert für die Gravitationskonstante (G) verhindern, dass sich innerhalb von Sternen eine Temperaturschichtung entwickelt.[20] Diese Schichtung ist notwendig, damit die vielen verschiedenen Arten von Elementen entstehen können (einschließlich Kohlenstoff und Sauerstoff), die für das Leben notwendig sind. Eine insgesamt schwächere Gravitationskraft wird in den meisten Fällen auch verhindern, dass Sterne am Ende zu Supernovae werden und die für das Leben notwendigen Elemente ins Universum schleudern. Sofern die Sterne nicht explodieren und zu Supernovae werden, bleiben die für das Leben notwendigen Elemente in ihren Kernen eingeschlossen.[21] Wäre hingegen die Gravitationskraft zu stark, würde die Temperatur in den Sternen zu hoch werden und die Nukleosynthese nur Elemente erzeugen, die schwerer als Kohlenstoff und Sauerstoff sind. Sie würde zudem zu rasch voranschreiten, als dass sich langlebige Sterne bilden könnten.[22] In diesem Fall würden die Sterne zu schnell ausbrennen und so dem Leben keinen habitablen Raum bieten.[23]

Physiker haben festgestellt, dass der Wert von G bis auf $1{:}10^{35}$ relativ zu einer „natürlichen" Bandbreite von möglichen Werten für G (in möglichen alternativen Universen) feinabgestimmt ist. Unter der Annahme, dass die starke Kernkraft, die stärkste der vier Grundkräfte, eine realistische Obergrenze für diese Bandbreite darstellt, kann man das mögliche Spektrum der vier verschiedenen Grundkräfte konservativ zwischen null und dem Bereich der starken Kernkraft ansiedeln. Die Gravitationskraft ist etwa um einen Faktor von 10^{40} schwächer als die der starken Kernkraft; die Gravitationskraft könnte sich also zwischen null und 10^{40}-mal G bewegen.[24] Der Wert der Gravitationskonstante könnte sogar 100 000(oder 10^5)-mal höher gewesen sein als ihr tatsächlicher Wert, ohne dass Sterne ihre Stabilität verlieren; ein weiterer Anstieg würde jedoch eine solche Instabilität verursachen. Dennoch, da G realistisch zwischen 0 und dem Faktor 10^{40} ihres aktuellen Wertes liegen könnte, entspricht die Bandbreite von G, die mit einem stabilen Stern vereinbar ist, immer noch einem kleinen Bruchteil dieser Bandbreite, nämlich 1 zu einhundert Milliarden Billionen Billionen (1 zu 10^{35}).[25]

Über die Jahre, als Hoyle mehr über die Entdeckung des exakten Resonanzniveaus von Kohlenstoff nachdachte, das er vorhergesagt hatte, und besonders über alle Faktoren, die gerade richtig ausfallen mussten, damit Kohlenstoff relativ leicht in Sternen entstehen konnte, gelangte er zu der Überzeugung: Eine Intelligenz hatte die exakte Balance zwischen den Kräften und Faktoren in der Natur orchestriert, um das Universum lebensfreundlich zu machen.[26] Die Stärke der starken Kernkraft und elektromagnetischen Wechselwirkung, das Verhältnis zwischen den Grundkräften,[27] die exakte kinetische Energie von Beryllium und Helium und damit die Stärke der Gravitationskräfte innerhalb von Sternen, ebenso wie die Erregungsenergie von Kohlenstoff – all das musste innerhalb sehr enger Toleranzgrenzen bis ins Feinste abgestimmt und koordiniert sein, um die Synthese von großen Mengen an Kohlenstoff innerhalb von Sternen zu befördern. Doch ohne Kohlenstoff wäre Leben unmöglich.

Hoyle war verblüfft von diesen und anderen „kosmischen Koinzidenzen", die Physiker nach den 1950er-Jahren zu entdecken begannen.[28] Während er zuvor bekennender Atheist gewesen war und jeden Hinweis auf eine Gestaltung abgelehnt hatte, begann er, die Feinabstimmung als offenkundigen Hinweis auf ein intelligentes Design zu betrachten. Wie er es im Jahr 1981 formulierte: „Eine vernünftige Interpretation der

Fakten legt nahe, dass ein Superintellekt mit der Physik ebenso wie mit der Chemie und Biologie gespielt hat und dass es keine nennenswerten blinden Kräfte in der Natur gibt. Die Zahlen, die man aus den Fakten errechnet, erscheinen mir so überwältigend, dass diese Schlussfolgerung nahezu außer Zweifel steht.“[29]

Die Feinabstimmungsparameter, die Hoyle entdeckte, waren keinesfalls die einzigen Parameter, die notwendig waren, um ein lebensfreundliches Universum zu gewährleisten. Tatsächlich haben Kosmologen und Physiker festgestellt, dass die Existenz des Lebens von etwa einem Dutzend dieser höchst unwahrscheinlichen feinabgestimmten Parameter abhängig ist.[30] Viele haben ebenfalls angemerkt, dass diese Feinabstimmung ein starker Hinweis auf Gestaltung durch eine präexistente Intelligenz ist. Der britische Physiker Paul Davies sagte 1988: „Der Eindruck einer Gestaltung ist überwältigend.“[31] Ganz ähnlich merkt der Astrophysiker Luke Barnes an: „Die Feinabstimmung legt nahe, dass auf der fundamentalsten Ebene, die die Physik erreicht hat, das Universum gut zusammengesetzt ist. … Das gesamte System erscheint wohldurchdacht, wie etwas, das jemand geplant und erschaffen hat.“[32]

Um dies nachvollziehen zu können, ist es hilfreich, etwas mehr von den verschiedenen Arten von Feinabstimmung zu verstehen, die die Physik entdeckt hat, sowie von dem außerordentlichen Ausmaß dieser Feinabstimmung.

Die Feinabstimmung der physikalischen Gesetze und Konstanten

Die grundlegendste Art von Feinabstimmung betrifft die Gesetze der Physik und Chemie. Normalerweise meinen Physiker, wenn sie sagen, dass die physikalischen Gesetze eine Feinabstimmung aufweisen, die Konstanten in diesen Gesetzen.[33] Doch was genau sind die „Konstanten“ der physikalischen Gesetze?

Die Gesetze der Physik haben meist mit einer Art variablen Größe zu tun. Ein physikalisches Gesetz könnte uns sagen, dass, wenn eine Variable (z. B. eine Kraft) ansteigt, eine andere Variable (z. B. die Beschleunigung) ebenfalls mit einem bestimmten Faktor proportional ansteigt.

Physiker beschreiben diese Art von Beziehung, indem sie sagen, dass eine variable Größe *proportional* zu einer anderen ist. Umgekehrt kann ein physikalisches Gesetz auch besagen, dass, wenn ein Faktor zunimmt, ein anderer mit dem gleichen Faktor abnimmt. Physiker beschreiben diese Art von Beziehung, indem sie sagen, dass die erste variable Größe *umgekehrt proportional* zu der anderen ist.

Das klassische newtonsche Gravitationsgesetz hat, wie die meisten physikalischen Gesetze, eine Form, die solche Beziehungen ausdrückt. Die Gravitationsgleichung besagt, dass die Gravitationskraft zwischen zwei Körpern proportional zum Produkt der Masse dieser Körper ist. Sie besagt außerdem, dass die Gravitationskraft umgekehrt proportional zum Quadrat der Entfernung zwischen den Körpern ist. Doch selbst wenn Physiker die genaue Masse der Körper und die Entfernung zwischen ihren Mittelpunkten kennen, können sie allein aufgrund dieser Größen noch nicht die genaue Gravitationskraft berechnen.

Vielmehr muss zuerst ein zusätzlicher Faktor, die Gravitationskonstante, durch sorgfältige experimentelle Messungen bestimmt werden. Die Gravitationskonstante stellt eine Art geheimnisvollen „X-Faktor" dar, der es Physikern erlaubt, über die reine Kenntnis von Proportionalitätsbeziehungen hinauszugelangen – das heißt, dass bestimmte Faktoren zunehmen oder abnehmen, wenn andere Faktoren zunehmen oder abnehmen. Stattdessen können Physiker die Gravitationskraft dann exakt berechnen, wenn sie die Werte der anderen variablen Größen (Masse und Entfernung) *und* den Wert der Proportionalitätskonstante kennen. Physiker schreiben die newtonsche Gravitationsgleichung folgendermaßen, wobei G für die Gravitationskonstante, *m* für die Masse und *d* für die Entfernung steht:

$$F = G\frac{M_1 M_2}{d^2}.$$

Um die Idee einer Proportionalitätskonstante zu erklären, möchte ich Ihnen ein Gedankenexperiment vorstellen, das ich bei meinen Studenten eingesetzt habe. Es gab einen sowjetischen Stabhochspringer namens Serhij Bubka, den ich bewunderte. In den 1980er- und 1990er-Jahren stellte Bubka zahlreiche Rekorde im Stabhochsprung auf. Stellen Sie sich vor, Sie sind ein muskulöser Springer wie Serhij. Sie nehmen kräftig Anlauf, setzen den Sprungstab auf und heben ab, in der Hoffnung, 6,17 Meter zu überspringen und einen neuen Weltrekord aufzustellen. Doch als Sie auf halber Höhe sind, spielt ein böser Geist plötzlich an den Knöpfen im kosmischen Kontrollraum herum, wo die Kräftekonstanten für alle physikalischen Gesetze eingestellt werden. Dabei verändert der böse Geist auch die Gravitationskonstante. Ihre Masse liegt immer noch bei 100 kg, die Erde hat immer noch die gleiche Masse ($5{,}9736 \times 10^{24}$ kg), und Sie sind in dem Moment immer noch etwa 3 m über der Erde, so wie einen Augenblick zuvor. Doch jetzt, weil die Gravitationskonstante sich geändert hat, hat sich auch die Gravitationskraft, die auf Sie einwirkt, dramatisch verändert (Abb. 7.5).

Auf Grundlage der newtonschen Gravitationsgleichung mit der alten Konstante sollten Sie die Stange in 6,17 m Höhe problemlos überspringen können. (Ja, so gut sind Sie!) Doch jetzt, wegen dieses launischen kosmischen Gauners, wird die Kraft zwischen Ihnen und der Erde viel stärker. Infolgedessen zerbricht ihr Sprungstab und Sie stürzen auf die Erde.

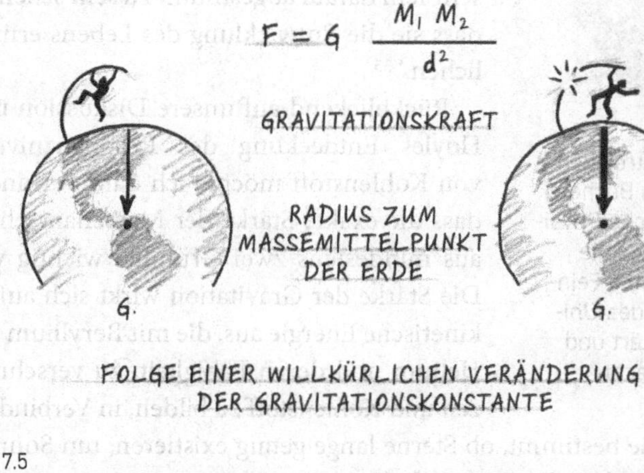

Abb. 7.5
Wenn sich die Gravitationskonstante G während des Sprungs eines Stabhochspringers dramatisch vergrößern würde, würde sich die auf den Springer einwirkende Gravitationskraft proportional vergrößern, obwohl die Masse des Springers, die Masse der Erde und die Entfernung vom Erdmittelpunkt (in diesem Moment) sich nicht geändert hätte. Eine solche willkürliche Veränderung im Wert der Gravitationskonstante könnte dann dazu führen, dass der Sprungstab des Springers zerbricht und der Springer zu Boden stürzt.

Alle Gleichungen, die die Grundkräfte der Physik beschreiben, enthalten solche Kräftekonstanten. Im Grunde messen oder quantifizieren sie das Endergebnis aller anderen (nicht speziell in den Variablen der jeweiligen Gleichung repräsentierten) Faktoren, die die Größe der fraglichen Kräfte beeinflussen. Und das ist das Kuriose. Diese Kräftekonstanten besitzen einen der seltenen Werte, die das Leben im Universum möglich machen. Mit anderen Worten, die Kräfte in den Gleichungen, die die Grundkräfte der Physik beschreiben, weisen eine außerordentliche Feinabstimmung innerhalb extrem enger Toleranzgrenzen auf. Paul Davies (Abb. 7.6) staunt: „Das wirklich Verblüffende ist nicht, dass das Leben auf der Erde auf Messers Schneide steht, sondern dass das gesamte Universum auf Messers Schneide steht und ein totales Chaos wäre, wenn eine der natürlichen ‚Konstanten' auch nur leicht verschoben wäre."[34] Oder, wie Stephen Hawking anmerkte: „Bemerkenswert ist, dass die Werte dieser Zahlen sehr fein darauf abgestimmt zu sein scheinen, dass sie die Entwicklung des Lebens ermöglichen."[35]

Abb. 7.6
In seinen zahlreichen wunderbaren Büchern hat der britische Physiker Paul Davies die Hinweise auf die Feinabstimmung des Universums erklärt und populär gemacht.

Rückblickend auf unsere Diskussion über Hoyles Entdeckung des Resonanzniveaus von Kohlenstoff möchte ich daran erinnern, dass die exakte Stärke der Massenanziehung aus mindestens zwei Gründen wichtig war: Die Stärke der Gravitation wirkt sich auf die kinetische Energie aus, die mit Beryllium und Helium und deren Fähigkeit, zu verschmelzen und Kohlenstoff zu bilden, in Verbindung steht; und sie bestimmt, ob Sterne lange genug existieren, um Sonnensysteme zu bilden, die Leben erhalten können.

Heute wissen wir, dass viele andere physikalische Konstanten ebenfalls eine Feinabstimmung als Bedingung für ein lebensfreundliches Universum aufweisen.[36] Die Feinstrukturkonstante weist eine moderate Feinabstimmung von 1:25 auf.[37] Die Konstante der starken Kernkraft ist auf einen Faktor von 1:200 feinabgestimmt.[38] Zudem erfordert das Verhältnis der Werte der unterschiedlichen Konstanten ebenfalls eine deutliche Feinabstimmung. Beispielsweise musste das Verhältnis der Konstante der schwachen Kernkraft zur Konstante der starken Kernkraft mit einer Präzision von 1:10 000 eingestellt sein.[39] Wäre die schwache Kernkraft auch nur um diesen geringen Bruchteil schwächer oder stärker gewesen, hätte es keine lebensnotwendige Wasserstoffkernfusion in Sternen gegeben.

Noch beeindruckender: Das Verhältnis der elektromagnetischen Wechselwirkung zur Gravitation musste auf $1:10^{40}$ genau sein. Wäre dieses Verhältnis nur ein wenig kleiner, wäre die Massenanziehung zu stark im Vergleich zur entgegenwirkenden Kraft des Elektromagnetismus, der die Atomkerne voneinander abstößt. In diesem Fall wären, wie gesagt, die Sterne zu rasch und ungleichmäßig ausgebrannt, als dass sich langlebige Sterne und stabile Sonnensysteme hätten bilden können. Wäre dieses Verhältnis ein wenig größer, wäre die Massenanziehung im Vergleich zum Elektromagnetismus zu schwach gewesen. Das hätte verhindert, dass Sterne heiß genug brennen, um die für das Leben notwendigen schwereren Elemente zu erzeugen.[40]

Tatsächlich hätten nur kleine Unterschiede in der Stärke irgendeiner dieser Konstanten oder ihrer Größenverhältnisse zueinander die Möglichkeit des Lebens ausgeschlossen. Martin Rees, ein emeritierter Professor für Kosmologie und Astrophysik an der Universität Cambridge und königlicher Astronom des Vereinigten Königreichs, fasste die Frage mit typisch britischem Understatement zusammen: „Die Möglichkeit des Lebens, wie wir es kennen, hängt von den Werten nur weniger physikalischer Fundamentalkonstanten ab und ist in mancherlei Hinsicht bemerkenswert empfindlich im Blick auf ihre numerischen Werte. Die Natur legt bemerkenswerte Zufälle an den Tag."[41]

Ein „Universumsapparat"?

Als Doktorand nutzte ich die Gelegenheit, den Physiker John Polkinghorne von der Universität Cambridge kennenzulernen. Sir John war einige Jahre zuvor als Professor für mathematische Physik emeritiert und hatte nun den Posten des Rektors am Queens' College, Cambridge, inne (Abb. 7.7). Ich erinnere mich, wie ich mich auf dem Weg zu meinem Treffen mit ihm in seinem Büro ein wenig eingeschüchtert fühlte, als ich den langen Korridor mit Gemälden früherer Rektoren und anderer Würdenträger des Colleges entlangging. Ich hatte unter anderem um ein Treffen mit ihm gebeten, weil er umfangreiche Publikationen über das Problem der Feinabstimmung verfasst hatte, und ich wollte ihn bitten, vor der Postgraduierten-Studentengruppe zu sprechen, der ich angehörte. Er stimmte zu und hielt uns später einen ausgezeichneten und bemerkenswert klaren Vortrag darüber, warum seiner Auffassung nach die Feinabstimmung einen überzeugenden Hinweis auf intelligentes Design liefert.

Abb. 7.7
Der theoretische Physiker Sir John Polkinghorne der Universität Cambridge. Er argumentiert, dass die kosmische Feinabstimmung heute die Basis für ein wiederbelebtes naturtheologisches Programm liefert.

In seinen Vorträgen über das Thema gebrauchte er häufig ein einprägsames Bild, um zu erklären, warum er zu dieser Schlussfolgerung gelangt war. Polkinghorne forderte die Studenten auf sich vorzustellen, dass sie tief in den Weltraum gereist wären und eine Raumstation betreten hätten, auf der sie einen „Universumsapparat“ gefunden hätten – genau den Apparat, der für die Feinabstimmung des Universums zuständig ist (Abb. 7.8). Polkinghorne bat seine Zuhörer sich vorzustellen, dieser hypothetische „Universumsapparat“ hätte eine Reihe verschiedener Wählscheiben, Drehknöpfe oder Einstellschieber, und jede davon repräsentierte eine der vielen kosmologischen Feinabstimmungsparameter. Weiterhin sollten die Zuhörer sich vorstellen, dass jeder dieser Regler unter extrem vielen anderen Möglichkeiten fest auf einen bestimmten Wert eingestellt wäre.

Später gebrauchte ich eine ausgeschmückte Version von Polkinghornes Illustration bei meinen eigenen Studenten. Ich bat sie sich vorzustellen, sie seien geniale Physiker, die nach einigen zentralen Berechnungen rasch herausfinden konnten, dass die exakten Einstellungen des

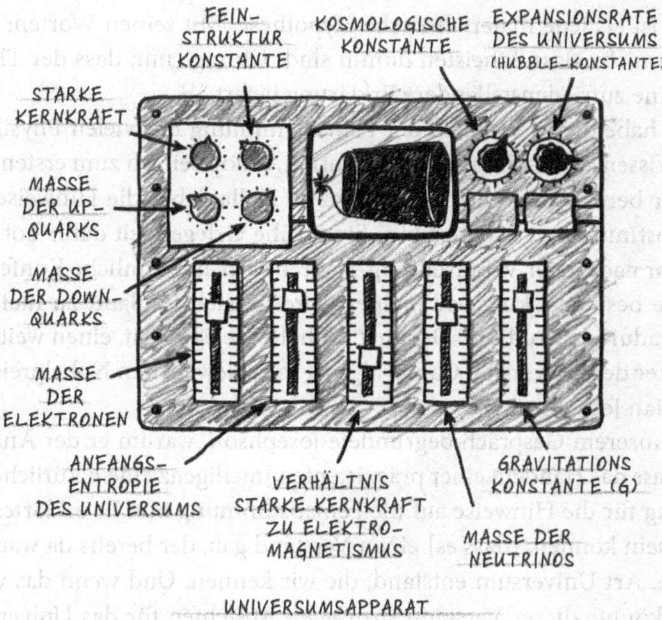

Abb. 7.8
Ein hypothetischer Universumsapparat, der die Feinabstimmung der physikalischen Gesetze und Konstanten sowie die Anfangsbedingungen des Universums illustriert.

Universumsapparates – und so gut wie keine anderen Einstellungen – die Erzeugung eines lebensfreundlichen Universums gestatteten. „Was wäre, wenn", so fragte ich, „Sie nach diesen Berechnungen entdeckt hätten, dass selbst geringfügige Veränderungen an den Einstellungen der Regler – auch nur ein Klick in die eine oder andere Richtung – zu katastrophalen Folgen führen würden, die verhindern, dass Leben im Universum möglich ist. Wie würden Sie sich das erklären?"

Etwas weniger ausgefeilt stellte Polkinghorne seinen Zuhörern die gleiche Frage. Jahre später hatte ich Gelegenheit, ihn vor laufender Kamera in einem Interview zu fragen, wie *er* sich das erklärte. Er antwortete, obwohl er nicht glaube, dass die Hinweise auf die Feinabstimmung die Existenz Gottes *bewiesen*, sei er dennoch überzeugt, dass ein theistischer Gestalter eine viel bessere Erklärung für die Feinabstimmung ist als jede materialistische Hypothese. Mit seinen Worten: „Ich sage ja nicht, dass Atheisten dumm sind. Ich sage nur, dass der Theismus eine zufriedenstellendere Erklärung liefert."[42]

Ich habe dieses Problem der Feinabstimmung mit vielen Physikern und Wissenschaftsphilosophen diskutiert, schon seit ich zum ersten Mal bei der bereits erwähnten Konferenz in Dallas über die Hinweise auf Feinabstimmung gestolpert bin. Eine frühe Gelegenheit dafür bot sich ein Jahr nach jener Veranstaltung, während ich eine ähnliche Konferenz in Yale besuchte, kurz vor meiner Abreise nach England zu meinem Postgraduiertenstudium. Dort hatte ich die Gelegenheit, einen weiteren Physiker der Universität Cambridge zu interviewen, den Nobelpreisträger Brian Josephson.

In unserem Gespräch begründete Josephson, warum er der Ansicht war, dass das Handeln einer präexistenten Intelligenz eine natürliche Erklärung für die Hinweise auf die Feinabstimmung bot. Er erklärte: „Es hätte sein können, [dass es] einen Verstand gab, der bereits da war, bevor die Art Universum entstand, die wir kennen. Und wenn das wahr wäre, könnte dieser Verstand sozusagen Absichten für das Universum haben und hätte es so einrichten können, dass das Endergebnis richtig ausfällt."[43] Interessanterweise sagte Josephson später in einem Interview für die PBS-Sendung *Closer to Truth*, er sei „ungefähr zu 80 Prozent" sicher, dass intelligentes Design die beste Erklärung für die Bedingungen ist, die die Evolution ermöglicht haben.[44]

Ein weiterer (inzwischen verstorbener) Physiker, den ich interviewte, Henry Margenau – ein renommierter Professor für Quantenphysik an der Universität Yale – war in diesem Punkt noch energischer. Als ich ihn danach fragte, wie er sich die Feinabstimmung der physikalischen Gesetze und Konstanten erklärte, sagte er einfach: „Es gibt einen Verstand, der für die Naturgesetze und für die Existenz der Natur und des gesamten Universums verantwortlich ist. Und das steht im Einklang mit allem, was wir wissen."[45]

Selbst Physiker, die eine materialistische Perspektive behalten haben, sind der Auffassung, dass die Hinweise für eine Feinabstimmung auf ein intelligentes Design hindeuten. Der Physiker George Greenstein, nach eigenen Aussagen ein Atheist, räumt ein, dass trotz seiner materialistischen Vorlieben dennoch „hartnäckig der Gedanke aufkommt, dass eine übernatürlich agierende Kraft, oder vielmehr ein übernatürlicher Akteur, beteiligt sein muss. Ist es möglich, dass wir plötzlich, ohne es zu beabsichtigen, auf wissenschaftliche Belege für die Existenz eines höheren Wesens gestoßen sind? War es ein Gott, der mit Vorsehung eingegriffen und den Kosmos zu unserem Wohl gestaltet hat?"[46]

Strohhalme und Affentheater

Ungefähr zu der Zeit meines ersten Treffens mit Polkinghorne erschien ein von dem Wissenschaftsjournalisten Clifford Longley verfasster Artikel in der *London Times*. Longley, so wie Polkinghorne und Hoyle, argumentierte, dass die theistische Design-Hypothese eine naheliegende und nachvollziehbare Erklärung für die Hinweise auf eine anthropische Feinabstimmung liefert. Versuche, diese Hinweise allein auf den Zufall oder auf andere Universen zurückzuführen und dadurch zu erklären (mehr dazu in Kapitel 16), verrieten seiner Ansicht nach, dass man sich auf einen metaphysischen Sonderfall berief, und das womöglich verzweifelt. Wie Longley erklärte, ist das anthropische Design-Argument „von einer derartigen Sicherheit, dass die Sache in jedem anderen wissenschaftlichen Bereich als erledigt gelten würde." Er fuhr fort: „Auf dem Gegenteil zu bestehen wäre wie zu behaupten, dass Shakespeares Werke nicht von Shakespeare geschrieben wurden, weil es auch das Werk einer Milliarde Affen hätte sein können, die an einer Milliarde Schreibmaschinen eine Milliarde Jahre lang vor sich hin getippt haben. Schon möglich. Aber der Anblick von Vertretern des wissenschaftlichen Atheismus, die sich an so verzweifelte Strohhalme klammern, hat den Theisten neuen Auftrieb gegeben."[47]

Im nächsten Kapitel werde ich ausführen, was genau an den Hinweisen auf Feinabstimmung so viele Physiker dazu geführt hat, die Design-Hypothese in Betracht zu ziehen. Die Frage ist nicht so klar, wie sie zunächst scheinen mag. Außerdem wird es um andere Arten von Feinabstimmung gehen, die in vielen Fällen noch filigraner und exakter sind als die bisher angesprochenen Beispiele. Vorerst darf festgehalten werden, dass zumindest eine Version des Design-Arguments wieder in den Umlauf der Wissenschaft geraten ist und dass Entdeckungen in der Physik, Astronomie, Kosmologie und Chemie zu dieser unerwarteten Entwicklung beigetragen haben.

Kapitel 8:

Extreme Feinabstimmung – war das Absicht?

„Intelligentes Design", sagte der Physiker und Nobelpreisträger Charles Townes einmal, „ist, wenn man es von einem wissenschaftlichen Standpunkt aus betrachtet, wohl etwas sehr Reales. Wir haben ein ganz besonderes Universum: Es ist bemerkenswert, dass es sich genau so entwickelt hat. Wären die physikalischen Gesetze nicht genau so, wie sie sind, könnte es uns gar nicht geben. Es könnte die Sonne nicht geben. Die Gravitationsgesetze und Atomgesetze und die Theorie des Magnetismus, die Quantenmechanik und so weiter – sie alle müssen genau so sein, wie sie sind, damit es uns geben kann."[1] Physiker wie Townes, der bis zu seinem Tod 2015 auch an der Universität Berkeley lehrte, sprechen häufig von der Feinabstimmung der physikalischen Gesetze und Konstanten als Haupttyp der Feinabstimmung im Universum, wie im letzten Kapitel beschrieben.

Dennoch gibt es noch mindestens zwei weitere allgemeine Arten von Feinabstimmung: Die Feinabstimmung der Anfangsbedingungen der Materie und Energie zu Beginn des Universums sowie die Feinabstimmung anderer kontingenter Merkmale des Universums. Diese werden nicht ganz so oft erwähnt wie die Feinabstimmung der physikalischen Gesetze und Konstanten, doch sie sind mindestens genauso wichtig für die Existenz und Erhaltung des Lebens im Universum. Tatsächlich weisen einige dieser anderen Merkmale des Universums eine ungleich höhergradige Feinabstimmung auf als die Beispiele, die wir bereits untersucht haben.

Die Feinabstimmung der Anfangsbedingungen des Universums

Betrachten wir die ursprüngliche Feinabstimmung der Verteilung oder Anordnung von Masse und Energie am Anfang des Universums. Vielleicht erinnern Sie sich, dass Einsteins berühmte Formel $E = mc^2$ uns sagt, dass Materie und Energie interkonvertibel, also miteinander austauschbar sind; das heißt, Materie geht mit Energie einher und Energie kann als Materieteilchen auftreten.

Erinnern Sie sich aus dem vorangegangenen Kapitel daran, dass die ungleichmäßige Verteilung von Masse und Energie am Anfang des Universums für das Vorhandensein von Galaxien in manchen Teilen des Universums verantwortlich ist und für einen Mangel an Materie in anderen. Physiker haben festgestellt, dass, wenn die Materie am Anfang des Universums auch nur geringfügig anders angeordnet gewesen wäre, es entweder zu einem extremen Verklumpen von Materie gekommen wäre, was zu einem Universum geführt hätte, in dem es nur Schwarze Löcher gäbe – oder alternativ eine enorm diffuse Anordnung von Materie ganz ohne großräumige Strukturen. Beide Varianten hätten verhindert, dass sich stabile Galaxien und Sterne bilden, in denen später lebensfreundliche Sonnensysteme entstehen können.

Ich möchte es mit einem Bild veranschaulichen, das ich oft für meine Studenten verwendet habe, um die Idee der Feinabstimmung der Anfangsbedingungen zu erklären. Vor der Erfindung von Tunnelbohrmaschinen benutzten Ingenieure, die einen Tunnel durch einen Berg bauen wollten, Dynamit, um ein Loch in die Bergwand zu sprengen. Sie planten sorgfältig, wie sie den Sprengstoff anordnen mussten, weil sie wussten, dass winzige Unterschiede in der Ausrichtung und Platzierung des Sprengstoffs zu riesigen Unterschieden in der Richtung und Form des entstehenden Sprengloches führen würden (Abb. 8.1). Das heißt, sie wussten, dass die Ausgangskonfiguration von Materie und Energie zusammen die Struktur und Form des resultierenden Loches im Berg bestimmen würden.

Ganz ähnlich bestimmten die Anordnung von Materie und Energie am Anfang des Universums die Verteilung von Materie und Energie in der späteren Geschichte des Kosmos. Nur die extreme Feinabstimmung dieser Ausgangskonfiguration ermöglichte es, dass sich Galaxien, Sterne und Planetensysteme bildeten.

Abb. 8.1
Wenn man einen Tunnel sprengt, bestimmen der genaue Winkel und die Sprengkraft des Dynamits das Ergebnis. Ebenso bestimmen die Ausgangskonfiguration von Materie und Energie am Anfang des Universums, ob daraus ein lebensfreundliches Universum resultiert oder nicht.

Die Feinabstimmung der Anfangsentropie

Physiker bezeichnen die Anfangsverteilung der Masse und Energie als Feinabstimmung der „Entropie" (oder „Anfangsentropie").[2] Die Entropie misst den Grad an Unordnung in einem materiellen System (z. B. von Molekülen, Atomen oder subatomaren Teilchen). Die Abnahme der Entropie entspricht einer Zunahme der Ordnung; die Zunahme der Entropie führt zu einer Zunahme der *Un*ordnung.[3] Ein Universum, in dem geordnete Strukturen wie Galaxien und Sonnensysteme entstehen können, würde an seinem Anfang eine (hochgradig spezifische) Anordnung von Masse und Energie mit einer niedrigen Entropie voraussetzen. In einem Universum mit größerer Anfangsentropie würden mit der Zeit Schwarze Löcher dominieren.

Um das Maß an Entropie zu beurteilen, muss man die Anzahl von Konfigurationen von Materie und Energie bestimmen, die einen bestimmten Zustand hervorbringen oder ihm entsprechen. Wenn es viele Konfigurationen gibt, die einem bestimmten Zustand entsprechen, sagen Physiker, dass dieser Zustand eine hohe Entropie besitzt und stark *un*geordnet ist. Wenn es nur wenige Konfigurationen gibt, die einem bestimmten Zustand entsprechen, sagen Physiker, dass dieser Zustand eine niedrige Entropie aufweist und stark geordnet ist. Beispielsweise gibt es sehr viel weniger Möglichkeiten, die Bücher, Papiere, Stifte, Kleidung und Möbel in einem Zimmer anzuordnen, die dazu führen, dass es ordentlich aussieht, als es Möglichkeiten gibt, diese Gegenstände anzuordnen, sodass das Zimmer unordentlich aussieht. Man könnte somit sagen, dass ein aufgeräumtes Zimmer einem stark geordneten Zustand mit niedriger Entropie entspricht, während ein unordentliches Zimmer natürlich einen ungeordneten Zustand mit hoher Entropie repräsentiert.

Oder, um diese Prinzipien noch auf andere Weise zu veranschaulichen: Flüssiges Wasser stellt einen Zustand mit hoher Entropie dar, denn bei Temperaturen zwischen 0 °C und 100 °C sind viele verschiedene Anordnungen der Wassermoleküle möglich, die alle H_2O in einem flüssigen Zustand entsprechen.[4] Mit anderen Worten: Es gibt viele verschiedene Möglichkeiten (d. h. Molekülanordnungen), um Wasser als Flüssigkeit zu erhalten. Dementgegen stellt Wasser in festem Zustand – also Eis – einen Zustand mit niedriger Entropie dar, denn Eis hat eine fest angeordnete Gitterstruktur. Diese Struktur begrenzt die Anzahl von Möglichkeiten, wie sich die Wassermoleküle anordnen können. Folglich gibt es relativ wenige Möglichkeiten (d. h. Molekülanordnungen), um Wasser in festem Zustand zu erhalten.

Im Universum stellt ein Schwarzes Loch einen hochgradig ungeordneten Zustand (mit hoher Entropie) dar, wie ein extrem unordentliches Zimmer. Der Grund ist, dass die starken Gravitationskräfte, die in einem Schwarzen Loch wirken, dafür sorgen, dass Materie und Energie viele verschiedene chaotische Anordnungen einnehmen können.[5] Doch ungeachtet dessen, welche dieser Konfigurationen aus den starken Gravitationskräften resultiert, wird die Gesamtstruktur des Schwarzen Loches ungefähr gleich bleiben.[6] Hingegen stellt eine Galaxie einen Zustand niedriger Entropie dar, wie ein aufgeräumtes Zimmer, denn es gibt relativ wenige Möglichkeiten, die Elemente, aus denen Galaxien bestehen, so zu konfigurieren, dass daraus die geordneten Strukturen entstehen, die Galaxien aufweisen. Das Universum als Ganzes stellt ebenfalls ein System mit niedriger Entropie dar, denn die Galaxien sind im Weltraum gleichmäßig angeordnet. Wenn hingegen das Universum von großen, unregelmäßig angeordneten Materieklumpen gekennzeichnet wäre (z. B. in Form zahlreicher Schwarzer Löcher), besäße es eine hohe Entropie.

Wie unwahrscheinlich ist es also, dass unser Universum die hochgradig geordnete (niederentropische) Anordnung von Materie besitzt, die es heute hat? Stephen Hawkings Kollege Roger Penrose (Abb. 8.2) wusste, dass er, wenn er diese Frage beantworten könnte, ein Maß für die Feinabstimmung der Ausgangsanordnung von Materie und Energie am Anfang des Universums hätte.

Abb. 8.2
Sir Roger Penrose, Physiker an der Universität Oxford. Zusammen mit Stephen Hawking erarbeitete er einen Beweis für kosmologische Singularitätstheoreme und berechnete später die außerordentliche und hyperexponentielle Feinabstimmung der Anfangsentropie des Universums.

Penrose stellte fest, dass ein Universum wie unseres, mit seinen hochgradig geordneten Materiekonfigurationen, ein außerordentliches Maß an anfänglicher Feinabstimmung voraussetzte – ein unglaublich unwahrscheinliches niederentropisches System von Anfangsbedingungen.[7] Zu Beginn seiner Analyse nahm er an, dass weder unser noch irgendein anderes Universum wahrscheinlich mehr Unordnung (oder Entropie) aufweist als ein Schwarzes Loch, die Struktur mit der höchsten bekannten Entropie. Dann berechnete er die Entropie eines Schwarzen Loches mittels einer Gleichung, die auf der Allgemeinen Relativitätstheorie und der Quantenmechanik beruht. Der Entropiewert, den er berechnete, setzte eine nachvollziehbare Obergrenze – einen maximal möglichen Entropiewert – für die Anordnung von Masse und Energie in unserem sichtbaren Universum.[8]

Dann stellte Penrose die Frage: Wie wahrscheinlich ist es angesichts des breiten Spektrums an möglichen Werten für die Entropie des frühen Universums, dass das Universum die exakte Entropie besitzt, die es heute aufweist? Um diese Frage zu beantworten, musste er die Entropie des gegenwärtigen Universums kennen. Penrose nahm eine quantitative

Schätzung dieses Wertes vor.[9] Dann nahm er an, dass das frühe Universum vermutlich einen Entropiewert hatte, der nicht größer war als der Entropiewert des gegenwärtigen Universums, da die Entropie (Unordnung) normalerweise zunimmt, wenn sich Energie durch ein System bewegt – das wäre bei der Expansion des Universums geschehen. (Denken Sie einmal an einen Tornado, der durch eine Müllhalde fegt, oder ein Kleinkind, das sich in einem Zimmer austobt.)

Dann verglich er die Anzahl von Konfigurationen von Masse und Energie, die einem frühen Schwarze-Löcher-Universum entsprechen würden, mit der Anzahl, die eher geordneten Universen wie unserem entsprechen. Mathematisch gesprochen verglich er die Anzahl von Konfigurationen, die mit dem maximal möglichen Entropiezustand (einem Schwarzen Loch) einhergehen konnten, mit der Anzahl, die mit einem niederentropischen Zustand einhergehen (unserem beobachtbaren Universum). Indem er diesen maximal erwarteten Entropiewert des Universums mit der beobachteten Entropie verglich, stellte Penrose fest, dass die beobachtete Entropie im Verhältnis zu allen möglichen Entropiewerten, die das Universum hätte aufweisen können, extrem unwahrscheinlich war.[10] Insbesondere zeigte er, dass es $10^{10^{101}}$ Konfigurationen von Masse und Energie gab – eine riesige Anzahl –, die einem hochgradig geordneten Universum wie unseren entsprechen. Doch er hatte auch gezeigt, dass es ungleich viel *mehr* Konfigurationen gab – nämlich $10^{10^{123}}$ –, die von Schwarzen Löchern dominierte Universen hervorbringen würden. Und da $10^{10^{101}}$ ein verschwindend geringer Bruchteil von $10^{10^{123}}$ ist, schlussfolgerte er, dass die Bedingungen, die ein lebensfreundliches Universum hervorbringen würden, im Vergleich zur Gesamtzahl der möglichen Konfigurationen, die am Anfang des Universums hätten existieren können, extrem außergewöhnlich sind. Tatsächlich erhält man, wenn man $10^{10^{101}}$ durch $10^{10^{123}}$ teilt, nur wieder die Zahl $10^{10^{123}}$. Da die kleinere Exponentialzahl einen so unglaublich geringen Anteil der größeren Exponentialzahl darstellt, kann man die kleinere Zahl ignorieren, da die weitaus größere Exponentialzahl die kleinere praktisch „verschluckt".

Auf jeden Fall liefert die Zahl, die Penrose berechnete – 1 zu $1^{10^{123}}$ –, ein quantitatives Maß für die unvorstellbar präzise Feinabstimmung der Anfangsbedingungen des Universums.[11] Mit anderen Worten, seine berechnete Entropie legte nahe, dass von den vielen möglichen Konfigurationsvarianten für die verfügbare Masse und Energie des Universums an dessen Anfang nur wenige Konfigurationen zu einem Universum wie unserem führen würden. Daher gilt, was bereits Paul Davies anmerkte: „Die gegenwärtige Anordnung der Materie deutet auf eine ganz besondere Auswahl der Anfangsbedingungen hin."[12]

Das ist noch milde ausgedrückt. Der mathematische Ausdruck $10^{10^{123}}$ repräsentiert das, was Mathematiker eine hyperexponentielle Zahl nennen – 10 hoch 10 (also 10 Milliarden) hoch 123. Um diese Zahl einzuordnen, hilft vielleicht der Hinweis, dass nach Schätzungen der Physik das gesamte Universum lediglich 10^{80} Elementarteilchen enthält (das ist eine riesige Zahl – eine 1 mit 80 Nullen). Doch diese Zahl stellt wiederum nur einen verschwindend geringen Bruchteil von $10^{10^{123}}$ dar.[13] Wenn wir tatsächlich versuchen würden, diese Zahl auszuschreiben – eine 1 gefolgt von allen Nullen, die nötig wären, um die Zahl korrekt ohne Potenzschreibweise darzustellen – gäbe es mehr Nullen in der resultierenden Zahl als Elementarteilchen im gesamten Universum. Penroses Berechnungen legen daher eine unglaublich unwahrscheinliche Anordnung von Masse und Energie nahe – ein Maß an anfänglicher Feinabstimmung, das sich mit dem Ausdruck „auserlesen fein" nicht angemessen wiedergeben lässt. Mir ist kein Wort in unserer Sprache bekannt, das der Art von Präzision, über die wir hier reden, gerecht wird.[14]

Die Feinabstimmung der Expansionsgeschwindigkeit des Universums und/oder der kosmologischen Konstante

Zusätzlich zur Feinabstimmung der physikalischen Gesetze und Konstanten und der Anordnung von Materie und Energie am Anfang des Universums haben Physiker noch viele andere kontingente, feinabgestimmte Merkmale des Universums entdeckt. Beispielsweise hängt ein lebensfreundliches Universum entscheidend von dessen präziser Expansionsrate ab. Seit Entdeckung der Rotverschiebung des Lichtes aus fernen Galaxien haben Astronomen herausgefunden, dass sich, wenn das Universum sich anfangs nur einen Hauch schneller oder langsamer ausgedehnt hätte,[15] entweder keine stabilen Galaxien im Universum hätten bilden können, da die Materie sich für die Verfestigung von Galaxien zu schnell verflüchtigt hätte – oder das Universum wäre schnell in sich zusammengefallen. Kosmologen bezeichnen das erste Szenario als „Hitzetod des Universums" und das zweite als „Big Crunch" (etwa: „Großer Kollaps"). Keines der beiden Ergebnisse ist lebensfreundlich.

Obwohl viele führende Physiker die Expansionsrate des Universums als gutes Beispiel für die Feinabstimmung anführen, stellen doch manche infrage, ob sie als *unabhängiger* Feinabstimmungsparameter betrachtet werden sollte, da die Expansionsrate eine Folge anderer physikalischer Faktoren ist.[16] Gleichwohl sind diese physikalischen Faktoren selbst unabhängig voneinander und wahrscheinlich feinabgestimmt.[17] Beispielsweise musste die Expansionsrate in den frühesten Phasen der Geschichte des Universums von der Dichte von Masse und Energie in dieser ersten Zeit abhängig gewesen sein. Und die Dichte des Universums eine Nanosekunde (eine Milliardstel Sekunde) nach dem Anfang musste den exakten Wert von 10^{24} Kilogramm pro Kubikmeter haben. Wäre die Dichte nur um 1 Kilogramm pro Kubikmeter größer oder kleiner gewesen, hätten sich niemals Galaxien entwickelt.[18] Das entspricht einer Feinabstimmung von 1 zu 10^{24}.

Die kosmologische Konstante erfordert ein noch höheres Maß an Feinabstimmung. (Erinnern Sie sich, dass die kosmologische Konstante eine Konstante in Einsteins Feldgleichungen ist. Sie repräsentiert die Energiedichte des Weltraums, die zur nach außen gerichteten Expansion des Raumes entgegen der Massenanziehung beiträgt.) Die konservativste Schätzung für diese Feinabstimmung ist 1 zu 10^{53}, doch häufiger wird die Zahl 1 zu 10^{120} angeführt.[19] Die Physik ist sich heute weitgehend einig, dass das Maß an Feinabstimmung für die kosmologische Konstante *nicht weniger als* 1 zu 10^{90} beträgt.[20]

Um ein Gefühl dafür zu bekommen, was diese Zahl bedeutet, stellen Sie sich vor, dass Sie die Weite des sichtbaren Universums nach einem speziell markierten subatomaren Teilchen absuchen. Führen Sie sich dann vor Augen, dass das sichtbare Universum etwa 200 Milliarden Galaxien mit je etwa 100 Milliarden Sternen[21] umfasst, nebst einer ganzen Palette an Asteroiden, Planeten, Monden, Kometen und interstellarem Staub, der mit jedem dieser Sterne einhergeht. Nehmen Sie weiterhin an, Sie hätten die besondere Fähigkeit, sich augenblicklich an jede Stelle des Universums zu begeben, um mit verbundenen Augen und zufällig jedes beliebige subatomare Teilchen auszuwählen, das Sie möchten. Die Wahrscheinlichkeit, dass Sie ein speziell markiertes subatomares Teilchen finden – 1 zu 10^{80} – ist immer noch 10 Milliarden Mal *größer* als die Wahrscheinlichkeit – 1 zu 10^{90} –, dass das Universum rein zufällig die lebensfreundliche Stärke der kosmologischen Konstante entwickelt hat.

Andere kontingente Faktoren der Feinabstimmung

Beispiele für die Feinabstimmung kontingenter Merkmale des Universums gibt es reichlich. Beispielsweise müssen, um Leben möglich zu machen, die Massen der Elementarteilchen eine höchst genaue Kombination von begrenzenden Bedingungen erfüllen. Im vorigen Kapitel habe ich über die Feinabstimmung der Massen der zwei in der Natur auftretenden Quarks, des Up- und Down-Quarks, im Verhältnis zur Bandbreite der erwarteten *möglichen* Werte gesprochen. Wir erinnern uns, dass die Feinabstimmung der Massen dieser Quarks beachtlich ist – 1 zu 10^{21}. Zudem darf die *Massendifferenz* zwischen den Quarks ein Megaelektronvolt nicht übersteigen, das Äquivalent eines Tausendstel Prozents der Masse des größten bekannten Quarks, ohne entweder ein reines Neutronen- oder ein reines Protonenuniversum zu erzeugen, die beide überaus langweilig und unvereinbar mit Leben oder auch nur einfachen chemischen Verbindungen wären.

Ebenso problematisch wäre es, die Masse der Elektronen zu erhöhen. Eine Erhöhung um den Faktor 2,5 würde dazu führen, dass alle Protonen in allen Atomen alle um den Atomkern kreisenden Elektronen erfassen und sie zu Neutronen umwandeln. In diesem Fall könnten weder Atome noch chemische Verbindungen noch das Leben existieren.[22] Mehr noch: Die Masse der Elektronen muss geringer sein als die Differenz zwischen der Neutronen- und Protonenmasse, und diese Differenz entspricht einer Feinabstimmung von etwa 1 zu 1000.[23] Und wenn die Masse eines speziellen Teilchens, eines sogenannten Neutrinos, 10 Mal größer wäre, hätten sich Sterne und Galaxien nie gebildet. Die Masse eines Neutrinos beträgt etwa ein Millionstel der Masse eines Elektrons; somit ist die zulässige Veränderung im Vergleich zu ihrer möglichen Bandbreite verschwindend gering.[24]

Die Kombination all dieser präzise feinabgestimmten Bedingungen – einschließlich der Feinabstimmung der physikalischen Gesetze und Konstanten, der anfänglichen Anordnung von Materie und Energie und verschiedener anderer kontingenter Merkmale des Universums – stellen eine bemerkenswert restriktive Kriterienmenge dar. Diese Voraussetzungen für die Existenz des Lebens, deren extreme Unwahrscheinlichkeit sich kaum beschreiben lässt, erfordern nach Auffassung zahlreicher Physiker *irgendeine* Erklärung.

Das schwache anthropische Prinzip

Im Jahr 1974 legte der Physiker Brandon Carter etwas vor, was anfangs die populärste naturalistische (oder nichttheistische) Interpretation der Feinabstimmung war. Carter schrieb: „Was wir an Beobachtungen erwarten können, *muss* von den Konditionen begrenzt sein, die für unsere Anwesenheit als Beobachter notwendig sind."[25]

So argumentierten Carter[26] und andere Verfechter dessen, was weithin als „schwaches anthropisches Prinzip" bekannt wurde, dass wir Menschen nicht überrascht sein sollten, in einem Universum zu leben, das für das Leben geeignet ist; denn wenn das Universum anders wäre, wären wir gar nicht da, um es zu beobachten. Und da nichts Überraschendes daran ist, in einem Universum zu leben, das die notwendigen Bedingungen für unsere eigene Existenz aufweist, argumentieren Verfechter des schwachen anthropischen Prinzips, dass die Feinabstimmung keine Erklärung erfordert.

Dennoch stieß das schwache anthropische Prinzip bei Physik- und Kosmologiephilosophen auf beachtliche Kritik. Der Philosoph John Leslie argumentierte,[27] dass entgegen dem, was die Verfechter des schwachen anthropischen Prinzips behaupten, der Ursprung der Feinabstimmung *durchaus* eine Erklärung erfordert. Er weist darauf hin, dass wir Menschen zwar nicht davon überrascht sein sollten, in einem Universum zu leben, das für das Leben geeignet ist (denn wir leben ja) – wir sollten aber überrascht sein zu erfahren, dass die für das Leben notwendigen Bedingungen *so extrem unwahrscheinlich sind*.

Um den Fehlschluss hinter dem schwachen anthropischen Prinzip zu verdeutlichen, verglich Leslie unsere Situation in unserem feinabgestimmten Universum mit der eines Menschen mit verbundenen Augen, der gegen alle Wahrscheinlichkeit entdeckt, dass er ein Erschießungskommando mit hundert Scharfschützen überlebt hat. Obwohl die Feststellung, dass er immer noch lebt, durchaus mit der Tatsache in Einklang steht, dass alle Scharfschützen danebengeschossen haben, erklärt es nicht, *warum* sie eigentlich danebengeschossen haben. Stattdessen, so Leslie, sollte der Gefangene überrascht sein, dass er immer noch lebt, denn die Scharfschützen sind als Meister ihres Handwerks bekannt und die Wahrscheinlichkeit, dass alle danebenschießen (falls sie beabsichtigt hatten, ihn zu töten), ist extrem gering.

Das schwache anthropische Prinzip begeht eindeutig einen Logikfehler. Es behandelt die Nennung der *notwendigen Bedingung* des Eintretens eines Ereignisses (in dem Fall unsere Existenz) so, als würde dadurch die Notwendigkeit für eine *kausale Erklärung* der Bedingungen, die das Ereignis möglich gemacht haben, beseitigt. Um besser zu verstehen, wo der Fehler in dieser Argumentation liegt, betrachten Sie einmal den folgenden Sachverhalt: Stellen Sie sich vor, eine Versicherungsgesellschaft schickt einen Gutachter los, um herauszufinden, warum an einem regnerischen Abend ein Lagerhaus abgebrannt ist. Nachdem er die verkohlten Überreste des Gebäudes besichtigt hat, schickt der Gutachter seinen Bericht. Das Gebäude ist, so erklärt er voller Überzeugung, wegen des Sauerstoffs in der Atmosphäre abgebrannt.

Die Versicherung feuert den Gutachter auf der Stelle und engagiert einen anderen. Was war sein Fehler? Der Gutachter hat eine notwendige Bedingung für Feuer mit der *Ursache* des konkreten Brandes verwechselt, den er untersuchen sollte. In diesem Fall war der Sauerstoff nicht der entscheidende Unterschied – soll heißen, die Ursache des Brandes. Sauerstoff war die ganze Zeit über in dem Lagerhaus vorhanden. Sein Vorhandensein war für sich genommen nicht ausreichend, um den Brand zu erzeugen, und erklärt somit nicht, warum das Gebäude plötzlich abgebrannt ist. Die Benzinkanister und Streichholzbriefchen, die in der Nähe des verkohlten Gebäudes zurückgelassen wurden, hätten mehr relevante Informationen geliefert, wenn der Gutachter nicht buchstäblich auf der falschen Spur gewesen wäre.

Sauerstoff ist tatsächlich eine notwendige Bedingung für Feuer, doch diese Feststellung allein lieferte keine *kausale Erklärung* dieses bestimmten Brandes. Ganz ähnlich ist die Feinabstimmung der physikalischen Konstanten eine notwendige Bedingung für das Leben, doch das liefert keine kausale Erklärung – und beseitigt auch nicht die Notwendigkeit einer Erklärung – für die Feinabstimmung selbst.

Beachten Sie auch, dass die Verfechter des schwachen anthropischen Prinzips sich auf das falsche Phänomen von Interesse konzentrieren. Sie meinen, dass das, was erklärt (oder wegerklärt) werden müsste, der Grund ist, warum wir ein Universum, das mit unserer Existenz vereinbar ist, *beobachten*. Es stimmt, dass eine solche Beobachtung nicht überraschend ist. Was allerdings eine Erklärung verlangt, ist, was die eigentliche Ursache der Feinabstimmung des Universums war – nicht unsere spätere Beobachtung derselben. Somit liefern die Verfechter des schwachen anthropischen Prinzips die Ursache desjenigen Ereignisses, das eine Erklärung *erfordert*, indem sie eine notwendige Bedingung eines anderen Ereignisses angeben, das *keine* Erklärung erfordert.

Das starke anthropische Prinzip

Eine andere Version des anthropischen Prinzips ist das sogenannte starke anthropische Prinzip oder partizipatorische anthropische Prinzip, das wegen seiner bizarren Logik durchaus verdiente Geringschätzung hervorgerufen hat. Manche Physiker bezeichnen das starke anthropische Prinzip einfach als die Idee, dass „das Universum diejenigen Eigenschaften aufweisen muss, die zulassen, dass sich darin an irgendeinem Punkt seiner Geschichte Leben entwickelt",[28] ohne zu erklären, was die Entwicklung dieser feinabgestimmten Eigenschaften verursacht hat. Dennoch gibt es (unter verwirrenderweise derselben Bezeichnung „starkes anthropisches Prinzip") eine bekannte Erweiterung dieser Idee. Und diese versucht tatsächlich, den Ursprung der Feinabstimmung zu erklären.

Nach dieser Version des starken anthropischen Prinzips[29] bedeutet die Notwendigkeit, dass Beobachter dem Universum eine Realität zuerkennen, dass das Universum feinabgestimmt sein musste, um überhaupt menschliche Beobachter hervorzubringen, die es beobachten können. Diese Erklärung der Feinabstimmung fußt auf einer Interpretation eines seltsamen Phänomens im Bereich der Quantenphysik. Anfang des 20. Jahrhunderts entdeckten Physiker, dass Elektronen und Photonen im Licht sich entweder wie Wellen oder wie Teilchen verhalten, je nachdem, wie man sie beobachtet. In einem heute berühmten Experiment, dem sogenannten „Doppelspalt-Experiment“ (Details dazu in Kapitel 17) erzeugen räumlich ausgedehnte Lichtwellen charakteristische Interferenzmuster, die sich beim Auftreffen auf einem Beobachtungsschirm als Teilchen an räumlich separaten Stellen manifestieren. In der Quantenphysik ist dieses Phänomen als „Kollaps der Wellenfunktion“ bekannt. Manche Physiker interpretieren dieses Phänomen – dass sich Wellen bei ihrem Nachweis als Teilchen manifestieren – als Folge dessen, dass die Welle *beobachtet wird.*

Verfechter des starken anthropischen Prinzips argumentieren, dass ebenso, wie die konkrete Position eines Photons oder Elektrons von einer Beobachtung und einem Beobachter abhängt, auch die Existenz des Universums selbst von einem Beobachter abhängen könnte. Doch das bedeutet, so ihre Argumentation, dass das Universum von Anfang an feinabgestimmt sein musste, damit es überhaupt existieren konnte, da nur ein für bewusstseinbegabtes Leben feinabgestimmtes Universum Beobachter hervorbringen konnte, die in der Lage sind, dem Universum seine Existenz zuzuerkennen. Die Physiker John Barrow und Frank Tipler charakterisieren diese bekannte Version des starken anthropischen Prinzips folgendermaßen: Es besagt, dass (1.) „das Universum diejenigen Eigenschaften aufweisen muss, die zulassen, dass sich darin an irgendeinem Punkt seiner Geschichte Leben entwickelt“; (2.) „ein mögliches Universum existiert, das mit dem Ziel ‚gestaltet‘ wurde, ‚Beobachter‘ hervorzubringen und deren Leben zu erhalten“, und (3.) „Beobachter notwendig sind, um das Universum ins Dasein zu bringen“.[30]

Diese Argumentation hat einen offenkundig problematischen Aspekt. Die Beobachter, die angeblich die Feinabstimmung des Universums verursachen, stellen ihre Beobachtungen der Feinabstimmung Milliarden Jahre *nach*, nicht *vor* dem Ereignis an, das sie angeblich verursachen. Doch eben jenes Konzept der „Ursache“ beinhaltet doch eindeutig ein

Ereignis, das eine *nachfolgende* Wirkung erzeugt. Selbst im Fall von angeblich beobachterverursachten Quantenphänomenen tritt die Wirkung – der Kollaps der Wellenfunktion – nach der Ursache – das heißt, des Nachweises der Lichtwelle – auf. Die offenkundige Unlogik dieser Formulierung trieb den bekannten hartgesottenen Journalisten Martin Gardner von der Zeitschrift *Scientific American* dazu, seine Verärgerung zu äußern. Er nannte das starke anthropische Prinzip und ähnliche Versuche, den Ursprung der Feinabstimmung wegzuerklären, „absoluten Schwachsinn".[31] Nahezu alle Physiker und Philosophen stimmen heute dieser wohlverdienten, wenn auch unbeherrschten Ablehnung zu.

Der Zufall und die Naturgesetze

Die Unwahrscheinlichkeit von vielen der einzelnen Feinabstimmungsparameter, ganz zu schweigen von der Unwahrscheinlichkeit des „Gesamtpaketes", scheint es auszuschließen, sich einfach auf den Zufall zu berufen. (In Kapitel 16 werde ich auf Fälle eingehen, in denen es nicht so einfach ist, sich auf den Zufall zu berufen, nämlich wenn man andere Universen postuliert.) Doch die Gesetze der Physik scheinen auch nicht geeignet zu sein, die Feinabstimmung zu erklären.

Tatsächlich erfassen die physikalischen Gesetze nicht, warum sie so sind, wie sie sind – das heißt, warum sie die präzise feinabgestimmten Merkmale besitzen, die sie besitzen. Um den Grund dafür zu verstehen, machen Sie sich einmal bewusst, dass mehrere entscheidende Feinabstimmungsparameter – insbesondere die Werte der Konstanten der physikalischen Grundgesetze – der Struktur dieser Gesetze *inhärent* sind. Mit anderen Worten, die exakten „Reglereinstellungen" der verschiedenen physikalischen Konstanten repräsentieren spezifische Eigenschaften *der physikalischen Gesetze selbst* – beispielsweise, wie stark die Massenanziehung oder die elektromagnetische Anziehung sein wird. Diese spezifischen und kontingenten Werte lassen sich nicht mit den Gesetzen der Physik erklären, weil sie *Teil* der logischen Struktur dieser Gesetze sind. Wissenschaftler, die etwas anderes behaupten, sagen damit lediglich, dass die Gesetze der Physik sich selbst erklären. Doch das ist ein Zirkelschluss.

In ähnlicher Weise kann kein bekanntes physikalisches Gesetz die Anfangsverteilung der Materie und Energie zu Beginn des Universums erklären, da diese Gesetze beschreiben, wie verschiedene Kräfte oder Felder auf spezielle materielle Bedingungen einwirken, *sobald diese Bedingungen vorhanden sind.* Sie erklären nicht, wie es überhaupt zu diesen Bedingungen kam; sie setzen sie als gegeben voraus. Tatsächlich sind die Gleichungen, die die physikalischen Grundgesetze beschreiben, nicht lösbar, wenn nicht aus anderer Quelle Informationen über die Anfangsbedingungen bereitgestellt werden. Die Gesetze selbst liefern diese Informationen nicht; ebenso wenig erklären sie, warum die Anfangsbedingungen die Werte haben, die sie haben.

Aber was erklärt dann die Feinabstimmung?

Kosmische Hinweise

Es mag intuitiv selbstverständlich erscheinen, dass ein feinabgestimmtes Universum auf einen „Feinabstimmer" oder irgendeine Art „Superintellekt" hinweist. Doch was genau an der Feinabstimmung hat für so viele Physiker den Schluss nahegelegt, dass eine Gestaltung – ein intelligentes Design – vorhanden ist? Warum sind viele der Auffassung, dass die theistische Design-Hypothese „eine zufriedenstellendere Erklärung" für die Feinabstimmung liefert als verschiedene materialistische Theorien?

Der Mathematiker und Philosoph William Dembski (Abb. 8.3) hat eine Theorie dazu entwickelt, wie wir die Aktivität intelligenter Akteure in dem, was sie hinterlassen, aufspüren können. Seine Theorie hilft zu erklären, warum die Hinweise auf eine Feinabstimmung für so viele Physiker auf eine Gestaltung hindeuten. Sie untermauert auch die Schlussfolgerung, dass die Feinabstimmung der Gesetze, Konstanten und Anfangsbedingungen des Universums tatsächlich auf einen gestaltenden Verstand hinweisen.

In seinem bahnbrechenden Buch *The Design Inference* erläuterte Dembski die Kriterien, anhand derer rationale Akteure die Einflüsse anderer rationaler Akteure erkennen und sie von den Einflüssen unintelligenter natürlicher Ursachen unterscheiden. Dembski zufolge deuten

Systeme, Sequenzen oder Ereignisse, die gleichzeitig zwei Merkmale – extreme Unwahrscheinlichkeit und eine besondere Art von Muster, eine sogenannte „Spezifizierung" – aufweisen, auf eine vorausgegangene intelligente Aktivität hin. Laut Dembski sind extrem unwahrscheinliche Ereignisse, die zudem „ein *unabhängig erkennbares* Muster" oder einen Komplex funktionaler Voraussetzungen aufweisen – Dembski nennt es „Spezifizierung" – *ausnahmslos* die Folge intelligenter Ursachen und nicht des Zufalls oder physikalisch-chemischer Gesetze.[32]

Abb. 8.3
Der Mathematiker und Philosoph William Dembski. In seinem bahnbrechenden Buch *The Design Inference* entwickelte Dembski eine stringente Methode, wie die Aktivität intelligenter Akteure aufgespürt und von rein natürlichen Ursachen unterschieden werden kann.

Meinen Studenten habe ich Dembskis Theorie häufig erklärt, indem ich sie aufforderte, sich die Gesichter am Mount Rushmore in South Dakota vorzustellen. Wenn man sich diesen berühmten Berg anschaut, erkennt man rasch, dass die dort eingemeißelten Gesichter der amerikanischen Präsidenten ein Produkt intelligenter Aktivität sind. Warum? Was an diesen Gesichtern deutet darauf hin, dass das Handeln eines Kunsthandwerkers oder Bildhauers sie erzeugt hat? Man könnte vielleicht antworten, dass es an der Unwahrscheinlichkeit der Formen liegt. Im Gegensatz dazu wären wir in anderen Fällen nicht geneigt, auf die Beteiligung eines intelligenten Akteurs zu schließen – beispielweise bei der Entstehung der weit verbreiteten V-förmigen Erosionsmuster zwischen zwei Bergen, die durch große Wassermengen entstanden sind. Vielmehr erfüllen die Gesichter am Berg alle Kriterien einer extrem unwahrscheinlichen Struktur, da sie viele detaillierte Merkmale enthalten, die natürliche Vorgänge im Allgemeinen nicht hervorbringen. Es ist doch unwahrscheinlich, dass beispielsweise Wind und Erosion die erkennbaren Gesichter von Washington, Jefferson, Lincoln und Roosevelt zur Folge haben.

Dennoch stellt, wie Dembski betont, die spezifische Anordnung der Steine am Fuß des Berges auch eine extrem unwahrscheinliche Konfiguration dar, besonders dann, wenn man über alle anderen Möglichkeiten nachdenkt, wie diese Steine sich dort abgesetzt haben könnten. Was könnte uns nun, zusätzlich zur Unwahrscheinlichkeit der Formen, helfen zu erkennen, dass eine intelligente Aktivität eine Rolle in der Erzeugung der Gesichter gespielt hat?

Die Antwort ist das Vorhandensein einer bestimmten Art von Muster. Neben einer unwahrscheinlichen Struktur sehen wir eine Form oder ein Muster, das dem *entspricht*, was wir aus davon unabhängiger Erfahrung kennen – wir kennen menschliche Gesichter und sogar die konkreten Gesichter der Präsidenten von den Geldscheinen oder weil wir sie in Geschichtsbüchern gesehen haben. Damit sagt Dembski, dass die Unwahrscheinlichkeit der Struktur allein noch nicht dazu führt, dass wir uns eines vorangegangenen intelligenten Designs bewusst werden. Stattdessen erkennen intelligente Akteure eine intelligente Aktivität, wenn sie ein höchst unwahrscheinliches Objekt oder Ereignis beobachten, das auch unabhängig davon (wieder)erkennbaren oder bedeutungstragenden Mustern entspricht. Der Steinhaufen am Fuß der Felswand formt kein solches Muster, die Gesichter schon.

Stellen Sie sich ein anderes Beispiel vor. Die Zeichnung in Abbildung 8.4 zeigt ein Blumenmuster an der Hangseite des Hafens von Victoria, einer Stadt auf Vancouver Island in Kanada. Gelegentlich bin ich von Seattle dorthin übergesetzt, mit einer Expressfähre, die im Hafen von Victoria anlegt. Einmal, während ich beim Einlaufen in den Hafen am Bug des Fährschiffes stand, fiel mir dieses Muster von roten und gelben Blumen am Hügel auf. Schon in einiger Entfernung erregte das Muster meine Aufmerksamkeit und machte mich neugierig, also setzte ich die Brille auf. Sogleich kam ich zu dem Schluss, dass ein Gestalter am Werk gewesen sein musste. Warum? Ich erkannte, dass die roten und gelben Blumen den Satz „Welcome to Victoria" („Willkommen in Victoria)" bildeten – eindeutig das Werk intelligenter Gärtner, nicht nur die Folge natürlicher Prozesse.

Dembskis Theorie und seine beiden Kriterien erklären, warum ich zu Recht diesen Schluss zog. Angesichts der vielen Möglichkeiten, wie die Blumen hätten angeordnet sein können, und angesichts dessen,

Abb. 8.4
Spezifizierte Komplexität oder funktionale Information als Indikator oder „Signatur" einer Intelligenz. Im Innenhafen von Victoria, Kanada, befinden sich Blumenbeete, auf denen „Welcome to Victoria" – „Willkommen in Victoria" – zu lesen ist. Die Anordnung der Blumen vermittelt eine „spezifizierte" oder funktionale Information, ein untrügliches Zeichen von Intelligenz. Niemand würde beispielsweise dieses Blumenmuster einem ungesteuerten Prozess zuschreiben, z. B. dass Vögel, die über den Hafen fliegen, zufällig Samen haben fallen lassen.

wie Wind und Regen und andere Naturgewalten die Blumensamen erwartungsgemäß verteilt hätten, fiel diese spezielle Anordnung der Blumen unter die Kategorie „extrem unwahrscheinliches Muster". Zusätzlich stellte die Anordnung aber auch verschiedene Muster dar, die ich unabhängig voneinander erkennen konnte, nämlich die Formen verschiedener englischer Buchstaben. Die Anordnung der Blumen zeigte zudem ein *funktional bedeutsames* Muster in dem Sinn, dass es einer Reihe von Bedingungen entsprach, die ermöglichten, dass die Anordnung als Ganze eine Botschaft ergeben konnte. In diesem Fall waren das Worte mit bekannter Bedeutung, die nach unabhängigen syntaktischen Konventionen und grammatischen Regeln angeordnet waren, sodass eine Botschaft in englischer Sprache übermittelt werden konnte.

Dieses Beispiel verdeutlicht, dass Dembskis Vorstellung von Spezifizierung den Gedanken eines „unabhängig erkennbaren Musters" (eine Musterübereinstimmung) *ebenso wie* den Gedanken eines

„erkennbaren oder bedeutsamen Ergebnisses“ oder einer „Reihe von funktionalen Bedingungen“ in sich zusammenfasst. Um die Gleichwertigkeit dieser Faktoren zu erklären, kann eine mögliche Definition von „Spezifizierung“ helfen. Spezifizierung, könnte man sagen, ist eine prägnante Beschreibung, wie etwas, das wir erkennen, *ist* oder was es *tut*. Das kann eine Beschreibung eines erkennbaren Musters beinhalten, das wir kurz und knapp in Worte fassen können, wie beispielsweise „die Gesichter amerikanischer Präsidenten“. Oder es kann *eine Reihe von funktionalen Bedingungen* beinhalten wie diejenigen, die beispielsweise durch einen mit einem Blumenarrangement ausgedrückten kurzen englischen Text veranschaulicht werden. In diesem Fall können wir kurz und knapp beschreiben, was das Arrangement tut: „Die Blumen übermitteln einen Willkommensgruß.“ In jedem Fall weist unserer Erfahrung nach ein Ereignis mit geringer Wahrscheinlichkeit, das *ein aus unabhängiger Erfahrung erkennbares Muster oder eine Reihe funktionaler Bedingungen* aufweist, zuverlässig auf intelligentes Design hin.

Und das bringt uns zurück zur Feinabstimmung. Erinnern Sie sich an John Polkinghornes Beispiel eines „Universumsapparates“. Sein hypothetischer Apparat hatte viele Regler und Drehknöpfe mit vielen möglichen Einstellungen. Doch jeder Regler und jeder Drehknopf war exakt dafür eingestellt, ein bedeutsames Ergebnis – nämlich das Leben – zu ermöglichen. Polkinghorne benutzte dieses Bild, um ein Bewusstsein für die Gestaltung hinter der Feinabstimmung zu wecken. Dembskis Theorie erklärt, warum das so ist. Polkinghornes hypothetischer Apparat veranschaulicht, dass unser Universum (a) *eine extrem unwahrscheinliche Anordnung* von Werten und Konditionen aufweist, die (b) *eine Reihe von funktionalen Bedingungen* darstellen – die wir prägnant als „Reihe von Parametern“ beschreiben können, „die notwendig sind, um ein lebenserhaltendes Universum zu erzeugen“.

Design-Erkennung in Echtzeit: Unwahrscheinlichkeit für Fortgeschrittene

Als Dozent veranschaulichte ich Dembskis Theorie und wie sie mit den Hinweisen auf eine Feinabstimmung zusammenhing, indem ich mir einen Spaß mit einem Kombinationsschloss erlaubte. Zunächst sagte ich meinen Studenten nicht, was ich ihnen erklären wollte. Stattdessen erzählte ich ihnen, ich wolle das Schloss als Veranschaulichung dafür verwenden, dass der „reine Zufall" keine plausible Erklärung für die Feinabstimmung des Universums ist.

Zunächst forderte ich die Studenten auf, die Kombination für das Schloss zu erraten. Ich verriet ihnen sogar, dass sie das Rädchen zuerst nach rechts, dann nach links und dann wieder nach rechts über die zweite Zahl hinaus drehen müssten. Ich reichte das Schloss in der Gruppe herum, und ein Student nach dem anderen scheiterte daran, die Kombination in drei zufälligen Versuchen zu erraten. Dabei tat ich sehr selbstzufrieden, als würde diese Demonstration meine Behauptung beweisen, wie unzulänglich zufällige Prozesse als Erklärung für extrem unwahrscheinliche Ergebnisse sind.

Dann, wie aufs Stichwort und gerade als ich kaum noch auszuhalten war, drehte eine Studentin (nennen wir sie mal Paula) ganz lässig drei Mal das Rädchen – rechts, links, rechts – und öffnete das Schloss. Die Gruppe reagierte erwartungsgemäß mit Gelächter und Hohn. Zumindest eine Weile lang.

An diesem Punkt tat ich immer sehr schockiert über das Ergebnis der Demonstration. Man hatte mir das Gegenteil bewiesen. Eine Zufallssuche hatte ein unwahrscheinliches und feinabgestimmtes Ergebnis erzielt, und zwar ziemlich schnell.

Wirklich? Jedes Mal gab es jemanden, der fragte, ob die Studentin, die das Schloss geöffnet hatte, die Kombination wirklich zufällig erraten hatte. Und dann begannen die Vorwürfe.

„War das echt?"

„War sie vorher eingeweiht?"

„Versuchen Sie uns hereinzulegen?"

„Wer, ich?", erwiderte ich. „Warum sollte ich so etwas machen?"

Als immer mehr Studenten ihre Skepsis äußerten, fragte ich, warum sie mich im Verdacht hatten. Es war zwar unwahrscheinlich, dass die Studentin die Kombination erraten hatte, aber sie hätte es dennoch schaffen können. „Es gab eine Chance", sagte ich.

„Das verstehe ich", erwiderte ein Student. „Aber irgendwie ist es doch sehr viel wahrscheinlicher, dass sie die Kombination bereits kannte." Andere Studenten vermuteten das Gleiche und es begann sich ein Konsens herauszubilden.

Schließlich ging ich zu der Studentin, die das Schloss geöffnet hatte, und bat sie, die Wahrheit zu sagen. „Habe ich Ihnen vorhin, bevor wir angefangen haben, die Kombination verraten?"

Die Studentin stand auf, lächelte und zog einen kleinen Zettel aus der Tasche. Dann brach Gelächter aus, als sie die Kombination für alle sichtbar hochhielt.

Wenn dann wieder Ruhe eingekehrt war, erklärte ich den eigentlichen Sinn der Demonstration. „Als Sie darüber nachdachten, was Sie gesehen haben", sagte ich, „fingen die meisten von Ihnen an, Verdächtigungen anzustellen. Sie verwarfen die Zufallshypothese und fingen stattdessen an zu vermuten, dass intelligentes Design eine Rolle gespielt hatte – sowohl aufseiten von Paula, die ihre Kenntnis der Kombination genutzt hatte, um das Schloss zu öffnen, als auch meinerseits, weil ich sie dazu angestiftet hatte."

Dann forderte ich die Studenten auf, darüber nachzudenken, was genau an dem, was sie eben erlebt hatten, sie dazu gebracht hatte, eine geheime Absprache zu vermuten – einen Plan im Hintergrund, eine Art von „Design". Viele erwähnten zunächst, wie unwahrscheinlich es war, dass Paula das Schloss geöffnet hatte, und das hätte ihren Verdacht gerechtfertigt. Doch ich wies darauf hin, dass alle anderen Studenten das Rädchen ebenfalls auf drei verschiedene Einstellungen gedreht hatten (rechts – links – rechts) und dass jede Drei-Zahlen-Einstellung mit der gleichen Wahrscheinlichkeit hätte auftreten können: 1 zu 64 000 (oder 1:40 × 1:40 × 1:40).

„Was war also anders, das Sie in diesem Fall misstrauisch gemacht hat?", fragte ich dann immer. Nach einem Augenblick perplexer Stille antworteten dann meist ein oder zwei Studenten in etwa: „Alle Einstellungen waren gleich unwahrscheinlich, aber Paula hat das Rädchen gerade richtig gedreht und das Schloss geöffnet. Das kam mir ziemlich verdächtig vor, da es ja so viele andere Kombinationen gibt, die falsch sind."

„Genau!", rief ich dann aus und erklärte im Folgenden, dass sie nicht nur ein unwahrscheinliches Ereignis, sondern einen spezifischen Musterabgleich miterlebt hatten. Paula hatte das Rädchen genau so gedreht, dass es den unabhängig davon festgelegten funktionalen Bedingungen zum Öffnen des Schlosses – wir nennen es die Kombination – *entsprach.* Und unserer Erfahrung nach folgen Ereignisse oder Systeme, die sowohl eine extreme Unwahrscheinlichkeit als auch eine funktionale Spezifizität aufweisen, ausnahmslos aus der Aktivität eines gestaltenden Verstandes.

Manche Studenten gingen meiner Behauptung eingehender auf den Grund. Sie fragten, *warum* diese kombinierten Kriterien der Unwahrscheinlichkeit und Spezifizierung auf eine intelligente Aktivität hinwiesen. „Immerhin", argumentierten sie, „ist *jede* Sequenz von drei Einstellungen gleich unwahrscheinlich. Warum wäre es nicht gerechtfertigt, dass wir das, was Paula getan hat, dem Zufall zuschreiben?"

Das bot mir dann die Gelegenheit, die probabilistische Logik hinter der Schlussfolgerung auf eine Gestaltung, ein *Design*, tiefergehend zu erläutern. Zunächst erklärte ich, dass der Vergleich zwischen der Wahrscheinlichkeit der einen Anordnung mit der anderen nicht der wichtigste ist. Stattdessen müssen wir, um die Plausibilität einer Design-Hypothese zu bewerten, die Wahrscheinlichkeit, irgendein nichtfunktionales Ergebnis zu erzielen, mit der Wahrscheinlichkeit vergleichen, ein *spezifisches* funktionales Ergebnis (oder erkennbares Muster) zu erzielen.

In dem Beispiel mit dem Schloss ist, da nur eine von 64 000 möglichen Einstellungen der richtigen Kombination entspricht, das wahrscheinlichste Ergebnis eines zufälligen oder ungesteuerten Versuchs ein *un*geöffnetes Schloss. Daher wäre ein ungeöffnetes Schloss das *erwartete Ergebnis* eines solchen Versuchs. Doch wenn das Drehen am Einstellrad intelligent von der Kenntnis der Kombination geleitet ist, würden wir ein Ereignis, das einem erkennbaren Muster entspricht (d. h. der Kombination), und ein funktionales Ergebnis (d. h. das Öffnen des Schlosses) erwarten. Ganz sicher hätten wir im Fall eines intelligent geleiteten Versuches mehr Grund, ein geöffnetes Schloss zu erwarten, als wenn der Versuch ungesteuert oder zufällig wäre.

Wiederbelebte Naturtheologie?

Dembskis Theorie – und die ihr zugrunde liegende Argumentation und wiederholte Erfahrung – hilft zu erklären, warum angesehene Physiker Dinge sagen wie: „Eine Superintelligenz liefert eine nachvollziehbare Interpretation" der Feinabstimmung; „es kommt sofort der Gedanke auf, dass ein übernatürlicher Akteur... beteiligt sein muss"; oder theistisches Design liefert „eine zufriedenstellendere Erklärung" als konkurrierende materialistische Hypothesen. Mit der höchstgradigen Feinabstimmung der fundamentalen physikalischen Parameter haben Physiker ein Phänomen entdeckt, das exakt diese beiden Kriterien aufweist – extreme Unwahrscheinlichkeit und eine funktionale Spezifizierung –, die unserer Erfahrung nach ausnahmslos die Aktivität eines gestaltenden Verstandes anzeigt. Wenn zudem die physikalischen Parameter des Universums durch einen zufälligen oder geistlosen Prozess erzeugt worden wären, würden wir erwarten, ein lebensfeindliches (nichtfunktionales) Universum vorzufinden, da die überwältigende Mehrheit der möglichen Kombinationen von physikalischen Parametern Leben verhindert. Wenn hingegen eine gestaltende Intelligenz die physikalischen Parameter des Universums festgelegt hat, könnte eine solche Intelligenz sehr wohl eine günstige, feinabgestimmte Kombination dieser Parameter ausgewählt haben. Daher ist mit Sicherheit die kosmologische Feinabstimmung eher aufgrund der Aktivität eines gestaltenden Verstandes zu erwarten als aufgrund eines zufälligen oder geistlosen Prozesses. Zumindest oberflächlich scheint die Feinabstimmung nicht die Art von Indiz zu sein, die wir erwarten würden, wenn das Universum durch einen völlig ziel- und zwecklosen Prozess entstanden wäre – durch „blinde, erbarmungslose Gleichgültigkeit", wie Richard Dawkins es formulierte.

In späteren Kapiteln werde ich zeigen, warum dieses Ungleichgewicht in unserer Erwartung bezüglich der Hinweise auf eine Feinabstimmung nahelegt, dass intelligentes Design – ja, ein transzendenter intelligenter Designer – eine bessere Erklärung jener Hinweise ist als jede rein materialistische oder naturalistische Hypothese. Dabei werde ich auch eine Einordnung neuerer Versuche vornehmen, die Feinabstimmung ohne Berufung auf eine steuernde Intelligenz zu erklären, einschließlich einer populären (wenn auch exotischen) neuen Idee, der sogenannten „Multiversum-Hypothese".[33]

Vorerst dürfen wir festhalten, dass Wissenschaftler eine weitere Klasse unerwarteter Hinweise entdeckt haben, die – wenigstens für zahlreiche führende Physiker – die Notwendigkeit nahelegen, eine Gottes- oder Design-Hypothese wiederzubeleben. Wie John Polkinghorne bemerkt: „Wir leben in einem Zeitalter, in dem ein großes Wiederaufleben der Naturtheologie stattfindet. Dieses Wiederaufleben findet insgesamt nicht unter den Theologen statt, die auf diesem Gebiet die Nerven verloren haben, sondern unter den Naturwissenschaftlern."[34] Und wie Polkinghorne weiter anmerkt: Obwohl diese neue Naturtheologie in der Regel bescheidenere Ambitionen hat als die des Mittelalters, ist dennoch eine tiefgreifende intellektuelle Verschiebung in Gang gekommen.

Kapitel 9:

Der Ursprung des Lebens und das Rätsel der DNA

Fragen nach dem Ursprung sind eng verbunden mit letzten Fragen danach, was – wenn überhaupt etwas – sich hinter der natürlichen Welt verbirgt, die wir sehen. Seit Urzeiten staunen Himmelsbeobachter über das Spektakel der sich bewegenden Sterne, der wandernden Planeten, der Sonne, die uns am Tag wärmt, und des Mondes, der nachts ein kaltes Licht spendet. Diese spektakuläre Ordnung weckte früh eine Ahnung von einem leitenden Ziel und Zweck, den die moderne Naturwissenschaft nach und nach aufklären sollte. Doch das war noch nicht alles. Wenn die Menschen ihren Blick von den höheren zu den niederen Sphären wandten, kamen sie nicht umhin, die geordneten Strukturen in lebenden Organismen zu bemerken. Auch diese sahen so aus, als seien sie zu einem bestimmten Ziel und Zweck gemacht – die elegante Form und Schutzhülle der spiralförmigen Nautilusmuschel; die voneinander abhängigen Teile der Augen von Wirbeltieren; die ineinandergreifenden Knochen, Muskeln und Federn eines Vogelflügels. Unser Blick richtet sich jetzt darauf, auf welche Weise im Leben eine Gestaltung in Erscheinung tritt.

Mit dem Aufkommen des Darwinismus und später Neodarwinismus behaupteten Evolutionsbiologen, diesen Anschein auf eine verblüffende neue Art und Weise erklären zu können. Statt dieses Erscheinungsbild als Resultat einer Gestaltung zu erklären, behaupteten sie, dass sich neue Lebensformen aus einem vollends ungesteuerten Prozess entwickelt hatten. In seinem Buch *On the Origin of Species*, das 1859 erschien, argumentierte Darwin, dass die Anpassung von Organismen an ihre Umgebung, die bis dahin als überzeugender Hinweis auf eine Gestaltung gegolten hatte, durch natürliche Auslese erklärt werden könne, die auf zufällige Variationen hin wirkt – ein Prozess, der die Kräfte einer gestaltenden Intelligenz lediglich imitiert.

Damit wird der Anschein von Design bei lebenden Organismen seit 1859 als eine eindrücklich suggestive Illusion verstanden – aber dennoch eine Illusion. Der Evolutionsbiologe Francisco Ayala argumentiert: „Darwins Theorie der natürlichen Selektion erklärt das ‚Design' von Organismen und ihre wunderbare Vielfalt als Ergebnis natürlicher Prozesse, der schrittweisen Anhäufung von spontan aufgetretenen Variationen (Mutationen), die durch die natürliche Selektion geordnet werden … ein Prozess, der kreativ, aber nicht bewusst ist."[1] Richard Dawkins ist noch unverblümter. Er definiert Biologie als „das Studium komplizierter Dinge, *die so aussehen*, als seien sie zu einem Zweck entworfen worden".[2]

Während also viele Physiker in neuerer Zeit die Gestaltung durch einen „Superintellekt" als Erklärung für den Ursprung der fein abgestimmten Merkmale, die das Leben im Universum ermöglichen, in Betracht ziehen, stemmen sich Biologen schon lange gegen die Design-Hypothese. Seit Darwin gehen sie davon aus, dass sie, mit Ayalas Worten, „das Design ohne Designer"[3] erklären können. Ganz ähnlich richtete Francis Crick, der zusammen mit James Watson 1953 die Struktur der DNA entschlüsselte, eine Ermahnung an Biologen, „immer daran zu denken, dass das, was sie sehen, nicht gestaltet wurde, sondern sich vielmehr entwickelt hat".[4]

Allerdings ist das materialistische Verständnis des Lebens – zum großen Teil aufgrund von Cricks und Watsons eigener Entdeckung der informationstragenden Eigenschaften der DNA – ins Wanken geraten. Wissenschaftlern ist zunehmend und in manchen Bereichen unangenehm bewusst geworden, dass es mindestens einen Anschein von Design in der Biologie gibt, der sich nicht durch natürliche Selektion oder irgendeinen anderen rein materialistischen Mechanismus erklären lässt: die Information, die selbst in den einfachsten lebenden Zellen vorhanden ist.

Das Rätsel der DNA

Als Watson und Crick die Struktur der DNA ermittelten, machten sie eine gewaltige Entdeckung. DNA konnte Informationen in Form eines vierstelligen digitalen Codes speichern. Ihr Strukturmodell der DNA zeigte, dass Stränge von präzise sequenzierten chemischen Untereinheiten, den sogenannten Nukleotidbasen (die innen liegend entlang des DNA-Doppelhelixgerüsts befestigt sind), Information speichern und übermitteln konnten (Abb. 9.1). Crick entwickelte diese Idee 1958 mit seiner nun berühmten „Sequenzhypothese" weiter, der zufolge die chemischen Untereinheiten der DNA (die Nukleotidbasen) so wie Buchstaben in einem geschriebenen Text oder digitale Zeichen in der Sequenz eines Computerprogramms *funktionieren* (Abb. 9.2). So wie Buchstaben oder digitale Zeichen je nach ihrer Anordnung Informationen übermitteln können, so können auch bestimmte Sequenzen von chemischen Basen entlang des Grundgerüsts des DNA-Moleküls präzise Befehle zum Aufbau der Aminosäuren, aus denen Eiweiße aufgebaut sind, übermitteln.

Abb. 9.1
Watson und Crick stellen ihr Doppelhelix-Modell der DNA vor.

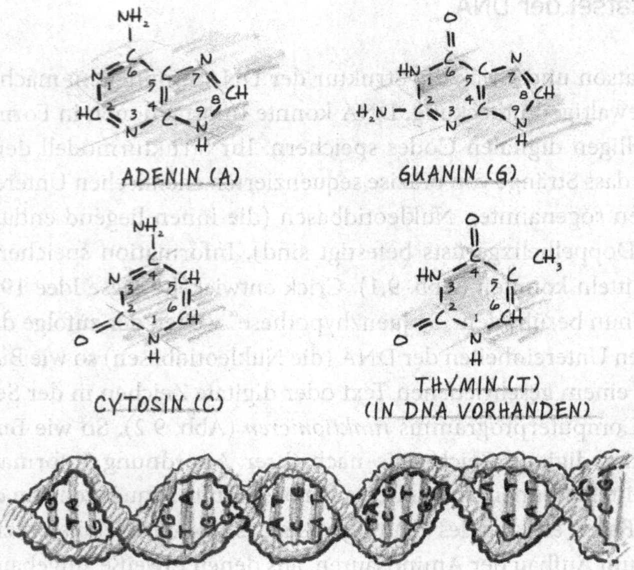

Abb. 9.2

Francis Cricks Sequenzhypothese. Der Sequenzhypothese zufolge funktionieren die vier Nukleotidbasen Adenin, Guanin, Cytosin und Thymin wie alphabetische Zeichen in einem geschriebenen Text oder digitale Zeichen in einem Abschnitt von Maschinencode. Insbesondere ihre exakte Anordnung liefert die Befehle zum Aufbau der Proteine und Proteinapparate, die Zellen zum Überleben brauchen. Die chemischen Formeln dieser vier Basen sind oben in der Abbildung dargestellt. Darunter zeigt ein gewundener DNA-Doppelhelixstrang eine Reihe dieser Nukleotidbasen (d. h. der „genetischen Buchstaben"), die genetische Aufbauanleitungen enthalten.

Crick wusste, dass Proteine die meisten der wichtigen lebenserhaltenden Funktionen in Zellen ausführen. Beispielsweise fungieren Proteine als Enzyme, die lebenswichtige Stoffwechselreaktionen viel schneller katalysieren, als es andernfalls geschehen würde (Abb. 9.3); sie verarbeiten Erbinformationen und sie bilden Strukturteile der winzigen molekularen Apparate in Zellen. Crick vermutete, dass spezifische Basensequenzen auf dem DNA-Strang die Anleitungen zum Aufbau der

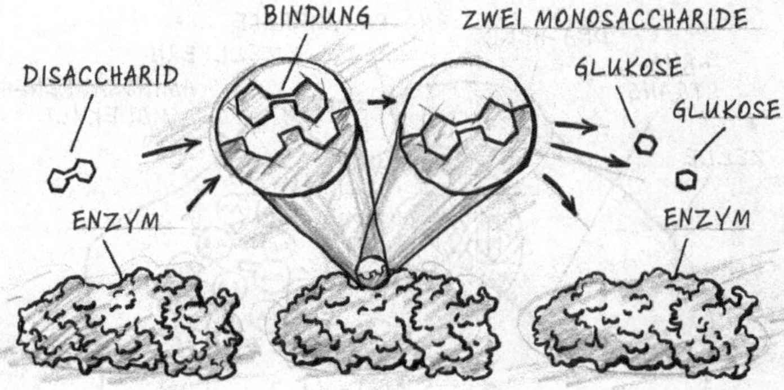

Abb. 9.3
Die dreidimensionale Spezifizität von Proteinen. Die Anweisungen in der DNA steuern die Produktion von funktionalen Proteinen, einschließlich der Enzyme. Dieses Schema zeigt ein Enzym, das ein zweiteiliges Zuckermolekül (ein Disaccharid) spaltet. Beachten Sie, wie exakt dreidimensional-spezifisch das Enzym und das Disaccharid an der aktiven Stelle, an der die Reaktion geschieht, zusammenpassen.

Proteinmoleküle und Proteinapparate liefern, die die Zellen zum Überleben brauchen. Bereits Mitte der 1960er-Jahre hatte eine Reihe genialer Studien und Experimente in der Molekularbiologie Cricks Hypothese bestätigt (Abb. 9.4).

Ende der 1960er-Jahre war in der Molekularbiologie bekannt, *wo* die Informationen zum Aufbau von Proteinen gespeichert sind, und sogar, *wie* diese Informationen dazu genutzt werden. Doch man wusste nicht, wo diese Informationen herkamen. Ich nenne dieses Geheimnis „das Rätsel der DNA", ein Geheimnis, das eng mit der Frage verbunden ist, wie das erste Leben auf der Erde entstand.

Wo alles begann

Das erste Mal begegnete ich wissenschaftlichen Zweifeln an den Evolutionstheorien zum Ursprung des Lebens bei den Konferenzen in Dallas und Yale, die ich Mitte der 1980er-Jahre besuchte. Beide Veranstaltungen

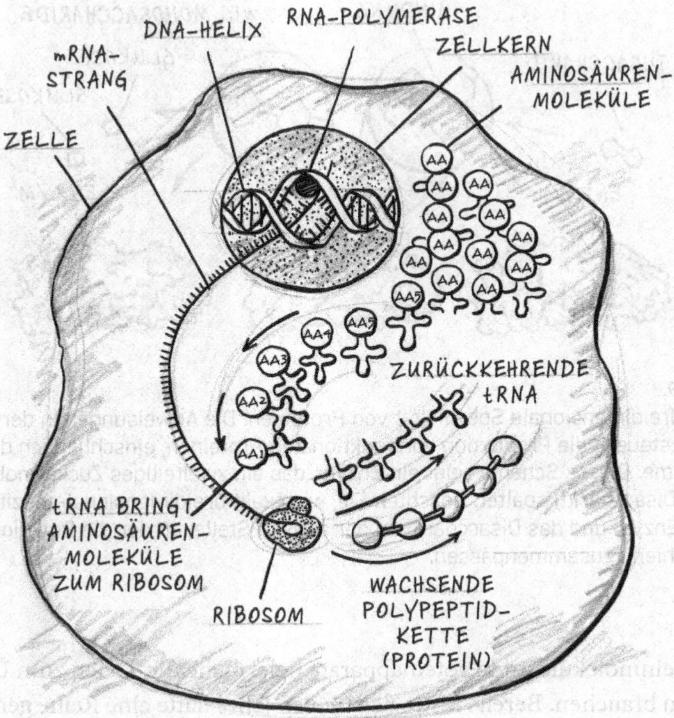

Abb. 9.4
Eine vereinfachte schematische Darstellung der Genexpression, die den Prozess zeigt, durch den in DNA gespeicherte genetische Informationen die Produktion von Proteinen in der Zelle steuern

hinterließen in mir eine Faszination über die Entdeckungen in der Kosmologie und Physik – Entdeckungen, die führende Naturwissenschaftler dazu brachten, den Wert einer theistischen Perspektive erneut in Betracht zu ziehen. Obwohl ich bis dahin hauptsächlich im Bereich der Physik (und Geophysik) gearbeitet hatte, faszinierte mich die Diskussion über Entdeckungen in der Molekularbiologie, von denen eine zur Bekanntgabe einer wissenschaftlichen „Bekehrung" bei der Konferenz in Dallas führte, die ebenso dramatisch war wie Allan Sandages Bekenntnis zum religiösen Glauben.

Während einer Einheit zum Ursprung des Lebens entbrannte eine energische Debatte über die Bedeutung der in der DNA gespeicherten Informationen. Alle Wissenschaftler im Forum räumten ein, dass die gegenwärtigen Theorien einer chemischen Evolution es nicht geschafft hatten zu erklären, woher die genetischen Informationen kamen, die für die Entstehung des ersten Lebens notwendig waren. Einige dieser Wissenschaftler waren der Ansicht, dass die Forschung zum Ursprung des Lebens einfach noch mehr Zeit brauchte, um eine Erklärung innerhalb des üblichen materialistischen Rahmens zu entwickeln. Andere meinten hingegen, dass die Wissenschaft einen radikal neuen Erklärungsansatz in Betracht ziehen müsse – einen, der die Verbindung zwischen Intelligenz und der Informationserzeugung anerkannte.

Die Aussagen eines der Wissenschaftler, die letztere Ansicht vertraten, hoben sich besonders hervor. Professor Dean Kenyon war eine Autorität auf dem Gebiet der Theorie der chemischen Evolution und der wissenschaftlichen Forschung zum Ursprung des Lebens. Er hatte an der Universität Stanford in Biophysik promoviert, an Forschungsprojekten bei der NASA gearbeitet und zahlreiche wissenschaftliche Arbeiten zum Ursprung des Lebens publiziert. Im Jahr 1969 hatte er zudem als Autor an einem bahnbrechenden Buch zu diesem Thema mitgearbeitet – *Biochemical Predestination* („Biochemische Prädestination") –, ein Buch, das sich bis 1985 als *das* meistverkaufte Fachbuch zur Theorie der chemischen Evolution etabliert hatte.

In *Biochemical Predestination* argumentierten Kenyon und sein Mitautor Gary Steinman, dass das Leben entstanden sein könnte, indem entscheidende Proteinmoleküle sich „selbst organisierten", ohne Hilfe von DNA, als Ergebnis rein natürlicher chemischer Anziehungskräfte zwischen den kleineren Aminosäuren-Untereinheiten, aus denen Proteine bestehen.[5] Zahlreiche führende Biochemiker auf dem Gebiet der Forschung zum Ursprung des Lebens begrüßten diese kühne Hypothese, da dieser Ansatz innerhalb der Theorie der chemischen Evolution den Ursprung des Lebens am plausibelsten erkläre.

Doch Ende der 1970er-Jahre waren Kenyon selbst inzwischen Zweifel an der Plausibilität seiner eigenen Theorie gekommen. Experimente widersprachen zunehmend der Idee, dass funktionale Proteine sich aus ihren Aminosäure-Bausteinen zusammengesetzt haben könnten, ohne dass bereits existierende genetische Informationen in der DNA den Prozess gesteuert hätten. Das zwang Kenyon, die Bedeutung der DNA für den Proteinaufbau zu überdenken und nach einer Erklärung für den Ursprung der Informationen zu suchen, die sie enthielt. Als er die Struktur des DNA-Moleküls eingehender studierte, erkannte Kenyon, dass die darin enthaltenen Informationen sich nicht „selbst organisiert" haben konnten. Etwas anderes zu behaupten käme der Erklärung gleich, eine Zeitungsschlagzeile könne als Ergebnis der chemischen Anziehungskräfte zwischen Druckerschwärze und Papier entstehen.

In Dallas widerrief Kenyon öffentlich und dramatisch seine Theorie der „biochemischen Prädestination". Zudem äußerte er Vorbehalte im Blick auf andere Theorien zur chemischen Evolution und argumentierte, das Vorhandensein von Informationen im DNA-Molekül lasse sich weder mit seiner noch irgendeiner anderen gegenwärtigen naturalistischen Theorie zum Ursprung des Lebens erklären.[6]

Kenyon war nicht der einzige Wissenschaftler im Forum, der zu dieser Schlussfolgerung gelangt war. Ein Jahr vor der Konferenz, 1984, hatten der Chemiker Charles Thaxton, der Polymerforscher Walter Bradley und der Geochemiker Roger Olsen ein Buch veröffentlicht, das die gegenwärtigen Theorien zur chemischen Evolution als Ursprung des Lebens infrage stellte. Das Buch mit dem Titel *The Mystery of Life's Origin* („Das Geheimnis vom Ursprung des Lebens") erschien bei Philosophical Library, damals ein namhafter New Yorker Wissenschaftsverlag, der bereits Werke von über 20 Nobelpreisträgern veröffentlicht hatte. In diesem Buch legten Thaxton und seine Kollegen viele Mängel in den verschiedenen Theorien zur chemischen Evolution offen, doch besonders deren Unfähigkeit, den Ursprung der genetischen Informationen zu erklären, die zum Aufbau der ersten lebenden Zelle notwendig waren. Sie argumentierten, dass aus unterschiedlichen Gründen der Schritt von der Chemie zum Code ohne Hilfe einer Intelligenz eine unüberwindbare Schwierigkeit darstellte.

Nach der Konferenz machte mich ein gemeinsamer Freund mit Thaxton bekannt, der mich in sein Büro einlud, um die in seinem Buch dargelegten Ideen eingehender zu diskutieren. Thaxton lebte zur gleichen Zeit in Dallas, zu der ich dort als Geophysiker im Bereich der digitalen Signalverarbeitung arbeitete, einer frühen Form der angewandten

Informationstechnologie. Es faszinierte mich zu erfahren, dass ein so tiefes Geheimnis wie der Ursprung des ersten Lebens letztlich darauf hinauslaufen könnte, den Ursprung der Informationen und informationsverarbeitenden Systeme in Zellen zu ermitteln.

Von da an war ich regelmäßig nach der Arbeit bei Thaxton im Büro und wir führten lange Diskussionen: über verschiedene Theorien zur chemischen Evolution, über die Molekularbiologie der Zelle, über die Thermodynamik von lebenden Systemen, über die Chemie der frühen Erdatmosphäre, über die Logik von Simulationsexperimenten und besonders über die Anwendung von informationstheoretischen Konzepten auf die DNA und die Molekularbiologie.

Ein Jahr später, als ich an die Universität Cambridge wechselte, hatte ich ein Dissertationsthema im Kopf. Dort schrieb ich schließlich sowohl meine Masterarbeit in Philosophie als auch meine Doktorarbeit über die Biologie vom Ursprung des Lebens. Dabei widmete ich jeweils einen Teil der kritischen Frage zum Ursprung der genetischen Information. Was ich während meiner Zeit in Cambridge über Molekularbiologie und Theorien zur chemischen Evolution lernte, überzeugte mich, dass die Biologie vom Ursprungs des Lebens in der Tat in eine schwerwiegende Sackgasse geraten war.

Frühe Theorien zum Ursprung des Lebens

Nur wenigen ist bewusst, dass Darwins Theorie der biologischen Evolution nicht erklärte (und auch nicht zu erklären versuchte), wie das erste Leben – vermutlich ein einfacher einzelliger Organismus – entstanden sein könnte. Stattdessen versuchte Darwins Theorie zu erklären, wie neue Lebensformen aus einfacheren, bereits existierenden Lebensformen entstanden waren. Dennoch dachten in den 1860er- und 1870er-Jahren viele Biologen, dass sie relativ leicht eine materialistische evolutionäre Erklärung für den Ursprung des ersten Lebens entwickeln könnten. Warum? Sie nahmen an, dass das Leben aus einer eher einfachen Substanz bestand, dem sogenannten „Protoplasma", das leicht durch die Kombination und Rekombination von einfachen chemischen Stoffen wie Kohlendioxid, Sauerstoff und Stickstoff aufgebaut werden konnte.

Der deutsche Evolutionsbiologe Ernst Haeckel nannte diesen Prozess Zellen-„Autogenese“ und verglich ihn mit dem Prozess der anorganischen Kristallisation. Haeckels englisches Pendant T. H. Huxley schlug eine einfache Zwei-Schritt-Methode der chemischen Rekombination als Erklärung für den Ursprung der ersten Zelle vor. So wie man spontan Kochsalz herstellen konnte, indem man Natrium mit Chlor mischte, so konnte nach der Vorstellung von Haeckel und Huxley eine lebende Zelle generiert werden, indem man verschiedene chemische Bestandteile kombinierte und dann spontane chemische Reaktionen stattfinden ließ, welche die einfache protoplasmische Substanz erzeugte, die sie für die Essenz des Lebens hielten.[7]

In den 1920er- und 1930er-Jahren legte der russische Biochemiker Alexander Iwanowitsch Oparin eine ausgefeiltere Version dieser „Theorie der chemischen Evolution“ vor. Auch er ging davon aus, dass das erste Leben sich infolge einer Reihe chemischer Reaktionen entwickelt haben könnte. Doch er stellte sich viel mehr chemische Transformationen und Reaktionen über Hunderte Millionen Jahre vor. Oparin postulierte diese zusätzlichen Schritte und zusätzliche Zeit, weil er mehr von der Komplexität des Zellstoffwechsels verstand als Haeckel oder Huxley.[8] Dennoch durchdrang weder er noch irgendjemand sonst in den 1930er-Jahren voll und ganz die Komplexität und die informationstragenden Eigenschaften der DNA, RNA und Proteine, die das Leben möglich machen.

Obwohl Oparins Theorie 1953 scheinbar experimentelle Unterstützung erhielt, als Stanley Miller die Produktion der Aminosäure-„Bausteine“ von Proteinen unter angeblich präbiotischen atmosphärischen Bedingungen simulierte (Abb. 9.5), stieß seine Lehrbuchversion der Theorie der chemischen Evolution rasch auf viele Schwierigkeiten. Heute weiß die Forschung zum Ursprung des Lebens, dass Millers Simulationsexperiment allenfalls nur wenig dazu beitrug zu erklären, wie Aminosäuren – ganz zu schweigen von ihrer exakten Sequenzierung, die notwendig ist, um Proteine zu erzeugen – in der tatsächlichen Atmosphäre der jungen Erde hätten entstehen sollen. Zudem lieferte Oparin keine Erklärung für den Ursprung der Informationen in der DNA (oder RNA), die heutige Zellen für den Aufbau von Proteinen nutzen.

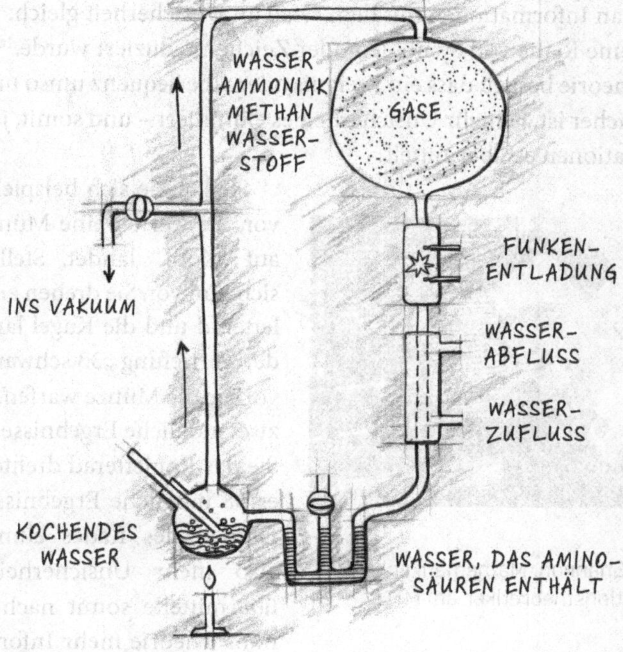

Abb. 9.5
Das Miller-Urey-Experiment. Es simulierte die Erzeugung von Aminosäuren aus einer Gasmischung, die angeblich der präbiotischen Atmosphäre entsprach.

Die Informationen in der DNA: Shannon und was daraus folgte

Um zu verstehen, warum es so schwierig ist, den Ursprung der Informationen in DNA und anderen Biomakromolekülen in lebenden Zellen zu erklären, müssen wir einen näheren Blick darauf werfen, welche Art Informationen genau DNA, RNA und Proteine enthalten. Dabei werden wir sehen, dass DNA nicht nur im mathematischen Sinn Informationen enthält, so wie es von der modernen Informationstheorie beschrieben wird, wie sie Ende der 1940er-Jahre vom MIT-Wissenschaftler Claude

Shannon (Abb. 9.6) entwickelt wurde.[9] Shannons Theorie setzte die Menge an Informationen mit dem Grad an Unsicherheit gleich, welche durch eine Reihe von Symbolen oder Zeichen reduziert wurde.[10] Shannons Theorie besagt, dass ein Ereignis oder eine Sequenz umso unwahrscheinlicher ist, je mehr Unsicherheit es eliminiert – und somit, je mehr Informationen es übermittelt.

Abb. 9.6
Claude Shannon, Mathematiker und Informationstheoretiker am MIT.

Stellen Sie sich beispielsweise vor, Sie werfen eine Münze, die auf „Kopf" landet. Stellen Sie sich nun vor, Sie drehen ein Rouletterad und die Kugel landet in der Vertiefung „33 schwarz". Bevor Sie die Münze warfen, gab es zwei mögliche Ergebnisse. Bevor Sie das Rouletterad drehten, gab es 38 mögliche Ergebnisse. Das Drehen des Rades eliminierte also mehr Unsicherheit und übermittelte somit nach Shannons Theorie mehr Informationen als das Werfen der Münze. Beachten Sie auch, dass das unwahrscheinlichere Ereignis (dass die Kugel in der Vertiefung mit der Zahl 33 landet) mehr Informationen übermittelt als das weniger unwahrscheinliche Ereignis (dass die Münze auf „Kopf" landet).

Shannon verallgemeinerte diesen Zusammenhang, indem er sagte, dass die Informationsmenge, die von einem Ereignis oder einer Sequenz übermittelt wird, umgekehrt proportional zur Wahrscheinlichkeit seines Auftretens ist. Je größer die Anzahl von Möglichkeiten ist, umso größer ist die Unwahrscheinlichkeit, dass eine davon tatsächlich auftritt, und umso mehr Informationen werden übermittelt, wenn eine bestimmte Möglichkeit eintritt.[11]

Dennoch konnte, wie Shannon selbst erklärte, sein mathematischer Formalismus nicht ermitteln, ob eine Zeichensequenz einen Sinn übermittelte oder eine Kommunikations*funktion* erfüllte. Um den Unterschied zwischen einer lediglich unwahrscheinlichen Zeichensequenz (die nur Shannon-Information besitzt) und einer Sequenz zu sehen, die sowohl Shannon-Information als auch *funktionale* Spezifizität besitzt, betrachten Sie einmal die folgenden beiden Sequenzen:

inwehnsdysk]ifhsnmcpew,m.sa
Zeit und Gezeiten warten auf niemanden.

Ganz eindeutig gibt es einen qualitativen Unterschied zwischen diesen beiden Zeichenfolgen. Während die untere Folge eine Kommunikationsfunktion erfüllt, tut dies die obere Folge nicht. Damit enthält die obere Folge zwar „Shannon-Information" und besitzt eine messbare Unwahrscheinlichkeit (oder „Komplexität"), doch die untere Folge enthält sowohl Shannon-Information als auch „funktionale" oder „spezifizierte" Information (manchmal wird dafür auch der Begriff „spezifizierte Komplexität" verwendet).[12]

Es zeigt sich, dass die spezifischen Anordnungen der Basen in der DNA – so wie die Anordnung von Buchstaben in einem Satz oder digitalen Zeichen in einem Computerprogramm – nicht nur ein hohes Maß an mathematischer Unwahrscheinlichkeit aufweisen. Vielmehr ermöglichen die *spezifischen* Anordnungen der Nukleotidbasen (besonders in den Kodierungsregionen der DNA) den DNA-Basen, eine *Funktion* in der Zelle auszuführen. Die Basen in der DNA übermitteln Befehle zum Aufbau von Proteinen – und zwar dank ihrer *spezifischen* Anordnung. Wie Francis Crick 1958 erklärte: „Information bedeutet hier die *präzise* Sequenzfestlegung entweder der Basen in der Nukleinsäure [d. h. in der DNA] oder der Aminosäurenrückstände im Protein."[13]

Somit besitzt DNA nicht nur Shannon-Information; sie enthält auch „spezifizierte" oder „funktionale" Informationen. Folglich enthält sie auch Informationen im üblichen Sinn von „alternativen Sequenzen oder Anordnungen von Zeichen, *die einen spezifischen Effekt erzielen*", wie ein Wörterbuch den Begriff „Information" definiert.

So merkt Richard Dawkins auch an: „Die Maschinensprache der Gene ist furchterregend computerähnlich."[14] Und der Softwareentwickler Bill Gates bemerkt: „DNA ist wie ein Computerprogramm."[15] Ganz ähnlich beschreibt der Biotechnologie-Spezialist Leroy Hood die in DNA gespeicherten Informationen einfach als „digitalen Code".[16] Weitere Entdeckungen nach den frühen 1960er-Jahren zeigten, dass die digitalen Informationen in DNA und RNA nur einen Teil eines komplexen Informationsübertragungs- und -verarbeitungssystems darstellen – eine fortgeschrittene Form von Nanotechnologie, die unsere eigene in ihrer Komplexität, ihrem Design, ihrer Logik und ihrer Informationsspeicherungsdichte sowohl widerspiegelt als auch übertrifft.

Doch wenn das wahr ist, wie ist dann die *funktional spezifizierte Information* in der DNA überhaupt entstanden? Und was hat die komplizierten Informationsverarbeitungssysteme in lebenden Zellen erzeugt, die notwendig sind, damit die DNA ihre Funktion erfüllen kann? Ist dieser auffällige Anschein von Design das Produkt eines tatsächlichen Designs oder eines natürlichen Prozesses, der lediglich die Fähigkeiten einer gestaltenden Intelligenz imitiert?

Die alte Frage nach dem Ursprung des ersten Lebens dreht sich um diese Fragen. Seit der Entdeckung von Watson und Crick hat die Wissenschaft immer mehr verstanden, wie zentral Information für auch nur die einfachsten lebenden Systeme ist. DNA speichert die Anleitungen zum Aufbau der vielen entscheidenden Proteine und Proteinapparate, die selbst die primitivsten einzelligen Organismen versorgen und am Leben erhalten. Daraus folgt, dass der Aufbau einer lebenden Zelle von vornherein Aufbauanleitungen erfordert, die in DNA oder einem entsprechenden Molekül gespeichert sind.

Darwin hat 1859 nicht versucht, eine Erklärung für den Ursprung des ersten Lebens zu liefern. Heute wird die Frage, wie das erste Leben entstand, immer noch weithin als tief greifendes und ungelöstes wissenschaftliches Problem betrachtet, hauptsächlich wegen des Mysteriums, das den Ursprung von funktional spezifizierter biologischer Information umgibt. Tatsächlich haben sich seit den 1950er-Jahren drei große Varianten naturalistischer Erklärungen etabliert – die zufallsbasierten, die von den Gesetzen der Physik und Chemie abhängigen und diejenigen, die Naturgesetze und Zufall kombinieren. Jeder dieser Ansätze ist auf gravierende Schwierigkeiten gestoßen.

Für den Zufall unerreichbar

Anfangs waren zahlreiche Naturwissenschaftler der Ansicht, dass rein zufällige Interaktionen zwischen Molekülen in den Ozeanen der Erde oder einer anderen günstigen Umwelt[17] den Ursprung der Information in der DNA erklären könnten.[18] Seit Ende der 1960er-Jahre unterstützen allerdings nur noch wenige ernst zu nehmende Wissenschaftler diese Sichtweise.[19] Seitdem Molekularbiologen zunehmend verstanden, wie die digitale Information in der DNA den Aufbau von Proteinen in der Zelle steuert, wurden viele Berechnungen angestellt, um die Wahrscheinlichkeit zu ermitteln, mit der sich funktionale Proteine oder Nukleinsäuren (DNA- oder RNA-Moleküle) zufällig hätten bilden können. Selbst wenn man extrem günstige präbiotische Konditionen (seien diese realistisch oder nicht) und theoretisch maximale Reaktionsgeschwindigkeiten annimmt, haben solche Berechnungen ausnahmslos bestätigt, wie unplausibel die zufallsbasierten Theorien sind. Diese Berechnungen haben gezeigt, dass die Wahrscheinlichkeit, funktional sequenzierte informationsreiche Biomakromoleküle durch Zufall zu erhalten, mit den Worten von Ilja Prigogine und seinen Kollegen „verschwindend gering [ist] …, selbst auf einer Skala von … Milliarden Jahren".[20]

In meinem Buch *Signature in the Cell* stelle ich aktualisierte Berechnungen dazu an, wie wahrscheinlich es ist, dass auch nur ein einziges *funktionales* Protein oder entsprechendes *funktionales* Gen (der Abschnitt auf einem DNA-Molekül, der die Synthese eines bestimmten Proteins steuert) allein aus Zufall entsteht. Meine Berechnungen beruhen auf neueren Experimenten der Molekularbiologie, die zeigen, wie extrem selten funktionale Proteine im Verhältnis zur Gesamtzahl möglicher Anordnungen von Aminosäuren sind, die einem Protein einer gegebenen Länge entsprechen. Unter Einbeziehung dieser und anderer relevanter unabhängiger Faktoren zeige ich, dass die Wahrscheinlichkeit, in einem präbiotischen Milieu auch nur ein einziges funktionales Protein moderater Länge (150 Aminosäuren) allein aus Zufall zu produzieren, nicht höher als „verschwindend gering" ist – $1{:}10^{164}$, eine unvorstellbar kleine Wahrscheinlichkeit. Um diese Zahl in die rechte Perspektive zu rücken, erinnern Sie sich, dass es nach Schätzungen der Physik nur 10^{80} Elementarteilchen im gesamten Universum gibt.

In *Signature* zeige ich auch, dass die Wahrscheinlichkeit, ein einziges funktionales Protein zu erzeugen, *im Verhältnis* zu allen Möglichkeiten, die es seit Beginn der Zeit für das Eintreten dieses Ereignisses gab (den sogenannten „probabilistischen Ressourcen" des Universums), extrem gering ist. Selbst wenn jedes Ereignis (wobei die Minimaldefinition von „Ereignis" eine Interaktion zwischen Elementarteilchen ist) in der gesamten Geschichte des Universums der Aufgabe gewidmet wäre, Kombinationen von Aminosäuren einer gegebenen Länge zu erzeugen (eine außerordentlich großzügige Annahme) – selbst dann würde die Anzahl von so produzierten Kombinationen immer noch nur einen winzigen Bruchteil der gesamten Anzahl möglicher Aminosäurekombinationen darstellen, die einem funktionalen Protein (*irgendeinem* funktionalen Protein!) dieser gegebenen Länge entsprechen.

Kurz gesagt ist es extrem unplausibel anzunehmen, dass auf der jungen Erde auch nur ein einziges Protein durch Zufall entstanden ist, selbst wenn man die „probabilistischen Ressourcen" der gesamten 13,8 Milliarden langen Geschichte des Universums einbezieht. Und vergessen Sie nicht: Ein einziges Protein ist noch längst keine lebende Zelle mit Hunderten von spezialisierten Proteinen.

Aus diesen und anderen Gründen betrachten Forscher auf dem Gebiet des Ursprungs des Lebens den „Zufall" als unzulängliche Erklärung für den Ursprung biologischer Informationen.[21] Bis zu seinem Tod 2013 lehnte der Nobelpreisträger Christian de Duve, ein führender Biochemiker auf dem Gebiet des Ursprungs des Lebens, die Zufallshypothese kategorisch ab, da er die notwendige günstige Konvergenz von Ereignissen als extrem unplausibel beurteilte.[22] In einem denkwürdigen Abschnitt seines Artikels „The Beginnings of Life on Earth" („Die Anfänge des Lebens auf der Erde") machte de Duve die Logik deutlich, aufgrund derer er die Zufallshypothese ablehnte: „Ein einziges außergewöhnliches, höchst unwahrscheinliches Ereignis kann wohl eintreten. Viele höchst unwahrscheinliche Ereignisse treten ständig ein, wie das Ziehen einer Gewinnzahl beim Lotto oder die Aufteilung der Spielkarten, die jemand beim Bridge auf der Hand hat. Doch eine ganze Kette unwahrscheinlicher Ereignisse – dass man die gleiche Lottozahl zweimal zieht oder beim Bridge zweimal hintereinander das gleiche Blatt hat – tritt nicht auf natürliche Art und Weise auf."[23]

Selbstorganisationsszenarien

Aufgrund dieser Schwierigkeiten gingen ab Mitte der 1960er-Jahre zahlreiche Theoretiker auf dem Forschungsgebiet zum Ursprung des Lebens das Problem des Ursprungs der biologischen Information anders an. Statt sich auf zufällige Ereignisse oder „eingefrorene Zufälle" zu berufen, mutmaßten Theoretiker der chemischen Evolution wie Dean Kenyon, dass die Naturgesetze oder gesetzesähnliche chemische Anziehungskräfte die Informationen in DNA und Proteinen geniert haben könnten. Verfechter solcher Selbstorganisationsmodelle waren der Auffassung, dass einfache Chemikalien Eigenschaften besitzen könnten, die in der Lage sind, die Bestandteile von Proteinen, DNA und RNA zu den speziellen Anordnungen zusammenzusetzen, die sie heute besitzen. So wie elektrostatische Kräfte Natrium- (Na+) und Chlor- (Cl-) Ionen zu einem hochgeordneten Muster innerhalb eines Salzkristalles (NaCl) zusammenziehen, so könnten sich auch Aminosäuren mit speziellen Affinitäten füreinander zu Proteinen anordnen. Dies war Kenyons These in seinem Buch *Biochemical Predestination.*[24]

Zahlreiche gegenwärtige Forscher auf dem Gebiet des Ursprungs des Lebens halten Selbstorganisationsmodelle anscheinend immer noch für den vielversprechendsten Ansatz zur Erklärung des Ursprungs biologischer Information. Dennoch gibt es ernste wissenschaftliche und konzeptionelle Gründe, diese Modelle anzuzweifeln.

Kenyons Zweifel an seiner Selbstorganisationstheorie tauchten zuerst in Diskussionen mit einem seiner Studenten an der San Francisco State University in einem Fortgeschrittenenkurs zur Evolution auf. Der Student – der ironischerweise Solomon Darwin hieß – drängte Kenyon zu untersuchen, ob sein Selbstorganisationsmodell den Ursprung der Informationen in der DNA erklären konnte. Kenyon hätte diese Kritik abwenden können, indem er behauptete, dass sein Selbstorganisations-Modell à la „Protein zuerst" die Notwendigkeit umgangen habe, die Informationen in der DNA zu erklären. Doch Kenyon selbst vermutete allmählich, dass die DNA eine zentralere Rolle in seiner Darstellung vom Ursprung des Lebens spielen musste. An irgendeinem Punkt musste die DNA als Träger von Informationen zum Aufbau von Proteinen entstanden sein – und wie das geschehen war, bedurfte einer Erklärung.

Doch zu erklären, wie es überhaupt zu den Informationen in der DNA kam, stellte eine beachtliche Schwierigkeit für den Selbstorganisations-Ansatz dar. Diese Schwierigkeit wird deutlich, wenn man die

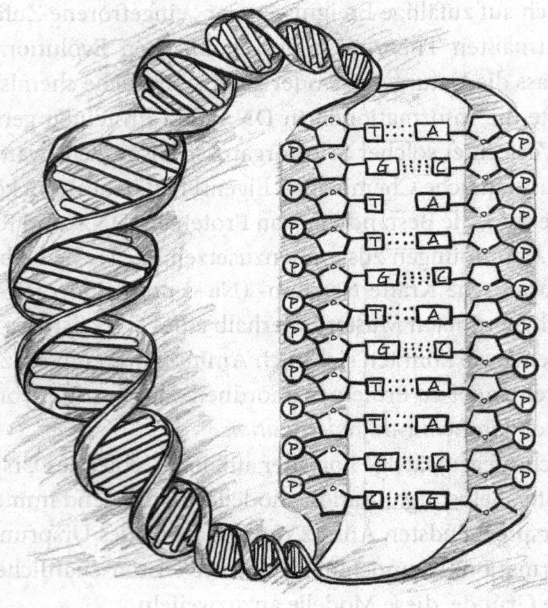

Abb. 9.7
Modell der chemischen Struktur des DNA-Moleküls mit Darstellung der chemischen Hauptbindungen zwischen seinen Einzelmolekülen. Beachten Sie, dass auf der informationstragenden Längsachse des Moleküls keine Bindungen zwischen den Basen (dargestellt durch die Buchstaben in den Kästchen) vorhanden sind. Beachten Sie auch, dass die gleiche Art chemischer Verbindung die unterschiedlichen Nukleotidbasen mit dem Zuckerphosphat-Gerüst des Moleküls zusammenhält (dargestellt durch die Fünfecke und Kreise). Diese beiden Merkmale des Moleküls sorgen dafür, dass jede Nukleotidbase gleichermaßen leicht an jedem Punkt im Gerüst andocken kann. Das bedeutet, dass die Basensequenz der DNA nicht durch die Bindungseigenschaften ihrer chemischen Bestandteile festgelegt wird.

Struktur des DNA-Moleküls untersucht. Abbildung 9.7 zeigt, dass die Struktur der DNA von verschiedenen chemischen Bindungen abhängt. Beispielsweise gibt es Bindungen zwischen den Zuckermolekülen (dargestellt durch die Fünfecke) und den Phosphatmolekülen (dargestellt durch die eingekreisten *P*s), die das gedrehte Grundgerüst der DNA-Helix bilden. Beachten Sie, dass allerdings keine chemischen Bindungen und damit keine Anziehungskräfte zwischen den entlang des Grundgerüstes angeordneten Basen vorhanden sind. Doch genau entlang dieser Achse des Moleküls sind die genetischen Informationen in der DNA verschlüsselt.

Zudem kann, so wie auf einer Metalloberfläche Magnetbuchstaben in jeder Form zu unterschiedlichen Sequenzen kombiniert und neu kombiniert werden können, auch jede der vier Basen Adenin, Thymin, Guanin und Cytosin – A, T, G und C – gleichermaßen leicht an jeder Stelle des DNA-Grundgerüsts andocken; somit sind alle Sequenzen gleich wahrscheinlich (oder unwahrscheinlich). Und unabhängig davon, welche Base andockt, tritt zwischen den Basen und dem Grundgerüst die gleiche Art chemischer Bindung (eine N-glykosidische Bindung) auf. Alle vier Basen sind zulässig, keine wird bevorzugt (siehe Abb. 9.7). Damit wird die Anordnung der Basen nicht durch *Unterschiede in der Bindungsaffinität* bestimmt. Mit anderen Worten, die Informationen in der DNA lassen sich nicht durch chemische Anziehungskräfte erklären.

Kenyon erkannte, dass diese elementaren Fakten der Molekularbiologie vernichtende Bedeutung hatten. Die logischste Stelle, um nach selbstorganisierenden Eigenschaften zur Erklärung für den Ursprung genetischer Informationen zu suchen, sind die Bestandteile der Moleküle, die diese Informationen in sich tragen. Doch Biochemie und Molekularbiologie zeigen deutlich, dass die Anziehungskräfte zwischen den Bestandteilen in der DNA, RNA und den Proteinen nicht die Sequenzspezifizität (die Informationen) erklären, die in diesen informationstragenden Molekülen vorhanden sind.[25]

Dafür gibt es einen guten Grund. Wenn die chemische Affinität zwischen den Bestandteilen im DNA-Text die Anordnung des Textes bestimmen würde, würden solche Affinitäten die Fähigkeit der DNA, Informationen zu transportieren, drastisch vermindern. Überlegen Sie einmal, was geschehen würde, wenn die einzelnen Nukleotid„buchstaben" (A, T, G, C) in einem DNA-Molekül *tatsächlich* aus *chemischer* Notwendigkeit miteinander interagieren würden. Angenommen, dass jedes Mal, wenn Adenin (A) in einer wachsenden genetischen Sequenz auftauchen würde, es Guanin (G) mit sich ziehen würde. Oder jedes Mal, wenn Cytosin (C) auftaucht, würde Thymin (T) folgen. In diesem Fall wäre der DNA-Text übersät mit sich wiederholenden A-G- und C-T-Sequenzen.

Abb. 9.8

Illustration des Konzepts von Ordnung, Komplexität und spezifizierter Komplexität. Diese Abbildung zeigt drei qualitativ unterschiedliche Arten von Sequenzen, wie sie von den Informationswissenschaften definiert sind. Beachten Sie, dass DNA Sequenzen enthält, die spezifizierte Komplexität aufweisen, nicht einfache redundante Ordnung.

Statt eines genetischen Moleküls, das unbegrenzte Neukombinationen hervorbringen kann – mit allen unvorhersehbaren und aperiodischen Sequenzen, die informative Texte kennzeichnen –, hätten wir einen hochgradig repetitiven Text voller redundanter Sequenzen – ganz ähnlich wie in Kristallen. In einem Kristall sind es *in der Tat* die gegenseitigen chemischen Anziehungskräfte, die die sequenzielle Anordnung der Bestandteile erklären. Folglich können Kristalle keine neuartigen

Informationen übermitteln. Der Ursprung der Information lässt sich also nicht mit Bindungsaffinitäten (soweit vorhanden) erklären. Selbstorganisierende chemische Affinitäten generieren eine hochgradig repetitive „Ordnung", aber keine Information; sie erzeugen Mantras, nicht Nachrichten (Abb. 9.8). Nicht der Ursprung der Ordnung – ganz gleich ob in Kristallen, Wirbelstürmen oder den „Augen" von Tornados – bedarf einer Erklärung, sondern der Ursprung der *Information*.[26]

Zufall und Notwendigkeit: präbiotische natürliche Selektion

Andere Theorien der chemischen Evolution stützen sich nicht ausschließlich auf Zufall oder gesetzartige Notwendigkeit. Sie versuchen stattdessen, beides zu kombinieren. Oparin beispielsweise überarbeitete nach 1953 seine ursprüngliche Theorie der chemischen Evolution. Er versuchte, den Ursprung der biologischen Information als Produkt des gesetzartigen Prozesses der *natürlichen Selektion* zu erklären, die aufgrund von zufälligen Interaktionen einfacher nicht lebender Moleküle wirkt. Doch Oparins Vorstellung einer präbiotischen natürlichen Selektion stieß bald auf offenkundige Schwierigkeiten.

Erstens setzt der Prozess der natürlichen Selektion die differenzierte Reproduktion *bereits* lebender Organismen voraus und damit einen bereits existierenden Selbstreplikationsmechanismus. Doch Selbstreplikation in allen existierenden Zellen hängt von funktionalen (und damit sequenzspezifischen informationsreichen) Proteinen und Nukleinsäuren ab. Und der Ursprung solcher informationsreichen Moleküle ist genau das, was Oparin erklären musste. Daher wurde sein Postulat der präbiotischen natürlichen Selektion von vielen als Zirkelschluss abgelehnt. Wie der Evolutionsbiologe Theodosius Dobzhansky nachdrücklich erklärte: „Präbiologische natürliche Selektion ist ein Widerspruch in sich."[27] Oder mit den Worten von Christian de Duve: Theorien der präbiotischen natürlichen Selektion „benötigen Informationen, was bedeutet, dass sie als gegeben voraussetzen müssen, was doch eigentlich erklärt werden soll".[28]

Die RNA-Welt

In letzter Zeit behaupten manche Wissenschaftler, dass ein anderes Szenario – die RNA-Welt-Hypothese, die Zufall und natürliche Selektion miteinander kombiniert – das Problem des Ursprungs des Lebens lösen kann und damit vermutlich auch das Problem des Ursprungs der genetischen Information. Die RNA-Welt wurde als Erklärung für den Ursprung der gegenseitigen Abhängigkeit von DNA und Proteinen im Informationsverarbeitungssystem der Zelle vorgeschlagen. In existierenden Zellen erfordert der Aufbau von Proteinen genetische Informationen, die in der DNA gespeichert sind; doch diese Informationen können nicht ohne zahlreiche spezifische Proteine und Proteinkomplexe verarbeitet werden – also ein Henne-Ei-Problem. Die Entdeckung, dass RNA (eine Nukleinsäure, die genetische Informationen enthält) ebenfalls einige begrenzte katalytische Eigenschaften ähnlich denen von Proteinen besitzt, schien einen Weg zur Lösung dieses Problems darzustellen. Verfechter des „RNA zuerst"-Standpunkts stellten die Hypothese auf, es habe einen frühen Zustand gegeben, in dem die RNA sowohl die enzymatischen Funktionen heutiger Proteine und die Informationsspeicherfunktion heutiger DNA ausübte; somit sei die gegenseitige Abhängigkeit von DNA und Proteinen in den frühesten Lebenssystemen unnötig gewesen. Sie stellten sich auch vor, dass es primitive selbstkopierende RNA-Moleküle oder „RNA-Replikatoren" gegeben habe, die molekulare „Nachkommen" erzeugen konnten, die in der Lage waren, sich im Überlebenskampf zu behaupten, und damit einen Prozess der präbiotischen natürlichen Selektion auslösten.

Allerdings treten hinsichtlich des RNA-Welt-Szenarios zahlreiche fundamentale Schwierigkeiten auf. Erstens hat sich die Synthese (oder Erhaltung) vieler wesentlicher Grundbausteine von RNA-Molekülen unter realistischen Bedingungen als entweder schwierig oder unmöglich erwiesen.[29] Zweitens besitzt natürlich auftretende RNA nur sehr wenige der spezifischen enzymatischen Eigenschaften von Proteinen, die für existierende Zellen notwendig sind. Tatsächlich fungieren RNA-Katalysatoren nicht als echte Enzymkatalysatoren. Beispielsweise sind viele Enzyme in der Lage, energetisch günstige und energetisch ungünstige Reaktionen zu kombinieren (d. h. Reaktionen, die andernfalls nicht spontan ablaufen würden). RNA-Katalysatoren, sogenannte Ribozyme, können das nicht.

Drittens haben Versuche, die begrenzten katalytischen Eigenschaften von RNA-Molekülen in „Ribozym-Manipulations"-Experimenten zu verstärken, ausnahmslos umfangreiche Eingriffe durch die Forscher erfordert, sodass sie bestenfalls eine Simulation der Notwendigkeit von intelligentem Design waren. Viertens bieten RNA-Welt-Verfechter keine plausible Erklärung dafür, wie primitive RNA-Replikatoren sich zu heutigen Zellen entwickelt haben könnten, welche bei der Verarbeitung und Translation von genetischen Informationen und der Metabolismusregulation fast ausschließlich von Proteinen abhängig sind.[30]

Vor allem jedoch setzt die RNA-Welt-Hypothese den Ursprung der Sequenzspezifizität oder Informationen in den ursprünglichen funktionalen RNA-Replikatoren voraus, erklärt ihn aber nicht. Bis heute konnten Wissenschaftler RNA-Katalysatoren herstellen, die nur etwa 10 Prozent von sich selbst kopieren können.[31] Damit RNA-Stränge auch nur diese begrenzte Selbstreplikationsfunktion erfüllen können, müssen die Nukleotid-Bausteine, aus denen sie bestehen, sehr spezifische Anordnungen haben. Zudem müssen die Stränge lang genug sein, um sich zu komplexen dreidimensionalen Formen zusammenfalten zu können (sogenannten tertiären Strukturen). Damit muss jedes RNA-Molekül, das auch nur begrenzte Funktionen ausführen können sollte, einen beträchtlichen spezifischen Informationsgehalt besessen haben. Doch die Erklärung, wie die RNA-Bausteine sich zu funktional spezifizierten Sequenzen angeordnet haben, hat sich als keineswegs leichter erwiesen als die Erklärung, wie dies den DNA-Bestandteilen gelungen sein könnte. Wie de Duve in einer Kritik der RNA-Welt-Hypothese anmerkte: „Die Zusammensetzung der Komponenten in der richtigen Art und Weise wirft zusätzliche Probleme in solchem Ausmaß auf, dass noch niemand es in einem präbiotischen Kontext versucht hat."[32]

Die Sackgasse schließt sich

Seit den 1980er-Jahren hat sich die Krise der Forschung zum Ursprung des Lebens nur weiter verschärft. Wie Francis Crick 1981 klagte: „Ein ehrlicher Mensch, ausgerüstet mit allem heute für uns verfügbaren Wissen, könnte nur aussagen, dass in gewissem Sinn der Ursprung des Lebens im Moment fast ein Wunder zu sein scheint – so viele Bedingungen hätten erfüllt sein müssen, um den Prozess in Gang zu setzen."[33] Im Film *Expelled: Intelligenz streng verboten!* von 2008 räumte Richard Dawkins öffentlich ein, dass wir „nicht wissen", wie das Leben ursprünglich entstand. Er spekulierte sogar, dass die in DNA enthaltenen Informationen eine „Signatur irgendeiner Art von Designer" darstellen könnten.[34] Allerdings kein göttlicher Designer. Dawkins schlug als „faszinierende Möglichkeit" vor, dass eine außerirdische Zivilisation sich irgendwo im Kosmos entwickelt haben und dann das erste Leben auf der Erde „designt" und „gesät" haben könnte.[35]

Jahre zuvor, nämlich 1973, legten Francis Crick und sein Kollege Leslie Orgel in einem wissenschaftlichen Beitrag im Astronomiejournal *Icarus* die gleiche Hypothese vor, die sie „gerichtete Panspermie" nannten.[36] Später kam Crick in seinem Buch *Life Itself* (dt. Ausgabe: *Das Leben selbst*) ausführlicher auf diese Hypothese zurück. Dass so prominente Persönlichkeiten wie Dawkins und Crick, leidenschaftliche Verfechter der Evolutionstheorie und eines materialistischen Wissenschaftsansatzes, sich auf so spekulative Hypothesen verlegen, unterstreicht nur, wie enorm das Problem des Ursprungs des Lebens ist, ebenso wie das eng damit verbundene Rätsel des Ursprungs der genetischen Information.

„The Mystery of Life's Origin" und die Hypothese der „Intelligenten Ursache"

Diese sich ausweitende Krise veranlasste Charles Thaxton (Abb. 9.9), Walter Bradley und Roger Olson dazu, das Buch *The Mystery of Life's Origin* („Das Geheimnis vom Ursprung des Lebens") zu schreiben. Darin besprachen sie nicht nur die aktuellen Evolutionstheorien, sondern legten auch einen radikal neuen Ansatz vor. In einem philosophischen Nachwort unterbreiteten sie eine „intelligente Ursache" als Erklärung für den Ursprung der genetischen Informationen, die dazu nötig waren, überhaupt Leben hervorzubringen.[37] Zudem argumentierten sie, dass die Postulierung einer solchen Ursache eine völlig legitime und angemessene wissenschaftliche Hypothese im Rahmen der Geschichtswissenschaften darstellen könnte, eine Untersuchungsmethode, die sie „Ursprungswissenschaft" nannten.

Abb. 9.9
Der amerikanischen Chemiker und Mitautor von *The Mystery of Life's Origin*, Charles Thaxton.

Bezug nehmend auf die Arbeiten von Michael Polanyi, einem Experten im Bereich der physikalischen Chemie, und anderen argumentierten sie, dass Chemie und Physik allein genauso wenig in der Lage waren, Information zu erzeugen, wie Druckerschwärze und Papier die Informationen in einem Buch erzeugen können. Vielmehr legt unsere gleichförmige Erfahrung nahe, dass Information immer als Produkt des Verstandes oder einer von ihnen sogenannten „intelligenten Ursache" entsteht.[38]

Mitte der 1980er-Jahre war Dean Kenyon an den Punkt gelangt, dieselbe Möglichkeit in Betracht zu ziehen. Für ihn lieferte die digitale Information in der DNA „Hinweise auf einen intelligenten Plan oder Design im Kosmos", und er schlug infolgedessen vor, dass „die naturtheologischen Fragen von der Philosophie wieder aufgenommen werden sollten".[39]

Abduktive Schlüsse

Meine Bekanntschaft mit Kenyon und seinen Ideen im Jahr 1985 sowie mein Diskussionsmarathon mit Thaxton weckten mein philosophisches und wissenschaftliches Interesse. Ich war zwar noch nicht vollends überzeugt, aber zutiefst fasziniert von ihrer Perspektive. Folglich beschäftigte ich mich nach meinem Wechsel nach Cambridge mit Fragen, die in meinen Diskussionen mit Thaxton aufgetaucht waren. Welche Art von Information liegt in der DNA vor? Setzen Wissenschaftler eine besondere Methode der historisch-wissenschaftlichen Untersuchung ein, um biologische und kosmologische Ursprünge zu erforschen? Nach meiner erfolgreichen Promotion griff ich eine eng damit verbundene Frage auf: Konnte die intuitive Verbindung zwischen Information und der vorausgegangenen Aktivität einer gestaltenden Intelligenz ein rigoroses wissenschaftliches Plädoyer für intelligentes Design rechtfertigen, indem es sich auf das Vorhandensein funktional spezifischer digitaler Information in der DNA stützte?

So begann ich, mich mit der Art von Argumentation zu befassen, mittels derer Geschichtswissenschaftler Ursachen für Ereignisse in der fernen Vergangenheit ermitteln. Dabei entdeckte ich, dass Wissenschaftler, die diese Argumentationsform nutzen, ihre Schlussfolgerungen häufig in einer bestimmten logischen Form ziehen, deren technische Bezeichnung „abduktiver Schluss" lautet.[40] Geologen, Paläontologen, Evolutionsbiologen und andere Geschichtswissenschaftler schlussfolgern wie Detektive und leiten *vergangene* Bedingungen oder Ursachen aus *gegenwärtigen* Hinweisen ab. Wie Stephen Jay Gould sagte: Geschichtswissenschaftler leiten üblicherweise „die Geschichte aus ihren Ergebnissen" ab.[41]

Allerdings kann diese Art Schlussfolgerung problematisch sein, denn häufig kann mehr als eine Ursache den gleichen Effekt erklären. Um dieses Problem in der Geologie in Angriff zu nehmen, entwickelte der Geologe Thomas Chamberlain im 19. Jahrhundert ein Schlussverfahren, das er die „Methode multipler Arbeitshypothesen" nannte.[42]

Während meines letzten Jahres in Cambridge lernte ich einen amerikanischen Gastprofessor kennen, den Wissenschaftsphilosophen Peter Lipton (Abb. 9.10), der dieses Schlussverfahren während seines Promotionsstudiums in Oxford umfassend beschrieben hatte. Lipton nannte dieses Schlussverfahren „Schluss auf die beste Erklärung". Er kam vom Williams College in Massachusetts als Kandidat für einen Posten an der Fakultät für Wissenschaftsgeschichte und -philosophie in Cambridge – ein Posten, den er später antrat, bevor er schließlich Dekan der

Fakultät wurde. Im Frühjahr 1990 überließ Lipton mir ein Exemplar seines kurz vor der Veröffentlichung stehenden Manuskripts für ein Buch mit dem Titel *Inference to the Best Explanation* („Schluss auf die beste Erklärung"). Darin führte er aus, dass Wissenschaftler, wenn sie dieses Schlussverfahren anwenden, um das Auftreten eines Ereignisses oder einer Struktur zu erklären (einschließlich solcher aus der Vergangenheit), häufig mehrere Hypothesen miteinander vergleichen, um festzustellen, welche – falls sie wahr ist – die fraglichen Indizien am besten erklärt[43] (Abb. 9.11).

Abb. 9.10
Peter Lipton, Wissenschaftsphilosoph an der Universität Cambridge und Autor von *Inference to the Best Explanation*.

Liptons detaillierte philosophische Verteidigung dieser bestimmten Methode war innovativ. Doch was genau macht eine Erklärung zur *besten* Erklärung? Es ergab sich, dass ich später auf die Arbeiten von Geschichtswissenschaftlern aus dem 19. Jahrhundert stieß, die bereits praktische Kriterien zur Beantwortung dieser Frage entwickelt hatten. Das wichtigste dieser Kriterien ist die sogenannte „kausale Angemessenheit".

Dieses Kriterium verlangt, dass Geschichtswissenschaftler Ursachen ermitteln, die bekanntermaßen die Fähigkeit haben, die fragliche Art von Effekt, Merkmal oder Ereignis hervorzurufen. Während des Entscheidungsprozesses bewerten sie die Hypothesen anhand ihrer gegenwärtigen Kenntnis von Ursache und Wirkung. Ursachen, die

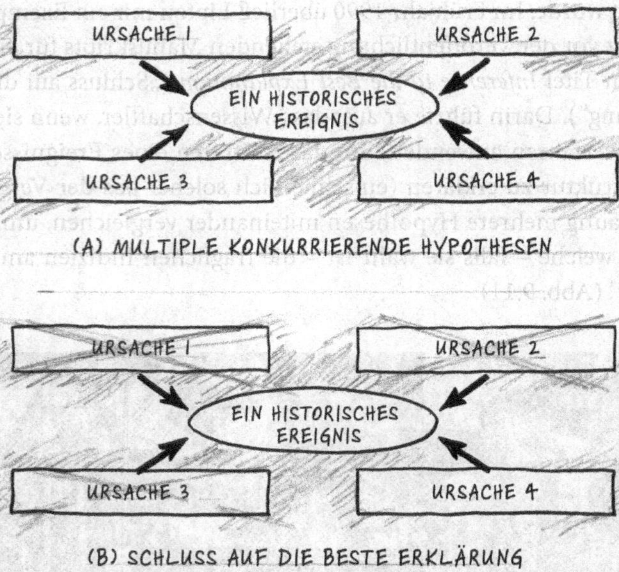

Abb. 9.11
Bei der Methode multipler konkurrierender Hypothesen oder des Schlusses auf die beste Erklärung stellen Wissenschaftler mehrere mögliche Hypothesen auf und wählen dann aus, welche Hypothese – wenn sie wahr ist – am besten das fragliche Ereignis oder Material erklären würde. Geschichtswissenschaftler haben die kausale Angemessenheit als Schlüsselkriterium für die Entscheidung identifiziert, welche Hypothese oder Erklärung die beste darstellt. Die obige Abbildung stellt einen Schlussfolgerungsprozess dar, bei dem Geschichtswissenschaftler vier mögliche Kausalerklärungen vorgelegt, drei davon aus der Betrachtung eliminiert und eine vierte ausgewählt haben. Im Diagramm würde die Kausalhypothese vermutlich für eine Ursache stehen, die bekanntermaßen ausreichend sicher das fragliche Ereignis hervorruft – mit anderen Worten: eine kausal angemessene Hypothese.

bekanntermaßen die fragliche Wirkung hervorrufen, werden dabei als bessere „Kandidaten" eingeschätzt als diejenigen, die das nicht tun. Beispielsweise liefert ein Vulkanausbruch eine bessere Erklärung für eine weiße Ascheschicht im Erdreich als ein Erdbeben oder eine Überflutung, da bei Vulkanausbrüchen bereits beobachtet wurde, dass sie

Ascheschichten hinterlassen – bei Erdbeben und Überflutungen aber nicht.

Einer der ersten Wissenschaftler, die dieses Prinzip entwickelten, war der Geologe Charles Lyell, von dem Charles Darwin beeinflusst wurde. Darwin las Lyells Opus magnum *Principles of Geology* (dt. Ausgabe: *Grundsätze der Geologie*) während seiner Reise auf der *Beagle* und wandte dessen Argumentationsprinzipien in *Über die Entstehung der Arten* an. Der Untertitel der englischen Originalausgabe von Lyells *Grundsätze der Geologie* fasste die Methodologie des Geologen zusammen: „Ein Versuch, die früheren Veränderungen der Erdoberfläche zu erklären, mittels Bezugnahme auf heute wirksame Ursachen". Lyell argumentierte, dass Wissenschaftler, wenn sie vergangene Ereignisse erklären wollen, sich nicht auf unbekannte Arten von Ursachen berufen sollten. Stattdessen sollten sie Ursachen anführen, die unserer gleichförmigen Erfahrung nach bekanntermaßen die Fähigkeit haben, die fragliche Wirkung hervorzurufen.[44] Geschichtswissenschaftler sollten „heute wirksame Ursachen" anführen. Das war die Idee hinter seinem berühmten „uniformitarischen" Diktum: „Die Gegenwart ist der Schlüssel zur Vergangenheit."

Darwin selbst übernahm dieses methodologische Prinzip in seinem Versuch zu zeigen, dass natürliche Selektion als *vera causa*, als wahre, bekannte oder tatsächliche Ursache, von signifikanten biologischen Veränderungen eingestuft werden sollte.[45] Er wollte zeigen, dass natürliche Selektion *kausal angemessen* war, um die Effekte hervorzubringen, die er zu erklären versuchte.

Wissenschaftsphilosophen merken zudem an, dass eine Bewertung der Aussagekraft nur dann zu eindeutigen Rückschlüssen führen kann, wenn sich zeigen lässt, dass es *nur eine bekannte Ursache* für den fraglichen Effekt oder die fraglichen Hinweise gibt.[46] Wenn Wissenschaftler auf eine *einzigartig* plausible Ursache schließen können, können sie die sogenannte „Bejahung des Nachsatzes" vermeiden – der Fehlschluss, sich für eine Kausalerklärung zu entscheiden, während man andere mögliche Ursachen ignoriert[47] (siehe Kapitel 11).

Was hatte das alles mit dem Ursprung der biologischen Information zu tun – mit dem „DNA-Rätsel"? Ich fragte mich, ob sich ein Plädoyer für eine intelligente Ursache für die Informationen in der DNA ebenso formulieren und begründen lassen könnte, wie Geschichtswissenschaftler jede andere kausale Behauptung über ein vergangenes Ereignis begründen. Ich begann, eine Reihe von Fragen zu formulieren. Wenn weder Zufall noch physikalisch-chemische Notwendigkeit noch beides in Kombination spezifizierte Informationen erzeugen können, was kann es dann? Wissen wir von irgendeiner „heute wirksamen Ursache", die die Fähigkeit hat, große Mengen spezifizierter Informationen zu erzeugen?

Als ich über diese Fragen nachdachte, fiel mir ein Buch von Henry Quastler in die Hände, einem der ersten Wissenschaftler, die Informationsprinzipien auf die Molekularbiologie anzuwenden begannen. Darin traf Quastler eine fast beiläufige und scheinbar selbstverständliche Aussage, nämlich: „Die Erzeugung neuer Informationen wird gewöhnlich mit einer bewussten Aktivität in Verbindung gebracht."[48]

Quastlers Bemerkung traf mich wie ein Blitz. Sie schlug eine radikale Möglichkeit vor, einen Weg, ein schlüssiges wissenschaftliches Plädoyer für intelligentes Design als Schluss auf die beste Erklärung zu formulieren – insbesondere die beste Erklärung für den Ursprung der biologischen Information.

Das kreative Handeln eines bewussten und intelligenten Akteurs repräsentiert eindeutig eine bekannte und angemessene („heute wirksame") Ursache für den Ursprung spezifizierter Informationen. Gleichförmige und wiederholte Erfahrungen bestätigen, dass intelligente Akteure große Mengen an funktionalen oder spezifizierten Informationen produzieren können, sei es in Softwareprogrammen, antiken Inschriften oder Shakespeares Sonetten.

Die spezifizierte Information in der Zelle deutet ebenfalls auf intelligentes Design hin, nicht nur als angemessene Erklärung, sondern als die *beste* Erklärung (Abb. 9.12). Warum? Die Erfahrung zeigt, dass große Mengen an spezifizierten Informationen *ausnahmslos* von einer intelligenten Quelle entstammen.

Dies zeigt sich besonders deutlich, wenn die Informationen in digitaler oder alphabetischer Form ausgedrückt werden. Ein Computeranwender, der die Informationen auf einem Bildschirm zu ihrer Quelle zurückverfolgt, stößt ausnahmslos auf einen Verstand, den eines Softwareentwicklers. Ganz ähnlich stammen die Informationen in einem

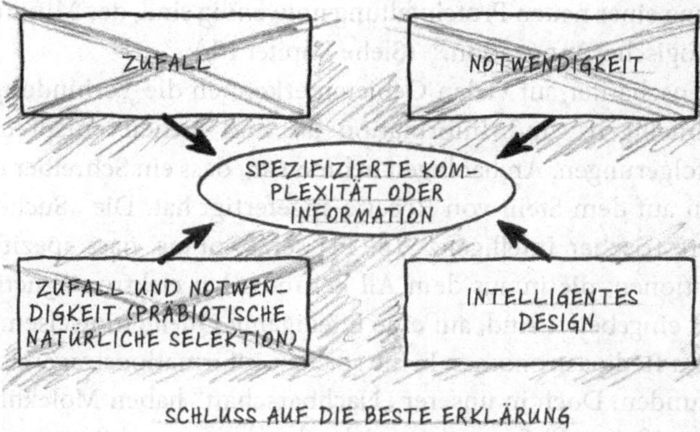

Abb. 9.12
In *Signature of the Cell* und in diesem Kapitel folgere ich, dass intelligentes Handeln oder Design die beste, kausal angemessenste Erklärung für den Ursprung der funktionalen Information oder spezifizierten Komplexität bietet, die notwendig war, um die erste lebende Zelle zu erzeugen.

Buch oder einem Zeitungsartikel letztlich von einem Autor – von einer geistigen und nicht rein materiellen Ursache.

Ironischerweise hat die Verallgemeinerung, dass Intelligenz die *einzig bekannte Ursache* spezifizierter Information ist (zumindest, wenn sie in einer nichtbiologischen Quelle beginnt), Unterstützung von derjenigen wissenschaftlichen Disziplin erfahren, die auf die Forschung zum Ursprung des Lebens spezialisiert ist. In den letzten 70 Jahren ist jedes vorgeschlagene materialistische Modell daran gescheitert, den Ursprung der funktional spezifizierten genetischen Information zu erklären, die erforderlich ist, um eine lebende Zelle aufzubauen.[49] Zudem ist es Simulationsexperimenten zum Ursprung des Lebens nur gelungen, lebensrelevante chemische Verbindungen oder informationsreiche Moleküle zu erzeugen – beispielsweise bei Simulationen der RNA-Welt –, wenn *intelligente Biochemiker aus der Forschung zum Ursprung des Lebens* oder „Ribozym-Ingenieure" eingegriffen haben. Damit stellt Intelligenz oder Verstand oder das, was Philosophen „Agent Verursachung" nennen, die heute einzig bekannte Ursache dar, die große Mengen spezifizierter Informationen erzeugen kann[50], insbesondere die Mengen, die zur

Erzeugung einer neuen Proteinfaltung notwendig sind, der Minimaleinheit biologischer Innovation.[51] (Siehe Kapitel 10.)

Wissenschaftler auf vielen Gebieten erkennen die Verbindung zwischen Intelligenz und Information an und ziehen entsprechende Schlussfolgerungen. Archäologen nehmen an, dass ein Schreiber die Inschriften auf dem Stein von Rosette angefertigt hat. Die „Suche nach extraterrestrischer Intelligenz" (SETI) setzt voraus, dass spezifizierte Informationen, die in aus dem All kommenden elektromagnetischen Signalen eingebettet sind, auf eine intelligente Quelle hinweisen.[52] Bisher haben Radioastronomen keine solchen informationstragenden Signale gefunden. Doch in unserer „Nachbarschaft" haben Molekularbiologen spezifizierte informationsreiche Sequenzen und Systeme in der Zelle identifiziert, die aufgrund der gleichen Logik die frühere Existenz einer intelligenten Ursache für diese Wirkungen nahelegen.

Unsere gleichförmige Erfahrung bestätigt, dass spezifizierte oder funktionale Informationen – seien sie in Hieroglyphen eingemeißelt, in einem Buch aufgeschrieben, in einem Funksignal verschlüsselt oder in einem RNA-Welt-Experiment zum „Ribozym-Aufbau" erzeugt – *immer* einer intelligenten Quelle entspringen, einem Verstand, nicht einem rein materiellen Prozess. Die Entdeckung von funktionalen digitalen Informationen in den DNA- und RNA-Molekülen, auch in den einfachsten lebenden Zellen, bietet also eine starke Grundlage für die Schlussfolgerung, dass beim Ursprung der für den Aufbau des ersten lebenden Organismus notwendigen Information Intelligenz eine Rolle spielte.

In meinem Buch *Signature in the Cell* entwickle ich diese Argumentation weiter und gehe detailliert auf verschiedene Einwände gegen das Plädoyer für intelligentes Design ein, wie ich es in diesem Kapitel in aller Kürze angerissen habe. Dort spreche ich unter anderem die Einwände an, dass intelligentes Design Religion ist, keine Wissenschaft ist, nicht überprüfbar ist, auf einer fehlerhaften analogischen Logik basiert oder ein Fehlschluss aus Unkenntnis ist. Ich liefere auch eine umfangreiche Dokumentation der wissenschaftlichen Diskussion, die ich hier vorlege. Doch das Material und die Logik, die für intelligentes Design sprechen, sind auch ohne all diese technischen Details zu begreifen.

Als ich zum ersten Mal den Untertitel von Lyells Buch bemerkte, wo von „heute wirksamen Ursachen" die Rede ist, ging mir ein Licht auf.

Ich stellte mir die Frage: „Welche Ursache, die *heute wirksam* ist, erzeugt einen digitalen Code oder spezifizierte Informationen?" Gibt es eine bekannte Ursache – eine *vera causa* – für den Ursprung solcher Informationen? Was sagt uns unsere gleichförmige Erfahrung? Mir kam der Gedanke, dass sich gemäß Lyells und Darwins eigenem Kriterium für eine solide wissenschaftliche Erklärung intelligentes Design als die beste Erklärung für den Ursprung der biologischen Information qualifiziert. Warum? Weil wir unabhängige Belege dafür haben – eine „gleichförmige Erfahrung" –, dass intelligente Akteure spezifizierte oder funktionale Informationen erzeugen können und tatsächlich erzeugen, und wir keine andere solche Ursache kennen (zumindest, wenn man von einem rein physikalischen oder chemischen Anfangszustand ausgeht).

Natürlich wussten die Wissenschaftler am Ende des 19. Jahrhunderts noch nichts über die Bedeutung von Informationen für lebende Systeme. Sie nahmen an, dass das Universum aus zwei fundamentalen Entitäten bestand: Materie und Energie. Doch während der 1950er- und 1960er-Jahre entdeckte die Molekularbiologie eine dritte fundamentale Entität als Grundfeste des Lebens – die Information. Obendrein scheint unserer Erfahrung nach die funktionale digitale Information in der „Maschinensprache der Gene", wie Dawkins es nannte, eben *nicht* „genau die Eigenschaften" zu haben, „mit denen man rechnet", wenn beim Ursprung des Lebens „kein Plan, keine Absicht, kein Gut oder Böse" am Werk war, sondern „nichts außer blinder, erbarmungsloser Gleichgültigkeit".[53]

Stattdessen legt unsere Erfahrung mit der Informationsrevolution des 21. Jahrhunderts, ganz zu schweigen von den vielen Jahrhunderten, in denen Informationen genutzt und generiert wurden, nahe, dass das Vorhandensein funktionaler Information – besonders, wenn sie in alphabetischer oder digitaler Form vorliegt – eine jener Eigenschaften ist, mit der wir *nur dann rechnen*, wenn intelligentes Design und eine Gestaltungsabsicht eine Rolle beim Ursprung des Lebens gespielt haben.

Doch das Plädoyer für intelligentes Design in der Biologie wird noch überzeugender, wenn wir nicht nur die Informationen betrachten, die notwendig waren, um das erste Leben hervorzubringen, sondern auch die Informationsexplosionen, die die nachfolgende Geschichte des Lebens kennzeichnen. Das nächste Kapitel widmet sich diesem Thema.

Kapitel 10:

Die kambrische und andere Informationsexplosionen

Der Fossilbericht auf unserem Planeten dokumentiert den Ursprung großer Innovationen in der biologischen Form und Funktion. Diese Episoden – wenn wir den Fossilbericht für bare Münze nehmen – treten oft abrupt oder *unzusammenhängend* auf; das heißt, dass neu aufkommende Formen nur wenig Ähnlichkeit mit dem haben, was früher existierte. In meinem Buch *Darwin's Doubts* („Darwins Zweifel") – der Fortsetzung von *Signature in the Cell* – schreibe ich von einem der dramatischsten dieser unzusammenhängenden Vorgänge, der kambrischen Explosion. Während dieser Phase, die etwa vor 530 Millionen Jahren begann, tauchen die meisten großen Tierklassen zum ersten Mal und geologisch abrupt im Fossilbericht auf.

Obwohl die kambrische Explosion im Tierreich besonders auffällig ist, ist sie bei Weitem nicht die einzige „Explosion" neuer Lebensformen. Die ersten geflügelten Insekten, Vögel, Blühpflanzen, Säugetiere und viele andere Gruppen tauchen ebenso abrupt im Fossilbericht auf, ohne offenkundige Verbindung zu mutmaßlichen Vorfahren in den tiefer liegenden älteren fossilhaltigen Sedimentgesteinen. Der Evolutionstheoretiker Eugene Koonin beschreibt dies als Muster eines „biologischen Urknalls". Er sagt: „Große Veränderungen in der biologischen Evolution zeigen das gleiche Muster des plötzlichen Aufkommens diverser Formen auf einem neuen Komplexitätsniveau. Die Beziehungen zwischen den großen Gruppen … scheinen nicht zu dem Muster zu passen, das nach Darwins ursprünglicher Behauptung die dominante Beschreibung der biologischen Evolution bleibt."[1]

In *Über die Entstehung der Arten* zeichnete Darwin die Geschichte des Lebens als einen sich *nach und nach* entfaltenden, verzweigten

Baum, bei dem der Stamm die ersten einzelligen Organismen darstellt und die Äste alle Spezies, die sich aus diesen ersten Formen entwickelten.[2] Dieser Sichtweise nach gingen neue Tier- und Pflanzenarten aus einer Reihe einfacherer Vorläufer und Zwischenformen über lange Phasen der geologischen Zeit hinweg hervor. Darwin argumentierte energisch für diese Sicht. Gleichzeitig räumte er ein, dass das plötzliche In-Erscheinung-Treten vieler großer Gruppen von Organismen im Fossilbericht nicht ohne Weiteres zu seinem Bild der allmählichen evolutionären Veränderung passte.[3]

Stattdessen stellte dieses Muster Darwins Behauptung infrage, die natürliche Selektion auf Grundlage zufälliger Variationen habe all diese neuen Lebensformen hervorgebracht. Nach Darwins Verständnis ging der Prozess der natürlichen Selektion auf Grundlage zufälliger Variationen notwendigerweise langsam und allmählich vor sich – und damit stellte jedes Muster eines plötzlichen Auftretens eine rätselhafte Anomalie dar.

Darwin betrachtete die natürliche Selektion aufgrund der intrinsischen Logik des Prozesses als etwas Langsames, Allmähliches. Signifikante biologische Veränderungen in jeder Population treten nur dann auf, wenn zufällig aufkommende Variationen in den Merkmalen oder

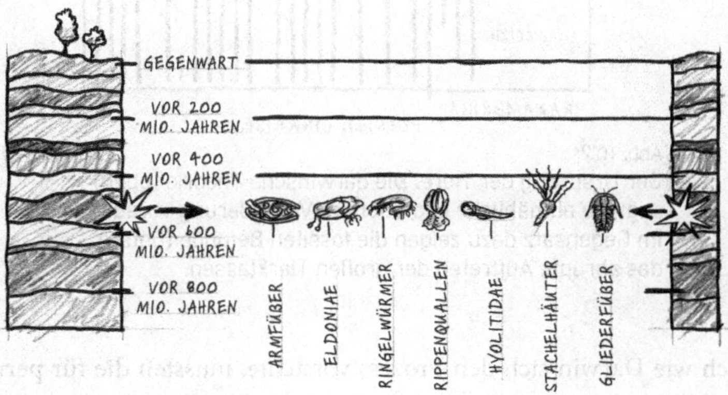

Abb. 10.1
Vertreter einiger der großen Tierklassen, die als erste abrupt im Sedimentgestein während der Kambrischen Ära auftreten.

Eigenschaften von Organismen diesen funktionelle Vorteile im Wettbewerb um Überleben und Reproduktion verschaffen. Die Organismen, die neue, vorteilhafte Eigenschaften erwerben, neigen dazu, sich im Wettbewerb durchzusetzen, und können somit diese Eigenschaften an die nächste Generation weitergeben. Wenn die Natur erfolgreiche Variationen „auswählt", verändern sich die Merkmale einer Population.

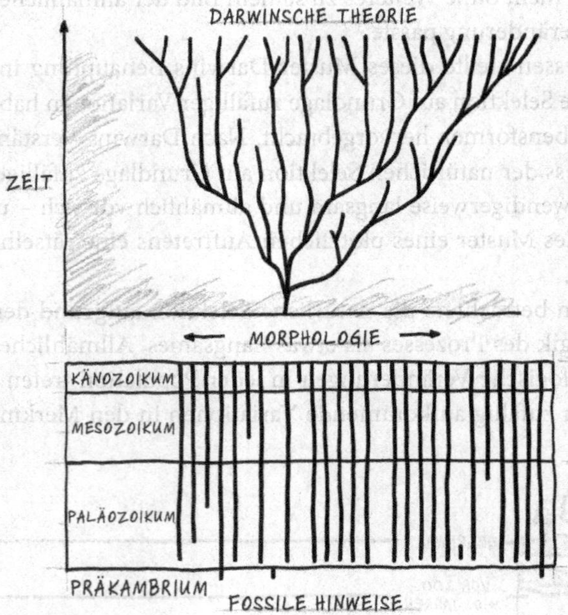

Abb. 10.2
Der Ursprung der Tiere. Die darwinsche Theorie (oben) sagt die allmähliche evolutionäre Veränderung voraus; im Gegensatz dazu zeigen die fossilen Befunde (unten) das abrupte Auftreten der großen Tierklassen.

Doch wie Darwin sich den Prozess vorstellte, mussten die für permanente Veränderungen verantwortlichen Variationen in einer gegebenen Generation relativ moderat oder „leicht" ausfallen. Größere oder umfangreiche Variationen – das, was Evolutionsbiologen später als „Makromutationen" bezeichnen sollten – würden unweigerlich Dysfunktion,

Missbildungen oder sogar den Tod bringen. Nur kleine Variationen erhielten die Lebensfähigkeit des Organismus und waren damit vererbbar.

Alle umfangreicheren Veränderungen müssten langsam aus einer langen Reihe kleinerer, vererbbarer Variationen aufgebaut werden. Signifikante Veränderungen in der organismischen Form und Funktion würden daher viele Hunderte Millionen Jahre erfordern. Genau das war aber mit Blick auf viele herausragende Phasen der evolutionären Innovation – wie die kambrische Explosion (Abb. 10.1), das „große Aufblühen" der Angiospermen (Blühpflanzen) während der Kreidezeit (vor 130 Millionen Jahren) und die Ausbreitung der Säugetiere im Eozän (vor etwa 55 Millionen Jahren) – anscheinend nicht der Fall.

Darwin hoffte, dass zukünftige geologische Entdeckungen, die die von seiner Theorie vorhergesagten allmählichen Übergänge dokumentieren würden, das Geheimnis der fehlenden „Vorfahrenfossile" auflösen könnten. Doch genau das Gegenteil geschah. In den 160 Jahren seit Erscheinen von *Über die Entstehung der Arten* haben Paläontologen auf der Suche nach den erwähnten Vorläufern vieler großer Organismengruppen[4] weltweit geologische Schichten durchkämmt und nicht das Muster der allmählichen Veränderung (Abb. 10.2) gefunden, das Darwin erwartet hatte. Stattdessen haben neue Erkenntnisse häufig gezeigt, dass zahlreiche Explosionen neuer biologischer Formen noch dramatischer ausfielen, als es Darwin klar gewesen war.[5]

Das größere Mysterium: Wie Tierarten entstehen

In meinem Buch *Darwin's Doubt* zeige ich, dass das, was ich das „Mysterium der fehlenden Fossilien" nenne, ein noch tieferes und grundlegenderes Mysterium aufwirft, nämlich die Frage: Was hat die Entstehung neuer Formen tierischen Lebens *verursacht*? Könnte der neodarwinistische Prozess von zufälliger Mutation und natürlicher Selektion die kambrischen und andere Tierarten hervorgebracht haben, und zwar schnell genug, um die Muster im Fossilbericht zu erklären? Diese Frage wurde in der zweiten Hälfte des 20. Jahrhunderts und nun im 21. Jahrhundert noch weitaus dringlicher, denn die Biologie hat viel mehr darüber gelernt, was für die Entstehung von Tierarten nötig ist.

So wie das Erzeugen des ersten Lebens aus einfacheren, nichtlebenden Chemikalien neue genetische Informationen erfordert, erfordert der Aufbau neuer Lebensformen aus einfacheren, bereits existierenden Formen zusätzliche Quellen genetischer (und anderer Formen biologischer) Information. Während der kambrischen Explosion trat eine Explosion neuer „Baupläne" für Tiere auf. Doch der Aufbau neuer Baupläne erfordert neue Organe, Gewebe und Zellarten. Und neue Zellarten erfordern viele Arten spezialisierter oder zweckbestimmter Proteine. Tiere mit Darmzellen beispielsweise erfordern neue Verdauungsenzyme – eine Proteinform. Doch der Aufbau neuer Proteine erfordert im DNA-Molekül gespeicherte genetische Informationen.

Später traten viele andere solcher Explosionen von neuen biologischen Formen – die ersten Insekten, Schildkröten, Dinosaurier, Meeresreptilien, Vögel, Blühpflanzen, Säugetiere und andere große Gruppen von Organismen – ebenfalls abrupt im Fossilbericht in Erscheinung.[6] In jedem Fall hätte der Aufbau dieser neuen Lebensformen mit ihren anatomischen Neuheiten massive „Explosionen" neuer genetischer Informationen erfordert.

Wir haben gesehen, dass die Theorie der chemischen Evolution nicht den Ursprung der funktionalen digitalen Information und informationsverarbeitenden Systeme auch nur in den einfachsten lebenden Zellen erklärt – ein verblüffender Anschein von Design, wie sogar führende Evolutionsverfechter anerkennen. Hat der Neodarwinismus oder irgendeine andere Evolutionstheorie den Ursprung der Information erklärt, die notwendig ist, um *neue* Lebensformen zu erzeugen, ohne eine gestaltende Intelligenz heranzuziehen?

Im Jahr 1959 scherten sich nur wenige in der Evolutionsbiologie um diese Frage.

Euphorische Hundertjahrfeiern

Im Jahr 1959 feierte *Über die Entstehung der Arten* sein 100-jähriges Erscheinen. Die moderne Version von Darwins Theorie, der sogenannte *Neodarwinismus*, besaß einen konkurrenzlosen – und unangefochtenen – wissenschaftlichen Status. In vorangegangenen Jahrzehnten hatten

Evolutionsbiologen diese neue Evolutionstheorie formuliert, indem sie den klassischen Darwinismus mit den mendelschen Erkenntnissen zur Genetik zusammenfassten. Während der klassische Darwinismus eine natürliche Selektion und zufällige *Variation* als Hauptmechanismus von evolutionärer Veränderung behauptete, stellte sich der *Neodarwinismus* vor, dass die natürliche Selektion auf eine bestimmte Art von Variation hin wirkte, die sogenannte „genetische Mutation". Diese Mutationen wurden als Fehler oder Abweichungen im Erbmaterial verstanden, welche die kleinen Variationen lieferten, auf die hin die natürliche Selektion wirken konnte.

Wie wir im letzten Kapitel gesehen haben, entdeckten Molekularbiologen während der 1950er-Jahre, dass das DNA-Molekül genetische Informationen als lineare Anordnung präzise sequenzierter chemischer Untereinheiten speichert. Dieser Fortschritt zeigte, wo und wie zufällige Mutationen auftraten und wie sie neue Variationen und genetische Merkmale hervorbringen könnten. So wie eine zufällig günstige Neuanordnung von Buchstaben in einem Text neue Wörter oder Sätze hervorbringen kann, so produzieren auch zufällige Veränderungen oder Neuanordnungen des genetischen Texts in der DNA neue Gene und letztlich neue Proteine. Solche Veränderungen, ausgesiebt durch die natürliche Selektion, konnten die neuen genetischen Informationen liefern, die ohne genetische Steuerung neue Lebensformen hervorbringen konnten. Für Evolutionsbiologen beseitigten diese Entwicklungen jeden verbleibenden Zweifel am schöpferischen Potenzial der natürlichen Selektion, die auf zufällige Variationen hin wirkt.[7] Der neodarwinistischen Synthese zufolge lassen sich kleinteilige „mikroevolutionäre" Veränderungen unendlich extrapolieren und erklären so umfassende „makroevolutionäre" Entwicklungen.

Folglich war der Ton bei der 100-Jahre-Jubiläumskonferenz, die 1959 an der Universität Chicago abgehalten wurde, nichts als triumphierend. Wie der britische Evolutionsbiologe Julian Huxley verkündete: „Zukünftige Historiker werden vielleicht diese Woche der Hundertjahrfeier als Sinnbild einer wichtigen, kritischen Periode in der Geschichte dieser Erde nehmen … nämlich als der Prozess der Evolution in Person des wissbegierigen Menschen begann, sich wahrhaftig seiner selbst bewusst zu werden."[8]

Eine unlösbare Gleichung

Allerdings tauchten bald Zweifel auf. Diese Zweifel kamen zunächst aus einem unerwarteten Lager – von einer Gruppe von Mathematikern, Physikern und Informatikern, von denen einige Hochschullehrer am Massachusetts Institute of Technology (MIT) waren. Im Jahr 1966 kamen sie mit führenden Evolutionsbiologen zu einer richtungsweisenden Konferenz zusammen: „Mathematical Challenges to the Neo-Darwinian Interpretation of Evolution" („Mathematische Herausforderungen für die neodarwinistische Interpretation der Evolution"). Die Konferenz, die am Wistar-Institut in Philadelphia abgehalten wurde, hatte das Ziel, die mathematische Plausibilität von natürlicher Selektion und zufälligen Mutationen als Mittel zur Erzeugung neuer Gene und Proteine – und damit neuer genetischer Informationen – zu beurteilen.

Den mathematisch denkenden Wissenschaftlern am Wistar-Institut waren Zweifel gekommen hinsichtlich der schöpferischen Kraft des Mechanismus von zufälliger Mutation und natürlicher Selektion. Auslöser dafür waren die Erkenntnisse über das Wesen der genetischen Information und die Bestätigung von Francis Cricks Sequenzhypothese Anfang der 1960er-Jahre. Die Entdeckung, dass die DNA Informationen als vierstelligen digitalen Code speichert, warf Fragen über die Wirksamkeit zufälliger Mutationen zur Erzeugung solcher Informationen auf – oder zumindest daran, ob sie ausreichten, um über die Geschichte des Lebens hinweg eine neue Proteinstruktur und damit größere Innovationen hervorzubringen.

Murray Eden (Abb. 10.3), einer der MIT-Professoren, die diese Konferenz einberufen hatten, betonte, dass in allen Computercodes und schriftlichen Texten die Sequenzspezifizität die Funktion bestimmt. Daher führen zufällige Sequenzveränderungen durchweg zu einer Verminderung der Funktion oder des Sinnes. Tatsächlich will kein Computerprogrammierer, dass in ein von ihm geschriebenes Programm zufällige Veränderungen eingebracht werden. Solche Veränderungen führen unweigerlich zur Verminderung und letztlich zur Zerstörung der Funktion des existierenden Programms, lange bevor ein neues Programm durch einen solchen Prozess entstehen würde. Eden erklärte: „Keine gegenwärtig existierende formale Sprache kann zufällige Veränderungen in der Symbolsequenz, die ihre Sätze ausdrückt, tolerieren. Die Bedeutung wird dabei fast ausnahmslos zerstört."[9] Er vermutete, dass die Notwendigkeit für Spezifizität in der Anordnung der DNA-Basen zudem jede zufällige Mutations„suche" nach einem neuen funktionalen Gen oder Protein ebenfalls unweigerlich scheitern lassen würde.

Später griffen Bedenken bezüglich des Neodarwinismus auch auf die Evolutionsbiologie selbst über.[10] Während der letzten drei Jahrzehnte haben zahlreiche Evolutionsbiologen einen Hauptlehrsatz der neodarwinistischen Synthese infrage gestellt, nämlich die Idee, dass kleine, mikroevolutionäre Veränderungen extrapoliert werden und große, makroevolutionäre Innovationen erklären können. Größtenteils nutzen oder exprimieren mikroevolutionäre Veränderungen (wie Farbvariationen) lediglich existierende genetische Informationen, während die makroevolutionären Veränderungen, die nötig sind, um neue Organe oder ganze Baupläne zusammenzusetzen, die Erzeugung neuer genetischer Informationen erfordern.

Abb. 10.3
Der (mittlerweile verstorbene) MIT-Informatik-Professor Murray Eden. Er war einer der Initiatoren der heute berühmten Konferenz „Mathematical Challenges to Neo-Darwinism" am Wistar-Institut im Jahr 1966.

Da sie diese und andere Probleme erkannten, traf sich 2008 eine Gruppe von 16 Evolutionsbiologen in Altenberg, Österreich, um ihre Zweifel am schöpferischen Potenzial des Mechanismus von zufälligen Mutationen und natürlicher Selektion zu diskutieren. Diese Wissenschaftler, auch als „Altenberg-16" bekannt, forderten eine neue Evolutionstheorie – eine, die auf einem anderen Mechanismus beruht als auf zufälligen Mutationen und natürlicher Selektion oder zusätzlich zu diesem wirkt.

Im November 2016 veranstaltete die Royal Society, die älteste und wohl erhabenste wissenschaftliche Gesellschaft, deren Präsident einst Isaak Newton war, eine ähnliche Konferenz in London, um über die

Abb. 10.4
Der österreichische Evolutionsbiologe Gerd Müller. Im Jahr 2016 hielt er bei einer Konferenz der Royal Society in London einen bemerkenswerten Vortrag über „Die Erklärungsdefizite des Neodarwinismus".

wahrgenommenen Unzulänglichkeiten der gängigen neodarwinistischen Evolutionstheorie zu sprechen. Der österreichische Evolutionsbiologe Gerd Müller (Abb. 10.4) eröffnete die Beratungen mit einem Überblick über die „Erklärungsdefizite" des Neodarwinismus, einschließlich seiner Unfähigkeit, den Ursprung der „phänotypischen Komplexität" und „anatomischer Neuheiten" in der Geschichte des Lebens zu erklären.[11]

Ich nahm an dieser Konferenz 2016 teil und mir war klar, dass Müllers Publikum bei der Royal Society die schwerwiegende Bedeutung seiner Anklage verstand, obwohl die farblosen technischen Begriffe „phänotypische Komplexität" und „anatomische Neuheit" diese Bedeutung für Nichtspezialisten möglicherweise verdunkelt haben. Aber was erklärt der Neodarwinismus *nicht*? Ein Phänotyp bezeichnet die sichtbare Form eines Tieres oder die Anatomie einer Pflanze. Müller sagte daher, dass die übliche neodarwinistische Evolutionstheorie an der Erklärung des Ursprungs der neuen und komplexen anatomischen Merkmale und Strukturen, die in der Geschichte des Lebens immer wieder auftauchten, gescheitert ist. Dazu würden ganz neue „Baupläne" für Tiere wie Gliederfüßer, Chordatiere und Weichtiere gehören, neue anatomische Strukturen wie Flügel, Gliedmaßen, Augen, Nervensysteme und Gehirne und neue spezialisierte Organe wie Leber, Verdauungssystem und Nieren von Wirbeltieren. Kurz gesagt, der Neodarwinismus erklärt nicht den Ursprung der wichtigsten bestimmenden Merkmale von lebenden Organismen – und überhaupt jener Merkmale, die die Evolutionstheorie seit Darwin zu erklären behauptet hatte.

Müllers Vortrag spiegelte seine vorausgegangenen Fachpublikationen wider, in denen er genau die gleichen Argumente dargelegt hatte. In einem provokativen Fachbuch, *Origination of Organismal Form*, argumentierten Müller und der Biologe Stuart Newman, dass der Neodarwinismus „keine Theorie des Generativen" hat.[12] Mit anderen Worten, der Neodarwinismus kann nicht erklären, was dazu führte, dass neue Lebensformen aufkamen. In diesem Buch, das fast 150 Jahre nach Über die Entstehung der Arten erschien, charakterisierten Müller und Newman die „Entstehung der organismischen Form" als ungelöstes Problem für die Evolutionstheorie. Und dennoch ist der Ursprung der biologischen Form genau das, was der Darwinismus und später der Neodarwinismus zu erklären behaupteten.

Andere Evolutionsbiologen haben die gleichen Bedenken geäußert. Viele wiederholen heute einen alten Spruch, der besagt, dass Mutation und natürliche Selektion „das Überleben des Stärkeren, aber nicht die Ankunft des Stärkeren"[13]– das heißt kleine Variationen, aber nicht große Innovationen in der biologischen Form – erklären können.

Evolutionsbiologen und besonders öffentliche Verfechter der Theorie wie Richard Dawkins und Eugenie Scott, ehemalige Direktorin des National Center for Science Education, räumen gelegentlich ein, dass Theorien der *chemischen* Evolution bisher nicht den Ursprung der ersten lebenden Zelle erklären können. Dennoch behandeln sie den Ursprung des ersten Lebens typischerweise als eine Art isolierte Anomalie – ein interessantes Rätsel, das als Sonderfall gegen die ansonsten umfassende Aussagekraft der materialistischen Evolutionstheorie steht. Folglich behaupten sie weiterhin, dass die Evolutionstheorie den Ursprung aller neuen Lebensformen erklären kann (oder letztlich erklären wird). Damit übertünchen sie das Problem des Ursprungs der genetischen Information, mit dem die Theorie der biologischen wie auch chemischen Evolution konfrontiert ist.

Das Problem des Ursprungs der biologischen Information

Während meines Promotionsstudiums ging mir auf, wie tief greifend das Informationsproblem für die Theorie der chemischen Evolution war. Doch schon bald merkte ich, dass das Problem eigentlich noch viel tiefer geht. Es stellt nämlich ebenfalls eine erhebliche Herausforderung für den Neodarwinismus und andere Theorien der biologischen Evolution dar – Theorien, die nicht den Ursprung des ersten Lebens zu erklären versuchen, sondern die großen Innovationen, die während der nachfolgenden Geschichte des Lebens auftraten.

Im Sommer 1988 kam ich aus Cambridge nach Hause, um an einer Konferenz in der Gegend von Seattle zum Thema „Quellen des Informationsgehaltes in der DNA“ teilzunehmen. Dort lernte ich ein größeres Netzwerk von Biologen und anderen Naturwissenschaftlern kennen, die die schöpferische Kraft des Mechanismus der zufälligen Mutation und natürlichen Selektion anzweifelten. Dazu gehörte auch der Molekularbiologe Michael Denton (Abb. 10.5), ein in Australien lebender gebürtiger Brite. Im Jahr zuvor hatte ich sein bahnbrechendes Buch *Evolution: A Theory in Crisis* („Die Evolution: Eine Theorie in der Krise“) gelesen. Und nun, im Juli 1988, trafen er und ich mit entsprechendem Jetlag von zwei entgegengesetzten Punkten des Globus – Australien und England – in Seattle ein. Nachdem man uns einander vorgestellt hatte und da unser Biorhythmus durcheinander war, unterhielten wir uns vor dem ersten Konferenztag noch bis tief in die Nacht. Während unseres Gesprächs erzählte er mir mehr darüber, warum die Mathematiker und Informatiker am Wistar-Institut so große Skepsis hegten, dass zufällige Mutationen und natürliche Selektion dazu fähig sein sollten, neue genetische Informationen zu erzeugen.

Abb. 10.5
Der australische Molekularbiologe Michael Denton, dessen Buch *Evolution: A Theory in Crisis* aus dem Jahr 1985 eine Reihe von jüngeren Naturwissenschaftlern ermutigte, ihre zunehmenden Zweifel am Neodarwinismus zu äußern.

Der neodarwinistischen Theorie zufolge entsteht neue genetische Information, wenn in der DNA zufällige Mutationen auftreten. „Zufällig“ bedeutet dabei, dass die Mutationen ohne Beachtung der funktionalen Bedürfnisse des Organismus auftreten – Mutationen besitzen in sich keine spezielle Ausrichtung. Dennoch kann die natürliche Selektion nur „selektieren“, was zufällige Mutationen zuvor generiert haben.[14] Und damit der Evolutionsprozess neue Lebensformen erzeugt, müssen zufällige

Mutationen zumindest zuerst neue genetische Informationen für den Aufbau neuer Proteine generieren.

Und das, sagte Denton mir, war das Problem. Im Blick auf die Erzeugung neuer genetischer Informationen steht der neodarwinistische Mechanismus mit seiner Abhängigkeit von zufälligen Mutationen vor einem Nadel-im-Heuhaufen-Problem – Mathematiker nennen es ein „kombinatorisches Problem".

Proteine in einem kombinatorischen Heuhaufen

In der Mathematik bezeichnet der Begriff „kombinatorisch" die Anzahl von Möglichkeiten, wie eine Objektmenge angeordnet oder kombiniert werden kann. Einfache Fahrradschlösser haben oft vier *Zahlenrädchen* mit je zehn *Einstellungsmöglichkeiten*. Ein Fahrraddieb, der auf ein solches Schloss stößt (und keinen Bolzenschneider bei sich hat), steht vor einem kombinatorischen Problem, da es $10 \times 10 \times 10 \times 10$ oder 10 000 mögliche Kombinationen aus den möglichen Einstellungen von jedem der vier Zahlenrädchen gibt – und nur eine Kombination davon öffnet das Schloss. Wenn der Dieb nicht sehr viel Zeit hat, in der er verschiedene Kombinationen ausprobieren kann, wird eine zufällige Suche nach möglichen Kombinationen wahrscheinlich nicht die korrekte Kombination ergeben.

In einem denkwürdigen Kapitel (Kapitel 13) in seinem Buch, das die Überschrift „Für den Zufall unerreichbar" trägt, erklärt Denton, warum der Mechanismus von zufälliger Mutation und natürlicher Selektion ebenfalls vor einem kombinatorischen Problem steht.[15] Dabei stellt er einen Vergleich mit einem englischsprachigen Text an. Wie Denton anmerkt, schätzen Linguisten, dass es für jede 12 Buchstaben lange sinnvolle Abfolge von englischen Buchstaben *100 Billionen* (d. h. 100 000 000 000 000 oder 10^{14}) entsprechende sinnlose Abfolgen der gleichen Länge gibt – im Prinzip ein Schloss mit 14 Zahlenrädchen und je 10 Ziffern, aber nur einer Kombination.

Denton forderte seine Leser auf sich vorzustellen, was wahrscheinlich mit dem Sinn eines englischen Ausdrucks oder Satzes passieren würde, wenn man viele der Buchstaben nach dem Zufallsprinzip ändern würde.

Weil es eine Reihe ähnlich geschriebener Wörter gibt (im Englischen beispielsweise „sample, example, trample, apple“ etc.), könnten zufällige Veränderungen zunächst den Sinn des ursprünglichen Satzes verändern, wobei aber ein gewisser Sinn erhalten bliebe. Würden sich allerdings die zufälligen Veränderungen anhäufen, würden sie nicht nur die ursprüngliche Botschaft bis zur Unkenntlichkeit entstellen, sondern am Ende jegliche Bedeutung auslöschen oder zerstören.

Bezug nehmend auf die Erkenntnisse der Teilnehmer der Wistar-Konferenz erklärte Denton den mathematischen Grund dahinter. In der englischen Sprache gibt es sehr viel mehr Wege, „falsch abzubiegen als richtig abzubiegen“ – das heißt, für jede Sequenz einer gegebenen Länge gibt es mehr Kombinationen aus englischen Buchstaben, die *keinen* sinnvollen Ausdruck oder Satz ergeben, als Kombinationen aus denselben 26 Buchstaben, die einen *sinnvollen* Satz erzeugen. Tatsächlich lässt die Anzahl der nichtfunktionalen, sinnlosen Sequenzen die Anzahl funktionaler Kombinationen *verschwindend gering* erscheinen. Folglich ist es unendlich viel wahrscheinlicher, dass zufällige Veränderungen bei den Buchstaben Kauderwelsch ergeben oder den Sinn mindern, als dass sie einen neuen, sinnvollen Satz erzeugen, vor allem, je mehr die Anzahl der Veränderungen gegenüber der ursprünglichen sinnvollen Sequenz zunimmt.

Zudem wächst die Anzahl der möglichen Buchstabensequenzen exponentiell, je länger der erforderliche Ausdruck oder Satz wird, und nimmt viel schneller zu als die Anzahl möglicher sinnvoller Sequenzen. Damit fällt die Wahrscheinlichkeit, eine funktionale Sequenz durch eine Zufallssuche zu finden, mit der notwendigen Sequenzlänge steil ab. Denton merkte an, dass es für jede sinnvolle Sequenz aus 12 englischen Buchstaben einhundert Billionen (oder 10^{14}) entsprechende sinnlose Sequenzen gibt, doch für jede sinnvolle Sequenz aus 100 englischen Buchstaben gibt es 10^{100} sinnlose Sequenzen, eine unvorstellbar große Zahl. Der Mathematiker David Berlinski (Abb. 10.6) nannte dies in seinem wegweisenden Essay „The Deniable Darwin“ (1996) das Problem der „kombinatorischen Inflation“.[16]

So wie die Wistar-Mathematiker und -Informatiker sagte Denton mir, dass er vermutete (1988 aber noch nicht beweisen konnte), dass der Mechanismus von zufälliger Mutation und natürlicher Selektion

Abb. 10.6
Der Mathematiker und Philosoph David Berlinski, der überzeugende Arbeiten zum Problem der „kombinatorischen Inflation" verfasst hat sowie über die Unwahrscheinlichkeit, dass eine zufällige Mutationssuche neue funktionale Gene und Proteine hervorbringt.

vor einem ähnlich gewaltigen kombinatorischen Suchproblem stand. Für jede DNA-Basensequenz mit einer aussagekräftigen Länge gab es wahrscheinlich weitaus mehr Möglichkeiten, Nukleotidbasen anzuordnen, die *kein* funktionales Protein erzeugten, als Anordnungsmöglichkeiten, die dazu in der Lage waren. Da sowohl schriftliche Texte als auch DNA Informationen in langen Sequenzen alphabetischer Zeichen speichern (oder, genauer gesagt, im Fall von DNA in langen Sequenzen aus vier unterschiedlichen chemischen Untereinheiten, die als solche fungieren), vermutete er, dass beide Informationsformen dem Problem der kombinatorischen Inflation unterliegen, sodass eine zufällige Suche nach funktionalen Sequenzen wie die Suche nach der berühmten Nadel im Heuhaufen wäre. Folglich wäre es unendlich viel wahrscheinlicher, dass zufällige mutative Veränderungen die biologische Funktion vermindern, als dass sie ein neues funktionales Gen oder Protein erzeugen.

Als ich Denton das erste Mal traf, sagte er mir allerdings, dass es noch nicht möglich sei, die Plausibilität einer zufälligen Mutationssuche nach neuen funktionalen Genen und Proteinen auf schlüssige Art und Weise mathematisch zu berechnen. Die Molekularbiologie, so Denton damals, konnte noch nicht quantifizieren, wie selten funktionale DNA-Sequenzen (Gene) und Proteine unter allen möglichen Sequenzen aus Nukleotidbasen und Aminosäuren einer gegebenen Länge waren. Folglich war es noch nicht möglich, die relevanten Wahrscheinlichkeiten zu berechnen – und damit die Plausibilität von zufälliger Mutation und natürlicher Selektion als Mittel zur Erzeugung neuer genetischer Information zu bewerten.

Bereits in den 1950er- und 1960er-Jahren erkannte die Molekularbiologie, dass der „Sequenzraum" möglicher Anordnungen von Nukleotidbasen und Aminosäuren extrem groß ist. Tatsächlich wächst, je länger eine erforderliche Gen- oder Proteinsequenz ist, die Anzahl der möglichen Basen- oder Aminosäure-Sequenz-Kombinationen für diese Sequenzlänge exponentiell.

Beispielsweise gibt es bei Proteinketten 20^2 oder 400 Möglichkeiten, eine Kombination aus zwei Aminosäuren zu bilden, da auf jeder Position eine von 20 unterschiedlichen Aminosäuren sitzen könnte. Dementsprechend gibt es 20^3 oder 8000 Möglichkeiten für eine Sequenz aus drei Aminosäuren und 20^4 oder 160 000 Möglichkeiten für eine vier Aminosäuren lange Sequenz und so weiter. Doch die meisten funktionalen Proteine bestehen aus *Hunderten* Aminosäuren. Selbst ein relativ kurzes Protein aus beispielsweise 150 Aminosäuren bildet nur eine Sequenz gegenüber einer astronomisch großen Anzahl anderer möglicher Sequenzkombinationen – ungefähr 10^{195}. Das ist eine enorme Zahl: die Ziffer 1 gefolgt von 195 Nullen. Intuitiv legt dies nahe, dass die Wahrscheinlichkeit, auch nur eine einzige funktionale Sequenz – ein funktionierendes Gen oder Protein – infolge zufälliger genetischer Mutationen zu finden, verschwindend gering ist, selbst wenn man die Zeit berücksichtigt, die im Evolutionsprozess zur Verfügung stand.

Doch allein die Gesamtanzahl alternativer möglicher Kombinationen zu kennen, die mit einer Sequenz beliebiger Länge einhergehen, ermöglicht es Wissenschaftlern noch nicht, quantitativ eindeutig zu bewerten, wie plausibel eine Zufallssuche nach einer neuen funktionalen informationshaltigen Sequenz ist. Stattdessen müssen Molekularbiologen auch in der Lage sein, zwei andere Variablen zu bestimmen. Und die wichtigste dieser Variablen wurde erst vor Kurzem ermittelt.

Dem Geheimnis der Information auf den Grund gegangen

In *Darwin's Doubt* habe ich das Beispiel von einem Fahrradschloss verwendet, um zu illustrieren, warum die Bewertung der Plausibilität einer erfolgreichen Zufallssuche Wissen über die Größe eines Sequenzraumes erfordert, aber auch zwei andere Variablen.[17]

Zunächst müssen wir wissen, wie viele „Versuche" man hat, um das Schloss zu öffnen. Erinnern Sie sich an das einfache Fahrradschloss mit der vierstelligen Kombination, das ich oben beschrieben habe. Ein typischer Fahrraddieb hat eine vernachlässigbare Chance, die richtige Kombination zu finden, wenn er nur einen Versuch hat, das Schloss zu öffnen. Stellen Sie sich nun vor, wir hätten einen wirklich motivierten Dieb. Dieser Dieb ist bereit, den Sequenzraum mit einer Geschwindigkeit von etwa einer neuen möglichen Kombination alle 10 Sekunden zu durchsuchen und noch lange weiterzumachen, nachdem der gewöhnliche Fahrraddieb längst aufgegeben hat. Wenn unser motivierter Fahrraddieb 15 Stunden zur Verfügung hätte und keine Pause machen würde, könnte er über die Hälfte (etwa 5400 von 10 000) der möglichen Kombinationen bei einem Fahrradschloss mit einem vierstelligen Code durchprobieren. In diesem Fall liegt die Wahrscheinlichkeit, dass er über die richtige Kombination stolpert, höher als die Wahrscheinlichkeit, dass er scheitert. Angesichts dessen ist es *eher wahrscheinlich*, dass er das Schloss mit einer Zufallssuche öffnet. Die Zufallshypothese – dass es ihm gelingen wird, das Schloss per Zufallssuche zu öffnen – ist daher wahrscheinlich eher *wahr* als falsch.

Aber stellen Sie sich jetzt ein komplizierteres Schloss vor. Statt vier hat dieses Schloss zehn Zahlenrädchen. Statt 10 000 möglicher Kombinationen gibt es nun 10^{10} oder 10 Milliarden möglicher Kombinationen. Wenn nur eine von 10^{10} Kombinationen das Schloss öffnet – ein verschwindend geringer Anteil –, ist es viel wahrscheinlicher, dass der Dieb scheitert, *selbst wenn er dieser Aufgabe sein gesamtes Leben widmet.*

Eine kleine Rechnung beweist das. Wenn der Dieb nichts weiter täte als Zufallskombinationen auszuprobieren, mit einer Kombination alle 10 Sekunden, ein ganzes 100-jähriges Leben lang, hätte er immer noch erst etwa 3 Prozent der gesamten möglichen Kombinationen eines so komplexen Schlosses ausprobiert. In diesem zugegebenermaßen frei erfundenen Fall ist die Zufallshypothese – dass der fahrradverrückte Dieb durch eine Zufallssuche die Kombination findet – viel wahrscheinlicher *falsch* als wahr.

Wie sieht es also damit aus, sich auf der „Suche" nach einer neuen DNA-Basensequenz, die den Aufbau eines neuen Proteins steuern kann, auf zufällige Mutationen zu verlassen? Wäre eine solche Zufallssuche in dem für den Evolutionsprozess zur Verfügung stehenden Zeitraum wahrscheinlich eher erfolgreich – oder zum Scheitern verurteilt? Ist eine zufällige Mutationssuche nach einem neuen Protein eher vergleichbar mit unserem hypothetischen Dieb, der auf dem 4-stelligen Zahlenschloss nach der richtigen Kombination sucht oder auf dem 10-stelligen?

Wie unsere Beispiele zeigen, hängt die letztliche Wahrscheinlichkeit für den Erfolg einer Zufallssuche – und die Plausibilität einer Hypothese, die den Erfolg einer solchen Suche behauptet – sowohl von *der Größe des Raumes* ab, der durchsucht werden muss, als auch von der *Anzahl von Gelegenheiten* für die Suche.

Doch Wissenschaftler müssen noch etwas anderes wissen, um die Wahrscheinlichkeit eines Erfolgs im Fall der Gene und Proteine zu ermitteln: Ihnen muss auch bekannt sein, wie selten oder gewöhnlich funktionale Anordnungen der DNA unter allen möglichen Anordnungen für ein Protein einer gegebenen Länge sind. Das liegt daran, dass es – anders als in unserem Beispiel vom Fahrradschloss – bei Genen und Proteinen zahlreiche funktionale Kombinationen von Basen und Aminosäuren unter der enormen Anzahl aller möglichen Kombinationen gibt (nicht nur eine). Daher muss man wissen, wie das Gesamtverhältnis von funktionalen zu nichtfunktionalen Sequenzen in der DNA ist.

Stellen Sie sich vor, unser hypothetischer Dieb muss sich zwischen einem Schloss mit 4 und mit 10 Zahlenrädchen entscheiden. Das mit den 4 Zahlenrädchen hat allerdings nur eine Kombination, die es öffnet, während bei dem Schloss mit den 10 Rädchen jede zweite Kombination (also 50 Prozent der Kombinationen) funktioniert. Wenn der Dieb das wüsste, für welches Schloss würde er sich entscheiden? Vielleicht wäre er versucht, das kleinere Schloss zu wählen. Tatsächlich hat er aber bei dem größeren Schloss bessere Chancen (1:2 statt 1:10 000).

Um also den „Schwierigkeitsgrad" einer Zufallssuche zu bewerten, ist es notwendig zu wissen, wie viele der Kombinationen das Schloss öffnen. Der Schlüssel liegt nicht nur in der Gesamtanzahl möglicher Kombinationen, die man durchsuchen muss, sondern im *Verhältnis* der Anzahl von Kombinationen, die das Schloss öffnen, zur Gesamtanzahl der Kombinationen. Genauso ist es nicht nur die Gesamtanzahl möglicher Kombinationen in der Menge der Aminosäurensequenzen, die bestimmt, wie schwierig eine Zufallssuche nach einer neuen

Proteinstruktur ist. Letzten Endes ist es das Verhältnis von funktionalen zu nicht funktionalen Sequenzen, das etwas über den Schwierigkeitsgrad aussagt.

Im Jahr 1966 bei der Wistar-Konferenz – und 1988, als ich Denton kennenlernte – war in der Molekularbiologie bekannt, dass der kombinatorische Sequenzraum in Verbindung mit selbst nur einem mäßig langen Protein enorm und exponentiell groß war. Doch man wusste nicht, wie viele dieser Anordnungen funktional waren. Faktisch war nicht bekannt, wie viele der möglichen Kombinationen „das Schloss öffnen" würden.

Der goldene Schnitt

Zwei Jahre nachdem ich Denton kennengelernt und im Herbst 1990 meine Lehrtätigkeit aufgenommen hatte, musste ich nach Cambridge zurückkehren und meine Doktorarbeit verteidigen. Bei diesem Besuch stellte ein gemeinsamer Freund mich Douglas Axe vor (Abb. 10.7), einem Wissenschaftler, der im Bereich der Proteinforschung arbeitete und gerade eben am California Institute of Technology seinen Doktor gemacht hatte. Axe hatte vor Kurzem begonnen, in Cambridge an Experimenten zu arbeiten, die Fragen zur Seltenheit funktionaler Gene und Proteine im kombinatorischen Sequenzraum beantworten sollten – mit anderen Worten, um das relevante Verhältnis von funktionalen zu nichtfunktionalen Sequenzen zu bestimmen.

Abb. 10.7
Der Molekularbiologe Douglas Axe. Während seiner Arbeit im Medical Research Council Laboratory in Cambridge von 1990 bis 2003 wies er nach, dass DNA-Basensequenzen, die in der Lage sind, Proteinfaltungen zu erzeugen, unter der enormen Anzahl der entsprechenden möglichen Sequenzen extrem selten sind.

Während seiner Arbeit an der Universität Cambridge und im renommierten Medical Research Council Laboratory von 1990 bis 2003 wies Axe letztlich nach, dass die DNA-Basensequenzen, die in der Lage sind, die komplexen dreidimensionalen Strukturen zu erzeugen – die sogenannten „Proteinfaltungen" –, unter der enormen Anzahl der entsprechenden möglichen Sequenzen extrem selten sind.

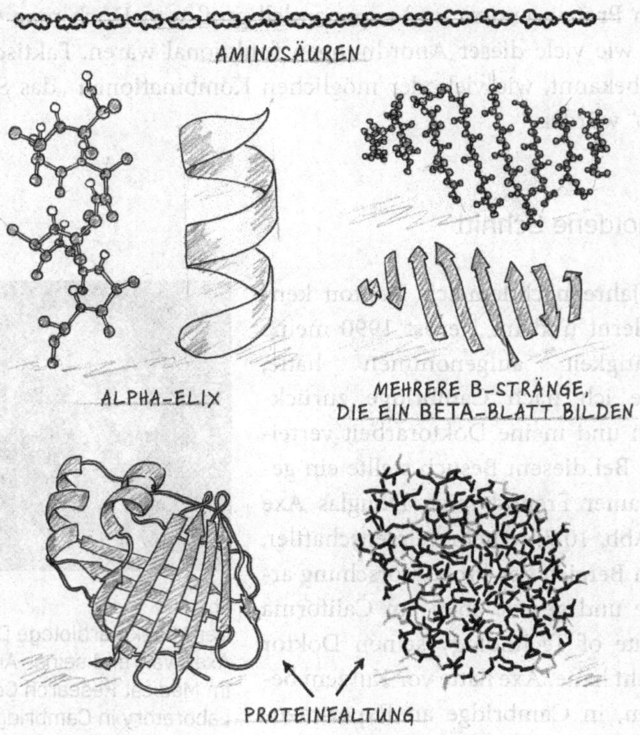

Abb. 10.8
Unterschiedliche Stufen der Proteinstruktur. Die erste Abbildung oben zeigt die Primärstruktur eines Proteins: eine Sequenz aus Aminosäuren, die eine Polypeptidkette bilden. Die zweite Abbildung stellt in zwei verschiedenen Formen zwei Sekundärstrukturen dar: eine α-Helix (links) und β-Stränge, die ein β-Blatt bilden (rechts). Die dritte Abbildung unten zeigt in zwei verschiedenen Formen eine Tertiärstruktur – also eine Proteinfaltung. Proteinfaltungen repräsentieren die kleinste Einheit einer Strukturinnovation in lebenden Systemen.

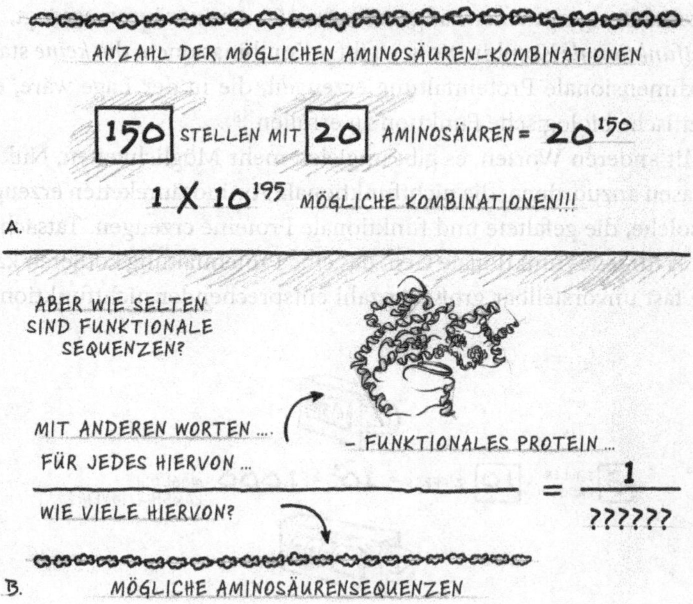

Abb. 10.9
OBEN: Hier ist das Problem der kombinatorischen Inflation in Bezug auf Proteine dargestellt. Mit zunehmender Anzahl der für die Bildung eines Proteins oder einer Proteinfaltung notwendigen Aminosäuren wächst die entsprechende Anzahl von möglichen Aminosäurekombinationen exponentiell.
UNTEN: Grafische Darstellung der Frage, wie selten Proteine in dem riesigen Aminosäure-„Sequenzraum" sind.

Eine Proteinfaltung ist eine charakteristische stabile, komplexe dreidimensionale Struktur, die es Proteinen ermöglicht, bestimmte biologische Funktionen auszuüben. Da Proteine für fast alle biologischen Funktionen und Strukturen entscheidend sind, repräsentieren Proteinfaltungen die kleinste Einheit einer Strukturinnovation in lebenden Systemen (Abb. 10.8).

Wie selten sind sie? Axe ging an die Beantwortung dieser Frage heran, indem er ein bestimmtes Stichprobenverfahren, die sogenannte „ortsspezifische Mutagenese", anwendete (Abb. 10.9). Seine Experimente zeigten, dass es für jede DNA-Sequenz, die eine kurze *funktionale*

Proteinfaltung mit einer Länge von nur 150 Aminosäuren erzeugt, 10^{77} *nichtfunktionale* Kombinationen gibt – Kombinationen, die *keine* stabile dreidimensionale Proteinfaltung erzeugen, die in der Lage wäre, eine spezifische biologische Funktion zu erfüllen.[18]

Mit anderen Worten, es gibt ungleich mehr Möglichkeiten, Nukleotidbasen anzuordnen, die nichtfunktionale Aminosäureketten erzeugen, als solche, die gefaltete und funktionale Proteine erzeugen. Tatsächlich gibt es für jedes funktionale Gen, das eine Proteinfaltung kodieren kann, eine fast unvorstellbar große Anzahl entsprechender nichtfunktionaler

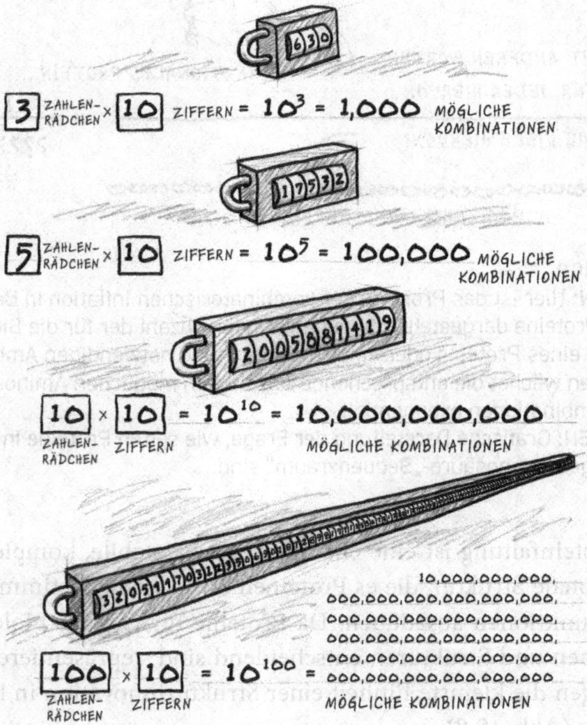

Abb. 10.10
Das Problem der kombinatorischen Inflation am Beispiel von Fahrradschlössern unterschiedlicher Größe. Mit zunehmender Anzahl der Zahlenrädchen steigt die Anzahl von möglichen Kombinationen exponentiell.

Sequenzen, die der Evolutionsprozess würde „durchsuchen“ müssen. Um auf unseren Vergleich mit dem Fahrradschloss zurückzukommen: Das Zahlenverhältnis, das Axe ermittelte, legt nahe, dass die Schwierigkeit einer Mutationssuche nach einem neuen Gen oder einer neuen Proteinfaltung dem Schwierigkeitsgrad entspricht, bei einem Schloss mit 77 Zahlenrädchen à 10 Ziffern nur *eine* Kombination zu finden (Abb. 10.10)!

Zweifelsohne stellt 10^{77} eine riesige Zahl dar. Um sie einmal ins Verhältnis zu setzen: In unserer Galaxie gibt es nur 10^{65} Atome. Doch könnten zufällige genetische Mutationen eine so große Menge von Möglichkeiten in der Zeit, die für die kambrische Explosion oder selbst die gesamte Geschichte des Lebens auf der Erde zur Verfügung stand, effektiv durchsuchen? Um diese Frage zu beantworten, müssen wir noch wissen, wie viele Gelegenheiten der Evolutionsprozess gehabt hätte, um diese riesige Anzahl von Möglichkeiten zu durchsuchen – wie Axe selbst betont hat.

Eine Einschätzung der probabilistischen Ressourcen

Führen Sie sich einmal vor Augen, dass jedes Mal, wenn ein Organismus sich fortpflanzt und einen neuen Organismus hervorbringt, eine Gelegenheit besteht, zu mutieren und eine neue Gensequenz weiterzugeben. Und während der 3,85 Milliarden Jahre der Geschichte des Lebens haben nach Schätzung von Biologen etwa 10^{40} individuelle Organismen – eine riesige Anzahl – auf unserem Planeten gelebt. Das bedeutet, dass es höchstens 10^{40} solcher Gelegenheiten für eine Genmutation gegeben haben konnte, die das Potenzial besaß, eine neue Proteinfaltung zu erzeugen. Doch 10^{40} stellt nur einen winzigen Bruchteil von 10^{77} dar – die Anzahl von nichtfunktionalen Sequenzen, die jeder Proteinfaltung von moderater Länge entsprechen (Abb. 10.11). Wenn man 10^{40} durch 10^{77} teilt, ergibt sich 1 Teil zu 10^{37} oder exakt 1 Teil zu zehn Billionen mal eine Billion mal eine Billion.

Das bedeutet: Damit eine neue Proteinfaltung von relativ moderater Größe entsteht, hätte der Mechanismus der zufälligen Mutation und natürlichen Selektion lediglich Zeit, einen kleinen Bruchteil

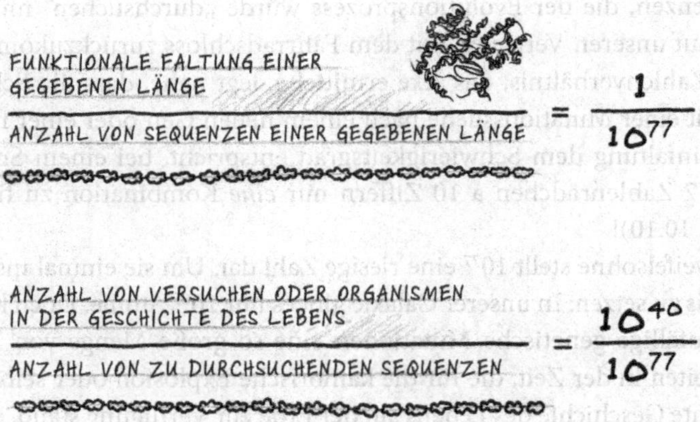

Abb. 10.11
Die obere Abbildung dieser Skizze repräsentiert die Ergebnisse von Axes Mutagenese-Experimenten, die die extreme Seltenheit von funktionalen Proteinen in einem Sequenzraum zeigen. Aufgrund seiner Experimente schätzte Axe, dass es 10^{77} mögliche Sequenzen gibt, die einer spezifischen funktionalen Sequenz von 150 Aminosäuren entsprechen. Die zweite Abbildung zeigt, dass funktionale Aminosäurensequenzen im Verhältnis zur Gesamtanzahl von Möglichkeiten, die der Evolutionsprozess gehabt hätte, um neue Sequenzen zu generieren, extrem selten sind (wenn man von der Annahme ausgeht, dass jeder Organismus, der in der Geschichte des Lebens je gelebt hat, pro Generation eine solche neue Sequenz hervorgebracht hat).

der Gesamtanzahl relevanter Sequenzen zu durchsuchen. Mit anderen Worten, die Anzahl von Versuchen, die dem Evolutionsprozess zur Verfügung stehen, ist unglaublich klein *im Verhältnis zu* der Anzahl von *möglichen* Sequenzen, die durchsucht werden müssen. Oder anders ausgedrückt: Angesichts der Größe der relevanten Sequenzräume, die vom Evolutionsprozess durchsucht werden müssen, schrumpft die für die Suche zur Verfügung stehende Zeit nahezu zur Nichtigkeit – selbst wenn man die 3,85 Milliarden Jahre Geschichte des Lebens berücksichtigt.

Daraus folgt: Der Mechanismus der zufälligen Mutation und natürlichen Selektion hatte nicht genug Zeit, um auch nur einen winzigen

Bruchteil (genau gesagt, ein Zehn-Billionen-Billionen-Billionstel) der Gesamtzahl möglicher Nukleotidbasen oder Aminosäurensequenzen, die einer einzigen Proteinfaltung entsprechen, zu generieren oder zu durchsuchen.

Es ist daher ungleich *wahrscheinlicher*, dass eine zufällige Mutationssuche in der gesamten Geschichte des Lebens auf der Erde *keine* (auch nicht eine) neue funktionale (informationshaltige) DNA-Sequenz erzeugt, die in der Lage ist, eine neue Proteinfaltung zu kodieren. Folglich ist die Hypothese, dass eine solche Zufallssuche erfolgreich war, wahrscheinlich eher *falsch* als wahr. Und natürlich würde der Aufbau neuer Tierarten die Erzeugung *vieler* neuer Proteine und Proteinfaltungen erfordern, nicht nur eine. Daraus lässt sich schließen, dass der übliche neodarwinistische Mechanismus keine adäquate Erklärung für den Ursprung der genetischen Information liefert, die notwendig ist, um die großen Neuerungen in den biologischen Formen zu erzeugen, die im Lauf der Geschichte des Lebens auf der Erde entstanden sind.

Design: scheinbar oder intelligent?

Dass der Mechanismus von zufälligen Mutationen und natürlicher Selektion keine kreative Kraft aufweist, hat in der Biologie die Frage nach dem Design in einem neuen Kontext aufgeworfen. Um die Hintergründe zu verstehen, ist es wichtig, sich daran zu erinnern, wie der Darwinismus – und später der Neodarwinismus – die Idee des intelligenten Designs überhaupt aufgegeben hat.

Während des 19. Jahrhunderts, im Vorlauf zur Veröffentlichung von Darwins *Über die Entstehung der Arten*, beeindruckte es viele Biologen, wie gut lebende Organismen an ihre Umwelt angepasst zu sein schienen. Sie schrieben diese Anpassung dem Erfindungsreichtum einer mächtigen gestaltenden Intelligenz zu.

Darwin versuchte zu zeigen, dass natürliche Selektion auf der Grundlage zufälliger Variationen diesen Anschein einer Gestaltung erklären konnte. Dazu zog er einen Vergleich mit dem bekannten Prozess der künstlichen Selektion, auch als „selektive Züchtung" bekannt. Beispielsweise könnte eine schottische Schäferin wollereichere Schafe züchten, damit sie im kalten nördlichen Klima bessere Überlebenschancen haben oder mehr Wolle für die Schur produzieren. Dazu würde die Schäferin nur die wolligsten Schafe zur Zucht auswählen. Wenn sie Generation um Generation immer nur die wolligsten Schafe auswählte und zur Zucht einsetzte, würde sie irgendwann eine besonders wollereiche Schafrasse erzielen – eine Schafrasse, die *besser* an ihre Umwelt *angepasst* ist.

Wie Darwin betonte, hat die Natur ebenfalls eine Methode zum „Aussieben": Bei fehlerhaften Lebewesen besteht eine geringere Wahrscheinlichkeit, dass sie überleben und sich fortpflanzen, während die Nachkommen mit nützlichen Variationen ihre Vorteile eher weitergeben. Darwin argumentierte, dass dieser Prozess – natürliche Selektion, die auf zufällige Variationen aufbaut – die Eigenschaften von Organismen genauso verändern könnte wie eine intelligente Selektion durch menschliche Züchter.

Stellen Sie sich beispielsweise vor, dass eine Reihe ungewöhnlich kalter Winter in den schottischen Highlands dafür sorgt, dass alle außer den wollereichsten Schafen sterben. Wenn die kalten Winter sich über mehrere Generationen fortsetzen, würde die Schafpopulation dann nicht irgendwann sichtlich wollereicher werden?

Das war Darwins große Erkenntnis. Die Natur konnte den gleichen Effekt auf eine Population von Organismen haben wie die bewussten Entscheidungen eines intelligenten Akteurs. Sie würde die Erhaltung gewisser Merkmale im Vorzug gegenüber anderen bewirken. Die resultierende Veränderung oder Zunahme der Tauglichkeit (oder Anpassung) wäre dann nicht von einem Züchter erzeugt worden, der ein Merkmal oder eine Variation ausgewählt hatte – nicht durch „künstliche Selektion" entstanden –, sondern stattdessen durch einen ganz und gar natürlichen Prozess, die „natürliche Selektion".

Auf diese Art und Weise erklärte Darwin den Anschein einer Gestaltung, ohne sich auf eine gestaltende Intelligenz berufen zu müssen. Wie er es formulierte: „Es scheint in der Veränderlichkeit von organischen Wesen und im Akt der natürlichen Selektion nicht mehr Gestaltung vorhanden zu sein als in der Richtung, in die der Wind weht."[19] Oder, wie Ernst Mayr, Evolutionsbiologe an der Universität Harvard und einer der Architekten der modernen neodarwinistischen Synthese, ein Jahrhundert später erklärte: „Der echte Kern des Darwinismus … ist die Theorie der natürlichen Selektion. Diese Theorie ist so wichtig für den Darwinisten, weil sie die Erklärung der Anpassung, der ‚Gestaltung' des Naturtheologen, mit natürlichen Mitteln gestattet."[20]

Doch was, wenn kleinere Verbesserungen in der Anpassung von Organismen auf ihre Umwelt – dass Schafe etwas mehr Wolle haben oder Finkenschnäbel etwas länger oder kürzer werden – nicht das einzige Beispiel für eine scheinbare Gestaltung in der lebenden Welt sind? Was, wenn andere, auffallendere und grundlegendere Merkmale des Lebens – so wie die genetische Information, die notwendig ist, um im Tierreich überhaupt neue Lebensformen aufzubauen – nicht durch natürliche Selektion oder andere ungesteuerte Mechanismen erklärbar sind? Selbst so entschiedene Darwinisten wie Richard Dawkins erkennen an, dass das Vorhandensein von digital verschlüsselter Information in der DNA in lebenden Organismen zumindest einen verblüffenden *Anschein einer Gestaltung* darstellt. Doch wenn weder Darwins ursprünglicher den Gestalter ersetzender Mechanismus noch die überarbeitete neodarwinistische Version dieses Mechanismus diesen hervorstechenden Anschein einer Gestaltung erklärt, was dann?

Informationsexplosionen als Beleg für intelligentes Design

In *Darwin's Doubt* habe ich anerkannt, dass Evolutionsbiologen in einem Versuch, die „Erklärungsdefizite" des Neodarwinismus zu beheben, in jüngerer Zeit mehrere neue, alternative Evolutionsmechanismen vorgeschlagen haben. Wie ich dort ebenfalls anmerke, haben heutige Biologen erkannt, dass der Aufbau neuer Tierarten nicht nur genetische Informationen erfordert, sondern auch das, was man „epigenetische" oder „ontogenetische" Information nennt.[21] Ontogenetische Informationen werden nicht in DNA gespeichert, sondern in übergeordneten Strukturen in Zellen und Organismen. Dennoch konnte ich zeigen, dass diese neueren, postneodarwinistischen Evolutionstheorien – Selbstorganisation, evolutionäre Entwicklungsbiologie, neolamarcksche epigenetische Vererbung, neutrale Theorie, natürliche Genmanipulation und andere – weder die genetischen noch die ontogenetischen

Informationen erklären können, die in der Geschichte des Lebens für strukturelle Innovationen notwendig waren. Tatsächlich erklären diese neuen Evolutionstheorien entweder nicht den Ursprung der notwendigen genetischen und ontogenetischen Informationen, oder sie setzen einfach unerklärte, präexistente Quellen solcher Informationen voraus.

Und da die kambrische Explosion des tierischen Lebens und andere ähnliche Ereignisse eine explosionsartige Zunahme an Informationen sowie biologischen Formen darstellen, wirft das eine Frage auf. Ist es möglich, dass die dramatische Zunahme an biologischen Informationen in periodischen Abschnitten über die Geschichte des Lebens hinweg nicht nur eine Schwierigkeit für die materialistischen Theorien der biologischen Evolution darstellt, sondern auch *positive* Hinweise auf ein intelligentes Design liefert? Könnte dieser (aus materialistischer Sicht) *unerklärte* Anschein einer Gestaltung auf ein tatsächliches *intelligentes* Design hinweisen?

Genauso ist es.

Eine heute wirksame Ursache

Im letzten Kapitel habe ich anhand der Methode multipler Arbeitshypothesen (oder mithilfe des Schlusses auf die beste Erklärung) die „kausale Angemessenheit" von Erklärungsvorschlägen für den letztendlichen Ursprung von biologischen Informationen bewertet. Ich habe gezeigt, dass die Modelle der chemischen Evolution keine geeignete Ursache identifizieren können; also keine Ursache, die in der Lage wäre, die für die Entstehung des ersten Lebens notwendige digitale Information in der DNA und RNA zu erzeugen. Wir haben in diesem Kapitel gesehen, dass die Haupttheorien der *biologischen* Evolution ebenfalls keine Erklärung für den Ursprung der Information bieten, die notwendig war, um neue Formen von tierischem Leben aufzubauen. Und doch kennen wir eine Ursache, die ihre Fähigkeit unter Beweis gestellt hat, funktionale oder spezifizierte Information zu erzeugen. Diese Ursache ist intelligentes Handeln.

Intelligente Akteure haben aufgrund ihrer Rationalität und ihres Bewusstseins die Fähigkeit bewiesen, funktionale Informationen in

Form von linearen sequenzspezifischen Zeichenanordnungen zu erzeugen. Wir wissen, dass solche Akteure Informationen in Form von Softwarecodes, antiken Inschriften, sinnvollen Texten in Büchern, verschlüsselten militärischen Codes und vielem anderen generieren. Die Erzeugung funktionaler Information wird, um noch einmal Henry Quastler zu zitieren, „gewöhnlich mit einer bewussten Aktivität in Verbindung gebracht".[22] Unsere gleichförmige Erfahrung bestätigt diese offenkundige Wahrheit. Das legt nahe, dass intelligentes Design die entscheidende Bedingung für eine gute historisch-wissenschaftliche Erklärung erfüllt: die „kausale Angemessenheit", wie im vorigen Kapitel besprochen.

Auch wissen wir von keiner materialistischen (nichtgeistigen) „heute wirksamen Ursache", die große Mengen[23] spezifizierter Informationen generiert (insbesondere in digitaler oder alphabetischer Form). Wie ich detaillierter in *Darwin's Doubt* zeige, ist es einigen der besten Köpfe in der Evolutionsbiologie nach langer und akribischer Suche nicht gelungen, eine Ursache zu finden, die in der Lage wäre, die Informationen zu produzieren, die für echte Innovationen in der Geschichte des Lebens notwendig waren. Doch intelligente Akteure erzeugen regelmäßig enorme Mengen spezifizierter Informationen, um zu kommunizieren und eine Vielzahl neuer Strukturen aufzubauen. Damit erfüllt *nur* das intelligente Design die Bedingung der kausalen Angemessenheit. Mit anderen Worten, unsere gleichförmige Erfahrung von Ursache und Wirkung zeigt, dass intelligentes Design die *einzige bekannte Ursache* für den Ursprung großer Mengen an funktional spezifizierten Informationen ist. Daraus folgt, dass sich das umfangreiche Einbringen solcher Informationen in der kambrischen Explosion und vergleichbaren Ereignissen in der Geschichte des Lebens am besten als Aktivität einer intelligenten Ursache deuten lässt (Abb. 10.12) – Louis Agassiz, der große Paläontologe des 19. Jahrhunderts, nannte es „Verstandesakte".[24]

Intelligentes Design bietet noch aus einem anderen Grund die beste Erklärung für den Ursprung von genetischer Information: Zweckorientierte Akteure haben genau die nötigen Fähigkeiten, die der natürlichen Selektion als Voraussetzung für ihre kausale Angemessenheit fehlen. Wir haben gesehen, dass der natürlichen Selektion die Fähigkeit fehlt, neuartige Informationen zu generieren, eben weil sie nur in

Abb. 10.12
In diesem Kapitel zeige ich, dass der neodarwinistische Mechanismus von zufälliger Mutation und natürlicher Selektion keine plausible (oder „kausal angemessene") Erklärung für den Ursprung der funktionalen oder spezifizierten Informationen in lebenden Systemen liefert. In *Darwin's Doubt* und anderen Veröffentlichungen zeige ich außerdem, dass in neuerer Zeit vorgeschlagene Evolutionsmechanismen in Verbindung mit der „erweiterten Synthese" sowie Theorien der Selbstorganisation und des Punktualismus ebenfalls nicht den Ursprung der für den Aufbau neuartiger Lebensformen notwendigen Informationen erklären. Diese neuen Evolutionsmechanismen – wie beispielsweise die Artenselektion, neutrale Evolution, natürliche Genmanipulation, neolamarcksche epigenetische Vererbung, Nischenkonstruktion und evolutionäre Entwicklungsprozesse – ignorieren durchweg entweder das Problem des Ursprungs genetischer und ontogenetischer Informationen oder setzen bereits bestehende unerklärte Quellen solcher spezifischen Informationen voraus. Allerdings wissen wir, dass intelligente Akteure solche spezifischen Informationen produzieren können und in der Tat produzieren. Folglich leite ich intelligentes Design als beste und kausal angemessenste Erklärung für die explosionsartige Zunahme funktionaler oder spezifischer Information ab, die sich in der kambrischen Explosion und anderen ähnlichen Ereignissen in der Geschichte des Lebens zeigt.

Aktion treten kann, *nachdem* neue funktionale Informationen entstanden sind. Die natürliche Selektion kann neue Proteine und Gene bevorzugen, doch erst, nachdem sie auftreten und einen funktionalen Vorteil gewähren (den reproduktiven Ertrag positiv beeinflussen). Die Aufgabe der Erzeugung neuer funktionaler Gene, Proteine und Proteinsysteme fällt ganz und gar zufälligen Mutationen zu. Doch ohne funktionale

Kriterien, die das Durchsuchen der riesigen Menge möglicher Sequenzen steuern, ist die zufällige Variation im Hinblick auf die Wahrscheinlichkeit zum Scheitern verurteilt. Was nötig ist, ist nicht nur eine Quelle der Variation oder ein Selektionsmodus, der im Anschluss an eine erfolgreiche Suche greifen kann, sondern stattdessen ein Selektionswerkzeug, das (a) während einer Suche greift – *vor* dem Erfolg – und (b) von Informationen oder einem Wissen über ein funktionales Ziel gesteuert wird.

Eine Demonstration dieser Notwendigkeit kommt aus einem Bereich, von dem man es nicht erwarten würde.

Eine Simulation von intelligentem Design

Genetische Algorithmen sind Programme, die angeblich das kreative Potenzial der zufälligen Mutation und natürlichen Selektion simulieren. Richard Dawkins, Bernd-Olaf Küppers und andere haben Computerprogramme entwickelt, die angeblich die Erzeugung genetischer Informationen durch Mutation und natürliche Selektion nachahmen.[25] Doch diese Programme funktionieren nur aufgrund eines unzulässigen Hilfsmittels: Sie haben einen *intelligenten Programmierer*, der dem Computer eine „Zielsequenz“ vorgibt und dann die Nähe zu einer *zukünftigen* Funktion (d. h. der Zielsequenz), nicht die tatsächlich vorliegende Funktion, als Auswahlkriterium verwendet – und damit das Programm aktiv zur Zielsequenz hinlenkt. Eine solche Vorausschau hat keine Entsprechung in der Natur. In der Biologie hängt das Überleben davon ab, gegenwärtige Funktionen aufrechtzuerhalten. Daher kann die natürliche Selektion nicht vorausschauen oder Pläne entwickeln, welche zukünftige Bedürfnisse oder günstige Ergebnisse vorausberechnen. Der Prozess, wie die Evolutionstheoretiker Andrei Rodin, Eörs Szathmáry und Sergei Rodin anmerken, funktioniert ausschließlich „‚im gegenwärtigen Moment‘, hier und jetzt … ihm fehlt die Voraussicht auf potenzielle zukünftige Vorteile“.[26]

Was den ungesteuerten Evolutionsmechanismen fehlt, das bietet das intelligente Design – eine zweck- und zielorientierte Auswahl. Rationale Akteure können Materie und Symbole im Vorausblick auf entfernte

Ziele anordnen. Sie lösen auch gewohnheitsmäßig Probleme der kombinatorischen Inflation. Im Gebrauch von Sprache „findet" oder generiert der menschliche Verstand routinemäßig hochgradig unwahrscheinliche sprachliche Sequenzen, um eine *im Voraus* bedachte Idee zu vermitteln. Bei Denkvorgängen gehen funktionale Ziele der Auswahl von Worten, Lauten und Symbolen voraus und beschränken diese, um aus einer enormen Menge von sinnlosen Alternativen funktionale (und sinnvolle) Sequenzen zu generieren.[27]

In ähnlicher Weise resultiert die Konstruktion komplexer technologischer Produkte wie Brücken, Leiterplatten, Motoren und Software aus zielgerichteten Beschränkungen unter den möglichen Anordnungen von Materie oder Symbolen.[28] Tatsächlich wenden Entwicklungsingenieure oder andere intelligente Akteure bei allen funktional integrierten komplexen Systemen, bei denen die Ursache aus Erfahrung oder Beobachtung bekannt ist, Beschränkungen an und begrenzen die Möglichkeiten, um unwahrscheinliche, aber nützliche Formen, Sequenzen oder Strukturen zu erzeugen. Vernunftbegabte Akteure haben wiederholt die Fähigkeit bewiesen, mögliche Ergebnisse zu beschränken, um unwahrscheinliche, aber anfangs unverwirklichte zukünftige Funktionen zu verwirklichen. Wiederholte Erfahrungen bestätigen, dass ein intelligenter Akteur (Verstand) auf einzigartige Weise solche kausativen Fähigkeiten besitzt.

Untersucht man das Problem des Ursprungs der biologischen Information, stößt man auf ein Defizit in den kausativen Fähigkeiten der natürlichen Selektion und anderer ungesteuerter Evolutionsmechanismen, das exakt den Fähigkeiten entspricht, die intelligente Akteure bekanntermaßen besitzen – unserer Erfahrung nach auf einzigartige Art und Weise. Intelligente Akteure können funktionale Ziele auswählen, *bevor* diese Ziele physikalisch erzeugt worden sind. Sie können aus einer ganzen Palette von Möglichkeiten materielle Mittel erfinden oder auswählen, um diese Ziele zu erreichen. Sie können dann diese Ziele verwirklichen, und zwar im Einklang mit einem *im Voraus* gefassten Gestaltungsplan oder einer Reihe funktionaler Voraussetzungen.

Diese Kausalkräfte – die der natürlichen Selektion und anderen ungesteuerten Evolutionsmechanismen fehlen – werden üblicherweise mit Bewusstsein und Rationalität in Verbindung gebracht – mit zweckorientierter Intelligenz. Wenn zeitgenössische Verfechter des intelligenten Designs sich auf ebendieses Design berufen, um die spezifizierte Information zu erklären, die in der Geschichte des Lebens abrupt und episodisch auftritt, postulieren sie folglich *kein* willkürliches Erklärungselement, das nicht von einer Einbeziehung der Befundlage motiviert wäre. Stattdessen postulieren wir eine Entität, die genau die kausativen Kräfte besitzt, wie sie die Informationsexplosionen in der Geschichte des Lebens sowie alle anderen nichtkontinuierlichen Zunahmen von funktionaler Information erfordern: als Bedingung für ihre Erzeugung und als Erklärung.

Multiple Verstandesakte?

Daher stellt das Informationsproblem im Zusammenhang mit dem Ursprung des ersten Lebens keine isolierte Anomalie dar, sondern stellt die Theorien der chemischen *und* biologischen Evolution grundsätzlich infrage. Tatsächlich ist das wiederholte abrupte In-Erscheinung-Treten von neuen biologischen Formen und Informationen in der Geschichte des Lebens ganz und gar nicht das, womit wir rechnen können, wenn ein rein materialistischer Evolutionsprozess ohne „Plan“ und „Absicht“ am Werk wäre.[29] Wenn stattdessen eine zweckorientierte Intelligenz wiederholt in der Geschichte des Lebens auf der Erde agiert hätte, können wir angesichts unserer Erfahrung mit intelligenten, informationsgenerierenden Akteuren sehr wohl erwarten, Hinweise auf episodische Ausbrüche neuer Informationen in der Biosphäre zu finden.

TEIL III: SCHLUSS AUF DIE BESTE METAPHYSISCHE ERKLÄRUNG

Kapitel 11:

Der Bewertungsprozess für eine metaphysische Hypothese

Im April 2000, als junger Professor für Wissenschaftsphilosophie, nahm ich an einer ungewöhnlichen Konferenz an der Baylor University teil. Dazu waren unter dem Thema „The Nature of Nature" („Das Wesen der Natur") Wissenschaftsphilosophen und Wissenschaftler eingeladen, einschließlich einiger Nobelpreisträger. Die Konferenz umfasste Einheiten, in denen es neben anderen Themen um den Ursprung des Universums, die Feinabstimmung der physikalischen Gesetze und den Ursprung des Lebens ging. Zudem war die Veranstaltung dazu ausgelegt, der übergreifenden Frage nachzugehen, ob die Natur als Ganzes auf eine Realität jenseits ihrer selbst hinweist oder ob sie besser als autonomes, in sich selbst existierendes und selbstorganisierendes System zu verstehen ist. Mit anderen Worten, die Konferenz drehte sich um die Frage, ob die Weltanschauung des Naturalismus (oder Materialismus) einerseits oder etwas wie der Theismus oder Deismus andererseits die bessere Erklärung für entscheidende wissenschaftliche Entdeckungen liefert.

Abb. 11.1
Der Biochemiker und Nobelpreisträger Christian de Duve.

Zum ersten Mal vor einem so großen akademischen Forum präsentierte ich mein Plädoyer für *Intelligent Design* als beste Erklärung für den Ursprung der genetischen Informationen, die für die Erzeugung des ersten Lebens notwendig waren. Ich war etwas beklommen, teils deshalb, weil die Organisatoren vorgesehen hatten, dass Christian de Duve

(Abb. 11.1) – Nobelpreisträger und prominenter Biochemiker, der auf dem Gebiet des Ursprungs des Lebens forschte – direkt nach mir sprach. Er hatte vor Kurzem ein Buch herausgebracht, *Vital Dust* (dt. Ausgabe: *Aus Staub geboren*), in dem er der Möglichkeit nachging, dass das Leben aus selbstorganisierenden Prozessen entstanden war – Prozesse, die das Leben unvermeidlich machten, sobald die richtigen Bedingungen auf der Erde entstanden waren. Ich hatte vor, in meinem Vortrag kritisch auf seinen selbstorganisierenden Ansatz einzugehen, und so erwartete ich, dass de Duve auch meine wissenschaftliche Analyse infrage stellen würde.

Zu meiner Überraschung begann de Duve seinen Vortrag mit der Bemerkung, er stimme voll und ganz mit seinem „Vorredner" überein, außer meinen Ausführungen zur „letzten Folie". Mit meinen ersten ca. 30 Folien hatte ich eine wissenschaftliche Kritik präsentiert, welche darauf abzielte, dass aktuelle Theorien zur chemischen Evolution (einschließlich Selbstorganisationstheorien) den Ursprung von genetischen Informationen nicht erklären konnten. Meine letzten Folien entfalteten die Logik des Schlusses auf ein intelligentes Design, und meine allerletzte Folie erklärte, warum ich den methodologischen Naturalismus ablehnte – das Prinzip, dass Wissenschaftler sich auf ausschließlich naturalistische Erklärungen beschränken müssen.

Beim Abendessen beruhigte mich de Duve, ein eleganter Belgier, freundlich und für mich unvergesslich, indem er mir ein Kompliment zu meinen molekularbiologischen Kenntnissen machte. Obwohl er selbst den Selbstorganisations-Ansatz befürwortete, räumte er ein, dass solche Theorien noch nicht das kritische Informationsproblem gelöst hatten. Dennoch hatte er in seinem vorangegangenen Vortrag an jenem Tag deutlich gemacht, dass er einen strikt naturalistischen Ansatz in der Wissenschaft bevorzugte, ebenso wie eine naturalistische Antwort auf die Fragen, die Anlass zu der Konferenz gegeben hatten.

Anders als de Duve denken viele Wissenschaftler nicht über grundlegende Weltanschauungsfragen wie das Wesen der Natur nach. Stattdessen haben viele schon lange eine Antwort auf diese Fragen vorausgesetzt. Bereits seit Ende des 19. Jahrhunderts stimmen zahlreiche Wissenschaftler Carl Sagans Perspektive zu, die ich im Prolog zitiert habe: „Der Kosmos ist alles, was es gibt, was war und was es je geben wird."[1]

In jüngerer Zeit haben der Astrophysiker Neil deGrasse Tyson und der Kosmologe Sean Carroll vom California Institute of Technology (Abb. 11.2) dazu beigetragen, diese Weltsicht populär zu machen – Tyson mit seiner Neuauflage der Serie *Unser Kosmos* und Carroll mit seinen populärwissenschaftlichen Büchern und Vorträgen. Carroll definiert den Naturalismus nicht nur als die Idee, dass es „nur die natürliche Welt"[2] gibt und „keine Geister, keine Gottheiten oder sonst irgendetwas", sondern auch als die Vorstellung, dass es „eine Erklärungskette im Blick auf Dinge gibt, die im Universum geschehen, die letztlich zu den fundamentalen Naturgesetzen gelangt und dort endet".[3]

Abb. 11.2
Sean Carroll, Physiker am California Institute of Technology und Vertreter des wissenschaftlichen Naturalismus.

Carrolls Herangehensweise an diese tiefen Fragen ist erfrischend. Auch betrachtet er nicht einfach den Naturalismus als einzige Antwort auf die Frage nach dem Wesen der Natur. Er räumt die Existenz anderer Weltanschauungen ein und bietet den Naturalismus als beste Erklärung dafür an, was die Wissenschaft über die Realität herausgefunden hat.

In seinem Bestseller *The Big Picture* („Das große Ganze") bemüht sich Carroll zu erklären, was Naturalisten glauben. „Die umfassendere Ontologie, die normalerweise mit dem Atheismus in Verbindung gebracht wird, ist der Naturalismus – es gibt nur eine Welt, die natürliche Welt, die Muster an den Tag legt, die wir die ‚Naturgesetze' nennen, und die sich durch die Methoden von Wissenschaft und empirischer Untersuchung entdecken lässt", schreibt er. „Es gibt kein separates Reich des Übernatürlichen, Spirituellen oder Göttlichen; auch gibt es keine kosmische Teleologie oder einen transzendenten Zweck, der dem Wesen des Universums oder dem menschlichen Leben innewohnt."[4]

In den vorangegangenen Kapiteln habe ich mehrere wichtige wissenschaftliche Entdeckungen zum Ursprung des Universums und des Lebens beschrieben. Doch was sagen diese uns über das Wesen der Natur? Indem die Organisatoren der Baylor-Konferenz diese Frage in den Mittelpunkt stellten, setzten sie voraus – so wie Sean Carroll –, dass es im Blick auf das Wesen der Realität viele konkurrierende metaphysische Hypothesen gibt.

Metaphysik ist diejenige philosophische Disziplin, die sich mit dem fundamentalen Wesen der Realität befasst. Die Ontologie, eine Unterdisziplin der Metaphysik, beschäftigt sich mit Fragen nach dem „Sein" oder der letztgültigen Realität. Sie fragt: „Was ist die Sache oder die Entität oder der Prozess, von dem alles andere herkommt?" Philosophen unterscheiden mehrere große Weltanschauungen, die verschiedene Antworten geben auf diese letzte Frage, die Frage nach der übergeordneten Realität. Der Naturalismus (oder Materialismus) betrachtet Materie und Energie und die Naturgesetze als die übergeordneten Realitäten. Der Pantheismus behauptet, dass eine unpersönliche Gottheit, die in Materie und Energie gegenwärtig ist, die übergeordnete Realität darstellt. Der Theismus bekräftigt die Existenz eines persönlichen, intelligenten, transzendenten Gottes, der auch in der Schöpfung handelt. Und der Deismus besagt, dass es einen persönlichen, transzendenten, intelligenten Gott gibt, der seit dem ersten Anfang *nicht mehr* in die geschaffene Ordnung eingreift (Abb. 11.3). Diese vier Weltanschauungen stellen vier mögliche Antworten auf drei grundlegende Fragen zur letzten Realität dar: Gibt es einen Gott? Wenn ja, ist Gott persönlich oder unpersönlich? Und wenn er persönlich ist, handelt Gott nur am Anfang des Universums oder auch danach in der geschaffenen Ordnung?

Der Entscheidungsbaum in Abbildung 11.4 zeigt, wie die Antworten auf diese drei Fragen uns ermöglichen, große Weltanschauungen einzuordnen. Natürlich vertreten Menschen unterschiedliche Variationen dieser grundlegenden Sichtweisen, doch jede dieser Varianten bekennt sich typischerweise zu den Kerninhalten eines der vier fundamentalen Denksysteme, die ich eben erwähnt habe. Beispielsweise haben der wissenschaftliche Materialismus, der dialektische Materialismus und der atheistische Existenzialismus unterschiedliche Ansichten über die menschliche Natur – das heißt, ob Menschen einen freien Willen haben oder nicht, und wenn nicht, was das menschliche Verhalten oder die Entwicklung der Menschheitsgeschichte bestimmt. Dennoch repräsentieren alle unterschiedliche Formen des Naturalismus. Alle leugnen die Existenz Gottes und alle halten Materie und Energie für die übergeordneten Realitäten. In ähnlicher Weise umfasst die theistische Weltanschauung die christlichen, jüdischen, islamischen und nichtreligiöse Formen des Theismus; sie alle nehmen einen persönlichen Gott

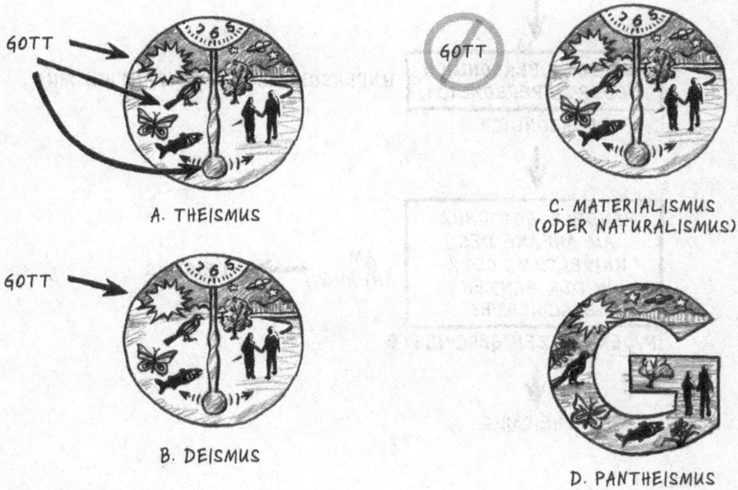

Abb. 11.3
Die Philosophie unterscheidet mehrere große Weltanschauungen mit unterschiedlichen Antworten auf die Fragen nach der „übergeordneten Realität". Der Theismus bekräftigt die Existenz eines persönlichen, intelligenten, transzendenten Gottes, der auch in der Schöpfung handelt. Der Deismus besagt, dass es einen persönlichen, transzendenten, intelligenten Gott gibt, der seit dem ersten Anfang *nicht mehr* in die geschaffene Ordnung eingreift. Der Naturalismus (oder Materialismus) erklärt Materie und Energie und die Naturgesetze zu übergeordneten Realitäten. Der Pantheismus behauptet, dass eine *unpersönliche* Gottheit, die in Materie und Energie gegenwärtig ist, die übergeordnete Realität darstellt. In diesen Diagrammen, die die vier großen Denksysteme darstellen, stehen die Kreise für das physische Universum; die Zeichnungen innerhalb der Kreise stellen verschiedene lebende und nichtlebende Entitäten im Universum dar; das Pendel steht für die Naturgesetze; und das „große G" steht für Gott. Beachten Sie, dass beim Theismus Gott als separat vom Universum, aber aktiv in diesem dargestellt ist. Für den Deismus wird Gott als separat vom Universum, aber nicht in diesem aktiv dargestellt. Für den Naturalismus oder Materialismus existiert Gott nicht, wie abgebildet, und beim Pantheismus ist Gott gegenwärtig in und deckungsgleich mit jedem Aspekt des materiellen Universums, aber existiert nicht separat davon.

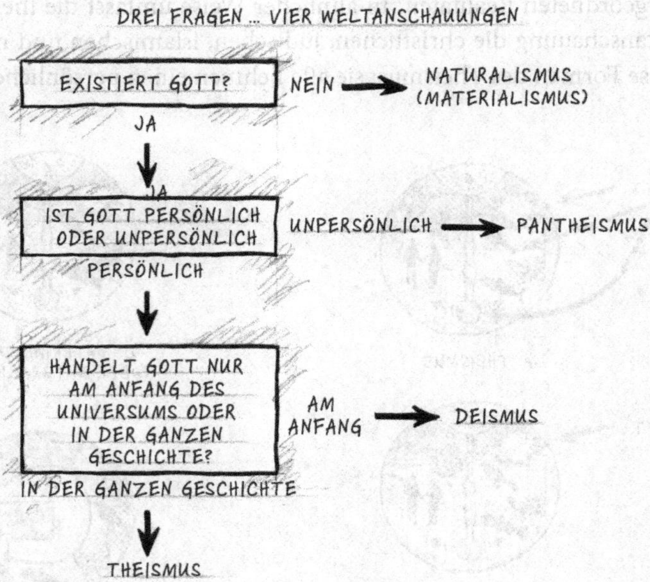

Abb. 11.4
Die vier Weltanschauungen Theismus, Deismus, Pantheismus und Materialismus repräsentieren vier mögliche Antworten auf drei grundlegende Fragen zur übergeordneten Realität: Existiert Gott? Wenn ja, ist er persönlich oder unpersönlich? Wenn er persönlich ist, handelt er nur am Anfang des Universums oder auch danach innerhalb der erschaffenen Ordnung?

als übergeordnete Realität an, doch jede Form hat unterschiedliche Ansichten vom Wesen oder den Eigenschaften dieses Gottes.

Diese konkurrierenden Weltanschauungen bieten auch unterschiedliche Antworten auf die Fragen nach dem Wesen der Natur. Beispielsweise stellt für den Theismus die Natur ein geordnetes System von Ursache und Wirkung innerhalb eines offenen Systems dar, in dem Gott unabhängig als Akteur innerhalb des Systems der Naturgesetze handeln kann, die er ansonsten selbst aufrechterhält. Der Naturalismus betrachtet die Natur als geordnetes System von Ursache und Wirkung innerhalb eines geschlossenen Systems, bei dem nichts außerhalb der Natur darauf einwirken kann. Der Pantheismus sieht Gott als unpersönliche Kraft oder mystische Einheit, die die gesamte Natur durchdringt. Daher betrachtet er die Natur als Teil Gottes und Gott als voll und ganz in der Natur gegenwärtig. Der Deismus betrachtet die Natur als geschaffene Ordnung, die allerdings für Einflüsse von außen verschlossen ist, weil Gott die natürliche Welt nach ihrer Schöpfung dem Selbstlauf überlassen hat.

Viele Menschen bekommen ihre Weltanschauung quasi durch „Osmose" aus der sie umgebenden Kultur. Oft haben sie ungeprüfte Vorannahmen über das Wesen der Natur, über Menschen oder über die übergeordnete Realität. Eine wichtige Frage ist daher: Müssen wir einfach irgendeine Weltanschauung, anhand derer wir die Realität interpretieren, übernehmen? Oder können wir unterschiedliche Weltanschauungen als konkurrierende metaphysische Hypothesen rational bewerten und feststellen, welche davon (wenn überhaupt) am wahrscheinlichsten wahr ist? Und falls dem so ist, können wissenschaftliche Belege, vielleicht sogar Hinweise auf biologische und kosmologische Ursprünge, uns helfen, die wahrscheinliche Wahrheit von konkurrierenden Denksystemen zu bewerten (Abb. 11.5)?

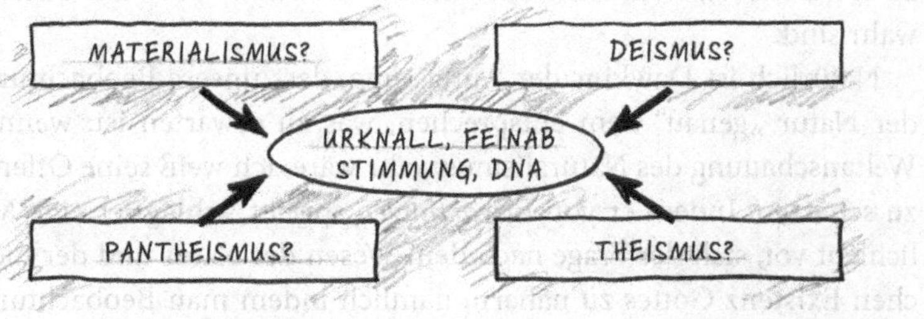

Abb. 11.5
Die folgenden Kapitel werden beurteilen, welche der konkurrierenden metaphysischen Hypothesen oder Weltanschauungen am besten die drei zentralen Entdeckungen zum Ursprung des Universums und des Lebens erklären: (1) Das Universum hatte einen Anfang (Urknall); (2) das Universum war von Anfang an auf die Möglichkeit des Lebens fein abgestimmt; und (3) seit Beginn des Universums sind in der Biosphäre der Erde große Schübe an biologischen Informationen (die in DNA und an anderen Stellen gespeichert sind) aufgetreten, die neue Lebensformen möglich gemacht haben.

Erwartung, Beleg und Bewertung

In den vorangegangenen Kapiteln habe ich einen weiteren prominenten zeitgenössischen Vertreter des Naturalismus in seiner Behauptung zitiert, die lautet: „Das Universum, das wir beobachten, hat genau die Eigenschaften, mit denen man rechnet, wenn dahinter kein Plan, keine Absicht, kein Gut oder Böse steht, nichts außer blinder, erbarmungsloser Gleichgültigkeit."[5] Ich habe diese Behauptung nicht deswegen hervorgehoben, weil Richard Dawkins unangefochten der respekteinflößendste Vertreter des wissenschaftlichen Naturalismus ist. Tatsächlich betrachte ich Sean Carroll als weitaus differenzierteren Verfechter dieser Weltsicht. Ich verstehe auch, dass vielen Vertretern des wissenschaftlichen Naturalismus Dawkins' Frontalangriffe auf die Religion selbst unangenehm sind, sogar wenn sie seine Überzeugung teilen, dass nichts über die Natur hinaus existiert – auch nicht Gott. Vielmehr habe ich mich auf seine Behauptung konzentriert, weil Dawkins – sosehr er bei manchen Wissenschaftlern den Ruf hat, ein Populärwissenschaftler und Provokateur zu sein – ein Talent dafür besitzt, Dinge auf den Punkt zu bringen. Seine Aussage wirft die kritische Frage auf, was in der Natur zu erwarten ist, wenn entweder der Naturalismus oder der Theismus wahr sind.

Natürlich ist Dawkins der Auffassung, dass unsere Beobachtungen der Natur „genau" dem entsprechen, was zu erwarten ist, wenn die Weltanschauung des Naturalismus wahr wäre. Ich weiß seine Offenheit zu schätzen. Indem er von *Erwartungen* spricht, schlägt er eine Möglichkeit vor, sich der Frage nach dem Wesen der Natur und der möglichen Existenz Gottes zu nähern, nämlich indem man Beobachtungen der Natur selbst anstellt. Tatsächlich setzt seine Aussage voraus, dass solche Beobachtungen helfen können, konkurrierende metaphysische Hypothesen ebenso wie konkurrierende wissenschaftliche Hypothesen zu bewerten.

Wenn Dawkins von Erwartungen spricht, ist das auch deshalb von Bedeutung, weil es mit den Entwicklungen in der Wissenschaftsphilosophie übereinstimmt. Wissenschaftsphilosophen haben über die letzten eineinhalb Jahrhunderte gezeigt, wie unsere Erwartungen an Indizien uns befähigen, Hypothesen zu bewerten. Sie haben gezeigt, wie die logischen Implikationen von Hypothesen uns ermöglichen, sie anhand von Beobachtungen zu bewerten – ob im Labor, unter Feldbedingungen oder im Rahmen unserer gewöhnlichen Erfahrung – und dann diese Beobachtungen mit den Erwartungen zu vergleichen, die sich aus den fraglichen Hypothesen ergeben.

Abduktive Schlüsse und die Logik der Hypothesenbestätigung

In Kapitel 9 habe ich kurz eine Form der Schlussfolgerung oder Argumentation vorgestellt, die man als „abduktiven Schluss" bezeichnet.[6] Geschichtswissenschaftler jeglicher Couleur setzen sie ein, um die möglichen Ursachen von Ereignissen in der fernen Vergangenheit abzuleiten – Ereignissen wie dem Ursprung des Lebens –, bei denen sie sich nicht in der luxuriösen Position eines Augenzeugen befanden und die schon gar nicht unter kontrollierten Laborbedingungen abliefen. Geschichtswissenschaftler setzen abduktive Schlüsse ein, um *vergangene* Bedingungen oder Ursachen aus *gegenwärtigen* Hinweisen oder Belegen abzuleiten. Geschichtsphilosophen und Logiker haben gezeigt, dass nicht nur Geschichtswissenschaftler, sondern auch Forensiker, Detektive, theoretische Physiker, Astronomen, medizinische Diagnostiker, Religionsphilosophen und jeder, der Rückschlüsse auf unbeobachtete (oder unbeobachtbare) Ursachen zieht, normalerweise diese Art der Argumentation einsetzt. Da zu den Fragen nach dem Ursprung des Lebens und des Universums und der möglichen Existenz Gottes auch Fragen nach den übergeordneten kausalen Ursprüngen gehören, machen Untersuchungen zu diesen Fragen reichlich von abduktiver Logik Gebrauch.

Abb. 11.6
Charles Sanders Peirce, der amerikanische Philosoph und Logiker, der die abduktive Logik erklärte.

Der abduktive Schluss wurde als eigenständige Form der logischen Argumentation im 19. Jahrhundert vom Logiker Charles Sanders Peirce (Abb. 11.6) ermittelt. Peirce beschrieb Formen von Schlüssen, die wir einsetzen, um Schlussfolgerungen aus Fakten oder Daten zu ziehen. Er merkte an, dass wir zusätzlich zu induktiven und deduktiven Argumenten häufig abduktive Schlüsse verwenden – das, was er „die Methode der Hypothese“[7] nannte. Um den abduktiven Schluss zu erklären, verglich er ihn direkt mit dem deduktiven Schluss. Den Unterschied zwischen diesen beiden Schluss-Formen sehen Sie in den folgenden Argumentationsschemata:[8]

Deduktives Schema:
Logik: *Wenn A wahr ist, ist C selbstverständlich wahr.*
Daten: *A ist gegeben und fraglos wahr.*
Schlussfolgerung: *Daher muss auch C wahr sein.*

Abduktives Schema:
Logik: *Wenn A wahr wäre, wäre C auch selbstverständlich wahr.*
Daten: *Der überraschende Fakt C wird beobachtet.*
Schlussfolgerung: *Daher gibt es Grund zu vermuten, dass A wahr ist.*

Beachten Sie: Wenn im deduktiv-logischen Schema die Prämissen wahr sind, folgt die Schlussfolgerung daraus mit Sicherheit. Die abduktive Logik allerdings bringt keine Sicherheit, sondern Plausibilität oder Möglichkeit. Anders als die Deduktion, bei der die Daten oder untergeordneten Prämissen die vorausgehende Variable (A) bestätigen, bestätigt die abduktive Logik die gefolgerte Variable (C). Bei der deduktiven Logik stellt die Bejahung des Nachsatzes (mit Sicherheit) einen Fehlschluss dar, da die Tatsache ignoriert wird, dass mehr als eine vorausgehende Variable die gleichen Hinweise erklären oder hervorbringen kann.

Das lässt sich anhand folgender Argumentation nachvollziehen:

Wenn es regnet, wird die Straße nass.
Die Straße ist nass.
Folglich hat es geregnet.

Oder abstrakt:

Wenn R, dann N.
N.
Darum R.

Natürlich hat diese Argumentation ein Problem. Aus der Tatsache, dass die Straße nass ist, folgt nicht zwangsläufig, dass es geregnet hat. Vielleicht ist die Straße auf andere Art und Weise nass geworden: Vielleicht war ein Hydrant undicht oder eine Schneewehe ist geschmolzen. Dennoch *könnte* der Umstand, dass die Straße nass ist, darauf hindeuten, dass es geregnet hat. Daher kann die Argumentation den Fehlschluss folgendermaßen vermeiden:

Wenn es regnet, würden wir erwarten, dass die Straße nass ist.
Die Straße ist nass.
Daher hat es ***vielleicht*** *geregnet.*

Oder abstrakt:

Wenn R, dann N.
N.
Vielleicht *R.*

Das zeigt, dass man die Konsequenz (oder Folgerung) vielleicht nicht mit Sicherheit behaupten, doch sehr wohl als Möglichkeit benennen kann. Und genau das leistet der abduktive Schluss. Er liefert einen Grund, in Betracht zu ziehen, dass eine Hypothese wahr sein könnte. Und tatsächlich liefert er einen Grund, einer Hypothese zu glauben, selbst wenn diese Hypothese (oder Schlussfolgerung) nicht mit völliger Sicherheit zu behaupten ist.

Beachten Sie auch die Rolle, die *unsere Erwartungen* bei dieser Logik spielen. Die Hauptprämissen in abduktiven Schlussfolgerungen hängen typischerweise davon ab, was unserer Erwartung nach aus einem vorangegangenen Sachstand folgen sollte. Daher formulierte Peirce häufig die Hauptprämisse in einer abduktiven Schlussfolgerung, indem er beschrieb, wie eine Konsequenz C „selbstverständlich wahr" sein müsste, wenn eine Voraussetzung A gegeben wäre. Genauso gut hätte er jedoch sagen können, dass man, wenn eine Voraussetzung A gegeben ist, „als Selbstverständlichkeit" mit C *rechnen* kann.

Sowohl die Natur- als auch die Geschichtswissenschaft stellt regelmäßig solche logischen Überlegungen an. Wenn wir in den Naturwissenschaften Grund haben zu erwarten, dass unter der Voraussetzung, dass eine bestimmte Hypothese wahr ist, ein bestimmter Zustand folgen wird, und wir feststellen, dass ein solcher Zustand aufgetreten ist, dann sagen wir, dass unsere Hypothese bestätigt wurde. Diese Methode der „Hypothesenbestätigung" liefert eine sachliche Untermauerung vieler wissenschaftlicher Hypothesen, wenn natürlich auch keinen Beweis. Ausgehend von Kopernikus' heliozentrischer Theorie vom Sonnensystem hatten Astronomen im 17. Jahrhundert Grund zu erwarten, dass der Planet Venus Phasen aufweist. Galileos Entdeckung, dass die Venus tatsächlich Phasen aufweist, stützte somit die heliozentrische Sichtweise. Diese Entdeckung war jedoch kein *Beweis* für die heliozentrische Theorie, da auch andere Theorien den gleichen Umstand hätten erklären können – und tatsächlich auch konnten.[9]

Peirce räumte ein, dass abduktive Schlussfolgerungen allein eine recht schwache Form des Belegs darstellen können. Er bemerkte: „Grundsätzlich gilt, dass [Abduktion] eine schwache Form der Argumentation ist. Sie neigt unser Urteil oft leicht ihrer Schlussfolgerung zu, sodass wir nicht sagen können, dass wir Letzteres für wahr halten; wir mutmaßen nur, dass es wahr sein könnte."[10]

Für praktische Zwecke erkannte Peirce jedoch an, dass die Abduktion häufig zu Schlussfolgerungen führt, die schwierig anzuzweifeln sind, selbst wenn ihnen die wasserdichte Gewissheit fehlt, die mit der Logik der Deduktion einhergeht. Beispielsweise argumentierte Peirce, dass Skepsis bezüglich der Existenz Napoleon Bonapartes ungerechtfertigt ist, obwohl wir von Napoleons Existenz nur durch Abduktion wissen können. Wie Peirce es ausdrückte: „Zahllose Dokumente sprechen von einem Eroberer namens Napoleon Bonaparte. Obwohl wir den Mann nicht gesehen haben, können wir das, was wir gesehen haben – nämlich all die Dokumente und Denkmäler –, nicht erklären ohne davon auszugehen, dass er wirklich existierte."[11] Was Peirce damit nahelegte: Durch einen Vergleich der Aussagekraft einer Hypothese mit anderen, konkurrierenden Hypothesen können Historiker oder Wissenschaftler häufig bestimmte abduktive Schlussfolgerungen untermauern und damit erreichen, dass – in praktischer Hinsicht – kein begründeter Zweifel mehr an ihnen bestehen kann.

Abduktive Schlussfolgerungen untermauern: die Aussagekraft von Hypothesen im Vergleich

Seit der Zeit von Peirce haben Wissenschaftsphilosophen dessen Verständnis, wie abduktive Schlussfolgerungen „epistemische" oder erkenntnistheoretische Unterstützung für Hypothesen liefern können, weiterentwickelt. Erkenntnistheorie ist die Unterdisziplin der Philosophie, die sich mit der Basis von Wissen befasst und mit der Frage, „wie wir wissen, was wir wissen". Erkenntnistheoretische Unterstützung meint jeden Beleg, jedes Axiom und jede Argumentationskette, die eine Begründung für eine gegebene These oder Glaubensaussage liefert.

Der abduktive Rahmen hat häufig nur einen schwachen Beweiswert, da er viele mögliche Erklärungen für die gleichen Indizien offenlassen kann. Diese Begrenzung zwingt Wissenschaftler normalerweise, die Aussagekraft oder den Vorhersageerfolg[12] von konkurrierenden möglichen Hypothesen zu bewerten. Wie Peirce in seiner Erörterung über die Belege für die Existenz Napoleons anmerkte, können Überlegungen zur vergleichenden Aussagekraft eine Schlussfolgerung ohne begründeten Zweifel ergeben, selbst wenn die abduktive logische Form der Schlussfolgerung nicht kategorisch alle anderen Möglichkeiten ausschließen kann.

Wie in Kapitel 9 angemerkt, wird diese Methode, die Aussagekraft konkurrierender Hypothesen zu vergleichen, manchmal „Methode der multiplen konkurrierenden Hypothesen"[13] oder „Schluss auf die beste Erklärung"[14] genannt. Häufig reduziert dies die Unsicherheit oder das, was Wissenschaftsphilosophen „Unterdeterminiertheit der Theorie durch Daten" nennen, die mit der abduktiven Argumentation in Verbindung gebracht wird. Bei dieser Logikmethode bestimmt der

Aussagegehalt einer potenziellen Hypothese, welche aus einer Menge von konkurrierenden möglichen Erklärungen die beste ist. Wissenschaftler schließen so unter mehreren konkurrierenden Hypothesen auf diejenige, die – wenn sie wahr ist – die beste Erklärung für einen bestimmten relevanten Datensatz liefert.

Stellen Sie sich folgende kleine Geschichte vor, die illustrieren soll, was ich meine.[15] Nehmen wir einmal an, Ms Jones schläft an einem warmen Nachmittag am Wochenende beim Fernsehen auf der Couch ein. Als sie aufwacht und nach draußen geht, sieht sie, dass (1) die Auffahrt zu ihrem Haus nass ist und (2) das Auto, das in der Auffahrt steht, ebenso nass ist. Sie beschließt, der Sache auf den Grund zu gehen.

Aus diesen beiden Hinweisen könnte sie mit dem oben aufgeführten abduktiven Syllogismus (wenn es regnet, wird die Straße nass etc.) schließen, dass es während ihres Nickerchens geregnet hat. Doch aufgrund der beiden vorliegenden Fakten könnte sie genauso gut zu der Schlussfolgerung gelangen, dass sich der automatische Rasensprenger eingeschaltet oder jemand ihr Auto gewaschen hat. Allein aufgrund der Daten, dass die Auffahrt und das Auto nass sind, sind diese beiden Erklärungen gleich plausibel.

Nehmen wir aber einmal an, unsere verschlafene Detektivin stellt außerdem fest, dass (3) der Rasen und die Straße vollkommen trocken sind und (4) kein Wölkchen am Himmel zu sehen ist. Zu welcher Schlussfolgerung könnte sie nun gelangen? Obwohl die Rasensprenger- und die Regen-Hypothese immer noch möglich sind, scheinen sie im Licht der vorliegenden Hinweise viel weniger wahrscheinlich zu sein.

Nehmen wir schließlich an, Ms Jones schaut noch etwas genauer hin und sieht (5) einen Eimer mit Seifenwasser und einem Schwamm darin hinter dem Auto stehen. Mit diesem letzten Datenpunkt ist die beste Erklärung für die Beobachtungen 1–5 offensichtlich: Jemand hat das Auto gewaschen.

Dieses Alltagsszenario bietet ein gutes Beispiel für Rückschlüsse auf eine vergangene Ursache auf Grundlage gegenwärtiger Beobachtungen anhand einer abduktiven Argumentationskette, gestützt von der Methode des Schlusses auf die beste Erklärung. Ms Jones schlief, als die Geschehnisse in ihrer Auffahrt stattfanden. Diese Vorgänge waren für sie unbeobachtete Geschichte. Was blieb, waren Hinweise, Zeichen oder

Anhaltspunkte: nasse Stellen, trockene Stellen, die Wetterverhältnisse, ein Eimer, ein Schwamm, Seifenwasser usw.

Unsere „Detektivin" wägte mehrere mögliche Erklärungen gegeneinander ab, um die beste Deutung der vorhandenen Hinweise zu ermitteln. Sie bewertete die konkurrierenden Erklärungen anhand der vorhandenen Hinweise und anhand dessen, was sie über die Ursache-Wirkung-Zusammenhänge in dieser Welt wusste (z. B. Menschen waschen ihr Auto oft in der eigenen Einfahrt, Regen fällt normalerweise nicht nur auf einzelne kleine Stellen). Dann überlegte sie zeitlich rückwärtsgerichtet, was wahrscheinlich passiert war, während sie nicht anwesend war und es beobachten konnte. Die beste Erklärung war diejenige, die einen größeren Teil der Hinweise einfacher erklärte als jede andere Erklärung.

Dieses Beispiel zeigt auch, dass Überlegungen zur *kausalen Angemessenheit* häufig darüber entscheiden, welche unter den möglichen Erklärungen die beste darstellt. Unsere verschlafene Freundin wollte wissen, was die Hinweise *verursacht* hatte, die sie wahrnahm. Sie wägte die konkurrierenden möglichen Erklärungen anhand ihrer Kenntnisse über Ursache und Wirkung ab. Natürlich war es möglich, dass es geregnet hatte. Aber nur über ihrer Auffahrt? Ohne Wolken am Himmel? Und hätte ein Regenschauer einen Eimer mit Seifenwasser erzeugt? Unwahrscheinlich. Daher erschien die Regen-Hypothese als Erklärung für einige der relevanten Hinweise nicht als kausal angemessen.

Beachten Sie zudem, dass unsere „Detektivin" bei ihrem „Schluss auf die beste Erklärung"[16] nicht nur mehrere mögliche Hypothesen in Betracht zog, sondern auch die bekannten (oder theoretisch plausiblen) *Kausalkräfte* der verschiedenen postulierten Erklärungsgebilde. Dann eliminierte sie schrittweise die kausal unangemessenen Erklärungen.

Dieses Beispiel zeigt auch, wie wir aufgrund unseres Hintergrundwissens über die Funktionsweise der Welt typischerweise unnötig komplizierte Erklärungen vermeiden – Erklärungen, die eine Vervielfachung von kausalen Postulaten darstellen. Beispielsweise zog Ms Jones nicht ernsthaft in Betracht, dass es (a) lediglich über ihrer Auffahrt geregnet hatte *und* (b) dass ihr Sohn den Eimer geholt und mit Seifenwasser gefüllt hatte, nur um ihn dann ohne die Absicht, das Auto zu waschen, dort stehen gelassen hatte. Obwohl das eine mögliche Erklärung der

Fakten gewesen wäre, schien es unnötig komplex und unwahrscheinlich zu sein.[17]

Diese Methode, einen Schluss auf die beste Erklärung zu ziehen, hat mehrere Vorteile gegenüber der Deduktion oder der einfachen Abduktion. Deduktive Schlüsse generieren Sicherheit, aber nur, wenn ihre Prämissen bekannterweise wahr sind. Doch Hauptprämissen in deduktiven Argumenten treffen hauptsächlich allgemeine Aussagen oder Verallgemeinerungen über die Welt (beispielsweise „Alle Schwäne sind weiß"), die von vorangegangenen induktiven Schlüssen abhängig sind, die selbst ungewiss sein können. Daher kann es schwer sein, den Standard der deduktiven Sicherheit zu erfüllen.

Andererseits liefern abduktive Schlüsse entweder nur eine schwache erkenntnistheoretische Stützung einer lediglich möglichen Schlussfolgerung oder – wenn die Schlussfolgerungen mit Sicherheit bestätigt sind – ziehen den Fehlschluss der Bejahung des Nachsatzes. Wenn Ms Jones direkt von „nasse Auffahrt und Auto" zu „Regen" gesprungen wäre, hätte sie einen Fehlschluss gezogen, nämlich den Nachsatz bejaht; umgangssprachlich nennen wir das „voreilige Schlüsse ziehen". Wenn abduktive Schlüsse nicht durch einen Eliminierungsprozess gestärkt werden, bei dem mehrere alternative Hypothesen als unplausibel bewiesen werden, bleiben sie uneindeutig.[18]

Wenn jedoch die Aussagekraft konkurrierender Hypothesen systematisch bewertet und diejenigen Hypothesen eliminiert werden, die angesichts unseres Hintergrundwissens kausal unangemessen oder unplausibel sind, lassen sich alternative Hypothesen oft ausschließen, und manchmal bleibt dann nur eine plausible Erklärung übrig. In solchen Fällen ist die Methode des Schlusses auf die beste Erklärung eine Hilfe für Wissenschaftler, um zu einer definitiven, wenn auch nicht absolut sicheren Schlussfolgerung zu gelangen.

Natürlich kann es in manchen Situationen sein, dass mehrere Hypothesen die zur Verfügung stehenden Daten gleich gut erklären, selbst unter Einbeziehung von kausaler Angemessenheit und Einfachheit. In unserem Beispiel von der Autowäsche stieß Ms Jones anfänglich auf eine Reihe von Fakten, die durch mehrere unterschiedliche Hypothesen gleich gut zu erklären waren. Typischerweise suchen Forscher in solchen Situationen nach weiteren Hinweisen, um zwischen der Aussagekraft verschiedener Hypothesen unterscheiden zu können – wie Ms Jones, die sich umschaute und nicht nur eine nasse Auffahrt und ein Auto entdeckte, sondern auch einen trockenen Rasen, eine trockene Straße und einen Eimer mit Seifenwasser.[19]

Ganz ähnlich, um ein bereits besprochenes wissenschaftliches Beispiel anzuführen, gab es in der Geschichte der Kosmologie im 20. Jahrhundert anfänglich drei unterschiedliche, aber gleich gute Erklärungen für die Hinweise auf ein sich ausdehnendes Universum: das Urknall-Modell, das *Steady-State*-Modell und das Modell des oszillierenden Universums. Dennoch schlossen Astronomen und Physiker am Ende das *Steady-State*-Modell und das Modell vom oszillierenden Universum aus, als sie weitere relevante Hinweise wie die kosmische Hintergrundstrahlung und den Wert der Massendichte im Universum entdeckten. Nur der Urknall blieb als kausal angemessene Erklärung der zentralen Klassen an relevanten Hinweisen übrig.

Die Kausalkraft von theoretischen Entitäten

Die unterschiedlichen kosmologischen Modelle, die im letzten Jahrhundert vorgelegt wurden, beleuchten noch ein anderes Problem bei der Bewertung konkurrierender Hypothesen, besonders im Blick auf Ereignisse in der fernen Vergangenheit. In Kapitel 9 habe ich angemerkt, dass Geschichtswissenschaftler die kausale Angemessenheit einer Hypothese normalerweise anhand unserer erfahrungsbasierten Kenntnis von Ursache und Wirkung bewerten. Mein Beispiel war die Beobachtung, dass Vulkane weiße Asche produzieren, und ich habe daran gezeigt, dass ein vergangener Vulkanausbruch womöglich die beste Erklärung für später noch sichtbare weiße, pudrige Asche wäre.

Dennoch müssen Wissenschaftler manchmal die Existenz von Ursachen, Bedingungen oder Entitäten postulieren, deren Auswirkungen sie nicht direkt beobachtet haben oder beobachten können. In solchen Fällen leiten sich ihre Erwartungen im Blick auf die beobachtbaren Konsequenzen einer postulierten Entität von eher theoretischen Überlegungen zu den postulierten Eigenschaften oder Kausalkräften jener Entität ab. Der Wissenschaftsphilosoph Michael Scriven führt in seiner

Darstellung zum Schluss auf die beste Erklärung (er bezeichnet es als „retrospektive Kausalanalyse“) aus: Wenn Geschichtswissenschaftlern die „direkte vorausgehende Erfahrung fehlt, dass [eine Ursache] tatsächlich“ die fragliche Wirkung erzeugt, „kann es dennoch *theoretische* Gründe geben, sie für eine mögliche Ursache zu halten“.[20] Andere Wissenschaftshistoriker und -philosophen erklären, dass eine Extrapolation von den bekannten Kausalkräften einer „einschlägig ähnlichen“[21] Ursache ebenfalls eine Rolle in der Begründung einer solchen postulierten Ursache spielen könnte.

Tatsächlich greifen Wissenschaftler manchmal auf theoretische Überlegungen zurück, um die kausale Angemessenheit zu prüfen. Die Urknalltheorie postulierte eine ursprüngliche, unendlich heiße, dichte Konzentration aller Materie und Energie am Anfang des Universums (Abb. 4.14). Natürlich hatte noch nie jemand beobachtet, wie eine unendlich heiße, dichte Konzentration von Materie eine bestimmte Wirkung erzeugte. Dennoch verstanden die Physiker etwas von den Eigenschaften von „schwarzen Körpern“. Erinnern Sie sich, dass schwarze Körper idealisierte Objekte sind, die elektromagnetische Strahlung perfekt absorbieren und Strahlung in spezifischen Spektral„signaturen“ wieder abgeben. Da die Wissenschaftler theoretische Gründe dafür hatten zu meinen, dass ein fast perfekter schwarzer Körper kurz nach dem Anfang des Universums existiert haben müsse, schlossen sie daraus auf das, was erwartungsgemäß zu beobachten wäre, falls ein solcher heißer, dichter Zustand existiert hätte.

Auf Grundlage des theoretisch abgeleiteten Wissens über die Spektralemissionssignaturen von schwarzen Körpern und da man berechnet hatte, wie die Wellenlängen des Lichts sich verlängern mussten, nachdem das Universum aus seinem anfänglichen Plasmazustand abgekühlt war, sagte die Physik voraus, dass eine unendlich heiße, dichte Konzentration von Materie am Anfang des Universums irgendwann eine kosmische Hintergrundstrahlung mit einer bestimmten Schwarzkörper-Temperatur und einer spezifischen Spektralsignatur erzeugen musste.

Da das *Steady-State*-Modell keine solche anfängliche dichte Konzentration von Masse und Energie postulierte, erwarteten *Steady-State*-Befürworter nicht, eine durchdringende Hintergrundstrahlung zu beobachten. Daher erlaubten die zwei unterschiedlichen Postulate über die

Vergangenheit und logiktheoretische Überlegungen über fast perfekte schwarze Körper (und ihre postulierten Eigenschaften) der Wissenschaft, zwei unterschiedliche Erwartungen zu generieren bezüglich dessen, was im Universum heute zu sehen sein sollte. Diese unterschiedlichen Erwartungen erlaubten es Kosmologen, nach Beobachtung der Emissionssignatur der kosmischen Hintergrundstrahlung zu entscheiden, welches der beiden kosmologischen Modelle die Hinweise aus der beobachtenden Astronomie besser erklärte.

Darwin setzt eine ähnliche Strategie ein – jedenfalls anfänglich –, um die kausale Angemessenheit seines Mechanismus der zufälligen Variation und natürlichen Selektion zu begründen. Mit seinem Vergleich zwischen der künstlichen und natürlichen Selektion deutete er an, dass die natürliche Selektion morphologische Veränderungen in Organismen erzeugen könne, so wie die künstliche Selektion es konnte. Dann führte Darwin die theoretische Überlegung an, dass die natürliche Selektion mehr Zeit gehabt hatte, sich auszuwirken. Als Nächstes extrapolierte er von den beobachteten Kausalkräften der künstlichen Selektion über eine relativ kurze Zeit und gründete darauf seine Behauptung, dass die natürliche Selektion in einem viel längeren Zeitraum viel größere morphologische Veränderungen hervorbringen könne. Obwohl Biologen nicht direkt beobachten können, wie die natürliche Selektion die Menge an Veränderungen erzeugt, die Darwin postulierte, bot seine Extrapolation eine theoretische Begründung für die Schlussfolgerung, dass die natürliche Selektion eine bedeutende morphologische Innovation verursachen könnte.

Entdeckungen aus jüngerer Zeit und andere neue Überlegungen – beispielsweise die extreme Seltenheit funktionaler Gene und Proteine – haben seitdem den Wert dieser speziellen Extrapolation in Zweifel gezogen (siehe meine Erörterung dazu in Kapitel 10). Doch dieses Beispiel illustriert, wie Wissenschaftler häufig aus den Möglichkeiten einer bekannten Entität oder eines bekannten Prozesses extrapolieren, um die kausale Angemessenheit einer einschlägig ähnlichen Entität zu begründen, die größere Kausalkräfte besitzt. Geschichtswissenschaftler postulieren meist eine Ursache, die von der Art her gleich, von der Größe her jedoch von einer bekannten Ursache verschieden ist, um die kausale Angemessenheit einer Erklärung zu zeigen. Philosophen und

Wissenschaftler akzeptieren dies seit Langem als legitime Methode, um die Angemessenheit einer postulierten Ursache herzuleiten, wenn direkte Beobachtungen der fraglichen Ursache-Wirkungs-Beziehung nicht möglich sind.

Die Anwendung einer solchen Extrapolation und theoretischen Argumentation kann die Methode des Schlusses auf die beste Erklärung einzigartig nützlich für die Bewertung der Aussagekraft konkurrierender Weltanschauungen von metaphysischen Hypothesen machen. Obwohl metaphysische Hypothesen über die erste oder letzte Realität keine direkte Beobachtung dieser Entitäten gestatten, postulieren solche Hypothesen typischerweise tatsächlich (wenn auch nicht zu beobachtende) Entitäten oder vergangene Zustände mit spezifischen Eigenschaften, die – wenn sie real sind – uns einen Grund liefern sollten, spezifische zu beobachtende Auswirkungen *zu erwarten*, wie wir sehen werden.

Die bayessche Wende

Wissenschaftsphilosophen wenden häufig einen mathematischen Formalismus an – die Wahrscheinlichkeitsrechnung –, um die Plausibilität einer Hypothese besser bewerten oder die Plausibilität konkurrierender Hypothesen besser vergleichen zu können. Ein Formalismus ist schlichtweg ein Prozess, der mit mathematischen oder logischen Symbolen ausgedrückt wird. Die Wahrscheinlichkeitsrechnung zur Bewertung von Hypothesen beruht auf einem Theorem, das der englische Geistliche und Mathematiker Thomas Bayes im 18. Jahrhundert entwickelte. Es bietet eine quantitative Methode, um die Stärke einer Hypothese oder die relative Wahrscheinlichkeit von konkurrierenden Hypothesen angesichts einer bestimmten Menge von Hinweisen einzuschätzen. Die Wahrscheinlichkeitsschätzungen, die in diesem Formalismus eingesetzt werden, basieren üblicherweise auf dem, was wir angesichts unserer Kenntnis von der Funktionsweise der Welt dort *erwarten würden zu sehen*, wenn die eine oder die andere der konkurrierenden Erklärungen wahr wäre. Somit ergänzen oder verstärken diese Wahrscheinlichkeitsschätzungen die abduktive Logik, die beim Schluss auf die beste Erklärung eingesetzt wird.

Typischerweise wenden Philosophen in einer bayesschen Analyse[22] sogenannte bedingte Wahrscheinlichkeiten an. Eine bedingte Wahrscheinlichkeit ist die Wahrscheinlichkeit einer Sache angesichts oder „unter der Bedingung" der Beobachtung einer anderen Sache. Bei der Bewertung der Stärke einer Hypothese oder beim Vergleich der jeweiligen Stärke konkurrierender Hypothesen spielen zwei verschiedene Arten von bedingten Wahrscheinlichkeiten eine Rolle.

Zunächst erfordert die bayessche Wahrscheinlichkeitsanalyse die Einschätzung der Wahrscheinlichkeit bestimmter Belege B unter Voraussetzung einer konkreten Hypothese H – formal: P (B | H). Diese bedingte Wahrscheinlichkeit (von B unter Voraussetzung von H) schätzt ein, *wie viel wir* angesichts eines gegebenen Hinweises *erwarten sollten*, wenn eine bestimmte Hypothese wahr wäre. Somit entsprechen diese bedingten Wahrscheinlichkeiten der Hauptprämisse in einem abduktiven Syllogismus; die Prämisse hat dabei die Form: „Wenn H wahr wäre, wäre die überraschende Tatsache B eine Selbstverständlichkeit" (oder: „Wenn H wahr wäre, wäre B *zu erwarten*). Bedingte Wahrscheinlichkeiten messen zudem die *Wahrscheinlichkeit* des Auftretens einer bestimmten Sache (eine bestimmte Hypothese vorausgesetzt).

Bei einer bayesschen Analyse werden oft Wahrscheinlichkeiten miteinander verglichen – das heißt, es wird bewertet, ob wir bei einer Hypothese *mehr als* bei einer anderen erwarten sollten, bestimmte Belege vorzufinden. Ein Wissenschaftler, der urteilt, dass bestimmte Belege unter Voraussetzung von Hypothese 1 eher zu beobachten sind als unter Voraussetzung von Hypothese 2, kann dieses Urteil symbolisch wie folgt ausdrücken: P (H | 1) > P (B | 2).

Normalerweise gründen wir solche Urteile über relative Wahrscheinlichkeiten auf eine Fülle an vorherigen Erfahrungen (Philosophen nennen dies „Hintergrundwissen") und besonders auf unsere vorherigen Erfahrungen von Ursache und Wirkung. Tatsächlich beruhen Wahrscheinlichkeitsbeurteilungen bei der bayesschen Analyse häufig auf der Einschätzung der kausalen Angemessenheit, so wie die Beurteilung einer vergleichsweisen Aussagekraft auf Bewertungen der eher qualitativen Herangehensweise an den Schluss auf die beste Erklärung beruhen, wie bereits dargelegt.

Doch in der bayesschen Analyse gibt es noch eine weitere bedingte

Wahrscheinlichkeit. Diese Wahrscheinlichkeit ist diejenige, die uns letztlich interessiert: die Wahrscheinlichkeit, dass eine bestimmte Hypothese wahr ist. Man nennt sie „A-posteriori-Wahrscheinlichkeit", und sie drückt aus, wie wahrscheinlich es ist, dass eine Hypothese H im Nachhinein, also nach tatsächlicher Beobachtung von Belegen B für diese Hypothese, wahr ist – formal „die Wahrscheinlichkeit von H unter Voraussetzung von B" oder P (H | B). Die Kenntnis dieser bedingten Wahrscheinlichkeit hilft uns zu entscheiden, wie sehr wir uns angesichts bestimmter Belege auf eine Hypothese verlassen sollten oder inwieweit sich die Verlässlichkeit dieser Hypothese verändern sollte, wenn wir neue oder unerwartete Belege vorfinden. Bedingte A-posteriori-Wahrscheinlichkeiten gestatten uns auch, die *relative* Wahrscheinlichkeit einer Hypothese im Vergleich zu einer anderen auszudrücken. Im Fall, dass bestimmte Belege B der Hypothese 1 eine viel größere Wahrscheinlichkeit verleihen als der Hypothese 2, drücken Bayesianer diesen Sachverhalt formal mit P (1 | B) >> P (2 | B) aus.

In der bayesschen Wahrscheinlichkeit können Philosophen und Wissenschaftler mithilfe von Formeln berechnen, wie wahrscheinlich eine Hypothese wahr ist (d. h. die Wahrscheinlichkeit einer *Hypothese unter Voraussetzung der gegebenen Belege*), *wenn* sie einschätzen können, wie stark das Auftreten der fraglichen *Belege unter Voraussetzung der Hypothese zu erwarten ist* (d. h. die Wahrscheinlichkeit der Belege). Die Formeln in der Wahrscheinlichkeitstheorie, die die Berechnung von A-posteriori-Wahrscheinlichkeiten ermöglichen, erfordern manchmal auch eine Anfangsbewertung der Wahrscheinlichkeit der Hypothese auf Grundlage unseres Hintergrundwissens, bevor neue Belege auftauchen, also: P (H). Diese Wahrscheinlichkeiten werden als „A-priori-Wahrscheinlichkeiten" bezeichnet.

Auch wenn sie der Hypothesenbewertung eine quantitative Dimension hinzufügen kann, ähnelt die Logik der bayesschen Analyse der abduktiven Logik, die beim Schluss auf die beste Erklärung angewendet wird. Wenn wir einen Hinweis vorfinden, der angesichts einer bestimmten Hypothese *zu erwarten* wäre, aber *nicht* so stark zu erwarten wäre, wenn diese Hypothese falsch wäre, stützt das Vorfinden dieses Hinweises die Hypothese.[23] Zudem wird das Vorfinden dieses Hinweises unser Vertrauen auf die fragliche Hypothese *umso mehr* stärken, je größer die Erwartung des Hinweises unter Voraussetzung dieser Hypothese ist (und wenn alle anderen Bedingungen gleich bleiben). Wenn wir viel mehr Grund haben, unter der Voraussetzung einer Hypothese (z. B. Hypothese 1) einen bestimmten Beleg vorzufinden als unter der Voraussetzung einer konkurrierenden Hypothese (z. B. Hypothese 2), wird das Vorfinden des erwarteten Beleges uns im Verhältnis sicherer machen, dass Hypothese 1 Hypothese 2 überlegen ist – und damit liegt Hypothese 1 als bessere Erklärung näher.[24]

Die Argumentation von Physikern zu konkurrierenden kosmologischen Modellen lässt sich auf bayessche Art und Weise erläutern. Nach Ansicht der Physiker hatten wir viel mehr Grund, unter Voraussetzung des Urknalls das Vorhandensein der kosmischen Mikrowellen-Hintergrundstrahlung (im Folgenden CMBR) zu erwarten, als unter Voraussetzung eines *Steady-State*-Universums. Eine entsprechende Aussage: „Die Wahrscheinlichkeit, Hinweise auf CMBR zu beobachten, ist unter Voraussetzung des Urknalls sehr viel größer als die Wahrscheinlichkeit, diese Hinweise unter Voraussetzung eines *Steady-State*-Universums vorzufinden", würde sich formal als Vergleich von Wahrscheinlichkeiten folgendermaßen ausdrücken lassen: $P\ (B_{CMBR} \mid H_{UK}) >> P\ (B_{CMBR} \mid H_{StSt})$. Infolge dieser unterschiedlichen Erwartungen führte die Entdeckung tatsächlicher Belege für die CMBR Kosmologen zu der Schlussfolgerung, dass die Urknallhypothese viel *wahrscheinlicher* wahr war als zuvor – so sehr, dass sie im Grunde das *Steady-State*-Modell ersetzte. Bayessche Logiker würden diese Behauptung folgendermaßen notieren: $P\ (H_{UK} \mid B_{CMBR}) >> P\ (H_{StSt} \mid B_{CMBR})$.

Nun eine etwas schlichtere Illustration der bayesschen Analyse: Bei einer Waldwanderung stoße ich auf eine verwahrloste Hütte auf einer Lichtung.[25] Aufgrund ihres Aussehens (und meines Hintergrundwissens) nehme ich vorläufig an, dass die Hütte verlassen ist. Nach Bayes schreibe ich der A-priori-Wahrscheinlichkeit, dass das Haus bewohnt ist, reflexartig etwas weniger als 50 Prozent zu. Zu meiner Überraschung finde ich jedoch beim Betreten der Hütte eine Tasse auf dem Küchentisch, in der frischer Tee zieht. Ich nehme an, dass das Vorfinden einer Tasse mit frischem Tee (*des Hinweises*) unter Voraussetzung der Hypothese, dass die Hütte bewohnt ist, viel eher zu erwarten oder wahrscheinlich ist als unter Voraussetzung der Hypothese einer verlassenen

Hütte. Folglich ändere ich nun meine Meinung. Jetzt schlussfolgere ich, dass die *Hypothese* einer bewohnten Hütte (H_b) wahrscheinlicher ist als die Hypothese einer verlassenen Hütte (H_v). Wir könnten notieren: $P(H_b \mid T_f) > P(H_v \mid T_f)$, wobei T_f für den frischen Tee steht.

Dann sehe ich andere Hinweise, die in einem Haus, in dem Menschen leben, zu erwarten wären – Lebensmittel im Kühlschrank, Geschirr im Abwaschbecken und das Geräusch von laufendem Wasser im Badezimmer. Schnell wird mir klar, dass ich besser gehen sollte, bevor ich wegen unerlaubten Betretens verhaftet (oder erschossen) werde! Offensichtlich ist die Hypothese der bewohnten Hütte jetzt sehr viel wahrscheinlicher als die Alternative und liefert eine bessere Erklärung für die Hinweise.

Beachten Sie, dass ich bei dieser Einschätzung die genaue Wahrscheinlichkeit der Hinweise unter Voraussetzung der Bewohnte-Hütte-Hypothese nicht kennen muss, sondern nur, dass die vorgefundenen Hinweise aufgrund dieser Hypothese stärker zu erwarten sind als die Alternative. Das verdeutlicht, wie eine bayessche Analyse häufig zu entscheidenden Urteilen über die *relative* Stärke konkurrierender Hypothesen führen kann, selbst ohne exakte numerische Wahrscheinlichkeiten zuzuordnen. Beachten Sie außerdem, welche Rolle die Überlegung der kausalen Angemessenheit bei meiner Einschätzung spielte. Da eine verlassene Hütte die *Abwesenheit* eines persönlichen Akteurs bedeutet hätte, der den Tee gekocht, die Lebensmittel gekauft, das Geschirr abgeräumt oder die Dusche aufgedreht haben konnte, fehlte ihr eindeutig die kausale Angemessenheit.

Nach Bayes wäre unter Voraussetzung der Verlassene-Hütte-Hypothese keine dieser Beobachtungen zu erwarten gewesen. Stattdessen hätten wir aufgrund der bekannten Kausalkräfte von Menschen im Gegensatz zu leer stehenden Hütten unter Voraussetzung der Bewohnte-Hütte-Hypothese *mehr* Grund, solche Beobachtungen zu erwarten. Und so schwierig es auch gewesen wäre, die exakte Wahrscheinlichkeit zu beziffern, auf Grundlage der Bewohnte-Hütte-Hypothese eine frische Tasse Tee oder eine laufende Dusche vorzufinden: Wir haben mit Sicherheit guten Grund zu meinen, dass die Wahrscheinlichkeit, diese Dinge vorzufinden, dabei *größer* ist als bei der Alternative.

Beachten Sie schließlich, dass eine bayessche Analyse zwar gut beschreibt, wie wir Hypothesen einschätzen, wir aber typischerweise nicht ausdrücklich davon Gebrauch machen müssen. Ich musste keine Einschätzung der A-priori- und A-posteriori-Wahrscheinlichkeiten, des bayesschen Theorems oder der davon abgeleiteten Formeln vornehmen, um zu schlussfolgern, dass die Hütte wohl eher bewohnt als unbewohnt war. Häufig befähigt uns unser Hintergrundwissen von Ursache und Wirkung (oder unser theoretisches Verständnis der Kausalkräfte einer postulierten Entität), zu einer soliden Einschätzung des Wertes konkurrierender Hypothesen zu gelangen, ohne ausdrücklich die bayessche Wahrscheinlichkeitsrechnung anzuwenden – selbst wenn unsere Argumentation auch in bayesscher Art und Weise zu erklären wäre.

Dennoch kann die bayessche Wahrscheinlichkeitsrechnung häufig unserem Denken Klarheit verschaffen und unseren Einschätzungen eine hilfreiche quantitative Dimension hinzufügen. Somit werden die folgenden drei Kapitel gelegentlich bayessche Konzepte und Analysen verwenden, um den Einsatz der abduktiven Argumentation und der Methode des Schlusses auf die beste Erklärung zu verbessern und zu ergänzen.

Abduktion, Aussagekraft und metaphysische Hypothesen

Als Doktorand in Cambridge entdeckte ich, dass Charles Darwin und andere Geschichtswissenschaftler abduktive Schlüsse zogen und dann versuchten, sie mithilfe des Schlusses auf die beste Erklärung zu stärken. Meine Beschäftigung mit Charles Sanders Peirce verdeutlichte mir, dass Wissenschaftler, Philosophen und Menschen im Alltagsleben ständig diese Argumentation anwendeten, häufig in einer Weise, die bayessche Analysen erhellen oder ergänzen können. Mich faszinierte die Möglichkeit, dass man diese Argumentationsformen einsetzen könnte, um nicht nur alltägliche Fragen nach verregneten Straßen oder möglicherweise verlassenen Hütten oder auch bedeutenden wissenschaftlichen Fragen nach den Ursachen verschiedener Phänomene anzugehen, sondern auch wirklich große Fragen über das Wesen der Natur und die mögliche Existenz eines Gottes.

Was würde die Anwendung von abduktiven Schlüssen und Schlüssen auf die beste Erklärung uns über den Status der Gotteshypothese sagen, wenn wir sie dazu einsetzen würden, die Entdeckungen in der Kosmologie, Physik und Biologie in jüngerer Zeit zu analysieren? Ist es möglich, dass hinsichtlich der vorliegenden Hinweise der Theismus eine größere Aussagekraft haben könnte als die konkurrierenden metaphysischen Hypothesen? Im Jahr 1999 veröffentlichte ich in einer interdisziplinären Zeitschrift einen vorläufigen Aufsatz, in dem ich diese Möglichkeit untersuchte.[26] Seitdem bin ich zunehmend zu der Überzeugung gelangt, dass diese Art Logik dazu beitragen kann, tiefe weltanschauliche Fragen anzugehen.

Ironischerweise habe ich bei führenden Verteidigern des wissenschaftlichen Naturalismus Unterstützung für diese Überzeugung gefunden. Gewiss bedeutet Richard Dawkins' Behauptung, dass das Universum „genau die Eigenschaften" hat, „mit denen man rechnet", wenn „blinder, erbarmungsloser" Materialismus die Wahrheit wäre, indirekt auch, dass Naturbeobachtungen Rückhalt für eine metaphysische Hypothese liefern können. Seine provokative Behauptung geht von etwas aus, das viele Wissenschaftsphilosophen bereits geltend machen, nämlich, dass man eine metaphysische Hypothese, genauso wie eine wissenschaftliche, bewerten kann – und zwar, indem man einschätzt, ob die Hinweise, die wir beobachten, zu dem passen, was logischerweise zu erwarten ist, wenn diese Hypothese wahr wäre.

Dawkins' berühmte Aussage lässt sich tatsächlich in aller Redlichkeit als abduktiver Schluss formulieren:

***Logik**: Wenn „blinde, erbarmungslose" Materie und Energie statt eines Verstandes die übergeordnete Realität sind, aus der alles andere entstand, wäre kein Hinweis auf intelligentes Design im Leben und Universum zu erwarten, sondern nur Hinweise auf eine scheinbare Gestaltung.*

***Daten**: Das Leben und das Universum weisen keine Hinweise auf eine tatsächliche, sondern nur eine scheinbare Gestaltung auf.*

***Schlussfolgerung**: Daher haben wir Grund zu glauben, dass das Leben und das Universum das Produkt blinder materialistischer Kräfte sind statt eines präexistenten Verstandes.*

Dawkins' Art und Weise, wie er seine Beobachtungen im Versuch einsetzt, die Hypothese des Naturalismus oder Materialismus zu bestätigen und den Theismus zu widerlegen, stellt sich noch aus einem anderen Grund als hilfreich heraus. Er behauptet nicht, dass er absolut beweisen kann, dass Gott *nicht* existiert. Vielmehr sagt er, dass angesichts unserer Beobachtungen der natürlichen Welt – und angesichts dessen, *womit man rechnet*, wenn Gott tatsächlich existiert oder gehandelt hat, um die Natur ins Dasein zu bringen – die Gotteshypothese „unglaublich unwahrscheinlich" ist.

Unter Berufung auf Ockhams Rasiermesser machte er zudem geltend, die Gotteshypothese sei überflüssig – die zentralen Belege im Blick auf biologische und kosmologische Ursprünge ließen sich *besser und einfacher* ohne Rückgriff auf einen transzendenten Schöpfer oder intelligenten Gestalter erklären. Dawkins argumentiert – wie jene Naturwissenschaftler des 19. Jahrhunderts, die den wissenschaftlichen Materialismus als dominante Weltsicht begründeten –, dass er keinen Bedarf für diese Hypothese hat.

Anhand einer Argumentationsmethode, deren Ziel es ist, eine Hypothese zu bekräftigen, statt zu beweisen, erkennt Dawkins an, dass wir gute Gründe haben können, etwas zu glauben, selbst wenn wir die Hypothese nicht mit völliger Gewissheit beweisen können. Wir können sogar viel *bessere* Gründe haben, eine Hypothese statt einer anderen anzunehmen, selbst wenn wir die bessere nicht absolut beweisen können.

Dawkins und andere zeitgenössische Befürworter des wissenschaftlichen Materialismus behaupten natürlich, dass wissenschaftliche Belege gute Gründe liefern anzunehmen, dass außer der Natur nichts existiert, und Hinweise auf eine zweckorientierte oder gestaltende Intelligenz hinter dem Universum abzulehnen. Tatsächlich argumentiert Dawkins, dass wir viel *bessere* Gründe haben zu glauben, dass Gott nicht existiert, als zu glauben, *dass* Gott existiert – diesen Glauben bezeichnet er als „Wahn", da „bisher kein Hinweis auf Gottes Existenz aufgetaucht ist".[27]

Was zugunsten seines Arguments *gegen* die Existenz Gottes gilt, könnte allerdings – im Licht anderer Hinweise – auch als ein Argument *für* die Existenz Gottes gelten. Wenn es möglich ist, dass gewisse Hinweise Gründe für eine Bestätigung des Naturalismus statt des Theismus liefern, ist es doch auch logisch möglich, dass gewisse andere Hinweise uns *bessere* Gründe liefern, den Theismus statt des Naturalismus zu bestätigen. Etwas anderes zu behaupten, würde den Naturalismus als nicht prüfbares Axiom oder Dogma behandeln statt als echte metaphysische Hypothese, die je nach Indizienlage wahr oder unwahr sein könnte – genau das, wogegen beispielsweise Sean Carroll eine Abneigung hegt.

Die in den letzten Kapiteln dargelegten Indizien haben vielleicht beim Leser die Erwartung auf einen formalen Beweis für Gottes Existenz geweckt. Obwohl ich nicht leugne, dass manche Beweise für Gottes Existenz anhand einer üblichen deduktiven Logik eine gewisse Überzeugungskraft haben, werde ich in diesem Buch keinen solchen Beweis versuchen. Damit würde ich mir nur eine unnötige und unrealistische Beweispflicht aufladen. Argumente auf der Grundlage empirischer Naturbeobachtungen (im Gegensatz zu mathematischen Axiomen) liefern selten, wenn überhaupt, Beweise im Sinn einer deduktiven Sicherheit.

Stattdessen werde ich im Geist der Untersuchung, die Dawkins vorgelegt hat, bewerten, ob die Entdeckungen in der Kosmologie, Physik und Biologie, die ich in den letzten Kapiteln besprochen habe, einen *guten Grund* liefern könnten, an Gott zu glauben, oder sogar einen *besseren* Grund, an Gott zu glauben statt beispielsweise an den Naturalismus oder Materialismus. Wie ich bereits angedeutet habe, könnten die wissenschaftlichen Entdeckungen aus jüngerer Zeit im Blick auf biologische und kosmologische Ursprünge zu erwarten sein, wenn ein transzendenter und intelligenter Gestalter das Leben und das Universum durch sein Handeln hervorgebracht hat. Da ebendiese Naturbeobachtungen vielleicht nicht das sind, was wir unter den Voraussetzungen des wissenschaftlichen Materialismus (oder anderer nicht theistischer Weltanschauungen) erwarten würden, könnte die Gotteshypothese im Prinzip die beste metaphysische Erklärung der einschlägigen wissenschaftlichen Hinweise liefern. Mit anderen Worten, selbst wenn wir Gottes Existenz nicht mit absoluter Sicherheit beweisen können, kann es sein, dass wir bessere Gründe haben, eine theistische Sicht vom „Wesen der Natur“ und der „übergeordneten Realität“ zu vertreten als andere metaphysische Denksysteme.

Die nächsten drei Kapitel untersuchen diese Möglichkeit im Licht der bereits dargelegten Indizien.

Kapitel 12:

Die Gotteshypothese und der Beginn des Universums

Abb. 12.1
Michael Shermer, Wissenschaftshistoriker und Chefredakteur der Zeitschrift *Skeptic*.

Im Laufe der Jahre habe ich mehrere öffentliche Debatten mit dem bekannten naturalistischen Wissenschaftler und religiösen Agnostiker Michael Shermer geführt (Abb. 12.1). Als Chefredakteur des Magazins *Skeptic* und ehemaliger Kolumnist des *Scientific American* hat Shermer seinen Lebensunterhalt mit dem Entlarven von Löffelverbiegern, UFO-Sichtungen, Parapsychologie, Astrologie und Ähnlichem verdient. Er wirft den Glauben an Gott und die Theorie des intelligenten Designs in einen Topf mit diesen anderen, eher zweifelhaften Unternehmungen.

Eine unserer Begegnungen ist mir in Erinnerung geblieben wegen eines Gesprächs im Anschluss. Wir hatten gerade am Westminster College in Fulton, Missouri, debattiert, wo Winston Churchill 1947 seine berühmte Rede zum Eisernen Vorhang hielt. Wie so oft begann Shermer mit der Erzählung seiner „Entkehrungsgeschichte". Er erklärte, wie er den religiösen Glauben seiner Jugend aufgrund seiner wachsenden wissenschaftlichen Kenntnisse verlor. Offensichtlich schienen ihm die wissenschaftlichen Entdeckungen gute Gründe dafür zu liefern, *nicht* an Gott zu glauben – oder zumindest *bessere* Gründe, eine naturalistische oder materialistische Weltanschauung zu akzeptieren statt eine theistische.

Obwohl Dr. Shermer und ich grundverschiedene Weltanschauungen und wissenschaftliche Perspektiven haben, hat er seine Position immer gut gelaunt und auf sympathische Weise dargelegt. Daher haben wir ein gutes Verhältnis zueinander entwickelt. Nach unserer Debatte teilten wir uns eine Limousine zurück zum Flughafen von St. Louis. Das gab uns die Möglichkeit, abseits des Publikums offener zu reden.

Ich nutzte die Gelegenheit, ihn nach den Gründen für den Verlust seines religiösen Glaubens zu fragen und wie die Wissenschaft dazu beigetragen hat. Er erzählte mir, dass der allgemeine Erfolg der Wissenschaft seiner Meinung nach den Glauben an Gott überflüssig mache. Er führte verschiedene wissenschaftliche Entdeckungen an, darunter die Entdeckung des Urknalls und der Struktur der DNA durch Watson und Crick. Ich wies darauf hin, dass auch Theisten wie ich solche Erfolge feiern. Und ich führte an, dass ich nicht erkennen könne, wie die Struktur der DNA in irgendeiner Weise den Glauben an Gott untergraben könne, zumal es den chemischen Evolutionstheoretikern nicht gelungen sei, den *Ursprung der Information* in der DNA zu erklären – ein Punkt, den er in unserer ersten Debatte anerkannt hatte. Shermer stimmte erneut zu, dass niemand wisse, wie sich das erste Leben entwickelt haben könnte, aber er bezeichnete dies als ein isoliertes Problem.

„Aber ist es das?“, fragte ich. Ich wies darauf hin, dass die Wissenschaft, so wie er sie definierte – als streng materialistisches Unternehmen –, auch keine Erklärung für den Ursprung des Universums oder die Feinabstimmung seiner physikalischen Gesetze und Konstanten habe.

Er räumte den ersten Punkt ein, erinnerte mich dann aber daran, dass Physiker ein „Multiversum“ (die Existenz vieler paralleler Universen) vorgeschlagen hätten, um die Feinabstimmung zu erklären.

„Aber glauben Sie das wirklich?“, fragte ich.

Er lächelte und sagte einfach: „Nein.“

Ich fragte ihn nach dem menschlichen Bewusstsein. Er räumte ein, dass auch das aus materialistischer Sicht ein großes Rätsel sei – ebenso wie der Ursprung des Universums selbst. Niemand wisse, was den Urknall *verursacht* habe, gab er bereitwillig zu.

Im Laufe unseres Gesprächs wurde deutlich, dass die von Shermer bewunderte Wissenschaft die *Funktionsweise* des Universums und des Lebens sehr gut erklären kann, dass sie aber keine adäquaten *materialistischen* Erklärungen für den *Ursprung* des Lebens, des Geistes oder des Universums lieferte. Das jedoch führte mich zu dem Schluss, dass der Materialismus als Weltanschauung keine ausreichende Erklärungskraft besitzt.

Wäre es stattdessen möglich, dass eine theistische Weltanschauung – eine Gotteshypothese – dazu beitragen könnte, das zu erklären, was der Materialismus oder Naturalismus nicht erklärt hat – oder vielleicht nicht erklären kann? Wenn ja, wäre die Erklärungskraft einer solchen Gotteshypothese ein Grund, den Theismus gegenüber anderen konkurrierenden metaphysischen Hypothesen zu bevorzugen? Ich erinnere mich, dass ich seinerzeit über diese Möglichkeit nachgedacht habe. Dieses Kapitel bildet den Anfang einer eingehenderen Untersuchung.

Deduktive Beweise, Theismus und erkenntnistheoretische Unterstützung

Angesichts der Dominanz des wissenschaftlichen Materialismus im letzten Jahrhundert ist es nicht völlig überraschend, dass zeitgenössische Wissenschaftspopulisten wie Dr. Shermer die Wissenschaft und den theistischen Glauben als Konfliktparteien darstellen. Überraschend ist jedoch, dass selbst viele Theologen und theistische Philosophen bestreiten, dass wissenschaftliche Belege den theistischen Glauben *stützen* können. Theologen, die diese Möglichkeit verneinen, tun dies in der Regel, weil sie davon ausgehen, dass nur deduktive Argumente eine „erkenntnistheoretische Unterstützung" für den Glauben an Gott liefern können, und weil sie die Geschichte der gescheiterten Versuche kennen, die Existenz Gottes mit solchen Argumenten im Mittelalter und in der Aufklärung zu beweisen.

Diese Theologen scheinen davon auszugehen, dass wissenschaftliche Belege (A) eine theologische Aussage (B) nur dann erkenntnistheoretisch stützen können, wenn diese Aussage (B) mit deduktiver Gewissheit aus den wissenschaftlichen Belegen (A) folgt. Das heißt, sie gehen davon aus, dass jedes Argument, das den Theismus stützt, eine logische Form aufweisen muss wie:

Wenn A, dann B.
A.
Daher B.

Viele Argumente für die Existenz Gottes sind in genau dieser Form formuliert worden.[1] Logiker nennen deduktive Argumente oder Syllogismen, die die oben genannte logische Form aufweisen, *Modus-Ponens*-Argumente (lateinischer Ausdruck für „Bestätigungsmethode"). Wenn die Prämissen dieser (und anderer) deduktiven Argumente wahr sind und man weiß, dass sie wahr sind, dann folgt die Schlussfolgerung mit Gewissheit. Bei solchen Argumenten sagen die Logiker, dass die Prämissen die Schlussfolgerung „nach sich ziehen".

Es kann jedoch sehr schwierig sein, Prämissen zu identifizieren, die mit Sicherheit wahr sind. Viele deduktive Argumente für die Existenz Gottes sind aus genau diesem Grund gescheitert. Im 17. Jahrhundert versuchte beispielsweise Descartes mit einem berühmten Argument, die Existenz Gottes zu beweisen. Er argumentierte (erste Prämisse), dass viele Menschen eine klare und deutliche Vorstellung von einem vollkommenen Wesen haben. Dann behauptete er (zweite Prämisse), dass nichts anderes als die Existenz eines solchen Wesens diese Vorstellung hervorrufen könne. Aus diesen beiden Prämissen *folgerte* er, dass Gott existieren muss. Die Philosophen fanden dies nicht überzeugend, weil sie beide Prämissen des Arguments (insbesondere die zweite) für alles andere als sicher hielten.[2]

Nichtsdestotrotz ist die deduktive Folgerung aus wahren Prämissen eine völlig legitime, wenn auch selten erreichte Form der erkenntnistheoretischen Unterstützung.[3] Dennoch beweisen Wissenschaftler nur selten Theorien (oder Gesetze) mit absoluter Gewissheit aus empirischen Belegen. Folglich setzt die deduktive Folgerung einen weitaus höheren Standard der erkenntnistheoretischen Unterstützung voraus, als die empirische Wissenschaft erreichen kann. Und wenn die Naturwissenschaften diesen Standard nicht erreichen können, dann kann es die natürliche Theologie (die auf Beobachtungen der natürlichen Welt beruht) auch nicht.

All dies mag erklären, warum viele Theologen heute zu Recht bestreiten, dass wissenschaftliche Belege die Existenz Gottes mit deduktiver

Gewissheit „beweisen" können. Und in der Annahme, die deduktive Folgerung sei die einzig mögliche Form der erkenntnistheoretischen Unterstützung für den theistischen Glauben, neigen viele Theologen und Philosophen dazu, zu leugnen, dass wissenschaftliche Belege allgemein eine erkenntnistheoretische Unterstützung für den Theismus bieten können.[4]

Nehmen wir Ernan McMullin (Abb. 12.2), einen prominenten Wissenschaftsphilosophen und Theologen an der Universität Notre Dame bis zu seinem Tod im Jahr 2011. McMullin bestritt ausdrücklich, dass die Urknalltheorie Belege für den theistischen Glauben liefert – obwohl er interessanterweise zugab, man könne erwarten, Belege für einen Anfang des Universums zu finden, wenn man die jüdisch-christliche Schöpfungslehre annehme. Er drückte es so aus: „Was man sagen könnte, … ist, dass, wenn das Universum durch den Akt eines Schöpfers einen zeitlichen Anfang hatte, es von unserem Standpunkt aus so ähnlich wie der Urknall aussehen würde, von dem die Kosmologen sprechen. Was man nicht sagen kann, ist …, dass das Urknallmodell die christliche Schöpfungslehre ‚unterstützt'."[5]

Was aber, wenn ein deduktiver Beweis nicht die einzige Möglichkeit ist, erkenntnistheoretische Unterstützung für solch eine These zu finden? Wenn eine Hypothese eher durch überlegene Erklärungskraft als durch deduktive Folgerung gestützt werden kann, ist es dann möglich, dass die jüngsten Entwicklungen in der Kosmologie, Physik und Biologie die Gotteshypothese tatsächlich unterstützen, sogar stark unterstützen?

Vor dem Hintergrund dieser Möglichkeit werden in diesem Kapitel die metaphysischen Implikationen einer der drei Schlüsselerkenntnisse der modernen Wissenschaft untersucht, die in den vorangegangenen Kapiteln erörtert wurden – insbesondere (1) die Erkenntnis bzw. die beweiskräftigen und theoretischen Hinweise darauf, dass das materielle Universum *einen Anfang hatte*. Die nächsten beiden Kapitel befassen sich mit den Auswirkungen der Erkenntnisse zum *Aufbau* des Universums und des Lebens, einschließlich (2) der Entdeckung *der Feinabstimmung* des Universums auf das Leben und die komplexe Chemie von Anbeginn des Universums und (3) der Entdeckung der großen diskontinuierlichen *Zunahme der funktionalen Information* der Biosphäre seit

Anbeginn. In diesem und den nächsten beiden Kapiteln wird also ein vorläufiges Argument für die Gotteshypothese auf der Grundlage der bisher beschriebenen Erkenntnisse und Befunde angeführt.

Im nächsten Abschnitt des Buches (Kapitel 15–19) verstärke ich dieses Argument, indem ich Einwände gegen den in diesem Abschnitt dargelegten *Prima-facie*-Beweis für die Gotteshypothese vorbringe, einschließlich Einwände, die auf alternativen Modellen der Kosmologie, Physik und Biologie sowie auf neuen Erkenntnissen in diesen Bereichen beruhen. In den Kapiteln 17–19 gehe ich zum Beispiel auf neuere alternative kosmologische Modelle ein, die entweder einen Anfang des Universums leugnen oder versuchen, ihn mithilfe der sogenannten Quantenkosmologie zu erklären. Betrachten wir jedoch zunächst die weltanschaulichen Auswirkungen der Erkenntnis – wenn man sie für bare Münze nimmt –, dass das Universum einen Anfang hatte.

Abb. 12.2
Der verstorbene Philosoph und Theologe Ernan McMullin aus Notre Dame.

Theismus, die Bestätigung der Hypothese und der Beginn des Universums

In Kapitel 5 habe ich viele Astrophysiker zitiert, die in den Belegen für einen Anfang eindeutige theistische Implikationen erkennen. Dennoch hat Ernan McMullin, neben anderen Theologen, bestritten, dass solche Belege den theistischen Glauben unterstützen. Seltsamerweise räumt McMullin jedoch genau in dem Abschnitt, in welchem er dies bestreitet, ein, dass die Belege für einen Anfang die theistischen Erwartungen, dass das Universum einen Anfang hat, bestätigen. Er stellt fest: „Wenn das Universum durch den Akt eines Schöpfers einen zeitlichen Anfang hatte, … würde das in etwa so aussehen wie der Urknall, von dem die Kosmologen sprechen.“[6]

Anders ausgedrückt: Wenn jemand die Existenz Gottes – und beispielsweise die jüdisch-christliche Schöpfungslehre – als metaphysische Hypothese aufstellt, dann würde diese Person Belege für ein endliches Universum erwarten. Arno Penzias, der Physiker, der für seine Entdeckung der kosmischen Hintergrundstrahlung den Nobelpreis erhielt, sagt genau das. In Bezug auf den Urknall stellt er fest: „Die besten Daten, die wir haben, sind genau das, was ich vorausgesagt hätte, wenn ich mich nur auf die ersten fünf Bücher Mose, die Psalmen und die gesamte Bibel hätte stützen können."[7] Als er diese Brücke schlug, dachte Penzias offensichtlich an die berühmten ersten Worte der Bibel: „Am Anfang schuf Gott …"[8] Womöglich dachte er an Passagen im Alten Testament, die ein sich ausdehnendes Universum zu bestätigen scheinen (in denen davon die Rede ist, dass Gott „den Himmel ausbreitet"), oder an andere Passagen, die sich auf den „Anfang der Zeit" beziehen.[9]

Aber suggeriert dann nicht Penzias' Aussage, ebenso wie die von McMullin, dass die Urknalltheorie eine Bestätigung des jüdisch-christlichen Verständnisses vom Ursprung des Universums (das als metaphysische Hypothese behandelt wird) darstellt und damit auch die Existenz eines göttlichen Schöpfers nahelegt?

Die Diskussion in Kapitel 11 über abduktive Schlussfolgerungen und die Bestätigung von Hypothesen zeigt, wie dies möglich sein könnte. Überlegen wir, wie der jüdisch-christliche Theismus seine Erwartungen zum Ursprung des Universums ausdrücken könnte und wie die Belege für ein endliches Universum eine Bestätigung für eine solche theistische Hypothese liefern könnten:

Hauptprämisse: Wenn die jüdisch-christliche Auffassung vom Ursprung des Universums und seine Bejahung eines göttlichen Schöpfers wahr sind, dann haben wir Grund zu der Annahme, dass das Universum einen Anfang hatte.

Nebenprämisse: Wir haben an anderer Stelle überraschende Belege dafür, dass das Universum einen Anfang hatte.

Schlussfolgerung: Wir haben Grund zu der Annahme, dass die jüdisch-christliche Auffassung vom Ursprung des Universums und seine Bejahung eines göttlichen Schöpfers wahr sein könnten.

Dieser Syllogismus legt nahe, dass die Urknalltheorie die metaphysische Hypothese des jüdisch-christlichen Theismus bestätigt und eine erkenntnistheoretische Unterstützung liefert, wenn auch keinen deduktiven Beweis, in ähnlicher Weise wie empirische Beobachtungen wissenschaftliche Theorien bestätigen.

Theismus, Naturalismus und ein endliches Universum

Abgesehen von der Bibel gibt es auch philosophische Gründe für Theisten, zu erwarten, dass das Universum einen Anfang hatte. Der Theismus geht davon aus, dass Gott ein persönlicher Akteur mit kausalen Kräften und freiem Willen ist – d. h., dass Gott die Fähigkeit hat, ohne Zwang durch andere Faktoren oder Bedingungen potenzielle Zustände aus einer Vielzahl von Möglichkeiten zu verwirklichen. Es ist bekannt, dass andere Akteure (Menschen), die über solche Kräfte verfügen, neue Dinge ins Leben rufen, die es vorher nicht gab. Erfinder, Romanautoren, Musikkomponisten und andere üben ähnliche Fähigkeiten routinemäßig aus. Wenn wir also von unseren Erfahrungen mit anderen „relevant ähnlichen" kausalen Akteuren ausgehen, können wir vernünftigerweise erwarten, dass, wenn ein Wesen wie Gott existiert, dieses Wesen auch neue Dinge ins Leben gerufen hat, einschließlich des Universums selbst.

Der Theismus besagt auch, dass Gott der Schöpfer *aller* Dinge ist. In der philosophischen Sprache ausgedrückt, betrachten Theisten Gott als die primäre Realität, die ontologische Grundlage der Wirklichkeit, aus der alles andere hervorgeht, einschließlich Materie, Energie, Raum und Zeit. In Anbetracht dieses Konzepts könnten Theisten vernünftigerweise erwarten, Belege dafür zu finden, dass das Universum selbst zu existieren begann, einschließlich Zeit und Raum.

Außerdem kennen wissenschaftlich informierte Theisten die Lehre der modernen Physik, dass Materie und Energie in Raum und Zeit existieren. Sie wissen auch, dass (1) Materie und Energie miteinander verbunden sind (durch Einsteins Gleichung $E=mc^2$); (2) Materie und Raum miteinander verbunden sind (wie John Archibald Wheeler es ausdrückte: „Der Raum sagt der Materie, wie sie sich bewegen soll, und die

Materie sagt dem Raum, wie er sich krümmen soll"[10]); und (3) Raum und Zeit miteinander verbunden sind, wie das Konzept der Raumzeit in der allgemeinen Relativitätstheorie impliziert. Folglich sehen diese Theisten Zeit und Raum ebenso wie Materie und Energie als geschaffene Einheiten an. Das bedeutet aber, dass jeder Schöpfungsakt, der Materie und Energie ins Dasein bringt, auch Raum und Zeit ins Dasein bringt. Folglich müssten sowohl das Universum als auch die Zeit darin einen Anfang haben.[11] Aus diesen und anderen Gründen[12] können Theisten, die sich Gott als einen persönlichen Akteur vorstellen, vernünftigerweise erwarten, Belege für ein zeitlich begrenztes Universum zu finden – Belege dafür, dass das Universum einen Anfang hatte. Diese Erwartung kann als Teil eines Syllogismus ausgedrückt werden, um zu zeigen, wie die Entdeckung eines endlichen Universums eine abduktive Schlussfolgerung zur Unterstützung der Gotteshypothese untermauern kann:

Hauptprämisse: Wenn der Theismus wahr ist, können wir mit gutem Grund Belege dafür erwarten, dass das Universum einen Anfang hatte.

Nebenprämisse: Wir haben an anderer Stelle überraschende Belege dafür, dass das Universum einen Anfang hatte.

Schlussfolgerung: Wir haben Grund zu der Annahme, dass der Theismus wahr sein könnte.

Die Belege dafür, dass das Universum einen Anfang hatte, liefern also eine abduktive Bestätigung der Gotteshypothese, zumindest dann, wenn man sich Gott als Schöpfer im soeben beschriebenen Sinne vorstellt. Die Belege für den Anfang des Universums können jedoch eine noch stärkere Form der erkenntnistheoretischen Unterstützung bieten. Insbesondere unterstützen diese Belege den Theismus als einen Schluss auf die beste (oder zumindest bessere) Erklärung gegenüber anderen konkurrierenden metaphysischen Hypothesen.[13]

Um zu sehen, warum das so ist, vergleichen wir zunächst die Erklärungskraft des Theismus mit derjenigen des grundlegenden wissenschaftlichen Materialismus oder Naturalismus. Mit *grundlegend* statt *exotisch* meine ich die Version des Naturalismus, die keine anderen unbeobachtbaren Universen oder mathematischen Realitäten oder physikalischen Gesetze jenseits unseres bekannten Universums annimmt. (Auf solche Versionen des Naturalismus werde ich in späteren Kapiteln des Buches eingehen.)

Wie führende Naturalisten wie Sean Carroll erklärt haben, leugnet der Naturalismus in der Regel die Existenz von allem, was über die Natur selbst hinausgeht, wobei die Natur aus Materie und Energie in Raum und Zeit besteht. Wissenschaftliche Naturalisten betrachten Elementarteilchen (die kleinsten materiellen Bestandteile des Universums) und Quantenfelder als die Entitäten, aus denen alles andere entstanden ist. Da ihrer Ansicht nach nichts anderes als die natürliche Welt existiert, betrachten Naturalisten das Universum in der Regel als ein ewiges, sich selbst organisierendes und selbst existierendes System und nicht als eines, das vor einer endlichen Zeit von einer externen Instanz geschaffen wurde. Folglich schien es lange Zeit so, als würde aus dem Naturalismus folgen, dass das materielle Universum schon seit unendlich langer Zeit existieren muss. Für die Naturalisten würde ein unendlich altes Universum, wie es der Physiker Robert Dicke ausdrückte, „uns von der Notwendigkeit befreien, den Ursprung der Materie zu irgendeinem endlichen Zeitpunkt in der Vergangenheit zu verstehen".[14]

Aus naturalistischer Sicht erscheinen die Belege für ein endliches Universum also völlig unerwartet, ja sogar „überraschend" im Sinne von Charles Sanders Peirce, der den Begriff in seiner Beschreibung des abduktiven Denkens verwendete. Viele führende Naturwissenschaftler haben diese „Unerwartetheit" selbst eingeräumt. Einige haben dies ausdrücklich getan. Andere haben es implizit getan, oft, indem sie versuchten, die Dissonanz zwischen ihrer Weltanschauung und einem endlichen Universum zu beseitigen, indem sie Alternativen zu einem Anfang vorschlugen.

Einstein, als er noch strikter philosophischer Materialist war, erkannte diesen Widerspruch stillschweigend an, als er den Wert seiner kosmologischen Konstante so wählte, dass er das Universum als statisch und zeitlich unendlich darstellt. Fred Hoyle stellte sich der Herausforderung, indem er aus ausdrücklich philosophischen Gründen seine *Steady-State*-Theorie (Gleichgewichtstheorie) vorschlug, um das Konzept eines unendlichen Universums aufrechtzuerhalten – trotz der eklatanten Verletzung des Energieerhaltungssatzes. Befürworter eines oszillierenden Universums und ewig chaotischer Inflationsmodelle haben die „Unerwartetheit" eines endlichen Universums angesichts einer naturalistischen Weltanschauung wohl stillschweigend anerkannt, indem sie ausgeklügelte und wohl auch gekünstelte kosmologische Modelle formuliert haben, um die Schlussfolgerung eines ultimativen Anfangs zu vermeiden. Sir Arthur Eddington erkannte die Ungereimtheit an, als er gestand, dass er die Urknalltheorie und die Idee eines kosmischen Anfangs philosophisch „abstoßend" fände.[15]

Überlegungen zur kausalen Angemessenheit

Warum also erscheint ein kosmischer Anfang aus naturalistischer Sicht unerwartet? In erster Linie deshalb, weil der Naturalismus oder Materialismus keine fertige kausale Erklärung für einen solchen Anfang anbieten kann. Wenn der „Kosmos alles ist, was ist" (Carl Sagan), dann gibt es nichts, was über ihn hinausgeht oder von ihm getrennt ist und als seine Ursache fungieren könnte. Vor der Entdeckung des Beginns des Universums waren Naturalisten zuversichtlich, dass das Universum ewig und notwendigerweise existieren würde und keiner kausalen Erklärung bedürfe. Doch mehrere Belege unterschiedlicher Art aus beobachtender Astronomie (siehe Kapitel 4 und 5), das Borde-Guth-Vilenkin-Theorem (BGV) und sogar die Hawking-Penrose-Ellis-Singularitätstheoreme (siehe Kapitel 6) deuten darauf hin, dass das physikalische Universum einen Anfang hatte.

Folglich würde der Ursprung des Universums – nach dem Prinzip der Kausalität oder des hinreichenden Grundes – eine Ursache erfordern. Da aber dem Naturalismus zufolge nichts außer der natürlichen Welt (d.h. dem Universum aus Materie, Energie, Raum und Zeit) existiert, kann auch nichts anderes als Ursache für die Entstehung des Universums fungiert haben. Der Anfang des Universums wirft also eine Frage auf, die Naturalisten fast per definitionem nicht beantworten können, nämlich: „Was hat die Existenz der gesamten Natur oder des physikalischen Universums selbst *verursacht*?" Aus diesem Grund eignet sich der Naturalismus zumindest in seiner Grundform nicht als *kausal adäquate* Erklärung für die mutmaßliche und auf verschiedene Weise bezeugte Tatsache, dass das Universum einen Anfang hatte.

Die Singularitätstheoreme von Hawking, Penrose und Ellis verstärken diese Schlussfolgerung. Wenn irgendwann in der endlichen Vergangenheit entweder die Raumkrümmung einen unendlichen Wert erreicht hätte und/oder der Radius und das Raumvolumen des Universums auf null Einheiten kollabiert wären, dann gäbe es zu diesem Zeitpunkt keinen Raum und keinen Platz mehr für Materie und Energie. Folglich würde sich auch die Möglichkeit einer materialistischen Erklärung in Luft auflösen, da an diesem Punkt weder materielle Teilchen noch Energiefelder existieren würden. Da Materie und Energie erst dann existieren können, wenn es Raum (und wahrscheinlich auch Zeit) gibt, macht eine materialistische Erklärung, die entweder materielle Teilchen oder Energiefelder einbezieht – bevor Raum und Zeit existierten –, keinen Sinn. Ich habe meinen Studenten immer gesagt: „Wenn man bis zu einer Singularität extrapoliert, kommt man irgendwann an einen Punkt, an dem es keine Materie mehr gibt, die etwas verursachen könnte."

Wie wir in Kapitel 6 gesehen haben, bezweifeln Physiker inzwischen, dass sich das Hawking-Penrose-Ellis-Ergebnis bis ganz zum Anfang zurückführen lässt. Viele haben stattdessen ewige, chaotische, inflationäre Modelle für den Ursprung des Universums angenommen. Aber wie wir gesehen haben, gilt das Borde-Guth-Vilenkin-Theorem für diese inflationären Modelle genauso wie für das Standard-Urknallmodell. Folglich bietet dieses Theorem, wie Vilenkin es ausdrückt, „kein Entkommen" vor der Schlussfolgerung, dass das Universum letztendlich einen Anfang hatte.

Wie wir in Kapitel 6 gesehen haben, impliziert das Borde-Guth-Vilenkin-Theorem außerdem, dass die Zeit einen Anfang hatte. Und da Zeit und Raum miteinander verbunden sind (nicht nur in der allgemeinen Relativitätstheorie, sondern auch in neueren Theorien der Quantengravitation), würde die Bestätigung eines zeitlichen Anfangs auch einen räumlichen Anfang implizieren, selbst wenn der Raum mit einem endlichen Volumen (ungleich Null) begann. Wenn das Universum zu existieren begann, wie BGV behauptet, dann würde dies in jedem Fall bedeuten, dass alle Eigenschaften, die wir mit dem Universum verbinden – Raum, Materie und Energie sowie Zeit –, ebenfalls zu existieren begannen. In der Tat macht es metaphysisch keinen Sinn zu sagen, dass das Universum aus Raum und Zeit, Materie und Energie vor einer endlichen Zeit zu existieren begann, und gleichzeitig zu behaupten, dass „davor" (d.h. in der Zeit) Zeit oder Raum oder Materie oder Energie ebenfalls bereits existierten. Da Raum, Materie und Energie grundlegende Eigenschaften des Universums sind, impliziert die Aussage „Das Universum begann vor einer endlichen Zeit zu existieren", dass diese Eigenschaften des Universums ebenfalls entstanden sind.

Aus diesem Grund bestärkt das BGV-Theorem die gleichen metaphysischen Implikationen wie die Penrose-Hawking-Ellis-Singularitätstheoreme, unabhängig davon, was Physiker über die Anwendbarkeit der Singularitätstheoreme auf das Universum in seiner frühesten und kleinsten Phase denken. In der Tat impliziert das BGV-Theorem die kausale *Un*angemessenheit aller materialistischen Erklärungen für den Ursprung des Universums, da, wie bereits gesagt, vor dem ultimativen Beginn des materiellen Universums weder Materie noch Energie existiert haben können.[16]

Eine bayessche Annäherung

Der bayessche Ansatz kann diese Schlussfolgerung verdeutlichen und bestärken. Erstens: Da der grundlegende Naturalismus die Existenz irgendeiner Entität jenseits des Universums leugnet, die den Ursprung des Universums verursacht haben könnte, erwarten die Vertreter des grundlegenden Naturalismus ein ewiges, aus sich selbst existierendes Universum und würden keine Belege für einen Ursprung des Universums erwarten, der eine endliche Zeit zurückliegt. Da der Theismus jedoch die Existenz eines transzendenten Wesens jenseits von Raum, Zeit, Materie und Energie unseres Universums bejaht, könnten Theisten durchaus erwarten, dass sie Belege für einen zeitlich begrenzten Beginn des Universums finden. Mithilfe des bayesschen Ansatzes können wir also feststellen, dass die Wahrscheinlichkeit, dass es Belege für einen zeitlichen Anfang gibt, im Falle des Theismus größer ist als im Falle des grundlegenden Naturalismus. Oder symbolisch ausgedrückt: $P(E \mid T) \gg P(E \mid N_b)$.

Viele Philosophen sind der Meinung, dass es *a priori* keinen zwingenden Grund gibt, entweder eine naturalistische oder eine theistische Weltanschauung als weitaus wahrscheinlicher anzusehen als die andere.[17] Wenn dem so ist, können wir mithilfe der bayesschen Argumentation auch behaupten, dass die Wahrscheinlichkeit der theistischen Hypothese angesichts der Belege für einen kosmischen Anfang größer ist als die Wahrscheinlichkeit des grundlegenden Naturalismus angesichts derselben Belege. Oder symbolisch ausgedrückt: $P(T \mid E) >> P(N_b \mid E)$. Somit bietet der Theismus eine bessere Erklärung für den zeitlichen Beginn des Universums als der Naturalismus.

Der bayessche Ansatz kann auch dazu beitragen, einen möglichen Einwand gegen das hier vorgestellte Argument zu entkräften. Bis zu diesem Punkt habe ich argumentiert, dass Theisten verschiedene Gründe haben, zu erwarten, dass das Universum einen bestimmten zeitlichen Anfang gehabt haben *könnte*. Angesichts der Tatsache, dass Theisten sich Gott als einen persönlichen Akteur mit freiem Willen vorstellen – und zwar einen mit einer einzigartigen (und umstrittenen) Beziehung zur Zeit –, könnten manche vernünftigerweise Einwände gegen diese Behauptung erheben. Manche könnten beispielsweise argumentieren, dass wir, da Gott ein Akteur mit freiem Willen ist, keine Möglichkeit haben zu wissen, ob Gott die Zeit vor einer endlichen Zeit erschaffen hat oder ob er sich dafür entschieden hat, alle Zeitmomente von der Ewigkeit her ins Dasein zu rufen (wie es die Befürworter des kosmologischen Kontingenzarguments als Möglichkeit voraussetzen). Folglich könnten einige argumentieren, dass es angesichts einer theistischen Gottesvorstellung unmöglich ist, nachzuweisen, dass Gott *notwendigerweise* ein zeitlich endliches Universum geschaffen hat. Daher könnte man argumentieren, dass Theisten keine letztgültigen Gründe haben, ein endliches Universum zu *erwarten*.

Natürlich gibt es für Theisten keine *absoluten* Gründe, ein endliches Universum zu erwarten. Daraus folgt jedoch nicht, dass sie keine *besseren* Gründe für die Erwartung eines solchen Universums haben als philosophische Naturalisten. Auch wenn Theisten nicht nachweisen können, dass Gott notwendigerweise ein zeitlich endliches Universum geschaffen hat, bietet der Theismus Gründe (wie oben erläutert) für die Annahme, dass Gott dies durchaus getan haben könnte. Da der

Theismus die Existenz eines Wesens mit relevanten kausalen Kräften jenseits von Raum und Zeit postuliert, könnte der Gott des Theismus tatsächlich durch seine Handlungen Zeit und Raum ins Dasein gerufen und damit Belege für ein Universum mit einem Anfang hinterlassen haben. Auf der anderen Seite gibt es im Rahmen des grundlegenden Naturalismus keine Entität außerhalb von Raum und Zeit, die vor einer endlichen Zeit gehandelt haben könnte, um das Universum, Raum und Zeit ins Leben zu rufen. Folglich führen die Grundsätze des grundlegenden Naturalismus nicht dazu, dass wir Belege für einen zeitlich begrenzten Anfang des Universums erwarten, während Theisten solche Belege erwarten könnten – oder *sehr gut* erwarten könnten. Somit stellt der Theismus eine größere Erwartung für solche Belege bereit als der Naturalismus. In bayesschen Begriffen ausgedrückt, ist die Wahrscheinlichkeit von Belegen für einen kosmischen Anfang im Theismus größer als im Naturalismus oder $P(E \mid T) >> P(E \mid N_b)$.

Die Bewertung von bayesschen Wahrscheinlichkeiten, die auf Überlegungen zur kausalen Angemessenheit beruhen, hilft uns bei der Beschreibung der relativen Größe unserer Erwartungen, bestimmte Belege unter verschiedenen Hypothesen zu beobachten. Das wiederum erlaubt uns, zu beurteilen, welche der konkurrierenden Hypothesen wahrscheinlicher ist, auch wenn wir die Wahrscheinlichkeiten nicht genau beziffern können (Abb. 12.3).

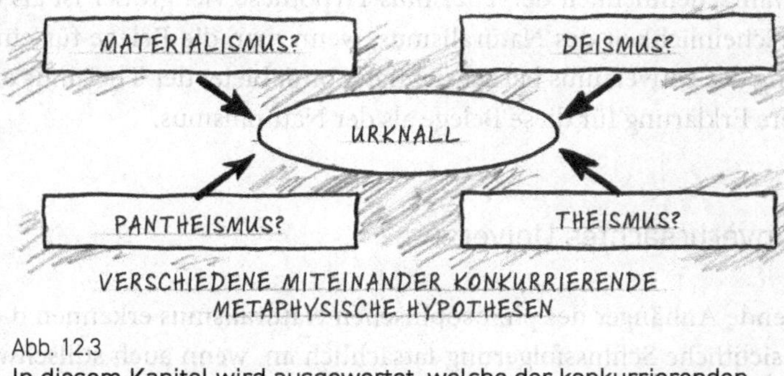

Abb. 12.3
In diesem Kapitel wird ausgewertet, welche der konkurrierenden metaphysischen Hypothesen oder Weltanschauungen (Theismus, Deismus, Pantheismus oder Materialismus) die Belege für einen Anfang des Universums am besten erklärt.

Erinnern wir uns an das analoge, wenn auch schlichte Beispiel aus dem vorigen Kapitel. Obwohl ich bei einer Wanderung durch den Wald nicht im Voraus sagen konnte, wie wahrscheinlich es ist, dass eine Person eine Tasse Tee auf dem Tisch stehen lässt, erkannte ich sofort, dass die Tasse Tee besser durch die Hypothese einer bewohnten Hütte erklärt würde als durch das Gegenteil.

Warum? Weil ich wusste, dass ein Mensch eine Tasse Tee zubereitet haben könnte, während es in einem unbewohnten Haus nichts gäbe, was dazu fähig wäre. Wäre ich geneigt gewesen, den bayesschen Ansatz anzuwenden, hätte ich folglich auch verstanden, dass die Wahrscheinlichkeit viel höher wäre, eine Tasse Tee vorzufinden, wenn das Haus bewohnt wäre, als wenn das Gegenteil der Fall wäre – auch wenn ich wiederum nicht mit Sicherheit sagen könnte, dass eine Person zwangsläufig solche Spuren hinterlassen würde, und auch wenn ich die Wahrscheinlichkeit, solche Spuren in diesem Fall zu finden, nicht genau hätte quantifizieren können.

In ähnlicher Weise können Theisten zwar nicht im Voraus sagen, dass Gott unbedingt ein Universum erschaffen müsste, das Belege für einen zeitlichen Anfang aufweist, aber wir erkennen an, dass die Belege für einen solchen Anfang beim Theismus wahrscheinlicher sind als beim Naturalismus. Wenn es darüber hinaus *a priori* keinen zwingenden Grund gibt, den Naturalismus dem Theismus vorzuziehen (siehe Nr. 17), folgt aus den bayesschen Wahrscheinlichkeitsgleichungen, dass die Wahrscheinlichkeit der Theismus-Hypothese viel größer ist als die Wahrscheinlichkeit des Naturalismus, wenn man die Belege für einen Anfang des Universums berücksichtigt. Somit bietet der Theismus eine bessere Erklärung für diese Belege als der Naturalismus.

Ein unverursachtes Universum?

Führende Anhänger des philosophischen Naturalismus erkennen diese offensichtliche Schlussfolgerung tatsächlich an, wenn auch stillschweigend, und versuchen, sie zu umgehen. Sean Carroll, einer der prominentesten Anhänger des Naturalismus, hat beispielsweise eingeräumt, dass der Naturalismus den Ursprung des Universums unerklärt lässt, eben weil er keine ursächliche Instanz zu bieten hat. Er weist jedoch darauf hin, dass der Ursprung des Universums nicht unbedingt eine kausale Erklärung erfordert; es könnte „einfach sein". Da jedoch die Belege darauf hindeuten, dass das Universum nicht unendlich lange existiert, sondern *zu existieren begann*, scheint es – nach den Grundsätzen der Kausalität und der hinreichenden Vernunft – eine Ursache zu erfordern. Eine gegenteilige Behauptung untergräbt eine der Grundvoraussetzungen der wissenschaftlichen Forschung und sogar der Vernunft selbst, nämlich, dass „alles, was zu existieren beginnt, eine Ursache haben muss".

Diesen Punkt hat der Philosoph William Lane Craig (Abb. 12.4) nachdrücklich in einem Interview hervorgehoben, das ich vor einigen Jahren mit ihm führte. Er wies darauf hin, dass die Behauptung, das Universum sei ohne jede Ursache entstanden, sich nicht von der Behauptung unterscheide, dass ein Güterzug oder ein Bengalischer Tiger dies getan haben könnte. Obwohl es keine Möglichkeit gebe, solche Möglichkeiten zu widerlegen, so sagte er, sind die Vernunft und die wissenschaftliche Erforschung der Welt von der gegenteiligen Annahme abhängig – dass alle materiellen Ereignisse eine Ursache haben. Er sagte, dass diejenigen, die diesen Grundsatz leugnen und gleichzeitig die Vernünftigkeit des Theismus anzweifeln, „deshalb für immer zum Schweigen gebracht werden sollten".[18]

Abb. 12.4
William Lane Craig, der Wissenschaftsphilosoph und Verfechter des kosmologischen Kalām-Arguments.

Die Belege für die Urknalltheorie, die Hawking-Penrose-Ellis-Lösungen der Feldgleichungen der allgemeinen Relativitätstheorie und das Borde-Guth-Vilenkin-Theorem deuten alle auf einen Anfang des Universums hin.[19] Daraus folgt, dass jede Entität, die den Ursprung des Universums erklären kann – wofür diese Indizien sprechen –, über Raum und Zeit, Materie und Energie des Universums hinausgehen muss. Der Naturalismus kann den Ursprung des Universums nicht erklären, weil er die Existenz einer Entität außerhalb der Natur leugnet, während der

Theismus die Existenz genau eines solchen transzendenten Wesens als Ursache postuliert. Insofern, als Gott, so wie er von Theisten verstanden wird, Raum und Zeit, Materie und Energie transzendiert, und insofern, als die kausale Erklärung des Universums selbst die Existenz einer vom Universum getrennten Entität erfordert, die „das Verursachen" übernimmt, bietet die Gotteshypothese eine bessere, kausal adäquatere Erklärung als der Naturalismus für die Belege eines Anfangs des Universums.

Persönliches Handeln, freier Wille und der Anfang

Die Gotteshypothese bietet noch aus einem anderen Grund eine kausal angemessenere Erklärung. Theisten stellen sich Gott als einen persönlichen Akteur vor, der einen freien Willen besitzt. Aus diesem Grund trägt ihre Vorstellung von Gott als erster Ursache dazu bei, ein ansonsten kniffliges konzeptionelles Problem für Materialisten oder Naturalisten zu lösen.

Bedenken wir noch einmal, dass der Naturalismus in seiner grundlegenden Form die Existenz einer Entität jenseits der Natur leugnet. Einige Naturalisten gehen davon aus, dass es vor dem Urknall einen früheren materiellen Zustand oder ein früheres Ereignis gegeben hat, wie z. B. bei der ewigen chaotischen Inflation oder der Vorstellung eines ewigen „Uratoms" (siehe unten). Wenn Naturalisten diesen Weg einschlagen, dann muss dieser Zustand oder dieses Ereignis die notwendigen und hinreichenden Bedingungen bereitgestellt haben, um unser Universum hervorzubringen. Aber dieser Zustand oder dieses Ereignis muss wiederum durch einen früheren Zustand oder ein früheres Ereignis hervorgebracht worden sein – mit den notwendigen und hinreichenden Bedingungen für seine Entstehung und so weiter. Folglich muss irgendwann in der Vergangenheit entweder ein erster materieller Zustand oder ein erstes materielles Ereignis ohne Ursache eingetreten sein. Oder die notwendigen und hinreichenden Bedingungen für die Entstehung des Universums müssen schon immer bestanden haben. Mit anderen Worten: Entweder müssen Naturalisten ein nicht verursachtes erstes Ereignis annehmen oder sie müssen annehmen, dass, wie der

Philosoph J. P. Moreland anmerkt, „die notwendigen und hinreichenden Bedingungen für das erste Ereignis seit aller Ewigkeit" in einem zeitlosen, unveränderlichen Zustand existierten.[20]

Beide Optionen bringen Schwierigkeiten mit sich. Ein unverursachtes erstes Ereignis verstößt gegen die Prinzipien der Kausalität und der hinreichenden Vernunft mit all den oben erörterten destruktiven Folgen für die Rationalität. Wenn die Naturalisten jedoch davon ausgehen, dass die notwendigen und hinreichenden Bedingungen für die Entstehung des Universums seit ewigen Zeiten bestehen, dann würden wir erwarten, Belege für ein unendlich altes Universum zu beobachten. Doch das ist nicht der Fall. Sobald die notwendigen und hinreichenden Bedingungen für die Entstehung eines bestimmten Ereignisses eintreten, wird dieses Ereignis auch eintreten. Wenn die notwendigen und hinreichenden Bedingungen für die Entstehung des Universums immer schon in der unendlichen Vergangenheit bestanden, dann müsste das Universum selbst vor unendlich langer Zeit entstanden sein (als diese Bedingungen „zum ersten Mal" auftraten), und wir müssten Belege dafür haben. Aber auch das haben wir nicht. Stattdessen haben wir Belege für ein endliches, nicht für ein unendliches Universum.

Wie J. P. Moreland (Abb. 12.5) und William Lane Craig gezeigt haben, kann das Dilemma aufgelöst werden, indem wir einen persönlichen Akteur mit freiem Willen annehmen. Nach diesem Konzept kann ein Akteur mit freiem Willen eine neue Kette von Ursachen und Wirkungen in Gang setzen, ohne durch vorherige materielle Bedingungen gezwungen zu sein. Da ein Geist mit freiem Willen eine neue Kette von Ursachen und Wirkungen in Gang setzen kann, ohne dazu gezwungen zu sein, entfällt durch das Handeln eines freien Akteurs die Notwendigkeit eines unendlichen Rückgriffs auf frühere materielle Zustände – und damit eines unendlichen Universums, das im Widerspruch zu empirischen Beobachtungen steht.

Abb. 12.5
J. P. Moreland, Geistesphilosoph und Verfechter des ontologischen Dualismus.

Durch freies Handeln entfällt auch die Notwendigkeit, eine *unverursachte materielle* Erstursache anzunehmen, was gegen die Grundsätze der Kausalität und der hinreichenden Vernunft verstoßen würde. Dies ist der Fall, weil der freie Wille – den wir alle kennen, wenn wir uns der Kraft unseres eigenen Geistes introspektiv bewusst werden[21] – bedeutet, dass unsere Entscheidungen oder geistigen Handlungen materielle Zustände verändern können, ohne dass sie vollständig durch eine vorangehende Reihe notwendiger und *hinreichender* materieller Bedingungen bestimmt sind.

Außerdem ist es zumindest vernünftig, das Handeln eines freien Akteurs als Erklärung für den Anfang des Universums in Betracht zu ziehen. Die meisten Menschen akzeptieren bereits die Realität ihres eigenen freien Willens und glauben, dass ihre Entscheidungen neue materielle Zustände hervorrufen können. Diejenigen, die diese Möglichkeit nicht akzeptieren, leugnen die Existenz ihres freien Willens in der Regel nur, weil philosophische Argumente sie davon überzeugt haben, dass ihre Wahrnehmung eines freien Willens eine Illusion ist. Das setzt aber voraus, dass die Menschen zumindest ein intuitives Verständnis des Konzepts der Willensfreiheit haben. Das Konzept einer frei gewählten Entscheidung ist also keine exotische, *Ad-hoc-* oder willkürliche Erklärung, sondern eine, auf die wir routinemäßig zurückgreifen, um andere Zustandsänderungen oder Zustände zu erklären.

In der Tat bietet die Annahme eines freien Akteurs eine vollkommen schlüssige Erklärung dafür, wie das Universum angefangen hat zu existieren; noch dazu in Übereinstimmung mit unserer eigenen Erfahrung von einem freien Willen. Schließlich bewirken freie Akteure, dass Dinge existieren, die vorher nicht existierten. Gleichzeitig stellt die Annahme eines vorherigen materiellen Zustands zur Erklärung, wie das materielle Universum begonnen hat, den Naturalismus vor ein Erklärungsproblem. Daher bietet die Annahme der Wahl eines freien Akteurs – eines Geistes oder Verstands – eine bessere Erklärung für den Anfang des Universums als der Naturalismus.[22]

Dazu ist noch ein anderer Aspekt zu erwähnen. Diejenigen, die den freien Willen persönlicher Akteure anerkennen, sind der Ansicht, dass die *frei gewählten Entscheidungen* persönlicher Akteure eine Ausnahme vom Kausalitätsprinzip darstellen, d.h. von der Regel, dass „alles, was zu existieren beginnt, eine Ursache haben muss". Dennoch: Eine solche Ausnahme zuzulassen untermauert die menschliche Rationalität, anstatt sie zu untergraben. Die Idee der Vernunft selbst *setzt voraus*, dass das menschliche Denken nicht gänzlich von unpersönlichen materiellen Kräften bestimmt wird (z. B. von äußeren physikalischen Reizen oder chemischen Reaktionen im Gehirn). Wären unsere Gedanken vollständig von unpersönlichen materiellen Kräften oder chemischen Reaktionen bestimmt, hätten wir keinen Grund, der Zuverlässigkeit unserer Gedanken zu vertrauen, da solche Kräfte und chemischen Reaktionen keine offensichtliche Beziehung zum Objekt unseres Denkens haben. Wie der britische Biologe und Philosoph J. B. S. Haldane einmal sagte: „Wenn geistige Prozesse ausschließlich von den Bewegungen der Atome in meinem Gehirn bestimmt werden, habe ich keinen Grund anzunehmen, dass meine Überzeugungen wahr sind … und daher auch keinen Grund anzunehmen, dass mein Gehirn aus Atomen besteht."[23]

Der Theismus postuliert also die einzige Art von Wesen – ein freies persönliches Wesen –, das neue Abfolgen von Ursache und Wirkung in Gang setzen kann, ohne selbst dazu veranlasst zu werden, und das, ohne zugleich das Vertrauen in die menschliche Rationalität oder die Verstehbarkeit der physischen Welt zu untergraben. Auf diese Weise löst er das Erklärungsrätsel, mit dem der Naturalismus aufgrund der Belege für einen zeitlichen Anfang des Universums konfrontiert ist.[24]

Ein ewig existierendes Uratom?

Diese Argumentation zielt auch auf diejenigen ab, die ein ewig existierendes „Uratom" annehmen. Erinnern wir uns daran, dass die Astronomen bei ihrer Extrapolation in die Vergangenheit schließlich einen Punkt vor ihrem geistigen Auge erreichen, an dem die gesamte Materie und Energie des Universums zu einem nahezu unendlich heißen, dichten Punkt komprimiert gewesen wären. Da die Hawking-Penrose-Ellis-Singularitätstheoreme eine Extrapolation zu einem absoluten Anfang nicht zulassen, könnten manche Naturwissenschaftler behaupten, dass diese nahezu unendlich dichte Materiekonzentration ewig als Uratom existiert haben könnte und nur auf den richtigen Moment „gewartet" hat, um sich mit der Ausdehnung des Raums aufzulösen. Diese Hypothese wirft jedoch die Frage auf, was sich geändert haben könnte, um den plötzlichen Beginn dieser Expansion zu verursachen.

Damit ergibt sich eine weitere Variante des soeben erörterten Dilemmas. Vielleicht gab es die notwendigen und hinreichenden Bedingungen für die Expansion des Universums schon immer, dann müssten wir Belege dafür haben, dass die Expansion des Universums seit unendlich langer Zeit andauert. Unsere besten Belege deuten jedoch darauf hin, dass die Expansion des Universums vor einer endlichen Zeit begann.

Oder aber die notwendigen und hinreichenden Bedingungen für den Beginn der Expansion des Raums traten erst vor einer endlichen Zeit ein, aber erst nachdem das Uratom schon unendlich lange vorher existierte. In diesem Fall müssten die Naturalisten erklären, was diese Zustandsveränderung (d. h. die Expansion) verursacht hat, indem sie eine materielle Veränderung des Uratoms oder des Raums annehmen, in dem es sich befand. Sie müssten auch erklären, warum diese Veränderung nicht schon vor unendlich langer Zeit stattgefunden hat.

Es ist jedoch schwer zu erkennen, wie eine materielle Veränderung die plötzliche Ausdehnung des Universums aus einem ewig existierenden Uratom verursacht haben könnte. Vorausgesetzt, die gesamte Materie und Energie des Universums waren bereits in einem solchen Atom vorhanden, und zwar seit unendlich langer Zeit, bevor die Expansion begann. Wenn dem so ist, was könnte dann aus materialistischer oder physikalischer Sicht zu einem Uratom hinzugefügt worden sein, wenn dieses „Atom" die gesamte Materie und Energie des Universums enthielt? Woher könnte dieses zusätzliche Etwas kommen, das die plötzliche Ausdehnung des Raums verursachte? Was könnte eine plötzliche Änderung des Zustands oder der Konfiguration der Materie und Energie des Uratoms bewirkt haben, da wiederum per Definition nichts anderes als das Uratom existierte, bevor das Universum zu expandieren begann?

Und selbst wenn eine andere materielle Entität zur Verfügung gestanden hätte, um eine solche Veränderung zu bewirken, warum hätte sie dies nicht schon vor unendlich langer Zeit getan? Ein unendlich existierendes Uratom hätte unendlich viele Gelegenheiten für eine solche Veränderung geboten, und jede dieser Gelegenheiten hätte vor unendlich langer Zeit eintreten können. Warum sollte dann eine plötzliche Veränderung erst vor einer endlichen Zeit eintreten, wenn es unendlich viele Gelegenheiten für eine solche Zustandsveränderung über eine unendliche Zeitspanne gegeben hat?

Wie die Physiker Anthony Aguirre und John Kehayias feststellten: „Es ist sehr schwierig, ein System – insbesondere ein Quantensystem – zu entwickeln, das ‚für immer' nichts tut und sich dann weiterentwickelt. Ein wirklich stationärer oder periodischer Quantenzustand, der ewig andauern würde, würde sich niemals entwickeln, während ein instabiler Zustand nicht für eine unbestimmte Zeit andauern würde."[25] Sich auf die Verursachung durch einen persönlichen Akteur zu berufen, löst auch diese Rätsel. Ein Willensakt kann eine plötzliche Zustandsveränderung erklären, ohne dass man das Hinzufügen neuer Materie oder Energie postulieren muss, wo keine vorhanden war, und ohne dass man sich auf eine nicht verursachte materielle Veränderung berufen muss. Die Annahme eines persönlichen Schöpfers kann auch erklären, warum eine abrupte Zustandsveränderung eingetreten ist, ohne die Frage unbeantwortet zu lassen, warum die Expansion nicht schon unendlich lange vorher stattgefunden hat.

Da der Theismus die Existenz einer vom Universum getrennten Entität voraussetzt, die in der Lage ist, den Beginn seiner Existenz (und seiner Ausdehnung) zu bewirken, und da der Naturalismus die Existenz einer solchen transzendenten kausalen Entität leugnet, haben Theisten in jedem Fall mehr Grund, Belege für einen Anfang zu erwarten, als Naturalisten, auch wenn der Theismus nicht *notwendigerweise* ein endliches Universum zur Folge hat. Somit ist die Wahrscheinlichkeit eines endlichen Universums unter der Annahme des Theismus größer als die Wahrscheinlichkeit eines endlichen Universums unter der Annahme des Naturalismus. Daraus folgt, dass die Belege für ein endliches Universum den Theismus stärker unterstützen als den grundlegenden Naturalismus und dass der Theismus besser erklären kann, warum es Belege für ein endliches Universum gibt, als der Naturalismus.

Theismus, Pantheismus und der Ursprung des Universums

Was aber ist mit dem Pantheismus, der Weltanschauung, die in vielen östlichen Religionen und in den Schriften westlicher Philosophen wie Spinoza enthalten ist?[26] Kann er den Ursprung des materiellen Universums vor einer endlichen Zeit erklären?

Viele unterschiedliche religiöse Traditionen, insbesondere Formen des Hinduismus, sind offen für verschiedene Facetten des Pantheismus, was die Charakterisierung der östlichen Philosophie oder der östlichen Religionen als eine einheitliche Weltanschauung unmöglich macht. Dennoch stellt der Pantheismus als Philosophie oder Weltanschauung ein kohärentes Denksystem dar, das eine allgemeine Charakterisierung erlaubt. Im Allgemeinen bekräftigt der Pantheismus die Existenz eines *unpersönlichen* Gottes (*Brahman*) als ultimative Realität und Grundlage für eine mystische Einheit, die die gesamte Realität und die gesamte physische Welt (*Prakriti*) durchdringt.[27] Der Pantheismus behandelt auch Gott und die Natur sowie Gott und das empfindungsfähige Selbst (*Atman*) letztlich als Teil derselben Einheit. Pantheisten setzen Gott (*Brahman*) mit der gesamten Natur (*Prakriti*) sowie mit dem Geist in jedem Menschen (*Atman*), jedem Lebewesen und sogar jedem unbelebten Objekt gleich. So sagen östliche Pantheisten: „*Atman* ist *Brahman*“, was bedeutet, „die Seele des Selbst“ oder „die Seele der Welt“ *ist* „die Seele des Einen“, wobei die vereinte, aber unpersönliche Einheit aller Dinge den Grund allen Seins darstellt – alles, was letztlich real ist.[28]

Obwohl eine pantheistische Weltanschauung die Existenz eines Gottes bejaht, kann sie den Ursprung des Universums aus demselben Grund nicht erklären wie der Naturalismus. Der Gott des Pantheismus existiert innerhalb des physischen Universums und ist mit diesem koextensiv. Daher kann ein Gott, wie ihn sich Pantheisten vorstellen, nicht handeln, um das physische Universum aus dem physischen Nichts ins Leben zu rufen, da ein solcher Gott nicht unabhängig vom physischen Universum existiert. Wenn das physikalische Universum zu einem endlichen Zeitpunkt in der Vergangenheit nicht existiert hätte, dann hätte auch ein pantheistischer Gott nicht existiert. Wenn der pantheistische Gott vor dem Beginn des Universums nicht existierte, konnte er das

Universum auch nicht ins Leben rufen. Somit erfüllt der Pantheismus nicht den Test der kausalen Angemessenheit.

Da der Gott des Pantheismus außerdem kein persönlicher Akteur ist, geschweige denn einer, der über einen freien Willen verfügt, trägt eine pantheistische Vorstellung von Gott nicht dazu bei, das Erklärungsdilemma zu lösen, welches eine abrupte Zustandsveränderung zu Beginn des Universums mit sich bringt.

Aus den beiden soeben genannten Gründen haben wir im Falle des Theismus mehr Grund, ein endliches Universum zu erwarten als im Falle des Pantheismus. Oder anders ausgedrückt, die Wahrscheinlichkeit eines endlichen Universums unter der Annahme des Theismus ist größer als die Wahrscheinlichkeit eines endlichen Universums unter der Annahme des Pantheismus. Daraus folgt, dass die Belege für ein endliches Universum die Hypothese des Theismus stärker stützen als die des Pantheismus.

Da der Deismus auf der anderen Seite jedoch ein transzendentes, persönliches und freies Subjekt postuliert, bietet der Deismus wie der Theismus eine kausal adäquate Erklärung für die Entstehung des Universums von einem bestimmten Zeitpunkt ausgehend. Anscheinend sind also Theismus und Deismus dem Pantheismus oder Naturalismus rational vorzuziehen (Abb. 12.6).

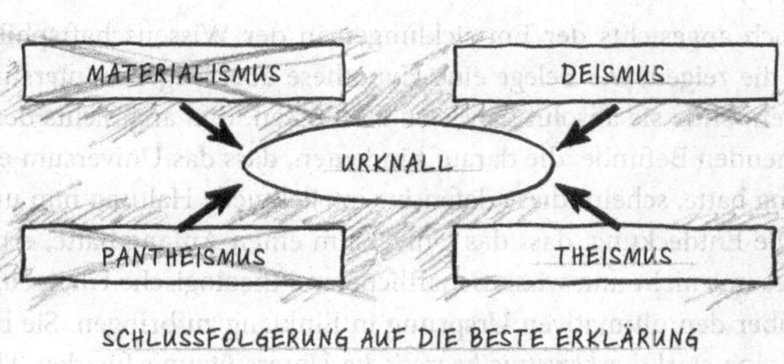

Abb. 12.6
In diesem Kapitel wird argumentiert, dass Theismus und Deismus bessere, kausal adäquatere Erklärungen für den Ursprung des Universums – und die Belege für einen Anfang des Universums – liefern als Materialismus oder Pantheismus.

Gott und die letzten Ursprünge

Seit die Expansion des Universums entdeckt und die Urknalltheorie formuliert wurde, haben Kosmologen, Astronomen und Physiker geahnt, dass ein ultimativer Anfang tief greifende theologische Implikationen hat. Die Titel einiger populärer Bücher namhafter Physiker – zum Beispiel *God and the Astronomers* („Gott und die Astronomen"), *Cosmos and Creator* („Kosmos und Schöpfer") und *The Science of God* („Die Wissenschaft von Gott") – spiegeln dies wider. In dem Maße, in dem alternative kosmologische Theorien (wie die *Steady-State*-Theorie oder die Theorie des oszillierenden Universums) nach und nach daran gescheitert sind, die relevanten astronomischen Beobachtungen zu erklären, haben sich Wissenschaftler und Philosophen zunehmend mit diesen Implikationen auseinandergesetzt. Doch viele Theologen, die durch die lange intellektuelle Dominanz des wissenschaftlichen Materialismus und die Geschichte gescheiterter Gottesbeweise in die Defensive gedrängt wurden, wollen nicht so recht in Betracht ziehen, dass wissenschaftliche Belege Implikationen haben könnten, die den theistischen Glauben unterstützen. Um einen unhaltbaren und übertriebenen Rationalismus zu vermeiden, haben viele den Fideismus angenommen – eine religiöse Erkenntnistheorie, die die Hinlänglichkeit des Glaubens ohne Vernunft oder Belege bekräftigt – oder den „Glauben im Glauben allein".

Doch angesichts der Entwicklungen in der Wissenschaftsphilosophie, die zeigen, wie Belege eine Hypothese überzeugend unterstützen können, ohne sie absolut beweisen zu müssen, und angesichts der zunehmenden Befunde, die darauf hindeuten, dass das Universum einen Anfang hatte, scheint diese defensive intellektuelle Haltung nun unnötig. Die Entdeckung, dass das Universum einen Anfang hatte, ermöglicht es uns nicht nur, wissenschaftliche und theologische Überzeugungen über den ultimativen Ursprung in Einklang zu bringen. Sie bietet auch eine starke *erkenntnistheoretische* Unterstützung für den Theismus. Die wissenschaftlichen Belege und theoretischen Entwicklungen, die auf einen Anfang des Universums hindeuten, haben dazu beigetragen, die Gotteshypothese wiederzubeleben.

Kapitel 13:

Die Gotteshypothese und der Aufbau des Universums

In den Vereinigten Staaten hat sich das gegenwärtig vorherrschende Verständnis von der Trennung von Kirche und Staat dahin gehend entwickelt, dass die Verfassung jede Diskussion über Gott im öffentlichen Raum verbietet. Einige zeitgenössische Verfechter einer strikten Trennung gehen noch weiter. Sie wehren sich vehement gegen jede öffentliche Diskussion von Ideen, die eine theistische Sichtweise zum Ausdruck bringen oder, noch strikter, die eine solche unterstützen könnten. Aus diesem Grund nimmt unsere akademische und mediale Kultur die möglichen theistischen Implikationen der Theorie des *Intelligent Design* zum Anlass, sie rundweg abzulehnen – und sogar ihre Befürworter zu zensieren und zu stigmatisieren.

Diese Realität wurde mir mit besonderer Ironie vor Augen geführt, als ich vor einigen Jahren an einem Interview und einer Diskussion am runden Tisch in einer Sendung des Nachrichtensenders MSNBC teilnahm. Der Moderator, Dan Abrams, befragte mich zu einem Fall vor einem Bundesgericht in Pennsylvania, bei dem es um einen unüberlegten Versuch vor Ort ging, Schülern an öffentlichen Schulen *Intelligent Design* nahezubringen. In der Diskussion auf dem Bildschirm versuchten sowohl der Moderator als auch eine andere Teilnehmerin des Interviews, Eugenie Scott vom National Center for Science Education (Nationales Zentrum für wissenschaftliche Bildung), die Theorie des intelligenten Designs zu diskreditieren, indem sie darauf bestanden, dass sie zwangsläufig die Existenz Gottes impliziere. Ihrer Ansicht nach würde die Theorie, wenn sie nachweislich den Glauben an Gott unterstützt, als Religion eingestuft werden, womit ihr jede wissenschaftliche Grundlage entzogen würde.

In meiner Diskussion mit Abrams versuchte ich, trotz mehrfacher Unterbrechungen, den Unterschied zu erklären zwischen (1) der wissenschaftlichen und beweiskräftigen Grundlage des *Intelligent Design* als einer Theorie, die eine begrenzte These zu einer schöpferischen Intelligenz in irgendeiner Form aufstellt, welche den Ursprung der biologischen Information am besten erklärt, und (2) den möglichen theistischen Implikationen der Theorie. Ich räumte meine persönliche Meinung ein, dass die für das Leben verantwortliche schöpferische Intelligenz Gott ist, dass aber die Belege aus der Biologie allein dies nicht endgültig belegen können und andere Wissenschaftler bereits andere mögliche Schöpfer als Kandidaten vorgeschlagen haben. Obwohl ich als Theist zögerte, mehr zu beanspruchen, weil ich meine Argumente nicht überbewerten wollte, bezeichneten meine Gegner dies als einen unaufrichtigen Versuch, Religion in die öffentlichen Schulen einzuschmuggeln, etwas, das insbesondere Dr. Scott mit aller Kraft versucht hatte zu verhindern.

In der anschließenden Diskussion schien Scott, wie auch Abrams, davon auszugehen, dass sie die Illegitimität von *Intelligent Design* bewiesen hätte, wenn sie nachweisen könnte, dass es theistische Implikationen hat. Nachdem sie mich der Unehrlichkeit bezichtigt hatte, argumentierte sie, die einzige Art von gestaltender Intelligenz, die die von mir vorgelegten Belege erklären könnte, sei eine mit gottähnlichen Eigenschaften. Sie drückte es so aus: „Zu sagen: ‚Nun, wir legen nicht fest, wer der Designer ist', ist eine Täuschung. Entweder ist der Designer Gott oder jemand mit den gleichen Fähigkeiten."[1]

Streng genommen hatte Scott nicht ganz unrecht, auch wenn es ihrer Formulierung an Nuancen mangelte. Tatsächlich glaube ich, dass die Erklärung der gesamten Bandbreite wissenschaftlicher Belege, die in diesem Buch vorgestellt werden – von der Astronomie und Kosmologie bis hin zur Physik und Biologie –, auf einen transzendenten Designer mit den Eigenschaften – den „Fähigkeiten" – hinweist, die Theisten Gott zuschreiben. Es hat mich gefreut zu sehen, wie Scott intuitiv verstanden hat, dass Belege für intelligentes Design logischerweise dazu führen können, Gott als Designer zu identifizieren, auch wenn ihr Verständnis von der Trennung von Kirche und Staat es ihr nicht erlauben würde, eine solche Möglichkeit in Betracht zu ziehen. Dennoch glaube ich nicht, die Belege aus der Biologie allein könnten belegen, dass die für das Leben verantwortliche Intelligenz notwendigerweise alle Eigenschaften hat, die Theisten Gott zuschreiben.

Wie ich in den Kapiteln 9 und 10 erläutert habe, sind die Informationen, die für die Entstehung des ersten lebenden Organismus und anderer grundlegend neuer Lebensformen erforderlich sind, lange nach dem Beginn des Universums entstanden. Wenn also *Intelligent Design* den Ursprung der biologischen Information am besten erklärt, dann könnte entweder eine transzendente oder eine vorher existierende immanente Intelligenz (eine innerhalb des Kosmos) diesen Befund für aktives Design erklären – zumindest im Prinzip. Der Nachweis eines Designs deutet also für sich genommen nicht *notwendigerweise* auf eine transzendente Intelligenz (oder Gott) hin.

Was aber, wenn wir die Gesamtheit der in diesem Buch diskutierten Belege betrachten? Es ist klar, dass das Handeln eines immanenten Designers im Kosmos (z. B. eines „Außerirdischen") den Ursprung des Kosmos selbst nicht erklären kann. Aber könnte eine gestaltende Intelligenz, wie sie von den Befürwortern der „Panspermie" postuliert wird (eine Idee, die ich in Kapitel 9 beschrieben habe), die Feinabstimmung der physikalischen Gesetze und Konstanten oder die ursprüngliche Anordnung von Materie und Energie zu Beginn des Universums erklären?

Wenn nicht, könnte eine rein naturalistische Erklärung für die Feinabstimmung ausreichen? Ist die Feinabstimmung, wie Richard Dawkins die Frage formuliert hat, genau das, womit wir rechnen würden, wenn „dahinter kein Plan, keine Absicht … nichts außer blinder, erbarmungsloser Gleichgültigkeit" stehen würde?[2] Haben wir in gleicher Weise Grund zu der Annahme, dass es „eine Kette von Erklärungen" für die Feinabstimmung der physikalischen Gesetze und Konstanten und der Anfangsbedingungen des Universums gibt, die „letztlich bis zu den fundamentalen Naturgesetzen reicht und dann aufhört"[3] – so wie Sean Carroll sagt, dass der Naturalismus dies erfordert?

Oder könnte wiederum eine Erklärung, die einen zielgerichteten Akteur und intelligenten Designer einbezieht, eine bessere Erklärung liefern? Wenn ja, welche Art von intelligentem Akteur würden die Belege nahelegen: eine immanente Intelligenz innerhalb des Kosmos, ein deistischer Gott jenseits des Kosmos oder eine transzendente und aktive

Intelligenz, wie sie sich der klassische Theismus vorstellt? Welche ist die beste Erklärung für die kosmische Feinabstimmung?

Feinabstimmung, intelligentes Design und die Bestätigung von Hypothesen

In Kapitel 8 habe ich argumentiert, dass verschiedene naturalistische Hypothesen keine kausal adäquaten Erklärungen für die Feinabstimmung des Universums auf das Leben liefern, dass aber die Feinabstimmung genau die Art von Befund ist, die wir erwarten könnten, wenn ein intelligentes Wesen das Universum gestaltet hätte (Abb. 13.1). Nach unserer Erfahrung bringen intelligente Akteure häufig fein abgestimmte Maschinen, Systeme oder Strategien hervor, um erkennbare funktionale Ergebnisse zu erzielen. Ein fein abgestimmter Digitalcomputer zum

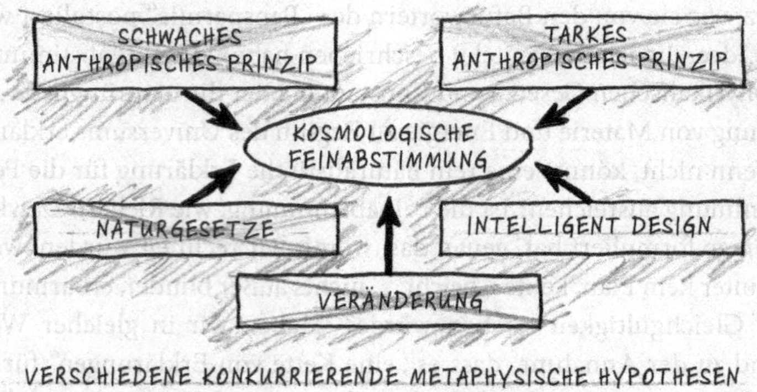

Abb. 13.1
Dieses Kapitel baut auf der Diskussion in den Kapiteln 7 und 8 auf, in denen ich argumentiert habe, dass *Intelligent Design* die Belege für die Feinabstimmung der physikalischen Gesetze und Konstanten und die Anfangsbedingungen des Universums am besten erklärt. In diesem Kapitel wird auch dargelegt, dass diese Belege für ein Design seit dem Beginn des Universums vorhanden sind, was darauf hindeutet, dass ein transzendentes und nicht ein immanentes intelligentes Wesen die beste Erklärung sein muss. Die „exotische" naturalistische Hypothese des „Multiversums" wird dabei noch nicht berücksichtigt.

Beispiel besteht aus einer Reihe unwahrscheinlich angeordneter (fein abgestimmter) Teile, die die erkennbare Funktion der Informationsverarbeitung erfüllen. Ein fein abgestimmtes Musikinstrument hat ebenfalls eine Reihe von unwahrscheinlich angeordneten Teilen, die eine erkennbare Funktion erfüllen, und diese Teile können auch genau eingestellt oder angepasst („gestimmt") worden sein, damit das Instrument mit der richtigen „Stimmung" gespielt werden kann. Und ein fein abgestimmtes Rezept enthält eine Reihe von präzisen Schritten, Zutaten, Zeit- und Maßangaben, um ein kulinarisches Meisterwerk zu erzeugen – eine weitere Art von funktionalem Ergebnis.

Wir erinnern uns, wie ich in Anlehnung an die Arbeiten des Mathematikers William Dembski gezeigt habe, dass physikalische Systeme oder Strukturen, die (1) eine extrem unwahrscheinliche Kombination von Faktoren, Bedingungen oder Anordnungen von Materie aufweisen und (2) ein signifikantes oder „erkennbares Muster" oder eine „Reihe von funktionalen Anforderungen" (was Dembski als „Spezifikation" bezeichnet) aufweisen, ausnahmslos durch intelligentes Design und nicht durch ungerichtete materielle Prozesse entstehen.

Um verschiedene Ziele zu erreichen, müssen intelligente Akteure in der Regel aus einer Reihe von Möglichkeiten wählen (oder diese einschränken), um ein ansonsten unwahrscheinliches Ergebnis zu erzielen. Der Akt der Auswahl zwischen Optionen ist das, was mit „Feinabstimmung" gemeint ist, und das ist genau das, was intelligente Akteure mit freiem Willen tun. (Die lateinischen Wurzeln *inter lego* des deutschen Wortes „Intelligenz" bedeuten „wählen zwischen".) Folglich, wenn ein intelligenter Akteur in der Vergangenheit gehandelt hat, um das Universum als lebenserhaltenden Ort zu gestalten, haben wir guten Grund zu der Erwartung, dass wir so etwas wie die kosmologische Feinabstimmung beobachten können.[4]

Es überrascht daher nicht, dass einige der Physiker, die als erste die Feinabstimmung des Universums entdeckten, *Intelligent Design* für „eine vernünftige Interpretation" (in Fred Hoyles Worten) der Feinabstimmungsbelege hielten. Diese Wissenschaftler könnten daher diese Interpretation als Folge ihrer Erwartung geäußert haben, wie intelligente Akteure zielgerichtete Aktivitäten ausüben – eine Erwartung, die sich aus ihrem erfahrungsbasierten Wissen darüber ergibt, wie intelligente

Akteure oft aus einer Reihe von Möglichkeiten wählen, um verschiedene Parameter im Dienste eines erkennbaren Ziels oder signifikanten Ergebnisses „fein abzustimmen". Wissenschaftler, die die Design-Hypothese befürworten, könnten diese Interpretation als abduktives Argument formulieren:

Hauptprämisse: Angesichts dessen, was wir über die Merkmale intelligent gestalteter Objekte wissen, könnten wir, wenn ein intelligenter Akteur das Universum gestaltet hat, durchaus erwarten, dass das Universum (a) erkennbare funktionale Ergebnisse (wie lebende Organismen) aufweist, die (b) von fein abgestimmten oder höchst unwahrscheinlichen Bedingungen, Parametern oder Konfigurationen der Materie abhängen.[5]

Nebenprämisse: Wir beobachten (b) höchst unwahrscheinliche Bedingungen, Parameter und Konfigurationen der Materie in der Feinabstimmung der Gesetze und Konstanten der Physik und der Anfangsbedingungen des Universums, und diese fein abgestimmten Parameter (a) machen Leben (ein erkennbares funktionales Ergebnis) möglich.

Schlussfolgerung: Wir haben Grund zu der Annahme, dass ein intelligenter Akteur das Universum entworfen hat.

Theismus, Panspermie und Feinabstimmung

Die Belege für die kosmologische Feinabstimmung sprechen jedoch nicht nur für eine allgemeine Hypothese von intelligentem Design. Sie sprechen auch für eine theistische oder deistische Entwurfshypothese – mit anderen Worten für eine Gotteshypothese. Hier folgt die Begründung.

Wie in den Kapiteln 7 und 8 beschrieben, gehen Physiker davon aus, dass die Feinabstimmung der physikalischen Gesetze und Konstanten sowie (natürlich) die *Anfangs*bedingungen des Universums bereits zu Beginn des Universums festgelegt sein mussten. Da sowohl der Theismus als auch der Deismus davon ausgehen, dass Gott außerhalb unserer Zeit existiert und das Universum zu Beginn der Zeit in diesem

Universum erschaffen und gestaltet hat, würden sowohl der Theismus als auch der Deismus erwarten, dass es Belege für eine Gestaltung von Anfang an gibt. Da die kosmologische Feinabstimmung einen solchen Beleg liefert, bietet sie eine abduktive Bestätigung für eine Gotteshypothese und nicht nur für einen allgemeinen intelligenten Designer. Das folgende Argument zeigt, warum:

Hauptprämisse: Wenn Gott gehandelt hat, um das Universum zu designen, würden wir Belege für eine Feinabstimmung vom Beginn des Universums an erwarten.

Nebenprämisse: Wir haben Belege für eine Feinabstimmung seit dem Beginn des Universums.

Schlussfolgerung: Wir haben Grund zu der Annahme, dass ein intelligentes Wesen, das über das Universum hinausgeht – auch bekannt als Gott –, das Universum so gestaltet hat, dass es für das Leben förderlich ist.

Auf diese Weise liefern die Belege für eine kosmologische Feinabstimmung abduktive Unterstützung für Theismus und Deismus als *mögliche* metaphysische Erklärungen für den Ursprung der kosmologischen Feinabstimmung. Aber was ist mit anderen möglichen Hypothesen? Was ist zum Beispiel mit der Möglichkeit einer immanenten Intelligenz?

Wie ich bereits erwähnt habe, haben einige Wissenschaftler wie Francis Crick,[6] Chandra Wickramasinghe, Fred Hoyle[7] und sogar Richard Dawkins[8] postuliert, dass eine Intelligenz anderswo, aber innerhalb des Kosmos, den Ursprung des ersten Lebens auf der Erde erklären könnte (Abb. 13.2). Crick schlug diese Idee 1981 vor, nachdem er freimütig eingeräumt hatte, dass die Chancen für eine spontane Entstehung von Leben auf der Erde äußerst gering sind.[9] Er schlug daher vor, dass das Leben zunächst durch einen ungerichteten Prozess der chemischen Evolution irgendwo anders im Universum entstand, sich dann weiterentwickelte und schließlich eine intelligente Form von außerirdischem Leben hervorbrachte. Diese immanente Intelligenz – ein außerirdischer Akteur statt eines transzendenten Gottes – entwarf eine einfachere Form des Lebens und „säte" sie auf der Erde. Daher der Begriff „Panspermie" (aus dem Griechischen *pan*, „alles", und *sperma*, „Samen").

Abb. 13.2
Einige prominente Biologen haben vorgeschlagen, dass das Leben von einer außerirdischen Intelligenz auf die Erde gesät wurde. Diese als „Panspermie" bekannte Hypothese könnte zwar theoretisch den Nachweis von Design in lebenden Systemen auf der Erde erklären, sie kann jedoch nicht den Ursprung oder die Feinabstimmung des Universums erklären, da diese beiden Ereignisse allen Lebensformen im Universum vorausgegangen wären, einschließlich der mutmaßlichen intelligenten Außerirdischen.

Wie ich bereits erwähnt habe, hat Richard Dawkins selbst diese Idee entwickelt, in einem populären Dokumentarfilm *Expelled: Intelligenz streng verboten!* mit dem Schauspieler, Anwalt und Wirtschaftswissenschaftler Ben Stein. Dawkins' Kommentare sind es wert, etwas ausführlicher betrachtet zu werden. Der Film dokumentiert die Unterdrückung der akademischen Freiheit von Wissenschaftlern, die die Theorie des *Intelligent Design* unterstützen und an etablierten Universitäten und Forschungsinstituten arbeiten. In einem Interview mit Stein räumte Dawkins ein, dass weder er noch sonst jemand weiß, wie sich das Leben auf der Erde entwickelt hat. Stein fragte dann: „Was halten Sie von der Möglichkeit, dass sich *Intelligent Design* als Antwort auf einige Fragen der Genetik oder der Evolution herausstellen könnte?" Zu Steins Überraschung begann Dawkins zu spekulieren, dass das Leben auf der Erde durch eine höhere außerirdische Intelligenz an einem anderen Ort im Universum entstanden sein könnte, die dann das Leben auf die Erde gebracht hat. Wie Dawkins erklärte:

> *Es könnte sein, dass sich zu einem früheren Zeitpunkt irgendwo im Universum eine Zivilisation – wahrscheinlich auf darwinistische Weise – zu einem sehr, sehr hohen technologischen Niveau entwickelt und eine Lebensform hervorgebracht hat, die sie vielleicht auf diesem Planeten ausgesät hat. Das ist eine Möglichkeit, eine faszinierende Möglichkeit, und ich nehme an, dass man Belege dafür finden könnte. Wenn man sich die Details der Biochemie und Molekularbiologie ansieht, könnte man eine Signatur von einer Art Designer finden.*[10]

Zufälligerweise wurde ich auch im Dokumentarfilm *Expelled* interviewt und besuchte die Premiere bei der Eröffnung des Films. Zu dieser Zeit war ich gerade dabei, mein Buch über den Ursprung des Lebens fertigzustellen, *Signature in the Cell* („Signatur in der Zelle"). Daher erregte es meine Aufmerksamkeit, dass Dawkins einräumte, die Molekularbiologie könnte eine „Signatur eines Designers" offenbaren. Natürlich präzisierte er sein Eingeständnis schnell dahin gehend, dass er erklärte, diese höhere Intelligenz müsse „anderswo im Universum" angesiedelt sein und „selbst durch einen erklärbaren oder letztgültig erklärbaren Prozess entstanden sein" – womit er einen völlig naturalistischen evolutionären Prozess meinte.

Was sollen wir von diesem Vorschlag halten? Ich habe bereits als mögliche Erklärung eingeräumt, dass die Information in lebenden Systemen durch eine immanente Intelligenz im Kosmos entstanden sein könnte. Dennoch habe ich diese Erklärung nie als befriedigend empfunden, nicht einmal als Erklärung für den Ursprung des ersten Lebens. Zum einen muss jede Theorie über den Ursprung des Lebens – ob sie nun vorgibt, das erste Leben auf der Erde oder anderswo im Kosmos zu erklären – den Ursprung der funktionalen oder spezifizierten Informationen erklären, die notwendig sind, um Materie zu einem sich selbst reproduzierenden System zu konfigurieren – etwas, das die meisten Biologen (einschließlich Dawkins) als unabdingbare Voraussetzung für einen wirklich lebenden Organismus betrachten. Diejenigen, die Panspermie vorschlagen, erklären jedoch nicht das Problem des letztendlichen Ursprungs dieser funktionalen biologischen Information.[11]

Die bloße Behauptung, dass das Leben irgendwo anders im Kosmos entstanden ist, erklärt nicht, wie die Informationen entstanden sein können, die für den Aufbau des ersten Lebens, geschweige denn des ersten intelligenten Lebens, notwendig waren. Damit wird das Erklärungsproblem lediglich weiter in die Vergangenheit und hinaus in den Weltraum geschoben. Die Annahme einer anderen Form von bereits existierendem Leben setzt nämlich genau das voraus, was alle Theorien über den Ursprung des Lebens erklären müssen und bisher noch nicht erklärt haben – den Ursprung funktioneller biologischer Information.

Darüber hinaus erklärt die Panspermie sicherlich nicht den Ursprung der kosmologischen Feinabstimmung. Da die Feinabstimmung der physikalischen Gesetze und Konstanten und die Anfangsbedingungen des Universums auf den Ursprung des Universums selbst zurückgehen, muss – wenn *Intelligent Design* die Feinabstimmung am besten erklärt – die für die Feinabstimmung verantwortliche Intelligenz die Fähigkeit gehabt haben, die Feinabstimmungsparameter und die Anfangsbedingungen vom Zeitpunkt der Schöpfung an festzulegen. Es ist jedoch klar, dass kein intelligentes Wesen *innerhalb* des Kosmos, das nach dem Beginn des Kosmos entstanden ist, für die Feinabstimmung der physikalischen Gesetze und Konstanten verantwortlich sein kann, die seine Existenz und Evolution ermöglichten. Ein solches intelligentes Wesen „innerhalb" des Universums könnte Materie und Energie im Einklang mit den Naturgesetzen umgestalten oder bewegen. Allerdings könnte kein solches Wesen, das diesen Gesetzen unterliegt, die Konstanten der Physik verändern, indem es einfach den materiellen *Zustand* des Universums verändert. Ebenso könnte kein intelligentes Wesen, das nach dem Beginn des Universums entstanden ist, die Anfangsbedingungen des Universums festgelegt haben, von denen seine spätere Entwicklung und Existenz abhängen würde. Daraus folgt, dass eine immanente Intelligenz (z. B. ein Außerirdischer) nicht als kausal adäquate Erklärung für den Ursprung der kosmischen Feinabstimmung infrage kommt.[12]

Selbst wenn wir also als logische Möglichkeit anerkennen, dass eine immanente Intelligenz den Ursprung irdischen Lebens erklären *könnte* (da eine solche Entität ihm möglicherweise vorausgehen könnte), erklärt die Panspermie-Hypothese weder den endgültigen Ursprung des Lebens im Universum noch die Feinabstimmung des Universums – ganz zu schweigen vom Ursprung des Universums selbst. Wenn stattdessen *Intelligent Design* die Feinabstimmung des Universums am besten erklärt, dann muss die Art von Intelligenz, die notwendig ist, um die Feinabstimmung des Universums zu erklären, in irgendeiner Weise vorher existieren oder unabhängig vom materiellen Universum existieren. Eine für die kosmologische Feinabstimmung verantwortliche gestalterische Intelligenz muss tatsächlich in der Lage gewesen sein, die Parameter und Anfangsbedingungen von Anfang an festzulegen.

Da sowohl der Theismus als auch der Deismus davon ausgehen, dass Gott eine vom materiellen Universum unabhängige Existenz hat –

entweder in einem zeitlosen, ewigen Reich oder in einem anderen, von der Zeit in unserem Universum unabhängigen Zeitbereich –, können beide (a) den Ursprung des Universums in der Zeit (d.h. zu einem Anfangspunkt) und (b) die Feinabstimmung des Universums vom Beginn der Zeit an erklären. Mit anderen Worten: Da sowohl der Theismus als auch der Deismus die vorherige (entweder ontologische oder zeitliche) Existenz eines transzendenten intelligenten Akteurs voraussetzen, würde der schöpferische und kausale Akt eines solchen Akteurs, der sich dafür entschieden hat, das Universum mit einer bestimmten Menge von lebenserhaltenden Parametern zu gestalten, den Ursprung der Feinabstimmung vom Beginn des Universums an erklären. Somit können Theismus oder Deismus eine kausal adäquate Erklärung für den Ursprung der Feinabstimmung liefern, während eine immanente Intelligenz innerhalb des Kosmos dies nicht kann. Mit anderen Worten: Sowohl der Gott des Theismus als auch der des Deismus hätten die „richtigen Fähigkeiten", um den Ursprung des Universums und seine Feinabstimmung zu erklären.

Die Gotteshypothese: eine bessere Erklärung als der Naturalismus

Dennoch gibt es oft mehr als eine mögliche oder angemessene Erklärung für dieselbe Befundlage. Warum also nicht der Naturalismus? Wir haben gesehen, dass bestimmte naturalistische Hypothesen wie das schwache und das starke anthropische Prinzip die Feinabstimmung nicht erklären können. Aber erwarten Naturalisten im Allgemeinen (oder andere naturalistische Ansätze) Belege für Feinabstimmung?

Sean Carroll definierte den Naturalismus nicht nur als Leugnung der Existenz von irgendetwas außerhalb der Natur, sondern auch als Behauptung, dass die „Kette von Erklärungen für Dinge, die im Universum geschehen … letztlich bis zu den fundamentalen Naturgesetzen reicht und dann aufhört".[13] Mit anderen Worten: Der Naturalismus ist der Überzeugung, dass die fundamentalen Gesetze der Physik letztlich alle Phänomene erklären können.

Zum Leidwesen der Vertreter des Naturalismus erklären die physikalischen Gesetze weder die Feinabstimmung der Proportionalitätskonstanten innerhalb der physikalischen Gesetze noch die Feinabstimmung der Anfangsbedingungen des Universums und können dies auch nicht. In der Tat können die fundamentalen Gesetze der Physik grundsätzlich nicht erklären, warum die Proportionalitätskonstanten die Werte haben, die sie haben. Wie ich in den Kapiteln 7 und 8 erläutert habe, (1) erlaubt die Struktur der Gesetze, dass sie andere Werte annehmen, und (2) stellen die spezifischen Werte der Konstanten Merkmale der Gesetze selbst dar, nicht Aspekte der Natur, die die Gesetze möglicherweise erklären könnten. In ähnlicher Weise erklären die physikalischen Gesetze nicht, warum das Universum genau die Anfangsbedingungen hatte, die es hatte. Die Gesetze *gelten* für diese materiellen Bedingungen, und die Gesetze müssen diese *voraussetzen*, um das Universum genau zu beschreiben oder um eindeutige Vorhersagen darüber zu machen, was nach dem Beginn des Universums geschehen wird. Aber die Gesetze *erklären* nicht ihren Ursprung.

Um zu sehen, warum, betrachten wir das folgende Beispiel eines physikalischen Gesetzes, das das Verhalten eines einfachen physikalischen Systems beschreibt. Abbildung 13.3 zeigt einen harmonischen Oszillator – einen Draht, der zwischen zwei Zapfen an gegenüberliegenden Enden eines Brettes befestigt ist. Viele Musikinstrumente wie Gitarren und Klaviere verwenden einen gespannten Draht, der zwischen zwei Zapfen (oder Wirbel) gespannt ist, um Töne mit unterschiedlichen Schwingungsfrequenzen zu erzeugen. Angenommen, ein Klavierstimmer kommt zu Ihnen nach Hause, um Ihr Klavier zu stimmen. Das im 17. Jahrhundert von dem Physiker Robert Hooke aufgestellte hookesche Gesetz und die daraus abgeleiteten Gleichungen beschreiben die harmonische Schwingung.[14] Sie besagen, dass der Draht, wenn er gezupft wird, in Form einer Sinuswelle mit einer bestimmten regelmäßigen Frequenz schwingt oder schwingen wird. Um die genaue Höhe der sich ergebenden Welle vom Tiefpunkt bis zum Scheitelpunkt (ihre Amplitude) zu kennen, müssen die Physiker wissen, wie stark der Klavierstimmer den Draht gezupft hat – mit anderen Worten den Ausgangszustand des Drahtes während des Zeitraums, den der Physiker zur Untersuchung seiner Bewegung gewählt hat. Das hookesche Gesetz und die daraus abgeleiteten Gleichungen sagen den Physikern jedoch nicht, wie stark der

Draht gezupft wurde. Um die Gleichung zu lösen, die die harmonische Schwingung beschreibt, muss diese Information durch Messung gewonnen werden.

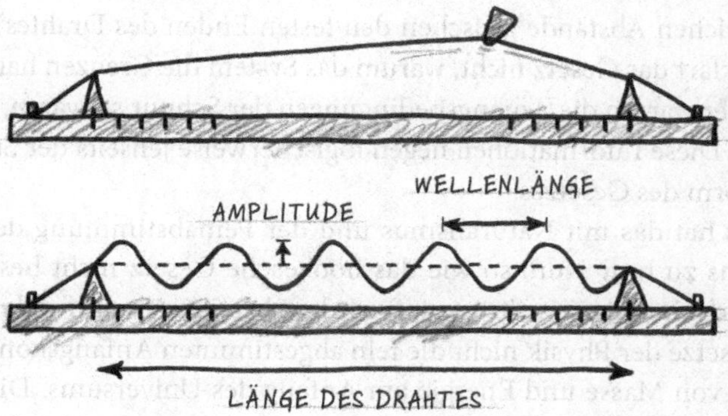

Abb. 13.3
Das obere Diagramm zeigt einen Draht zwischen zwei Zapfen, an dem gezupft wird. Das Zupfen führt dazu, dass der Draht oszillierende Sinuswellen bildet. Das untere Diagramm zeigt die resultierende Wellenform mit einer bestimmten Wellenlänge. Die Kraft des Zupfens bestimmt die Amplitude (Höhe) der Welle. Die Länge zwischen den Zapfen bestimmt die möglichen Wellenlängen.

Ebenso wenig gibt das Gesetz die zulässigen Schwingungsfrequenzen des Drahtes an, die sich ergeben, wenn der Klavierstimmer ihn zupft. Diese Werte hängen von dem ab, was Physiker Randbedingungen nennen. Randbedingungen definieren die Beschränkungen oder den Umfang des untersuchten physikalischen Systems. Diese Randbedingungen ermöglichen es, die Anzahl der Lösungen für die Gleichungen zu begrenzen, die das Verhalten des Systems beschreiben. In diesem Fall ermöglicht die Kenntnis des Abstands zwischen den beiden Zapfen, an denen der Draht befestigt ist, den Physikern, die zulässigen Frequenzen zu bestimmen (neben anderen Faktoren).

Nun also der springende Punkt. Weder die Anfangsbedingungen (wie stark der Draht gezupft wird) noch die Randbedingungen (der Abstand zwischen den Zapfen) werden durch das hookesche Gesetz selbst bestimmt. Stattdessen erlaubt das hookesche Gesetz der harmonischen Schwingung eine Vielzahl unterschiedlicher Werte für die Anfangsbedingungen. Das Gesetz gilt auch für eine ähnlich große Ansammlung von Systemen mit unterschiedlichen Grenzen (in diesem Fall die unterschiedlichen Abstände zwischen den festen Enden des Drahtes). Folglich erklärt das Gesetz nicht, warum das System die Grenzen hat, die es hat, oder warum die Anfangsbedingungen der Schnur so waren, wie sie waren. Diese Informationen liegen logischerweise jenseits der Struktur und Form des Gesetzes.

Was hat das mit Naturalismus und der Feinabstimmung des Universums zu tun? Nun, so wie das hookesche Gesetz nicht bestimmt, wie stark eine Klaviersaite gezupft wird, so bestimmen die fundamentalen Gesetze der Physik nicht die fein abgestimmten Anfangskonfigurationen von Masse und Energie am Anfang des Universums. Dies sind zusätzliche, nicht durch die fundamentalen Gesetze der Physik festgelegte Faktoren, die der Physiker vom Zeitpunkt null an berücksichtigen muss. In ähnlicher Weise bestimmen oder erklären die Gesetze der Physik nicht die kontingenten und fein abgestimmten Werte der Proportionalitätskonstanten. Stattdessen müssen die Physiker diese kontingenten Werte durch Messungen bestimmen, unabhängig von ihrer Kenntnis der allgemeinen mathematischen Form der relevanten Gesetze.

Dennoch haben manche vorgeschlagen, dass Physiker schlussendlich ein neues, allgemeineres Gesetz entdecken werden, das manchmal als „Theorie von allem" oder „Weltformel" bezeichnet wird und das den Ursprung der Feinabstimmung des Universums erklären würde. Eine solche Theorie, so hoffen sie, wird zeigen, dass es „keine freien Parameter" gibt – das heißt, dass es keine Parameter oder Werte für die physikalischen Konstanten gibt, die durch ein zugrunde liegendes, allumfassendes allgemeines Gesetz unbestimmt bleiben. Dieser Vorschlag mag zwar plausibel klingen, aber er verrät eine erhebliche Verwirrung über die logische Struktur wissenschaftlicher Gesetze und darüber, wie Wissenschaftler sie anwenden. Wenn Wissenschaftler das Verhalten von physikalischen Systemen beschreiben, müssen sie nicht nur die relevanten Naturgesetze kennen. Sie müssen auch bestimmte Fakten über die Objekte kennen, auf die die Gesetze Anwendung finden – mit anderen

Worten: die Bedingungen oder Zustände, in denen sich die untersuchten Objekte befinden.

Zu diesen Fakten gehören zum Beispiel die Spannung einer Schnur, der Winkel einer schiefen Ebene oder die Kraft, die ein Queue auf eine Billardkugel ausübt. Solche spezifischen Fakten ermöglichen es den Physikern, die Natur akkurat zu beschreiben, indem sie verschiedene physikalische Gesetze anwenden (hookesches Gesetz, Gesetze der Mechanik, Impulsaustausch usw.). Aber ohne diese externen Informationen – die Physiker nennen sie Anfangs- und Randbedingungen – können die Gesetze selbst keine genauen Beschreibungen eines materiellen Systems liefern. Wie Michael Polanyi (Abb. 13.4) feststellte: „Die Physik ist stumm ohne die Gabe von Randbedingungen, die ihren Rahmen bilden";[15] „eine Randbedingung ist immer ohne Beziehung zu dem Prozess, den sie abgrenzt. Bei Galileis Experimenten mit Kugeln, die einen Abhang hinunterrollen, wurde der Winkel des Abhangs nicht aus den Gesetzen der Mechanik abgeleitet, sondern von Galilei gewählt."[16] In der Tat benötigen alle bekannten physikalischen Gesetze solche externen Informationen über die Eigenschaften der Systeme (d. h. ihre Anfangs- und Randbedingungen) oder über die Objekte, für die sie gelten.

Abb. 13.4
Der ungarische Physikochemiker und Wissenschaftsphilosoph Michael Polanyi.

Alle physikalischen Gesetze benötigen auch solche extrinsischen Informationen über die Eigenschaften ihrer eigenen Konstanten. Erinnern wir uns aus Kapitel 7, dass die Eigenschaften der physikalischen Konstanten Informationen über (wie ich es dort ausdrückte) das „Nettoergebnis aller anderen Faktoren (die nicht speziell in den relevanten Gleichungen dargestellt sind) darstellen, die die Größe der fraglichen Kräfte beeinflussen". Folglich liefern diese Konstanten auch Informationen über das Universum selbst oder den Teil davon, der durch ein physikalisches Gesetz beschrieben wird. Es gibt daher keinen Grund zu der Annahme, dass ein Erklärungsprinzip mit den Eigenschaften eines physikalischen Gesetzes – d. h. ein Prinzip, das eine allgemeine Beziehung zwischen physikalischen Variablen angibt – die Feinabstimmung des Universums erklären könnte, ohne auch spezifische Informationen über kontingente Eigenschaften des Universums zu enthalten.

Und selbst wenn ein zukünftiges „Supergesetz" entdeckt würde, das alle Werte der gegenwärtigen physikalischen Konstanten generiert, würde ein solches Gesetz die Notwendigkeit von Anfangs- und Randbedingungen sowie anderer Konstanten mit spezifischen Werten nicht beseitigen. Alle bekannten Gesetze benötigen solche „freien Parameter", um das Universum in all seiner Spezifität zu beschreiben. Damit ein neues, grundlegenderes Gesetz ein Universum überhaupt mit einer gewissen Spezifität beschreiben kann, müsste es auch seine eigenen Konstanten haben und unabhängige Informationen über die Anfangs- und Randbedingungen des Universums enthalten, um es genau zu beschreiben oder spezifische Vorhersagen darüber zu machen. Die Behauptung, es gäbe ein noch unentdecktes allgemeines Naturgesetz, das letztlich alle spezifischen Werte der Feinabstimmung erklärt, ohne dass es selbst fein abgestimmte Anfangs- und Randbedingungen und Konstanten haben muss, ignoriert also wiederum die „Natur" der Naturgesetze und was sie brauchen, um die Natur genau zu beschreiben. Daraus folgt, dass der Naturalismus mit seiner Verpflichtung, alles allein mithilfe der fundamentalen Naturgesetze zu erklären, die Feinabstimmung des Universums nicht erklären kann – zumindest nicht, ohne eine ausgezeichnete vorherige unerklärte Feinabstimmung anderer kontingenter Parameter vorauszusetzen.

Die Berufung auf ein noch *unentdecktes* Gesetz zur Erklärung der Feinabstimmung physikalischer Konstanten erscheint aus einem anderen, damit zusammenhängenden Grund unplausibel. Naturgesetze beschreiben per Definition Phänomene, die regelmäßigen oder sich wiederholenden Mustern entsprechen. Die spezifischen Werte der verschiedenen physikalischen Konstanten und Anfangsbedingungen bilden jedoch ein höchst unregelmäßiges und nicht wiederholbares Zusammenspiel. Es scheint daher unwahrscheinlich, dass weitere fundamentale Gesetze erklären könnten, warum alle fundamentalen Konstanten genau die Werte haben, die sie haben – warum zum Beispiel die elektrische Feldkonstante im coulombschen Gesetz den Wert $8{,}85 \times 10^{-12}$ Coulombs^2 pro Newtonmeter hat *und* die Elektronenmasse genau den Wert $9{,}11 \times 10^{-31}$

Kilogramm haben sollte *und* das Verhältnis von Elektronenladung zu Masse genau $1{,}76 \times 10^{11}$ Coulombs pro Kilogramm beträgt *und* die Feinstrukturkonstante den Wert 0,00729 haben sollte *und* die Vakuumerwartung des Higgs-Feldes den Wert von 246 GeV[17] hat. Diese Konstanten geben eine höchst unregelmäßige Reihe von Werten an, die entweder Verhältnisse zwischen völlig unterschiedlichen Arten von Größen oder völlig unterschiedliche Größen (z. B. Masse, Ladung und Energie) oder Größen ohne jegliche Einheiten beschreiben. Als Gruppe weisen sie kein regelmäßiges Muster auf, das sich unter einem einzigen physikalischen Gesetz subsumieren ließe.

Überlegungen zur kausalen Angemessenheit untermauern die obigen Argumente. Erfahrungsgemäß haben wir oft beobachtet, dass intelligente Akteure fein abgestimmte Systeme hervorbringen, sei es in einem digitalen Computer, einem Verbrennungsmotor, einem Blumenarrangement, das eine Botschaft übermittelt, oder einem Rezept für ein exquisites französisches Gericht. Schon der Gedanke der Feinabstimmung impliziert, dass einige Bedingungen oder Parameter präzise und unwahrscheinlich festgelegt wurden, um einen Zweck zu erreichen – einen Zweck, der aufgrund unserer gleichartigen und wiederholten Erfahrungen auf das Handeln eines *zielgerichteten* oder intelligenten Akteurs hindeutet.

Andererseits fehlt uns die Erfahrung mit ungerichteten materiellen Prozessen, die offensichtlich fein abgestimmte Systeme hervorbringen – Systeme, die sowohl eine extreme Unwahrscheinlichkeit als auch eine funktionale Spezifität aufweisen. Computer, Motoren, sinnvolle Buchstabenfolgen und Kochrezepte entstehen durch zielgerichtete „Feinabstimmer", nicht durch ungerichtete Prozesse. Aus diesem Grund haben die Naturwissenschaftler in der Regel versucht, die Feinabstimmung nicht durch ein bekanntes Gesetz oder einen bekannten Prozess zu erklären, sondern durch alternative Erklärungen, die versuchen, die mit der Entdeckung der Feinabstimmung verbundene *Überraschung* zu mindern. Sowohl das schwache anthropische Prinzip als auch das starke anthropische Prinzip sind gute Beispiele für diese Strategie. Wie wir jedoch in Kapitel 8 gesehen haben, haben beide Erklärungen den Test der kausalen Angemessenheit nicht bestanden, und zwar aus zwingenden Gründen der grundlegenden Logik.

In einem Versuch, die extreme Unwahrscheinlichkeit der Feinabstimmung zu erklären, haben einige zeitgenössische Physiker die Existenz anderer Universen postuliert – das „Multiversum".[18] Diese Hypothese ist ein Beispiel für das, was ich als „exotischen Naturalismus" bezeichne, womit ich naturalistische Hypothesen meine, die andere unbekannte Bereiche der Natur jenseits des beobachtbaren Universums annehmen, um ansonsten unerklärliche Phänomene dieses Universums naturalistisch zu erklären, wie seinen Anfang und die Feinabstimmung.

Ich werde die Multiversum-Hypothese in Kapitel 16 im nächsten Abschnitt dieses Buches auswerten. Für den Moment genügt es zu sagen, dass der *grundlegende* Naturalismus oder Materialismus eindeutig versagt, die Feinabstimmung zu erklären, weil keiner der populären Vorschläge dafür – weder der bloße Zufall noch die Gesetze der Physik noch die schwachen und starken anthropischen Prinzipien – dem Test der kausalen Angemessenheit standhält. Da unsere Erfahrung bestätigt, dass fein abgestimmte Systeme aus intelligenter Aktivität entstehen, und da der Naturalismus die Existenz eines intelligenten Akteurs vor dem Beginn des Universums leugnet, kann der grundlegende Naturalismus nicht auf eine Entität zurückgreifen, die über die kausalen Kräfte verfügt, um die fragliche Wirkung hervorzubringen. Im Gegensatz dazu bejahen Theismus und Deismus die Existenz eines transzendenten intelligenten Akteurs, der dem Beginn des Universums (entweder ontologisch oder zeitlich) vorgeordnet ist. Theismus und Deismus gehen also von einem Akteur aus, der über die kausalen Kräfte – die „richtigen Fähigkeiten" – verfügt, um die Feinabstimmung des Universums von Anfang an zu bewirken, während der Naturalismus dies nicht tut.

Ein beantworteter Einwand

Sean Carroll definiert Naturalismus als die Vorstellung, dass „die Dinge, die im Universum geschehen", letztlich durch „die grundlegenden Naturgesetze" erklärbar sind. Folglich könnten wissenschaftliche Naturalisten einwenden, dass die Gesetze eben die fein abgestimmten Werte für die physikalischen Konstanten *miteinschließen*, sodass angesichts der Naturgesetze (und des Naturalismus) ein Universum zu erwarten ist, das Leben ermöglicht. Mit anderen Worten: Naturalisten könnten die Werte der Konstanten einfach als gegeben betrachten. Doch selbst wenn man die Gesetze so definiert, dass sie die Konstanten einschließen, enthalten die Gesetze *sicherlich* keine Informationen über die *Anfangsbedingungen* des Universums. Doch auch diese Bedingungen weisen eine enorme Feinabstimmung auf, die sich mit den Gesetzen nicht erklären lässt. Darüber hinaus erklärt die Definition der Konstanten als Teil der physikalischen Gesetze immer noch nicht, warum die physikalischen Konstanten selbst die genauen Werte haben, die sie haben. Und da nichts in der grundlegenden physikalischen Theorie erklärt, warum die Konstanten diese genauen Werte haben, bedürfen die Werte immer noch einer Erklärung – eine Erklärung, die die Gesetze der Physik nicht liefern können, da diese Gesetze sich selbst (oder ihre eigenen kontingenten Eigenschaften) nicht erklären können.

Was der Naturalismus erwartet: eine bayessche Wende

Die bayessche Analyse, die die *Erwartungen* konkurrierender metaphysischer Hypothesen vergleicht, untermauert diese Schlussfolgerung. Erinnern wir uns noch einmal an Richard Dawkins' Behauptung, dass das Universum genau die Eigenschaften aufweist, die wir erwarten sollten, wenn es „keinen Plan, keine Absicht … nichts außer blinder, erbarmungsloser Gleichgültigkeit" gäbe.[19] Faktisch führt die Hypothese des Materialismus jedoch nicht auf natürliche Weise zu der Erwartung eines fein abgestimmten Universums, das Leben erhalten kann. Da die Feinabstimmung nach unserer Erfahrung auf intelligentes Handeln zurückzuführen ist und der Naturalismus die Existenz eines intelligenten Akteurs leugnet, der dem Universum vorgeordnet ist, sollten philosophische Naturalisten nicht erwarten, ein Universum vorzufinden, in dem das Leben von einer ausgezeichneten Feinabstimmung abhängt. Stattdessen sollten sie ein Universum erwarten, in dem alle Phänomene mithilfe der fundamentalen Gesetze der Physik erklärt werden können. Aber wie wir gesehen haben, erklären diese Gesetze selbst weder die Feinabstimmung der Anfangsbedingungen des Universums noch die kontingenten Merkmale der physikalischen Gesetze (die

Feinabstimmung ihrer Konstanten), die notwendig sind, um ein Universum aufrechtzuerhalten, in dem Leben möglich ist.

Angesichts der Entdeckung der enormen Feinabstimmung, die für Leben notwendig ist, sollte eine naturalistische Weltanschauung uns eigentlich ein steriles Universum erwarten lassen, das nirgendwo Leben beherbergen kann, und zwar aus folgendem Grund: Die fundamentalen Gesetze der Physik sind mit einer *Vielzahl anderer möglicher Universen* vereinbar: Universen, die sich aus anderen Anfangsbedingungen entwickelt haben, Universen mit anderen physikalischen Konstanten in ihren Gesetzen oder beides. Da die Naturgesetze die Werte der physikalischen Konstanten oder die Anfangsbedingungen des Universums nicht bestimmen, machen sie keines dieser möglichen Universen – einschließlich unseres eigenen – wahrscheinlicher oder unwahrscheinlicher als ein anderes. Dennoch ist in der überwältigenden Mehrheit dieser möglichen Universen die Existenz von Leben ausgeschlossen.[20]

Abb. 13.5
Der australische Physiker Luke Barnes, Mitautor des Buches *The Fortunate Universe* (etwa: „Das Universum, das Glück hatte").

Der Physiker Luke Barnes (Abb. 13.5) hat argumentiert, dass die Unwahrscheinlichkeit der Feinabstimmung somit ein objektives *quantitatives* Maß für unsere Erwartung – die bayessche *Wahrscheinlichkeit* – darstellt, ein lebensfreundliches Universum zu beobachten, wenn wir den Naturalismus annehmen. Das liegt daran, dass der Bereich möglicher Werte und Anfangsbedingungen, die mit den grundlegenden Gesetzen der Physik vereinbar sind, weitaus mehr sterile Universen zulässt als lebenserhaltende Universen, und zwar in quantitativer Hinsicht. Da der Naturalismus die Gesetze der Physik als ultimative Realitäten und Erklärungsprinzipien bejaht, ist die Wahrscheinlichkeit eines sterilen Universums unter den Bedingungen des Naturalismus erheblich und messbar größer als die eines lebensfreundlichen Universums. Wir haben also aus naturalistischer Perspektive einen messbar größeren Grund, ein steriles Universum zu erwarten.

Wenn wir nur die Feinabstimmung der anfänglichen Entropie betrachten, können wir in der Tat berechnen, dass wir angesichts der fundamentalen Gesetze der Physik – d. h. angesichts des Naturalismus – weitaus weniger lebensfreundliche Universen als sterile Universen erwarten sollten, und zwar um den Faktor 1 bis $10^{10^{98}}$. (Siehe En. 11 in Kapitel 8.) Barnes argumentiert, dass philosophische Naturalisten genauso ein Universum erwarten sollten, in dem die Konstanten der physikalischen Gesetze Leben *un*möglich machen würden – denn die überwältigende Mehrheit dieser Werte würde ebenfalls ein lebloses Universum hervorbringen. Auch hier widerspricht also unsere gegenwärtige Beobachtung eines lebensfreundlichen Universums mit seiner unwahrscheinlichen Feinabstimmung dem, was wir – *aller Wahrscheinlichkeit nach* – erwarten sollten, wenn die Hypothese des Naturalismus wahr wäre.

Darüber hinaus, wie ich argumentiert habe, bestätigt die Beobachtung der enormen Feinabstimmung genau das, was wir erwarten könnten, wenn eine zielgerichtete Intelligenz – faktisch ein theistischer oder deistischer Schöpfer – gehandelt hätte, um das Universum und das Leben zu gestalten. Wir haben sicherlich *mehr* Grund, ein auf Leben fein abgestimmtes Universum (oder ein lebensfreundliches Universum, das von der Feinabstimmung abhängt)[21] zu erwarten, wenn wir Theismus oder Deismus annehmen, als wenn wir vom Naturalismus ausgehen. Wir können diesen Gedanken mithilfe der bayesschen Symbolik (wobei T für Theismus, D für Deismus, N_b für grundlegenden Naturalismus und E_{ft} für Belege für Feinabstimmung steht) wie folgt ausdrücken: $P(E_{ft} \mid T) >> P(E_{ft} \mid N_b)$ und $P(E_{ft} \mid D) >> P(E_{ft} \mid N_b)$.

Da wir wiederum *a priori* keine entscheidenden Gründe haben, um entweder eine naturalistische oder deistische oder theistische Weltanschauung für wahrscheinlicher zu halten als die anderen, können wir auch behaupten, dass die Wahrscheinlichkeit einer Gotteshypothese angesichts der Feinabstimmungsbelege größer ist als die Wahrscheinlichkeit eines grundlegenden Naturalismus angesichts derselben Belege. Oder symbolisch ausgedrückt: $P(T \mid E_{ft}) >> P(N_b \mid E_{ft})$ und $P(D \mid E_{ft}) >> P(N_b \mid E_{ft})$.

Diese Schlussfolgerung unterstreicht Barnes mittels einer Veranschaulichung, die an eine erinnert, die ich in einem anderen Zusammenhang verwendet habe (siehe Kapitel 10). In einem Vortrag, den ich das Vergnügen hatte zu hören, bat Dr. Barnes seine Zuhörer, sich mehrere mögliche Szenarien vorzustellen, in denen es um einen Einbrecher und einen Banktresor geht. Stellen Sie sich zunächst vor, Sie sind ein Bankangestellter, der den Hinweis erhält, dass sich ein Einbrecher in Ihre Bank eingeschlichen hat und versucht, den Tresor durch reines Glück zu öffnen. Nennen wir dies die Hypothese des „zufälligen Tüftelns". Sie eilen zum Tresorraum, um nachzusehen, was passiert ist. Barnes weist darauf hin, dass wir bei der Hypothese des „zufälligen Tüftelns" *nicht* erwarten sollten, einen offenen Tresor vorzufinden. Das liegt daran, dass die überwältigende Mehrheit der möglichen Drehungen an den Einstellrädern des Schlosses den Tresor *nicht* öffnen wird, und bevor der Alarm ausgelöst wird, hat der Einbrecher nur eine äußerst begrenzte Zeit, um wahllos nach der richtigen Kombination zu suchen.

Aber was wäre, wenn Sie einen Tipp bekämen, dass ein Einbrecher in den Tresorraum der Bank eingebrochen ist, der die Kombination des Tresors kennt und weiß, wie er den Wachleuten und Kameras ausweichen kann? Wenn Sie dann zum Tresorraum eilen, müssen Sie damit rechnen, dass der Tresor weit offen steht, da der Einbrecher mit seinem Wissen schnell auf den Inhalt zugreifen und flüchten kann. Bei der „Insider-Wissen"-Hypothese hätten Sie sicherlich mehr Grund zu erwarten, einen offenen Tresor vorzufinden, als bei der Hypothese des „zufälligen Tüftelns".

Stellen Sie sich nun ein drittes Szenario mit zwei widersprüchlichen Hinweisen vor. Nehmen wir an, einer Ihrer Nachbarn hat Ihnen erzählt, dass ein Einbrecher auf dem Weg zur Bank sei, im Versuch, den Tresor auf gut Glück zu öffnen. Ein anderer Nachbar sagte Ihnen, nein, der Einbrecher sei auf dem Weg zur Bank und habe Insider-Wissen, d.h., ein durchdachter Banküberfall stehe bevor. Sie eilen zur Bank und stellen fest, dass der Safe tatsächlich aufgebrochen und der Inhalt gestohlen wurde.

Was würden Sie daraus schließen? Welcher der Tipps, die Sie von Ihren beiden Nachbarn erhalten haben, ist wahrscheinlicher? Die Beobachtung des geöffneten Tresors spricht eindeutig für die Hypothese des „Insider-Wissens". In gleicher Weise argumentiert Barnes, dass die

Beobachtung eines lebenserhaltenden Universums, das von einer extremen Feinabstimmung abhängt, den Theismus stärker stützt als den Naturalismus, da wir angesichts des Theismus einen größeren Grund haben, ein lebenserhaltendes Universum zu erwarten, als beim Naturalismus. Oder, um die Betonung des Arguments etwas anders zu setzen:[22] Da wir, wenn wir statt Naturalismus den Theismus annehmen, einen größeren Grund haben, ein äußerst fein abgestimmtes Universum zu erwarten, das Leben beherbergen kann, bietet die Beobachtung eines fein abgestimmten Universums, das Leben ermöglicht, eine größere Unterstützung für den Theismus. Wir können diese Schlussfolgerung wiederum mithilfe der bayesschen Symbolik formulieren: $P(T \mid E_{ft}) >> P(N_b \mid E_{ft})$. Mit anderen Worten: Der Theismus (oder Deismus) bietet eine bessere Erklärung für die kosmische Feinabstimmung als der grundlegende Naturalismus.

Theismus, Pantheismus und Feinabstimmung

Aber was ist mit dem Pantheismus? Bietet diese Weltanschauung eine kausal adäquate Erklärung für den Ursprung der kosmologischen Feinabstimmung?

Erinnern wir uns daran, dass der Gott des Pantheismus kein bewusstes Wesen oder eine Person ist, mit der man z. B. durch Gebete kommunizieren kann. Erinnern wir uns auch daran, dass Pantheisten die gesamte Natur und Gott als letztlich eins betrachten, obwohl die physische Welt scheinbare Unterschiede zwischen verschiedenen Objekten (empfindungsfähig und nicht empfindungsfähig) offenbart. Daher betrachten viele Pantheisten die beobachtbaren Unterschiede in der physischen Welt der Natur (*Prakriti*) als eine Illusion (*Maya*). Obwohl es theistische Versionen des Hinduismus gibt, die die Rationalität und das Bewusstsein Gottes bejahen und auch Unterscheidungen zwischen Gott, dem Selbst und der Welt annehmen, tun dies die pantheistischen Versionen des Hinduismus nicht. Für strenge Pantheisten ist die ultimative Realität eine unpersönliche Einheit.[23]

So gesehen bietet der Pantheismus keine Erklärung für den Ursprung der Feinabstimmung der physikalischen Gesetze und Konstanten oder für die Anfangsbedingungen des Universums. Wie ich bereits dargelegt habe, erfordert die Erklärung von Systemen, die eine Feinabstimmung aufweisen, auf der Grundlage unserer Erfahrung mit Ursache und Wirkung eine intelligente Ursache. Der Pantheismus mit seinem *unpersönlichen* Gott leugnet die Existenz einer solchen grundlegenden Intelligenz oder eines bewussten Verstands.[24]

Mehr noch, da die Feinabstimmung des Universums bereits zu Beginn des Universums festgelegt wurde, scheint ihre Erklärung auch eine *präexistente* Intelligenz zu erfordern. Doch im Pantheismus gibt es nichts, was der natürlichen Welt vorausgeht, da die natürliche Welt (*Prakriti*) und der Gott des Pantheismus (*Brahman*) eine koexistente Selbstexistenz besitzen. Natur und Gott sind nicht entstanden. Sie sind einfach da. Außerdem ist Gott in der Natur und die gesamte Natur ist Gott. Daher fehlt dem Pantheismus ebenso wie dem Naturalismus der Hinweis auf eine präexistente oder transzendente Entität, mehr noch auf eine intelligente oder bewusste Entität, die die Feinabstimmung *vom Beginn des Universums an* erklären könnte. Als solches fehlt ihm als Erklärung die kausale Angemessenheit.

Daher bietet eine theistische oder deistische Gotteshypothese eine kausal angemessenere Erklärung für den Ursprung der Feinabstimmung des Universums (und den Ursprung des Universums selbst) als Pantheismus oder Naturalismus.

Die richtigen Fähigkeiten

Die Überprüfung von Hypothesen mit der Methode des Schlusses auf die beste Erklärung beinhaltet die Beurteilung, ob eine postulierte Ursache die notwendigen Eigenschaften besitzt, um die fraglichen Effekte zu erklären. Wissenschaftler und Philosophen können dies beurteilen, indem sie die Wirkungen beobachten, die eine bestimmte Ursache hervorruft. Wenn Ursache-Wirkungs-Beziehungen nicht direkt beobachtet werden können, gelingt die Beurteilung, indem sie die wahrscheinlichen Wirkungen einer postulierten Ursache auf der Grundlage theoretischer Überlegungen (über die Eigenschaften der postulierten Ursache) analysieren oder indem sie Schätzungen machen auf Basis ihres Wissens darüber, welche Wirkung durch „relevant ähnliche" Ursachen hervorgerufen wird.

Die Entdeckung der Feinabstimmung des Universums, wie auch die Entdeckung seines Anfangs an sich, stellt eine Wirkung dar, die eine Ursache mit spezifischen Eigenschaften erfordert, einschließlich Transzendenz und Intelligenz. Sowohl der Theismus als auch der Deismus postulieren eine Entität mit diesen sowie anderen relevanten Eigenschaften wie Kreativität und Macht, nämlich Gott. Folglich besitzt Gott nach den Vorstellungen von Theisten und Deisten die „richtigen Fähigkeiten" oder „postulierten Eigenschaften" oder „kausalen Kräfte", um das Universum zu erschaffen und für das Leben fein abzustimmen (Abb. 13.6).

Darüber hinaus verstößt die Annahme einer solchen unbeobachteten Superintelligenz zur Erklärung der Feinabstimmung des Universums

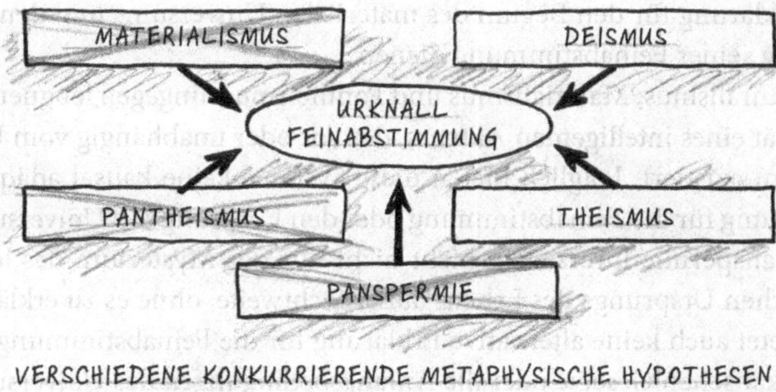

Abb. 13.6
In diesem Kapitel wurde untersucht, welche der konkurrierenden metaphysischen Hypothesen (Theismus, Deismus, Pantheismus, Materialismus oder Panspermie) die Feinabstimmung des Universums am besten erklären. Es wurde argumentiert, dass Theismus und Deismus kausal adäquate Erklärungen für diese Belege liefern, wohingegen Pantheismus, Materialismus oder Panspermie dies nicht tun. In ähnlicher Weise erklären weder Pantheismus noch Materialismus noch Panspermie die Belege für den Beginn des Universums so gut wie Theismus oder Deismus. In Anbetracht dieser beiden Kategorien von Belegen (d. h. Urknall und Feinabstimmung) bleiben also Theismus und Deismus als die möglicherweise besten Erklärungen übrig.

nicht gegen die Grundsätze einer stichhaltigen Argumentation. Stattdessen stellt sie eine natürliche Schätzung auf Basis unseres Wissens über die Art von fein abgestimmten, informationsreichen Systemen dar, die von relevant ähnlichen menschlichen Intelligenzen hervorgebracht werden. Ebenso ist die Annahme einer spezifisch *transzendenten* Intelligenz zur Erklärung der Feinabstimmung durch die Art und den Zeitpunkt des Auftretens der Wirkung selbst gerechtfertigt – und durch die Eigenschaften der angenommenen Ursache, nämlich Gott.

Wirkungen resultieren aus Ursachen, die sich von ihnen selbst unterscheiden.[25] Da zu den fraglichen Wirkungen der Anfang des Universums als Ganzes und die Feinabstimmung des gesamten Universums von Anfang an gehören, erfordert diese Eigenschaft von Wirkungen eine Ursache jenseits des Universums – eine transzendente Ursache. Da Gott, wie er sowohl von Theisten als auch von Deisten verstanden wird, diese Eigenschaft (sowie Intelligenz) besitzt, könnte Gott plausibel als Erklärung für den Beginn des materiellen Universums und den Ursprung seiner Feinabstimmung dienen.

Naturalismus, Materialismus und Pantheismus hingegen leugnen die Realität eines intelligenten Akteurs, der vor oder unabhängig vom Universum existiert. Folglich bieten diese Systeme keine kausal adäquate Erklärung für die Feinabstimmung oder den Ursprung des Universums. Die Panspermie ihrerseits schiebt nicht nur das Mysterium des letztendlichen Ursprungs des Lebens außer Sichtweite, ohne es zu erklären, sie bietet auch keine alternative Erklärung für die Feinabstimmung der physikalischen Gesetze oder die Anfangsbedingungen des Universums. Aus all diesen Gründen untermauern die Belege für die kosmische Feinabstimmung die Schlussfolgerung des letzten Kapitels, indem sie zeigen, dass Theismus und Deismus wiederum bessere Erklärungen liefern als ihre Konkurrenten.

Das wirft jedoch eine weitere Frage auf: Gibt es irgendwelche Belege, die die Erklärungskraft des Theismus von der des Deismus unterscheiden könnten? Dieser Frage wird das nächste Kapitel nachgehen.

Kapitel 14:

Die Gotteshypothese und die Gestaltung des Lebens

In der Debatte über die biologischen Ursprünge haben sich die Befürworter einer Position, die als „theistische Evolution" bekannt ist, oft ebenso vehement gegen die These vom intelligenten Design ausgesprochen wie die Atheisten. Die soziologischen Gründe für eine solche Ablehnung unter Menschen, die ansonsten an einen göttlichen Schöpfer glauben, sind komplex. Der wissenschaftliche Standpunkt der theistischen Evolutionisten ist jedoch recht einfach zu verstehen, da er weitgehend dem der etablierten Evolutionstheoretiker entspricht.

Die meisten theistischen Evolutionisten halten verschiedene evolutionäre Mechanismen für angemessen, um die Entstehung neuer Lebensformen zu erklären. Wie viele Evolutionsbiologen leugnen auch die theistischen Evolutionisten jeden Beleg für intelligentes Design in lebendigen Systemen. Im Gegensatz zu typischen Evolutionsbiologen setzen jedoch viele von ihnen die angebliche schöpferische Kraft von Mutation und natürlicher Auslese und anderen evolutionären Mechanismen mit der schöpferischen Kraft Gottes gleich. Sie bejahen also, dass Gott, wenn auch auf völlig unauffällige Weise, den Evolutionsprozess genutzt, aber nicht aktiv oder erkennbar gesteuert hat, um neue Lebensformen hervorzubringen. In der Regel akzeptieren sie auch, dass Gott das Universum am Anfang erschaffen und fein abgestimmt hat. Sie sind jedoch der Ansicht, dass Gott danach völlig naturalistische Prozesse nutzte, um Leben zu erzeugen, ohne in diese Prozesse einzugreifen oder sie direkt zu steuern.

Ich habe die wissenschaftliche Grundlage dieser speziellen Variante der theistischen Evolution bereits kritisiert. Das habe ich in den Kapiteln 9 und 10 und ausführlicher in meinen früheren Büchern getan, indem ich gezeigt habe, dass weder Mutation und natürliche Auslese noch andere evolutionäre Mechanismen die schöpferische Kraft besitzen, um die spezifizierte oder funktionelle Information *zu erzeugen*, die für die Entstehung des ersten Lebens oder späterer großer morphologischer Innovationen in der Geschichte des Lebens erforderlich ist. Im Gegensatz dazu hat unsere gleichförmige und wiederholte Erfahrung gezeigt, dass intelligente Akteure solche Informationen erzeugen können und dies auch tun, einschließlich Informationen in digitaler Form. Daher habe ich argumentiert, dass *Intelligent Design* eine bessere, kausal adäquatere Erklärung für den Ursprung der für die Entstehung und Entwicklung des Lebens notwendigen Informationen bietet als biologische oder chemische Evolutionsprozesse.

Einige theistische Evolutionisten räumen ein, dass den bekannten Evolutionsmechanismen die schöpferische Kraft fehlt, um große Mengen an neuen biologischen Formen und Informationen hervorzubringen. Ihr Vorschlag: Die Informationen, die notwendig sind, um zumindest die erste lebende Zelle zu bilden, könnten in den fein abgestimmten Anfangsbedingungen des Universums und in den Gesetzen und Konstanten der Physik seit dem Beginn des Universums selbst vorhanden gewesen sein. Sie bejahen also eine andere Version der theistischen Evolution, die man als „vorverlagerte" Version der Design-Hypothese bezeichnen könnte.

Einige Religionskritiker haben die theistische Evolution, insbesondere die letztgenannte Version, als gleichbedeutend mit einer deistischen Sichtweise bezeichnet, bei der Gott am Anfang das Universum erschafft, sich aber dann komplett raushält. Streng genommen handelt es sich bei der theistischen Evolution jedoch nicht um Deismus. Der Deismus leugnet *jegliches* göttliche Handeln in der natürlichen Welt nach dem ersten Moment der Schöpfung. Die meisten theistischen Evolutionisten sind jedoch der Meinung, dass Gott das geordnete Zusammenspiel der Natur – die Naturgesetze – aktiv und zu jedem Zeitpunkt aufrechterhält.

Seit dem späten achtzehnten Jahrhundert hat die Popularität des Deismus unter Philosophen und Wissenschaftlern nachgelassen. Nur wenige führende Persönlichkeiten, die heute über den Ursprung des Lebens und des Universums diskutieren, vertreten eine deistische Weltanschauung.

Nichtsdestotrotz haben einige Versionen der theistischen Evolution – die Versionen, die einen von vornherein angelegten Entwurf bejahen – einen zentralen Grundsatz mit dem Deismus gemeinsam, auch wenn sie nicht als vollständig deistisch eingestuft werden. Wie der Deismus vertreten auch diese Versionen der theistischen Evolution die Idee, dass Gott das Universum am Anfang so eingerichtet hat, dass die spätere Entstehung des Lebens unvermeidlich ist, ohne dass weitere *schöpferische* Akte (oder „Eingriffe") erforderlich sind. Eine Auseinandersetzung mit der „vorverlagerten" Version der Design-Hypothese (wie sie von einigen zeitgenössischen theistischen Evolutionisten vertreten wird) wird es uns daher ermöglichen, zu beurteilen, ob der Deismus eine angemessene Erklärung für den Ursprung des Lebens und der zu seiner Entstehung erforderlichen Informationen liefern könnte. Dies wiederum wird uns helfen, die am Ende des letzten Kapitels aufgeworfene Frage zu beantworten, ob der Theismus oder der Deismus insgesamt eine größere Erklärungskraft hat – d.h. die Frage, welche dieser beiden Weltanschauungen die Gesamtheit der von uns betrachteten Belege für die kosmologischen und biologischen Ursprünge besser erklärt (Abb. 14.1).

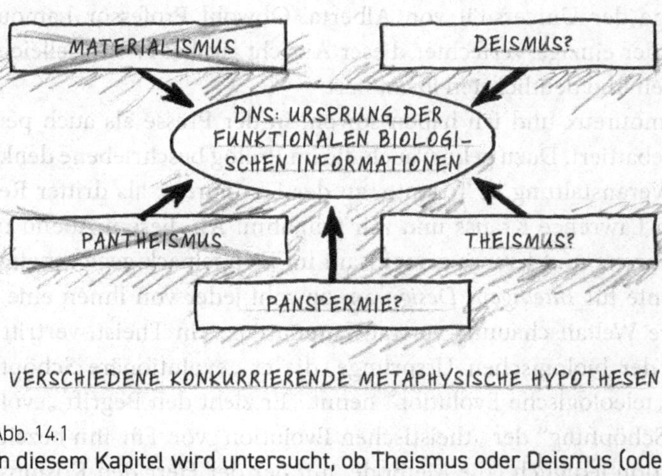

Abb. 14.1
In diesem Kapitel wird untersucht, ob Theismus oder Deismus (oder möglicherweise Panspermie) eine bessere, kausal adäquatere Erklärung für die explosionsartige Entwicklung funktioneller biologischer Informationen in der Geschichte des Lebens auf der Erde bietet.

Das Verständnis des Deismus und des vorverlagerten Designs

Wenn biologische Informationen lange nach dem Beginn des Universums entstanden sind, und zwar durch intelligentes Design, wie ich in den Kapiteln 9 und 10 dargelegt habe, dann würde das auf eine gestaltende Intelligenz hindeuten, die lange nach dem Beginn der Zeit agiert. Da der Deismus davon ausgeht, dass Gott nur am Anfang des Universums gehandelt hat, würde die diskontinuierliche Zunahme funktioneller biologischer Informationen im Laufe der Geschichte des Lebens den Deismus als kausal adäquate Erklärung für diese Informationen *prima facie* ausschließen. Aber wie bereits erwähnt, haben einige theistische Evolutionisten vorgeschlagen, *wie es auch Deisten tun müssten*, dass die Informationen, die zur Entstehung der ersten lebenden Zelle und anderer neuartiger Lebensformen notwendig waren, in der Feinabstimmung der Anfangsbedingungen des Universums vorhanden gewesen sein könnten.

Zum ersten Mal begegnete mir die Sichtweise des vorverlagerten Designs in der Arbeit eines theistischen Evolutionisten namens Denis Lamoureux, ein Professor für Wissenschaft und Religion am St. Joseph's College der Universität von Alberta. Obwohl Professor Lamoureux nicht der einzige Verfechter dieser Ansicht ist, hat er sie vielleicht am klarsten und deutlichsten formuliert.

Lamoureux und ich haben sowohl in der Presse als auch persönlich debattiert. Dazu gehört auch die im Prolog beschriebene denkwürdige Veranstaltung in Toronto, an der Lamoureux als dritter Redner neben Lawrence Krauss und mir teilnahm. An diesem Abend traten Lamoureux und Krauss gemeinsam im Doppelpack gegen meine Argumente für *Intelligent Design* an, obwohl jeder von ihnen eine ganz andere Weltanschauung vertrat. Lamoureux, ein Theist, vertritt eine Sicht der biologischen Ursprünge, die er „evolutionäre Schöpfung" oder „teleologische Evolution" nennt.[1] Er zieht den Begriff „evolutionäre Schöpfung" der „theistischen Evolution" vor. Für ihn bezeichnet Evolution lediglich „die Methode, mit der der Herr den Kosmos und die lebenden Organismen geschaffen hat"[2]. Er zieht auch den Begriff „teleologische Evolution" der „theistischen Evolution" vor, weil er im

Gegensatz zu den meisten anderen Neodarwinisten bekräftigen will, dass die Evolution „ein geplanter und zielgerichteter natürlicher Prozess" ist.

Aber was genau ist mit dieser Idee gemeint? Und bietet sie eine angemessene wissenschaftliche Erklärung für den Ursprung und die Entwicklung des Lebens?

Lamoureux zufolge besagt die evolutionäre Schöpfungstheorie, dass „der Schöpfer die Naturgesetze geschaffen hat und aufrechterhält, einschließlich der Mechanismen einer zielgerichteten teleologischen Evolution". Um zu verdeutlichen, was er meint, gibt Lamoureux mehrere Beispiele. So schlägt er beispielsweise vor, dass „Gott den Urknall organisiert hat, um die Karten neu zu mischen" zugunsten der Entstehung des Lebens.[3] Er betrachtet Gott auch als einen erfahrenen Billardspieler, der alle Kugeln auf dem Tisch mit einem Stoß versenken kann. Dabei vergleicht er die präzise Anordnung der Kugeln und den einzigen Stoß des Billardspielers mit Gottes ursprünglichem Akt der Kreativität, als er das Universum mit einer präzisen Anordnung der Materie ins Leben rief. So wie der Billardspieler den Tisch mit einem Stoß abräumen kann, kann Gott alles (das Universum und das Leben) mit einem ersten kreativen Akt erschaffen, indem er die Materie am Anfang genau richtig anordnet und sie sich dann deterministisch nach den Gesetzen entfalten lässt, die Gott auch damals aufgestellt hat. Gott braucht also keine zusätzlichen Stöße, keine weiteren Schöpfungsakte, um dem Leben zur Existenz zu verhelfen. Lamoureux vergleicht den Prozess der biologischen Evolution auch mit der embryologischen Entwicklung, bei der sich ein Organismus deterministisch aus einer befruchteten Eizelle im Einklang mit den Naturgesetzen und den informationsreichen Anfangsbedingungen der befruchteten Eizelle entwickelt.[4]

Lamoureux bejaht also eine Form des Designs, die gut in einen deistischen Rahmen passen könnte, auch wenn er selbst eine solche Weltanschauung ablehnt. Er nennt seine Position manchmal „evolutionäres *Intelligent Design*"[5] und vertritt die Ansicht, dass Gott die Anfangsbedingungen des Universums ohne die Notwendigkeit zusätzlicher intelligenter Eingriffe geschaffen hat. Er erklärt: „Design offenbart sich in den fein abgestimmten physikalischen Gesetzen und den Anfangsbedingungen, die für die Entwicklung des Kosmos durch den Urknall notwendig sind, und Design offenbart sich auch in den biologischen Prozessen, die für die Entwicklung des Lebens notwendig sind."[6]

Obwohl er den Begriff „Intelligent Design" gebraucht, wendet er sich gegen die zeitgenössische Theorie, die diesen Namen trägt. Sich auf ein spezifisches Design nach der ursprünglichen Schöpfung zu berufen, würde Lamoureux zufolge einen Verstoß gegen die Naturgesetze bedeuten, indem man sich auf die Aktivität eines „Lückenfüllergottes" beruft. (Siehe Kapitel 20 für meine Erörterung des Einwands gegen den „Lückenfüllergott".) Er meint dazu: „Die *Intelligent-Design*-Theorie … ist eine enge Sichtweise von Design und behauptet, dass Design mit wundersamen Eingriffen (d.h. Wundern eines Lückenfüllergottes, um Lebewesen und/oder fehlende Teile einzusetzen) bei der Entstehung von lebenden Organismen verbunden ist." Daher, so fährt er fort, „sollte die ID-Theorie als *interventionistische* Designtheorie bezeichnet werden".[7]

Lamoureux bevorzugt eine Ansicht, die wie der Deismus Gottes *schöpferische* Tätigkeit auf den Anfang des Universums beschränkt. Die Beurteilung seiner Sichtweise wird es uns daher auch ermöglichen, die Plausibilität einer streng deistischen Hypothese des vorgelagerten Designs als Erklärung für den Ursprung biologischer Information zu bewerten.

Ist es also möglich, dass die physikalischen und chemischen Gesetze und die ursprünglichen Konfigurationen von Masse und Energie alle Informationen enthielten, die für die Entstehung der ersten lebenden Zelle und anderer komplexerer Lebensformen notwendig waren? Haben sie das?

Wissenschaftliche Probleme mit einer Hypothese des vorgelagerten Designs

Die von Lamoureux und anderen vertretene Auffassung ist wissenschaftlich problematisch. Um zu sehen, warum, erinnere ich zunächst an meine Diskussion in Kapitel 9 über die informationstragenden Eigenschaften der DNA. Die DNA besteht aus Strängen von vier verschiedenen chemischen Stoffen, den sogenannten Nukleotiden, die in ihrer linearen Abfolge die für den Aufbau von Proteinen erforderlichen Informationen enthalten.[8] Neodarwinistische Biologen, Computer-Software-Ingenieure und führende Biotechnologen erkennen alle an, dass die Informationen in der DNA und der RNA einem digitalen Computercode ähneln.[9] Das wirft die Frage auf, wie diese Informationen – die für die Entstehung des ersten Lebens erforderlich sind – entstanden sind.

Denis Lamoureux geht nicht direkt auf das Problem des Ursprungs ersten Lebens ein. Er sagt nicht, welche spezifische naturalistische Theorie über den Ursprung des Lebens – wenn überhaupt – er favorisiert. Die Metaphern, die er verwendet (Gott hat am Anfang die Karten gemischt; Gott als kosmischer Billardspieler; teleologische Evolution als embryologische Entwicklung usw.), deuten jedoch darauf hin, dass er der Meinung ist, das Leben habe sich aufgrund deterministischer Gesetze aus einer Reihe hoch konfigurierter und daher informationsreicher kosmischer Anfangsbedingungen selbst organisiert oder zusammengesetzt. In der Tat betont er deterministische Gesetze und spezifische Anfangsbedingungen gegenüber dem Mechanismus der zufälligen Mutation und natürlichen Selektion, den ich in Kapitel 10 kritisiert habe. Dennoch sagt er nicht, ob er glaubt, dass (a) *alle* Informationen, die für die Entstehung der ersten und der nachfolgenden Lebensformen notwendig waren, in den Anfangsbedingungen des Universums vollständig vorhanden waren oder dass (b) die Naturgesetze während des anschließenden Prozesses der „Selbst-Zusammensetzung" neue Informationen hinzugefügt haben.[10] Betrachten wir die beiden Möglichkeiten, beide problematisch, und beginnen wir mit der zweiten.

Sind Gesetze kreativ?

Wie andere theistische Evolutionstheoretiker äußert sich Lamoureux manchmal so, als glaube er, dass die physikalischen Naturgesetze die für die Entstehung neuer Lebensformen notwendigen Informationen *erzeugen* könnten. Er bezeichnet die Evolution als „einen geplanten und zielgerichteten natürlichen Prozess" und behauptet, „dass sich der Mensch aus vormenschlichen Vorfahren entwickelt hat und dass sich im Laufe der Zeit das Ebenbild Gottes und die Sünde des Menschen allmählich und auf geheimnisvolle Weise manifestiert haben".[11] Da Lamoureux spezifische göttliche Schöpfungsakte als unzulässige Inanspruchnahmen eines „Lückenfüllergotts" ablehnt und behauptet, dass zumindest der Mensch im Laufe des Evolutionsprozesses neue Eigenschaften erwirbt, könnte es sein, dass er glaubt, die Naturgesetze *erzeugen* die neuen Informationen, die für die Entstehung neuartiger lebender Systeme erforderlich sind. Es könnte auch sein, dass er glaubt, der Mechanismus der zufälligen Mutation und der natürlichen Selektion erzeuge neue Informationen, aber wie in den Kapiteln 9 und 10 erwähnt, unterstreicht die extreme Seltenheit von funktionalen Genen und Proteinfalten im „Folgenraum" die Unwahrscheinlichkeit dieser Ansicht.

Was ist also mit den Naturgesetzen? Erzeugen sie Informationen?

Es gibt gute Gründe, dies zu bezweifeln. Um das zu verstehen, stellen wir uns vor, eine Gruppe kleiner funkgesteuerter Hubschrauber schwebt in enger Formation über dem Rose Bowl Stadium in Pasadena, Kalifornien. Von unten scheinen die Hubschrauber mit ihrer Formation eine Botschaft zu buchstabieren: „Los, USC." In der Halbzeitpause, wenn das Spielfeld frei ist, lässt jeder Hubschrauber entweder einen kastanienbraunen oder einen goldenen Farbball fallen, eine der beiden Farben der University of Southern California. Die Schwerkraft wirkt, und die Farbkugeln fallen zur Erde, wobei durch den Aufprall auf dem Rasen die Farbe auf das Spielfeld spritzt. Auf dem Feld erscheint nun eine etwas unordentlichere, aber immer noch lesbare Botschaft. Dort steht nun ebenfalls „Los, USC".

Hat das Gesetz der Schwerkraft oder die durch dieses Gesetz beschriebene Kraft diese Informationen hervorgebracht? Offensichtlich nicht. Die Information, die auf dem Spielfeld erschien, existierte bereits in der Anordnung der Hubschrauber über dem Stadion – in den „Anfangsbedingungen". Die Gravitationskräfte spielten keine Rolle dabei, dass sich die Informationen auf dem Spielfeld selbst organisierten. Die Schwerkraft übertrug lediglich bereits vorhandene Informationen von der Hubschrauberanordnung auf das Feld darunter.

Es gibt einen tieferen Grund dafür, dass Gesetze Informationen übertragen, aber nicht erzeugen können. Wissenschaftliche Gesetze beschreiben hochgradig regelmäßige Phänomene oder Strukturen, denen das zu eigen ist, was Informationstheoretiker als *redundante Ordnung* bezeichnen. Andererseits weisen die Anordnungen von Symbolen (oder chemischen Untereinheiten, die auf die gleiche Weise funktionieren) in informationsreichen Texten, einschließlich der DNA, ein hohes Maß an spezifizierter Komplexität auf, nicht an redundanter Ordnung.

Um den Unterschied zu verdeutlichen, vergleichen Sie die folgenden Sequenzen:

ababababababababababababababababababababababababab

Dies ist ein kleiner Schritt für einen Menschen, aber ein riesiger Sprung für die Menschheit.

Die erste Sequenz ist repetitiv und geordnet, aber nicht komplex oder informativ. Die zweite Sequenz ist nicht geordnet, im Sinne von sich wiederholend, aber sie ist komplex und auch informativ. Die zweite Sequenz ist komplex, weil ihre Zeichen nicht einem sich starr wiederholenden, gesetzesgebundenen Muster folgen, und daher ist sie nicht das, was die Informationstheoretiker „komprimierbar" nennen. Das bedeutet, dass sie nicht durch ein paar Anweisungen oder einfache Regeln wie „Wiederhole ab 25 Mal" erzeugt werden kann. Sie ist auch deshalb informativ, weil im Gegensatz zu einer bloß komplexen Sequenz wie „sretfdhu&*jsa&90te" die besondere Anordnung der Zeichen so festgelegt ist[12], dass sie eine Kommunikationsfunktion erfüllen. In jedem Fall weisen informative Sequenzen das Merkmal der Komplexität oder Aperiodizität auf und unterscheiden sich damit qualitativ von Systemen, die durch die Art von periodischer Ordnung gekennzeichnet sind, die Naturgesetze beschreiben oder erzeugen.

Die Behauptung, dass die von Naturgesetzen beschriebenen Prozesse funktional spezifizierte Informationssequenzen erzeugen können, offenbart eine Verwechslung der Kategorien. Gesetze sind die falsche Art von Entität, um die informationellen Merkmale des Lebens zu erzeugen. Die Naturgesetze zur Erzeugung von Information heranzuziehen, bedeutet, das Unwahrscheinliche und Spezifische dort zu suchen, wo es am wenigsten zu finden ist: im Bereich des Wiederkehrenden und Allgemeinen.

Und doch sagen einige Wissenschaftler, dass wir auf die Entdeckung neuer Naturgesetze warten müssen, um den Ursprung der biologischen Information zu erklären. Der deutsche Chemiker Manfred Eigen hat argumentiert, dass „unsere Aufgabe darin besteht, einen Algorithmus, ein Naturgesetz zu finden, das zum Ursprung der Information führt".[13] Doch diese Aussage verrät eindeutig einen Kategorienfehler. Physikalische Gesetze erzeugen oder beschreiben keine komplexen Sequenzen, ob funktional spezifiziert oder nicht; sie *beschreiben* hochgradig regelmäßige, sich wiederholende und periodische Muster von Ereignissen. Damit sollen die Gesetze der Physik und Chemie nicht schlechtgemacht werden. Es geht einfach darum, genau zu beschreiben, was sie tun.

Aber es gibt noch einen weiteren Grund, warum wir ein solches Gesetz nicht entdecken werden. Nach der klassischen Informationstheorie ist die Menge der in einer Sequenz enthaltenen Informationen umgekehrt proportional zur Wahrscheinlichkeit des Auftretens der Sequenz. Doch die Regelmäßigkeiten, die wir als Gesetze bezeichnen, beschreiben hochgradig deterministische oder vorhersagbare Beziehungen zwischen vorausgehenden Bedingungen und nachfolgenden Ereignissen. Gesetze beschreiben in der Tat Muster, bei denen die Wahrscheinlichkeit jedes nachfolgenden Ereignisses (in Anbetracht des vorherigen Ereignisses) gegen 1 geht (d.h. 100 Prozent, die höchstmögliche Wahrscheinlichkeit).

Doch der potenzielle Informationsgehalt steigt mit der Zunahme der *Un*wahrscheinlichkeiten. Eine normale Münze hat eine 50-prozentige Wahrscheinlichkeit, dass sie Kopf zeigt, wenn sie geworfen wird. Wenn sie Kopf zeigt, liefert sie ein Bit (eine binäre Ziffer) an Information. Wenn eine Münze zweimal geworfen wird, besteht eine 25-prozentige Chance, dass sie beide Male Kopf zeigt. In diesem Fall überträgt die Münze mehr Informationen, nämlich zwei Bits.

Was aber, wenn wir alle wissen, dass es sich um eine Trick-Münze handelt, die immer Kopf zeigt? In diesem Fall wird die Münze – weil wir wissen, dass sie aus physikalischer Notwendigkeit immer Kopf zeigen wird – keine Unsicherheit beseitigen, wenn sie Kopf zeigt, weil wir bereits wissen, was auf uns zukommt. Dann enthält jeder neue Wurf *keine* neuen Informationen.

Die Moral von der Geschichte? Informationen werden immer dann übermittelt, wenn ein Ereignis aus einer Ansammlung *von Möglichkeiten* (im Gegensatz zu einer einzigen Notwendigkeit) eintritt. Je größer die Anzahl der Möglichkeiten und je unwahrscheinlicher das Eintreten einer einzelnen Möglichkeit ist, desto mehr Informationen werden übertragen, wenn eine bestimmte Möglichkeit festgelegt, spezifiziert oder gewählt wird. Auf der anderen Seite stellt der Wissenschaftsphilosoph Fred Dretske fest: „Mit dem Auftreten … von Ereignissen, für die es keine möglichen Alternativen gibt, wird keine Information verknüpft oder dadurch erzeugt."[14]

Da Naturgesetze Situationen beschreiben, in denen bestimmte Ergebnisse notwendigerweise auf bestimmte Bedingungen folgen, erzeugen sie weder neue Informationen noch beschreiben sie deren Erzeugung. Mehr noch, in dem Maße, in dem eine Folge von Symbolen oder eine Reihe von Ereignissen aus einem vorhersehbaren, gesetzesgebundenen Prozess resultiert, wird der Informationsgehalt der Folge durch Redundanz begrenzt oder ausgelöscht. Daher können Naturgesetze den Ursprung von Information, ob spezifiziert oder nicht, im Prinzip nicht erzeugen oder erklären.

Was ist mit den Anfangsbedingungen?

Aber was ist mit der anderen Möglichkeit, die Denis Lamoureux vorschwebt? Könnten die *Anfangsbedingungen* des Universums die notwendigen Informationen enthalten haben, um die ersten lebenden Systeme hervorzubringen?

Im Kontext dieser Vermutung zieht Lamoureux eine Analogie zwischen dem Ursprung und der Evolution des Lebens einerseits und der embryologischen Entwicklung eines bestimmten Tieres andererseits. Er beschreibt, wie sich ein erwachsener Organismus aus der bereits in einem Embryo vorhandenen genetischen Information entwickelt, als Analogie zur Evolution des Lebens, die von informationsreichen Anfangsbedingungen ausgeht. Er vergleicht auch einen Billardspieler, der den Tisch mit einem einzigen Stoß abräumt, mit dem Leben, das aus den Anfangsbedingungen des Universums entsteht. In dieser Analogie betont er, wie die präzise Anordnung der Kugeln zu Beginn und die perfekte Platzierung des Stoßes in Übereinstimmung mit den deterministischen Gesetzen der Physik ein gewünschtes Ergebnis gewährleisten. Mit diesen Analogien suggeriert er, dass die genaue Anordnung von Masse und Energie am oder kurz nach dem Beginn des Universums die Informationen enthielt, die notwendig waren, um den ersten lebenden Organismus und möglicherweise alle folgenden hervorzubringen.

Damit Lamoureux' Szenario plausibel ist, müssen die Anordnungen von Materie und Energie zu Beginn des Universums zunächst ein hohes Maß an *biologisch relevanter* Spezifität aufgewiesen haben. In der Tat müssen diese ursprünglichen Anordnungen von Materie und Energie zumindest die Informationen gespeichert oder kodiert haben, die für die Entstehung der ersten lebenden Zelle erforderlich waren, oder in der Lage gewesen sein, diese zu spezifizieren. Schließlich erfordert der Aufbau lebender Zellen eine große Menge an genetischer Information, die in DNA oder RNA enthalten ist.

Diese Tatsache wirft zwei präzise und analytisch nachvollziehbare Fragen auf, anhand derer der Vorschlag von Lamoureux bewertet werden kann: War die Information, die zur Herstellung informationsreicher DNA- (oder RNA-) Moleküle erforderlich ist, in der Anordnung von Masse und Energie unmittelbar nach dem Beginn des Universums vorhanden? Wenn ja, konnte dann ein physikalisches Gesetz oder ein Mechanismus diese spezifizierte Information über Milliarden von Jahren und über riesige Entfernungen hinweg ohne zusätzlichen Informationsinput weitergeben, sodass die Entstehung von Leben auf der Erde lange nach der Entstehung des Universums unvermeidlich war?

In beiden Fällen lautet die Antwort: „Fast sicher nicht." Und zwar aus folgenden Gründen.

Erstens enthalten die biologisch relevanten chemischen Untereinheiten der DNA selbst nicht die Informationen, die für die Erzeugung der spezifizierten Informationen in der DNA erforderlich sind. Und wenn sie eine solche Information nicht enthalten, dann enthielten die einfacheren und weniger biologisch relevanten Anordnungen von Elementarteilchen (oder Verteilungen von Masse und Energie), die zu Beginn des Universums vorhanden waren, mit ziemlicher Sicherheit auch keine solche Information.

Unsere Untersuchung des DNA-Moleküls in Kapitel 9 hat gezeigt, dass die *Informationen* in der DNA nicht auf gesetzmäßige Kräfte der chemischen Anziehung zurückzuführen sind. Stattdessen hängt die Fähigkeit der DNA, Informationen zu tragen, von der *Abwesenheit* gesetzmäßiger chemischer Anziehungskräfte ab, die die Reihenfolge der Nukleotidbasen entlang der Doppelhelix diktieren.

Erinnern wir uns (siehe Abb. 9.7), dass die DNA von mehreren chemischen Bindungen abhängt: (1) die Bindungen zwischen den Zucker- und Phosphatmolekülen, die die beiden gewundenen Rückgrate des DNA-Moleküls bilden, (2) die Bindungen, die die einzelnen Nukleotidbasen an die Zucker-Phosphat-Rückgrate binden, und (3) Wasserstoffbrückenbindungen, die sich horizontal über das Molekül zwischen den Nukleotidbasen erstrecken und die beiden komplementären Kopien des DNA-Botschaftstextes zusammenhalten – und so die Replikation der genetischen Anweisungen ermöglichen.

Es sei jedoch daran erinnert, dass es keine chemischen Bindungen zwischen den informationstragenden Basen entlang der Achse des DNA-Moleküls gibt, in der die genetischen Anweisungen kodiert sind. Folglich bestimmen die chemischen Anziehungskräfte die Anordnung der Basen ebenso wenig wie die Gesetze der Physik die Anordnung der Buchstaben in einem Satz von Shakespeare.[15]

Als ich Professor war, habe ich diese Tatsache mit einer einfachen Analogie veranschaulicht. Ich platzierte magnetische Buchstaben auf einer metallischen Oberfläche und zeigte dann, wie die Buchstaben auf viele mögliche Arten angeordnet und umgeordnet werden können. Ich tat dies, um zu zeigen, dass die magnetischen Anziehungskräfte zwischen der Metalloberfläche und den magnetischen Buchstaben keine bestimmte Anordnung der Buchstaben bestimmen. Nachdem ich die Buchstaben zu einer kurzen Botschaft wie „Studenten sind klasse" angeordnet hatte, fragte ich die Studenten und Studentinnen, ob die magnetischen Anziehungskräfte die Botschaft an der Tafel bestimmt hätten.

Natürlich erkannten sie, dass die magnetischen Kräfte für den Halt der Buchstaben auf der Metalltafel verantwortlich waren, nicht aber für ihre Anordnung. Ich verglich dann die Metalltafel und die sinnvolle Anordnung der magnetischen Buchstaben darauf mit dem Zuckerphosphatgerüst der DNA und der informationsreichen Anordnung der daran befestigten Nukleotidbasen. In beiden Fällen haben die relevanten

Anziehungskräfte zwischen den informationstragenden Zeichen und dem Medium (dem Zucker-Phosphat-Rückgrat oder der magnetischen Rückwand) nicht die informationsreiche Anordnung bestimmt.

Diese Tatsache über die DNA wurde erstmals 1967 von dem Physikochemiker Michael Polanyi festgestellt. In seinem bahnbrechenden Artikel „Life Transcending Physics and Chemistry"[16] („Wenn das Leben Physik und Chemie übersteigt") zeigte Polanyi, dass die physikalisch-chemischen Gesetze, die den Zusammenbau der chemischen Untereinheiten im DNA-Molekül regeln, eine riesige Menge möglicher Anordnungen von Nukleotidbasen zulassen (oder „unbestimmt lassen"). Das bedeutet aber, dass die chemischen Eigenschaften der Bestandteile der DNA (und die Gesetze, die ihre Anziehungskraft und Wechselwirkungen regeln) nicht die spezifische Abfolge der Basen im genetischen Molekül bestimmen.

Die spezifische Sequenz der Nukleotidbasen in der DNA und der RNA ist jedoch genau das Merkmal der Zelle, das Biologen erklären müssen, die den Ursprung des Lebens bestimmen wollen.[17] Wenn gesetzmäßige Prozesse der chemischen Anziehung die spezifische Sequenz der Nukleotidbasen nicht bestimmen, dann können Biochemiker solche „selbstorganisatorischen" Prozesse nicht vernünftigerweise als *Erklärung* für den *Ursprung* der in den Nukleotidbasensequenzen enthaltenen Information anführen. (Wie sich herausgestellt hat, lässt sich die in RNA und Proteinen gespeicherte Information auch nicht durch selbstorganisierende Kräfte chemischer Anziehung erklären.[18])

Was hat dies mit dem vorverlagerten Design-Konzept zu tun? Lamoureux' Modell des vorverlagerten Designs sieht einen gesetzmäßigen Prozess vor, der auf einen bestimmten informationsreichen Satz von Anfangsbedingungen am Anfang des Universums einwirkt, um sicherzustellen, dass irgendwann Leben entstehen wird. In Lamoureux' Billardkugel-Beispiel etwa sorgt ein Naturgesetz (die Impulserhaltung) für den Übergang von einer anfänglichen Anordnung der Materie (in den speziell angeordneten Kugeln) zu einem gewünschten Endpunkt (alle Kugeln liegen in den Löchern). Mit solchen Beispielen untermauert er eine Art Selbstorganisationstheorie für die Entstehung des Lebens und preist den „selbstaufbauenden Charakter der natürlichen Welt".[19]

Doch die Bindungsneigung zwischen den Untereinheiten der DNA gewährleistet nicht, dass sie sich selbst zu funktionalen, informationsreichen Sequenzen organisieren. Und das ist der springende Punkt: Wenn die komplexen und biologisch relevanten chemischen Untereinheiten der DNA – die Nukleotidbasen, Zucker und Phosphate – nicht über die notwendigen Selbstorganisationsfähigkeiten verfügen, um eine informationsreiche DNA-Sequenzierung zu erzeugen, dann fehlte den weitaus weniger komplexen, weniger spezifisch konfigurierten, weniger biologisch relevanten Elementarteilchen oder Energiefeldern am Anfang des Universums mit Sicherheit eine solche biologisch relevante Selbstorganisationsfähigkeit.

Neuere Arbeiten in der mathematischen und molekularen Biologie untermauern diese Schlussfolgerung lediglich. Der niederländische Strukturbiologe Peter Tompa und der amerikanische Biophysiker George Rose haben gezeigt, dass der Zusammenbau einer Zelle eine Auseinandersetzung mit einer Art „Humpty-Dumpty"-Problem erfordert.[20] Der britische Kinderreim spricht von einem zerbrochenen Humpty, den selbst „alle Pferde des Königs und all seine Mannen" nicht wieder zu einem korrekt aufgebauten Ei zusammensetzen können. In ähnlicher Weise haben Tompa und Rose mathematisch nachgewiesen, dass selbst beim Vorhandensein aller erforderlichen Teile für eine Zelle nicht sichergestellt ist, dass sich diese Bestandteile selbst zu einem lebenden System organisieren.

Stattdessen steht die Zelle, wie einzelne Gene oder Proteine, vor einem extremen kombinatorischen Problem. Tompa und Rose berechnen, aufbauend auf der Arbeit des Proteinforschers Cyrus Levinthal, dass es satte $10^{79\,000\,000\,000}$ verschiedene Möglichkeiten gibt, um nur die Proteine in einer relativ einfachen einzelligen Hefe zu kombinieren. Diese Zahl wird noch exponentiell größer, wenn Biologen versuchen, die Anzahl der möglichen Kombinationen aller Proteine und aller anderen großen molekularen Komponenten zu berechnen, die für diesen einzelligen Organismus notwendig sind, einschließlich der DNA- und RNA-Moleküle, Ribosomen, Lipide und Glykolipide und anderer. Die Anzahl der möglichen Kombinationen dieser zellulären Komponenten (das sogenannte „Interaktom") übersteigt bei Weitem die Anzahl der Elementarteilchen im Universum (10^{80}) und sogar die Anzahl der Ereignisse seit dem Urknall (10^{139}).

Selbst wenn der Evolutionsprozess nicht mit Elementarteilchen oder gar mit Zuckern, Phosphaten, Nukleotidbasen und Aminosäuren begonnen hätte, sondern mit allen funktionsfähigen Proteinen (oder sogar mit allen anderen makromolekularen Bestandteilen), die zur Erhaltung eines Einzellers notwendig sind, könnte ein Versuch-und-Irrtum-Prozess den entsprechend riesigen Raum möglicher Kombinationen nicht plausibel „durchsuchen" – und er könnte keine realistische Chance haben, eine der wenigen speziellen Kombinationen zu finden, die mit dem lebendigen Zustand vereinbar sind. In der Tat bedeutet die Anzahl der verschiedenen Möglichkeiten, um nur die notwendigen Proteine zusammenzustellen, dass sich eine Zelle aller Wahrscheinlichkeit nach (um dabei noch stark zu untertreiben) nicht einmal *aus einem solchen biologisch relevanten Satz von Komponenten* selbst organisieren würde. Wie Tompa und Rose schlussfolgern: „Der funktionale Zustand wird aus einer schwindelerregenden Anzahl nutzloser oder potenziell schädlicher Alternativen ausgewählt. Insbesondere reicht eine vereinfachte Berechnung aus, um zu zeigen, dass die Zahl der unterscheidbaren Zustände des Interaktoms das Verständnis übersteigt. Folglich kann sich die Zelle nicht durch zufällige Zusammenstellung ihrer Komponenten selbst organisieren."[21]

Wenn das aber so ist, dann grenzt die Hypothese des vorverlagerten Designs an Absurdität. Wenn selbst der Beginn mit einer biologisch relevanten Suppe informationsreicher *Makro*moleküle (und nicht nur ihrer Bestandteile) nicht sicherstellt, dass sich das Leben selbst organisiert, dann folgt daraus *a fortiori*, dass auch die viel weniger biologisch relevanten Konfigurationen von Elementarteilchen oder Materie und Energiefeldern, die am Anfang des Universums vorhanden waren, einen solchen selbstorganisatorischen Ursprung des Lebens nicht gewährleisten würden.

Wenn dem so ist, dann waren die Karten *nicht* von Anfang an so gemischt, dass die Entstehung von Leben gewährleistet war. Stattdessen erweisen sich die unwahrscheinliche Feinabstimmung der physikalischen Gesetze und Konstanten sowie die Anfangsbedingungen des Universums – so wichtig sie auch sind – lediglich als notwendige, aber nicht als hinreichende Bedingungen für die Entstehung einer lebenden Zelle. Es müssen also zusätzliche biologisch relevante Informationen nach dem Beginn des Universums entstanden sein, um Leben auf der Erde hervorzubringen. Doch wie wir gesehen haben, konnten sowohl die Gesetze der Selbstorganisation als auch alle anderen chemischen Evolutionsszenarien (siehe Kapitel 9) die Entstehung der genetischen Information nicht erklären, die für die Entstehung der ersten Zelle notwendig war.[22]

Könnte intelligentes Design eine Rolle gespielt haben? In Kapitel 9 habe ich genau dafür argumentiert. Und das nicht nur, weil chemische Evolutionsmodelle den Ursprung der für die Entstehung der ersten Zelle notwendigen Informationen nicht erklären können, sondern auch, weil wir aufgrund unserer gleichförmigen und wiederholten Erfahrung wissen, dass intelligente Akteure und keine andere Art von Ursache spezifizierte digitale Informationen erzeugen können und dies auch tun – die Art von Informationen, die in den für das Leben notwendigen Biomakromolekülen vorhanden sind.

Könnte also ein deistischer Evolutionist oder ein theistischer Evolutionist vom Schlage Lamoureux' die Art von intelligentem Design postulieren, die erforderlich ist, um den Ursprung der biologischen Information zu erklären? Offensichtlich nicht. Wir haben gesehen, dass biologisch relevante Informationen *nach* dem Beginn des Universums entstanden sein müssen, damit Leben auf der Erde entstehen konnte. Dennoch besteht Lamoureux darauf – und überzeugte Deisten müssen zwangsläufig darauf bestehen –, dass Gottes direkte, eigenständige oder besondere schöpferische Aktivität in der Geschichte des Universums nach dem Urknall keine Rolle gespielt hat. Folglich hat sich Lamoureux, wie auch zwangsläufig die Deisten, auf die Hypothese des vorverlagerten Designs festgelegt. Wenn aber die Hypothese des vorverlagerten Designs nicht in der Lage ist, den Ursprung der Informationen zu erklären, die für den Aufbau der ersten Zelle benötigt wurden – was in der Tat der Fall ist –, dann kann nicht nur Lamoureux' Hypothese, sondern auch jede deistische Design-Hypothese den Ursprung dieser Informationen nicht erklären. Tatsächlich kann eine deistische Design-Hypothese neue Ausbrüche von biologischer Information in der Biosphäre der Erde nicht so gut erklären wie eine theistische Design-Hypothese, die die Aktivität eines intelligenten Designers sowohl zu Beginn des Universums als auch danach voraussetzt.

Grenzen der originalgetreuen Weitergabe von Informationen

Zwei weitere Überlegungen sprechen für eine solche theistische Designhypothese. *Selbst wenn* die für die Entstehung einer lebenden Zelle erforderliche Information in irgendeiner Weise am Anfang des Universums vorgegeben gewesen wäre, hätten die physikalischen und chemischen Gesetze allein diese Information nicht so zuverlässig übertragen können, dass die Entstehung von Leben ohne zusätzliche Informationszufuhr möglich gewesen wäre. Sowohl thermodynamische als auch informationstheoretische Überlegungen stützen diese Schlussfolgerung. Der zweite Hauptsatz der Thermodynamik besagt, dass alle biologisch relevanten informationsreichen Konfigurationen von Masse und Energie, die zu Beginn des Universums vorhanden waren, sich mit der Zeit zerstreuen würden. Darüber hinaus lehrt Claude Shannons zehntes Theorem der Informationstheorie, dass nur die Anwendung einer externen Informationsquelle (oder Kontrolle) diese Tendenz verhindern oder einschränken könnte.

Der letztgenannte Punkt kam mir kürzlich bei einem Gespräch mit einem befreundeten Wissenschaftsphilosophen auf einer kleinen privaten Konferenz in den Sinn. Dort hatte ich die Gelegenheit, die Argumente dieses Buches mit mehreren Kollegen durchzusprechen. Eines Abends, vor dem Abendessen, erklärte ich, warum die Fakten der Molekularbiologie die Auffassung von vorgelagertem Design unplausibel machen. Der Wissenschaftsphilosoph wollte, obwohl er selbst mit dem Theismus sympathisiert, die Belastbarkeit dieser Behauptung prüfen. Nachdem ich die entsprechenden Fakten über die chemische Struktur und Zusammensetzung des DNA-Moleküls erläutert hatte, räumte er schnell ein, dass die biologisch relevanten Untereinheiten der DNA (die Zucker, Phosphate und Basen) nicht in der Lage sind, sich selbst zu einer funktionalen, informationsreichen genetischen Sequenz zu organisieren. Wie er auch einräumte, sei es naheliegend, dass unter diesen Voraussetzungen die weniger komplexen und biologisch weniger relevanten Konfigurationen von Masse und Energie am Anfang des Universums ebenfalls nicht dazu imstande seien.

Dennoch fragte er: „Ist es nicht trotzdem möglich, dass Gott das Universum am Anfang mit genügend Informationen ausgestattet haben *könnte*, um sicherzustellen, dass das Leben in Übereinstimmung mit den streng deterministischen Naturgesetzen entstehen würde?“ Ich antwortete ihm, ich wolle nicht die Unmöglichkeit beweisen, dass Gott am Anfang genügend Informationen zur Verfügung gestellt haben *könnte*, um die Entstehung von Leben später unvermeidlich zu machen. Meine Behauptung war vielmehr, dass die uns vorliegenden *Belege* zum Universum und zur DNA darauf hindeuten, dass die Informationen, die für die Entstehung der ersten Zelle notwendig waren, zu Beginn des Universums nicht in den Elementarteilchen oder Energiefeldern enthalten waren. Folglich müssen zusätzliche Informationen nach dem Urknall entstanden sein.

Er räumte dies ein, aber wie es Philosophen zu tun pflegen, setzte er seine Überprüfung fort, indem er denselben Einwand umformulierte. Er fragte: „Könnte Gott nicht irgendwie die anfängliche Masse-Energie *so perfekt* arrangiert und dem Universum den genau richtigen Anstoß gegeben haben, dass all diese Elementarteilchen schließlich zu komplexeren Atomen zusammengewachsen wären und diese Atome sich zu biologisch-spezifischen Molekülen zusammengesetzt hätten und diese Moleküle sich selbst zu Zellen angeordnet hätten und so weiter?“ Mit anderen Worten, er stellte sich dasselbe Szenario vor, auf das Lamoureux mit seiner Billardtisch-Analogie abzielte.

Wie Lamoureux stellte sich mein Philosophenkollege vor, dass Gott am Anfang Materie und Energie so arrangiert haben könnte, dass er keine weiteren Maßnahmen ergreifen (oder weitere Informationen bereitstellen) musste, um Leben zu schaffen. Auch dies erkannte ich als *logische* Möglichkeit an, die jedoch nicht mit den Fakten der Biologie und Physik übereinstimmt, wie wir sie beobachten. Später wurde mir jedoch klar, dass das Konzept des vorverlagerten Designs aus einem anderen Grund wissenschaftlich unplausibel ist.

Der Aufbau der lebenden Zellen, die wir auf der Erde vorfinden, erfordert, wie ich bereits festgestellt habe, eine riesige Menge an genetischer Information, die im Wesentlichen in digitaler Form gespeichert ist. Aus diesem Grund gelten die grundlegenden Gesetze und Theoreme der Informationstheorie, die für die Speicherung, Erzeugung und Übertragung von Informationen gelten, auch für die Analyse der genetischen Information in lebenden Systemen.

Eines dieser Gesetze ist als Shannons Theorem[23] bekannt, benannt nach dem MIT-Wissenschaftler Claude Shannon, der in den späten 1940er-Jahren die Informationstheorie entwickelte. Dieses Theorem erfasst, dass ein informationsreiches Signal oder eine Nachricht auf dem Weg über einen Kommunikationskanal (oder ein Übertragungsmedium) in der Regel einen Prozess durchläuft, der von den Informationstheoretikern als Degradation, Verfälschung oder Genauigkeitsverlust bezeichnet wird. Das wird durch den zweiten Hauptsatz der Thermodynamik beschrieben. Shannons Theorem besagt: Damit die informationsreiche Nachricht verlustfrei von einem Sender zu einem Empfänger gelangt, müssen Informationen von außerhalb des Systems hinzugefügt werden, um den unvermeidlichen Informationsverlust auszugleichen, der durch die entropieerzeugenden Schwingungen der Umgebung entsteht. Mit anderen Worten: Um Informationen mit einem hohen Maß an Genauigkeit zu übertragen, müssen Informationen aus einem „Korrekturkanal" außerhalb des Hauptkanals verwendet werden, um unvermeidliche Störgeräusche einzuschränken.

Das Shannon-Theorem besagt, dass zum Ausgleich eines solchen Informationsverlustes ein Korrekturkanal mit einer bestimmten Kanalkapazität (gemessen in Bits pro Sekunde an Daten) erforderlich ist, die dem Informationsverlust entspricht oder ihn übersteigt.[24] Außerdem setzt es voraus, dass ein solcher Korrekturkanal unabhängig vom Übertragungskanal existiert und dem Übertragungskanal *nach Beginn* der ursprünglichen Informationsübertragung kompensierende Informationen hinzufügt.

Die Anwendung von Shannons Theorem auf den hypothetischen Fall, dass die in den Anfangsbedingungen des Universums vorhandene Information irgendwie ausreicht, um das erste Leben zu erzeugen, führt zu einer interessanten Schlussfolgerung. Die Anwendung des Theorems auf ein solches Szenario impliziert die Notwendigkeit einer extrinsischen Informationsquelle, die dem Prozess, der für die Entstehung des Lebens verantwortlich sein soll, Informationen hinzufügt, jedoch *nach* der Entstehung des Universums – und *während* der Übertragung der in den Anfangsbedingungen des Universums vorhandenen Informationen. Kurz gesagt, Shannons Theorem und die ihm zugrunde liegenden thermodynamischen Realitäten implizieren Folgendes: Nach dem Urknall müssten zusätzliche Informationen über die zu Beginn des Universums vorhandene Menge hinaus hinzugefügt werden, um ein lebendes System aufzubauen.

Aber was wäre, wenn ...?

Die hartnäckigen Befürworter der Hypothese des vorgegebenen Designs könnten jedoch immer noch Einwände dagegen erheben. So könnten sie fragen: „Hätte ein deistischer Designer diesen unvermeidlichen Informationsverlust nicht dadurch ausgleichen können, dass er in den Anfangsbedingungen des Universums *noch mehr* Informationen bereitstellt?" Vielleicht, als imaginäre oder rein logische Möglichkeit, aber auch hier machen praktische, empirische Erwägungen solche rein hypothetischen Spekulationen extrem unplausibel.

Um zu sehen, warum, nehmen wir an, dass die Anfangsbedingungen des Universums genügend Informationen enthielten, um einen lebenden Organismus hervorzubringen und obendrein noch einige zusätzliche entropiekompensierende Informationen. Wie bereits erwähnt, würden gewöhnliche entropieerzeugende physikalische Prozesse schnell damit beginnen, jegliche biologisch relevante Information in den Anfangsbedingungen des Universums abzubauen, indem sie diese ursprünglichen Anordnungen von Materie und Energie zerstreuen und zerstören. Jegliche zusätzliche entropiekompensierende Information, die in den Anfangsbedingungen des Universums enthalten ist, würde ebenfalls abgebaut werden, insbesondere angesichts der intensiven Energie, die die anfängliche Expansion des Universums vorangetrieben hat. Darüber hinaus hätten sich die Elementarteilchen des frühen Universums nach Ansicht der Kosmologen bis etwa 380 000 Jahre nach dem Urknall nicht einmal genug abgekühlt, um stabile Atome zu bilden. Ist es auch nur im Entferntesten plausibel, dass biologisch relevante Informationen in irgendeinem physikalischen Medium oder einer Konfiguration die intensive Hitze des frühen Universums überlebt haben und dann mit ausreichender Genauigkeit über die Weiten des Raums übertragen worden sein könnten, um 13 Milliarden Jahre später den Aufbau einer lebenden Zelle auf der Erde zu steuern?

In jedem Fall hätten unvorhersehbare Quantenfluktuationen in Bezug auf den Ort und Energien in Verbindung mit subatomaren Teilchen den Informationsverlust noch weiter und unumkehrbar verschärft. Solche Fluktuationen – die im subatomaren Bereich ständig vorhanden sind – liegen dem zugrunde, was Physiker „quantenmechanische Unbestimmtheit" nennen. Diese unvorhersehbaren Fluktuationen machen es praktisch unmöglich, die Entwicklung subatomarer materieller Zustände vorherzusagen, weil die Fluktuationen Informationen über den Ort, das Energieniveau und die Flugbahn subatomarer Teilchen zerstören.[25] Und da ein deistischer Gott nach dem Anfang nicht in das Universum involviert war, hätte eine solche Gottheit keine Kontrolle oder Einfluss auf diese ansonsten von Natur aus zufälligen Fluktuationen – und somit keine Grundlage für die Kenntnis oder Vorhersage ihrer Auswirkungen. Das würde es praktisch unmöglich machen, zu Beginn des Universums zu wissen, *welche Art von Informationen* oder Masse-Energie-Konfigurationen später erforderlich sein würden, um solche unvorhersehbaren, entropieerzeugenden Quanteneffekte zu überwinden oder zu kompensieren.

Theismus: eine bessere Erklärung als Deismus

Es ist also klar, dass eine Hypothese des (deistisch) vorgegebenen Designs angesichts unseres derzeitigen Verständnisses der Physik äußerst *un*plausibel ist. Zwar könnte ein wirklich allwissender Gott jede Quantenfluktuation im Voraus kennen, die jemals auftreten wird. So könnte man sich einen Schöpfer vorstellen, der die Anfangsbedingungen des Universums so einrichtet, dass er deren eigenen *zukünftigen* Einfluss auf die Quantenfluktuationen vorhersehen kann. Aber ein Gott, der so tief in die detaillierten Abläufe der Natur nach ihrem Anfang und durch alle Zeiten hindurch involviert ist, würde nicht als deistischer Schöpfer gelten. Stattdessen entspricht ein solcher Schöpfer eher einer theistischen als einer deistischen Gottesvorstellung.[26]

Theistische Evolutionisten könnten natürlich immer noch argumentieren, dass – da der Gott, den sie sich vorstellen, das Universum nach dem Anfang kontrolliert – vorgegebenes Design logisch nicht *unmöglich* ist. Ich würde dem zustimmen, obwohl die Version der „Vorgegebenheit", die sie sich vorstellen, ein großes Maß an göttlichem Handeln nach dem Anfang zu erfordern scheint, um sicherzustellen, dass die Quantenfluktuationen genau richtig ausfallen – und das wiederum deutet auf einen theistischen Gott hin, der an der Schöpfung beteiligt ist, nicht auf einen deistischen.

Trotz meiner Argumentation, dass Theismus eine bessere Erklärung für den Ursprung biologischer Information bietet als Deismus, muss ich nicht beweisen, dass alle Versionen der Vorgegebenheit *logisch unmöglich* sind, sondern nur, dass eine vollständig deistische Sichtweise der Vorgegebenheit *wissenschaftlich unplausibel* ist. Und faktisch ist das der Fall.

Das Universum, das Lamoureux und mein Philosophen-Freund auf der Konferenz vorstellten, ist ein Universum, das sich wie die Kugeln auf einem Billardtisch auf vollkommen vorhersehbare und deterministische Weise entfalten würde.[27] Diese Darstellung entspricht dem Physikverständnis des frühen 19. Jahrhunderts, das von Pierre Laplace vertreten wurde. Dieser ging davon aus, dass Wissenschaftler jeden nachfolgenden Zustand präzise berechnen könnten, wenn sie die Anfangsbedingungen des Universums und die physikalischen Gesetze kennen würden. Aber das entspricht nicht dem Universum, wie es von der Physik des 21. Jahrhunderts oder der Informationstheorie beschrieben wird.[28]

Angesichts der Fakten der Molekularbiologie, der Axiome der Informationstheorie, der Gesetze der Thermodynamik, des hochenergetischen Zustands des frühen Universums, der Realität unvorhersehbarer Quantenfluktuationen und dessen, was wir über die Zeit wissen, die zwischen dem Ursprung des Universums und dem ersten Leben auf der Erde verstrichen ist, fehlt es den Erklärungen für den Ursprung des Lebens, die die Notwendigkeit neuer Informationen nach dem Beginn des Universums leugnen, eindeutig an wissenschaftlicher Plausibilität.

Und da der Deismus leugnet, dass Gott nach einem ursprünglichen Schöpfungsakt eine solche notwendige Information hätte hinzufügen können oder wollen, können deistische und andere Hypothesen des wirklich vorgegebenen Designs den Ursprung des ersten Lebens nicht erklären. Da der Theismus andererseits einen intelligenten Akteur postuliert, der nach dem Beginn des Universums schöpferisch handelt (zusätzlich zur Aufrechterhaltung der Naturgesetze), bietet der Theismus eine bessere Erklärung für den Ursprung der Informationen, die für die Entstehung der ersten Zelle sowie für spätere Innovationen in der Geschichte des Lebens notwendig sind.

Von diesen beiden Weltanschauungshypothesen bietet der Theismus also eine bessere Gesamterklärung der drei untersuchten Schlüsselfakten über die biologischen und kosmologischen Ursprünge als der Deismus: (1) Das materielle Universum hatte einen Anfang; (2) das materielle Universum war von Anfang an auf Leben fein abgestimmt; und (3) große diskontinuierliche Zunahmen an funktional spezifizierter Information sind seit dem Anfang in die Biosphäre gelangt. Der Deismus kann die ersten beiden dieser Fakten erklären; der Theismus kann alle drei erklären.

Eine seriösere Hypothese

In ihren Büchern, Fernsehinterviews, *YouTube*-Videos und Vorträgen haben die Neuen Atheisten und andere Millionen von Menschen versichert, dass die wissenschaftlichen Belege, insbesondere in Bezug auf den Ursprung des Lebens und des Universums, eine materialistische oder atheistische Sichtweise unterstützen. Sie haben behauptet oder angenommen, wie Sean Carroll und Michael Shermer, dass die grundlegenden Naturgesetze allein ausreichen, um die wichtigsten Merkmale des Lebens und des Universums zu erklären. Sie haben, wie Richard Dawkins, argumentiert, dass „das Universum, das wir beobachten, … genau die Eigenschaften [hat], mit denen man rechnet, wenn dahinter kein Plan, keine Absicht… nichts außer blinder, erbarmungsloser Gleichgültigkeit [steht]".

Die bisher untersuchten Belege legen jedoch nahe, dass solche Behauptungen neu bewertet werden müssen. Dass das Universum *einen Anfang hatte*, dass es *von Anfang* an fein abgestimmt war und dass unser Planet *seit dem Beginn* eine dramatische, diskontinuierliche Zunahme an biologischen Formen und Informationen erlebt hat, ist keineswegs das, was die Vertreter einer naturalistischen Weltanschauung „natürlich" erwarten würden. Theisten könnten jedoch durchaus Belege für eine solche Diskontinuität und ein solches Design erwarten. Der Theismus bietet auf jeden Fall *kausal adäquate* Erklärungen für den Ursprung und die Feinabstimmung des Universums und den Ursprung der biologischen Information. Infolgedessen haben viele Wissenschaftler und Philosophen begonnen, die Standardverpflichtung zum wissenschaftlichen Materialismus infrage zu stellen und das in Betracht zu ziehen, was der Physiker und Theologe John Polkinghorne als „eine neue natürliche Theologie" bezeichnet hat. Wie der Wissenschaftshistoriker Frederic Burnham feststellte, ist die Gotteshypothese „heute eine respektablere Hypothese als jemals zuvor in den letzten hundert Jahren".[29] Oder wie der Astronom Allan Sandage 1985 bemerkte: „Wenn es Gott nicht gäbe, müsste die Wissenschaft das Konzept … erfinden, um zu erklären, was sie entdeckt."[30]

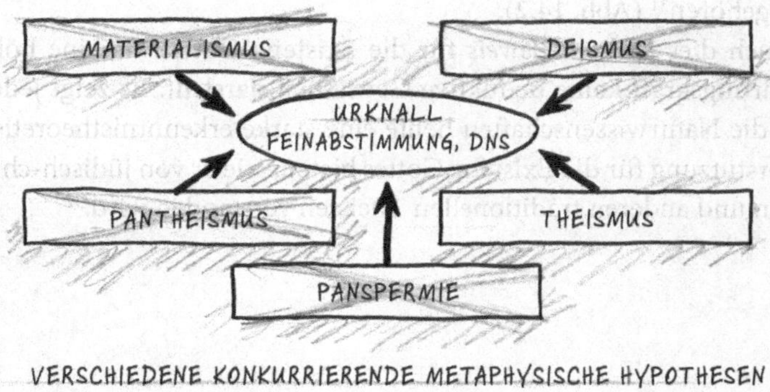

Abb. 14.2
Dieses Kapitel und die beiden vorangegangenen haben gezeigt, dass nur der Theismus eine kausal adäquate Erklärung bietet für die Gesamtheit der Belege zu den biologischen und kosmologischen Ursprüngen, die wir beobachten. Der Deismus kann den Ursprung des Universums und seine Feinabstimmung erklären, aber nicht die spätere Hinzugabe funktioneller biologischer Informationen in die Biosphäre der Erde. Die Panspermie könnte theoretisch den Ursprung der biologischen Information auf der Erde erklären, aber sie erklärt nicht den letztgültigen Ursprung der biologischen Information. Ebenso wenig kann sie den Ursprung des Universums oder seine Feinabstimmung erklären. Materialismus und Pantheismus können nicht alle drei zentralen Befundkategorien erklären, da sie eine präexistente, transzendente Intelligenz ausschließen.

Burnhams Bemerkung aus dem Jahr 1992 war eine Reaktion auf die Entdeckung der Fluktuationen in der kosmischen Mikrowellenhintergrundstrahlung (CMBR) durch den Satelliten COBE, die eine weitere tief greifende Bestätigung des Urknallmodells einschließlich der Idee eines Anfangs darstellte. Doch nicht nur die Kosmologie hat die „Gotteshypothese" wieder salonfähig gemacht. Betrachtet man mehrere Klassen von Befunden aus den Naturwissenschaften – Kosmologie, Astronomie, Physik, Biochemie, Molekularbiologie und Paläontologie –, so erweist sich die Gotteshypothese als eine Erklärung von einzigartiger Tragweite und Kraft. Der Theismus erklärt eine Reihe metaphysisch bedeutsamer Ereignisse in der Geschichte des Universums und des Lebens einfacher, angemessener und umfassender als die wichtigsten konkurrierenden metaphysischen Systeme, zu denen nicht nur Materialismus und Naturalismus, sondern auch Pantheismus und Deismus gehören[31] (Abb. 14.2).

Auch dies ist kein *Beweis* für die Existenz Gottes, da eine höhere Erklärungskraft keine deduktive Gewissheit darstellt. Es zeigt jedoch, dass die Naturwissenschaften heute eine starke erkenntnistheoretische Unterstützung für die Existenz Gottes bieten, wie er von jüdisch-christlichen und anderen traditionellen Theisten verstanden wird.[32]

TEIL IV:
VERMUTUNGEN UND WIDERLEGUNGEN

Kapitel 15:

Das Informationshüllenspiel

Autoren sind manchmal überrascht von den Reaktionen auf ihre Arbeit. Ich habe diese Erfahrung bei einigen für mich denkwürdigen Gelegenheiten gemacht, die jeweils durch einen aufgeregten Anruf aus meinem Büro eingeleitet wurden. Nachdem mein Buch *Signature in the Cell* veröffentlicht worden war, rief mich ein Kollege an, um mir von einer Rezension in einer renommierten Publikation zu berichten. Gute Rezensionen sind immer erfreulich, aber diese hier war besonders bemerkenswert, weil die Identität des Rezensenten mir absolut unwahrscheinlich erschien. Es war im Dezember 2009, und wie mir mein Kollege mitteilte, war *Signature* gerade von der (Londoner) *Times Literary Supplement* (TLS) als Buch des Jahres[1] durch den Philosophen Thomas Nagel von der Universität New York ausgewählt worden. Nagel ist ein bekannter Atheist und eine angesehene Persönlichkeit in der amerikanischen Wissenschaft, und seine lobende Rezension eines Buches, das für *Intelligent Design* plädiert, überraschte nicht nur mich, sondern auch viele andere Menschen (Abb. 15.1). Für viele war es, anders als für mich, keine angenehme Überraschung.

Abb. 15.1
Thomas Nagel, der bedeutende Wissenschaftsphilosoph der Universität New York und Autor von *Geist und Kosmos: Warum die materialistische neodarwinistische Konzeption der Natur so gut wie sicher falsch ist.*

Die Rezension löste zahlreiche Anfeindungen gegen Nagel aus. Die Proteste begannen mit einer Reihe von Briefen an das TLS, angefangen mit einem Brief eines britischen Chemikers der Universität Loughborough. Der Chemiker Stephen Fletcher verspottete Nagel, weil er das „bösartige und absurde" Argument für *Intelligent Design* in Erwägung zog, welches er als vorwissenschaftlichen Aberglauben bezeichnete, vergleichbar mit dem Glauben an „Götter, Teufel, Kobolde, Feen, was auch immer".[2] Fletcher zitierte die „RNA-Welt-Hypothese" (siehe Kapitel 9 dieses Buches), um anzudeuten, dass die Wissenschaftler das Problem der Entstehung des Lebens tatsächlich gelöst hätten und die These von *Signature in the Cell* damit obsolet sei.

In der Folge erlaubte das TLS sowohl Nagel als auch mir, darauf zu antworten. Einige Jahre später schrieb Nagel ein Buch, *Mind & Cosmos: Why the Materialist Neo-Darwinian Conception of Nature Is Almost Certainly False* (dt. Ausgabe: *Geist und Kosmos: Warum die materialistische neodarwinistische Konzeption der Natur so gut wie sicher falsch ist*), in dem er erneut seine Einschätzung von *Intelligent Design* darlegte, was noch größere Wut auslöste. Eine amerikanische Zeitschrift, der *Weekly Standard*, bildete ihn auf ihrer Titelseite ab, als ob er auf dem Scheiterhaufen verbrannt werden sollte. Die Schlagzeile lautete: „Der Häretiker". (Der *Standard* rief nicht zu einer Ketzerverbrennung auf, sondern protestierte gegen die grobe Behandlung, die Nagel von seinen intellektuellen Kollegen zuteilwurde.) Die langwierige Kontroverse um Nagels Kritik am Darwinismus und seine wohlwollende Betrachtung (wenn auch nicht Akzeptanz) von *Intelligent Design* erregten zweifellos mehr Aufmerksamkeit als seine ursprüngliche Rezension. Sie bot den Leserinnen und Lesern auf jeden Fall eine Gelegenheit, die Stärke meiner Argumente angesichts des heftigen Widerstands zu prüfen.

Im September 2013 erhielt ich eine weitere Benachrichtigung von meinem Büro. Es ging um eine weitere Rezension, diesmal zu meinem zweiten Buch, *Darwin's Doubt*. In dem Anruf wurde mir mitgeteilt, dass die renommierteste amerikanische Wissenschaftszeitschrift *Science* gerade eine Rezension von Charles Marshall veröffentlicht hatte, einem Paläontologen und Evolutionsbiologen an der Universität von Kalifornien, Berkeley.[3] Ich hatte Marshalls Arbeit über die kambrische Explosion lange bewundert. Die Rezension war die erste, die sich mit dem auf Informationen basierenden Hauptargument des Buches auseinandersetzte, und trotz eines respektvollen Tons und einiger lobender Bemerkungen enthielt sie eine ausgesprochen negative Bewertung meiner These. Sympathisierende Kollegen waren dennoch erfreut, weil die Rezension respektvoll war und das Argument des Buches die Aufmerksamkeit von *Science* gewonnen hatte. Ich war erfreut über das, was Marshall in seiner Kritik sagte.

Jeder mag Lob und Respekt, aber Nagels und Marshalls Rezensionen und die Diskussionen, die sie auslösten, waren aus einem anderen Grund wichtig. Als ich Doktorand in Cambridge war, sagte mir ein Vorgesetzter einmal, ich solle mich vor dem „Klang des Klatschens einer einzelnen Hand" hüten. Damit meinte er, dass es unmöglich ist, ein Argument zu bewerten, ohne die Gegenargumente zu berücksichtigen. Später, als Hochschulprofessor, entwickelte ich eine Ergänzung zu diesem Grundsatz. Ich pflegte meinen eigenen Studenten zu sagen, dass man ein Argument am *besten* daran messen kann, wie gut es einer kritischen Prüfung standhält und wie gut seine Befürworter auf die stärksten Einwände gegen ihre Argumente reagieren können.

Die Philosophen des Mittelalters gründeten ihre Streitpraxis auf dieses Prinzip. Sie argumentierten zunächst für eine Behauptung und gingen dann einzeln auf mögliche Einwände gegen diese Behauptung ein. Der italienische Wissenschaftsphilosoph Marcello Pera argumentiert in seinem Buch *The Discourses of Science* („Die Diskurse der Wissenschaft"), dass Wissenschaft notwendigerweise eine ähnliche rhetorische Dimension hat. Die Wissenschaft schreitet voran, wenn Wissenschaftler darüber *streiten*, wie Belege zu interpretieren sind.[4] Karl Popper, einer der großen Wissenschaftsphilosophen des zwanzigsten Jahrhunderts, charakterisierte die wissenschaftliche Methode als einen Prozess, bei dem bestätigende „Vermutungen" aufgestellt und mögliche „Widerlegungen" gesucht (oder bewertet) werden. Die Methode der Schlussfolgerung auf die beste Erklärung, die in diesem Buch angewendet wird, verkörpert diesen Ansatz. Sie trägt der Tatsache Rechnung, dass eine Hypothese in der Wissenschaft und in der Philosophie geprüft werden muss, indem ihre Stärke mit konkurrierenden Hypothesen verglichen wird und die Argumente für und gegen diese Konkurrenten beurteilt werden.

Bis zu diesem Punkt habe ich für den Theismus als beste metaphysische Erklärung für die wissenschaftlichen Belege plädiert, die wir für die Entstehung (1) des Universums, (2) der Feinabstimmung des Universums und (3) der Informationen haben, die für die Entstehung des ersten Lebens und späterer neuer Lebensformen erforderlich sind. Dabei habe ich die Erklärungskraft des Theismus sowohl mit konkurrierenden metaphysischen Hypothesen als auch mit konkurrierenden Design-Hypothesen (wie der gelenkten Panspermie) verglichen. Um dieses Argument zu untermauern, muss noch gezeigt werden, dass es einer kritischen Prüfung standhalten kann. In diesem vorletzten Teil mit fünf Kapiteln wird daher auf Einwände gegen das bisher entwickelte Argument eingegangen.

Wenn ein Argument als Schlussfolgerung auf die beste Erklärung dargestellt wird, können zweierlei Einwände auftreten, die eng miteinander zusammenhängen. Kritiker können die Beweisgrundlage des Arguments infrage stellen, oder sie können die Interpretation der Belege anzweifeln. Ich bin bereits auf einige dieser beiden Arten von Einwänden eingegangen, aber es gibt noch weitere wichtige und aktuellere Einwände.

Betrachten wir zunächst die wissenschaftlichen Einwände gegen meine Argumente für das intelligente Design des Lebens, insbesondere die Einwände, die seit der Veröffentlichung meiner Bücher *Signature in the Cell* und *Darwin's Doubt* erhoben wurden.

Die Herausforderung durch chemische Evolutionstheoretiker

Stephen Fletchers Briefe, in denen er Thomas Nagels Rezension von *Signature in the Cell* im *TLS* anprangerte, waren von einem Unterton der Überlegenheit geprägt, der typisch für diejenigen ist, die glauben, „Wissenschaft" gegen irrationalen Aberglauben und bösartige Religiosität zu verteidigen. „Der Glaube, dass wir uns diesen Planeten mit übernatürlichen Wesen teilen, ist alt", so Fletcher in seinem Eröffnungsangriff. „Während das Küchenmädchen schläft, sind sie in der Küche damit beschäftigt, die Milch sauer werden zu lassen. Für eine Gesellschaft, die keinen Begriff von Bakterien hat, ist das vielleicht eine verzeihliche

Einbildung. Aber dass ein moderner Universitätsprofessor [d.h. Nagel] diese Idee ernst nimmt, ist, glaube ich, Wahnsinn."[5]

Der Gedanke, dass eine gestaltende Intelligenz etwas mit dem Ursprung des Lebens zu tun gehabt haben könnte – was nach Fletchers Ansicht nicht besser ist als die Annahme von „Feen-Magie" –, leugnet natürlich nicht, dass gewöhnliche natürliche Prozesse – wie etwa Bakterien, die Milch sauer werden lassen – mit vorhersehbarer Regelmäßigkeit auftreten. Wie wir in Kapitel 2 gesehen haben, gingen der Glaube an den intelligenten Entwurf des Universums und des Lebens *und* der Glaube an das geordnete Zusammenspiel der Natur während der wissenschaftlichen Revolution Hand in Hand und brachten uns auf die Naturgesetze.

Es liegt auf der Hand, dass Fletchers Eröffnungssalve auf einen Strohmann abzielte, weil Nagel nicht nur zweifellos den Glauben an Feen, Kobolde oder Teufel ablehnen würde, sondern weil er ausdrücklich den Glauben an Gott ablehnt. Wie Nagel erklärte: „Da ich nicht versucht bin, an Gott zu glauben, ziehe ich nicht die Schlussfolgerungen von Meyer." Stattdessen befürwortete er das Buch wegen seiner „sorgfältigen Behandlung eines teuflisch schwierigen Problems" und wegen seiner „Herausforderung des Dogmas, dass alles in der Welt letztlich durch Chemie und Physik erklärbar sein muss".[6]

Dennoch fehlte es Fletchers Kritik nicht völlig an wissenschaftlicher Substanz. Vielmehr stellte er die These von *Signature in the Cell* auch wissenschaftlich fundiert infrage. Die Wiederholung dieser Kritik bietet den Lesern eine ausgezeichnete Gelegenheit, die Stärke meines Arguments für *Intelligent Design* zu bewerten – und zwar, ob es die beste Erklärung für den Ursprung der für die Entstehung des ersten Lebens notwendigen Informationen darstellt.

Die RNA-Welt neu betrachtet

In seinem ersten Brief behauptete Fletcher, meine Kritik an den gängigen chemischen Evolutionstheorien verkenne, dass „die natürliche Auslese sowohl ein chemischer als auch ein biologischer Prozess ist und etwa eine halbe Milliarde Jahre lang funktionierte, bevor die ersten zellulären Lebensformen in nachweisbaren Fossilien auftauchten". Dann tadelte er Nagel und mich dafür, nicht erkannt zu haben, dass „natürliche Selektion keine DNA benötigt" und „vor der DNA ein anderes Vererbungssystem am Werk war, biologisch weniger geeignet als DNA, wahrscheinlich die RNA (Ribonukleinsäure)". Fletcher schloss, indem er, begleitet von wildesten Beschimpfungen, folgende Empfehlung aussprach: „Leser, die mehr über dieses Thema wissen wollen, sollten ihr hart verdientes Geld in der Tasche behalten, auf Meyers Buch verzichten und einfach den Artikel ‚RNA-Welt-Hypothese' auf Wikipedia lesen."[7]

Nagel antwortete eine Woche später mit dem Hinweis, dass ich die RNA-Welt-Hypothese in *Signature in the Cell* ausführlich überprüft und kritisiert hatte, was Fletcher vermutlich hätte wissen müssen, da seine Aussage „Es ist schwer, sich ein schlechteres Buch vorzustellen" impliziere, dass er das Buch gelesen hat. „Wenn er es gelesen hat", erklärte Nagel, „dann weiß er, dass es ein Kapitel über die ‚RNA-Welt-Hypothese' enthält, welches diese Hypothese für den Ursprung der DNA mindestens so ausführlich beschreibt wie der Wikipedia-Artikel, den Fletcher empfiehlt". Dann merkte er an, dass der Ton von Fletchers Brief beispielhaft sei für „die weit verbreitete Intoleranz" unter Wissenschaftlern, die denken – wie Nagel zuvor gesagt hatte –, dass alles „letztlich durch Chemie und Physik erklärbar sein muss".[8]

Ein anderer britischer Chemiker, John Walton von der St. Andrews University, schrieb ebenfalls an das *TLS* und stellte Fletchers spezifische wissenschaftliche Behauptungen infrage. Walton stellte fest, dass (1) „intensive Laborforschung es nicht geschafft hat, auch nur ein einziges Nukleotid (RNA-Bestandteil) unter geologisch plausiblen Bedingungen herzustellen"; und (2) dass Wissenschaftler auf „unüberwindbare Probleme" gestoßen sind, wenn es darum geht, den Ursprung der Informationen zu erklären, die in „den für die RNA-Welt-Hypothese erforderlichen Nukleotidketten" vorhanden sein müssten.[9]

Fletcher antwortete erneut, wiederholte seine Behauptungen über die Hinlänglichkeit der RNA-Welt-Hypothese und verglich sowohl Nagel als auch Walton mit „jemandem, der einer Löffel-Biege-Vorführung von Uri Geller beigewohnt und beschlossen hat, dass die Gesetze der Metallurgie dringend überholt werden müssten".[10]

Über einen Monat nach Fletchers ursprünglicher Breitseite veröffentlichte das *TLS* meinen Antwortbrief. Da ich in *Signature* zahlreiche Probleme mit der RNA-Hypothese über den Ursprung des Lebens dargelegt hatte, konzentrierte ich mich auf das entscheidende Problem: das Problem des Ursprungs spezifizierter genetischer Information. Die RNA-Welt-Hypothese geht davon aus, dass das Leben zuerst durch einen Prozess der chemischen Evolution entstanden ist, der in Gang kam, nachdem selbstkopierende RNA-Moleküle vermutlich zuerst die präbiotische natürliche Selektion ermöglicht haben. Deshalb bestand Fletcher darauf, dass „die natürliche Auslese in der Tat ein chemischer Prozess ist" und dass „die natürliche Auslese keine DNA benötigt".

Daraufhin antwortete ich, dass die RNA-Welt-Hypothese den Ursprung der genetischen Information *voraussetzt*, aber *nicht erklärt*:

> *Alles, was wir über RNA-Katalysatoren wissen, einschließlich solcher mit partieller Selbstkopierfähigkeit, zeigt, dass die Funktion dieser Moleküle von der präzisen Anordnung ihrer informationstragenden Bestandteile (d. h. ihrer Nukleotidbasen) abhängt. Funktionelle RNA-Katalysatoren entstehen erst, wenn die RNA-Basen spezifisch zu informationsreichen Sequenzen angeordnet sind – das heißt, die Funktion entsteht, nachdem das Informationsproblem gelöst wurde, nicht davor. Aus diesem Grund löst die Berufung auf die präbiotische natürliche Selektion in einer RNA-Welt nicht das Problem des Ursprungs der genetischen Information; sie setzt lediglich eine Lösung in Form eines hypothetischen, informationsreichen RNA-Moleküls voraus, das sich selbst kopieren kann.*[11]

Zusätzlich zitierte ich den Nobelpreisträger Christian de Duve, den wir in Kapitel 9 kennengelernt haben und der feststellte, dass Postulate der präbiotischen natürlichen Selektion scheitern, weil sie „Informationen benötigen, was bedeutet, dass sie das, was erklärt werden soll, von vornherein voraussetzen müssen".[12]

Neue Belege für die RNA-Welt-Hypothese?

Fletcher antwortete energisch mit einem dritten Brief im *TLS*. Darin zitierte er mehrere neuere wissenschaftliche Arbeiten, die seiner Meinung nach die Plausibilität der RNA-Welt-Hypothese belegen. So zitierte Fletcher beispielsweise eine Studie des Chemikers John Sutherland (Abb. 15.2) von der Universität Manchester.[13] Sutherland hat zusammen mit seinen Kollegen Matthew Powner und Béatrice Gerland eine der vielen Schwierigkeiten bezüglich der RNA-Welt-Hypothese teilweise gelöst. Ausgehend von mehreren einfachen chemischen Verbindungen gelang es Sutherland und Kollegen, ein Pyrimidin-Ribonukleotid zu synthetisieren, eine der beiden Arten der vier Basen des RNA-Moleküls. (Von den vier informationstragenden Nukleotidbasen in DNA und RNA werden von den Chemikern zwei als „Pyrimidine" und zwei als „Purine" eingestuft, da sie sich in ihrer chemischen Struktur unterscheiden.)

Abb. 15.2
John Sutherland, Biochemiker (mit Schwerpunkt auf dem Beginn des Lebens) an der Universität Manchester.

Fletcher zitierte auch Arbeiten von Tracey Lincoln und Gerald Joyce,[14] die angeblich die Fähigkeit der RNA zur Selbstreplikation belegen. Er schloss daraus: „Stephen Meyer hat das Pech, sein Buch 2009 zu veröffentlichen, also genau in dem Jahr, in dem das Szenario der RNA-Welt äußerst plausibel geworden ist … Ich fürchte, dass die Realität Meyers Buch und seine fehlerhafte Argumentation überholt hat."[15]

Fletchers dritte Herausforderung lieferte einen kritischen Test für die Stärke der Argumente für *Intelligent Design* als Erklärung für den Ursprung des ersten Lebens. Das haben auch andere bemerkt, darunter die anonymen Redakteure der *Wikipedia*-Einträge. Die Online-Enzyklopädie, die Quelle, die Fletcher ursprünglich empfohlen hatte, ist nicht immer zuverlässig, insbesondere bei kontroversen Themen. Interessanterweise zitiert *Wikipedia* nun jedoch Fletchers Briefe an das *TLS* als eine zentrale faktische Widerlegung der Argumente für *Intelligent Design* in *Signature in the Cell* und schließt damit einen Kreis: Stephen Fletcher berief sich bei der Anfechtung der Argumente für *Intelligent Design* auf die Autorität von *Wikipedia*, während *Wikipedia* sich auf die Autorität von Stephen Fletcher berief. In der Zwischenzeit haben die Befürworter der chemischen Evolution seit 2010 wiederholt dieselben Studien zitiert wie Fletcher, um die Plausibilität der RNA-Welt und die allgemeine Behauptung zu belegen, dass Leben aus einfachen Chemikalien ohne intelligente Steuerung entstanden sein könnte.

Haben also die präbiotischen Simulationsexperimente die RNA-Welt-Hypothese „eminent plausibel" gemacht und damit die Design-Hypothese als Erklärung für die Entstehung der für das erste Leben notwendigen Informationen überflüssig gemacht?

Nicht ganz.[16] Im Grunde ganz und gar nicht. Schauen wir uns die beiden von Fletcher zitierten Experimente genauer an.

Bei Weitem zu clever

Fletcher zitierte zunächst die oben erwähnten Experimente, in denen die Chemiker Sutherland, Powner und Gerland eine der beiden Arten der vier Nukleotidbasen des RNA-Moleküls synthetisierten. Diese Arbeiten trugen jedoch nicht zur Klärung der weitaus drängenderen Frage bei, wie die Nukleotidbasen in der DNA oder RNA ihre spezifischen informationsreichen Anordnungen erhalten haben. Tatsächlich half die Studie von Powner, den Ursprung von zwei der „Buchstaben" im genetischen Text zu erklären, nicht aber die spezifische Anordnung der vier verschiedenen „Buchstaben" zu funktionalen genetischen „Wörtern" oder „Sätzen" (Abb. 15.3).

Außerdem haben Powner und seine Kollegen das Problem der Erzeugung der RNA-Bausteine unter plausiblen präbiotischen Bedingungen nur teilweise gelöst. Die Schwäche ihrer Demonstration war ironischerweise ihr eigenes geschicktes Eingreifen. Um ein biologisch relevantes Ergebnis zu gewährleisten, mussten sie – wiederholt und intelligent – in ihr Experiment eingreifen: erstens, indem sie nur die „rechtshändigen" Versionen des Zuckers auswählten, die das Leben benötigt (Zucker

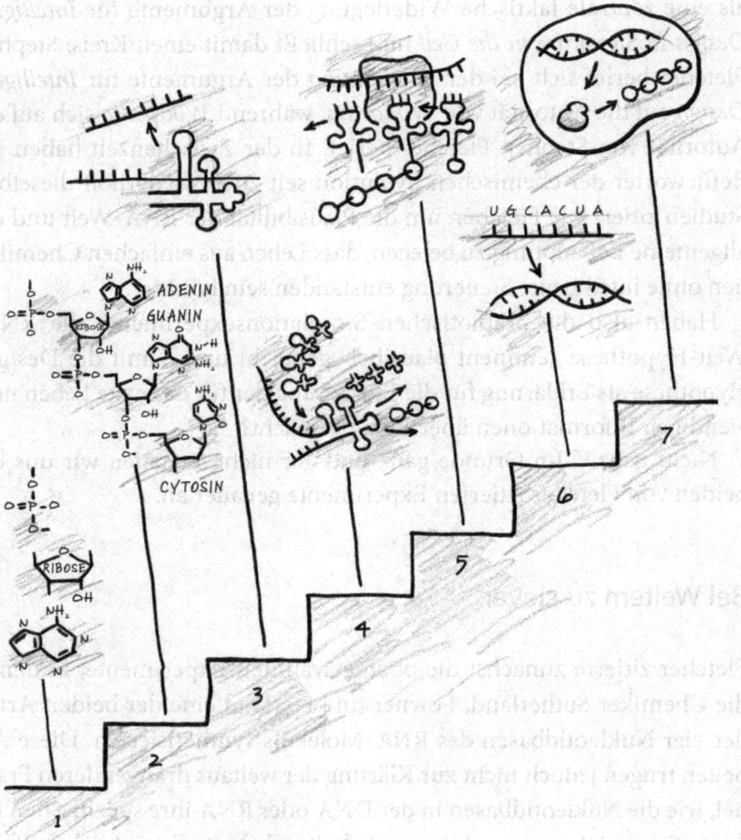

Abb. 15.3

Das Szenario der RNA-Welt in sieben Schritten. *Schritt 1:* Die Bausteine der RNA entstehen auf der frühen Erde. *Schritt 2:* Die RNA-Bausteine verbinden sich zu RNA-Oligonukleotidketten. *Schritt 3:* Eine RNA-Replikase entsteht zufällig, und es entsteht ein Selektionsdruck, der komplexere Formen der molekularen Organisation begünstigt. *Schritt 4:* RNA-Enzyme beginnen mit der Synthese von Proteinen aus RNA-Vorlagen. *Schritt 5:* Die proteinbasierte Proteinsynthese ersetzt die RNA-basierte Proteinsynthese. *Schritt 6:* Die Reverse Transkriptase überträgt die genetische Information von RNA-Molekülen in DNA-Moleküle. *Schritt 7:* Das moderne Genexpressionssystem entsteht in einer Proto-Membran. Jeder der Schritte in diesem Szenario ist biochemisch unplausibel, insbesondere die Schritte 3 und 4, welche wesentliche Quellen ungeklärter genetischer Informationen voraussetzen.

kommen wie Aminosäuren in zwei spiegelbildlichen chemischen Strukturen vor, die als Isomere bezeichnet werden); zweitens, indem sie ihre Reaktionsprodukte bei jedem Schritt reinigten, um störende Kreuzreaktionen zu verhindern; und drittens, indem sie einem präzisen Verfahren folgten, bei dem sie sorgfältig chemisch gereinigte Reagenzien auswählten und dann die Reihenfolge festlegten, in der diese Reagenzien in die Reaktionsreihe eingeführt wurden. Wie mein Kollege David Berlinski bemerkte: „Sie begannen mit dem, was sie brauchten, und reinigten das, was sie bekamen, bis sie das bekamen, was sie wollten."[17]

Die Studie ist also nicht nur an dem Problem gescheitert, die Nukleotidbasen dazu zu bringen, sich zu funktionell spezifizierten Sequenzen anzuordnen, sondern hat – soweit es ihr gelungen ist, biologisch relevante chemische Bestandteile der RNA zu erzeugen – die unverzichtbare Rolle von *Intelligenz* bei der Erzeugung solcher Chemie veranschaulicht.

Die von Fletcher ebenfalls zitierte Studie von Lincoln und Joyce, in der angeblich die Fähigkeit der RNA zur Selbstreplikation nachgewiesen wurde, macht dieses Problem noch deutlicher. Die „selbstreplizierenden" RNA-Moleküle in diesem Experiment kopierten nicht eine Vorlage genetischer Informationen aus frei stehenden Nukleotiden, wie es Proteinmaschinen (sogenannte Polymerasen) in echten Zellen tun. Stattdessen katalysierte in dem Experiment ein vorsynthetisiertes, *spezifisch sequenziertes* RNA-Molekül lediglich eine einzige chemische Bindung, indem es zwei andere vorsynthetisierte RNA-Teilketten miteinander verschmolz. Ihre Version der „Selbstreplikation" lief also auf nichts anderes hinaus als auf das Zusammenfügen zweier sequenzspezifisch vorgefertigter Hälften.

Noch wichtiger ist, dass Lincoln und Joyce selbst die Basensequenzen in diesen RNA-Ketten auf *intelligente Weise angeordnet* haben. Sie erzeugten die sequenzspezifische Funktionsinformation, die selbst diese begrenzte Form der Replikation ermöglicht hat. Das Experiment hat also nicht nur gezeigt, dass selbst eine begrenzte Fähigkeit zur RNA-Selbstreplikation von informationsreichen RNA-Molekülen abhängt, sondern stützt auch die Hypothese, dass intelligentes Design der einzige bekannte Weg ist, auf dem funktionelle Information entsteht.

Was simulieren wir?

Seit 2010 haben Forscher, die sich mit dem Ursprung des Lebens befassen, weitere Experimente durchgeführt, die vermeintlich die Plausibilität von zentralen Schritten auf dem Weg zum Leben belegen, ausgehend von einfacherer präbiotischer Chemie. Aber auch diese Studien weisen das Problem des „eingreifenden Forschers“ auf, denn ihr Erfolg hängt ebenso entscheidend von der Choreografie der *intelligenten* Chemiker ab, die die Experimente durchführen.

Abb. 15.4
James Tour, Rice University, organischer Chemiker.

Professor James Tour (Abb. 15.4) von der Rice University, einer der weltweit führenden Forscher in synthetisch-organischer Chemie, hat seit 2016 zwei bahnbrechende Übersichtsartikel verfasst, in denen er den Stand der chemischen Evolutionstheorie bewertet.[18] Er kam zu dem Schluss, dass alle derzeitigen chemischen Evolutionsszenarien gerade deshalb nicht plausibel sind, weil sie von intelligent gereinigten chemischen Reagenzien, intelligent konzipierten chemischen Rezepten und intelligent geführten Versuchsprotokollen abhängen.

Darüber hinaus habe ich in *Signature in the Cell* gezeigt: Immer dann, wenn Chemiker eine Reaktionssequenz einrichten oder in sie eingreifen – oder wenn sie auf andere Weise Beschränkungen auf ein chemisches System anwenden, um ein bestimmtes Ergebnis zu gewährleisten und andere auszuschließen –, immer dann geben sie letztlich Informationen in dieses System ein. Auf diese Weise simulieren sie unbeabsichtigt am ehesten noch die Notwendigkeit eines intelligenten Designs für die Erzeugung biologisch relevanter Chemie und Information.

Die Herausforderung durch Evolutionsbiologen

In meinem zweiten Buch *Darwin's Doubt* habe ich die informationsbasierte Argumentation von *Signature in the Cell* erweitert, indem ich gezeigt habe, dass *Intelligent Design* die beste Erklärung für den Ursprung der Informationen bietet, die für den Aufbau grundlegend neuer Formen tierischen Lebens und ihrer Körperpläne („Baupläne") erforderlich sind. Während *Signature* die Theorie des *Intelligent Design* als Alternative zu materialistischen Theorien der chemischen Evolution darstellt, präsentiert *Darwin's Doubt Intelligent Design* als Alternative zu materialistischen Theorien der biologischen Evolution. Kapitel 10 dieses Buches fasst zentrale Teile dieser Argumentation zusammen. Spätere wissenschaftliche Kritiken haben sich als ausgezeichnete Gelegenheiten erwiesen, auch ihre Stärke zu testen.

Diejenige Rezension von *Darwin's Doubt*, die die Hauptthese des Buches am stärksten in die Zange genommen hat, wurde vom Berkeley-Paläontologen Charles Marshall verfasst und in *Science* veröffentlicht. Marshall, ein nach dem Mainstream ausgerichteter Evolutionsbiologe, hat wenig Interesse an der Art von antireligiöser Polemik, wie sie von Richard Dawkins und anderen Neuen Atheisten vertreten wird. Gleichzeitig bekennt er sich zu einer materialistischen Weltanschauung und ist der Meinung, dass eine zeitgenössische Form der Evolutionstheorie die wichtigsten biologischen Neuerungen in der Geschichte des Lebens erklären kann (oder letztendlich erklären wird). Als führender Experte für das Kambrium hat Marshall verschiedene Erklärungen für das plötzliche Auftauchen neuer Lebensformen in dieser Zeit vorgeschlagen.

Im Gegensatz zu vielen anderen Rezensenten setzte sich Marshall direkt mit meinen Hauptargumenten zum Problem des Ursprungs der biologischen Information und morphologischer Neuheiten auseinander. Dennoch hat er – wenn auch unbeabsichtigt – gezeigt, dass die Evolutionsbiologen dieses Problem nicht gelöst haben und keine bessere Erklärung als *Intelligent Design* haben.

Um meine Behauptung zu widerlegen, dass evolutionären Mechanismen die schöpferische Kraft fehlt, um die Informationen zu erzeugen, die für die Entstehung neuer Formen tierischen Lebens notwendig sind, verteidigte Marshall nicht etwa die Hinlänglichkeit von Mutation und natürlicher Auslese (oder irgendeines anderen materialistischen evolutionären Mechanismus). Stattdessen bestritt er, dass erhebliche Mengen an neuen genetischen Informationen *notwendig gewesen wären*, um neue Tiere und ihre spezifischen Körperpläne zu schaffen.

Marshall behauptete, dass durch eine „Neuverdrahtung" der sogenannten entwicklungsorientierten Genregulationsnetzwerke (GRN) aus bereits vorhandenen Genen neue Tiere entstehen könnten. Entwicklungsorientierte Genregulationsnetzwerke umfassen Netzwerke von Genen und Genprodukten (DNA-bindende Proteine und regulatorische RNAs), die den Zeitpunkt und die Ausprägung der genetischen Information während der Tierentwicklung steuern. Die Komponenten in diesen Netzwerken senden *Signale* (bekannt als Transkriptionsregulatoren oder Transkriptionsfaktoren), die die Art und Weise beeinflussen, wie sich einzelne Zellen entwickeln und differenzieren. *Wann* genau ein Signalmolekül übertragen wird, hängt zum Beispiel oft davon ab, wann ein Signal von einem anderen Molekül empfangen wird, das wiederum die Übertragung weiterer Moleküle beeinflusst – alles wunderschön koordiniert, um bestimmte zeitkritische Funktionen zu erfüllen. Diese Netzwerke von Genen und Genprodukten funktionieren ähnlich wie integrierte Schaltkreise und sorgen dafür, dass der sich entwickelnde Organismus die richtigen Proteine zur richtigen Zeit produziert, um die richtigen Zelltypen während der embryologischen Entwicklung zu versorgen (Abb. 15.5, Seite 418+419).

Diese Hypothese der „Neuverdrahtung" bildete die Grundlage für Marshalls Kritik. Er argumentierte wie folgt:

> *[Meyers] Argumentation … beruht auf der Behauptung, dass die Entstehung neuer tierischer Körperpläne riesige Mengen neuer genetischer Informationen erfordert, verbunden mit der unbewiesenen Behauptung, dass diese neuen genetischen Informationen viele neue Proteinfalten enthalten müssen. Tatsächlich deutet unser heutiges Verständnis der Morphogenese darauf hin, dass neue Phyla nicht durch neue Gene entstanden sind, sondern größtenteils durch die Neuverdrahtung der Genregulationsnetzwerke (GRN) bereits existierender Gene.*[19]

Oberflächlich betrachtet, klingt Marshalls Vorschlag plausibel. Dennoch setzt auch er bedeutende und unerklärte Quellen biologischer Informationen voraus.

Elastische Kontrollnetzwerke erforderlich

Zunächst nahm Marshall an, dass entwicklungsorientierte Genregulationsnetzwerke in der Vergangenheit flexibler waren und einer „Neuverdrahtung" unterlagen.[20] Alle verfügbaren Beobachtungsdaten zeigen jedoch, dass GRNs keine Änderungen oder Störungen ihrer grundlegenden Kontrollsysteme tolerieren. Selbst kleine mutationsbedingte Veränderungen an den Genen im Kern des GRN führen entweder zu keiner Veränderung des Entwicklungsverlaufs (aufgrund einer vorprogrammierten Redundanz) oder zu katastrophalen (meist tödlichen) Auswirkungen bei sich entwickelnden Tieren. Werden die zentralen Kontrollknoten gestört, so führt dies beim Tier nicht zu einem anderen lebensfähigen, stabil vererbbaren Körperplan. Vielmehr bricht das System zusammen, und das sich entwickelnde Tier stirbt in der Regel oder ist, wenn es überlebt, schwer missgebildet.[21]

Die Entdeckung dieser Tatsache über GRNs verdanken wir dem bereits verstorbenen Eric Davidson, einem führenden Entwicklungsbiologen vom California Institute of Technology.[22] In seinen Untersuchungen fand er heraus, was diese Gennetzwerke tun – und was sie nie tun: Sie verändern sich nie signifikant durch ungerichtete Mutationen. Davidson erklärte, warum. Er verglich die integrierte Komplexität der GRNs mit der eines integrierten Schaltkreises auf einer elektrischen Leiterplatte. Diese integrierte Komplexität macht GRNs hartnäckig resistent gegen eine grundlegende Umstrukturierung, bei der sie nicht kaputtgehen.[23] Stattdessen führen Mutationen der GRNs, die die Entwicklung des Körperplans regulieren, unweigerlich zum „katastrophalen Verlust des Körperteils oder zum Verlust der Lebensfähigkeit insgesamt".[24] Davidson betonte: „Es gibt immer eine beobachtbare Konsequenz, wenn ein GRN-Unterschaltkreis unterbrochen wird. Da diese Folgen immer katastrophal schlecht sind, ist die Flexibilität minimal."[25]

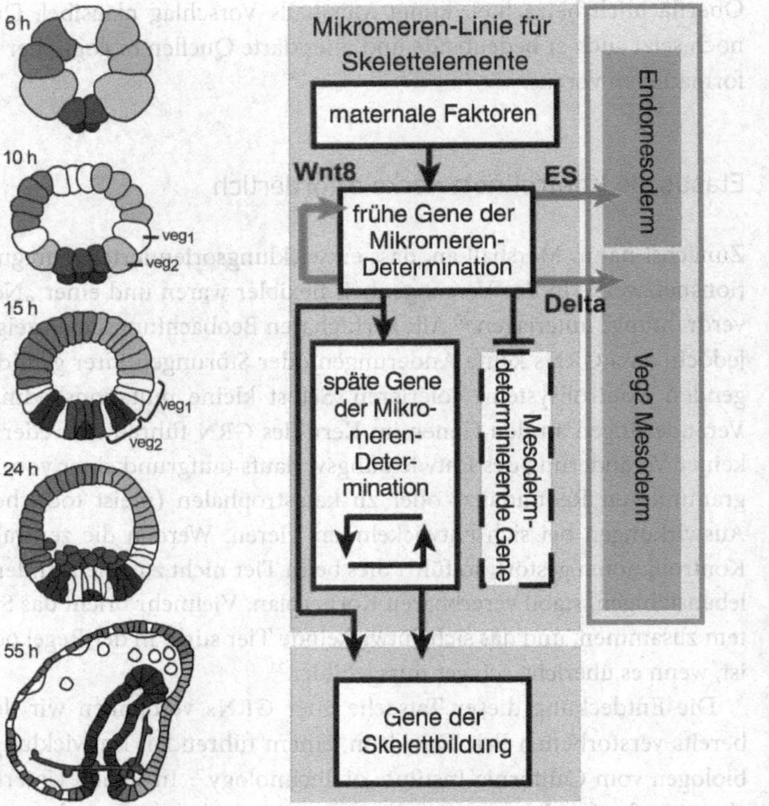

Abb. 15.5A Abb. 15.5B

Entwicklungsorientierte Genregulationsnetzwerke (GRN) koordinieren den Zeitpunkt und die Ausprägung der genetischen Information während der Tierentwicklung vom Embryo bis zum voll entwickelten erwachsenen Organismus. Wenn Entwicklungsbiologen die funktionellen Beziehungen in diesen koordinierten Netzwerken von Genen und Genprodukten (einschließlich Proteinen oder regulatorischer RNAs) abbilden, sehen die resultierenden Schemata integrierten Schaltkreisen verblüffend ähnlich. Abbildung 15.5a (links oben) zeigt die Entwicklung eines violetten Seeigels, *Strongylocentrotus purpuratus*, vom Beginn sechs Stunden nach der Befruchtung über die Zellteilung bis zum Erscheinen des Larvenskeletts nach fünfundfünfzig Stunden. In Abbildung 15.5b sind die wichtigsten Genklassen dargestellt, die an der Spezifizierung des Larvenskeletts beteiligt sind. Abbildung 15.5c zeigt die detaillierten genetischen Schaltkreise des gesamten „Genregulationsnetzwerks", das den Aufbau des Larvenskeletts kontrolliert.

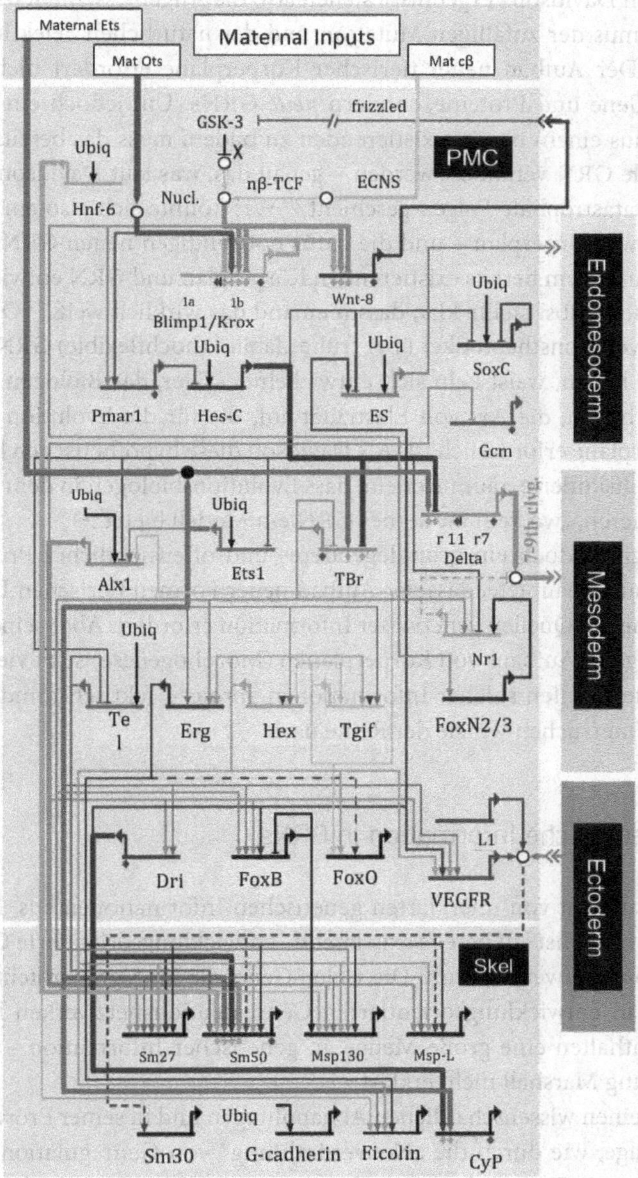
Maternal Ets
Maternal Inputs
Mat Ots
Mat cβ
frizzled
GSK-3
Ubiq
PMC
nβ-TCF
ECNS
Nucl.
Hnf-6
1a
1b
Wnt-8
Blimp1/Krox
Ubiq
Endomesoderm
SoxC
Pmar1
Hes-C
ES
Gcm
Ubiq
Ets1
Alx1
TBr
r 11 r7
Delta
7-9th clvg.
Mesoderm
Nr1
Te
l
Erg
Hex
Tgif
FoxN2/3
L1
Dri
FoxB
FoxO
VEGFR
Ectoderm
Skel
Sm27
Sm50
Msp130
Msp-L
Sm30
G-cadherin
Ficolin
CyP

Abb. 15.5C

Auch Davidsons Ergebnisse stellen also die Angemessenheit des Mechanismus der zufälligen Mutation und der natürlichen Selektion infrage. Der Aufbau neuer tierischer Körperpläne erfordert nicht nur neue Gene und Proteine, sondern *neue* GRNs. Um jedoch ein neues GRN aus einem bereits existierenden zu bilden, muss das bereits existierende GRN verändert werden – genau das, was laut Davidson nicht ohne katastrophale Folgen geschieht.[26] Wie könnte sich also ein neuer tierischer Körperplan – und die dafür notwendigen neuen GRNs – jemals aus einem bereits existierenden Körperplan und GRN entwickeln? Davidson selbst stellte klar, dass niemand das wirklich weiß.[27] Obwohl viele Evolutionstheoretiker über frühe „labile" (hochflexible) GRNs spekuliert haben, weist kein sich entwickelndes Tier, das Biologen beobachtet haben, die Art von Elastizität auf, die für die Evolution neuer Körperpläne erforderlich ist. Als Davidson diese hypothetischen labilen GRNs diskutierte, räumte er ein, dass Evolutionsbiologen in dem Punkt spekulieren, „wo kein modernes GRN ein Modell bietet".[28]

Es gibt jedoch ein grundlegenderes und offensichtliches Problem. Marshall behauptete, dass der Aufbau neuer Formen tierischen Lebens keine neuen Quellen genetischer Information erfordert. Aber seine Darstellung des Aufbaus von Körperplänen (Morphogenese) setzt viele ungeklärte Quellen solcher Informationen *voraus* – faktisch mindestens drei. Untersuchen wir sie der Reihe nach.

Die genetische Information in GRNs

Marshall geht von unerklärten genetischen Informationen aus, indem er sich zunächst auf bereits existierende entwicklungsorientierte Genregulationsnetzwerke beruft. Die vielen Gene, die für Signalproteine und RNAs in entwicklungsorientierten Genregulationsnetzwerken kodieren, enthalten eine große Menge an genetischer Information – deren Ursprung Marshall nicht erklärt.

In seinen wissenschaftlichen Abhandlungen und in seiner Erörterung der Frage, wie durch die „Neuverdrahtung" von Genregulationsnetzwerken neue Körperpläne entstehen könnten, erkennt Marshall eindeutig an, dass bereits vorhandene Gene erforderlich sind, um neue Tiere zu erzeugen. Er betont, dass insbesondere die *Hox*-Gene eine tragende Rolle bei der Entstehung der ersten Tiere während der kambrischen Explosion gespielt haben müssen.[29] *Hox*-Gene sind informationsreiche regulatorische Gene, die die Expression anderer Gene koordinieren und daher in vielen GRNs eine wichtige Rolle spielen. Dennoch erklärt er nicht den Ursprung dieser oder anderer informationsreicher Gene in GRNs. Sein Vorschlag wirft somit die Frage auf nach dem Ursprung mindestens einer zusätzlichen bedeutenden und notwendigen Quelle genetischer Information.

Ein „genetischer Werkzeugkasten" für anatomische Neuerungen

Als Marshall schrieb, dass neue Tiere „durch die Neuverdrahtung der Genregulationsnetzwerke (GRN) von bereits existierenden Genen" entstanden sind, hat er nicht präzisiert, ob er damit bereits existierende Gene in Genregulationsnetzwerken oder andere bereits existierende Gene meinte, wie z. B. diejenigen, die für den Aufbau der spezifischen anatomischen Strukturen notwendig sind, welche die kambrischen Tiere charakterisieren (deren Expression von GRNs reguliert wird). In anderen Beiträgen hat Marshall jedoch betont, dass für den Aufbau neuer Tierkörperpläne viele andere bereits vorhandene Gene erforderlich sind, ja sogar ein bereits vorhandener angepasster „genetischer Werkzeugkasten" für den Aufbau bestimmter anatomischer Teile und Strukturen.[30]

In einem Artikel aus dem Jahr 2006 mit dem Titel „Explaining the Cambrian ‚Explosion' of Animals" („Eine Erklärung der kambrischen ‚Explosion' der Tiere") stellte Marshall fest: „Tiere können sich nicht weiterentwickeln, wenn die Gene für ihre Entstehung noch nicht vorhanden sind. Es liegt also auf der Hand, dass entwicklungsorientierte/genetische Innovationen eine zentrale Rolle bei der [kambrischen] Radiation gespielt haben müssen."[31] Tatsächlich betonte Marshall neben den *Hox*-Genen die Notwendigkeit von „Gen-Neuheiten" für den Aufbau der anatomischen Strukturen und anderer neuartiger Merkmale der verschiedenen Tiere, die in der kambrischen Periode entstanden.[32]

Damit hat er natürlich recht. Für den Bau neuer Tiere wäre eine ganze Reihe verschiedener Proteine erforderlich gewesen, um bestimmte Formen tierischen Lebens aufzubauen und zu bedienen. Verschiedene Formen komplexen tierischen Lebens weisen einzigartige Zelltypen auf, und typischerweise hängt jeder Zelltyp von anderen spezialisierten oder speziellen Proteinen ab, die wiederum genetische Informationen benötigen.[33] Neue Formen tierischen Lebens hätten verschiedene spezialisierte Proteine benötigt: zur Ermöglichung von Adhäsion, zur Regulierung der Entwicklung, zum Aufbau spezialisierter Gewebe oder struktureller Teile spezialisierter Organe, zur Produktion von Eiern und Spermien und für viele andere besondere Funktionen und Strukturen. Diese Proteine müssen irgendwann in der Geschichte des Lebens entstanden sein, aber Marshall erklärt nicht, wie die Informationen für ihre Bildung entstanden sind.

Die Neuverdrahtung von Netzwerken und der Informationsinput

Schließlich würde die „Neuverdrahtung" genetischer Schaltkreise, wie sie Marshall sich vorstellt, selbst neue Informationen erfordern. Zur Verdeutlichung überlegen wir einmal, was nötig wäre, um die Schaltkreise der in Abbildung 15.6 gezeigten E-Gitarre aus den 1950ern neu zu verdrahten. Dabei ist zu beachten, dass die materiellen Komponenten der drei verschiedenen Schaltkreise in der Abbildung in allen drei Gitarren gleich sind, obwohl sich die von den neu verdrahteten Gitarren erzeugten musikalischen Töne entsprechend der Absicht des Designers deutlich unterscheiden werden. Die Neuverdrahtung erfordert die bewusste Auswahl einer bestimmten Konfiguration von Bauteilen aus einem viel größeren Spektrum möglicher Optionen. Es bedarf also eines Zuflusses bestimmter Informationen, um die Teile des ursprünglichen Systems neu und anders anzuordnen. Beachten wir auch, dass ein solcher Informationsinput unabhängig davon erforderlich ist, ob die einzelnen Teile des Schaltkreises weitgehend gleich bleiben oder ob neue Teile eingeführt werden müssen.

In ähnlicher Weise, aber weitaus umfassender würde – angesichts der

Komplexität eines Tieres im Vergleich zu einer Gitarre – auch die Neuverdrahtung der Schaltkreise eines Genregulationsnetzwerks neue Informationsinputs erfordern. Dazu wären mehrere koordinierte Änderungen der Basensequenzen in den einzelnen Genen und/oder Änderungen bezüglich der Anordnung oder des Zeitpunkts der Expression ganzer Gene innerhalb des Entwicklungs-Genregulationsnetzwerks erforderlich. Eine solche Rekonfiguration würde eine Festlegung auf bestimmte materielle Zustände und den Ausschluss einer großen Zahl anderer bedeuten. Sie würde also eine wesentliche Zufuhr neuer funktioneller Informationen in das GRN mit sich bringen.[34] Selbst wenn es also möglich

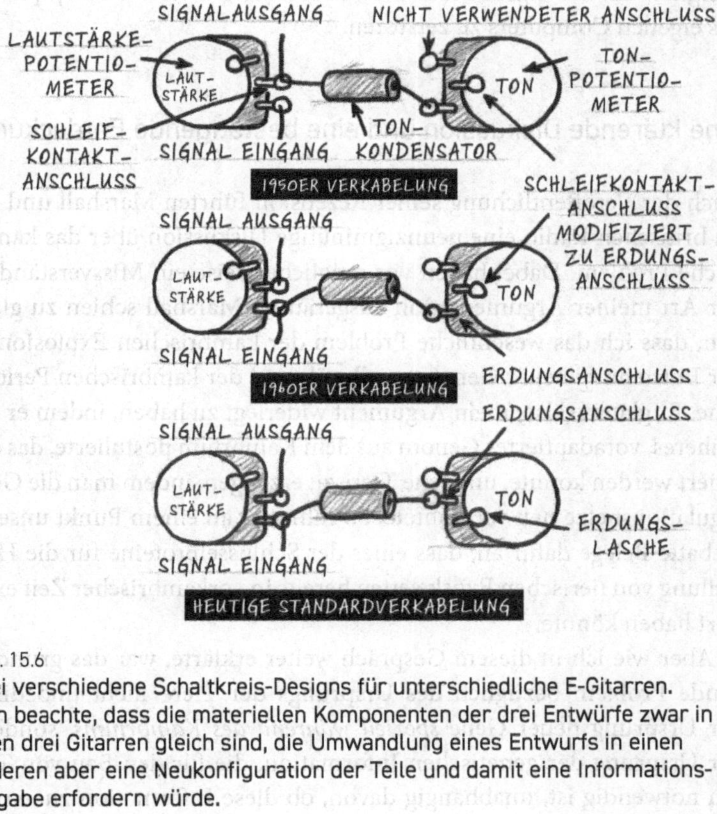

Abb. 15.6
Drei verschiedene Schaltkreis-Designs für unterschiedliche E-Gitarren. Man beachte, dass die materiellen Komponenten der drei Entwürfe zwar in allen drei Gitarren gleich sind, die Umwandlung eines Entwurfs in einen anderen aber eine Neukonfiguration der Teile und damit eine Informationseingabe erfordern würde.

wäre, Genregulationsnetzwerke neu zu verdrahten, ohne ein sich entwickelndes Tier zu zerstören, setzt Marshalls „Neuverdrahtungs"-Vorschlag selbst die Notwendigkeit einer zusätzlichen Informationsquelle voraus, erklärt sie aber nicht.

Schließlich wäre da noch die unausweichlich teleologische (oder zweckgerichtete) Sprache von Marshalls „Umverdrahtungs"-Vorschlag. Jeder Elektriker oder Elektrotechniker – faktisch jeder, der mit tatsächlichen Schaltkreisen und einer Stromversorgung arbeitet, bei der Strom durch den Schaltkreis fließt – weiß, dass eine erfolgreiche Neuverdrahtung wohlüberlegte Entscheidungen erfordert, d.h. sowohl Informationen *als auch* intelligentes Design. Was die Neuverdrahtung offensichtlich *nicht* zulässt, sind *zufällige* Änderungen. Diese sind eher dazu geeignet, um das eigene Haus niederzubrennen oder die Hauptplatine des eigenen Computers zu zerstören.

Eine klärende Diskussion und eine bestätigende Entdeckung

Nach der Veröffentlichung seiner Rezension führten Marshall und ich im britischen Radio eine neunzigminütige Diskussion über das kambrische Problem. Dabei haben wir möglicherweise ein Missverständnis zur Art meiner Argumentation ausgeräumt. Marshall schien zu glauben, dass ich das wesentliche Problem der kambrischen Explosion in der Entstehung neuer Gene speziell während der kambrischen Periode sehe. Er glaubte also, mein Argument widerlegt zu haben, indem er ein früheres, voradaptiertes Genom aus dem Kambrium postulierte, das aktiviert werden konnte, um neue Tiere zu erzeugen, indem man die Genregulationsnetze neu verdrahtete. So führte er an einem Punkt unserer Debatte Belege dafür an, dass eines der Schlüsselproteine für die Herstellung von tierischen Exoskeletten bereits in vorkambrischer Zeit existiert haben könnte.

Aber wie ich in diesem Gespräch weiter erklärte, war das grundlegende Problem bezüglich des Ursprungs der Tiere nicht unbedingt der Ursprung neuer Gene *speziell während des Kambriums*, sondern der Ursprung der genetischen Information, die für den Bau von Tieren notwendig ist, unabhängig davon, ob diese Information zuerst im

Kambrium oder früher entstanden ist. Wenn man den Ursprung der genetischen Information in die Zeit vor dem Kambrium zurückverlegt, bleibt die Frage nach ihrem endgültigen Ursprung unbeantwortet.

Wir erinnern uns auch an Kapitel 10, in dem festgestellt wurde, dass Mutagenese-Experimente die *extreme* Seltenheit funktioneller Gene und Proteine unter den vielen möglichen Anordnungen von Nukleotidbasen oder Aminosäuren in den entsprechenden „Sequenzräumen" belegen.[35] Diese Seltenheit macht es sehr wahrscheinlich, dass eine Reihe von zufälligen Mutationssuchvorgängen nicht einmal ein *einziges* neues Gen oder eine Proteinfalte innerhalb der verfügbaren Evolutionszeit hervorbringen wird. Marshall hat nicht erklärt, *wie* eine zufällige Mutationssuche die extrem seltenen funktionellen Sequenzen von Nukleotidbasen hätte finden können, die in einem exponentiell großen Sequenzraum möglicher Anordnungen Proteinfalten bilden können. Mit anderen Worten, er erklärt nicht, wie irgendein evolutionärer Mechanismus das in Kapitel 10 beschriebene Suchproblem hätte lösen können. Stattdessen nimmt er einfach an, dass die notwendigen Gene für den Aufbau neuer Formen tierischen Lebens früher in der Geschichte des Lebens entstanden sind, ohne zu erklären, *wie* das geschah.

Ich habe in der Vergangenheit vermutet und vermute immer noch, dass ein Großteil der genetischen Informationen, die für das plötzliche Auftreten der kambrischen Tiere erforderlich sind, im Kambrium entstanden sind. (Jüngste genetische Analysen haben meine Ansicht bestätigt.) Aber ich habe eingeräumt, dass die für die Entstehung der kambrischen Tiere erforderlichen Gene auch schon früher entstanden sein könnten, ohne dass dies das grundlegende Problem in irgendeiner Weise lösen würde. Ich wies darauf hin, dass die Annahme einer *bereits vorhandenen* genetischen Information (z. B. für den Aufbau der Proteine des tierischen Exoskeletts) die Frage nach dem früheren Ursprung dieser genetischen Information unbeantwortet lässt.[36] Darauf antwortete Marshall: „Na schön." Ich deute dies als Eingeständnis, dass das Problem des endgültigen Ursprungs der genetischen Information ein reales Problem ist.[37]

Die Herausforderung durch theistische Evolutionisten

Seit Marshalls Rezension haben auch zwei prominente theistische Evolutionisten meine Kritik an der Wirksamkeit von Mutation und natürlicher Selektion als Mechanismus zur Erzeugung neuer genetischer Information infrage gestellt. Deborah Haarsma von der BioLogos Foundation – einer prominenten Gruppe, die sich dafür einsetzt, Christen für das evolutionäre Denken zu gewinnen – hat behauptet, dass funktionale Gene und Proteine laut neuer Studien *nicht* extrem selten sind. Dies steht im Widerspruch zu den von Douglas Axe und anderen durchgeführten Experimenten (siehe Kapitel 10).[38] Dennis Venema, ein Biologe an der Trinity Western University, der ebenfalls mit BioLogos in Verbindung steht, argumentierte anhand der Evolution eines Enzyms, das synthetisches Nylon verdauen kann, dass funktionale Gene und Proteine nicht extrem selten sein können. Folglich, so argumentieren sie, können neue Informationen, die zum Aufbau einer neuen Proteinfalte fähig sind, durch Mutation und Selektion in der verfügbaren Evolutionszeit entstehen.

Die Behauptung von Haarsma ist falsch. Venemas Behauptungen sind unzutreffend und irreführend.

Erstens haben mindestens vier andere Studien, die unterschiedliche Methoden verwenden, um die Seltenheit funktioneller Proteine[39] zu schätzen, die mehrjährige experimentelle Studie von Axe bestätigt.[40] Darüber hinaus untermauern neuere Arbeiten des Weizmann-Instituts in Israel die ursprünglichen Schlussfolgerungen von Axe. Der Proteinforscher Dan Tawfik hat gezeigt, dass Proteinfalten ihre strukturelle und thermodynamische Stabilität verlieren, wenn sich mehr und mehr Mutationen ansammeln. Experimentell fand Tawfik heraus, dass sich die Stabilität zahlreicher verschiedener Proteinfalten mit drei bis fünfzehn zufälligen Mutationen vollständig zerstören lässt.[41] Um jedoch eine Proteinfalte in eine andere zu verwandeln, sind viel mehr als nur fünfzehn Mutationen erforderlich.

So wie eine Reihe zufälliger Änderungen an einem Computercode die Funktion der Software zerstört, bevor ein neues Programm entstehen kann, wird eine kleine Handvoll (typischerweise zwischen 3 und 15) zufälliger Änderungen an der Aminosäuresequenz eines Proteins die

Stabilität der Proteinfalte zerstören, lange bevor sich genügend Mutationen ansammeln, um eine neue Falte zu erzeugen. Tatsächlich würden funktionsbereite Proteinfalten schneller in sich zusammenfallen als ein deutscher Satz. Darüber hinaus zeigte Tawfik, dass dieses Phänomen auch bei großen Klassen von sogenannten globulären Proteinen auftritt, nicht nur bei dem β-Lactamase-Enzym, das Douglas Axe untersuchte. Das deutet darauf hin, dass Axes Ergebnisse verallgemeinert werden können.

Wie der deutsche Paläontologe Günter Bechly und zwei weitere Kollegen des Discovery Institute – Brian Miller, Physiker für komplexe Systeme, und der Mathematiker David Berlinski – zudem anmerken: „Berechnungen, die auf Tawfiks Arbeit basieren, bestätigen und erweitern die Anwendbarkeit von Axes ursprünglichem Maß für die Seltenheit von Proteinfalten. Diese Berechnungen bestätigen, dass das Maß der Seltenheit, das Axe für das von ihm untersuchte Protein bestimmt hat, tatsächlich repräsentativ für die Seltenheit großer Klassen anderer globulärer Proteine ist."[42] Sie stellen auch fest, dass Tawfik (kein Freund von *Intelligent Design*) die Entstehung einer neuartigen Proteinfalte widerwillig als „etwas, das einem Wunder nahekommt" bezeichnet hat.

Nichtsdestotrotz zitiert Haarsma die Arbeit einer italienischen Forschergruppe, die angeblich Axes Ergebnissen widerspricht.[43] In dieser Studie wurde untersucht, wie oft sich zufällig erzeugte Aminosäureketten (Polypeptide) zu stabilen dreidimensionalen Strukturen organisieren. Der Test, den die italienische Gruppe zur Identifizierung stabiler Strukturen verwendete, konnte jedoch nicht zwischen gefalteten funktionellen Proteinen und nicht funktionellen Aminosäureanhäufungen unterscheiden. Die Gruppe berichtete zwar über zwei gefaltete Strukturen, entdeckte aber, dass diese Strukturen, außer in stark sauren Umgebungen, unlösliche Aggregate und keine Proteinfalten bildeten. Das bedeutet, dass sich diese Aminosäureketten in lebenden Zellen nicht falten würden. Die italienische Studie widerlegt also weder die Ergebnisse von Axe noch die von Tawfik.

Venemas Behauptungen sind ebenfalls höchst problematisch.[44] Venema verweist auf die Entdeckung eines Enzyms (eines Proteins) namens „Nylonase" in den 1970er-Jahren, um meine Behauptung zu widerlegen, dass eine durch zufällige Mutation ausgelöste Suche nach einer neuartigen Proteinfalte selbst in der mehrere Milliarden Jahre währenden Geschichte des Lebens auf der Erde mit überwältigender Wahrscheinlichkeit eher scheitert als erfolgreich ist. Das Enzym Nylonase kann synthetisches Nylon abbauen. Venema behauptet, die rasche Entstehung des Enzyms Nylonase in nur vierzig Jahren zeige, dass evolutionäre Prozesse in der Lage sind, ein „brandneues Protein“ zu erzeugen. Er argumentiert: „Da Nylon eine synthetische Chemikalie ist, die in den 1930er-Jahren erfunden wurde, deutet dies darauf hin, dass sich diese Bakterien in nur vierzig Jahren an dessen Nutzung als Nahrungsquelle angepasst haben – weniger als ein Wimpernschlag in evolutionären Zeitskalen. … Diese funktionelle Aminosäuresequenz war nicht etwa eine modifizierte Version eines anderen Enzyms, sondern ist in einem Augenblick durch eine einzige Mutation entstanden.“[45]

Er behauptet weiter, dass dieses Enzym „de novo“, im Wesentlichen „brandneu“, durch eine einzige, aber bedeutende „Rasterschub“-Mutation entstanden ist. Eine Rasterschubmutation tritt auf, wenn ein einziger Nukleotid-Buchstabe zufällig in die genetische Sequenz eingefügt wird, wodurch die Proteinmaschine, die die genetische Nachricht transkribiert, ihren Startpunkt um ein Nukleotid – einen genetischen „Buchstaben“ – verschiebt, während sie die Sequenz transkribiert oder „liest“. Nach Venemas Meinung belegt die Entstehung der Nylonase durch eine solche Mutation, dass funktionelle Proteinfalten im Sequenzraum viel häufiger vorkommen müssen, als Axe behauptet hat. Venema drückt es so aus: „Wenn nur eines von 10^{77} Proteinen funktionsfähig ist, sollte es unmöglich sein, dass so etwas in Milliarden und Abermilliarden von Jahren, geschweige denn in 40 Jahren, passieren kann.“[46]

Anders als Venema behauptet ist Nylonase jedoch nicht *de novo* durch eine einzige Rasterschubmutation entstanden; es handelt sich nicht um ein „brandneues Protein“, und schon gar nicht um eine neue Proteinfaltung.

Erstens haben die von Venema zitierten japanischen Forscher, die die Nylonase am ausführlichsten untersucht haben, postuliert, dass diese durch zwei geringfügige Punktmutationen und nicht durch eine dramatische Rasterschubmutation entstanden ist. Diese Mutationen führten lediglich zu zwei Aminosäureveränderungen oder Substitutionen[47] an einem bereits existierenden Protein mit 392 Aminosäuren – kaum ein dramatisches Ereignis, das *de novo* entstanden ist.

Zweitens schlossen die Forscher aus ihrer Studie, dass das ursprüngliche Gen, aus dem das Nylonase-Gen hervorging, bereits vor der Erfindung des Nylons für ein Protein mit begrenzter Nylonase-Funktion kodiert hat. Dies scheint wahrscheinlich, da ein natürlich vorkommender „Cousin" der Nylonase – ein Enzym mit großer Sequenzähnlichkeit – eine messbare (wenn auch schwache) Nylonase-Aktivität aufweist und mit nur zwei kleinen Mutationen in eine größere Nylonase-Aktivität umgewandelt werden kann. Dies deutet darauf hin, dass solche Mutationen die Funktion eines bereits existierenden Proteins mit bescheidener Nylonase-Aktivität optimieren.[48]

Vor allem aber weisen die Belege darauf hin, dass die Nylonase *keine neue Proteinfalte darstellt*, sondern dieselbe stabile, komplexe dreidimensionale Falte (nämlich eine β-Lactamase-Faltung) aufweist wie sowohl ihr Cousin als auch ihr wahrscheinliches Vorläuferprotein. Dies wird von genau den Forschern klargestellt, die Venema als Quelle für die Geschichte über den Ursprung der Nylonase anführt. Wie die japanischen Forscher anmerken: „Wir gehen von der Annahme aus, dass der Austausch von Aminosäuren in der katalytischen Spaltung einer *bereits existierenden* Esterase mit der *β-Lactamase-Falte* zur Evolution der Nylon-Oligomer-Hydrolase geführt hat."[49] Man beachte die Begriffe „bereits existierend" und „β-Lactamase-Falte". Diese Worte weisen darauf hin, dass die Mutationen, die für den Ursprung der Nylonase verantwortlich sind, nicht ein Gen hervorbrachten, das für eine *neue* Proteinfaltung kodieren kann, sondern ein Gen, das für dieselbe β-Lactamase-Falte wie sein Vorgänger kodiert.

Damit bestätigt die Nylonase-Geschichte das, wofür Axe und ich argumentiert haben, nämlich dass der Mechanismus der zufälligen Mutation und der natürlichen Selektion die Funktion eines Proteins *optimieren* (oder sogar verändern) kann – sofern dabei keine neue Faltung generiert werden muss. In Anbetracht der extremen Seltenheit von Proteinfalten im Sequenzraum übersteigt jedoch die Anzahl der Mutationsänderungen, die für die Erzeugung einer neuen *Falte* notwendig sind (also um sie *neu hervorzubringen*, statt zu *optimieren*), das, was in der verfügbaren Evolutionszeit vernünftigerweise erwartet werden kann.

Die Nylonase-Geschichte bestätigt diese Annahme eher, als dass sie sie widerlegt. Sie legt nahe, dass der Mechanismus der zufälligen Mutation und der natürlichen Auslese nicht in der Lage ist, die Entstehung der *Menge* an neuen Informationen zu erklären, die notwendig ist, um eine neue Proteinfaltung und damit bedeutende strukturelle Innovationen in der Geschichte des Lebens zu erzeugen.[50]

Die Herausforderung durch atheistische Evolutionisten

Schlussendlich haben prominente atheistische Evolutionisten versucht, meine Kritik am Mechanismus der zufälligen Mutation und natürlichen Selektion als Erklärung für den Ursprung genetischer Information zu widerlegen.

Zu Beginn dieses Buches schilderte ich meine Debatte mit Lawrence Krauss im März 2016 an der Universität von Toronto. Krauss – und später Richard Dawkins, der Krauss verteidigte – behauptete, dass meine Kritik den evolutionären Mechanismus als rein zufälligen Prozess falsch darstelle. Stattdessen beharrten sowohl Krauss als auch Dawkins darauf, dass, in Dawkins' Worten, „die natürliche Auslese ein *nicht-zufälliger* Prozess ist". Gemeint ist: Es könnte ihr vermutlich gelingen, die extrem seltenen funktionalen Anordnungen von Nukleotidbasen und Aminosäuren tatsächlich innerhalb des Raums der möglichen Anordnungen in der verfügbaren Evolutionszeit zu ermitteln.

Nach der Debatte verteidigte Dawkins Krauss auf der Blog-Website *Why Evolution Is True* („Warum die Evolution wahr ist"), die von dem Biologen Jerry Coyne von der Universität Chicago betrieben wird, einem weiteren Neuen Atheisten. „Meyer war schrecklich", schrieb Dawkins. „Wann werden diese Leute begreifen, dass es irrelevant ist zu berechnen, auf wie viele Billionen Arten man Dinge zufällig vertauschen kann. Es ist irrelevant, wie Lawrence gesagt hat, weil die natürliche Auslese ein *nicht-zufälliger* Prozess ist."[51]

Ich war erfreut, dass Dawkins sich einbringen wollte. Zuvor hatte er eine Einladung des Präsidenten unseres Instituts zu einer Debatte mit mir mit den Worten abgelehnt: „Ihre Leute haben das nicht verdient." Sein unmittelbarer Einsatz stellte also nicht nur eine Art Zugeständnis dar, sondern bot auch die Gelegenheit, die Stärke meiner Argumente gegen den Einwand eines prominenten Kritikers von *Intelligent Design* zu testen.

Wie sich herausstellte, mussten sowohl Dawkins als auch Krauss bei ihren Versuchen, das Informationsproblem zu umgehen, die Funktionsweise des neodarwinistischen Mechanismus falsch darstellen. Die natürliche Selektion selbst ist wohl ein „nicht-zufälliger Prozess", wie Dawkins betonte. Die Rate des Fortpflanzungserfolgs korreliert mit den Merkmalen, die ein Organismus besitzt. Diejenigen, die über Fitnessvorteile verfügen, werden – wenn alle anderen gleich sind – diejenigen ausstechen, die nicht über solche Vorteile verfügen.

Doch hinter dem neodarwinistischen Mechanismus steckt eindeutig mehr als nur natürliche Selektion. Der standardmäßige neodarwinistische Evolutionsmechanismus umfasst (1) natürliche Selektion und/oder (2) Gendrift, die auf (3) adaptiv zufällige genetische Variationen und Mutationen einwirkt. Nach der Auffassung von Darwin bis heute „selektiert" die natürliche Auslese bzw. wirkt auf die Erhaltung derjenigen zufälligen Variationen ein, die denjenigen Organismen einen Fitness- oder Funktionsvorteil verschaffen, welche sie besitzen. Sie „selektiert" jedoch erst, *nachdem* solche vorteilhaften Variationen oder Mutationen aufgetreten sind. Die Selektion *verursacht* also keine neuen Variationen, sondern sie siebt aus, was ihr angeboten wird – infolge zufälliger *Veränderungen* (d.h. Mutationen), welche tatsächlich Variationen *verursachen*. Dies ist seit vielen Jahrzehnten die neodarwinistische Orthodoxie.

All dies bedeutet, dass die natürliche Selektion nichts dazu beiträgt, funktionelle DNA-Basen- (oder Aminosäure-) Sequenzen, d.h. neue genetische Informationen, zu *erzeugen*. Sie kann solche Sequenzen nur *bewahren* (wenn sie einen funktionellen Vorteil bieten), *wenn sie entstanden sind*. Ein adaptiver Vorteil entsteht erst *nach* der Entstehung neuer funktioneller Gene und Proteine – also nach einer vermutlich erfolgreichen zufälligen Mutationssuche. Somit hängt der Evolutionsmechanismus *als Ganzes* von einem nicht ausschließbaren Zufallselement ab – ein Punkt, den auch andere Evolutionsbiologen nach der Debatte in Toronto anerkannt haben. Laurence Moran und P. Z. Myers, beide bekanntermaßen Atheisten, kritisierten Krauss und Dawkins dafür, dass sie den neodarwinistischen Mechanismus als gänzlich nicht zufällig darstellten, und Moran machte insbesondere Krauss' unkritisches Vertrauen in Dawkins für seine Fehlinformationen verantwortlich.[52]

Wie auch immer, es besteht also die Notwendigkeit, dass zufällige Mutationen neue Basen- oder Aminosäuresequenzen erzeugen müssen, bevor die natürliche Selektion eine Rolle spielen kann. Dies wiederum bedeutet, dass genaue quantitative Messungen der Seltenheit von Genen und Proteinen innerhalb des Sequenzraums der Möglichkeiten höchst relevant sind, um die angebliche kreative Kraft des Mechanismus von Mutation und Selektion zu beurteilen – im Gegensatz zu Dawkins' Behauptungen. Darüber hinaus stellen die empirisch basierten Schätzungen der Seltenheit von Proteinfalten (die von Axe konservativ auf 1 zu 10^{77} festgelegt wurden) eine gewaltige Herausforderung für diejenigen dar, die behaupten, der Evolutionsmechanismus biete ein adäquates Mittel zur Erzeugung neuer genetischer Informationen – oder zumindest in ausreichenden Mengen, um solche Falten zu erzeugen.[53]

Warum eine gewaltige Herausforderung? Wiederum deshalb, weil *ausschließlich* Zufallsmutationen *äußerst seltene* funktionelle Sequenzen in einem riesigen kombinatorischen Meer hervorbringen müssten, bevor die natürliche Selektion eine nennenswerte Rolle spielen kann. Wie ich in Kapitel 10 erörtert habe, gab es in den Milliarden von Jahren der Geschichte des Lebens auf der Erde nicht genug Replikationsereignisse, um mehr als nur einen winzigen Bruchteil (ein Zehn-Billionen-Billionen-Billionstel, um genau zu sein) der Gesamtzahl möglicher Nukleotidbasen- oder Aminosäuresequenzen zu erzeugen oder zu „suchen", die einem einzigen funktionalen Gen oder einer Proteinfalte entsprechen. Wie bei meinem hypothetischen Fahrraddieb, der mit viel mehr Kombinationen konfrontiert ist, als er Zeit hat auszuprobieren, ist es viel *wahrscheinlicher*, dass der Mechanismus der zufälligen Mutation und der natürlichen Auslese *scheitert*, als dass es gelingt, auch nur ein einziges neues Gen zu erzeugen, das in der Geschichte irdischen Lebens eine neue Proteinfalte hervorbringen kann.

Informationen bis zum Ende … des Verstands

Meine Gespräche mit überzeugten Kritikern haben eins gezeigt: Selbst die besten und prominentesten Wissenschaftler, die die Evolutionstheorie verteidigen, sind nicht in der Lage, einen materialistischen Prozess zu identifizieren, der genügend Informationen generieren kann, um eine neue Proteinfalte zu erzeugen, geschweige denn grundlegend neue Lebensformen. Dawkins und Krauss haben den Mechanismus der zufälligen Mutation und der natürlichen Selektion falsch dargestellt und damit die Informationsfrage nicht beantwortet, die den Kern meiner Argumentation ausmacht. Venema und Haarsma stellten die von ihnen zitierten Studien falsch dar und behaupteten, dass der Evolutionsmechanismus mehr schöpferische Kraft habe, als diese oder andere Studien zeigen können. Fletcher und Marshall sind zwar auf mein informationsbasiertes Argument für *Intelligent Design* eingegangen. Aber um es zu widerlegen, setzten sie den Ursprung der relevanten genetischen Information voraus, anstatt ihn zu erklären, wie es auch andere Verfechter der Evolutionstheorie häufig getan haben.[54]

Die von Fletcher zitierten Simulationsexperimente und eine Fülle alltäglicher Erfahrungen bestätigen, dass intelligente Akteure die kausale Macht haben, neue spezifizierte oder funktionale Informationen zu erzeugen, insbesondere in digitaler Form. In Ermangelung anderer bekannter Ursachen ist *Intelligent Design* die beste und kausal adäquateste Erklärung für den Ursprung funktionaler oder spezifizierter Informationen, die für die Entstehung grundlegend neuer Lebensformen notwendig sind. Dass die Kritiker daran scheitern, diese Behauptung zu widerlegen, unterstreicht nur die Stärke des biologischen Arguments für *Intelligent Design*.

Kapitel 16:

Ein Gott oder viele Universen?

Bei meiner Argumentation für die Gotteshypothese als beste Erklärung der biologischen und kosmologischen Ursprünge habe ich den Theismus als metaphysische Erklärung hauptsächlich mit der Standardformulierung der wichtigsten konkurrierenden metaphysischen Hypothese verglichen, die der Westen zu bieten hat, nämlich dem wissenschaftlichen Naturalismus oder Materialismus. Ich habe den Theismus (oder eine theistische Design-Hypothese) noch nicht mit dem verglichen, was ich als *exotischen* Naturalismus bezeichne, d.h. mit elaborierteren Versionen des Naturalismus, die verschiedene Hilfshypothesen beinhalten und damit Belege erklären wollen, die bei Standard-Versionen des Naturalismus unerwartet erscheinen.

Der Standard-Naturalismus nimmt als grundlegende Entitäten, aus denen alles andere hervorgeht, nur die Materie und die Energie in diesem Universum an. Befürworter exotischer Formen des Naturalismus versuchen, die Erklärungskraft des Naturalismus zu stärken, indem sie andere materielle Universen oder Dimensionen der Realität annehmen. Einige Physiker haben die Existenz anderer Universen oder eines „Multiversums" vorgeschlagen, um die extreme Feinabstimmung unseres Universums teilweise zu erklären[1]. Ein weiteres Beispiel für exotischen Naturalismus ist die sogenannte „Quantenkosmologie". Sie versucht, den Ursprung unseres Universums als das Ergebnis einer Reihe von Möglichkeiten zu erklären, die durch die Mathematik der Quantenmechanik beschrieben werden (mehr zu diesem faszinierenden Ansatz folgt in den Kapiteln 17–19).

Um also Einwände gegen meine Argumentation zu entkräften, die auf diesen populären exotischen Formen des Naturalismus beruhen,[2] befassen sich dieses und die nächsten drei Kapitel zunächst mit der

Multiversum-Hypothese und anschließend mit der Quantenkosmologie als möglichen materialistischen Alternativen zur Gotteshypothese. Der Duden definiert „exotisch“ übrigens als „fernen … Ländern, Völkern eigentümlich, ihnen zugehörend, entstammend“,[3] was eine angemessene Beschreibung der Versuche zu sein scheint, den Ursprung unseres Universums durch die Annahme anderer, nicht beobachtbarer Universen zu erklären.

Zurück zur Feinabstimmung

Aus den Kapiteln 7, 8 und 13 wissen wir, dass wir in einer Art „Goldlöckchen-Universum“ leben, in dem sowohl die physikalischen Gesetze und Konstanten als auch die ursprüngliche Anordnung von Materie und Energie von Anfang an fein abgestimmt waren auf das Leben. Einige Physiker haben *Intelligent Design* als Erklärung für die präzise Kombination dieser fein abgestimmten Parameter vorgeschlagen. Die Verbindung zwischen der unglaublichen Unwahrscheinlichkeit der Feinabstimmung *und* der Art und Weise, in der die tatsächlichen Werte der fein abgestimmten Parameter und Bedingungen mit den Anforderungen eines lebensfreundlichen Universums übereinstimmen, hat Design als eine „vernünftige“ Interpretation nahegelegt. In Kapitel 13 habe ich außerdem argumentiert, dass diese Hinweise auf Design seit dem Beginn des Universums vorhanden waren und daher eher auf die Aktivität einer transzendenten als einer immanenten Intelligenz hindeuten.

In diesem Argumentationsgang habe ich mehrere nichttheistische Interpretationen der Feinabstimmung kritisiert: (1) das schwache anthropische Prinzip, (2) das starke anthropische Prinzip,[4] (3) Erklärungen auf der Grundlage von Naturgesetzen und (4) Erklärungen auf der Grundlage des Zufalls. Im letzten Fall habe ich nur Erklärungen kritisiert, die sich auf die wahrscheinlichkeitstheoretischen Ressourcen *dieses* Universums stützen. Zufälligerweise finden die meisten wissenschaftlichen Materialisten selbst diese vier Interpretationen der Feinabstimmung intellektuell unbefriedigend. Folglich haben viele eine noch fantasievollere Alternative vorgeschlagen. Diese Erklärung, die als Multiversum bekannt ist, belebt auf geschickte Weise eine Art Zufallshypothese wieder, mit der versucht wird, die kosmologische Feinabstimmung letztlich doch wahrscheinlich zu machen.

Das Multiversum

Um die kosmische Feinabstimmung zu erklären, haben einige Physiker nicht etwa einen „Feinabstimmer" oder einen intelligenten Designer postuliert, sondern die Existenz einer großen Anzahl anderer Universen. Dieses „Multiversum"-Konzept sieht nicht nur viele andere Universen vor, sondern auch verschiedene Mechanismen zur Erzeugung dieser Universen. Ein Mechanismus zur Erzeugung neuer Universen würde, so die Anhänger dieser Idee, die Anzahl der Möglichkeiten zur Erzeugung eines lebensfreundlichen Universums erhöhen. Demnach betrachten sie unser Universum als so etwas wie den glücklichen Gewinner einer kosmischen Lotterie und den Mechanismus zur Erzeugung von Universen als eine Art Rouletterad oder Spielautomaten, der mit jeder Drehung oder jedem Zug am Griff entweder lebensfreundliche Gewinner oder lebensfeindliche Verlierer hervorbringt.[5]

Es ist wichtig zu verstehen, warum die Vertreter eines Multiversums einen Mechanismus brauchen, der ein Universum erzeugt. Die meisten von ihnen stellen sich die verschiedenen Universen, die sie postulieren, als kausal isoliert oder voneinander getrennt vor. Daher gehen sie größtenteils davon aus, dass sich außer unserem keine anderen Universen beobachten lassen.[6] Folglich sollte nichts, was in einem Universum geschieht, Auswirkungen auf Dinge haben, die in einem anderen Universum geschehen. Auch würden sich Ereignisse in einem Universum nicht auf die *Wahrscheinlichkeit* von Ereignissen in einem anderen Universum auswirken, einschließlich der Wahrscheinlichkeiten von Ereignissen, die für die Festlegung der Werte der Feinabstimmungsparameter in einem anderen Universum – oder in unserem – verantwortlich sind.

Wenn jedoch alle verschiedenen Universen durch denselben zugrunde liegenden kausalen Mechanismus erzeugt wurden, dann wäre es möglich, sich unser Universum als Gewinner einer kosmischen Lotterie vorzustellen, aus der schließlich ein Gewinner mit genau den richtigen Gesetzen, Konstanten und/oder Anfangsbedingungen hervorgehen würde. Indem man eine „Universen erzeugenden Maschine" annimmt, könnte man die Wahrscheinlichkeit, ein Universum mit lebensfreundlichen Bedingungen zu erhalten, recht hoch ansetzen und dabei die Feinabstimmung als Zufallsprodukt erklären – wie bei einem riesigen Spielautomaten.

Physiker haben zwei führende kosmologische Modelle mit unterschiedlichen Mechanismen vorgeschlagen, um zu erklären, woher neue Universen kommen könnten. Das eine Modell, das von Andrei Linde, Alan Guth und Paul Steinhardt vorgeschlagen wurde, nennt sich inflationäre Kosmologie.[7] Das andere Modell basiert auf der Stringtheorie. Beide Ansätze wurden zunächst entwickelt, um bestimmte Fragestellungen in der Physik zu lösen, und wurden dann später als Multiversum-Erklärungen für die Feinabstimmung unseres Universums übernommen.

Das inflationäre Multiversum

Betrachten wir noch einmal das inflationäre kosmologische Modell, das wir in Kapitel 6 untersucht haben (Abb. 16.1). Die Vertreter der inflationären Kosmologie gehen davon aus, dass sich das Universum unmittelbar nach dem Urknall extrem schnell ausdehnte. Nach einem winzigen Bruchteil einer Sekunde verlangsamte sich die Expansionsrate hin zu einem ruhigeren Tempo. Physiker schlugen die inflationäre Kosmologie erstmals vor, um verschiedene rätselhafte Eigenschaften des Universums aus der Perspektive der Standard-Urknallkosmologie zu erklären: seine relative Homogenität, insbesondere die Temperatur der kosmischen Hintergrundstrahlung, die Flachheit des Universums und das Fehlen magnetischer Monopole.

Die Vertreter der inflationären Kosmologie gehen von einem bestimmten Mechanismus zur Erzeugung des Universums aus. Nach dem derzeit vorherrschenden „ewigen chaotischen Inflationsmodell" verursacht ein nach außen drängendes Feld mit Vakuumenergie – das „Inflatonfeld" – die Ausdehnung eines größeren Raums, in dem unser

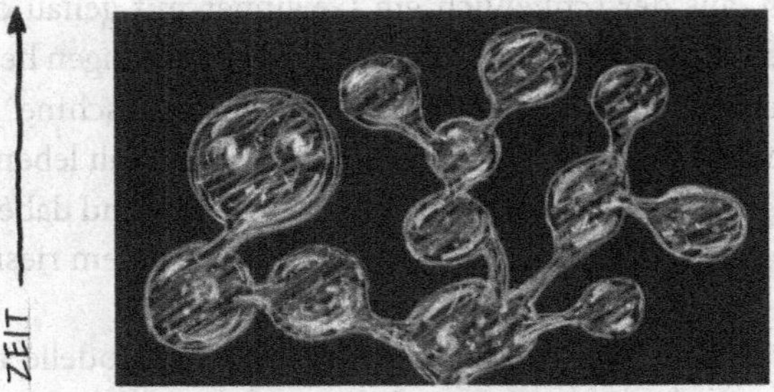

Abb. 16.1
Das inflationäre Multiversum geht davon aus, dass neue Universen aus älteren Universen entstehen. Um die schnelle Expansion des Raums (in allen Universen) zu erklären, wird die Existenz eines Inflatonfeldes vorausgesetzt. Um den Ursprung dieser neuen Universen zu erklären, wird angenommen, dass neue „Blasen"-Universen dann entstehen, wenn die Energie des Inflatonfeldes in lokalen Bereichen einzelner Universen auf präzise Weise abgeschaltet wird. Diese neuen Universen hätten zwar keine anderen physikalischen Gesetze und Konstanten, aber sie könnten, so die Befürworter dieses Modells, ganz andere Konfigurationen von Masse und Energie haben, sodass sich die Vorgänge und Strukturen in diesen neuen Universen von unseren eigenen unterscheiden.

Universum und andere entstanden sind. Während sich das Inflatonfeld ausdehnt, nimmt die Energie des Feldes sporadisch an einzelnen Stellen ab. Im Zuge dessen bringt das Inflatonfeld andere, energieärmere „Blasen"-Universen hervor, während sich das ursprüngliche Inflatonfeld weiter in die unendliche Zukunft ausdehnt. Da sich neue Blasenuniversen langsamer ausdehnen als die Blasen, in denen sie enthalten sind, kommt es selten, wenn überhaupt, zu Kollisionen. Folglich entsteht ein Multiversum aus kausal isolierten, verschachtelten Blasenuniversen.[8]

Einige Physiker haben dieses Modell genutzt, um die Feinabstimmung zu erklären. Allerdings nur die Feinabstimmung der Anfangsbedingungen, nicht der physikalischen Gesetze und Konstanten, da die physikalischen Gesetze in allen Blasen innerhalb des größeren

Universums gleich wären.[9] Dennoch argumentieren die Vertreter des inflationären Multiversums, dass jedes *Ereignis*, das in unserem Universum eingetreten ist, irgendwo unendlich oft vorkommen muss, da das Inflatonfeld eine unendliche Anzahl anderer Universen erzeugen kann. Daraus folgt, dass Ereignisse oder Zustände, die extrem unwahrscheinlich *erscheinen*, wenn man nur unser Universum betrachtet, in Wahrheit sehr wahrscheinlich sind – oder sogar unvermeidlich. Früher oder später mussten in irgendeinem Universum die fein abgestimmten Bedingungen auftauchen, die für die Erhaltung des Lebens notwendig sind. Unser Universum war zufällig das glückliche Universum. Da wir nur das Blasenuniversum beobachten, in dem wir leben, halten wir nach dieser Theorie die für das Leben notwendigen Bedingungen *fälschlicherweise* für extrem unwahrscheinlich. Doch in Wirklichkeit muss, angesichts der Wirkung des Inflatonfeldes als universumserzeugender Mechanismus, unweigerlich in irgendeinem Universum irgendwo ein lebensfreundliches Universum entstehen – zufällig leben wir in diesem glücklichen Universum.[10]

Das Multiversum der Stringtheorie

Um die Feinabstimmung der physikalischen Gesetze und Konstanten zu erklären, haben sich die Physiker auch die sogenannte Stringtheorie zu eigen gemacht. Diese ziemlich „wilde" Theorie birgt viele sehr abstrakte Entitäten und physikalische Konzepte. Ich warne hier schon einmal vor, dass die Stringtheorie ein wenig jargonbeladen und sogar obskur erscheinen kann. Trotzdem wird im übrigen Teil dieses Kapitels viel über diese Theorie gesprochen, wofür ich um Nachsicht bitte. Ich habe mich bemüht, die Theorie so klar und verständlich wie möglich zu erklären, sodass auch Leser und Leserinnen ohne große Physikkenntnisse sich auf den Versuch einlassen können, sie zu verstehen. Dies ermöglicht es, einen wichtigen Teil meiner Argumentation zu verstehen. In der Tat ist es wichtig, zumindest die Grundlagen der Theorie zu verstehen, um die derzeit populären Multiversumstheorien verstehen zu können – Theorien, die heute als die führenden Alternativen zum theistischen Design als Erklärung für die kosmische Feinabstimmung gelten.

Nach der Stringtheorie[11] sind die grundlegenden Einheiten der Materie winzige eindimensionale Stränge („Strings“) oder Energiefäden und keine Elementarteilchen wie Photonen, Quarks und Elektronen. Diese Energiefäden bilden verschiedene Schwingungsmuster, darunter sowohl „offene“ als auch „geschlossene“ Strings (Abb. 16.2). Tatsächlich lehrt die Stringtheorie, dass alle Elementarteilchen nur Manifestationen des zugrunde liegenden Verhaltens von unterschiedlich schwingenden Strings sind.[12]

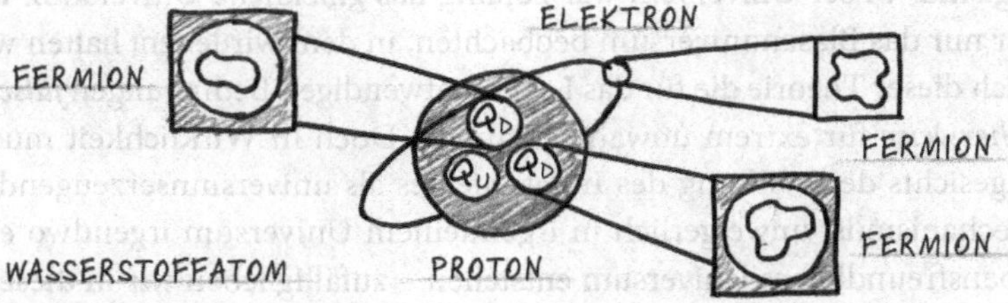

Abb. 16.2
Nach der Stringtheorie bestehen die Grundeinheiten der Materie aus vibrierenden Energiefäden, die „Strings“ genannt werden. Elementarteilchen oder „Fermionen“ sind aus „geschlossenen“ Strings aufgebaut. Die Teilchen namens „Bosonen“, die die fundamentalen Kräfte der Physik übertragen, bestehen aus offenen Strings. Diese Abbildung zeigt die Beziehung zwischen geschlossenen Strings und den verschiedenen Elementarteilchen oder Fermionen, die das Wasserstoffatom bilden. Sie zeigt, wie nach Ansicht der Stringtheoretiker verschiedene geschlossene Strings Elektronen sowie „Up-Quarks“ und „Down-Quarks“ bilden, aus denen wiederum Protonen bestehen.

Die früheste Version der Stringtheorie, die sich auf die als Bosonen bekannten Elementarteilchen konzentrierte – von denen man annahm, dass sie Träger der starken Kernkraft sind –, erforderte eine sechsundzwanzigdimensionale Raumzeit (einschließlich zweiundzwanzig unbeobachtbarer Raumdimensionen). Als die Stringtheorie erweitert wurde, um sowohl Materie- als auch Kraftteilchen zu berücksichtigen, haben Stringtheoretiker festgestellt, dass nur sechs oder sieben zusätzliche Raumdimensionen ausreichen.

Das wirft natürlich die Frage auf, wo sich diese unbeobachteten Raumdimensionen befinden. Stringtheoretiker postulieren derzeit, dass diese anderen Raumdimensionen in verschiedenen „topologischen“ oder räumlichen Strukturen auf einer miniaturisierten und unbeobachtbaren Skala zusammengerollt sind. Sie nennen diese verschiedenen Strukturen „Verdichtungen“ des Raums oder „Vakua“. Diese anderen Raumdimensionen sollen innerhalb von 10^{-35} eines Meters existieren, der räumliche Radius dessen, was Physiker als Planck-Länge bezeichnen, die Entfernungsskala, in der Quantengravitationsphänomene auftreten sollten.

Die Stringtheoretiker stellen sich vor, dass die Energiefäden in diesen winzigen Strukturen (Verdichtungen), die die sechs zusätzlichen Raumdimensionen enthalten, auf unterschiedliche Weise schwingen. Die verschiedenen Arten von Schwingungen in diesen sechs zusätzlichen Dimensionen erzeugen die teilchenähnlichen Phänomene, die wir in unseren drei makroskopischen Raumdimensionen beobachten. Und so wie die Strings *in* diesen verdichteten Dimensionen schwingen, wickeln sich sogenannte Feldlinien um ihre Außenseite und halten die Räume in bestimmten Formen zusammen. Man kann sich diese Feldlinien in etwa so vorstellen wie die Kraftlinien in einem Magnetfeld, die die Ausrichtung der Eisenspäne in der Umgebung des Magneten bestimmen.

Die Stringtheorie ist im Grunde eine auf der Teilchenphysik basierende Theorie der Schwerkraft auf einer verschwindend kleinen Quantenskala. Eine Implikation der Stringtheorie ist die Existenz von „Gravitonen“. Stringtheoretiker verstehen Gravitonen als masselose, geschlossene Strings, die Gravitationskräfte über große Entfernungen mit Lichtgeschwindigkeit übertragen. In den 1980er-Jahren schien die Stringtheorie es zu ermöglichen, alle anderen grundlegenden physikalischen Kräfte auf die Schwerkraft zu reduzieren und damit eine „Weltformel“ zu liefern. Stringtheoretiker vertraten die Ansicht, dass bestimmte Schwingungen von Gravitonen für die Anziehungskraft verantwortlich sind, während andere Gravitonschwingungen die Teilchen erzeugen könnten, die die anderen drei Grundkräfte der Physik übertragen.

Ursprünglich bot die Stringtheorie nur eine Erklärung für die Existenz der Grundkräfte im Universum. Eine Erklärung für die Existenz von Materie hatte sie nicht. Im Standardmodell der Teilchenphysik werden die Elementarteilchen wie Elektronen und Quarks, die materielle Objekte bilden, als „Fermionen" bezeichnet, während Arten von Elementarteilchen, die als „Bosonen" bekannt sind, Kräfte übertragen. Ursprünglich schlugen Stringtheoretiker vor, dass vibrierende Gravitonen für die Existenz von Bosonen sowie für die von ihnen übertragenen Kräfte verantwortlich sind. Die ursprüngliche Version der Stringtheorie bot jedoch keine Erklärung für die Existenz von Fermionen (und damit von Materie).[13]

Um die Stringtheorie zu erweitern und Materieteilchen (Fermionen) zu beschreiben, beriefen sich Stringtheoretiker auf ein als „Supersymmetrie" bekanntes Prinzip. Die Supersymmetrie besagt, dass zu jedem existierenden bosonischen Elementarteilchen auch ein komplementäres fermionisches Partnerteilchen existieren muss und umgekehrt. Durch diese Annahme verringerte sich die Anzahl der erforderlichen Raumzeitdimensionen in der Stringtheorie von den ursprünglich erforderlichen sechsundzwanzig auf zehn. Dadurch wurde die Stringtheorie auch auf unser Universum anwendbar, da es in unserem Universum eindeutig Kräfte *und* Materie gibt. So setzten Stringtheoretiker nicht nur die Existenz von Gravitonen voraus, sondern auch deren komplementäre supersymmetrische fermionische Partnerstrings, die „Gravitinos" genannt werden.[14] Sie postulierten, dass unterschiedliche Schwingungen der Gravitinos die verschiedenen Materieteilchen hervorbringen, so wie die unterschiedlichen Schwingungen der Gravitonen die Bosonen erzeugen. Durch das Postulat der Supersymmetrie und der mehrdimensionalen Verdichtung des Raums hofften die Stringtheoretiker, dass es ihnen gelingen würde, die Materie und die vier Grundkräfte der Physik in einer einzigen, einzigartigen und umfassenden mathematischen Struktur zu beschreiben.

Allerdings stieß die Stringtheorie schon früh auf ein theoretisches Problem. Die mathematische Struktur, die vermeintlich die vier fundamentalen Kräfte der Physik beschrieb, bot keine eindeutige Lösung, die der Physik unseres Universums entspricht. Stattdessen lieferte die mathematische Struktur der Stringtheorie unendlich viele Lösungen (mögliche Verdichtungen der zusätzlichen Raumdimensionen), von denen jede eine andere Physik beschrieb. Die Hoffnung auf eine einzige Lösung, die die Physik unserer Welt beschreibt, schwand schnell.

Tatsächlich gibt es allein für Lösungen der Gleichungen der Stringtheorie, die eine positive kosmologische Konstante haben (wie unser Universum), zwischen 10^{500} und 10^{1000} verschiedene Vakua. Physiker bezeichnen diese riesige Sammlung möglicher Lösungen, Vakua oder Verdichtungen des Raums als „Stringlandschaft".[15]

Stringlandschaft und Feinabstimmung

Zunächst betrachteten Physiker die Existenz so vieler Lösungen für die mathematischen Gleichungen als peinliche Enthüllung, da sie die Stringtheorie zur Modellierung grundlegender physikalischer Realität *in unserem Universum* verwendeten. Einige Stringtheoretiker versuchten jedoch, aus der Not eine Tugend zu machen, indem sie die Vielzahl möglicher Lösungen dazu nutzten, das Problem der Feinabstimmung anzugehen. Sie schlugen vor, dass jede Lösung der Gleichungen der Stringtheorie *einem anderen Universum mit anderen physikalischen Gesetzen und Konstanten der Physik* entspricht. Sie schlugen weiter vor, dass die Form der gefalteten Räume, die mit jeder einzelnen Lösung verbunden sind, die physikalischen *Gesetze* bestimmt, die sich in den drei beobachtbaren räumlichen Dimensionen dieser unterschiedlichen Universen manifestieren. Sie stellten auch die Theorie auf, dass die Anzahl der Feldlinien um die gefalteten Räume (sowie die Konturen dieser Räume) die verschiedenen physikalischen *Konstanten* bestimmen.[16]

Dieselben Stringtheoretiker schlugen auch einen Mechanismus zur Erzeugung der 10^{500} bis 10^{1000} möglichen Universen vor, die diesen Lösungen entsprechen.[17] Ihrer Meinung nach machten sie so die Feinabstimmung der Gesetze und Konstanten in *unserem* Universum wahrscheinlich. Sie stellten sich eine anfängliche hochenergetische Verdichtung des Raums vor, die ein Universum mit *einem* Quantengravitationsfeld (entsprechend einer Lösung der Gleichungen der Stringtheorie) darstellt. Anschließend postulierten sie einen Prozess, der dazu führen könnte, dass diese Verdichtung des Raums ihre Form und Größe ändert. Genauer gesagt entwickelten sie die Idee, dass neue Verdichtungen des Raums (mit energieärmeren Quantengravitationsfeldern) entstehen würden, wenn die Feldlinien, die die Verdichtung an Ort und

Stelle halten, zu zerfallen beginnen oder an Energie verlieren. Diese neuen Verdichtungen des Raums (Vakua) würden neue Universen mit anderen physikalischen Gesetzen und Konstanten bilden. Es sei daran erinnert, dass die *Form* der Vakua bestimmt, wie Strings schwingen, und die daraus resultierenden Kräfte und damit die physikalischen *Gesetze* bestimmt, während die unterschiedlichen Größen der Komponenten der Vakua (wie ihre Konturen und Feldlinien) die Werte der physikalischen *Konstanten* bestimmen.

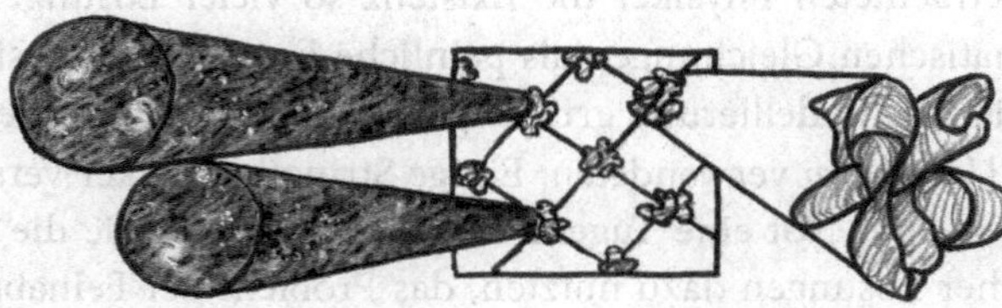

Abb. 16.3
Vertretern der stringtheoretischen Landschaft zufolge entspricht jede Lösung der stringtheoretischen Gleichungen einer mehrdimensionalen Verdichtung des Raums, die verschiedene Energiestränge enthält. Befürworter der Stringlandschaft gehen davon aus, dass jede dieser Verdichtungen (oder Vakua) auch einem anderen Universum mit anderen physikalischen Gesetzen und Konstanten entsprechen könnte. Dieses Diagramm zeigt (rechts) eine mögliche Verdichtung des Raums, (in der Mitte) ein Ensemble solcher Verdichtungen und (links) zwei Universen mit vermutlich unterschiedlichen physikalischen Gesetzen und Konstanten, die zwei möglichen Verdichtungen entsprechen. Das gesamte Ensemble möglicher Verdichtungen oder Universen wird als „Stringtheorie-Landschaft" bezeichnet.

Während dieser Prozess des Energieabfalls fortgesetzt wird, würde sich ein Universum in ein anderes verwandeln, da jedes nachfolgende Universum die „Landschaft möglicher Verdichtungen kaskadenartig durchläuft". Da dieser Prozess viele der möglichen Verdichtungen[18] mit verschiedenen möglichen Kombinationen von physikalischen Gesetzen und Konstanten „erkundet", würde schließlich unser lebensfreundliches Universum entstehen. Der Prozess der „Landschaftserkundung" würde also die scheinbar unwahrscheinliche Kombination von Feinabstimmungsparametern in unserem Universum zu einem unvermeidlichen Ergebnis eines zufälligen Suchprozesses machen (Abb. 16.3).

Wie das Multiversum zu bewerten ist

Liefern also entweder die inflationäre Kosmologie oder die Stringtheorie eine angemessene Erklärung für die Feinabstimmung der physikalischen Gesetze und Konstanten und/oder die Anfangsbedingungen des Universums? Bietet eines dieser kosmologischen Modelle eine bessere Erklärung für die kosmische Feinabstimmung als das theistische Design?

Viele Physiker betrachten den Streit um die Feinabstimmung heutzutage als nutzlos. Einige führende Physiker haben mir in aller Offenheit gesagt, dass sie die Multiversumshypothese als spekulative metaphysische Hypothese betrachten, nicht als wissenschaftliche Hypothese.[19] Da weder andere Universen noch Gott beobachtet oder gemessen werden können, ist für sie die Wahl zwischen den beiden Theorien eine Frage der subjektiven Präferenz.[20] Sie würden jegliche beweiskräftigen oder theoretischen Gründe für die Bevorzugung einer Hypothese gegenüber der anderen verneinen.

Ich bin zu einem anderen Schluss gekommen. Da sowohl wissenschaftliche als auch metaphysische Hypothesen durch den Vergleich ihrer Erklärungskraft mit der ihrer Konkurrenten bewertet werden können (siehe Kapitel 11), können wir die relativen Vorzüge der theistischen Design- und der Multiversumshypothese beurteilen. Und es gibt viele Gründe, die dafürsprechen, das theistische Design dem Multiversum vorzuziehen.

Warum theistisches Design dem Multiversum vorzuziehen ist

Erstens, wie der Oxforder Philosoph Richard Swinburne argumentiert hat, stellt die theistische Design-Hypothese eine einfachere und weniger *Ad-hoc*-Erklärung für die kosmische Feinabstimmung dar.[21] Swinburne bestätigt hier das Prinzip von Ockhams Rasiermesser. Dieses besagt, dass wir bei dem Versuch, Phänomene zu erklären, so weit wie möglich vermeiden sollten, „(theoretische) Entitäten zu vervielfältigen". Mit anderen Worten: Bei der Bewertung konkurrierender Hypothesen sollten wir, wenn alle anderen Dinge gleich sind, die einfachere Hypothese mit weniger solchen theoretischen Einheiten vorziehen.

Swinburne stellt fest, dass die Gotteshypothese die Annahme nur einer einzigen erklärenden Instanz erfordert, nämlich eines intelligenten und mächtigen transzendenten Wesens, und nicht die Annahme mehrerer Instanzen, einschließlich einer unendlichen Anzahl kausal getrennter Universen und der verschiedenen Mechanismen zur Erzeugung von Universen, die von den Vertretern des Multiversums postuliert werden. Er argumentiert: „Es ist der Gipfel der Irrationalität, eine unendliche Anzahl von Universen zu postulieren, die niemals kausal miteinander verbunden sind, nur um die Hypothese des Theismus zu vermeiden. Da … eine Theorie umso einfacher ist, je weniger Entitäten sie postuliert, ist es weitaus einfacher, einen Gott zu postulieren als eine unendliche Anzahl von Universen, die sich alle voneinander unterscheiden."[22]

Der Physikphilosoph Bruce Gordon (Abb. 16.4) hat dieses Argument erweitert, indem er darauf hinwies, dass die Annahme der Multiversumshypothese die Annahme von zwei verschiedenen Arten von Mechanismen zur Erzeugung von Universen erfordert, um zwei verschiedene Arten der Feinabstimmung zu erklären. Er stellt fest, dass die inflationäre Kosmologie zwar die Feinabstimmung der Anfangsbedingungen des Universums erklären könnte, aber nicht den Ursprung der Feinabstimmung der physikalischen Gesetze und Konstanten. Das liegt daran, dass das Inflatonfeld in seinem gesamten expandierenden Raum nach denselben physikalischen Gesetzen arbeitet. Wenn es neue Blasenuniversen erzeugt, haben diese Universen die gleichen Gesetze und

Konstanten wie das Inflatonfeld, aus dem sie entstanden sind. Wenn neue Blasenuniversen abreißen, können nur neue Anfangskonfigurationen von Masse und Energie entstehen.

Im Gegensatz dazu könnte die Stringtheorie dazu verwendet werden, die Feinabstimmung der physikalischen Gesetze und Konstanten zu erklären. Aber in den meisten Modellen erzeugt sie nicht mehrere Sätze von Anfangsbedingungen für jede Auswahl an physikalischen Gesetzen. (Auf eine Ausnahme gehe ich in En. 26 ein.) Um eine Multiversumstheorie zu formulieren, die in der Lage ist, beide Arten der Feinabstimmung zu erklären, müssen die Physiker also zwei Arten von Mechanismen zur Erzeugung des Universums postulieren, die in Kombination funktionieren: einen auf Grundlage der Stringtheorie und einen auf Grundlage der inflationären Kosmologie.

Abb. 16.4
Bruce Gordon, kanadischer Physikphilosoph und entschiedener Kritiker der Multiversumshypothese.

Diese Notwendigkeit hat viele theoretische Physiker dazu veranlasst, ein synthetisches Multiversumsmodell zu entwickeln, das als „inflationäres String-Landschaftsmodell" bezeichnet wird. Mehrere theoretische Physiker, allen voran Raphael Bousso, Joseph Polchinski und Leonard Susskind (Abb. 16.5),[23] haben dieses Modell weiterentwickelt. Sie stellen sich den Zerfall von Feldlinien um eine anfängliche hochenergetische Verdichtung des Raums herum vor, wodurch verschiedene Vakua oder Verdichtungen (und getrennte Universen) mit unterschiedlichen physikalischen Gesetzen und Konstanten entstehen, genau wie es sich die Verfechter des Multiversums der Standard-Stringtheorie vorstellen (siehe oben). Sie gehen auch davon aus, dass es in jedem String-Vakuum zu einer Aufblähung kommt.

Während diese neuen Vakua (Universen) durch die Wirkung ihrer eigenen Inflatonfelder anfangen sich aufzublähen, bewirken lokale Energiefluktuationen, dass diese Vakua in einem bestimmten Bereich des sich aufblähenden Raums zerfallen, was zu neuen Blasenuniversen mit jeweils unterschiedlichen Anfangsbedingungen führt. Wenn eine solche Ausbreitung von Blasenuniversen zufällig in einer Verdichtung des Raums mit den richtigen Gesetzen und Konstanten stattfindet und wenn eines der Blasenuniversen die richtigen Anfangsbedingungen und Abschaltenergien hat, entsteht ein lebensfreundliches Universum mit den richtigen Gesetzen und Konstanten *und* den richtigen Anfangsbedingungen.

Sechs (oder mehr) unmögliche Dinge vor dem Frühstück

Zumindest in der Theorie kann das inflationäre String-Landschaftsmodell die ganze Bandbreite der Feinabstimmungsphänomene erklären, allerdings nur auf Kosten dessen, was Wissenschaftsphilosophen als „aufgeblähte Ontologie" bezeichnen (zur Erinnerung: Ontologie ist die Lehre von dem, was wirklich existiert). Das heißt, sie postuliert eine außerordentliche Anzahl von rein hypothetischen und abstrakten Entitäten, für die wir keine direkten Belege haben.[24]

Um die Feinabstimmung sowohl der Anfangsbedingungen als auch der physikalischen Gesetze und Konstanten zu erklären, muss die Kombination aus inflationärer Kosmologie und Stringtheorie in der Tat zahlreiche rein hypothetische Entitäten, abstrakte Postulate und unbeobachtbare Prozesse annehmen. Damit ein inflationäres String-Landschaftsmodell beide Arten der Feinabstimmung erklären kann, muss es insbesondere die folgenden Postulate aufstellen:

1. Ein Inflatonfeld existiert.
2. Der Zerfall von Inflatonfeldern erzeugt neue Blasenuniversen mit unterschiedlichen Anfangsbedingungen.
3. Der Prozess der Inflation wird sich ewig in die Zukunft fortsetzen.
4. Eine unendliche Anzahl von Blasenuniversen existiert (oder wird irgendwann existieren).
5. Es existieren unvorstellbar kleine vibrierende Energiestränge.
6. Es gibt sechs oder sieben zusätzliche verborgene Raumdimensionen.
7. Die vibrierenden Energiefäden in String-Vakua erzeugen die physikalischen Phänomene, die wir beobachten.

8. Es gibt Feldlinien um die Verdichtungen des Raums, die diese mit einer positiven kosmologischen Konstante quasistabil machen.
9. Für fundamentale Strings gilt Supersymmetrie. Demzufolge existieren sowohl Gravitonen als auch Gravitinos und ihre verschiedenen Schwingungsmodi entsprechen allen Formen von Strahlung, Materie und den fundamentalen Kräften der Physik.
10. Jede mathematische Lösung der Gleichungen der Stringtheorie entspricht einem real existierenden Universum mit anderen physikalischen Gesetzen und Konstanten (d.h., die Stringlandschaft existiert).

Abb. 16.5
Der Stanford-Physiker Leonard Susskind, einer der Hauptvertreter des „inflationären String-Multiversums".

Darüber hinaus müssen die Verfechter des Multiversums postulieren, dass ein Inflatonfeld und ein Mechanismus, der ein Universum nach der Stringtheorie erzeugt, zusammen *genügend* verschiedene Universen erzeugen können, um den Ursprung der fein abgestimmten Anfangsbedingungen, Gesetze und Konstanten *unseres* Universums wahrscheinlich zu machen.[25]

All diese Postulate zu akzeptieren, ist nach Bruce Gordon vergleichbar damit, an „sechs unmögliche Dinge vor dem Frühstück" zu glauben, wie in der Geschichte von Alice im Wunderland – sicherheitshalber ergänzt um ein paar weitere unmögliche (oder zumindest unplausible) Dinge. Aber Scherz beiseite: Er argumentiert, dass die theistische Design-Hypothese – wenn sie nach Ockhams Kriterium beurteilt wird – eine viel einfachere Erklärung für die kosmologische Feinabstimmung liefert als das Multiversum, weil das theistische Design ein klares, einfaches Postulat (die Aktivität eines transzendenten Feinabstimmers) bestätigt und die unnötige und verschwenderische Vermehrung abstrakter theoretischer Entitäten vermeidet, die das inflationäre String-Multiversum mit sich bringt.[26]

Ein Dinosaurierknochen erzeugendes Feld?

Der Physikphilosoph Robin Collins (Abb. 16.6) führt ein ähnliches Argument an. Er argumentiert, dass wir unter allen Umständen Hypothesen bevorzugen sollten, „die natürliche Extrapolationen dessen sind, was wir bereits über die kausalen Kräfte verschiedener Arten von Entitäten wissen".[27] Wenn es um die Erklärung der Feinabstimmung unseres Universums geht, besteht die Multiversumshypothese diesen Test nicht. Die theistische Design-Hypothese hingegen schon.

Zur Veranschaulichung bittet Collins seine Leser, sich einen Paläontologen vorzustellen, der die Existenz eines elektromagnetischen „Dinosaurierknochen erzeugenden Feldes" statt echter Dinosaurier als Ursache für große versteinerte Knochen postuliert.[28] Obwohl ein solches Feld sicherlich als mögliche Erklärung für den Ursprung der fossilen Knochen infrage kommt, haben wir keine Erfahrung mit solchen Feldern oder mit der Erzeugung versteinerter Knochen durch diese. Wir haben jedoch tierische Überreste in verschiedenen Zerfallsphasen beobachtet, die in Sedimenten und Sedimentgestein erhalten sind. Daher ziehen die meisten Wissenschaftler zu Recht die tatsächliche Dinosaurierhypothese der scheinbaren Dinosaurierhypothese (d.h. dem „Dinosaurierknochen erzeugenden Feld") als Erklärung für den Ursprung der Fossilien vor, da sie auf einer natürlichen Fortführung eines kausalen Prozesses beruht, den wir beobachtet haben.

Abb. 16.6
Der Physikphilosoph Robin Collins vom Messiah College, ein prominenter Verfechter des Ansatzes, der Design als Ursache für die kosmische Feinabstimmung betrachtet.

In gleicher Weise haben wir keine Erfahrung mit Inflatonfeldern mit genau kalibrierten Abschaltenergien oder Stringlandschaften aus verdichteten extradimensionalen Räumen oder irgendetwas anderem (das nicht selbst entworfen ist), welches fein abgestimmte Systeme hervorbringt. Wir haben jedoch umfangreiche Erfahrungen mit intelligenten

Akteuren, die fein abgestimmte Systeme wie Schweizer Uhren, leckere Rezepte, integrierte Schaltkreise, geschriebene Texte und Computerprogramme hervorbringen. Collins zufolge ist die Annahme eines „Superhirns" zur Erklärung der Feinabstimmung des Universums eine natürliche Fortführung unseres erfahrungsbasierten Wissens über die kausalen Kräfte menschlicher intelligenter Akteure, wohingegen den Universum-erzeugenden Mechanismen der verschiedenen Multiversumsvorschläge eine ähnliche Erfahrungsgrundlage fehlt.

Eine vorausgehende unerklärte Feinabstimmung

Es gibt noch einen weiteren Grund, theistisches Design als Erklärung für die Feinabstimmung den exotischen Versionen des Naturalismus vorzuziehen, die ein Multiversum postulieren. Um den Ursprung der Feinabstimmung in unserem Universum zu erklären, gehen sowohl die inflationäre Kosmologie als auch die Stringtheorie (und die Versionen des Multiversums, die beide miteinander kombinieren) von Mechanismen zur Erzeugung von Universen aus, die ihrerseits eine *vorausgehende unerklärte Feinabstimmung erfordern*.

Schauen wir uns dieses Problem zunächst im Rahmen der inflationären Kosmologie an. Um an Kapitel 6 zu erinnern: Die Begründer der inflationären Kosmologie haben diese vorgeschlagen, um das Fehlen bestimmter Merkmale des Universums zu erklären, die auf der Grundlage der Standard-Urknallkosmologie erwartet wurden, einschließlich der Homogenität und Flachheit des Universums. Damit die inflationäre Kosmologie jedoch die Homogenität der kosmischen Hintergrundstrahlung und die Flachheit des Universums erklären kann, bräuchte das postulierte Inflatonfeld eine bestimmte Mindestenergie, um die exponentielle Expansion des ursprünglichen Raumvolumens anzutreiben. Das Inflatonfeld müsste außerdem in genau der richtigen Menge schwächer werden, um ein bewohnbares Blasenuniversum zu erzeugen.

Diese Bedingungen implizieren jedoch, dass die „Abschaltenergie" des Inflatonfeldes eine präzise Feinabstimmung erfordert. Je nach Inflationsmodell erfordert die Abschaltenergie des Inflatonfeldes eine

Feinabstimmung von 1 zu 10^{53} bis 1 zu 10^{123}, um ein lebensfreundliches Universum zu erzeugen. Darüber hinaus muss auch das Abschalt*intervall* des Inflatonfeldes genau abgestimmt sein. In aktuellen Modellen beginnt die Inflation etwa 10^{-37} Sekunden nach dem Urknall und endet etwa 10^{-35} Sekunden nach dem Urknall, wobei sich der Radius des Raums selbst um einen Faktor von mindestens 10^{26} ausdehnt.[29]

Darüber hinaus haben zwei theoretische Physiker, Sean Carroll und Heywood Tam, gezeigt, dass die überwältigende Mehrheit der Universen, die ein hypothetisches Inflatonfeld erzeugen würde, sich nicht aufblähen und sich auf eine lebensfreundliche Weise entwickeln würden.[30] Sie stellen fest, dass das Inflatonfeld theoretisch zufälligen Quantenfluktuationen unterliegt, von denen die überwiegende Mehrheit Universen erzeugen würde, die mit Leben unvereinbar wären. Insbesondere haben Carroll und Tam gezeigt, dass der Anteil der realistischen Kosmologien – Kosmologien, die lebensfreundliche Universen erzeugen –, die aus der Inflation resultieren, äußerst gering ist, *ungefähr* 1 zu $10^{66\,000\,000}$, ein unvorstellbar kleiner Anteil. Dieser verschwindend geringe Anteil und der damit verbundene Grad der *Un*wahrscheinlichkeit legen nahe, dass wir eine andere Quelle für *extreme* Feinabstimmung brauchen.

Um es noch schlimmer zu machen

Der Mechanismus zur Erzeugung von Universen in der inflationären Kosmologie erfordert also nicht nur eine vorherige unerklärliche Feinabstimmung. Er erfordert sogar mehr Feinabstimmung, als er eigentlich erklären sollte, was das Problem der Feinabstimmung erheblich verschlimmert, anstatt es zu lösen. Betrachten wir die Feinabstimmung im Zusammenhang mit dem Flachheitsproblem (das Verhältnis zwischen der tatsächlichen Massendichte des Universums und der kritischen Massendichte). In der Standardkosmologie des Urknalls beträgt es etwa 1 zu 10^{59}. Man bedenke auch, dass die Feinabstimmung im Zusammenhang mit der Homogenität der kosmischen Mikrowellenhintergrundstrahlung bei einem bescheideneren Wert von 1 zu 10^{5} liegt.[31] Inflationäre Kosmologie erfordert jedoch mehrere Quellen extremer Feinabstimmung. Diese zusammengenommen lassen die durch das

Standard-Urknallmodell unerklärte Feinabstimmung geradezu mickrig aussehen.

Erstens liegt, wie wir gesehen haben, die Feinabstimmung der Inflation-Abschaltungsenergien, die notwendig sind, um neue bewohnbare Blasenuniversen zu erzeugen, zwischen 1 zu 10^{53} und 1 zu 10^{123}. Zweitens liegt die Feinabstimmung, die mit der Wahl der Inflationsmodelle (und den verschiedenen in diesen Modellen festgelegten Parametern) verbunden ist, nach Schätzungen von Carroll und Tam bei 1 zu $10^{66\,000\,000}$.

Drittens verschlimmert die inflationäre Kosmologie das bereits akute Problem der Feinabstimmung im Zusammenhang mit dem „entropiearmen Anfangszustand“ unseres Universums exponentiell. Es sei daran erinnert, dass eine niedrige Entropie einem hochgeordneten Zustand entspricht und eine hohe Entropie einem eher ungeordneten Zustand. Im kosmologischen Kontext bezieht sich der „entropiearme Anfangszustand“ des Universums auf eine anfänglich hochgeordnete, homogene Verteilung von Masse und Energie (und eine „gleichmäßige Raumzeit“). Wie wir in Kapitel 8 gesehen haben, muss eine noch mehr geordnete Verteilung von Materie und Energie (und eine „gleichmäßige Raumzeit“) vom Beginn des Universums an bestanden haben, damit sich hochgeordnete, hochverdichtete Materie wie stabile Galaxien und Planetensysteme entwickeln konnte. Das liegt daran, dass eine ungerichtete Energie, die durch ein System fließt, mehr Entropie erzeugt (mehr Unordnung und eine klumpigere Raumzeit). Man denke nur an einen Tornado, der über einen Schrottplatz hinwegfegt. Wenn also unser Universum jetzt hochgradig geordnete Materieanordnungen aufweist, muss die ursprüngliche Anordnung von Materie und Energie zu Beginn des Universums noch hochgradiger geordnet gewesen sein.

Die Inflationskosmologie trägt nicht nur nichts zur Erklärung dieser anfänglichen Entropie-Feinabstimmung bei – die von Roger Penrose auf 1 zu $10^{10^{123}}$ geschätzt wird –, sondern verschärft sie sogar noch.[32] Denn die massive Expansionsenergie während der Inflation würde die Entropie/Unordnung des Universums stärker erhöhen als die Expansion, die die Standard-Urknallkosmologie vorsieht. Daher würde die Inflation eine größere anfängliche Homogenität (Ordnung) in der Masse-Energie-Konfiguration (und eine anfängliche Gleichmäßigkeit der Raumzeit) erfordern, um den hohen Grad an Ordnung zu erklären, den wir heute sehen. Da die inflationäre Kosmologie einen exponentiell größeren Energieanstieg – einen noch größeren Tornado! – als die Standardkosmologie des Urknalls voraussetzt, würde sie *exponentiell* mehr Entropie erzeugen. Sie erfordert daher eine *exponentiell* größere entsprechende Ordnung (niedrigeren Entropiezustand) am Anfang des Universums.

Insgesamt übersteigt die unerklärte Feinabstimmung, die notwendig ist, um in einem inflationären kosmologischen Modell lebenskompatible Bedingungen zu schaffen, die der Standardkosmologie des Urknalls. Wie Bruce Gordon witzelt: Die inflationäre Kosmologie als Lösung zu verwenden für das Feinabstimmungsproblem, das mit dem Standard-Urknallmodell verbunden ist, sei so, als würde man „den Grand Canyon ausheben, um ein Schlagloch zu füllen".[33]

Präexistente unerklärte Feinabstimmung in der Stringtheorie

Die Stringtheorie erfordert auch eine Feinabstimmung des Mechanismus, der Universen erzeugt. Zur Erinnerung: Stringtheoretiker gehen davon aus, dass eine bestimmte Verdichtung des Raums (d.h. ein separates Universum), die ein extrem energiereiches Quantengravitationsfeld enthält, den Prozess der „Landschaftserkundung" einleitet. Als Ergebnis des Zerfalls von Feldlinien, die sich um diese Verdichtung wickeln, verändert die Verdichtung ihre Form und nimmt einen Zustand mit niedrigerer Energie (oder ein Quantengravitationsfeld) an. Wenn sich dieser Prozess fortsetzt und jede aufeinanderfolgende Verdichtung/jedes Universum „die Landschaft hinunterkaskadiert", entstehen neue Universen mit neuen Gesetzen und physikalischen Konstanten.[34]

Obwohl dieser Prozess theoretisch viele der möglichen Universen mit unterschiedlichen Gesetzen und Konstanten ausfindig machen kann, erfordert auch er eine ausgezeichnete vorherige Feinabstimmung. Es sei daran erinnert, dass in der Stringtheorie allein die Lösungen, die zu Universen mit einer positiven kosmologischen Konstante führen,

10^{500} (oder möglicherweise 10^{1000}) mögliche Lösungen ausmachen.[35] Es gibt viel mehr solcher Lösungen, die dieses Kriterium nicht erfüllen. Um sicherzustellen, dass ein bestimmtes Universum zu möglichst vielen Universen mit niedrigerer Energie kaskadiert (und damit die Wahrscheinlichkeit erhöht, eines mit lebenskompatiblen Gesetzen und Konstanten zu finden), muss das ursprüngliche Universum also auf einem extrem hohen Energieniveau (vermutlich nahe dem *höchsten*) beginnen. Da das Borde-Guth-Vilenkin-Theorem auch für Standardversionen des inflationären String-Landschaftsmodells gilt, würde die vollständige Landschaftserkundung nicht nur einen Anfang erfordern, sondern einen Anfang mit genau einem solchen spezifischen Hochenergie-Universum oder einer solchen Hochenergie-Verdichtung. Das wiederum bedeutet, dass eine ausgezeichnete Feinabstimmung der *Anfangsbedingungen* erforderlich ist, gemessen an der Seltenheit der energiereichsten Lösung(en) (etwa 1 zu 10^{500} oder mehr) innerhalb der Reihe möglicher Lösungen oder Verdichtungen oder Universen.

Dennoch gibt es keine Garantie dafür, dass alle möglichen Verdichtungen auf diese Weise erkundet werden können. Stringtheoretiker haben keine Möglichkeit zu wissen, ob dieser Mechanismus „jeden Pfad den Berg hinunter" ausfindig machen würde. Diese Anforderung impliziert die Notwendigkeit eines unbekannten, fein abgestimmten Mechanismus oder eines gerichteten Prozesses, der sicherstellt, dass die „Landschaftserkundung" bei einer der wenigen, extrem unwahrscheinlichen, lebenskompatiblen Verdichtungen landet.[36]

Darüber hinaus weisen bestimmte stringtheoretische Modelle stets andere Formen der Feinabstimmung auf. So erfordert beispielsweise das zyklische ekpyrotische Modell, das die Entstehung neuer Universen als Ergebnis der Kollision zweier „Branen" (die jeweils viele Universen enthalten) postuliert, eine umfangreiche Feinabstimmung der Positionierung der Branen. Die Physiker Renata Kallosh, Lev Kofman und Andrei Linde haben gezeigt, dass die beiden postulierten Branen parallel zueinander angeordnet sein müssen, um große Inhomogenitäten in den entstehenden Universen zu vermeiden.[37] Darüber hinaus müssen die beiden Universen in dem mehrdimensionalen Raum, der die Branen enthält (der sogenannte „bulk"), mit einer Genauigkeit von mehr als 1 zu 10^{60} über eine Entfernung, die 10^{30}-mal größer ist als die

Entfernung zwischen ihnen, parallel bleiben, um ein lebensfreundliches Universum zu erzeugen. (Man stelle sich zwei große Papierstücke vor, die übereinandergestapelt sind und über ihre gesamte Breite und Länge den gleichen Abstand haben.) Kallosh, Kofman und Linde haben auch gezeigt, dass das mit den mehrdimensionalen kollidierenden Branen verbundene Energiepotenzial auf 1 zu 10^{50} fein abgestimmt sein muss.[38]

Robin Collins charakterisiert diese Gesamtsituation auf besonders raffinierte Art und Weise. Er vergleicht Physiker, die versuchen, die Feinabstimmung ohne intelligentes Design und allein mithilfe von Universen erzeugenden Mechanismen zu erklären, mit einer unglücklichen Seele, die jegliche menschliche Erfindungsgabe bei der Herstellung eines frisch gebackenen Brotlaibs leugnet, nur weil der Bäcker eine Brotbackmaschine benutzt hat. Collins zufolge hat solch ein umnachteter Mensch eine offensichtliche Tatsache übersehen: Die Brotbackmaschine selbst erforderte Erfindungsreichtum und Design, ebenso wie das Rezept und die Zubereitung des Teigs, der in die Maschine kam. In ähnlicher Weise würde eine Multiversumshypothese – selbst wenn sie wahr wäre – die Hypothese vom intelligenten Design eher unterstützen als untergraben, da die Multiversumshypothese von den spezifischen Merkmalen der Universen erzeugenden Mechanismen abhängt, die immer eine vorangegangene und andernfalls nicht erklärbare Feinabstimmung erfordern.[39]

Die Luft aus der inflationären Stringblase lassen?

Zusätzlich zu all diesen Problemen gibt es empirische Gründe, die einzelnen kosmologischen Modelle anzuzweifeln, welche gemeinsam die derzeit favorisierte Hypothese der inflationären String-Landschaftshypothese bilden.[40] Zum einen bietet die inflationäre Kosmologie weder eine notwendige noch die notwendigerweise *beste* Erklärung für die Homogenität und Flachheit des Universums oder das Fehlen magnetischer Monopole – die wichtigsten Belege, für deren Erklärung sie letztendlich da ist. Stattdessen erklärt die Annahme einer Feinabstimmung der Anfangsbedingungen in Verbindung mit der Standard-Urknallkosmologie sowohl die Homogenität[41] als auch die Flachheit des Universums genauso gut wie verschiedene ausgefeilte kosmologische Inflationsmodelle. Tatsächlich werden sowohl das Homogenitäts- als auch das Flachheitsproblem nur von denjenigen als Problem angesehen, die die Existenz der Feinabstimmung als Problem betrachten.

Doch wie bereits erwähnt bleiben viele Arten der Feinabstimmung unerklärt, was auch immer Kosmologen als Erklärung für diese Merkmale des Universums vorschlagen mögen. Und wie bereits erwähnt verschlimmert die inflationäre Kosmologie das Problem der Feinabstimmung sogar exponentiell. Unter der Annahme, dass gute Erklärungen notwendigerweise die postulierte Feinabstimmung minimieren, würde die inflationäre Kosmologie also keine *bessere* Erklärung für die Belege liefern als die Standard-Urknallmodelle (zumindest diejenigen, die ebenfalls eine gewisse anfängliche Feinabstimmung voraussetzen). Ebenso kann das Fehlen magnetischer Monopole ohne Bezug auf die Inflation erklärt werden, indem man annimmt, dass Monopole nicht existieren und dass die großen vereinheitlichten Theorien, die sie vorhersagen, falsch sind – Theorien, die bekanntermaßen aus anderen Gründen unzureichend sind.[42]

Darüber hinaus sind mehrere wichtige Vorhersagen der inflationären Kosmologie nicht eingetreten. Die einfachsten inflationären Multiversumsmodelle sagen Folgendes voraus: (1) viel größere Schwankungen der Temperatur der kosmischen Hintergrundstrahlung als von Physikern beobachtet, (2) nachweisbare Gravitationswellen als Folge zufälliger lokaler Fluktuationen im Gravitationsfeld und (3) etwas, das als „Beinahe-Skaleninvarianz" bei der Abbildung der Schwankungen der kosmischen Hintergrundstrahlung bezeichnet wird.[43] Physiker haben bisher keine Belege für das zweite dieser Phänomene beobachten können, und ihre Beobachtungen stehen im direkten Widerspruch zum ersten und dritten.[44]

Infolge dieser fehlgeschlagenen Vorhersagen haben mehrere führende Physiker, darunter Roger Penrose, Abraham Loeb (Leiter der Abteilung für Astronomie an der Universität Harvard) und Paul Steinhardt (einer der Begründer des ursprünglichen Inflationsmodells), die Inflationskosmologie abgelehnt.[45] Steinhardt stellt fest, dass die fehlgeschlagenen Vorhersagen der Inflationskosmologie ihre Befürworter dazu gezwungen haben, immer ausgeklügeltere Modelle der Funktion und der Konturen der Inflatonfeldenergie zu formulieren. Er merkt an: „Zum ersten Mal seit mehr als 30 Jahren werden die einfachsten Inflationsmodelle, einschließlich der in den Standardlehrbüchern beschriebenen, durch Beobachtungen stark in Frage gestellt. Natürlich waren die Theoretiker schnell dabei, die Risse im Inflationsmodell zu flicken, aber um den Preis, dass sie obskure Modelle der Inflationsenergie entwickelten und noch mehr Probleme aufdeckten."[46]

Die gescheiterten Vorhersagen der Stringtheorie

Die Stringtheorie ihrerseits erfordert „Supersymmetrie" als notwendige Folge ihres Versuchs, die fundamentalen Kräfte der Physik zu vereinheitlichen. Wie wir bereits gesehen haben, postuliert die Stringtheorie beispielsweise unterschiedlich schwingende Gravitonen als die für die fundamentalen Kräfte der Physik verantwortlichen Entitäten, und sie benötigt Gravitinos, um die Existenz von Materie zu erklären. Vonseiten der Physiker bestand nicht die Erwartung, bei Hochenergie-Teilchenbeschleuniger-Experimenten entweder einzelne Gravitonen oder ihre supersymmetrischen Partnerteilchen Gravitinos (zumindest direkt) nachweisen zu können. Und zwar deshalb, weil man davon ausging, dass keines der beiden supersymmetrischen Teilchen selbst bei Kopplung an andere Feldern über genügend Energie verfügt, um nachgewiesen werden zu können.

Dennoch sollten supersymmetrische Teilchen mit höherer Energie, die die Stringtheorie ebenfalls voraussetzt, in Teilchenbeschleuniger-Experimenten wie denen am Large Hadron Collider (LHC) in der Nähe von Genf in der Schweiz nachweisbar sein. In der Tat sagt die Stringtheorie den Nachweis supersymmetrischer Elementarteilchen unter bestimmten Bedingungen in solchen Hochenergie-Teilchenbeschleuniger-Experimenten voraus.[47] Doch bei den am LHC durchgeführten Experimenten ist es wiederholt fehlgeschlagen, solche supersymmetrischen Teilchen nachzuweisen.[48] Somit ist ein Prognosetest der Stringtheorie eindeutig widerlegt, wenn man die Standardlogik der wissenschaftlichen Falsifikation anwendet.

Diese fehlgeschlagenen Prognosen sowie die peinliche Enthüllung einer unendlichen Anzahl von Lösungen der Stringtheorie haben bei vielen führenden Physikern eine wachsende Skepsis gegenüber der Stringtheorie hervorgerufen. Wie der Nobelpreisträger für theoretische Physik Gerard 't Hooft erklärt hat:

> *Ich wäre nicht einmal bereit, die Stringtheorie als „Theorie" zu bezeichnen, eher als „Modell", oder nicht einmal das: nur eine Vermutung. Schließlich sollte eine Theorie eine Anleitung enthalten, wie man … die Dinge identifiziert, die man beschreiben will, in unserem Fall die Elementarteilchen, und man sollte zumindest im Prinzip in der Lage sein, die Regeln für die Berechnung der Eigenschaften dieser Teilchen zu formulieren und neue Vorhersagen für sie zu treffen. Stellen Sie sich vor, ich schenke Ihnen einen Stuhl und erkläre Ihnen, dass die Beine fehlen und dass die Sitzfläche, die Rückenlehne und die Armlehnen bald geliefert werden. Was auch immer ich Ihnen gegeben habe, kann ich es noch einen Stuhl nennen?*[49]

Ein göttlicher Fuß in der Tür?

Warum also bleibt das Multiversum trotz dieser vielen Mängel für so viele Physiker die bevorzugte Erklärung für die kosmologische Feinabstimmung? Wie ich in meinem offenen Gespräch mit Michael Shermer erfuhr (siehe Kapitel 12), glauben viele wissenschaftliche Materialisten nicht, dass eine quasiunendliche Reihe anderer Universen wirklich existiert.

Dennoch gibt es echte Befürworter des Multiversums, und sie haben sich dazu geäußert, warum sie die Idee bejahen – trotz ihrer Eigenschaften, in denen andere ihre offensichtliche Unplausibilität sehen mögen. Der Stanford-Physiker Leonard Susskind, einer der Begründer des Multiversums der Stringtheorie, hat selbst gesagt, was der Errichtung dieses gewaltigen theoretischen Überbaus zugrunde liegt: „Wenn sich die [String-]Landschaft aus irgendeinem unvorhergesehenen Grund als widersprüchlich erweist – vielleicht aus mathematischen Gründen oder weil sie nicht mit den Beobachtungen übereinstimmt," [dann] „befinden wir uns zum jetzigen Zeitpunkt in einer sehr unangenehmen Situation. Ohne eine Erklärung für die Feinabstimmung der Natur werden wir kaum in der Lage sein, den ID-[*Intelligent Design*]Kritikern zu antworten."[50]

Andere führende Physiker, die mit dem Forschungsprogramm vertraut sind, haben solch eine starke metaphysische Vorliebe bei ihren Kollegen beobachtet. Der theoretische Physiker Bernard Carr von der Universität London bemerkte: „Für die Hardliner unter den Physikern ist das Multiversum vielleicht nicht ganz respektabel, aber es ist zumindest besser, als sich auf einen Schöpfer zu berufen. In der Tat fühlen sich anthropisch orientierte Physiker wie Susskind und Weinberg gerade deshalb vom Multiversum angezogen, weil es Gott als Erklärung für die kosmische Gestaltung zu entbehren scheint."[51]

All dies wird niemanden überraschen, der sich mit dem Ethos oder der Soziologie der heutigen Wissenschaft auskennt. Seit dem Aufkommen des wissenschaftlichen Materialismus Ende des neunzehnten Jahrhunderts haben viele Wissenschaftler es als ihre Pflicht angesehen, alle Ereignisse und Phänomene, sogar einzelne Ereignisse wie den Ursprung des Universums, des Lebens oder des Bewusstseins, ohne Bezug auf eine gestaltende Intelligenz zu erklären. Einige haben ihre Berufung als Wissenschaftler als Teil eines langen Kampfes gesehen gegen das, was sie als die Irrationalität der Religion ansehen. So haben sie sich energisch dagegen gewehrt, irgendeine Entdeckung oder Erklärung in Betracht zu ziehen, die für den Theismus spricht, was auch immer der Preis für die Kohärenz des wissenschaftlichen Weltbildes sein mag. So schrieb der pensionierte Harvard-Evolutionsbiologe Richard Lewontin 1997 in der *New York Review of Books*:

> *Unsere Bereitschaft, wissenschaftliche Behauptungen zu akzeptieren, die dem gesunden Menschenverstand widersprechen, ist der Schlüssel zum Verständnis des wirklichen Kampfes zwischen der Wissenschaft und dem Übernatürlichen. Wir stellen uns auf die Seite der Wissenschaft, trotz der offensichtlichen Absurdität einiger ihrer Konstrukte… trotz der Toleranz der wissenschaftlichen Gemeinschaft gegenüber unbegründeten Behauptungen, weil wir*

uns von vornherein dem Materialismus verschrieben haben. … Zudem ist dieser Materialismus absolut, denn wir können keinen göttlichen Fuß in der Tür zulassen.[52]

Natürlich ist es nicht so, dass der Nachweis atheistischer oder materialistischer Motive bei den Befürwortern der Multiversumshypothese diese auch widerlegt, ebenso wenig wie die Feststellung theistischer Motive bei den Befürwortern der Gotteshypothese den Theismus widerlegt. Was bei der Beurteilung einer Weltanschauung oder Hypothese zählt, ist ihre Kohärenz, Einfachheit und Erklärungskraft in Bezug auf die relevanten Belege. Doch wie wir gesehen haben, fehlen der Multiversumshypothese genau diese Eigenschaften. Allein ihre Unfähigkeit, die Feinabstimmung zu erklären, ohne sich auf eine vorhergehende unerklärte Feinabstimmung zu berufen, sollte uns zu denken geben, ganz zu schweigen davon, dass es ihr an Sparsamkeit fehlt.

Erinnern wir uns an unsere Diskussion im letzten Kapitel über die Belege für *Intelligent Design* in der Biologie. Führende Evolutionsbiologen haben versucht, das Problem des Ursprungs funktioneller genetischer Informationen zu lösen, indem sie sich auf frühere unerklärte Quellen solcher Informationen beriefen. Etwas Ähnliches ist hier im Gange. Physiker haben viele materialistische Erklärungen für den Ursprung der Feinabstimmung angeboten, die versuchen, die Feinabstimmung zu erklären, ohne sich auf einen „Feinabstimmer" oder einen Verstand zu berufen. Doch diese Vorschläge erklären die Feinabstimmung entweder nicht (wie das schwache und das starke anthropische Prinzip) oder sie versuchen immer nur, sie zu erklären, indem sie sich stillschweigend auf andere Quellen vorhergehender unerklärter Feinabstimmung berufen.

Wir haben jedoch in Kapitel 8 gesehen, dass das, was wir als Feinabstimmung bezeichnen, genau die Merkmale – extreme Unwahrscheinlichkeit und funktionale Spezifizierung – aufweist, die auf der Grundlage unserer gleichförmigen und wiederholten Erfahrung zu Recht und ausnahmslos zu der Schlussfolgerung führen, dass intelligentes Design dahintersteckt. Daraus folgt: Wenn die Erklärung des Multiversums die Feinabstimmung nicht erklären kann, ohne die Frage nach dem Ursprung der vorhergehenden Feinabstimmung aufkommen zu lassen und ohne die theoretischen Entitäten endlos zu vervielfachen, dann ist *Intelligent Design* immer noch die beste Erklärung für die Feinabstimmung der physikalischen Gesetze und Konstanten und der Anfangsbedingungen des Universums.

Kapitel 17:

Stephen Hawking und die Quantenkosmologie

Als ich das Podium betrat, um an der Universität von Toronto mit Lawrence Krauss zu debattieren, dachte ich nicht nur an die Theorie des *Intelligent Design*, obwohl ich bald einen Kurzvortrag über die biologischen Belege dafür halten würde. Stattdessen freute ich mich auf die Gelegenheit, Krauss' Sichtweise über den Ursprung des Universums zu diskutieren. Krauss hatte vor Kurzem ein Buch mit dem Titel *A Universe from Nothing: Why There Is Something Rather Than Nothing* (dt. Ausgabe: *Ein Universum aus Nichts: ... und warum da trotzdem etwas ist*) veröffentlicht. Darin präsentierte er eine Theorie über den Ursprung des Universums, die als Quantenkosmologie bekannt ist. In Vorbereitung auf die Diskussion hatte ich mich nicht nur in Krauss' Werk vertieft, sondern auch in die Fachartikel eines anderen Physikers, Alexander Vilenkin, dessen Arbeit Krauss bekannt gemacht hatte. Meine Studien im Vorfeld der Debatte weckten in mir ein starkes, bis dahin teilweise noch schlummerndes Interesse an der Kosmologie.

Zum ersten Mal kam ich mit der Quantenkosmologie in Berührung, als ich Ende der 1980er-Jahre eine Vorlesungsreihe von Stephen Hawking in Cambridge besuchte, nur ein paar Jahre nachdem ich Allan Sandages Vortrag über den Urknall gehört hatte. In der Vorlesungsreihe stellte Hawking eine Version der Quantenkosmologie vor, die er zu dieser Zeit in seinem Bestseller *A Brief History of Time* (1988, dt. Ausgabe: *Eine kurze Geschichte der Zeit*) der breiten Öffentlichkeit vorstellte.

Zwar hatte Hawking 1970 zusammen mit Roger Penrose[1] und 1973 mit George Ellis[2] zum Nachweis der Singularitätstheoreme beigetragen – doch er empfand es als philosophisch beunruhigend und wissenschaftlich unbefriedigend, dass diese einen absoluten Anfang von Zeit und Raum implizieren. Daher machte er sich daran, ein kosmologisches

Modell zu entwickeln, von dem er hoffte, dass es keinen Beginn mehr implizieren würde. In diesem Zuge wandte er die Physik des sehr Kleinen an, die sogenannte „Quantenmechanik", um das Universum zu analysieren, als es sehr klein *war*. Damit stellte er zwei Dinge infrage: zum einen die Idee, dass das Universum einen eindeutigen Anfang hatte, und zum Zweiten die Beweisgrundlage für das kosmologische Argument. Dieses Kapitel und die nächsten beiden werden sich mit diesen beiden Herausforderungen befassen.

Die Physik des frühen, winzigen Universums

Die Quantenmechanik beschreibt die Wechselwirkungen und Bewegungen subatomarer Teilchen, die sowohl wellenförmiges als auch teilchenförmiges Verhalten zeigen. Während die Expansion des Universums in der Gegenwart zu einem riesigen Raumvolumen geführt hat, müsste das Universum irgendwann in der endlichen Vergangenheit so klein gewesen sein, dass Physiker sich Gedanken darüber machen müssten, wie quantenmechanische Effekte die Schwerkraft beeinflussen würden. Physiker glauben, dass Einsteins Gravitationstheorie – die allgemeine Relativitätstheorie – in diesem kleinen Raum versagen würde. Tatsächlich räumten Hawking und Ellis diese Möglichkeit in ihrer ursprünglichen Arbeit über die Singularitätstheoreme im Jahr 1973 ein.[3]

Stattdessen sind viele Physiker der Meinung, dass die Anziehungskraft der Schwerkraft anders funktioniert hätte, da das frühe Universum quantenmechanischen Prinzipien und unvorhersehbaren Quantenfluktuationen unterworfen gewesen wäre. Wie ein Wissenschaftsautor erklärt hat: „Einsteins allgemeine Relativitätstheorie berücksichtigt nicht die Quantenfluktuationen, die bei jedem physikalischen Prozess vorhanden sein müssen, an dem die Schwerkraft beteiligt ist; daher kann die allgemeine Relativitätstheorie nicht in unveränderter Form extrapoliert werden, um vorherzusagen, was bei oder unterhalb der Planck-Länge geschehen wird."[4]

Bis heute haben Physiker keine angemessene Theorie der „Quantengravitation" formuliert, die die allgemeine Relativitätstheorie und die Quantenmechanik kohärent miteinander verbindet. Dennoch war

Hawking der Meinung, dass Physiker zumindest die Konturen einer solchen Theorie vorhersehen könnten.[5] Auf der Grundlage dieser Erwartungen wandten er und sein amerikanischer Co-Autor, der Physiker James Hartle von der University of California, Santa Barbara, erstmals quantenmechanische Ideen darüber an, wie die Schwerkraft auf subatomarer Ebene funktionieren könnte, um das Universum in seinem frühesten Zustand zu beschreiben.[6]

Hawking stellte jedoch fest, dass er präzise mathematische Berechnungen über den wahrscheinlichen Zustand des frühen Universums nur dann würde anstellen können, wenn er ein Rechengerät verwendet, das die Einführung des Konzepts der imaginären Zeit erfordert. Vielleicht erinnern Sie sich aus dem Mathematikunterricht, dass i, der Buchstabe, den Mathematiker zur Darstellung imaginärer Zahlen verwenden, der Quadratwurzel aus -1 entspricht, also $i^2 = -1$. Hawking führte die imaginäre Zeit in einen von Einsteins mathematischen Ausdrücken ein (die sogenannte Raumzeitmetrik), der die Geometrie (oder Krümmung) der Raumzeit beschreibt.[7] Da dieser Ausdruck eine Zeitvariable enthält, setzte Hawking die Zeit einfach mit der imaginären Zeit ($t = i\tau$) gleich, um die Wahrscheinlichkeiten berechnen zu können, die mit verschiedenen möglichen frühen Zuständen des Universums verbunden sind.[8] Mathematiker nennen diese Transformation eine „Wick-Rotation".

Als Hawking die Wick-Rotation durchführte, stellte das daraus resultierende mathematische Konstrukt ein Universum mit räumlichen Dimensionen, aber ohne bevorzugte zeitliche Richtung dar – und ohne zeitlichen Anfang. Die daraus resultierende mathematische Darstellung des Universums behandelte die Zeit im Wesentlichen als eine weitere Dimension des Raums und „verräumlichte die Zeit", wie Physiker es beschreiben. Folglich wurde durch das, was Hawking seinen „mathematischen Apparat" nannte, die *zeitliche* Singularität beseitigt – zumindest solange er die Geometrie des Raums weiterhin mithilfe der imaginären statt der realen Zeit beschrieb.[9] Diese Beschreibung der Raumzeit bildete ein Universum ab, das „endlich, aber nicht begrenzt" durch einen bestimmten zeitlichen Ausgangspunkt ist.[10]

In *Eine kurze Geschichte der Zeit* präsentierte Hawking dieses Ergebnis als Herausforderung für die Auffassung, dass das Universum einen bestimmten zeitlichen Anfang hat. Seiner Argumentation zufolge impliziere dieses mathematische Modell demnach, dass es keinen transzendenten Schöpfer des Universums brauche, um seinen Ursprung zu erklären. Nachdem er erklärt hatte, wie diese mathematische Manipulation die Singularität beseitigt, machte er folgende berühmte Beobachtung: „Solange das Universum einen Anfang hatte, würden wir annehmen, dass es einen Schöpfer hat. Aber wenn das Universum wirklich völlig in sich geschlossen ist und keine Grenze und keinen Rand hat, hätte es weder Anfang noch Ende; es wäre einfach da. Wo ist dann noch Platz für einen Schöpfer?“[11]

Hawkings Vorschlag erlangte große Popularität. Sein Buch verkaufte sich schlussendlich über zehn Millionen Mal und steigerte seine ohnehin schon große internationale Berühmtheit. Indem er eine singularitätsfreie Beschreibung des frühen Universums lieferte, dessen Beginn er zuvor mit bewiesen hatte, erweckte Hawkings Vorschlag auch den weitverbreiteten Eindruck, er habe das kosmologische Kalām-Argument (Erstursachen-Argument) für die Existenz Gottes widerlegt. Sicherlich präsentierte Hawking sein Modell als eine Herausforderung der zweiten Prämisse dieses Arguments, der Aussage, dass „das Universum zu existieren begann“.[12]

In den 1990er- und frühen 2000er-Jahren, als ich College-Professor war, diskutierte ich häufig Hawkings Version der Quantenkosmologie mit meinen Studenten der Wissenschaftsphilosophie. Zu diesem Zeitpunkt hatten viele bereits von Hawkings neuem kosmologischen Modell, seiner Ablehnung der zeitlichen Singularität und seiner angeblichen Widerlegung des kosmologischen Arguments gehört. Tatsächlich hat Hawking in den 1990er-Jahren im Alleingang begonnen, die Auffassungen über die Implikationen der Urknalltheorie zu verändern. In den frühen 1980er-Jahren veröffentlichten viele Astronomen, Astrophysiker, Philosophen und Kosmologen (Penzias, Jastrow, Ross, Gingerich, Sandage, Schroeder und Jaki) Bücher oder hielten öffentliche Vorträge, in denen sie die theistischen Implikationen des Urknalls untersuchten. Doch die öffentliche Aufmerksamkeit, die Hawkings populäre Präsentation der Quantenkosmologie und seine vermeintliche Autorität erregten, untergrub diese Interpretation. Seine Berühmtheit und sein Charisma, was zum Teil mit seiner heldenhaften Entschlossenheit angesichts seiner körperlichen Behinderung zusammenhing, trugen zu seinem Einfluss bei.

Dennoch erwies sich seine zentrale Behauptung, er habe die Notwendigkeit eines zeitlichen Beginns in der Beschreibung des Universums beseitigt, als anfällig für eine offensichtliche Kritik. Physiker und Philosophen wiesen darauf hin, dass Hawkings Entscheidung, die Zeit mit der imaginären Zeit gleichzusetzen, keine physikalische Rechtfertigung hat, abgesehen von der Zweckmäßigkeit, die Berechnungen durchzuführen, die er machen wollte.[13] Tatsächlich hat Hawking selbst diese Zweckmäßigkeit als seine Motivation für die Einführung imaginärer Zahlen zur Darstellung der Zeit anerkannt.[14]

Was Hawkings mathematischer Beschreibung der Geometrie der Raumzeit also fehlt, ist die Anwendbarkeit und Verständlichkeit als physikalische Beschreibung unseres Universums. Physiker, die mit seinen mathematischen Manipulationen vertraut sind, haben auch erklärt, warum. Als Hawking die Variable t (reale Zeit) in Einsteins mathematischem Ausdruck durch $i\tau$ (imaginäre Zeit) ersetzte, gab es für die daraus resultierende Darstellung der Geometrie der Raumzeit *keine Entsprechung im realen Universum.*

Das Problem war ein zweifaches. Erstens funktioniert die Verwendung imaginärer Zeit in der Mathematik lediglich als Recheninstrument, das es Mathematikern erlaubt, bestimmte, ansonsten unlösbare Probleme lösen zu können. Und zwar, indem es zunächst Physikern erlaubt, mathematische Ausdrücke (in diesem Fall ein funktionales Integral)[15] in den Bereich der komplexen Zahlen (mit imaginärer Zeit) umzuwandeln und dann, nachdem es die resultierende umgewandelte (komplexe) Gleichung gelöst hat, diese mathematischen Ausdrücke wieder in den realen Bereich mit Echtzeitvariablen umzuwandeln. Das kann man so akzeptieren. Hawking verwendet eine mathematische Methode, die Mathematiker und Physiker seit Langem zur Lösung mathematischer Probleme einsetzen.

Das Problem mit Hawkings Darstellung waren nicht die von ihm verwendeten mathematischen Techniken, sondern die metaphysische Interpretation, die er den Zwischenschritten seiner mathematischen Manipulationen zuordnete. Die Zwischenschritte in seinem mathematischen Verfahren ergaben nämlich einen Ausdruck, der nicht die

Raumzeitgeometrie des *realen* Universums beschreibt. Stattdessen hat Zeit, wenn man sie auf die imaginäre Achse der komplexen Ebene beschränkt (wie es in der Mathematik der komplexen Analyse der Fall ist), *keine physikalische Bedeutung*. Hawking hat dies selbst eingeräumt. Wie er erklärte, sind imaginäre Zahlen „ein mathematisches Konstrukt; sie brauchen keine physikalische Realisierung; man kann keine imaginäre Anzahl von Orangen oder eine imaginäre Kreditkartenrechnung haben".[16] So bezeichnete er in seiner *Kurzen Geschichte der Zeit* seinen Rückgriff auf die imaginäre Zeit freimütig als „mathematisches Mittel (oder Trick)".[17]

Zweitens erlaubte die spezifische mathematische Transformation Hawking, Zeit für die Zwecke seiner Berechnungen als eine Dimension des Raums zu behandeln. Aber wenn man Zeit auf diese Weise in Raum kollabieren lässt, entsteht wiederum kein mathematischer Ausdruck mit physikalischer Bedeutung, und schon gar nicht einer, der sich *im Laufe der Zeit* verändert, wie es bei unserem Universum der Fall ist. Obwohl in der allgemeinen Relativitätstheorie Zeit und Raum miteinander verbunden oder verschmolzen sind, werden sie unterschiedlich behandelt. Zeit ist nicht dasselbe wie Raum. Ereignisse finden im Raum statt, aber auch *in zeitlicher Abfolge*. Wenn Zeit in Raum kollabiert (oder die Zeit „verräumlicht" wird)[18], ist es nicht mehr möglich, diese Realität unseres Universums zu beschreiben, und Hawkings dazwischenliegende mathematische Beschreibung der Geometrie der „Raumzeit" ist als Beschreibung unseres Universums nicht mehr anwendbar.

In seinen technischen Abhandlungen mit James Hartle zog Hawking keine metaphysischen Implikationen aus seinem mathematischen Ausdruck, der das Universum mit imaginärer Zeit beschreibt. Stattdessen benutzten er und Hartle die Wick-Rotation lediglich als Recheninstrument, um die mathematischen Implikationen seines größeren kosmologischen Modells zu entwickeln (dazu später mehr). In *Eine kurze Geschichte der Zeit* scheint er jedoch mit gespaltener Zunge zu sprechen. An einigen Stellen räumt er den Mangel an Realismus ein, der mit seinem mathematischen Zwischenkonstrukt verbunden ist; an anderen zieht er daraus bedeutende wissenschaftliche und metaphysische Schlussfolgerungen, vor allem mit seiner Behauptung, sein Konstrukt unter Verwendung imaginärer Zeit zeige, dass das Universum keinen Anfang habe und daher keinen Schöpfer brauche.

Hawking hat jedoch auch eingeräumt, dass die Singularität wieder auftaucht, sobald seine mathematische Darstellung der Raumgeometrie in den realen Bereich mit einer Echtzeitvariablen zurückverwandelt wird – den Bereich der Mathematik, der für unser Universum *gilt*. Er bemerkte: „Wenn man jedoch in die reale Zeit zurückgeht, in der wir leben, scheint es immer noch Singularitäten zu geben. … Nur wenn [wir] in einer imaginären Zeit lebten, würden [wir] keine Singularitäten finden. … In der realen Zeit hat das Universum einen Anfang und ein Ende an Singularitäten, die eine Grenze der Raumzeit bilden und an denen die Gesetze der Wissenschaft zusammenbrechen."[19]

All dies bringt mich zurück zu jenem Abend in Toronto im Jahr 2016. Zu diesem Zeitpunkt hatte ich bereits seit vielen Jahren über Hawkings Quantenkosmologie nachgedacht. Ich kannte die Kritik, die Wissenschaftsphilosophen und Physiker in den vergangenen drei Jahrzehnten an seinem Modell geäußert hatten.[20] Ich habe diese Kritikpunkte meinen Studenten oft erklärt und hatte Kollegen, die ausführlich darüber geschrieben hatten.[21] Ich wusste aber auch, dass theoretische Physiker teilweise als Reaktion auf diese Kritik andere Versionen der Quantenkosmologie formuliert hatten.

So formulierte Alexander Vilenkin fünf Jahre nach der Veröffentlichung von Hawkings und Hartles erstem Fachaufsatz zur Quantenkosmologie eine weitere Version der Quantenkosmologie.[22] Seine Theorie erregte große Aufmerksamkeit, nachdem er 2007 in seinem Buch *Quantum Cosmology and the Initial State of the Universe* (dt. Ausgabe: *Kosmische Doppelgänger: Wie es zum Urknall kam*) einige seiner Ideen dazu erläutert hatte. Vilenkins Theorie versuchte nicht, die Singularität zu beseitigen. Stattdessen setzte sie die Singularität voraus und versuchte zu erklären, wie der Ursprung des Universums von ihr ausging – und zwar von überhaupt nichts Physikalischem. Dies war die Version der Quantenkosmologie, die Krauss bekannt gemacht hatte und die ich in Toronto zu diskutieren hoffte.

„Gewöhnliche" Quantenmechanik und die Entdeckung des Welle-Teilchen-Dualismus

Vilenkins Formulierung der Quantenkosmologie beruht wie die von Hawking auf einer Anwendung der *Quantenmechanik* auf die Physik des frühen Universums. Quantenmechanik wurde entwickelt, um die Natur des Lichts (sowie der Elektronen und anderer subatomarer Teilchen) zu beschreiben, nachdem Physiker im frühen zwanzigsten Jahrhundert festgestellt hatten, dass sich Licht sowohl wie eine Welle als auch wie ein Teilchen verhält. Um die Quantenkosmologie zu verstehen, muss man daher die intellektuellen Ursprünge der „gewöhnlichen" Quantenmechanik verstehen – obwohl es natürlich überhaupt nichts Gewöhnliches an der Quantenmechanik gibt.[23]

Im siebzehnten Jahrhundert zeigte Newton, dass sich Licht in einer geraden Linie bewegt. Er tat dies in einer Reihe von Experimenten mit Prismen, in denen er das Licht in verschiedene Farben trennte.[24] Für Newton deutete dies darauf hin, dass sich das Licht wie ein Teilchen oder ein „Korpuskel" verhielt. Er argumentierte, dass die Vorstellung von Licht als Teilchen die Gesetze der optischen Reflexion besser erklärt als die konkurrierende Wellentheorie des Lichts, die von seinem Zeitgenossen vertreten wurde, dem niederländischen Physiker Christiaan Huygens. Huygens seinerseits vertrat die Ansicht, dass die Wellentheorie die Lichtbrechung besser erklären würde, d. h. die Tendenz des Lichts, sich zu krümmen, wenn es von einem Medium (z. B. Luft) in ein anderes (z. B. Wasser) übergeht.[25]

1801 führte der englische Physiker Thomas Young ein raffiniertes Experiment durch, das diese Frage zu klären schien. In seinem berühmten „Doppelspaltexperiment" ließ Young eine einzelne Wellenlänge von Sonnenlicht durch eine spaltförmige Öffnung in einem Schirm treten.[26] Anschließend lenkte er das übrige Licht durch einen anderen Schirm mit zwei Spalten (Abb. 17.1). Auf der anderen Seite dieses zweiten Schirms platzierte er einen dritten Beobachtungsschirm. Nun beobachtete Young Folgendes: Das Licht, das nach dem Durchgang durch die Doppelspalte den entfernten Schirm erreichte, wies ein klassisches Interferenzmuster auf, das für sich kreuzende Wellen charakteristisch ist.

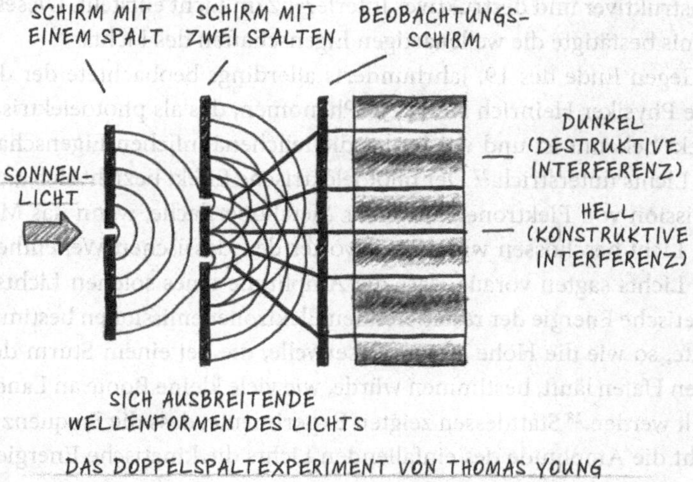

Abb. 17.1
Interferenzmuster. Wenn Elektronen oder Licht mit einer bestimmten Frequenz durch zwei verschiedene Spalte treten, erzeugen sie ein Interferenzmuster auf einem Beobachtungsschirm, der in einem bestimmten Abstand hinter den Spalten angebracht ist. Dieses Muster entsteht dadurch, dass sich die Wellen von jedem Spalt entweder addieren oder gegenseitig auslöschen, um die entsprechenden hellen und dunklen Linien zu bilden. Werden mit der Zeit eine Reihe einzelner Elektronen oder Photonen ausgestoßen, entsteht nach und nach das Interferenzmuster. Die einzelnen Elektronen oder Photonen, die durch einen der Spalte hindurchgehen, verhalten sich so, als ob eine Welle durch beide Spalte gelaufen wäre.

Interferenzmuster entstehen, wenn zwei sich ausbreitende Wellen zusammenstoßen. Wenn man beispielsweise zwei Kieselsteine nebeneinander in einen Teich fallen lässt, entstehen zwei Wellen, die sich schließlich überschneiden. Wenn die Wellen zusammenstoßen, nimmt die Höhe (oder Amplitude) der entstehenden Wellen an den Stellen zu, an denen die Spitzen der beiden Wellen zusammenlaufen, und hebt sich an den Stellen auf, an denen die Spitzen und Täler übereinstimmen. Die Physiker nennen die erste Wechselwirkung „konstruktive Interferenz" und die zweite „destruktive Interferenz". Youngs Experiment hat gezeigt, dass beim Auftreffen auf den Endschirm ein Muster aus abwechselnd konstruktiver und destruktiver Interferenz im Licht entsteht. Dieses Ergebnis bestätigte die wellenartigen Eigenschaften des Lichts.

Gegen Ende des 19. Jahrhunderts allerdings beobachtete der deutsche Physiker Heinrich Hertz ein Phänomen, das als photoelektrischer Effekt bekannt ist und wiederum die teilchenähnlichen Eigenschaften des Lichts unterstrich.[27] Der photoelektrische Effekt bezieht sich auf die Emission von Elektronen aus einer Metalloberfläche, wenn das Metall mit Licht beschossen wird. Befürworter der klassischen Wellentheorie des Lichts sagten voraus, dass die Amplitude eines solchen Lichts die kinetische Energie der resultierenden Elektronenemissionen bestimmen sollte, so wie die Höhe einer Wasserwelle, die bei einem Sturm durch einen Hafen läuft, bestimmen würde, wie viele kleine Boote an Land gespült werden.[28] Stattdessen zeigten Experimente, dass die Frequenz und nicht die Amplitude des einfallenden Lichts die kinetische Energie der Emissionen bestimmt.

Diese und andere unerwartete Beobachtungen ließen Einstein vermuten, dass sich die Lichtenergie in konzentrierteren, weniger wellenförmigen Paketen, den „Photonen", ausbreitet. Außerdem zeigten Experimente, dass diese Photonen keine Elektronenemissionen verursachen würden, solange sie nicht eine bestimmte Mindestschwellenenergie erreichten. Deshalb schlug Einstein vor, dass sich die Lichtenergie in separaten Bündeln oder Energiepaketen ausbreitet, die „Quanten" genannt werden.[29] So erklärte Einstein den photoelektrischen Effekt, indem er postulierte, dass das Licht aus teilchenartigen Photonen und nicht aus räumlich ausgedehnten Wellen besteht.[30] Darüber hinaus argumentierte er, dass diese Photonen, wenn sie separate Pakete mit ausreichender Energie enthielten, Elektronen aus einer bestrahlten Metalloberfläche herauslösen könnten. Letztlich kam Einstein zu dem Schluss, dass sich Licht zusätzlich zu seinen nachweisbaren wellenförmigen Eigenschaften auch wie separate Teilchen oder Pakete von Strahlungsenergie verhalten würde.

Ein weiteres Doppelspaltexperiment, das 1909 von dem Physiker Geoffrey Taylor durchgeführt wurde, bestätigte diese duale Natur des Lichts.[31] Im Jahr 1907 – anschließend an Einsteins Erklärung des photoelektrischen Effekts – schlug der britische Physiker J. J. Thomson vor, dass die Interferenzmuster in früheren Doppelspaltexperimenten darauf zurückzuführen sind, dass einzelne Photonen sich in irgendeiner Weise gegenseitig behindern. Thomson war der Ansicht, dass eine Verringerung der Lichtintensität die einzelnen Photonen beim Durchgang durch die Spalte der Apparatur voneinander trennen würde. Wenn beispielsweise im Durchschnitt nur ein Photon pro Sekunde einen Spalt passierte, dann würde das vordere Photon („Photon A") theoretisch nicht dem hinteren Photon („Photon B") in die Quere kommen, und es sollte kein Interferenzmuster entstehen.

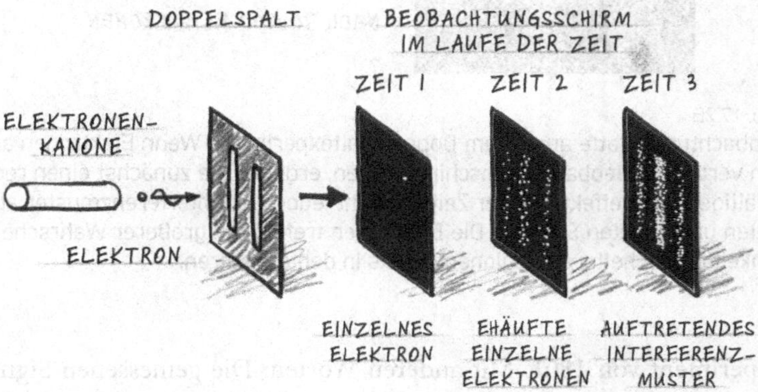

Abb. 17.2A
Doppelspaltexperiment (20. Jahrhundert). Eine Version des Doppelspaltexperiments verwendet eine Elektronenkanone, die über einen längeren Zeitraum einzelne Elektronen aussendet. Die Elektronen können eine von zwei Spaltöffnungen passieren und treffen dann auf einen horizontalen Beobachtungsschirm, der sich in einem bestimmten Abstand hinter den Spaltöffnungen befindet. Im Laufe der Zeit bildet die Verteilung der nachgewiesenen Elektronen ein Interferenzmuster auf dem vertikalen Beobachtungsschirm. Dieses zeigt, dass sich Elektronen wie *Wellen* mit einer charakteristischen Wellenlänge verhalten.

Taylor testete Thomsons Hypothese, indem er die Lichtintensität so weit verringerte, dass einzelne Photonen, die durch die beiden Spalte in der Versuchswand hindurchgingen, auf der Fotoplatte an der entfernten Wand in seiner Apparatur ein körniges Muster erzeugten.[32] Doch mit der Zeit, als immer mehr Photonen auf die Platte trafen, entstand wieder ein Interferenzmuster (Abb. 17.2a und 17.2b), genau wie in Youngs

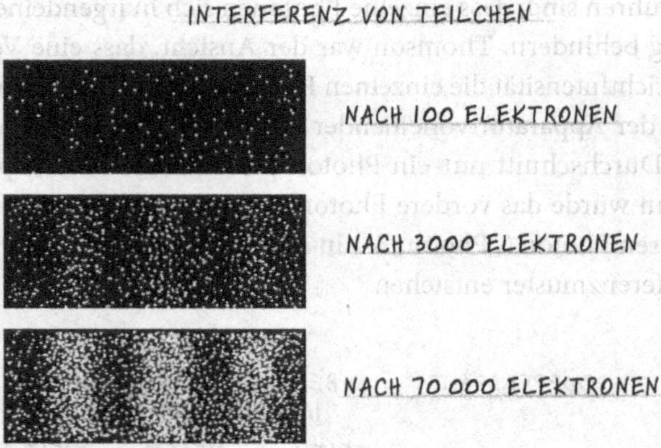

Abb. 17.2B
Beobachtungsplatte aus einem Doppelspaltexperiment. Wenn Elektronen auf den vertikalen Beobachtungsschirm treffen, ergeben sie zunächst einen recht zufälligen Streueffekt. Mit der Zeit entsteht jedoch ein Interferenzmuster aus hellen und dunklen Streifen. Die Elektronen treffen mit größerer Wahrscheinlichkeit in den helleren Regionen auf als in den dunkleren.

Experiment von 1801. Mit anderen Worten: Die gemessenen Signalmuster der Photonen waren über die gesamte Breite des fotografischen Films verteilt und erinnerten an das Muster konstruktiver und destruktiver Interferenz (Wellenberge und Wellentäler), wie es auch bei zwei einander entgegenlaufenden Wasserwellen auftritt. Dies bedeutete jedoch seltsamerweise, dass die einzelnen Photonen, die die Abdrücke auf der Fotoplatte hinterließen, zunächst als sich ausbreitende Welle durch beide Schlitze traten und dann auf der anderen Seite der Schlitze zwei kleinere abgeleitete Wellen erzeugten, die ihrerseits miteinander interferierten, bevor sie auf die Beobachtungsplatte trafen. Dann, noch seltsamer, „kollabierten" die Wellen beim Auftreffen auf die Beobachtungsplatte, sodass jedes Photon eine bestimmte Position einnahm. Nach mehreren Stunden oder Tagen, je nach Lichtintensität, zeigte sich immer das Interferenzmuster, das den wellenförmigen Charakter der sich ausbreitenden Photonen bezeugt.

Interessanterweise ergab sich kein Interferenzmuster, wenn Taylor das Licht nur durch einen einzigen Spalt leitete, was darauf hindeutet, dass sich in diesem Fall eine einzelne Welle auf der anderen Seite der Wand weiter ausbreitete, ohne dass eine andere Welle mit ihr interferierte. Dieses Ergebnis bestärkte die Interpretation des Doppelspaltexperiments dahingehend, dass das Interferenzmuster wie folgt entsteht: Einzelne Photonen durchlaufen beide Spaltöffnungen als eine einzige Welle und bilden dann auf der anderen Seite zwei interferierende Wellen. Tatsächlich ermöglichte der Doppelspalt in der Wand den Austritt zweier Wellen auf der anderen Seite, was die Interferenz ermöglichte.

Taylor verwendete gefiltertes Licht mit geringer Intensität (mithilfe rußgeschwärzter Platten), um sicherzustellen, dass Photonen die Spalte passierten und tatsächlich *einzeln* als separate Teilchen auf die Beobachtungsplatte trafen. Das Auftreten des Interferenzmusters bestätigte somit die doppelte wellen- und teilchenartige Natur der Photonen in einem einzigen Experiment. Experimente, die in den 1920er-Jahren (und später) durchgeführt wurden, bestätigten, dass Elektronen, Atome und andere subatomare Teilchen die gleiche duale Natur aufweisen.[33]

Die Entstehung der Quantenmechanik

Abb. 17.3
Der Physiker Erwin Schrödinger, Begründer der Quantenmechanik und der berühmten Schrödingergleichung.

Die Aufgabe, diese bizarren Ergebnisse zu erklären oder zumindest genau zu beschreiben, fiel den Physikern in den 1920er- und 1930er-Jahren zu. Sie schlugen einen mathematischen Apparat vor, um das Phänomen des Welle-Teilchen-Dualismus zu charakterisieren. Die zu diesem Zweck entwickelte Gleichung – die sogenannte Schrödingergleichung,[34] benannt nach dem österreichischen Physiker Erwin Schrödinger (Abb. 17.3), der sie ableitete – ermöglichte es Physikern, die Wahrscheinlichkeit zu berechnen, dass ein Photon (oder ein beliebiges subatomares Teilchen) an einem bestimmten

Ort auftaucht, sobald die sich ausbreitende Wellenform auf eine Beobachtungsplatte oder ein anderes Hilfsmittel trifft. Da sich das Photon offensichtlich wie eine sich ausbreitende Welle mit räumlicher Ausdehnung verhielt, konnten die Physiker vor einer solchen Beobachtung nicht feststellen, wo genau sich das Photon (in seiner teilchenhaften Eigenschaft) befand – oder wie das Wellenpaket „kollabieren" würde. Nach der Beobachtung konnte das Licht seinen teilchenhaften Charakter an jedem beliebigen Ort entlang dieser sich ausbreitenden Wellenform manifestieren (Abb. 17.4).

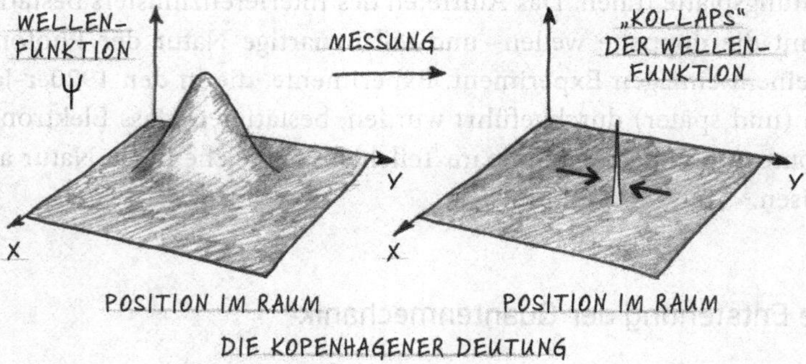

Abb. 17.4

Die Kopenhagener Deutung der Quantenmechanik. Nach der Kopenhagener Deutung der Quantenmechanik befindet sich ein Proton oder Elektron auf seiner Reise durch den Raum in einer Superposition (Überlagerung) möglicher Positionen (oder möglicher Werte für seinen Impuls) zur gleichen Zeit. Das, was Physiker als „Wellenfunktion" für ein solches quantenmechanisches System bezeichnen, stellt die Gesamtheit der möglichen Zustände dar, die das Photon oder Elektron einnehmen kann, und ihr Ausmaß zum Quadrat entspricht der Wahrscheinlichkeitsverteilung für die Position, den Impuls oder andere Variablen, die bei der Messung bestimmte Werte annehmen. Wenn Physiker eine Messung vornehmen, „kollabiert" die Wellenfunktion in einen bestimmten Zustand, der einem bestimmten Messwert entspricht. Wenn beispielsweise die Position eines Teilchens gemessen wird, kollabiert die Wellenfunktion in einen Zustand, der der gemessenen Position entspricht. Das Diagramm veranschaulicht, wie die Wellenfunktion (x,y) anfangs einen breiten Ausschlag aufweist, die viele mögliche Positionen repräsentiert. Nachdem ein Gerät das Teilchen an einer bestimmten Position (x, y) gemessen hat, erhält die Funktion an der gemessenen Position einen schmalen Ausschlag.

Wie der deutsche Physiker Max Born bald zeigte,[35] bot die Quantenmechanik eine Möglichkeit, die *Wahrscheinlichkeit* zu berechnen, dass das Photon an verschiedenen möglichen Orten zu irgendeinem Zeitpunkt auftaucht. Sie ermöglichte es jedoch nicht, den tatsächlichen Aufenthaltsort des Photons vor seiner Entdeckung mit Sicherheit zu berechnen, da das Photon erst nach einer Beobachtung an einem bestimmten Aufenthaltsort existieren würde. Noch seltsamer: Da die Erklärung des Interferenzmusters auf der Beobachtungsplatte impliziert, dass sich ein Photon bis zu seiner Entdeckung wie eine Welle verhält, bestritten die meisten Physiker, *dass das Photon einen bestimmten Aufenthaltsort hat*, bis eine solche Beobachtung stattfindet.

Die Schrödingergleichung, mit der Physiker die duale Natur von Licht beschreiben, ist ein gutes Beispiel für das, was Mathematiker eine „Differenzial"-Gleichung nennen. Differenzialgleichungen unterscheiden sich von anderen Gleichungen dadurch, dass ihre Lösungen in der Regel keine bestimmten Zahlen oder Werte darstellen, sondern ganze Funktionen. Algebraische Gleichungen hingegen sind Funktionen oder Beziehungen zwischen verschiedenen Variablen (z. B. die Funktion $y = 3x^2 + 2$), deren Lösung es dem Mathematiker ermöglicht, die Werte der Variablen in der Funktion direkt zu bestimmen (im Beispiel: wenn $x = 1$, dann $y = 5$). Die Lösungen von Differenzialgleichungen sind jedoch *Funktionen* mit *unbestimmten Konstanten* (z. B. $y = ae^{kx}$, wobei x und y Variablen, a und k unbekannte Konstanten sind und e eine bekannte Konstante ist[36]). Mathematiker können diese Gleichungen erst dann lösen, wenn sie die Werte für diese Konstanten festlegen, indem sie sogenannte Rand- und/oder Anfangsbedingungen vorgeben (siehe meine Ausführungen in Kapitel 13). Diese Randbedingungen spiegeln Merkmale des physikalischen Systems wider, das die betreffende Gleichung beschreibt, wie z. B. den Abstand zwischen zwei Zapfen, an denen eine schwingende Saite befestigt ist.

Bei der Lösung der Schrödingergleichung entsteht eine so genannte „Wellenfunktion", die Physiker mit dem griechischen Buchstaben ψ (Psi) darstellen. Wie andere Differenzialgleichungen kann auch die Schrödingergleichung nur gelöst werden, wenn die Physiker Randbedingungen festlegen, die z. B. mit den Merkmalen der im Doppelspaltexperiment verwendeten Versuchsanordnung übereinstimmen.

Die Wellenfunktion ψ ermöglicht es Physikern, die Wahrscheinlichkeit zu berechnen, dass das Photon (oder Elektron) bei seiner Entdeckung einen bestimmten Aufenthaltsort oder Impuls hat.[37] Vor der Beobachtung hat das Photon keinen bestimmten Impuls oder Ort. Das Doppelspaltexperiment hat gezeigt, dass das Photon als räumlich ausgedehnte Welle und nicht als räumlich separates Teilchen existiert. Darüber hinaus existiert die Wellen*funktion* selbst nicht als Entität in Raum und Zeit.[38] Vielmehr ist die Wellenfunktion ein mathematisches Konzept, das Möglichkeiten beschreibt, die in Raum und Zeit existieren könnten, sobald das Photon als Welle auf einen Beobachter oder ein Detektorgerät trifft und die „Wahrscheinlichkeitswelle" kollabiert. Die Wellenfunktion beschreibt auch das, was Physiker als „Superposition" oder Überlagerung bezeichnen: die Idee, dass subatomare Teilchen vor der Beobachtung als mathematische Möglichkeiten in mehreren unbestimmten Zuständen gleichzeitig „existieren" und erst nach der Entdeckung einen konkreten Ort in Raum und Zeit einnehmen (oder einen bestimmten Impuls erhalten).

Die Vorstellung, dass ein Photon oder ein anderes subatomares Teilchen keine eindeutige Beschaffenheit hat, solange es nicht von einem bewussten Akteur (oder einem von einem solchen Akteur in Position gebrachten Detektorgerät) beobachtet wird, erschütterte sowohl die Physik als auch den gesunden Menschenverstand. Führende Physiker des 20. Jahrhunderts äußerten sich wiederholt über die Eigenartigkeit dieses scheinbar „beobachterabhängigen" Aspekts der fundamentalen subatomaren Realität. Der Caltech-Physiker Richard Feynman meinte, er könne „mit Sicherheit sagen, dass niemand die Quantenmechanik versteht".[39] Der dänische Physiker Niels Bohr, nach dem die beobachterabhängige „Kopenhagener Deutung der Quantenmechanik" benannt ist,[40] bemerkte, dass diejenigen, „die von der Quantenmechanik nicht schockiert sind, wenn sie ihr zum ersten Mal begegnen, sie unmöglich verstanden haben können".[41] In der Tat entpuppte sich die Physik des ganz Kleinen als die Physik des ganz Eigenartigen – so eigenartig, dass das Doppelspaltexperiment und die Mathematik der Quantenmechanik bis heute zahlreiche konkurrierende philosophische Interpretationen des Welle-Teilchen-Dualismus hervorgebracht haben.

Quantenkosmologie

Was hat diese Physik des winzigen Bereichs subatomarer Teilchen mit dem Ursprung des größten uns bekannten Objekts – des Universums – zu tun? Wie bereits in den vorangegangenen Kapiteln erwähnt wurde: Ein sich mit voranschreitender Zeit ausdehnendes Universum setzt ein

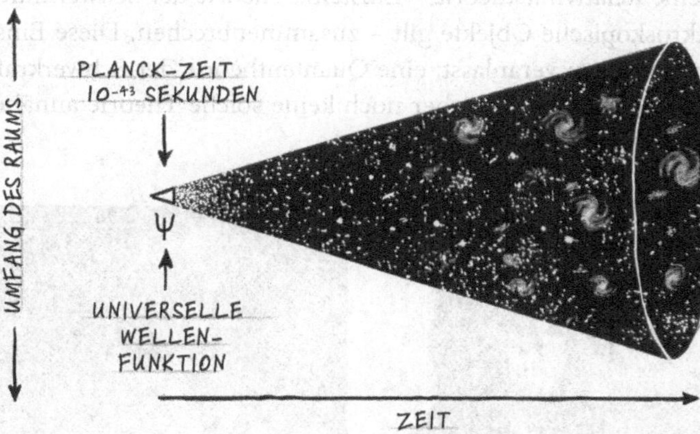

Abb. 17.5
Quantenkosmologie. Kosmologen haben versucht, die allgemeine Relativitätstheorie mit der Quantenmechanik zu verbinden, um „quantenkosmologische" Modelle für das früheste Stadium des Universums zu erstellen. Quantenkosmologen wollen eine Wellenfunktion für das Universum bestimmen, die sie mit demselben griechischen Buchstaben ψ darstellen, der auch in der Standard-Quantenmechanik verwendet wird. Die ψ-Funktion beschreibt verschiedene Universen mit verschiedenen möglichen Gravitationsfeldern in „Superposition". Die Kenntnis von ψ ermöglicht es den Physikern, die Wahrscheinlichkeit zu berechnen, dass ein bestimmtes Universum mit einem bestimmten Gravitationsfeld erscheint, d. h. ein Universum mit einer bestimmten räumlichen Geometrie und einem bestimmten Materiefeld (und einer daraus resultierenden Masse-Energie-Konfiguration). Die Konstruktion einer universellen Wellenfunktion ermöglicht es den Physikern, die Wahrscheinlichkeit zu berechnen, dass verschiedene mögliche Universen mit unterschiedlichen Gravitationsfeldern „innerhalb" des Universums existiert haben oder noch aus demjenigen Universum „hervorgehen" werden, wie es innerhalb der „Planck-Zeit" existierte – d. h. in den ersten 10^{-43} Sekunden nach dem Beginn des Universums, als das Universum klein genug war, um Quanteneffekten ausgesetzt zu sein.

viel kleineres Universum in der fernen Vergangenheit voraus. Durch rückwärtsgerichtete Extrapolation können sich Astrophysiker eine Zeit in den ersten Sekundenbruchteilen nach dem Urknall vorstellen – bis zu den ersten 10^{-43} Sekunden, um genau zu sein –, als das Universum klein genug gewesen sein muss, damit die Quantenmechanik für das Verständnis der Funktionsweise der Schwerkraft relevant gewesen wäre. In diesem subatomaren Bereich würde nach Ansicht der Physiker die allgemeine Relativitätstheorie – Einsteins Theorie der Schwerkraft, die für makroskopische Objekte gilt – zusammenbrechen. Diese Einsicht hat Physiker dazu veranlasst, eine Quantentheorie der Schwerkraft zu formulieren, auch wenn bisher noch keine solche Theorie annähernd breite Zustimmung gefunden hat.

Abb. 17.6A und 17.6B

Die Physiker John Wheeler (links) und Bryce DeWitt (rechts), die Urheber der Wheeler-DeWitt-Gleichung.

Um zu beschreiben, wie die Schwerkraft in einem so winzigen Raum im frühesten Zeitalter des Universums funktioniert hätte, haben Quantenkosmologen eine Gleichung entwickelt, die mathematische Konzepte aus der Quantenmechanik und der allgemeinen Relativitätstheorie zusammenfasst (Abb. 17.5). Diese Gleichung wird Wheeler-DeWitt-Gleichung genannt, benannt nach den Physikern John Wheeler und Bryce DeWitt (Abb. 17.6), die sie entwickelt haben.[42] Einige Physiker betrachten die Gleichung zumindest als einen ersten Schritt zur Entwicklung einer Quantentheorie der Schwerkraft.[43]

Jedenfalls haben Physiker die Quantenkosmologie als eine Art mathematisches Analogon zur „gewöhnlichen“ Quantenmechanik entwickelt. In der gewöhnlichen Quantenmechanik haben Physiker durch die verschiedenen Lösungen der Schrödingergleichung die Möglichkeit, einen mathematischen Ausdruck zu konstruieren, der als Wellenfunktion bezeichnet wird. Die Wellenfunktion wiederum ermöglicht es Physikern, die Wahrscheinlichkeit zu berechnen, dass ein Teilchen an einem bestimmten Ort und zu einer bestimmten Zeit gefunden wird, oder die Wahrscheinlichkeit zu bestimmen, dass dieses Teilchen einen bestimmten Impuls hat (oder die Wahrscheinlichkeit für eine Vielzahl anderer relevanter Eigenschaften anzugeben).

In der Quantenkosmologie ermöglicht die Lösung der Wheeler-DeWitt-Gleichung Physikern, eine Wellenfunktion *für das Universum* zu konstruieren. Diese Wellenfunktion beschreibt dann verschiedene mögliche Universen mit verschiedenen möglichen Gravitationsfeldern, d.h. verschiedenen Krümmungen des Raums und verschiedenen Masse-Energie-Konfigurationen (oder Materiefeldern). Mit anderen Worten: Die universelle Wellenfunktion, die Lösung der Wheeler-DeWitt-Gleichung, beschreibt die verschiedenen möglichen Raumgeometrien und Materiekonfigurationen (in „Superposition“), die ein Universum annehmen *könnte*.

Gravitationsfelder werden durch die Form (oder Krümmung) des Raums und durch die Konfigurationen von Masse-Energie (oder Materiefeldern) innerhalb dieser Räume bestimmt. So beschreibt die universelle Wellenfunktion verschiedene mögliche Paarungen von Raumgeometrien und Masse-Energie-Konfigurationen.[44] Quantenkosmologen stellen diese verschiedenen möglichen Geometrien und Konfigurationen als geordnete Paare in einem abstrakten Raum der Möglichkeiten dar, den sie „Superraum“ nennen.

Im mathematischen Sprachgebrauch ist der Superraum der Bereich der universellen Wellenfunktion ψ, der als eine Reihe geordneter Paare in der folgenden Form dargestellt wird: ψ (*Krümmung, Masse*). Zudem entsprechen in der Analogie, die Quantenkosmologen zwischen der Quantenkosmologie und der gewöhnlichen Quantenmechanik gezogen haben, verschiedene mögliche Gravitationsfelder in der universellen Wellenfunktion den verschiedenen möglichen Positionen von Teilchen (oder Werten ihres Impulses), die in der Wellenfunktion der gewöhnlichen Quantenmechanik beschrieben werden.

Mehr noch: Genauso wie die Lösung der Schrödingergleichung es Physikern ermöglicht, die Wellenfunktion für ein Elektron oder Photon zu bestimmen und dann die Wahrscheinlichkeit zu berechnen, dass das Elektron oder Photon zu verschiedenen Zeiten unterschiedliche Positionen oder Impulswerte hat, ermöglicht die Lösung der Wheeler-DeWitt-Gleichung Physikern, die Wellenfunktion des gesamten Universums zu bestimmen und dann die Wahrscheinlichkeit zu berechnen, dass ein bestimmtes Universum mit einem bestimmten Gravitationsfeld mit einer bestimmten Krümmungs-Masse-Energie-Kombination entsteht (oder beobachtet wird).[45]

Quantenkosmologie und der Ursprung des Universums

Was hat das alles mit der Frage nach dem Ursprung des Universums zu tun? Wie der britische theoretische Physiker Christopher Isham erklärt hat, funktioniert die Quantenkosmologie als Theorie des Ursprungs des Universums, wenn die universelle Wellenfunktion ψ die Raumgeometrie unseres Universums als mögliches oder einigermaßen wahrscheinliches Ergebnis (oder, technisch gesehen, „Beobachtung") aus der Gesamtheit möglicher Gravitationsfelder (Geometrien und Konfigurationen von Masse-Energie), die ψ enthält, *einschließt*.[46] Doch ψ erhält erst als Lösung der Wheeler-DeWitt-Gleichung eine spezifische Funktion. Daraus folgt, dass nur Lösungen dieser Gleichung, die unser Universum als mögliches oder einigermaßen wahrscheinliches Ergebnis (oder Beobachtung) einschließen, das bieten, was Quantenkosmologen als echte Erklärung für den Ursprung unseres Universums ansehen.

Sowohl für technisch nicht versierte Leser als auch für Wissenschaftler beinhaltet die Welt der Quantenkosmologie eine schwindelerregende Menge an abstrakten Konzepten, Analogien zu bekannten, aber mysteriösen physikalischen Prozessen und natürlich komplexe Mathematik. Um jedoch zu verstehen, wie Physiker die Quantenkosmologie als Ursprungstheorie nutzen, muss man sich nur drei Hauptelemente vor Augen halten: erstens den Ursprung unseres Universums mit seinen spezifischen Eigenschaften, *das zu Erklärende*; zweitens die universelle Wellenfunktion ψ, *das mathematische Gebilde, das die Erklärung liefert*; und drittens die Wheeler-DeWitt-Gleichung und das mathematische Verfahren zu ihrer Lösung, die angeblichen *Rechtfertigungen*, um die universelle Wellenfunktion ψ als Erklärung für den Ursprung des Universums zu verwenden.

Wissenschaftsphilosophen verwenden den lateinischen Begriff *explanandum* zur Beschreibung eines bestimmten erklärungsbedürftigen Ereignisses und den Begriff *explanans* als Synonym für eine Erklärung. Manchmal verwenden sie auch das Wort „Gewährleistung" als Synonym für Rechtfertigung oder Unterstützung. In der Quantenkosmologie: (1) Der Ursprung des Universums ist das *explanandum*; (2) eine bestimmte universelle Wellenfunktion liefert das *explanans*; und (3) das mathematische Verfahren, mit dem die Physiker die Wheeler-DeWitt-Gleichung lösen, liefert die „Gewährleistung" für die Darstellung einer bestimmten universellen Wellenfunktion als Erklärung für den Ursprung des Universums.

Diese drei Elemente im Auge zu behalten und ihre Wechselbeziehung zu verstehen, wird Lesern und Leserinnen helfen, die nachfolgende Diskussion zu verfolgen – auch ohne detaillierte Kenntnisse der Mathematik, die Quantenkosmologen zur Modellierung des Ursprungs des Universums verwenden. Obwohl die folgende Diskussion auf einer sorgfältigen Analyse der mathematischen Verfahren beruht, die zur Lösung der Wheeler-DeWitt-Gleichung – d. h. zur Erstellung einer universellen Wellenfunktion – erforderlich sind, werden die detaillierten mathematischen Schritte nicht rekapituliert, die zur Lösung dieser Gleichung erforderlich sind.

Dennoch wird das mathematische Verfahren der Quantenkosmologen in *allgemeinen logischen Begriffen* beschrieben, um deutlich zu machen, wie sich die universelle Wellenfunktion als Erklärung verhält und warum die Quantenkosmologen glauben, dass die Konstruktion einer spezifischen universellen Wellenfunktion als Lösung der Wheeler-DeWitt-Gleichung es rechtfertigt, eine solche Lösung als Erklärung für den Ursprung des Universums heranzuziehen. Sowohl technisch versierte als auch nicht technisch versierte Leser und Leserinnen können diese Beschreibung hilfreich finden, um die logische Grundlage der von den Quantenkosmologen behaupteten Erklärungen für den Ursprung des Universums zu bewerten.

Zurück zu Hawking-Hartle

Die vorangegangene Diskussion kann auch dazu beitragen, einen Kontext zu liefern für Stephen Hawkings berühmte Behauptungen, es sei nicht mehr notwendig, einen Schöpfer zu postulieren, um den Ursprung des Universums zu erklären. Zusammen mit James Hartle entwickelte Hawking ein kosmologisches Quantenmodell auf der Grundlage der Wheeler-DeWitt-Gleichung. Mit ihrem Modell versuchten sie weniger, die Singularität am Anfang des Universums zu beseitigen, sondern vielmehr den Ursprung des Universums als Folge einer grundlegenden physikalischen Theorie zu beschreiben (oder sogar zu erklären) – einer Theorie der Quantenkosmologie (oder Quantengravitation).

Hawking und Hartle wollten also in erster Linie die Wellenfunktion des gesamten Universums bestimmen, indem sie die Wheeler-DeWitt-Gleichung lösten. Wenn ihnen das gelänge, könnten sie die Wahrscheinlichkeit berechnen, dass ein Universum wie das unsere mit seinem spezifischen Gravitationsfeld entstehen würde.

Zur Lösung der Wheeler-DeWitt-Gleichung verwendeten sie die sogenannte „Pfadintegral"-Methode (im Engl. auch „sum-over-histories" genannt). In der gewöhnlichen Quantenmechanik verwenden Physiker die Pfadintegral-Methode, um die mathematischen Ausdrücke (sogenannte funktionale Integrale) zu summieren, die die möglichen Pfade von Photonen oder Elektronen in einer bestimmten physikalischen Umgebung beschreiben (z. B. wenn sie in Richtung Beobachtungsschirm durch Doppelspalte treten).

Dieses Summierungsverfahren mag undurchsichtig erscheinen. Die meisten von uns denken beim Summieren an das Addieren ganzer Zahlen und das Ergebnis ist eine weitere ganze Zahl, wie z. B. 3 + 9 + 7 = 19. In einigen Bereichen der Mathematik summieren Mathematiker jedoch ganze *Funktionssammlungen* oder andere komplizierte mathematische Ausdrücke.

Hawking und Hartle wollten die Pfadintegral-Methode anwenden, um die mathematischen Ausdrücke zusammenzufassen, die die „Pfade" von der angenommenen kosmologischen Singularität hin zu den verschiedenen möglichen Universen (mit verschiedenen möglichen Gravitationsfeldern) beschreiben, welche aus der Singularität hervorgehen könnten. Genauer gesagt stellten sich Hawking und Hartle diese verschiedenen Universen so vor, dass sie aus einer Singularität, nennen wir sie „Punkt A", auf der Bewegungsbahn zu einem möglichen Universum „Punkt B" (oder besser gesagt Punkt B_a bis B_z) hervortreten. Jeder Endpunkt dieses Pfades von der Singularität durch den Superraum repräsentiert ein mögliches Universum mit einem möglichen Gravitationsfeld (Abb. 17.7). Die Summierung aller Wege zu den verschiedenen möglichen Ergebnissen oder Universen würde es Hawking und Hartle ermöglichen, eine universelle Wellenfunktion zu konstruieren.

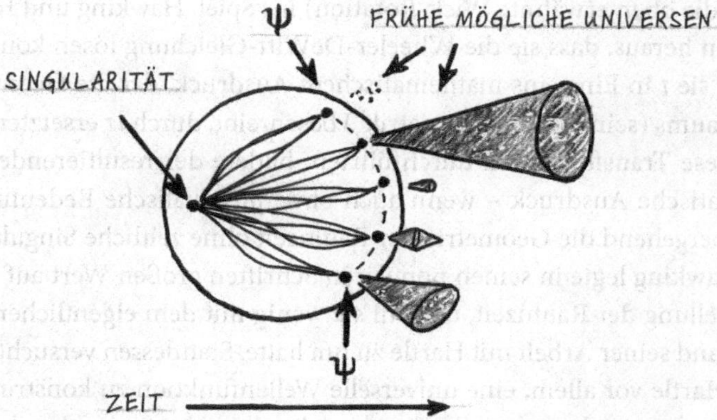

Abb. 17.7
Zur Lösung der Wheeler-DeWitt-Gleichung verwenden Physiker eine Pfadintegral-Methode, bei der sie diejenigen verschiedenen mathematischen Ausdrücke summieren müssen, die verschiedene Pfade von der Singularität am Anfang des Universums hin zu verschiedenen möglichen Universen mit unterschiedlichen Gravitationsfeldern beschreiben. Dieses Diagramm zeigt in etwa, wie sich Physiker den Inhalt dieses mathematischen Verfahrens bildlich vorstellen. Es zeigt die vermutete Singularität am Anfang des Universums, einige der verschiedenen Pfade (durch den „Superraum") und eine Ansammlung möglicher Universen (repräsentiert durch die resultierende universelle Wellenfunktion ψ).

Die resultierende Wellenfunktion würde dann, wie die Wellenfunktionen in der gewöhnlichen Quantenmechanik, eine Wahrscheinlichkeitsverteilung ergeben. (Eine Wahrscheinlichkeitsverteilung ist eine Funktion, die die Wahrscheinlichkeit verschiedener möglicher Ereignisse zu verschiedenen Zeiten oder an verschiedenen Orten beschreibt.) Daraus könnten Hawking und Hartle dann die Wahrscheinlichkeit eines spezifischen Universums bestimmen, das aus der Singularität hervorgeht, indem sie die Wellenfunktion verwenden. Wenn diese Wellenfunktion ein Universum wie das unsrige als mögliches (oder einigermaßen wahrscheinliches) Ergebnis enthielte, dann würden Hawking und Hartle den Ursprung des Universums durch Bezugnahme auf eine fundamentale Theorie der Physik als geklärt ansehen.

Sie erkannten jedoch, dass sich die Lösung der Wheeler-DeWitt-Gleichung im Bereich der reellen Zahlen als unlösbar erweisen würde. An dieser Stelle kam die mathematische Rechenhilfe mit der imaginären Zeit (die oben erwähnte Wick-Rotation) ins Spiel. Hawking und Hartle fanden heraus, dass sie die Wheeler-DeWitt-Gleichung lösen konnten, wenn sie t in Einsteins mathematischem Ausdruck, der die Geometrie des Raums (seine „Raumzeitmetrik") beschreibt, durch $i\tau$ ersetzten. Als sie diese Transformation durchführten, bildete der resultierende mathematische Ausdruck – wenn auch ohne physikalische Bedeutung – vorübergehend die Geometrie der Raumzeit ohne zeitliche Singularität ab. Hawking legte in seinen populären Schriften großen Wert auf diese Darstellung der Raumzeit, obwohl sie wenig mit dem eigentlichen Gegenstand seiner Arbeit mit Hartle zu tun hatte. Stattdessen versuchten er und Hartle vor allem, eine universelle Wellenfunktion zu konstruieren und zu zeigen, dass unser Universum ein einigermaßen wahrscheinliches Ergebnis dieser Funktion darstellt – d. h. ein Universum, das eine Wahrscheinlichkeit ungleich null hat, beobachtet zu werden.[47] Tatsächlich erhielten sie mit der Lösung der Wheeler-DeWitt-Gleichung eine universelle Wellenfunktion, die ein Universum wie das unsere erzeugen[48] konnte.[49]

Dennoch gab es einen Haken – oder vielleicht zwei. Erstens konnte Hawkings und Hartles neues kosmologisches Quantenmodell die Singularität am Anfang des Universums nicht beseitigen, wie bereits erwähnt. Tatsächlich setzten sie mit der Pfadintegral-Methode eine Raumzeitsingularität *voraus*, aus der zahlreiche mögliche Universen entstehen konnten.[50] Nur eliminierte Hawking die Darstellung eines zeitlichen Anfangs in einem der ersten Schritte eines mehrstufigen Rechenverfahrens, und dann auch nur, indem er einen mathematischen Ausdruck ohne physikalische Bedeutung so interpretierte, als hätte er physikalische und metaphysische Bedeutung.

Zweitens mussten Hawking und Hartle, um die Wheeler-DeWitt-Gleichung zu lösen und eine universelle Wellenfunktion zu konstruieren, die Anzahl der infrage kommenden Universen (mit unterschiedlichen Krümmungs-Materie-Paarungen) oder, im Jargon der Quantenkosmologie, die Anzahl der „Pfade durch den Superraum" begrenzen. Hawking und Hartle konstruierten eine Wellenfunktion mithilfe der Pfadintegral-Methode. Sie entschieden sich jedoch dafür, nur bestimmte „Pfade" zu verwenden. Insbesondere haben sie nur Pfade zu möglichen Universen einbezogen, die bestimmte Kriterien erfüllten – Kriterien, bei denen sie wussten, dass ihr mathematischer Formalismus eine brauchbare Wellenfunktion hervorbringen würde, die Universen wie das unsrige einschließt. Sie wählten zum Beispiel nur isotrope, geschlossene und räumlich homogene Universen und nur solche mit einer positiven kosmologischen Konstante.[51] Diese Einschränkungen führten zu einem „Mini-Superraum", der eine viel geringere Anzahl zulässiger Krümmung-Materie-Paarungen (oder Gravitationsfelder) im Superraum bot.

Und selbst dann, als sie das sich daraus ergebende Pfadintegral lösen wollten, mussten Hawking und Hartle feststellen, dass sie es mit den vorhandenen mathematischen Techniken nicht auf vollkommen allgemeine Weise lösen konnten. Stattdessen mussten sie Näherungen verwenden, die die mit dem Problem verbundenen mathematischen Freiheitsgrade weiter einschränkten. Nichtdestotrotz gelang es Hawking und Hartle nach einigen weiteren mathematischen Schritten, eine Wellenfunktion zu erstellen, die ein Universum wie das unsere als mögliches (und einigermaßen wahrscheinliches) Ergebnis enthielt.[52]

Dennoch würden nur wenige der vielen möglichen Krümmung-Materie-Paarungen oder entsprechenden „Pfade durch den Superraum" – wenn summiert – eine solche Wellenfunktion ergeben. Das liegt daran, dass nur eine extrem kleine Anzahl von Lösungen der Wheeler-

DeWitt-Gleichung Wellenfunktionen erzeugen, die Universen mit räumlichen Geometrien und Masse-Energie-Konfigurationen wie der unseren einschließen. Daher müssen alle quantenkosmologischen Modelle die Zahl der möglichen Lösungen der Wheeler-DeWitt-Gleichung einschränken, um eine Wellenfunktion zu erzeugen, die Universen wie das unsere einschließt. Um realistische quantenkosmologische Modelle zu entwickeln, die in gewisser Weise den Ursprung unseres Universums erklären, können Physiker diese Einschränkungen jedoch nicht einfach willkürlich wählen. Um unser Universum als einigermaßen wahrscheinliches Ergebnis eines *natürlichen physikalischen* Prozesses zu erklären, müssen sie stattdessen eine hieb- und stichfeste physikalische Begründung für die von ihnen gewählten Beschränkungen liefern.

Im nächsten Kapitel werden wir sehen, dass sich diese Anforderung sowohl für das Modell von Hawking und Hartle als auch für andere quantenkosmologische Modelle als schwer erfüllbar erwiesen hat, einschließlich der Modelle, die zu erklären versuchen, wie das Universum *aus dem Nichts* oder aus nichts als den Gesetzen der Physik entstanden ist.

Kapitel 18:

Das kosmologische Informationsproblem

Wie das vorangegangene Kapitel dem geduldigen Leser wahrscheinlich gezeigt hat, kann die Quantenkosmologie rätselhaft und paradox erscheinen, um es milde auszudrücken. Vor einigen Jahren war ich in einer Radiosendung mit dem Moderator Dennis Prager zu Gast, der im Laufe unseres Gesprächs von einem früheren Interview berichtete, das er mit Lawrence Krauss geführt hatte. Das Thema ihres Gesprächs war Krauss' Buch *Ein Universum aus Nichts*. Dr. Krauss erklärte, wie seiner Meinung nach das Universum aus dem Nichts entstanden sein könnte, und Prager befragte ihn zu der Vorstellung, dass etwas aus dem Nichts entstehen kann. Krauss sagte ihm: „Das Wort ‚Nichts' bedeutet für die Menschen eine Menge verschiedener Dinge."[1]

„An dieser Stelle habe ich aufgegeben",[2] sagte Prager, als er später in unserem Interview von dem Gespräch berichtete.

Als ich mich auf meine Debatte mit Krauss vorbereitete, befasste ich mich mit der Version der Quantenkosmologie, die er in seinem Buch beschrieben hatte.

Tatsächlich hatte Krauss nicht das Hawking-Hartle-Modell der Quantenkosmologie popularisiert, sondern einen parallelen Vorschlag, der auf der Arbeit von Alexander Vilenkin[3] beruht, demselben russischen Physiker, der geholfen hatte, das Borde-Guth-Vilenkin-Theorem zu beweisen.[4] Vilenkin nahm an, dass das Universum von einer räumlichen Singularität mit einem Volumen von null ausging und sich dann in einen Raum mit einem bestimmten endlichen Volumen „quantentunnelte", wo es sich dann auf inflationäre Weise ausdehnen konnte. (Mehr zu diesem „Quantentunneln" später.) In Vilenkins Modell wird die Wahrscheinlichkeit dieses „tunnelnden" Übergangs durch die universelle Wellenfunktion bestimmt.[5] In *Ein Universum aus Nichts* übernahm Krauss Vilenkins Idee. Darin argumentierte er, dass die „Gesetze der Physik" erklären, wie das Universum aus dem Nichts entstehen konnte, und dass diese Gesetze, die er als Teil des Nichts zu definieren schien, auch zeigen, dass „das Nichts instabil" ist.[6]

Interessanterweise wiederholte Hawking diese Behauptung 2014 in einem Buch mit dem Titel *Der große Entwurf*, das er gemeinsam mit Leonard Mlodinow verfasste. Sie schrieben: „Da es ein Gesetz wie das der Gravitation gibt, kann und wird sich das Universum … aus dem Nichts erzeugen. Spontane Erzeugung ist der Grund, warum etwas ist und nicht einfach nichts, warum es das Universum gibt, warum es uns gibt." Damit niemand die metaphysischen Implikationen dieser Sichtweise der Kosmologie übersehen kann, hat Hawking sie ausdrücklich dargelegt: „Es ist nicht notwendig, sich auf Gott zu berufen, um den Startschuss zu geben und das Universum in Gang zu setzen."[7] In seinem Buch entwickelt Krauss dieselbe Perspektive.

Als ich Krauss' Buch zum ersten Mal las, stellte ich fest, dass der größte Teil seiner Erörterungen darauf abzielt, zu beschreiben, wie die materiellen Teilchen im Universum aus bereits bestehenden energiereichen Feldern in einem bereits bestehenden Raum entstanden sind. Dieser Raum und diese Energie sind vermutlich aus der Singularität des Urknalls hervorgegangen. Gegen Ende dieser Diskussion räumt Krauss ein – in deutlichem Bewusstsein des Einwands, dass weder Raum noch Energie als echtes „Nichts" gelten –, dass er seine Hauptbehauptung noch nicht bewiesen habe. In einem kurzen Kapitel gegen Ende des Buches versucht er dann, die These seines Buches zu beweisen – dass die Gesetze der Physik erklären können, wie das Universum buchstäblich aus dem Nichts entstanden ist.[8] Dazu gibt er eine flüchtige Beschreibung der Arbeit von Alexander Vilenkin in der Quantenkosmologie.[9] Ich fand Krauss' Auseinandersetzung mit der Quantenkosmologie intellektuell unbefriedigend. Nichtsdestotrotz spornte mich seine Erörterung von Vilenkins Arbeit dazu an, Vilenkins technische Abhandlungen aufzuspüren und sein philosophisch einfühlsames Buch *Kosmische Doppelgänger: Wie es zum Urknall kam* zu lesen.

Was ich in Vilenkins Werk entdeckte, überraschte mich. Mithilfe der Quantenkosmologie versuchte Vilenkin eindeutig, den Ursprung des Universums als Folge eines tieferen physikalischen Gesetzes oder einer tieferen Theorie zu modellieren. Aber er zeigte ein viel ausgeprägteres Gespür für die Schwierigkeit dieses Unterfangens als Krauss oder Hawking. Er zeigte auch ein feines Gespür dafür, wie paradox oder sogar widersprüchlich es teilweise ist, eine im menschlichen Geist entwickelte mathematische Gleichung als Ursache des tatsächlichen Universums heranzuziehen. Nach der Lektüre von Vilenkin kam ich zu dem Schluss, dass die Quantenkosmologie den Ursprung des Universums nicht mit rein physikalischen oder materialistischen Begriffen erklärt hatte. Stattdessen schien mir klar zu sein, dass die Quantenkosmologie in dem Maße, in dem sie den Ursprung und den frühen Zustand des Universums genau beschreibt, mehrere unerwartete theistische Implikationen hat, auch wenn Vilenkin dem wahrscheinlich nicht zustimmen würde.

Die Gesetze der Physik und der Ursprung des Universums

Befürworter der Quantenkosmologie behaupten häufig, dass die Gesetze der Physik den Ursprung des Universums erklären. Hawking zum Beispiel behauptet: „Weil es ein Gesetz wie die Schwerkraft gibt, kann und wird sich das Universum aus dem Nichts selbst erschaffen." Krauss schließt sich dieser Behauptung an: „Die Gesetze selbst erfordern, dass unser Universum entsteht, sich entwickelt und entfaltet."[10]

Wenn Krauss und Hawking sagen, dass die Naturgesetze oder „ein Gesetz wie die Schwerkraft" den Ursprung des Universums erklären, beziehen sie sich auf den gesamten mathematischen Überbau der Quantenkosmologie, die universelle Wellenfunktion, die Wheeler-DeWitt-Gleichung und die aktuellen Ideen zur Quantengravitation.[11] Sie gehen auch davon aus, dass die Gesetze der Physik bestimmte Ereignisse *verursachen* oder *erklären*, darunter auch den Ursprung des Universums.

Die Behauptung, dass die physikalischen Gesetze Ereignisse *verursachen*, klingt für viele Wissenschaftler offensichtlich wahr, weil wir sie so oft hören und darauf trainiert sind, die Naturgesetze als die ultimativen Erklärungsprinzipien der Natur zu betrachten. Leider verbirgt sich hinter dieser Vorstellung eine Ungenauigkeit im Denken, die Philosophen und Logiker einen „Kategorienfehler" nennen.

Um zu verstehen, warum das so ist, betrachten wir die folgende Illustration. Wenn eine Billardkugel mit einer bestimmten Masse gegen eine andere Billardkugel stößt, beschreibt der Impulserhaltungssatz die Wechselwirkung genau. Er erlaubt sogar Vorhersagen, z. B. über die Geschwindigkeitsänderung der zweiten Kugel, wenn wir die Massen der beiden Kugeln und die Geschwindigkeit der ersten Kugel kennen, wie es die Gleichung für den Impulsaustausch verlangt. Physiker formulieren den Impulserhaltungssatz wie folgt: $m_1v_1 + m_2v_2 = m_1v'_1 + m_2v'_2$

Die Gleichung, die diese Wechselwirkung beschreibt – der Impulserhaltungssatz –, *bewirkt* jedoch nicht, dass sich die zweite Kugel bewegt. Die Ursache für die Bewegung der zweiten Kugel ist die Bewegung der ersten Kugel. Die Ursache für die Bewegung der zweiten Kugel ist ein vorausgehendes Ereignis – die vorherige Bewegung der ersten Kugel, die mit der zweiten in Kontakt kommt. Das Gesetz beschreibt lediglich diese Wechselwirkung.[12]

Eine ähnliche, aber noch tiefere Verwirrung liegt Krauss' und Hawkings Behauptungen über das Gesetz der Schwerkraft zugrunde – ausgedrückt in einer mathematischen Gleichung. Das Gesetz der Schwerkraft *bewirkt* nicht, dass materielle Objekte oder Raum und Energie entstehen; stattdessen beschreibt es, wie materielle Objekte miteinander (und mit dem Raum) interagieren, wenn sie bereits *existieren*. Das Gesetz *verursacht* keine Gravitationsbewegung und hat auch nicht die kausale Kraft, ein Gravitationsfeld, Materie oder Energie, Zeit oder Raum zu erzeugen. Die Gesetze der Physik *beschreiben* die Wechselwirkungen von Dingen (Materie und Energie), die bereits in Raum und Zeit existieren.

Diese Verwirrung, die sich durch die gesamte Arbeit von Krauss zieht, brachte mich zurück auf eine Idee, die ich Jahre zuvor in meiner Doktorarbeit kritisiert hatte. Dort habe ich gezeigt, dass Ursachen und wissenschaftliche Gesetze nicht dasselbe sind. Ursachen sind in der Regel bestimmte Ereignisse (oder Abfolgen von Ereignissen), die anderen Ereignissen vorausgehen und bestimmte logische und kontextbezogene Kriterien erfüllen. Gesetze hingegen *beschreiben* allgemeine *Beziehungen* zwischen verschiedenen Arten von Ereignissen oder Variablen. Manchmal beschreiben Gesetze vorangehende Ereignisse, die andere Ereignisse verursachen. In anderen Fällen beschreiben sie nicht kausale Beziehungen zwischen verschiedenen Ereignissen oder Variablen (Beziehungen, bei denen ein Ereignis eine notwendige Bedingung, aber nicht die Ursache für ein bestimmtes Ergebnis ist, oder Beziehungen, die Korrelationen, aber keine Kausalität beinhalten). Die physikalischen Gesetze stellen lediglich unsere Beschreibungen der Natur dar. Beschreibungen an sich bewirken nicht, dass etwas geschieht.

Allerdings verursachen die materiellen Vorbedingungen, die von einigen physikalischen Gesetzen beschrieben werden, *tatsächlich* andere Ereignisse – wie im Fall der ersten Billardkugel, die die zweite trifft. Man könnte also fragen, ob die Quantenkosmologie nicht ein Gesetz enthalten könnte, das ein materielles Vorläuferereignis als Ursache für die Entstehung des Universums festlegt. Könnten nicht die universelle Wellenfunktion und/oder die Wheeler-DeWitt-Gleichung, die als Proto-Gesetz der Quantengravitation konzipiert ist, einen materiellen Vorläufer als *Ursache* für den Ursprung von Materie, Raum, Zeit und Energie bestimmen?

Die Antwort ist nein. Im Gegenteil: Dieser potenzielle Einwand gegen das obige Argument unterstreicht vielmehr, warum die Quantenkosmologie keine kausale Erklärung für das größte Ereignis in der Geschichte des Universums liefert, nämlich seine Entstehung.

Erinnern wir uns daran, dass die universelle Wellenfunktion lediglich mögliche Universen mit verschiedenen möglichen Gravitationsfeldern beschreibt. Diese möglichen Universen stellen Ergebnisse oder potenzielle Beobachtungen oder Wirkungen dar – Universen, die *entstehen könnten*. Die universelle Wellenfunktion beschreibt lediglich die „Superposition“ aller Universen mit unterschiedlichen räumlichen Geometrien und Konfigurationen von Masse und Energie, die *existieren könnten*, ohne irgendeine Vorbedingung zu nennen, die dazu führen könnte, dass eines dieser Universen im Gegensatz zu allen anderen entsteht. Wie könnte sie auch? Bevor Materie, Raum, Zeit und Energie entstanden sind, gab es keine derartigen Entitäten. Außerdem gehen in beiden Hauptmodellen der Quantenkosmologie die Ergebnisse, die durch ψ beschrieben werden – die universelle Wellenfunktion[13] –, von einer anfänglichen zeitlichen Singularität mit einem Raumvolumen von null aus. Die Quantenkosmologie setzt diese Singularität voraus, liefert aber keine physikalische Ursache oder Erklärung für den Ursprung von ψ oder die von ihr beschriebenen möglichen Universen, die aus der Singularität hervorgehen können.

In meinem Billardkugel-Beispiel hat das Gesetz, das den Impulsaustausch beschreibt, nicht dazu geführt, dass sich die zweite Billardkugel beim Kontakt mit der ersten bewegt. Dies geschah vielmehr durch die Bewegung der *ersten* Billardkugel. Im Fall der Quantenkosmologie gibt es vor dem „Gesetz" oder der mathematischen Funktion ψ, die angeblich den Ursprung des physikalischen Universums „erklärt", keine vorausgehenden „Billardkugeln", keine physikalischen Teilchen, keine Energiefelder und nicht einmal Zeit. Und ψ, die universelle Wellenfunktion, *beschreibt* lediglich die möglichen Universen mit verschiedenen möglichen Gravitationsfeldern, die aus der Singularität entstehen könnten.[14] Vor ψ hätte es noch kein physikalisches Universum und damit auch keine mögliche physikalische kausale Vorbedingung gegeben (selbst wenn ψ, wie einige Physiker die universelle Wellenfunktion interpretieren, bereits existierende Universen in Superposition beschreibt).

Da die Wheeler-DeWitt-Gleichung gelöst werden muss,[15] um eine universelle Wellenfunktion zu erzeugen, könnte man argumentieren, dass die Gleichung selbst eine kausale Vorbedingung für die verschiedenen möglichen Ergebnisse darstellt, die durch die universelle Wellenfunktion beschrieben werden. Dennoch bilden sowohl die Wheeler-DeWitt-Gleichung als auch die Krümmung-Materie-Paarungen im Superraum rein mathematische Realitäten oder physikalische Möglichkeiten. Tatsächlich stellt der „Superraum" selbst ein immaterielles, zeitloses, raumloses und unendliches Reich mathematischer Möglichkeiten dar. Diese mathematisch möglichen Universen (wie auch die vorausgesetzte Singularität, die ebenfalls als Punkt im Superraum existiert) haben jedoch keine physische oder zumindest keine notwendige physische Existenz.

Und selbst wenn sie existierten, würden sie nicht vor unserem Universum existieren (als potenzielle kausale Vorläufer), da sowohl unser Universum als auch diese anderen möglichen Universen als Möglichkeiten in demselben *zeitlosen* mathematischen Raum der Möglichkeiten „wohnen", nämlich dem Superraum. Die Quantenkosmologie ist aufgrund ihres rein mathematischen Charakters – selbst wenn sie als Proto-Gesetz der Quantengravitation konzipiert ist – nicht in der Lage, eine materielle Vorbedingung als physikalische Ursache für die Entstehung des Universums anzugeben.

Von Mathematik und Verstand

Wie können Krauss und andere dann behaupten, dass rein mathematische Entitäten ein materielles raumzeitliches Universum ins Leben rufen? Mit anderen Worten: Wie kann eine mathematische Gleichung ein tatsächliches physikalisches Universum erschaffen?

Führenden Physikern, die die Quantenkosmologie vertreten, hat diese Frage schon Kopfzerbrechen bereitet – zumindest in ihren nachdenklicheren Momenten. In *Eine kurze Geschichte der Zeit* stellte Stephen Hawking die berühmte Frage: „Was ist es, das den Gleichungen Feuer einhaucht und ein Universum erschafft, das sie beschreiben können?“[16] Obwohl Hawking diese Frage – vielleicht eher rhetorisch – gestellt hat, ist er nie darauf zurückgekommen, um sie zu beantworten.

Alexander Vilenkin hat die gleiche Frage gestellt. Er stellt fest, dass in seiner Version der Quantenkosmologie der Prozess des „Quantentunnelns“ vom Superraum in ein reales Universum Raum und Zeit, Materie und Energie erzeugt. Aber er räumt ein, dass selbst der Prozess des Tunnelns Gesetzen unterliegen muss, die „schon vor dem Universum selbst ‚da‘ sein sollten“. Er fährt fort: „Bedeutet dies, dass die Gesetze nicht nur eine Beschreibung der Realität sind und eine unabhängige Existenz haben können? In Abwesenheit von Raum, Zeit und Materie, auf welche Tafeln könnten sie geschrieben werden? Die Gesetze werden in Form von mathematischen Gleichungen ausgedrückt. Wenn das Medium der Mathematik der Verstand ist, bedeutet dies dann, dass der *Verstand dem Universum vorausgehen sollte*?“[17]

Nachdem er diese suggestive Möglichkeit im letzten Kapitel seines Buches angedeutet hatte, schloss Vilenkin seine Diskussion, ohne seine eigene Frage zu beantworten. Auch Krauss hat sich in seiner kurzen Popularisierung von Vilenkins Werk nicht mit ihr auseinandergesetzt.

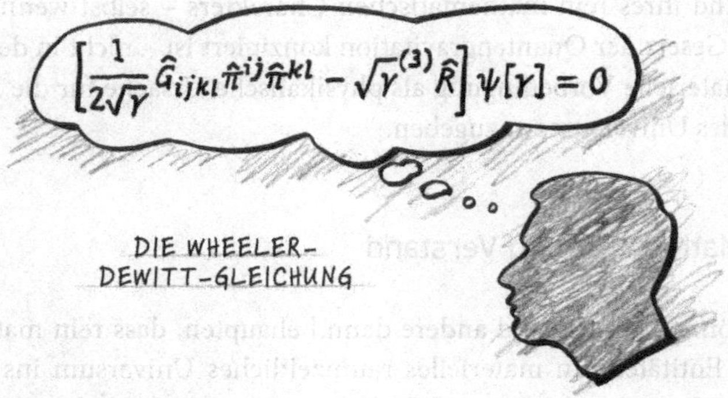

Abb. 18.1
Materie aus der Mathematik? Mathematische Konzepte, Ausdrücke und Gleichungen existieren im Verstand. Das wirft für Quantenkosmologen eine tief greifende Frage auf. Auf welche Weise verursachen die mathematischen Ausdrücke, die sie zur Beschreibung möglicher Universen (oder des frühen Universums) verwenden, die Entstehung eines tatsächlichen materiellen Universums?

Vilenkins nachdenkliche Frage legt jedoch zwei grundsätzliche Möglichkeiten nahe, von denen keine den atheistischen oder materialistischen Standpunkt von Krauss unterstützt. Entweder sind die Gesetze, auf die er und Vilenkin sich berufen, um den Ursprung von Raum (und Energie) zu erklären, mathematische Beschreibungen, die nur in den Köpfen der Physiker existieren – in diesem Fall haben sie keine Macht, irgendetwas in der natürlichen Welt außerhalb unseres Verstandes zu erzeugen, geschweige denn das gesamte Universum. Oder die mathematischen Ideen und Ausdrücke, einschließlich derer, die mögliche Universen beschreiben, existieren unabhängig vom menschlichen Verstand. Mit anderen Worten: Die Quantenkosmologie suggeriert entweder eine Art Magie, bei der die menschliche Mathematik ein Universum erschafft (was natürlich keine befriedigende Erklärung ist) (Abb. 18.1), oder mathematischen Platonismus.[18]

Der griechische Philosoph Platon vertrat die Ansicht, dass materielle Objekte wie Stühle, Häuser oder Pferde Beispiele für immaterielle „Formen" oder Ideen in einem transzendenten, unveränderlichen, abstrakten (immateriellen) Bereich außerhalb unseres Universums darstellen.

In ähnlicher Weise behauptet der *mathematische* Platonismus, dass mathematische Konzepte oder Ideen unabhängig vom menschlichen Verstand existieren. Diese Ansicht lässt wiederum zwei Möglichkeiten zu: Entweder existieren mathematische Ideen in einem abstrakten, transzendenten Reich reiner Ideen, wie es die platonische Philosophie in Bezug auf die Formen vorschlägt, oder die mathematischen Ideen existieren in einem transzendenten, intelligenten Verstand und gehen von diesem aus.

Damit haben wir insgesamt drei verschiedene Möglichkeiten, über die Beziehung zwischen der Mathematik der Quantenkosmologie und dem materiellen Universum nachzudenken: (1) Die mathematischen Ausdrücke existieren nur im menschlichen Verstand und erzeugen irgendwie ein materielles Universum; oder (2) die Gleichungen stellen reine mathematische Ideen dar, die unabhängig vom menschlichen Verstand in einem transzendenten, immateriellen Reich reiner Ideen existieren; oder (3) die Gleichungen existieren in einem bereits existenten transzendenten Verstand und gehen von diesem aus.

Von diesen drei Möglichkeiten würde ich auf der Grundlage unserer gleichförmigen Erfahrung argumentieren, dass die dritte am sinnvollsten ist. Die Mathematik kann uns helfen, das Universum zu beschreiben, aber wir haben nicht die Erfahrung gemacht, dass mathematische Gleichungen eine materielle Realität schaffen. Materielle Dinge können nicht aus mathematischen Gleichungen hervorgezaubert werden. Unserer Erfahrung nach hat die Mathematik selbst keine kausalen Kräfte, abgesehen von intelligenten Akteuren, die sie nutzen, um die Natur zu verstehen und auf sie einzuwirken. Wer etwas anderes behauptet, begeht einen Irrtum, den Philosophen „Vergegenständlichung" oder den „Trugschluss der falsch angewandten Konkretheit" nennen, d.h., abstrakte mathematische Konzepte werden so behandelt, als hätten sie materielle Substanz und kausale Wirksamkeit.

In ähnlicher Weise haben wir auch keine Erfahrung damit, dass Ideen, mathematische oder andere, außerhalb eines Verstandes existieren. Sogar Platon postulierte in seinem Dialog *Timaios* eine Art intelligenten Schöpfer – einen Verstand, der den Formen und Ideen Realität verleiht, die ansonsten in einem rein abstrakten Bereich existieren.

Wir verfügen jedoch über zahlreiche Erfahrungen mit Ideen, die in der Welt des Verstandes beginnen und durch Willensakte und intelligentes Design Entitäten hervorbringen, die diese Ideen verkörpern – was der Theologe Thomas von Aquin im 13. Jahrhundert „Exemplarursache" nannte.[19] Daher scheint die folgende Annahme eine vernünftige Extrapolation aus unserer gleichförmigen und wiederholten Erfahrung mit „relevant ähnlichen Entitäten"[20] (dem menschlichen Verstand) und ihren kausalen Kräften zu sein: *Wenn* ein Bereich mathematischer Ideen und Objekte dem Universum vorausgehen muss, wie die Quantenkosmologie impliziert, dann müssen diese Ideen eine transzendente geistige Quelle haben – sie müssen den Inhalt eines vorher existierenden Verstandes widerspiegeln. Indem Vilenkin selbst zu dieser Erkenntnis kam (wenn auch nur kurz), eröffnete er die Möglichkeit einer dezidiert theistischen Interpretation der Quantenkosmologie.

Quantentunneln

Aber was ist mit dem Prozess des Quantentunnelns, auf den sich die Quantenkosmologen beziehen? Bietet er einen physikalischen Mechanismus und nicht nur eine mathematische Gleichung, um den Ursprung des Universums zu erklären?

Tatsächlich ist das nicht der Fall. Es sei daran erinnert, dass die Quantenkosmologie auf einer Analogie zur gewöhnlichen Quantenmechanik beruht. Die Idee des Quantentunnelns erweitert diese Analogie. In der gewöhnlichen Quantenmechanik bezeichnet Quantentunneln einen Prozess, bei dem ein physikalisch begrenztes subatomares Teilchen eine potenzielle Energiebarriere überwinden kann, obwohl das betreffende Teilchen gemäß der klassischen Mechanik nicht über genügend kinetische Energie dafür verfügt. Im subatomaren Bereich der Quantenmechanik allerdings lässt die Wellenfunktion (mit der Physiker die Wahrscheinlichkeit bestimmen können, ein bestimmtes subatomares Teilchen an verschiedenen Orten zu finden) auch die Möglichkeit zu, dieses Teilchen auf der anderen Seite einer potenziellen Energiebarriere zu finden – einer Barriere, die das subatomare Teilchen allein aufgrund seiner kinetischen Energie nicht überwinden könnte (wenn nur die klassische Mechanik gelten würde).

Zur Veranschaulichung: Stellen wir uns ein Auto vor, dem beim Versuch, einen Hügel hinaufzufahren, das Benzin ausgeht. Wenn es langsamer wird und an kinetischer Energie verliert, wird es (ohne Bremswirkung) allmählich zum Fuß des Hügels zurückrollen. Im sonderbaren Reich der Quanten gibt es jedoch eine endliche Wahrscheinlichkeit, dass sich die Entsprechung des Autos in der Welt der subatomaren Teilchen plötzlich auf der anderen Seite des Hügels wiederfindet (oder dort beobachtet werden kann), obwohl es nicht genug kinetische Energie hatte, um den Hügel zu erklimmen. Quantenkosmologen haben diese Idee übernommen, indem sie eine Analogie zwischen Energiebarrieren für eingeschlossene subatomare Teilchen und Energiebarrieren für die Entwicklung eines expandierenden Universums gezogen haben.

In seinem Modell der Quantenkosmologie schlägt Vilenkin das „Quantentunneln" vor, um zu erklären, wie sich das Universum von einer Anfangssingularität zu einem expandierenden Universum mit unserem Gravitationsfeld entwickelt hat. Er geht zunächst von der Existenz eines Universums aus, das in einer Singularität beginnt. Sobald dieses Universum zu expandieren beginnt (durch welchen Mechanismus sagt Vilenkin nicht), würde seiner fortgeschrittenen Expansion nach Einsteins Feldgleichungen eine zunehmende Gravitationsenergiebarriere entgegenstehen. Diese resultiert aus einem Materiefeld, von dem Vilenkin annimmt, dass es in diesem expandierenden Raum besteht. Eine solche Energiebarriere würde jedoch eine weitere Expansion unmöglich machen und das Universum in eine Singularität zurückdrängen. In der gewöhnlichen Quantenmechanik ist die Wahrscheinlichkeit, dass ein Teilchen einem hochwandigen Gehäuse entkommt, das als potenzielle Energiebarriere fungiert, größer als Null. In ähnlicher Weise legt Vilenkins „tunnelnde Wellenfunktion" die Möglichkeit nahe, dass das ursprüngliche Universum, das aus der Singularität hervorgeht, die Gravitationsenergiebarriere überwinden könnte, sodass es groß genug wird, um weiter zu expandieren.

Wie auch immer, in Vilenkins Modell tritt das Tunneln auf, *nachdem* ein Universum – und zwar ein expandierendes Universum mit einem vorher existierenden Materiefeld – bereits auf eine andere, nicht näher spezifizierte Weise entstanden ist. Sein Quantentunnelszenario erklärt also nicht den Ursprung des Universums, sondern setzt einen solchen voraus.

Hawking und Hartle schlagen in ähnlicher Weise einen Prozess des Quantentunnelns vor, um den Übergang von einem ursprünglich „geschlossenen" Universum zu einem expandierenden Universum zu erklären. (Geschlossene Universen haben eine kugelförmige positive Krümmung, die sich schließlich wieder in sich selbst schließt, anstatt dem Raum eine unendliche Ausdehnung zu ermöglichen.) Da expandierende Universen mehr Energie haben als geschlossene, stellen sich Hawking und Hartle den Tunnel-„Mechanismus" wiederum als Überwindung einer Energiebarriere vor.

Trotzdem ist das Quantentunnel-Szenario von Hawking und Hartle ebenfalls ein Versuch, die Entwicklung und nicht den Ursprung des Universums zu erklären. Erinnern wir uns daran, dass Quantenkosmologen ihre Modelle als Erklärungen für den Ursprung eines bestimmten Universums betrachten, wenn die von ihnen konstruierte universelle Wellenfunktion dieses Universum (mit hinreichender Wahrscheinlichkeit) einschließt. Das Modell von Hawking und Hartle erzeugte eine Lösung der Wheeler-DeWitt-Gleichung, die ein ursprünglich geschlossenes, zum erneuten Zusammenbruch verdammtes Universum einschloss – und somit den Ursprung dieses Universums „erklärte". Das Modell sah dann vor, dass dieses Universum in einen neuen Zustand der kontinuierlichen Expansion hinübertunnelte. Da das ursprünglich geschlossene Universum in ihrem Szenario einen tatsächlich existierenden materiellen Zustand darstellt, könnte das von ihm ausgehende Tunneln in ein expandierendes Universum als materieller Prozess oder Mechanismus gelten. Der Tunnelvorgang, auf den sich Hawking und Hartle berufen, findet aber trotzdem *nach der Entstehung* dieses Universums statt.

Somit erklärt das Tunneln in ihrem Szenario, wie auch in dem von Vilenkin, nicht den endgültigen Ursprung des Universums, sondern bestenfalls seine spätere Entwicklung. Obwohl Physiker manchmal den Eindruck vermitteln, Quantentunneln sei eine quasimechanistische Erklärung für den *Ursprung* des Universums, ist dies eindeutig nicht der Fall.

Ein Universum aus dem Hut zaubern

Dieser letzte Punkt verdient eine ausführliche Erklärung. Vilenkin konstruiert seine „tunnelnde Wellenfunktion", indem er eine Singularität (d. h. ein Universum mit Anfang) annimmt, die in ein expandierendes Universum hineintunneln kann. Vilenkins „tunnelnde Wellenfunktion" bestimmt die Wahrscheinlichkeit, dass das entstehende Universum, das er voraussetzt, in einen bestimmten Zustand tunneln wird. Hawking und Hartle stellen sich das Tunneln als ein Ereignis vor, das ein bereits bestehendes geschlossenes Universum (beschreibbar durch eine Wellenfunktion) in ein sich ständig ausdehnendes Universum umwandelt. In ihrem Fall konstruieren sie eine Wellenfunktion, die mögliche Universen beschreibt, die existieren könnten, bevor das postulierte Tunnelereignis eintreten würde.[21]

In beiden Fällen müssen die Quantenkosmologen jedoch die Existenz eines Universums voraussetzen. Das aber setzt genau das voraus, dessen Ursprung sie zu erklären versuchen. Wie der Physikphilosoph Willem Drees anmerkt: „Hawking und Hartle haben ihre Wellenfunktion des Universums so interpretiert, dass sie die Wahrscheinlichkeit angibt, dass das Universum aus dem Nichts entsteht. Dies ist jedoch keine korrekte Interpretation, da die Normalisierung ein Universum und nicht nichts voraussetzt."[22]

Um zu sehen, warum das so ist, sollte man Folgendes bedenken. In der gewöhnlichen Quantenmechanik muss ein Versuchsapparat vorhanden sein, bevor die Physiker die Wellenfunktion bestimmen können, die das wahrscheinliche Verhalten des Photons in diesem Apparat beschreibt. Aus derselben Analogie, die die Quantenkosmologie überhaupt erst rechtfertigt, folgt, dass zunächst ein Universum mit möglichen Eigenschaften existieren muss, bevor Quantenkosmologen die universelle Wellenfunktion konstruieren können, die diese Eigenschaften in Superposition beschreibt. In der Tat beginnt die Mathematik der Quantenkosmologie mit der Beschreibung eines Universums (oder mehrerer Universen), dessen Existenz bereits vorausgesetzt wird.[23]

Das muss sie auch. Erinnern wir uns daran, dass im Doppelspaltexperiment ein Photon in Superposition innerhalb dieser Versuchsanordnung logischerweise der Lösung der Schrödingergleichung vorausgeht – einer Wellenfunktion, die es den Physikern ermöglicht, das wahrscheinliche Verhalten oder die Eigenschaften des Photons zu beschreiben. Auf die gleiche Weise geht ein Universum mit bestimmten möglichen Eigenschaften logischerweise den mathematischen Verfahren voraus, die eine Lösung der Wheeler-DeWitt-Gleichung hervorbringen – eine universelle Wellenfunktion, die es ermöglicht, den verschiedenen möglichen Eigenschaften oder Attributen, die das Universum besitzen könnte, bestimmte Wahrscheinlichkeiten zuzuordnen. Die mathematischen Verfahren, die die Quantenkosmologen anwenden, um eine Wellenfunktion zur Erklärung des Ursprungs des Universums zu erstellen, setzen also stillschweigend die Existenz eines Universums voraus.[24] Die Quantenkosmologen sind demnach wie Bäcker, die behaupten, sie hätten einen Kuchen gebacken, bevor sie die Zutaten dafür hatten, sich aber bei der Beschreibung dieses erstaunlichen Tricks darüber auslassen, wie sie ebendiese Zutaten zum Kuchenbacken verwendet haben.[25]

Begrenzte mathematische Freiheitsgrade

Es gibt ein weiteres entscheidendes Problem mit den kosmologischen Quantenmodellen von Vilenkin und Hawking-Hartle. Es ist das Problem, auf das ich am Ende des vorigen Kapitels hingewiesen habe. Ihre Modelle setzen nicht nur ein Universum voraus, um seinen Ursprung zu erklären, sie schmuggeln auch Informationen in die mathematischen Berechnungen, die sie für diese Erklärung anstellen. Wenn Quantenkosmologie also eine korrekte Beschreibung der Welt liefert, dann erzeugt sie wiederum unbeabsichtigt die Notwendigkeit einer transzendenten Intelligenz.

Und nun die Begründung dafür. Vilenkin stellt fest, dass die Wheeler-DeWitt-Gleichung, wie alle Differenzialgleichungen, eine unendliche Anzahl von Lösungen zulässt. Um eine eindeutige Lösung – eine eindeutige universelle Wellenfunktion – zu bestimmen, müssen theoretische Physiker die Randbedingungen sorgfältig auswählen und sie der Gleichung von Anfang an auferlegen. Doch im Gegensatz zu den Randbedingungen, die einer schwingenden Saite auferlegt werden (siehe

Kapitel 13), gibt es noch kein physikalisches System, das die geeigneten Randbedingungen für die Wheeler-DeWitt-Gleichung bestimmen kann.[26]

Hierfür gibt es einen guten Grund. In der Physik beschreiben Differenzialgleichungen in der Regel das Verhalten von physikalischen Systemen. Die physikalischen Parameter des Systems bestimmen die Anfangs- und Randbedingungen, die den Bereich der relevanten Lösungen für die betreffende Gleichung eingrenzen. Im Falle einer Gitarrensaite, die gemäß der Gleichung für oszillierende Bewegung (hookesches Gesetz) schwingt, bestimmt beispielsweise die Strecke, über die die Saite gespannt wird, die relevanten Randbedingungen. Wie stark der Gitarrist die Saite gezupft hat, bestimmt die Anfangsbedingung.

Da aber die Wheeler-DeWitt-Gleichung logischerweise ihrer Lösung vorausgeht und nur aus ihrer Lösung – der universellen Wellenfunktion – (vermutlich) ein tatsächliches Universum mit physikalischen Parametern hervorgeht, *kann* kein physikalisches System Auskunft darüber geben, wie die Gleichung durch geeignete Randbedingungen eingeschränkt werden kann. Die Wheeler-DeWitt-Gleichung hat jedoch, wie andere Differenzialgleichungen auch, eine unendliche Anzahl möglicher Lösungen. Um sie zu lösen, benötigen Physiker folglich Informationen über Randbedingungen, wie Vilenkin selbst festgestellt hat.[27]

In einer aufschlussreichen Passage seiner technischen Arbeit beschreibt Vilenkin die Notwendigkeit von Randbedingungen, um die mathematischen Freiheitsgrade für mögliche Lösungen der Wheeler-DeWitt-Gleichung einzuschränken. Er bemerkt: „In der gewöhnlichen Quantenmechanik werden die Randbedingungen für die Wellenfunktion durch den physikalischen Aufbau außerhalb des betrachteten Systems bestimmt. In der Quantenkosmologie gibt es nichts außerhalb des Universums, und eine Randbedingung sollte zu Gl. (9) [der Wheeler-DeWitt-Gleichung] hinzugefügt werden."[28]

Diese Passage ist deshalb aufschlussreich, weil sie zeigt, dass die Physiker selbst die unendlichen mathematischen Freiheitsgrade in Bezug auf die Wheeler-DeWitt-Gleichung willkürlich einschränken müssen, um sie zu lösen. Vilenkin wählte dazu bestimmte Randbedingungen, um die Werte des Superraums einzuschränken (er schuf das, was Theoretiker einen „Mini-Superraum“ nennen). Außerdem machte er willkürliche Annahmen über die Natur der Universen, die aus der Singularität hervorgehen könnten. Insbesondere setzte sein mathematischer Apparat voraus, dass solche Universen homogen, isotrop und geschlossen sein würden.[29] Nur eine solche Einschränkung der Möglichkeiten erlaubt es den Physikern, die Gleichung zu lösen und so eine (mehr oder weniger eindeutige) universelle Wellenfunktion ψ zu erzeugen, die Universen wie das unsere einschließt.

Vilenkin hat sein Verfahren ausführlich erläutert.[30] Seine Methode der Einschränkung des Superraums durch *sorgfältig gewählte* Randbedingungen für die Wheeler-DeWitt-Gleichung führt zu einer mehr oder weniger eindeutigen Lösung der Gleichung. Die daraus resultierende universelle Wellenfunktion ψ schließt ein Universum wie das unsere als wahrscheinliche Beobachtung ein. Folglich betrachten Quantenkosmologen ein solches Ergebnis als eine Erklärung für den Ursprung des Universums, ja als eine Erklärung für das Universum „aus dem Nichts“, wie Krauss es ausdrückt. Die spezifische universelle Wellenfunktion ψ, die den Ursprung des Universums auf diese Weise „erklärt“, ist jedoch ausschließlich ein Produkt der Einschränkungen, die die theoretischen Physiker selbst den möglichen Lösungen der Wheeler-DeWitt-Gleichung auferlegt haben (Abb. 18.2).

Hawkings und Hartles Beschränkungen der Wellenfunktion

Wie im letzten Kapitel erwähnt, legt Hawkings und Hartles Version der Quantenkosmologie den möglichen Lösungen der Wheeler-DeWitt-Gleichung ebenfalls Beschränkungen auf, allerdings auf andere Weise. Erstens, und das ist das Wichtigste, schränken sie die Ergebnisse ein, indem sie nur bestimmte Arten von Universen mit bestimmten Arten möglicher Geometrien in ihr Summierungsverfahren einbeziehen. Konkret entschieden sie sich dafür, nur homogene, isotrope und geschlossene Universen mit einer positiven kosmologischen Konstante zu berücksichtigen. In ihrer ersten grundlegenden Arbeit zur Quantenkosmologie erklären sie: „Es ist besonders einfach, Mini-Superraum-Modelle mithilfe des funktionalen Integralansatzes für die

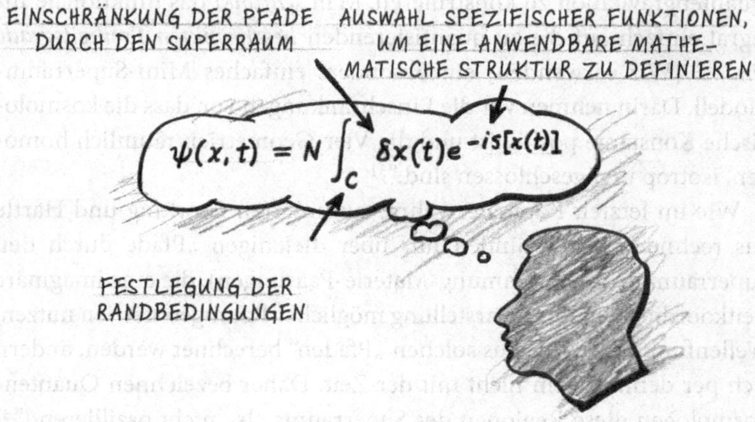

Abb. 18.2
Die Lösung der Wheeler-DeWitt-Gleichung ermöglicht es Quantenkosmologen, eine universelle Wellenfunktion ψ zu konstruieren, die mögliche Universen mit verschiedenen möglichen Gravitationsfeldern beschreibt. Wenn unser Universum zu der Anzahl gehört, die durch eine universelle Wellenfunktion ψ beschrieben wird, betrachten Quantenkosmologen ψ als eine Beschreibung oder Erklärung des Ursprungs des physikalischen Universums. Diese Abbildung zeigt einen mathematischen Ausdruck, der als „Pfadintegral" bezeichnet wird und zur Lösung der Wheeler-DeWitt-Gleichung und zur Konstruktion der universellen Wellenfunktion ψ verwendet wird. Die Pfeile weisen auf Variablen, Funktionen und Randbedingungen hin, die zur Lösung des Pfadintegrals (und damit der Wheeler-DeWitt-Gleichung) angegeben werden müssen. Da das Pfadintegral, wie auch die Wheeler-DeWitt-Gleichung, logischerweise jedem mathematischen Ausdruck vorausgeht, der mögliche Universen oder deren Ursprung beschreibt (wie es die universelle Wellenfunktion ψ tut), beschreibt das Pfadintegral selbst kein physikalisches System. Folglich gibt es kein physikalisches System, das die Randbedingungen (oder andere mathematische Parameter) bestimmen kann, mit denen das Pfadintegral gelöst werden kann. Stattdessen müssen die Physiker selbst diese Randbedingungen bestimmen. Quantenkosmologen gehen hier immer selektiv vor: Sie zielen darauf ab, eine universelle Wellenfunktion zu konstruieren, die ein Universum wie das unsere als einigermaßen wahrscheinliches Ergebnis einschließt.

Quantengravitation zu konstruieren. Man *schränkt* das funktionale Integral einfach auf die zu quantisierenden *beschränkten Freiheitsgrade ein*. … [Wir verwenden] ein besonders einfaches Mini-Superraum-Modell. Darin nehmen wir die Einschränkungen vor, dass die kosmologische Konstante positiv ist und die Vier-Geometrien räumlich homogen, isotrop und geschlossen sind.“[31]

Wie im letzten Kapitel erwähnt, summierten Hawking und Hartle aus rechnerischen Gründen nur über diejenigen „Pfade durch den Superraum“ (oder Krümmung-Materie-Paarungen), die eine imaginäre Zeitkoordinate in ihrer Darstellung möglicher Raumgeometrien nutzen. Wellenfunktionen, die aus solchen „Pfaden“ berechnet werden, ändern sich per definitionem nicht mit der Zeit. Daher bezeichnen Quantenkosmologen diese Regionen des Superraums als „nicht oszillierend“.[32] In jedem Fall haben Hawking und Hartle durch ihre Entscheidung, bei der Berechnung der universellen Wellenfunktion *nur diese* Universen ohne Echtzeitvariable zu summieren, die möglichen Universen weiter eingeschränkt, die sie bei ihrer Konstruktion von ψ berücksichtigt haben.

Hawking und Hartle schränkten die mathematischen Freiheitsgrade auch durch die Annäherungstechniken ein, die sie in ihrer Pfadintegral-Methode anwandten.[33] Die Anwendung dieser Techniken schränkte den „Superraum“ bei der Suche nach einer Annäherungslösung für das Pfadintegral weiter ein.[34] Ohne diese Techniken konnten Hawking und Hartle die Wheeler-DeWitt-Gleichung nicht lösen, nicht einmal annähernd.

Die Anwendung dieser mathematischen Verfahren und Annäherungen gründete auf nachvollziehbaren Erwägungen der mathematischen Zweckmäßigkeit. Dennoch rechtfertigte keine physikalische Theorie die spezifische Verengung des Superraums, die der Einsatz dieser Techniken mit sich brachte. Vom Standpunkt der fundamentalen Physik aus betrachtet, sind die Anwendung dieser Methoden und sicherlich auch die Annahmen über das Universum, die Hawking und Hartle zur Einschränkung des Superraums verwendeten, *Ad-hoc*-Einschränkungen des Verfahrens zur Konstruktion einer universellen Wellenfunktion. In einem kürzlich geführten Interview räumte James Hartle dies ein. „Ich muss Ihnen im Vertrauen sagen“, erklärte er, „dass wir jedes Mal, wenn wir eine dieser Berechnungen durchführen, sehr einfache Modelle verwenden müssen, bei denen viele Freiheitsgrade einfach eliminiert werden. Das nennt man Mini-Superraum. … So verdienen wir sozusagen unsere Brötchen."[35]

Brötchen hin oder her, Hawkings und Hartles Annahmen über die Art von Universen, die sie bei der Konstruktion der universellen Wellenfunktion in Betracht ziehen würden, stellen eine äußerst fragwürdige Herangehensweise dar, mehr über die Eigenschaften *unseres* Universums herauszufinden. Indem sie den betrachteten Bereich des Superraums ausdünnten, schmuggelten sie erfolgreich Informationen in ihre Berechnungen ein, um praktisch sicherzustellen, dass die von ihnen summierten Pfade durch den Superraum eine universelle Wellenfunktion ergeben würden, die Universen mit ähnlichen Eigenschaften wie das unsere einschließt.[36]

Tatsächlich haben Hawking und Hartle die Regionen des Superraums (und mögliche betrachtete Universen) eindeutig mit einem Ziel vor Augen ausgewählt – ein Universum mit einer fundamentalen Physik, die der unseren entspricht, mit erkennbaren und relevanten Raumzeitgeometrien, die die richtigen Beziehungen zwischen Raumkrümmung und Materie aufweisen, wie sie von der allgemeinen Relativitätstheorie beschrieben werden. Im Wesentlichen entwarfen sie ein mathematisches Verfahren und begrenzten die Eingaben, um „die richtige Antwort" zu geben.[37] In der Einleitung ihres technischen Artikels aus dem Jahr 1983 gaben sie dies fast unmerklich zu:

> *Bei jedem Versuch, die Quantenmechanik auf das Universum als Ganzes anzuwenden, ist die Spezifikation der möglichen quantenmechanischen Zustände, die das Universum einnehmen kann, von zentraler Bedeutung. Diese Spezifikation bestimmt das mögliche dynamische Verhalten des Universums. Mehr noch, wenn die Einzigartigkeit des gegenwärtigen Universums in der Quantengravitation eine Erklärung finden soll, kann dies nur durch eine Einschränkung der möglichen Zustände geschehen.*[38]

Führende Kritiker der kosmologischen Quantenmodelle von Hawking, Hartle und Vilenkin haben auf die willkürliche Natur der von ihnen auferlegten Beschränkungen hingewiesen.[39] Christopher Isham hat zum Beispiel festgestellt, dass Quantenkosmologen zwar eine Wellenfunktion erzeugen, die Universen wie das unsere einschließt – dies sei aber nur das Ergebnis der Anwendung restriktiver mathematischer Annäherungen und ihrer eigenen Entscheidungen, den von ihnen in Betracht gezogenen möglichen Universen (im „Superraum") viele willkürliche Beschränkungen aufzuerlegen. Bei der Diskussion von Vilenkins Ansatz stellt er fest: „Es wurden verschiedene Annäherungsrechnungen durchgeführt, die in der Tat eine einzigartige Zustandsfunktion [d. h. eine universelle Wellenfunktion] vorhersagen. Diese Annäherungen beinhalten jedoch, dass alle bis auf eine kleine Anzahl der unendlich möglichen Modi des Universums ignoriert werden, und es ist keineswegs klar, dass die Einzigartigkeit in der vollständigen Theorie erhalten bleibt."[40]

Obwohl Hawking in seinen populären Büchern nicht darauf eingeht, gestehen Hawking und Hartle stillschweigend ein, dass dieses Problem ihre technische Arbeit beeinträchtigt. Und zwar, indem sie darauf hinweisen, dass ihre Methode ohne spezifische Einschränkungen keine eindeutige universelle Wellenfunktion erzeugen wird. Mit anderen Worten: Solange sie den Raum der möglichen Universen nicht auf bestimmte Weise einschränken, wird ihre Methode keine Wellenfunktionen liefern, die Universen wie das unsere einschließen. Der theoretische Physiker Jonathan Halliwell merkt an: „Der no-boundary [dt. ohne Grenzen] Vorschlag legt die Wellenfunktion in seiner jetzigen Form nicht eindeutig fest. Es gibt … viele no-boundary Wellenfunktionen, die jeweils einer anderen Wahl der Abgrenzung entsprechen."[41]

Nur wenn Hawking-Hartle und Vilenkin diese willkürlichen Entscheidungen treffen, um den Raum der möglichen Universen einzuschränken, können sie eine universelle Wellenfunktion konstruieren, die Universen wie unseres enthält. Dies ist kein nebensächlicher Punkt. Die Beschränkungen, die Physiker den möglichen Lösungen der Wheeler-DeWitt-Gleichung auferlegen, stellen eine Einspeisung von Informationen in den mathematischen Apparat dar, den sie zur Modellierung des Ursprungs des Universums verwenden. Gemäß den grundlegenden Axiomen der shannonschen Informationstheorie wird jedes Mal, wenn jemand eine Option wählt und eine andere ausschließt, ein

Bit an Information in ein System eingespeist. Die Entscheidung, eine nahezu unendliche Anzahl möglicher mathematischer Lösungen für die Wheeler-DeWitt-Gleichung auszuschließen, sei es durch (a) direkte Auferlegung von Randbedingungen für die Gleichung, (b) Begrenzung der möglichen Universen, die bei der Konstruktion der universellen Wellenfunktion berücksichtigt werden (Begrenzung der „Pfade durch den Superraum"), oder (c) beides, stellt also eine enorme Informationseinspeisung in die mathematischen Gleichungen und Verfahren dar, die Quantenkosmologen zur Modellierung des Ursprungs und der Entwicklung des Universums verwenden. Wie Halliwell in Bezug auf das Hawking-Hartle-Modell anmerkt: „Die Wellenfunktion ist daher nur dann eindeutig festgelegt, wenn man eine *zusätzliche Information zur Festlegung der Abgrenzung eingegeben hat.*"[42] In der Tat. Die Quelle dieser „zusätzlichen Information" ist genau das, worum es hier geht.

Die Modellierung eines Universums nach Plan

Es ist bezeichnend, dass die Wahl dieser Beschränkungen ausschließlich auf die Entscheidung eines intelligenten Akteurs zurückzuführen ist – insbesondere auf die eines theoretischen Physikers. Weder die Wheeler-DeWitt-Gleichung selbst noch eine tiefere Theorie der Quantengravitation oder eine andere grundlegende physikalische Theorie bestimmt die Wahl dieser Randbedingungen oder Einschränkungen. Sie werden der Gleichung durch eine intelligente Wahl auferlegt, durch einen zielstrebigen Wissenschaftler, der sie mit einem fernen Ziel vor Augen auswählt. Immer wenn intelligente Akteure den Ursprung des Universums mithilfe der Quantenkosmologie modellieren, müssen sie die mathematischen Freiheitsgrade einschränken, um ein gewünschtes Ergebnis zu erzielen – eine Wellenfunktion, die unser Universum umfasst. Dies könnte man auch als „Problem der unendlichen Auslese" bezeichnen. Sowohl Hawking-Hartle als auch Vilenkin lösen dieses Problem durch ihr eigenes intelligentes Design.[43]

Einige Physiker haben Hawking und Hartle für die Ad-hoc-Einschränkungen kritisiert, die sie ihrem mathematischen Verfahren auferlegen. Ich bin mir nicht sicher, ob hier Kritik gerechtfertigt ist oder lediglich ein Kommentar. Meiner Ansicht nach erzeugen sowohl Hawking-Hartle als auch Vilenkin unbeabsichtigt die Notwendigkeit einer gestaltenden Intelligenz, um einige Optionen auszuschließen und andere zu wählen, d. h., Informationen zu übermitteln, mit dem Ziel, ein beabsichtigtes Ergebnis zu erreichen. Auf unterschiedliche Weise veranschaulichen beide Versionen der Quantenkosmologie die Notwendigkeit von Intelligenz in ähnlicher Weise – ähnlich wie Forscher, die den Ursprung des Lebens erforschen, unbeabsichtigt die Notwendigkeit von intelligentem Design simulieren, wenn sie chemische Reaktionen choreografieren und einschränken, um lebensrelevante biochemische Stoffe zu synthetisieren.

Die Hawking-Hartle-Methode erinnert mich auch an Richard Dawkins' berühmte Computersimulation der angeblichen schöpferischen Kraft der natürlichen Selektion und zufälligen Mutation. Die in seinem Buch *Der blinde Uhrmacher* beschriebene Simulation erzeugte angeblich eine informationsreiche Zeile aus Shakespeares *Hamlet*, „Methinks it is like a weasel" („Mich dünkt, es ist wie ein Wiesel"), durch zufällige Änderungen in einer Textfolge.[44] In beiden Fällen, dem kosmologischen und dem biologischen, hatte der Entwickler ein fernes Ziel vor Augen. Dawkins hatte eine Zielsequenz im Sinn; Hawking-Hartle und Vilenkin hatten jeweils eine Zielwellenfunktion im Sinn. Diese Physiker wussten, dass man aus einer riesigen Menge von Möglichkeiten eine Auswahl nach bestimmten Kriterien treffen muss, um das Ziel zu erreichen. Dawkins gab seinem Computer die Zielsequenz vor und programmierte ihn mit Auswahlkriterien, die sicherstellen sollten, dass er bei der gewünschten Sequenz angelangte. Hawking und Hartle wussten, welche Art von Wellenfunktion physikalische und kosmologische Relevanz haben würde, und wählten dann mögliche Universen aus, die sie in ihr Summierungsverfahren einbeziehen wollten, und zwar nach Auswahlkriterien, die *diese Art* von Wellenfunktion gewährleisten würden. In ähnlicher Weise kannte Vilenkin die Randbedingungen, die er wählen musste, und die Annahmen über zulässige Universen, die er machen musste, um die Konstruktion einer relevanten Wellenfunktion zu gewährleisten. Sowohl die Auswahlkriterien in Dawkins' biologischer Simulation als auch die physikalischen Auswahlkriterien (der Quantenkosmologen) waren teleologisch. Beide hatten ein Ziel vor

Augen. Und beide brauchten intelligente Informationszufuhr, um diese Ziele zu erreichen.

Somit bestätigen diese quantenkosmologischen Modelle unbeabsichtigt ein Leitmotiv dieses Buches: Es bedarf eines Verstandes, um spezifizierte oder funktionale Informationen zu erzeugen, seien es alltägliche Erlebnisse, in Computersimulationen, in Simulationsexperimenten zum Ursprung des Lebens, bei der Erzeugung neuer Lebensformen oder, wie wir jetzt sehen, bei der Modellierung des Designs des Universums. Selbst wenn Professor Krauss den Ursprung von Materie, Energie, Raum und Zeit aus dem Nichts oder aus nichts anderem als den mathematisch ausgedrückten Gesetzen der Physik erklären könnte, könnte er immer noch nicht den Ursprung der *Informationen* erklären, die notwendig sind, um die Gleichungen auszudrücken und zu lösen, die angeblich den Ursprung des Universums erklären. Stattdessen sind die kosmologischen Quantentheorien, wie wir gesehen haben, auf subtile Weise von einem handelnden Verstand abhängig, um den Ursprung des Universums zu modellieren.

Daraus folgt: *Wenn* eine Version der Quantenkosmologie das richtige Modell für den Ursprung des Universums liefert, hat der Verstand und nicht nur Materie und Energie (oder sogar Mathematik) eine kausale Rolle bei diesem ultimativen Ursprungsereignis gespielt. Insofern die Quantenkosmologie den Ursprung des Universums modelliert, impliziert sie die Notwendigkeit eines vorausgehenden intelligenten Designs.

Den Bluff durchschauen

Als ich Krauss in Toronto traf, war mir bewusst, wie sehr die Popularisierung der Quantenkosmologie zu der Auffassung beigetragen hatte, dass die Wissenschaft den theistischen Glauben entweder überflüssig oder untragbar gemacht hatte. Die bevorstehende Begegnung mit ihm bot mir daher die Gelegenheit, mein Interesse an Hawkings und Vilenkins Arbeit wiederzubeleben.

Was ich in ihrer Arbeit entdeckte, erinnerte mich an die Versuche von Mainstream-Evolutionsbiologen, den Ursprung der biologischen Information zu erklären, indem sie frühere, unerklärliche Informationsquellen postulierten oder deren Erzeugung in ihren eigenen, intelligent konzipierten Versuchsprotokollen versehentlich simulierten. Es erinnerte mich auch an die Versuche von Physikern, den Ursprung der Feinabstimmung zu erklären, indem sie Mechanismen zur Erzeugung des Universums postulierten, die eine vorherige unerklärte Feinabstimmung erforderten.

Beim Studium ihrer Arbeiten stieß ich immer wieder auf Stellen, an denen Quantenkosmologen, allesamt sehr intelligente Physiker, ihren mathematischen Verfahren Beschränkungen auferlegten, um Ergebnisse zu gewährleisten, die für die Beschreibung unseres Universums relevant sind. Natürlich gaben sie dies nur implizit zu, indem sie mathematische Fachterminologie verwendeten, oft im Passiv, wie z.B.: „Eine Randbedingung *sollte* zu Gl. (9) [der Wheeler-DeWitt-Gleichung] als unabhängiges physikalisches Gesetz *hinzugefügt werden*."[45]

In der Debatte hatte ich vor, Krauss zu dem zu befragen, was ich nun das „kosmologische Informationsproblem" nenne. Wie ich bereits erwähnt habe, kam ich nicht dazu, dieses Gespräch über Kosmologie mit ihm zu führen. Als ich von einer Migräne heimgesucht wurde, war mir klar, dass dies nicht der beste Zeitpunkt war, um eine Diskussion über die universelle Wellenfunktion, den Superraum oder die Anwendung der Quantenmechanik auf die Kosmologie zu beginnen. Krauss seinerseits wandte an diesem Abend wenig Zeit dafür auf, zu erklären, wie das Universum „aus dem Nichts" entstanden sein könnte, und noch weniger, wie die Quantenkosmologie diese Behauptung rechtfertigt.

Nach meinem Eröffnungsvortrag brachte mich ein ortsansässiger kanadischer Arzt in einen dunklen Raum, um meine Augen zu bedecken – in der Hoffnung, dass ich mich genug erholen würde, um an der Podiumsdiskussion teilzunehmen, die auf den dritten Redner folgen sollte, Denis Lamoureux. Derselbe Arzt hatte mich vor der Debatte zum Abendessen begleitet und wusste, dass ich mich auf die Diskussion mit Krauss freute. Er riet mir nun, das Thema Quantenkosmologie nicht anzusprechen, da Krauss seine eigene Theorie nicht ausführlich genug erörtert habe, um eine Kritik zu rechtfertigen. „Das Publikum", sagte er, „wird nicht mitkommen." Und so verlief der Rest des Abends in eher vorhersehbaren Bahnen: Ich erläuterte und verteidigte mein

Eingangsargument für ein intelligentes Design des Lebens, und Krauss und der andere Diskussionsteilnehmer versuchten, es zu widerlegen.

Wie ich bereits im Prolog erwähnt habe, war der unvorhersehbare Verlauf der Diskussion im Nachhinein gesehen ein Segen. Nach meinen Studien im Vorfeld der Debatte war ich davon überzeugt, dass die Quantenkosmologen bei der Wahl ihrer Randbedingungen und anderer Annahmen eine gezielte Auslese betrieben hatten. Doch die dabei angewandte schwer verständliche und spezialisierte Mathematik ließ selbst vielen anderen Wissenschaftlern undurchsichtig erscheinen, worin der unverzichtbare Beitrag der Theoretiker besteht – nämlich darin, aktiv und auf intelligente Weise Informationen einzuspeisen. So war es den Quantenkosmologen möglich, sich hinter der mathematischen Komplexität ihrer Modelle zu verstecken, während sie höchst zweifelhafte und sogar absurde metaphysische Behauptungen aufstellten. Nach der Debatte wurde mir klar, dass ich mehr Zeit brauchen würde, um die technischen Details zu studieren und meine Kritik sorgfältig zu formulieren, sodass ich sie einem breiteren Publikum vermitteln könnte.

In der Debatte warnte mich Krauss davor, ihn hinsichtlich seiner kosmologischen Theorien herauszufordern. Er sagte dem Publikum: „Nachdem sie nun [das Argument bezüglich der] Biologie verloren haben, ist mir aufgefallen, dass die Kosmologie als Nächstes dran ist. Und ich hoffe für ihn selbst, dass Stephen das nicht vorhat, während ich hier bin, denn das wäre ein Fehler, das kann ich versprechen." Krauss' Warnung bewirkte genau das Gegenteil. Er wollte mich davon abhalten, seine kosmologischen Behauptungen infrage zu stellen, damit ich mich nicht blamiere und überfordert fühle. An diesem Abend kam es aus ganz anderen Gründen zu keiner Anfechtung. Aber sein Ratschlag schien mir ein Zeichen von Schwäche zu sein. Krauss ist ein kluger Mann. Nach meiner Vermutung wusste er, dass er nicht erklären konnte, wie unser Universum aus dem Nichts entstanden war, mit oder ohne Quantenkosmologie. Nach dieser Debatte beschloss ich, der Sache auf den Grund zu gehen.

Ich begann ein offizielles Forschungsprojekt mit zwei Kollegen: Bruce Gordon, einem Philosoph der Physik, der an der Northwestern University bei Arthur Fine, einer führenden Persönlichkeit auf diesem Gebiet, promoviert hatte, und Brian Miller, einem Physiker mit einem Doktortitel in der Physik komplexer Systeme von der Duke University.[46]

Nach drei Jahren konzentrierter Forschung und Präsentationen vor Fachleuten auf privaten Konferenzen und Seminaren war ich zuversichtlich, dass die Quantenkosmologie den Ursprung des Universums nicht mit rein materialistischen Begriffen erklärt. In dem begrenzten Umfang, in dem ihr dies gelingt, schreibt sie stattdessen der abstrakten Mathematik kausale Kräfte zu und ist beim Modellieren des Ursprungs des Universums darauf angewiesen, dass theoretische Physiker auf intelligente Weise Informationen einspeisen. Sie kommt also keineswegs ohne intelligentes Design aus oder ohne den Theismus als Erklärung für den Ursprung des Universums.

Stattdessen impliziert die Quantenkosmologie die Notwendigkeit eines intelligenten Akteurs, der, wenn nicht „in die Gleichungen Feuer", so doch gewiss Spezifität und Information einhaucht. Damit impliziert sie etwas, das an die biblische Vorstellung erinnert, dass „im Anfang das Wort [war]". Und das ist nicht nichts – nach jeglicher Definition.

Kapitel 19:

Kollabierende Wellen und Boltzmann-Gehirne

Das Doppelspaltexperiment, mit dem der Welle-Teilchen-Dualismus des Lichts (und später der Elektronen) nachgewiesen wurde, legte nahe, dass die *Beobachtung des Lichts* in irgendeiner Weise bewirkt, dass die Lichtwelle eine teilchenähnliche Natur als einzelnes Photon mit separaten Eigenschaften annimmt. Quantenphysiker nennen diesen Übergang – von einem Photon, das sich in einer Superposition vieler möglicher Zustände zur gleichen Zeit befindet, hin zu seiner Manifestation als Teilchen mit separaten Eigenschaften – den „Kollaps der Wellenfunktion" oder den „Kollaps des Wellenpakets".

Traditionell dachten die Quantenphysiker, dass die Beobachtung des Photons den Zusammenbruch des Wellenpakets *verursacht*. Das liegt daran, dass die Welle erst dann bestimmte partikuläre Eigenschaften (von Position und Impuls) aufweist, wenn sie den Beobachtungsschirm erreicht. In einer anderen außergewöhnlichen Version des Doppelspaltexperiments entdeckten die Physiker, dass die Beobachtung der Welle beim Durchgang durch einen der Spalte dazu führte, dass sie *an dieser Stelle* teilchenartige Eigenschaften zeigte. Noch merkwürdiger ist diese Entdeckung: Konnte man die Photonen schon vorher beim Passieren der Spalte beobachten – ermöglicht durch dort installierte Detektoren –, verschwand das Interferenzmuster, sobald die Photonen den Beobachtungsschirm am anderen Ende des Versuchsgeräts erreichten. Wie ich bereits erwähnt habe, nennen Physiker diese Interpretation des Zusammenbruchs der Wellenfunktion, bei der der Beobachter den Zusammenbruch irgendwie verursacht, die „Kopenhagener Deutung". Sie ist so benannt zu Ehren des dänischen theoretischen Physikers Niels Bohr, mit dem sie in Verbindung gebracht wird.[1]

Der Zusammenbruch der universellen Wellenfunktion

Bis zu diesem Punkt habe ich nicht die Frage gestellt, was den Kollaps der Wellenfunktion in der Quanten*kosmologie* im Gegensatz zur Quantenphysik verursacht. Da die Quantenkosmologie jedoch auf einer Analogie zur gewöhnlichen Quantenphysik beruht und Quantenkosmologen zufolge das „Universum" vor der Planck-Zeit in einer Superposition vieler möglicher räumlicher Geometrien und Konfigurationen von Masse und Energie *gleichzeitig* existiert, stellt sich unweigerlich die Frage: Was bewirkt, dass all diese verschiedenen möglichen Universen plötzlich in unser Universum mit seiner spezifischen Raumgeometrie und Masse-Energie-Konfiguration kollabieren?[2] In der gewöhnlichen Quantenmechanik scheint ein Beobachter den Kollaps des Wellenpakets zu bewirken. Aber bedeutet das, dass ein „kosmischer Beobachter" dem Kollaps vorausgehen muss, der unser Universum aus der universellen Wellenfunktion ψ hervorbringt?[3]

Die traditionelle Kopenhagener Deutung des Kollaps würde, wenn sie auf die Quantenkosmologie angewandt wird, anscheinend einen solchen transzendenten kosmischen Beobachter erfordern, der den Zusammenbruch und damit die Entstehung unseres Universums mit seinen spezifischen Eigenschaften verursacht. Die Annahme einer Kopenhagener Deutung des Kollapses der *universellen* Wellenfunktion in einem quantenkosmologischen Kontext scheint daher klare theistische Implikationen zu haben. Welches andere Wesen als ein transzendentes gottähnliches Wesen hätte ein solches Ereignis beobachten und somit verursachen können, bevor ein physikalisches Universum existiert hat[4] (Abb. 19.1)?

Dennoch hatte die Vorstellung, dass ein kosmischer Beobachter unser Universum aus der universellen Wellenfunktion hervorgebracht haben könnte, für die zumeist atheistischen oder religiös agnostischen Befürworter der Quantenkosmologie keinen Reiz. Stattdessen haben, wie zu sehen war, die Hauptarchitekten der Theorie (wie Stephen Hawking) die Quantenkosmologie als Gegenargument zum kosmologischen Argument für die Existenz Gottes angeführt. In Hawkings Fall hieß das, dass er eine Theorie formulierte, die die Implikationen seines eigenen Beweises für die Singularität am Anfang des Universums untergraben würde,

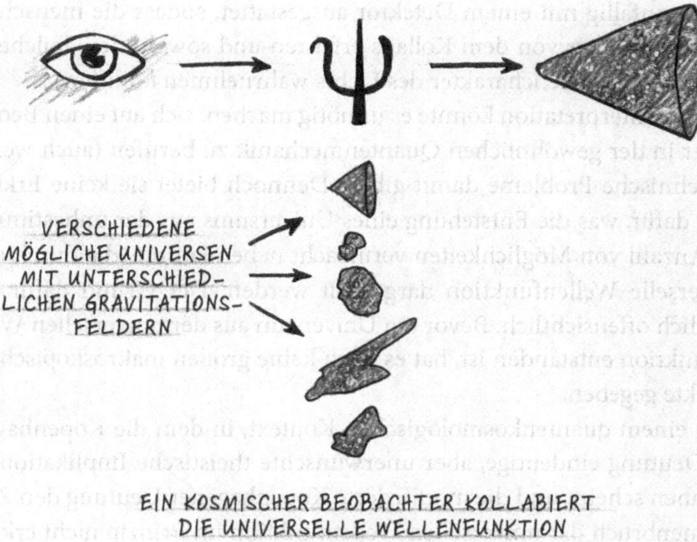

Abb. 19.1
Ein kosmischer Beobachter? Die traditionelle Kopenhagener Deutung des Kollaps der Wellenfunktion – wenn sie auf die universelle Wellenfunktion in der Quantenkosmologie angewandt wird – scheint einen transzendenten „kosmischen Beobachter" zu erfordern, der den Kollaps und damit die Entstehung eines bestimmten Universums aus der Menge der verschiedenen möglichen Universen verursacht, die durch die universelle Wellenfunktion beschrieben werden.

was nur einer der Gründe ist, warum Hawking zu den interessantesten intellektuellen Persönlichkeiten der jüngeren Vergangenheit gehört.

Nichtsdestotrotz haben andere Physiker viele andere Interpretationen des Kollaps der Wellenfunktion formuliert. Eine heute bei vielen Physikern beliebte Interpretation ist die modifizierte Kopenhagener Deutung. Sie besagt, dass das Wellenpaket nicht aufgrund einer Beobachtung an sich kollabiert, sondern weil die Lichtwellen (oder Elektronen) auf ein großes makroskopisches Objekt treffen.[5] Nach dieser Interpretation kollabieren Lichtwellen und erhalten bestimmte Eigenschaften, wenn sie mit großen makroskopischen Objekten jeglicher Art zusammenstoßen. Im Doppelspaltexperiment war das große makroskopische

Objekt zufällig mit einem Detektor ausgestattet, sodass die menschlichen Beobachter von dem Kollaps erfahren und sowohl den Teilchen- als auch den Wellencharakter des Lichts wahrnehmen konnten.

Diese Interpretation könnte es unnötig machen, sich auf einen Beobachter in der gewöhnlichen Quantenmechanik zu berufen (auch wenn es technische Probleme damit gibt).[6] Dennoch bietet sie keine Erklärung dafür, was die Entstehung eines Universums aus der unbestimmten Anzahl von Möglichkeiten verursacht haben könnte, die durch die universelle Wellenfunktion dargestellt werden. Der Grund dafür ist ziemlich offensichtlich. Bevor ein Universum aus der universellen Wellenfunktion entstanden ist, hat es noch keine großen makroskopischen Objekte gegeben.

In einem quantenkosmologischen Kontext, in dem die Kopenhagener Deutung eindeutige, aber unerwünschte theistische Implikationen zu haben scheint und die modifizierte Kopenhagener Deutung den Zusammenbruch der universellen Wellenfunktion im Prinzip nicht erklären kann, haben die meisten Quantenkosmologen[7] daher eine andere Deutung angenommen, die als Viele-Welten-Interpretation (VWI) bekannt ist.

Nach dieser Interpretation der gewöhnlichen Quantenmechanik, die der Physiker Hugh Everett 1957 in seiner Dissertation an der Universität Princeton erstmals vorstellte,[8] kollabiert die Wellenfunktion eigentlich gar nicht. Sondern Photonen oder Elektronen, die jede mögliche Position oder jeden möglichen Impuls verkörpern, die durch die Wellenfunktion in einem quantenmechanischen System beschrieben werden, existieren tatsächlich. Außerdem existieren sie gleichzeitig in verschiedenen Welten oder Universen. Mit anderen Worten: Die Wellenfunktion, die beispielsweise die verschiedenen möglichen Positionen eines Photons beschreibt, beschreibt in Wirklichkeit verschiedene Realitäten, in denen das Photon an jeglichen verschiedenen Orten in Detektoren in mehreren separaten Universen existiert.

Übertragen auf die Quantenkosmologie bedeutet dies, dass jedes mögliche Universum, das durch die universelle Wellenfunktion beschrieben wird, auch als eigene Realität existiert. So umgeht diese Interpretation die Notwendigkeit zu erklären, was den Kollaps der universellen Wellenfunktion *verursacht*, in deren Folge ein bestimmtes

Universum oder sogar unser Universum entstehen kann. Das liegt daran, um es zu wiederholen, dass die Wellenfunktion niemals kollabiert. Alle möglichen Universen, die durch die universelle Wellenfunktion beschrieben werden, existieren, weil die universelle Wellenfunktion die grundlegendste Beschreibung der Realität darstellt, die wir haben, und jede Möglichkeit, die sie beschreibt, muss in irgendeinem Universum existieren.

Vergebliche Fantasterei oder Feuer in den Gleichungen?

Auch wenn sie extrem spekulativ und aus technischen Gründen problematisch ist: Die Viele-Welten-Interpretation würde meine Kritik an der Quantenkosmologie als streng materialistischen Erklärungsansatz für den Ursprung des Universums noch verstärken, falls sie zutrifft.

Indem die VWI alle rein mathematischen Möglichkeiten, die durch die universelle Wellenfunktion beschrieben werden, als reales Universum behandelt, „verdinglicht" sie die Mathematik in einem buchstäblich unvorstellbaren Ausmaß. Dennoch beantwortet sie nicht die Frage, was der betreffenden Gleichung „Feuer einhaucht". Die VWI behauptet einfach, dass aus irgendeinem nicht spezifizierten Grund und durch eine unbekannte Ursache jede Möglichkeit, die durch die universelle Wellenfunktion beschrieben wird, tatsächlich existieren muss – ja, dass jedes mögliche *Universum*, das durch die universelle Wellenfunktion beschrieben wird, als ein *tatsächliches* Universum existieren muss. Doch diese Interpretation nennt keine physikalische Ursache für den Ursprung unseres Universums – oder irgendeines anderen Universums. Sie schreibt der universellen Wellenfunktion einfach eine bestimmte Bedeutung zu, indem sie die Existenz dieser anderen Universen postuliert.

Als solche bietet sie sicherlich keine *bessere* Erklärung für den Ursprung des Universums als die Gotteshypothese. Der Theismus postuliert das Wirken eines mächtigen, bereits existierenden Verstandes – eines persönlichen Akteurs – als Ursache für den Ursprung des Universums. Unter der Annahme, dass ein solches Wesen existiert, erfüllt der Theismus das Kriterium der kausalen Angemessenheit, wie es eine gute Erklärung tun sollte. Die VWI hingegen postuliert nichts anderes als einen mathematischen Ausdruck (die universelle Wellenfunktion), der als Ursache für den Ursprung unseres Universums – oder irgendeines anderen – infrage kommen könnte. Entweder schreibt die VWI also der universellen Wellenfunktion kausale Kräfte zu, von denen wir wissen, dass rein mathematische Beschreibungen oder Gleichungen sie nicht haben (und „verdinglicht" damit die Mathematik), oder sie bietet keine Ursache für den Ursprung der Universen, die sie postuliert.

Im letzteren Fall würde die Quantenkosmologie das Kriterium der kausalen Angemessenheit schlichtweg nicht erfüllen und damit das Prinzip der hinreichenden Vernunft verletzen.[9] Im ersten Fall, in dem Kosmologen die universelle Wellenfunktion *als* primäre oder metaphysische Grundlage der Realität behandeln, verpflichten sie sich notwendigerweise zu einer Form des mathematischen Platonismus, in dem eine Gleichung, die mathematische Möglichkeiten beschreibt, irgendwie die Realität (oder mehrere Realitäten) bestimmt.

Wie Vilenkin jedoch feststellte, sind nach unserer Erfahrung mathematische Ideen im Verstand angesiedelt.[10] Unsere Erfahrung zeigt auch, dass nur der Verstand mathematische Ideen nutzen kann, um die Struktur der Materie zu beeinflussen. In dem Maße, in dem Quantenkosmologen die universelle Wellenfunktion als metaphysische Grundlage aller Existenz verdinglichen – und die meisten tun dies, indem sie zum Beispiel behaupten, dass die Gesetze der Physik erklären, warum es etwas und nicht nichts gibt –, bekräftigen sie implizit eine Metaphysik, die besser mit dem Theismus als mit dem wissenschaftlichen Atheismus oder Materialismus vereinbar ist. Während der Theismus oder Deismus einen Verstand voraussetzt, der dem materiellen Universum (oder den Universen) vorausgeht oder von ihm unabhängig ist und in dem mathematische Ideen angesiedelt sein könnten, ist dies im Materialismus oder Atheismus, der Weltanschauung der meisten Befürworter der Quantenkosmologie, nicht der Fall. Tatsächlich lohnt es sich zu fragen: Was für ein Verstand könnte eine unendliche Anzahl von Ideen über eine unendliche Anzahl von Universen in sich tragen?

Viele Welten und intelligentes Design

Es gibt noch ein weiteres, tiefer gehendes Problem dabei, die Viele-Welten-Interpretation der Quantenkosmologie als Alternative zur Gotteshypothese heranzuziehen. Zur Erinnerung: Um den Ursprung des Universums zu erklären, begnügen sich Quantenkosmologen damit, eine universelle Wellenfunktion ψ zu identifizieren, die unser Universum als einigermaßen wahrscheinliches Ergebnis einschließt. Die Vertreter der VWI bekräftigen die Verwendung von ψ als eine mutmaßlich nichttheistische Erklärung, indem sie vermeintlich jede Notwendigkeit beseitigen, die Ursachen für den Kollaps von ψ zu erklären.

Die Vertreter der VWI unterstützen es, ψ als eine mutmaßlich nichttheistische Erklärung heranzuziehen, indem sie die Ursachen für den Kollaps von ψ vermeintlich als nicht erklärungsbedürftig behandeln.

Die Behandlung der universellen Wellenfunktion ψ als ultimatives Erklärungsprinzip oder als Grund allen Seins missachtet jedoch die Abhängigkeit von ψ und ihren spezifischen mathematischen Eigenschaften von früheren Informationseinspeisungen in die mathematischen Operationen, die ψ erzeugen. Erinnern wir uns daran, dass Quantenkosmologen, die den Ursprung des Universums modellieren, zunächst die Wheeler-DeWitt-Gleichung lösen müssen, um eine universelle Wellenfunktion jeglicher Art zu erzeugen.[11] Erinnern wir uns auch daran, dass theoretische Physiker spezifische Randbedingungen *wählen* oder die mit der Wheeler-DeWitt-Gleichung verbundenen mathematischen Freiheitsgrade auf andere Weise willkürlich einschränken müssen, um eine spezifische Wellenfunktion zu erzeugen, die Universen wie das unsere einschließt.

Daraus folgt, dass die spezifischen Merkmale jeder universellen Wellenfunktion (und der Universen, die sie beschreibt) von der vorherigen, informationsreichen Wahl der Randbedingungen oder der Beschränkungen des Superraums abhängen – denjenigen, die die Wheeler-DeWitt-Gleichung lösbar machten. Selbst wenn die Physiker die universelle Wellenfunktion also so interpretieren, dass sie eine von unserem Verstand unabhängige Realität hat und die Existenz vieler Universen irgendwie erklärt, wären der Ursprung und die spezifischen mathematischen Eigenschaften von ψ erklärungsbedürftig. Und auf der Grundlage des mathematischen Prozesses, mit dem die Physiker den Ursprung der in ψ beschriebenen Universen (und den Ursprung von ψ selbst) modellieren, muss jede solche Erklärung auf eines Bezug nehmen – nämlich auf die vorherige unerklärte Information in Form der spezifischen Randbedingungen und/oder Einschränkungen, die es den Physikern überhaupt erst ermöglicht haben, eine spezifische universelle Wellenfunktion zu bestimmen.

Mit anderen Worten: Selbst wenn die Viele-Welten-Interpretation in einem gewissen abgeschwächten Sinn den Ursprung unseres und anderer Universen „erklärt", spiegelt die universelle Wellenfunktion, die angeblich diese Erklärung liefert, selbst einen früheren intelligenten Entwurf wider. Physiker erhalten nicht einmal eine universelle Wellenfunktion, die sie „verdinglichen" können, bevor sie die Wheeler-DeWitt-Gleichung gelöst haben. Aber das mathematische Verfahren, das die Quantenkosmologie zur Erzeugung von ψ anwendet, setzt voraus, dass es vorausgehende *intelligent gewählte* informationsreiche Beschränkungen gibt. Wie jede andere Interpretation der universellen Wellenfunktion in der Quantenkosmologie setzt die VWI eine Informationsquelle voraus, eine, die die Quantenkosmologen selbst zur Lösung der Wheeler-DeWitt-Gleichung bereitstellen. In diesem Sinne setzt sie auch die Notwendigkeit für vorausgehendes intelligentes Design voraus.

Die mathematische Universumshypothese

Der in Schweden geborene MIT-Physiker Max Tegmark (Abb. 19.2) hat eine noch radikalere kosmologische Theorie vorgeschlagen – eine, die zur Lösung des soeben erörterten Problems herangezogen werden könnte. Tegmark argumentiert, dass jede denkbare mathematische Struktur in einem möglichen Universum einen physikalischen Ausdruck hat. Oder wie Tegmark es ausdrückt: „Alle Strukturen, die mathematisch existieren, existieren auch physikalisch."[12]

Tegmark schlug diesen Ansatz vor, um die Quantenmechanik und die allgemeine Relativitätstheorie als den bestimmenden mathematischen Rahmen des Universums zu rechtfertigen, wobei er erkannte, dass auch andere mathematische Rahmen möglich sind. Wie andere Philosophen und Physiker festgestellt haben, stellen die Gleichungen der Quantenmechanik und der allgemeinen Relativitätstheorie nur einen kleinen Teil der möglichen grundlegenden mathematischen Strukturen dar, die das Universum bestimmen könnten. Metaphorisch gesprochen stellen die Quantenmechanik und die allgemeine Relativitätstheorie eine winzige Region in einem abstrakten Raum mathematischer Möglichkeiten dar und könnten somit das Ergebnis einer „unendlichen Auslese" unter anderen möglichen grundlegenden mathematischen Rahmenwerken sein.

Abb. 19.2
Der in Schweden geborene MIT-Physiker und Kosmologe Max Tegmark.

Tegmarks Theorie, die als „Mathematical Universe Hypothesis" bekannt ist, verneint die Notwendigkeit einer solchen Auslese. So könnte seine Hypothese auch als Lösung für das Problem des Ursprungs der willkürlichen Randbedingungen und anderer Einschränkungen dienen, die einer bestimmten universellen Wellenfunktion Relevanz für die Erklärung unseres Universums verleihen. Sein Vorschlag impliziert, dass nicht nur jedes mögliche Universum existiert, das durch die universelle Wellenfunktion beschrieben wird, sondern dass jede mögliche universelle Wellenfunktion – d. h. jede mögliche Lösung der Wheeler-DeWitt-Gleichung – die Realität in irgendeinem möglichen Universum bestimmt. Seine Hypothese impliziert auch, dass jedes mathematisch ausdrückbare physikalische Gesetz oder jede Theorie irgendwo in einem möglichen Universum existiert (oder dort Realität beschreibt). In Tegmarks Kosmologie müsste nichts die mathematischen Freiheitsgrade einschränken, da alle mathematisch möglichen Strukturen, Formalismen, Gleichungen oder Funktionen, einschließlich aller möglichen mathematischen Lösungen der Wheeler-DeWitt-Gleichung, irgendwo in irgendeinem Universum verwirklicht sind.

Wenn das stimmt, eliminiert Tegmarks Kosmologie die Frage, wie jegliche bestimmte universelle Wellenfunktion entstanden ist. Sie würde auch die Notwendigkeit beseitigen, vorherige Intelligenz zu postulieren, zu modellieren oder zu simulieren oder sich auf sie zu berufen, um die mathematischen Freiheitsgrade zu beschränken. Dennoch erklärt Tegmarks Kosmologie den Ursprung des Universums nicht mit materialistischen Begriffen. Und wenn sie wahr ist, hat dies verheerende Konsequenzen im Hinblick auf unsere Fähigkeit, der wissenschaftlichen Rationalität zu vertrauen.

Tegmarks mathematische Universumshypothese stellt eine Form des radikalen mathematischen Platonismus dar. Sie verdinglicht alle möglichen mathematischen Strukturen, die Menschen erdacht haben oder erdenken könnten. Tegmark stimmt einer solchen Verdinglichung recht ausdrücklich zu, indem er erklärt: „Physische Existenz ist äquivalent zu mathematischer Existenz."[13] Aber eine solch kühne Behauptung, die mathematische Ideen mit der physikalischen Realität gleichsetzt, macht Tegmarks Hypothese für den Materialismus nicht weniger problematisch als quantenkosmologische Theorien, die das Gleiche tun. Wie bereits erwähnt, haben wir absolut keine Erfahrung damit, dass reine Mathematik etwas Physikalisches hervorbringt abseits eines Verstandes, der Ideen hat und von ihnen geleitet auf die physikalische Realität einwirkt. Entsprechend scheint auch Tegmarks Vorschlag die Existenz und Aktivität eines Verstandes – und zwar eines unendlichen Verstandes – als Bedingung für seine Plausibilität vorauszusetzen, genau wie quantenkosmologische Vorschläge, die mathematische Entitäten verdinglichen.

Die erkenntnistheoretischen Kosten: Wissenschaftliche Erklärungen werden untergraben

Allerdings ist Tegmarks Hypothese auch mit einem hohen Preis für die wissenschaftliche Rationalität verbunden. Tegmark geht von einer unendlichen Vielzahl von Universen aus, die alle möglichen mathematischen Beziehungen aufweisen und darüber wiederum jede mögliche Konfiguration von Materie bestimmen. Diese mathematischen Beziehungen könnten sehr regelmäßige Gesetze beinhalten. Sie könnten auch

Gesetze ausdrücken, die Ausnahmen zulassen, oder Gesetze, die abrupte oder unregelmäßige Abweichungen von etablierten Verlaufsformen beschreiben. Oder diese Gesetze könnten völlig zufällige Fluktuationen verschiedener Art zulassen. Wie der Physikochemiker Michael Polanyi in seinem Klassiker der wissenschaftlichen Erkenntnistheorie *Personales Wissen* darlegte, gibt es eine unendliche Anzahl mathematischer Beziehungen oder Funktionen, die eine beliebige endliche Anzahl von Datenpunkten beschreiben, einschließlich einer unendlichen Anzahl von Funktionen, die höchst unregelmäßige Kurven oder unregelmäßige Beziehungen zwischen Variablen beschreiben.

Wenn wir also Tegmarks mathematische Universumshypothese annehmen, leben wir vielleicht in einem Universum, in dem die Gesetze der Physik *bis jetzt* sehr regelmäßige Beziehungen zwischen Variablen beschrieben haben, vielleicht aber auch in einem Universum, in dem dieselben Gesetze zu einem beliebigen Zeitpunkt *in der Zukunft* auf einmal sehr unregelmäßige oder eigenwillige Beziehungen beschreiben.[14] Zum Beispiel könnte die Schwerkraft, die wir derzeit klassisch mit Newtons Universalgesetz oder Einsteins Gleichungen der allgemeinen Relativitätstheorie beschreiben, in einem Universum, vielleicht unserem eigenen, ein dynamisches Element enthalten, bei dem die Stärke der Gravitation exponentiell ansteigt, aber erst zu einem bestimmten Zeitpunkt oder an einem bestimmten Ort nach Beginn dieses Universums. Da eine mathematische Struktur oder eine Reihe von Gleichungen ein solch komplexes Beziehungsgeflecht zwischen beispielsweise Krümmung, Materie, Gravitation und *Zeit* beschreiben könnte, müsste ein solches Universum nach Tegmarks Theorie existieren. Wir könnten in genau einem solchen Universum leben, in dem eine radikale Veränderung in der Stärke der Gravitationskraft bevorsteht – vielleicht in dem Moment, in dem Sie diesen Satz zu Ende lesen –, und wüssten es vielleicht noch nicht.

Wenn Tegmarks Theorie die Realität zutreffend beschreibt, kann und wird alles irgendwo in irgendeinem Universum unendlich oft passieren. Jedes Ereignis oder jede kausale Vorgeschichte kann eine unendliche Anzahl möglicher Folgeereignisse in einer beliebigen der unzähligen möglichen Welten voraussetzen – Welten, die von einer unzähligen Menge möglicher mathematisch beschriebener deterministischer physikalischer

Gesetze beherrscht werden. Wenn die ewige chaotische Inflation unser Universum treffend modelliert – und Tegmarks Theorie würde inflationäre kosmologische Modelle als Modelle einbeziehen, da sie eine mögliche mathematische Struktur ausdrücken –, können Quantenfluktuationen außerdem ständig mehrere Blasenuniversen und unvorhersehbare Ereignisse[15] erzeugen.

All dies macht eine wissenschaftliche Erklärung grundlegend unsicher, wenn nicht gar unmöglich. Wissenschaftliche Erklärungen setzen die Gleichförmigkeit und Regelmäßigkeit der Natur voraus, einschließlich der Gleichförmigkeit der fundamentalen Gesetze der Physik und der Regelmäßigkeit, in der Ursache und Wirkung auftreten. Tegmarks Hypothese impliziert, dass eine solche Gleichförmigkeit und Regelmäßigkeit möglicherweise gar keine charakteristischen Eigenschaften unseres Universums sind, auch wenn es bis zu diesem Zeitpunkt so schien. In Tegmarks Kosmologie des unendlichen Universums könnten Wissenschaftler jedes einzelne Ereignis einer Ursache zuschreiben, von der seit Langem bekannt ist, dass sie diese Wirkung hervorbringt. Oder sie könnten dasselbe Ereignis mit der gleichen Berechtigung einer alternativen Ursache zuschreiben, die die betreffende Wirkung nie zuvor hervorgebracht hat – wohl wissend, dass in irgendeinem Universum (möglicherweise dem unseren) während kurzer, aber festgelegter Zeiten radikal andere, aber mathematisch beschreibbare Ursache-Wirkungs-Beziehungen gelten können.

Auf der Grundlage unserer gleichförmigen und wiederholten Erfahrungen würden wir zum Beispiel die plötzliche Kondensation von Wasser auf einer Glasscheibe typischerweise damit erklären, dass warme, feuchte Luft mit einer bestimmten Feuchtigkeit und Temperatur gerade mit einer kalten Fensterscheibe mit einer niedrigeren Temperatur interagiert hat. Da aber die mathematische Universumshypothese keinen Grund sieht, eine kontinuierliche Gleichförmigkeit der Natur anzunehmen, könnten wir dasselbe Ereignis ebenso gut einer beliebigen Anzahl anderer Ereignisse oder Bedingungen zuschreiben – von denen keine zuvor diesen Effekt in unserer Welt hervorgerufen hat, die aber möglicherweise in Übereinstimmung mit einer anderen mathematisch beschreibbaren Beziehung zwischen relevanten Variablen dazu führen könnten. Wir könnten also berechtigterweise annehmen, dass wir in einem der unendlichen Universen leben, in dem ein plötzlicher Temperatur*anstieg* am Fenster und ein plötzlicher *Abfall* von Temperatur und Feuchtigkeitsgrad der Luft für eine kurze, aber genau festgelegte Zeit ebenfalls zu Kondensation führen könnten. Jeder Wissenschaftler, der Tegmarks Hypothese ernst nimmt, müsste in Betracht ziehen, dass wir vielleicht in einem solchen Universum leben.

Darüber hinaus können Ereignisse, die wir auf der Grundlage gewöhnlicher Erfahrung von Ursache und Wirkung normalerweise mit bekannten Ursachen erklären würden, ebenso leicht auf zufällige Quantenfluktuationen zurückgeführt werden. Diese Fluktuationen wären extrem unwahrscheinlich, wenn unser Universum das einzige Universum wäre – wenn aber zum Beispiel ein Inflatonfeld seit unendlicher Zeit fleißig Universen ausspuckt, wären sie irgendwo unvermeidlich. In einer Kosmologie der unendlichen Universen könnten Physiker jedes Ereignis dem Zufall zuschreiben – einer statistisch unwahrscheinlichen Quantenfluktuation, die dennoch irgendwann (und unendlich oft) in einem der unendlich vielen möglichen Universen hat auftreten müssen. In einer solchen Kosmologie bedeutet dies, dass eine hervorragend konstruierte Maschine oder ein kunstvoll gestaltetes Gedicht genauso wahrscheinlich durch zufällige Fluktuationen im Quantenvakuum entstanden sein könnte wie durch einen intelligenten Menschen. Das bedeutet auch, dass Naturphänomene wie Erdbeben genauso wahrscheinlich durch eine Reihe unwahrscheinlicher Zufallsfluktuationen im Quantenvakuum entstanden sind wie durch eine erkennbare Abfolge materieller Ursachen.

Weitere erkenntnistheoretische Kosten: Wissenschaftliche Vorhersagen werden untergraben

Kosmologien, die von unendlichen Universen ausgehen, untergraben insbesondere das Vertrauen in wissenschaftliche Vorhersagen und Erklärungen. In Bezug auf Tegmarks Theorie bedeutet das zum Beispiel: Jede denkbare mathematische Beziehung muss in irgendeiner möglichen Welt zwischen einer gegebenen Voraussetzung oder einem Vorereignis und einer gegebenen Anzahl möglicher Konsequenzen bestehen.

Das bedeutet, dass jedes vorausgehende Ereignis eine unendliche Anzahl verschiedener möglicher Folgeereignisse hervorrufen kann. Darüber hinaus können diese Beziehungen auch ein dynamisches Element aufweisen, bei dem sich die Beziehungen zwischen den Variablen zu bestimmten Zeitpunkten unbemerkt ändern können.

Wenn dies der Fall ist, kann ein Physiker, der Tegmarks Theorie ernst nimmt, durch die Bestimmung eines Antezedens (d. h. eines vorangehenden Ereignisses) kein bestimmtes Folge-Ereignis vorhersagen, ganz gleich, wie viel Erfahrung wir in der Vergangenheit mit der Beziehung zwischen zwei bestimmten Ereignissen gemacht haben. Wir können einfach nicht wissen, ob wir nicht in einem jener Universen leben, in denen die Beziehungen durch eine höhere mathematische Beziehung dazu bestimmt oder „terminiert" sind, sich zu einem bestimmten Zeitpunkt zu ändern. Die Annahme, dass alles, was irgendwo passieren kann und wird, auch hier passieren könnte, macht uns vollkommen unfähig, begründete Vorhersagen zu treffen.

Tegmark selbst hat erkannt, wie Kosmologien mit unendlichen Universen wissenschaftliche Vorhersagen untergraben, wenn auch aus einem etwas anderen Grund. In einem provokanten Artikel mit dem Titel „Infinity Is a Beautiful Concept – and It's Ruining Physics" („Unendlichkeit ist ein schönes Konzept – und es ruiniert die Physik") beschreibt Tegmark ein Problem, das Physiker das „Messproblem" nennen. Stellen Sie sich beispielsweise vor, dass ein Physiker, der eine unendliche Anzahl von Universen annimmt, auch wissen möchte, wie viel Prozent dieser Universen irgendwann einmal Leben beherbergen werden. Oder anders ausgedrückt: Nehmen wir an, der Physiker möchte die Wahrscheinlichkeit vorhersagen, dass ein bestimmtes Universum irgendwann Leben hervorbringen wird. Unser Physiker vermutet, dass – aufgrund der extremen Spezifizität der Anfangs- und Randbedingungen, die erforderlich sind, um ein lebensförderndes Universum (oder eine universelle Wellenfunktion, die ein solches enthält) zu garantieren – die Wahrscheinlichkeit extrem gering sein wird, ein solches Universum zu erzeugen, und dass daher eine große – ja, eine unendliche – Anzahl von Universen nicht in der Lage sein wird, Leben zu beherbergen. Der Physiker weiß jedoch auch, dass in allen Kosmologien mit unendlich vielen Universen jedes Ereignis unendlich oft eintreten wird. Daher wird auch eine unendliche Anzahl von Universen irgendwann einmal Leben hervorbringen, auch wenn dies nicht in allen Universen der Fall ist.

Um die Wahrscheinlichkeit zu berechnen, ein lebensfreundliches Universum zu finden, muss unser Physiker nun eine unendliche Menge durch eine andere dividieren, was einen mathematisch sinnlosen Quotienten ergibt. Wie Tegmark erklärt:

> *In der Physik geht es darum, die Zukunft aus der Vergangenheit vorherzusagen, aber die Inflation [eine der vielen Kosmologien mit unendlichen Universen] scheint dies zu sabotieren. Wenn wir versuchen, die Wahrscheinlichkeit vorherzusagen, dass etwas Bestimmtes passieren wird, gibt die Inflation immer dieselbe nutzlose Antwort: unendlich geteilt durch unendlich. Das Problem ist, dass die Inflation voraussagt: Egal welches Experiment man macht, in weiter Ferne des unendlichen Raums wird es unendlich viele Kopien von einem selbst geben, die jedes physikalisch mögliche Ergebnis erzielen; und trotz jahrelangem Zähneknirschen in der kosmologischen Gemeinschaft hat sich kein Konsens darüber herauskristallisiert, wie man vernünftige Antworten aus diesen Unendlichkeiten herausholen kann. Genau genommen können wir Physiker also überhaupt nichts mehr vorhersagen!*[16]

Daher bringen Kosmologien mit unendlichen Universen, einschließlich der von Tegmark, eine unerwartete Bürde mit sich: Sobald sie als mögliche Erklärung für irgendetwas zugelassen werden, untergraben sie das Vertrauen in praktische und wissenschaftliche Überlegungen zu *allem.*

Absurde Konsequenzen: Boltzmann-Gehirne

Erschwerend kommt hinzu, dass Kosmologien mit unendlichen Universen bizarre Absurditäten mit sich bringen, die unsere Fähigkeit infrage stellen, unseren Sinnen, unseren Erinnerungen und der Zuverlässigkeit unseres Verstandes zu vertrauen. Insbesondere implizieren Kosmologien mit unendlichen Universen, einschließlich der von Tegmark und des Modells der ewigen chaotischen Inflation, die Existenz einer unendlichen Anzahl von „Boltzmann-Gehirnen". Boltzmann-Gehirne sind hypothetische Beobachter mit Gehirnen, die sich theoretisch als Ergebnis einer zufälligen Verkettung von Atomen oder Elementarteilchen zusammensetzen könnten, z. B. aufgrund zufälliger Quanten- oder thermischer Fluktuationen. Physiker nennen solche Gehirne „Boltzmann-Gehirne"[17], nach dem österreichischen Physiker Ludwig Boltzmann (Abb. 19.3) aus dem späten 19. Jahrhundert, der als Erster auf diese scheinbar fantastische Möglichkeit gekommen ist. (Boltzmann war möglicherweise ein Mann, der zu viel Zeit hatte.)

Abb. 19.3
Der österreichische Physiker Ludwig Boltzmann aus dem 19. Jahrhundert, der über die Möglichkeit von „Boltzmann-Gehirnen" spekulierte.

Nach der Quantenmechanik besteht eine endliche, wenn auch äußerst geringe Wahrscheinlichkeit, dass zufällige Fluktuationen auf subatomarer Ebene gelegentlich unerwartete makroskopische Ergebnisse hervorbringen, z. B., dass die Freiheitsstatue jemandem zuwinkt, der in einem Flugzeug an ihr vorbeifliegt. Obwohl solche Ereignisse in unserem einsamen Universum aller Wahrscheinlichkeit nach nie eintreten werden, wird jedes Ereignis mit einer endlichen Eintrittswahrscheinlichkeit, wie klein es auch sein mag, in einem unendlichen Multiversum unweigerlich eintreten. Es wird sich sogar unendlich oft ereignen.

Ein solches unglaublich unwahrscheinliches Ereignis wäre die Erzeugung eines Boltzmann-Gehirns. In einer unendlichen Anzahl von Universen würde eine unendliche Anzahl solcher Gehirne existieren, einschließlich einer unendlichen Anzahl mit falschen Erinnerungen und Wahrnehmungen (Abb. 19.4). Noch beunruhigender ist, dass wir selbst solche Gehirne haben könnten anstelle sogenannter natürlicher Gehirne mit zuverlässigen Wahrnehmungen und wahren Erinnerungen. Folglich befürchten viele Physiker nun, dass die Annahme einer unendlichen

Anzahl von Universen – entweder um das Problem der Feinabstimmung zu lösen oder (sofern man sich dessen bewusst ist) das Problem des Informations-Inputs, der notwendig ist, um die Quantenkosmologie

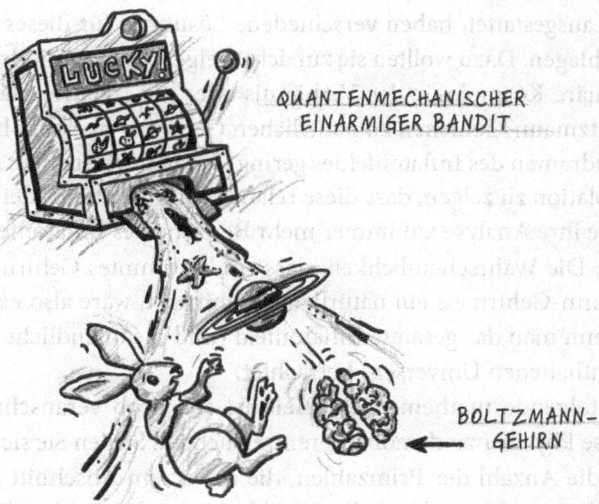

Abb. 19.4
Das Problem des Boltzmann-Gehirns. Nach der Quantenmechanik besteht eine endliche, wenn auch äußerst geringe Wahrscheinlichkeit, dass zufällige Quantenfluktuationen auf subatomarer Ebene gelegentlich unerwartete makroskopische Ergebnisse hervorbringen, einschließlich der Entstehung voll ausgebildeter Personen mit sogenannten Boltzmann-Gehirnen, die falsche Erinnerungen enthalten. Obwohl solche Ereignisse aller Wahrscheinlichkeit nach niemals eintreten würden, wenn unser Einzeluniversum das einzige Universum wäre, wird in einem unendlichen Multiversum jedes Ereignis mit einer endlichen Eintrittswahrscheinlichkeit unweigerlich eintreten, wie gering diese auch sein mag. In einem solchen Multiversum würde unweigerlich eine unendliche Anzahl von Gehirnen mit falschen Erinnerungen und Wahrnehmungen entstehen. Noch beunruhigender: Es gibt Gründe für die Annahme, dass in einem solchen Multiversum wir selbst mit größerer Wahrscheinlichkeit „Boltzmann-Gehirne" haben würden als „natürliche Gehirne" mit zuverlässigen Wahrnehmungen und wahren Erinnerungen.

plausibel zu machen – dazu führen müsste, dass wir an der Zuverlässigkeit unseres eigenen Verstandes zweifeln.[18] Mit anderen Worten, die Annahme von Kosmologien mit unendlichen Universen führt unweigerlich zu radikalem erkenntnistheoretischem Skeptizismus.

Physiker und Philosophen, vielleicht auch mit einem Übermaß an Freizeit ausgestattet, haben verschiedene Lösungen für dieses Problem vorgeschlagen. Dazu wollten sie zunächst zeigen, dass zumindest für die inflationäre Kosmologie das Verhältnis oder die „relative Häufigkeit" von Boltzmann-Gehirnen zu natürlichen Gehirnen in einem bestimmten Quadranten des Inflatonfeldes gering ist. Dann versuchten sie durch Extrapolation zu zeigen, dass diese relative Häufigkeit nur kleiner wird, wenn sie ihre Analyse auf immer mehr Bereiche des Inflatonfeldes ausdehnen. Die Wahrscheinlichkeit, dass ein bestimmtes Gehirn eher ein Boltzmann-Gehirn als ein natürliches Gehirn ist, wäre also extrem gering, wenn man das gesamte Inflatonfeld (und die unendliche Zahl der darin enthaltenen Universen) betrachtet.

Das folgende mathematische Beispiel soll grob veranschaulichen, was diese Physiker zu demonstrieren versuchten: Stellen Sie sich vor, Sie wollen die Anzahl der Primzahlen, die auf einem Abschnitt der Zahlengeraden existieren, durch die Anzahl der geraden Zahlen dividieren. Obwohl die Gesamtzahl der Primzahlen und der geraden Zahlen auf der Zahlengeraden insgesamt unendlich ist, würden Sie feststellen, wenn Sie nur einen endlichen Abschnitt der Zahlengeraden betrachten würden, dass das Verhältnis von Primzahlen zu geraden Zahlen sehr niedrig ist. Außerdem würden Sie feststellen, dass das Verhältnis der Primzahlen zu den geraden Zahlen immer kleiner wird, je mehr Teile der Zahlenreihe Sie betrachten. Wenn man dann vom endlichen Teil der Zahlenreihe zu einem unendlichen Abschnitt der Zahlenreihe extrapoliert, würde man feststellen, dass sich die relative Häufigkeit der Primzahlen zu den geraden Zahlen einem Grenzwert nähert. Sie würde immer weiter gegen null gehen. Obwohl es also unendlich viele Primzahlen auf der Zahlengeraden gibt, würde man bei einer Zufallsstichprobe entlang eines endlichen Abschnitts der Zahlengeraden mit viel, viel höherer Wahrscheinlichkeit eine gerade Zahl als eine Primzahl finden.

Auf ähnliche Weise wollten die Befürworter von Kosmologien mit unendlichen Universen zeigen, dass das Verhältnis von Boltzmann-Gehirnen zu natürlichen Gehirnen in jedem endlichen Ausschnitt des vom Inflatonfeld erzeugten Raums ebenfalls gering sein würde. Des Weiteren versuchten sie zu zeigen, dass die relative Häufigkeit der beiden Arten von Gehirnen lediglich kleiner wird, wenn sie von einem Quadranten des Raums zu immer größeren Quadranten extrapoliert werden, wobei sich der Anteil schließlich der Null nähert. Wie beim Vergleich von Primzahlen und geraden Zahlen wäre also der Anteil von Boltzmann-Gehirnen gegenüber natürlichen Gehirnen unglaublich niedrig, was es unwahrscheinlich macht, dass ein bestimmtes Gehirn ein Boltzmann-Gehirn wäre, selbst in einem Szenario mit unendlich vielen Universen.

Dieser Lösungsvorschlag erwies sich jedoch als untauglich. Dieselben Physiker, die ihn vorgebracht haben, erkannten bald, dass das Inflatonfeld in jedem beliebigen Ausschnitt des sich ausbreitenden Raums astronomisch mehr extrem junge oder kurzlebige Universen als extrem alte Universen wie das unsere hervorbringen würde. Warum? Weil das Inflatonfeld extrem häufig neue Blasenuniversen erzeugt, wann immer Quantenfluktuationen auftreten. So würde in der Zeit, die ein einziges, mehrere Milliarden Jahre altes Universum wie das unsere braucht, um sich zu entwickeln, eine exponentiell große Anzahl von jungen Blasenuniversen entstehen.

Warum ist das ein Problem? Weil viele solcher Boltzmann-Gehirne mit falschen Erinnerungen durch spontane Quantenfluktuationen in den jungen Universen genau in der Zeit entstehen würden, die eine oder wenige bewusste intelligente Lebensformen (d. h. natürliche Gehirne mit echten Erinnerungen und genauen Sinneswahrnehmungen) benötigen würden, um sich in einem der relativ wenigen alten Universen zu entwickeln. Die Aktivität des Inflatonfeldes würde also nach sich ziehen, dass die meisten Beobachter Boltzmann-Gehirne wären – und zwar in Universen, die zu jung sind, um die notwendige Art von Evolution zu ermöglichen, die gewöhnliche Beobachter mit zuverlässigen Erinnerungen hervorbringen würde.[19]

Da sich so viel mehr junge Universen bilden würden als alte Universen, würden die jungen Universen, die Gehirne mit falschen Erinnerungen und Wahrnehmungen enthalten, die extrem alten Universen bei Weitem übertreffen. Doch Menschen wie wir leben in einem solchen alten Universum, mit entsprechenden (wie wir glauben!) wahren

Erinnerungen und Wahrnehmungen. Daraus folgt: Wenn inflationäre Multiversumsmodelle die Realität korrekt abbilden, ist es sehr viel wahrscheinlicher, dass wir selbst Boltzmann-Gehirne sind als Personen mit echten Erinnerungen und genauen Wahrnehmungen, die in einem 13,8 Milliarden Jahre alten Universum leben. In einigen Modellen ist es sogar wahrscheinlicher, dass ein ganzes Universum wie das unsere spontan durch Fluktuation entstanden sein könnte, als dass sich unser Universum mit seinen außerordentlich unwahrscheinlichen Anfangsbedingungen über Milliarden von Jahren geordnet und gesetzmäßig entwickelt hätte.

Die Hypothese des inflationären Multiversums führt also gleich mehrfach zu Absurditäten. Sie impliziert, dass wir wahrscheinlich nicht die Menschen sind, für die wir uns halten, und dass unsere Erinnerungen und Wahrnehmungen wahrscheinlich nicht zuverlässig sind, sondern höchstwahrscheinlich das Ergebnis zufälliger Quantenfluktuationen. Auch unser Universum selbst ist nach der Hypothese der ewigen Inflation nicht das, was es zu sein scheint. Das inflationäre Multiversum würde alle wissenschaftlichen Überlegungen, Erklärungen und Wahrnehmungen unzuverlässig machen und damit jede Grundlage für die Akzeptanz der Multiversumshypothese oder jeglicher wissenschaftlicher Hypothese oder Schlussfolgerung untergraben. Eine selbstwiderlegendere Hypothese kann man kaum erfinden!

Darüber hinaus ist Tegmarks Theorie mit denselben erkenntnistheoretischen Einbußen verbunden, einschließlich der Existenz von Boltzmann-Gehirnen. Sie schließt nicht nur ein durch die inflationäre Kosmologie und ihre mathematische Struktur beschriebenes Universum als mutmaßlich existierendes Universum ein. Tegmarks Theorie erlaubt auch, dass praktisch alles irgendwo vorkommt, vorausgesetzt, die Physiker können eine mathematische Beschreibung des Prozesses (oder der Zustandsänderung) konstruieren, durch den entsprechende mögliche Ereignisse eintreten könnten.[20] Wenn sich die Physiker aber nicht mit Überlegungen zur kausalen Angemessenheit oder empirischer Plausibilität auf der Grundlage früherer Erfahrungen beschäftigen müssen, können sie jede hypothetische Zustandsänderung mathematisch abbilden. Sie könnten zum Beispiel einen Ausgangszustand beschreiben, in dem keine biologisch relevanten Informationen vorhanden waren, und dann einen nachfolgenden Zustand, in dem eine enorme Menge an spezifizierten biologisch relevanten Informationen vorhanden war – genug, um den Aufbau eines Gehirns mit falschen Erinnerungen zu spezifizieren. Wenn sie diesem Übergang keine empirisch plausible Ursache zuordnen müssen, sondern davon ausgehen können, dass jeder Übergang von einem Anfangszustand zu einem Endzustand letztlich unendlich oft vorkommt, wie Tegmarks Theorie impliziert, dann muss ein solcher Übergang in irgendeinem möglichen Universum stattgefunden haben. Warum also nicht in unserem? Somit impliziert Tegmarks Theorie auch die Existenz von Boltzmann-Gehirnen, mit all dem damit einhergehenden erkenntnistheoretischen Chaos, wenn nicht gar Wahnsinn.

Auch Tegmark selbst hat die mit unendlichen Kosmologien verbundenen Probleme eingestanden, indem er eine Änderung seiner radikalen Theorie vorschlug. Anstatt zu postulieren, dass alle möglichen mathematischen Strukturen in einer möglichen Welt existieren müssen, hat er kürzlich vorgeschlagen, dass Physiker sich auf mathematische Strukturen beschränken, die nur endliche Zahlen verwenden und somit alle Unendlichkeiten ausschließen.[21] Ironischerweise stellt diese Beschränkung des Raums möglicher mathematischer Strukturen eine weitere Einschränkung der Möglichkeiten dar, die Tegmark mit seiner Hypothese des mathematischen Universums beseitigen wollte.[22]

Einfachheit und Status der Dialektik

Bis zu diesem Punkt habe ich der theoretischen Auseinandersetzung zuliebe angenommen, dass die Quantenkosmologie das frühe Universum und seinen Ursprung mehr oder weniger genau modelliert. Ich habe darüber hinaus zu zeigen versucht, dass sie, wenn sie den Ursprung des Universums treffend modelliert, dennoch unbeabsichtigt eine theistische Perspektive unterstützt – sosehr ihre Begründer und Anhänger sie auch beansprucht haben, um das kosmologische Argument für die Existenz Gottes zu untergraben.

Wenn diese Modelle den Ursprung des Universums allerdings nicht genau abbilden, haben sie natürlich keine Kraft gegen dieses Argument, und in diesem Fall bleibt die Gotteshypothese als beste Erklärung für unser zeitlich begrenztes Universum bestehen. Zusammenfassend lässt sich sagen: Wenn die Quantenkosmologie (und/oder eine der Interpretationen der universellen Wellenfunktion) den Ursprung des Universums genau abbildet, dann hat sie idealistische und theistische Implikationen. Wenn die Quantenkosmologie (in verschiedenen Interpretationen) den Ursprung des Universums nicht genau modelliert, haben die Fakten der Kosmologie aus ganz anderen Gründen theistische Implikationen.

Diese Dynamik gilt für die exotischsten Interpretationen der Quantenkosmologie: die Viele-Welten-Interpretation und die mathematische Universumshypothese von Tegmark. Da beide Interpretationen als mögliche Ursachen für den Ursprung des Universums letztlich nichts anderes als Mathematik postulieren, haben beide idealistische und wohl auch theistische Implikationen.

Dennoch gibt es in beiden Fällen offensichtliche Gründe, diese Interpretationen der Quantenkosmologie infrage zu stellen.[23] Die Viele-Welten-Interpretation und die mathematische Universumshypothese verletzen in eklatanter Weise das Prinzip von Ockhams Rasiermesser. Beide Interpretationen vervielfachen nämlich die theoretischen Entitäten ins Unendliche. Infolgedessen ist eine schlichte Gotteshypothese eindeutig eine theoretisch einfachere, weniger komplizierte Erklärung für den Ursprung des Universums und seine spezifischen (lebenserhaltenden) Eigenschaften als jede dieser Interpretationen der Quantenkosmologie. Wenn man diese exotischen Interpretationen ernst nimmt, untergraben beide zudem das Vertrauen in die wissenschaftliche Rationalität zutiefst. Beide Theorien führen zu wissenschaftsfeindlichen Absurditäten. Sie implizieren, dass bestimmte Erklärungen, die wir als völlig absurd ansehen würden, in Wirklichkeit *wahrscheinlicher* sind als Erklärungen, die wir normalerweise akzeptieren würden.

Denken wir mal darüber nach. Am Ende dieses Weges steht das Boltzmann-Gehirn, eine Konsequenz des Vorhabens, die Wissenschaft gegen die Möglichkeit eines intelligenten Designs zu verteidigen. Wir sollten über diesen Gedanken nicht hinweggehen, ohne zu betonen, wie verrückt und erschreckend er letztlich ist. Um mich von den Grübeleien über Kosmologie und Biologie abzulenken, habe ich darüber nachgedacht, als ich durch die Straßen in der Nähe der Büros in Seattle ging, wo meine Kollegen und ich arbeiten.

Hier im historischen Stadtviertel Pioneer Square kam es infolge eines Zusammenspiels fragwürdiger politischer Maßnahmen zu einem herzzerreißenden Schauspiel: eine große Anzahl von Obdachlosen, die meisten psychisch krank, drogenabhängig oder beides, die in Zelten kampieren oder umherwandern. Viele von ihnen scheinen in unserer Welt verloren oder ganz von ihr abgekoppelt zu sein. Es ist nicht ungewöhnlich, dass einige von ihnen den Himmel oder imaginäre Gesprächspartner anschreien.

So stelle ich mir Boltzmann-Gehirne vor: umherirrende Köpfe, die mit falschen Erinnerungen und falschem Wissen über sich selbst kämpfen. Doch Theorien auf der Flucht vor der Gotteshypothese – vor dem, was Materialisten die Irrationalität des religiösen Glaubens nennen – implizieren die Realität unzähliger solcher Gehirne und die Unzuverlässigkeit all unserer Wahrnehmungen, Erinnerungen und der Vernunft selbst.

Kein Gott, keine Wissenschaft?

Und so hat Tegmarks Hypothese unsere Diskussion zu einem ironischen Abschluss gebracht. Quantenkosmologen, insbesondere Stephen Hawking, haben die Quantenkosmologie als Alternative zu den offenkundig theistischen Implikationen der Urknalltheorie und Hawkings eigenem Beweis (oder mathematischem Argument) für eine kosmologische Singularität dargestellt. Hawking und andere argumentierten, insbesondere in populären Büchern und in den breiten Medien, dass die Quantenkosmologie das Argument für die Existenz eines transzendenten Schöpfers entkräftet habe – oder zumindest für die Notwendigkeit, dessen Existenz zu postulieren. Die Quantenkosmologie, wie sie von Hawking und Krauss dargestellt wurde, lieferte das ultimative wissenschaftliche Gegenargument zur Gotteshypothese.

Doch im Zuge der Dialektik der Quantenkosmologie sind viele unbeantwortete Fragen über die Ursache für die Entstehung des Universums und seine kontingenten Eigenschaften aufgetaucht. Die meisten

Quantenkosmologen nahmen die Viele-Welten-Interpretation der Quantenmechanik an, um nicht erklären zu müssen, wie die universelle Wellenfunktion kollabierte, um unser *spezifisches* Universum zu erzeugen. Stattdessen gingen sie davon aus, dass alle durch die universelle Wellenfunktion beschriebenen Universen notwendigerweise existieren. Dabei blieben jedoch weitere Fragen unbeantwortet, und zwar mit Blick auf den Ursprung der spezifischen informationsreichen Einschränkungen, die Hawking und Hartle sowie Vilenkin den mathematischen Verfahren auferlegen mussten. Diese wiederum wurden angewandt, um eine universelle Wellenfunktion zu erzeugen, welche ein Universum wie das unsrige (und, bei der Viele-Welten-Interpretation, eine Vielzahl anderer Universen) einschließt. Die Hypothese von Max Tegmark könnte dahin gehend interpretiert werden, dass sie eine derartige Einschränkung der mathematischen Möglichkeiten überflüssig macht – indem sie annimmt, dass alle möglichen mathematischen Strukturen existieren, einschließlich aller Möglichkeiten, die Wheeler-DeWitt-Gleichung durch verschiedene Randbedingungen und/oder Einschränkungen des Superraums zu beschränken.

Tegmarks radikale Theorie mit ihren unendlich vielen Universen, in denen sich jede mögliche mathematische Struktur manifestiert, machte es überflüssig, die für die Entstehung unseres Universums erforderliche Spezifität erklären zu müssen. Aber sie zerstörte das Vertrauen in wissenschaftliche Erklärungen und Vorhersagen und implizierte die Existenz von Boltzmann-Gehirnen, die eher an Science-Fiction-Horror erinnern. So hat der Versuch, das Argument für Gott auf der Grundlage der Wissenschaft der Kosmologie zu widerlegen, letztlich zu absurden Kosmologien geführt, die den Glauben an die Zuverlässigkeit der Wissenschaft untergraben. Im Gegensatz zu den Begründern der modernen Wissenschaft, die verstanden haben, dass ihnen der Glaube an Gott einen Grund geliefert hat, auf die Gleichförmigkeit und Intelligenz des Universums und die Zuverlässigkeit des menschlichen Verstandes zu vertrauen, haben zeitgenössische Physiker, die dem theistischen Glauben abgeneigt sind, Ideen vorgebracht, die implizit genau diese Gleichförmigkeit, Intelligenz und Zuverlässigkeit leugnen.

In diesem Buch habe ich durchgehend argumentiert, dass die wissenschaftlichen Belege, die wir über die biologischen und kosmologischen

Ursprünge haben, logischerweise dazu führen, Gott zu erkennen. Was wir nun gesehen haben: Wenn man versucht, die Erklärungskraft der Gotteshypothese zu bestreiten, muss man letztendlich und notwendigerweise unendlich viele wahrscheinlichkeitstheoretische Hilfsmittel und Universen postulieren – und damit wiederum die Erkenntnisfähigkeit in Abrede stellen. Tatsächlich veranschaulichen die daraus resultierenden Kosmologien eine Maxime des heiligen Augustinus: *Crede ut intelligas*, das heißt: „Glaube, damit du erkennen kannst." Ich habe argumentiert, dass wir aufgrund dessen, was wir über die Natur wissen, vernünftigerweise an die Realität Gottes glauben können. Die absurden Implikationen der Kosmologien mit unendlichen Universen legen nun nahe, dass wir einen solchen Glauben *brauchen* könnten, um Vertrauen in die wissenschaftliche Rationalität zu haben – und damit in unsere Fähigkeit, die Natur überhaupt zu begreifen.

TEIL V: SCHLUSSFOLGERUNG

Kapitel 20:

Gott als Handelnder oder als Lückenfüller?

Um 2.00 Uhr morgens in einer winterlichen englischen Nacht im Dezember 1986 saß ich vor Isaac Newtons altem Zimmer im vorderen Teil des Trinity College. Während ein tiefer Nebel über die mittelalterlichen Gebäude im Zentrum von Cambridge zog, dachte ich darüber nach, wie sich das Denken über Wissenschaft und Gott seit der Veröffentlichung von Newtons großartigen *Principia* im Jahr 1687, also fast genau drei Jahrhunderte zuvor, verändert hatte. Im Nachwort zu einer späteren Ausgabe dieses Buches mit dem Titel *Scholium Generale* und in anderen wissenschaftlichen Werken, vor allem den *Opticks*, formulierte Newton eine zutiefst theologische Perspektive. Er pries nicht nur die Ordnung und Gleichförmigkeit der Natur als Ausdruck des Charakters Gottes und seiner übergeordneten Fürsorge für die Schöpfung; er argumentierte auch für die Existenz Gottes auf der Grundlage des in der Natur erkennbaren Designs – kurz gesagt, für eine Gotteshypothese.

Ich hatte eine Pause eingelegt vom Schreiben meines ersten Aufsatzes zur Kontroverse über die universelle Gravitation. Die Studenten waren schon lange für die Weihnachtsferien nach Hause gefahren, und meine Frau hatte gerade eine kurze Reise nach Hause unternommen, um ihre Familie in den USA zu besuchen. Da ich niemanden mehr um mich hatte, schrieb ich jede Nacht länger und länger. Meine innere Uhr war völlig aus dem Takt und so ging ich von unserer Wohnung in der Nähe von Hobson's Conduit zu Fuß dorthin, wo Newton einst lebte und schrieb. Sie erinnern sich vielleicht, dass der deutsche Philosoph Leibniz, Newtons Zeitgenosse, dessen universelles Gravitationsgesetz ablehnte, weil es keine materielle Ursache für die regelmäßigen Bewegungen der planetarischen Körper angab, die das Gesetz beschrieb.

Dies war der Schwerpunkt des Aufsatzes, an dem ich arbeitete. Ich saß eine Stunde lang da und dachte über all das nach, was ich gelesen hatte: über Newtons Überlegungen zum Mysterium der Fernwirkung, über sein Verständnis des göttlichen Wirkens in der Natur und darüber, wie überwältigend für ihn der Eindruck eines zugrunde liegenden Designs war, welches er in der Feinabstimmung der Positionen der Planeten wahrnahm sowie in der Art und Weise, wie die integrierte Komplexität des Auges die Eigenschaften des Lichts vorwegzunehmen schien.

Newton faszinierte mich auch deshalb, weil sich seine Sichtweise der Beziehung zwischen Wissenschaft und theistischem Glauben so dramatisch von der unterschied, die ich im modernen Oxbridge kennenlernte. In den späten 1980er-Jahren erlangten dort und in der ganzen Welt zwei wichtige Bücher enorme Bekanntheit. 1986 veröffentlichte der Biologe Richard Dawkins von der Universität Oxford das Buch *Der blinde Uhrmacher* – ein Buch, das sich schließlich über drei Millionen Mal verkaufte. Eine Zeile auf der ersten Seite bringt seine These auf den Punkt: „Biologie ist das Studium komplizierter Dinge, die *den Anschein erwecken*, zu einem bestimmten Zweck geschaffen worden zu sein."[1] Da, so Dawkins, die Evolutionstheorie diesen Anschein als das Produkt des völlig ungerichteten Prozesses der Mutation und der natürlichen Auslese erklärt, erübrigt sich auch die Annahme, dass eine gestaltende Intelligenz in der Geschichte des Lebens eine Rolle spielt. Und das, so argumentierte er, „machte es möglich, ein intellektuell erfüllter Atheist zu sein".[2]

1988 veröffentlichte dann Stephen Hawking in Cambridge *Eine kurze Geschichte der Zeit*. Während Dawkins das Design-Argument in der Biologie ins Visier nahm, versuchte Hawking, das kosmologische Argument für die Existenz Gottes zu entkräften. Hawkings Bestseller stellte sogar den von Dawkins in den Schatten und überschritt schließlich die Marke von zehn Millionen verkauften Exemplaren weltweit.

Diese beiden Bücher haben die öffentliche Meinung stark beeinflusst. In Cambridge schwebten Hawkings Ruf als Physiker und seine wachsende internationale Berühmtheit über fast allen Diskussionen in Wissenschaft und Religion. Falls Stephen Hawking den Ursprung des Universums mit einem neuen Gesetz der Quantengravitation erklärt hätte, wäre tatsächlich die Frage: „Wo ist dann Platz für einen Schöpfer?" Und wenn der Neodarwinismus gezeigt hätte, dass Mutation und natürliche Auslese das Auftreten von Design im Leben erklären könnten, wie Dawkins in seiner brillant klaren Prosa argumentiert hatte, dann könnte das Leben durchaus durch einen „blinden Uhrmacher" (oder „blinde, erbarmungslose Gleichgültigkeit", wie er es später ausdrückte) entstanden sein und durch nichts weiter.

Dawkins und Hawking haben beide entweder argumentiert oder impliziert, was Hawking später behauptete: „Die einfachste Erklärung ist die, dass es keinen Gott gibt."[3] Folglich haben ihre Bücher den Eindruck erweckt, dass Wissenschaft und theistischer Glaube im Widerspruch stehen. Viele der Wissenschaftler, die ich in Cambridge traf, vertraten eine ähnliche Ansicht, auch wenn viele Dawkins' unnötig scharfe Rhetorik gegen die Religion ablehnten.

Die wenigen Theisten, denen ich in der Wissenschaft begegnete, darunter eine Gruppe in Großbritannien, die sich „Christians in Science" („Christen in der Wissenschaft") nannte, hatten eine defensive Haltung eingenommen. Einige vertraten das Modell, das ich in Kapitel 3 besprochen habe, den sogenannten „Kompartmentalismus", oder das, was der verstorbene Harvard-Paläontologe Stephen Jay Gould später als „Nonoverlapping Magisteria" (sich nicht überschneidende Lehrgebiete) oder NOMA bezeichnen sollte.[4] Zur Erinnerung: Dieses Modell besagt, dass Wissenschaft und Religion völlig unterschiedliche Realitäten beschreiben. Befürworter dieses Modells stützen sich häufig auf einen Aphorismus von Galilei, der besagt: „Die Bibel zeigt uns den Weg in den Himmel, nicht die Wege des Himmels."[5] Andere vertraten eine eng verwandte Idee namens „Komplementarität". Befürworter dieser Auffassung sind der Meinung, dass Wissenschaft und Religion manchmal dieselben Realitäten beschreiben können, jedoch in einer komplementären, aber letztlich inkompatiblen oder „nicht zu vereinbarenden" Sprache.[6]

Befürworter beider Ansichten bestreiten, dass die Wissenschaft dem religiösen Glauben widerspricht, aber sie tun dies, indem sie Wissenschaft und Religion als so grundlegend verschiedene Unternehmungen darstellen, dass sich ihre Behauptungen unmöglich in irgendeiner Weise überschneiden können. Diese Annahme isoliert die Gotteshypothese von der wissenschaftlichen Widerlegung, aber sie negiert auch die

Möglichkeit, dass die Wissenschaft irgendeine Unterstützung für den theistischen Glauben bieten könnte.

Eine gleichwertige und entgegengesetzte Reaktion

Auf diese Denkweisen bin ich gestoßen, als ich gerade begonnen hatte, über eine ganz andere Art und Weise nachzudenken, wie die Beziehung zwischen Wissenschaft und theistischem Glauben vorstellbar wäre. Meine Gedanken wurden zum Teil von den Ideen von Wissenschaftlern wie Allan Sandage, Dean Kenyon und Charles Thaxton angetrieben, denen ich vor meiner Abreise nach Cambridge auf den Konferenzen in Dallas und Yale begegnete. Meine Lektüre der Begründer der frühneuzeitlichen Wissenschaft bildete auch ein intellektuelles Gegengewicht zu der Perspektive, die ich im zeitgenössischen Cambridge antraf. Obwohl Newton und Robert Boyle beispielsweise die religiöse Neutralität vieler Bereiche der Wissenschaft anerkannten, waren beide der Meinung, dass bestimmte Aspekte der Natur auf ein „intelligentes und mächtiges Wesen“ hinwiesen, wie Newton es ausdrückte. Newton verstand auch, dass die grundlegendsten Naturgesetze entweder nur die beobachteten Regelmäßigkeiten in der Natur beschreiben oder das „ständige Wirken des Geistes“ eines „göttlichen Erhalters“ der Welt offenbaren. Er glaubte nicht, dass die Gesetze der Physik allein den Ursprung des Sonnensystems oder gar des Universums erklären könnten.

Meine Auseinandersetzung mit Newtons Verständnis dessen, was die Gesetze der Physik *erklären* und was *nicht*, ließ mich skeptisch werden gegenüber Hawkings kühnen und populären Behauptungen über den Ursprung des Universums. Das wiederum machte mich offen für die Idee, dass die Urknalltheorie und die Belege für ein endliches Universum doch theistische Implikationen haben könnten. Durch die Lektüre des Briefwechsels zwischen Leibniz und Clarke und der *Principia* wurde ich mit Newtons Naturphilosophie und natürlicher Theologie vertraut (Abb. 20.1). Newtons Plädoyer für das Design-Argument, das sich auf die Feinabstimmung unseres Planetensystems und die integrierte Komplexität lebender Systeme stützt, griff Ideen auf, denen ich kürzlich in der Arbeit anderer zeitgenössischer Wissenschaftler begegnet war. Eine Ausnahme von der ansonsten defensiven intellektuellen Haltung der Theisten in der Wissenschaft war der Cambridge-Physiker John Polkinghorne. Polkinghorne hatte begonnen, ein solides Design-Argument auf der Grundlage der anthropischen Feinabstimmung des Universums zu vertreten. Was den Ursprung des Lebens anbelangt, so hatte ich meine eigenen Gründe zu glauben, dass wissenschaftliche Atheisten wie Dawkins ihre Argumente überbewerten. Ich wusste bereits, dass weder er noch irgendjemand anders den Ursprung des digital darstellbaren genetischen Codes erklärt hatte, der für die Entstehung der ersten lebenden Zelle notwendig war.

Abb. 20.1
Sir Isaac Newton in seinen späteren Jahren.

Meine Studien zu Newtons Naturphilosophie – im Lichte der aktuellen Erkenntnisse über den Ursprung des Universums und des Lebens – legten mir die Möglichkeit eines evidenzbasierten Arguments für die Existenz Gottes nahe. Wie Newton in seiner energischen, aber manchmal verwirrenden Prosa des 18. Jahrhunderts bemerkte: „Und so viel über Gott; über ihn von den Erscheinungen der Dinge zu sprechen, gehört gewiss zur Naturphilosophie."[7] Übersetzung: Unsere Naturbeobachtungen können uns eine Menge über die Realität und die Eigenschaften Gottes erzählen.[8]

Der „Lückenfüllergott"-Einwand

Ein gängiger Einwand gegen Newtons Sicht auf die Beziehung zwischen Wissenschaft und theistischem Glauben ist der Lückenfüllergott-Einwand (im Folgenden LG-Einwand). Nach Ansicht derjenigen, die diesen Einwand erheben, tritt der LG-Fehlschluss immer dann auf, wenn sich jemand auf die Aktivität einer schöpferischen Intelligenz oder eines Gottes beruft, um Phänomene oder Ereignisse in der natürlichen Welt zu erklären. Dieses Vorgehen, so argumentieren die Kritiker, hemmt den wissenschaftlichen Fortschritt, indem Gott (oder eine schöpferische Intelligenz) zur Erklärung von Phänomenen oder Ereignissen herangezogen wird, die Wissenschaftler irgendwann einmal erklären werden, sobald sie neue Naturgesetze oder materielle Prozesse entdecken. Gott als Erklärung zuzulassen führt nur dazu, Wissenschaftler an der Entdeckung solcher wahren Erklärungen zu hindern oder davon abzulenken.

Einige religiöse Wissenschaftler befürchten auch, dass der Rückgriff auf Gott als Erklärung für Naturphänomene oder naturgeschichtliche Ereignisse den Glauben an Gott unweigerlich in Verruf bringen wird, sobald Wissenschaftler neue Gesetze oder Prozesse entdecken, die die Gotteshypothese überflüssig machen. Einige Theisten finden es auch theologisch und ästhetisch unattraktiv, ja sogar erniedrigend für Gott als Person, sich vorzustellen, dass Gott von Zeit zu Zeit „eingreifen" muss, um einen Aspekt des ursprünglichen Entwurfs des Universums zu „korrigieren", der – so müsste man dann vermuten – von vornherein nicht richtig geplant war.

BioLogos, eine einflussreiche christliche Gruppe, die die theistische Evolution befürwortet und *Intelligent Design* ablehnt,[9] erklärt den LG-Einwand folgendermaßen:

> *Lückenfüller-Gott-Argumente betrachten Lücken in wissenschaftlichen Erklärungen als Indikatoren oder sogar Beweise für Gottes Handeln und damit für Gottes Existenz. Solche Argumente schlagen göttliche Handlungen anstelle von natürlichen, wissenschaftlichen Ursachen für Phänomene vor, die die Wissenschaft noch nicht erklären kann. Die Annahme ist: Wenn die Wissenschaft nicht erklären kann, wie etwas passiert ist, muss Gott die Erklärung sein. Aber … mit dem kontinuierlichen Fortschritt der Wissenschaft werden Lückenfüller-Gott-Erklärungen oft durch natürliche Mechanismen ersetzt … [und] wissenschaftliche Forschung kann unnötigerweise mit dem Glauben an Gott in Konflikt gebracht werden.*[10]

Kritiker von *Intelligent Design* oder von wissenschaftsbasierten theistischen Argumenten führen oft Newton als das Paradebeispiel eines

Wissenschaftlers an,[11] der den LG-Fehler begangen hat. Nach dem, wie die Geschichte oft erzählt wird, entdeckte Newton, nachdem er sein universelles Gravitationsgesetz erfolgreich zur Beschreibung der Bewegung der Planeten im Sonnensystem eingesetzt hatte, dass die Bahnen der äußeren Planeten nicht genau mit den von ihm berechneten Bahnen übereinstimmten. Außerdem erkannte er offenbar, dass die gegenseitige Anziehungskraft der äußeren Planeten das Sonnensystem instabil machen würde. Infolgedessen nahm er angeblich episodische Interventionen Gottes oder – in einigen Versionen der Geschichte – von Engeln an, um die Planeten wieder in die richtigen Bahnen zu bringen. Als der französische Physiker Laplace später zeigte, wie Newtons eigene Gesetze die beobachteten Anomalien erklären konnten, erwies sich (Voilà!) Newtons Annahme göttlichen Handelns – sein „Lückenfüller-Gott" – als unnötig. Auf diese Weise zog sich Newtons Gott dauerhaft zurück. So wird es zumindest erzählt.[12] In den letzten beiden Abschnitten dieses Kapitels werde ich die historischen Fakten richtigstellen.

Die Gegner der Theorie des *Intelligent Design* bezeichnen diese häufig als LG-Argument oder „argumentum ad ignorantiam" (Argument, das an das Nichtwissen appelliert) und vergleichen sie oft mit Newtons angeblicher Annahme eines göttlichen Handelns zur Reparatur des Sonnensystems. Dieser Kritik zufolge nutzt jeder, der aus der spezifizierten Information in lebenden Zellen auf Design schließt, die gegenwärtige *Unwissenheit* oder Wissens*lücken* bezüglich einer adäquaten materialistischen Ursache, um diesen Schluss zu rechtfertigen. Da, so der Einwand, die Design-Befürworter sich keinen natürlichen Prozess vorstellen können, der spezifizierte biologische Informationen hervorbringen kann, greifen sie auf den mysteriösen Begriff des intelligenten Designs zurück. In dieser Sichtweise fungiert *Intelligent Design* als Platzhalter für fehlendes Wissen, den seine Befürworter einsetzen, indem sie die Aktivität einer kreativen Intelligenz postulieren. Kritiker haben behauptet, dass das Argument für intelligentes Design in der Geschichte des Lebens ein falsches LG-Argument darstellt, auch wenn es Gott nicht erwähnt. Demnach würde eine Ausweitung dieses Arguments zur Unterstützung einer expliziten Gotteshypothese (wie es dieses Buch tut) in ihren Augen erst recht den LG-Fehlschluss begehen.

Aber ist das so?

Ein argumentum ad ignorantiam?

Schauen wir uns zunächst an, ob das Argument für intelligentes Design in der Biologie – das an sich nicht versucht, die für das Leben verantwortliche gestaltende Intelligenz zu identifizieren – dem Trugschluss des argumentum ad ignorantiam erliegt. Solche Argumente treten auf, wenn Belege *gegen* eine Aussage als *einziger Grund* für die Annahme einer Alternative angeführt werden. Sie haben also die folgende Form:

Prämisse: Ursache A kann den Beleg E nicht hervorbringen oder erklären.

Schlussfolgerung: Daher hat Ursache B E hervorgebracht oder erklärt E.

Argumente dieser Form begehen einen offensichtlichen logischen Fehler. Sie enthalten keine Prämisse, die die bevorzugte Schlussfolgerung bejaht. Stattdessen werden nur Belege *gegen* die Angemessenheit einer alternativen Erklärung angeführt. Wenn zum Beispiel jemand behauptet, dass die Verletzung eines bestimmten Rennpferdes (z. B. „Seattle Slew II“) bedeutet, dass ein anderes Pferd (z. B. „Justify Junior“) zwangsläufig das Kentucky Derby gewinnen wird, würde dieses Argument einen Trugschluss enthalten. Wenn zum Beispiel jemand behauptet, dass der Ausfall eines bestimmten Rennfahrers (z. B. Lewis Hamilton) bedeutet, dass ein anderer Rennfahrer (z. B. Sebastian Vettel) zwangsläufig den Großen Preis von Monte Carlo gewinnen wird, würde dieses Argument einen Trugschluss enthalten.

Um die Schlussfolgerung zu rechtfertigen, muss die Person einen positiven Beleg dafür erbringen, dass der favorisierte Kandidat schneller ist als andere Teilnehmer des Rennens.

Birgt das Argument für das intelligente Design des Lebens, das weiter oben vorgestellt wurde, einen ähnlichen Trugschluss? Nein, tut es nicht. Ja, dieses Argument beruht *zum Teil* auf einer kritischen Bewertung der kausalen Angemessenheit materialistischer Erklärungen für den Ursprung spezifizierter Informationen in der DNA. Nichtsdestotrotz impliziert die „spezifizierte Komplexität“ oder „spezifizierte Information“ der DNA eine vorausgehende intelligente Ursache, nicht nur, weil materialistische Szenarien zur Entstehung des Lebens sie nicht erklären können, sondern auch, weil wir *wissen*, dass intelligente Akteure Informationen dieser Art produzieren können und dies auch tun. Wir haben positives Erfahrungswissen über eine alternative Ursache, die ausreicht, um diesen Effekt zu erzeugen.

Um die Befürworter der Theorie des *Intelligent Design* so hinzustellen, dass sie den LG-Fehlschluss begehen, müssen Kritiker die Argumente für diese Theorie falsch darstellen. So behauptet beispielsweise Michael Shermer: „*Intelligent Design* … argumentiert, dass das Leben auf zu spezifische Weise komplex ist (komplexe Strukturen wie die DNA) … um durch natürliche Kräfte entstanden zu sein. Daher muss das Leben von einem intelligenten Designer geschaffen worden sein."[13] Kurz gesagt, er behauptet, dass die Befürworter von *Intelligent Design* wie folgt argumentieren:

Prämisse: Materielle Ursachen können spezifizierte Informationen nicht erzeugen oder erklären.
Schlussfolgerung: Daher hat eine intelligente Ursache die spezifizierte Information im Leben hervorgebracht.

Tatsächlich stützt sich die Argumentation für das intelligente Design des Lebens, die in den Kapiteln 9 und 10 und in meinen früheren Büchern vorgestellt wurde, nicht auf eine solche Logik. Stattdessen folgt das Argument der folgenden, deutlich anderen Form:

Prämisse eins: Trotz gründlicher Suche wurden keine materialistischen Ursachen entdeckt, die in der Lage wären, große Mengen an spezifizierter Information zu produzieren, die für die Entstehung der ersten Zelle notwendig sind.
Prämisse zwei: Intelligente Ursachen haben bewiesen, dass sie in der Lage sind, große Mengen spezifizierter Informationen zu erzeugen.
Schlussfolgerung: Intelligentes Design ist die beste, kausal adäquateste Erklärung für den Ursprung der spezifizierten Information in der Zelle.

Zusätzlich zu einer Prämisse über die mangelnde kausale Eignung materialistischer Ursachen bestätigt dieses Argument eindeutig die nachgewiesene kausale Eignung einer alternativen Ursache, nämlich einer intelligenten Handlung. Das Argument, so wie es formuliert ist, versagt nicht darin, eine Prämisse aufzustellen, die einen positiven Beleg für eine alternative Ursache bestätigt. Das Argument *enthält* ausdrücklich eine solche Prämisse. Daher beruft es sich nicht auf fehlendes Wissen und begeht auch keinen „Lücken"-Trugschluss (Abb. 20.2).

Wie wir in Kapitel 9 gesehen haben, verwenden zeitgenössische Vertreter von *Intelligent Design* stattdessen die in den Geschichtswissenschaften übliche aktualistische Argumentationsmethode. Dass solche Argumente für *Intelligent Design* notwendigerweise kritische Bewertungen der kausalen Angemessenheit konkurrierender Hypothesen beinhalten, ist völlig angemessen. Geschichtswissenschaftler müssen die Angemessenheit konkurrierender Hypothesen vergleichen, um zu beurteilen, welche von mehreren Hypothesen als die beste gilt. Dennoch würden wir zum Beispiel nicht sagen, eine Archäologin habe einen „Lückenfüller"-Fehlschluss begangen, nur weil sie – nachdem sie die Hypothese verworfen hat, dass eine antike Hieroglypheninschrift durch einen Sandsturm verursacht wurde – zu dem Schluss gekommen ist, dass die Inschrift von einem intelligenten Schreiber erstellt wurde. Stattdessen hat die Archäologin eine Schlussfolgerung gezogen, die auf ihrem auf Erfahrung beruhenden *Wissen* basierte, dass informationsreiche Inschriften immer auf intelligente Ursachen zurückzuführen sind. Sie stützte ihre Schlussfolgerung nicht *allein* auf ihr Urteil, dass keine natürliche Ursache die Inschrift erklären könnte.

Darüber hinaus erlaubt uns das, was wir aus unserer gleichförmigen und wiederholten Erfahrung über die Ursache spezifizierter Informationen wissen (vor allem, wenn wir sie in digitaler Form vorfinden), solche Informationen als ein unverwechselbares Merkmal von Intelligenz zu behandeln. In allen Fällen, in denen wir den Ursprung spezifizierter Informationen kennen, spielte intelligentes Design eine kausale Rolle. Wenn wir also in den Biomakromolekülen, die für das Leben notwendig sind, auf solche Informationen stoßen, können wir auf der Grundlage unseres *Wissens* über etablierte Ursache-Wirkungs-Beziehungen folgern oder rückschließen, dass eine intelligente Ursache in

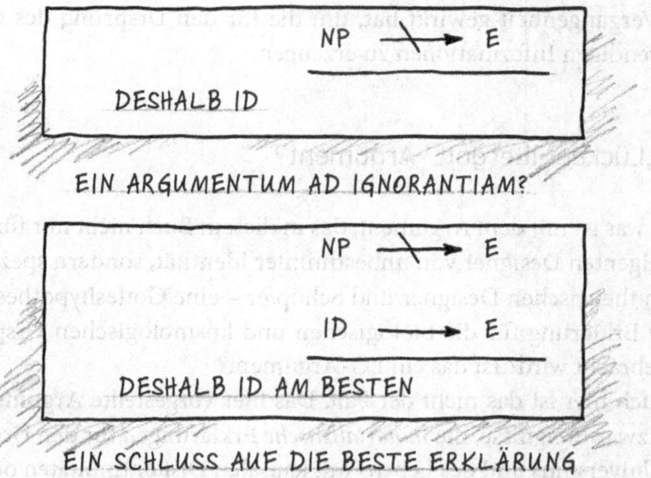

Abb. 20.2
Einige Kritiker von *Intelligent Design* stellen das Argument für intelligentes Design als einen Trugschluss dar, der auf fehlendem Wissen beruht. Ihre Behauptung: Befürworter des Arguments sind nur deshalb für intelligentes Design, weil diverse naturalistische Prozesse (NP) ungeeignet sind, um als kausale Erklärungen für den Ursprung der spezifizierten Information zu dienen, d. h. für den Schlüsseleffekt (E), der in lebenden Systemen erklärt werden muss. Nichtsdestotrotz impliziert die spezifizierte Information der DNA eine vorausgehende intelligente Ursache. Nicht nur, weil verschiedene naturalistische oder materialistische Szenarien für den Ursprung des Lebens sie nicht erklären können, sondern auch weil wir wissen, dass intelligente Akteure Informationen dieser Art produzieren können und dies auch tun. Das hier vorgestellte Argument für *Intelligent Design* (ID) geht also nicht nur davon aus, dass natürliche Prozesse kausal nicht angemessen sind, sondern führt auch Belege für die Fähigkeit intelligenter Akteure an, funktionale oder spezifizierte Informationen zu erzeugen. Das Argument – so wie es dargelegt wird – versagt also nicht darin, eine Prämisse aufzustellen, die positive Belege für die Angemessenheit einer bevorzugten Ursache bestätigt. Das Argument enthält ausdrücklich eine solche Prämisse. Daher handelt es sich nicht um ein falsches argumentum ad ignorantiam. Die trügerische Variante des ID-Arguments, wie sie von ID-Kritikern dargestellt wird, ist im oberen Teil dieser Abbildung abgebildet. Die gültige Form des Arguments, die in diesem Buch als Schlussfolgerung auf die beste Erklärung dargestellt wird, ist im unteren Teil der Abbildung dargestellt.

der Vergangenheit gewirkt hat, um die für den Ursprung des Lebens notwendigen Informationen zu erzeugen.

Ein „Lückenfüllergott"-Argument?

Aber was ist mit dem Argument, das in diesem Buch nicht nur für einen intelligenten Designer von unbestimmter Identität, sondern speziell für einen theistischen Designer und Schöpfer – eine Gotteshypothese – als beste Erklärung für die biologischen und kosmologischen Ursprünge vorgebracht wird? Ist das ein LG-Argument?

Auch hier ist das nicht der Fall. Das hier vorgestellte Argument betrifft zwar Ereignisse, die *materialistische* Erklärungen für den Ursprung des Universums und des Lebens mit kausalen Diskontinuitäten oder Erklärungslücken konfrontieren, doch wird die Existenz oder das Wirken Gottes nicht allein auf der Grundlage dieser Lücken bestätigt. Stattdessen werden einfache Überlegungen zur kausalen Angemessenheit sowie das Sparsamkeitsprinzip und andere bewährte theoretische Verfahren[14] herangezogen, um die Erklärungskraft konkurrierender metaphysischer Hypothesen zu bewerten und den Theismus als eine Schlussfolgerung auf die beste Erklärung darzulegen, nicht als ein argumentum ad ignorantiam.

Die kausale Unangemessenheit materialistischer Erklärungen

Bei der Bewertung von Erklärungen für den Ursprung des Universums habe ich natürlich viele materialistische Theorien kritisiert, darunter die *Steady-State*-Theorie und die Theorie des oszillierenden Universums. Ich habe auch gezeigt, dass die Quantenkosmologie – die von wissenschaftlichen Materialisten als Alternative zur Gotteshypothese propagiert wird – keine kausal adäquate *materialistische* Erklärung für den Ursprung des Universums liefert (und dass sie sogar unbeabsichtigte theistische Implikationen hat).

Darüber hinaus habe ich argumentiert, dass *alle* materialistischen

Theorien über den Ursprung des materiellen Universums angesichts der Belege, die wir für einen kosmischen Anfang haben, vor einem grundlegenden Problem stehen. Bevor Materie und Energie existieren, können sie den Ursprung des *materiellen* Universums weder verursachen noch zur Erklärung herangezogen werden. Stattdessen setzt die Annahme eines materialistischen Prozesses zur Erklärung des Ursprungs von Materie und Energie die Existenz ebendieser Entitäten – Materie und Energie – voraus, deren Ursprung die Materialisten erklären müssen. Keine wirklich materialistische Erklärung kann diese besondere kausale Diskontinuität oder Lücke schließen – die Lücke zwischen dem Nichts oder einer vorher existierenden *im*materiellen oder mathematischen Realität einerseits und einem materiellen Universum andererseits.

Auch der Verweis auf die Naturgesetze löst dieses Problem nicht. Stephen Hawkings Behauptung, dass die „Gesetze der Wissenschaft" oder „das Gesetz der Schwerkraft" erklären können, „warum es etwas und nicht nichts gibt", verrät eine tiefe philosophische Verwirrung darüber, was die Gesetze der Physik leisten können. Naturgesetze beschreiben, wie die Natur funktioniert und wie verschiedene Teile der Natur miteinander interagieren; sie verursachen nicht, dass die natürliche Welt überhaupt erst entsteht. Dies zeigt, wie sinnlos es ist, auf die Entdeckung eines neuen Naturgesetzes oder einer „Weltformel" zu warten. Kein Naturgesetz kann die kausale Diskontinuität zwischen dem Nichts und dem Ursprung der Natur selbst schließen.

In ähnlicher Weise habe ich in den Kapiteln 13 und 16 gegen die kausale Angemessenheit der vorgeschlagenen naturalistischen Erklärungen – wie das schwache und starke anthropische Prinzip und die Multiversumshypothese – für die Feinabstimmung des Universums argumentiert. Ich habe gezeigt, dass die physikalischen Gesetze weder ihre eigene Feinabstimmung noch die Feinabstimmung der anfänglichen Masse-Energie-Konfigurationen am Anfang des Universums erklären können. Wir haben gesehen, dass alle bekannten physikalischen Gesetze *extrinsische* Informationen über die Anfangs- und Randbedingungen des betreffenden Systems und über die Werte ihrer eigenen Proportionalitätskonstanten benötigen, um das Verhalten eines physikalischen Systems zu beschreiben. Mit „extrinsisch" meine ich die Informationen über solche Bedingungen, die jenseits der physikalischen Gesetze selbst entstammen. Die Werte der physikalischen Konstanten und sicherlich auch die Anfangsbedingungen des Universums sind solche extrinsischen Informationen. Und doch sind die Anfangsbedingungen des Universums und die physikalischen Konstanten äußerst fein abgestimmt. Daraus folgt, dass die physikalischen Gesetze selbst den Ursprung dieser Feinabstimmung nicht erklären – und auch nicht erklären können.

Dies deutet auf eine weitere Lücke hin, die die Naturgesetze im Prinzip nicht schließen können.[15] Sogar BioLogos, die Gruppe, die den LG-Einwand gegen Design-Argumente in der Biologie vehement vorgebracht hat, räumt ein, dass der Einwand nicht auf die Feinabstimmung (und vielleicht den Ursprung) des Universums selbst zutrifft. Sie erklären: „Einige Kritiker behaupten, dass die Berufung auf Gott als Feinabstimmer eine Rückkehr zum Lückenfüllergott ist. Aber es scheint keine Möglichkeit zu geben, die genauen Eigenschaften der Naturgesetze mit den Mitteln der Wissenschaft zu erklären."[16]

Die kausale Angemessenheit der Gotteshypothese

Dennoch geht das hier vorgestellte Argument nicht direkt von der Kritik an materialistischen Erklärungen zu der Schlussfolgerung über, dass ein transzendenter und intelligenter Akteur die Entstehung des Universums und des Lebens verursacht haben muss. Erstens habe ich, wie bereits erwähnt, positive Belege für die kausale Eignung einer intelligenten Instanz als Ursache für die Art von spezifizierter digitaler Information geliefert, die für die Entstehung von Leben erforderlich ist. Darüber hinaus habe ich eine positive Begründung geliefert, warum ein *transzendenter* und intelligenter Akteur die *Gesamtheit* der in diesem Buch betrachteten Belege auf beste und einzigartige Weise kausal angemessen erklärt. Um diese These aufzustellen, habe ich nicht nur für die kausale Angemessenheit *eines* intelligenten Akteurs als beste Erklärung für den Ursprung der biologischen Information argumentiert, sondern auch Gründe geliefert, um die einzigartige kausale Angemessenheit einer *transzendenten* Intelligenz als beste Erklärung für den Ursprung des Universums und seine Feinabstimmung zu bekräftigen.

Ich habe zum Beispiel argumentiert, dass jede Ursache, die den Ursprung des Universums und seine Feinabstimmung erklären kann, in irgendeiner Weise kausal vom Universum getrennt sein muss oder, philosophisch ausgedrückt, Materie, Raum, Zeit und Energie *transzendieren* muss. Materialisten haben selbst die Notwendigkeit einer transzendenten erklärenden Instanz stillschweigend eingeräumt, indem sie Universen jenseits unseres Universums und abstrakte nichtmaterielle mathematische Entitäten (wie die in der Quantenkosmologie) als Erklärungen für den Ursprung des Universums und seine grundlegenden Eigenschaften angeführt haben.

Wie bereits erläutert, scheitern diese Erklärungen entweder als spezifisch *materialistische* Erklärungen oder sie haben wissenschaftsfeindliche Konsequenzen. Gott hingegen, wie er von Theisten verstanden wird, besitzt die Eigenschaft der Transzendenz und man kann sich ohne wissenschaftsfeindliche Konsequenzen auf ihn berufen. Daher bietet die Gotteshypothese eine kausal adäquate Erklärung für den Ursprung des materiellen Universums, und zwar mehr als jede Erklärung, die eine materialistische oder pantheistische Weltanschauung zum Ausdruck bringt.

Dazu noch ein weiterer Punkt. In Kapitel 12 habe ich erläutert, wie die Annahme eines freien Akteurs das ansonsten unlösbar erscheinende Dilemma des Naturalismus auflösen könnte, welches der Beginn des materiellen Universums mit sich bringt. Die Wahl eines intelligenten freien Akteurs ermöglicht es, den Ursprung des Universums zu erklären, ohne sich entweder auf ein unverursachtes materielles Ereignis zu berufen (was gegen die Prinzipien der hinreichenden Vernunft und der Kausalität verstößt) oder auf einen unendlichen Regress materieller Ursachen, der im Widerspruch zu den Beobachtungen steht, dass das Universum einen Anfang hat.[17] Kapitel 12 hat aufgezeigt, dass Akteure mit freiem Willen fähig sind, abrupte Zustandsänderungen hervorzurufen, die nicht durch eine Reihe notwendiger und hinreichender materieller Bedingungen bedingt sind. Damit wurde eine zusätzliche Rechtfertigung geliefert, welche die *kausale Angemessenheit* eines transzendenten, intelligenten, bewussten Akteurs mit freiem Willen – auch bekannt als Gott – als Erklärung für den Ursprung des Universums bestärkt. Darüber hinaus bietet die Annahme eines solchen Agens eine kausal adäquate Erklärung, die Grundlage der Rationalität zu untergraben oder den einschlägigen Belegen zu widersprechen.

In den Kapiteln 8 und 16 wurde dieses Argument bekräftigt. Dort habe ich erklärt, welche zwei Eigenschaften die Feinabstimmung des Universums aufweist – extreme Unwahrscheinlichkeit *und* funktionale Spezifizierung –, die wir üblicherweise mit der Aktivität intelligenter Akteure in Verbindung bringen. Wir haben oft beobachtet, dass intelligente Akteure (und nur intelligente Akteure) höchst unwahrscheinliche Systeme oder Ereignisse hervorbringen, die eine Reihe funktionaler Anforderungen erfüllen, wie z. B. fein abgestimmte Schweizer Uhren, digitale Computer, Motoren, Rezepte und verschlüsselte Nachrichten. Folglich haben wir empirische Belege für die Hinlänglichkeit (und Notwendigkeit) von intelligenten Akteuren als Ursache für fein abgestimmte Systeme. Da diese Feinabstimmung des Universums am Anfang des Universums selbst entstanden ist, legt diese Art von Belegen zudem die Notwendigkeit einer transzendenten Intelligenz nahe, um sie am besten zu erklären.

Darüber hinaus habe ich argumentiert, dass der Theismus dem Deismus als Erklärung für den Ursprung der funktionalen Information, die für die Entstehung von Leben notwendig ist, kausal überlegen ist – und zwar, weil der Deismus dem Gotteskonzept nur Transzendenz zuschreibt, nicht aber Immanenz oder eine Beteiligung nach der Erschaffung des Universums. Leben ist allerdings erst lange nach dem Beginn des Universums entstanden.

Theoretische Begründungen der kausalen Angemessenheit

Natürlich haben wir keine „gleichförmige und wiederholte" Erfahrung mit der Erschaffung von Universen durch Gott, wie bekanntermaßen schon David Hume bemängelt hat.[18] Daher können wir die kausale Angemessenheit der Gotteshypothese nicht auf die gleiche Weise bestätigen wie eine allgemeine Intelligent-Design-Hypothese oder viele andere historisch-wissenschaftliche Hypothesen. Nichtsdestotrotz erlauben die Begründer der rekonstruierenden Kausalanalyse – eine Methode des Schlusses auf die beste Erklärung und der historisch-wissenschaftlichen

Argumentation –, dass wir in Ermangelung der Möglichkeit, Ursache-Wirkungs-Beziehungen direkt zu beobachten, „theoretische Gründe"[19] dafür haben können, eine postulierte Ursache als kausal angemessen zu betrachten.

Ein Teilchenphysiker könnte beispielsweise die Existenz eines unbeobachteten Teilchens mit bestimmten Eigenschaften (z. B. Eigendrehimpuls, Masse, Impuls und/oder Ladung) postulieren, aus diesen Eigenschaften bestimmte kausale Kräfte ableiten und so eine theoretische Rechtfertigung für die kausale Angemessenheit dieser Entität in Bezug auf bestimmte erwartete beobachtbare Phänomene liefern. Der Physiker könnte dann aus der Beobachtung dieser und vielleicht anderer erwarteter Phänomene auf die *tatsächliche* Existenz des Teilchens schließen. Erinnern wir uns: Die Methode des Schlusses auf die beste Erklärung setzt nicht voraus, dass wir im Voraus wissen, dass eine behauptete Entität tatsächlich existiert. Stattdessen schließen Wissenschaftler und Philosophen mit dieser Methode aus einer Gruppe möglicher Ursachen auf diejenige, die, *wenn sie wahr, existent oder real ist*, den fraglichen Beleg am besten erklären würde.

In ähnlicher Weise verstehen Philosophen oder Wissenschaftler, die die Existenz Gottes postulieren, Gott so, dass er bestimmte Attribute (z. B. Transzendenz, Intelligenz, Kreativität, Allgegenwart und freien Wille) und entsprechende kausale Kräfte besitzt, die es Gott ermöglichen, Wirkungen einer bestimmten Art hervorzubringen, die auf der Grundlage dieser Kräfte erwartet werden. Mit anderen Worten: Das Konzept Gott, wie es von Philosophen und Theologen vertreten wird oder wie es in der Heiligen Schrift offenbart wird, beinhaltet bestimmte Attribute, Eigenschaften und entsprechende kausale Kräfte. Durch die Formulierung dieser Attribute, Eigenschaften und Kräfte können Philosophen eine theoretische Begründung liefern, welche die kausale Angemessenheit einer Gotteshypothese bestärkt – wie ich es in den Kapiteln 12 bis 14 getan habe – *in Bezug auf bestimmte beobachtbare Phänomene oder Arten von Ereignissen.*

Dies wiederum ermöglicht es uns, eine Gotteshypothese mit empirischem Inhalt und entsprechenden Erwartungen darüber zu formulieren, was wir in der Welt sehen sollten, wenn ein solcher Gott existiert und gehandelt hätte. Da die Wissenschaftler über Belege verfügen, die diese Erwartungen bestätigen, z. B. die Entdeckung der Feinabstimmung und des zeitlichen Beginns des Universums sowie des digitalen Codes und der informationsverarbeitenden Systeme in lebenden Zellen, liefern die Belege aus der Welt eine Bestätigung der theistischen Hypothese und eine *positive* Unterstützung für ihre kausale Angemessenheit als Erklärung.

Darüber hinaus sei daran erinnert, dass historische Wissenschaftler die kausale Angemessenheit einer postulierten Entität oft rechtfertigen, indem sie von den Wirkungen extrapolieren, die von einer ähnlichen Entität hervorgerufen werden. Darwin beispielsweise erkannte, dass die künstliche Auslese über einen kurzen Zeitraum hinweg kleine Veränderungen in Organismen hervorrufen kann. Er extrapolierte von diesen Effekten und schlug vor, dass natürliche Auslese und zufällige Variation über einen langen Zeitraum hinweg grundlegende Veränderungen in der Morphologie von Organismen hervorrufen könnten. Auf diese Weise versuchte er nachzuweisen, dass die natürliche Auslese eine kausal adäquate Erklärung für morphologische Innovationen in der Geschichte des Lebens darstellt.

Befürworter einer theistischen Design-Hypothese können in ähnlicher Weise von der schöpferischen Kraft menschlicher Akteure ausgehen. Da menschliche Akteure, ohne durch eine Reihe notwendiger und hinreichender materieller Bedingungen gezwungen zu sein, neue Strukturen schaffen können, indem sie zu einzelnen Zeitpunkten bereits vorhandene Materie und Energie anordnen, könnten wir vernünftigerweise eine *allmächtige* göttliche Intelligenz als Ursache für eine abrupte Zustandsänderung postulieren, die überhaupt erst zur Erschaffung von Materie und Energie zu Beginn der Zeit führte.[20] In ähnlicher Weise könnten Theisten aus den bekannten Fähigkeiten intelligenter menschlicher Akteure, fein abgestimmte oder informationsreiche irdische Gegenstände und Systeme zu schaffen, vernünftigerweise einen „Superverstand" oder „Superintellekt" als adäquate Ursache für die Feinabstimmung des Universums oder die Informationen annehmen, die für die Entstehung des ersten Lebens notwendig waren.

Tatsächlich sind dem Gotteskonzept genau die Attribute inhärent – Transzendenz, Allmacht, Schöpferkraft, freier Wille und Intelligenz –, die seine Angemessenheit als Ursache für den Ursprung des Universums, seine Feinabstimmung und die für das Leben notwendigen Informationen bestätigen. Somit würde ein theistischer Gott, sofern er existiert, eine kausal angemessenere Erklärung für den Ursprung des Lebens und des Universums liefern als jede Entität, die in konkurrierenden Weltanschauungen (wie dem Materialismus oder dem Pantheismus) behauptet wird, welche eine transzendente Realität und einen intelligenten, vom materiellen Universum getrennten Akteur leugnen.

Im Gegensatz dazu veranschaulichen Argumente, die den LG-Fehlschluss begehen, eine bestimmte Art von argumentum ad ignorantiam – eines, bei dem die Belege gegen eine vorgeschlagene materielle Ursache unmittelbar zur Bestätigung einer Gotteshypothese führen, ohne dass positive Gründe vorgelegt werden, welche die kausale Angemessenheit dieser Hypothese bestärken. Da das hier vorgestellte Argument positive Gründe für die Bestätigung der kausalen Angemessenheit Gottes als erklärende Instanz bietet und zugleich Kritik an materialistischen Alternativen übt, handelt es sich nicht um ein LG-Argument – auch wenn es eine alternative Erklärung bietet, um die Lücken oder kausalen Diskontinuitäten in materialistischen Darstellungen des Ursprungs des Universums, seiner Feinabstimmung und des Lebens zu füllen. Stattdessen stellt das hier vorgestellte Argument einen Schluss auf die beste (metaphysische) Erklärung für diese zentralen Befundkategorien dar.

Ein Verbot und ein Zirkelschluss

Der Ursprung des materiellen Universums ist ebenso wie der Ursprung der Feinabstimmung und der Ursprung neuartiger Lebensformen ein Hinweis auf eine vergangene kausale Handlung. Aber welcher Art? Welche Art von Ursache erklärt die fraglichen Ereignisse am besten? Indem sie alle Erklärungen, die einen transzendenten oder intelligenten Akteur voraussetzen, als trügerische LG-Argumente zurückweisen, verlangen die wissenschaftlichen Materialisten und die theistischen Evolutionisten von Wissenschaftlern und Philosophen, dass sie alle Ereignisse in der Geschichte des Universums materialistisch erklären.

Natürlich haben diejenigen, denen der Lückenfüllergott-Fehlschluss Bauchschmerzen bereitet, ihre Gründe, akzeptable Erklärungen auf diese Weise einzuschränken. Sie gehen davon aus, dass ein materieller Prozess oder ein Naturgesetz *letztendlich* eine angemessene Erklärung für *jedes* Ereignis in der Geschichte des Universums liefern wird. Aber gibt es gute Gründe für die Annahme, dass dies zwangsläufig der Fall sein wird?

Wir haben bereits gesehen, dass weder der Ursprung des Universums noch die Feinabstimmung der physikalischen Gesetze und die Anfangsbedingungen des Universums zu den Ereignissen gehören, die sich durch Naturgesetze oder materialistische Prozesse erklären lassen oder *prinzipiell* erklärt werden können. Wie in den Kapiteln 9 und 14 dargelegt, kann der Ursprung komplexer und spezifizierter Informationen in der DNA grundsätzlich nicht durch chemische Anziehungskräfte oder zugrunde liegende Gesetze der Physik und Chemie erklärt werden. Allein solche Überlegungen könnten uns dahin gehend alarmieren, dass die Vorstellung, alle Ereignisse seien durch Naturgesetze oder materialistische Prozesse erklärbar, problematisch ist.

Es gibt jedoch ein tieferes logisches Problem mit dem pauschalen Verbot, intelligentes Handeln als Erklärung in der Naturgeschichte heranzuziehen. Ob aus Sorge vor „Lücken" oder aus Verpflichtung zum methodischen Naturalismus (eine Konvention, die von Wissenschaftlern verlangt, nur materialistische Erklärungen in Betracht zu ziehen): Das Verbot von Erklärungen, die eine schöpferische Intelligenz einbeziehen, läuft darauf hinaus, genau das anzunehmen, worum es in der Debatte über die Ursprünge geht.

Dies möchte ich im Folgenden näher veranschaulichen.[21] Stellen Sie sich vor, jemand betritt irrtümlich eine Kunstgalerie in der Erwartung, dort Croissants kaufen zu können. Das heißt, derjenige denkt, die Galerie sei in Wirklichkeit eine extravagante Bäckerei. Angesichts des Fehlens von Gebäck und Brötchen könnte er denken, er sei auf eine „Lücke" im Dienstleistungsangebot der Galerie gestoßen. Er könnte sogar denken, dass er auf eine Wissens-„Lücke" beim Personal gestoßen ist bezüglich eines Angebots, das irgendwo in der Galerie vorhanden sein *muss*. Auf der Grundlage seiner Annahmen kann der Besucher hartnäckig an seiner Wahrnehmung einer Lücke festhalten und das Personal der Galerie anflehen, „doch endlich die Croissants herauszurücken", bis er verärgert zum Ausgang geleitet wird.

Die Moral dieser kurzen Szenerie? Die Wahrnehmung des Galeriebesuchers, dass es eine Lücke im Service oder im Wissen über die Aufbewahrung der Croissants gibt, beruht auf einer falschen Annahme über das Wesen dieser Einrichtung oder über Kunstgalerien im Allgemeinen und über das, was sie den Besuchern normalerweise bieten.

In ähnlicher Weise beruhen *vermeintliche Lücken* in unserem Wissen über die materialistischen Prozesse, die für Schlüsselereignisse in der Naturgeschichte verantwortlich sind, auf unseren Hintergrundannahmen über *die Art von Prozessen oder Entitäten, die in der Natur am Werk gewesen sein sollten*. In der Debatte über die biologischen Ursprünge gehen sowohl theistische Evolutionisten als auch Mainstream-Evolutionsbiologen davon aus, dass alle lebenden Systeme notwendigerweise durch einen materialistischen Prozess entstanden sind und dass es für ihren Ursprung daher letztlich eine völlig adäquate materialistische Erklärung geben wird. Die Annahme, die z. B. in der Frage „Welche chemischen Prozesse haben das Leben zuerst hervorgebracht?“ enthalten ist, impliziert eine Lücke in unserem wissenschaftlichen Wissen, sobald sich herausstellt (siehe Kapitel 9), dass kein materialistischer chemischer Prozess entdeckt wurde, der die für die Entstehung der ersten lebenden Zellen notwendige Information erzeugen kann. Nichtsdestotrotz führt unser derzeitiger Mangel an Wissen über einen solchen chemischen Prozess *nur dann* zu einer „Lücke“ in unserem Wissen über den *tatsächlichen* Prozess, durch den Leben entstanden ist, wenn ein materialistischer chemischer Evolutionsprozess *tatsächlich* das erste Leben hervorgebracht *hat*.

Wenn sich das Leben jedoch *nicht* durch einen streng materialistischen Prozess entwickelt hat, sondern beispielsweise durch intelligentes Design, dann stellt unser Mangel an Wissen über einen materialistischen Prozess keine „Lücke“ im Wissen über einen tatsächlichen Prozess dar. Er stellt lediglich eine Lücke in der materialistischen Darstellung des Ursprungs des Lebens dar. In diesem Fall würde die wahrgenommene Lücke in unserem Wissen lediglich eine falsche Annahme darüber widerspiegeln, was geschehen sein *muss*, oder über die Existenz einer bestimmten Art von Prozess – eines vollständig materialistischen Prozesses – mit der schöpferischen Kraft, Leben zu erzeugen.

Was aber, wenn ein solcher streng materialistischer Prozess weder das erste Leben noch das Universum und seine Feinabstimmung hervorgebracht hat? Dann wäre unsere Annahme falsch, dass materialistische Erklärungen letztlich ausreichend sind. Folglich könnten Verbote gegen Erklärungen, die sich auf eine schöpferische Intelligenz berufen und auf einer Abneigung gegen die Erklärung von Ereignissen beruhen, die solche „Lücken" in materialistischen Darstellungen erzeugen, dazu führen, dass wir die wahre Ursache und beste Erklärung für das fragliche Ereignis (oder die fraglichen Diskontinuitäten) übersehen. Es könnte uns zu der Frage verleiten: „Wo *sind* denn nun die Croissants?"

Eine intellektuell exaktere Herangehensweise an die Herausforderung, entscheidende Ereignisse in der Geschichte des Lebens und des Universums zu erklären, würde es Wissenschaftlern und Philosophen erlauben, konkurrierende mögliche Erklärungen in Betracht zu ziehen, selbst wenn sie das Wirken einer kreativen Intelligenz voraussetzen. Die entscheidende Frage lautet nicht: „Welche *materialistische* oder *naturalistische* Hypothese erklärt den Ursprung des Lebens und des Universums am besten?", sondern vielmehr: „Wie sind das Leben, das Universum und seine Feinabstimmung tatsächlich entstanden?"

In diesem Licht betrachtet, verblasst der LG-Einwand zur Bedeutungslosigkeit. Um die Angemessenheit eines streng materialistischen Erklärungsansatzes in Wissenschaft und Philosophie zu begründen, müssen die Verfechter dieses Ansatzes zunächst zeigen, dass „Lücken" in unserem Wissen über die materialistischen Ursachen von Schlüsselereignissen in der Geschichte des Lebens und des Universums mit dem Wissen über einen tatsächlichen materialistischen Prozess gefüllt werden können, der die fraglichen Ereignisse hervorbringen kann. Aber wie ich in den Kapiteln 4 bis 19 gezeigt habe, ist dies genau das, was die wissenschaftlichen Materialisten nicht geschafft haben – und es scheint auch unwahrscheinlich, dass sie es schaffen werden. Hätten die wissenschaftlichen Materialisten nämlich materialistische Prozesse entdeckt, die nachweislich die schöpferische Kraft haben, den Ursprung des Lebens und des Universums zu erklären, dann müssten sie den Lückenfüllergott-Einwand nicht dazu einsetzen, Argumente für *Intelligent Design* oder wissenschaftlich begründete Argumente für die Existenz Gottes zu widerlegen.

Andererseits, wenn es positive Gründe gibt, kreative Intelligenz als entscheidenden kausalen Faktor zu betrachten, und wenn diese Gründe zusätzlich zu den Belegen gegen konkurrierende materialistische Erklärungen kreative und/oder transzendente Intelligenz als kausal adäquate und beste Erklärung für die fraglichen Ereignisse nahelegen, dann sei's drum. Mögen die Befunde und die Standardmethoden des wissenschaftlichen und philosophischen Denkens, die auf metaphysisch neutralen Kriterien für die Bewertung von Hypothesen beruhen, das Ergebnis der Untersuchung bestimmen – und nicht ein fragliches Verbot, das die Antwort auf die zu erforschende Frage von vornherein einschmuggelt.

Doch genauso setzen wissenschaftliche Materialisten und andere den Lückenfüllergott-Einwand ein. Kritiker von *Intelligent Design* oder theistischer Argumente behaupten, dass Wissenschaftler sich nicht auf eine schöpferische Intelligenz berufen sollten, um Ereignisse zu erklären, die Lücken in unseren materialistischen Darstellungen des Ursprungs des Lebens und des Universums darstellen. Und warum? Weil wir wissen (oder annehmen), dass Naturgesetze oder materialistische Prozesse diese Ereignisse letztendlich erklären und die Lücken schließen werden. Woher wissen wir, dass materialistische Prozesse diese Ereignisse letztlich erklären werden, wenn man bedenkt, dass solche Prozesse sie noch nicht erklärt haben und es unwahrscheinlich ist, dass sie es tun werden? Weil die einzige Alternative zur materialistischen Erklärung solcher Ereignisse darin bestünde, sich auf eine schöpferische Intelligenz zu berufen, und das würde zu – man ahnt es schon – einem LG-Fehlschluss führen.

Kurz gesagt, wir können Gott nicht als Erklärung für Ereignisse zulassen, die Lücken in unseren materialistischen Darstellungen des Ursprungs des Lebens und des Universums darstellen, weil wir wissen, dass Wissenschaftler schließlich angemessene materialistische Erklärungen für diese Ereignisse entwickeln werden. Wie können wir das wissen? Weil die einzigen Alternativen zu materialistischen Erklärungen den Lückenfüllergott-Fehlschluss begehen. Und so drehen wir uns immer wieder im Kreis.

Ein moderner Mythos

Wie ich bereits erwähnt habe, führen Kritiker, die vor dem Lückenfüllergott warnen, häufig Isaac Newton als abschreckendes Beispiel an. Angeblich berief sich Newton auf *spezifische Handlungen* Gottes (oder von Engeln), um gelegentlich die Bahnen der Planeten zu berichtigen und Newtons Unfähigkeit zu kompensieren, die regelmäßige Bewegung dieser Planeten genau zu beschreiben. Kritiker führen diese angebliche Episode in der Geschichte der Wissenschaft als die Art von LG-Argumentation an, die ihnen Sorgen bereitet. Und in der Tat bestünde eine zweite Möglichkeit, wie ein Wissenschaftler einen echten Lückenfüllergott-Patzer begehen könnte, darin, sich *auf einen einmaligen göttlichen Akt zu berufen*, um eine Frage zu beantworten, die das *normale Verhalten der Natur* betrifft. Wenn Wissenschaftler Fragen der Form „Was tut die Natur normalerweise?" stellen, geht jede Antwort der Form „Gott hat es getan" einfach an der Frage vorbei. Sich auf einen *einzelnen* spezifischen Akt Gottes zu berufen (statt lediglich zu behaupten, dass *hinter allen* grundlegenden Naturgesetzen ein ständiges göttliches Handeln steht oder dass Gott gehandelt hat, um diese Regelmäßigkeiten überhaupt erst zu etablieren) könnte durchaus als Platzhalter für die Unkenntnis (oder eine Lücke in unserem Wissen) über die tatsächlichen Regelmäßigkeiten dienen, die die Natur aufweist. Ein solches Vorgehen könnte auch den wissenschaftlichen Fortschritt bei der Entwicklung einer mathematischen Beschreibung dieser Gesetzmäßigkeiten behindern und somit als „Wissenschaftsbremse" fungieren.

Aber ist Newton tatsächlich so vorgegangen?

In einem Vortrag aus dem Jahr 2010, in dem Neil deGrasse Tyson *Intelligent Design* kritisierte, führte er Newton als zentrales Beispiel für einen Wissenschaftler an, der eine solche wissenschaftsfeindliche Argumentation verwendete (Abb. 20.3).

Laut Tyson erkannte Newton, nachdem er „seine Gleichungen für die Schwerkraft gelöst" hatte, dass die Wechselwirkung zwischen Jupiter und der Erdanziehung das Sonnensystem instabil machen würde. Nach Tysons Darstellung wusste Newton, „dass nicht nur Sonne und Erde aneinander ziehen, sondern auch Jupiter jedes Mal an der Erde zerrt, wenn wir die hintere Strecke [der Erdumlaufbahn] zurücklegen". Laut Tyson führte dieses konkurrierende „Zerren" der Gravitationskräfte Newton zu der Schlussfolgerung, dass „dieses System instabil ist. Wenn man so weitermacht, werden die Bahnen bis zur Unkenntlichkeit verzerrt, und die Erde würde ins All fliegen." Dann behauptete Tyson, dass Isaac Newton in den *Principia* „zum ersten Mal in seinem gesamten Bericht über die Entdeckung der Gesetze der Mechanik und der Schwerkraft … sagt, dass Gott eingreifen und die Dinge in Ordnung bringen muss".[22]

Im Laufe der Jahre habe ich viele ähnliche Versionen dieser Geschichte gehört oder gelesen, aber nach meiner Lektüre der *Principia* kamen sie mir immer verdächtig vor. Also beschloss ich, in den Primärquellen zu recherchieren. Mein Verdacht bestätigte sich. Erstens glaubte Newton *tatsächlich*, dass Gott den geordneten Ablauf der Natur in dem aufrechterhält, was wir die Naturgesetze nennen. So erklärte er im *Scholium generale* der *Principia*: „In ihm [Gott] sind alle Dinge enthalten und bewegt."[23]

Abb. 20.3
Neil deGrasse Tyson, Astrophysiker und charismatischer Wissenschaftspopularisierer.

Zweitens glaubte Newton auch, dass Gott zu bestimmten Zeiten in der Geschichte des Universums und des Lebens auf mehr vereinzelte und besondere Weise handeln konnte und auch gehandelt hatte. Er argumentierte, dass sowohl lebende Organismen als auch das Sonnensystem Anzeichen für besondere schöpferische Handlungen aufweisen, die sich von der beständigen Ausübung der göttlichen Macht unterscheiden, die seiner Meinung nach die Naturgesetze aufrechterhält. So argumentierte Newton im *Scholium generale* der *Principia*, dass diese Gesetze die Stabilität der Planetenbahnen im Sonnensystem *aufrechterhalten* könnten, dass aber nur das Design „eines intelligenten und mächtigen Wesens" die „Position der Umlaufbahnen" als Erstes festgelegt haben könne.[24] In einem späteren Buch *Opticks* führte Newton ähnliche Design-Argumente an, die sich auf die Eigenschaften des Lichts und die ausgezeichnete funktionale Integration der vielen Teile des Auges stützten.[25]

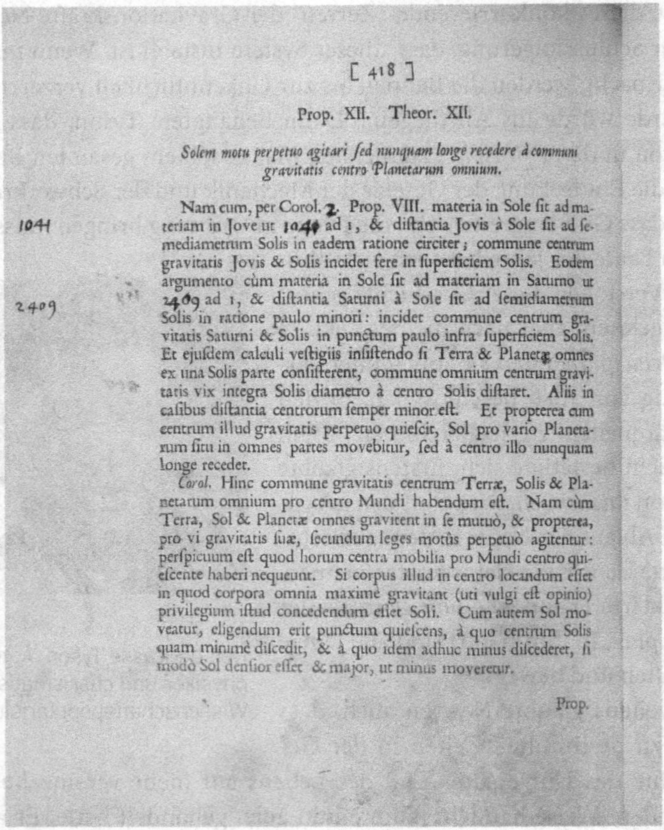

[418]

Prop. XII. Theor. XII.

Solem motu perpetuo agitari ſed nunquam longe recedere à communi gravitatis centro Planetarum omnium.

Nam cum, per Corol. 2. Prop. VIII. materia in Sole ſit ad materiam in Jove ut 1041 ad 1, & diſtantia Jovis à Sole ſit ad ſemediametrum Solis in eadem ratione circiter; commune centrum gravitatis Jovis & Solis incidet fere in ſuperficiem Solis. Eodem argumento cùm materia in Sole ſit ad materiam in Saturno ut 2409 ad 1, & diſtantia Saturni à Sole ſit ad ſemidiametrum Solis in ratione paulo minori: incidet commune centrum gravitatis Saturni & Solis in punctum paulo infra ſuperficiem Solis. Et ejuſdem calculi veſtigiis inſiſtendo ſi Terra & Planetæ omnes ex una Solis parte conſiſterent, commune omnium centrum gravitatis vix integra Solis diametro à centro Solis diſtaret. Aliis in caſibus diſtantia centrorum ſemper minor eſt. Et propterea cum centrum illud gravitatis perpetuo quieſcit, Sol pro vario Planetarum ſitu in omnes partes movebitur, ſed à centro illo nunquam longe recedet.

Corol. Hinc commune gravitatis centrum Terræ, Solis & Planetarum omnium pro centro Mundi habendum eſt. Nam cùm Terra, Sol & Planetæ omnes gravitent in ſe mutuò, & propterea, pro vi gravitatis ſuæ, ſecundum leges motûs perpetuò agitentur: perſpicuum eſt quod horum centra mobilia pro Mundi centro quieſcente haberi nequeunt. Si corpus illud in centro locandum eſſet in quod corpora omnia maximè gravitant (uti vulgi eſt opinio) privilegium iſtud concedendum eſſet Soli. Cum autem Sol moveatur, eligendum erit punctum quieſcens, à quo centrum Solis quam minimè diſcedit, & à quo idem adhuc minus diſcederet, ſi modò Sol denſior eſſet & major, ut minus moveretur.

Prop.

Abb. 20.4
Eine Passage aus Buch III, Prämisse XII, der *Principia*, in der Newton die Stabilität des Sonnensystems bekräftigt und erklärt, dass sich die Sonne „niemals weit vom gemeinsamen Schwerpunkt aller Planeten entfernt."

So bekräftigte Newton in seinem Werk, was Theologen seit dem Mittelalter als zwei komplementäre, aber unterschiedliche Mächte Gottes verstanden hatten: (1) die *potentia ordinata*, Gottes gewöhnliche Macht, durch die Gott die Ordnung der Natur aufrechterhält, und (2) die *potentia absoluta*, die absolute oder Gebots-Macht Gottes, durch die Gott besondere Schöpfungsakte oder Entwürfe vollzieht oder Ereignisse in der menschlichen Geschichte zu bestimmten Zeiten zu besonderen Zwecken einleitet – nicht im Gegensatz, sondern als Ergänzung zu den Naturgesetzen.[26]

Drittens: Obwohl Newton diese Kräfte Gottes bejahte, postulierte er *keine* gelegentlichen, besonderen oder singulären Handlungen Gottes anstelle einer gesetzesähnlichen Beschreibung der Planetenbewegung oder zur Behebung von Unregelmäßigkeiten in den Naturgesetzen oder zur Korrektur eines instabilen Planetensystems. Newton war der Ansicht, dass Gott ständig für die mathematischen Regelmäßigkeiten in der Natur verantwortlich ist und nicht für die Korrektur von Unregelmäßigkeiten oder Instabilitäten. In seinen *Philosophiae Naturalis Principia Mathematica* versuchte er, mithilfe der Mathematik den geordneten Ablauf der Natur zu beschreiben, um so die Rationalität Gottes, des göttlichen Geometers, zu beweisen. Hätte Newton ein episodisches göttliches Handeln zur Festlegung der Naturgesetze postuliert, hätte dies bedeutet, dass Gott im Widerspruch zu sich selbst gearbeitet hat.

Buch III der *Principia*[27] (Abb. 20.4) zeigt eindeutig, dass Newton kein episodisches göttliches Handeln postulierte, um ein instabiles Sonnensystem zu korrigieren. Newton zeigt darin, wie die gegenseitige Anziehungskraft zwischen den äußeren Planeten Saturn und Jupiter zu erkennbaren Störungen der Umlaufbahnen führen *wird*, wenn diese Planeten zusammentreffen. Nichtsdestotrotz argumentiert er im selben Abschnitt, dass „der gemeinsame Schwerpunkt der Erde, der Sonne und aller Planeten unbeweglich ist“[28] und dass, obwohl „die Sonne durch eine ständige Bewegung erschüttert wird“, sie „niemals weit vom gemeinsamen Schwerpunkt aller Planeten zurückweicht“.[29] Im Gegensatz zu der falschen Geschichte, die wir oft hören, hat Newton tatsächlich die *Stabilität* des Sonnensystems *trotz* kleiner periodischer Störungen in den Bahnen der größeren Planeten aufgezeigt. Darüber hinaus berechnete er, dass das Sonnensystem für eine „unermessliche Zeitspanne“ stabil bleiben wird.[30] Newtons Analyse impliziert, dass das Sonnensystem *keinen* einmaligen göttlichen „Eingriff“ benötigt, um Störungen auszugleichen. Mit anderen Worten: Die oft wiederholte Geschichte von Newtons Lückenfüllergott-Patzer ist vollkommen falsch.[31]

In Anbetracht der Tatsache, dass ich die Geschichte über Newtons wiederkehrende Annahme eines göttlichen Eingriffs zur Reparatur des Sonnensystems schon so oft gehört hatte, war ich beim Lesen und Wiederlesen dieser äußerst wichtigen Abschnitte der *Principia* verblüfft.[32] Doch wer sich dafür interessiert, kann diese Passagen selbst lesen.[33] Wissenschaftspopularisierer wie Tyson und sogar viele Wissenschaftshistoriker, die diesen Mythos verbreitet haben, haben dies eindeutig nicht getan.[34]

Die Gotteshypothese: ein Wissenschaftsmotor

Ein weiterer Aspekt des LG-Einwandes verdient einen Kommentar. Wenn man sich auf schöpferische Intelligenz als wissenschaftliche Erklärung beruft, besteht die größte Sorge darin, dass solche Erklärungen den Fortschritt der Wissenschaft aufhalten könnten. Der Wissenschaftshistoriker Stephen Snobelen, ein renommierter Newton-Forscher am King's College, hat jedoch darauf hingewiesen,[35] dass Newtons Art, Gottes Interaktion mit der Natur aufzufassen, seine wissenschaftliche Arbeit keineswegs behindert hat. Vielmehr *inspirierte* sein Verständnis von Gott als (1) Quelle und Erhalter der mathematisch beschreibbaren Ordnung im Universum und (2) als intelligenter Designer lebender Systeme und des Sonnensystems sein wissenschaftliches Streben. Die *Principia* waren eine theologisch inspirierte mathematische Abhandlung, in der Newton versuchte, Gott Ehre zu erweisen, indem er – wie der Titel schon sagt – die „mathematischen Prinzipien" entdeckte, die das Universum beherrschen.[36] In ähnlicher Weise führte Newtons Überzeugung von der Verstehbarkeit der Natur dazu, dass er die Funktionsweise natürlicher Systeme untersuchte, um deren geniale Gestaltung zu erkennen und zu bezeugen. Für Newton war das Postulat göttlichen Handelns als Teil seiner Naturphilosophie alles andere als ein Hindernis für die Wissenschaft.

Newton formulierte nicht nur die Theorie der universellen Gravitation als expliziten Ausdruck seiner Naturtheologie, sondern er entdeckte auch die drei Grundgesetze der Bewegung, erfand die Infinitesimalrechnung, konstruierte[37] das erste Spiegelteleskop, entwickelte den verallgemeinerten binomischen Lehrsatz, leitete die abgeflachte Form der Erdkugel ab und führte die bis dahin detaillierteste wissenschaftliche Untersuchung des Lichts in der Geschichte der Wissenschaft durch.

Für Newton lieferte die Natur nicht nur Belege für den Glauben an Gott, sondern seine Gotteshypothese war auch ein äußerst produktiver Wissenschaftsmotor. Es gibt keinen Grund zu der Annahme, dass eine Aktualisierung dieser Hypothese heute den wissenschaftlichen Fortschritt gefährden würde. Im Gegenteil, es gibt guten Grund zu der Annahme, dass sie ein tieferes Interesse daran wecken wird, mehr über die Komplexität, die Ordnung und den Aufbau des Universums herauszufinden, so wie es bei Newton selbst der Fall war.

Kapitel 21:
Die großen Fragen und warum sie wichtig sind

Als ich dieses Buch fertigstellte, sprach Stephen Hawking zu mir aus dem Grab. Natürlich war ich nicht der Einzige, an den seine Botschaft gerichtet war. In seinem posthum veröffentlichten Bestseller *Brief Answers to the Big Questions* (dt. Ausgabe: *Kurze Antworten auf große Fragen*) hielt er einen wunderbar leidenschaftlichen Appell, sich mit den grundlegenden Fragen der menschlichen Existenz auseinanderzusetzen – ein Appell, der jedem Philosophen gefallen würde. Wie angekündigt, gab auch sein neues Buch knappe Antworten auf diese großen Fragen, darunter die Frage „Gibt es einen Gott?“[1].

Hawkings Antwort hat mich nicht überrascht, aber die Art und Weise, wie er sie begründete, gab mir Anlass, über die diesem Buch zugrunde liegende Frage nachzudenken: Was kann uns die Wissenschaft – oder die Belege aus der Natur – über die Existenz Gottes sagen?

Hawking bekräftigte seine Ansicht, dass die Wissenschaft bei der Beantwortung dieser Frage helfen kann, und er wiederholte eine Behauptung, die er in seinem Buch *Der große Entwurf* aufgestellt hatte. Darin heißt es: „Da es ein Gesetz wie das der Gravitation gibt, kann und wird sich das Universum … aus dem Nichts erzeugen. Spontane Erzeugung ist der Grund, warum etwas ist und nicht einfach nichts, warum es das Universum gibt, warum es uns gibt.“[2]

Seltsamerweise ist der letzte Teil dieser Aussage das, was Logiker eine Tautologie nennen – eine nichtssagende Aussage, die einfach zweimal dasselbe auf zwei verschiedene Arten aussagt. „Spontane Erzeugung“ ist nicht „der Grund, warum etwas ist und nicht einfach nichts“. Die Formulierung „spontane Erzeugung“ ist einfach die Beschreibung davon, dass etwas aus dem Nichts entstanden ist. Indem er sich auf die „spontane Erzeugung“ beruft, nennt Hawking keine Ursache für das

Universum, schon gar keine materialistische.[3] Dennoch behauptet er in *Der große Entwurf*, dass spontane Erzeugung es überflüssig mache, „sich auf Gott zu berufen, um … das Universum in Gang zu setzen".[4] In seinem neuen Buch legt Hawking noch einen drauf: „Das Universum wurde nach den Gesetzen der Wissenschaft spontan aus dem Nichts erschaffen."[5] Folglich bedeutete das für ihn: „Die einfachste Erklärung ist, dass es keinen Gott gibt."[6]

In dieser letzten Botschaft an seine Leser verzichtete Hawking (Abb. 21.1) auf jeden Appell an die komplizierte Mathematik. Aber diese Art der Darstellung offenbart die Logik seines Arguments. Wie wir in den vorangegangenen Kapiteln gesehen haben: Hawkings Aussagen über die Naturgesetze, die erklären, wie das Universum entstanden ist, bergen einen Kategorienfehler – ein philosophisches Missverständnis darüber, was die Naturgesetze tun und was sie nicht tun. Die Naturgesetze sind unsere typischerweise mathematisch formulierten *Beschreibungen* dessen, was die Natur normalerweise tut.

Abb. 21.1
Ein gereifter, nachdenklicher Stephen Hawking.

Sofern diese Gleichungen nicht in Gottes Verstand existieren und seine Art widerspiegeln, das Universum aktiv zu ordnen – eine Möglichkeit, die Hawking ablehnte –, haben sie unabhängig von unserem Verstand keine objektive Existenz im Universum. Sofern die Gesetze nicht Gottes Ideen und Handlungen widerspiegeln, sind sie keine „Dinge" oder Wesenheiten in der Natur, die unabhängig vom Universum existieren, und schon gar keine Dinge, die Ereignisse in der Welt verursachen können; noch weniger würden sie den Ursprung des Universums selbst verursachen. Dies zu behaupten ist so, als würde man sagen, dass die Längen- und Breitengrade auf der Landkarte erklären, wie die Hawaii-Inseln mitten im Pazifischen Ozean entstanden sind.

Leider führte Hawkings falsche Wissenschaftsphilosophie zu seiner Behauptung, er habe die Entstehung des Universums aus dem Nichts erklärt – „das ultimative kostenlose Mittagessen“, wie er es denkwürdig formulierte.[7] Infolgedessen behauptete er auch, er habe die Gotteshypothese überflüssig gemacht, obwohl er früher selbst die Singularitätstheoreme nachgewiesen und die ausgezeichnete Feinabstimmung der Gesetze und Konstanten der Physik anerkannt hat.

Die Lektüre von Hawkings letzten Reflexionen hat mich traurig gemacht. Aus meiner Zeit in Cambridge und von Freunden, die noch dort lebten, wusste ich, dass Hawking ernsthaft und tiefgründig über die großen Fragen nachdachte. Ich wusste also, dass Hawking es ernst meinte mit seinem Plädoyer, über die großen Fragen des Lebens nachzudenken, und dass seine Ablehnung der Existenz Gottes ebenso wohlüberlegt war. Doch seine Argumentation war philosophisch verworren, und *diese* Verwirrung, nicht irgendwelche wissenschaftlichen Belege, führten ihn zur Ablehnung der Gotteshypothese. All dies ließ seine letzten Worte so ergreifend klingen, vor allem, weil er die logischen Konsequenzen des Atheismus so klar vor Augen hatte. „Niemand hat das Universum erschaffen und niemand lenkt unser Schicksal“, schrieb er. „Das führt mich zu einer tiefgreifenden Erkenntnis: Es gibt wahrscheinlich auch keinen Himmel und kein Leben nach dem Tod. Ich denke, der Glaube an ein Leben nach dem Tod ist reines Wunschdenken. … Wenn wir sterben, werden wir wieder zu Staub.“

Ein größeres Ganzes

Die Lektüre von Hawkings letzten Worten machte mich traurig, nicht nur wegen Hawking, sondern auch wegen der vielen Millionen Menschen, die sich lange Zeit mit dem Irrglauben herumgeschlagen haben, dass das Zeugnis der Natur den Glauben an Gott unhaltbar macht. Hawking hat sich auf bewundernswerte und authentische Weise mit dieser Frage auseinandergesetzt. Aber infolge philosophischer Denkfehler und aufgrund seiner wissenschaftlichen Autorität haben er und andere die klaren Implikationen übersehen, welche die außergewöhnlichen und unerwarteten wissenschaftlichen Entdeckungen des letzten Jahrhunderts mit sich brachten – wobei er eine davon selbst mitetabliert hat: Das Universum hatte einen Anfang.

In ähnlicher Weise hat Richard Dawkins – obwohl ich seine Fähigkeit bewundere, große weltanschauliche Fragen klar zu formulieren – die Sichtweise von Millionen von Menschen, vor allem von jungen Menschen, in ungerechtfertigter Weise stark beeinflusst. Dawkins hat zugegeben, dass der „Maschinencode der Gene auf unheimliche Weise computerähnlich ist" und dass weder er noch irgendjemand sonst den Ursprung des Lebens erklärt hat, welches von solchen digitalen Informationen abhängt.[8] Dennoch hat er beharrlich behauptet, dass „das Universum, das wir beobachten, … genau die Eigenschaften [hat], mit denen man rechnet, wenn dahinter kein Plan, keine Absicht … nichts außer blinder, erbarmungsloser Gleichgültigkeit [steht]".[9] Viele prominente Wissenschaftler haben sich dieser Sichtweise angeschlossen. Steven Weinberg, Nobelpreisträger für Physik an der Universität von Texas, beklagte: „Je verständlicher das Universum erscheint, desto sinnloser erscheint es auch."[10]

Der Vorrang dieser atheistischen, ja nihilistischen Perspektive, die als Konsequenz der Wissenschaft entwickelt wurde, beunruhigt mich zutiefst. Nicht nur, weil die wissenschaftlichen Belege auf das Gegenteil hindeuten, sondern auch, weil ich gesehen habe, wie diese Sichtweise das Leben vieler Menschen beeinflusst hat, insbesondere von Studenten.

In meinem ersten Unterrichtsjahr hatte ich einen außergewöhnlich begabten Erstsemesterstudenten, einen religiösen Agnostiker, der zufällig auch ein Star in der Footballmannschaft war. Der Student, der später in Informatik und Philosophie des Geistes promovierte, begann in seinem ersten Studienjahr, sich mit Glaubensfragen zu beschäftigen. Zu seiner großen Frustration empfand er Gespräche mit gläubigen Studenten allerdings als intellektuell unbefriedigend. Er trat in diese Diskussionen ein mit der Annahme, dass die Wissenschaft die Glaubwürdigkeit des theistischen Glaubens untergraben hätte. Als er kritische Fragen dazu stellte, warum er angesichts solcher Herausforderungen den Glauben an Gott in Betracht ziehen sollte, sagten ihm andere Studenten immer wieder: „Ich weiß es nicht. Du musst einfach nur glauben."

Nach einem dieser Gespräche mit einem Kommilitonen stürmte er in mein Büro und berichtete lautstark von seiner Enttäuschung über religiöse Gläubige. Völlig frustriert rief er aus: „Warum kann niemand

Gründe für den Glauben nennen?" Vielleicht aus einem Selbsterhaltungstrieb (angesichts seiner Statur und Heftigkeit) bot ich ihm an, einen Kurs zu diesem Thema zu halten.

Seine ungläubige Reaktion verfolgt mich noch immer. Er fragte: „Sie meinen, Sie glauben, dass es welche *gibt*?"

Daraufhin sagte ich ihm, inzwischen mit etwas mehr Überzeugung: „Natürlich. Ich wäre kein Christ, wenn ich es nicht täte."

Als seine Aufregung nachließ, antwortete er: „*Das* würde mich sehr interessieren."

Dieser Austausch inspirierte mich dazu, eine Vorlesung mit dem Titel „Gründe für den Glauben" zu entwickeln, die ich inzwischen viele Male an verschiedenen Hochschulen und Universitäten gehalten habe, oft vor skeptischen Studenten wie meinem ehemaligen, die schon so oft gehört haben, dass Wissenschaft und Glaube an Gott im Widerspruch zueinander stehen.

Meinungsumfragen zeigen, dass viele Amerikaner diese Auffassung der Unvereinbarkeit teilen. Laut einer Pew-Umfrage glauben 55 Prozent der Amerikaner, dass Wissenschaft und Religion im Allgemeinen oft im gegenseitigen Widerspruch stehen.[11] Diese Zahl steigt auf 60 Prozent unter den Amerikanern, die selten an Gottesdiensten teilnehmen.[12] Die Umfrage, die ich im Prolog erwähnt habe, ergab: Mehr als zwei Drittel der sich selbst als Atheisten bezeichnenden Menschen glauben, dass „die Erkenntnisse der Wissenschaft die Existenz Gottes weniger wahrscheinlich machen". Und diejenigen, die den religiösen Glauben ablehnen, führen die wissenschaftlichen Theorien der ungesteuerten chemischen und biologischen Evolution häufiger als jeden anderen Grund für ihren Glaubensverlust an.[13]

Auf einer Vortragsreise durch Neuseeland vor einigen Jahren traf ich einen jungen Wissenschaftsjournalisten, der in einem religiösen Elternhaus aufgewachsen war, aber nach dem Studium seinen Glauben verlor, als er ein Buch eines bekannten *theistischen* Evolutionisten las. Der Autor des Buches stellte evolutionäre Mechanismen wie natürliche Selektion und zufällige Mutation als Gottes Art und Weise dar, neue Lebensformen zu schaffen. Der Autor leugnete auch, dass das Leben irgendeinen Beleg für intelligentes Design enthält. Der Schüler kam zu dem Schluss, dass es keinen Grund gibt, die Existenz Gottes anzunehmen, wenn der

Evolutionsprozess neue Lebensformen ohne intelligente Führung oder Gestaltung hervorbringen kann.

Oft kommen die verzweifelten Eltern solcher jungen Menschen auf Konferenzen zu mir. Sie suchen in der Regel Hilfe oder Rat und berichten, wie ihr Sohn oder ihre Tochter den Glauben an Gott verloren hat, weil das atheistische Ethos auf dem College-Campus oder im naturwissenschaftlichen Unterricht allgegenwärtig ist. Eine Mutter eines MIT-Studenten kommt jedes Jahr zu derselben Ostküsten-Konferenz über Wissenschaft und Glauben, auf der ich einen Vortrag halte – unter anderem, um mich über die Geschichte der Bekehrung ihres ehemals frommen Sohnes hin zu einer feindseligen und herablassenden Form des wissenschaftlichen Atheismus auf dem Laufenden zu halten.

Viele Studenten von anderen Universitäten oder aus anderen Teilen der Welt haben mir ihre eigenen, ähnlichen Geschichten erzählt. Einige berichten von Wissenschaftsprofessoren, die sich offen über den theistischen Glauben lustig machen und so versuchen, sie von ihrem Glauben an Gott abzubringen. Andere beschreiben, wie das Spektrum der plausiblen Glaubensvorstellungen, die im Klassenzimmer in Betracht gezogen werden, schlichtweg durch die unausgesprochene Vorwegnahme des Materialismus eingeschränkt wird, was folglich die Relevanz des Theismus für das Verständnis der Realität ausschließt. Für viele Studenten an der Universität, die an Gott glauben, führen diese Lernumgebungen zum Verlust des Glaubens oder zu einer starken kognitiven Dissonanz und sogar zu Verzweiflung.

In Gesprächen mit Studenten habe ich festgestellt, dass diese Themen oft eine intensive emotionale Reaktion hervorrufen, gerade weil sie verstehen, wie verheerend sich der wissenschaftliche Materialismus auf ihr eigenes Empfinden von ultimativer Hoffnung und Sinn auswirkt. Ich habe seit Langem ein besonderes Mitgefühl für junge Menschen, die nach Antworten auf die großen Fragen und nach Sinn und Zweck in ihrem Leben suchen. Ihre Geschichten von kognitiver Dissonanz und Zweifeln, von Angst und verlorenem Glauben bewegen mich zum Teil deshalb, weil sie mich an meine eigenen Erfahrungen mit beunruhigenden Fragen und großer Angst als Teenager erinnern.

Fragen nach dem Sinn

Als ich vierzehn Jahre alt war, begannen mich immer wiederkehrende und unwillkommene Fragen zu beschäftigen, die ich nicht beantworten konnte. Das fing an im April 1972, also kurz bevor ich mir bei einem Ski-Unfall das Bein brach. Als ich nach der Operation aufwachte, fand ich mich in einem Gipsverband wieder, der von den Zehen bis zur Spitze des linken Oberschenkels reichte. Der Gips, der mit einer Schraube durch Schien- und Wadenbein versehen war, fesselte mich für mehrere Wochen ans Bett und schränkte meine Beweglichkeit danach für vier Monate stark ein.

Als ich noch im Krankenhaus lag, schenkte mir mein Vater zum Zeitvertreib ein Buch über die Geschichte des Baseballs. Dieser großartige amerikanische Zeitvertreib wird gewöhnlich nicht mit Existenzängsten in Verbindung gebracht. Doch während ich mich erholte und die Geschichten der großen Spieler von damals verschlang – die Statistiken, die sie anhäuften, die Rekorde, die sie brachen, die Siege, die sie errangen –, begann mein junger Verstand, eine unwillkommene Frage zu formulieren. Es war diese: „Aber was wird das in hundert Jahren noch bedeuten?"

Das Problem der Bedeutung des Menschen begann mich zu quälen. Dass mir die Sinnlosigkeit menschlicher Leistungen Sorgen bereitete, war nicht einfach eine Folge des Gedankens, dass die Leistungen der Spieler aus den frühen Tagen des Baseballs – Honus Wagner, Tris Speaker und Ty Cobb – für die meisten Menschen längst vergessen waren. Es lag auch nicht daran, dass die damals populären Spieler – Joe Rudi, Al Oliver, Tom Seaver, Johnny Bench und Joe Morgan – eines Tages ebenfalls vergessen sein würden. Es lag nicht einmal daran, dass die Protagonisten in den Geschichten beruflich ein Spiel spielten. Zu jener Zeit konnte ich mir keinen nobleren oder glamouröseren Beruf vorstellen, als Baseball zu spielen, vor allem bei den New York Yankees. Doch die Lektüre über die Leistungen der größten Baseballspieler aller Zeiten hinterließ bei mir ein zunehmend leeres Gefühl.

Jede Geschichte hatte einen ähnlichen Verlauf. Ein Scout entdeckte den vielversprechenden Spieler in seiner Jugend. Der Spieler stieg in die Erste Liga auf und erlebte einen Erfolg, der sich statistisch messen ließ – in einem verdienten Run oder Trefferdurchschnitt, einem Homerun-Rekord oder Siegen in großen Spielen. Schließlich ging der Spieler in den Ruhestand und konnte seine statistischen Erfolge vorweisen. Einige wurden später in die Baseball Hall of Fame aufgenommen und erlangten so eine Art Unsterblichkeit. Dann verlebte der Spieler den Rest seiner Lebenszeit und genoss den Ruhm und das Glück, das mit den Erfolgen einer sportlichen Jugend einherging. Schließlich starb der Spieler, wie alle anderen Menschen auch. Und was dann? Was bedeuteten dann noch die Zahlen, die seine Leistungen gemessen hatten?

Jahre später erinnere ich mich daran, wie ich durch den Louvre in Paris ging und mir die Bilder der olympischen Athleten aus dem alten Griechenland ansah. Die Skulpturen waren großartig, aber die Männer, die sie inspiriert hatten, hätten aus Sicht des Museumsbesuchers genauso gut nicht existieren können. Wie spektakulär müssen ihre Siege damals gewesen sein, aber wie unbedeutend sind sie heute. Irgendwann in der Zukunft werden die Leistungen der größten Athleten unserer Zeit in ähnlicher Weise in Vergessenheit geraten sein oder ihren Kontext verloren haben, sodass die Menschen sie mit der gleichen Gleichgültigkeit betrachten werden, die ich gegenüber den Athleten der griechischen Olympiade empfand.

Dieses Empfinden der menschlichen Sinnlosigkeit betraf nicht nur die Leichtathletik. Es schien mir, dass wir alle für ein ähnliches Ende bestimmt sind. Wenn eine großartige Chirurgin im Laufe ihrer Karriere viele Leben rettet, wird das den Menschen, die sie rettet, sicherlich zugutekommen. Aber irgendwann würden auch diese Menschen sterben, und sie selbst auch. Wie könnte irgendeine Errungenschaft in diesem Leben eine dauerhafte Bedeutung haben, wenn am Ende niemand – keine *Person* – hier wäre, um sie zu würdigen oder sich daran zu erinnern?

Als ich vergeblich versuchte, mir über diese Fragen klar zu werden, las ich ein Buch mit dem Titel *Psycho-Kybernetik*, das 1960 von dem bekannten Arzt und Selbsthilfeautor Maxwell Maltz veröffentlicht wurde. Um Sinn und Zufriedenheit im Leben zu finden, empfahl das Buch, sich jeden Tag Ziele zu setzen. Es forderte dazu auf, „Ihren Geist auf ein produktives, nützliches Ziel zu lenken, damit Sie den größten Hafen der Welt erreichen können: Seelenfrieden".[14]

Ich begann, die Ratschläge des Buches zu befolgen. An manchen Tagen erreichte ich mein Hausaufgabenziel. An anderen Tagen spielte ich einem meiner Geschwister einen zuvor geplanten Streich – ein weiteres Ziel. Aber das Setzen von Zielen befriedigte meine Suche nach Sinn nicht, denn die Ziele selbst schienen letztlich sinnlos zu sein.

Ein anderer Gedanke begann in meinem Kopf aufzutauchen: „Vielleicht ist das damit gemeint, verrückt zu sein." Dieser Gedanke erschreckte mich. Bald begann ich, mich vor den Fragen zu fürchten, die diese Angst auslösten. Ich entwickelte eine Angst vor einer Angst. Und bald auch eine Angst vor der Sorge um meine geistige Gesundheit und damit eine Angst vor der Angst vor der Angst. Ein mentaler Mahlstrom entstand. Ich war ein Wrack. Es schien, als würde mich eine dunkle Wolke durch den Tag begleiten. Ich erinnere mich, dass ich mit vierzehn Jahren dachte, mein Leben sei vorbei.

Das klingt jetzt alles furchtbar melodramatisch, aber damals fühlte es sich nicht so an. Wäre ich zu einem Therapeuten gegangen, hätte man bei mir wahrscheinlich eine Angststörung diagnostiziert. Ich war ein sozial betrachtet unbeliebtes und etwas neurotisches „kluges Kind" mit einem hyperaktiven Gehirn und neigte eindeutig zu ängstlichen Gedanken. Außerdem machten meine Eltern zu dieser Zeit eine schwierige Phase in ihrer Ehe durch, und ich konnte die Traurigkeit und Zwietracht in unserem Haus spüren. Diese Faktoren trugen wesentlich zu meiner Verzweiflung bei.

Aber ich erlebte auch eine besondere Art von Panik, eine metaphysische Panik, eine Angst vor der Sinnlosigkeit des Lebens. Es schien mir, dass keine Verbesserung meiner Lebensumstände oder des menschlichen Daseins im Allgemeinen meine wirkliche Sorge befriedigen konnte. Irgendwann, wenn sich alles im Universum auflöst und das letzte Flackern des subjektiven Bewusstseins oder des menschlichen Bewusstseins erlischt, würde niemand mehr auf der Bildfläche erscheinen – *keine Person* –, der in der Lage wäre, irgendetwas wertzuschätzen. Wie könnte in diesem Fall irgendeine menschliche Leistung, Liebe oder Freundlichkeit einen bleibenden Wert oder eine Bedeutung haben? Der unpersönliche Kosmos schloss diese Möglichkeit garantiert aus.

Seit meinen Teenagerjahren bin ich vielen anderen Menschen begegnet, insbesondere Studenten, die eine ähnliche metaphysische Angst davor hatten, ob ihr Leben oder die menschliche Existenz im Allgemeinen einen letzten Sinn hat. Ich vermute, dass diese Hoffnungslosigkeit in Bezug auf das menschliche Dasein trotz des Wohlstands in unserer Gesellschaft zu den epidemischen Selbstmordraten unter jungen Menschen beigetragen hat, darunter auch viele, die eigentlich alles zu haben scheinen. Natürlich sind solche Gefühle nicht auf junge Menschen beschränkt. Ich habe mich gefragt, ob die Plage der Drogenabhängigkeit, die derzeit viel in den Nachrichten vorkommt und alle Generationen betrifft, den Wunsch vieler Menschen widerspiegelt, die nagende Verzweiflung über die Fragen nach ihrer eigenen Bedeutung zu betäuben.

Die Philosophie und der Tod Gottes

Meine eigene Geschichte nahm schließlich eine viel hoffnungsvollere Wendung. Im College lernte ich, dass die Fragen, die ich mir gestellt hatte, eigentlich philosophischer Natur waren und dass ich nicht der einzige Mensch war, der sie sich jemals gestellt hatte. Ich erfuhr, dass eine Gruppe von Philosophen, die Existenzialisten, den „Tod Gottes" durch die materialistische Wissenschaft als Hauptgrund für die Angst vieler moderner Menschen ansahen – und für ihre Angst. Ich erinnere mich, dass ich in meinem ersten Studienjahr auf einen Gedanken stieß, der dem französischen Philosophen Jean-Paul Sartre zugeschrieben wird: „Kein endlicher Punkt hat eine Bedeutung, es sei denn, er hat einen unendlichen Bezugspunkt."[15] Diese Maxime fasste meine Sorge in philosophischer Terminologie zusammen: Die menschliche Sterblichkeit bedeutete, dass jeder Mensch irgendwann sterben würde und dass jede Person und jede menschliche Handlung oder Errungenschaft letztendlich vergessen werden würden. Nichts Endliches könnte eine dauerhafte Bedeutung haben.

Später stieß ich auf die Arbeiten des britischen Atheisten und analytischen Philosophen Bertrand Russell, der den Zusammenhang zwischen dem Verlust des Glaubens an Gott und der existenziellen Notlage der Menschheit erkannte. Wie er 1910 erklärte:

> *Dass der Mensch das Produkt von Ursachen ist, die keine Vorhersage beinhalteten über das Ziel, das sie erreichen würden; dass sein Ursprung, sein Wachstum, seine Hoffnungen und Ängste, seine Lieben und seine Überzeugungen nur das Ergebnis zufälliger Zusammenstellungen von Atomen sind; dass kein Feuer, kein Heldentum, keine Intensität des Denkens und Fühlens ein individuelles Leben über das Grab hinaus bewahren kann; dass alle Mühen der Zeitalter, alle Hingabe, alle Inspiration, der ganze taghelle Glanz des menschlichen Genies dazu bestimmt sind, im gewaltigen Tod des Sonnensystems unterzugehen, und dass der ganze Tempel der menschlichen Errungenschaften unweigerlich unter dem Geröll eines in Trümmern liegenden Universums begraben werden muss – all diese Dinge sind, wenn nicht ganz unbestritten, doch so sicher, dass wohl keine Philosophie, die sie ablehnt, Bestand haben kann.*[16]

Als ich über die logischen Konsequenzen eines unpersönlichen Universums ohne Gott nachdachte, begann ich meine eigenen Fragen besser zu verstehen. „Das ist es. Das ist es, was mich beunruhigt hat", sagte ich mir. „Ich war nicht wahnsinnig. Ich war nur ein Philosoph!" Das brachte eine gewisse Erleichterung, bis einer meiner Professoren meine Erleichterung mit der Bemerkung dämpfte, es sei „ein schmaler Grat zwischen Philosophie und Wahnsinn".

In meinen letzten beiden Jahren an der weiterführenden Schule hatte ich begonnen, die Bibel zu lesen, und fand in ihrer vorbehaltlosen Weltsicht mögliche Antworten auf einige meiner existenziellen Fragen. Dadurch wurden meine Fragen und die damit verbundenen Ängste eine Zeit lang erträglich. Wenn ein ewiger, persönlicher Gott das Universum erschaffen hat und wenn dieser Gott den Menschen nach ihrem Tod eine fortdauernde bewusste Existenz und ein ewiges Leben anbieten kann, dann gäbe es eine Person, die Bestand hat und in der Lage ist, Menschen und ihre Taten zu schätzen. Ein ewig existierender persönlicher Gott bot den von Sartre vorgeschlagenen unendlichen Bezugspunkt und die Grundlage für einen fortdauernden und endgültigen Sinn.

Später, als ich in meinem Philosophieunterricht an der Universität über die Fragen meiner verzweifelten Jugend nachdachte, wurde mir klar, warum der Glaube an Gott die Angst vor der Sinnlosigkeit aufgelöst hat. Nur persönliche Akteure mit subjektivem Bewusstsein können etwas oder jemandem einen Wert, eine Bedeutung oder einen Sinn verleihen. Einem Molekül, einem Energiefeld oder einem Stein kann nichts etwas *bedeuten*. Wenn, wie Bertrand Russell schrieb, der „gewaltige Tod des Sonnensystems" und der Untergang des Universums dafür sorgen, dass es irgendwann keine persönlichen Akteure mehr geben wird, dann hatten die existenzialistischen Philosophen recht. Der Theismus andererseits würde, wenn er wahr ist, die Existenz – ja, die ewige Existenz aus sich selbst heraus – eines persönlichen Wesens bejahen, das sowohl seine Schöpfung als auch die Personen darin liebt und für sich als bedeutsam betrachtet.

Die erkenntnistheoretische Notwendigkeit des Theismus

Als ich an der Universität Philosophie studierte, wurde mir klar, dass der Theismus weitere grundlegende philosophische Probleme löst. Seit der Aufklärung fiel es Philosophen beispielsweise schwer, den Glauben an die Zuverlässigkeit des menschlichen Wissens über die physische Welt zu rechtfertigen. Seltsamerweise habe ich mir als Teenager auch darüber Gedanken gemacht. Ich erinnere mich, wie ich eine Fensterbank in meinem Zimmer betrachtete und mich fragte, ob der Eindruck, den ich in meinem Kopf hatte, auch wirklich dem tatsächlichen Objekt in der Welt entsprach. Ich fragte mich: „Woher weiß ich, dass meine Wahrnehmungen der Realität richtig sind?" Sie können sich wahrscheinlich vorstellen, dass ich auf Partys nicht sehr unterhaltsam war!

Das Problem der Erkenntnistheorie, die Grundlage und Rechtfertigung menschlichen Wissens, beschäftigt Philosophen seit Jahrhunderten. Viele von ihnen bezweifelten unsere Wahrnehmungen und unsere Fähigkeit, die Funktionsweise der Natur zu verstehen, und viele haben verschiedene Formen des Skeptizismus oder „Antirealismus" angenommen, die die Zuverlässigkeit des menschlichen Verstandes oder unsere Fähigkeit, eine vom Verstand unabhängige Welt präzise abzubilden, in Abrede stellen.

Der schottische Empiriker David Hume hat diesen Skeptizismus im

18. Jahrhundert maßgeblich begründet. In seinem berühmten Argument gegen das induktive Denken zeigte Hume, dass unser Verständnis der Naturgesetze vom induktiven Denken abhängt, d. h. von der Art des Denkens, bei dem wir aus der Beobachtung einer endlichen Anzahl von Fällen derselben Art von Dingen auf ein allgemeines Prinzip oder Gesetz der Natur schließen.

Wenn ich zum Beispiel wiederholt beobachte, wie ein Ball zur Erde fällt, nachdem ich ihn hochgehoben und dann fallen gelassen habe, werde ich bald zu dem Schluss kommen, dass *alle* nicht gehaltenen Körper fallen. Hume wies jedoch darauf hin, dass solche Schlussfolgerungen zwangsläufig auf einer begrenzten Anzahl von Beobachtungen beruhen, da wir unmöglich alle nicht gehaltenen Körper beobachten können, um zu sehen, ob sie fallen. Daher müssen induktive Schlussfolgerungen, von denen ein Großteil der Wissenschaft abhängt, notwendigerweise davon ausgehen, dass „die Zukunft der Vergangenheit ähnelt" oder, allgemeiner, wie es der britische Literaturwissenschaftler C. S. Lewis ausdrückte, „dass sich die Natur, wenn wir sie nicht beobachten, genauso verhält, wie wenn wir sie beobachten".[17]

Diese Annahme ist Ausdruck dessen, was Philosophen das Prinzip der Gleichförmigkeit der Natur nennen. Dieses besagt, dass die grundlegenden Gesetzmäßigkeiten (z. B., dass nicht gehaltene Körper fallen) und die Muster von Ursache und Wirkung (z. B., dass Brotessen nährt), die in der Natur wirksam sind, über Raum und Zeit konstant bleiben. Diese Annahme erscheint so lange unproblematisch, bis wir versuchen, sie durch empirische Beobachtung zu rechtfertigen.

Wir könnten dies zum Beispiel versuchen, indem wir auf verschiedene Orte oder Zeiten in der Vergangenheit verweisen, in denen die Natur anscheinend dieselben grundlegenden Gesetze oder Muster von Ursache und Wirkung gezeigt hat, die wir heute beobachten. Wir könnten dann versucht sein, aus diesen *mehrfach beobachteten Beispielen* für die Beständigkeit der natürlichen Ordnung zu schließen, dass die Natur *immer* eine solche Gleichförmigkeit aufweist. Aber wie Hume betonte, hängt diese Schlussfolgerung von induktiven Schlussfolgerungen ab – genau der Art von Schlussfolgerungen, die die Gleichförmigkeit der Natur rechtfertigen sollte. Mit anderen Worten: Der Versuch, induktives Denken mit der Gleichförmigkeit der Natur zu rechtfertigen, ist ein

Zirkelschluss. Die Rechtfertigung des induktiven Denkens erfordert die Annahme des Prinzips der Gleichförmigkeit der Natur. Die Rechtfertigung des Prinzips der Gleichförmigkeit der Natur durch die Beobachtung von Beispielen erfordert jedoch unweigerlich die Anwendung induktiven Denkens.

Im College belegte ich Philosophiekurse bei einem Professor namens Norman Krebbs, der für mich zu einem einflussreichen Mentor wurde. Er vertrat die Ansicht, dass das von Hume aufgeworfene Problem der Erkenntnis die grundlegende Frage nach der Zuverlässigkeit des menschlichen Verstandes aufwirft. Indem er zeigte, dass die Gleichförmigkeit der Natur nicht durch den Bezug auf wiederholte Sinneserfahrungen gerechtfertigt werden kann, hat Hume im Grunde gezeigt, dass der menschliche Verstand eine solche Gleichförmigkeit *vermutet*. Da Hume aber zeigte, dass diese Annahme empirisch nicht zu rechtfertigen ist, bezweifelte er unsere Fähigkeit, die Welt um uns herum zu erkennen.

Dennoch wies Krebbs darauf hin, dass Hume selbst und alle anderen erkenntnistheoretischen Skeptiker so *handelten*, als seien sie von der Gleichförmigkeit der Natur überzeugt. Außerdem demonstrieren wir alle, auch die Skeptiker, diese Überzeugung jedes Mal, wenn wir durch eine Tür und nicht durch ein Fenster gehen oder wenn wir in einem Auto auf die Bremse treten. Wir alle tun so, als ob wir überzeugt sind, dass sich die Welt in ihren grundlegendsten Gesetzmäßigkeiten in der Zukunft genauso verhalten wird, wie sie es in der Vergangenheit getan hat. Wenn wir ein Flugzeug besteigen, erwarten wir, dass die Tragflächen morgen genauso Auftrieb erzeugen wie gestern, obwohl wir noch nicht beobachten können, wie die Tragflächen in Zukunft funktionieren werden. Wir tun also alle so, als ob der Grundsatz der Gleichförmigkeit gilt und das induktive Schließen im Allgemeinen zuverlässig ist, auch wenn wir sagen können, gestützt auf Humes skeptisches Argument, dass wir an der Gleichförmigkeit und der Induktion zweifeln.

Doch was rechtfertigt die Überzeugung, die in unserem Handeln steckt? Krebbs argumentierte, dass die Zuverlässigkeit des menschlichen Verstandes – und die Annahmen, die er über die Welt trifft – zwar nicht empirisch, wohl aber theologisch gerechtfertigt werden kann. Wenn man die Existenz eines wohlwollenden Gottes voraussetze, habe man guten Grund, auf das Design des Verstandes und die Zuverlässigkeit der in ihm enthaltenen Annahmen über die Welt zu vertrauen. Theisten gehen von der Gleichförmigkeit der Natur aus, weil sie glauben, dass Gott ein Gott der Ordnung ist, der die Regelmäßigkeiten aufrechterhält, die wir als Naturgesetze bezeichnen. Darüber hinaus glauben Theisten auch, dass Gott den Menschen mit seinen kognitiven Fähigkeiten geschaffen hat. Daher haben sie Grund zu glauben, dass die Annahme, die wir alle notwendigerweise über die Gleichförmigkeit der Natur machen, der Art und Weise entspricht, wie die Welt tatsächlich funktioniert. Diese Annahme ist mit anderen Worten objektiv wahr und subjektiv notwendig für unser tägliches Funktionieren. Wie Sie sich erinnern werden, führte diese Denkweise zu der Idee der Verstehbarkeit der Natur, die die Grundlage für die wissenschaftliche Revolution schuf.

Diese Art der Argumentation, bei welcher von bestimmten Voraussetzungen ausgegangen wird, beweist nicht die Existenz Gottes. Sie legt jedoch nahe, dass die Annahme der Existenz Gottes eine widerspruchsfreie Lebensführung ermöglicht – dass also die erklärte Philosophie mit den impliziten Überzeugungen, die im Handeln zum Ausdruck kommen, übereinstimmt. Da wir alle so leben, als ob wir überzeugt seien, dass die Natur in der Zukunft dieselben grundlegenden Gesetze und Regelmäßigkeiten aufweisen wird wie in der Vergangenheit, und da nur der Glaube an einen gütigen Gott eine angemessene Erklärung für die Zuverlässigkeit dieser und anderer notwendiger Annahmen liefert, haben nur Theisten ein Glaubenssystem, das mit ihrem Handeln übereinstimmt. Krebbs argumentierte weiter, dass Menschen, die so handeln, als würden sie die Zuverlässigkeit des Verstandes und der darin enthaltenen Annahmen über die Welt akzeptieren, im Wesentlichen so handeln, als würden sie an die Existenz Gottes glauben, auch wenn sie dies in ihren ausdrücklichen Philosophien leugnen.

Ich fand diese Argumentation überzeugend und finde sie jetzt noch überzeugender, nachdem ich die Arbeiten des Philosophen Alvin Plantinga von der Universität Notre Dame (Abb. 21.2) und anderer Wissenschaftsphilosophen wie Robert Koons (Abb. 21.3) von der Universität Texas kennengelernt habe. Sowohl Plantinga als auch Koons haben das kritisiert, was manchmal als evolutionäre oder naturalistische Erkenntnistheorie bezeichnet wird – der Versuch, die Zuverlässigkeit des menschlichen Verstandes durch eine streng naturalistische und evolutionäre Darstellung des Ursprungs unserer glaubensbildenden Fähigkeiten zu rechtfertigen.[18]

Abb. 21.2
Alvin Plantinga, Philosoph von der Universität Notre Dame und Autor von *Warrant and Proper Function* („Gewährleistung und ordnungsgemäße Funktion").

In seinem Buch *Warrant and Proper Function* („Rechtfertigung und ordnungsgemäße Funktion") argumentiert Plantinga: Ob wir gerechtfertigte Überzeugungen haben, wie er es nennt, hängt davon ab, ob wir über verlässliche kognitive Fähigkeiten verfügen. Er argumentiert weiter: Ob wir solche verlässlichen, glaubensbildenden Fähigkeiten haben, hängt davon ab, ob diese Fähigkeiten gut genug konzipiert sind, um in der Umgebung Wissen zu erlangen, in der sie Anwendung finden.[19] Er räumt ein, dass das Design unseres kognitiven Apparats (bezeichnet als sein „Designplan") nicht unbedingt von einem bewussten Designer wie Gott stammen muss. Stattdessen könnte er durch einen rein naturalistischen evolutionären Mechanismus welcher Art auch immer entstanden sein. Dennoch haben Plantinga und Koons argumentiert, dass wir angesichts der Verbindung von Evolutionstheorie und naturalistischer Weltanschauung – und damit eines völlig ungerichteten *evolutionären* Prozesses – erheblichen Grund haben, an der Zuverlässigkeit unserer kognitiven Fähigkeiten zu zweifeln.[20]

Plantinga merkt an, dass ein Glaube oder ein glaubensbildender Apparat den Evolutionsprozess nur dann beeinflussen kann, wenn er unser Verhalten in einer Weise beeinflusst, die auch unsere Überlebensaussichten (oder unseren Fortpflanzungserfolg) beeinflusst. Das liegt daran, dass die natürliche Auslese Verhaltensweisen begünstigt, die das Überleben verbessern; sie bevorzugt nicht bzw. „interessiert sich nicht dafür", ob die mit den Verhaltensweisen verbundenen Überzeugungen wahr sind oder nicht.[21] Robert Koons unterstreicht diesen Punkt. Er

Abb. 21.3
Der Philosoph Robert Koons von der Universität Texas, ein Kritiker der naturalistischen evolutionären Erkenntnistheorie.

stellt fest, dass wir keinen Grund haben, der Zuverlässigkeit unserer Fähigkeiten in Angelegenheiten zu vertrauen, die wenig oder gar nichts mit dem Überleben zu tun hatten, *als diese kognitiven Strukturen und Überzeugungen gebildet wurden.*[22] So sind beispielsweise Mechanismen der Glaubensbildung, die den frühen Menschen beim Überleben halfen, indem sie sie befähigten, Mastodonten aufzuspießen oder Säbelzahntigern auszuweichen, möglicherweise nicht dazu geeignet, verlässliche Überzeugungen über Teilchenphysik, Kosmologie oder die Entwicklung des Lebens auf der Erde zu bilden.

In seiner Autobiografie beschäftigte sich Darwin mit einem eng damit verbundenen Problem. Er fragte sich, wie wir auf die Zuverlässigkeit unserer kognitiven Fähigkeiten vertrauen können, wenn sie sich aus dem Verstand niederer Tiere entwickelt haben. In einem Brief an einen Freund erklärte er: „Aber dann taucht bei mir immer der schreckliche Zweifel auf, ob die Überzeugungen des menschlichen Verstandes, der sich aus dem Verstand der niederen Tiere entwickelt hat, von irgendeinem Wert oder überhaupt vertrauenswürdig sind. Würde irgendjemand den Überzeugungen des Verstandes eines Affen vertrauen, wenn es überhaupt Überzeugungen in einem solchen Verstand gibt?“[23]

Plantinga verwendet ein geschicktes Gedankenexperiment, um den Unterschied zwischen einem Verhalten, das dem Überleben dient, und einer wahren Überzeugung herauszuarbeiten und zu zeigen, wie leicht die beiden bei einer naturalistischen evolutionären Erklärung unserer Fähigkeiten zur Glaubensbildung auseinandergehen können. Er bittet seine Leser und Leserinnen, sich einen Säbelzahntiger vorzustellen, der einen hypothetischen prähistorischen Menschen namens Paul jagt. Seltsamerweise gefällt Paul die Aussicht, gefressen zu werden, aber er glaubt fälschlicherweise, dass dieser spezielle Tiger nicht die Fähigkeit hat, ihn zu fressen. Also rennt er weg, in der Hoffnung, einen anderen Tiger zu finden, der ihn fressen kann. Wie Plantinga augenzwinkernd bemerkt: „Dieser [Glaube] wird seine Körperteile an die richtige Stelle bringen, was das Überleben angeht, ohne dass dazu viel realitätsnaher Glaube nötig wäre."[24] Um den Punkt weiter zu veranschaulichen, bittet er seine Leser und Leserinnen, sich vorzustellen, dass Paul irrtümlich „den Tiger für eine große, freundliche, kuschelige Katze hält und ihn streicheln möchte; aber er glaubt auch, dass der beste Weg zum Streicheln darin besteht, vor ihm wegzulaufen".[25] Auch hier kann sein Glaube das Überleben fördern, ohne auch nur annähernd wahr zu sein.

Auch Richard Dawkins hat, wenn auch unbeabsichtigt, eingeräumt, dass Überlebenswert und in der Wahrheit verankerter Glaube nicht notwendigerweise miteinander korrelieren, wenn man von einer naturalistischen evolutionären Erklärung für unsere glaubensbildenden Fähigkeiten ausgeht. Auf der Grundlage von Studien über die gesundheitsfördernde Wirkung von religiösem Glauben räumt Dawkins zum Beispiel ein, dass es „völlig plausibel" ist, dass religiöser Glaube „tatsächlich äußerst positive Auswirkungen auf die Gesundheit haben könnte".[26] Er argumentiert jedoch auch, dass der Glaube an Gott falsch und wahnhaft ist. Damit räumt er stillschweigend ein, dass die natürliche Auslese (aus seiner Sicht) grotesk falsche Überzeugungen erhalten kann.[27]

Dawkins' Zugeständnis zeigt ein tiefes Problem für eine streng naturalistische und evolutionäre Erklärung des Ursprungs unserer kognitiven Ausstattung auf. Wenn der Naturalismus die Realität richtig abbildet, dann haben die Menschen diese Tatsache in überwältigender Weise nicht wahrgenommen. Obwohl der theistische Glaube im zunehmend säkularen Westen zurückgegangen ist, insbesondere unter den Millennials mit Hochschulbildung, zeigt eine aktuelle Studie von Pew Research, dass 84 Prozent der Weltbevölkerung sich mit religiösen Glaubenssystemen identifizieren, von denen die meisten dem strengen Naturalismus widersprechen und viele eine Form des Theismus bejahen. Darüber hinaus deuten zahlreiche Studien in vielen Bevölkerungsgruppen darauf hin, dass der Mensch auf religiösen Glauben programmiert ist.[28] Die Akzeptanz des Übernatürlichen scheint tief in den Grundlagen unserer Wahrnehmung verankert zu sein, was schon bei kleinen Kindern deutlich wird. Die Berkeley-Psychologieprofessorin Alison Gopnik stellt fest: „Im Grundschulalter fangen Kinder an, sich auf einen gottähnlichen Designer zu berufen, um die Komplexität der Welt um sie herum zu erklären – selbst Kinder, die als Atheisten erzogen wurden."[29]

Darüber hinaus prognostiziert das Pew-Forschungsmodell, dass in den nächsten drei Jahrzehnten gemessen an der Weltbevölkerung der prozentuale Anteil der Bevölkerung mit religiösen Überzeugungen im Vergleich zum Anteil ohne religiöse Überzeugungen wahrscheinlich zunehmen wird.[30] Die Pew-Studie geht davon aus, dass dieser Anstieg vor allem auf die höheren Geburtenraten der religiösen Bevölkerung im Vergleich zur nicht religiösen Bevölkerung zurückzuführen ist. Offensichtlich korreliert der religiöse Glaube mit einem höheren Reproduktionserfolg, also genau dem, was der evolutionäre Prozess begünstigt. Das bedeutet aber, dass der Evolutionsprozess offenbar menschliche Populationen mit falschen Überzeugungen auswählt oder begünstigt – zumindest nach der Definition der evolutionären Naturalisten.

Vor dem Hintergrund solcher Überlegungen[31] argumentieren Plantinga und Koons, dass wir *angesichts des evolutionären Naturalismus* erheblichen Grund haben, an der Zuverlässigkeit unseres Verstandes zu zweifeln. Sie kommen zu dem Schluss: Die Wahrscheinlichkeit, dass Menschen angesichts des evolutionären Naturalismus über zuverlässige glaubensbildende kognitive Fähigkeiten verfügen, ist, wie Plantinga es ausdrückt, „entweder gering oder undurchschaubar".[32] Folglich, so Plantinga, besiegt eine naturalistische evolutionäre Darstellung sich letztlich selbst, da sie eine gerechtfertigte Skepsis gegenüber unseren glaubensbildenden Fähigkeiten und den Überzeugungen hervorruft, die diese Fähigkeiten bilden können – einschließlich des Glaubens an einen naturalistischen evolutionären Ursprung der Menschen und ihres Verstandes.[33]

Auf der anderen Seite argumentiert Plantinga, die Wahrscheinlichkeit, dass wir einen verlässlichen Glaubensbildungsapparat haben, sei im Theismus viel, viel höher. Da der Theismus davon ausgeht, dass ein wohlwollender Gott mit einem rationalen Intellekt unseren Verstand geschaffen hat, haben wir guten Grund anzunehmen, dass unsere glaubensbildende kognitive Ausrüstung prinzipiell verlässlich ist. Und da die meisten Versionen des Theismus davon ausgehen, dass derselbe wohlwollende und rationale Gott, der unseren Verstand geschaffen hat, ihn nach seinem Ebenbild geschaffen hat und auch ein rational geordnetes Universum geschaffen hat, haben wir guten Grund zu glauben, dass wir die in dieses Universum eingebaute Ordnung verstehen und wahrnehmen können. Plantinga argumentiert, dass diejenigen, „die an Gott glauben", nicht an der Zuverlässigkeit ihres Verstandes oder ihrer Fähigkeit zweifeln müssen, die Welt um sie herum zu erkennen – und das aus gutem Grund.[34] Er erklärt: „Wenn Gott uns nach seinem Ebenbild erschaffen hat, dann würde er vermutlich wollen, dass wir ihm in der Fähigkeit ähneln, *wissen* zu können, selbst wenn er uns auf evolutionärem Wege geformt hat; aber dann könnte das meiste von dem wahr sein, was wir glauben, selbst wenn sich unser Verstand aus dem der niederen Tiere entwickelt hat."[35]

Plantinga kommt zu dem Schluss: Die Wahrscheinlichkeit, dass der Mensch über eine zuverlässige kognitive Ausstattung verfügt, ist im Falle des Theismus viel größer als im Falle des evolutionären Naturalismus. Oder, wie er es mittels des bayesschen Wahrscheinlichkeitsformalismus ausdrückt: $P(R \mid T) \gg P(R \mid N + E)$, wobei R (für „reliabilty") die Verlässlichkeit des Geistes symbolisiert, T den Theismus und N + E die Verbindung von Naturalismus und Evolutionstheorie. Daraus folgt: Wenn man die Verlässlichkeit des Verstandes annimmt – eine Überzeugung, die fast alle Menschen durch ihre Handlungen erkennen lassen –, liefert die Hypothese des Theismus eine bessere Erklärung für diese angenommene Tatsache als der Naturalismus – oder symbolisch dargestellt: $P(T \mid R) \gg P(N + E \mid R)$.[36]

Eine Prämisse, die philosophische Probleme löst

Die Kraft dieser verschiedenen theistischen Argumente aus der Erkenntnistheorie wurde mir vor einigen Jahren bei einem Besuch in New York bewusst. Im Herbst 2013, einige Jahre nach dem Ausbruch der Kontroverse im *Times Literary Supplement* über Thomas Nagels Rezension von *Signature in the Cell* („Signatur in der Zelle"), kontaktierte ich Professor Nagel vor einer geplanten Reise nach New York. Ich fragte ihn, ob er sich persönlich mit mir treffen wolle. In Anbetracht des Ärgers, den ihm seine Rezension meines Buches bereitet hatte, rechnete ich damit, dass er keinen direkten Kontakt wünschte. Doch zu meiner Überraschung antwortete er mir und schlug mir vor, mit ihm zu Mittag zu essen.

Während des Essens sprachen Nagel und ich über sein erst kürzlich erschienenes Buch, das ich in Kapitel 15 erwähnt habe, *Geist und Kosmos: Warum die materialistische neodarwinistische Konzeption der Natur so gut wie sicher falsch ist.*[37] Wir sprachen auch über die bösartigen Reaktionen auf seine Rezension meines Buches. Wir sprachen über das Konzept der „naturalistischen Teleologie“, das er als Alternative zu *Intelligent Design* einerseits und zum Reduktionismus und evolutionären Materialismus andererseits formuliert hatte. Nagel bat mich zu erklären, wie ich zum Glauben an Gott gekommen war. Ich begann zu erzählen, wie ich als Student in Philosophiekursen zu der Überzeugung gelangt war, dass der Theismus die Verlässlichkeit des Verstandes am besten erklärt. Als ich begann, das Argument der erkenntnistheoretischen Notwendigkeit zu erklären, unterbrach er mich höflich.

„Oh ja“, sagte er. „Es steht außer Frage, dass der Theismus eine Menge philosophischer Probleme löst.“

Dann erzählte er mir etwas mehr über seine eigenen philosophischen Empfindungen und erklärte, dass ihm einfach ein angeborener *sensus divinitatis* fehle, ein „Sinn für das Göttliche“, und dass er außerdem nicht wolle, dass das Universum ein Ort sei, an dem Gott existiere.[38] Seine Erklärung seiner Ansichten während des Mittagessens erinnerte an ein berühmtes Eingeständnis, das er Jahre zuvor schriftlich gemacht hatte. So erklärte er 1997: „Ich möchte, dass der Atheismus wahr ist, und es bereitet mir Unbehagen, dass einige der intelligentesten und bestinformierten Menschen, die ich kenne, religiöse Gläubige sind. Es geht nicht nur darum, dass ich nicht an Gott glaube und natürlich hoffe, dass ich mit meinem Glauben richtigliege. Es geht darum, dass ich hoffe, dass es keinen Gott gibt! Ich will nicht, dass es einen Gott gibt; ich will nicht, dass das Universum so ist.“[39]

Nagels Offenheit über seine philosophischen Vorlieben beeindruckte mich und erinnerte mich an einige meiner eigenen inneren Kämpfe. Während des Studiums war ich in Bezug auf meine philosophischen Neigungen und Wünsche besonders zwiespältig. Als ich erkannte, wie viele philosophische Fragen der Theismus beantwortete, schrumpfte ein Teil meiner existenziellen Angst. Gleichzeitig brachte mich das Gefühl der Verantwortlichkeit, das mir der theistische Glaube auferlegte, in die unangenehme Lage, aus philosophischen Gründen an Gott zu glauben, aber aus anderen, persönlicheren Gründen nicht zu wollen, dass der Theismus (und insbesondere das Christentum) wahr ist.

Natürlich wurde mir klar, dass meine Wünsche und Beweggründe nicht die Wahrheit über die Realität bestimmen. Wie Lawrence Krauss richtig bemerkt hat: „Das Universum ist so, wie es ist, ob es uns gefällt oder nicht. Die Existenz oder Nichtexistenz eines Schöpfers ist unabhängig von unseren Wünschen. Eine Welt ohne Gott oder Zweck mag hart oder sinnlos erscheinen, aber das allein erfordert nicht, dass Gott tatsächlich existiert.“[40] Oder, wie er es in einem anderen Zusammenhang mit charakteristischer Prägnanz ausdrückte: „Das Universum existiert nicht, um dich glücklich zu machen.“[41]

In der Erkenntnis, dass sich unsere subjektiven Vorlieben als unzuverlässige Wegweiser bei der Wahrheitsfindung erweisen können, haben Philosophen lange nach anderen, rationaleren Kriterien gesucht, um über weltanschauliche Fragen zu urteilen und die großen Fragen zu beantworten. Ein solches Kriterium ist die logische Kohärenz. Dieses Kriterium scheint mir den Theismus gegenüber anderen Weltanschauungen zu begünstigen. Unsere Handlungen verraten den Glauben an objektive moralische Werte und moralische Grundsätze. Der Glaube an die Existenz Gottes rechtfertigt einen solchen Glauben an einen obersten Wertschätzer. Unsere Handlungen zeugen vom Glauben an unsere Fähigkeit, die Welt um uns herum zu kennen. Der vorgelagerte Glaube an die Existenz eines gütigen Gottes rechtfertigt den Glauben an die Verlässlichkeit des menschlichen Verstandes und an die Wahrheit der Annahmen, die wir über die Welt treffen und die uns Wissen ermöglichen.

Was der Oxforder Philosoph Richard Swinburne die „Kohärenz des Theismus“ genannt hat, ist ein alles andere als trivialer Gesichtspunkt zugunsten eines solchen Glaubens. Wissenschaftsphilosophen betrachten die Kohärenz als eine der großen „theoretischen Tugenden“, einen Schlüsselindikator für die Wahrheit einer Theorie. In der Wissenschaft und in der Philosophie, wie auch vor Gericht, wird ein Mangel an Kohärenz routinemäßig als fataler Makel angesehen. Nichts disqualifiziert einen Zeugen vor Gericht so schnell wie eine inkonsistente oder widersprüchliche Aussage. Die Tatsache, dass der Theismus eine kohärente

Darstellung von Ethik und Erkenntnistheorie liefert, spricht dafür, dass er eine rationalere Weltanschauung ist als viele konkurrierende Denksysteme.

Dennoch lernte ich mit Mitte zwanzig eine andere Art und Weise kennen, die großen Fragen zu beurteilen – nämlich durch die Analyse wissenschaftlicher Belege, insbesondere in Bezug auf die entscheidenden weltanschaulichen Fragen der kosmologischen und biologischen Ursprünge. In diesem Buch habe ich die Geschichte meiner Analyse dieser Belege erzählt und dargelegt, warum ich zu dem Schluss gekommen bin, dass der Theismus eine bessere Erklärung für die Belege aus der Natur liefert als konkurrierende Weltanschauungen.

Der unerfundene Gott

Der französische Philosoph Voltaire sagte einmal: „Wenn es Gott nicht gäbe, müsste man ihn erfinden."[42] Wenn er damit meinte, dass wir das Konzept Gott brauchen, um eine kohärente, in sich konsistente Weltanschauung zu entwickeln, dann kam ich während meiner Studienzeit widerstrebend zu demselben Schluss. Ich erkannte, dass die Annahme der Existenz Gottes in der Tat „eine Menge philosophischer Probleme löst".

Doch wenn Voltaire stattdessen meinte, dass wir das Konzept Gott erfinden müssen, um emotional zurechtzukommen – um die Religion als Opium zu benutzen –, dann würde ich Professor Krauss zustimmen. Es wäre besser, sich dieser Realität ehrlich zu stellen, als der Bequemlichkeit zuliebe eine Illusion zu leben.

Einige haben natürlich argumentiert, dass die große Lebensangst vor dem Tod Gottes unnötig ist. Sie sind der Meinung, dass auch in einem Universum ohne Gott und ohne letzten Sinn Optimismus möglich ist. Krauss zum Beispiel betont, dass das wissenschaftliche Verständnis davon, welchen Platz wir im Universum einnehmen, uns „in einem Ausmaß unbedeutend macht, das sich Kopernikus nie hätte vorstellen können".[43] Er behauptet, dass wir „ein Unfall in einer abgelegenen Ecke des Universums" sind und dass „das Universum sich nicht für uns interessiert".[44]

Trotz der Unbedeutsamkeit unseres Planeten und der letztendlichen Bedeutungslosigkeit des menschlichen Lebens argumentiert Krauss, dass wir dennoch Grund zu Optimismus und Freude haben. Er erklärt: „In einem zwecklosen Universum, das vielleicht eine traurige Zukunft hat, fragen Sie sich vielleicht: ‚Wie kann ich von Tag zu Tag mein Leben gestalten?' Die Antwort lautet: Wir schaffen uns unser eigenes Ziel. Wir schaffen uns unsere eigene Freude. Wir sind durch einen kosmischen Zufall hier, wie ich zu zeigen versucht habe, aber es ist ein bemerkenswerter Zufall, der es Ihnen und mir ermöglicht hat, hier zu sein, um zu reden, zu denken und die Schönheit und Pracht des Universums zu schätzen."[45]

Die existenzialistischen Philosophen hätten dem Rat von Krauss zugestimmt, dass wir unseren eigenen Sinn schaffen müssen. Auch sie argumentierten, dass wir unsere eigenen Werte und unsere eigene Moral schaffen müssen. Aber sie hätten Krauss' Behauptung, eine Grundlage für echten Optimismus gefunden zu haben, als „unauthentisch" betrachtet. Jean-Paul Sartre argumentierte, dass ein Universum ohne einen transzendenten persönlichen Gott – einen unendlichen Bezugspunkt – die Menschen in einem Zustand von „Angst, Verlorenheit und Verzweiflung"[46] zurücklässt – Angst, weil wir nie wissen können, ob wir die richtigen Werte gewählt haben, da es keinen ultimativen Maßstab gibt, nach dem wir solche Entscheidungen beurteilen können; Verlorenheit, weil wir mit unseren Entscheidungen wirklich allein sind und keine externe Quelle oder ein transzendenter Gott unserer Existenz einen dauerhaften Sinn verleihen kann; und Verzweiflung, weil die Welt um uns herum möglicherweise nicht in Einklang mit den Entscheidungen agiert, die wir treffen.[47] Sartre beschreibt auch die existenzielle Stimmung des „Ekels", die sich aus der Erkenntnis der endgültigen Sinnlosigkeit der Welt ergibt.

Dennoch erkenne ich bereitwillig die Logik dessen an, was Professor Krauss rät. Es ist wunderbar, am Leben zu sein; das Universum ist ein wunderschöner, geordneter und geheimnisvoller Ort, und unser Planet ist ein einzigartiges und kunstvolles blaues Juwel in den Weiten eines – soweit wir wissen – ansonsten unbewohnten Universums. Und wenn wir wissen, dass sich alles, was wir lieben, eines Tages im Hitzetod des Universums auflösen wird und dass wir selbst lange vorher sterben werden, warum sollten wir dann nicht alles an unserem Leben und unseren Lieben genießen, solange wir können? Warum nicht das Unvermeidliche akzeptieren und fröhlich sein, solange wir hier sind?

Wie wir auf unser existenzielles Schicksal reagieren – ob wir unsere flüchtige Existenz feiern oder in „Angst, Verlorenheit und Verzweiflung" versinken –, spiegelt vielleicht unser persönliches Naturell oder unsere Gemütsverfassung an einem bestimmten Tag wider. Ich behaupte nicht, dass es nur eine einzige sinnvolle Reaktion auf das menschliche Dasein ohne Gott gibt. Denn wenn Gott nicht existiert, gibt es keinen Maßstab, nach dem man eine solche Entscheidung beurteilen könnte. Jeder von uns muss dann für sich selbst entscheiden, wie er auf eine Zukunft ohne Hoffnung auf ein endgültiges Überleben oder einen Sinn reagieren will.

Dieses Buch hat jedoch eine bessere Nachricht: Keine der weithin angebotenen Antworten auf den Tod Gottes – Lebensangst oder sisyphushafter Widerstand – ist tatsächlich notwendig. Der Theismus löst nicht nur viele philosophische Probleme, sondern die empirischen Befunde aus der natürlichen Welt weisen eindeutig auf die Realität eines großen Verstandes hinter dem Universum hin. Unser wunderschönes, sich ausdehnendes und fein abgestimmtes Universum und die kunstvolle, integrierte und informationelle Komplexität lebender Organismen zeugen von der Realität einer transzendenten Intelligenz – eines persönlichen Gottes.

Der Druck, den diese Belege auf unser wissenschaftliches Bewusstsein ausüben, legt nahe, dass wir Gott nicht „erfinden" oder die Existenz Gottes sogar als bloße philosophische Notwendigkeit akzeptieren müssen. Stattdessen kann uns das Nachdenken über die Befundlage in die Lage versetzen, die Realität Gottes zu entdecken – oder wiederzuentdecken. Und diese Entdeckung ist in der Tat eine gute Nachricht. Wir sind nicht allein in einem riesigen unpersönlichen und bedeutungslosen Universum – das Produkt einer „blinden, erbarmungslosen Gleichgültigkeit". Stattdessen weisen alle Belege auf eine persönliche Intelligenz hinter der physischen Welt hin, die wir beobachten.

Diese Erkenntnis hat die Wissenschaft zu tief greifenden Untersuchungen über die zugrunde liegende Ordnung, Schönheit und Gestaltung des Lebens und des Universums inspiriert und kann sie auch weiterhin inspirieren. Sie hat aber auch noch eine andere Konsequenz. Wie der Psychologe Viktor Frankl in seinem klassischen Buch … *trotzdem Ja zum Leben sagen*[48] feststellte, kann der Mensch nicht anders, als sich Fragen nach dem Sinn seiner eigenen Existenz zu stellen. Da der Sinn aber nur von persönlichen Wesen erkannt und verliehen werden kann und wohl am besten in der Beziehung zwischen persönlichen Wesen zu finden ist, eröffnet die Rückkehr der Gotteshypothese auch eine hoffnungsvolle Möglichkeit – dass unsere Suche nach dem letzten Sinn nicht vergeblich sein muss.

Danksagungen

Interdisziplinäre Werke profitieren in hohem Maße von der kritischen Überprüfung durch Expertinnen und Experten aus verschiedenen Bereichen. Die Kapitel in diesem Buch haben von einer solchen kritischen Überprüfung und abwägenden Diskussion profitiert, und ich bin den Wissenschaftlern zu Dank verpflichtet, die dies geleistet haben. Dazu gehören Steve Fuller, Stephen Stobelen und Michael Newton Keas (Wissenschaftsgeschichte); Robert Sheldon und Guillermo Gonzalez (Astronomie); Brian Miller, Brian Pitts, David Snoke, Frank Tipler und Luke Barnes (Physik und Quantenmechanik); David Berlinski und William Dembski (Mathematik); Paul Nelson, Douglas Axe, Richard Sternberg, Michael Denton und Günter Bechly (Biologie und Paläontologie); Bruce Gordon (Philosophie der Physik); Timothy McGrew, J. P. Moreland und Robert Koons (Wissenschaftsphilosophie). Ich möchte auch Brian Miller für seine gründlichen Recherchen zur Unterstützung der Physikkapitel des Buches und für viele tiefgründige Gespräche über die sich aus diesen Recherchen ergebenden Fragen danken. Andrew McDiarmid danke ich für seine unschätzbare Hilfe bei der Eingabe von Quellen, der Verwaltung von Kapitelentwürfen, der Koordinierung des internen Peer-Reviews und der Bearbeitung des Manuskripts sowie für die Einholung von Genehmigungen. Sehr zu schätzen weiß ich die Arbeit unserer Redakteure vom Discovery Institute – David Klinghoffer, Jonathan Witt und Elaine Meyer –, die dazu beigetragen haben, dass das Manuskript besser lesbar ist. Ich bin auch Ray Braun für seine entzückenden Tuschezeichnungen dankbar. Ich danke John West dafür, dass er mir durch die Übernahme zusätzlicher Managementaufgaben Raum zum Schreiben verschafft hat, und für seinen klugen Rat. Mein besonderer Dank gilt Joseph Condeelis, Steve Dilley, Mark Montie, Thomas Marseille, Carolyn Siebe, John und Georgia Wiester und Elaine Meyer für die Inspiration und Unterstützung hinter den Kulissen. Mein Dank gilt auch den Produktionsmitarbeitern von HarperOne, insbesondere Lisa Zuniga, Ann Moru und Chantal Tom, für ihre Professionalität und ihre Liebe zum Detail, sowie David Fassett für seine wunderbare Designarbeit. Und schließlich danke ich meiner Lektorin Kathryn Hamilton für ihre geschickte Anleitung bei der Gestaltung dieses Projekts, für ihre umsichtige Herangehensweise und für ihr Vertrauen, dass es letztendlich zum Erfolg führen würde.

Anmerkungen

Prolog

1 „Krauss, Meyer, Lamoureux: What's Behind It All? God, Science and the Universe", März 2016, https://youtu.be/mMuy58DaqOk (letzter Zugriff 09.08.2022).

2 Da Materialisten behaupten, dass die Wissenschaft diese Sichtweise stützt, bezeichnen Geisteswissenschaftler diese Philosophie als wissenschaftlichen Materialismus oder manchmal auch als wissenschaftlichen Naturalismus. Der wissenschaftliche Naturalismus bezeichnet die eng verwandte Idee, dass die natürliche Welt – und die Materie und Energie, aus der sie besteht – letztlich alles ist, was existiert.

3 Siehe „Lost Between Immensity and Eternity: The Best of Carl Sagan's Cosmos (Part 2)", https://youtu.be/vIVsDg6U0LU?t=41 (letzter Zugriff 09.08.2022).

4 Dawkins: *Der blinde Uhrmacher*, S. 17ff.

5 Nye: *Undeniable*, S. 46.

6 Dawkins: *Der blinde Uhrmacher*, S. 20.

7 Dennett: *Darwins gefährliches Erbe*, S. 80.

8 Krauss: *Ein Universum aus dem Nichts: … und warum da trotzdem etwas ist.*

9 Hawking und Mlodinow: *Der große Entwurf*. Hamburg: Rowohlt, 2010, S. 177.

10 West: *Darwin's Corrosive Idea*, S. 3–7.

11 Michael Lipka: „A Closer Look at America's Rapidly Growing Religious ‚Nones'", Pew Research Center, 13. Mai 2015, http://www.pewresearch.org/fact-tank/2015/05/13/a-closer-look-at-americas-rapidly-growing-religious-nones (letzter Zugriff: 10.08.2022).

12 Dawkins: *Der blinde Uhrmacher*, S. 13, eigene Hervorhebung.

Teil I: Aufstieg und Niedergang der theistischen Naturwissenschaft

Kapitel 1: Die jüdisch-christlichen Ursprünge der modernen Naturwissenschaft

1 Barash: „God, Darwin and My College Biology Class“ (ohne exakte Quellenangabe).

2 Dawkins: *Und es entsprang ein Fluss in Eden*, München: Goldmann, 1998, S. 133.

3 Albert B. Paine, *Mark Twain: A Biography*, 1835-1910 (1912), Abschnitt XCVII, https://www.gutenberg.org/files/2988/2988-h/2988-h.htm#link2H_4_0102 (letzter Zugriff: 10.08.2022).

4 Siehe Dawkins: *Der blinde Uhrmacher, Der Gotteswahn, Und es entsprang ein Fluss in Eden*; Dennett: *Darwins gefährliches Erbe*; Harris: *Das Ende des Glaubens, Brief an ein christliches Land*; Hitchens: *Der Herr ist kein Hirte.*

5 Eine Widerlegung einer Fortführung dieser These, nämlich der Ansicht, die Wissenschaft habe zur Säkularisierung der Gesellschaft geführt, findet man bei Brooke: „Myth 25“.

6 Tyson: *Cosmos*, Folge 3.

7 Tyson: *Cosmos*, Folge 3, S. 45 in der Transkription unter http://investigacion.izt.uam.mx/alva/cosmos2014_01-1.pdf. Auch als Video unter https://www.fox.com/watch/cebd37976d6172a938ec77621fb35699/ Zeitmarke 28:46 (letzter Zugriff 10.08.2022).

8 Tyson: *Cosmos*, Folge 3, S. 48 in der Transkription unter http://investigacion.izt.uam.mx/alva/cosmos2014_01-1.pdf. Auch als Video unter https://www.fox.com/watch/cebd37976d6172a938ec77621fb35699/ Zeitmarken 21:11 und 28:16 (letzter Zugriff 10.08.2022).

9 Siehe auch Ungureanu: *Science, Religion, and the Protestant Tradition*.

10 Larson: *Summer for the Gods*, S. 21.

11 Draper: *History of the Conflict Between Religion and Science*, S. 363.

12 Russell: *Inventing the Flat Earth*, S. 38.

13 Larson: *Summer for the Gods*, S. 22. Scopes-Prozess: US-Gerichtsprozess im Jahr 1925, dessen Gegenstand das Lehren von Darwins Evolutionstheorie an öffentlichen Schulen war.

14 Russell: „The Conflict of Science and Religion“, S. 4.

15 Ebd.

16 Butterfield: *The Origins of Modern Science*.

17 Crombie: *Von Augustinus bis Galileo.*
18 Foster: *Creation, Nature, and Political Order in the Philosophy of Michael Foster* (1903–1959).
19 In seiner Schilderung des Ursprungs der modernen Naturwissenschaft würdigte Loren Eiseley „den schieren Glaubensakt, dass das Universum eine Ordnung besitzt und durch rationales Denken gedeutet werden kann … Die Philosophie der experimentellen Naturwissenschaft … begann ihre Entdeckungen und setzte ihre Methoden in dem Glauben – nicht dem Wissen – ein, dass sie es mit einem rationalen Universum zu tun hatte, das von einem Schöpfer beherrscht wurde, der nicht willkürlich handelte und nicht in die wirkenden Kräfte eingriff. Er hatte es in Gang gesetzt" (*Darwin's Century*, S. 62).
20 Lindberg: „Medieval Science and Religion".
21 Gingerich: *Gottes Universum.*
22 Hooykaas: *Religion and the Rise of Modern Science.*
23 Merton: „Science, Technology and Society in Seventeenth Century England".
24 Duhem: *The System of World.*
25 Russell: „The Conflict of Science and Religion", *Cross-Currents.*
26 Whitehead: *Wissenschaft und moderne Welt.*
27 Hodgson: „The Christian Origin of Science", *The Roots of Science and Its Fruits, Theology and Modern Physics.*
28 Barbour: *Religion and Science.*
29 Kaiser: *Creation and the History of Science.*
30 Rolston: *Science and Religion.*
31 Fuller: *Science vs. Religion?*
32 Harrison: *The Bible, Protestantism, and the Rise of Natural Science; The Fall of Man and the Foundations of Science.*
33 Stark: *For the Glory of God.*
34 Hodgson: „The Christian Origin of Science", *Occasional Papers*, S. 1. Siehe auch „The Christian Origin of Science", *Logos*, bes. S. 138.
35 Hodgson: „The Christian Origin of Science", *Occasional Papers*, S. 1. Eine weiterführende Erörterung und vollständige Zitate finden sich unter Kap. 1, Anm. 1a, www.returnofthegodhypothesis.com/extendedresearchnotes (letzter Zugriff 10.08.2022).
36 Barbour: *Religion and Science,* S. 27.
37 Butterfield: *The Origins of Modern Science*, S. 16f.
38 Lois Kieffaber: „Christian Theism Alive and Well in the Physics and Astronomy Classroom", in Arlin C. Migliazzo (Hg.): *Teaching as an Act of*

Faith: Theory and Practice in Church-Related Higher Education, New York: Fordham Univ. Press, 2002, S. 121.

39 Hodgson: „The Christian Origin of Science", *Logos*, S. 142; Zilsel: „The Genesis of the Concept of Physical Law", S. 255.

40 Heraklit und die Stoiker repräsentieren die berühmtesten Griechen, die an den *logos* glaubten, doch ein ähnliches Konzept, das *nous*, ist auch in den Werken von Platon und Aristoteles vorhanden. Sowohl *logos* als auch *nous* wurden, wie Richard Tarnas schreibt, „unterschiedlich verwendet und bedeuteten sowohl Verstand, Vernunft, Intellekt, organisierendes Prinzip, Gedanke, Wort, Sprache, Weisheit und Bedeutung, in jedem Fall in Bezug auf sowohl den menschlichen Verstand als auch eine universelle Intelligenz" (*The Passion of the Western Mind*, S. 47 – eigene Übersetzung).

41 Siehe Aristoteles: *Über den Himmel*; Ptolemäus: *Almagest*.

42 Hooykaas: *Religion and the Rise of Modern Science*, S. 12.

43 Der Wissenschaftshistoriker und -philosoph Steve Fuller von der Universität Warwick liefert eine andere Interpretation zum Ursprung der nezessitarischen Denkweise, die Bischof Tempier 1277 verurteilte. In einem persönlichen Schriftwechsel mit mir zu diesem Kapitel merkt Steve Fuller an, dass „nach modernen Maßstäben die meisten griechischen Philosophen – möglicherweise mit Ausnahme von Platon – recht bescheiden beurteilten, was ihrer Meinung nach die ‚Wissenschaft' irgendeiner Couleur letztlich erreichen kann. (Denken Sie nur einmal an die Atomisten. Sie hatten definitiv keine übersteigerte Auffassung vom menschlichen Verstand.)" Stattdessen schreibt Fuller den Ursprung des nezessitarischen Denkens weniger Aristoteles oder der griechischen Wissenschaft im Allgemeinen zu, sondern mehr dem Einfluss der islamischen Gelehrsamkeit zur *Interpretation* von Aristoteles, da seine Werke im christlichen Westen im Verlauf des 12. und 13. Jahrhunderts in Umlauf kamen. Eine weiterführende Erörterung findet sich unter Kap. 1, Anm. b, www.returnofthegodhypothesis.com/extendedresearchnotes (letzter Zugriff: 29.08.2022).

44 Bei Boetius von Dacien: „De summo bono", Siger von Brabant: „De aeternitate mundi", und Dales: *Medieval Discussions of the Eternity of the World*, wird dieses Thema ausführlich behandelt.

45 Chaberek: *Aquinas and Evolution*, S. 48–59.

46 Crombie: *The History of Science from Augustine to Galileo*, 2:57. Eine weiterführende Erörterung und vollständige Zitate finden sich unter Kap. 1, Anm. c, www.returnofthegodhypothesis.com/extendedresearchnotes.

47 Zum Beispiel Albertus Magnus (Crombie: *History*, 2:54), Peter von Auver-

gne, Johannes Buridan, Marsilius von Inghen (2:54), Thierry von Chartres (1:49) und Averroës (1:72-73).

48 Zum Beispiel Thierry von Chartres (Crombie: *History*, 1:49) und Averroës (1:72-73).

49 Klima, Allhoff und Vaidya (Hg.): „Selections from the Condemnation of 1277".

50 Torrance: *Divine and Contingent Order*, S. 3.

51 Eine weiterführende Erörterung und vollständige Zitate finden sich unter Kap. 1, Anm. d, www.returnofthegodhypothesis.com/extendedresearchnotes.

52 Boyle, Royal Society, Miscellaneous MS 185, fol. 29, zitiert bei Davis: „The Faith of a Great Scientist". Eine weiterführende Erörterung und vollständige Zitate finden sich unter Kap. 1, Anm. e, www.returnofthegodhypothesis.com/extendedresearchnotes.

53 Barbour: *Religion and Science*, S. 28, Hervorhebung im Original.

54 Ich gebrauche den Begriff „Wissenschaftler", „Naturwissenschaftler" oder „frühneuzeitlicher Wissenschaftler" häufig anachronistisch, um die Personen zu beschreiben, die im 16. und 17. Jahrhundert das betrieben, was wir heute wissenschaftliche Forschung nennen würden. Zur damaligen Zeit wurden sie allerdings als „Naturphilosophen", „Experimentalphilosophen" oder Vertreter der „mechanistischen Philosophie" bezeichnet. Für die Personen, die systematisch die Natur studieren, wurde der Begriff „Wissenschaftler" oder „Naturwissenschaftler" erst ab 1833 verwendet, als der Wissenschaftsphilosoph William Whewell ihn prägte.

55 Whitehead: *Science and the Modern World*, S. 3f., Hervorhebung im Original.

56 Ebd., S. 12.

57 Fuller: *Science vs. Religion?*, S. 15.

58 Rolston: *Science and Religion*, S. 39.

59 Kepler: *Brief an Herwart von Hohenburg*.

60 Hodgson: „The Christian Origin of Science", Logos, S. 145. Eine weiterführende Erörterung und vollständige Zitate finden sich unter Kap. 1, Anm. f, www.returnofthegodhypothesis.com/extendedresearchnotes.

61 Fuller: Vorwort zu *Theistic Evolution*, S. 30. Siehe auch Harrison: *The Bible, Protestantism, and the Rise of Natural Science*; *The Fall of Man and the Foundations of Science*.

62 Fuller: Vorwort zu *Theistic Evolution*, S. 30.

63 Ebd.

64 Harrison: *The Bible, Protestantism, and the Rise of Natural Science*; *The Fall of Man and the Foundations of Science*.

65 Fuller: Vorwort zu *Theistic Evolution*, S. 31.
66 Crombie: *Robert Grosseteste and the Origins of Experimental Science 1100–1700*, S. 139–162.
67 Ebd., S. 52–57 und 81–90.
68 Crombie: *The History of Science from Augustine to Galileo*, 2:27.
69 Lewis: „Robert Grosseteste".
70 Siehe McGrade: „Natural Law and Moral Omnipotence", S. 273–301.
71 Zitat nach Johannes Clauberg, https://de.wikipedia.org/wiki/Ockhams_Rasiermesser.
72 Aristoteles: *Metaphysik*, 1.3, S. 7–8.
73 Moliére gebraucht diesen Ausdruck in seinem Stück *Der eingebildete Kranke*, um sich über eine Gruppe von Ärzten lustig zu machen, die die schlaffördernde Wirkung von Opium so beschreiben.
74 Siehe Spade: „Ockham's Nominalist Metaphysics".
75 Siehe Freddoso: „Ockham on Faith and Reason", S. 328–331.
76 Ockham, Sent. I.30.1 (290), in Spade: „Ockham's Nominalist Metaphysics", S. 104.
77 Dawkins: *Und es entsprang ein Fluss in Eden*, München: Goldmann, 1998, S. 151.

Kapitel 2:
Drei Metaphern und die Entstehung des naturwissenschaftlichen Weltbildes

1 Hess: „God's Two Books"; Howell: *God's Two Books*. Eine weiterführende Erörterung und vollständige Zitate finden sich unter Kap. 2, Anm. a, www.returnofthegodhypothesis.com/extendedresearchnotes.
2 Socrates Scholasticus: *Historia Ecclesiastica*, IV, 23 (67, 518), zitiert in Tanzella-Nitti: „The Two Books Prior to the Scientific Revolution".
3 Basilius von Cäsarea: „Die Danksagung", in: *Ausgewählte Predigten*, https://bkv.unifr.ch/de/works/CPG-2845-2869/versions/ausgewahlte-predigten-bkv-3 (letzter Zugriff 11.08.2022).
4 Siehe Augustinus: *Enarrationes in Psalmos, Sermones, Confessiones*; Maximus Confessor: *Ambigua*; Thomas von Aquin: *Super Epistolam ad Romanos, Summa Theologiae*, zitiert in Tanzella-Nitti: „The Two Books Prior to the Scientific Revolution".
5 Ps 19,2 ELB.
6 Ps 19,3 ELB, eigene Hervorhebung.
7 Röm 1,20 ELB.

8 Ray: *The Wisdom of God Manifested in the Works of the Creation.*

9 Boyle: „Of the Study of the Book of Nature", S. 154f., zitiert in Davis: „The Faith of a Great Scientist".

10 Ebd.

11 Nachdem sie während der wissenschaftlichen Revolution zum ersten Mal in Umlauf geriet, hielt sich die Metapher von der Natur als Buch noch lange im allgemeinen wissenschaftlichen Sprachgebrauch. Albert Einstein verwendete eine angepasste Version dieser Metapher und bezeichnete das Universum als Bibliothek, die intelligent nach einer eindeutigen, aber für uns mysteriösen Ordnung sortiert ist. Er erklärte: „Wir sind wie das kleine Kind, das eine riesige Bibliothek betritt, deren Wände bis zur Decke voll sind von Büchern in vielen verschiedenen Sprachen. Das Kind weiß, dass jemand diese Bücher geschrieben haben muss – aber nicht, wer oder wie" (zitiert bei Viereck: *Glimpses of the Great*, S. 372f.). Vollständiges Zitat unter Kap. 2, Anm. b, www.returnofthegodhypothesis.com/extendedresearchnotes.

12 Boyle: „Usefulness of Natural Philosophy", zitiert bei Davis: „The Faith of a Great Scientist".

13 Ebd.

14 Oresme: *Le Livre du ciel et du monde.*

15 Boyle: „A Free Enquiry into the Vulgarly Receiv'd Notion of Nature" (Hervorhebung im Original), zitiert bei Davis: „The Faith of a Great Scientist".

16 Newton schreibt in seiner *Optik*: „Wenn man uns sagt, jede Species der Dinge sei mit einer specifischen verborgenen Eigenschaft begabt, durch welche sie wirkt und sichtbare Effecte hervorbringt, so ist damit gar nichts gesagt" (*Optik oder Abhandlung über Spiegelungen, Brechungen, Beugungen und Farben des Lichts* (1704), II. und III. Buch, Übers. William Abendroth, Leipzig: Verlag Wilhem Engelmann, 1898, S. 144). Eine weiterführende Erörterung und vollständige Zitate finden sich unter Kap. 2, Anm. c, www.returnofthegodhypothesis.com/extendedresearchnotes.

17 Korpuskeltheorien wurden neben Boyle auch von Descartes (*Le Monde*), Gassendi (*Opera Omnia*), Newton (*Optik*) und Locke (*Eine Abhandlung über den menschlichen Verstand*) vorgelegt.

18 Boyle: *New Experiments Physico-Mechanical.*

19 Boyle: *A Defense of the Doctrine Touching the Spring and Weight of the Air.*

20 Boyle: „A Free Enquiry into the Vulgarly Receiv'd Notion of Nature", S. 450–460, zitiert bei Davis: „The Faith of a Great Scientist".

21 Boyle: „A Free Enquiry", S. 448.

22 Boyle: „Disquisition about the Final Causes of Natural Things", S. 150f., zitiert bei Davis: „The Faith of a Great Scientist".
23 Boyle: „Disquisition about the Final Causes of Natural Things", S. 150f.
24 Ebd., Hervorhebung im Original.
25 Ebd., Hervorhebung im Original.
26 Davis: „The Faith of a Great Scientist".
27 Ebd.
28 Paley: *Natürliche Theologie. Mit Bemerkungen und Zusätzen von Lord Brougham und Sir Charles Bell. In deutscher Bearbeitung hg. v. Dr. H. Hauff.* Stuttgart/Tübingen, Verlag der J. G. Cotta'schen Buchhandlung, 1837, S. 2, 13.
29 Boyle, Royal Society, Boyle Papers, Bd. 5, Fol. 105, zitiert bei Davis: „The Faith of a Great Scientist".
30 Ebd.
31 Brooke: „Science and Theology in the Enlightenment", S. 9.
32 Calvin: *Chemical Evolution*, S. 258.
33 Ebd.
34 Ebd.
35 Zilsel: „The Genesis of the Concept of Physical Law", S. 245–247. Zu neueren Untersuchungen zu dieser Verbindung siehe Harrison: „The Development of the Concept of Laws of Nature". Siehe auch Gingerich: „Kepler and the Laws of Nature", S. 17–23, sowie Daston und Stolleis: *Natural Law and Laws of Nature in Early Modern Europe.*
36 Zilsel: „The Genesis of the Concept of Physical Law", S. 247–249.
37 Ebd.
38 Hiob 28,25f.: „Er bestimmte die Stärke des Windes und das Ausmaß der Gewässer. Er gab dem Regen ein Gesetz und schrieb Sturm und Gewitter ihren Weg vor". (NLB)
39 Zilsel: „The Genesis of the Concept of Physical Law", S. 247f. Ps. 104,9: „Dann hast du dem Meer eine Grenze gesetzt, damit es die Erde nicht mehr bedecke"; Spr. 8,29: „Ich war da, als [der Herr] dem Meer seine Grenzen setzte, über die das Wasser nicht hinaus konnte"; Jer. 5,22: „Ich, der HERR, habe dem Meer die Sandküste als Grenze gesetzt, eine ewige Grenze, die das Wasser nicht überschreiten kann"; Hiob 26,10: „Den Horizont hat er im Bogen über dem Meer ausgebreitet, er bildet die Grenze zwischen Licht und Finsternis" (jeweils NLB).
40 Zilsel: „The Genesis of the Concept of Physical Law", S. 248.
41 Ebd.
42 Ebd., S. 249–253. Eine weiterführende Erörterung und vollständige Zitate

finden sich unter Kap. 2, Anm. d, www.returnofthegodhypothesis.com/extendedresearchnotes.
43 Zilsel: „The Genesis of the Concept of Physical Law", S. 250.
44 Ebd.
45 Ebd., S. 251. Vollständiges Zitat unter Kap. 2, Anm. e, www.returnofthegodhypothesis.com/extendedresearchnotes.
46 Zilsel: „The Genesis of the Concept of Physical Law", S. 255.
47 Gingerich: „Kepler and the Laws of Nature", S. 17–23.
48 Siehe Zilsel: „The Genesis of the Concept of Physical Law", 258ff.
49 Ebd., S. 254.
50 Ebd. Eine weiterführende Erörterung und vollständige Zitate finden sich unter Kap. 2, Anm. f, www.returnofthegodhypothesis.com/extendedresearchnotes.
51 Oakley: „Christian Theology and the Newtonian Science", S. 435.
52 Diese Ideen könnten interessanterweise von der biblischen Terminologie abgeleitet sein. Das hebräische Wort *chok* oder „Ordnung/Dekret" hat die gleiche Wurzel wie das Verb, das „schnitzen/einritzen" bedeutet, also einem Material Worte oder Bilder „aufdrücken/einprägen". Es hat eine andere Konnotation als ein Wort mit ähnlicher Bedeutung – *mishpat* –, das oft mit „Urteil" übersetzt wird. Göttliche Ordnungen der ersten Art haben eine scheinbar vorsätzliche, sogar willkürliche Qualität; ihre Gründe sind nicht unbedingt bekannt (Rashi [Rabbi Shlomo Yitzchaki, 1040–1105] und Rabbeinu Bachya [Bahya ibn Paquda, 1050–1120] zu 4. Mose 19,1). Hingegen sind die Gründe hinter Gottes „Urteilen" klarer, und manche davon könnten potenziell als logisch notwendig für eine gerecht geordnete Gesellschaft vorausgesagt werden.
53 Oakley: „Christian Theology and the Newtonian Science", S. 436f.
54 Newton vertrat diese Ansicht. Im Vorwort zu den *Principia* schrieb er, dass die Naturphilosophen des 17. Jahrhunderts zu Recht „die Lehre von den substantiellen Formen und den verborgenen Eigenschaften aufgegeben" haben, sodass sie „die Erscheinungen der Natur auf mathematische Gesetze zurück[führen]" konnten (*Mathematische Prinzipien der Naturlehre*, Hg. J. Ph. Wolfers, Berlin: Verlag Robert Oppenheim, 1873, S. 1).
55 Davis: „Newton's Rejection of the ‚Newtonian World View'".
56 Leibniz argumentierte: „Die Verfechter der [wundersamen Gravitationsanziehung] müssen annehmen, dass diese durch *Wunder* hervorgerufen wird, oder sich andernfalls auf Absurditäten beziehen, das heißt, auf die verborgenen Qualitäten der Schulen, die manche unter der trügerischen

Bezeichnung ‚*Kräfte*' wiederbeleben; doch sie bringen uns zurück ins Reich der Dunkelheit" (Clarke: *A Collection of Papers, Which Passed Between the Late Learned Mr. Leibnitz [sic] and Dr. Clarke, in the Years 1715 and 1716*, S. 265, Hervorhebung im Original).

57 Descartes: *Die Prinzipien der Philosophie.*

58 Huygens: „Discours de la Cause de la Pesanteur".

59 Leibniz: *Neue Abhandlungen über den menschlichen Verstand.* Erstes Buch. Von den eingeborenen Ideen. Mit Benutzung der Schaarschmidt'schen Übertragung neu übersetzt, eingeleitet und erläutert von Ernst Cassirer. Leipzig: Verlag Felix Meiner, 1915. https://www.projekt-gutenberg.org/leibniz/verstan1/chap002.html (letzter Zugriff 30.08.2022).

60 Eine weiterführende Erörterung und vollständige Zitate von Leibniz finden sich unter Kapitel 2, Anm. g, www.returnofthegodhypothesis.com/extendedresearchnotes.

61 Leibniz: *Die Philosophischen Schriften*, S. 358.

62 Leibniz: *The Leibniz-Clarke Correspondence*, S. 94.

63 Ebd.

64 Ebd., S. 92.

65 Leibniz: *Neue Abhandlungen über den menschlichen Verstand*, https://www.projekt-gutenberg.org/leibniz/verstan1/chap003.html (letzter Zugriff 17.04.2023); Allen: *Mechanical Explanations and the Ultimate Origin of the Universe According to Leibniz*, S. 8; Buchdahl: *Metaphysics and the Philosophy of Science*, S. 426; Leibniz: *The Leibniz-Clarke Correspondence*, S. 19.

66 Allen: *Mechanical Explanations and the Ultimate Origin of the Universe According to Leibniz*, O.

67 Ebd., W.

68 Newton: *Cambridge Manuscript Add. 3970.3, 478v.*

69 Newton: Brief von Isaac Newton an Richard Bentley, 25. Februar 1692/3, 189.R.4.47, 7r–7v.

70 Ebd., 189.R.4.47, W.

71 Siehe Bentleys siebente und achte Vorlesung zu Boyle, in Bentley: *Eight Sermons Preach'd at the Honourable Robert Boyle's Lecture, in the First Year 1692.*

72 Bentley: Brief von Richard Bentley an Isaac Newton, 1. Februar 1692/3, 189.R.4.47, ff.3–4.

73 Ebd., 189.R.4.47, 3r, eigene Hervorhebung.

74 Newton: Brief von Isaac Newton an Richard Bentley, 25. Februar 1692/3, 189.R.4.47, 7r, eigene Hervorhebung.

75 Newton: „Scholium Generale“ in *Mathematical Principles of Natural Philosophy*, S. 941, eigene Hervorhebung. [Das Scholium Generale ist nicht in allen dt. Ausgaben von *Mathematische Prinzipien* enthalten.]
76 Collingwood: *The Idea of Nature.*
77 Wie Samuel Clarke, der häufig als Newtons Sprecher fungierte, schrieb, ist der Lauf der Natur „nichts anderes als der Wille Gottes, der bestimmte Wirkungen in einer fortgesetzten, regelmäßigen, konstanten und einheitlichen Art und Weise hervorruft“ (Yenter: „Samuel Clarke“; darin enthaltene Zitate stammen aus Clarke, *The Works*, S. 698; *A Demonstration of the Being and Attributes of God and Other Writings*, S. 149).
78 Davis: „Newton's Rejection of the ‚Newtonian World View‘“.
79 Schaffer: „Occultism and Reason“, S. 129; Davis: „Newton's Rejection of the ‚Newtonian World View‘“.
80 Gillespie: „Natural History, Natural Theology, and Social Order“.
81 Kepler: *Mysterium Cosmographicum*, S. 93–103; *Harmonies of the World*, S. 170, 240; Gingerich: „Kepler and the Laws of Nature“, S. 17–23.
82 Boyle: *Selected Philosophical Papers of Robert Boyle*, S. 172.
83 Der Wissenschaftshistoriker James Larson merkt an: „Rationale Forschung muss Linnés Ansicht zufolge unweigerlich nicht zu Skepsis oder Unglauben führen, sondern zur Anerkenntnis von und dem Respekt vor einem allwissenden und allmächtigen Schöpfer“ (*Reason and Experience*, S. 151).
84 *Optik oder Abhandlung über Spiegelungen, Brechungen, Beugungen und Farben des Lichts,* Isaac Newton (1704) in der Übersetzung von William Abendroth; hier aus *Ostwalds Klassiker 1898/1996,* II. und III. Buch, S. 121 (https://collections.thulb.uni-jena.de/rsc/viewer/HisBest_derivate_00004460/NT_238_Bd2_Seite_0121.tiff).
85 Newton: „Scholium Generale“ in *Mathematical Principles of Natural Philosophy*, Übers. Motte, S. 388. Eine neuere englische Übersetzung von Cohen und Whitman gibt diesen Abschnitt etwas anders wieder: „Dieses höchst elegante System aus Sonne, Planeten und Kometen hätte nicht ohne die Gestaltung und Herrschaft eines intelligenten und mächtigen Wesens entstehen können.“ („Scholium Generale“ in *Mathematical Principles of Natural Philosophy*, S. 942.) [Das Scholium Generale ist nicht in allen dt. Ausgaben von *Mathematische Prinzipien* enthalten.]
86 Brooke: „Science and Theology in the Enlightenment“, S. 8f.
87 Newton: *Optik*, S. 121.

Kapitel 3: **Das Aufkommen des wissenschaftlichen Materialismus und die Überschattung der theistischen Wissenschaft**

1 Intellektuelle Historiker unterscheiden mehrere Stränge in der Philosophie der Aufklärung, von denen einige mehr säkularisieren als andere. Persönlichkeiten der französischen Aufklärung wie Voltaire neigten eher zu einer atheistischen und antiklerikalen Perspektive, während Vertreter der britischen Aufklärung wie John Locke sowohl den menschlichen Verstand als auch die Offenbarung der Heiligen Schrift als stichhaltige und einander ergänzende Quellen des Wissens betrachteten. David Hume, ein Vertreter der schottischen Aufklärung, ist für seine Skepsis gegenüber Argumenten für die Existenz Gottes und die Möglichkeit von Wundern bekannt. Ironischerweise brachte er ebenso tiefgreifende Skepsis im Blick auf den Gebrauch der induktiven Logik in wissenschaftlichen Untersuchungen zum Ausdruck.

2 Ross: „Scientist: The Story of a Word", S. 72.

3 Hume behauptete weiterhin, es müsse „eine gleichförmige Erfahrung mit einer wunderbaren Begebenheit in Widerstreit stehen, sonst kann sie diese Benennung nicht verdienen. Da nun eine übereinstimmige Erfahrung so gültig ist, als ein vollständiger Beweis, so liegt schon in der Natur des Faktums ein vollständiger und direkter Beweis gegen die Existenz eines Wunders" (Hume: *Eine Untersuchung über den menschlichen Verstand*, übers. M. W. G. Tennemann, Jena, Verlag der akademischen Buchhandlung, 1793, S. 261f.).

4 Markie: „Rationalism vs. Empiricism".

5 Hume: *Eine Untersuchung über den menschlichen Verstand*, S. 261. Zahlreiche heutige Philosophen meinen, dass Humes skeptisches Argument gegen Wunder auf einem Zirkelschluss beruht, denn er lehnt alle angeblichen historischen Belege für das Auftreten von Wundern mit der Begründung ab, dass Wunder nicht geschehen, und begründet dann seine Behauptung, dass Wunder nicht geschehen, indem er behauptet, dass sie nie beobachtet wurden. Seine Kritik an der Möglichkeit von Wundern geht zudem davon aus, dass sie die Naturgesetze verletzen; doch in anderen Teilen von *Eine Untersuchung über den menschlichen Verstand* (z. B. S. 58f.) argumentiert er, dass die Naturgesetze einer objektiven Existenz entbehren, sondern lediglich kognitive Gewohnheiten unseres Verstandes darstellen. Doch wenn das der Fall ist, ist es schwer einzusehen, wie Wunder sie „verletzen" sollten. Siehe McGrew: „Miracles".

6 Siehe Comte: „The Positive Philosophy of Auguste Comte".

7 Mehr zu Kants Ansicht über das kosmologische Argument bei Kant: *The Critique of Pure Reason, The Critique of Practical Reason and Other Ethical Treatises, The Critique of Judgement*, S. 368–370, 440–456, sowie zum Design-Argument S. 523.

8 Craig: *Reasonable Faith*, S. 79–83.

9 Craig: *The Cosmological Argument from Plato to Leibniz*, S. x, xi, 48–126, 158–204, 282–295; Craig: *Reasonable Faith*, S. 79f.; Swinburne: *The Existence of God*, S. 116–132.

10 Bonaventure: *Commentaries on the Sentences of Peter Lombard*, Buch II, Distinction 1, Part 1, Artikel 1, Frage 1.

11 Kant: *The Critique of Pure Reason, The Critique of Practical Reason and Other Ethical Treatises, The Critique of Judgement*, S. 368–370.

12 Ebd., S. 440–456.

13 Das kosmologische Kalām-Argument versucht, Gottes Existenz als notwendige Erstursache für den Ursprung eines endlichen Universums zu begründen. Das Kalām-Argument ist allerdings nicht die einzige Version des kosmologischen Arguments. Thomas von Aquin argumentierte, dass Gott die notwendige Erstursache des Universums ist, nicht im zeitlichen, sondern im ontologischen Sinn (Craig: *Reasonable Faith*, S. 80–83). Gottfried Leibniz vertrat eine andere Version des kosmologischen Arguments, bei der er Gott als einzigen „hinreichenden Grund" für die kontingente Kausalstruktur des Universums in seiner Gesamtheit postulierte („The Monadology", S. 235–238). Eine weiterführende Erörterung zum Status und der Bedeutung dieser Versionen des kosmologischen Arguments findet sich unter Kap. 3, Anm. a, www.returnofthegodhypothesis.com/extendedresearchnotes.

14 Newton: *The Correspondence of Isaac Newton*, Bd. 3, Brief 398.

15 Hawking: *Eine kurze Geschichte der Zeit*, S. 16f.

16 H. S. Thayer schreibt dazu: „Newton spricht in seiner *Optik* vom Weltraum als dem göttlichen Sensorium. Der Weltraum ist das, worin die Kraft und der Wille Gottes die physische Welt lenkt und beherrscht. Der Weltraum ist nicht mit Gott zu identifizieren. … Newton sagt in diesem *Scholium*, Gott ‚regiert alle Dinge und weiß alles, was ist oder getan werden kann. Er ist nicht die Ewigkeit oder Unendlichkeit, sondern er ist ewig und unendlich. Er ist nicht die Zeitdauer oder der Weltraum, doch er überdauert alles und ist gegenwärtig. Er bleibt für immer und ist überall gegenwärtig, und indem er immer und überall existiert, stellt er Zeitdauer und Weltraum dar.' Gott stellt Zeitdauer und Weltraum dar, da er ‚aus der

gleichen Notwendigkeit [aus der heraus er existiert] immer und überall existiert'" (*Newton's Philosophy of Nature*, S. 185f.).

17 Newton glaubte wahrscheinlich, dass der materielle Inhalt des Universums vor endlicher Zeit erschaffen wurde, doch dass die Zeit seit einer unendlichen Vergangenheit existiert. Gorham: „Newton on God's Relation to Space and Time", S. 281–320.

18 Dennoch äußerten nur wenige Physiker und Astronomen im 19. Jahrhundert diese Sichtweise ausdrücklich. Vielmehr schienen zahlreiche Naturwissenschaftler und Philosophen mit dem Aufkommen des wissenschaftlichen Materialismus einfach anzunehmen, dass das Universum ewig und in sich selbst existierend sein muss. Folglich führte die Entdeckung von Hinweisen auf ein zeitlich begrenztes Universum Anfang des 20. Jahrhunderts zu einer beträchtlichen kognitiven Dissonanz bei vielen Physikern und Astronomen. Ihre Reaktion zeigte deutlich, dass sich im 19. Jahrhundert die Annahme eines unendlich alten Universums tief verwurzelt hatte. Das prominenteste Beispiel für diese negative Reaktion war Einsteins Entscheidung, einen präzisen Wert für die kosmologische Konstante zu wählen, um zu gewährleisten, dass er das Universum als weder expandierend noch kontrahierend, sondern als statisch darstellen konnte. Sir Arthur Eddington und Sir Fred Hoyle reagierten ebenfalls negativ auf die Idee eines zeitlich begrenzten Universums. Siehe Kapitel 5, wo ich jedes dieser Beispiele detaillierter ausführe.

19 Hume: „Dialogues Concerning Natural Religion", S. 51.

20 Ebd., S. 72–83.

21 Ebd. Hume lässt in seinen „Dialogues" seine Figur Philo sagen: „Ich behaupte, dass es andere Teile des Universums gibt (neben den von Menschen erfundenen Apparaten), die immer noch eine große Ähnlichkeit mit dem Stoff der Welt haben und die daher eine bessere Annahme zum universellen Ursprung dieses Systems bieten. Diese Teile sind die Tiere und Pflanzen. Die Welt ähnelt einfach mehr einem Tier oder einer Pflanze als einer Uhr oder einem Webstuhl. Ihr Ursprung ähnelt daher wahrscheinlich eher dem Ursprung der Ersteren. Der Ursprung der Ersteren ist die Zeugung oder Vegetation. Daher können wir ableiten, dass der Ursprung der Welt etwas Ähnliches wie oder Analoges zur Zeugung oder Vegetation ist" (S. 78).

22 Kant bemühte sich, die Reichweite des Design-Argumentes zu begrenzen, lehnte es aber nicht rundheraus ab. Obwohl er dieses Argument als Beweis des transzendenten und allmächtigen Gottes der jüdisch-christlichen Theologie ablehnte, akzeptierte er dennoch, dass es die Realität eines

mächtigen und intelligenten Welturhebers zeigen konnte. Er selbst sagte: „Die physikalisch-theologische Argumentation kann uns in der Tat dahinführen, die Größe, Weisheit, Macht usw. des Welturhebers zu bewundern, doch keinen Schritt weiter“ (Kant: *The Critique of Pure Reason, The Critique of Practical Reason and Other Ethical Treatises, The Critique of Judgement*, S. 523).

23 Reid: *Lectures on Natural Theology*, S. 59.

24 Paine: *The Age of Reason*, S. 6.

25 Paley: *Natural Theology*, S. 8f. Eine andere Ansicht, welche es infrage stellt, dass Darwin Paley entschieden widerlegte, findet sich bei Shapiro: „Myth 8“. Eine weiterführende Erörterung zum Status des Design-Argumentes während dieser Zeit findet sich unter Kap. 3, Anm. b, www.returnofthegodhypothesis.com/extendedresearchnotes.

26 Paley: *Natural Theology*, S. 8f.

27 Bridgewater: *The Bridgewater Treatises.*

28 Adam Shapiro betrachtet die Dauerhaftigkeit des Design-Arguments noch optimistischer und weist darauf hin, dass Darwin nicht alle Fragen beantwortete, die Paleys Plädoyer für eine Gestaltung in seiner *Natural Theology* motiviert hatten. („Myth 8“).

29 Darwin: *On the Origin of Species (1964)*, S. 453.

30 Laplace: *Darstellung des Weltsystems*, S. 354–375.

31 Ebd. – Passage nicht in der dt. Ausgabe enthalten!

32 Zitiert bei Kaiser: *Creation and the History of Science*, S. 267.

33 Eine weiterführende Erörterung zum faktischen Status dieses Berichts findet sich bei Kaiser, *Creation and the History of Science*, S. 267. Siehe auch Kap. 3, Anm. c, www.returnofthegodhypothesis.com/extendedresearchnotes.

34 Eine weiterführende Erörterung zum faktischen Status dieses Berichts findet sich unter Kap. 3, Anm. c, www.returnofthegodhypothesis.com/extendedresearchnotes.

35 Lyell: *Lehrbuch der Geologie.*

36 Darwin: *On the Origin of Species (1964)*, S. 130–172.

37 Ayala: „Darwin's Revolution“, S. 4.

38 Sire: *The Universe Next Door*, S. 18.

39 Eine Erörterung dieser Verschiebung in der Methodik findet sich bei Gillespie: *Charles Darwin and the Problem of Creation*, S. 41–66, 82–108.

40 Gillespie: *Charles Darwin and the Problem of Creation*, S. 67–81.

41 Ebd., S. 36 und 75 sowie dazugehörige Anmerkungen. Siehe auch Agassiz: „The Primitive Diversity and Number of Animals in Geological Times“.

42 Darwin: *The Origin of Species (2003)*, S. 414.

43 Für eine weiterführende Erörterung der sich im 19. Jahrhundert verschiebenden Konventionen hinsichtlich der Frage, ob es akzeptabel ist, eine kreative Intelligenz als wissenschaftliche Erklärung anzuführen, siehe Kap. 3, Anm. d, www.returnofthegodhypothesis.com/extendedresearchnotes.

44 Marx erörtert das Konzept des dialektischen Materialismus in verschiedenen seiner Werke, doch das namhafteste ist *Das Kapital*, in dem Marx Hegels Konzept des dialektischen Idealismus mit einem größeren Fokus auf die materielle Welt anwendet (Marx: *Das Kapital*).

45 Freuds Opus ist umfangreich und eine vollständige Zusammenfassung an dieser Stelle nicht von Bedeutung. Einige wichtige Punkte hier sind allerdings seine Ideen zur Sexualität, insbesondere der kindlichen Sexualität (siehe *Die Traumdeutung* und *Drei Abhandlungen zur Sexualtheorie*), und zur menschlichen Psyche, die nach seinem Modell aus dem Es, dem Ich und dem Über-Ich besteht (siehe *Jenseits des Lustprinzips* sowie *Das Ich und das Es*).

46 Es wurde angemerkt, dass Marx das Etikett „Atheist" nicht mochte und es nicht auf sich selbst anwendete, da seiner Ansicht nach Menschen, die sich so definierten, zu sehr versuchten, sich in Bezug auf das zu definieren, was sie nicht glaubten. Dennoch glaubte er ganz offenkundig nicht an Gott, und er war auch nicht im üblichen Sinn lediglich agnostisch. Vielmehr lehnte er als überzeugter dialektischer Materialist jede Vorstellung von Gott als Realität ab; daher trifft die Bezeichnung „Atheist" als philosophische Kategorisierung eindeutig auf ihn zu. Siehe Marx und Engels: *Economic and Philosophic Manuscripts of 1844*, S. 72.

47 Marx: *Zur Kritik der Hegelschen Rechts-Philosophie*.

48 Freud: *Die Zukunft einer Illusion*.

49 Draper: *History of the Conflict Between Religion and Science*; White: *Geschichte der Fehde zwischen Wissenschaft und Theologie in der Christenheit*.

50 Ayala: „Darwin's Revolution", S. 4f.

51 Provine: „Evolution and the Foundation of Ethics".

52 Futuyma: *Evolutionsbiologie*.

53 Dawkins: *Der blinde Uhrmacher*.

54 Simpson: *The Meaning of Evolution*.

55 Ebd., S. 344f.

56 Ayala: „Darwin's Greatest Discovery".

57 Siehe Bingham: „Richard Dawkins"; HuffPost.com. „Bill Nye On Belief

In God: Explains How And Why He Is Agnostic (VIDEO)". 1/22/2014. Abzurufen unter https://www.huffpost.com/entry/bill-nye-on-belief-in-god_n_4645891 (letzter Zugriff 24.08.2022).

58 Siehe Dawkins: „The Improbability of God".

59 Futuyma: *Evolutionary Biology*, S. 3.

60 Michael Peterson et al. liefern eine hilfreiche dreifache Typologie von vermeintlichen Beziehungen zwischen Wissenschaft und Religion (*Reason and Religious Belief*, S. 196–214). Sie erörtern das Konflikt-, Kompartmentalismus- und Komplementaritätsmodell der Interaktion zwischen Wissenschaft und Religion. Allerdings ziehen sie nicht die Möglichkeit in Betracht, dass wissenschaftliche Hinweise einen theistischen Glauben stützen könnten, obwohl das eine logische Möglichkeit bleibt. Ich habe daher ein viertes Modell vorgeschlagen (das ich hier verteidige), nämlich das der „eingeschränkten Zustimmung" oder „erkenntnistheoretischen Unterstützung". Siehe Meyer: „The Demarcation of Science and Religion", S. 18–26. Siehe auch Dembski and Meyer: „Fruitful Interchange or Polite Chitchat?"

61 Gould: *Rocks of Ages*.

62 MacKay: *The Clockwork Image*, S. 51–55; Van Till: *The Fourth Day*, S. 208–215; Van Till, Young und Menninga: *Science Held Hostage*, S. 39–43, 127–168. Siehe Gruenwald: „Science and Religion: The Missing Link"; dort findet sich eine andere Interpretation der Komplementarität, die die methodische Autonomie von Wissenschaft und Religion bekräftigt, doch ihre Befunde miteinander in Verbindung bringt.

63 Pond: „Independence".

64 Siehe Russell: *Michael Faraday: Physics and Faith*.

65 Siehe Guyot: *Memoir of Louis Agassiz: 1807–1873*. Ich behandle Agassiz und seine Arbeit auch an anderer Stelle (Meyer: *Darwin's Doubt*, S. 7–25).

66 Tatsächlich war es Maxwell, der darauf bestand, die Inschrift *Magna opera Domini, Exquista in omnes voluntates ejus* auf dem Torbogen des Cavendish Laboratory in Cambridge anbringen zu lassen. Es ist ein Zitat aus Psalm 111 (ELB) und lautet: „Groß sind die Taten des Herrn, zu erforschen von allen, die Lust an ihnen haben." Siehe auch Hutchinson: „James Clerk Maxwell and the Christian Proposition".

Teil II:
Die Wiederentdeckung Gottes

Kapitel 4:
Das Licht aus fernen Galaxien

1 Dowden: „Time".
2 Aristoteles: *Physik,* III.
3 Augustinus schreibt über das Konzept der Schöpfung *ex nihilo* in seinen *Bekenntnissen*: „Du hast, O Herr, ... im Anfange, der in dir ist, in deiner Weisheit, die aus deinem Wesen geboren ist, Etwas aus Nichts gemacht" (Buch 12, Kapitel 7, *Bekenntnisse,* https://www.projekt-gutenberg.org/augustin/bekennt/chap012.html).
4 Thomas von Aquin: *Summa contra Gentiles,* 2:17.
5 Maimonides: *Führer der Unschlüssigen*, 2.13.
6 Bonaventure: *Commentaries on the Sentences of Peter Lombard*, Buch II, Distinction 1, Part 1, Artikel 1, Frage 2.
7 Craig: *The Kalām Cosmological Argument*, S. 1–49.
8 Moreland: *Scaling the Secular City*, 31.8.
9 Siehe Jonathan Jacobs: „Maimonides (1138–1204)", Internet Encyclopedia of Philosophy, Hg. James Fieser und Bradley Dowden, https://www.iep.utm.edu/maimonid (letzter Zugriff: 30.08.2022).
10 Eine ausführliche Erörterung zu Bonaventures Plädoyer für ein endliches Universum findet sich unter Kap. 4, Anm. a, www.returnofthegodhypothesis.com/extendedresearchnotes.
11 Harrison: *Darkness at Night*, S. 15–27.
12 Ebd., S. 50–60.
13 Eine detaillierte historische Übersicht findet sich bei Jaki, *The Paradox of Olbers' Paradox.*
14 Ebd., S. 26–28.
15 Aufmerksame Leser werden erkennen, dass Poes Lösung für das olberssche Paradoxon indirekt besagte, dass das Universum sich in der Vergangenheit nicht nur ausgedehnt hat, sondern sich schneller als mit Lichtgeschwindigkeit ausgedehnt haben musste. Obwohl Einsteins Relativitätstheorie festlegt, dass Objekte innerhalb eines lokalen Bezugsrahmens sich nicht schneller als mit Lichtgeschwindigkeit bewegen können, schließt sie nicht die Möglichkeit aus, dass der Weltraum selbst sich schneller als mit Lichtgeschwindigkeit ausdehnt. Und tatsächlich sind Astronomen und Kosmologen heute der Ansicht, dass die schnelle Ausdeh-

nung des Raumes in der frühen „Expansionsphase" der Geschichte des Universums die Materieteilchen um ein Vielfaches schneller als mit Lichtgeschwindigkeit auseinandergetrieben hat.

16 Poe: *Eureka*, S. 62.

17 Hintergrundinformationen dazu, was Poe und zeitgenössische Astronomen über die Lichtgeschwindigkeit wussten, finden sich unter Kap. 4, Anm. b, www.returnofthegodhypothesis.com/extendedresearchnotes.

18 Poe: *Eureka*, S. 18.

19 Hawking: *Eine kurze Geschichte der Zeit*, S. 17.

20 Zur Erinnerung: Newton glaubte zwar, dass der materielle Inhalt des Universums zu einem in endlicher Vergangenheit liegenden Zeitpunkt erschaffen wurde, doch er ging davon aus, dass sich der Raum unendlich in jede Richtung ausdehnte und die Zeit sich unendlich in die Vergangenheit erstreckte.

21 Beim Extrapolieren wird eine Messdatenreihe auf Basis der vorhandenen Messdaten durch Berechnungen in Bereichen ergänzt, für die noch keine Messdaten vorliegen.

22 Singh: *Big Bang*, S. 79.

23 Ebd., S. 190–194.

24 Astronomen gebrauchen immer noch den Begriff „Nebel" zur Beschreibung jedes Himmelsobjekts, das eine wolkenartige Erscheinung hat, wissen aber, dass viele Objekte am Nachthimmel, die wolkenartig aussehen (oder aussahen), Galaxien weit jenseits der Milchstraße sind.

25 Singh: *Big Bang*, S. 190–194.

26 Hintergrundinformationen dazu, wie William Herschel das Fundament für die Entdeckung legte, dass unser Sonnensystem in einer Galaxie liegt, die wir heute als Milchstraße bezeichnen, finden sich unter Kap. 4, Anm. c, www.returnofthegodhypothesis.com/extendedresearchnotes.

27 Siehe Hockey: *The Biographical Encyclopedia of Astronomers.*

28 Cepheiden tragen ihren Namen, weil der erste solche pulsationsveränderliche Stern, der identifiziert wurde, der vierthellste im Sternbild Kepheus/Cepheus ist. Man nannte ihn Delta Cephei – „Delta" für den vierten Buchstaben im griechischen Alphabet. Die fraglichen Perioden für unterschiedliche Cepheiden bewegten sich zwischen 1 und 100 Tagen (Johnson: *Miss Leavitt's Stars*, S. 34–44, bes. S. 38).

29 Johnson: *Miss Leavitt's Stars*, S. 38. Henrietta Swan Leavitt wies eine präzise mathematische Beziehung zwischen den Variationsperioden und der scheinbaren Helligkeit von Cepheiden in der Kleinen Magellanschen Wolke nach. Da alle Cepheiden in der Galaxie, die sie beobachtete, unge-

fähr die gleiche Entfernung von der Erde hatten, waren die beobachteten Unterschiede in der scheinbaren Helligkeit dieser Sterne ebenfalls proportional zum Unterschied in ihrer absoluten Helligkeit. Leavitt wies die Beziehung zwischen der scheinbaren Helligkeit und der Pulsationsperiode nach, indem sie die Cepheiden grafisch miteinander verglich. Ihre Daten sollten es Astronomen auch ermöglichen, die absolute Helligkeit dieser Sterne im Vergleich zu ihren Pulsationsperioden darzustellen. Da die scheinbare und absolute Helligkeit dieser Sterne proportional zueinander sind, entsprechen die beiden Diagrammlinien der (absoluten oder scheinbaren) Helligkeit und der Periode einander zwangsläufig, und zwar einem vorhersagbaren Faktor entsprechend. Tatsächlich werden sie auf einer logarithmischen Skala als parallele Linien dargestellt, als sogenannte log-log-Funktion. Logarithmische Skalen werden typischerweise zur Messung von exponentiellen, nicht linearen, Veränderungen eingesetzt. Die Einheiten, die diese Skalen zur Darstellung von Veränderungen auf einer Kurve verwenden, sind Potenzen oder „Logarithmen" einer Basiszahl, häufig der Basis 10.

30 Singh: *Big Bang*, S. 206–212.

31 Ein Parsec wird anhand einer einfachen trigonometrischen Formel definiert: Ein Parsec entspricht der Entfernung, in der eine astronomische Einheit in rechtwinkliger Bewegung zu einem Beobachter eine Winkelverschiebung von einer Bogensekunde erzeugt. Das entspricht 648000/π astronomischen Einheiten (und eine astronomische Einheit entspricht 149 597 870 700 Metern, dem Abstand der Erde zur Sonne).

32 Staub in der Galaxieebene kann die scheinbare Helligkeit reduzieren und einen komplizierenden Faktor in der Berechnung der absoluten Helligkeit und Entfernung zu Cepheiden aus deren scheinbarer Helligkeit darstellen. Astronomen haben versucht, Methoden zum Ausgleich für dieses Problem in ihren Berechnungen zu entwickeln, doch bisher keine vollkommen zuverlässige Methode dafür gefunden (Mandel u. a.: „The Type Ia Supernova Color-Magnitude Relation and Host Galaxy Dust").

33 Henrietta Swan Leavitt kannte den Faktor zur Umrechnung von der scheinbaren zur absoluten Helligkeit nicht (Astronomen nennen dies die „Nullpunkt-Konstante"). Astronomen geben die scheinbare und absolute Helligkeit in Magnituden an. Magnituden werden anhand einer logarithmischen Skala statt einer linearen Skala gemessen. Folglich sprechen Astronomen vom „Nullpunkt", der den Zusatzterm in einer Magnitudengleichung bezeichnet, die ein logarithmisches Maß der scheinbaren Helligkeit benutzt.

34 Eine weiterführende Erörterung von parallaxenbasierten Messmethoden für astronomische Entfernung, einschließlich der statistischen Parallaxenmethode von Hertzsprung, siehe Kap. 4, Anm. d, www.returnofthegod hypothesis.com/extendedresearchnotes.

35 Mehr Informationen dazu, wie Hertzsprung statistische Parallaxen einsetzte und außerdem auf Henrietta Swan Leavitts Forschungsergebnissen aufbaute, finden sich unter Kap. 4, Anm. e, www.returnofthegodhypothesis.com/extendedresearchnotes.

36 Technisch betrachtet nutzte Hertzsprung Leavitts Diagramme mit dem Logarithmus der Pulsationsperiode als Vergleich zum Logarithmus der scheinbaren Helligkeit von Cepheiden in der Kleinen Magellanschen Wolke. Er tat dies im Rahmen seiner Arbeit, mit der er die scheinbare Helligkeit eines Sterns in der Kleinen Magellanschen Wolke mit der gleichen Pulsationsperiode wie dem Durchschnitt des Logarithmus der Cepheidengruppe in Sonnennähe bestimmte.

37 Zur Erinnerung: Leavitts Diagramm zeichnete die Pulsationsperiode im Vergleich zur scheinbaren Helligkeit sowie die Pulsationsperiode im Vergleich zur absoluten Helligkeit von Cepheiden in der Kleinen Magellanschen Wolke auf.

38 Hearnshaw: *The Measurement of Starlight*, S. 349.

39 Johnson: *Miss Leavitt's Stars*, S. 55.

40 Fernie: „The Period-Luminosity Relation".

41 Siehe „Hubble's Famous M31 VAR! Plate".

42 Die tatsächliche Entfernung zur Andromedagalaxie beträgt nach den aktuellsten astronomischen Messungen 2 500 000 Lichtjahre. Virginia Trimble dokumentiert die lange Folge von Rechenfehlern, die zur Unterschätzung dieser Entfernung führten („Extragalactic Distance Scales").

43 Die Emissions- und Absorptionslinien sowie der Abstand und die relative Intensität dieser Linien werden als Wellenlängenfunktion dargestellt.

44 Eine ausführliche Erörterung, wie Astronomen Spektrallinien und die Spektroskopie im Allgemeinen einsetzen, um Objekte am Nachthimmel zu untersuchen, findet sich unter Kap. 4, Anm. f, www.returnofthegodhypothesis.com/extendedresearchnotes.

45 Trimble: „Anybody but Hubble!"

46 Singh: *Big Bang*, S. 247–249.

47 Trimble: „H0: The Incredible Shrinking Constant".

48 Ebd., S. 172.

49 Seltsamerweise hat Hubble vielleicht nie die offensichtliche Bedeutung seiner Beobachtungen geglaubt – nämlich, dass das Universum sich aus-

dehnt (Sandage: „Edwin Hubble 1889–1953"). Zudem hatte, wie wir im nächsten Kapitel sehen werden, der belgische Astronom Georges Lemaître zwei Jahre zuvor die Existenz einer linearen Beziehung zwischen Fluchtgeschwindigkeit und Entfernung entdeckt. Jedoch veröffentlichte er seine Schlussfolgerungen in weniger bekannten wissenschaftlichen Publikationen.

50 Es ist wichtig darauf hinzuweisen, dass es Gravitationseffekte gibt, die den Ausdehnungseffekt der Expansionsgeschwindigkeit des Universums überlagern. Diese werden „Pekuliarbewegungen" genannt. Daher nähern sich beispielsweise die Milchstraße und die Andromedagalaxie einander an, weil die Andromedagalaxie sich in so großer Nähe zu uns befindet. Folglich weist Licht, das aus nahegelegenen Galaxien kommt, eine Doppler-Blauverschiebung auf, selbst wenn die große Masse der Galaxien eine Rotverschiebung aufweist.

50 Hubble: „A Relation Between Distance and Radial Velocity Among Extra-Galactic Nebulae".

52 Das Alter des Universums entspricht etwa dem Reziprok der Hubble-Konstante (Liddle: *An Introduction to Modern Cosmology*, S. 61–66).

53 Der Wissenschaftsautor Fred Heeren hat eine schöne Erklärung, wie ein sich ausdehnender Ballon die einheitliche Expansion des Universums illustriert; siehe *Show Me God*, S. 152.

Kapitel 5: Die Urknalltheorie

1 Einstein: „Die Feldgleichungen der Gravitation", „Die Grundlage der allgemeinen Relativitätstheorie".

2 Krane: *Modern Physics*, S. 31–43.

3 Singh: *Big Bang*, S. 109–116.

4 Krane: *Modern Physics*, S. 486–492.

5 So zitiert bei Sutton: „Review of Einstein's Universe".

6 Eddington: „The Deflection of Light During a Solar Eclipse".

7 Harrison: *Darkness at Night*, S. 73. Dennoch löste auch die von Newton postulierte homogene Verteilung der Masse das Problem eigentlich nicht. Das hypothetische Universum, das er beschrieb, wäre selbst für das Auftreten jeglicher kleiner „Masseklumpen" oder Inhomogenität anfällig gewesen. Theoretisch hätte das Niesen einer Ameise ein Ungleichgewicht zwischen den im Gleichgewicht befindlichen Gravitationskräften verursachen und das gesamte System zum „Gerinnen" bringen können.

8 Einstein: „Kosmologische Betrachtungen zur allgemeinen Relativitätstheorie".

9 In dieser Arbeit argumentiert er, dass seine Gleichungen ein statisches Universum vorsehen, wenn zwei Annahmen zutreffen, nämlich: (1), dass die Raumkrümmung positiv ist (wie bei einer kugelförmigen Oberfläche), und (2), dass die Feldgleichungen einen zusätzlichen Term enthalten, die sogenannte kosmologische Konstante (mit einem präzise kalibrierten Wert). Ein historischer Überblick findet sich bei O'Raifeartaigh: „Einstein's Greatest Blunder?"

10 Wenn man sie auf die Kosmologie anwendet, repräsentieren Einsteins Feldgleichungen das Volumen und die Krümmung des Raumes im Universum zu einer gegebenen Zeit als Funktion der Dichte von Masse und Energie innerhalb des Raumes. Einsteins Theorie zufolge neigen die Masse und Energie des Universums stets dazu, den Raum zu krümmen. Folglich würde aufgrund der Masse und Energie des Universums der Raum irgendwann in sich zusammenfallen, wenn die Massenanziehung die einzig wirksame Kraft im Universum wäre. Daher, um die Existenz des Raumes in unserem Universum zu erklären, musste Einstein etwas anderes heranziehen, das der durch die Massenanziehung bedingten Kontraktion plausibel entgegenwirkte. Dazu schlug Einstein seine kosmologische Konstante vor, die die im Raum inhärente Energie repräsentiert – eine Energie, die den Raum dazu bringt, sich auszudehnen. Um ein statisches – weder expandierendes noch kontrahierendes – Universum darzustellen, schrieb er dieser negativen Vakuumsenergie einen äußerst präzisen Wert zu, um ihre abstoßende Kraft exakt gegen die Massenanziehung auszubalancieren, welche durch die im Raum enthaltene Masse und Energie hervorgerufen wird.

11 Obwohl der von ihm gewählte Wert für die kosmologische Konstante willkürlich war in dem Sinne, dass er durch keine andere physikalische Überlegung motiviert war als durch seine Annahme, dass das Universum statisch sein müsse, erschien die Konstante selbst natürlich in der Ableitung der Feldgleichung als Integrationskonstante.

12 In den Feldgleichungen der Allgemeinen Relativitätstheorie wird der Radius des Universums (oder der Krümmungsradius) manchmal mit einem Term angegeben, der sich „Skalierungsfaktor" nennt. Der Skalierungsfaktor bietet ein Maß für den Radius des Universums im Verhältnis zum aktuellen Radius des Universums.

13 Einstein drückte diese Annahme mathematisch aus, indem er die Ableitungen von Dichte und Radius (d. h. die Änderungsrate der Dichte

und die Änderungsrate des Radius) in seinen Feldgleichungen auf Null setzte.

14 Einsteins Annahmen über den Krümmungsradius (analog zum Radius einer Kugel) und die Massendichte des Universums in seinen Gleichungen fungierten als das, was Physiker „Anfangsbedingungen" nennen. In der Physik legt eine Anfangsbedingung den Wert einer Variablen an irgendeinem Punkt in der Vergangenheit als Startpunkt der mathematischen Analyse eines physikalischen Prozesses fest. Typischerweise müssen Physiker die Anfangsbedingungen kennen, um den Wert von Variablen in der Zukunft bestimmen zu können. Obwohl Einsteins statisches Universum einen Anfang des Universums ausschloss, konnte er infolge seiner Annahme, dass weder die Dichte noch der Radius des Universums sich im Verlauf der Zeit verändert hatte, diesen (andernfalls) variablen Termen für alle Punkte in der Vergangenheit konkrete Werte zuordnen. Insbesondere legte Einstein fest, dass das Universum zu jeder Zeit den gleichen Krümmungsradius und die gleiche Dichte wie heute haben sollte.

15 Singh: *Big Bang*, S. 116–143.

16 Nussbaumer: „Einstein's Conversion from His Static to an Expanding Universe".

17 Selbst mit dem präzisen Wert der kosmologischen Konstante, den Einstein gewählt hatte, legten Einsteins Gleichungen – so wie Newtons – ein instabiles Universum nahe, das anfällig für die kleinsten Störungen (und die daraus resultierenden Ungleichmäßigkeiten) in der Verteilung der Materie ist. Doch solche Störungen müssten in einem Universum von unendlicher Dauer mit annähernder Sicherheit auftreten.

18 Luminet: „The Rise of Big Bang Models, from Myth to Theory and Observations".

19 Hawking: *Eine kurze Geschichte der Zeit*, Hamburg: Spiegel-Verlag, Ungekürzte Lizenzausgabe 2006/2007, S. 66. Siehe auch Friedmann: „On the Curvature of Space" („Über die Raumkrümmung"). Hawking beschrieb mit diesen Worten eigentlich Friedmanns Modell des Universums, doch seine Beschreibung ist akkurater als Lemaîtres, da Friedmann nicht versuchte zu entscheiden, welches Modell des Universums seiner Ansicht nach dessen Ursprung tatsächlich am besten beschrieb. Hawkings Beschreibung des frühen Universums – dass es in einer Singularität konvergierte – ergibt auch mehr Sinn, wenn er sie – wie es der Fall ist – nach seinen eigenen Beweisen verschiedener Singularitätstheoreme Ende der 1960er- und Anfang der 1970er-Jahre verfasst hat (siehe Kap. 6). Zuvor hatten zahlreiche Kosmologen die Idee in Betracht gezogen, dass das Uni-

versum in fernster Vergangenheit auf ein kleines, aber endliches Volumen komprimiert gewesen sein könnte, statt letztlich von einer echten räumlichen Singularität auszugehen (Hawking and Ellis: „The Cosmic Black-Body Radiation and the Existence of Singularities in Our Universe"; siehe auch Hawking: „Properties of Expanding Universes", S. 105; Hawking und Penrose: „The Singularities of Gravitational Collapse and Cosmology"; Hawking und Ellis: *The Large Scale Structure of Space-Time*).

20 Eine ausgezeichnete Erörterung von Teilen dieser Theorie findet sich bei Farrell: *The Day Without Yesterday*.

21 Einstein: „Note on the Work of A. Friedmann ‚On the Curvature of Space'" (1922), zitiert bei Luminet: „Lemaître's Big Bang", Anm. 4.

22 Ebd., Anm. 5.

23 Die Solvay-Konferenz wurde vom Internationalen Institut für Physik und Chemie ausgerichtet.

24 Nussbaumer: „Einstein's Conversion from His Static to an Expanding Universe", S. 4. R. W. Smith: „E. P. Hubble and The Transformation of Cosmology", S. 57.

25 Luminet: „Lemaître's Big Bang", S. 10.

26 Douglas: „Forty Minutes with Einstein".

27 Nussbaumer: „Einstein's Conversion from His Static to an Expanding Universe", bes. S. 4–6. Siehe auch Douglas: „Forty Minutes with Einstein".

28 Nussbaumer: „Einstein's Conversion from His Static to an Expanding Universe", S. 5. Für ein umfassenderes Zitat von Eddington, in dem er beschreibt, warum er zu dem Schluss gelangte, dass Einsteins statisches Universum instabil war, siehe Kap. 5, Anm. a, www.returnofthgodhypothesis.com/extendedresearchnotes.

29 „Prof. Einstein Begins His Work at Mt. Wilson"; das eigentliche Zitat lautet: „Neue Beobachtungen von Hubble und Humason bezüglich der Rotverschiebung des Lichts in weit entfernten Nebeln lassen es wahrscheinlich erscheinen, dass die allgemeine Struktur des Universums nicht statisch ist."

30 „Redshift of Nebulae a Puzzle, Says Einstein", Verweis in O'Raifeartaigh und McCann: „Einstein's Cosmic Model of 1931 Revisited".

31 Luminet: „Lemaître's Big Bang", S. 10.

32 Dicke u. a.: „Cosmic Black-Body Radiation", S. 415.

33 Kragh: *Cosmology and Controversy*, S. 179–187.

34 Bondi und Gold: „The Steady-State Theory of the Expanding Universe"; Hoyle: „A New Model for the Expanding Universe".

35 Singh: *Big Bang*, S. 343.

36 Luminet: „Lemaître's Big Bang", S. 2. Fairerweise muss man sagen, dass Hoyles Schöpfungsfeld nicht weniger willkürlich war als Einsteins kosmologische Konstante. Den Grund erkläre ich unter Kap. 5, Anm. b, www.returnofthegodhypothesis.com/extendedresearchnotes.

37 Das Alter des Sonnensystems hat man über das Alter von auf der Erde eingeschlagenen Meteoriten ermittelt. Siehe Singer: „The Origin and Age of the Meteorites".

38 Kragh: *Cosmology and Controversy*, S. 79.

39 Singh: *Big Bang*, S. 283–285; siehe auch: Gamow, George: „Expanding Universe and the Origin of the Elements", *Physical Review* 70 (1946): S. 572f.

40 Singh: *Big Bang*, S. 333.

41 Kragh: *Cosmology and Controversy*, S. 132–135.

42 Liddle: *An Introduction to Modern Cosmology*, S. 13–16.

43 Singh: *Big Bang*, S. 376–383.

44 Baade: „Problems in the Determination of the Distance of Galaxies", S. 207.

45 Sandage: „Current Problems in the Extragalactic Distance Scale".

46 Planck Collaboration: „Planck 2015 Results".

47 Kragh: *Cosmology and Controversy*, S. 299–305. Siehe auch Burbidge u. a.: „Synthesis of the Elements in Stars", S. 547.

48 Es ist wichtig anzumerken, dass Elemente, die schwerer sind als Eisen, nicht durch die Fusion von zwei Atomkernen entstehen, sondern stattdessen durch Neutronenanlagerung in Supernovae oder, wie in jüngerer Zeit erörtert wird, durch den Zerriss von Neutronensternen in verschmelzenden Doppelsternen. Siehe Wallerstein u. a.: „Synthesis of the Elements in Stars: Forty Years of Progress".

49 Singh: *Big Bang*, S. 422–435.

50 Penzias and Wilson: „A Measurement of Excess Antenna Temperature at 4080 Mc/s".

51 Alpher: „Ralph A. Alpher, George Antonovich Gamow, and the Prediction of the Cosmic Microwave Background Radiation", S. 17–26.

52 Singh: *Big Bang*, S. 440; Kragh: „The Steady State Theory", S. 403. Eine ausgezeichnete historische Übersicht über die *Steady-State*-Theorie findet sich auch hier: http://www.astro.ucla.edu/~wright/stdystat.htm (letzter Zugriff: 31.08.2022).

53 Guth und Sher: „The Impossibility of a Bouncing Universe", S. 505–507. Neuere Modelle eines oszillierenden Universums wurden von Physikern wie Paul Steinhardt und Paul Frampton vorgelegt. Diese Modelle behaup-

ten gewöhnlich, dass der Expansion des Universums eine Kontraktionsphase und dann ein Stoß oder „Aufprall" vorausging, der die folgende Expansion auslöste. Diese Modelle postulieren, dass während der Kontraktionsphase das Stück Raum, das unserem sichtbaren Universum entspricht, einen glättenden Prozess durchlief, der die beobachtete Homogenität und Isotropie erklärt („Big Bounce Simulations Challenge the Big Bang | Quanta Magazine", https://www.quantamagazine.org/big-bounce-simulations-challenge-the-big-bang-20200804/, letzter Zugriff 31.08.2022). Die Modelle, die ein ewiges Universum mit unendlichen Zyklen in Betracht ziehen, ziehen dann ebenfalls Mechanismen heran, welche die Entropie nach jedem Zyklus auf einen extrem niedrigen Wert zurücksetzen. Allerdings wurden bisher keine Hinweise auf solch exotische Mechanismen entdeckt (und konnten vermutlich auch nicht entdeckt werden). Zudem haben selbst die Modelle, die einfach einen einzigen „Aufprall" beschreiben, erhebliche theoretische Probleme wie z. B. Instabilitäten, die aus dem „Aufprall" resultieren, der die Null-Energie-Bedingung verletzt [Diana Battefeld und Patrick Peter: „A Critical Review of Classical Bouncing Cosmologies", *Physics Reports* (Elsevier B.V., 1. April 2015)].

54 „What Is the Ultimate Fate of the Universe?" *National Aeronautics and Space Administration*, 29. Juni 2015, https://map.gsfc.nasa.gov/universe/uni_fate.html (letzter Zugriff: 31.08.2022).

55 Eine bedeutende Minderheit von Astronomen bestreitet die Idee, dass sich die Expansion des Universums beschleunigt. Siehe z. B. Billings: „Cosmic Conflict".

56 Peebles und Ratra: „The Cosmological Constant and Dark Energy".

57 Luminet: „Dodecahedral Space Topology as an Explanation for Weak Wide-Angle Temperature Correlations in the Cosmic Microwave Background".

58 Das Zitat stammt von einer Pressekonferenz 1992. Siehe Krehl: *History of Shock Waves, Explosions and Impact*, S. 787.

59 Obwohl Sandage die lineare Beziehung zwischen der Geschwindigkeit der Galaxienflucht und der Entfernung bestätigte, stellte er auch, wie oben angemerkt, die Entfernungsmaße von vielen dieser Galaxien neu ein.

60 Die Zitate von Allan Sandage stammen aus meiner eigenen Transkription eines privaten Films von Sandages Ausführungen bei einer Konferenz unter dem Thema „Christianity Challenges the University: An International Conference of Theists and Atheists", Dallas, Texas, 7.–10. Februar 1985. Siehe auch Sandage: „A Scientist Reflects on Religious Belief".

61 Willford: „Sizing up the Cosmos“.

62 Meine Transkription der Ausführungen von Allan Sandage, s. Anm. 60. Siehe auch Sandage: „A Scientist Reflects on Religious Belief“.

63 Gingerich: „Scientific Cosmology Meets Western Theology“; Meyer: „Owen Gingerich“.

64 Jastrow: *God and the Astronomers*, S. 116.

Kapitel 6: Die Raumkrümmung und der Anfang des Universums

1 Hier das komplette (nicht vereinfachte) Zitat: „Daher muss aufgrund der Gleichungen 1 und 5 jede zeitartige oder null-rotationsfreie Geodäte einen einzigen Punkt auf jeder Geodäte innerhalb einer endlichen affinen Distanz besitzen. Wenn die Flusslinien eine rotationsfreie geodätische Kongruenz bilden, wird eine physikalische Singularität an den physikalischen Kongruenzpunkten entstehen, wo die Dichte und somit die Krümmung unendlich sind“ (Hawking, „Properties of Expanding Universes“, S. 105).

2 Hawking und Penrose: „The Singularities of Gravitational Collapse and Cosmology“.

3 Hawking und Ellis: *The Large Scale Structure of Space-Time.*

4 Hawking und Penrose: „The Singularities of Gravitational Collapse and Cosmology“.

5 Luminet: „The Rise of Big Bang Models“, S. 2.

6 Wie Senovilla und Garfinkle anmerken: „Natürlich könnte dieses einzigartige Verhalten einer übermäßigen (kugelförmigen) Symmetrie [d. h. Homogenität] zuzuschreiben sein, die, wenn sie exakt ist, nicht realistisch wäre. Sehr bemerkenswert ist, dass er die kugelförmige Symmetrie aufgab und die räumlich homogenen, aber anisotropen Modelle untersuchte, die wir heute Bianchi-I-Modelle nennen. Die Schlussfolgerung war unmissverständlich: Die Singularität besteht immer noch, ‚Die Anisotropie kann das Verschwinden des Raumes nicht mehr verhindern‘“ („The 1965 Penrose Singularity Theorem“).

7 Friedmanns und Lemaîtres Annahme einer Homogenität hat sich als relativ zutreffende Beschreibung des heutigen Universums erwiesen (besonders, wenn man die Dichte von großen Raumvolumen in unterschiedlichen Raumquadranten miteinander vergleicht). Allerdings erwies sich die Annahme zum Universum in seinen frühesten Entwicklungsphasen als unzutreffend. Daher wirft ihre Annahme einer Homogenität Zweifel

an ihren Rückberechnungen (auf Grundlage ihrer mathematischen Modelle) zum Anfang des Universums auf.

8 Hawking und Ellis: *The Large Scale Structure of Space-Time*, S. 6; Luminet: „The Rise of Big Bang Models".

9 Bestätigt in einem persönlichen Interview mit George Ellis, Cap Estel, Frankreich, 12. Juni 2018.

10 Lemaître zog schließlich auch Lösungen für die Feldgleichungen mit einer nichthomogenen Materieverteilung in Betracht, doch seine Arbeit besaß nicht die gleiche mathematische Stringenz wie die von Hawking, Penrose und Ellis, die sich in ihren späteren Singularitätsbeweisen ausdrückte.

11 Hawking und Ellis: *The Large Scale Structure of Space-Time*, S. 6; siehe auch ihre Erörterung auf S. 261f.

12 Ebd., S. 261f.

13 Ebd., S. xi.

14 Ebd., S. 8.

15 Ebd., S. 78.

16 Ihr Argument lautete insbesondere: Sofern es keine Singularitäten gibt, würden sich „Brennpunkte" auf den zeitartigen und lichtartigen Bahnlinien bilden (sie nannten es „längste Krümmungen"), die in die Vergangenheit hinein die endliche Natur dieser licht-/zeitähnlichen Linien („längsten Krümmungen") verhindern würden. Brennpunkte lassen zu, dass Lichtstrahlen durch sie hindurch verlaufen und unendlich weiterlaufen (und damit unendlich weit in die Vergangenheit). Doch dieses Ergebnis würde dem Beweis der Unvollständigkeit der zeitähnlichen Geodäten widersprechen, den sie bereits erbracht hatten. Daraus folgt also, dass es in der Vergangenheit eine Raumzeit-Singularität gegeben haben muss.

17 Hawking und Ellis: *The Large Scale Structure of Space-Time*, S. 256.

18 Davies: „Spacetime Singularities in Cosmology", S. 78f.

19 Hawking und Ellis: *The Large Scale Structure of Space-Time*, S. 364.

20 Ross: *The Creator and the Cosmos*, S. 66f.; Vessot et al., „Test of Relativistic Gravitation with a Space-Borne Hydrogen Maser", S. 2081–2084.

21 Heute sind die meisten Physiker der Ansicht, dass sich Quanten-Gravitationseffekte zuerst innerhalb der sogenannten Planck-Länge von 10^{-35} Meter zeigen würde, was der sogenannten Planck-Zeit von 10^{-43} Sekunden nach dem Urknall entspricht.

22 Eine technischere Definition dieser verschiedenen Energiebedingungen findet sich unter Kap. 6, Anm. a, www.returnofthegodhypothesis.com/extendedresearchnotes. Siehe v.a. auch Hawking und Ellis: *The Large Scale*

Structure of Space-Time, S. 88–96; Curiel: „A Primer on Energy Conditions".

23 Hawking und Penrose: „The Singularities of Gravitational Collapse and Cosmology", S. 529, 531. (Zur Erinnerung: Hawking und Penrose nennen diese starke Energiebedingung einfach „die Energiebedingung".) Siehe auch Hawking und Ellis: *The Large Scale Structure of Space-Time*, S. 95–96. Der Physiker Frank Tipler ist der Auffassung, dass die starke Energiebedingung durch die schwache Energiebedingung ersetzt werden kann, wenn die starke Energiebedingung im Durchschnitt gegeben ist („Energy Conditions and Spacetime Singularities").

24 Hawking and Ellis: *The Large Scale Structure of Space-Time*, S. 96, 363.

25 Guth: „Inflationary Universe". Siehe auch Linde: „A New Inflationary Universe Scenario", Albrecht und Steinhardt: „Cosmology for Grand Unified Theories with Radiatively Induced Symmetry Breaking". Guth sagte mit seinem ursprünglichen Modell aus, dass die schnelle anfängliche Expansion des Raumes durch ein sogenanntes „inflationäres Feld" erzeugt wurde, das er mit dem „Higgs-Feld" gleichsetzte. Spätere Befürworter der ewigen chaotischen Inflation bezeichnen das für die frühe schnelle Raumexpansion verantwortliche Feld allgemeiner als „Inflaton-Feld". Sie bringen es nicht wie Guth mit dem Higgs-Feld in Verbindung – dem Feld, durch das nach dem Standardmodell der Teilchenphysik die Teilchen ihre Masse erhalten.

26 Linde: „Eternally Existing Self-Reproducing Chaotic Inflationary Universe".

27 Borde und Vilenkin: „Violation of the Weak Energy Condition in Inflating Spacetimes".

28 Persönliches Interview mit George Ellis, Cap Estel, Frankreich, 12. Juni 2018.

29 Guth: „Eternal Inflation and Its Implications".

30 Liddle: *An Introduction to Modern Cosmology*, S. 80–82.

31 Eine vollständige Flachheit ist nur möglich, wenn das Universum sowohl eine kritische Massendichte als auch vollkommene Homogenität aufweist.

32 Beachten Sie, dass ich mich ab diesem Punkt in der Geschichte bei der Beschreibung der Ausdehnung des Universums auf die Masse statt auf die Masse und Energie konzentriere. Der Grund ist, dass etwa 50 000 bis 100 000 Jahre nach dem Beginn des Universums Masse statt Strahlung anfängt, die Dynamik und Geometrie des Universums zu dominieren. Siehe Carroll und Ostlie: *An Introduction to Modern Astrophysics*, S. 1194. In ferner Zukunft wird die dunkle Energie der dominierende Faktor werden.

Siehe Frieman, Turner und Huterer: „Dark Energy and the Accelerating Universe".

33 Die Raumkrümmung lässt sich anhand bestimmter beobachteter Gravitationseffekte schätzen.

34 Die Inflation erklärt auch die Bandbreite und Verteilung der Wellenlängen in der kosmischen Hintergrundstrahlung. Eine Erörterung des *Wie* würde allerdings angesichts des Umfangs und Schwerpunkts dieses Kapitels eine zu umfängliche Erklärung erfordern.

35 Eine Erörterung der früheren Arbeiten von Borde und Vilenkin, die zuerst (1994) zu dem Schluss kamen, dass die Inflation des Kosmos eine anfängliche Singularität nicht – und später (1997), dass sie sie doch – vermeiden konnte, findet sich unter Kap. 6, Anm. b, www.returnofthegodhypothesis.com/extendedresearchnotes.

36 Borde, Guth und Vilenkin: „Inflationary Spacetimes Are Incomplete in Past Directions".

37 Vilenkin: *Many Worlds in One*, S. 175.

38 Weit auseinanderliegende Regionen des Weltraums entfernen sich voneinander mit einer Fluchtgeschwindigkeit (V_{space}), die proportional zu ihrer Entfernung (d) ist. Die Proportionalitätskonstante ist die Hubble-Konstante (H), was zu der Gleichung $V_{space} = Hd$ führt. Außerdem entspricht die beobachtete Geschwindigkeit (V_{ob}) der Geschwindigkeit des Objekts – wie einem Raumschiff (V_{ship}) im Hinblick auf den es umgebenden Raum, abzüglich der Fluchtgeschwindigkeit dieser Region des Weltraums: $V_{ob} = V_{ship} - V_{space}$. Diese ausgezeichnete Illustration des Borde-Guth-Vilenkin-Theorems verdanke ich Robert J. Spitzer, SJ. Spitzer: „Evidence for God from Physics and Philosophy", S. 13–15.

39 Borde, Guth und Vilenkin erklären etwas technischer: „Unsere Argumentation zeigt, dass Null und zeitartige Geodäten generell *in Inflationsmodellen vergangen-unvollständig* sind, unabhängig von der Geltung der Energiebedingungen, unter der einzigen Voraussetzung, dass die durchschnittliche Expansionsbedingung $H_{av} > 0$ entlang dieser in die Vergangenheit gerichteten Geodäten gilt. Diese Schlussfolgerung ist stärker als diejenige, zu der wir in vorigen Arbeiten gelangt sind." („Inflationary Spacetimes Are Incomplete in Past Directions", S. 3f., eigene Hervorhebung).

40 Borde, Guth und Vilenkin fassen die Bedeutung des BGV-Theorems für das Modell der inflationären Multiversums-String-Landschaft zusammen: „Unsere Argumentation lässt sich problemlos auf eine Kosmologie in höheren Dimensionen erweitern. Beispielsweise … entstehen Bran-Wel-

ten durch Kollisionen von Blasen, die *in einer sich aufblähenden höherdimensionalen Massen-Raumzeit* einen Kern bilden. Unsere Analyse legt nahe, dass die sich aufblähende Masse nicht vergangen-unvollständig sein kann." („Inflationary Spacetimes Are Incomplete in Past Directions", S. 4, eigene Hervorhebung).

41 Die einzigen vorgelegten Kosmologien, die das BGV-Theorem umgehen, enthalten physikalisch unrealistische Merkmale. Eine Erörterung dieser unrealistischen Kosmologien findet sich unter Kap. 6, Anm. c, www.returnofthegodhypothesis.com/extendedresearchnotes

42 Vilenkin: *Many Worlds in One*, S. 176. Siehe auch Vilenkin: „The Beginning of the Universe"; Grossman: „Why Physicists Can't Avoid a Creation Event", S. 7. Daraufhin versuchen Kosmologen heute, anhand von kosmologischen Quantenmodellen den Anfang des Universums aus dem Nichts zu beschreiben oder zu erklären. Vilenkin deutet an: „Was kann jenseits dieser Grenze liegen? Mehrere Möglichkeiten wurden diskutiert; eine davon ist, dass die Grenze der sich aufblähenden Region dem Anfang des Universums in einem kernbildenden Quantenereignis entspricht." (Borde, Guth und Vilenkin: „Inflationary Spacetimes Are Incomplete in Past Directions", S. 4). Die Bedeutung dieser Entwürfe werde ich in Kapitel 17–19 kritisch besprechen und bewerten.

43 Guth: „Inflation", S. 19 (pdf).

44 Ebd.

Kapitel 7: „Goldlöckchen" oder die habitable Zone

1 Hoyle: „The Expanding Universe".

2 Ebd.

3 Der Harvard-Astrophysiker Owen Gingerich kommentierte das folgendermaßen: „Wie mir zu Ohren kam, sagt Fred Hoyle, dass nichts seinen Atheismus so sehr erschüttert hat wie diese Entdeckung" (*God's Universe*, S. 57).

4 Andere Parameter erfordern eine „einseitige" Feinabstimmung. Einseitige Feinabstimmungsparameter erlegen der Existenz des Lebens eine einzige Bedingung auf, indem sie dafür sorgen, dass das Leben nur dann existieren kann, wenn der fragliche Parameter einen Wert hat, der entweder größer oder kleiner als ein bestimmter Schwellenwert ist. In diesen Fällen einer einseitigen Feinabstimmung fällt der Wert des fraglichen Parameters gerade in den Grenzbereich der lebensfreundlichen Region.

5 Zusätzlich zu den Werten der Konstanten innerhalb der physikalischen Gesetze haben die grundlegenden Gesetze selbst spezifische mathematische und logische Strukturen, die auch anders hätten ausfallen können – das heißt, die Gesetze selbst besitzen kontingente statt logisch notwendiger Eigenschaften. Doch die Existenz des Lebens im Universum hängt davon ab, dass die grundlegenden Naturgesetze exakt die mathematische Struktur aufweisen, die sie aufweisen. Beispielsweise beschreiben sowohl das newtonsche allgemeine Gravitationsgesetz als auch das coulombsche Gesetz der elektrostatischen Anziehung Kräfte, die mit dem Quadrat der Entfernung abnehmen. Dennoch hätten diese Kräfte mit dem Quadrat (oder einem höheren Exponenten) der Entfernung abnehmen können, ohne ein logisches Prinzip oder fundamentalere physikalische Gesetze zu verletzen. Das hätte die Kräfte, die diese Gesetze beschreiben, zu schwach gemacht, um Leben im Universum zu ermöglichen. Umgekehrt hätten diese Kräfte ebenso gut streng linear abnehmen können. Das hätte sie zu stark gemacht, um Leben im Universum zu ermöglichen. Außerdem hängt das Leben von der Existenz mehrerer verschiedener Arten von Kräften ab (die wir mit unterschiedlichen Arten von Gesetzen beschreiben), die gemeinsam wirken. Beispielsweise erfordert das Leben im Universum

(1) eine auf große Entfernung wirkende Anziehungskraft (wie die Gravitation), die bewirken kann, dass sich Galaxien, Sterne und Planetensysteme aus chemischen Elementen zusammenfügen und eine stabile Grundlage für das Leben bilden;
(2) eine Kraft wie die elektromagnetische Kraft, die chemische Reaktionen und Energieübertragungen in einem Vakuum ermöglicht,
(3) eine Kraft wie die starke Kernkraft, die auf kurze Entfernung wirkt, Atomkerne aneinander binden und elektrostatische Abstoßungskräfte überwinden kann,
(4) die Quantisierung von Energie, um die Bildung von stabilen Atomen und somit von Leben zu ermöglichen,
(5) die Wirkung eines Prinzips in der physischen Welt wie das Pauli-Prinzip (paulisches Ausschlussprinzip), das a) ermöglicht, dass sich komplexe Materiestrukturen bilden und trotzdem b) das Atomgewicht der Elemente begrenzt (indem es die Anzahl von Neutronen in der untersten Kernschale begrenzt).

Somit weisen die im Universum selbst wirkenden Kräfte (und die sie beschreibenden mathematischen Gesetze der Physik) eine Feinabstimmung auf, die eine Erklärung erfordert. Doch natürlich ist keine *physi-*

kalische Erklärung dieser Struktur möglich, denn es ist ja eben die Physik (und ihre grundlegendsten Gesetze), die diese Struktur an den Tag legt und eine Erklärung erfordert. Tatsächlich erklärt sich die Physik eindeutig nicht selbst. Siehe Gordon: „Divine Action and the World of Science", bes. S. 258f.; Collins: „The Fine-Tuning Evidence Is Convincing", bes. S. 36–38.

6 Denton: *Nature's Destiny*, S. 101–116.

7 Dicke: „Dirac's Cosmology and Mach's Principle".

8 Man könnte Einwände gegen die Formulierung dieser Aussage erheben, da Elemente im Periodensystem nicht durch die Anzahl ihrer Neutronen, sondern ihrer Protonen definiert sind. Dennoch – da sich neue, stabile Elemente nicht ohne Neutronen (und Protonen) aufbauen lassen – ist es völlig korrekt sich vorzustellen, dass der Aufbau neuer Elemente protonen- oder neutronenweise geschieht. Trotzdem lassen sich neue Elemente nicht einfach aufbauen, indem man neue Neutronen (oder Protonen) hinzufügt. Vielmehr brauchen neue Elemente beide Arten von Nukleonen, selbst wenn unterschiedliche Isotope dieser Elemente mit unterschiedlichen Neutronenzahlen existieren.

9 Alpher, Bethe und Gamow: „The Origin of Chemical Elements".

10 Singh: *Big Bang*, S. 323–325.

11 Hoyle berechnete sogar die Massendifferenz zwischen dem kombinierten Beryllium und Helium einerseits und der Masse der bekannten Kohlenstoffatome andererseits. Dieser Unterschied bildete außerdem – nach Einsteins Energie-Masse-Umwandlungsgleichung $E = mc^2$ – eine berechenbare Energiedifferenz. Wie Simon Singh anmerkt: „Die kombinierte Masse eines Heliumkerns und eines Berylliumkerns ist sehr wenig größer als die Masse eines Kohlenstoffkerns. Wenn sie also zu Kohlenstoff verschmolzen wären, bestünde das Problem, wie man die überschüssige Masse loswird. Normalerweise können Kernreaktionen jede überschüssige Masse durch die Umwandlung in Energie abbauen [in Übereinstimmung mit $E = mc^2$], doch je größer die Massendifferenz, umso mehr Zeit ist für den Ablauf der Reaktion erforderlich. Und Zeit ist etwas, das der Beryllium-8-Kern nicht hat" (Singh: *Big Bang*, S. 392f.). Folglich musste Hoyle einen Zustand von Kohlenstoff annehmen, der ein Energie-Erregungsniveau der exakt richtigen Größe aufwies, um die unmittelbare Fusion von Beryllium und Helium in dem von der Halbwertszeit des Berylliums vorgegebenen Zeitrahmen zu ermöglichen.

12 Lewis and Barnes: *A Fortunate Universe*, S. 113–120.

13 Zusätzlich hängt das Leben im Universum davon ab, dass in etwa vergleichbare Mengen von Kohlenstoff und Sauerstoff vorhanden sind. Wäre

das Energieniveau von Sauerstoff (von 7.1 MeV) nur ein wenig höher gewesen, wäre der größte Teil des Kohlenstoffs für die Produktion von Sauerstoff in Sternen verbraucht worden. Doch für das Leben sind sowohl Kohlenstoff als auch Sauerstoff in vergleichbaren Mengen erforderlich. Siehe Denton, *Nature's Destiny*: S. 11f.

14 Burbidge u. a.: „Synthesis of the Elements in Stars".

15 Csoto, Oberhummer und Schlattl: „Fine-Tuning the Basic Forces of Nature Through the Triple-Alpha Process in Red Giant Stars", S. 560, Epelbaum et al.: „Dependence of the Triple-Alpha Process on the Fundamental Constants of Nature". Siehe auch Adams und Grohs: „Stellar Helium Burning in Other Universes". Dagegen wenden Adams und Grohs ein, dass sie die Feinabstimmung der starken Kernkraft wegerklären können. Sie weisen darauf hin, dass eine Vergrößerung der starken Nuklearkraft um einen kleinen Wert (innerhalb der Bandbreite, in der immer noch Kohlenstoff und Sauerstoff in vergleichbaren Mengen produziert werden) eine Stabilität von Beryllium-8 ermöglicht. In diesem Fall können Kohlenstoff und Sauerstoff durch zwei Kollisionsreaktionen statt der dreistufigen Drei-Alpha-Reaktion erzeugt werden. Dennoch eliminiert diese Möglichkeit die Feinabstimmung nur auf einer Seite. Selbst in einer zweistufigen Reaktion darf die starke Kernkraft nicht mehr als wenige Prozent kleiner sein, selbst wenn sie größer sein und trotzdem noch die Erzeugung von Beryllium ermöglichen kann. Zudem begrenzen auch andere Faktoren den oberen Wert der starken Kernkraft. Wenn beispielsweise die starke Kernkraft 50 Prozent größer wäre, wäre im frühen Universum der Großteil des Wasserstoffs zu Helium geworden, was die Bildung von Sternen verhindert hätte. Siehe MacDonald and Mullan: „Big Bang Nucleosynthesis".

16 Barnes: „The Fine-Tuning of the Universe for Intelligent Life", S. 548–550.

17 Als obere Massengrenze nahmen sie die Planck-Masse an. Diese ist die Masseneinheit im System der natürlichen Einheiten, die als „Planck-Einheiten" bekannt sind. Die Planck-Einheiten normalisieren die Lichtgeschwindigkeit im Universum (c), die Gravitationskonstante (G), das reduzierte plancksche Wirkungsquantum (ħ), die Coulomb-Konstante (k_C) und die Boltzmann-Konstante (k_B) auf 1. Die Planck-Masse ist folgendermaßen definiert: mp = √ ħc/G. Sie entspricht etwa 0,02 Milligramm.

18 Die Masse des Up-Quarks beträgt etwa $1{,}6 \times 10^{-22}$ der Planck-Masse und die Masse des Down-Quarks etwa $3{,}9 \times 10^{-22}$ der Planck-Masse. Für ein lebensfreundliches Universum müssen die Up- und Down-Quarks eine Masse haben, die ungefähr zwischen dem 10^{-22}-Fachen und dem 10^{-21}-Fa-

chen der Planck-Masse liegt. (S. M. Barr und Almas Khan: „Anthropic Tuning of the Weak Scale and of M_u/M_d in Two-Higgs-Doublet Models", *Phys. Rev. D* 76, Nr. 4: 045002.)

19 Theoretisch ließen sich Änderungen der Gravitationskonstante (G) teilweise durch Änderungen am Prozess der Nukleosynthese in Sternen ausgleichen, die aus Variationen in der Stärke des Elektromagnetismus und der Größe der fraglichen Sterne resultieren. Doch selbst im äußersten Fall, in dem Kernreaktionen extrem günstig für stellare Brennprozesse ausfallen, würden Sterne im Universum mit größeren G-Werten viel schneller ausbrennen als Sterne in unserem Universum. Wie der Physiker Luke Barnes gezeigt hat, brennen Sterne aller Größen in weniger als einer Million Jahre aus, es sei denn, ihre G-Werte sind extrem feinabgestimmt. Insbesondere muss G für alle Sterne aller Größen in einen Bereich fallen, der unter 1 von 10^{30} des Wertes der starken Kernkraft liegt; die Obergrenze definiert den Bereich erwarteter möglicher Werte von G. (Konkret betrifft dieser Fall das Verhältnis der Protonenmasse zur Planck-Masse, die von G abhängig ist.) Siehe Barnes: „Binding the Diproton in Stars", Barr und Khan: „Anthropic Tuning of the Weak Scale and of the M_u/M_d in Two-Higgs' Doublet Models".

20 Lewis und Barnes: *A Fortunate Universe*, S. 108.

21 Ebd.

22 Konkret heißt das: Wenn die Gravitation um einen Faktor von 3000 größer wäre, wäre die Lebenszeit der Sterne zu kurz, als dass sich terrestrische Planeten ausreichend entwickeln könnten, um komplexes Leben zu ermöglichen. Umgekehrt, wenn die Gravitationskonstante auf null gesetzt wäre, könnten weder Planetenatmosphären noch Planeten existieren. Diese Voraussetzung entspricht einer zweiseitigen Feinabstimmung von 1 zu $\sim 10^{36}$ (oder $3000/10^{40}$). Siehe Collins: „Evidence for Fine-Tuning", S. 189f.

23 Wenn außerdem die Schwerkraft einen zu schwachen Zug ausüben würde, könnten die Planeten keine Atmosphäre erhalten, sodass für lebende Organismen eine Atmung unmöglich wäre. Umgekehrt, wenn die Schwerkraft einen zu starken Zug ausübt, würden Planeten schädliche Gase in ihrer Atmosphäre festhalten. Natürlich könnten auch Ausgleichsfaktoren das Ausmaß dieser Feinabstimmung abschwächen. Für viel kleinere Planeten könnte beispielsweise die Schwerkraft viel größer sein und trotzdem nicht dazu führen, dass schädliche Gase in der Planetenatmosphäre zurückgehalten werden, selbst bei einem größeren Wert für G. Allerdings unterliegen kleinere Planeten anderen Begrenzungen:

Sie haben ein größeres Oberflächen-Volumen-Verhältnis, was zu einer schnelleren Abkühlung des Planeteninneren führt, sodass Vulkanismus und Plattentektonik unmöglich werden – und beide sind aus anderen Gründen für das Leben notwendig. Ein größeres Oberflächen-Volumen-Verhältnis und eine schnellere Abkühlung des Planeteninneren würde zudem zu einem geschwächten Magnetfeld führen und potenziellen Lebensformen auf einem Planeten den Schutz vor auftreffender Sonnenstrahlung nehmen. Zudem hätte eine stärkere Gravitationskonstante zu einem Universum geführt, das aus reinem Helium besteht. Siehe Lewis und Barnes: *A Fortunate Universe*, S. 78.

24 Es könnte möglich sein, dass die Schwerkraft sogar in einer noch größeren Bandbreite schwankt, doch Physiker neigen eher dazu, die erwartete Bandbreite konservativer einzuschätzen, indem sie den „Vergleichsbereich" als tatsächlich beobachtete Bandbreite der wirkenden Kräfte definieren.

25 Die Bandbreite für die möglichen Werte der Konstante ist zwischen 0 und 10^{40}G festgelegt. Ein lebensfreundliches Universum muss eine Gravitationskonstante von weniger als 10^5G aufweisen. Daher liegt der Grad der Feinabstimmung bei $10^5G/10^{40}G = 10^5/10^{40}$ = 1 von 10^{35}. Siehe Lewis und Barnes: *A Fortunate Universe*, S. 109. Die Physikerin Sabine Hossenfelder hat kürzlich angeführt, dass viele Feinabstimmungsparameter in Wirklichkeit nicht zu quantifizieren sind (Hossenfelder: „Screams for Explanation: Finetuning and Naturalness in the Foundations of Physics", S. 1–19). Auf dieser Basis bestreitet sie die Realität der Feinabstimmung als Merkmal der Natur, das erklärt werden muss. Um ihre Behauptung zu stützen, weist sie darauf hin, dass zahlreiche Physiker das Maß der Feinabstimmung, die mit verschiedenen Parametern verbunden ist, errechnen, indem sie davon ausgehen, dass beispielsweise alle möglichen Werte der verschiedenen physikalischen Konstanten innerhalb einer gegebenen Bandbreite gleich wahrscheinlich sind. Dann argumentiert sie, dass Physiker keine Möglichkeit haben zu erfahren, ob diese Annahme wahr ist.

Vielleicht, so deutet sie an, existiert ein universumsgenerierender Mechanismus (siehe Kap. 16), der beispielsweise häufiger Universen mit gewissen Gravitationskonstanten erzeugt als mit anderen Gravitationskonstanten. Unter Berücksichtigung einer solchen einseitigen Beeinflussung würde sich eindeutig das berechnete Maß der Feinabstimmung (oder der Wahrscheinlichkeit) verändern, die mit einem gegebenen Wertebereich in Verbindung stehen, der einem lebensfreundlichen Universum entspricht. Daher, so Hossenfelders Argumentation, legt die Möglichkeit einer solchen einseitigen Beeinflussung bei der Erzeugung von Universen nahe, dass wir keine akkurate Einschätzung der Feinabstimmung vornehmen können – und damit können wir uns nicht sicher sein, dass das Universum tatsächlich für das Leben feinabgestimmt ist.

Dennoch hat Hossenfelders Einwand ein offensichtliches Problem. Die zulässigen Bandbreiten vieler physikalischer Konstanten und Parameter sind unter der riesigen Menge anderer möglicher Werte für diese verschiedenen Konstanten und Parameter so unglaublich gering, dass jeder universumsgenerierende Mechanismus, der in der Lage wäre, die Erzeugung dieser spezifischen und winzigen Bandbreiten zu bevorzugen, selbst feinabgestimmt sein müsste, um mit hoher Wahrscheinlichkeit diese Werte in diesen Bandbreiten zu erzeugen. Mit anderen Worten: Ihr universumsgenerierender Mechanismus würde eine Feinabstimmung benötigen, um diese einseitige Beeinflussung zu gewährleisten, die ihr ermöglichen würde, die Feinabstimmung in unserem Universum wegzuerklären. Eine kritische Betrachtung anderer Anfragen an die Quantifizierbarkeit der Feinabstimmung unterschiedlicher physikalischer Parameter findet sich unter Kap. 7, Anm. a, www.returnofthegodhypothesis.com/extendedresearchnotes.

26 Hoyle war offenbar nicht ausdrücklich von anthropischen Erwägungen beeinflusst, als er 1953 die Kohlenstoff-Resonanzniveaus vorhersagte, wie viele Autoren behauptet haben. Stattdessen sagte er, wie oben angemerkt, die präzisen Resonanzniveaus auf Grundlage seines Verständnisses dessen voraus, was für die Erzeugung von Kohlenstoff und somit dessen große vorhandene Menge im Universum notwendig wäre. Später erkannte er die anthropische Bedeutung der Entdeckung der präzisen Werte des Resonanzniveaus. So bedeutete seine Entdeckung, dass das Universum für die Erzeugung von Kohlenstoff und somit die Entstehung des Lebens feinabgestimmt worden war. Ausdrücklich erwähnte er diesen Zusammenhang zwischen den feinabgestimmten Koinzidenzen, die für die Erzeugung von Kohlenstoff und Sauerstoff nötig sind, und dem Vorhandensein von Leben im Universum in seinem Buch *Galaxies, Nuclei, and Quasars* (1965). Darin schreibt er: „Die gesamte Balance der Elemente Kohlenstoff und Sauerstoff ist nicht nur für die Chemie lebender Organismen, sondern für die Verteilung der Planeten entscheidend" (S. 147).

27 Davies: *The Accidental Universe*, S. 71–73.

28 Carr and Rees: „The Anthropic Principle and the Structure of the Physical World".

29 Hoyle: „The Universe".

30 Lewis und Barnes: *A Fortunate Universe.*
31 Davies: *The Cosmic Blueprint*, S. 203.
32 Lewis und Barnes: *A Fortunate Universe*, S. 320, 323.
33 Mit der Beschreibung der Feinabstimmung der physikalischen Gesetze könnten Physiker allerdings auch die Feinabstimmung der mathematischen Strukturen der Gesetze selbst beschreiben, nicht nur ihrer Konstanten. Siehe Anm. 5 weiter oben.
34 „The Anthropic Principle", 18. Mai 1987, Folge 17, Staffel 23, *Horizon*-Serie, BBC.
35 Hawking: *Eine kurze Geschichte der Zeit*, S. 156.
36 Wahrscheinlich weisen 10–12 von insgesamt 31 Konstanten eine deutliche Feinabstimmung auf.
37 Ekström et al.: „Effects of the Variation of Fundamental Constants on Population III Stellar Evolution", Epelbaum et al.: „Dependence of the Triple-Alpha Process on the Fundamental Constants of Nature".
38 Csoto, Oberhummer und Schlattl: „Fine-Tuning the Basic Forces of Nature Through the Triple-Alpha Process in Red Giant Stars", S. 560.
39 Rees: „Large Numbers and Ratios in Astrophysics and Cosmology". Außerdem Lewis und Barnes: *A Fortunate Universe*, S. 78.
40 Davies: *The Accidental Universe*, S. 71–73.
41 Rees: *Just Six Numbers*, S. 22.
42 Persönliches Interview mit Sir John Polkinghorne, Portland, Oregon, 1992. Mehr Informationen zu Polkinghornes Argumenten finden sich unter Polkinghorne: *An Gott glauben im Zeitalter der Naturwissenschaften.*
43 Persönliches Interview mit Sir Brian Josephson, Universität Yale, 2. März 1986.
44 David Klinghoffer: „Brian Josephson, Nobel Laureate in Physics, Is ‚80 Percent' Confident in Intelligent Design", *Evolution News & Science Today*, 28. Juni 2017, https://evolutionnews.org/2017/06/brian-josephson-nobel-laureate-in-physics-is-80-percent-confident-in-intelligent-design (letzter Zugriff 28.08.2022).
45 Persönliches Interview mit Henry Margenau, Universität Yale, 2. März 1986.
46 Greenstein, *The Symbiotic Universe*, S. 27.
47 Longley: „Focusing on Theism".

Kapitel 8:
Extreme Feinabstimmung – war das Absicht?

1 Bonnie Azab Powell: „„Explore as Much as We Can': Nobel Prize Winner Charles Townes on Evolution, Intelligent Design, and the Meaning of Life“, UC Berkeley NewsCenter, 17. Juni 2005, https://www.berkeley.edu/news/media/releases/2005/06/17_townes.shtml (letzter Zugriff: 09.08.2022).

2 Lewis und Barnes: *A Fortunate Universe*, S. 120–128.

3 Physiker diskutieren darüber, ob die Gleichsetzung von Entropie mit Unordnung der beste Ansatz für die Vermittlung des Entropie-Konzepts an ein Laienpublikum ist. Rein sachlich hängt die Entropie mit dem Logarithmus der Anzahl von Konfigurationen zusammen, die für einen gegebenen Zustand eines Systems verfügbar sind. Manche bevorzugen es, die Entropie mit dem Unschärfegedanken oder dem Shannon-Maß von Informationen in Verbindung zu bringen. Dennoch wird der Begriff „Ordnung“ meist mit einer präziseren und definierteren Anordnung von Entitäten assoziiert und somit mit einer kleineren Anzahl von Anordnungen. Folglich bietet die Verbindung ein intuitiv zutreffendes Bild im Kontext des frühen Universums.

4 Wenn man die Entropie von Wasser berechnen will, muss man auch wissen, wie viele mögliche Energiezustände mit den Wassermolekülen verbunden sind. Zudem muss man die Anzahl der möglichen Konfigurationen dieser Moleküle kennen, das heißt, ihre relative Position zueinander im Raum.

5 Tatsächlich wissen Physiker im Grunde nicht, wie sie die möglichen Zustände oder Konfigurationen von Materie und Energie zählen oder beschreiben sollen, durch die Schwarze Löcher charakterisiert sind. Sie können sich nicht einmal die unterschiedlichen Konfigurationen von Materie, Energie und Raumzeit innerhalb eines Schwarzen Loches vorstellen – nicht auf die gleiche Weise, wie sie das bei den Atomen eines Gases können. Sie wissen nicht, wie sie die „Mikrozustände“ in Schwarzen Löchern charakterisieren sollen, da ihnen eine Theorie der Quantengravitation fehlt. Streng genommen setzen Physiker daher thermodynamische Überlegungen statt Überlegungen der statistischen Mechanik ein, um ihre Schlussfolgerung zu begründen, dass Schwarze Löcher eine hohe Entropie aufweisen. Da, so die Argumentation, Schwarze Löcher sich in einem Gleichgewichtszustand befinden, müssen sie sich auch in einem Zustand der maximalen Entropie befinden. Tatsächlich könnte zwar eine Galaxie (irgendwann) in einem Schwarzen Loch zusammenbrechen, doch

ein Schwarzes Loch wird nicht spontan alle seine Materie freigeben, um eine Galaxie zu erzeugen.

6 Unsere normalen Vorstellungen von Entropie erscheinen etwas kontraintuitiv, wenn man sie auf Schwarze Löcher anwendet. In seinem Buch *The Road to Reality* erklärt Roger Penrose den Grund: „Die Gravitation ist in Bezug auf Entropie aufgrund ihrer universell anziehenden Natur etwas verwirrend. Wir sind es gewohnt, uns Entropie im Rahmen eines gewöhnlichen Gases vorzustellen, wobei die Konzentration des Gases in kleinen Räumen eine niedrige Entropie repräsentiert … und im hochentropischen Zustand des thermischen Gleichgewichts das Gas gleichmäßig verteilt ist. Doch bei der Gravitation ist es tendenziell umgekehrt. Ein gleichmäßig verteiltes System gravitierender Körper würde eine relativ niedrige Entropie repräsentieren (es sei denn, die Geschwindigkeiten dieser Körper sind enorm hoch und/oder die Körper sehr klein und/oder sehr weit verteilt, sodass die Beteiligung der Gravitation vernachlässigbar wird). Hingegen wird eine hohe Entropie erreicht, wenn die gravitierenden Körper miteinander verklumpen" (S. 706). Siehe auch Carroll: *From Eternity to Here*, S. 287–314.

7 Penrose: „Time-Asymmetry and Quantum Gravity". Siehe auch Penrose: *The Road to Reality*, S. 757–765, Gordon: „Divine Action and the World of Science", S. 259–261, 267.

8 Penrose setzte die sogenannte Bekenstein-Hawking-Formel ein, um die Entropie pro Elementarteilchen oder „Baryon" (d. h. Neutronen und Protonen) im Universum zu schätzen. Anhand dieser Formel kam er auf einen Wert von 10^{43} pro Baryon. Da das sichtbare Universum 10^{80} Baryonen enthält, errechnete er für das Universum eine Gesamtentropie von 10^{123} (d. h. 10^{43} mal 10^{80}). Wie erwähnt ging Penrose davon aus, dass diese Zahl die Obergrenze der möglichen Entropiewerte für das Universum definiert. In der Physik können Entropiemaße ohne Einheit auftreten (oder in „natürlichen Einheiten" wiedergegeben werden). In diesem Zusammenhang berechnete Penrose die Entropie anhand von natürlichen Einheiten. Man bestimmt die Entropie, indem man den Logarithmus der Anzahl der möglichen Konfigurationen nimmt, die einem gegebenen Zustand entsprechen (oder den Logarithmus der Anzahl der möglichen „Mikrozustände", die einem gegebenen „Makrozustand" entsprechen). Für Informationen zur Bekenstein-Hawking-Formel siehe Sfetsos and Skenderis: „Microscopic Derivation of the Bekenstein-Hawking Entropy Formula for Non-Extremal Black Holes". Siehe auch Jacob D. Bekenstein: „Bekenstein-Hawking Entropy", Scholarpedia, 2008, http://www.

scholarpedia.org/article/Bekenstein-Hawking_entropy (letzter Zugriff 31.08.2022).

9 Um die Entropie des gegenwärtigen Universums zu berechnen, schätzte er, dass im Zentrum jeder Galaxie ein Schwarzes Loch mit einer Million Sonnenmassen liegt; damit ergibt sich ein Wert von 10^{21} natürlichen Entropieeinheiten pro Baryon. Indem er 10^{21} mit 10^{80} Baryonen multiplizierte (der gesamten Anzahl von Baryonen im Universum), errechnete er eine Gesamtentropie von 10^{101} natürlichen Entropieeinheiten für das gegenwärtige Universum. Dann nahm er an, dass das frühe Universum eine Entropie gehabt hätte, die nicht größer war als die des gegenwärtigen Universums.

10 Die Entropie ist proportional zum Logarithmus der Anzahl möglicher Konfigurationen von Teilchen für einen gegebenen Zustand. Physiker bezeichnen die Anzahl solcher möglichen Konfigurationen als das „Phasenraumvolumen". Zudem entspricht die Anzahl der Konfigurationen mathematisch 10 in der Potenz der Entropie. Penrose errechnete anhand der Logarithmus-Beziehung zwischen der Anzahl von möglichen Konfigurationen und der Entropie die Wahrscheinlichkeit, dass das Universum eine so niedrige Entropie aufweist wie die für uns existierende. Dazu berechnete er die Anzahl der Konfigurationen aus dem Entropiewert des Universums. Diese Berechnung ergab eine Anzahl von Konfigurationen (oder ein Phasenraumvolumen, V_o), die dem entsprach, wie das Universum bei $10^{10^{123}}$ begonnen haben könnte. In ähnlicher Weise entspricht die Anzahl von Konfigurationen oder das Phasenraumvolumen im Blick auf das tatsächliche frühe Universum, V_a, einem Wert von $10^{10^{101}}$. Die Präzision in Verbindung mit der Auswahl der frühen Bedingungen für das Universum ist somit die Anzahl der Konfigurationen im Blick auf die Entropie des frühen Universums geteilt durch die insgesamt mögliche Anzahl von Konfigurationen. Dieser Wert ist das Verhältnis des Phasenraumvolumens (V_a/V_o), das etwa 1 zu $10^{10^{123}}$ beträgt. Der kleinere Exponent wird, wie gesagt, vom ungleich größeren Exponenten quasi „geschluckt". Siehe auch Penrose: *Emperor's New Mind*, S. 444f.

11 Es hat sich gezeigt, dass die Anfangsentropie unseres Universums sogar noch niedriger war als nötig, um ein lebensfreundliches Universum zu gewährleisten. Seltsamerweise hat diese extrem und luxuriös niedrige Anfangsentropie ausgiebige astronomische Beobachtungen und die Erforschung des Universums möglich gemacht. Zumindest theoretisch hätten wir auch in einem Universum leben können, in dem nur in unserer lokalen galaktischen Umgebung eine so niedrige Entropie herrscht. Der Rest des Universums hätte von hoher Entropie charakterisiert sein können,

was, wie gesagt, riesigen Räumen voller Schwarzer Löcher entsprochen hätte. In diesem Fall wäre das Leben in der lokalen galaktischen Umgebung möglich gewesen, aber nirgendwo sonst. Doch in unserem sichtbaren Universum zeichnet sich der gesamte Weltraum durch niederentropische Bedingungen wie in unserer lokalen Galaxie aus. Tatsächlich enthält der Rest des sichtbaren Universums über 100 Milliarden hochgradig geordnete (niederentropische) Galaxien. Da der Rest des Universums nicht von Schwarzen Löchern dominiert ist, können wir es beobachten und erforschen und etwas über seine Geschichte lernen, indem wir andere Galaxien und Sterne jenseits unserer Milchstraße beobachten.

(Diese Erkenntnis verdanke ich meinem Kollegen Brian Miller.)

Guillermo Gonzalez und Jay Richards entwickelten eine ähnliche Einsicht hinsichtlich unseres lokalen Planetensystems. In ihrem Buch *The Privileged Planet* zeigen sie auf, dass die Erde intelligent gestaltet wurde: nicht nur, um intelligentes Leben zu beherbergen, sondern auch, um als Plattform zur Beobachtung des weiteren Universums zu dienen. Beispielsweise merken sie an, dass die geologischen Prozesse der Erde uns die Grundmaterialien liefern, die wir brauchen, um Wissenschaft zu betreiben, und dass ihre transparente Atmosphäre uns gestattet, die Planeten, Sterne und Galaxien zu erforschen. Ganz ähnlich können wir, je mehr wir vom Universum beobachten können, umso besser seine Eigenschaften, Struktur und Geschichte bestimmen – und die extrem niedrige Entropie des Universums als Ganzem ermöglicht uns genau das. So legt die Art und Weise, wie das Universum außerordentlich feinabgestimmt ist – weit über das für das Leben Notwendige hinaus –, nahe, dass es ein Universum ist, das dazu gestaltet wurde, erforscht zu werden. Zur Untermauerung dieser Schlussfolgerung hat der Physiker Brian Miller, einer meiner Kollegen am Discovery Institute, Schätzungen vorgenommen, um zu bestimmen, welches Maß an Entropie-Feinabstimmung notwendig ist, damit es in unserer niederentropischen Galaxie Leben geben kann. Er kam auf einen Wert von 1 zu $10^{10^{98}}$. Und im Gegensatz dazu wäre eine Feinabstimmung von 1 zu $10^{10^{123}}$ nötig, um niederentropische Galaxien im gesamten Kosmos verteilt zu haben. Der Unterschied zwischen diesen beiden Werten repräsentiert das Ausmaß, in dem das Universum über das für die reine Existenz des Lebens Notwendige hinaus feinabgestimmt ist – und womöglich auch über das hinaus, was für die wissenschaftliche Entdeckung des Kosmos nötig ist. Eine detaillierte Darstellung dazu, wie Miller diese Schätzungen vornahm, findet sich unter Kap. 8, Anm. a, www.returnofthegodhypothesis.com/extendedresearchnotes.

12 Ein ausführlicheres Zitat von Davies zu diesem Punkt findet sich unter Kap. 8, Anm. b, www.returnofthegodhypothesis.com/extendedresearchnotes. Siehe auch Schaefer: *Science and Christianity*, S. 31, Penrose: *The Road to Reality*, S. 728–730, 762–764, Lewis und Barnes: *A Fortunate Universe*, S. 125f., 318f.

13 In *Counting to God* (S. 79–81) illustriert Douglas Ell wunderbar, wie absurd klein Penroses Wahrscheinlichkeit ist.

14 Bruce Gordon merkt an: „Es wurden zwei Möglichkeiten vorgeschlagen, um diese entropische Feinabstimmung abzuschwächen: (1) das inflationäre Multiversum überwindet die probabilistischen Hindernisse; (2) es gibt ein besonderes Gesetz, das ein vollkommen einheitliches Gravitationsfeld am Anfang der Zeit erfordert und so die maximal niedrige Entropie erzeugte" („Divine Action and the World of Science", S. 261). Er zeigt allerdings, dass keines dieser Szenarien das Problem löst. Zunächst merkt er an: „Das inflationäre Multiversum hat selbst massive Feinabstimmungsprobleme, und es schafft Bedingungen, die die bloße Möglichkeit wissenschaftlicher Rationalität unterlaufen" (S. 261). In Kapitel 16 und 19 dieses Buches zeige ich detailliert, warum das der Fall ist. Gordon bemerkt außerdem: „Die zweite Variante, dass es ein besonderes Gesetz gibt, das ein vollkommen gleichförmiges Gravitationsfeld als Voraussetzung erfordert …, verlagert den Ort der Feinabstimmung nur vom Urknall selbst hin zu dem mit ihm verbundenen Gravitationsfeld." Weiterhin merkt er an, dass dieses Szenario „unter naturalistisch gesinnten Physikern aus einem anderen Grund unbeliebt ist: Es erfordert eine echte Singularität am Anfang der Zeit, in der alle Gesetze der Physik außer Kraft gesetzt sind" (S. 261).

15 Davies: *Superforce*, S. 184.

16 Quantitative Schätzungen zur Feinabstimmung der Expansionsgeschwindigkeit finden sich bei Hawking: *Eine kurze Geschichte der Zeit*, S. 152. Hawking erklärt, die Expansionsgeschwindigkeit hätte nicht mehr als $1/10^{17}$ kleiner sein dürfen, doch er quantifiziert nicht, wie viel größer sie hätte sein können, ohne ein lebensfreundliches Universum zu verhindern. Er fragt: „Warum hat das Universum fast genau mit der kritischen Expansionsgeschwindigkeit begonnen, durch die sich die Modelle, nach denen das Universum irgendwann rekollabiert, von jenen unterscheiden, die eine ewige Expansion beschreiben, so dass es sich heute – zehn Milliarden Jahre später – noch immer fast genau mit der kritischen Geschwindigkeit ausdehnt? Wäre die Expansionsgeschwindigkeit eine Sekunde nach dem Urknall nur um ein Hunderttausendmillionstel Millionstel [10^{17}] kleiner

gewesen, so wäre das Universum wieder in sich zusammengefallen, bevor es seine gegenwärtige Größe erreicht hätte" (*Eine kurze Geschichte der Zeit,* S. 151f.) Unterdessen nennt Paul Davies eine zweiseitige Feinabstimmung der Expansionsgeschwindigkeit von $1/10^{18}$ (*Superforce*, S. 184).

17 Der präzise Wert dieser unterschiedlichen physikalischen Faktoren variiert je nachdem, von welchem der konkurrierenden Modelle der inflationären Kosmologie Physiker ausgehen wollen. Da sich die Physiker gegenwärtig nicht auf ein Standardmodell der Inflation einigen können, ist es schwer einzuschätzen, ob jeder dieser physikalischen Faktoren tatsächlich unabhängig von den anderen feinabgestimmt ist. Allerdings scheint es wahrscheinlich zu sein, dass wenigstens einige dieser Faktoren es sind, eben je nachdem, welches Modell man zugrunde legt. Luke Barnes schreibt, dass ungeachtet dieser Überlegungen die Expansionsgeschwindigkeit des Universums einen separaten Parameter des Universums darstellt, der eine Feinabstimmung erfordert („The Fine-Tuning of the Universe for Intelligent Life", S. 545).

18 Lewis und Barnes: *A Fortunate Universe*, S. 167.

19 Eine Erklärung, wie Physiker die Untergrenze der Feinabstimmung im Blick auf die kosmologische Konstante berechnen, findet sich unter Kap. 8, Anm. c, www.returnofthegodhypothesis.com/extendedresearchnotes.

20 Eine ausführlichere Darstellung dazu, warum Physiker sich heute weitgehend einig sind, dass das Maß an Feinabstimmung für die kosmologische Konstante nicht kleiner als 1 zu 10^{90} ist, findet sich unter Kap. 8, Anm. d, www.returnofthegodhypothesis.com/extendedresearchnotes.

21 Maria Temming: „How Many Stars Are There in the Universe?" *Sky & Telescope*, 15. Juli 2014, https://www.skyandtelescope.com/astronomy-resources/how-many-stars-are-there (letzter Zugriff: 31.08.2022).

22 Lewis and Barnes: *A Fortunate Universe*, S. 50f.

23 Ebd. S. 79.

24 Ebd. S. 177.

25 Carter: „Large Number Coincidences and the Anthropic Principle in Cosmology".

26 Brandon Carter definiert zwei unterschiedliche Versionen dessen, was man heute üblicherweise als schwaches anthropisches Prinzip bezeichnet. Eine davon nennt er das „starke anthropische Prinzip". Sein schwaches anthropisches Prinzip besagt, dass unser lokales Gebiet im Kosmos (unser Planet, unser Sonnensystem und unsere Galaxie) Feinabstimmungs-Parameter an den Tag legt, die zwangsläufig mit unserer Existenz übereinstimmen. Sein starkes anthropisches Prinzip besagt, dass *das Universum* Fein-

abstimmungs-Parameter an den Tag legt, die zwangsläufig mit unserer Existenz übereinstimmen. Da beide seiner anthropischen Prinzipien notwendige Bedingungen unserer Existenz anführen, statt eine kausale Erklärung für die (lokale oder universumsweite) Feinabstimmung selbst zu liefern, habe ich an beide die gleiche hier dargelegte Kritik. Der Einfachheit halber habe ich beide von Carters leicht unterschiedlichen Versionen des anthropischen Prinzips zum Zweck dieser Kritik miteinander kombiniert. Siehe auch Anm. 28 weiter unten.

27 Leslie: „Anthropic Principle, World Ensemble, Design". Siehe auch Craig: „The Teleological Argument and the Anthropic Principle".

28 Barrow und Tipler: *The Anthropic Cosmological Principle*, S. 21. Brandon Tipler beschrieb das starke anthropische Prinzip ganz ähnlich als die Idee, dass „das Universum (und damit die fundamentalen Parameter, von denen es abhängt) so gestaltet sein muss, dass in irgendeinem Stadium die Entstehung von Beobachtern darin möglich ist" („Large Number Coincidences and the Anthropic Principle in Cosmology", S. 294). Wie Lewis und Barnes allerdings klarstellen, schlug Carter dies nicht als kausale Erklärung der Feinabstimmung vor, wie Barrow und Tipler das starke anthropische Prinzip in ihrem Buch aus dem Jahr 1988 beschrieben. Lewis und Barnes erklären: „Carters starkes anthropisches Prinzip ist leicht misszuverstehen; die Quelle der Verwirrung ist das Wort *muss*. Es hat weder einen logischen noch einen metaphysischen Sinn, also dass ein Universum ohne Beobachter unmöglich wäre. Noch hat es einen kausalen Sinn, als hätten wir das Universum erschaffen. Vielmehr ist dieses *Muss* eine Konsequenz, wie in dem Satz: ‚Draußen hat es gereift, also muss es kalt sein.' *Angesichts der Tatsache, dass wir existieren*, muss das Universum (und seine Gesetze) Beobachter ermöglichen" (*A Fortunate Universe*, S. 19).

29 Physiker definieren das „starke anthropische Prinzip" anders. Ich meine damit die maximalistische Version dieses Prinzips, wie es Barrow und Tipler in ihrem 1988er Klassiker *The Anthropic Cosmological Principle* formuliert haben. Diese Version des Prinzips besagt nicht nur, dass „das Universum diejenigen Eigenschaften aufweisen muss, die zulassen, dass sich in irgendeiner Phase seiner Geschichte darin Leben entwickelt" und dass „nur ein mögliches Universum existiert, das mit dem Ziel ‚gestaltet' wurde, ‚Beobachter' hervorzubringen und zu erhalten", sondern auch, dass „Beobachter notwendig sind, um das Universum ins Dasein zu bringen". Diese Version des Prinzips (auch „partizipatorisches anthropisches Prinzip" genannt) besagt, dass Beobachter nach der Etablierung der Fein-

abstimmungs-Parameter als Ursache des Ursprungs der Feinabstimmung agieren.

Manche Physiker benutzen den Begriff „starkes anthropisches Prinzip" auch als Bezeichnung für minimalistischere Konzepte (siehe Anm. 26 und 28 weiter oben). Diese Versionen des anthropischen Prinzips benennen allerdings keine Ursache für den Ursprung der Feinabstimmung und stellen somit keine Erklärungen dafür dar. Stattdessen sind es schlichtweg sachliche Aussagen über unser Universum. Daher bedürfen sie hier keiner eigenständigen kritischen Betrachtung außer insofern, als sie fälschlicherweise als Kausalerklärungen der Feinabstimmung interpretiert werden, wie z. B. das „schwache anthropische Prinzip" und Brandon Carters Version des starken anthropischen Prinzips. Ich habe deshalb versucht, ungeachtet der Definitionsunterschiede alle Versionen des (schwachen oder starken) anthropischen Prinzips zu besprechen, die angeblich Kausalerklärungen für den Ursprung der Feinabstimmung anbieten. Siehe Barrow: „Anthropic Definitions", Barrow und Tipler: *The Anthropic Cosmological Principle*, S. 16–25.

30 Barrow und Tipler: *The Anthropic Cosmological Principle*, S. 16–25, bes. S. 21f.

31 Gardner: „WAP, SAP, FAP & PAP".

32 Dembski: *The Design Inference*, S. 33–36. In meinem Buch *Signature in the Cell* habe ich auf etwas technischere Art und Weise erklärt, warum eine „Menge an funktionalen Voraussetzungen" eine Art „unabhängiges Muster" repräsentiert und warum Dembskis Konzept der Spezifikation somit sowohl die „unabhängig erkannten Muster" als auch die „funktionalen Spezifikationen" subsumiert. Dort weise ich auch darauf hin, dass man Systeme, die eine Menge an funktionalen Voraussetzungen veranschaulichen, so verstehen kann, als würde man ein kleines, unabhängig definierbares Ziel innerhalb eines viel größeren kombinatorischen Raumes an Möglichkeiten treffen. Siehe: *Signature in the Cell*, S. 360–363. Siehe auch Kap. 8, Anm. e, www.returnofthegodhypothesis.com/extendedresearchnotes.

33 Tatsächlich akzeptiert die überwältigende Mehrheit der führenden Physiker, dass das Universum ein außerordentliches Maß an Feinabstimmung aufweist und dass diese Feinabstimmung real ist, nicht nur scheinbar. In *A Fortunate Universe*, einem Buch aus dem Jahr 2020, führen Lewis und Barnes eine (unvollständige) Liste solcher führender Physiker auf, unter ihnen John Barrow, Bernard Carr, Brandon Carter, Paul Davies, Stephen Hawking, David Deutsch, George Ellis, Brian Greene, Alan Guth, Edward

Harrison, Andrei Linde, Donald Page, Roger Penrose, John Polkinghorne, Martin Rees, Allan Sandage, Lee Smolin, Leonard Susskind, Max Tegmark, Frank Tipler, Alexander Vilenkin, Steven Weinberg, John Wheeler und Frank Wilczek. Wie Barnes erklärt, sind die Wissenschaftler auf dieser Liste „einhellig davon überzeugt, dass es genügend Hinweise auf eine Feinabstimmung gibt, um einen Handlungsbedarf festzustellen. Die Liste besteht ungefähr zu gleichen Teilen aus Theisten, Nicht-Theisten und Personen unbekannter Überzeugung. Die Nicht-Theisten ziehen oft das Multiversum heran. Die Theisten spalten sich auf in diejenigen, die das Multiversum für eine gute wissenschaftliche Lösung halten (besonders Page), und diejenigen, die Gott für notwendig halten." In Kap. 13 und 16 dieses Buchs bewerte ich diese konkurrierenden Interpretationen. Siehe Lewis und Barnes, *A Fortunate Universe*, S. 243; Luke Barnes, „Carroll's Five Replies to the Fine-Tuning Argument: Number 1", *Letters to Nature*, 17. August 2014, https://letterstonature.wordpress.com/2014/08/17/carrolls-five-replies-to-the-fine-tuning-argument-number-1 (letzter Zugriff: 31.08.2022).

34 Polkinghorne: „So Finely Tuned a Universe", S. 16.

Kapitel 9: Der Ursprung des Lebens und das Rätsel der DNA

1 Ayala: „Darwin's Greatest Discovery", S. 8567.

2 Dawkins: *Der blinde Uhrmacher,* München: dtv, 1990, S. 13, eigene Hervorhebung.

3 Ayala: „Darwin's Greatest Discovery", S. 8567.

4 Crick: *What Mad Pursuit*, S. 138.

5 Kenyon und Steinman: *Biochemical Predestination*, S. 199–211.

6 „Sie [Thaxton, Bradley und Olsen] glauben, und ich stimme ihnen mittlerweile zu, dass alle aktuellen Theorien zum chemischen Ursprung des Lebens eine fundamentale Schwachstelle haben" (Kenyon im Vorwort zu *The Mystery of Life's Origin*, S. vii).

7 Meyer: „Of Clues and Causes", S. 143–161.

8 Kamminga: „Studies in the History of Ideas on the Origin of Life", S. 222–245.

9 Shannon: „A Mathematical Theory of Communication".

10 Dretske: *Knowledge and the Flow of Information*, S. 6–10.

11 Überdies wächst die Menge an Informationen an, je mehr die Unwahrscheinlichkeiten zunehmen. Die Wahrscheinlichkeit, beim Werfen einer

fairen Münze viermal hintereinander „Kopf" zu erhalten, liegt bei ½ × ½ × ½ × ½ oder (½)^4. Somit nimmt die Wahrscheinlichkeit, eine bestimmte Folge von Kopf und/oder Zahl zu erhalten, mit Zunahme der Versuche exponentiell ab. Die Informationsmenge nimmt entsprechend zu. Dennoch sahen es Informationstheoretiker als geeignete Methode an, Informationen additiv statt multiplikativ zu messen. Somit wandelt der gebräuchliche mathematische Ausdruck ($I = -\log_2 p$) für die Berechnung von Informationen durch eine negative Logarithmusfunktion Wahrscheinlichkeitswerte in Informationsmaße um; das Minuszeichen drückt eine reziproke Beziehung zwischen Information und Wahrscheinlichkeit aus.

12 Dembski: *The Design Inference*, S. 1–35, 136–174.

13 Crick: „On Protein Synthesis", bes. S. 144, 153.

14 Dawkins, *Und es entsprang ein Fluss in Eden*, 1. Kapitel.

15 Gates: *The Road Ahead*, 188.

16 Hood und Galas: „The Digital Code of DNA".

17 Wald: „The Origin of Life", S. 44–53.

18 Lehninger: *Biochemistry*, S. 782.

19 Shapiro: *Origins*, S. 121, Kamminga: „Studies in the History of Ideas on the Origin of Life", S. 303f.

20 Prigogine, Nicolis, and Babloyantz: „Thermodynamics of Evolution", S. 23.

21 De Duve: „The Constraints of Chance", Crick: *Life Itself*, S. 89–93.

22 De Duve: „The Beginnings of Life on Earth", S. 437.

23 Ebd. Natürlich finden wir in unseren gewöhnlichen Erfahrungen jede Menge Beispiele für eine solche Logik. Wenn beispielsweise jemand wiederholt mit zwei Würfeln würfelt und sich eine Zahlenfolge von z. B. 9, 4, 11, 2, 6, 8, 5, 12, 9, 6, 8 und 4 Augen ergibt, würde niemand etwas anderes als das Spiel zufälliger Kräfte vermuten. Doch wenn jemand in einem Spiel, das eine 7 belohnt, 10 (oder auch 100) Mal nacheinander 7 Augen wirft, wird zu Recht der Verdacht aufkommen, dass mehr als nur zufällige Kräfte am Werk sind. Tatsächlich haben wir im vorigen Kapitel gesehen, dass uns, wenn ein höchst unwahrscheinliches Ereignis eintritt, das zudem einem „funktional bedeutsamen Muster" entspricht, unsere Erfahrung berechtigterweise dazu bringt, den Zufall als beste Erklärung abzulehnen. Obwohl die meisten Forscher auf dem Gebiet des Ursprungs des Lebens nicht offen dafür sind, eine Gestaltung als Option in Betracht zu ziehen, lehnen sie doch die Zufallshypothese ab, weil sie erkennen, dass die Erzeugung der zur Proteinsynthese (und damit des ersten Lebens) notwendigen genetischen Informationen ein Zusammentreffen einer (a) extrem unwahrscheinlichen Reihe von Ereignissen mit (b) einem

funktional bedeutsamen Ergebnis erfordern würde. Tatsächlich erkennen Forscher auf dem Gebiet des Ursprungs des Lebens, dass das kritische Problem nicht allein darin liegt, eine unwahrscheinliche Reihe von molekularen Interaktionen zu generieren, die etwa zu einer unwahrscheinlichen Anordnung von Basen in einer DNA führen könnten. Vielmehr liegt das Problem darin, sich darauf zu verlassen, dass sich molekulare Bausteine zufällig so mischen, dass sie eine der höchst seltenen Basenanordnungen in einer DNA (oder Aminosäuren in Proteinen) erzeugen, die außerdem eine biologische Funktion erfüllen.

24 Im Jahr 1977 legten die Physiker Ilja Prigogine und Grégoire Nicolis eine weitere Theorie zur Selbstorganisation vor, die auf ihrer Beobachtung basierte, dass offene Systeme, die stark aus dem Gleichgewicht gebracht werden, häufig selbstordnende Tendenzen aufweisen (*Self-Organization in Nonequilibrium Systems*, S. 339–353, 429–447). Beispielsweise erzeugt die Gravitationsenergie in einer ablaufenden Badewanne stark geordnete Wirbel, und die thermische Energie, die durch ein flüssiges oder zähflüssiges Medium fließt, erzeugt charakteristische Umwälzströme oder eine „Spiralwellenaktivität". In seinem Buch *The Origins of Order* (1993) versuchte Stuart Kauffman ebenfalls, den Ursprung des Lebens auf Grundlage von thermodynamischen Erwägungen zu erklären (S. 285–341; siehe auch *At Home in the Universe*, S. 47–92).

Diese und andere Theorien, die sich auf selbstorganisierende Kräfte (und ungleichgewichtige Thermodynamik) berufen, behandle ich kritisch in *Signature in the Cell* (S. 253–270). Kurz gesagt zeige ich, dass diese Theorien symmetrische oder redundante Ordnungen gut erklären, aber nicht den Ursprung der spezifizierten Komplexität oder Informationen, die lebende Systeme kennzeichnen. Der Physiker Brian Miller entwickelte ebenfalls eine starke Kritik am jüngst aufgekommenen Einsatz von thermodynamischen „Fluktuationstheoremen" zur Erklärung – oder zumindest zur Entwirrung des Mysteriums – des Ursprungs des Lebens (siehe „Hot Wired: The Thermodynamics of Life", *Inference*, Bd. 5, Nr. 2).

25 Andere Argumente zur Untermauerung dieser Schlussfolgerung finden sich unter Kap. 9, Anm. a (sowie in Kap. 14), www.returnofthegodhypothesis.com/extendedresearchnotes.

26 Yockey: *Information Theory and Molecular Biology*, S. 274–281.

27 Dobzhansky: „Discussion of G. Schramm's Paper", S. 310.

28 De Duve: *Blueprint for a Cell*, S. 187.

29 Shapiro: „Prebiotic Cytosine Synthesis".

30 Wolf and Koonin: „On the Origin of the Translation System and the Genetic Code in the RNA World by Means of Natural Selection, Exaptation, and Subfunctionalization", S. 14.

31 Johnston et al.: „RNA-Catalyzed RNA Polymerization".

32 De Duve: *Vital Dust*, S. 23.

33 Crick: *Life Itself*, S. 88.

34 Stein: *Expelled*. Das Interview zwischen Stein und Dawkins beginnt bei Zeitmarke 1:26:32.

35 Ebd.

36 Crick und Orgel: „Directed Panspermia".

37 Thaxton, Bradley und Olson: *The Mystery of Life's Origin*, S. 211.

38 Thaxton, Bradley und Olson formulieren es folgendermaßen: „Wir haben empirische Hinweise in der Gegenwart, dass intelligente Forscher Vorrichtungen bauen können (und es auch tatsächlich tun), um Energie auf nicht-zufälligen chemischen Wegen entlangzuleiten, um komplexe chemische Synthesen zu erzeugen, ja sogar den Aufbau von Genen. Könnte dann nicht in einem größeren Betrachtungsrahmen das Uniformitätsprinzip angewendet werden, um zu erklären, dass die DNA am Anfang eine intelligente Ursache hatte?" (*The Mystery of Life's Origin*, S. 211).

39 Dean Kenyon: „Going Beyond a Naturalistic Approach to the Origin of Life", Vortrag bei der Konferenz „Christianity Challenges the University: An International Conference of Theists and Atheists", Dallas, TX, 9. Februar 1985.

40 Peirce: „Deduction, Induction, and Hypothesis", S. 375.

41 Gould: „Evolution and the Triumph of Homology", S. 61.

42 Chamberlain: „The Method of Multiple Working Hypotheses", S. 754–759.

43 Lipton: *Inference to the Best Explanation*, S. 1.

44 Lyell: *Principles of Geology*, S. 75–91.

45 Kavalovski: „The Vera Causa Principle", S. 78–103.

46 Scriven: „Explanation and Prediction in Evolutionary Theory", S. 480.

47 Meyer: „Of Clues and Causes", S. 96–108.

48 Quastler: *The Emergence of Biological Organization*, S. 16.

49 Thaxton, Bradley und Olson: *The Mystery of Life's Origin*, S. 42–172, Shapiro: *Origins*, Dose: „The Origin of Life", Yockey: *Information Theory and Molecular Biology*, S. 259–293, Thaxton und Bradley: „Information and the Origin of Life", Meyer: *Signature in the Cell*.

50 Natürlich wirft die Formulierung „große Mengen spezifizierter Information" eine quantitative Frage auf, nämlich: „Wie viel spezifizierte Information müsste ein Biomakromolekül (oder eine minimal komplexe Zelle) besitzen, bevor diese spezifizierte Information ein intelligentes Design na-

helegt?" In *Signature in the Cell* gebe und begründe ich eine präzise quantitative Antwort auf diese Frage. Ich zeige, dass das Vorhandensein von ca. 500 oder mehr Teilen spezifizierter Information zuverlässig ein intelligentes Design in einem präbiotischen Kontext anzeigt. Zur Grundlage dieser Berechnungen siehe Kap. 8–10 in *Signature in the Cell* und bes. Kap. 9, Anm. b, www.returnofthegodhypothesis.com/extendedresearchnotes. Hier genügt es zu sagen, dass viele der informationstragenden Biomakromoleküle in selbst den einfachsten einzelligen Organismen problemlos diese (spezifizierte) Informationsschwelle überschreiten.

51 Proteinfaltungen stellen die kleinste Einheit struktureller Information in der Geschichte des Lebens dar. Siehe Kap. 9, Anm. c, www.returnofthegodhypothesis.com/extendedresearchnotes; Meyer: *Darwin's Doubt*, S. 189–198, 219–227.

52 McDonough: *The Search for Extraterrestrial Intelligence*.

53 Dawkins: *Und es entsprang ein Fluss in Eden*, S. 151.

Kapitel 10: Die kambrische und andere Informationsexplosionen

1 Koonin: „The Biological Big Bang Model for the Major Transitions in Evolution".

2 Darwin: *On the Origin of Species (1964)*, S. 129f.

3 Darwin schreibt: „Es gibt noch eine weitere und damit verbundene Schwierigkeit, die noch schwerer wiegt. Ich spiele auf die Art und Weise an, in der zahlreiche Spezies derselben Klasse plötzlich in den tiefstliegenden bekannten fossilienhaltigen Steinen auftauchen. … Auf die Frage, warum wir keine Belege dieser riesigen primordialen Perioden finden, kann ich keine zufriedenstellende Antwort geben" [*On the Origin of Species* (1964), S. 396f.].

4 Eine ausführlichere Darstellung und einschlägige Zitate von Paläontologen, die das gradualistische darwinsche Bild der Geschichte des Lebens anzweifeln, finden sich unter Kap. 10, Anm. a, www.returnofthegodhypothesis.com/extendedresearchnotes.

5 Bechly und Meyer: „The Fossil Record and Universal Common Ancestry".

6 Ebd.

7 John Maynard Smith sagt dazu: „Die Tatsache der Evolution war nicht allgemein akzeptiert, bis eine Theorie vorgestellt wurde, die erklärte, wie die Evolution vonstattengegangen war, und insbesondere, wie Organismen sich an ihre Umwelt anpassen konnten. Mangels einer solchen Theo-

rie deutete eine Anpassung auf eine Gestaltung hin, und damit auf einen Schöpfer. Dieses Bedürfnis stillte Darwins Theorie der natürlichen Selektion" (*The Theory of Evolution*, S. 42).

8 Huxley: „The Evolutionary Vision", S. 249, 253.

9 Eden: „Inadequacies of Neo-Darwinian Evolution as a Scientific Theory", S. 11.

10 Beispielsweise erklärte 1980 Stephen Jay Gould, Paläontologe und Evolutionsbiologe an der Universität Harvard, den Neodarwinismus für „effektiv tot, trotz seiner Beharrlichkeit als Lehrbuch-Orthodoxie" („Is a New and General Theory of Evolution Emerging?", S. 120). Siehe auch Müller und Newman: „Origination of Organismal Form", bes. S. 7.

11 Müller: „The Extended Evolutionary Synthesis".

12 Müller und Newman: „Origination of Organismal Form", bes. S. 7.

13 Gilbert, Opitz und Raff: „Resynthesizing Evolutionary and Developmental Biology", Andreas Wagner: *The Arrival of the Fittest – Wie das Neue in die Welt kommt,* Frankfurt a.M.: S. Fischer, *2015*. Der historische Ursprung dieses Slogans ist überraschend kompliziert. Die meisten, die diese Formulierung zitieren (z.B. der Evolutionsbiologe Andreas Wagner), schreiben sie Hugo de Vries zu, doch dieser führt im letzten Satz seiner Monografie *Species and Varieties* von 1904 Arthur Harris als Urheber an: „Oder, um es mit den Worten auszudrücken, die kürzlich Mr Arthur Harris als freundliche Kritik meiner Ansichten gewählt hat: ‚Die natürliche Selektion mag das Überleben des Stärkeren erklären, doch die Ankunft des Stärkeren kann sie nicht erklären'" (*Species and Varieties: Their Origin by Mutation*, 2. Aufl., Hg. Daniel Trembly MacDougal [Chicago: Open Court, 1906], http://www.gutenberg.org/files/7234/7234-h/7234-h.htm [letzter Zugriff 31.08.2022]).

14 Peterson und Müller: „Phenotypic Novelty in EvoDevo", S. 328.

15 Denton: *Evolution: A Theory in Crisis*, S. 308–325.

16 Berlinski: *The Deniable Darwin*, S. 41–64.

17 Meyer: *Darwin's Doubt*, S. 169–184.

18 Axe ermittelte, wie außerordentlich eine „funktionsbereite" Proteinfaltung in einem Bereich eines Sequenzraumes in der Nähe des Wildtyps des Beta-Lactamase-Enzyms ist. Seine Analyse zeigte, dass Faltungen, die in der Lage waren, Beta-Lactamase-Funktionen auszuführen, extrem selten sind (d.h. 1 zu 10^{77}), selbst in diesem speziellen Bereich des fraglichen Aminosäuresequenzraums. Seine Ergebnisse legten daher eine noch größere Seltenheit funktioneller Faltungen in dem ungleich größeren Sequenzraum möglicher Aminosäurekombinationen nahe. Diese Schluss-

folgerung ergibt sich, selbst wenn man die optimistischsten Schätzungen für die Anzahl existierender Faltungen in diesem Raum in Betracht zieht. Natürlich ist die Wahrscheinlichkeit, funktionsbereite Proteinfaltungen zu finden, in der Nähe bekannter Ziele höher als an anderer Stelle im Sequenzraum. Axe: „Estimating the Prevalence of Protein Sequences Adopting Functional Enzyme Folds". Zu früheren Schätzungen, die sich ebenfalls aus Mutagenese-Experimenten ableiten, siehe Reidhaar-Olson und Sauer: „Functionally Acceptable Solutions in Two Alpha-Helical Regions of Lambda Repressor". Der Proteinforscher Dan Tawfik vom Weizmann-Institut hat Studien durchgeführt, die zeigen, dass mit der Ansammlung von Mutationen Proteinfaltungen ihre strukturelle Stabilität verlieren – zunächst allmählich und dann immer schneller. Für eine Erörterung dazu, wie diese und andere neuere Forschungsergebnisse Axes quantitative Schätzungen der Seltenheit von Proteinfaltungen untermauern, siehe meine Ausführungen in Kap. 15. Siehe auch Tokurik et al.: „The Stability Effects of Protein Mutations Appear to Be Universally Distributed", Tokuriki und Tawfik: „Stability Effects of Mutations and Protein Evolvability", Bershtein et al.: „Robustness–Epistasis Link Shapes the Fitness Landscape of a Randomly Drifting Protein", Lundin et al.: „Experimental Determination and Prediction of the Fitness Effects of Random Point Mutations in the Biosynthetic Enzyme HisA", Bechly, Miller und Berlinski: „Right of Reply", Miller: „A Dentist in the Sahara: Doug Axe on the Rarity of Proteins Is Decisively Confirmed".

19 Darwin: *The Life and Letters of Charles Darwin*, S. 278f.

20 Mayr: Vorwort in Ruse, *Darwinism Defended.*

21 Meyer: *Darwin's Doubt*, S. 271–335. Siehe auch Meyer, Gauger und Nelson: „Theistic Evolution and the Extended Evolutionary Synthesis". Siehe auch Kap. 15 in diesem Buch.

22 Quastler: *The Emergence of Biological Organization*, S. 16.

23 Erneut wirft die Formulierung „große Mengen spezifizierter Informationen" eine quantitative Frage auf, nämlich: „Wie viel spezifizierte Informationen müsste ein System enthalten, bevor es auf eine Gestaltung hindeutet?" Wie ich in *Signature in the Cell* und *Darwin's Doubt* erkläre, hängt die Antwort auf diese Frage von den verfügbaren probabilistischen Ressourcen in einem gegebenen Kontext ab – von der Anzahl von Möglichkeiten, ein relevantes Suchproblem zu lösen. (Siehe auch Kap. 9, Anm. 50.) Im Kontext der biologischen Evolution definiert die Suche nach einer neuen Proteinfaltung die relevante Suche, und die Länge der Evolutionsgeschichte des Lebens auf der Erde (etwa 3,85 Milliarden Jahre) sowie die

Anzahl von Organismen, die existiert haben, bestimmen die maximale Anzahl von Mutationsversuchen, die sich ereignet haben können – d. h. die verfügbaren probabilistischen Ressourcen.

Zur Erinnerung: Eine neue Proteinfaltung stellt die kleinste Innovationseinheit in der Geschichte des Lebens dar. Da der Aufbau fundamental neuer Lebensformen eine strukturelle Innovation erfordert, müssen Mutationen neue Proteinfaltungen erzeugen, damit die natürliche Selektion eine Chance hat, die strukturellen oder morphologischen Innovationen zu bewahren und anzuhäufen. Somit stellt die Fähigkeit, neue Proteinfaltungen zu erzeugen, ein *sine qua non* der makroevolutionären Innovation dar.

Douglas Axes Entdeckung, dass Proteinfaltungen in Aminosäure-Sequenzräumen extrem selten sind, stellt eine erhebliche Herausforderung an die schöpferische Kraft des Mechanismus von zufälliger Mutation und natürlicher Selektion. Obwohl zufällige Mutationen leichte Veränderungen in der Proteinfunktion innerhalb der Struktur einer gewöhnlichen, bereits existierenden Faltung hervorrufen können, zeigt Axes Arbeit, wie extrem selten „funktionsbereite" Faltungen sind (schätzungsweise nicht größer als 1 von 10^{77} Aminosäuresequenzen für eine Sequenz von relativ bescheidener Länge). Das bedeutet, dass die Erzeugung neuer Faltungen das Auftreten von mehr Informationen erfordert, als man vernünftigerweise erwarten könnte, wenn man die probabilistischen Ressourcen bedenkt, die in der Evolutionsgeschichte der Erde verfügbar sind. Erinnern Sie sich, dass es in der Geschichte des Lebens auf der Erde „nur" 10^{40} Organismen und Replikationsereignisse gab.

Indem ich außerdem zeige, dass vorgeschlagene Evolutionsmechanismen ebenfalls nicht den Ursprung der Menge an Informationen erklären, die notwendig sind, um Proteinfaltungen zu erzeugen (*Darwin's Doubt*, S. 291–355), und dass intelligente Akteure regelmäßig viel größere Informationssuchprobleme lösen (S. 360–363), argumentiere ich, dass Intelligentes Design die beste Erklärung für den Ursprung der Informationen bietet, die notwendig sind, um die fundamentalen Innovationen in der Geschichte des Lebens zu erklären.

Beispiele für gescheiterte Versuche zu zeigen, dass Mutation und natürliche Selektion neue Proteinfaltungen erzeugen können, finden sich bei Berlinski and Hampton: „Hopeless Matzke", Axe: „Answering Objections from Martin Poenie", Axe: „More on Objections from Martin Poenie", Gauger: „Protein Evolution", Axe: „Show Me", Meyer: *Darwin's Doubt*, S. 221–227. Siehe auch Miller: „A Dentist in the Sahara: Doug Axe on the Rarity of Proteins Is Decisively Confirmed", sowie Kap. 15 in diesem Buch.

24 Agassiz: „Evolution and the Permanence of Type", S. 444.

25 Dawkins: *Der blinde Uhrmacher*, S. 76ff., Küppers: „On the Prior Probability of the Existence of Life", Schneider: „The Evolution of Biological Information", Lenski et al.: „The Evolutionary Origin of Complex Features". Eine kritische Erörterung zu diesen genetischen Algorithmen und den Behauptungen, dass sie die Fähigkeiten der zufälligen Mutation und natürlichen Selektion, neue biologische Informationen ohne intelligente Aktivität zu erzeugen, simulieren können, findet sich bei Meyer: *Signature in the Cell*, S. 281–295.

26 Rodin, Szathmáry und Rodin: „On the Origin of the Genetic Code and tRNA Before Translation".

27 Denton: *Evolution: A Theory in Crisis*, S. 309–311.

28 Polanyi: „Life Transcending Physics and Chemistry", „Life's Irreducible Structure".

29 Dawkins: *Und es entsprang ein Fluss in Eden*, S. 151.

Teil III:
Schluss auf die beste metaphysische Erklärung

Kapitel 11:
Der Bewertungsprozess für eine metaphysische Hypothese

1 Siehe „Lost Between Immensity and Eternity: The Best of Carl Sagan's Cosmos (Part 2)", https://youtu.be/vIVsDg6U0LU?t=41 (letzter Zugriff: 31.08.2022). Das Zitat findet sich auch in Sagans gleichnamigem Buch; siehe Sagan: *Cosmos*, S. 4.

2 Niiler: „Maybe You're Not an Atheist".

3 Carroll: „Turtles Much of the Way Down".

4 Carroll: *The Big Picture*, S. 11.

5 Dawkins: *Und es entsprang ein Fluss in Eden*, S. 151.

6 Peirce: „Deduction, Induction, and Hypothesis", S. 375.

7 In seinem Aufsatz „Deduction, Induction, and Hypothesis" skizziert Peirce die Unterschiede zwischen diesen drei Formen der Schlussfolgerung. Deduktive Schlüsse wenden eine allgemeine Regel auf einen konkreten Fall an und erzielen logisch notwendige Ergebnisse. Für deduktive Schlüsse stellt er fest: „Die Hauptprämisse setzt [die] Regel fest, …

die Nebenprämisse benennt einen Fall unter der Regel, … [und] die Folgerung wendet die Regel auf den Fall an und benennt das Ergebnis." Im Gegensatz dazu definiert Peirce den induktiven Schluss als Rückschlussverfahren, bei dem die Regeln aus der Kenntnis konkreter Fälle und Ergebnisse *generiert* werden. Er schreibt: „Die Induktion leitet eine Regel ab." Peirces dritte Schlussform, die er Hypothese oder Abduktion nennt, tritt in Erscheinung, wenn ein konkreter Fall aus der Kenntnis einer Regel und einem Fakt oder Ergebnis postuliert wird. „Die Hypothese", sagt er, „schließt von einer Tatsachenmenge einer bestimmten Tatsachenart auf eine andere."

8 Meyer: „Of Clues and Causes", S. 25.

9 Gingerich: „The Galileo Affair"; siehe auch *The Galileo Affair*, S. 110.

10 Peirce: „Deduction, Induction, and Hypothesis", S. 375.

11 Ebd.

12 Arbeiten in der Wissenschaftsphilosophie legen nahe, dass der prädiktive Erfolg einen besonderen Fall von Aussagekraft darstellt, bei dem die Fähigkeit einer Theorie, ein Ereignis vorherzusagen, als Beleg für ihre Fähigkeit gilt, dasselbe zu erklären (Lipton: *Inference to the Best Explanation*). Zudem haben andere Arbeiten gezeigt, dass Wissenschaftler Ereignisse häufig nachträglich erklären können, die sie vor deren Eintreten nicht hätten voraussagen können (Scriven: „Explanation and Prediction in Evolutionary Theory"). Wieder andere Arbeiten in der Wissenschaftsgeschichte haben gezeigt, dass die Erklärung zuvor bekannter Fakten häufig mehr den Erfolg einer Theorie erklärt als die Fähigkeit der Theorie, zuvor unbekannte Ereignisse vorauszusagen (Brush: „Prediction and Theory Evaluation"). Alle diese Ergebnisse legen die Vorrangstellung der Erklärung als Indikator für einen Theorieerfolg nahe. Siehe auch Anm. 21 weiter unten.

13 Chamberlain: „The Method of Multiple Working Hypotheses".

14 Meyer: „Of Clues and Causes", S. 90–97, Lipton: *Inference to the Best Explanation*, S. 1–5, 6–8, 56–74, Sober: *The Philosophy of Biology*, S. 27–46.

15 Cleland: „Historical Science, Experimental Science, and the Scientific Method", „Methodological and Epistemic Differences Between Historical Science and Experimental Science".

16 Lipton: *Inference to the Best Explanation*, Meyer: „The Methodological Equivalence of Design and Descent", S. 67–112 und 300–312, bes. S. 88–94.

17 Ein weiteres eigenes Beispiel für die Art und Weise, wie sowohl Aussagekraft als auch Überlegungen zur Einfachheit dazu beitragen, konkur-

rierende mögliche Erklärungen zu bewerten, findet sich unter Kap. 11, Anm. a, www.returnofthegodhypothesis.com/extendedresearchnotes.

18 In meinen Büchern, in denen ich Argumente für intelligentes Design liefere, sowie in Kap. 9 und 10 dieses Buches habe ich gezeigt, wie das Plädoyer für intelligentes Design – das als abduktiver Schluss beginnt – durch genau ein solches Ausschlussverfahren gestärkt wurde, sodass sich die Argumentation für intelligentes Design nicht einfach als abduktiver Schluss, sondern als abduktiver Schluss auf die *beste* Erklärung erweist. Siehe Meyer: *Darwin's Doubt*; *Signature in the Cell*.

19 Meyer: „Of Clues and Causes", S. 99–108, bes. 102.

20 Scriven: „Causes, Conditions and Connections in History", S. 249f.

21 Siehe Kline: „Theories, Facts, and Gods", S. 37–44. Kline argumentiert, dass in Fällen, in denen es keine bekannte oder beobachtbare Ursache für den zu erklärenden Effekt oder das zu erklärende Ereignis gibt, Wissenschaftshistoriker eine neue Kausaltheorie aufstellen können, indem sie diese aus der Fähigkeit einer Ursache, die bekanntermaßen einen „relevant ähnlichen" Effekt oder Vorfall hervorrufen kann, ableiten. Solche Ableitungen müssen in aller Regel auf einer theoretischen Grundlage begründet werden. Wie Kavalovski gezeigt hat, nutzte Darwin eine solche allgemeine Strategie, um die kausale Angemessenheit der natürlichen Selektion zu begründen. Anhand eines Vergleichs zwischen künstlicher und natürlicher Selektion behauptete Darwin, dass Letztere ebenso morphologische Veränderungen erzeugen konnte wie Erstere. Indem er sich auf die theoretische Erwägung berief, dass die natürliche Selektion mehr Zeit gehabt hätte, um ihre Ergebnisse zu erzielen, behauptete Darwin, es sei legitim zu erwarten (d.h. abzuleiten), dass die natürliche Selektion mehr morphologische Veränderungen erzeugen konnte als künstliche Selektion – genug, um neue Spezies hervorzubringen. Sachlich entsprach diese Methode der Logik nicht den strikten Anforderungen der *vera causa*, da Wissenschaftshistoriker die natürliche Selektion, die die für den Fossilbericht und die bestehende Diversität des Lebens erforderliche Menge an morphologischen Veränderungen erzeugte, nicht beobachten konnten. Dennoch war, wie Kavalovski anmerkt, der Einsatz von Vergleichen und (theoretisch begründeten) Ableitungen schon vor Darwin unter einflussreichen Philosophen weithin als zulässige Strategie für den Nachweis der kausalen Angemessenheit akzeptiert („The Vera Causa Principle", S. 104–129).

22 Eine eingehendere Einführung in die bayessche Wahrscheinlichkeitsrechnung finden Sie unter Kap. 11, Anm. b, www.returnofthegodhypothesis.com/extendedresearchnotes.

23 Eine Erörterung zum Einwand des sogenannten „Problems der alten Belege“ gegen den Einsatz des bayesschen Formalismus zur Bewertung von Hypothesen finden Sie unter Kap. 11, Anm. c, www.returnofthegodhypothesis.com/extendedresearchnotes.

24 Es gibt einen weitverbreiteten Einwand gegen den Gebrauch sowohl des Schlusses auf die beste Erklärung als auch der bayesschen Analyse zur Überprüfung von Hypothesen. Konkret sorgen sich Wissenschaftsphilosophen, dass der Schluss auf die beste Erklärung als Methode und der bayessche Formalismus, der zu dessen Unterstützung eingesetzt wird, bereits bekannte und neue Hinweise gleich behandeln, wenn die Auswirkungen von Hinweisen auf die Stärke einer Hypothese bewertet werden. (Dieser Einwand steht auch in Verbindung mit dem Problem der „alten Hinweise“, siehe Anm. 23 weiter oben.) Mit anderen Worten, beim Schluss auf die beste Erklärung und dem bayesschen Formalismus zählt die Fähigkeit, bereits bekannte Hinweise zu erklären, ebenso viel zur Stützung einer Hypothese wie die Voraussage eines zuvor unbekannten Ereignisses, Phänomens oder Hinweises (siehe Talbott: „Bayesian Epistemology“). Tatsächlich bleibt bei diesen Methoden zur Hypothesenprüfung die Beziehung zwischen Hypothese und Hinweisen unberührt davon, *wann* ein Beobachter Letztere gewonnen hat. Manche Wissenschaftsphilosophen sorgen sich daher, dass Wissenschaftler, wenn sich die Hinweise zeigen, bevor sie vom Wissenschaftler vorausgesagt wurden, die Eigenschaften ihrer vorgeschlagenen Erklärungen „anpassen“ oder manipulieren, sodass sie zu den fraglichen Hinweisen passen. Solche Erklärungen – so die Sorge – werden nichts weiter erklären als die vorliegenden Hinweise und kein tieferes Verständnis der Welt mit sich bringen – das heißt kein Verständnis, das nicht bereits von den Daten selbst geliefert wird. Mit anderen Worten, solche Erklärungen haben keine größere Aussagekraft oder -tiefe. Wissenschaftshistoriker und -philosophen bezeichnen solche Erklärungen als „ad hoc“. Zudem weisen sie darauf hin, dass solche Erklärungen extrem verschachtelt werden können, damit sie die vorliegenden Daten erklären – zum Beispiel wie im Fall der ptolemäischen Astronomie und ihrer Epizyklen zur Beschreibung der Planetenbewegungen. Wenn Hypothesen komplexe Interaktionen zwischen mehreren theoretischen Größen erfordern, um die Hinweise zu erklären, meinen Wissenschaftshistoriker und -philosophen, dass ein Verlassen auf diese Erklärungen tiefer liegende Gesetzmäßigkeiten oder Ursache-Wirkungs-Muster verdunkeln könnten, die in der Natur wirken. Kurz gesagt, was manipulierte Erklärungen nachträglich an empirischer Eignung ge-

winnen könnten, könnten sie an Sparsamkeit, Aussagetiefe und vorausgehender Plausibilität verlieren.

Die meisten Wissenschaftshistoriker und -philosophen räumen ein, dass die nachträgliche Erklärung von Ereignissen Wissenschaftlern eine größere Gelegenheit bietet, Erklärungen zu konstruieren, die Sparsamkeit, Aussagetiefe und Kohärenz vermindern. Dennoch müssen aussagekräftigen Post-hoc-Hypothesen diese und andere Erklärungsvorzüge nicht unbedingt fehlen. Tatsächlich ergänzt die Erkenntnis, dass andere Erklärungsvorzüge vorliegen oder fehlen, häufig stillschweigend die Bewertung der kausalen Eignung und Aussagekraft und spielt in die Einschätzung hinein, welche der konkurrierenden Erklärungen die beste darstellt. Daher gibt es keinen Grund, Erklärungen von bereits bekannten Fakten nur deshalb abzulehnen, weil sie nicht auch Voraussagen treffen können – es sei denn, solchen Erklärungen fehlen außerdem z. B. auch Kohärenz oder Sparsamkeit. Stattdessen kann es gute Gründe geben, solche Erklärungen zu akzeptieren, besonders wenn sie zusätzlich zu ihrer Aussagekraft und kausalen Eignung auch andere Erklärungsvorzüge aufweisen wie Kohärenz, Sparsamkeit, Aussagetiefe und -breite.

Wie der Wissenschaftshistoriker Stephen Brush von der Universität Maryland gezeigt hat, wurden viele Theorien in der Physik anfangs akzeptiert, weil sie bereits bekannte Fakten und Anomalien besser erklären konnten als zuvor dominante Theorien. Brush zeigt insbesondere, dass Physiker Einsteins allgemeine Relativitätstheorie mehr aufgrund ihrer unmittelbaren Fähigkeit akzeptierten, bekannte Fakten zu erklären, als aufgrund ihrer späteren erfolgreichen Voraussagen. (Siehe Brush: „Prediction and Theory Evaluation“. Speziell bayessche Antworten auf dieses Problem finden sich bei Horwich: *Probability and Evidence*, Maher: „Prediction, Accommodation, and the Logic of Discovery“.) In jedem Fall werde ich in späteren Kapiteln zeigen, dass die Gotteshypothese nicht nur eine größere kausale Eignung aufweist als konkurrierende metaphysische Hypothesen, sondern dass sie auch andere Erklärungsvorzüge aufweist wie Einfachheit/Sparsamkeit, Aussagebreite und -tiefe, innere Konsequenz und Kohärenz sowie Ergiebigkeit. (Siehe Keas: „Systematizing the Theoretical Virtues“.)

25 Dieses hervorragende Bild verdanke ich dem Wissenschaftsphilosophen Tim McGrew.

26 Meyer: „The Return of the God Hypothesis“.

27 Richard Dawkins: „Why There Almost Certainly Is No God“, *Edge*, 25. Oktober 2006, https://edge.org/conversation/richard_dawkins-why-there-almost-certainly-is-no-god (letzter Zugriff: 09.08.2022).

Kapitel 12: Die Gotteshypothese und der Beginn des Universums

1 Eine ausführlichere Darstellung der logischen Struktur des kosmologischen Kalām-Arguments für die Existenz Gottes findet sich in Kapitel 12, Anm. a, unter www.returnofthegodhypothesis.com/extendedresearchnotes.

2 Dieses Argument wurde im englischen Sprachraum als das Trademark-Argument bekannt. Einige Philosophen stellten seine erste Prämisse infrage, dass endliche Menschen eine klare und deutliche Vorstellung von einem vollkommenen, unendlich mächtigen oder unendlich weisen Gott haben. Andere stellten die zweite Prämisse infrage, nämlich die Vorstellung, dass nur Gott die Idee eines vollkommenen Wesens in unserem Geist hervorrufen kann.

3 Dembski und Meyer: „Fruitful Interchange or Polite Chitchat?", S. 418–422.

4 Siehe Moser: *The Elusive God*, S. 243–245.

5 McMullin: „How Should Cosmology Relate to Theology?", S. 39.

6 Ebd.

7 Zitiert in Browne: „Clues to Universe Origin Expected".

8 Gen 1,1 (NLB).

9 Jes 51,16 (LUT); Jes 45,12 (LUT); Ps 104,2 (LUT); Jer 10,12 (NLB); Sach 12,1 (LUT); 2Tim 1,9; Tit 1,2.

10 Wie zitiert in Sutton: „Review of *Einstein's Universe*".

11 Zusätzlich zu dieser primären Bedeutung von „etwas ins Dasein bringen, das vorher nicht existierte" bekräftigen viele Versionen des Theismus natürlich auch, dass Gott das Universum von Augenblick zu Augenblick in seiner Existenz erhält. Einige Theisten betrachten diese erhaltende Kraft als Teil von Gottes Rolle als Schöpfer; andere sehen sie als eine eigenständige Kraft. Selbst diejenigen, die sie als Teil von Gottes schöpferischer Funktion betrachten, sehen in der Aufrechterhaltung des Universums durch Gott in der Regel einen sekundären Sinn des Schöpfens, dessen Notwendigkeit sich aus dem primären Akt ergibt, dass Gott das Universum überhaupt ins Dasein gerufen hat.

Einige Theisten, in der Regel analytische Philosophen, bestreiten, dass Gott *notwendigerweise* gehandelt hat, um das Universum zu einem bestimmten Zeitpunkt in der endlichen Vergangenheit zu erschaffen. Ein berühmtes Argument für die Existenz Gottes, das „Kontingenzargument", bietet Gott als ausreichenden Grund und beste Erklärung für die Existenz des Universums und seiner kontingenten Eigenschaften an, unabhängig davon, ob das Universum einen Anfang hatte oder nicht. Philosophen, die solche Beweise vorbringen, stellen sich Gott oft so vor, dass er das Universum von Augenblick zu Augenblick erschafft und erhält, anstatt es zu einem bestimmten Zeitpunkt in der endlichen Vergangenheit erschaffen zu haben – zumindest aus Gründen der Beweisführung. Sie stellen sich Gott als den „Grund allen Seins" vor, der das Universum kontinuierlich am Leben erhält, und sie vermuten, dass Gott dies möglicherweise schon seit unendlich langer Zeit tut.

Dennoch gibt es für Theisten Gründe, die Vorstellung des sowohl erschaffenden als auch erhaltenden Gottes der Auffassung vorzuziehen, dass Gott das Universum nur erhält. Erstens ist Schöpfung ohne Anfang in unserer Erfahrung beispiellos. Stattdessen rufen nach unserer Erfahrung Schöpfer, die über ein gewisses Maß an Willenskraft verfügen, verschiedene „Schöpfungen" (Brücken, Gemälde, Autos, Mobiltelefone usw.) ins Dasein, die es vorher nicht gab. Tatsächlich impliziert die Schöpfung das Entstehen einer neuen Einheit und damit eine zeitliche Abfolge und einen Anfang.

Darüber hinaus haben viele theistische Philosophen vom Mittelalter bis zur Gegenwart argumentiert, dass die Vorstellung, Gott erschaffe ständig Zeit sowie Raum, Materie und Energie, tue dies aber schon seit unendlich langer Zeit, zu verschiedenen Absurditäten führt.

So argumentierte beispielsweise Bonaventura, dass das Universum ebenso wenig eine unendliche Vergangenheit haben kann, wie ein Mensch aus einem unendlich tiefen Loch klettern kann (Moreland: *Scaling the Secular City*, S. 31). Genauso wie ein Mensch, der aus einem unendlich tiefen Loch Schritt für Schritt nach oben klettert, niemals den Gipfel erreichen würde, weil er eine unendliche Strecke zurücklegen müsste, würde ein Universum, das vor unendlich langer Zeit begann, niemals durch eine Reihe zeitlicher Ereignisse die Gegenwart erreichen, weil eine unendlich lange Zeit verstrichen sein müsste, bevor diese Reihe von Ereignissen den gegenwärtigen Moment erreichen könnte.

Wie William Lane Craig argumentiert hat, sind potenzielle Unendlichkeiten (oder die Vorstellung, sich der Unendlichkeit als mathematische Grenze zu nähern) sinnvoll, doch in der Realität kann „eine Ansammlung von Dingen" oder Ereignissen, „die durch Hinzufügen eines Gliedes zu einem anderen gebildet wird, … nicht unendlich sein". Craig erklärt, warum. Eine Ansammlung, die durch das Hinzufügen eines Gliedes zu einem anderen gebildet wird, kann niemals wirklich unendlich sein, denn egal wie viele Glieder in der Ansammlung existieren, sie könnten nummeriert werden *und* es könnte immer ein weiteres hinzugefügt werden, bevor eine unendliche Anzahl erreicht wird. Und da eine Reihe von Ereignissen in der Zeit eine Ansammlung ist, „die durch Hinzufügen eines Gliedes zu einem anderen gebildet wird", folgt daraus, dass eine Reihe von Ereignissen in der Zeit faktisch auch nicht unendlich sein kann. Das bedeutet, dass das Universum nicht vor unendlich langer Zeit begonnen haben kann, selbst wenn Gott existierte, um es „dann" zu schaffen (Craig: *Reasonable Faith*, S. 98–99).

12 Siehe En. 11 oben für eine Diskussion über die Unwahrscheinlichkeit der Behauptung, dass das Universum faktisch (zeitlich) unendlich ist, und somit über die Unwahrscheinlichkeit der Behauptung, dass Gott ein solches zeitlich unendliches Universum geschaffen hat.

13 Auch wenn einige Versionen des Theismus ein zeitlich begrenztes Universum erwarten und andere Versionen es nicht erwarten oder zumindest nicht voraussetzen, würde der Naturalismus (zumindest der *grundlegende* Naturalismus) nicht erwarten, dass das physikalische Universum überhaupt einen Anfang hat. Daher lassen sich die Beweise, die wir für ein zeitlich begrenztes Universum haben, besser durch den Theismus als durch den grundlegenden Naturalismus erklären.

14 Dicke et al.: „Cosmic Black-Body Radiation", S. 415.

15 Eddington: „The End of the World", S. 450. Eddington wurde als Quäker erzogen und hat sich möglicherweise bis ins Erwachsenenalter hinein einige religiöse Gefühle oder sogar einen theistischen Glauben bewahrt. Dennoch war er in seiner Arbeit als Astronom ein funktionaler Materialist, der den methodologischen Materialismus als normativen methodischen Maßstab akzeptierte. Daher hätte er ein Bild des Universums, das materialistisch nicht erklärbar ist, als „abstoßend" empfunden.

16 Es mag inzwischen Gründe geben, die Singularitätstheoreme für fundierter zu halten, als es die derzeitige Meinung in der Physik vermuten lässt, da, wie ich in Kapitel 16 (S. 341–342) zeige, die inflationären Modelle, die Zweifel an der Anwendbarkeit der Singularitätstheoreme rechtfertigen, auf erhebliche Erklärungsschwierigkeiten gestoßen sind.

17 Zur Erinnerung: Eine A-priori-Wahrscheinlichkeit in der bayesschen Analyse entspricht der Wahrscheinlichkeit einer bestimmten Hypothese, W(H), bevor neue oder relevante Beweise berücksichtigt werden. In der Regel bedeutet dies, dass die Schätzungen der A-priori-Wahrscheinlichkeiten auf dem Hintergrundwissen beruhen, das wir haben, bevor wir eine Hypothese im Hinblick auf diese neuen Beweise bewerten. Dennoch

halten es einige Philosophen bei der Beurteilung konkurrierender Weltanschauungen oder metaphysischer Hypothesen für völlig legitim, davon auszugehen, dass keine Weltanschauung als inhärent oder von Natur aus wahrscheinlicher angesehen werden sollte als eine andere. Im Falle des Theismus ist die Situation kompliziert; einige Philosophen argumentieren, dass Symmetrieerwägungen gleiche Prioritäten für Theismus und Atheismus vorschreiben, während andere sich auf Einfachheitsüberlegungen oder Folgerungen berufen, um zu argumentieren, dass einer dieser Ansichten zumindest ein bescheidener Vorzug gegenüber der anderen gegeben werden sollte.

Diese Fragen sind subtil und komplex, aber für die Zwecke unserer Argumentation brauchen wir sie nicht zu klären. Kaum jemand bestreitet, dass der Quotient der A-priori-Wahrscheinlichkeit für Theismus und Atheismus, W(T) | W(~T), sehr weit von 1 entfernt ist. Aber wenn die Argumentation dieses Buches richtig ist, ist der Quotient der kumulativen Wahrscheinlichkeiten, W(E_1 & … & E_n | T) | W(E_1 & … & E_n | ~T), in der Tat sehr groß, groß genug, um selbst ein ausgeprägt skeptisches A-priori-Verhältnis zu überwinden. Solange es keinen zwingenden Grund für die Annahme gibt, dass die A-priori-Wahrscheinlichkeiten stark gegen den Theismus geneigt sind, werden und sollten die empirischen Beweise, die wir *a posteriori* aufstellen, bei der Beurteilung der Plausibilität konkurrierender Hypothesen überwiegen. Insofern die in den Kapiteln 4–6 betrachteten Beweise viel stärker für den Theismus sprechen als für den Materialismus oder Naturalismus, verleihen diese Beweise dem Theismus nicht nur größere erkenntnistheoretische Unterstützung als dem Materialismus, sondern, wie ich in den folgenden Kapiteln zeige, führt die Gesamtheit der betrachteten Belege (in den Kapiteln 4–10) auch zu der Annahme, dass der Theismus alles in allem die vernünftigste Weltanschauung ist.

18 Persönliches Interview mit William Lane Craig, Juli 1994, Cambridge, England.

19 Hawking und Penrose: „The Singularities of Gravitational Collapse and Cosmology".

20 Moreland: *Scaling the Secular City*, S. 42.

21 Wie Moreland anmerkt: „Naturalisten wie John Searle, John Bishop und Thomas Nagel geben alle zu, dass unser grundlegendes Konzept des Handelns [d.h. der menschlichen Wahl oder Entscheidung] selbst ein libertäres ist. Searle geht sogar so weit zu sagen, dass unser Verständnis von [physikalischer oder materieller] Ereigniskausalität konzeptionell aus unserer Ich-Erfahrung unserer eigenen Verursachung abgeleitet ist. Es

gibt eine große Tradition in der Philosophie, die Verursachung durch einen Akteur klarer und grundlegender anzusehen als die Verursachung durch ein Ereignis [d. h. physisch oder materiell], und wenn irgendeine Art von Kausalzusammenhang undurchschaubar ist, dann ist es die Verursachung durch ein Ereignis" (Moreland: „The Explanatory Relevance of Libertarian Agency as a Model of Theistic Design", S. 273–274).

22 Darüber hinaus gibt es inzwischen einschlägige neurophysiologische Belege, welche die menschliche Handlungsfreiheit oder eine Form des Geist-Körper-Dualismus nachweisen. Siehe z. B. Custace: *The Mysterious Matter of Mind*, Beauregard und O'Leary: *The Spiritual Brain: A Neuroscientist's Case for the Existence of the Soul.* Was auch immer man von der Debatte zwischen Geist-Körper-Dualisten und Physikalisten halten mag, Tatsache ist: Indem man schlichtweg eine freie Handlung als Erklärung für den Beginn des Universums heranzieht, umgeht man das Erklärungsproblem, mit dem Naturalisten oder Materialisten konfrontiert sind. J.P. Moreland erklärt: „Die einzige Möglichkeit, wie das erste Ereignis spontan aus einem zeitlosen, unveränderlichen, raumlosen Zustand entstehen und gleichzeitig verursacht werden kann, ist diese: Das Ereignis entspringt der freien Handlung einer Person oder eines Akteurs. In der Welt handeln Personen oder Akteure spontan, um Ereignisse herbeizuführen. Ich selbst hebe meinen Arm, wenn ich dies bewusst tue. Es mag notwendige Bedingungen dafür geben (z. B. ich habe einen normalen Arm, ich bin nicht gefesselt), aber diese sind nicht ausreichend. Das Ereignis wird nur dann verwirklicht, wenn ich frei handle. In ähnlicher Weise kam das erste Ereignis [d. h. der Beginn des Universums] zustande, als ein Akteur frei entschied, es herbeizuführen, und diese Entscheidung war nicht das Ergebnis anderer Bedingungen, die für das Zustandekommen dieses Ereignisses ausreichend waren" (Moreland: *Scaling the Secular City*, S. 42).

23 Haldane: *Possible Worlds and Other Essays*, S. 209.

24 Wie J.P. Moreland als Antwort auf Materialisten erklärt hat, die die Intelligenz einer persönlichen Wirkursache als beste Erklärung für den Beginn des Universums leugnen: „Die göttliche Schöpfung der anfänglichen Singularität ist genau analog zu menschlichen freien Handlungen. Zum Beispiel gibt es in beiden Fällen erste Akteure, die eine Veränderung einleiten. Es ist nichts besonders Mysteriöses oder Unergründliches an letzterem. Sofern wir also keinen guten Grund haben anzunehmen, dass es ein spezifisches Problem mit der anfänglichen göttlichen Schöpfung gibt, ist der Vorwurf der Unergründlichkeit fragwürdig. Darüber hinaus verstehen wir die Ausübung von [Willens-]Kraft in erster Linie aus dem intro-

spektiven Bewusstsein unserer eigenen freiheitlichen Handlungen, und wir verwenden das so abgeleitete Konzept von Handlung, um Erklärungen für das Verhalten anderer Menschen in der dritten Person zu liefern. An solchen Erklärungen für die von anderen endlichen Personen erzeugten Wirkungen ist nichts Obskures, und ich sehe keinen Grund anzunehmen, dass dieser Ansatz im Falle einer göttlichen Urschöpfung unzulässig ist" (Moreland: „The Explanatory Relevance of Libertarian Agency as a Model of Theistic Design", S. 273–274). Siehe auch Moreland, J. P.: „Agent Causation and the Craig/Grünbaum Debate about Theistic Explanation of the Initial Singularity", S. 539–554.

25 Anthony Aguirre und John Kehayias: „Quantum Instability of the Emergent Universe".

26 Spinoza setzt, wie viele östliche Philosophen, Gott und Natur gleich, betrachtet Gott jedoch, anders als viele östliche pantheistische Philosophen, als einen Gott, der vernunftbegabt ist und der nicht einfach die unpersönliche Einheit oder das Einssein der gesamten Realität darstellt. Siehe Kaufmann und Baird: *Philosophic Classics, From Plato to Nietzsche*, S. 478, 479–486.

27 Ferm: *An Encyclopedia of Religion*, S. 557–558.

28 Siehe Sire: *The Universe Next Door*, S. 118–135.

Kapitel 13:
Die Gotteshypothese und der Aufbau des Universums

1 „The Abrams Report for September 29, 2005".

2 Dawkins: *River Out of Eden*, S. 133.

3 Carroll: „Turtles Much of the Way Down".

4 Einige widersprechen dem Argument der Feinabstimmung mit der Frage, warum Gott überhaupt eine Feinabstimmung des Universums vornehmen müsste. „Wenn Gott ein Universum wollte, das Leben zulässt, würde er es doch sicher nicht auf einer Rasierklinge aufbauen", behaupten sie. Das hier vorgestellte Argument umgeht diesen Einwand, indem es zeigt, dass die Schlussfolgerung auf einen transzendenten Designer die uns vorliegenden Belege besser erklärt (auf der Grundlage dessen, was wir über die Merkmale wissen, die gestaltete Systeme typischerweise aufweisen), ohne darüber zu spekulieren, warum eine gestaltende Intelligenz das Universum auf die Art und Weise fein abgestimmt hätte, wie sie es tat.

5 Der Physiker Luke Barnes formuliert das Argument etwas anders. Anstatt sich auf die Wahrscheinlichkeit der Feinabstimmung an sich zu

konzentrieren, wenn entweder Theismus oder Naturalismus vorliegt, konzentriert er sich auf die Wahrscheinlichkeit eines lebensfreundlichen Universums, wenn entweder Theismus oder Naturalismus vorliegt (in Anbetracht dessen, was wir über die Feinabstimmung wissen). Er formuliert das Argument wie folgt:

Prämisse eins: Wenn für zwei Theorien T_1 und T_2 im Kontext der Hintergrundinformation I für den Beleg B gilt, dass $W(B|T_1 I) >> W(B|T_2 I)$, dann bevorzugt B stark T_1 gegenüber T_2.

Prämisse zwei: Die Wahrscheinlichkeit, dass ein lebensfreundliches Universum bei [vorausgesetztem] Naturalismus existiert, ist verschwindend gering.

Prämisse drei: Die Wahrscheinlichkeit, dass ein lebensfreundliches Universum bei [vorausgesetztem] Theismus existiert, ist nicht verschwindend gering.

Schlussfolgerung: Die Existenz eines lebensfreundlichen Universums spricht also stark für den Theismus gegenüber dem Naturalismus.

Barnes hat einen ausgezeichneten Artikel mit dem Titel „A Reasonable Little Question: A Formulation of the Fine-Tuning Argument" („Eine angemessene Frage: Eine Formulierung des Feinabstimmungsarguments") geschrieben, worin er dieses Argument entwickelt, indem er jede der oben genannten Prämissen verteidigt. Er konzentriert sich insbesondere darauf, das Wissen der Physiker über die quantitative Präzision der physikalischen Konstanten nutzbar zu machen, um obige Prämisse 2 zu unterstützen. Ich nehme auf seine Arbeit Bezug, um eine leicht modifizierte Version dieser Prämisse (in meiner Version des Feinabstimmungsarguments) in diesem Kapitel zu unterstützen. Barnes verwendet dann seine Formulierung des Arguments, um auf viele gängige Einwände gegen das Feinabstimmungsargument für die Existenz Gottes zu antworten. Unter anderem geht er auf solche Einwände ein wie: (a) Tiefere physikalische Gesetze erklären die Feinabstimmung; (b) das Multiversum erklärt die Feinabstimmung; und (c) wir können nicht wissen, ob Gott geneigt wäre, ein fein abgestimmtes oder ein lebensfreundliches Universum zu schaffen, da unergründlich ist, was Gott tun würde.

Ich finde sowohl Barnes' Argument, so wie er es formuliert, als auch seine Antworten auf diese Einwände überzeugend. Dennoch habe ich mich entschieden, das Argument der Feinabstimmung in diesem Kapitel etwas anders zu formulieren. Ich habe das hervorgehoben, was wir aus unserer gleichförmigen und wiederholten Erfahrung über charakteristische Merkmale von gestalteten Objekten wissen, und behaupte auf dieser

Grundlage, dass wir einen starken empirisch begründeten Grund haben, zu erwarten, dass ein gestaltender Verstand die für das Leben notwendigen Parameter fein abstimmen würde. Erinnern wir uns daran, dass Feinabstimmung (a) eine höchst unwahrscheinliche Menge von Bedingungen oder Werten darstellt, die (b) eine Menge von funktionalen Anforderungen abbilden und ein funktionales oder bedeutendes Ergebnis ermöglichen. Erinnern wir uns auch, dass intelligent gestaltete Objekte und Systeme oft genau diese Merkmale in Kombination aufweisen. Tatsächlich ist die Herstellung fein abgestimmter Systeme eines der Dinge, die intelligente Akteure häufig und auf einzigartige Weise tun. Ich argumentiere weiter, dass die Beweise für die Feinabstimmung eher auf eine transzendente als auf eine immanente Intelligenz hindeuten, da die Feinabstimmung seit Beginn des Universums vorhanden ist.

Dank dieser Argumentation muss ich nicht die Vorstellung rechtfertigen, dass wir Grund zu der Annahme haben, dass Gott ein lebensfreundliches Universum geschaffen hat. Stattdessen muss ich nur die Vorstellung rechtfertigen, dass wir Grund zu der Annahme haben, dass ein intelligenter Akteur ein fein abgestimmtes System hervorbringen würde, da wir wiederum reichlich Belege dafür haben, dass Akteure genau das tun. Ich bevorzuge diese Art der Argumentation, weil bayessche Wahrscheinlichkeiten (d. h. Bewertungen der Wahrscheinlichkeit des Belegs B bei gegebener Hypothese H) weitgehend durch Überlegungen zur kausalen Angemessenheit bestimmt werden, d. h. durch Bezugnahme auf unser Wissen über Ursache und Wirkung. Wenn wir auf diese Weise argumentieren, können wir unser empirisches Wissen über Ursache und Wirkung nutzen, um nachzuweisen, dass die Wahrscheinlichkeit/Erwartung der Feinabstimmungsbelege im Rahmen einer Design-Hypothese hoch ist, und sicherlich höher als die Wahrscheinlichkeit dieser Belege im Naturalismus. Mit anderen Worten: Die Feinabstimmung wäre zu erwarten, wenn es eine bereits existierende, gestaltende Intelligenz gäbe – eine Intelligenz, von der ich aus anderen Gründen behaupte, dass sie transzendent sein muss.

Im Gegensatz dazu muss Barnes die Behauptung verteidigen, dass ein lebensfreundliches Universum (und nicht die dafür notwendige Feinabstimmung) im Rahmen des Theismus zu erwarten wäre – oder, wie er es ausdrückt: „Die Wahrscheinlichkeit, dass ein lebensfreundliches Universum im Rahmen des Theismus existiert, ist nicht verschwindend gering." Er gibt eine sehr gute Begründung für diese Aussage, die sich zunächst auf die mit dem Konzept Gott verbundenen Eigenschaften bezieht. So weist er auch die Vorstellung zurück, dass die Absichten Gottes (so verstanden) völlig unergründlich wären. In jedem Fall zeigt er, dass wir – so unsicher wir auch sein mögen, ob Gott geneigt wäre, ein lebensfreundliches Universum zu schaffen – aus Sicht des Theismus sicherlich mehr Grund haben, ein solches Universum zu erwarten, als im Naturalismus.

Barnes' Verteidigung seiner dritten Prämisse und sein Argument als Ganzes sind überzeugend. Nichtsdestotrotz ziehe ich es vor, den Fokus meiner Argumentation auf die Wahrscheinlichkeit der Feinabstimmung selbst zu richten anstatt auf die Wahrscheinlichkeit eines lebensfreundlichen Universums im Falle des Theismus oder Naturalismus. Das tue ich, weil sich diese Art der Argumentation bei der bayesschen Wahrscheinlichkeitsanalyse direkt auf unsere gleichförmigen und wiederholten Erfahrungen stützt und nicht nur auf unser Konzept von Gott. Während wir nämlich beobachtet haben, dass intelligente Akteure fein abgestimmte Systeme (höchst unwahrscheinliche Anordnungen von Teilen oder Bedingungen, die eine funktionale Spezifikation darstellen) hervorbringen, haben wir keine vergleichbare direkte Beobachtung, dass Gott Leben hervorbringt.

Dennoch streite ich Barnes' Argument nicht ab, da, wie ich in Kapitel 11 erläutert habe, theoretische Überlegungen die Behauptung der kausalen Angemessenheit auch auf andere Weise rechtfertigen können. Ich denke sogar, dass er den Einwand „Gottes Absichten sind unergründlich" überzeugend beantwortet. Daher betrachte ich sein Argument und das in diesem Kapitel vorgestellte als sich ergänzende Wege, um zur gleichen Schlussfolgerung zu gelangen.

Mehrere andere Möglichkeiten, das Argument der Feinabstimmung vorzubringen, sind ebenfalls sehr überzeugend. Siehe z. B. Swinburne: *Die Existenz Gottes*, Leslie: *Universes*, Craig: „Design and the Anthropic Fine-Tuning of the Universe", Collins: „The Teleological Argument". Für einen Wissenschaftsphilosophen, der das Argument vorbringt, indem er die Wahrscheinlichkeit der Feinabstimmung im Falle des Theismus im Gegensatz zum Naturalismus bewertet (wie ich), siehe Roberts: „Fine-Tuning and the Infrared Bull's-Eye".

6 Crick: *Life Itself*, S. 88, 95–166. Siehe auch Crick und Orgel: „Directed Panspermia".

7 Hoyle und Wickramasinghe: *Evolution from Space*, S. 35–50.

8 Stein: *Expelled*.

9 Crick: *Life Itself*, S. 88.

10 Dawkins: „Ben Stein vs. Richard Dawkins Interview".

11 Siehe auch Sober: „Intelligent Design Theory and the Supernatural – The ‚God or Extraterrestrial' Reply", S. 1–12. Sober, ein philosophischer Naturalist, der die Argumente für intelligentes Design ablehnt, argumentiert: *Wenn* man das Argument für intelligentes Design in der Biologie (von nicht reduzierbarer Komplexität) akzeptiert, macht es mehr Sinn, einen übernatürlichen Designer zu bejahen, als einen außerirdischen. Er argumentiert, dass die „minimalistische Verteidigung" von intelligentem Design, wenn sie durch einige zusätzliche und plausible Prämissen ergänzt wird (wie z. B. „Das Universum ist endlich"), logisch zu der Schlussfolgerung führt, dass ein transzendenter intelligenter Designer existieren muss.

12 Eine andere metaphysische Hypothese, die eine immanente Form von Intelligenz als primäre oder ultimative Realität postuliert, ist als Panpsychismus bekannt. Der Panpsychismus geht davon aus, dass ein universeller Verstand oder ein allgegenwärtiges Bewusstsein, das im Universum und anteilig in jedem Teil des materiellen Universums vorhanden ist, der gesamten Realität zugrunde liegt (Goff, Seager und Allen-Hermanson: „Panpsychism"). Kritiker des Panpsychismus befürchten, dass er keine Erklärung dafür liefert, wie sich ein bewusster Verstand, – zum Beispiel mein Verstand – von einem anderen, sagen wir Ihrem, unterscheidet. Sie fragen: Wenn alle Materie Teil desselben universellen Bewusstseins ist, was unterscheidet dann einen Verstand von einem anderen? Auf welcher Grundlage kann unsere gewöhnliche Erfahrung bestätigt werden, dass individuelle Verstande getrennt sind, wenn alles, was letztlich existiert, ein einziger universeller Verstand ist? Eine bei einigen analytischen Philosophen beliebte Form des Panpsychismus, bekannt als emergenter Panpsychismus, geht dieses Dilemma an, indem er argumentiert, dass die kleinsten konstitutiven Teile des materiellen Universums kleine „Tröpfchen" des Protobewusstseins haben, dass aber mit der Entstehung komplexerer materieller Anordnungen höher entwickelte Formen von Bewusstsein entstehen. Dies macht es möglich, ein Universum anzunehmen, in dem sich viele Verstande innerhalb eines entstehenden universellen Verstandes entwickeln. Welche Vorteile der Panpsychismus gegenüber dem Materialismus als philosophisches Konzept auch immer bieten mag, beide Versionen – d. h. der reine Panpsychismus und der emergente Panpsychismus – sind als Erklärungen für den *Ursprung des materiellen* Universums und den Ursprung seiner Feinabstimmung wenig geeignet. In der Tat leugnen alle Formen des Panpsychismus, insbesondere der populäre emergente Panpsychismus, die Existenz eines transzendenten bewussten Wesens, das außerhalb oder vor der Entstehung der Materie existiert.

Da Bewusstsein und Materie (oder Masse-Energie) sich gemeinsam ausdehnen, muss der Panpsychismus stattdessen notwendigerweise behaupten, dass Verstand und Materie gleichzeitig mit dem Beginn des Universums begonnen haben – wenn das Universum tatsächlich einen Anfang hatte, so wie es die Befunde nahelegen. Somit leugnet der Panpsychismus notwendigerweise jede vom Universum getrennte Entität, die seinen Ursprung oder seine Feinabstimmung erklären könnte – zwei der drei Klassen von Belegen über kosmologische und biologische Ursprünge, die hier untersucht werden. Allerdings, so habe ich argumentiert, erfordert eine angemessene Erklärung des Ursprungs des materiellen Universums und seiner Feinabstimmung die Annahme einer solchen transzendenten und intelligenten Entität.

13 Carroll: „Turtles Much of the Way Down".

14 Ugural und Fenster: „Hooke's Law and Poisson's Ratio".

15 Polanyi: „Life Transcending Physics and Chemistry", S. 61.

16 Polanyi: „Life's Irreducible Structure", insbesondere S. 1309.

17 Barnes: „The Fine-Tuning of the Universe for Intelligent Life", S. 530, Halliday und Resnick: *Physics: Part Two*, Anhang B, A23.

18 Susskind: *The Cosmic Landscape*.

19 Dawkins: *River Out of Eden*, S. 133.

20 Ich erinnere hier an Kapitel 8, En. 11, wonach die Entropie, die für Leben in einer stabilen Galaxie erforderlich ist, nicht so extrem ist wie die anfängliche Entropie, die erforderlich ist, um ein Universum mit niedriger Entropie zu erzeugen, so wie wir es haben. Während Roger Penrose die für die Erzeugung unseres entropiearmen Universums notwendige Entropie-Feinabstimmung mit $10^{10^{123}}$ berechnet hat, beziffert mein Kollege Brian Miller die für eine lebensfreundliche Galaxie notwendige Anfangsentropie auf „nur" $10^{10^{98}}$. Zur Grundlage von Millers Berechnungen siehe wiederum Kapitel 8, Anm. a, unter www.returnofthegodhypothesis.com/extendedresearchnotes.

21 Wie in En. 5 ausgeführt, wählt Barnes eine etwas andere Taktik in Bezug darauf, *was* er berechnet und wie er seine Berechnung in seiner Version des Feinabstimmungsarguments einsetzt. Er berechnet die Wahrscheinlichkeit eines *lebensfreundlichen* Universums im Naturalismus, während ich die Wahrscheinlichkeit der Feinabstimmung im Naturalismus berechne. Da ein lebensfreundliches Universum aber auch präzise und unmittelbar von der Feinabstimmung der physikalischen Konstanten und den Anfangsbedingungen des Universums abhängt, kann ich mit dem exakten quantitativen Grad der Feinabstimmung auch die

Wahrscheinlichkeit berechnen, die *Feinabstimmung selbst* im Naturalismus zu beobachten. Und natürlich sind die beiden Wahrscheinlichkeiten gleich groß. Anstatt wie ich zu argumentieren, dass die Beobachtung der ausgezeichneten Feinabstimmung des Universums für das Leben „genau das bestätigt, was wir erwarten könnten, wenn eine zielgerichtete Intelligenz … gehandelt hätte, um das Universum und das Leben zu entwerfen", argumentiert er: „Die Wahrscheinlichkeit, dass ein *lebensfreundliches* Universum im Theismus existiert, ist *nicht* verschwindend gering." Er konzentriert sich auf die Wahrscheinlichkeit eines lebensfreundlichen Universums im Rahmen des Theismus und nicht auf die Feinabstimmung, die ein lebensfreundliches Universum ermöglicht. Er stellt auch eine bescheidenere Behauptung darüber auf, was wir auf der Grundlage des Theismus zu erwarten haben, als ich es tue, zum Teil, weil er sein Argument auf die Eigenschaften stützt, die mit Gott in Verbindung gebracht werden, während ich meine Einschätzung der Wahrscheinlichkeiten auf unsere wiederholte Erfahrung mit den Eigenschaften (kleine Wahrscheinlichkeitsspezifikationen) von gestalteten Objekten und Systemen stütze, von denen bekannt ist, dass sie von ähnlichen intelligenten Akteuren erzeugt werden. Mithilfe der bayesschen Analyse kommen wir beide zu ähnlichen Schlussfolgerungen. Er argumentiert, dass die Wahrscheinlichkeit eines *lebensfreundlichen* Universums (angesichts des hohen Grads an Feinabstimmung, den wir beobachten) im Falle des Naturalismus viel geringer ist als im Falle des Theismus. Ich behaupte, dass die Wahrscheinlichkeit, dass wir im Universum den *extremen Grad der Feinabstimmung* beobachten, im Naturalismus viel geringer (und weniger wahrscheinlich) ist als im Theismus. Folglich stimmen wir beide darin überein, dass die Feinabstimmung mehr Belege zur Unterstützung des Theismus als des Naturalismus liefert.

22 Siehe En. 5.

23 Siehe Sire: *The Universe Next Door*, S. 119–135.

24 Tatsächlich stellt nach einigen Formen des östlichen Pantheismus (z. B. der Sankara-Schule des Vedanta-Hinduismus) sogar unsere eigene Wahrnehmung, dass wir einen bewussten, von der Einheit der Natur (*Brahman*) getrennten Verstand besitzen, eine Illusion oder ein falsches Bewusstsein dar. Für eine ausführliche Diskussion dieses Punktes siehe Kapitel 13, En. a, unter www.returnofthegodhypothesis/extendedresearchnotes; und Kohler: *Asian Philosophies*, S. 81.

25 Sean Carroll und andere halten dem entgegen, dass es keinen Grund gibt, das Konzept einer Ursache über das physikalische Universum hinaus zu

erweitern. Mit dieser Position wird jedoch das Prinzip des hinreichenden Grundes geleugnet.

Kapitel 14: Die Gotteshypothese und die Gestaltung des Lebens

1 Siehe Lamoureux: „Evolutionary Creation". In den folgenden Anmerkungen werde ich mich auf diesen Online-Aufsatz beziehen. Siehe auch seine jüngste Abhandlung in Buchform: *Evolutionary Creation: A Christian Approach to Creation.*

2 Lamoureux: „Evolutionary Creation", S. 2.

3 Zitiert in Woodward: „The End of Evolution", S. 33.

4 Lamoureux: „Evolutionary Creation", S. 2.

5 Ebd., S. 3.

6 Ebd., S. 2.

7 Ebd., S. 1, En. 1.

8 Die Informationen in anderen Abschnitten der DNA – insbesondere in den nichtproteinkodierenden Regionen – helfen dabei, den Zeitpunkt für die Expression der in den kodierenden Regionen enthaltenen Informationen zu regulieren. Darüber hinaus sind „ontogenetische" Informationen auf höherer Ebene (jenseits der Gene) auch in Cytoskelettanordnungen, der Verteilung von Membranzielen und suprazellulären Strukturen, Geweben und Organen gespeichert. Diese eher strukturellen Informationen spielen ebenfalls eine entscheidende Rolle bei der Regulierung und Expression spezifischer genetischer Informationen. Ontogenetische Informationen, die für die Entwicklung von Tieren notwendig sind, werden auch durch Zuckersignalmoleküle über den „Zuckercode" zwischen Zellen übertragen. Siehe Wells: „Membrane Patterns Carry Ontogenetic Information That Is Specified Independently of DNA"; Meyer: *Darwin's Doubt*, S. 271–287.

9 Dawkins: *River Out of Eden*, S. 17, Gates: *The Road Ahead*, S. 228, Hood und Galas: „The Digital Code of DNA".

10 Diese beiden Möglichkeiten sind eindeutig widersprüchlich. Wenn *alle* Informationen, die für die Entstehung des ersten Lebens oder neuer Lebensformen erforderlich sind, bereits zu Beginn des Universums vorhanden waren, dann müsste der Evolutionsprozess keine neuen genetischen Informationen oder Neuerungen hervorbringen. Stattdessen würde er nur das entfalten, was in den Anfangsbedingungen des Universums bereits „da" war. Wenn aber *neue* Informationen erzeugt wurden, dann muss den

Anfangs- und Randbedingungen zumindest ein Teil der Informationen gefehlt haben, die für die Entstehung von Leben oder die Entwicklung neuer Lebensformen erforderlich sind.

11 Lamoureux: „Evolutionary Creation", S. 1.

12 Für eine Definition von Spezifikation siehe Dembski: *The Design Inference*, S. 1–66, 136–174.

13 Eigen: *Steps Towards Life*, S. 12. Die Aussage von Eigen widerspricht auch der sogenannten algorithmischen Informationstheorie. Die algorithmische Informationstheorie besagt, dass die Menge an Informationen oder Daten, die ein System ausgibt, *nicht* größer sein kann als die Menge, die in das System eingegeben wird, oder die Menge in dem Algorithmus, der auf das System einwirkt (Chaitin: *Algorithmic Information Theory*).

14 Dretske: *Knowledge and the Flow of Information*, S. 12.

15 Alberts et al.: *Molecular Biology of the Cell*, S. 105.

16 Polanyi: „Life Transcending Physics and Chemistry"; siehe auch „Life's Irreducible Structure", bes. S. 1309.

17 Küppers: *Information and the Origin of Life*, S. 170–172 auch Thaxton und Bradley: „Information and the Origin of Life", auch Thaxton, Bradley und Olson: *The Mystery of Life's Origin*, S. 24–38.

18 Kok, Taylor und Bradley: „A Statistical Examination of Self-Ordering Amino Acids in Proteins".

19 Lamoureux: „Evolutionary Creation", S. 3.

20 Tompa und Rose: „The Levinthal Paradox of the Interactome", S. 2074.

21 Tompa und Rose selbst sind der Meinung, dass die Zelle als Ergebnis einiger „bevorzugter Pfade" oder durch einen „iterativen hierarchischen Aufbau ihrer Teilkomponenten" entstanden sein muss, im Gegensatz zu einem einfachen deterministischen (oder selbstorganisatorischen) Prozess oder einem Zufallsprozess. Dennoch schlagen sie keinen spezifischen Prozess vor, der die von ihnen beschriebene kombinatorische Komplexität überwinden könnte. Stattdessen erklären sie: „Die zentrale biologische Frage des 21. Jahrhunderts lautet: Wie entsteht eine lebensfähige Zelle aus der verwirrenden kombinatorischen Komplexität ihrer molekularen Bestandteile? Hier schätzen wir die Kombinatorik des Selbstaufbaus der Proteinbestandteile einer Hefezelle ab, eine Zahl, die so groß ist, dass das funktionelle Interaktom nur durch einen iterativen hierarchischen Aufbau seiner Teilkomponenten entstanden sein kann. *Wir vermuten, dass dieses nicht-deterministische zeitliche Kontinuum unter den gegenwärtigen Bedingungen nicht de novo rekonstruiert werden kann*" („The Levinthal Paradox of the Interactome", S. 2074, eigene Hervorhebung).

22 Erinnern wir uns daran, dass ich in Kapitel 10 und in *Darwin's Doubt* (Kap. 8–16) gezeigt habe, dass alle gegenwärtig vorgeschlagenen Evolutionsprozesse nicht in der Lage sind, den großen Zuwachs an genetischen und epigenetischen Informationsformen zu erklären, die notwendig sind, um neue Lebensformen nach dem Beginn des Universums zu schaffen.

23 Shannon beschreibt diesen Prozess der Fehlerkorrektur mithilfe eines Korrekturkanals wie folgt: „Wir stellen uns ein Kommunikationssystem und einen Beobachter (oder ein Hilfsgerät) vor, der sowohl das Gesendete als auch das Wiederhergestellte (mit Fehlern bedingt durch Rauschen) sehen kann. Dieser Beobachter stellt die Fehler in der wiederhergestellten Nachricht fest und überträgt die Daten über einen ‚Korrekturkanal' an den Empfänger, um diesem die Korrektur der Fehler zu ermöglichen." Dann stellt er sein zehntes Theorem auf: „*Theorem 10*: Wenn der Korrekturkanal eine Kapazität gleich $H_y(x)$ hat, ist es möglich, die Korrekturdaten so zu kodieren, dass sie über diesen Kanal gesendet werden und alle bis auf einen beliebig kleinen Teil ε der Fehler korrigiert werden. Dies ist nicht möglich, wenn die Kanalkapazität kleiner als $H_y(x)$ ist." Sein begleitendes Diagramm, Abbildung 8, verdeutlicht, dass der Korrekturkanal dem Übertragungskanal übergeordnet ist und oft von einem Beobachter abhängt, um Abweichungen von der ursprünglichen Informationsübertragung zu erkennen („A Mathematical Theory of Communication").

24 W. Ross Ashbys „Ashbysches Gesetz" entwickelte ein ähnliches (in der Tat mathematisch „isomorphes") Prinzip, das er im Zusammenhang mit der Theorie der „Selbstorganisation" entdeckte. Ashbys Prinzip besagt, dass die Steuerung oder Gestaltung eines Informationsprozesses von einem Korrekturkanal abhängt, dessen Kapazität *gleich oder größer* ist als alle möglichen Zustände, die ein System annehmen kann. Selbst für kleine physikalische Systeme kann die Anzahl der möglichen Zustände hyperastronomisch sein (ein Problem, das in der Kontrolltheorie als „Fluch der Dimensionalität" bekannt ist; „Requisite Variety and Its Implications for the Control of Complex Systems").

25 Einige Physiker haben sich gegen eine nicht deterministische und probabilistische Interpretation der Quantenmechanik ausgesprochen. Folglich betrachten sie die Quantenunbestimmtheit nur als scheinbar und nicht als real. Die kleine Minderheit der Physiker, die an der bohmschen Interpretation der Quantenmechanik festhält, argumentiert beispielsweise, dass „verborgene Variablen" deterministischen Gesetzen folgen, die die Entwicklung von Quantenzuständen steuern (Vaidman: „Quantum Theory and Determinism"). Messungen, die scheinbar aus zufälligen Ereig-

nissen resultieren, sind demnach in Wirklichkeit darauf zurückzuführen, dass sich die verborgenen Variablen mit der Zeit gemäß einem Gesetz oder Algorithmus verändern. Wenn diese Ansicht zutrifft, könnte sie herangezogen werden, um das in diesem Kapitel vorgebrachte Argument gegen das vorverlagerte Design infrage zu stellen. Man könnte zum Beispiel annehmen, dass ein allwissender Gott alle verborgenen Variablen in einer bestimmten Region des Raums zu Beginn des Universums auf die spezifischen Werte eingestellt haben könnte, die erforderlich sind, um sicherzustellen, dass natürliche Prozesse eine Zelle in Milliarden von Jahren in der Zukunft erzeugen würden. Die zum Aufbau der ersten Zelle erforderliche Information müsste also nicht erst durch eine spätere direkte Handlung oder „Intervention" eines intelligenten Akteurs in die Biosphäre gelangen. Die Idee des vorverlagerten Designs auf diese Weise zu formulieren mag auf den ersten Blick vernünftig erscheinen, ist aber unplausibel aufgrund der chaotischen Dynamik, die die Wechselwirkungen großer Teilchensysteme bestimmt. Eine ausführlichere Erklärung, warum das so ist, finden Sie in Kapitel 14, Anm. a, unter www.returnofthegodhypothesis/extendedresearchnotes. Siehe auch Dellago und Posch: „Kolmogorov-Sinai Entropy and Lyapunov Spectra of a Hard-Sphere Gas".

26 Im klassischen Theismus sind die Allwissenheit und die Allmacht Gottes eng miteinander verbundene Lehrsätze. Gott ist unter anderem deshalb allwissend, weil er allmächtig ist. Folglich haben einige Theisten argumentiert, dass Gott den Zusammenbruch der Wellenfunktion verursachen könnte, da dies sowohl Gottes Allwissenheit als auch die Grundlage der Regelmäßigkeit der Naturgesetze trotz der zugrunde liegenden stochastischen Natur der Quantenprozesse erklären würde. Im Gegensatz dazu würden einem deistischen Gott, der nach dem Anfang keine Allmacht über die Natur ausübt, die für die Allwissenheit notwendigen Attribute (Immanenz und Allmacht) fehlen, zumindest in einer Welt der Quantenfluktuationen und der Unbestimmtheit wie der unseren.

27 Möglicherweise gibt es ein noch tieferes Problem mit dieser Denkweise in ihrer Gesamtheit. Die Hypothese des vorverlagerten Designs von Denis Lamoureux und anderen scheint davon auszugehen, dass Leben aus einem im Wesentlichen rechnerischen Prozess hervorgehen könnte. Kurz gesagt, sie scheint von der Gültigkeit der sogenannten „Church-Turing-These" in der Informatik auszugehen, die besagt, dass Naturgesetze und -prozesse als Rechenprozesse dargestellt werden können. Für eine Diskussion darüber, warum diese stillschweigende Annahme von vorverlagerten

Designmodellen scheitert, siehe Kapitel 14, Anm. b, unter www.returnofthegodhypothesis/extendedresearchnotes.

28 Nach der modernen Quantentheorie funktionieren die Wechselwirkungen und die Entwicklung subatomarer Teilchen und der Energie im Universum nicht analog zu großräumigen Objekten wie Billardkugeln, die klaren Bahnen folgen und vorhersehbar nach deterministischen Gesetzen interagieren. Auf mikroskopischer Ebene muss ein physikalisches System quantenmechanisch beschrieben werden, und zwar mithilfe von Wahrscheinlichkeitsverteilungen, die die Wahrscheinlichkeit beschreiben, dass sich ein bestimmter Zustand aus einem früheren Zustand oder einer früheren Bedingung ergibt. Im Gegensatz zu Billardkugeln, die gemäß dem Impulserhaltungssatz deterministisch interagieren, lässt sich beispielsweise der Winkel, in dem ein subatomares Teilchen von einem anderen, viel größeren Teilchen abgelenkt wird, nicht genau im Voraus bestimmen. Stattdessen können Physiker nur die Wahrscheinlichkeit berechnen, dass dieses Teilchen einen bestimmten Brechungswinkel einnimmt. Ebenso wird ein Atom, das sich in einem angeregten Energiezustand befindet, irgendwann in einen niedrigeren Energiezustand fallen und ein Photon freisetzen. Die Zeit, die für dieses Ereignis benötigt wird, sowie das spezifische endgültige Energieniveau und die Richtung des freigesetzten Photons können nicht bestimmt oder vorhergesagt werden, sondern nur die Wahrscheinlichkeiten der möglichen Ergebnisse.

29 Briggs: „Science, Religion Are Discovering Commonality in Big Bang Theory".

30 Sandage: „A Scientist Reflects on Religious Belief", S. 53.

31 Zusätzlich zum Panpsychismus (siehe Kap. 13, En. 12) werde ich oft gefragt, ob die als Panentheismus bekannte Weltanschauung oder metaphysische Hypothese die in diesem Buch erörterten Belege für kosmologische und biologische Ursprünge erklären kann. Den Panentheismus gibt es in verschiedenen Ausprägungen, am häufigsten wird er aber mit dem amerikanischen Philosophen und Theologen Charles Hartshorne in Verbindung gebracht (siehe Hartshorn: *The Divine Relativity*). Wie der Theismus geht auch der Panentheismus nach Hartshorne davon aus, dass ein persönlicher Gott existiert und dass das physische Universum von Gott abhängt und ohne Gott nicht existieren kann. Im Gegensatz zum klassischen oder biblischen Theismus bekräftigt Hartshornes Panentheismus jedoch auch, dass Gott in gewisser Weise vom Universum abhängt und ohne dieses nicht existieren kann. Tatsächlich gibt es nach Hartshornes Vorstellung eine gleichzeitige „Koentwicklung" von der physischen Welt und Gott.

Es liegt auf der Hand, dass der Panentheismus, wie er von Hartshorne formuliert wird, als Erklärung für den Ursprung des Universums selbst versagt. Wenn Gottes Existenz vom Universum abhängt, dann kann es bis zum Entstehen des Universums keinen Gott der panentheistischen Variante geben. Da das Universum jedoch vor einer endlichen Zeit entstanden zu sein scheint, kann ein panentheistischer Gott nicht gehandelt haben, um die Entstehung des Universums zu bewirken, da Gottes eigene Existenz dann davon abhängt, dass das Universum selbst bereits existiert.

Und da die Feinabstimmung des Universums seit Anbeginn des Universums besteht und Gott nach Hartshorns Vorstellung keine vom Universum unabhängige Existenz hat, kann man sich auch nicht auf einen panentheistischen Gott als eine logisch oder zeitlich vorgelagerte Entität berufen, die in der Lage wäre, die Feinabstimmungsparameter zu verursachen oder auszuwählen, die für die Gesetze und Konstanten der Physik und die Anfangsbedingungen des Universums gelten. Da die Existenz Gottes wiederum vom Universum abhängt, ist nicht klar, ob man damit den zeitlichen Beginn des Universums oder die Eigenschaften des Universums erklären könnte, die von Anfang an festgelegt waren.

Ein panentheistischer Gott könnte als Teil eines koevolutionären Prozesses postuliert werden, der neue Lebensformen hervorbringt. Allerdings könnte man auch argumentieren, dass eine solche These keinerlei Bestätigung durch unsere Erfahrung erfährt. Wir verfügen über eine große Bandbreite an Erfahrungen, die zeigen, dass intelligente Akteure spezifizierte Informationen der Art, wie sie in lebenden Systemen vorhanden sind, erzeugen können und dies auch tun. Dennoch haben wir keine Erfahrung mit der Entwicklung von Akteuren, die sich im Zuge der Erzeugung solcher Informationen in ihrer grundlegenden Natur verändern, oder mit der Entwicklung von technischen Objekten. Darüber lässt sich vielleicht streiten, aber sobald das, was ich mit „in ihrer grundlegenden Natur" meine, genau definiert ist, scheint es mir eine recht vertretbare Aussage zu sein.

Auf jeden Fall kann sich der Panentheismus, wie er von Hartshorn konzipiert wurde, nicht auf eine wirklich unabhängige oder transzendente Intelligenz als Ursache für den Ursprung und die Feinabstimmung des Universums berufen, sodass es ihm zumindest in Bezug auf diese beiden erklärungsbedürftigen Schlüsselfaktoren an Erklärungskraft mangelt. Für eine gründliche Darstellung und Kritik von Hartshorns Panentheismus, auch bekannt als Prozesstheologie, siehe Richards: *The Untamed God*, S. 172–194. Für eine Diskussion einiger zeitgenössischer klassischer

Theisten, die ebenfalls den Begriff „Panentheismus" verwenden, um ihre Sicht von Gott zu beschreiben, siehe Kapitel 14, Anm. c, unter www.returnofthegodhypothesis.com/extendedresearchnotes.

32 Ein Einwand gegen alle theistischen Argumente für die Existenz Gottes ist das bekannte Problem des Bösen. Atheistische Kritiker des Theismus führen dieses Problem als das an, was Philosophen ein unwiderlegbares Argument nennen. Sie behaupten, dass die Existenz des Bösen, sowohl des menschlichen moralischen Bösen als auch des sogenannten natürlichen Bösen, den Glauben an die Existenz Gottes oder zumindest eines wohlwollenden Gottes logisch inkohärent macht – und damit die theistischen Argumente für die Existenz Gottes „schlägt". Atheisten führen ein bekanntes Dilemma an, um diese Behauptung zu untermauern: Ein wohlwollender und allmächtiger Gott hätte das Böse in der Welt nicht zugelassen. Da es das Böse in der Welt *gibt*, ist Gott entweder nicht gut, nicht allmächtig, oder – was wahrscheinlicher ist – er existiert nicht.

Mindestens seit der Zeit des heiligen Augustinus (oder der Abfassung des Buches Hiob) haben Christen, Juden und andere Theisten diesen Einwand mit der klassischen Verteidigung des freien Willens beantwortet. Sie haben darauf bestanden, dass die Existenz des moralisch Bösen in der Welt mit der Existenz Gottes vereinbar ist, wenn man erstens davon ausgeht, dass Gott die Menschen nach seinem Ebenbild mit einem echten freien Willen erschaffen wollte, und zweitens, dass Gott es eindeutig für besser hielt, eine Welt zu schaffen, in der die Menschen ihre Freiheit ausüben können, auch wenn sie sie vielleicht schlecht nutzen, als eine Welt zu schaffen, in der die Menschen als bloße Marionetten gezwungen sind, nur das zu tun, was Gott für richtig hält. Zu diesem philosophischen und theologischen Thema gibt es viel zu sagen. Dennoch scheint mir und vielen Theisten die Verteidigung des freien Willens eine zufriedenstellende Antwort auf das philosophische Problem des Bösen zu sein. Mit Sicherheit besiegt sie das atheistische Argument des Bösen, indem sie zeigt, dass es möglich ist, den Glauben an einen existierenden allmächtigen und wohlwollenden Gott mit dem Vorhandensein des menschlichen moralischen Bösen in der Welt zu vereinbaren.

Aber was ist mit dem Problem des natürlichen Bösen oder dem, was manchmal als „bösartiges Design" in der Natur bezeichnet wird? Dieses Argument scheint für Theisten oft problematischer und schwieriger zu beantworten zu sein. Atheisten und wissenschaftliche Materialisten haben oft darauf hingewiesen, dass die Existenz virulenter Bakterienstämme oder Killerviren nicht mit der Existenz eines intelligenten Designers oder zumindest eines wohlwollenden Designers oder Schöpfers vereinbar ist. Die vollständige Beantwortung dieses Einwandes würde ein weiteres Buch erfordern und würde den Rahmen dieser Arbeit sprengen.

Dennoch möchte ich einige Überlegungen anstellen, die meiner Meinung nach einen Rahmen für die Auseinandersetzung mit dem Einwand des natürlichen Bösen bilden und zeigen, dass die Existenz des natürlichen Bösen nicht zwangsläufig mit der Theorie des *Intelligent Design*, einer größeren Gotteshypothese oder sogar mit dem Glauben an die Existenz eines wohlwollenden Designers oder Schöpfers unvereinbar ist.

Natürlich stellt das Problem des natürlichen Bösen nur für diejenigen ein Problem dar, die wie ich das Wohlwollen der für das Leben verantwortlichen gestaltenden Intelligenz oder eines Gottes, wie er in den jüdisch-christlichen Schriften bestätigt wird, bejahen wollen. Dennoch bieten dieselben jüdisch-christlichen Schriften und das, was sie über Gott und die Schöpfungsordnung lehren, Erklärungsmöglichkeiten, um das Vorhandensein des natürlichen Bösen in der Welt mit der Existenz eines wohlwollenden Designers oder Schöpfers zu vereinbaren. Mit anderen Worten: Die jüdisch-christlichen Befürworter der Theorie des *Intelligent Design* haben einen Rahmen, in dem sie diesem Einwand begegnen können, den rein säkulare oder nichtreligiöse Befürworter der Theorie des *Intelligent Design* nicht haben.

Auf der Grundlage der jüdisch-christlichen Schriften sollte man erwarten, nicht nur eine, sondern zwei Klassen von Phänomenen in der Natur zu finden. Man sollte tatsächlich erwarten, dass man in der Schöpfung Belege für intelligentes Design und Güte findet, aber auch Belege für anschließenden Verfall und Entartung.

Was die erste Erwartung betrifft, so bestätigen die jüdisch-christlichen Schriften eindeutig, dass Gottes ursprünglicher Entwurf des Universums und des Lebens „gut" und sogar schön war. Und natürlich gibt es sowohl viele Belege für die gute Gestaltung der lebenden Systeme und des Universums (siehe Kapitel 7–10) als auch viel Schönheit, die wir in der natürlichen Welt genießen können. Es gibt also eine ganze Reihe von Belegen, die die Hypothese stützen, dass ein gütiger, intelligenter Schöpfer die natürliche Welt geschaffen hat.

Dennoch gibt es Aspekte der Natur, insbesondere im Bereich des Lebendigen, wie z. B. virulente Bakterien- oder Virenstämme, die nicht das menschliche Wohlergehen fördern, sondern stattdessen Krankheit und Leiden. Doch auch dies ist vom Standpunkt einer spezifisch jüdisch-christlichen Version des Theismus oder von Befürwortern des *Intelli-*

gent Design (oder einer umfassenderen Gotteshypothese), die diese Weltanschauung vertreten, durchaus zu erwarten. Die jüdisch-christlichen Schriften lehren nicht nur, dass Gott die Welt geschaffen und für gut befunden hat; sie lehren auch, dass etwas schiefgelaufen ist, was sich sowohl auf die menschliche Moral als auch auf die natürliche Ordnung negativ ausgewirkt hat. Die Schrift liefert auch eine Hintergrundgeschichte, ob nun mythisch-poetisch oder streng historisch verstanden, die zum Teil erklärt, warum und wie es zu dieser Störung der ursprünglichen Schöpfungsordnung kam.

In jedem Fall sollten wir auf der Grundlage der jüdisch-christlichen Schriften nicht nur Belege für einen intelligenten und guten ursprünglichen Entwurf erwarten, sondern auch Belege für den darauf folgenden Verfall der Natur und lebender Systeme. Die Entropie maximierenden (Ordnung zerstörenden) Prozesse, denen alle physikalischen Systeme unterliegen, können durchaus als Beleg für diese Erwartung angesehen werden. Darüber hinaus entdecken Biologen auf molekularer Ebene in lebenden Systemen zunehmend Belege sowohl für eine elegante ursprüngliche Gestaltung – beispielsweise der informationstragenden Biomakromoleküle und informationsverarbeitenden Systeme in Zellen sowie der Miniaturmaschinen und Schaltkreise in Zellen – als auch für den Verfall dieser Systeme, häufig durch Mutationen.

Interessanterweise erkennen Mikrobiologen, die sich mit der Virulenz befassen, in zunehmendem Maße den Mutationsabbau und den Verlust genetischer Informationen oder die laterale Übertragung genetischer Informationen aus ihrem ursprünglichen Kontext heraus als die Mechanismen, durch die virulente Bakterienstämme entstehen. (Siehe z. B. Monday et al.: „A 12-base-pair Deletion in the Flagellar Master Control Gene flhC Causes Nonmotility of the Pathogenic German Sorbitol-fermenting Escherichia coli O157:H-strains", S. 2319–2327, Minnich und Rohde: „A Rationale for Repression and/or Loss of Motility by Pathogenic *Yersinia* in the Mammalian Host", S. 298–310). Darüber hinaus dokumentieren Virulenz-Experten, dass solche Informationsverluste oder -übertragungen für die Entstehung der schädlichen Bakterien verantwortlich sind, die menschliches Leid verursachen – Verluste oder Mutationen, die aus einer *Intelligent Design*-Perspektive die ursprünglichen schöpferischen Handlungen, die das Leben ermöglichten, rückgängig machen oder verändern. *Yersinia pestis* zum Beispiel, der Mikroorganismus, der die Pest verursachte, entstand als Ergebnis von vier oder fünf identifizierbaren Mutationen verschiedener Art im Laufe der Menschheitsgeschichte, die ein harmloses Bakterium, gegen das der Mensch eine eingebaute Immunreaktion hatte, in eine tödliche Krankheit verwandelten [Rasmussen et al.: „Early Divergent Strains of *Yersinna pestis* in Eurasia 5000 Years Ago", S. 571–582]. Der Mikrobiologe Scott Minnich von der Universität Idaho erklärte mir in einem persönlichen Interview im Jahr 2020: „Mit molekularen Techniken und DNA-Sequenzierung haben wir in den letzten zehn Jahren gezeigt, dass sich die Pest aus einem harmlosen Vorläuferstamm von Bakterien ‚entwickelt' – oder besser gesagt: degeneriert hat."

So wie die Ausbrüche neuer biologischer Informationen, die bei der Entstehung neuer Lebensformen auftreten, die Aktivität einer gestaltenden Intelligenz belegen, zeigen die Mutationen, die diese Informationen abbauen oder verändern, dass in lebenden Systemen auf ihren ursprünglichen Entwurf folgende Zerfallsprozesse am Werk sind. Die Tatsache, dass wir sowohl Belege für gutes Design als auch für einen nachfolgenden Verfall sehen und dass wir außerdem erkennen, dass Verfallsprozesse und nicht der ursprüngliche Entwurf lebender Systeme für menschliches Leid verantwortlich sind, entspricht genau dem, was wir auf der Grundlage eines jüdisch-christlichen Verständnisses der natürlichen Welt erwarten sollten – einer natürlichen Welt, die, wie es in einem biblischen Buch heißt, „der Knechtschaft der Vergänglichkeit" unterliegt (Römer 8,21, ELB). Wenn die jüdisch-christliche Sichtweise richtig ist, sollten wir in der Tat *erwarten*, dass wir in der Welt um uns herum natürliches Böses finden. Diese Erwartung sollte jede Überraschung dämpfen, die wir andernfalls empfinden könnten, wenn wir sie tatsächlich finden. Die Begegnung mit dem natürlichen Bösen belegt also das jüdisch-christliche Verständnis der Natur, wenn wir es als eine Art metaphysische Hypothese betrachten. Es zeigt, dass die Existenz des natürlichen Bösen nicht logisch unvereinbar mit dem Glauben an Gott ist. Diejenigen, die etwas anderes behaupten, verfallen in einen allgemeinen logischen Fehlschluss. Eine Erörterung dieses Fehlschlusses und der Frage, wie sein Verständnis dazu beiträgt, das atheistische Argument des natürlichen Bösen zu entkräften, findet sich in Kapitel 14, Anm. d, unter www.returnofthegodhypothesis.com/extendedresearchnotes.

Teil IV: Vermutungen und Widerlegungen

Kapitel 15: Das Informationshüllenspiel

1 Nagel: „Books of the Year".
2 Stephen Fletcher (4. Dezember 2009): *The Times Literary Supplement* 5566 (Leserbrief): 6.
3 Marshall: „When Prior Belief Trumps Scholarship".
4 Pera: *The Discourses of Science.*
5 Fletcher (4. Dezember 2009): *The Times Literary Supplement* 5566 (Leserbrief): 6.
6 Nagel: „Books of the Year".
7 Fletcher (4. Dezember 2009): *The Times Literary Supplement* 5566 (Leserbrief): 6.
8 Thomas Nagel (11. Dezember 2009): *The Times Literary Supplement* 5567 (Leserbrief): 6.
9 John Walton (11. Dezember 2009): *The Times Literary Supplement* 5567 (Leserbrief): 6.
10 Stephen Fletcher (18. Dezember 2009): *The Times Literary Supplement* 5568 (Leserbrief): 6
11 Stephen C. Meyer (15. Januar 2010): *The Times Literary Supplement* 5572 (Leserbrief): 6.
12 De Duve: *Blueprint for a Cell*, S. 187.
13 Powner, Gerland und Sutherland: „Synthesis of Activated Pyrimidine Ribonucleotides in Prebiotically Plausible Conditions".
14 Lincoln und Joyce: „Self-Sustained Replication of an RNA Enzyme".
15 Stephen Fletcher (5. Februar 2010): *The Times Literary Supplement* 5575 (Leserbrief): 6.
16 Im Februar 2010 schrieb ich einen weiteren Brief als Antwort auf Fletchers dritten Brief; das *TLS* hat ihn nicht veröffentlicht. Sie hatten verständlicherweise genug!
17 Berlinski: „Responding to Stephen Fletcher's Views in *The Times Literary Supplement* on the RNA World".
18 Tour: „Animadversions of a Synthetic Chemist", Tour: „Time Out", siehe auch Tour: „An Open Letter to My Colleagues".
19 Marshall: „When Prior Belief Trumps Scholarship".
20 Konkret schreibt Marshall: „Aber die heutigen GRNs wurden von einer

halben Milliarde Jahre langer evolutionärer Innovation überlagert (was ihre Widerstandsfähigkeit gegen Veränderungen erklärt), während die GRNs zur Zeit der Entstehung der Phyla nicht so belastet waren" („When Prior Belief Trumps Scholarship").

21 Eric Davidson meint: „Es gibt immer eine beobachtbare Folge, wenn ein GRN-Teilschaltkreis unterbrochen wird. Da diese Folgen immer katastrophal schlecht sind, ist die Flexibilität minimal, und da die Teilschaltkreise alle miteinander verbunden sind, hat das gesamte Netzwerk die Eigenschaft, dass es nur einen Weg gibt, wie die Dinge funktionieren. Und tatsächlich entwickeln sich die Embryonen jeder Spezies nur auf eine Weise" („Evolutionary Bioscience as Regulatory Systems Biology", S. 40). Siehe auch die Diskussion in *Darwin's Doubt*, S. 264–270.

22 Peter und Davidson: *Genomic Control Processes.*

23 Für eine schematische Darstellung des GRN-Schaltkreises im Purpurseeigel *Strongylocentrotus purpuratus* siehe Abb. 13.4 in *Darwin's Doubt*, S. 266.

24 Davidson: „Evolutionary Bioscience as Regulatory Systems Biology", S. 38.

25 Ebd.

26 Davidson und Erwin: „An Integrated View of Precambrian Eumetazoan Evolution", insb. S. 72.

27 Wie Davidson feststellt: „Im Gegensatz zur klassischen Evolutionstheorie können die Prozesse, die die kleinen Veränderungen antreiben, die bei der Divergenz der Arten beobachtet werden, nicht als Modelle für die Evolution der Körperpläne von Tieren herangezogen werden" (*The Regulatory Genome*, S. 195, „Evolutionary Bioscience as Regulatory Systems Biology", S. 35–36).

28 Davidson: „Evolutionary Bioscience as Regulatory Systems Biology", S. 40.

29 Marshall: „Nomothetism and Understanding the Cambrian ‚Explosion'".

30 Marshall und Valentine: „The Importance of Preadapted Genomes in the Origin of the Animal Bodyplans and the Cambrian Explosion", insb. S. 1195–1196.

31 Marshall: „Explaining the Cambrian ‚Explosion' of Animals", S. 366.

32 Marshall und Valentine: „The Importance of Preadapted Genomes", S. 1189.

33 Meyer: *Darwin's Doubt*, S. 191.

34 Siehe Shannon: „A Mathematical Theory of Communication".

35 Reidhaar-Olson und Sauer: „Functionally Acceptable Solutions in Two

Alpha-Helical Regions of Lambda Repressor“, Axe: „Estimating the Prevalence of Protein Sequences Adopting Functional Enzyme Folds“.

36 Zufälligerweise haben neuere vergleichende Studien zur genetischen Vielfalt der Tiergruppen eher meine ursprüngliche Behauptung als Marshalls Vorschlag bestätigt. Diese Studien haben ergeben, dass viele Tausend neuer Gene während der kambrischen Explosion abrupt entstanden sind, um die ersten Tiere zu bilden. Wie Jordi Paps und Peter Holland, die Autoren einer Studie, es ausdrücken: „Im Gegensatz zur vorherrschenden Meinung deckt dies[e Studie] einen beispiellosen Anstieg des Ausmaßes an *genomischer Neuartigkeit* während der Entstehung der Metazoen auf“, d.h. während des Zeitraums, in welchem die unterschiedlichen Körperpläne in der kambrischen Explosion auftauchten, oder kurz davor (eigene Hervorhebung). Die Autoren kamen zu dem Schluss, dass „interne genomische Veränderungen bei der Entstehung von Tieren ebenso wichtig waren wie externe Faktoren“ („Reconstruction of the Ancestral Metazoan Genome Reveals an Increase in Genomic Novelty“). Eine ähnliche Studie hat kürzlich das gleiche Muster bestätigt, wonach es zu einer explosionsartigen Entstehung neuer Gene kurz vor oder zeitgleich mit der Entstehung der Landpflanzen kam; siehe Bowles, Bechtold und Paps: „The Origin of Land Plants Is Rooted in Two Bursts of Genomic Novelty“.

37 Charles Marshall und Stephen Meyer debattieren bei *Unbelievable* mit Justin Brierley, 30. November 2013, www.youtube.com/watch?v=6yOCpb0wBPw. Für eine Mitschrift der relevanten Teile dieses Dialogs siehe Kapitel 15, Anm. a, unter www.returnofthegodhypothesis/extendedresearchnotes.

38 Diese Behauptung gab Haarsma mir zur Antwort in „Response from Evolutionary Creation“ (S. 224), ihrem Aufsatz in dem Buch *Four Views on Creation, Evolution, and Intelligent Design*, zu dem sowohl sie als auch ich beigetragen haben.

39 Durston et al.: „Measuring the Functional Sequence Complexity of Proteins“, Reidhaar-Olson und Sauer: „Functionally Acceptable Solutions in Two Alpha-Helical Regions of Lambda Repressor“, Taylor et al.: „Searching Sequence Space for Protein Catalysts“, Yockey: „A Calculation of the Probability of Spontaneous Biogenesis by Information Theory“.

40 Axe: „Estimating the Prevalence of Protein Sequences Adopting Functional Enzyme Folds“.

41 Tokuriki und Tawfik: „Stability Effects of Mutations and Protein Evolvability“, Tokuriki et al.: „The Stability Effects of Protein Mutations Appear to Be Universally Distributed“, siehe auch Bershtein et al.: „Robustness-Epis-

tasis Link Shapes the Fitness Landscape of a Randomly Drifting Protein", Lundin et al.: „Experimental Determination and Prediction of the Fitness Effects of Random Point Mutations in the Biosynthetic Enzyme HisA".

42 Bechly, Miller und Berlinski: „Right of Reply". Siehe auch Miller: „Protein Folding and the Four Horsemen of the Axocalypse", Miller: „A Dentist in the Sahara: Doug Axe on the Rarity of Proteins Is Decisively Confirmed".

43 Chiarabelli et al.: „Investigation of De Novo Totally Random Biosequences, Part II", Ferrada und Wagner: „Evolutionary Innovations and the Organization of Protein Functions in Sequence Space".

44 Venema, in Venema und McKnight: *Adam and the Genome*, S. 85.

45 Ebd.

46 Ebd.

47 Negoro et al.: „X-ray Crystallographic Analysis of 6-Aminohexanoate-Dimer Hydrolase".

48 Die große Sequenzähnlichkeit zwischen der Nylonase und ihrem Cousin deutet tatsächlich darauf hin, dass die Gene für beide Proteine aus einem gemeinsamen Vorläufergen hervorgegangen sind, das auch für ein Protein mit Nylonase-Aktivität kodiert hat. Daraus folgt, dass die Mutationen, die das Gen für Nylonase hervorbrachten, kein „brandneues" funktionelles Gen und Protein erzeugten, sondern lediglich eine *bereits bestehende* Funktion in einem ähnlichen Protein mit der gleichen Faltung optimierten. Kato et al.: „Amino Acid Alterations Essential for Increasing the Catalytic Activity of the Nylon-Oligomer-Degradation Enzyme of *Flavobacterium* sp."

49 Negoro et al.: „X-ray Crystallographic Analysis of 6-Aminohexanoate-Dimer Hydrolase".

50 Was erwähnenswert ist: Eine genaue Lektüre von Venemas Kritik zeigt, dass er die Proteinstruktur nicht versteht. Für eine Begründung siehe Kapitel 15, Anm. b, unter www.returnofthegodhypothesis/extendedresearchnotes.

51 Dawkins, Kommentar 14 in Coyne: „God vs. Physics".

52 Zu Morans Position siehe Moran: „You Need to Understand Biology If You Are Going to Debate an Intelligent Design Creationist", zu Myers' Analyse der Diskussion siehe Myers: „A Suggestion for Debaters".

53 Axe: „Estimating the Prevalence of Protein Sequences".

54 Siehe Meyer: *Darwin's Doubt*, S. 292–335, und Meyer: *Signature in the Cell*, S. 272–323.

Kapitel 16:
Ein Gott oder viele Universen?

1 In der inflationären Kosmologie folgte die Erzeugung von Blasenuniversen natürlicherweise aus dem Quantencharakter des vorgeschlagenen Inflationsmechanismus. Sobald dies erkannt wurde, wurde diese Eigenschaft des Modells jedoch dazu benutzt, die Feinabstimmung der Anfangsbedingungen zu erklären. Auch die Stringtheorie hatte einen ähnlich harmlosen Ursprung – zunächst als Versuch, eine Theorie der starken Kernwechselwirkung zu entwickeln, und dann als vielversprechender Kandidat für eine „„Weltformel" –, bevor sie als Erklärung für die Feinabstimmung der Naturgesetze und -konstanten herangezogen wurde.

2 Ich habe mich übrigens aus zwei Gründen dafür entschieden, die Behandlung dieser anderen, abstrakteren möglichen Erklärungen bis jetzt aufzuschieben. Erstens wollte ich den Lesern und Leserinnen die Möglichkeit geben, zu erkennen, wie unerwartet aus Sicht des gängigen Naturalismus oder Materialismus die wichtigsten Entdeckungen über die Komplexität des Lebens sowie den Ursprung und die Feinabstimmung des Universums sind – und so selbst zu erfahren, welche Kraft die Argumente für den Theismus im Kern besitzen und wie sie sich dadurch als bessere Erklärung gegenüber den „natürlichsten" Formen des Naturalismus auszeichnen. Zweitens wollte ich einige der schwierigeren Konzepte und technisches Material diesem letzten Abschnitt des Buches überlassen, um denen, die das Gefühl haben, bereits tief genug eingedrungen zu sein, die Möglichkeit zu geben, diese Kapitel zu überfliegen oder zu überspringen, und anderen, technisch Interessierteren die Gelegenheit zu geben, tiefer zu graben und die Stärke meiner Argumente für den Theismus selbst gegenüber den exotischsten naturalistischen Kosmologien und Theorien zu bewerten.

3 https://www.duden.de/rechtschreibung/exotisch.

4 Erinnern wir uns daran, dass Physiker sich nicht einig sind, wie diese verschiedenen Modelle genau zu definieren sind. Siehe meine Diskussion über diese semantischen Unterschiede in Kapitel 8, En. 26, 28 und 29. Siehe auch Barrow: „Anthropic Definitions", S. 150, Barrow und Tipler: *The Anthropic Cosmological Principle*, S. 16–25, Carter: „Large Number Coincidences and the Anthropic Principle in Cosmology", S. 291–298, Lewis und Barnes: *A Fortunate Universe*, S. 19.

5 Der Wissenschaftsautor Clifford Longley erklärt das Konzept folgendermaßen: „Es könnten Millionen und Abermillionen verschiedener Univer-

sen entstanden sein, jedes mit unterschiedlichen Skalierungseinstellungen der fundamentalen Verhältnisse und Konstanten, sogar so viele, dass die richtige Zusammenstellung durch reinen Zufall auftauchen musste" („Focusing on Theism").

6 Einige Physiker haben angemerkt, dass es nachweisbare Muster in der Hintergrundstrahlung hinterlassen würde, wenn unser Blasenuniversum mit einem anderen Blasenuniversum zusammenstößt (Sokol: „A Brush with a Universe Next Door"). Roger Penrose hat eine ähnliche Behauptung für sein Modell der konformen zyklischen Kosmologie (conformal cyclic cosmology, CCC) aufgestellt, in dem das Universum unendlich viele Zyklen durchläuft, wobei die zukünftige zeitähnliche Unendlichkeit jedes früheren Durchlaufs mit der Urknallsingularität der nächsten identifiziert wird (eine populäre Darstellung findet sich in seinem Buch *Zyklen der Zeit. Eine neue ungewöhnliche Sicht des Universums*). Er argumentiert, dass die beobachteten „Hot Spots" in der Hintergrundstrahlung Belege sind für die Interaktion zwischen den verschiedenen Modi des Universums in seinen kollabierenden und expandierenden Phasen. Insbesondere sieht er Hotspots in der Hintergrundstrahlung als Beleg für den Kollaps von schwarzen Löchern vor dem Beginn unseres Universums in seiner gegenwärtigen Expansionsphase („On the Gravitization of Quantum Mechanics 2"). Dennoch stellt sein Modell streng genommen kein Multiversenmodell dar, da die Universen nacheinander und nicht parallel existieren.

7 Linde: „A New Inflationary Universe Scenario", Guth: „Inflationary Universe", Albrecht und Steinhardt: „Cosmology for Grand Unified Theories with Radiatively Induced Symmetry Breaking".

8 Linde: „Eternally Existing Self-Reproducing Chaotic Inflationary Universe".

9 Stenger: „Fine-Tuning and the Multiverse".

10 Physiker und Philosophen nennen dies einen „Beobachtereffekt". Damit ist gemeint, dass wir zwangsläufig ein Universum mit Merkmalen beobachten müssen, die mit komplexen Lebensformen vereinbar sind, und daher nicht überrascht sein sollten, uns in einem solchen Universum wiederzufinden – vor allem, wenn das Multiversum die Realität korrekt abbildet und verschiedene Mechanismen zur Erzeugung von Universen schließlich irgendwo ein Universum hervorbringen, das Leben ermöglicht.

11 Die Stringtheorie wurde erstmals in den späten 1960er-Jahren vorgeschlagen, um die starke Kernkraft zu beschreiben. Ein anderer Ansatz, die sogenannte Quantenchromodynamik, erwies sich jedoch als effektiver für

diese Aufgabe. In den 1970er-Jahren stellten der Caltech-Physiker John Schwarz und andere fest, dass die Stringtheorie es ermöglichen könnte, die allgemeine Relativitätstheorie mit der Quantenmechanik in Einklang zu bringen. Diese Erkenntnis weckte ein neues Interesse an der Entwicklung der Theorie.

12 Manoukian: „Introduction to String Theory".

13 Die früheste Version der Stringtheorie bot nur eine Beschreibung der Bosonen, die Träger der starken Kernkraft sind, und sie benötigte 26-dimensionale Raumzeiten, um zu funktionieren. So, wie sie ursprünglich formuliert war, war die Stringtheorie bosonisch und 26-dimensional und konnte die Existenz von Materie nicht erklären. Als Schwarz und seine Mitarbeiter in den 1980er-Jahren weiter an der Theorie arbeiteten, entdeckten sie eine Möglichkeit, die Stringtheorie so zu erweitern, dass sie alle Materie und Strahlung einschließt. Eine kurze Diskussion darüber, wie sie dabei vorgingen, finden Sie in Kapitel 16, En. a, unter www.returnofthegod hypothesis/extendedresearchnotes.

14 Dimopoulos: „Splitting Supersymmetry in String Theory".

15 Susskind: „The Anthropic Landscape of String Theory".

16 Bena und Graña: „String Cosmology and the Landscape".

17 Bousso und Polchinski: „The String Theory Landscape".

18 Dieses Postulat ist höchst zweifelhaft, da es keine Möglichkeit gibt zu wissen, wie viel von der String-Landschaft auf diese Weise erforscht werden kann. Es gibt keinen Grund, *a priori* anzunehmen, dass der Prozess der Landschaftserkundung vollständig sein wird. Aber wenn er nicht in signifikanter Weise vollständig ist, ist es unwahrscheinlich, dass die Kaskadenbildung in der Energielandschaft ein Universum wie das unsere hervorbringt. Darüber hinaus hat der Ingenieurprofessor und Informationstheoretiker Robert Marks von der Baylor University kürzlich die Vorstellung infrage gestellt, dass das inflationäre Multiversum der Stringtheorie genügend Universen hervorbringt, um genügend „Widersprüche" zu erzeugen, die die Feinabstimmung in unserem Universum wahrscheinlich machen. Siehe Marks: „Diversity Inadequacies of Parallel Universes".

19 Ellis: „Cosmology". Leser und Leserinnen, die mit meinen früheren Arbeiten zur Wissenschaftsphilosophie vertraut sind, werden wissen, dass ich nicht der Meinung bin, dass eine klare Trennlinie zwischen Wissenschaft und Metaphysik gezogen werden kann. Folglich halte ich es nicht für gerechtfertigt, eine Hypothese zu ignorieren oder zurückzuweisen, nur weil sie sich auf philosophische oder metaphysische Ideen beruft. Wir mögen solche Hypothesen aus Gewohnheit als metaphysisch einstufen,

aber das bedeutet nicht, dass sie zwangsläufig falsch, unbedeutend, unüberprüfbar oder jenseits rationaler Bewertung sind. Eine ausführliche Erörterung der sogenannten Abgrenzungsfrage und ihrer Anwendbarkeit auf die Beurteilung einer *Intelligent-Design-* und/oder einer Gott-Hypothese findet sich in Kapitel 16, Anm. b, unter www.returnofthegodhypothesis/extendedresearchnotes. Siehe auch Meyer: „Sauce for the Goose", „The Scientific Status of Intelligent Design", „The Demarcation of Science and Religion".

20 Wie George Ellis argumentiert hat: „Man kann also Multiversumshypothesen als plausibel begründen, aber sie sind nicht durch Beobachtungen oder Experimente überprüfbar – und werden es nie sein. Es ist einfach, sein Lieblingsmodell gegenüber anderen zu bevorzugen, weil niemand das Gegenteil beweisen kann – man kann einfach die Parameter anpassen, um sie an die neuesten Informationen anzupassen" („Cosmology", S. 295).

21 Swinburne: *The Existence of God*, S. 185.

22 Ebd.

23 Für eine populäre Darstellung dieses Prozesses siehe Bousso und Polchinski: „The String Theory Landscape". Für eine ausführlichere populäre Darstellung siehe Susskind: *The Cosmic Landscape.*

24 Gordon: „Postscript to Part One", „Balloons on a String".

25 Diese Punkte sind explizit in einer Reihe von unveröffentlichten Vorlesungsnotizen enthalten, die Gordon mit mir geteilt hat, aber implizit in einer Reihe von Gordons Veröffentlichungen, zum Beispiel „Balloons on a String" und „Divine Action and the World of Science".

26 Eine Version der Stringtheorie – bekannt als das „zyklische ekpyrotische Modell" – versucht, die Feinabstimmung sowohl der Anfangsbedingungen als auch der physikalischen Gesetze und Konstanten zu erklären, ohne sich auf die Inflation zu berufen. Doch auch dieses Modell enthält eine aufgeblähte Ontologie, gemessen an der Anzahl der Entitäten, die zur Erklärung dieser beiden unterschiedlichen Arten der Feinabstimmung herangezogen werden müssen. Für eine Erklärung dieses Makels des „zyklischen ekpyrotischen Modells" siehe Kapitel 16, Anm. c, unter www.returnofthegodhypothesis/extendedresearchnotes.

27 Collins: „The Fine-Tuning Design Argument".

28 Interview mit Robin Collins in Strobel: *The Case for a Creator*, S. 178.

29 Die mit dem Inflatonfeld verbundene Energie – insbesondere die sogenannten „Inflationsvorheizenden Kopplungsparameter", die erforderlich sind, um die Inflationsenergie in normale Massenenergie umzuwandeln –

wird von Physikern, die den Ursprung des Universums modellieren, durch Analysen bestimmt (fein abgestimmt), um ein Universum ähnlich dem unseren zu erzeugen, in dem Leben möglich wäre (siehe z. B. Kofman: „The Origin of Matter in the Universe", DeCross et al.: „Preheating after Multifield Inflation with Nonminimal Couplings").

30 Carroll und Tam: „Unitary Evolution and Cosmological Fine-tuning".

31 Rees: *Just Six Numbers*, S. 115.

32 Page: „Inflation Does Not Explain Time Asymmetry".

33 Persönliches Interview mit Bruce Gordon, Seattle, 18. Juli 2019.

34 Die Quantenmechanik lässt zu, dass einzelne Blasenuniversen gelegentlich durch eine potenzielle Energiebarriere zu einem Universum mit höherer Energie „tunneln" können, das sich seinerseits ausdehnt und dann entweder zerfällt oder tunnelt, wodurch noch mehr Universen entstehen. Dennoch sind solche Tunnelereignisse extrem unwahrscheinlich oder „exponentiell unterdrückt", wie es einige theoretische Physiker ausdrücken (siehe Linde: „Sinks in the Landscape, Boltzmann Brains and the Cosmological Constant Problem"). Eine populäre Darstellung des gesamten Prozesses der „Landschaftserkundung" finden Sie in Bousso und Polchinski: „The String Theory Landscape". Für eine ausführlichere populäre Darstellung siehe Susskind: *The Cosmic Landscape*.

35 Smolin: *The Trouble With Physics*, xiv.

36 Gordon: „Balloons on a String", S. 580–581.

37 Kallosh, Kofman und Linde: „Pyrotechnic Universe".

38 Ebd.

39 Collins: „The Fine-Tuning Design Argument", S. 61, siehe auch „The Multiverse Hypothesis". Einige Kosmologen könnten argumentieren, dass sogar die früheren Quellen der Feinabstimmung, die im inflationären String-Landschaftsmodell vorausgesetzt werden, einfach dadurch erklärt werden können, dass man einen Mechanismus zur Erzeugung einer unendlichen Anzahl von Universen mit unterschiedlichen Inflatonfeldern und Abschaltparametern aufstellt. Dazu könnte man sich zunächst vorstellen, dass alle Stringvakua in der Landschaft ein Inflatonfeld erzeugen. Dann könnte man sich vorstellen, dass jedes dieser verschiedenen Inflatonfelder zufälligen Quantenfluktuationen unterworfen ist, die verschiedene Felder mit unterschiedlichen Abschaltenergien und -intervallen erzeugen. Jede dieser Fluktuationen würde dann ein neues Universum erzeugen, wenn auch höchstwahrscheinlich kein lebensfreundliches. Wenn jedoch (1) eine *unendliche* Anzahl solcher Fluktuationen in (2) einem unendlichen Raum auftritt, der aus (3) einer unendlichen Singularität in

einem hyperbolischen oder flachen Universum hervorgeht, *dann* würde eine tatsächlich unendliche Anzahl verschiedener Universen entstehen, von denen einige die richtigen Inflaton-Abschaltungsenergien und -intervalle aufweisen würden, um die Produktion vieler lebensfreundlicher Universen zu gewährleisten. So könnte man argumentieren, dass ein solches „Unendlichkeitsversum" die vorherige Feinabstimmung des Inflatonfeldes erklären könnte – wenn man wiederum eine unendliche Anzahl zufälliger Quantenfluktuationen annimmt, die eine unendliche Anzahl von Universen mit unterschiedlichen Inflatonfeldern und Abschaltparametern hervorbringen. Wenn zwangsläufig eine unendliche Anzahl von Universen und Inflatonfeldern entsteht, dann wird sich irgendwann die Feinabstimmung ergeben, die für ein lebensfreundliches Universum erforderlich ist.

Dieses spekulative Szenario hängt von mehreren anfechtbaren Annahmen ab (siehe 1 bis 3 oben) und umgeht in keinem Fall die Notwendigkeit einer vorherigen Feinabstimmung. In der Tat erfordert das Inflatonfeld, das für den Mechanismus zur Erzeugung von Universen in der inflationären String-Landschaft notwendig ist, mehrere Quellen eingebauter Feinabstimmung, die dem Mechanismus zur Erzeugung neuer Blasenuniversen *vorausgehen*.

Die Befürworter des inflationären Multiversums (und des kombinierten inflationären String-Multiversums) machen zum Beispiel eine Reihe grundlegender Annahmen über die Struktur unseres Universums, um die inflationäre Kosmologie mit der allgemeinen Relativitätstheorie in Einklang zu bringen. Mehr noch, sie *müssen* dies tun, weil der Mechanismus, der Blasenuniversen erzeugt, die allgemeine Relativitätstheorie voraussetzt. Daher müssen die Befürworter dieser Modelle bestimmte Annahmen über die Natur der Raumzeit treffen und andere verwerfen (Penrose: „Difficulties with Inflationary Cosmology", *The Road to Reality*, S. 757). Das liegt zum Teil daran, dass es keine Garantie dafür gibt, dass ein bestimmtes Inflatonfeld in Verbindung mit der allgemeinen Relativitätstheorie tatsächlich eine Inflation erzeugt (Hawking und Page: „How Probable Is Inflation?"). Folglich müssen Physiker einige Inflationsmodelle auswählen und andere ausschließen, je nachdem, ob sie eine Inflation und die Bildung von Blasenuniversen zulassen würden. Dies setzt jedoch eine Feinabstimmung der Struktur der Raumzeit voraus, eine Feinabstimmung, die dem Wirken eines bestimmten Mechanismus vorausgeht, der neue Universen erzeugen könnte.

Darüber hinaus erfordert die Erklärung der Homogenität des Universums mithilfe von Inflatonfeldern ebenfalls eine eingebaute Feinabstimmung. Um die Homogenität des Universums mithilfe der inflationären Kosmologie zu erklären, müssen Physiker Annahmen über die Singularität machen, aus der alles entstanden ist. Roger Penrose hat jedoch auf Folgendes hingewiesen: Wenn die Singularität vollkommen unspezifisch wäre, könnte die von ihr ausgehende Expansion viele verschiedene Arten von irregulären (inhomogenen) Universen hervorbringen, selbst *wenn* eine Inflation stattgefunden hätte („Difficulties with Inflationary Cosmology"). Daher löst die Inflation allein, ohne zusätzliche Annahmen über die Singularität (und eine entsprechende „Raumzeitmetrik"), das Homogenitätsproblem nicht.

(Für eine Diskussion des kosmischen „Henne-Ei"-Problems, welches dieser Einwand gegen mein Argument mit sich bringt, siehe Kapitel 16, Anm. d, unter www.returnofthegodhypothesis/extendedresearchchnotes).

Außerdem: Auch wenn das Inflatonfeld eine unendliche Anzahl von Universen erzeugen könnte, erzeugt es nicht genug von der richtigen Art. Wie bereits erwähnt, kann der Zerfall des Inflatonfeldes zwar Blasenuniversen mit vielen neuen Anfangsbedingungen erzeugen, aber keine neuen Universen mit neuen Gesetzen und physikalischen Konstanten. Folglich muss sich das inflationäre String-Landschaftsmodell auf den stringtheoretischen Erzeugungsmechanismus verlassen, um dies zu erreichen.

Dennoch wird der Prozess der „Landschaftserkundung" selbst keine unendliche Anzahl neuer Universen hervorbringen, sondern nur eine endliche Anzahl, die höchstens der Anzahl an Lösungen der stringtheoretischen Gleichungen entspricht, die eine positive kosmologische Konstante haben. Außerdem garantiert nichts in der Stringtheorie eine erschöpfende, zufällige Suche in dieser endlichen Anzahl möglicher Universen in der Landschaft. Bestenfalls wird der Prozess des „Kaskadierens der Landschaft" eine große Anzahl dieser möglichen Universen erforschen, aber nur, wenn der Prozess mit einer anfänglichen hochenergetischen Verdichtung beginnt. Aber eine solche Bedingung setzt eine exquisite Feinabstimmung der Anfangsbedingungen voraus, wie schon vorher erwähnt. Und diese Feinabstimmung – eine Feinabstimmung, die möglicherweise trotzdem nur eine begrenzte Suche innerhalb der Landschaft möglich macht – geht einer solchen Suche (und der Erzeugung neuer Blasenuniversen, wie sie im kombinierten Modell vorgesehen ist) notwendigerweise voraus.

Darüber hinaus ist in der Stringtheorie selbst eine beträchtliche zusätzliche Feinabstimmung eingebaut, was – wenn die Stringtheorie das Universum korrekt abbildet – die Existenz zusätzlicher Quellen der Feinabstimmung im Universum impliziert. In den späten 1990er-Jahren fanden die Stringtheoretiker bei ihren Modellierungen heraus, dass sie die verdichteten Raumdimensionen stabilisieren und ihre fortgesetzte Verdichtung sicherstellen konnten, wenn sie Flusslinien um sie legten. Sie fanden auch heraus, dass Flusslinien nur eine begrenzte Anzahl von Malen um die verdichteten Raumdimensionen gewickelt werden konnten, bevor sie wieder instabil wurden, aber dass das „Festbinden" auf bestimmte Weise sicherstellte, dass die entsprechenden Verdichtungen eine positive kosmologische Konstante aufwiesen, was einer wichtigen physikalischen Eigenschaft unseres Universums entspricht. Die Tatsache, dass die Stringtheorie eine so präzise Auswahl von Parametern erfordert, damit ihre Lösungen mit der Physik unseres Universums übereinstimmen, zeigt, dass das von der Stringtheorie beschriebene Universum kontingente Merkmale aufweist, die fein abgestimmt sein müssen, damit ein Universum wie das unsere entsteht. Dies bedeutet, wenn die Stringtheorie das Universum genau abbildet, müssen zusätzliche, unerklärliche Feinabstimmungen in sie und in das Universum eingebaut sein, das sie angeblich beschreibt.

Selbst wenn das inflationäre String-Multiversum unendlich viele Universen hervorbringen könnte, bleiben folglich immer noch viele bedeutende Quellen für eine vorherige Feinabstimmung unerklärt, eine Feinabstimmung, die der Tätigkeit eines spezifischen Mechanismus zur Erzeugung neuer Universen vorausgeht.

Darüber hinaus setzt die inflationäre Kosmologie eine Feinabstimmung in der Struktur der physikalischen Gesetze selbst voraus, eine Feinabstimmung, die sich als notwendige Bedingung für ein wirksames Inflatonfeld erweist. Wie Robin Collins und Bruce Gordon hervorgehoben haben, hängt das Inflatonfeld von vielen spezifischen physikalischen Gesetzen ab, die unterschiedliche mathematische Strukturen oder Beziehungen aufweisen können. Zum Beispiel hängt der Mechanismus zur Erzeugung von Blasenuniversen von einem Mechanismus zur Umwandlung von Energie in Masse ab. Er setzt also ein Universum voraus, das in Übereinstimmung mit Einsteins berühmter Gleichung $E = mc^2$ funktioniert. Es ist jedoch denkbar, dass viele andere mathematische Beziehungen (oder gar keine) die Beziehung zwischen Masse und Energie bestimmen könnten, von denen viele die Funktionsweise eines Universen erzeugenden Mechanismus, wie ihn die inflationäre Kosmologie vorsieht, ausschließen würden.

In ähnlicher Weise weisen sowohl Gordon als auch Collins darauf hin, dass der Mechanismus zur Erzeugung des inflationären Universums von einer größeren eingebauten und fein abgestimmten Gesetzesstruktur abhängt, die Folgendes umfasst: Einsteins Feldgleichungen der allgemeinen Relativitätstheorie, so etwas wie das Pauli-Prinzip (um die Bildung komplexer chemischer Strukturen zu ermöglichen) und ein Quantisierungsprinzip, das alle physikalischen Felder regelt, um die Stabilität der Materie zu ermöglichen (siehe En. 5, Kapitel 7). Obwohl wir nur selten über die Möglichkeit nachdenken, dass unser Universum von anderen Gesetzen und physikalischen Prinzipien beherrscht werden könnte, stellen solche eingebauten mathematischen Gesetze und Strukturen eine Art Feinabstimmung dar, die dem Wirken des inflationären Mechanismus zur Erzeugung des Universums vorausgehen müsste. Da der Mechanismus der inflationären Kosmologie, der das Universum erschafft, keine Universen mit neuen Gesetzen oder physikalischen Konstanten erzeugt, sondern nur neue Anfangsbedingungen, kann er die Feinabstimmung der Gesetzesstruktur des Universums nicht erklären. Siehe Collins: „The Teleological Argument", S. 264, Gordon: „Postscript to Part One", insb. S. 97, „Balloons on a String".

40 Ijjas, Steinhardt und Loeb: „Pop Goes the Universe".

41 Zum Beispiel könnte die gleichmäßige Verteilung der Wellenlängen der kosmischen Hintergrundstrahlung eine Folge von Inflation sein. Aber Physiker können die Gleichmäßigkeit dieser Verteilung genauso gut auf einfachen mathematischen Grundlagen erklären, ohne auf irgendein kosmologisches Modell Bezug zu nehmen. Bruce Gordon stellt fest: „Die Vorhersage der Gaußschen (Normal-)Verteilung der Inflation ist eine einfache Folge des zentralen Grenzwertsatzes, der besagt, dass der Mittelwert einer ausreichend großen Iteration von Zufallsvariablen mit wohldefinierten Mittelwerten und Varianzen eine nahezu normale Verteilung aufweist" („Divine Action and the World of Science", S. 270). Für eine ausführliche Darstellung siehe Peacock: *Cosmological Physics*, S. 342, 503.

42 Jogalekar: „Why the Search for a Unified Theory May Turn Out to Be a Pipe Dream".

43 Für eine ausführliche Diskussion der wichtigsten Vorhersagen der inflationären Kosmologie und der Gründe für ihr Scheitern siehe Kapitel 16, Anm. c, unter www.returnofthegodhypothesis/extendedresearchnotes. Siehe auch Ijjas, Steinhardt und Loeb: „Pop Goes the Universe", S. 37.

44 Seltsamerweise leidet die inflationäre Kosmologie auch unter dem gegenteiligen Problem. Viele der Beweise, die sie erklärt, oder der Vorhersagen, die sie macht, können auf der Grundlage anderer Modelle erklärt werden

oder wurden vorhergesagt. Für eine Diskussion darüber, wie andere kosmologische Modelle die gleichen Vorhersagen machen wie das inflationäre Multiversum siehe Kapitel 16, Anm. e, unter www.returnofthegod hypothesis/extendedresearchnotes.

45 Mehrere führende Physiker haben darauf hingewiesen, dass die Annahme eines Inflatonfeldes eine zunehmend konstruierte Erklärung für eine Reihe von kosmologischen Befunden zu sein scheint, zum Teil, weil das Feld stark manipuliert werden muss, um die aktuellsten Anomalien und fehlgeschlagenen Vorhersagen zu erklären, und zum Teil, weil solche Felder rein hypothetische Entitäten mit idiosynkratischen Eigenschaften darstellen. Mit ihrer unheimlichen Fähigkeit, die schnelle Expansion des Raums zu aktivieren und dann in einem Modell genau zum richtigen Zeitpunkt (zwischen 10^{-37} und 10^{-35} Sekunden nach dem Urknall) und in genau dem richtigen Ausmaß zu zerfallen, haben Inflatonfelder in der Tat Eigenschaften, die mit keinem anderen physikalischen Feld in Verbindung gebracht werden.

Außerdem mussten die Inflationskosmologen ihre Modelle der Inflatonfelder auf äußerst eigenwillige Weise überarbeiten, um die kürzlich gescheiterten Vorhersagen über Gravitationswellen und die kosmische Hintergrundstrahlung zu berücksichtigen, was weitere Zweifel an der Existenz dieser Felder aufkommen lässt. Befürworter der Inflation gehen nun von plötzlichen, diskontinuierlichen und/oder unregelmäßigen Änderungen der Energiedichte des Raums sowie anderer Parameter aus, die die Gesamtstärke des Inflatonfelds beeinflussen. Befürworter der Inflation haben auch willkürlich Anpassungen an der mathematischen Funktion vorgenommen, die die Energiedichte des Raums und die Stärke des Feldes in Beziehung setzt. Diese Funktionen definieren nicht mehr glatte Kurven wie in den ursprünglichen Modellen von Guth, Linde und Steinhardt, sondern stattdessen seltsam unregelmäßige Kurven, die Steinhardt mittlerweile als „geheimnisvoll" und „erfunden" bezeichnet. Die Wahl des Inflations(energie)potenzials wird im Grunde so zurechtgedreht, dass es zu den Daten passt, und dann als „Erklärung" für das vorgebracht, was beobachtet wird (Ijjas, Steinhardt und Loeb: „Pop Goes the Universe"). Wie der theoretische Physiker William Unruh feststellte: „Ich werde jedes Hundebein, das Sie mir reichen, mit Inflation ausstatten" (nachzulesen in Holder: *God, the Multiverse, and Everything*, S. 130).

46 Ijjas, Steinhardt und Loeb: „Pop Goes the Universe", S. 36.

47 Man beachte, dass die Supersymmetrie in beide Richtungen geht: Es haben nicht nur reguläre Bosonen fermionische Superpartner, sondern

wenn dies der Fall ist, dann haben die regulären Fermionen auch bosonische Superpartner. Die Stringtheorie verlangt nicht nur fermionische supersymmetrische Teilchen, sondern auch bosonische. In jedem Fall ist der experimentelle Nachweis der Supersymmetrie (sei es durch die Entdeckung eines supersymmetrischen Bosons oder Fermions) eine notwendige, aber nicht hinreichende Bedingung für die Korrektheit der Stringtheorie. Bisher wurden jedoch *weder* supersymmetrische Bosonen *noch* supersymmetrische Fermionen in den erwarteten Energiebereichen entdeckt, obwohl die Energieskalen mehrfach nach oben korrigiert wurden. Da die Supersymmetrie eine notwendige Bedingung für die Korrektheit der Stringtheorie ist, spricht die Tatsache, dass keines dieser beiden Elemente bisher entdeckt wurde, stark gegen die Theorie (durch den *Modus tollens*).

48 Horgan: „Why String Theory Is Still Not Even Wrong".

49 Hooft: *In Search of the Ultimate Building Blocks*, S. 163–164. Oder wie der Physiker Lee Smolin feststellte: „Wenn die Stringtheorie überhaupt für die Physik relevant ist, dann deshalb, weil sie Belege für die Existenz einer grundlegenderen Theorie liefert. Dies ist allgemein anerkannt, und die fundamentale Theorie hat einen Namen – M-Theorie –, auch wenn sie noch nicht erfunden wurde" (*The Trouble with Physics*, S. 182).

50 Zitiert in Gefter: „Is String Theory in Trouble?"

51 Carr: „Introduction and Overview", S. 16.

52 Lewontin: „Billions and Billions of Demons", S. 31.

Kapitel 17:
Stephen Hawking und die Quantenkosmologie

1 Hawking und Penrose: „The Singularities of Gravitational Collapse and Cosmology".

2 Hawking und Ellis: *The Large Scale Structure of Space-Time.*

3 Ebd., 363.

4 „Has Hawking Explained God Away?"

5 Hawking: *A Brief History of Time*, S. 138.

6 Hartle und Hawking: „Wave Function of the Universe", S. 2960–2975.

7 Tatsächlich ist es etwas genauer zu sagen, dass Hawking den $i\tau$-Begriff *gewissermaßen* in die Raumzeitmetrik eingeführt hat, weil er den $i\tau$-Begriff zuerst in ein funktionales Integral eingeführt hat, dessen mathematische Struktur die Raumzeitmetrik einschließt.

8 Um die Wahrscheinlichkeiten für verschiedene Zustände des Universums

zu berechnen, musste er Integrale konstruieren, die nicht in der realen Zeit, sondern in der imaginären Zeit gelöst werden konnten. Wiltshire: „An Introduction to Quantum Cosmology", S. 488.

9 Die Zeitvariable in der komplexen Analyse wird auf einer Achse für imaginäre Zeit eingetragen, die keine physikalische Bedeutung hat.

10 Hawking: „The Beginning of Time".

11 Hawking: *A Brief History of Time*, S. 140–141.

12 Eine andere Version des kosmologischen Arguments, bekannt als „kosmologisches Kontingenzargument", setzt nicht voraus, dass das Universum einen Anfang hat. Es behauptet erstens, dass das Universum viele kontingente Eigenschaften hat, die auch anders sein könnten, und eine dieser kontingenten Tatsachen über das Universum ist, dass es existiert. Befürworter dieses Arguments behaupten, dass die Existenz des Universums eine kontingente Tatsache ist, weil es logisch möglich ist, dass das Universum *nicht* existiert. Sie argumentieren auch, dass jede kontingente Tatsache einen hinreichenden Grund für ihre Existenz haben muss. Befürworter behaupten ferner, dass das Universum selbst (und in einigen Versionen auch die kontingenten Beziehungen darin) für seine (oder ihre) Existenz nicht von einer kontingenten Tatsache innerhalb des Universums abhängen kann. Stattdessen muss das Universum von einer notwendigerweise existierenden Ursache abhängen – einer Ursache, die unabhängig vom Universum existieren muss, unabhängig davon, ob das Universum vor einer endlichen Zeit begann oder nicht. Der deutsche Philosoph und Mathematiker Gottfried Leibniz aus dem 18. Jahrhundert fasste das Argument wie folgt zusammen: „Und es muß der zureichende Grund oder letzte Grund außerhalb der Folge oder der *Reihen* dieser Vereinzelung des Kontingenten liegen [d. h. im Universum], wie unendlich sie auch sein mag. So muß der letzte Grund der Dinge in einer notwendigen Substanz liegen, … und dies nennen wir Gott" (Leibniz: *Lehrsätze der Philosophie. Monadologie*). Zu den prominenten Verfechtern von Versionen des Kontingenzarguments gehört nicht nur Leibniz, sondern auch Thomas von Aquin und die fähigen zeitgenössischen Philosophen Alexander Pruss von der Baylor University und Andrew Loke von der Hong Kong Baptist University.

13 Craig und Sinclair: „The Kalām Cosmological Argument", S. 177–178, 179, Craig: *Reasonable Faith*, S. 109–113, Peacock: *A Brief History of Eternity*.

14 Hawking: *A Brief History of Time*, S. 139.

15 Siehe En. 9 oben.

16 Hawking räumt zwar ein, dass imaginäre Zahlen keinen Bezug zur realen

Welt haben. Dennoch scheint er auch einen schwachen Versuch zu unternehmen, es zu rechtfertigen, warum er seine mathematische Darstellung des Universums mithilfe der imaginären Zeit so behandelt, als ob sie uns etwas über das reale Universum sagen würde – insbesondere, dass das Universum keinen zeitlichen Anfang hatte. In seinem 2001 erschienenen Buch *Das Universum in der Nussschale* stellt Hawking fest: „Man könnte denken, … dass imaginäre Zahlen nur ein mathematisches Spiel sind, das nichts mit der realen Welt zu tun hat. Aus der Sicht der positivistischen Philosophie kann man jedoch nicht bestimmen, was real ist. Man kann nur herausfinden, welche mathematischen Modelle das Universum beschreiben, in dem wir leben" (S. 56). Sein Argument scheint hier zu sein, dass es vollkommen akzeptabel ist, das Universum mit einer Form der Mathematik zu modellieren, die keine mögliche Anwendung auf die reale Welt haben kann, da die Wissenschaft uns *niemals* sagt, was an der Welt wirklich ist, sondern nur Modelle von ihr hervorbringt. Das mag sein, aber da Hawking ja bereits behauptet hat, dass die mathematische Physik nichts über das reale Universum aussagt, sondern uns nur Modelle liefert (Positivismus), untergräbt er jeden Anspruch, ein spezifisches Modell entwickelt zu haben, welches das reale Universum genau abbildet. Wenn Modelle im Allgemeinen nichts über die Realität aussagen, dann auch nicht sein spezifisches Modell mit der imaginären Zeit. Indem er sich in seiner Wissenschaftsphilosophie zum Positivisten erklärt, lehnt er alle realistischen Interpretationen der mathematischen Physik ab, einschließlich derer, die ein Universum ohne einen zeitlichen Anfang darstellen.

17 Hawking: *A Brief History of Time*, S. 139.

18 Zeit hat in unserem Universum eine inhärente Gerichtetheit; daher verwenden wir zu ihrer Beschreibung deskriptive Wörter wie „vorher" und „nachher". Durch die „Verräumlichung der Zeit" machte Hawkings mathematische Transformation die Zeit mathematisch richtungslos und damit für die Raumzeit in unserem Universum unanwendbar.

19 Hawking: *A Brief History of Time*, S. 136.

20 Page: „Susskind's Challenge to the Hartle-Hawking No-Boundary Proposal and Possible Resolutions", S. 4.

21 Craig: „The Ultimate Question of Origins". Siehe auch Spitzer: *New Proofs for the Existence of God*, Copan und Craig: *Creation Out of Nothing*, Craig: *Der kosmologische Kalām-Gottesbeweis, The Cosmological Argument from Plato to Leibniz.*

22 Vilenkin: „Quantum Cosmology and the Initial State of the Universe", *Kosmische Doppelgänger: Wie es zum Urknall kam.*

23 Mlodinow: „The Crazy History of Quantum Mechanics".
24 Vilenkin und Yamada: „Tunneling Wave Function of the Universe", 066003.
25 Huygens: *Abhandlung über das Licht.*
26 Young: „Bakerian Lecture".
27 Hertz: „Über den Einfluss des ultravioletten Lichtes auf die elektrische Entladung".
28 „Photoelektrischer Effekt", *The Physics Hypertext*, https://physics.info/photoelectric.
29 Einstein: „Über einen die Erzeugung und Verwandlung des Lichtes betreffenden heuristischen Gesichtspunkt".
30 Um mehr darüber zu erfahren, was Einstein über die teilchenartige Qualität des Lichts zu sagen hatte, siehe Kapitel 17, Anm. a, unter www.returnofthegodhypothesis/extendedresearchnotes. Siehe auch Einstein: „Über einen die Erzeugung und Verwandlung des Lichtes betreffenden heuristischen Gesichtspunkt".
31 Taylor: „Interference Fringes with Feeble Light".
32 Ebd.
33 Davisson: „The Diffraction of Electrons by a Crystal of Nickel". (Nicht zu vergessen die Experimente von G.P. Thomson: „Experiments on the Diffraction of Cathode Rays".)
34 „What Is the Schrödinger Equation, Exactly?" YouTube, 6. Juli 2018, https://www.youtube.com/watch?v=QeUMFo8sODk&t=7s. Siehe auch Schrödinger: „An Undulatory Theory of the Mechanics of Atoms and Molecules".
35 Born: „Zur Quantenmechanik der Stoßvorgänge". Siehe N.P. Landsman: „The Born Rule and Its Interpretation", http://www.math.ru.nl/~landsman/Born.pdf.
36 Die bekannte Konstante *e* ist die Basis des natürlichen Logarithmus.
37 Die Funktion ψ wird *Wellen*funktion genannt, weil sie eine Amplitude ohne Einheiten bestimmt, die eine Wahrscheinlichkeitsverteilung ergibt. Diese wiederum beschreibt die Wahrscheinlichkeit, dass das Photon an einem bestimmten Ort (oder mit einem bestimmten Impuls) über die Zeit beobachtet wird.
38 Die Interpretation, dass die Wellenfunktion keine reale Entität darstellt, ist die am weitesten verbreitete Interpretation. Dennoch haben einige theoretische Physiker Interpretationen vorgeschlagen, in denen sie eine physikalische Welle darstellt (Matzkin: „Realism and the Wavefunction").
39 Feynman: *The Character of Physical Law*, S. 129.

40 Obwohl die Interpretation eines vom Beobachter verursachten Zusammenbruchs der Wellenfunktion heute mit Niels Bohr in Verbindung gebracht und ihm zu Ehren „Kopenhagener Interpretation“ genannt wird, haben ursprünglich John von Neumann und Eugene Wigner diese Interpretation vorgeschlagen. Außerdem war Bohr selbst der Ansicht, dass der Formalismus der Quantenmechanik ein klassisches Weltbild voraussetzt. Folglich hat er die Idee des beobachterinduzierten Zusammenbruchs der Wellenfunktion, die ihm zugeschrieben wird, nicht wirklich vorangetrieben. Mehr darüber, wie Bohr selbst Quantenphänomene interpretierte (d. h. den Zusammenbruch der Wellenfunktion), siehe Kapitel 17, Anm. b, unter www.returnofthegodhypothesis/extendedresearchnotes. Siehe auch Faye: „Copenhagen Interpretation of Quantum Mechanics“, Halvorson: „Complementarity of Representations in Quantum Mechanics“, „The Quantum Experiment That Broke Reality“.

41 Zitiert in Heisenberg: *Physics and Beyond*, S. 206.

42 In ihrer mathematischen Analogie zur Schrödingergleichung verwendet die Wheeler-DeWitt-Gleichung Paul Diracs Verfahren zur Quantisierung der dynamischen Gleichungen der Raumzeitgeometrie in der allgemeinen Relativitätstheorie (als Hamilton-Beschränkung bezeichnet) in dem Bemühen, die Quantenentwicklung von Geometrien in Superpositionen zu beschreiben.

43 Cooke: „An Introduction to Quantum Cosmology“.

44 In Wirklichkeit enthält die universelle Standardwellenfunktion „Materiefelder“, die letztlich zur Erzeugung verschiedener möglicher Konfigurationen von Materie und Energie führen. Der Einfachheit halber werde ich mich jedoch auf verschiedene mögliche Krümmungen und Konfigurationen von Materie (oder Masse-Energie) beziehen, wenn ich die möglichen Paarungen diskutiere, die die Gravitationsfelder verschiedener möglicher Universen in der Quantenkosmologie bestimmen.

45 In der gewöhnlichen Quantenmechanik ordnet die Wellenfunktion jedem möglichen Wert in der durch die Wellenfunktion ψ beschriebenen Wahrscheinlichkeitsverteilung Wahrscheinlichkeiten zu, und zwar über eine Beziehung, die als bornsche Regel bezeichnet wird und nach dem deutschen Physiker Max Born benannt ist. In ähnlicher Weise ordnet die Lösung der Wheeler-DeWitt-Gleichung – die *universelle* Wellenfunktion ψ – über die bornsche Regel jedem möglichen Wert in der Wahrscheinlichkeitsverteilung, die durch ψ beschrieben wird, Wahrscheinlichkeiten zu. Die bornsche Regel besagt, dass die Wahrscheinlichkeiten für jede Möglichkeit im Superraum durch Quadrieren des Absolutwerts der

Wahrscheinlichkeitsverteilung ψ berechnet werden. Sobald eine Reihe von einschränkenden und vereinfachenden Annahmen getroffen wurde, erlaubt ψ Physikern, die Wahrscheinlichkeiten zu berechnen, die mit den verschiedenen möglichen räumlichen Geometrien und Konfigurationen von Masse und Energie – den verschiedenen möglichen Universen – verbunden sind, so wie sie in Superposition existieren, wie durch ψ beschrieben. In der Praxis kann die Berechnung von Wahrscheinlichkeiten komplexer sein. (Wiltshire: „An Introduction to Quantum Cosmology", S. 496–498.)

46 Butterfield und Isham: „Spacetime and the Philosophical Challenge of Quantum Gravity".

47 In Wirklichkeit berechneten Hawking und Hartle zunächst eine „Grundzustandswellenfunktion", die Universen wie das unsere gar nicht einschließt, wie sie in ihrem technischen Aufsatz einräumen. In der gewöhnlichen Quantenmechanik beschreibt die Grundzustandswellenfunktion ein Elektron in seinem niedrigsten Energiezustand. Die Kenntnis dieser Wellenfunktion ermöglicht es Physikern, die Wahrscheinlichkeit zu berechnen, dass sich ein Elektron in seinem niedrigsten Orbital an einem bestimmten Ort befindet, auch im Zentrum des Atoms. Analog dazu erlaubt die universelle Grundzustandswellenfunktion in der Quantenkosmologie es den Quantenkosmologen, die Wahrscheinlichkeit zu berechnen, dass ein beliebiges Universum, einschließlich eines Universums mit einem Raumvolumen von null, aus der durch die Wellenfunktion beschriebenen Superposition möglicher Universen hervorgeht. Wie sich herausstellt, beschreibt die Wellenfunktion von Hawking und Hartle im Grundzustand nur *geschlossene* Universen, während unser Universum ein offenes Universum ist (was bedeutet, dass es sich unbegrenzt in die Zukunft ausdehnt). Um also zu erklären, wie unser Universum aus der von ihnen berechneten universellen Wellenfunktion entstanden ist, mussten Hawking und Hartle zunächst eine Wellenfunktion für den „Erregungszustand" aus ihrer ursprünglichen Wellenfunktion für den „Grundzustand" berechnen. Diese Wellenfunktion für den Erregungszustand enthielt zunächst nur geschlossene Universen, von denen einige in kontinuierlich expandierende Universen wie das unsere „tunneln" konnten. Auf diese Weise „erklärten" sie den Ursprung unseres Universums.

48 Technisch gesehen enthielt Hawkings und Hartles ursprüngliche Lösung der Wheeler-DeWitt-Gleichung selbst kein Universum wie das unsere. Siehe En. 47.

49 Ihr Modell schließt jedoch eine räumliche Singularität nicht aus. Hawking

und Hartle gehen immer noch von einer räumlichen Singularität in einer, wie sie es nennen, „Null-Drei-Geometrie“ aus („Wave Function of the Universe“, S. 2961).

50 Bevor Hawking und Hartle allerdings die Wick-Rotation zur Lösung der Wheeler-DeWitt-Gleichung verwenden (oder vielmehr das spezifische Pfadintegral, das sie an ihrer Stelle lösen), setzen sie zunächst eine tatsächliche Raumzeitsingularität voraus, aus der verschiedene mögliche Universen hervorgegangen sein könnten. Wie sie in ihrem technischen Aufsatz feststellen: „Man kann das funktionale Integral über alle kompakten Vierergeometrien, die von einer gegebenen Dreiergeometrie begrenzt werden, so interpretieren, dass es die Amplitude für diese Dreiergeometrie angibt, die aus einer Null-Dreiergeometrie entsteht, d.h. einem einzigen Punkt. Mit anderen Worten, der Grundzustand ist die Amplitude, mit der das Universum *aus dem Nichts entstehen kann*“ („The Wave Function of the Universe“, S. 2961).

51 Auch hier ist zu beachten, dass unser Universum eigentlich ein sich ständig ausdehnendes Universum darstellt, Hawkings und Hartles ursprüngliche Lösung der Wheeler-DeWitt-Gleichung jedoch nur geschlossene Universen umfasste. Siehe En. 47.

52 Siehe En. 47 für wichtige Voraussetzungen.

Kapitel 18: Das kosmologische Informationsproblem

1 Krauss: „Ultimate Issues Hour: How Does Something Come from Nothing?“, Interview in der *The Dennis Prager Show*, 29. Januar 2013.

2 „Ultimate Issues Hour: Evolution Revolution“, Interview in der *The Dennis Prager Show*, 16. Oktober 2018.

3 Vilenkin: „Creation of Universes from Nothing“.

4 Borde und Vilenkin: „Eternal Inflation and the Initial Singularity“, Borde und Vilenkin: „Violation of the Weak Energy Condition in Inflating Spacetimes“, Borde, Guth und Vilenkin: „Inflationary Spacetimes Are Incomplete in Past Directions“.

5 Für eine sehr aktuelle Diskussion und Erweiterung von Vilenkins Modell siehe Vilenkin und Yamada: „Tunneling Wave Function of the Universe“.

6 Krauss: *Ein Universum aus dem Nichts*, S. 159. Diese Aussage stammt eigentlich nicht von Krauss. Sie geht auf eine Bemerkung des Nobelpreisträgers Frank Wilczek zurück, die er 1980 in einem Artikel des Scientific American über die Materie-Antimaterie-Symmetrie machte: „Die Ant-

wort auf die uralte Frage ‚Warum gibt es etwas und nicht nichts?' wäre dann, dass ‚nichts' instabil ist" („The Cosmic Asymmetry Between Matter and Antimatter"). Dieses Zitat ist auch in der neuen atheistischen Literatur wiederholt aufgetaucht (siehe z. B. Stenger: *God: The Failed Hypothesis*, S. 133).

7 Hawking und Mlodinow: The Grand Design, S. 180.

8 Krauss: *A Universe from Nothing*, S. 161–170.

9 Ebd., S. 169.

10 Ebd., S. 142.

11 Eine gute, prägnante und verständliche Einführung in diese Themen findet sich in Baggott: *The Quantum Story*, S. 361–371. Für eine Diskussion der schlecht definierten, unlösbaren Natur der Wheeler-DeWitt-Gleichung und ihrer Interpretation siehe Butterfield und Isham: „On the Emergence of Time in Quantum Gravity", insbesondere S. 43–62 (Abschnitt 5.2–5.5). Umfassende technische Einführungen finden sich in Bojowald: *Quantum Cosmology*, und Rovelli: *Quantum Gravity*. Eine Untersuchung einiger philosophischer Implikationen der Quantengravitation und Quantenkosmologie findet sich in Callender und Huggett (Hg.): *Physics Meets Philosophy at the Planck Scale*. Siehe auch Bojowald, Kiefer und Moniz: „Quantum Cosmology for the XXIst Century: A Debate", Gordon: „Balloons on a String", insbesondere S. 563–569, Kiefer: „The Need for Quantum Cosmology", „Conceptual Problems in Quantum Gravity and Quantum Cosmology", und Rovelli: „The Strange Equation of Quantum Gravity".

12 Und natürlich gibt es hier noch tiefere Fragen. Warum ist die Impulserhaltung überhaupt eines der Natur-„Gesetze" und was bedeutet es, dass etwas ein „Naturgesetz" ist? Es handelt sich sicherlich *nicht* um ein „Gesetz", weil es eine logische oder metaphysische Notwendigkeit ist – es gibt keine Absurdität, die aus seiner Leugnung resultieren würde –, also warum gibt es diese Regelmäßigkeit überhaupt und was hält sie aufrecht?

13 Eigentlich gibt es zwei Möglichkeiten, ψ zu verstehen, und keine von beiden legt eine materielle Ursache des Universums fest. Die eine besagt, dass ψ keinen bestimmten Zustand mit materieller Existenz vor dem Entstehen eines dieser möglichen Universen repräsentiert. Die universelle Wellenfunktion ist *keine materielle Entität* oder gar ein energiereiches Feld in einem realen Raum. Sie stellt lediglich einen informationsreichen mathematischen Ausdruck dar, der verschiedene Möglichkeiten beschreibt. Die universelle Wellenfunktion ist in dieser Sichtweise nur ein mathematischer Ausdruck, der es ermöglicht, den verschiedenen möglichen

Universen unterschiedliche Wahrscheinlichkeiten zuzuordnen. Diese Wahrscheinlichkeiten sind nur Produkte des mathematischen Rechenverfahrens, das sie erzeugt. Sie entsprechen nicht den tatsächlichen materiellen Universen, die gleichzeitig oder „in Superposition" miteinander existieren. Folglich beschreibt oder spezifiziert ψ keine *Sache*, die als Ursache für ein bestimmtes Ergebnis – d. h. ein bestimmtes Universum – dienen könnte. Es gibt auch kein materielles Antezedens, das der universellen Wellenfunktion vorausgeht und das dies tun könnte.

In einer anderen Interpretation der universellen Wellenfunktion repräsentiert ψ ein tatsächlich existierendes Universum, im Gegensatz zu einer rein mathematischen Realität, wenn auch eines, in dem viele verschiedene mögliche Universen mit verschiedenen möglichen Gravitationsfeldern gleichzeitig „in Superposition" existieren. Doch selbst bei dieser Interpretation führt nichts an diesem Universum (oder diesen Universen) in diesem unbestimmten Zustand dazu, dass sich eine der Möglichkeiten als unser Universum herausstellt und nicht eine andere. Stattdessen existiert jedes dieser verschiedenen möglichen Universen parallel und isoliert von den anderen, und keines von ihnen verursacht in irgendeiner Weise die Materialisierung der anderen. Auch bestimmt kein materielles Antezedens die Wahrscheinlichkeit der möglichen Universen, die durch ψ beschrieben werden. Stattdessen bestimmt die Art und Weise, wie *der Physiker wählt*, die Wheeler-DeWitt-Gleichung zu lösen, die resultierende ψ-Funktion und damit diese Wahrscheinlichkeiten. Diese Interpretation der Wellenfunktion gibt also auch kein materielles Antezedens als Ursache für unser Universum an. Ebenso wenig liefert sie eine kausale Erklärung für die Entstehung eines der Universen, die von ψ als vermeintlich in Superposition existierend beschrieben werden.

14 Anders ausgedrückt: ψ beschreibt eine *notwendige* Bedingung für die Entstehung eines Universums – nämlich, dass ein bestimmtes Universum eine der Möglichkeiten ist, die in der universellen Wellenfunktion enthalten sind. Sie beschreibt jedoch keine *hinreichende* Bedingung für das Entstehen dieses Universums. ψ spezifiziert also nicht die Ursache für die Entstehung eines bestimmten Universums, geschweige denn die Ursache für seinen letztlichen Ursprung. Eine andere populäre Interpretation der universellen Wellenfunktion versucht jedoch, dieses Problem zu lösen. Sie besagt, dass jede räumliche Geometrie und Konfiguration von Materie (Materiefeld), die von der universellen Wellenfunktion beschrieben wird, als ein separates Universum „in irgendeiner möglichen Welt" existiert. Diese Viele-Welten-Interpretation (VWI) der Quantenmechanik

und Quantenkosmologie gibt jedoch keine Ursache für die Existenz dieser Universen oder gar unseres eigenen an. Stattdessen stellt sie eine Interpretation dessen dar, was die Wellenfunktion beschreibt, ohne die zugrunde liegende Frage der Verursachung anzusprechen. Eine ausführliche Erörterung der VWI finden Sie im folgenden Kapitel 19.

15 In der Praxis lösen Quantenkosmologen oft ein funktionales Integral, das an die Stelle der Wheeler-DeWitt-Gleichung tritt. Zufälligerweise haben Mathematiker bewiesen, dass die Lösungen eines bestimmten Pfadintegrals, einer Art von funktionalem Integral, bestimmten Lösungen der Wheeler-DeWitt-Gleichung entsprechen. Da es oft einfacher ist, dieses spezielle Pfadintegral zu lösen, lösen Quantenkosmologen oft, aber nicht immer, dieses Pfadintegral und nicht die Wheeler-DeWitt-Gleichung selbst. Es überrascht nicht, dass die Wheeler-DeWitt-Gleichung aus diesem Pfadintegral abgeleitet werden kann. Für die mathematisch Neugierigen ist das Pfadintegral, das Quantenkosmologen häufig verwenden, in Abbildung 18.2 dargestellt.

16 Hawking: *A Brief History of Time*, S. 174.

17 Vilenkin: *Many Worlds in One*, S. 205, eigene Hervorhebung.

18 „Platonismus über Mathematik (oder *mathematischer Platonismus*) ist die metaphysische Ansicht, dass es abstrakte mathematische Objekte gibt, deren Existenz unabhängig von uns und unserer Sprache, unserem Denken und unseren Praktiken ist" (Linnebo: „Platonism in the Philosophy of Mathematics").

19 Gage: „Darwin, Design und Thomas von Aquin".

20 Kline: „Theories, Facts, and Gods", Meyer: „Of Clues and Causes", S. 91.

21 Wie Vilenkin und Yamada feststellen: „Die resultierende Wellenfunktion kann so interpretiert werden, dass sie *ein Universum beschreibt, das bei einer Größe von Null entsteht*, also aus dem ‚Nichts'" („Tunneling Wave Function of the Universe"; eigene Hervorhebung).

22 Drees: „Interpretation of ‚The Wave Function of the Universe'".

23 Hawking und Hartle behaupten zum Beispiel, dass der „Grundzustand der Wellenfunktion" es ihnen erlaubt, die Wahrscheinlichkeit zu berechnen, dass das Universum „aus dem Nichts" entstanden ist. Wie in Kapitel 17, En. 47 erwähnt, ermöglicht in der gewöhnlichen Quantenmechanik die Kenntnis der Grundzustandswellenfunktion es dem Physiker, die Wahrscheinlichkeit zu berechnen, mit welcher ein Elektron in seinem niedrigsten Orbital an einem bestimmten Ort zu finden sein wird. Analog dazu erlaubt die universelle Grundzustandswellenfunktion es den Quantenkosmologen, die Wahrscheinlichkeit zu berechnen, dass ein gegebenes

Universum mit einer gegebenen Geometrie dasjenige ist, das wir aus der Superposition möglicher durch die Wellenfunktion beschriebener Universen beobachten. Dennoch erklären Hawking und Hartle nicht, was die Ursache dafür ist, dass das Universum aus der Singularität hervorging, die sie in ihrem mathematischen Verfahren voraussetzen.

Stattdessen berechnen Hawking und Hartle den Grundzustand, indem sie mögliche Wege von einer Anfangssingularität zu verschiedenen möglichen Geometrien und Masse-Energie-Konfigurationen (d.h. verschiedenen möglichen Universen) in einem begrenzten Mini-Superraum summieren. Sie behaupten: „Der Grundzustand ist die Amplitude für die Entstehung des Universums aus dem Nichts", aber in Wirklichkeit meinen sie, dass die Grundzustandswellenfunktion es ihnen ermöglicht, die Wahrscheinlichkeit zu berechnen, dass sich ein bestimmtes Universum aus der Singularität *entwickelt*. Nach ihrer eigenen Logik kann der Grundzustand ein Universum, das aus dem Nichts entsteht, nicht erklären. Stattdessen stellt er die Wahrscheinlichkeit dar, ein Universum mit einer bestimmten Geometrie zu beobachten, das aus einer echten Singularität mit einem Raumvolumen von null entsteht oder sich entwickelt.

24 Im Falle des Quantentunnelns tritt der Tunnel nicht nur auf, nachdem die Quantenkosmologen bereits die Existenz eines Universums vorausgesetzt haben, sondern auch, nachdem sie angenommen haben, dass sich dieses Universum gegen eine potenzielle Energiebarriere ausdehnt – eine Barriere, die durch ein mit dem Raum verbundenes Materiefeld erzeugt wird, dessen Existenz sie ebenfalls einfach vorausgesetzt haben.

25 Natürlich stellen diejenigen, die die universelle Wellenfunktion instrumentell interpretieren und ihre Beschreibung verschiedener möglicher Konfigurationen von Materie und räumlichen Geometrien *lediglich* als abstrakte mathematische Beschreibung verschiedener Möglichkeiten interpretieren, diese Frage nicht. Und zwar, weil sie nicht voraussetzen, dass diese mathematischen Konstrukte oder die von ihnen beschriebenen Möglichkeiten einem *tatsächlichen* Universum entsprechen. Sie betrachten diese mathematischen Konstrukte lediglich als Beschreibung möglicher Universen mit unterschiedlichen Eigenschaften. Allerdings kann die universelle Wellenfunktion dann auch keine kausale Erklärung für die Entstehung des Universums liefern, da sie keinen realen materiellen Zustand mit kausalen Kräften darstellt, der ein Universum hervorbringen könnte. Der Versuch, auf diese Weise aus einer rein mathematischen Beschreibung eine materielle Realität zu zaubern, würde wiederum dem Irrtum der „Verdinglichung" unterliegen.

26 Halliwell: „Introductory Lectures on Quantum Cosmology“, S. 38–39.
27 Wie Vilenkin festgestellt hat: „Um die Anfangsbedingungen des Universums zu erklären, brauchen wir also nur die Wellenfunktion ψ aus [Wheeler-DeWitt] Gl. (9) zu finden. Doch wie jede Differenzialgleichung hat auch diese eine unendliche Anzahl von Lösungen“ („Quantum Cosmology“, S. 7).
28 Vilenkin: „Quantum Cosmology“, S. 7.
29 Vilenkin und Yamada: „Tunneling Wave Function of the Universe“.
30 Wie Vilenkin sein Verfahren schön zusammenfasst: „Die Rolle der Schrödinger-Gleichung [in der Quantenkosmologie] wird von der Wheeler-De-Witt-Gleichung übernommen, die eine funktionale Differenzialgleichung im Superraum ist. Da man nicht weiß, wie eine solche Gleichung zu lösen ist, *beschränkt man die unendliche Anzahl von Freiheitsgraden von* $g_{\mu\nu}$ *und* φ [Raumgeometrien und Materiefelder] *auf eine endliche Anzahl*; die resultierende endlich-dimensionale Mannigfaltigkeit wird *Mini-Superraum* genannt. Hier werden wir ein einfaches Mini-Superraum-Modell verwenden, bei dem wir die 3-Geometrie auf homogen, isotrop und geschlossen beschränken, sodass sie durch einen einzigen Skalenfaktor *a* beschrieben wird“ („Quantum Origin of the Universe“, S. 144).
31 Hartle und Hawking: „Wave Function of the Universe“, S. 2967, eigene Hervorhebung.
32 Im Fachjargon ausgedrückt verwendet das Hawking-Hartle-Modell eher eine euklidische als eine lorentzsche Metrik. In einer euklidischen Metrik wird die Zeit wie eine Dimension des Raums behandelt ($ds^2 = dx^2 + dy^2 + dz^2 + c^2dt^2$), während eine lorentzsche Metrik in ihrer raumzeitlichen Struktur zwischen dem Status der räumlichen und der zeitlichen Dimension unterscheidet ($ds^2 = dx^2 + dy^2 + dz^2 - c^2dt^2$). Für eine gut lesbare Diskussion über oszillierende und nicht oszillierende Regionen des Superraums im Zusammenhang mit quantenkosmologischen Modellen siehe Isham: „Theories of the Creation of the Universe“, insbesondere S. 68–81.
33 Hartle und Hawking: „Wave Function of the Universe“, S. 2967.
34 Ebd.
35 James Hartle: „What Is Quantum Cosmology?“, *Closer to Truth*, https://www.closerto truth.com/series/what-quantum-cosmology.
36 Genauer gesagt schränkten sie die mathematischen Freiheitsgrade willkürlich ein, um sicherzustellen, dass die von ihnen summierten Pfade durch den Superraum eine „Grundzustands“-Wellenfunktion ergeben, die zur Berechnung einer weiteren „Erregungszustands“-Wellenfunktion verwendet werden kann, welche Universen umfasst, *die in der Lage sind,*

in Universen mit einer *Geometrie* ähnlich der unseren *zu tunneln*. Siehe Kapitel 17, En. 50 für weitere Einzelheiten. Siehe auch Gordon: „Balloons on a String", S. 563–69.

37 Der theoretische Physiker Jonathan Halliwell vertritt denselben Standpunkt, wobei er eine technischere Terminologie verwendet. Hawking und Hartle, so schreibt er, „legen den Verläufen [ihrem mathematischen Pfadintegralverfahren] Anfangsbedingungen auf, die sicherstellen, dass (i) die Vier-Geometrie sich schließt und (ii) die Sattelpunkte des funktionalen Integrals *Metriken und Materiefeldern entsprechen, die reguläre Lösungen der klassischen Feldgleichungen sind*, die mit den vorgeschriebenen Daten auf der begrenzten Dreifläche B übereinstimmen" („Introductory Lectures on Quantum Cosmology", S. 41).

38 Hartle und Hawking: „Wave Function of the Universe", S. 2960, eigene Hervorhebung.

39 Interessanterweise ist eine kürzlich vorgeschlagene konkurrierende Theorie der Quantengravitation, die Schleifenquantengravitation (SQG), mit demselben Problem konfrontiert. Eine ausführliche Erörterung der Schleifenquantengravitation und der Gründe, warum sie den Ursprung und die Feinabstimmung des Universums weder erklärt noch zu erklären versucht, findet sich in Kapitel 18, Anm. a, unter www.returnofthegod hypothesis/extendedresearchnotes. Siehe auch Baggott: *Quantum Space*, xii-xiii, Rovelli: „Loop Quantum Gravity", Date und Hossain: „Genericness of Inflation in Isotropic Loop Quantum Cosmology", Mithani und Vilenkin: „Collapse of Simple Harmonic Universe", Carroll: „Against Bounces".

40 Isham: „Theories of the Creation of the Universe", S. 72.

41 Halliwell: „Introductory Lectures on Quantum Cosmology", S. 46.

42 Ebd., eigene Hervorhebung. Halliwell brachte dieses Argument an in Bezug auf das Hawking-Hartle-Modell, aber es gilt genauso für das von Vilenkin. Wie Vilenkin einräumt, musste er der Wheeler-DeWitt-Gleichung nicht nur Randbedingungen auferlegen, um sie zu lösen, sondern auch einen zusätzlichen Randbegriff hinzufügen, um zu verhindern, dass viele instabile Lösungen der Wellenfunktion entstehen. Er musste diesen Begriff sorgfältig auswählen, damit er zu den erforderlichen Randbedingungen passte, die er bereits gewählt hatte, um die Wheeler-DeWitt-Gleichung lösbar zu machen. Diese Randbedingungen sind auch als externer Informationszufluss auf das mathematische Verfahren zu sehen, mit dem Vilenkin den Ursprung und die Entwicklung des Universums modellierte.

43 Siehe Gordon: „Balloons on a String", S. 568–569.

44 Dawkins: *The Blind Watchmaker*, S. 46–49. Siehe die Diskussion in Ewert et al.: „Efficient Per Query Information Extraction from a Hamming Oracle“.
45 Vilenkin: „Quantum Cosmology“, S. 7, eigene Hervorhebung.
46 Für einen technischen Artikel, der das Ergebnis dieser Forschungsarbeit zusammenfasst, siehe Meyer: „Mind Before Matter: The Unexpected Implications of Quantum Cosmology“.

Kapitel 19: Kollabierende Wellen und Boltzmann-Gehirne

1 Siehe Kapitel 17, En. 40.
2 Die zuvor beschriebenen Modelle konzentrierten sich auf ein einziges skalares Materiefeld. Zusätzliche Felder, die der gewöhnlichen Materie und Energie entsprechen, können jedoch als Variationen in die Modelle einbezogen werden (Kiefer: „Emergence of a Classical Universe from Quantum Gravity and Cosmology“).
3 Für weitere Informationen zu dieser Kontroverse siehe Collins: „The Many Interpretations of Quantum Mechanics“. Zu Versuchen, den Zusammenbruch der universellen Wellenfunktion zu erklären, siehe Kiefer: „Emergence of a Classical Universe from Quantum Gravity and Cosmology“.
4 Craig: „What Place, Then, for a Creator?“
5 Kiefer: „On the Interpretation of Quantum Theory – from Copenhagen to the Present Day“. Der Philosoph Robert Koons von der Universität Texas hat eine ähnliche Sichtweise entwickelt, die sich auf die chemischen und thermodynamischen Eigenschaften großer makroskopischer Objekte beruft, einschließlich Messgeräten, um den Zusammenbruch der Wellenfunktion zu erklären; siehe „The Many-Worlds Interpretation of Quantum Mechanics“.
6 Siehe auch Faye: „Copenhagen Interpretation of Quantum Mechanics“. Für eine Diskussion der technischen Probleme mit der gängigen Kopenhagener Deutung siehe Bell: „Against ‚Measurement‘“, Wallace: „The Quantum Measurement Problem“.
7 Andere Nichtkopenhagener Deutungen der Quantenkosmologie wie die De-Broglie-Bohm-Theorie (benannt nach dem verstorbenen Physiker David Bohm) und die GRW-Interpretation (benannt nach den Physikern Giancarlo Ghirardi, Alberto Rimini und Tullio Weber) wurden von den Quantenkosmologen verworfen. Diese beiden Interpretationen setzen

eine bereits existierende Materie voraus, auf die die universelle Wellenfunktion ψ einwirkt. Folglich *produziert* ψ in keiner der beiden Interpretationen Materie und Energie bei ihrem Zusammenbruch. Folglich kann in keiner der beiden Interpretationen ψ zur Erklärung des Ursprungs des materiellen Universums herangezogen werden. In der De-Broglie-Bohm-Theorie lenkt oder diktiert ψ die Bewegungen der bereits existierenden Teilchen. In dieser Interpretation erzeugt ψ keine Teilchen, sondern bewegt sie nur umher. In ähnlicher Weise beschreibt die Wellenfunktion in der GRW-Interpretation, wie sich die bereits vorhandene Materie (in einer wellenförmigen Struktur) über einen ausgedehnten Raum ausbreitet und dann „kollabiert", und zwar in dem spezifischen Sinne, dass sie sich immer mehr verdichtet. Keine dieser Interpretationen der Quantenmechanik ist von Nutzen für Quantenkosmologen, die den Ursprung des Universums erklären wollen. Da diese Interpretationen ψ und die Masse-Energie des Universums als unterschiedliche Entitäten behandeln (und nicht die Masse-Energie als eine Manifestation von ψ), bieten sie keine Erklärung dafür, wie Materie (oder Energie) aus ψ entstanden ist.

8 Everett: „The Theory of the Universal Wave Function".

9 Für eine ausgezeichnete Verteidigung des Prinzips der hinreichenden Vernunft siehe Pruss: *The Principle of Sufficient Reason*, Koons und Pruss: „Skepticism and the Principle of Sufficient Reason".

10 Vilenkin: *Many Worlds in One*, S. 205.

11 Moniz: „A Survey of Quantum Cosmology".

12 Tegmark: *The Multiverse Hierarchy*, S. 99–126, insbesondere S. 110.

13 Tegmark: „Is ‚The Theory of Everything' Merely the Ultimate Ensemble Theory?", S. 5.

14 Der Wissenschaftsphilosoph Alexander Pruss von der Baylor University entwickelt dieses Argument in seiner Kritik am modalen Realismus des Philosophen David Lewis; siehe *Actuality, Possibility, and Worlds*, S. 117–119.

15 Es sei daran erinnert, dass die inflationäre Kosmologie vermeintlich neue Universen mit anderen Anfangsbedingungen, aber nicht mit anderen Gesetzen und Konstanten erzeugt. Somit hätte diese Kosmologie nicht das Problem, dass neue unregelmäßige Gesetze unvorhersehbare Ereignisse hervorrufen. Dennoch sieht die inflationäre Kosmologie zufällige Quantenfluktuationen im Inflatonfeld vor, die eine unendliche Anzahl neuer Blasenuniversen sowie zufällige Ereignisse innerhalb verschiedener Blasenuniversen erzeugen. Wir könnten uns also in einem Universum befinden, in dem praktisch alles als Ergebnis solcher zufälliger Quantenfluktu-

ationen auftreten könnte (wenn auch ungefähr im Rahmen der bekannten physikalischen Gesetze dieses Universums).

16 Tegmark: „What Scientific Idea Is Ready for Retirement?"

17 Einen guten Überblick über das Problem der Boltzmann-Gehirne bietet Carroll: „Why Boltzmann Brains Are Bad". Siehe auch Page: „Is Our Universe Likely to Decay Within 20 Billion Years?", „Return of the Boltzmann Brains", „Susskind's Challenge to the Hartle-Hawking No-Boundary Proposal and Possible Resolutions", Bousso und Freivogel: „A Paradox in the Global Description of the Multiverse", Koberlein: „Can Many-Worlds Theory Rescue Us from Boltzmann Brains?"

18 Carroll: „Why Boltzmann Brains Are Bad".

19 Siehe Linde: „Towards a Gauge Invariant Volume-Weighted Probability Measure for Eternal Inflation", sowie Bousso, Freivogel und Yang: „Boltzmann Babies in the Proper Time Measure".

20 Tegmarks mathematische Universumshypothese eignet sich nicht für die Strategie, mit der die Befürworter der inflationären Kosmologie versucht haben, die Seltenheit von Boltzmann-Gehirnen zu beweisen. Erinnern wir uns daran, dass die Befürworter der inflationären Kosmologie versuchten festzustellen, dass das Verhältnis von Boltzmann-Gehirnen zu natürlichen Gehirnen in einem Quadranten des Raums gering ist, und dann zeigen wollten, dass die Häufigkeit von Boltzmann-Gehirnen hin zu einem Grenzwert abnimmt, wenn sie ihre Analyse auf immer größere Teile desselben Raums ausdehnen. In Tegmarks mathematischer Universumshypothese befinden sich die verschiedenen Universen, die unterschiedliche mathematische Strukturen veranschaulichen, nicht im selben physikalischen Raum oder haben keinen gemeinsamen Zeitparameter, sodass eine solche Extrapolation nicht möglich ist. Technisch ausgedrückt schließt sein Modell jede plausible Möglichkeit aus, Boltzmann-Gehirne durch Anwendung einer „Messfunktion" zu „managen".

21 Tegmark: „Infinity Is a Beautiful Concept – and It's Ruining Physics". Wie er sagt: „Wir haben nicht nur keine Belege für das Unendliche, sondern wir brauchen das Unendliche nicht, um Physik zu betreiben. Unsere besten Computersimulationen, die alles von der Entstehung von Galaxien über das Wetter von morgen bis hin zu den Massen von Elementarteilchen genau beschreiben, verwenden nur endliche Computerressourcen, indem sie alles als endlich behandeln. Wenn wir also auf die Unendlichkeit verzichten können, um herauszufinden, was als Nächstes passiert, dann kann das sicher auch die Natur – und zwar auf eine Weise, die tiefer und eleganter ist als die Hacks, die wir für unsere Computersimulationen

verwenden. Unsere Herausforderung als Physiker besteht darin, diesen eleganten Weg und die ihn beschreibenden Gleichungen ohne Unendlichkeit zu finden – die wahren Gesetze der Physik. Um diese Suche ernsthaft zu beginnen, müssen wir die Unendlichkeit in Frage stellen. Ich wette, dass wir sie auch fallen lassen müssen."

22 Tegmark: „Our Mathematical Universe", S. 101–150.

23 Man könnte sich fragen, ob die Quantenkosmologie den Ursprung des Universums überhaupt richtig beschreibt. Die Quantenkosmologie basiert auf einer *Analogie* zur gewöhnlichen Quantenmechanik. Die Quantenmechanik verwendet jedoch Mathematik, um ein bereits bestehendes physikalisches System zu beschreiben. In der Quantenkosmologie wird versucht, mithilfe analoger Mathematik ein Universum ins Leben zu zaubern. In der gewöhnlichen Quantenmechanik beschreibt die Schrödingergleichung und ihre Lösung, die Wellenfunktion, ein reales physikalisches System: eine Lichtquelle, Photonen, eine Barriere mit Spalten und einen Detektor. Was aber entspricht in der Quantenkosmologie der Lichtquelle? Oder dem Detektor? Oder der Barriere oder dem Beobachtungsschirm? Quantenkosmologen würden sagen, dass die Lichtquelle und der Beobachtungsschirm mit einem Detektor den Randbedingungen entsprechen, die sie der Wheeler-DeWitt-Gleichung auferlegen. Aber sie müssen diese Randbedingungen *willkürlich* festlegen, gerade weil es *noch keine physikalischen Systeme* gibt, auf die ihre mathematischen Beschreibungen zutreffen.

Wie ich im vorigen Kapitel dargelegt habe, müssen die Quantenkosmologen daher zunächst die Existenz eines Universums voraussetzen, um eine Wellenfunktion zu konstruieren, die angeblich dessen Ursprung erklärt. Aber in der gewöhnlichen Quantenmechanik wäre das so, als würde man die Wellenfunktionen für ein hypothetisches Photon und einen Versuchsapparat berechnen und dann erwarten, dass die Gleichungen die Existenz des Apparats und des Photons verursachen. Der mathematische Apparat der Quantenmechanik beschreibt *etwas*. Der mathematische Apparat der Quantenkosmologie muss etwas *voraussetzen*, damit die Mathematik auf etwas angewendet werden kann. Es kann also sein, dass die Mathematik der Quantenkosmologie und der Quantenmechanik analog sind, aber die physikalischen Situationen, auf die die Mathematik angewendet wird, sind es nicht. Das wirft zumindest die Frage auf, ob die Mathematik des einen (Quantenmechanik) auf die Physik des anderen (das Universum) in sinnvoller Weise anwendbar ist.

Teil V: Schlussfolgerung

Kapitel 20: Gott als Handelnder oder als Lückenfüller?

1 Dawkins: *The Blind Watchmaker*, S. 1, eigene Hervorhebung.
2 Ebd., S. 7.
3 Hawking, *Brief Answers to the Big Questions*, S. 38.
4 Gould: „Nonoverlapping Magisteria", *Rocks of Ages*, S. 14.
5 Galileo und Finocchiaro: *The Essential Galileo*, S. 119. Dies steht in Galileis Brief an die Großherzogin Christina (1615). Galilei verwendete diesen Aphorismus, behauptete aber, er stamme ursprünglich von Kardinal Cesare Baronio.
6 MacKay: *The Clockwork Image*, S. 51–55, Van Till: *The Fourth Day*, S. 208–215, Van Till, Young und Menninga: *Science Held Hostage*, S. 39–43, 127–168. Für eine andere Interpretation der Komplementarität, welche eine methodische Autonomie von Wissenschaft und Religion bejaht, aber ihre Erkenntnisse miteinander verbindet, siehe auch Gruenwald: „Science and Religion".
7 Newton: *The Mathematical Principles of Natural Philosophy*, S. 391–392. In der neueren Übersetzung von Cohen und Whitman wird diese Passage wie folgt wiedergegeben: „Die Diskussion und Abhandlung über Gott anhand von Phänomenen ist sicherlich ein Teil der Naturphilosophie." Newton: *Mathematical Principles of Natural Philosophy*, S. 943.
8 Für eine nuanciertere Lesart dieser Passage in Verbindung mit ähnlichen Äußerungen in einigen von Newtons unveröffentlichten Manuskripten siehe Snobelen: „Isaac Newton".
9 Nicht alle Wissenschaftler, die für die BioLogos-Website geschrieben haben, lehnen *Intelligent Design* ab. Der Wissenschaftshistoriker Ted Davis zum Beispiel ist weder ein Befürworter noch ein Gegner von *Intelligent Design*. Dennoch haben sich die prominentesten Führer von BioLogos vehement gegen *Intelligent Design* ausgesprochen und daran Kritik geübt. Siehe z. B. Collins: *The Language of God*, S. 181–196, Falk: „Thoughts on Darwin's Doubt, Part 1", „Further Thoughts on ‚Darwin's Doubt' after Reading Bishop's Review", Haarsma: „Reviewing ‚Darwin's Doubt'", „Response from Evolutionary Creation", Venema: „Intelligent Design and Nylon-Eating Bacteria", Venema und Kuebler: „Biological Information and Intelligent Design", Venema und McKnight: *Adam and the Genome*, S. 67–92.

10 „Are Gaps in Scientific Knowledge Evidence for God?"

11 Zur Erinnerung: Wissenschaftler (wie wir sie heute nennen würden) wurden zu Newtons Zeiten Naturphilosophen genannt.

12 Hier ist eine andere Version dieser oft erzählten Geschichte, die in einem wissenschaftlicheren Band veröffentlicht wurde: „Das vielleicht berühmteste Beispiel für das Lückenfüllergott-Argument entstand, als Isaac Newton die Frage nach der langfristigen Stabilität des Sonnensystems betrachtete. Er war nicht in der Lage zu berechnen, ob sich die kleinen Gravitationskräfte zwischen Planetenpaaren im Durchschnitt aufheben oder akkumulieren würden. Er war der Ansicht, dass im letzteren Fall das instabile Verhalten durch das sanfte Wirken Gottes vermieden würde, der zur richtigen Zeit und am richtigen Ort kleine Kräfte anwendet. Ein Jahrhundert später zeigte Pierre Simon de Laplace, dass das Sonnensystem tatsächlich stabil gegen solche Störungen ist. Als sein ehemaliger Schüler Napoléon Bonaparte fragte, warum in Laplaces Abhandlung über die Himmelsmechanik Gott nicht erwähnt werde, antwortete Laplace: ‚Ich brauchte diese Hypothese nicht'" (Albright: „God of the Gaps", S. 955).

13 Shermer: „ID Works in Mysterious Ways".

14 McMullin: „The Virtues of a Good Theory".

15 Robert Larmer hat argumentiert, dass theistische Argumente, die sich auf Lücken in der natürlichen Ordnung stützen, nicht notwendigerweise den Trugschluss begehen, ein argumentum ad ignorantiam vorzubringen. Er argumentiert, es sei schlichtweg dogmatisch, darauf zu bestehen, dass Gott niemals die Ursache für ein Ereignis in der Natur sein kann. Stattdessen argumentiert er, dass einige *offensichtliche* Fälle von „argumentum ad ignorantiam" eine beträchtliche epistemische Kraft haben. Er stellt fest, dass „vermeintliche Beispiele für den Trugschluss des *argumentum ad ignorantiam* oft auf eine positive Weise umgeschrieben werden können, die sie gar nicht als Argumente aus Unwissenheit erscheinen lässt" („Is There Anything Wrong with ‚God of the Gaps' Reasoning?", bes. S. 131).

16 „Are Gaps in Scientific Knowledge Evidence for God?"

17 Erinnern wir uns daran, dass dieses Argument auf unserer eigenen introspektiven Wahrnehmung unseres bewussten Verstandes beruht. Wir alle spüren intuitiv, dass wir die Fähigkeit haben, plötzliche Zustandsänderungen zu erzeugen, die nicht durch materielle Ursachen bedingt sind (der freie Wille). Wie ich bereits angemerkt habe, stellt die Behauptung, dass ein Akteur ohne Ursache handelt, zwar eine Ausnahme dar von der Regel, dass „alle Ereignisse eine Ursache haben", aber dadurch wird die wissenschaftliche Rationalität nicht untergraben. Wenn man andererseits

behauptet oder die Möglichkeit zulässt, dass *materielle* Ereignisse unverursacht eintreten, verstößt dies nicht nur gegen den Grundsatz der hinreichenden Vernunft, sondern untergräbt auch unser Vertrauen in die Verstehbarkeit der Natur und die wissenschaftliche Rationalität. Siehe die Diskussion in Kapitel 12.

18 Siehe Humes *Dialoge über natürliche Religion*, Teil II: „Und will mir jemand mit ernster Miene sagen, dass ein geordnetes Universum aus einem Gedanken und einer Kunst wie der menschlichen entstehen muss, weil wir Erfahrung damit haben? Um diesen Schluss zu ziehen, wäre es erforderlich, dass wir Erfahrung mit der Entstehung von Welten haben; und es reicht gewiss nicht aus, dass wir gesehen haben, wie Schiffe und Städte aus menschlicher Kunst und Erfindung entstanden sind."

19 Scriven: „Causes, Connections and Conditions in History", S. 249–250.

20 Kritiker der Gotteshypothese könnten argumentieren, dass wir keine Erfahrung mit einem Verstand haben, der Materie *ex nihilo* erschafft, und dass die Macht, Materie aus dem Nichts zu erschaffen, eine qualitativ andere Macht ist als die Macht, eine neue Struktur zu erschaffen, indem man bereits existierende Materie anordnet oder umgestaltet. Folglich könnten sie argumentieren, dass die Annahme eines Gottes, der die Macht hat, Materie selbst *ex nihilo* zu erzeugen, keine vernünftige Extrapolation der kausalen Kräfte eines bekannten Wesens darstellt.

Nichtsdestotrotz haben wir die Erfahrung gemacht, dass ein Verstand aus einer größeren Menge von Möglichkeiten bestimmte Zustände auswählt und dabei Informationen nutzt und/oder erzeugt. Darüber hinaus wissen wir seit dem Aufkommen der Quantenmechanik, dass ein materielles Teilchen (Materie) aus der informationsgesteuerten Verwirklichung eines möglichen Zustands aus einer weitaus größeren Menge von Zuständen resultiert, die durch eine Quantenwellenfunktion beschrieben werden. Mit anderen Worten: In der Quantenmechanik resultiert Materie aus einem Informationsinput, da eine Beobachtung oder Interaktion mit einem größeren makroskopischen Objekt zur Verwirklichung eines bestimmten materiellen Zustands aus einer Menge möglicher Zustände führt, die durch eine Wellenfunktion beschrieben werden (d. h. den Kollaps der Wellenfunktion). Darüber hinaus wissen wir, dass intelligente Akteure die Fähigkeit bewiesen haben, bestimmte Zustände aus einer größeren Menge von Möglichkeiten zu verwirklichen und somit Informationen zu nutzen oder zu erzeugen. Theisten könnten also argumentieren, dass der menschliche Verstand eine „relevant ähnliche" kausale Kraft wie diejenige bewiesen hat, die erforderlich ist, um bestimmte, durch die Quantenwellenfunktion beschriebene Zustände zu verwirklichen – d. h., er kann zwischen Möglichkeiten wählen und so Informationen nutzen oder erzeugen. Da menschliche Entscheidungen Möglichkeiten verwirklichen und Informationen erzeugen können, ist es vernünftig, zu extrapolieren und Folgendes zu postulieren: Ein göttlicher Verstand, der eine ähnliche, aber größere kausale Macht hat, könnte unter Möglichkeiten wählen, die durch Quanten- (oder universelle) Wellenfunktionen beschrieben werden, um bestimmte Zustände zu verwirklichen, die zur Erzeugung von Materie oder des Universums selbst führen.

21 Die Idee zu dieser Veranschaulichung verdanke ich Paul Nelson. Für eine ausführliche Kritik daran, wie mithilfe des Lückenfüllergott-Einwands dagegen argumentiert wird, die Geschichte des Lebens mit Bezug auf intelligente Ursachen zu erklären, siehe Meyer und Nelson: „Should Theistic Evolution Depend on Methodological Naturalism".

22 Tyson fuhr in seinem Vortrag von 2010 sehr ausführlich damit fort, Newton für seine irrige Argumentation anzuklagen. Tysons schlecht informierte Wissenschaftsgeschichte kann in einem umfangreichen Auszug aus der Niederschrift seines Vortrags von 2010 nachgelesen werden, siehe Kapitel 20, Anm. a, unter www.returnofthegodhypothesis/extendedresearch notes. Wie dort zu lesen ist, hat Tyson neben vielen anderen Irrtümern behauptet, Newton habe gedacht, das Sonnensystem sei instabil.

23 Newton: *Mathematical Principles of Natural Philosophy*, S. 941.

24 Newton: *Mathematical Principles of Natural Philosophy*, S. 940. In den *Principia* entwickelte Newton auch vier methodologische Prinzipien oder „Regeln des Argumentierens" in der Naturphilosophie, darunter eine Version des *Vera-Causa*-Prinzips. Er formulierte dieses Prinzip wie folgt: „Es sollten nicht mehr Ursachen für natürliche Dinge zugelassen werden, als sowohl wahr als auch ausreichend sind, um ihre Phänomene zu erklären" (S. 794). Für eine Diskussion darüber, wie Newton sein *Vera-Causa*-Prinzip anwandte, um die Gotteshypothese zu rechtfertigen, ohne ein Lückenfüllergott-Argument vorzubringen, siehe Kapitel 20, Anm. b, unter www.returnofthegodhypothesis/extendedresearchnotes.

25 Wie Newton dort schrieb: „Wie sind die Körper der Tiere mit so viel Kunstfertigkeit geschaffen worden, und wozu dienten ihre verschiedenen Teile? Wurde das Auge ohne Geschicklichkeit in der Optik und das Ohr ohne Kenntnis der Töne erdacht? … Und da diese Dinge richtig gefertigt sind, zeigt sich dann nicht aus den Phänomenen, dass es ein unkörperliches, lebendiges, intelligentes und allgegenwärtiges Wesen gibt?" (*Opticks*, 369–370).

26 Courtenay: „The Dialectic of Omnipotence in the High and Late Middle Ages", S. 243–269, Kaiser: *Creational Theology and the History of Physical Science*, S. 53–55.

27 Newton: *Mathematical Principles of Natural Philosophy*, S. 815–20 (Buch III, Satz X–XV).

28 Ebd., S. 816 (Buch III, Satz XI).

29 Ebd., S. 816–817 (Buch III, Satz XII).

30 Ebd., S. 815–816 (Buch III, Satz X).

31 Ebd, S. 940. Die Passage, die häufig zitiert wird, um die Behauptung zu rechtfertigen, Newton habe sich eigens auf episodische göttliche Handlungen berufen, um die Bewegungen der Planeten zu regulieren, erscheint im „Scholium Generale" der *Principia*. Dort argumentiert Newton, dass die planetarischen Körper zwar „durch die bloßen Gesetze der Schwerkraft in ihren Bahnen verharren, dass sie aber keineswegs von vornherein die regelmäßige Lage der Bahnen selbst aus diesen Gesetzen hergeleitet haben können", und er fährt fort zu argumentieren, dass „dieses schönste System von Sonne, Planeten und Kometen nur aus dem Rat und der Herrschaft eines intelligenten und mächtigen Wesens hervorgehen konnte". Wissenschaftspopulisten und Historiker interpretieren diese Passagen oft falsch. (Siehe z. B. den von BioLogos-Mitarbeitern verfassten Artikel „Are Gaps in Scientific Knowledge Evidence for God?".) Zu beachten ist, dass Newton in den Passagen aus dem „Scholium Generale" nicht sagt, dass Gott eingreift, um die Planetenbahnen zu *reparieren* oder das System zu stabilisieren. Stattdessen spricht er über den *Ursprung* des Sonnensystems und seine offensichtliche Ordnung und Stabilität. Er erkennt an, dass die Naturgesetze Regelmäßigkeiten beschreiben, aber auch, dass sie den Ursprung der *spezifischen Anfangsbedingungen* von Systemen nicht erklären, die diese Regelmäßigkeiten ermöglichen.

Später im „Scholium Generale" erweitert er dieses Argument, indem er erklärt, dass „keine Veränderung der Dinge aus einer blinden metaphysischen Notwendigkeit [d. h. den Naturgesetzen] entsteht, die immer und überall dieselben sein müssen". Stattdessen argumentiert er, dass „die ganze Vielfalt der geschaffenen Dinge, jedes an seinem Ort und zu seiner Zeit, nur aus den Ideen und dem Willen eines notwendigerweise existierenden Wesens hervorgegangen sein kann" (S. 942). Newton zeigt hier ein ausgeklügeltes Verständnis dafür, was die Naturgesetze bewirken – und was nicht. Konkret stellt er in diesem Fall fest, dass sein universelles Gravitationsgesetz zwar die Regelmäßigkeiten in den Planetenbewegungen beschreiben *kann*, jedoch die spezifischen und unregelmäßigen Anfangsbedingungen des Sonnensystems (oder jedes anderen Systems), auf das das Gesetz Anwendung findet, nicht *prinzipiell* bestimmen kann. Da aber die gegenwärtige Stabilität des Systems von einer höchst spezifischen und unregelmäßigen (oder komplexen) Positionierung „der Sonne, der Planeten und der Kometen“ abhängt, schließt er auf die Aktivität einer gestaltenden Intelligenz als Erklärung für den Ursprung des Systems selbst. Dennoch behauptet er nicht, dass Gott, nachdem er dieses System geschaffen hat, periodisch eingreift, um Unregelmäßigkeiten im System zu korrigieren. Stattdessen argumentiert er mit einer anfänglichen *Feinabstimmung*, die auf einem korrekten Verständnis dessen beruht, was Akteure tun können (Materie auf hochspezifische und komplexe Weise anordnen, um die gewünschten Ziele zu erreichen) und was Gesetze nicht können.

Außerdem unterscheiden die Autoren in dem oben zitierten BioLogos-Artikel zwischen Newtons Interesse an der „laufenden Bewegung der Planeten“ und dem „Ursprung der Bewegungen“. Aber die Autoren führen keine Zitate aus den *Principia* an, um zu zeigen, dass Newton ein singuläres, episodisches Handeln Gottes postulierte, um die laufenden Bewegungen der Planeten zu regulieren. Sie zitieren zwar die oben erwähnte Passage aus dem „Scholium Generale“, in der Newton Gott *den Ursprung* und die Gestaltung des Sonnensystems zuschreibt. Da sie jedoch keine unterstützenden Zitate für ihre Behauptung anführen, Newton habe singuläre göttliche Eingriffe in die *laufenden* Abläufe des Sonnensystems postuliert, erweckt das Zitat über Gottes ursprüngliche Gestaltung des Sonnensystems den falschen Eindruck, Newton habe auch episodische und singuläre Handlungen Gottes vorgeschlagen, um (angebliche) Unregelmäßigkeiten und Störungen zu beheben. In der Tat wiederholen sie die gleiche falsche Geschichte wie Tyson, ohne eine direkte Zuordnung vorzunehmen. Wie sie es ausdrücken: „Newton vermutete, dass sich diese Gravitationsstörungen akkumulieren und langsam die großartige Ordnung des Sonnensystems stören würden. Um diesen und anderen störenden Kräften entgegenzuwirken, schlug Newton vor, dass Gott notwendigerweise von Zeit zu Zeit eingreifen müsse, um das Sonnensystem in Ordnung zu bringen und die Ordnung wiederherzustellen. Somit waren Gottes periodische *außerplanmäßige* Maßnahmen erforderlich, um die anhaltende Stabilität des Sonnensystems zu erklären“ [eigene Hervorhebung].

32 Stephen Snobelen, ein hervorragender Newton-Gelehrter am King’s College in Halifax, Nova Scotia, weist ebenfalls die Behauptung zurück, Newton habe Lückenfüllergott-Argumente vorgebracht. Er betont, dass New-

ton, weil er glaubte, dass Gott die Naturgesetze ständig aufrechterhält, nicht der Meinung war, dass die Natur Lücken in ihren gesetzmäßigen Regelmäßigkeiten haben könnte, die es zu füllen gilt. Wie er es ausdrückt: „Die auf Newton angewandte Kritik am ‚Lückenfüllergott' kann bedeuten, dass Gott dort, wo er eine Lücke nicht füllt, nicht am Werk ist. Aber Newton glaubte, dass Gott letztlich hinter allen Vorgängen im Kosmos steht." Tatsächlich sah Newton Gott als jemanden, der den geordneten Ablauf des Universums ständig aufrechterhält, und zwar durch das, was wir die Naturgesetze nennen. Diese Gesetze lassen keine Lücken zu, die Gott mit außerplanmäßigen göttlichen Eingriffen füllen könnte, da nach Newtons Ansicht Gott das geordnete Zusammenspiel der Natur von Augenblick zu Augenblick aufrechterhält. Da Gottes vorhersehbares Handeln und sein Charakter genau das sind, was es uns ermöglicht, die Existenz von Naturgesetzen überhaupt wahrzunehmen, hat Newtons Behauptung, dass Gott ständig handelt, um die Ordnung der Natur aufrechtzuerhalten, seine wissenschaftliche Untersuchung der Natur nicht behindert. Ganz im Gegenteil. Seine Auffassung von der Herrschaft Gottes über die Natur inspirierte ihn dazu – ein Punkt, den Snobelen mir gegenüber in einem Briefwechsel betont hat.

Darüber hinaus stellt Snobelen fest, dass es sich bei den Passagen, die oft als Beweis für Newtons Bezugnahme auf einen Lückenfüllergott angeführt werden, stattdessen um „naturtheologische Argumente" handelt, d. h. um Konstruktionsargumente, die die Weisheit Gottes feiern, der die natürliche Ordnung überhaupt erst geschaffen hat („Newton and the God of the Gaps"). Newton führte beispielsweise auch Design-Argumente an, die implizierten, dass Gott in der Vergangenheit gehandelt hatte, um die integrierte Komplexität des Auges zu gestalten und die spezifischen materiellen Bedingungen zu schaffen, die die Stabilität des Sonnensystems ermöglichten. Newtons Bezugnahme auf göttliches Handeln stellt jedoch keinen LG-Fehlschluss dar, und zwar aus demselben Grund, aus dem zeitgenössische Argumente für intelligentes Design keinen Fehlschluss darstellen, wie in diesem Kapitel erläutert. Newton schloss auf intelligentes Design aufgrund des Vorhandenseins von Merkmalen in der Natur, die sich – angesichts *unseres Wissens* über Ursache und Wirkung – am besten durch die Aktivität einer intelligenten Ursache erklären lassen.

Dennoch gesteht Snobelen ein, dass eine Passage im Newton-Corpus eine gewisse Unterstützung für die Idee bieten könnte, dass Newton sich die Notwendigkeit göttlichen Handelns *vorstellte*, um das Sonnensystem zu einem weit in der Zukunft liegenden Zeitpunkt zu reparieren (im Gegensatz zur Bezugnahme auf Gottes Eingreifen in episodischen Abständen auf einer kontinuierlichen Basis, wie die meisten Versionen der Lückenfüllergott-Geschichte behaupten). Nach Snobelens Feststellung sieht Newton in einer kurzen Passage in Frage 31 der *Opticks* vorher, dass „einige unbedeutende Unregelmäßigkeiten" entstehen werden „durch die gegenseitige Einwirkung von Kometen und Planeten". Und dass diese Unregelmäßigkeiten „zunehmen werden, *bis dieses System nach einer Erneuerung verlangt*" (eigene Hervorhebung). Dennoch sieht Snobelen in dieser Passage weder einen Beweis für Newtons Bereitschaft, sich auf göttliches Handeln zu berufen, um Unregelmäßigkeiten im gewöhnlichen Ablauf der Natur zu beheben, noch für seine Vorliebe, sich auf ein solches Handeln zu berufen, anstatt nach gesetzmäßigen Regelmäßigkeiten in der Natur zu suchen. Stattdessen argumentiert Snobelen, dass Newton als Schüler der biblischen Eschatologie davon ausging, dass das Sonnensystem, wie die Natur selbst, eines Tages untergehen würde, woraufhin Gott den Himmel und die Erde neu erschaffen würde. Wie Snobelen erklärt: „Der Weg des Verfalls findet sein Heil in dem Gott der Herrschaft, der den Kosmos umgestaltet und anpasst, um ihn in Ordnung zu halten, und der ihn neu erschafft, wenn die Zeit für einen neuen Himmel und eine neue Erde gekommen ist. Newtons Kosmos ist nicht deterministisch in dem säkularen und materialistischen Sinne, der ihm oft zugeschrieben wird; dennoch wird seine Zukunft letztlich durch göttliches Handeln gelenkt." Siehe Snobelen: „Cosmos and Apocalypse", bes. S. 93.

Wenn man die Frage 31 in den *Opticks* im Zusammenhang liest, ergeben sich meines Erachtens weitere Zweifel an der Behauptung, Newton habe dort ein Lückenfüllergott-Argument vorgebracht. Erstens postuliert Newton in den folgenden Abschnitten dieser Passage *kein spezifisches Handeln Gottes* oder von Engeln, um diese erwarteten Unregelmäßigkeiten zu korrigieren. Stattdessen scheint er nur die Realität dessen zu bestätigen, was Physiker heute als Entropie bezeichnen würden, die Tendenz von Systemen, im Laufe der Zeit von Ordnung zu Unordnung überzugehen. (Snobelen hat mir in einem persönlichen Briefwechsel mitgeteilt, dass er diese Passage ähnlich interpretiert, nämlich als Bestätigung einer Art Proto-Entropie-Konzept durch Newton.) Zweitens zeigt Newton in Buch III der *Principia* mathematisch, dass das Sonnensystem über „eine lange Zeitspanne" stabil ist, und folglich zeigt er in diesem wichtigsten Abschnitt seines Werks keinerlei Bestreben, ein direktes göttliches Handeln zu postulieren, um orbitale Unregelmäßigkeiten oder Instabilitäten im Sonnensystem zu beheben.

Drittens staunt Newton in Frage 31 über die „wunderbare Gleichförmigkeit des Planetensystems" und argumentiert, dass die Ordnung des Systems „bei der ersten Schöpfung durch den Rat eines intelligenten Akteurs" entstanden sei. Er beruft sich also auf göttliches Handeln, aber wiederum nur als Ursache für den „Ursprung der Welt". Er postuliert kein spezifisches göttliches Handeln zur Stabilisierung des Sonnensystems, weder dauerhaft noch irgendwann in der Zukunft. Hier ist die betreffende Passage:

„Mit Hilfe dieser Prinzipien scheinen nun alle materiellen Dinge aus den oben erwähnten harten und festen Teilchen zusammengesetzt worden zu sein, die bei der ersten Schöpfung durch den Rat eines intelligenten Akteurs auf verschiedene Weise verbunden wurden. Denn es oblag dem, der sie schuf, sie zu ordnen. Und wenn er dies getan hat, ist es unphilosophisch, nach einem anderen Ursprung der Welt zu suchen oder zu behaupten, dass sie aus einem Chaos durch die bloßen Gesetze der Natur entstehen könnte; obwohl sie, einmal gebildet, durch diese Gesetze für viele Zeitalter fortbestehen kann. Denn während die Kometen sich in sehr exzentrischen Bahnen in allen möglichen Positionen bewegen, könnte das blinde Schicksal niemals alle Planeten dazu bringen, sich auf ein und dieselbe Weise in konzentrischen Bahnen zu bewegen, abgesehen von einigen unbedeutenden Unregelmäßigkeiten, die durch die gegenseitige Einwirkung von Kometen und Planeten aufeinander entstanden sein mögen und die immer mehr zunehmen werden, bis dieses System nach einer Erneuerung verlangt. Solch eine wunderbare Gleichförmigkeit im Planetensystem *muss als Ergebnis einer Wahl zugelassen werden*. Und so muss es auch die Gleichförmigkeit in den Körpern der Tiere sein" (*Opticks*, S. 402).

33 Siehe insbesondere Buch III der *Principia*, wo Newton speziell die Störungen der Planetenbahnen analysiert.

34 Snobelen weist darauf hin, dass Newton eine providenzielle und dynamische Sicht des Kosmos hatte, die seiner Interpretation der biblischen Eschatologie entsprach. Für eine ausführliche Erörterung dessen, was daraus für Newtons Auffassung von göttlichem Handeln in der natürlichen Welt folgt und warum nicht daraus folgt, dass er Lückenfüllergott-Argumente angeführt hat, siehe Kapitel 20, Anm. c, unter www.returnofthegodhypothesis/extendedresearchnotes.

35 Snobelen: „Newton and the God of the Gaps", siehe auch „God of Gods and Lord of Lords".

36 Siehe auch Iliffe: *Priest of Nature*.

37 Das erste Spiegelteleskop wurde von James Gregory erfunden.

Kapitel 21:
Die großen Fragen und warum sie wichtig sind

1 Hawking: *Brief Answers to the Big Questions*, S. 23–38.
2 Hawking und Mlodinow: *The Grand Design*, S. 180.
3 Indem er sich auf spontane Erzeugung berief, zog Hawking eine Analogie zu einem physikalischen Prozess, der als Produktion virtueller Teilchen (oder spontane Teilchen-/Antiteilchenproduktion) bekannt ist. Bei diesem Prozess, der durch die Heisenbergsche Unschärferelation beschrieben wird, kann ein Teilchen für eine gewisse Zeit spontan aus einem energiereichen Quantenfeld entstehen, sofern auch ein Antiteilchen mit äquivalenter negativer Energie auftaucht. Wenn sich die Nutzenergie dieses Prozesses zu einer Gesamtenergie von null aufhebt, verstößt er nicht gegen das Gesetz der Energieerhaltung. Die mathematische Gleichung, die beschreibt, wie dies geschehen kann, beschreibt jedoch eine reale – d. h. bereits vorhandene – physikalische Situation, in der Teilchen (und ihre virtuellen Komplemente) aus einem bereits vorhandenen energiereichen Raum heraus entstehen. Die Teilchen-/Antiteilchenproduktion wird durch die vorherige Existenz des energiereichen Quantenfeldes ermöglicht und findet in einem bereits existierenden Raum statt. Die Analogie, die Hawking zieht, ist also ungeeignet. Die physikalischen Gesetze, die diesen Prozess beschreiben, gelten nicht für die Entstehung des Universums selbst, denn bevor das Universum existierte, gab es weder Raum noch Energie, auf die man zurückgreifen konnte, um die Teilchenproduktion (bzw. Produktion des Universums) voranzutreiben.
4 Hawking und Mlodinow: *The Grand Design*, S. 180.
5 Hawking: *Brief Answers to the Big Questions*, S. 29.
6 Ebd., S. 38.
7 Ebd., S. 33.
8 Ebd., S. 38.
9 Dawkins: *River Out of Eden*, S. 17, siehe auch 12, 18–20.
10 Ebd., S. 133.
11 Weinberg: *The First Three Minutes*, S. 154.
12 David Masci: „Public Opinion on Religion and Science in the United States", *Pew Research Center*, 9. November 2005, http://www.pewforum.org/2009/11/05/public-opinion-on-religion-and-science-in-the-united-states.
13 Die Pew-Umfrage stellt auch fest, dass die Mehrheit der Amerikaner zwar der Meinung ist, dass Wissenschaft und Religion *im Allgemeinen* oft im

Widerspruch zueinander stehen, aber auch, dass die Wissenschaft nicht im Widerspruch zu ihren *speziellen* religiösen Überzeugungen steht: „Eine starke Mehrheit der Amerikaner (61 %) sagt, dass die Wissenschaft nicht mit ihren *eigenen* religiösen Überzeugungen in Konflikt steht" (eigene Hervorhebung).

14 West: *Darwin's Corrosive Idea*, S. 3–7; Maltz: *Psycho-Cybernetics*.

15 Das Zitat, auf das ich gestoßen bin, stammt eigentlich von dem christlichen Philosophen Francis Schaeffer, der anscheinend einige der Schlüsselideen von Jean-Paul Sartre paraphrasiert und zusammengefasst hat (siehe Schaeffer: *He Is There and He Is Not Silent*, S. 1). Hier ist eine Passage von Sartre, die einige der Ideen zum Ausdruck bringt, die Schaeffer möglicherweise zusammengefasst hat: „Der Existentialist hingegen findet es äußerst peinlich, dass Gott nicht existiert, denn mit ihm verschwindet jede Möglichkeit, Werte in einem verständlichen Himmel zu finden. Es kann *a priori* kein Gut mehr geben, da es kein unendliches und vollkommenes Bewusstsein gibt, das es denken könnte. Es steht nirgends geschrieben, dass es ‚das Gute' gibt, dass man ehrlich sein muss oder nicht lügen darf, da wir uns jetzt auf der Ebene befinden, wo es nur Menschen gibt. Dostoievsky [*sic*] schrieb einmal: ‚Wenn es Gott nicht gäbe, wäre alles erlaubt'; und das ist für den Existentialismus der Ausgangspunkt. In der Tat ist alles erlaubt, wenn es Gott nicht gibt, und der Mensch ist folglich verlassen" (Sartre, „Existentialism and Humanism", S. 70–71; siehe auch S. 65–76). In seinem Roman *Der Ekel* (1938) bringt Sartre die Idee zum Ausdruck, dass der Tod Gottes die Menschheit ohne letzten Sinn zurückgelassen hat.

16 Russell: *Mysticism and Logic and Other Essays*, S. 10–11.

17 Lewis: *Miracles: A Preliminary Study*, S. 102, siehe auch S. 100–107.

18 Auch andere Denker haben ähnliche Argumente vorgebracht. Siehe z. B. Menuge: *Agents Under Fire*, Willard: „Knowledge and Naturalism", S. 24–48, Lewis: *Miracles*, Reppert: *C. S. Lewis's Dangerous Idea*, Crisp: „On Naturalistic Metaphysics", S. 61–74.

19 Etwas genauer, wie Plantinga an anderer Stelle sagt: „Ein Glaube hat nur dann eine Berechtigung für eine Person S, wenn dieser Glaube in S durch kognitive Fähigkeiten erzeugt wird, die ordnungsgemäß (keiner Störung unterliegend) in einer kognitiven Umgebung funktionieren, die für die Art der kognitiven Fähigkeiten von S angemessen ist, und zwar nach einem Entwurfsplan, der erfolgreich auf Wahrheit abzielt" (*Warranted Christian Belief*, S. 156).

20 Für eine kurze Zusammenfassung, wie Plantinga sein eigenes Argument

zusammenfasst, siehe Kapitel 21, Anm. a, unter www.returnofthegod hypothesis/extendedresearchnotes. Siehe auch Plantinga: *Where the Conflict Really Lies*, S. 314, Hervorhebung im Original.

21 Plantinga: „Evolution vs. Naturalism".

22 Koons: „The General Argument from Intuition". Für verwandte Argumente siehe auch „Epistemological Objections to Materialism" und „The Incompatibility of Naturalism and Scientific Realism".

23 Darwin Correspondence Project: „Brief Nr. 13230". Siehe auch Darwin: *The Autobiography of Charles Darwin 1809–1882*, S. 92–93.

24 Plantinga: *Warrant and Proper Function*, S. 225.

25 Ebd.

26 Dawkins: Interview mit Ben Wattenberg.

27 In seinem neueren Buch *Der Gotteswahn* erklärt Dawkins den Ursprung von Religion mit Begriffen der „memetischen natürlichen Selektion" statt der „genetischen natürlichen Selektion". Auf diese Weise versucht er, die natürliche Auslese von der Erzeugung kognitiver Anlagen zu trennen, die die Entstehung, Entwicklung und Verbreitung (falscher) religiöser Überzeugungen ermöglicht haben. Doch nach Dawkins' Ansicht ist die „genetische natürliche Auslese" die Grundlage für die Entstehung aller kognitiven Fähigkeiten des Menschen (ja, der *gesamten* Flora und Fauna der Erde), einschließlich der menschlichen Gehirne, die in der Lage sind, „Meme" zu bilden und weiterzugeben. Damit beruht seine Darstellung des Ursprungs unserer kognitiven Ausstattung *letztlich* auf der natürlichen Auslese in Kombination mit anderen evolutionären Prozessen als der grundlegenden Kraft, die die Entwicklung und Verbreitung dessen ermöglichte, was er als falschen Glauben betrachtet (*Der Gotteswahn*, Kap. 5).

28 „The Global Religious Landscape", Pew Research Center, 18. Dezember 2012, unter https://www.pewforum.org/2012/12/18/global-religious-landscape-exec; Barrett: *Born Believers*. Für eine ausführlichere Dokumentation dieser Behauptungen siehe Kapitel 21, Anm. a, unter www.returnofthegodhypothesis/extendedresearchnotes.

29 Gopnik: „See Jane Evolve". Für eine ausführlichere Dokumentation dieser Behauptungen siehe Kapitel 21, Anm. a, unter www.returnofthegodhypothesis/extendedresearchnotes.

30 Siehe Pew Research Center: „The Changing Global Religious Landscape", „The Future of World Religions: Population Growth Projections, 2010–2050". Und wie Conrad Hackett und Kollegen in anderen Untersuchungen feststellen: „Es wird prognostiziert, dass der Anteil der religiös Un-

gebundenen in der Weltbevölkerung in den kommenden Jahrzehnten zurückgehen wird, weil ihr Nettowachstum durch Religionswechsel mehr als ausgeglichen wird durch höhere Geburtenraten in der jüngeren, religiös gebundenen Bevölkerung" (Hackett et al.: „The Future Size of Religiously Affiliated and Unaffiliated Populations", S. 829–842 [830]).

31 Plantinga argumentiert: Um die Zuverlässigkeit des Geistes zu rechtfertigen, erfordert der evolutionäre Naturalismus, dass adaptive Überzeugungen mit der Wahrheit korrelieren müssen. Wie bereits erwähnt, liefert er viele Gründe, um an dieser Verbindung zu zweifeln. Er argumentiert jedoch auch, dass andere Möglichkeiten, sich die Beziehung zwischen Glauben und adaptivem Verhalten vorzustellen, ebenfalls Zweifel an der Zuverlässigkeit des Verstandes verstärken. Tatsächlich stellt er fest, dass es mehrere verschiedene, sich gegenseitig erschöpfende Möglichkeiten gibt, die Beziehung zwischen Verstand und Körper – und damit zwischen kognitiven Zuständen und Verhaltensweisen – unter der Voraussetzung des philosophischen Naturalismus zu begreifen. Für jede dieser Arten, sich diese Beziehung vorzustellen, argumentiert er, dass die Wahrscheinlichkeit der Zuverlässigkeit unseres glaubensbildenden Apparats (und der daraus resultierenden Überzeugungen) entweder unergründlich oder gering ist.

Beispielsweise könnten evolutionäre Naturalisten (a) verschiedene epiphänomenalistische Ansichten über die Interaktion zwischen Verstand und Körper vertreten. Der Epiphänomenalismus bestreitet, dass unsere Überzeugungen oder der spezifische Bedeutungsgehalt dieser Überzeugungen unser Verhalten beeinflussen. Daraus folgt, dass unsere Überzeugungen für die natürliche Selektion unsichtbar wären und die Wahrscheinlichkeit, dass wir angesichts von Naturalismus und Evolution zuverlässige Überzeugungen besitzen – also $P(R|N + E)$ –, gering oder unergründlich wäre. In diesem Fall würde uns die natürliche Selektion sicherlich keinen Grund geben, auf die Zuverlässigkeit des Verstandes zu vertrauen (oder sie zu bestätigen).

Naturalisten könnten auch die Ansicht vertreten, dass Überzeugungen Verhaltensweisen verursachen, aber sie sind entweder (b) nicht adaptiv und wahr oder (c) adaptiv und falsch. Für beide Fälle argumentiert er, dass die Wahrscheinlichkeit, bei evolutionärem Naturalismus verlässliche Überzeugungen zu besitzen, $P(R|N + E)$, wiederum sehr gering ist. Im Fall von (b), wo Überzeugungen zwar wahr, aber nicht adaptiv sind, würde die natürliche Selektion kognitive Strukturen ausmerzen, die solche Überzeugungen hervorbringen. Im Fall von (c), wo Überzeugungen falsch, aber adaptiv sind, würde die natürliche Auslese kognitive Strukturen bewahren, die für die Erzeugung falscher Überzeugungen verantwortlich sind, was wiederum Zweifel an der Zuverlässigkeit unserer kognitiven Ausstattung aufkommen lässt. Da Plantinga auch viele Gründe anführt, warum zu bezweifeln ist, dass adaptive Überzeugungen notwendigerweise wahr sind, kommt er zu dem Schluss, dass es gute Gründe gibt, an der Zuverlässigkeit unserer glaubensbildenden Strukturen zu zweifeln – angesichts jeder denkbaren Verbindung von Evolution und einer naturalistischen Sichtweise der Beziehung zwischen Glauben und Verhalten oder Verstand und Körper.

32 Plantinga verwendet diese Formulierung in einer Reihe von Texten, z. B. in *Warranted Christian Belief*, S. 231.

33 Plantingas Verfeinerungen seines ursprünglichen Arguments sowie die Einwände der Kritiker und seine Antworten finden sich im Folgenden: Plantinga: *Warranted Christian Belief*, S. 227–240, 281–284, 350–351, Beilby (Hg.): *Naturalism Defeated?*, Law: „Naturalism, Evolution, and True Belief", S. 41–48, Fitelson und Sober: „Plantinga's Probability Arguments Against Evolutionary Naturalism", S. 115–129, Plantinga: „Reliabilism, Analysis and Defefeators", „Probability and Defeators", Plantinga und Tooley: *Knowledge of God*, S. 31–51, 227–232, Plantinga: „Content and Natural Selection", *Where the Conflict Really Lies*, S. 307–350.

34 Plantinga: „Evolution vs. Naturalism", siehe auch *Warrant and Proper Function*, S. 236–237.

35 Ebd., Hervorhebung im Original.

36 In *Where the Conflict Really Lies* geht Plantinga in seiner Argumentation noch einen Schritt weiter. Er wendet diesen Gedankengang zusammen mit anderen Überlegungen auf die Frage an: „Ist Theismus oder Naturalismus besser mit der Wissenschaft vereinbar?" (S. 265–350). Er behauptet, dass, wenn die Evolution wahr ist, die Naturalisten ein großes Problem haben: Die Verbindung von Naturalismus und Evolution untergräbt die Zuverlässigkeit der kognitiven Fähigkeiten der Naturalisten (wie wir bereits festgestellt haben). Im Gegensatz dazu bieten die jüdisch-christliche Lehre von der *imago dei* und andere begriffliche und metaphysische Ressourcen des jüdisch-christlichen Theismus eine geeignete (epistemologische) Grundlage für das Streben nach wissenschaftlicher Erkenntnis. So kommt Plantinga zu dem Schluss: „Insgesamt ist der Theismus für die Wissenschaft weitaus gastfreundlicher als der Naturalismus" (S. 309).

37 Nagel: *Geist und Kosmos.*

38 Nach Johannes Calvin ist der *sensus divinitatis* eine natürliche, angeborene

„Überzeugung" in allen Menschen, „dass es einen Gott gibt" (McNeill: *Institutes of the Christian Religion*, Buch 1, Kap. 3, S. 46). Für eine zeitgenössische Entwicklung dieser Lehre siehe Plantinga: *Warranted Christian Belief*.

39 Nagel: *The Last Word*, S. 130–131.

40 Krauss: *A Universe from Nothing*, xii.

41 „Lawrence Krauss: Atheism and the Spirit of Science". Oder, wie Richard Dawkins im Nachwort zu Krauss' *Ein Universum aus Nichts* unverblümt sagt: „Die Wirklichkeit schuldet uns keinen Trost" (S. 188).

42 Diese Zeile steht in der dritten Strophe von Voltaires poetischer Antwort auf das Buch *Botschafter des Bösen*. Siehe Voltaire: „Epître à l' auteur du livre des *Trois imposteurs*", 10, S. 402–405. Der Text kann auch auf Französisch und Englisch unter https://www.whitman.edu/VSA/trois.imposteurs.html abgerufen werden.

43 Krauss: „Our Godless Universe Is Precious".

44 Ebd.

45 Krauss: „The Universe Doesn't Give a Damn about Us".

46 Sartre: „Existentialism and Humanism", S. 69, siehe auch S. 70–76. In dieser speziellen Version verwendet der Übersetzer „abandonment" (Verlassen-Werden) statt „forlornness" (Verlassen-Sein), aber die Grundidee bleibt dieselbe.

47 Sartre: „Existentialism and Humanism", S. 69–76.

48 Frankl: *… trotzdem Ja zum Leben sagen.*

Bibliografie

„The Abrams Report for September 29, 2005". *NBC News*. http://www.nbcnews.com/id/9542288/ns/msnbc-the_abrams_report/t/abrams-report-september.

Adams, Fred C. und Evan Grohs: „Stellar Helium Burning in Other Universes: A Solution to the Triple-Alpha Fine-Tuning Problem". *Astroparticle Physics* 87 (2017), S. 40–54.

Agassiz, Louis: „Evolution and the Permanence of Type." *Atlantic Monthly* 33 (January 1874), S. 430–45.

Agassiz, Louis: „The Primitive Diversity and Number of Animals in Geological Times". *American Journal of Sciences*, 2d ser. 17 (1854), S. 309–3 24.

Aguirre, Anthony und John Kehayias: „Quantum Instability of the Emergent Universe". arXiv:1306.3232v2 [hep-th] 19 Nov. 2013.

Alberts, Bruce D. u. a.: *Molecular Biology of the Cell*. New York: Garland, 1983. Dt. Ausgabe: *Molekularbiologie der Zelle*.

Albrecht, Andreas und Paul Steinhardt: „Cosmology for Grand Unified Theories with Radiatively Induced Symmetry Breaking". *Physical Review* Letters 48/17 (1982), S. 1220–1223.

Albright, John R.: „God of the Gaps". In *Encyclopedia of Sciences and Religions*, hg. v. Anne L. C. Runehov und Lluis Oviedo. Dordrecht: Springer, 2013.

Allen, Diogenes (Hg.): *Mechanical Explanations and the Ultimate Origin of the Universe According to Leibniz*. Wiesbaden: Franz Steiner, 1983.

Alpher, R. A., H. Bethe, und G. Gamow: „The Origin of Chemical Elements." *Physical Review* 73/7 (April 1, 1948), S. 803–804.

Alpher, Victor S.: „Ralph A. Alpher, George Antonovich Gamow, and the Prediction of the Cosmic Microwave Background Radiation". *Asian Journal of Physics*, 23/1 und 2 (2014), S. 17–26.

Aquin, Thomas von: *Summa contra Gentiles* 2:17. In „On Creation and Time | Inters.Org". Zugriff 12. März 2020, http://inters.org/contra-gentiles-creation.

„Are Gaps in Scientific Knowledge Evidence for God?" BioLogos. 19. Januar 2019. https://biologos.org/common-questions/gods-relationship-to-creation/god-of-the-gaps.

Aristoteles: Metaphysik 1.3. Übersetzt von C. D. C. Reeve (Indianapolis: Hackett Publishing Company, 2016), S. 7–8.

Aristoteles: Physik III, Kap. 6. „Logos Virtual Library: Aristotle: Physics, III, 6". Zugriff 12. März 2020, http://www.logoslibrary.org/aristotle/physics/36.html.

Ashby, W. Ross: „Requisite Variety and Its Implications for the Control of Complex Systems". In Klir, George J.: *Facets of Systems Science*, S. 405–417. New York: Plenum, 1991.

Augustinus von Hippo: *Confessiones*, Buch 12, Kap. 7. In *Confessions and Enchiridion*, übers. und hg. v. Albert C. Outler. Philadelphia: Westminster, 1955.

Axe, Douglas: „Answering Objections from Martin Poenie". In Klinghoffer, David (Hg.): *Debating Darwin's Doubt*, S. 163–166. Seattle: Discovery Institute Press, 2015.

Axe, Douglas: „Estimating the Prevalence of Protein Sequences Adopting Functional Enzyme Folds". *Journal of Molecular Biology* 341 (2004): S. 1295–1315.

Axe, Douglas: „More on Objections from Martin Poenie". In Klinghoffer, David (Hg.): *Debating Darwin's Doubt*, S. 167–172. Seattle: Discovery Institute Press, 2015.

Axe, Douglas: „Show Me: A Challenge for Martin Poenie". In Klinghoffer, David (Hg.): *Debating Darwin's Doubt*, S. 182–183. Seattle: Discovery Institute Press, 2015.

Ayala, Francisco: „Darwin's Greatest Discovery: Design Without Designer". *Proceedings of the National Academy of Sciences* 104 (2007), S. 8567–8573.

Ayala, Francisco: „Darwin's Revolution." In Campbell, J. und J. Schopf (Hg.): *Creative Evolution?!*, S. 4–5. Boston: Jones and Bartlett, 1994.

Baade, Walter: „Problems in the Determination of the Distance of Galaxies". *Astronomical Journal* 63 (Mai 1958), S. 207–210. doi:10.1086/107726.

Baggott, Jim: Quantum Space: *Loop Quantum Gravity and the Search for the Structure of Space, Time, and the Universe*. Oxford: Oxford Univ. Press, 2018.

Baggott, Jim: *The Quantum Story: A History in Forty Moments*. Oxford: Oxford Univ. Press, 2011.

Barash, David: „God, Darwin and My College Biology Class". New York Times, 28. September 2014. https://www.nytimes.com/2014/09/28/opinion/sunday/god-darwin-and-my-college-biology-class.html.

Barbour, Ian G.: *Religion and Science: Historical and Contemporary Issues*. San Francisco: Harper Collins, 1997.

Barnes, Luke: „Binding the Diproton in Stars: Anthropic Limits on the Strength of Gravity“. *Journal of Cosmology and Astroparticle Physics* 2015/12 (29. Dezember 2015), 050.

Barnes, Luke: „The Fine-Tuning of the Universe for Intelligent Life“. *Publications of the Astronomical Society of Australia* 29/4 (2013), S. 529–564.

Barr, S. M. und Almas Khan: „Anthropic Tuning of the Weak Scale and of the Mu/Md in Two-Higgs’ Doublet Models“. *Physical Review D–Particles, Fields, Gravitation, and Cosmology* 76, Nr. 4 (6. August 2007), https://doi.org/10/1103?PhysRevD.76.045002.

Barrett, Justin: *Born Believers: The Science of Childhood Religion*. New York: Free Press, 2012.

Barrow, John D.: „Anthropic Definitions“. *Quarterly Journal of the Royal Astronomical Society* 24 (1983), S. 150.

Barrow, John und Frank Tipler: *The Anthropic Cosmological Principle*. Oxford: Oxford Univ. Press, 1988.

Beauregard, Mario und Denyse O’Leary: *The Spiritual Brain: A Neuroscientist’s Case for the Existence of the Soul*. San Francisco: HarperOne, 2008.

Bechly, Günter und Stephen C. Meyer: „The Fossil Record and Universal Common Ancestry“. In Moreland, J. P. u. a. (Hg.): *Theistic Evolution: A Scientific, Philosophical and Theological Critique*, S. 323–353. Wheaton, IL: Crossway, 2017.

Bechly, Günter, Brian Miller und David Berlinski: „Right of Reply: Our Response to Jerry Coyne“. Quillette, 29. September 2019. https://quillette.com/2019/09/29/right-of-reply-our-response-to-jerry-coyne.

Beilby, James (Hg.): *Naturalism Defeated?: Essays on Plantinga’s Evolutionary Argument Against Naturalism*. Ithaca: Cornell Univ. Press, 2002.

Bell, J. S.: „Against ‚Measurement‘“. In Miller, Arthur I. (Hg.): *Sixty-Two Years of Uncertainty: Historical, Philosophical, and Physical Inquiries into the Foundations of Quantum Mechanics*, S. 17–31. New York: Plenum, 1990.

Bena, Iosif und Mariana Graña: „String Cosmology and the Landscape“. *Comptes Rendus Physique* 18/3–4 (März–April 2017), S. 200–206.

Bentley, Richard: *Eight Sermons Preach’d at the Honourable Robert Boyle’s Lecture, in the First Year 1692*. Cambridge: Cornelius Crownfield, 1724.

Bentley, Richard: „Brief von Richard Bentley an Isaac Newton“, 18. Februar 1692/3. 189.R.4.47ff. 3–4, Cambridge: Trinity College Library, 1693.

Berlinski, David: „Responding to Stephen Fletcher’s Views in the Times Literary Supplement on the RNA World“. https://davidberlinski.org/2010/01/15/responding-to-stephen-flethers-views-in-the-times-literary-supplement-on-the-rna-world.

Berlinski, David: „The Deniable Darwin". In Klinghoffer, David (Hg.): *The Deniable Darwin*, S. 41–64. Seattle: Discovery Institute Press, 2009. Neudruck von *Commentary*, June 1996.

Berlinski, David und Tyler Hampton: „Hopeless Matzke". In Klinghoffer, David (Hg.): *Debating Darwin's Doubt*, S. 100–113. Seattle: Discovery Institute Press, 2015.

Bershtein, Shimon u. a.: „Robustness–Epistasis Link Shapes the Fitness Landscape of a Randomly Drifting Protein". *Nature* 444/7121 (2006), S. 929–932.

Billings, Lee: „Cosmic Conflict: Diverging Data on Universe's Expansion Polarizes Scientists". *Scientific American*, 16. Mai 2018. Zugriff 21. März 2020, https://www.scientificamerican.com/article/cosmic-conflict-diverging-data-on-universes -expansion-polarizes-scientists1/.

Bingham, John: „Richard Dawkins: I Can't Be Sure God Does Not Exist". *The Telegraph*, 24. Februar 2012. https://www.telegraph.co.uk/news/religion/9102740/Richard-Dawkins-I-cant-be-sure-God-does-not-exist.html.

Boetius von Dacien: *On the Supreme Good; On the Eternity of the World; On Dreams (De Summo Bono; De Aeternitate Mundi; De Somnis).* Übersetzt von John F. Wippel, Mediaeval Sources in Translation. Montmagny: Les Éditions Marquis Ltée, 1987.

Bojowald, Martin: *Quantum Cosmology: A Fundamental Description of the Universe.* New York: Springer, 2011.

Bojowald, Martin, Claus Kiefer und Paulo Vargas Moniz: „Quantum Cosmology for the XXIst Century: A Debate". In Damour, T., R. Jantzen und R. Ruffini (Hg.): *The Twelfth Marcel Grossmann Meeting: On Recent Developments in Theoretical and Experimental General Relativity, Astrophysics and Relativistic Field Theories* (in 3 Bänden), Teil A, S. 589–608. Singapur: World Scientific, 2012.

Bonaventura: *Commentarius in secundum librum Sententiarum Petri Lombardi*, Buch II. In *Commentary on the Sentences: Philosophy of God*, Vol. 16 der Werke von Bonaventura, übersetzt von R. E. Houser und Timothy B. Noone, mit Einleitung und Anmerkungen. New York: Franciscan Institute Press, 2014.

Bondi, Hermann und Thomas Gold: „The Steady-State Theory of the Expanding Universe". *Monthly Notices of the Royal Astronomical Society* 108 (1948), S. 252–270.

Borde, Arvind, Alan H. Guth und Alexander Vilenkin: „Inflationary Spacetimes Are Incomplete in Past Directions". *Physical Review Letters* 90/15 (15. April 2003), 151301.

Borde, Arvind und Alexander Vilenkin: „Eternal Inflation and the Initial Singularity". *Physical Review Letters* 72 (1994), S. 3305–3309.

Borde, Arvind und Alexander Vilenkin: „Violation of the Weak Energy Condition in Inflating Spacetimes". *Physical Review D 56* (1997), S. 717–723.

Born, Max: „Zur Quantenmechanik der Stoßvorgänge". *Zeitschrift für Physik* 38 (1926), S. 803–827.

Bousso, Raphael und Ben Freivogel: „A Paradox in the Global Description of the Multiverse". *Journal of High Energy Physics* 2007/06 (2007): 018.

Bousso, Raphael, Ben Freivogel und I-Sheng Yang: „Boltzmann Babies in the Proper Time Measure". *Physical Review D* 77/10 (2008), 103514.

Bousso, Raphael und Joseph Polchinski: „The String Theory Landscape". *Scientific American* 291/3 (September 2004), S. 78–87.

Bowles, Alexander M. C., Ulrike Bechtold und Jordi Paps: „The Origin of Land Plants Is Rooted in Two Bursts of Genomic Novelty". Current Biology 30/3 (3. Februar 2020), S. 530–536.

Boyle, Robert: *A Defense of the Doctrine Touching the Spring and Weight of the Air*. London: Thomas Robinson, 1662.

Boyle, Robert: „A Disquisition about the Final Causes of Natural Things". In Davis, Edward B. und Michael Hunter (Hg.): *The Works of Robert Boyle, vol. 11*, 14 Bände, S. 79–152. London: Pickering and Chatto, 1999–2000.

Boyle, Robert: „A Free Enquiry into the Vulgarly Receiv'd Notion of Nature". In Davis, Edward B. und Michael Hunter (Hg.): *The Works of Robert Boyle, vol. 10*, 14 Bände, S. 437–571. London: Pickering and Chatto, 1999–2000.

Boyle, Robert: *New Experiments Physico-Mechanical, Touching the Spring of the Air, and Their Effects: Whereunto Is Added a Defence of the Authors Explication of the Experiments Against the Objections of Franciscus Linus and Thomas Hobbes*. Oxford: H. Hall, 1662.

Boyle, Robert: *Selected Philosophical Papers of Robert Boyle*. Herausgegeben von M. A. Stewart. Manchester: Manchester Univ. Press, 1979.

Boyle, Robert: „Of the Study of the Book of Nature". In Davis, Edward B. und Michael Hunter (Hg.): *The Works of Robert Boyle, vol. 13*, 14 Bände, S. 147–172. London: Pickering and Chatto, 1999–2000.

Boyle, Robert: „The Usefulness of Natural Philosophy". In Davis, Edward B. und Michael Hunter (Hg.): *The Works of Robert Boyle, vol. 3*, 14 Bände, S. 189–560. London: Pickering and Chatto, 1999–2000.

Boyle, Robert: *The Works of Robert Boyle*. Hg. v. Michael Hunter und Edward B. Davis. 14 Bände. London: Pickering and Chatto, 1999–2000.

Bozza, Valerio und Gabriele Veneziano: „Scalar Perturbations in Regular

Two-Component Bouncing Cosmologies". Physics Letters B 625 (2005), S. 177–183.

Bridgewater, Francis Henry Egerton: *The Bridgewater Treatises on the Power, Wisdom, and Goodness of God, as Manifested in the Creation. Treatise I–VIII*. London: Pickering, 2012, S. 1834–1839.

Briggs, David: „Science, Religion Are Discovering Commonality in Big Bang Theory". Los Angeles Times, 2. Mai 1992, B6–7. https://www.latimes.com/archives/la-xpm-1992-05 -02-me-1350-story.html.

Brooke, John Hedley: „Myth 25: That Modern Science Has Secularized Modern Culture". In Numbers, Ronald (Hg.): *Galileo Goes to Jail and Other Myths About Science and Religion*, S. 224–234. Cambridge, MA: Harvard Univ. Press, 2009.

Brooke, John Hedley: „Science and Theology in the Enlightenment". In Richardson, Mark W. und Wesley J. Wildman (Hg.): *Religion and Science: History, Method, Dialogue*, S. 7–28. New York: Routledge, 1996.

Brown, Gregory: „Is the Logic in London Different from the Logic in Hanover?" In Phemister, Pauline und Stuart Brown (Hg.): *Leibniz and the English-Speaking World*, S. 145–162. Dordrecht: Springer, 2007.

Browne, Malcolm W.: „Clues to Universe Origin Expected". *New York Times*, 12. März 1978, S. 54.

Brush, Stephen G: „Prediction and Theory Evaluation: The Case of Light Bending". *Science* 246 (1989), S. 1124–1129.

Buchdahl, Gerd: *Metaphysics and the Philosophy of Science*. Oxford: Blackwell, 1969.

Burbidge, E. M. u. a.: „Synthesis of the Elements in Stars". *Reviews of Modern Physics* 29/4 (1957), S. 547–650.

Butterfield, Herbert: *The Origins of Modern Science*. New York: Free Press, 1957.

Butterfield, Jeremy und Christopher Isham: „On the Emergence of Time in Quantum Gravity". In Butterfield, Jeremy (Hg.): *The Arguments of Time*, S. 111–168. Oxford: Oxford Univ. Press, 1999.

Butterfield, Jeremy und Christopher Isham: „Spacetime and the Philosophical Challenge of Quantum Gravity". In Callender, Craig und Nick Huggett (Hg.): *Physics Meets Philosophy at the Planck Scale*, S. 33–89. Cambridge: Cambridge Univ. Press, 2001.

Callender, Craig und Nick Huggett (Hg): *Physics Meets Philosophy at the Planck Scale: Contemporary Theories in Quantum Gravity*. Cambridge: Cambridge Univ. Press, 2001.

Calvin, Melvin: *Chemical Evolution*. Oxford: Clarendon, 1969.

Carr, Bernard: „Introduction and Overview". In Carr, Bernard (Hg.): *Universe or Multiverse?*, S. 3–28. Cambridge: Cambridge Univ. Press, 2007.

Carr, B. und M. Rees: „The Anthropic Principle and the Structure of the Physical World". *Nature* 278 (1979), S. 605–612.

Carroll, Bradley W. und Dale A. Ostlie: *An Introduction to Modern Astrophysics*. 2. Auflage Cambridge: Cambridge Univ. Press, 2017.

Carroll, Sean: „Against Bounces". *Discover*, 2. Juli 2007. https://www.discovermagazine.com/the-sciences/against-bounces.

Carroll, Sean: *The Big Picture: On the Origins of Life, Meaning, and the Universe Itself*. New York: Dutton, 2017.

Carroll, Sean: *From Eternity to Here*. New York: Penguin, 2010.

Carroll, Sean: „Turtles Much of the Way Down". *Discover*, 25. November 2007. https://www.discovermagazine.com/the-sciences/turtles-much-of-the-way-down.

Carroll, Sean: „Why Boltzmann Brains Are Bad". 2. Februar 2017. arXiv:1702.00850.

Carroll, Sean und H. Tam: „Unitary Evolution and Cosmological Fine-tuning". 8. Juli 2010. arXiv:1007.1417.

Carter, Brandon: „Large Number Coincidences and the Anthropic Principle in Cosmology". In Longair, M. S. (Hg.): *Confrontation of Cosmological Theories with Observational Data*, S. 291–298. Dordrecht: Reidel, 1974.

Chaberek, Michael Fr.: *Aquinas and Evolution*. British Columbia: Chartwell Press, 2017.

Chaisson, Eric und Steve McMillan: *Astronomy Today*. Englewood Cliffs, NJ: Prentice Hall, 1993.

Chaitin, Gregory J.: *Algorithmic Information Theory*. Cambridge: Cambridge Univ. Press, 2004.

Chamberlain, Thomas C.: „The Method of Multiple Working Hypotheses". *Science* (alte Reihe) 15 (1890), S. 92–96. Neuauflage in *Science* 148 (1965): S. 754–759. Ebenso Neuauflage in *Journal of Geology* (1931), S. 155–165.

Chiarabelli, C. u. a.: „Investigation of De Novo Totally Random Biosequences, Part II: On the Folding Frequency in a Totally Random Library of De Novo Proteins Obtained by Phage Display". *Chemistry and Biodiversity* 3/8 (August 2006), S. 840–859.

Clarke, Samuel: *A Collection of Papers, Which Passed Between the Late Learned Mr. Leibnitz [sic] and Dr. Clarke, in the Years 1715 and 1716*. London: James Knapton, 1717. Dt. Ausgabe: *Der Briefwechsel mit G. W. Leibniz von 1715/1716*.

Clarke, Samuel: *A Demonstration of the Being and Attributes of God and Other Writings*. Hg. v. E. Vailati. Cambridge: Cambridge Univ. Press, 1998.

Clarke, Samuel: *The Works*. Hg. v. B. Hoadly. Bd. 2. London: Garland, 2002.

Cleland, Carol E.: „Historical Science, Experimental Science, and the Scientific Method“. *Geology* 29 (2001), S. 987–990.

Cleland, Carol E.: „Methodological and Epistemic Differences Between Historical Science and Experimental Science.“ *Philosophy of Science* 69 (2002): S. 474–496.

Collingwood, Richard G.: *The Idea of Nature*. 1945. New York: Oxford Univ. Press, 2014.

Collins, Francis: *The Language of God: A Scientist Presents Evidence for Belief*. New York: Free Press, 2006.

Collins, Graham P.: „The Many Interpretations of Quantum Mechanics.“ *Scientific American* 297/5 (19. November 2007): S. 19.

Collins, Robin: „Evidence for Fine-Tuning.“ In Manson, Neil A. (Hg.): *God and Design: The Teleological Argument and Modern Science*, S. 178–199. New York: Routledge, 2003.

Collins, Robin: „The Fine-Tuning Design Argument.“ In Murray, Michael (Hg.): *Reason for the Hope Within*, S. 60–61. Grand Rapids, MI: Eerdmans, 1998.

Collins, Robin: „The Fine-Tuning Evidence Is Convincing.“ In Moreland, J. P., Chad Meister und Khaldoun A. Sweis (Hg.): *Debating Christian Theism*, S. 35–46. New York: Oxford Univ. Press, 2013.

Collins, Robin: „The Multiverse Hypothesis: A Theistic Perspective.“ In Carr, Bernard (Hg.): *Universe or Multiverse?*, S. 459–480. Cambridge: Cambridge Univ. Press, 2007.

Collins, Robin: „The Teleological Argument: An Exploration of the Fine-Tuning of the Universe.“ In Craig, William Lane und J. P. Moreland (Hg.): *The Blackwell Companion to Natural Theology*, S. 202–281. Malden, MA: Wiley-Blackwell, 2009.

Comte, Auguste: *The Positive Philosophy of Auguste Comte*. Übers. v. Harriet Martineau. New York: Calvin Blanchard, 1858.

Cooke, Michael: „An Introduction to Quantum Cosmology.“ Masterarbeit, Imperial College, London, 24. September 2010.

Copan, Paul and William Lane Craig: *Creation Out of Nothing: A Biblical, Philosophical, and Scientific Exploration*. Grand Rapids, MI: Baker Academic, 2004.

Courtenay, W.: „The Dialectic of Omnipotence in the High and Late Middle Ages.“ In Ruduvsky, T. (Hg.): *Divine Omniscience and Omnipotence in*

Medieval Philosophy, S. 243–269. Dordrecht, Niederlande: D. Reidel, 1985.

Coyne, Jerry: „God vs. Physics: Krauss Debates Meyer and Lamoureux." *Why Evolution Is True* (Blog), 20. März 2016. https://whyevolutionistrue.wordpress.com/2016/03/20/god-vs-physics-krauss-debates-meyer-and-lamoureux/#comment-1316386.

Craig, William L.: *The Cosmological Argument from Plato to Leibniz*. Eugene, OR: Wipf & Stock, 2001.

Craig, William L.: „Design and the Anthropic Fine-Tuning of the Universe." In Manson, Neil A. (Hg.): *God and Design: The Teleological Argument and Modern Science*, S. 155–177. New York: Routledge, 2003.

Craig, William L.: *The Kalām Cosmological Argument*. Eugene, OR: Wipf & Stock, 2000. Dt. Ausgabe: *Der kosmologische Kalām-Gottesbeweis*; erschienen im Sammelband: Joachim Bromand, Guido Kreis (Hg.): *Gottesbeweise – von Anselm bis Gödel*. Suhrkamp Verlag (suhrkamp taschenbuch wissenschaft 1946), Berlin 2011.

Craig, William L.: *Reasonable Faith: Christian Truth and Apologetics*. 3. Aufl. Wheaton, IL: Crossway, 2008.

Craig, William L.: „The Teleological Argument and the Anthropic Principle." In William Lane und Mark S. McLeod (Hg.): *The Logic of Rational Theism: Exploratory Essays*, S. 127–153. Problems in Contemporary Philosophy 24. Lewiston, NY: Edwin Mellen, 1990.

Craig, William L.: „The Ultimate Question of Origins: God and the Beginning of the Universe." *Reasonable Faith*. Zugriff 23. November 2018, https://www.reasonablefaith.org/writings/scholarly-writings/the-existence-of-god/the-ultimate-question-of-origins-god-and-the-beginning-of-the-universe.

Craig, William L.: „'What Place, Then, for a Creator?': Hawking on God and Creation." *British Journal for the Philosophy of Science* 41/4 (Dezember 1990): S. 473–491.

Craig, William Lane und James D. Sinclair: „The *Kalām* Cosmological Argument." In Craig, William Lane und J. P. Moreland (Hg.): *The Blackwell Companion to Natural Theology*, S. 101–201. Oxford: Blackwell Publishing, 2009.

Crick, Francis: *Life Itself: Its Origin and Nature*. New York: Simon & Schuster, 1981. Dt. Ausgabe: *Das Leben selbst*. München/Zürich: Piper.

Crick, Francis: „On Protein Synthesis." *Symposium for the Society of Experimental Biology* 12 (1958): S. 138–163.

Crick, Francis: *What Mad Pursuit: A Personal View of Scientific Discovery.*

New York: Basic Books, 1988. Dt. Ausgabe: *Ein irres Unternehmen: Die Doppelhelix und das Abenteuer Molekularbiologie*. München/Zürich: Piper.

Crick, Francis und Leslie Orgel: „Directed Panspermia." *Icarus* 19 (1973): S. 341–346.

Crisp, Thomas: „On Naturalistic Metaphysics." In Clark, Kelly James (Hg.): *The Blackwell Companion to Naturalism*. Hoboken, NJ: Wiley, 2016.

Crombie, Alistair C.: *The History of Science from Augustine to Galileo*, 2 Bände 1952. Neuauflage. Cambridge, MA: Harvard Univ. Press, 1979. Dt. Ausgabe: *Von Augustinus bis Galileo*. Frankfurt a.M.: Büchergilde, 1966.

Crombie, Alistair C.: *Robert Grosseteste and the Origins of Experimental Science 1100–1700*. Oxford: Oxford Univ. Press, 1953.

Csoto, Attila, Heinz Oberhummer und Helmut Schlattl: „Fine-Tuning the Basic Forces of Nature Through the Triple-Alpha Process in Red Giant Stars." *Nuclear Physics A* 688/1–2 (2001): S. 560–562.

Curiel, Erik.: „A Primer on Energy Conditions." In Lehmkuhl, Dennis, Gregor Schiemann und Erhard Scholz (Hg.): *Towards a Theory of Spacetime Theories*, Einstein Studies, 13: S. 43–104. New York: Birkhäuser, 2017.

Custance, Arthur C.: *The Mysterious Matter of Mind* (zweite Online-Ausgabe, 2001; ursprünglich veröffentlicht von Probe Ministries und Zondervan Publishing, 1980). http://www.custance.org/Library/MIND/.

Dales, Richard C.: *Medieval Discussions of the Eternity of the World*. Leiden: Brill, 1990.

Darwin, Charles: *The Autobiography of Charles Darwin, 1809–1882*. Hg. v. Nora Barlow. New York: Norton, 1958. Dt. Ausgabe: *Mein Leben: 1809–1882*.

Darwin, Charles: *The Life and Letters of Charles Darwin, Including an Autobiographical Chapter*. Hg. v. Francis Darwin. 2 Bände. New York: Appleton, 1898.

Darwin, Charles: *On the Origin of Species by Means of Natural Selection*. Eine originalgetreue Kopie der ersten Ausgabe, veröffentlicht von John Murray. London, 1859. Neuauflage, Cambridge, MA: Harvard Univ. Press, 1964. Dt. Ausgabe: *Über die Entstehung der Arten*.

Darwin, Charles: *The Origin of Species: 150th Anniversary Edition*. New York: Signet, 2003.

Darwin Correspondence Project. „Letter no. 13230." http://www.darwinproject.ac.uk/DCP-LETT-13230.

Daston, Lorraine und Michael Stolleis: *Natural Law and Laws of Nature in Early Modern Europe: Jurisprudence, Theology, Moral and Natural Philosophy*. Burlington, VT: Ashgate, 2008.

Date, Ghanashyam und Golam Mortuza Hossain: „Genericness of Inflation in Isotropic Loop Quantum Cosmology." *Physical Review Letters* 94/1 (2005), 011301.

Davidson, Eric H.: „Evolutionary Bioscience as Regulatory Systems Biology." *Developmental Biology* 357 (2011): S. 35–40.

Davidson, Eric H.: *The Regulatory Genome: Gene Regulatory Networks in Development and Evolution*. Burlington, MA: Academic, 2006.

Davidson, Eric und Douglas Erwin: „An Integrated View of Precambrian Eumetazoan Evolution." *Cold Spring Harbor Symposia on Quantitative Biology* 74 (2009): S. 65–80.

Davies, Paul: *The Accidental Universe*. Cambridge: Cambridge Univ. Press, 1982.

Davies, Paul: *The Cosmic Blueprint*. New York: Simon & Schuster, 1988. Dt. Ausgabe: *Prinzip Chaos*. C. Bertelsmann, 1992.

Davies, Paul: *Superforce: The Search for a Grand Unified Theory of Nature*. New York: Simon & Schuster, 1985. Dt. Ausgabe: *Die Urkraft – auf der Suche nach einer einheitlichen Theorie der Natur*.

Davies, P. C. W.: „Spacetime Singularities in Cosmology." In Fraser, J. T., N. Lawrence und D. Park (Hg.): *The Study of Time III*, S. 74–93. New York: Springer, 1978.

Davis, Edward B. (Ted): „The Faith of a Great Scientist: Robert Boyle's Religious Life, Attitudes, and Vocation." *BioLogos*, 8. August 2013. https://biologos.org/articles/the-faith-of-a-great-scientist-robert-boyles-religious-life-attitudes-and-vocation.

Davis, Edward B. (Ted): „Newton's Rejection of the ‚Newtonian World View': The Role of Divine Will in Newton's Natural Philosophy." In van der Meer, Jitse M. (Hg.): *Facets of Faith and Science*. Bd. 3, *The Role of Beliefs in the Natural Sciences*, S. 103–117. Lanham, MD: Univ. Press of America, 1996.

Davisson, C. J.: „The Diffraction of Electrons by a Crystal of Nickel." *Bell System Technical Journal* 7/1 (Januar 1928): S. 90–105. doi:10.1002/j.1538-7305.1928.tb00342.x.

Dawkins, Richard: *The Blind Watchmaker: Why the Evidence of Evolution Reveals a Universe Without Design*. New York: Norton, 1986. Dt. Ausgabe: *Der blinde Uhrmacher: Ein neues Plädoyer für den Darwinismus*. München: dtv, 1990.

Dawkins, Richard: *The God Delusion*. Boston: Houghton Mifflin, 2006. Dt. Ausgabe: *Der Gotteswahn*. Berlin: Ullstein Taschenbuch, 2016.

Dawkins, Richard: „The Improbability of God." Richard Dawkins Foundation for Reason & Science, 17. Juni 2014. https://www.richarddawkins.

net/2014/06/the-improbability-of-god. Ursprünglich veröffentlicht in *Free Enquiry* 18/3 (Sommer 1998).

Dawkins, Richard: *River Out of Eden: A Darwinian View of Life*. New York: Basic Books, 1995. Dt. Ausgabe: *Und es entsprang ein Fluß in Eden: Das Uhrwerk der Evolution*. München: Goldmann, 1998.

Dawkins, Richard: „Interview mit Ben Wattenberg". Think Tank, 1996. http://www.pbs.org/thinktank/transcript410.html.

DeCross, Matthew P. u. a.: „Preheating after Multifield Inflation with Nonminimal Couplings. I. Covariant Formalism and Attractor Behavior." *Physical Review* D 97/2 (26. Januar 2018), 023526.

de Duve, Christian: „The Beginnings of Life on Earth." *American Scientist* 83/5 (1995): S. 428–437.

de Duve, Christian: *Blueprint for a Cell: The Nature and Origin of Life*. Burlington, NC: Neil Patterson, 1991. Dt. Ausgabe: *Ursprung des Lebens*. Heidelberg, Berlin, Oxford: Spektrum, 1993.

de Duve, Christian: „The Constraints of Chance." *Scientific American* 274/1 (Januar 1996): S. 112.

de Duve, Christian: *Vital Dust: Life as a Cosmic Imperative*. New York: Basic Books, 1995. Dt. Ausgabe: *Aus Staub geboren. Leben als kosmische Zwangsläufigkeit*. Hamburg: Rowohlt, 1997.

Dellago, C. und H. A. Posch: „Kolmogorov-Sinai Entropy and Lyapunov Spectra of a HardSphere Gas." *Physica A: Statistical Mechanics and Its Applications* 240/1–2 (1997): S. 68–83.

Dembski, William A.: *The Design Inference: Eliminating Chance Through Small Probabilities*. Cambridge: Cambridge Univ. Press, 1998.

Dembski, William A. und Stephen C. Meyer: „Fruitful Interchange or Polite Chitchat? The Dialogue Between Science and Theology." *Zygon* 33/3 (September 1998): S. 415–430.

Dennett, Daniel: *Breaking the Spell: Religion as a Natural Phenomenon*. New York: Penguin, 2006. Dt. Ausgabe: *Den Bann brechen: Religion als natürliches Phänomen*. Suhrkamp Verlag (suhrkamp taschenbuch wissenschaft, 1946), Berlin, 2016.

Dennett, Daniel: *Darwin's Dangerous Idea: Evolution and the Meanings of Life*. New York: Simon & Schuster, 1995. Dt. Ausgabe: *Darwins gefährliches Erbe. Die Evolution und der Sinn des Lebens*. Hamburg: Hoffmann und Campe, 1997.

Denton, Michael: *Evolution: A Theory in Crisis*. London: Adler and Adler, 1985.

Denton, Michael: *Nature's Destiny: How the Laws of Biology Reveal Purpose in the Universe*. New York: Free Press, 1998.

Descartes, René: *Principles of Philosophy*. Übers. und hg. v. V. R. Miller und R. P. Miller. Dordrecht: Kluwer Academic, 1983. Dt. Ausgabe: *Die Prinzipien der Philosophie*.

Descartes, René: *The World*. Übers. v. Michael S. Mahoney. 1633. Neuauflage, New York: Abaris, 1979. Dt. Ausgabe: *Die Welt: Abhandlung über das Licht*.

de Vries, Hugo: *Species and Varieties: Their Origin by Mutation*. 2. Edition. Hg. v. Daniel Trembly MacDougal. Chicago: Open Court, 1906. http://www.gutenberg.org/files/7234/7234-h/7234-h.htm).

Dicke, Robert H.: „Dirac's Cosmology and Mach's Principle." *Nature* 192 (1961): S. 440–442.

Dicke, Robert H. u. a.: „Cosmic Black-Body Radiation." *Astrophysical Journal Letters* 142 (1965): S. 415–419.

Dimopoulos, Antoniadis S.: „Splitting Supersymmetry in String Theory." *Nuclear Physics*. B715 (2005): S. 120–140.

Dobzhansky, Theodosius: „Discussion of G. Schramm's Paper." In W. Fox, Sidney (Hg.): *The Origins of Prebiological Systems and of Their Molecular Matrices*, S. 309–315. New York: Academic, 1965.

Dose, K.: „The Origin of Life: More Questions Than Answers." *Interdisciplinary Science Review* 13 (1988): S. 348–356.

Douglas, A. Vibert: „Forty Minutes with Einstein." *Journal of the Royal Astronomical Society of Canada* 50 (1956): S. 99–102.

Dowden, Bradley: „Time." In *Internet Encyclopedia of Philosophy*. Hg. v. James Fieser und Bradley Dowden. http://www.iep.utm.edu/time.

Draper, John W.: *History of the Conflict Between Religion and Science*. New York: Appleton, 1874. Dt. Ausgabe: *Geschichte der Conflicte zwischen Religion und Wissenschaft*.

Drees, Willem B.: „Interpretation of ‚The Wave Function of the Universe.'" *International Journal of Theoretical Physics* 26/10 (Oktober 1987): S. 939–942. doi:10.1007/BF00670817.

Dretske, Fred I.: *Knowledge and the Flow of Information*. Cambridge, MA: MIT Press, 1981.

Duhem, Pierre M. M.: *The System of World: A History of Cosmological Doctrines from Plato to Copernicus (Le système du monde: histoires des doctrines cosmologiques de Platon à Copernic)*. Paris: Librairie Scientifique A. Hermann et Fils, 1913.

Durston, K. K. u. a.: „Measuring the Functional Sequence Complexity of Proteins." *Theoretical Biology and Medical Modelling* 4 (2007): S. 47.

Eddington, Arthur S.: „The Deflection of Light During a Solar Eclipse." *Nature* 104 (1919): S. 372.

Eddington, Arthur S.: „The End of the World: From the Standpoint of Mathematical Physics." *Nature* 127 (1956): S. 450.

Eden, M.: „Inadequacies of Neo-Darwinian Evolution as a Scientific Theory." In Moorhead, P. S. und M. M. Kaplan (Hg.): *Mathematical Challenges to the Neo-Darwinian Interpretation of Evolution*, S. 5–19. Wistar Institute Symposium Monograph No. 5. New York: Liss, 1967.

Eigen, Manfred: *Steps Towards Life*. Oxford: Oxford Univ. Press, 1992. Dt. Ausgabe: *Stufen zum Leben. Die frühe Evolution im Visier der Molekularbiologie*. München/Zürich: Piper, 1987.

Einstein, Albert: „Die Feldgleichungen der Gravitation." *Sitzungsberichte der Königlich Preussischen Akademie der Wissenschaften* 48 (25. November 1915): S. 844–847.

Einstein, Albert: „Die Grundlage der allgemeinen Relativitätstheorie." *Annalen der Physik* 49 (1916): S. 769–822.

Einstein, Albert: „Kosmologische Betrachtungen zur allgemeinen Relativitätstheorie." *Sitzungsberichte der Königlich Preussischen Akademie der Wissenschaften* (8. Februar 1917): S. 142–152.

Einstein, Albert: „Note on the Work of A. Friedmann ‚On the Curvature of Space.'" *Zeitschrift für Physik* 11/32 (1922). Dt. Ausgabe: *Notiz zu der Arbeit von A. Friedmann „Über die Krümmung des Raumes"*.

Einstein, Albert: „Note on the Work of A. Friedmann ‚On the Curvature of Space.'" *Zeitschrift für Physik* 16/228 (1923). Dt. Ausgabe: *Notiz zu der Arbeit von A. Friedmann „Über die Krümmung des Raumes"*.

Einstein, Albert: „Über einen die Erzeugung und Verwandlung des Lichtes betreffenden heuristischen Gesichtspunkt." *Annalen der Physik* 17/6 (1905): S. 132–148. https://onlinelibrary.wiley.com/doi/abs/10.1002/andp.19053220607.

Eiseley, Loren: *Darwin's Century: Evolution and the Men Who Discovered It*. Garden City, NY: Doubleday, 1958.

Ekström, S. u. a.: „Effects of the Variation of Fundamental Constants on Population III Stellar Evolution." *Astronomy and Astrophysics* 514 (Mai 2010): A62.

Ell, Douglas: *Counting to God: A Personal Journey Through Science to Belief*. Attitude Media, 2004.

Ellis, George: „Cosmology: The Untestable Multiverse." Nature 469 (20. Januar 2011): S. 294–295. doi:10.1038/469294a.

Epelbaum, E. u. a.: „Dependence of the Triple-Alpha Process on the Fundamental Constants of Nature." *European Physics Journal* A 49 (2013): id 82.

Everett, Hugh: „The Theory of the Universal Wave Function." In DeWitt, Bryce und Neil Graham (Hg.): *The Many-Worlds Interpretation of Quantum Mechanics*, S. 3–140. Princeton, NJ: Princeton Univ. Press, 1973.

Ewert, Winston u. a.: „Efficient Per Query Information Extraction from a Hamming Oracle." *42nd Southeastern Symposium on System Theory* (SSST). Tyler, TX (2010): 290–97. doi:10.1109/SSST.2010.5442816.

Falk, Darrell: „Further Thoughts on ‚Darwin's Doubt' after Reading Bishop's Review." *BioLogos*, 11. September 2014. https://biologos.org/articles/reviewing-darwins-doubt-darrel-falk.

Falk, Darrell: „Thoughts on Darwin's Doubt, Part 1." *BioLogos*, 9. September 2014. https://biologos.org/articles/reviewing-darwins-doubt-darrel-falk.

Farrell, John: *The Day Without Yesterday: Lemaître, Einstein, and the Birth of Modern Cosmology*. New York: Basic Books, 2006.

Faye, Jan: „Copenhagen Interpretation of Quantum Mechanics." In *The Stanford Encyclopedia of Philosophy*, hg. v. Edward N. Zalta, Winter 2019. https://plato.stanford.edu/archives/win2019/entries/qm-copenhagen.

Ferm, Vergilius (Hg): *An Encyclopedia of Religion*. New York: Philosophical Library, 1945.

Fernie, J. D.: „The Period-Luminosity Relation: A Historical Review." *Publications of the Astronomical Society of the Pacific* 81/483 (Dezember 1969): S. 707–731.

Ferrada, E. und A. Wagner: „Evolutionary Innovations and the Organization of Protein Functions in Sequence Space." *PLOS ONE* 5/11 (2010): e14172.

Feynman, Richard: *The Character of Physical Law*. Cambridge, MA: MIT Press, 1995. Dt. Ausgabe: *Vom Wesen physikalischer Gesetze*. München/Zürich: Piper, 1993.

Fitelson, Branden und Elliott Sober: „Plantinga's Probability Arguments Against Evolutionary Naturalism." *Pacific Philosophical Quarterly* 79/2 (1998): S. 115–129.

Foster, Michael B.: *Creation, Nature, and Political Order in the Philosophy of Michael Foster (1903–1959): The Classic Mind Articles and Others, with Modern Critical Essays*. Hg. v. Cameron Wybrow. Lewiston, NY: Edwin Mellen, 1993.

Frankl, Viktor: *Man's Search for Meaning*. New York: Washington Square Press, 1959. Dt. Ausgabe: … *trotzdem Ja zum Leben sagen. Ein Psychologe erlebt das Konzentrationslager.*

Freddoso, Alfred J.: „Ockham on Faith and Reason." In Spade, Paul V. (Hg.): *The Cambridge Companion to Ockham*, S. 326–349. Cambridge: Cambridge Univ. Press, 1999.

Freud, Sigmund: *Beyond the Pleasure Principle*. Übers. und hg. v. James Strachey. 1961. New York: Bantam, 1990. Dt. Ausgabe: *Jenseits des Lustprinzips*.

Freud, Sigmund: *The Ego and the Id*. Übers. und hg. v. James Strachey, 1960. New York: Norton, 1990. Dt. Ausgabe: *Das Ich und das Es*.

Freud, Sigmund: *The Future of an Illusion*. Übers. v. W. D. Robson-Scott, 1927. New York: Norton, 1989. Dt. Ausgabe: *Die Zukunft einer Illusion*.

Freud, Sigmund: *The Interpretation of Dreams*. Übers. und hg. v. James Strachey, 1955. New York: Basic Books, 2010. Dt. Ausgabe: *Die Traumdeutung*.

Freud, Sigmund: *Three Essays on the Theory of Sexuality*. Übers. und hg. v. James Strachey, 1949. Eastford, CT: Martino Fine Books, 2011. Dt. Ausgabe: *Drei Abhandlungen zur Sexualtheorie*.

Friedmann, Alexsander: „On the Curvature of Space." *Zeitschrift für Physik* 10 (1922): S. 377–386. Dt. Ausgabe: *Über die Krümmung des Raumes*.

Frieman, Joshua A., Michael S. Turner und Dragan Huterer: „Dark Energy and the Accelerating Universe." *Annual Review of Astronomy and Astrophysics* 46/1 (15. September 2008): S. 385–432.

Fuller, Steve: Vorwort. In Moreland, J. P. u. a. (Hg.): *Theistic Evolution: A Scientific, Philosophical, and Theological Critique*, Wheaton, IL: Crossway, 2017.

Fuller, Steve: Science *vs. Religion? Intelligent Design and the Problem of Evolution*. Oxford: Polity, 2007.

Futuyma, Douglas J.: *Evolutionary Biology*. 3. Auflage. Sunderland, MA: Sinauer, 1998. Dt. Ausgabe: *Evolutionsbiologie*.

Gage, Logan: „Darwin, Design & Thomas Aquinas." *Touchstone*, November–Dezember 2010. https://www.touchstonemag.com/archives/article.php?id=23-06-037-f.

Galileo, Galilei und Maurice A. Finocchiaro: *The Essential Galileo*. Indianapolis, IN: Hackett, 2008.

Gamow, George: „Expanding Universe and the Origin of the Elements." *Physical Review* 70 (1946): S. 572–573.

Gardner, Martin: „WAP, SAP, FAP & PAP." *New York Review of Books* 33 (8. Mai 1986): S. 22–25.

Gassendi, Pierre: *Opera Omnia*. Hg. v. Gregory Tullio. Stuttgart-Bad Cannstatt: Friedrich Frommann, 1964.

Gates, Bill: *The Road Ahead*. New York: Viking, 1995. Dt. Ausgabe: *Der Weg nach vorn*. Hamburg: Hoffmann und Campe, 1995.

Gauger, Ann: „Protein Evolution: A Guide for the Perplexed." In Klinghoffer, David (Hg.): *Debating Darwin's Doubt*, S. 177–181. Seattle: Discovery Institute Press, 2015.

Gefter, Amanda: „Is String Theory in Trouble?" New Scientist, 14. Dezember

2005. https://www.newscientist.com/article/mg18825305-800-is-string-theory-in-trouble.

Gilbert, S. F., J. M. Opitz und R. A. Raff: „Resynthesizing Evolutionary and Developmental Biology." *Developmental Biology* 173 (1996): S. 357–372.

Gillespie, Neil C.: *Charles Darwin and the Problem with Creation*. Chicago: Univ. of Chicago Press, 1979.

Gillespie, Neil C.: „Natural History, Natural Theology, and Social Order: John Ray and the ‚Newtonian Ideology'". *Journal of the History of Biology* 20 (1987): S. 1–49.

Gingerich, Owen: „The Galileo Affair." *Scientific American* 247/2 (August 1982): S. 133–143.

Gingerich, Owen: *The Galileo Affair*. Cambridge, MA: Sky, 1992.

Gingerich, Owen: *God's Universe*. Cambridge, MA: Harvard Univ. Press, 2006.

Gingerich, Owen: „Kepler and the Laws of Nature." *Perspectives on Science and Christian Faith* 63/1 (2011): S. 17–24.

Gingerich, Owen: „Scientific Cosmology Meets Western Theology." *Annals of the New York Academy of Sciences* 950/1 (December 2001): S. 28–38.

Goff, Philip, William Seager und Sean Allen-Hermanson: „Panpsychism." In *The Stanford Encyclopedia of Philosophy* (Winter 2017 Edition). Hg. v. Edward N. Zalta. https://plato.stanford.edu/archives/win2017/entries/panpsychism/.

Gonzalez, Guillermo und Jay Wesley Richards: *The Privileged Planet: How Our Place in the Cosmos Is Designed for Discovery*. New York: Simon & Schuster, 2004.

Gopnik, Alison: „See Jane Evolve: Picture Books Explain Darwin." *Wall Street Journal*, 18. April 2014. http://www.bu.edu/cdl/files/2014/04/WSJ-Teaching-Tots-Evolution-via-Picture-Books-WSJ.com_.pdf.

Gordon, Bruce: „Balloons on a String: A Critique of Multiverse Cosmology." In Gordon, Bruce L. und William A. Dembski (Hg.): *The Nature of Nature: Examining the Role of Naturalism in Science*, S. 558–601. Wilmington, DE: ISI Books, 2011.

Gordon, Bruce: „Divine Action and the World of Science: What Cosmology and Quantum Physics Teach Us About the Role of Providence in Nature." *Journal of Biblical and Theological Studies* 2/2 (2017): S. 247–298.

Gordon, Bruce: „Postscript to Part One: Inflationary Cosmology and the String Multiverse." In Spitzer, Robert J. (Hg.): *New Proofs for the Existence of God: Contributions of Contemporary Physics and Philosophy*, S. 75–103. Grand Rapids, MI: Eerdmans, 2010.

Gorham, Geoffrey: „Newton on God's Relation to Space and Time: The Cartesian Framework." *Archiv für Geschichte der Philosophie* 93, Nr. 3 (September 2011): S. 281–320. https://doi.org/10.1515/AGPH.2011.013.

Gould, Stephen Jay: „Evolution and the Triumph of Homology: Or, Why History Matters." *American Scientist* 74 (1986): S. 60–69.

Gould, Stephen Jay: „Nonoverlapping Magisteria: Science and Religion Are Not in Conflict, for Their Teachings Occupy Distinctly Different Domains." *Natural History* 106/2 (1997): S. 16–22.

Gould, Stephen Jay: *Rocks of Ages*. New York: Ballantine, 1999.

Greenstein, George: *The Symbiotic Universe: Life and Mind in the Cosmos*. New York: Morrow, 1988. Dt. Ausgabe. *Die zweite Sonne.* München: Econ, 1988.

Grossman, Lisa: „Why Physicists Can't Avoid a Creation Event." *New Scientist*, 11. Januar 2012. https://www.newscientist.com/article/mg21328474–400-why-physicists-cant-avoid-a-creation-event.

Gruenwald, Oskar: „Science and Religion: The Missing Link." *Journal of Interdisciplinary Studies* 6 (1994): S. 1–23.

Guth, Alan: „Eternal Inflation and Its Implications." *Journal of Physics A: Mathematical and Theoretical* 40/25 (22. Juni 2007): S. 6811–6826.

Guth, Alan: „Inflation." In Freeman, Wendy L. (Hg.): *Measuring and Modeling the Universe*, S. 31–52. Carnegie Observatories Astrophysics Series, vol. 2. Cambridge: Cambridge Univ. Press, 2004. Siehe auch https://arxiv.org/pdf/astro-ph/0404546.pdf.

Guth, Alan: „Inflationary Universe: A Possible Solution to the Horizon and Flatness Problems." *Physical Review D* 23/2 (15. Januar 1981): S. 347–356.

Guth, Alan und Marc Sher: „The Impossibility of a Bouncing Universe." Nature 302 (1983): S. 505–507.

Guyot, Arnold: *Memoir of Louis Agassiz: 1807–1873.* Fachartikel wurde der National Academy of Sciences im April 1878 präsentiert.

Haarsma, Deborah: „Response from Evolutionary Creation." In Stump, J. B. (Hg.): *Four Views on Creation, Evolution, and Intelligent Design*, S. 221–226. Grand Rapids, MI: Zondervan, 2017.

Haarsma, Deborah: „Reviewing ‚Darwin's Doubt': Introduction." *BioLogos*, 25. August 2014. https://biologos.org/articles/reviewing-darwins-doubt-introduction.

Hackett, C. u. a.: „The Future Size of Religiously Affiliated and Unaffiliated Populations." *Demographic research* 32 (2015): S. 829–842.

Haldane, J. B. S.: *Possible Worlds and Other Essays*. Philadelphia: Richard West, 1972.

Halliday, David und Robert Resnick: *Physics: Part Two*. New York: Wiley, 1978. Dt. Ausgabe: *Physik, Tl. 2*. Berlin: De Gruyter, 1994.

Halliwell, J. J.: „Introductory Lectures on Quantum Cosmology." 14. September 2009. arXiv:0909.2566 [gr-qc].

Halvorson, Hans: „Complementarity of Representations in Quantum Mechanics." Studies in History and Philosophy of Modern Physics 35 (2004): S. 45–56.

Harris, Sam: *The End of Faith*. New York: Norton, 2005. Dt. Ausgabe: *Das Ende des Glaubens: Religion, Terror und das Licht der Vernunft*.

Harris, Sam: *Letter to a Christian Nation*. New York: Knopf, 2006. Dt. Ausgabe: *Brief an ein christliches Land: Eine Abrechnung mit dem religiösen Fundamentalismus*. C. Bertelsmann, 2008.

Harrison, Edward: *Darkness at Night: A Riddle of the Universe*. Cambridge, MA: Harvard Univ. Press, 1987.

Harrison, Peter: *The Bible, Protestantism, and the Rise of Natural Science*. Cambridge: Cambridge Univ. Press, 1998.

Harrison, Peter: „The Development of the Concept of Laws of Nature." In Watts, Fraser N. (Hg.): *Creation: Law and Probability*, S. 13–35. Minneapolis: Fortress, 2008.

Harrison, Peter: *The Fall of Man and the Foundations of Science*. Cambridge: Cambridge Univ. Press, 2007.

Hartle, James B. und Stephen Hawking: „Wave Function of the Universe." *Physical Review D* 28/12 (1983): S. 2960–2975.

Hartshorne, Charles: *The Divine Relativity: A Social Conception of God*. New Haven: Yale Univ. Press, 1948.

„Has Hawking Explained God Away? God, Physics and the Beginning." *Saints and Skeptics* (Blog), 16. Oktober 2014. http://www.saintsandsceptics.org/has-hawking-explained-god-away.

Hawking, Stephen: „The Beginning of Time." *Hawking* (Stephen Hawkings offizielle Website). https://www.hawking.org.uk/in-words/lectures/the-beginning-of-time.

Hawking, Stephen: *Brief Answers to the Big Questions*. New York: Bantam, 2018. Dt. Ausgabe: *Kurze Antworten auf große Fragen*. Stuttgart: Klett-Cotta, 2018.

Hawking, Stephen: *A Brief History of Time: From the Big Bang to Black Holes*. New York: Bantam, 1998. Dt. Ausgabe: *Eine kurze Geschichte der Zeit*. Hamburg: Rowohlt, 2011.

Hawking, Stephen: „Properties of Expanding Universes." PhD diss. *Cambridge Digital Library*, 1966.

Hawking, Stephen: *The Universe in a Nutshell*. New York: Bantam, 2001. Dt. Ausgabe: *Das Universum in der Nussschale*. München: dtv, 2004.

Hawking, Stephen und G. F. R. Ellis: „The Cosmic Black-Body Radiation and the Existence of Singularities in Our Universe." *Astrophysical Journal* 152 (April 1968): S. 25–35.

Hawking, Stephen und G. F. R. Ellis: *The Large Scale Structure of Space-Time*. Cambridge: Cambridge Univ. Press, 1973.

Hawking, Stephen und Leonard Mlodinow: *The Grand Design*. London: Bantam, 2010. Dt. Ausgabe: *Der große Entwurf*. Hamburg: Rowohlt, 2010.

Hawking, Stephen und Don Page: „How Probable Is Inflation?" *Nuclear Physics B* 298/4 (1988): S. 789–809.

Hawking, Stephen und Roger Penrose: „The Singularities of Gravitational Collapse and Cosmology." *Proceedings of the Royal Society of London*, Reihe A, 314 (1970): S. 529–548.

Hearnshaw, J. B.: *The Measurement of Starlight: Two Centuries of Astronomical Photometry*. Cambridge: Cambridge Univ. Press, 2005.

Heeren, Fred: *Show Me God: What the Message from Space Is Telling Us About God*. Wheeling, IL: Day Star, 2000.

Heisenberg, Werner: *Physics and Beyond: Encounters and Conversations*. New York: Harper Torchbooks, 1971. Dt. Ausgabe: *Der Teil und das Ganze. Gespräche im Umkreis der Atomphysik*.

Hertz, Heinrich: „Über den Einfluss des ultravioletten Lichtes auf die electrische Entladung." *Annalen der Physik*. 267/8 (1887): S. 983–1000. doi:10.1002/andp.18872670827.

Hess, Peter M.: „God's Two Books: Special Revelation and Natural Science in the Christian World." In Peters, Ted und Gaymon Bennett (Hg.): *Bridging Science and Religion*, S. 123–240. Minneapolis: Fortress, 2003.

Hitchens, Christopher: *God Is Not Great: How Religion Poisons Everything*. New York: Twelve Books, 2007. Dt. Ausgabe: *Der Herr ist kein Hirte – Wie Religion die Welt vergiftet*. München: Heyne, 2009.

Hockey, Thomas (Hg.): *The Biographical Encyclopedia of Astronomers*. New York: Springer, 2007.

Hodgson, Peter E.: „The Christian Origin of Science." *Occasional Papers*, Nr. 4.

Hodgson, Peter E.: „The Christian Origin of Science." *Logos: A Journal of Catholic Thought and Culture* 4/2 (Spring 2001): S. 138–159.

Hodgson, Peter E.: *The Roots of Science and Its Fruits: The Christian Origin of Modern Science and Its Impact on Human Society*. London: Saint Austin, 2002.

Hodgson, Peter E.: *Theology and Modern Physics*. New York: Routledge, 2005.

Holder, Rodney: *God, the Multiverse, and Everything: Modern Cosmology and the Argument from Design*. Aldershot, UK: Ashgate, 2004.

Hood, Leroy und David Galas: „The Digital Code of DNA." *Nature* 421 (2003): S. 444–448.

Hooft, Gerard 't: *In Search of the Ultimate Building Blocks*. Cambridge: Cambridge Univ. Press, 1997.

Hooykaas, Reijer: *Religion and the Rise of Modern Science*. Grand Rapids, MI: Eerdmans, 1972.

Horgan, John: „Why String Theory Is Still Not Even Wrong: Physicist, Mathematician and Blogger Peter Woit Whacks Strings, Multiverses, Simulated Universes and ‚Fake Physics'". *Scientific American* (Blog), 27. April 2017. https://blogs.scientificamerican.com/cross-check/why-string-theory-is-still-not-even-wrong.

Horwich, Paul: *Probability and Evidence*. Cambridge: Cambridge Univ. Press, 1982.

Hossenfelder, Sabine: „Screams for Explanation: Finetuning and Naturalness in the Foundations of Physics". *Synthese*, 3. September 2019, S. 1–19. https://doi.org/10.1007/s11229-019-02377-5.

Howell, Kenneth J.: *God's Two Books: Copernican Cosmology and Biblical Interpretation in Early Modern Science*. Notre Dame, IN: Univ. of Notre Dame Press, 2001.

Hoyle, Fred: „The Expanding Universe: The Nature of the Universe, Part V". *Harper's Magazine*, April 1951. Auszug in https://harpers.org/archive/2016/01/our-truly-dreadful-situation.

Hoyle, Fred: *Galaxies, Nuclei, and Quasars*. New York: Harper & Row, 1965.

Hoyle, Fred: „A New Model for the Expanding Universe." *Monthly Notices of the Royal Astronomical Society* 108 (1948): S. 372–382.

Hoyle, Fred: „The Universe: Past and Present Reflections." *Engineering & Science*, November 1981, S. 8–12.

Hoyle, Fred und Chandra Wickramasinghe: *Evolution from Space: A Theory of Cosmic Creationism*. New York: Simon & Schuster, 1982. Dt. Ausgabe: *Evolution aus dem Weltraum*.

Hubble, Edwin: „A Relation Between Distance and Radial Velocity Among Extra-Galactic Nebulae." *Proceedings of the National Academy of Sciences* 15 (1929): S. 168–173.

„Hubble's Famous M31 VAR! Plate." *Carnegie Science*, 2019. https://obs.carnegiescience.edu/PAST/m31var.

Hume, David: „An Enquiry Concerning Human Understanding." In *Enquiries Concerning Human Understanding and Concerning the Principles of Morals*.

Hg. v. L. A. Selby-Bigge, 1777. Oxford: Clarendon, 1902. Dt. Ausgabe: *Eine Untersuchung über den menschlichen Verstand.*

Hume, David: *Dialogues Concerning Natural Religion*. Buffalo, NY: Prometheus, 1989. Dt. Ausgabe: *Dialoge über natürliche Religion.*

Hume, David: „Dialogues Concerning Natural Religion." In Gaskin, J. C. A. (Hg.): *Dialogues and Natural History of Religion*, S. 29–130. Oxford: Oxford Univ. Press, 2008. Dt. Ausgabe: *Dialoge über natürliche Religion.*

Hutchinson, Ian: „James Clerk Maxwell and the Christian Proposition." MIT IAP Seminar: „The Faith of Great Scientists", Januar 1998. http://silas.psfc.mit.edu/Maxwell/maxwell.html.

Huxley, Julian: „The Evolutionary Vision." In *Evolution After Darwin: The University of Chicago Centennial.* Bd. 3, *Issues in Evolution*, hg. v. S. Tax und C. Callendar, S. 249–261. Chicago: Univ. of Chicago Press, 1960.

Huygens, Christiaan: „Discours de la Cause de la Pesanteur." In *Oeuvres complètes de Christiaan Huygens*. Bd. 21, *Cosmologie*, hg. v. J. A. Vollgraf, S. 451–462. The Hague: Société Hollandaise des Sciences, 1944.

Huygens, Christiaan: *Treatise on Light*. Übersetzt von Silvanus P. Thompson. London: Macmillan, 1912. archive.org/details/treatiseonlight031310mbp. Dt. Ausgabe: *Abhandlung über das Licht.*

Ijjas, Anna, Paul J. Steinhardt und Abraham Loeb: „Pop Goes the Universe: The Latest Astrophysical Measurements, Combined with Theoretical Problems, Cast Doubt on the Long-Cherished Inflationary Theory of the Early Cosmos and Suggest We Need New Ideas." *Scientific American* 316/2 (Januar 2017): S. 32–39.

Iliffe, Rob: *Priest of Nature: The Religious Worlds of Isaac Newton*. New York: Oxford Univ. Press, 2017.

Isham, C. J.: „Theories of the Creation of the Universe." In Russell, Robert John u. a. (Hg.): *Quantum Cosmology and the Laws of Nature: Perspectives on Divine Action*. 2. Auflage, S. 51–89. Veröffentlicht in Zusammenarbeit mit der Vatikanischen Sternwarte und dem Center for Theology and the Natural Sciences, 1993.

Jaki, Stanley: *Cosmos and Creator*. Edinburgh: Scottish Academic Press, 1980.

Jaki, Stanley: *The Paradox of Olbers' Paradox: A Startling Account of the Scientific Meaning of the Darkness of the Night Sky*. New York: Herder and Herder, 1969.

Jastrow, Robert: *God and the Astronomers*. New York: Norton, 1992.

Jogalekar, Ashutosh: „Why the Search for a Unified Theory May Turn Out to Be a Pipe Dream." *Scientific American*, 3. Mai 2013. https://blogs.scientific

american.com/the-curious-wavefunction/why-the-search-for-a-unified-theory-may-turn-out-to-be-a-pipe-dream.

Johnson, George: *Miss Leavitt's Stars: The Untold Story of the Forgotten Woman Who Discovered How to Measure the Universe*. New York: Norton, 2005.

Johnston, Wendy K. u. a.: „RNA-Catalyzed RNA Polymerization: Accurate and General RNA-Templated Primer Extension.“ *Science* 292 (2001): S. 1319–1325.

Kaiser, Christopher: *Creation and the History of Science*. Grand Rapids, MI: Eerdmans, 1991.

Kaiser, Christopher: *Creational Theology and the History of Physical Science: The Creationist Tradition from Basil to Bohr*. Leiden: Brill, 1997.

Kallosh, Renata, Lev Kofman und Andre Linde: „Pyrotechnic Universe.“ *Physical Review D* 64 (2001), 123523.

Kamminga, Harmke: „Studies in the History of Ideas on the Origin of Life.“ PhD diss., University of London, 1980.

Kant, Immanuel: *The Critique of Pure Reason, The Critique of Practical Reason and Other Ethical Treatises, The Critique of Judgement*. Chicago: Univ. of Chicago Press, 1952.

Kato, K. u. a.: „Amino Acid Alterations Essential for Increasing the Catalytic Activity of the Nylon-Oligomer-Degradation Enzyme of Flavobacterium sp.“ *European Journal of Biochemistry* 200/1 (August 15, 1991): S. 165–169.

Kauffman, Stuart A.: *The Origins of Order: Self-Organization and Selection in Evolution*. New York: Oxford Univ. Press, 1993.

Kauffman, Stuart A.: *At Home in the Universe*. Oxford: Oxford Univ. Press, 1995. Dt. Ausgabe: *Der Öltropfen im Wasser*. München/Zürich: Piper, 1998.

Kaufmann, Walter und Forrest Baird (Hg.): *Philosophic Classics: From Plato to Nietzsche*. Englewood Cliffs, NJ: Prentice Hall, 1994.

Kavalovski, V.: „The Vera Causa Principle: A Historico-Philosophical Study of a Metatheoretical Concept from Newton Through Darwin.“ PhD diss., University of Chicago, 1974.

Keas, Michael Newton: „Systematizing the Theoretical Virtues.“ *Synthese* 195/6 (June 2018): S. 2761–2793.

Kenyon, Dean: „Vorwort“. In Thaxton, Charles, Walter L. Bradley und Roger L. Olsen (Hg.): *The Mystery of Life's Origin*. New York: Philosophical Library, 1984.

Kenyon, Dean und Gary Steinman: *Biochemical Predestination*. New York: McGraw-Hill, 1969.

Kepler, Johannes: *Harmonies of the World*. Übers. v. Charles G. Wallis. New York: Prometheus, 1995.

Kepler, Johannes: „Brief an Herwart von Hohenburg", 9./10. April 1599. In Baumgardt, Carola: *Johannes Kepler: Life and Letters*, 50. New York: Philosophical Library, 1951.

Kepler, Johannes: *Mysterium Cosmographicum*. Übers. v. A. M. Duncan. New York: Arabis, 1981.

Kiefer, Claus: „Conceptual Problems in Quantum Gravity and Quantum Cosmology." *ISRN Mathematical Physics* (2013), 509316.

Kiefer, Claus: „Emergence of a Classical Universe from Quantum Gravity and Cosmology." *Philosophical Transactions of the Royal Society A* 370/1975 (2012): S. 4566–4575.

Kiefer, Claus: „The Need for Quantum Cosmology." In Meyer-Ortmanns, H. und S. Thurner (Hg.): *Principles of Evolution: From the Planck Epoch to Complex Multicellular Life*, S. 205–217. New York: Springer, 2011.

Kiefer, Claus: „On the Interpretation of Quantum Theory – from Copenhagen to the Present Day." In Castell, Lutz und Otfried Ischebeck (Hg.): *Time, Quantum and Information*, S. 291–299. Berlin, Heidelberg: Springer, 2003.

Klima, Guyla, Fritz Allhoff und Anand J. Vaidya (Hg.): „Selections from the Condemnation of 1277." In *Medieval Philosophy: Essential Readings with Commentary*, S. 180–189. Oxford: Blackwell, 2007.

Kline, D. A.: „Theories, Facts, and Gods: Philosophical Aspects of the Creation-Evolution Controversy." In Wilson, D. (Hg.): *Did the Devil Make Darwin Do It?*, S. 37–44. Ames: Iowa State Univ. Press, 1983.

Klinghoffer, David (Hg.): *Debating Darwin's Doubt: A Scientific Controversy That Can No Longer Be Denied*. Seattle: Discovery Institute Press, 2015.

Knapton, Sarah: „Stephen Hawking's Final Book: ‚There Is No God or Afterlife'". *The Telegraph*, 15. Oktober 2018. https://www.telegraph.co.uk/science/2018/10/15/no-god-afterlife-concludes-stephen-hawking-final-book.

Koberlein, Brian: „Can Many-Worlds Theory Rescue Us from Boltzmann Brains?" *Nautilus*, 7. April 2017. http://nautil.us/blog/can-many_worlds-theory-rescue-us-from-boltzmann-brains.

Kofman, Lev: „The Origin of Matter in the Universe: Reheating After Inflation." 24. Mai 1996. arXiv:9605155.

Kohler, John: *Asian Philosophies*. 4. Auflage. Englewood, NJ: Prentice Hall, 2002.

Kok, R. A., J. A. Taylor und W. L. Bradley: „A Statistical Examination of Self-Ordering Amino Acids in Proteins." *Origins of Life and Evolution of the Biosphere* 18 (1988): S. 135–142.

Koonin, Eugene V.: „The Biological Big Bang Model for the Major Transitions in Evolution." *Biology Direct* 2 (2007): S. 1–17.

Koons, Robert C.: „Epistemological Objections to Materialism." In *The Wa-*

ning of Materialism. Herausgegeben von Robert C. Koons und George Bealer, S. 281–306. Oxford: Oxford Univ. Press, 2010.

Koons, Robert C.: „The General Argument from Intuition." In *Two Dozen (or so) Arguments for God*. Herausgegeben von Jerry L. Walls und Trent Dougherty, S. 238–257. Oxford: Oxford Univ. Press, 2018.

Koons, Robert C.: „The Incompatibility of Naturalism and Scientific Realism." In Craig, William Lane und J. P. Moreland (Hg.): *Naturalism: A Critical Analysis*, S. 49–63. London: Routledge, 2000.

Koons, Robert C.: „The Many-Worlds Interpretation of Quantum Mechanics: A Hylomorphic Critique and Alternative." In Simpson, William, Robert Koons und Nicholas Teh (Hg.): *Neo-Aristotelian Perspectives on Contemporary Science*, S. 61–104. London: Routledge, 2017.

Koons, Robert und Alexander Pruss: „Skepticism and the Principle of Sufficient Reason." *Philosophical Studies* (8. Juni 2020): S. 1–21. https://doi.org/10.1007/s11098-020-01482-3.

Kragh, Helge: *Cosmology and Controversy*. Princeton, NJ: Princeton Univ. Press, 1996.

Kragh, Helge: „The Steady State Theory." In Hetherington, Norriss S. (Hg.): *Cosmology: Historical, Literary, Philosophical, Religious, and Scientific Perspectives*, S. 391–404. New York: Garland, 1993.

Krane, Kenneth S.: *Modern Physics*. 3. Aufl. New York: Wiley, 2012.

Krauss, Lawrence: „Ultimate Issues Hour: How Does Something Come from Nothing?" *The Dennis Prager Show*, 29. Januar 2013, SRN.

Krauss, Lawrence: *A Universe from Nothing: Why There Is Something Rather Than Nothing*. New York: Free Press, 2012. Dt. Ausgabe: *Ein Universum aus Nichts: … und warum da trotzdem etwas ist*. München: Albrecht Knaus Verlag, 2013.

Krauss, Lawrence: „Lawrence Krauss: Our Godless Universe is Precious." Big Think Video. Hochgeladen 26. Dez. 2012. Zugriff auf https://youtu.be/SB-5cBl2np-I.

Krauss, Lawrence: „Lawrence Krauss: Atheism and the Spirit of Science." *The Agenda with Steve Paikin*. 4. Juli 2013. https://www.youtube.com/watch?v=MawwCJ5q-2Y.

Krauss, Lawrence: „The Universe Doesn't Give a Damn about Us." *Big Think*. 17. April 2017. https://www.youtube.com/watch?v=fG38uXkDSyU.

Krehl, Peter O. K.: *History of Shock Waves, Explosions and Impact: A Chronological and Biographical Reference*. Berlin: Springer, 2009.

Küppers, Bernd-Olaf: *Information and the Origin of Life*. Cambridge, MA: MIT Press, 1990.

Küppers, Bernd-Olaf: „On the Prior Probability of the Existence of Life.“ In Kruger, Lorenz u. a. (Hg.): *The Probabilistic Revolution.* Bd. 2, S. 355–372. Cambridge, MA: MIT Press, 1987.

Lamoureux, Denis: „Evolutionary Creation: A Christian Approach to Evolution.“ https://wp.biologos.org/wp-content/uploads/2009/08/lamoureux_scholarly_essay.pdf.

Lamoureux, Denis: *Evolutionary Creation: A Christian Approach to Evolution.* Eugene, OR: Wipf & Stock, 2008.

Laplace, Pierre S.: *The System of the World.* Bd. 2. Übers. v. J. Pond. London: Richard Phillips, 1809. Dt. Ausgabe: *Darstellung des Weltsystems.*

Larmer, Robert: „Is There Anything Wrong with ‚God of the Gaps‘ Reasoning?“ *International Journal for Philosophy of Religion* 52/3 (2002): S. 129–142.

Larson, Edward J.: *Summer for the Gods: The Scopes Trial and America's Continuing Debate over Science and Religion.* New York: Basic Books, 2008.

Larson, James L.: *Reason and Experience: The Representation of Natural Order in the Work of Carl von Linné.* Berkeley and Los Angeles: Univ. of California Press, 1971.

Law, Stephen: „Naturalism, Evolution, and True Belief.“ *Analysis* 72/11 (2012): S. 41–48.

Lehninger, Albert L.: *Biochemistry.* New York: Worth, 1970. Dt. Ausgabe: *Biochemie.*

Leibniz, Gottfried W.: *Die Philosophischen Schriften von Gottfried Wilhelm Leibniz.* Bd. 7. Hg. v. C. I. Gerhardt. Hildesheim: G. Olms, 1965.

Leibniz, Gottfried W.: *The Leibniz-Clarke Correspondence.* Hg. v. H. G. Alexander. Manchester: Manchester Univ. Press, 1956.

Leibniz, Gottfried W.: „The Monadology.“ In *The Monadology and Other Philosophical Writings.* Übers. v. Robert Latta, S. 215–271. London: Oxford Univ. Press, 1968. Dt. Ausgabe: *Lehrsätze der Philosophie. Monadologie.*

Leibniz, Gottfried W.: *New Essays on Human Understanding.* Übers. und hg. v. Peter Remnant und Jonathan Bennett. Cambridge: Cambridge Univ. Press, 2000. Dt. Ausgabe: *Neue Abhandlungen über den menschlichen Verstand. Erstes Buch. Von den eingeborenen Ideen.* Mit Benutzung der Schaarschmidt'schen Übertragung neu übersetzt, eingeleitet und erläutert von Ernst Cassirer. Leipzig: Verlag Felix Meiner, 1915. https://www.projekt-gutenberg.org/leibniz/verstan1/chap002.html (letzter Zugriff 30.08.2022).

Leibniz, Gottfried W.: *The Principles of Philosophy Known as Monadology.* Übers. v. Robert Latta. Überarbeitet v. Donald Rutherford. Verfügbar unter http://philosophyfaculty.ucsd.edu/faculty/rutherford/Leibniz/translations/

Monadology.pdf. Dt. Ausgabe: *Die Prinzipien der Philosophie und Monadologie.*

Lenski, Richard u. a.: „The Evolutionary Origin of Complex Features." *Nature* 423 (2003): S. 139–144.

Leslie, John: „Anthropic Principle, World Ensemble, Design." *American Philosophical Quarterly* 19 (1982): S. 150.

Leslie, John: *Universes*. New York: Routledge, 1996.

Lewis, C. S.: *Miracles: A Preliminary Study*. New York: Macmillan, 1978.

Lewis, Geraint F. und Luke A. Barnes: *A Fortunate Universe: Life in a Finely Tuned Cosmos*. Cambridge: Cambridge Univ. Press, 2016.

Lewis, Neil: „Robert Grosseteste." In *The Stanford Encyclopedia of Philosophy*. Hg. v. Edward N. Zalta, Sommer 2013. https://plato.stanford.edu/archives/sum2013/entries/grosseteste.

Lewontin, Richard: „Billions and Billions of Demons." *New York Review of Books*, 9. Januar 1997: S. 28–32.

Liddle, Andrew: *An Introduction to Modern Cosmology*. West Sussex, UK: Wiley, 2003.

Lincoln, Tracey A. und Gerald F. Joyce: „Self-Sustained Replication of an RNA Enzyme." *Science* 323/5918 (2009): S. 1229–1232.

Lindberg, David C.: „Medieval Science and Religion." In Ferngren, Gary B. (Hg.): *Science and Religion: A Historical Introduction*, S. 57–72. Baltimore: Johns Hopkins Univ. Press, 2002.

Linde, Andrei D.: „Eternally Existing Self-Reproducing Chaotic Inflationary Universe." *Physics Letters B* 175/4 (14. August 1986): S. 395–400.

Linde, Andrei D.: „A New Inflationary Universe Scenario: A Possible Solution of the Horizon, Flatness, Homogeneity, Isotropy and Primordial Monopole Problems." *Physics Letters B* 108/6 (1982): S. 389–393.

Linde, Andrei D.: „Sinks in the Landscape, Boltzmann Brains and the Cosmological Constant Problem." *Journal of Cosmology and Astroparticle Physics* 2007/01 (14. Januar 2007), 022. doi:10.1088/1475-7516/2007/01/022.

Linde, Andrei D.: „Towards a Gauge Invariant Volume-Weighted Probability Measure for Eternal Inflation." *Journal of Cosmology and Astroparticle Physics* 2007/06 (2007), 017.

Linnebo, Øystein: „Platonism in the Philosophy of Mathematics." In *The Stanford Encyclopedia of Philosophy*. Hg. v. Edward N. Zalta, Spring 2018. https://plato.stanford.edu/entries/platonism-mathematics.

Lipka, Michael: „A Closer Look at America's Rapidly Growing Religious ‚Nones'". *Pew Research Center*, 13. Mai 2015. https://www.pewresearch.org/fact-tank/2015/05/13/a-closer-look-at-americas-rapidly-growing-religious-nones. Lipton, Peter: *Inference to the Best Explanation*. London and New York: Routledge, 1991.

Locke, John: *An Essay Concerning Human Understanding*. Hg. v. Roger Woolhouse. London: Penguin, 1997. Dt. Ausgabe: *Eine Abhandlung über den menschlichen Verstand.*

Loke, Andrew: *God and Ultimate Origins: A Novel Cosmological Argument*. Cham, Switzerland: Palgrave Macmillan, 2017.

Longley, Clifford: „Focusing on Theism." *London Times*, 21. Januar 1989, S. 10.

Lorentz, H. A. u. a.: *The Principle of Relativity*. Übers. von W. Perrett und G. B. Jeffrey, mit Anmerkungen von A. Sommerfield. London: Methuen, 1923.

Luminet, Jean-Pierre: „Dodecahedral Space Topology as an Explanation for Weak Wide-Angle Temperature Correlations in the Cosmic Microwave Background." *Nature* 425 (9. Oktober 2003): S. 593–595.

Luminet, Jean-Pierre: „Lemaître's Big Bang." Vorlesung im Rahmen von „Frontiers of Fundamental Physics 14", Universität Aix-Marseille, Marseille, France, 15.–18. Juli 2014. https://arxiv.org/ftp/arxiv/papers/1503/1503.08304.pdf.

Luminet, Jean-Pierre: „The Rise of Big Bang Models, from Myth to Theory and Observations." 26. April 2007. arXiv:0704.3579.

Lundin, Erik u. a.: „Experimental Determination and Prediction of the Fitness Effects of Random Point Mutations in the Biosynthetic Enzyme HisA." *Molecular Biology and Evolution* 35 / Nr. 3 (1. März 2018): S. 704–718. https://doi.org/10.1093/molbev/msx325.

Lyell, Charles: *Principles of Geology: Being an Attempt to Explain the Former Changes of the Earth's Surface, by Reference to Causes Now in Operation*. 3 Bände. London: Murray, S. 1830–1833. Dt. Ausgabe: *Lehrbuch der Geologie.*

MacDonald, J. und D. J. Mullan: „Big Bang Nucleosynthesis: The Strong Nuclear Force Meets the Weak Anthropic Principle." *Physical Review D* 80/4 (2009): 043507.

MacKay, Donald M.: *The Clockwork Image: A Christian Perspective on Science*. Downers Grove, IL: InterVarsity, 1974.

Maher, Patrick: „Prediction, Accommodation, and the Logic of Discovery." *PSA: Proceedings of the Biennial Meeting of the Philosophy of Science Association* 1 (1988): S. 273–285.

Maimonides: *Guide*, 2.13. In *Maimonides*. Hg. v. T. M. Rudavsky. Hoboken, New Jersey: Wiley-Blackwell, 2010. Dt. Ausgabe: *Führer der Unschlüssigen.*

Maltz, Matthew: *Psycho-Cybernetics*. New York: TarcherPerigee, 2015.

Mandel, Kaisey S. u. a.: „The Type Ia Supernova Color-Magnitude Relation and Host Galaxy Dust: A Simple Hierarchical Bayesian Model". *Astrophysical Journal* 842/2 (16. Juni 2017): S. 93.

Manoukian, Edouard B.: „Introduction to String Theory." In *Quantum Field Theory II. Graduate Texts in Physics*, S. 187–321. Springer: Cham, 2016. doi:10.1007/978-3-319-33852-1_3.

Markie, Peter: „Rationalism vs. Empiricism." In *The Stanford Encyclopedia of Philosophy*. Hg. v. Edward N. Zalta, Herbst 2017. https://plato.stanford.edu/entries/rationalism-empiricism.

Marks, Robert J.: „Diversity Inadequacies of Parallel Universes: When the Multiverse Becomes Insufficient to Account for Conflicting Contradistinctions." *Perspectives on Science and Christian Faith* 71/3 (2019): S. 1–7.

Marshall, Charles R.: „Explaining the Cambrian ‚Explosion' of Animals." *Annual Reviews of Earth and Planetary Sciences* 34 (2006): S. 355–384.

Marshall, Charles R.: „Nomothetism and Understanding the Cambrian ‚Explosion'". *Palaios* 18 (2003): S. 195–196.

Marshall, Charles R.: „When Prior Belief Trumps Scholarship." *Science* 341 (2013): S. 1344.

Marshall, Charles R. und James Valentine: „The Importance of Preadapted Genomes in the Origin of the Animal Bodyplans and the Cambrian Explosion." *Evolution* 64/5 (2010): S. 1189–1201.

Marx, Karl: *Capital: Critique of Political Economy*. Übers. v. Samuel Moore und Edward Aveling. Hg. v. Frederick Engels, 1867. *Marxists Internet Archive*, 1999. https://www.marxists.org/archive/marx/works/1867-c1/index.htm. Dt. Ausgabe: *Das Kapital. Kritik der politischen Ökonomie.*

Marx, Karl: *A Contribution to the Critique of Hegel's Philosophy of Right*. Einleitung, 1843. *Marxists Internet Archive*, 2009. https://www.marxists.org/archive/marx/works/1843/critique-hpr/intro.htm. Dt. Ausgabe: *Zur Kritik der Hegelschen Rechts-Philosophie.*

Marx, Karl und Friedrich Engels: *Economic and Philosophic Manuscripts of 1844*. Übersetzt von Martin Milligan. Radford, VA: Wilder, 2018. Dt. Ausgabe: *Ökonomisch-philosophische Manuskripte aus dem Jahre 1844.*

Masci, David: „Public Opinion on Religion and Science in the United States." *Pew Research Center*, 5. November 2009. https://www.pewforum.org/2009/11/05/public-opinion-on-religion-and-science-in-the-united-states.

Matzkin, Alexandre: „Realism and the Wavefunction." *European Journal of Physics* 23/3 (1. Mai 2002): S. 307. doi:10.1088/0143-0807/23/3/307.

Mayr, Ernst: „Vorwort". In Ruse, M. (Hg.): *Darwinism Defended*, xi–xii. Reading, MA: Addison-Wesley, 1982.

McDonough, T. R.: *The Search for Extraterrestrial Intelligence: Listening for Life in the Cosmos*. New York: Wiley, 1987.

McGrade, A. S.: „Natural Law and Moral Omnipotence." In Spade, Paul V. (Hg.): *The Cambridge Companion to Ockham*, S. 273–301. Cambridge: Cambridge Univ. Press, 1999.

McGrew, Timothy: „Miracles." In *The Stanford Encyclopedia of Philosophy*. Hg. v. Edward N. Zalta, Frühjahr 2019. https://plato.stanford.edu/archives/spr2019/entries/miracles.

McMullin, Ernan: „How Should Cosmology Relate to Theology?" In Peacocke, Arthur R. (Hg.): *The Sciences and Theology in the Twentieth Century*, S. 39. Notre Dame, IN: Univ. of Notre Dame Press, 1981.

McMullin, Ernan: „The Virtues of a Good Theory." In Psillos, Stathis und Martin Curd (Hg.): *The Routledge Companion to Philosophy of Science*, S. 498–508. New York: Routledge, 2014.

McNeill, John R. (Hg.): *Institutes of the Christian Religion*. Philadelphia: Westminster, 1960.

Menuge, Angus: *Agents Under Fire: Materialism and the Rationality of Science*. Lanham, MD: Rowman & Littlefield, 2004.

Merton, Robert K.: „Science, Technology and Society in Seventeenth Century England." *Osiris* 4 (1938): S. 360–632.

Meyer, Stephen C.: *Darwin's Doubt: The Explosive Origin of Animal Life and the Case for Intelligent Design*. San Francisco: HarperOne, 2013.

Meyer, Stephen C.: „The Demarcation of Science and Religion." In *The History of Science and Religion in the Western Tradition: An Encyclopedia*. Hg. v. Gary B. Ferngren, S. 17–23. New York: Garland, 2000.

Meyer, Stephen C.: „The Difference It Doesn't Make: Why the ‚Front-End Loaded' Concept of Design Fails to Explain the Origin of Biological Information." In Moreland, J. P. u. a. (Hg.): *Theistic Evolution: A Scientific, Philosophical and Theological Critique*, S. 209–228. Wheaton, IL: Crossway, 2017.

Meyer, Stephen C.: „The Methodological Equivalence of Design and Descent: Can There Be a Scientific Theory of Creation?" In Moreland, J. P. (Hg.): *The Creation Hypothesis: Scientific Evidence for Intelligent Design*, S. 67–112. Downers Grove, IL: InterVarsity, 1994.

Meyer, Stephen C.: „Mind Before Matter: The Unexpected Implications of Quantum Cosmology." In Farris, Joshua R. und Benedikt Paul Goecke (Hg.): *Routledge Handbook on Idealism and Immaterialism*, S. 509–535. Abington, Oxfordshire: Routledge, 2022.

Meyer, Stephen C.: „Of Clues and Causes: A Methodological Interpretation of Origin of Life Studies." PhD diss., Cambridge University, 1990.

Meyer, Stephen C.: „Owen Gingerich." *Eternity*, May 1986, S. 29.

Meyer, Stephen C.: „The Return of the God Hypothesis." *Journal of Interdisciplinary Studies* 6/1–2 (1999): S. 1–38.

Meyer, Stephen C.: „Sauce for the Goose: Intelligent Design, Scientific Methodology, and the Demarcation Problem." In Bruce L. Gordon und William A. Dembski (Hg.): *The Nature of Nature*, S. 95–131. Wilmington, DE: ISI Books, 2011.

Meyer, Stephen C.: „The Scientific Status of Intelligent Design: The Methodological Equivalence of Naturalistic and Non-Naturalistic Origins Theories." In *Science and Evidence for Design in the Universe, The Proceedings of the Wethersfield Institute*, S. 151–212. San Francisco: Ignatius, 2000.

Meyer, Stephen C.: *Signature in the Cell: DNA and the Evidence for Intelligent Design*. San Francisco: HarperOne, 2009.

Meyer, Stephen C., Ann K. Gauger und Paul Nelson: „Theistic Evolution and the Extended Evolutionary Synthesis: Does It Work?" In Moreland, J. P. u. a. (Hg.): *Theistic Evolution: A Scientific, Philosophical and Theological Critique*, S. 249–279. Wheaton, IL: Crossway, 2017.

Meyer, Stephen C. und Paul A. Nelson: „Should Theistic Evolution Depend on Methodological Naturalism?" In Moreland, J. P. u. a. (Hg.): *Theistic Evolution: A Scientific, Philosophical and Theological Critique*, S. 561–592. Wheaton, IL: Crossway, 2017.

Miller, Brian: „A Dentist in the Sahara: Doug Axe on the Rarity of Proteins Is Decisively Confirmed." *Evolution News*, 18. February 2019. https://evolutionnews.org/2019/02/a-dentist-in-the-sahara-doug-axe-on-the-rarity-of-proteins-is-decisively-confirmed/.

Miller, Brian: „Protein Folding and the Four Horsemen of the Axocalypse." *Evolution News*, 12. April 2018. https://evolutionnews.org/2018/04/protein-folding-and-the-four-horsemen-of-the-axocalypse.

Miller, Kenneth R.: *Finding Darwin's God: A Scientist's Search for Common Ground Between God and Evolution*. New York: HarperCollins, 1999.

Miller, Kenneth R. und Joseph Levine: *Biology*. 4. Auflage. Upper Saddle River, NJ: Prentice Hall, 1998.

Minnich, S. R. und H. N. Rohde: „A Rationale for Repression and/or Loss of Motility by Pathogenic Yersinia in the Mammalian Host." *Advances in Experimental Medicine and Biology*. 603 (2007): S. 298–310.

Mithani, Audrey und Alexander Vilenkin: „Collapse of Simple Harmonic Universe." *Journal of Cosmology and Astroparticle Physics* 2012/01 (10. Januar 2012): 028. doi:10.1088/1475- 7516/2012/01/028.

Mlodinow, Leonard: „The Crazy History of Quantum Mechanics." TEDxJersey-City, Febuar 8, 2016. https://www.youtube.com/watch?v=oQYsqnRYb_o.

Monday, S. R., S. A. Minnich und P. C. Feng: „A 12-base-pair Deletion in the Flagellar Master Control Gene flhC Causes Nonmotility of the Pathogenic German Sorbitolfermenting Escherichia coli O157:H-strains." *Journal of Bacteriology*. 186/8 (April 2004): S. 2319–2327.

Moniz, Paulo Vargas: „A Survey of Quantum Cosmology." In *Quantum Cosmology: The Supersymmetric Perspective*. Bd. 1, S. 13–53. Berlin, Heidelberg: Springer, 2010.

Moran, Larry: „You Need to Understand Biology If You Are Going to Debate an Intelligent Design Creationist." *Sandwalk*, 20. März 2016. http://sandwalk.blogspot.com/2016/03/you-need-to-understand-biology-if-you.html.

Moreland, J. P.: „Agent Causation and the Craig-Grünbaum Debate about Theistic Explanation and the Initial Singularity". *American Catholic Philosophical Quarterly* 71 (Herbst 1997): S. 539–554.

Moreland, J. P.: „The explanatory relevance of libertarian agency as a model of theistic design." In Dembski, W. (Hg.): *Mere Creation: Science, Faith, & Intelligent Design*. Downers Grove, IL: InterVarsity Press, 1998a.

Moreland, J. P.: *Scaling the Secular City*. Grand Rapids, MI: Baker, 1989.

Moser, Paul K.: *The Elusive God: Reorienting Religious Epistemology*. Cambridge: Cambridge Univ. Press, 2008.

Müller, Gerd B.: „The Extended Evolutionary Synthesis." Eröffnungsvorlesung: „New Trends in Evolutionary Biology: Biological, Philosophical, and Social Science Perspectives." The Royal Society. London, 7.–9. November 2016. Audiodatei: https://royalsociety.org/science-events-and-lectures/2016/11/evolutionary-biology.

Müller, Gerd B. und Stuart A. Newman: „Origination of Organismal Form: The Forgotten Cause in Evolutionary Theory." In Müller, G. B. und S. A. Newman (Hg.): *Origination of Organismal Form: Beyond the Gene in Developmental and Evolutionary Biology*, S. 3–10. Cambridge, MA: MIT Press, 2003.

Myers, P. Z.: „A Suggestion for Debaters." *Pharyngula*, 20. März 2016. http://freethoughtblogs.com/pharyngula/2016/03/20/a-suggestion-for-debaters.

Nagel, Thomas: „Books of the Year." *The Times Literary Supplement* 5565 (27. November 2009): S. 14.

Nagel, Thomas: *The Last Word*. Oxford: Oxford Univ. Press, 1997. Dt. Ausgabe: *Das letzte Wort*. Ditzingen: Reclam, 1999.

Nagel, Thomas: *Mind & Cosmos: Why the Materialist Neo-Darwinian Concep-*

tion of Nature Is Almost Certainly False. Oxford: Oxford Univ. Press, 2012. Dt. Ausgabe: *Geist und Kosmos: Warum die materialistische neodarwinistische Konzeption der Natur so gut wie sicher falsch ist*.

Negoro, S. u. a.: „X-ray Crystallographic Analysis of 6-Aminohexanoate-Dimer Hydrolase: Molecular Basis for the Birth of a Nylon Oligomer-Degrading Enzyme." *Journal of Biological Chemistry* 280/47 (25. November 2005): S. 39644–39652.

Newton, Isaac: *Cambridge Manuscript Add. 3970.3, ff. 475r-482v*. Cambridge: Cambridge University Library, 1675.

Newton, Isaac: *The Correspondence of Isaac Newton*. Hg. v. H. W. Turnbull u. a. 7 Bände. Cambridge: Cambridge Univ. Press, 1959–1977.

Newton, Isaac: Brief von Isaac Newton an Richard Bentley. 25. Februar 1692/3. 189.R.4.47, ff. 7–8. Cambridge: Trinity College Library, 1693.

Newton, Isaac: *Mathematical Principles of Natural Philosophy*. Übers. v. I Bernard Cohen und Anne Whitman. Los Angeles: Univ. of California Press, 1999. Dt. Ausgabe: *Mathematische Principien der Naturlehre*.

Newton, Isaac: *The Mathematical Principles of Natural Philosophy*. Übers. v. Andrew Motte (London, 1729). Bd. 2. [Englische Übersetzung der dritten lateinischen Auflage von 1726.] Dt. Ausgabe: *Mathematische Principien der Naturlehre*.

Newton, Isaac: *Opticks: Or a Treatise of Reflections, Refractions, Inflections & Colours of Light*, 1718. Neuauflage, New York: Dover, 1952. Dt. Ausgabe: *Sir Isaac Newtons Optik: Abhandlung über Spiegelungen, Brechungen, Beugungen und Farben des Lichts*.

Newton, Isaac: *Opticks: Or a Treatise of the Reflections, Refractions, Inflections, and Colours of Light*, 1718. Neuauflage, Project Gutenberg, 2010. Verfügbar unter https://www.gutenberg.org/ebooks/33504. Dt. Ausgabe: *Sir Isaac Newtons Optik: Abhandlung über Spiegelungen, Brechungen, Beugungen und Farben des Lichts*.

Nicolis, Grégoire und Ilya Prigogine: *Self-Organization in Nonequilibrium Systems*. New York: Wiley, 1977.

Niiler, Eric: „Maybe You're Not an Atheist – Maybe You're a Naturalist Like Sean Carroll." *Wired*, 9. Mai 2016. https://www.wired.com/2016/05/maybe-youre-not-atheist-maybe-youre-naturalist-like-sean-carroll.

Nussbaumer, Harry: „Einstein's Conversion from His Static to an Expanding Universe." *European Physics Journal – History* 39 (2014): S. 37–62.

Nye, Bill: *Undeniable: Evolution and the Science of Creation*. New York: St. Martin's, 2014.

O'Raifeartaigh, Cormac: „Einstein's Greatest Blunder?" *Scientific American*,

21. Februar 2017. Verfügbar unter https://blogs.scientificamerican.com/guest-blog/einsteins-greatest-blunder/.

O'Raifeartaigh, Cormac und B. McCann: „Einstein's Cosmic Model of 1931 Revisited: An Analysis and Translation of a Forgotten Model of the Universe." *European Physical Journal H 39* 1 (4. Februar 2014): S. 63–85.

Oakley, Francis: „Christian Theology and the Newtonian Science: The Rise of the Concept of the Laws of Nature." *Church History* 30/4 (1961): S. 433–457.

Oresme, Nichole: *Le Livre du ciel et du monde*. Übers. und hg. v. A. D. Menut und A. J. Denomy. Madison: Univ. of Wisconsin Press, 1968.

Page, Don N.: „Inflation Does Not Explain Time Asymmetry." *Nature* 304/5921 (1983): S. 39–41.

Page, Don N.: „Is Our Universe Likely to Decay Within 20 Billion Years?" *Physical Review D* 78/6 (2008), 063535.

Page, Don N.: „Return of the Boltzmann Brains." *Physical Review D* 78/6 (2008), 063536.

Page, Don N.: „Susskind's Challenge to the Hartle-Hawking No-Boundary Proposal and Possible Resolutions." *Journal of Cosmology and Astroparticle Physics* 2007/01 (2007), 004.

Paine, Thomas: *The Age of Reason*. Vol. 8 in *The Life and Works of Thomas Paine*. 10 Bände. Hg. v. William M. Van der Weyde. New Rochelle, NY: Thomas Paine National Historical Association, 1925. Dt. Ausgabe: *Das Zeitalter der Vernunft*.

Paley, William: *Natural Theology: Or Evidences of the Existence and Attributes of the Deity Collected from the Appearances of Nature*, 1802. Neuauflage, Boston: Gould and Lincoln, 1852. Dt. Ausgabe: *Natürliche Theologie*.

Paps, Jordi und Peter W. H. Holland: „Reconstruction of the Ancestral Metazoan Genome Reveals an Increase in Genomic Novelty." *Nature Communications* 9 (2018): S. 1730.

Peacock, John A.: *Cosmological Physics*. Cambridge: Cambridge Univ. Press, 1998.

Peacocke, Roy.: *A Brief History of Eternity: A Considered Response to Stephen Hawking's a Brief History of Time*. Wheaton, IL: Crossway Books, 1990.

Peebles, P. J. E. und Bharat Ratra: „The Cosmological Constant and Dark Energy." *Reviews of Modern Physics* 75/2 (22. April 2003): S. 559–606.

Peirce, Charles S.: „Deduction, Induction, and Hypothesis." In *Collected Papers*. Hg. v. Charles Hartshorne und Paul Weiss. 6 Bände. 2: S. 372–388. Cambridge, MA: Harvard Univ. Press, 1931–1935.

Penrose, Roger: *Cycles of Time: An Extraordinary New View of the Universe*.

New York: Knopf, 2010. Dt. Ausgabe: *Zyklen der Zeit. Eine neue ungewöhnliche Sicht des Universums.* Heidelberg: Springer Spektrum, 2012.

Penrose, Roger: „Difficulties with Inflationary Cosmology." *Annals of the New York Academy of Sciences* 571/1 (Dezember 1989): S. 249–264.

Penrose, Roger: *Emperor's New Mind.* Oxford: Oxford Univ. Press, 1989. Dt. Ausgabe: *Computerdenken. Des Kaisers neue Kleider oder Die Debatte um Künstliche Intelligenz, Bewusstsein und die Gesetze der Natur.* Heidelberg: Spektrum, 1991.

Penrose, Roger: „On the Gravitization of Quantum Mechanics 2: Conformal Cyclic Cosmology." *Foundations of Physics* 44 (2014): S. 873–890.

Penrose, Roger: *The Road to Reality: A Complete Guide to the Laws of the Universe.* New York: Vintage, 2004. Dt. Ausgabe: *Der Weg zur Wirklichkeit: die Teilübersetzung für Einsteiger.*

Penrose, Roger: „Time-Asymmetry and Quantum Gravity." In Isham, C., R. Penrose und D. Sciama (Hg.): *Quantum Gravity* 2, S. 245–272. Oxford: Clarendon, 1981.

Penzias, Arno und Robert Wilson: „A Measurement of Excess Antenna Temperature at 4080 Mc/s." *Astrophysical Journal* 142 (1965): S. 419–421.

Pera, Marcello: *The Discourses of Science.* Übers. v. Clarissa Botsford. Chicago: Univ. of Chicago Press, 1994.

Peter, Isabelle S. und Eric H. Davidson: *Genomic Control Processes: Development and Evolution.* New York: Academic, 2015.

Peterson, Michael und William Hasker, Bruce Reichenbach, David Basinger: *Reason and Religious Belief: An Introduction to the Philosophy of Religion.* Oxford: Oxford Univ. Press, 1991.

Peterson, T. und G. B. Müller: „Phenotypic Novelty in EvoDevo: The Distinction Between Continuous and Discontinuous Variation and Its Importance in Evolutionary Theory." *Evolutionary Biology* 43 (2016): S. 314–345.

Pew Research Center: „The Changing Global Religious Landscape." 5. April 2017. https://www.pewforum.org/2017/04/05/the-changing-global-religious-landscape.

Pew Research Center: „The Future of World Religions: Population Growth Projections, 2010–2050", 2. April 2015. https://www.pewforum.org/2015/04/02/religious-projections-2010-2050.

Pew Research Center: „The Global Religious Landscape", 18. Dezember 2012. https://www.pewforum.org/2012/12/18/global-religious-landscape-exec.

Planck Collaboration: „Planck 2015 Results. XIII. Cosmological Parameters." *Astronomy & Astrophysics* 594 (2015), A13.

Plantinga, Alvin: „Content and Natural Selection." *Philosophy and Phenomenological Research* 83/2 (2011): S. 435–458.

Plantinga, Alvin: „Evolution vs. Naturalism." *Books and Culture*, Juli–August 2008.

Plantinga, Alvin: „Probability and Defeators." *Pacific Philosophical Quarterly* 84 (2003): S. 291–298.

Plantinga, Alvin: „Reliabilism, Analysis and Defeators." *Philosophy and Phenomenological Research* 55/2 (1995): S. 427–464.

Plantinga, Alvin: *Warrant and Proper Function*. Oxford: Oxford Univ. Press, 1993.

Plantinga, Alvin: *Warranted Christian Belief*. Oxford: Oxford Univ. Press, 2000. Dt. Ausgabe: *Gewährleisteter christlicher Glaube*. Berlin: De Gruyter, 2015.

Plantinga, Alvin: *Where the Conflict Really Lies: Science, Religion, and Naturalism*. Oxford: Oxford Univ. Press, 2011. https://www.booksandculture.com/articles/2008/julaug/11.37.html.

Plantinga, Alvin und Michael Tooley: *Knowledge of God*. Malden, MA: Blackwell, 2008.

Poe, Edgar Allan: *Eureka: A Prose Poem*, 1848. Andesite Press, 2015. Dt. Ausgabe: *Heureka*.

Polanyi, Michael: „Life's Irreducible Structure." *Science* 160 (1968): S. 1308–1312.

Polanyi, Michael: „Life Transcending Physics and Chemistry." *Chemical and Engineering News* 45 (1967): S. 54–69.

Polanyi, Michael: *Personal Knowledge*. London: Routledge, 1974.

Polkinghorne, John: *Belief in God in an Age of Science*. New Haven, CT: Yale Univ. Press, 1998. Dt. Ausgabe: *An Gott glauben im Zeitalter der Naturwissenschaften. Die Theologie eines Physikers*. Gütersloh: Gütersloher Verlagshaus, 2000.

Polkinghorne, John: „So Finely Tuned a Universe: Of Atoms, Stars, Quanta & God." *Commonweal*, 16. August 1996.

Pond, Jean: „Independence: Mutual Humility in the Relationship Between Science & Christian Theology." In Carlson, Richard F. (Hg.): *Science & Christianity: Four Views*, S. 67–104. Downers Grove, IL: InterVarsity, 2000.

Powner, Matthew W., Béatrice Gerland und John D. Sutherland: „Synthesis of Activated Pyrimidine Ribonucleotides in Prebiotically Plausible Conditions." *Nature* 459/7244 (2009): S. 239–242.

Prigogine, Ilya, Grégoire Nicolis und Agnes Babloyantz: „Thermodynamics of Evolution." Physics Today 25/11 (November 1972): S. 23–31.

„Prof. Einstein Begins His Work at Mt. Wilson; Hoping to Solve Problems Touching Relativity.“ *New York Times*, 3. Januar 1931, S. 1.

Provine, William: „Evolution and the Foundation of Ethics.“ *MBL Science* 3 (1988): S. 25–26.

Pruss, Alexander: *Actuality, Possibility, and Worlds*. London: Continuum, 2011.

Pruss, Alexander: „The Leibnizian Cosmological Argument.“ In Craig, William Lane und J. P. Moreland (Hg.): *The Blackwell Companion to Natural Theology*, S. 24–100. Oxford: Blackwell Publishing (2009).

Pruss, Alexander: *The Principle of Sufficient Reason: A Reassessment*. New York: Cambridge Univ. Press, 2006.

„The Quantum Experiment That Broke Reality.“ *Space Time series*. PBS Digital Studios, 27. Juli 2016. https://www.youtube.com/watch?v=p-MNSLsjjdo&t=213s.

Quastler, Henry: *The Emergence of Biological Organization*. New Haven, CT: Yale Univ. Press, 1964.

Rasmussen, Simon u. a.: „Early Divergent Strains of Yersinna pestus in Eurasia 5000 Years Ago.“ *Cell* 163, Issue 3, S. 571–582.

Ray, John: *The Wisdom of God Manifested in the Works of the Creation*. London: R. Harbin, 1717.

„Redshift of Nebulae a Puzzle, Says Einstein.“ *New York Times*, 12. Februar 1931, S. 2.

Rees, Martin: *Just Six Numbers: The Deep Forces That Shape the Universe*. New York: Basic Books, 2000.

Rees, Martin: „Large Numbers and Ratios in Astrophysics and Cosmology.“ *Philosophical Transactions of the Royal Society London A* 310 (1983): S. 317.

Reid, Thomas: *Lectures on Natural Theology*. Hg. v. Elmer Duncan und William R. Eakin, 1780. Washington, DC: Univ. Press of America, 1981.

Reidhaar-Olson, John und Robert Sauer: „Functionally Acceptable Solutions in Two Alpha-Helical Regions of Lambda Repressor.“ *Proteins: Structure, Function, and Genetics* 7 (1990): S. 306–316.

Reppert, Victor: *C. S. Lewis's Dangerous Idea: In Defense of the Argument from Reason*. Downers Grove, IL: InterVarsity, 2003.

Richards, Jay: *The Untamed God: A Philosophical Exploration of Divine Perfection, Simplicity, and Immutability*. Downers Grove, IL: IVP Academic, 2003.

Roberts, John T.: „Fine-Tuning and the Infrared Bull's-Eye.“ *Philosophical Studies* 160 (2011): S. 287–303.

Rodin, Andrei S., Eörs Szathmáry und Sergei N. Rodin: „On the Origin of the

Genetic Code and tRNA Before Translation." *Biology Direct* 6/1 (2011): S. 14.

Rolston, Holmes, III.: *Science and Religion: A Critical Survey*. Philadelphia: Temple Univ. Press, 1987.

Ross, Hugh: The *Creator and the Cosmos: How the Greatest Scientific Discoveries of the Century Reveal God*. Colorado Springs, CO: NavPress, 1995.

Ross, Sydney: „Scientist: The Story of a Word." *Annals of Science* 18/2 (1962): S. 65–85.

Rovelli, Carlo: „Loop Quantum Gravity." *Living Reviews in Relativity* 11/1 (15. Dezember 2008): S. 5.

Rovelli, Carlo: *Quantum Gravity*. Cambridge Monographs on Mathematical Physics. Cambridge: Cambridge Univ. Press, 2004.

Rovelli, Carlo: „The Strange Equation of Quantum Gravity." *Classical and Quantum Gravity* 32 (2015), 124005. arXiv:1506.00927.

Ruse, Michael: *Darwinism Defended: A Guide to the Evolution Controversies*. London: Addison-Wesley, 1982, S. 58.

Russell, Bertrand: *Mysticism and Logic, Including a Free Man's Worship*. London: Unwin Paperbacks, 1986.

Russell, Colin A.: „The Conflict of Science and Religion." In Ferngren, Gary B. (Hg.): *Science and Religion: A Historical Introduction*, S. 3–12. Baltimore: Johns Hopkins Univ. Press, 2002.

Russell, Colin A.: *Cross-Currents: Interactions Between Science and Faith*. Grand Rapids, MI: Eerdmans, 1985.

Russell, Colin A.: *Michael Faraday: Physics and Faith*. New York: Oxford Univ. Press, 2000.

Russell, Jeffrey B.: *Inventing the Flat Earth: Columbus and Modern Historians*. Westport, CT: Praeger, 1991.

Sagan, Carl: *Cosmos*. New York: Random House, 1980.

Sagan, Carl: *Cosmos: A Personal Voyage*. PBS, 1980.

Sandage, Allan: „Current Problems in the Extragalactic Distance Scale." *Astrophysical Journal* 127 (Mai 1958): S. 513–527. doi:10.1086/146483.

Sandage, Allan: „Edwin Hubble 1889–1953." *Journal of the Royal Astronomical Society of Canada* 83/6 (1989): S. 621.

Sandage, Allan: „A Scientist Reflects on Religious Belief." *Truth: An Interdisciplinary Journal of Christian Thought* 1 (1985): S. 53–54.

Sartre, Jean-Paul: *Nausea*. New York: New Directions Books, 2007.

Sartre, Jean-Paul: „Existentialism and Humanism." In Kearney, Richard und Mara Rainwater (Hg.): *The Continental Philosophy Reader*. London: Routledge, 1996. Dt. Ausgabe: *Der Ekel*.

Schaefer, Henry F.: *Science and Christianity: Conflict or Coherence?* Watkinsville, GA: Apollos Trust, 2003.

Schaeffer, Francis: *He Is There and He Is Not Silent*. Carol Stream, IL: Tyndale House Publishers, Inc., 2001. Dt. Ausgabe: *Und er schweigt nicht.*

Schaffer, Jonathan: „What not to Multiply Beyond Necessity". *Australasian Journal of Philosophy*, 2015. Bd. 93, Nr. 4, 644664. http://dx.doi.org/10.1080/00048402.2014.992447.

Schaffer, Simon: „Occultism and Reason." In Holland, Alan J. (Hg.): *Philosophy, Its History and Historiography*, S. 117–144. Dordrecht: Reidel, 1985.

Schneider, Thomas D.: „The Evolution of Biological Information." *Nucleic Acids Research* 28 (2000): S. 2794–2799.

Schrödinger, Erwin: „An Undulatory Theory of the Mechanics of Atoms and Molecules." *The Physical Review* 28/6 (Dezember 1926): S. 1049–1070. Abrufbar unter https://journals.aps.org/pr/abstract/10.1103/PhysRev.28.1049.

Schroeder, Gerald L.: *The Science of God: The Convergence of Scientific and Biblical Wisdom*. New York: The Free Press, 1997.

Scriven, Michael: „Causes, Conditions and Connections in History." In W. H. Dray (Hg.): *Philosophical Analysis and History*. New York: Harper & Row, 1966.

Scriven, Michael: „Explanation and Prediction in Evolutionary Theory." *Science* 130 (1959): S. 477–482.

Senovilla, Jose M. M. und David Garfinkle: „The 1965 Penrose Singularity Theorem." *Classical and Quantum Gravity* 32/12 (Juni 2015). doi.org/10.1088/0264-9381/32/12 /124008.

Sfetsos, K. und K. Skenderis: „Microscopic Derivation of the Bekenstein-Hawking Entropy Formula for Non-Extremal Black Holes." *Nuclear Physics B* 517/1–3 (27. April 1998): S. 179–204.

Shannon, Claude E.: „A Mathematical Theory of Communication." *Bell System Technical Journal* 27 (1948): S. 379–423, 623–656.

Shapiro, Adam R.: „Myth 8: That William Paley Raised Scientific Questions About Biological Origins That Were Eventually Answered by Charles Darwin." In Numbers, Ronald und Kostas Kampourakis (Hg.): *Newton's Apple and Other Myths About Science*, S. 67–73. Cambridge, MA: Harvard Univ. Press, 2015.

Shapiro, Robert: *Origins: A Skeptic's Guide to the Creation of Life on Earth*. New York City: Bantam, 1987.

Shapiro, Robert: „Prebiotic Cytosine Synthesis: A Critical Analysis and Implications for the Origin of Life." *Proceedings of the National Academy of Sciences, USA* 96 (1999): S. 4396–4401.

Shermer, Michael: „ID Works in Mysterious Ways: A Critique of Intelligent Design." *Skeptic*. Bd. 8, Nr. 2, 2000: S. 22–24.

Siger von Brabant: *On the Eternity of the World (De Aeternitate Mundi)*. Übers. v. Lottie H. Kendzierski. Milwaukee, WI: Marquette Univ. Press, 1964.

Simpson, George Gaylord: *The Meaning of Evolution*. New Haven, CT: Yale Univ. Press, 1967. Dt. Ausgabe: *Auf den Spuren des Lebens: Die Bedeutung der Evolution*. Berlin: Colloquium-Verlag, 1957.

Singer, S. F.: „The Origin and Age of the Meteorites." *Irish Astronomical Journal* 4/6 (Juni 1957): S. 165–180.

Singh, Simon: *Big Bang: The Origin of the Universe*. New York: HarperCollins, 2005. Dt. Ausgabe: *Big Bang. Der Ursprung des Kosmos und die Erfindung der modernen Naturwissenschaft*. München: dtv, 2007.

Sire, James W.: *The Universe Next Door*. 2. Auflage. Downers Grove, IL: InterVarsity, 1988. Dt. Ausgabe: *Die Welt aus der Sicht der anderen: Informationen über Weltanschauungen*. Neuhausen-Stuttgart: Hänssler, 1980.

Smith, John Maynard: *The Theory of Evolution*. 3. Auflage, 1975. Neuauflage, New York: Penguin, 1985.

Smith, R. W.: „E. P. Hubble and The Transformation of Cosmology." *Physics Today*, April 1990, S. 57.

Smolin, Lee: *The Trouble with Physics: The Rise of String Theory, the Fall of a Science, and What Comes Next*. Boston: Mariner, 2007. Dt. Ausgabe: *Die Zukunft der Physik: Probleme der String-Theorie und wie es weitergeht*. München: Deutsche Verlags-Anstalt, 2009.

Snobelen, Stephen: „Cosmos and Apocalypse." *New Atlantis* 44 (2015): S. 76–94.

Snobelen, Stephen: „Cosmos and Apocalypse: Prophetic Themes in Newton's Astronomical Physics." Unveröffentlichtes Manuskript.

Snobelen, Stephen: „‚God of Gods, and Lord of Lords': The Theology of Isaac Newton's General Scholium to the Principia." *Osiris* 16/1 (Januar 2001): S. 169–208.

Snobelen, Stephen: „Isaac Newton." In Ferngren, Gary B. (Hg.): *Science and Religion: A Historical Introduction*, S. 123–139. Baltimore: Johns Hopkins Univ. Press, 2017.

Snobelen, Stephen: „Newton and the God of the Gaps." Unveröffentlichtes Vorlesungsmanuskript.

Sober, Elliot: „Intelligent Design Theory and the Supernatural – The ‚God or Extra-terrestrials' Reply." *Faith and Philosophy: Journal of Christian Philosophers* 24/1 (Januar 2007): S. 1–12.

Sober, Elliot: *The Philosophy of Biology*. San Francisco: Westview, 1993.

Sokol, Joshua: „A Brush with a Universe Next Door." *New Scientist* 228/3045 (31. Oktober 2015): S. 8–9.

Spade, Paul V.: „Ockham's Nominalist Metaphysics: Some Main Themes." *The Cambridge Companion to Ockham*. Hg. v. Paul V. Spade, S. 100–117. Cambridge: Cambridge Univ. Press, 1999.

Spitzer, Robert J.: „Evidence for God from Physics and Philosophy". *Magis Center*, 2016: S. 13–15, Zugriff 15. August 2020. https://magiscenter.com/evidence-for-god-from-physics-and-philosophy/.

Spitzer, Robert J.: *New Proofs for the Existence of God: Contributions of Contemporary Physics and Philosophy*. Grand Rapids, MI: Eerdmans, 2010.

Stark, Rodney: *For the Glory of God: How Monotheism Led to Reformations, Science, Witch-Hunts and the End of Slavery*. Princeton, NJ: Princeton Univ. Press, 2004.

Stein, Ben: *Expelled: No Intelligence Allowed*. Regie Nathan Frankowski. Los Angeles: Premise Media, 2008. https://youtu.be/V5EPymcWp-g. Dt. Ausgabe: *Expelled: Intelligenz streng verboten!* Drei Linden Filmproduktion, 2010.

Stenger, Victor: „Fine-Tuning and the Multiverse." *Skeptic* 19.3 (2014). https://www.skeptic.com/reading_room/fine-tuning-and-the-multiverse.

Stenger, Victor: *God: The Failed Hypothesis: How Science Shows That God Does Not Exist*. Amhurst, NY: Prometheus, 2007.

Strobel, Lee: *The Case for a Creator*. Grand Rapids, MI: Zondervan, 2004. Dt. Ausgabe: *Indizien für einen Schöpfer: Ein Journalist im Spannungsfeld zwischen Evolution und Schöpfung*. Aßlar: Gerth Medien, 2021.

Susskind, Leonard: „The Anthropic Landscape of String Theory." In Carr, Bernard (Hg.): *Universe or Multiverse?*, S. 247–266. Cambridge: Cambridge Univ. Press, 2007.

Susskind, Leonard: *The Cosmic Landscape: String Theory and the Illusion of Intelligent Design*. New York: Hachette, 2006.

Sutton, Christine: *Review of Einstein's Universe* (BBC2, 14. März, 7:05 p.m.). *New Scientist* 81/1145 (8. März 1979): S. 784.

Swinburne, Richard: *The Existence of God*. Oxford: Clarendon, 1979. Dt. Ausgabe: *Die Existenz Gottes*.

Talbott, William: „Bayesian Epistemology." In *The Stanford Encyclopedia of Philosophy*. Hg. v. Edward N. Zalta, Winter 2016. https://plato.stanford.edu/archives/win2016/entries/epistemology-bayesian.

Tanzella-Nitti, G.: „The Two Books Prior to the Scientific Revolution." *Annales Theologica* 18 (2004): S. 51–83.

Tarnas, Richard: *The Passion of the Western Mind*. London: Pimlico, 1991. Dt. Ausgabe: *Idee und Leidenschaft. Die Wege des westlichen Denkens*.

Taylor, Geoffrey Ingram: „Interference Fringes with Feeble Light." *Proceedings of the Cambridge Philosophical Society* 15/1 (1909): S. 114–115. http://www.gsjournal.net/Science-Journals/Historical%20Papers-Mechanics%20/%20Electrodynamics/Download/2659.

Taylor, Șean V. u. a.: „Searching Sequence Space for Protein Catalysts." *Proceedings of the National Academy of Sciences USA* 98 (2001): S. 10596–10601.

Tegmark, Max: „Infinity Is a Beautiful Concept – and It's Ruining Physics." *Discover*, 20. Februar 2015. https://www.discovermagazine.com/the-sciences/infinity-is-a-beautiful-concept-and-its-ruining-physics#.W_ZbZZNKhE5.

Tegmark, Max: „Is ‚The Theory of Everything' Merely the Ultimate Ensemble Theory?" *Annals of Physics* 270/1 (1998): S. 1–51.

Tegmark, Max: „The Multiverse Hierarchy." In Carr, Bernard (Hg.): *Universe or Multiverse?*, S. 99–126. Cambridge: Cambridge Univ. Press, 2007.

Tegmark, Max: *Our Mathematical Universe: My Quest for the Ultimate Nature of Reality*. New York: Knopf, 2014. Dt. Ausgabe: *Unser mathematisches Universum. Auf der Suche nach dem Wesen der Wirklichkeit.* Berlin: Ullstein Taschenbuch, 2016.

Tegmark, Max: „What Scientific Idea Is Ready for Retirement? Infinity." Edge, 12. Februar 2014. https://www.edge.org/response-detail/25344.

Thaxton, Charles B. und Walter L. Bradley: „Information and the Origin of Life." In Moreland, J. P. (Hg.): *The Creation Hypothesis: Scientific Evidence for an Intelligent Designer*, S. 193–197. Downers Grove, IL: InterVarsity, 1994.

Thaxton, Charles, Walter L. Bradley und Roger L. Olsen: *The Mystery of Life's Origin: Reassessing Current Theories.* New York: Philosophical Library, 1984.

Thayer, H. S.: *Newton's Philosophy of Nature: Selections from His Writings.* New York: Macmillan, 1974.

Thomson, G. P.: „Experiments on the Diffraction of Cathode Rays." *Proceedings of the Royal Society of London, Series A, Containing Papers of a Mathematical and Physical Character* 117/778 (1. Februar 1928): S. 600–609. http://www.ymambrini.com/My_World/History_files/GP%20Thomson%20orginal%20paper.pdf.

Tipler, Frank. J.: „Energy Conditions and Spacetime Singularities." Physical Review D 17/10 (1978): S. 2521–2528.

Tokuriki, Nobuhiko u. a.: „The Stability Effects of Protein Mutations Appear to Be Universally Distributed". *Journal of Molecular Biology* 369/5 (22. Juni 2007): S. 1318–1332. https://doi.org/10.1016/j.jmb.2007.03.069.

Tokuriki, Nobuhiko und Dan S. Tawfik: „Stability Effects of Mutations and

Protein Evolvability." *Current Opinion in Structural Biology* 19/5 (2009): S. 596–604.

Tompa, Peter und George D. Rose: „The Levinthal Paradox of the Interactome." *Protein Science* 20/12 (2011): S. 2074–2079.

Torrance, Thomas F.: *Divine and Contingent Order*. Oxford: Oxford Univ. Press, 2000.

Tour, James: „Animadversions of a Synthetic Chemist." *Inference* 2/2, Mai 2016. https://inference-review.com/article/animadversions-of-a-synthetic-chemist.

Tour, James: „An Open Letter to My Colleagues." *Inference* 3/2 (2017).

Tour, James: „Time Out." *Inference* 4/4 (2019).

Trimble, Virginia: „Anybody but Hubble!", 8. Juli 2013. arXiv:1307.2289.

Trimble, Virginia: „Extragalactic Distance Scales: H0 from Hubble (Edwin) to Hubble (Hubble Telescope)." *Space Science Reviews* 79, Nr. 3/4 (1997): S. 793–834.

Trimble, Virginia: „H_0: The Incredible Shrinking Constant, 1925–1975." *Publications of the Astronomical Society of the Pacific* 108/730 (Dezember 1996): S. 1073–1082. doi:10.1086/133837.

Tyson, Neil deGrasse: In *Cosmos: A Spacetime Odyssey*. „Episode 3: When Knowledge Conquered Fear." http://investigacion.izt.uam.mx/alva/cosmos 2014_01-1.pdf, Episode 3, S. 34–50. Siehe auch: https://www.fox.com/watch/cebd37976d6172a938ec77621fb35699/. Dt. Ausgabe: *Unser Kosmos: Die Reise geht weiter.*

Ugural, A. C. und S. K. Fenster: „Hooke's Law and Poisson's Ratio." In *Advanced Strength and Applied Elasticity*, S. 66–71. 4. Aufl. Prentice Hall, 2003.

Ungureanu, James: *Science, Religion, and the Protestant Tradition: Retracing the Origins of Conflict*. Pittsburgh, PA: Univ. of Pittsburgh Press, 2019.

Vaidman, Lev: „Quantum Theory and Determinism." *Quantum Studies: Mathematics and Foundations* 1/1–2 (2014): S. 5–38.

Van Till, Howard: *The Fourth Day*. Grand Rapids, MI: Eerdmans, 1986.

Van Till, Howard, Davis Young und Clarence Menninga: *Science Held Hostage*. Downers Grove, IL: InterVarsity, 1988.

Venema, Dennis und Dan Kuebler: „Biological Information and Intelligent Design." BioLogos, 9. Juni 2016. https://biologos.org/articles/biological-information-and-intelligent-design.

Venema, Dennis und Scott McKnight: *Adam and the Genome: Reading Scripture After Genetic Science.* Grand Rapids, MI: Brazos, 2017.

Vessot, R. F. C. u. a.: „Test of Relativistic Gravitation with a Space-Borne Hydrogen Maser." *Physical Review Letters* 45 (1980): S. 2081–2084.

Viereck, G. S.: *Glimpses of the Great*. New York: Macauley, 1930.

Vilenkin, Alexander: „The Beginning of the Universe." *Inference* 1/4, Oktober 2015.

Vilenkin, Alexander: „Creation of Universes from Nothing." *Physics Letters 117B* (1982): S. 25–28.

Vilenkin, Alexander: *Many Worlds in One: The Search for Other Universes*. New York: Hill and Wang, 2006. Dt. Ausgabe: *Kosmische Doppelgänger: Wie es zum Urknall kam – Wie unzählige Universen entstehen.*

Vilenkin, Alexander: „Quantum Cosmology." 11. Februar 1993. arXiv:gr-qc/9302016.

Vilenkin, Alexander: „Quantum Cosmology and the Initial State of the Universe." *Physical Review D* 37/4 (15. Februar 1988): S. 888–897. doi:10.1103/PhysRevD.37.888.

Vilenkin, Alexander: „Quantum Origin of the Universe." *Nuclear Physics B 252* (1. Januar 1985): S. 141–152.

Vilenkin, Alexander und Masaki Yamada: „Tunneling Wave Function of the Universe." *Physical Review D* 98/6 (6. August 2018), 066003. doi:10.1103/PhysRevD.98.066003.

Voltaire: „Epître à l' auteur du livre des Trois imposteurs." In *OEuvres complètes de Voltaire*. Hg. v. Louis Moland, 1768. Paris: Garnier, S. 1877–1885.

Wagner, Andreas: *The Arrival of the Fittest.* New York: Penguin, 2014. Dt. Ausgabe: *Arrival of the Fittest – Wie das Neue in die Welt kommt.* Frankfurt a. M.: S. Fischer, 2015.

Wald, George: „The Origin of Life." *Scientific American* 191 (1954): S. 44–53.

Wallace, David: „The Quantum Measurement Problem: State of Play." December 3, 2007. arXiv:0712.0149.

Wallerstein, George u. a.: „Synthesis of the Elements in Stars: Forty Years of Progress." *Reviews of Modern Physics* 69/4 (1. Oktober 1997): S. 995–1084.

Weinberg, Steven: *The First Three Minutes: A Modern View of the Origin of the Universe*. New York: Basic Books, 1993. Dt. Ausgabe: *Die ersten drei Minuten.*

Wells, Jonathan: „Membrane Patterns Carry Ontogenetic Information That Is Specified Independently of DNA." *BIO-Complexity* 2014/2 (April 2016): S. 1–28.

West, John G.: *Darwin's Corrosive Idea: The Impact of Evolution on Attitudes About Faith, Ethics, and Human Uniqueness*. Seattle: Discovery Institute Press, 2016.

White, Andrew D.: *A History of the Warfare of Science with Theology in Chris-*

tendom. New York: Appleton, 1896. Dt. Ausgabe: *Geschichte der Fehde zwischen Wissenschaft und Theologie in der Christenheit.*

Whitehead, Alfred North: *Science and the Modern World*. New York: Free Press, 1925. Dt. Ausgabe: *Wissenschaft und moderne Welt, 1988*. Berlin: Suhrkamp Verlag (suhrkamp taschenbuch wissenschaft 1946), 1988.

Wilczek, Frank: „The Cosmic Asymmetry Between Matter and Antimatter." *Scientific American* 243 (Dezember 1980): S. 82–90.

Willard, Dallas: „Knowledge and Naturalism." In Craig, William Lane und J. P. Moreland (Hg.): *Naturalism: A Critical Analysis*. London: Routledge, 2000.

Willford, J. N.: „Sizing up the Cosmos: An Astronomers Quest." *New York Times*, 12. März 1991, B9.

Wiltshire, David L.: „An Introduction to Quantum Cosmology." In Robson, B. A., N. Visvanathan und W. S. Woolcock (Hg.): *Cosmology: The Physics of the Universe*, S. 473–531. Singapore: World Scientific, 1996.

Wolf, Huri I. und Eugene V. Koonin: „On the Origin of the Translation System and the Genetic Code in the RNA World by Means of Natural Selection, Exaptation, and Subfunctionalization." *Biology Direct* 2 (2007): S. 1–25.

Woodward, Joe: „The End of Evolution." *Alberta Report*, Dezember 1996, S. 33.

Yenter, Timothy: „Samuel Clarke." In *The Stanford Encyclopedia of Philosophy*. Hg. v. Edward N. Zalta, Winter 2017. https://plato.stanford.edu/archives/win2017/entries/clarke.

Yockey, H. P.: „A Calculation of the Probability of Spontaneous Biogenesis by Information Theory." *Journal of Theoretical Biology* 67/3 (7. August 1977): S. 377–398.

Yockey, H. P.: *Information Theory and Molecular Biology*. Cambridge: Cambridge Univ. Press, 1992.

Young, Thomas: „Bakerian Lecture: Experiments and Calculations Relative to Physical Optics." *Philosophical Transactions of the Royal Society* 94 (1804): S. 1–16. doi:10.1098/rstl .1804.0001.

Zilsel, Edgar: „The Genesis of the Concept of Physical Law." *Philosophical Review* 51/3 (1942): S. 245–279.

Abbildungsnachweis und Genehmigungen

Dass dieses Buch Abbildungen, Illustrationen, Fotografien, Diagramme, Tabellen und sonstige Bilder beinhaltet, ist nicht als Zustimmung der jeweiligen Urheberrechtsinhaber oder Urheber zu den in diesem Buch enthaltenen Ideen und Argumenten aufzufassen, den Autor des Buches selbst ausgenommen. Alle hier nicht aufgeführten Abbildungen © 2020 Ray Braun Design.

Abbildung 1.1a Fotografie Richard Dawkins, mit freundlicher Genehmigung von Mike Cornwell [CC BY-SA 2.0], über Wikimedia Commons.

Abbildung 1.1b Fotografie Lawrence Krauss, mit freundlicher Genehmigung von Jvangiel [CC BY-SA 3.0], über Wikimedia Commons.

Abbildung 1.2 Fotografie Allan Sandage, mit freundlicher Genehmigung von der Carnegie Institution for Science.

Abbildung 1.3 Fotografie Dean Kenyon, verwendet mit Genehmigung von Dean Kenyon.

Abbildung 1.4a Fotografie John William Draper, mit freundlicher Genehmigung von John Sartain [Gemeinfreiheit], über Wikimedia Commons.

Abbildung 1.4b Fotografie Andrew Dickson White, mit freundlicher Genehmigung von Robinsons – Ithaka, New York [Gemeinfreiheit], über Wikimedia Commons.

Abbildung 1.5 Fotografie Peter Hodgson E/13/3/1, mit Genehmigung des Präsidenten und der Mitglieder des Corpus Christi College, Oxford.

Abbildung 1.6 Fotografie Johannes Kepler, mit freundlicher Genehmigung von einem nicht identifizierten Maler [Gemeinfreiheit], über Wikimedia Commons.

Abbildung 1.7 Fotografie William von Ockham, mit freundlicher Genehmigung von Andrea di Bonaiuto [Gemeinfreiheit], über Wikimedia Commons.

Abbildung 2.2	Titelseite von John Rays Buch [Gemeinfreiheit], über Wikimedia Commons.
Abbildung 2.3	Fotografie Robert Boyle, © The Royal Society.
Abbildung 2.4	Fotografie Isaac Newton, mit freundlicher Genehmigung von Godfrey Kneller [Gemeinfreiheit], über Wikimedia Commons.
Abbildung 2.6	Frontispiz der *Principia*. Reproduziert mit freundlicher Genehmigung der Syndizi der Universitätsbibliothek Cambridge. Dateiname: Adv.b.39.2, S. i (Frontispiz).
Abbildung 3.1	Fotografie David Hume, mit freundlicher Genehmigung von Allan Ramsay [Gemeinfreiheit], über Wikimedia Commons.
Abbildung 3.2	Fotografie Immanuel Kant von Johann Gottlieb Becker [Gemeinfreiheit], über Wikimedia Commons.
Abbildung 3.3	Fotografie William Paley, mit freundlicher Genehmigung von der National Portrait Gallery, London.
Abbildung 3.4	Fotografie Charles Darwin von Henry Maull und John Fox, mit freundlicher Genehmigung von Beao [Gemeinfreiheit], über Wikimedia Commons.
Abbildung 3.5	Fotografie Pierre Laplace von Biblioteca de la Facultad de Derecho y Ciencias del Trabajo Universidad de Sevilla (Flickr: 1029006) [CC BY-SA 2.0], über Wikimedia Commons.
Abbildung 3.6	Fotografie Karl Marx von unbekanntem Autor [Gemeinfreiheit], über Wikimedia Commons.
Abbildung 3.7	Fotografie Sigmund Freud von Max Halberstadt [Gemeinfreiheit], über Wikimedia Commons.
Abbildung 4.2	Fotografie Edgar Allan Poe von Edwin H. Manchester [Gemeinfreiheit], über Wikimedia Commons.
Abbildung 4.3a	Fotografie Harlow Shapley, mit freundlicher Genehmigung vom News Office der Universität Harvard, über AIP Emilio Segrè Visual Archives, Physics Today Collection.
Abbildung 4.3b	Fotografie Heber Curtis, mit freundlicher Genehmigung von der Rockefeller Universität.
Abbildung 4.4	Fotografie Edwin Hubble von Johan Hagemeyer (1884–1962) [Gemeinfreiheit], über Wikimedia Commons.
Abbildung 4.5	Fotografie Henrietta Leavitt von unbekannt [Gemeinfreiheit], über Wikimedia Commons.

Abbildung 4.7	Fotografie Edwin Hubble, mit freundlicher Genehmigung von HUB 1042 (4) Edwin Powell Hubble Papers, The Huntingtonbibliothek, San Marino, Kalifornien.
Abbildung 4.8	Fotografie Vesto Slipher, mit freundlicher Genehmigung vom Special Collections Research Center, Bibliothek der Universität Chicago.
Abbildung 4.12	Fotografie der Spiralgalaxie von Hubble, mit freundlicher Genehmigung von der Carnegie Institution for Science.
Abbildung 4.13	Fotografie der Spiralgalaxie von Hubble, mit freundlicher Genehmigung von der Carnegie Institution for Science.
Abbildung 5.1	Fotografie Albert Einstein von Ferdinand Schmutzer [Gemeinfreiheit], über Wikimedia Commons.
Abbildung 5.3	Illustration © 2020 Ray Braun Design, angepasst mit Genehmigung von Fred Heeren.
Abbildung 5.4	Fotografie Aleksandr Friedmann von unbekannt [Gemeinfreiheit], über Wikimedia Commons.
Abbildung 5.5	Fotografie Georges Lemaitre, mit freundlicher Genehmigung von der Katholischen Universität Löwen, Georges Lemaitre Archive.
Abbildung 5.6	Fotografie Einstein am Teleskop, mit freundlicher Genehmigung der Edwin Powell Hubble Papiere, Huntingtonbibliothek, San Marino, Kalifornien (HUB 1057).
Abbildung 5.7	Fotografie Sir Arthur Eddington von George Grantham Bain Collection, Library of Congress Prints and Photographs Division Washington, DC [Gemeinfreiheit], über Wikimedia Commons.
Abbildung 5.8	Fotografie Gold, Bondi und Hoyle, mit Genehmigung des Masters und der Mitglieder des St. John's College, Cambridge.
Abbildung 5.10	Fotografie Wilson und Penzias, mit freundlicher Genehmigung von AIP Emilio Segrè Visual Archives, Physics Today Collection.
Abbildung 5.12	Illustration © 2020 Ray Braun Design, mit Genehmigung von einem Original von John Wiester übernommen.
Abbildung 5.13	Illustration © 2020 Ray Braun Design, Originalbild von der NASA, gemeinfrei.
Abbildung 5.14	Fotografie Robert Jastrow, mit freundlicher Genehmigung von AIP Emilio Segrè Visual Archives, Physics Today Collection. Genehmigte Verwendung.

Abbildung 6.1	Fotografie Stephen Hawking, mit freundlicher Genehmigung von David Montgomery/Getty Images.
Abbildung 6.2	Fotografie George Ellis, mit freundlicher Genehmigung von David Monniaux [CC BY-SA 3.0], über Wikimedia Commons.
Abbildung 6.4	Fotografie Alan Guth, mit freundlicher Genehmigung von Justin Knight.
Abbildung 7.1	Fred Hoyle Fotografie, mit freundlicher Genehmigung von AIP Emilio Segrè Visual Archives, Clayton Collection.
Abbildung 7.3	Illustration © 2020 Ray Braun Design, die Grafik erscheint in Barnes: „The Fine-Tuning of the Universe for Intelligent Life", S. 537.
Abbildung 7.6	Fotografie Paul Davies, mit freundlicher Genehmigung von Christopher Michel.
Abbildung 7.7	Fotografie John Polkinghorne, mit freundlicher Genehmigung von Louis Monier/Gamma-Rapho/ Getty Images.
Abbildung 8.2	Fotografie Sir Roger Penrose, mit freundlicher Genehmigung von Festival della Scienza [CC BY-SA 2.0], über Wikimedia Commons.
Abbildung 8.3	Fotografie William Dembski, mit freundlicher Genehmigung von Laszlo Bencze.
Abbildung 9.1	Fotografie von Watson und Crick, mit freundlicher Genehmigung von A. Barrington Brown / Photo Researchers, Inc.
Abbildung 9.4	Illustration © 2020 Ray Braun Design, angepasst mit Genehmigung. Zur Verfügung gestellt von I. L. Cohen von New Research Publications.
Abbildung 9.6	Fotografie Claude Shannon, mit freundlicher Genehmigung aus dem Nachlass von Francis Bello / Photo Researchers, Inc.
Abbildung 9.7	Illustration © 2020 Ray Braun Design, mit Genehmigung von einer Originalzeichnung von Fred Heeren übernommen.
Abbildung 9.9	Fotografie Charles Thaxton, mit freundlicher Genehmigung von Charles Thaxton.
Abbildung 9.10	Fotografie von Peter Lipton, Abdruck mit Genehmigung von Howard Guest.
Abbildung 10.3	Fotografie von Murray Eden, mit freundlicher Genehmigung vom MIT-Museum.

Abbildung 10.4	Fotografie Gerd Muller, mit freundlicher Genehmigung von Susanne Müller [CC BY-SA 4.0], über Wikimedia Commons.
Abbildung 10.5	Fotografie Michael Denton, mit freundlicher Genehmigung von Brian Gage.
Abbildung 10.6	Fotografie David Berlinski, mit freundlicher Genehmigung von Nicholas DeSciose.
Abbildung 10.7	Fotografie Douglas Axe, mit freundlicher Genehmigung von der Universität Biola.
Abbildung 11.1	Fotografie Christian de Duve, mit freundlicher Genehmigung von Ingbert Gruttner, The Rockefeller University.
Abbildung 11.2	Fotografie Sean Carroll, mit freundlicher Genehmigung von Sgerbic [CC BY-SA 4.0], über Wikimedia Commons.
Abbildung 11.6	Fotografie Charles Sanders Peirce, mit freundlicher Genehmigung von National Oceanic and Atmospheric Administration / Department of Commerce / Gemeinfreiheit.
Abbildung 12.1	Fotografie Michael Shermer von Byrd Williams, hochgeladen von Benutzer:Loxton. [CC BY 3.0], über Wikimedia Commons.
Abbildung 12.2	Fotografie Ernan McMullin, mit freundlicher Genehmigung vom Archiv der Universität Notre Dame.
Abbildung 12.4	Fotografie William Lane Craig, mit freundlicher Genehmigung von C. Bertuzzi. Genehmigte Verwendung.
Abbildung 12.5	Fotografie J. P. Moreland, mit freundlicher Genehmigung von J. P. Moreland. Genehmigte Verwendung.
Abbildung 13.4	Fotografie Michael Polanyi, mit freundlicher Genehmigung von der National Portrait Gallery, London.
Abbildung 13.5	Fotografie Luke Barnes, genehmigte Verwendung.
Abbildung 15.1	Fotografie Thomas Nagel, © Sorel: Mit freundlicher Genehmigung des NYU Photo Bureau.
Abbildung 15.2	Fotografie John Sutherland, mit freundlicher Genehmigung von The Royal Society [CC BY-SA 3.0], über Wikimedia Commons.
Abbildung 15.5c	GRN-Abbildungen © Copyright 2008 National Academy of Sciences, USA Abbildung 1D, 1E und 7, Oliveri, P., Tu, Q. und E. H. Davidson: „Global Regulatory Logic for Specification of an Embryonic Cell Lineage", Proceedings of the National Academy of Sciences USA, 105 (2008): S. 5955–5962. Die Verwendung von PNAS-Material bedeutet nicht,

	dass PNAS, die National Academy of Sciences oder die Autoren dieses Werk befürworten. Genehmigte Verwendung.
Abbildung 16.4	Fotografie Bruce Gordon, mit freundlicher Genehmigung von Michael Tims / Houston Baptist University.
Abbildung 16.5	Fotografie Leonard Susskind, mit freundlicher Genehmigung von Jeff Singer / Redux.
Abbildung 16.6	Fotografie Robin Collins, mit freundlicher Genehmigung vom Messiah College.
Abbildung 17.3	Fotografie Erwin Schrödingers, mit freundlicher Genehmigung von Carl Wolf / National Portrait Gallery, Smithsonian Institution.
Abbildung 17.6a	Fotografie John Wheeler, mit freundlicher Genehmigung von AIP Emilio Segrè Visual Archives.
Abbildung 17.6b	Fotografie Bryce DeWitt, mit freundlicher Genehmigung von Ric Spencer, in der University of North Carolina at Chapel Hill Photographic Laboratory Collection #P0031, North Carolina Collection Photographic Archives, Wilsonbibliothek, University of North Carolina at Chapel Hill.
Abbildung 19.2	Fotografie Max Tegmark, mit freundlicher Genehmigung von Justin Knight Photography.
Abbildung 19.3	Fotografie Ludwig Boltzmann, mit freundlicher Genehmigung von der Bibliothek der Universität Chicago.
Abbildung 20.1	Gemälde Isaac Newton von Enoch Seeman © National Portrait Gallery, London.
Abbildung 20.3	Fotografie Neil deGrasse Tyson von Thor Nielsen / NTNU (Norwegian University of Science and Technology [CC BY SA 2.0], über Wikimedia Commons.
Abbildung 20.4	*Principia*-Abbildung (Abschn. 12), Nachdruck mit freundlicher Genehmigung der Syndizi der Bibliothek der Universität Cambridge. Dateiname: Adv.b.39.1, S. 418.
Abbildung 21.1	Fotografie Stephen Hawking, mit freundlicher Genehmigung von Mackenzie Stroh/Contour/Getty Images.
Abbildung 21.2	Fotografie Alvin Plantinga, mit freundlicher Genehmigung von Jonathunder [CC BY-SA 3.0], über Wikimedia Commons.
Abbildung 21.3	Fotografie Robert Koons, mit freundlicher Genehmigung von LifeTouch, Inc.